U0857197

# 目　　录

## 第一部分　经济社会综合篇

### 一、行政区划和自然资源



### 二、综合



### 三、国民经济核算

## 第二部分 农村牧区经济社会调查篇

### 一、农村牧区基本情况



### 二、农牧业生产情况

**四、农林牧渔业中间消耗**

## 第三部分　城市经济社会调查篇

三、物价

## 第四部分 县域经济社会调查篇

## 第五部分 企业调查篇

### 规模以下工业调查

# 1 经济社会综合篇

# 1 经济社会综合篇

## ① 行政区划和自然资源

资料整理：张利珍　闫少菲

# 1－1－1 行政区划

| 地　　区 | 旗县级个数（个） | 旗县（市、区）名称 |
|---|---|---|
| **全区合计** | **101** | **旗52个、县17个、盟（市）辖县级市11个、区21个。** |
| 呼和浩特市 | 9 | 新城区、回民区、玉泉区、赛罕区、土默特左旗、托克托县、和林格尔县、清水河县△、武川县☆。 |
| 包头市 | 9 | 东河区、昆都仑区、青山区、石拐区、白云矿区、九原区、土默特右旗、固阳县△、达尔罕茂明安联合旗。 |
| 呼伦贝尔市 | 13 | 海拉尔区、满洲里市、扎兰屯市△、牙克石市、额尔古纳市、根河市、阿荣旗△、莫力达瓦达斡尔族自治旗☆、鄂伦春自治旗☆、鄂温克族自治旗△、新巴尔虎右旗、新巴尔虎左旗△、陈巴尔虎旗。 |
| 兴安盟 | 6 | 乌兰浩特市△、阿尔山市☆、科尔沁右翼前旗☆、科尔沁右翼中旗☆、扎赉特旗☆、突泉县☆。 |
| 通辽市 | 8 | 科尔沁区、霍林郭勒市、科尔沁左翼中旗☆、科尔沁左翼后旗☆、开鲁县△、库伦旗☆、奈曼旗☆、扎鲁特旗△。 |
| 赤峰市 | 12 | 红山区、元宝山区、松山区△、阿鲁科尔沁旗☆、巴林左旗☆、巴林右旗☆、林西县☆、克什克腾旗△、翁牛特旗☆、喀喇沁旗☆、宁城县☆、敖汉旗☆。 |
| 锡林郭勒盟 | 12 | 二连浩特市、锡林浩特市、阿巴嘎旗△、苏尼特左旗△、苏尼特右旗☆、东乌珠穆沁旗、西乌珠穆沁旗、太仆寺旗☆、镶黄旗△、正镶白旗☆、正蓝旗△、多伦县△。 |
| 乌兰察布市 | 11 | 集宁区、丰镇市△、卓资县☆、化德县☆、商都县☆、兴和县☆、凉城县△、察哈尔右翼前旗☆、察哈尔右翼中旗☆、察哈尔右翼后旗☆、四子王旗☆。 |
| 鄂尔多斯市 | 8 | 东胜区、达拉特旗、准格尔旗、鄂托克前旗、鄂托克旗、杭锦旗△、乌审旗、伊金霍洛旗。 |
| 巴彦淖尔市 | 7 | 临河区、五原县△、磴口县△、乌拉特前旗△、乌拉特中旗△、乌拉特后旗、杭锦后旗△。 |
| 乌海市 | 3 | 海勃湾区、海南区、乌达区。 |
| 阿拉善盟 | 3 | 阿拉善左旗△、阿拉善右旗△、额济纳旗。 |

注：☆、△分别表示国家（31个）和自治区（26个）确定的扶贫开发重点工作旗县。

# 1－1－2 边境、牧区、山老区旗县市

| 地　　区 | 旗县级个数（个） | 旗县（市、区）名称 |
|---|---|---|
| **边境旗市** | **19** | |
| 包头市 | 1 | 达尔罕茂明安联合旗。 |
| 呼伦贝尔市 | 5 | 陈巴尔虎旗、满洲里市、新巴尔虎右旗、新巴尔虎左旗、额尔古纳市。 |
| 兴安盟 | 2 | 科尔沁右翼前旗、阿尔山市。 |
| 锡林郭勒盟 | 5 | 东乌珠穆沁旗、阿巴嘎旗、苏尼特左旗、二连浩特市、苏尼特右旗。 |
| 乌兰察布市 | 1 | 四子王旗。 |
| 巴彦淖尔市 | 2 | 乌拉特中旗、乌拉特后旗。 |
| 阿拉善盟 | 3 | 阿拉善左旗、阿拉善右旗、额济纳旗。 |
| **牧区旗市** | **33** | |
| 包头市 | 1 | 达尔罕茂明安联合旗。 |
| 呼伦贝尔市 | 4 | 鄂温克族自治旗、新巴尔虎右旗、新巴尔虎左旗、陈巴尔虎旗。 |
| 兴安盟 | 1 | 科尔沁右翼中旗。 |
| 通辽市 | 3 | 科尔沁左翼中旗、科尔沁左翼后旗、扎鲁特旗。 |
| 赤峰市 | 5 | 阿鲁科尔沁旗、巴林左旗、巴林右旗、克什克腾旗、翁牛特旗。 |
| 锡林郭勒盟 | 9 | 锡林浩特市、阿巴嘎旗、苏尼特左旗、苏尼特右旗、东乌珠穆沁旗、西乌珠穆沁旗、镶黄旗、正镶白旗、正蓝旗。 |
| 乌兰察布市 | 1 | 四子王旗。 |
| 鄂尔多斯市 | 4 | 鄂托克前旗、鄂托克旗、杭锦旗、乌审旗。 |
| 巴彦淖尔市 | 2 | 乌拉特中旗、乌拉特后旗。 |
| 阿拉善盟 | 3 | 阿拉善左旗、阿拉善右旗、额济纳旗。 |
| **半牧区旗市** | **21** | |
| 呼伦贝尔市 | 3 | 扎兰屯市、阿荣旗、莫力达瓦达斡尔族自治旗。 |
| 兴安盟 | 3 | 科尔沁右翼前旗、扎赉特旗、突泉县。 |
| 通辽市 | 4 | 科尔沁区、开鲁县、库伦旗、奈曼旗。 |
| 赤峰市 | 2 | 林西县、敖汉旗。 |
| 锡林郭勒盟 | 1 | 太仆寺旗。 |
| 乌兰察布市 | 2 | 察哈尔右翼中旗、察哈尔右翼后旗。 |
| 鄂尔多斯市 | 4 | 东胜区、达拉特旗、准格尔旗、伊金霍洛旗。 |
| 巴彦淖尔市 | 2 | 磴口县、乌拉特前旗。 |
| **山老区旗县** | **47** | |
| 呼和浩特市 | 6 | 新城区、土默特左旗、赛罕区、武川县、和林格尔县、清水河县。 |
| 包头市 | 3 | 土默特右旗、固阳县、达尔罕茂明安联合旗。 |
| 呼伦贝尔市 | 4 | 扎兰屯市、阿荣旗、满洲里市、莫力达瓦达斡尔族自治旗。 |
| 兴安盟 | 6 | 乌兰浩特市、阿尔山市、科尔沁右翼前旗、科尔沁右翼中旗、扎赉特旗、突泉县。 |
| 通辽市 | 4 | 科尔沁左翼中旗、科尔沁左翼后旗、开鲁县、库伦旗。 |
| 赤峰市 | 5 | 松山区、克什克腾旗、喀喇沁旗、宁城县、敖汉旗。 |
| 锡林郭勒盟 | 3 | 太仆寺旗、正蓝旗、多伦县。 |
| 乌兰察布市 | 9 | 集宁区、卓资县、兴和县、丰镇市、凉城县、察哈尔右翼前旗、察哈尔右翼中旗、察哈尔右翼后旗、四子王旗。 |
| 鄂尔多斯市 | 6 | 达拉特旗、准格尔旗、鄂托克前旗、鄂托克旗、杭锦旗、乌审旗。 |
| 巴彦淖尔市 | 1 | 乌拉特前旗。 |

# 1－1－3 对外开放口岸

| 口岸名称 | 运输方式 | 口岸分类 | 年过货能力 | 批准开放机关 | 对应国口岸 |
|---|---|---|---|---|---|
| 满洲里 | 铁路 | 1类 | 1600万吨 | 国务院 | 俄罗斯<br>后贝加尔 |
| | 公路 | 1类 | 300万吨 | 国务院口岸办 | |
| | 空运 | 1类 | 客货运输 | 国务院 | |
| 二连 | 铁路 | 1类 | 1000万吨 | 国务院 | 蒙古<br>扎门乌德 |
| | 公路 | 1类 | 400万吨 | 国务院口岸办 | |
| 黑山头 | 水路 | 1类 | 200万吨 | 国务院 | 俄罗斯<br>旧粗鲁海图 |
| 阿日哈沙特 | 公路 | 1类 | 50万吨 | 国务院 | 蒙古 |
| 珠恩嘎达布其 | 公路 | 1类 | 50万吨 | 国务院 | 蒙古 |
| 甘其毛都 | 公路 | 1类 | 50万吨 | 国务院 | 蒙古 |
| 策克 | 公路 | 1类 | 500万吨 | 国务院 | 蒙古<br>西伯库伦 |
| 额布都格 | 水路 | 2类 | 10万吨 | 自治区政府 | 蒙古<br>白音胡硕 |
| 阿尔山 | 公路 | 2类 | | 自治区政府 | 蒙古<br>松贝尔 |
| 室韦 | 水路 | 1类 | 50万吨 | 国务院 | 俄罗斯<br>澳洛契 |
| 满都拉 | 公路 | 2类 | 20万吨 | 自治区政府 | 蒙古<br>杭吉 |
| 二卡 | 公路 | 2类 | | 自治区政府 | 俄罗斯 |
| 巴格毛都 | 公路 | 2类 | | 自治区政府 | 蒙古 |
| 胡列也吐 | 水路 | 2类 | | 自治区政府 | 俄罗斯 |
| 呼和浩特 | 空运 | 1类 | 客货运输 | 国务院 | 蒙古<br>乌兰巴托 |
| 海拉尔 | 空运 | 1类 | 客货运输 | 国务院 | 俄罗斯<br>赤塔 |

# 1-1-4 内蒙古A级旅游区

| 地区 | 旅游区个数(个) | 旅游区名称 |
|---|---|---|
| 呼和浩特市 | 21 | 昭君博物院、蒙牛工业旅游区、伊利—乳都科技示范园、神泉生态旅游景区、大召寺、席力图召、乌兰夫纪念馆、五塔寺、乌兰夫故居、青少年生态园、乌素图森林旅游娱乐开发区、哈达门国家森林公园、白石头沟生态旅游区、清固伦恪靖公主府博物馆、哈素海旅游度假村、敕勒川人家旅游度假村、东方甘迪尔蒙古风情园、大青山野生动物园、盛乐博物馆、云滚洞避暑山庄、将军衙署博物院 |
| 包头市 | 11 | 武当召旅游区、包头市北方兵器城、南海湿地景区、新世纪青年生态园、石门风景区、梅力更风景旅游区、美岱召、妙法寺、小肥羊调味食品工业旅游区、希拉穆仁孙氏草原旅游中心、蒙古人度假村 |
| 呼伦贝尔市 | 47 | 扎兰屯吊桥公园、呼和诺尔旅游区、世界反法西斯战争海拉尔纪念园、中国达斡尔民族园、海拉尔农业发展园区、金帐汗旅游部落、莫尔道嘎国家森林公园、中俄互市贸易区、俄罗斯套娃广场、红色国际秘密交通线教育基地暨国门景区、西山国家森林公园、秀水山庄、红花尔基森林公园、布苏里旅游度假山庄、绰源国家森林公园、巴彦呼硕旅游区、云龙山庄、甘珠尔庙、呼伦贝尔古城、敖鲁古雅使鹿部落、额尔古纳湿地景区、诺门罕旅游景区、巴尔虎蒙古部落、伊克萨玛国家森林公园、嘎仙洞旅游区、鄂伦春博物馆、鹿鸣山庄、新巴尔虎右旗博物馆、五泉山旅游区、阿里河国家森林公园、达斡尔民族博物馆、呼伦湖金海岸旅游区、晨光生态园、巴林喇嘛山旅游区、图里河鹤祥园度假村、弘吉剌部景区、临江原生态公园、室韦名镇景区、鄂温克博物馆、陈巴尔虎旗民族博物馆、抗联英雄园、金龙山滑雪场、中东铁路博物馆、达赉湖旅游区、达永山滑雪场和铁木真大汗行宫、根河桥度假村、贝尔湖景区 |
| 兴安盟 | 17 | 阿尔山海神圣泉旅游度假村、阿尔山柴河旅游区、成吉思汗庙景区、万豪蒙古大营、察尔森蒙古包旅游村、图牧吉国家自然保护区、明星湖旅游度假区、翰嘎利湖五角枫休闲旅游度假区、蒙格罕山生态旅游景区、天府园旅游休闲山庄、内蒙古解放纪念馆、龙凤源景区、乌兰浩特市工业经济开发区、阿尔山白狼峰景区、科右中旗博物馆、兴安村第一党支部、多兰湖公园 |
| 通辽市 | 22 | 大青沟国家自然保护区、库伦三大寺、孝庄园旅游区、珠日河旅游区、牵手草原度假村、吉祥密乘大乐林寺、山地草原旅游区、科尔沁民族博物馆、奈曼旗王府、辉特淖尔草原旅游区、古榆园旅游区、麦新烈士纪念馆、新镇柏盛园度假村、奈曼银矿九岛旅游区、观音山旅游区、阿古拉草原旅游区、青龙山洼旅游区、鸿雁湖旅游区、东湖旅游区、僧格林沁博物馆、开鲁县烈士陵园、老乡山庄旅游区 |
| 赤峰市 | 21 | 喀喇沁亲王府、克什克腾世界地质公园阿斯哈图花岗岩石林景区、达里湖景区、曼陀山庄、玉龙沙湖旅游区、海贝尔娱乐园、马鞍山国家森林公园、巴林左旗召庙、克什克腾世界地质公园博物馆、藏龙谷景区、敖汉温泉城、赤峰植物园、红山湖旅游区、红山公园、南山生态园、荟福寺、巴林右旗奇石馆、巴林蒙古部落、大辽猎苑景区、杜鹃山庄、辽上京博物馆 |
| 锡林郭勒盟 | 22 | 贝子庙景区、蒙古汗城旅游景区、多伦湖旅游区、御马苑旅游区、恐龙地质公园、赛汉塔拉娱乐园、乌里雅斯太山旅游景区、元上都博物馆、乌兰五台旅游景区、别里古台扎桑、博力彦神泉度假村、国门景区、葛根敖包旅游度假村、多伦县山西会馆、滦源殿度假村、南沙梁旅游景区、阿拉腾艾里旅游度假村、浩济特庙旅游景区、乃林郭勒旅游度假村、马文化博物馆、查干朝鲁图珠洒勒旅游度假村、"探马赤"大宫旅游景区 |
| 乌兰察布市 | 15 | 格根塔拉草原旅游中心、京能岱海旅游度假村、察尔湖生态旅游区、辉腾锡勒草原明珠接待中心、外事旅游接待中心、京能黄花沟草原旅游区窝阔台汗宫、苏木山旅游区、霸王河生态旅游区、铁骑草原旅游中心、岱海自然生态旅游度假区、阿贵庙旅游点、集宁老虎山公园、巴彦塔拉旅游城、淖干诺尔草原旅游度假村、淖干塔拉蒙古营度假村 |
| 鄂尔多斯市 | 39 | 成吉思汗陵旅游区、响沙湾旅游区、恩格贝旅游区、鄂尔多斯文化旅游村、七星湖旅游区、九城宫生态园、察罕苏力德游牧生态旅游区、秦直道旅游区、释尼召沙漠绿海乐园、康巴什旅游区、苏泊汗草原旅游区、碧海阳光温泉度假旅游区、大沙头生态文化旅游区、银肯塔拉沙漠绿洲自然生态旅游区、乌审召旅游区、世珍园旅游区、巴图湾旅游区、鄂尔多斯草原旅游区、三盛公水利风景区、银海旅游度假村、昭君城旅游区、窝阔台旅游区、广稷农耕博物馆、天福祥生态农业观光度假区、库布其沙漠旅游区、福海蒙古城生态旅游区、中华文明史艺术城、龙洋民族休闲度假村、水镜湖休闲度假旅游区、上海庙草原文化旅游区、苏里格庙旅游区、准格尔召旅游区、神东绿洲宾馆旅游区、吉祥福慧寺、锦世温泉度假村、油松王旅游区、陶亥召、神光大漠旅游度假村、绿梦苑山庄 |
| 巴彦淖尔市 | 31 | 维信国际高尔夫度假村、乌拉特部落、公田农庄、地质博物馆、甘露寺、冬青湖旅游景区、五原县历史文化博物馆、河套酒业、塞上园旅游区、大后套生态旅游区、镜湖生态旅游区、磴口县博物馆、云海秋林生态休闲度假村、游牧一族苁蓉生态园、镜海旅游度假村、乌梁素海生态旅游区、乌拉山国家森林公园、五原抗战纪念园、冯玉祥誓师广场、四大股普济寺、河神湖旅游景区、塔尔湖度假村、慈云寺、浩彤现代农业观光园、浩澎现代农业观光园、四季青高科技生态园区、青清湖旅游景区、风蚀冰臼国家地质公园、温根塔拉旅游接待中心、同歌乐歌景观河旅游区、善达古庙 |
| 乌海市 | 9 | 金沙湾生态旅游区、甘德尔山旅游区、汉森庄园、满巴拉僧庙旅游景区、乌海市科技馆、蒙古族家具博物馆、煤炭博物馆、青山翰墨园、乌海市植物园 |
| 阿拉善盟 | 8 | 南寺生态旅游区、腾格里达来月亮湖沙漠生态探险度假营地、通湖草原旅游区、贺兰山福因寺(北寺)旅游区、乌日勒草原旅游区、阿拉善盟博物馆、阿右旗博物馆、额济纳旗博物馆 |

# 1-1-5 自然资源情况

| 项　　目 | 2012 年 | 项　　目 | 2012 年 |
|---|---|---|---|
| **土 地 资 源** | | 地下水资源量 | 258.38 |
| 土地总面积(万平方公里) | 118.3 | | |
| 林业用地面积(万公顷) | 4394.93 | | |
| **森 林 资 源** | | | |
| 森林面积(万公顷) | 2366.4 | **矿 产 资 源** | |
| 森林覆盖率(%) | 20.0 | 煤保有储量(亿吨) | 3730.80 |
| 活立木蓄积量(亿立方米) | 13.61 | 铁矿石保有储量(亿吨) | 41.87 |
| **草 原 资 源** | | 磷矿石保有储量(亿吨) | 2.70 |
| 草原总面积(万公顷) | 8800.0 | | 654.04 |
| # 可利用面积(万公顷) | 6800.0 | 铜保有储量(万吨) | 1171.94 |
| **水 利 资 源** | | 铅保有储量(万吨) | 2340.94 |
| 水资源总量(亿立方米) | 510.25 | 锌保有储量(万吨) | 15657.42 |
| 地表水资源量 | 349.24 | 盐保有储量(万吨) | |

注:地表水资源量与地下水资源量之和不等于水资源总量,有重复计算部分。

# 1-1-6 草原建设及利用情况

| 项　　目 | 2011 年 | 2012 年 | 项　　目 | 2011 年 | 2012 年 |
|---|---|---|---|---|---|
| **草场面积(万公顷)** | **8800.00** | **8800.00** | **天然草原冷季可食牧草储量(万吨)** | | **1376.69** |
| 承包到户面积(万公顷) | 6940.00 | 6940.00 | 畜棚面积(万平方米) | 10579.55 | 11108.53 |
| **草库伦面积(围栏草场面积)(万公顷)** | **2871.47** | **2829.79** | 每平米畜棚拥有牲畜数(只/平方米) | 0.90 | 1.10 |
| 当年新增面积(万公顷) | 231.15 | 130.45 | 畜圈面积(万平方米) | 14590.97 | 14500.00 |
| **人工种草保有面积(万公顷)** | **431.18** | **440.88** | 每平米畜圈拥有牲畜数(只/平方米) | 1.30 | 1.00 |
| 当年种草面积(万公顷) | 179.85 | 193.04 | | | |
| 飞机播种面积(万公顷) | 1.00 | 0.87 | | | |

注:每平方米畜棚、畜圈拥有牲畜及草原载畜量均按标准羊单位计算。

# 主要统计指标解释

**行政区划** 指国家对行政区域的划分。根据宪法规定,我国的行政区域划分如下:(1)全国分为省、自治区、直辖市;(2)省、自治区分为自治州(盟)、县(旗)、自治县(旗)、市;(3)自治州分为县、自治县、市;(4)旗、县、自治县(旗)分为乡、民族乡、镇;(5)直辖市和较大的市分为区、县(旗);(6)国家在必要时设立的特别行政区。

**自然资源** 指人类可以直接从自然界获得,并用于生产和生活的物质资源。自然资源一般可以分成可再生资源和非再生资源两大类。可再生资源指在较短时间内可以再生、可以循环利用的资源,包括土地资源、水资源、气候资源、生物资源和海洋资源等。非再生资源指在使用后不能再生的资源,包括矿产资源和地热能源。

**土地资源** 土地指陆地的表层部分,它主要由岩石、岩石的风化物和土壤构成。土地资源按利用类型可以分为农用地、建筑用地和未利用地。农用地包括耕地、园地、林地、牧草地和水面。建筑用地包括居民点及工矿用地、交通用地和水利设施用地。未利用地指农用地和建筑用地以外的土地,包括滩涂、荒漠、戈壁、冰川和石山等。

**耕地面积** 指种植各种农作物的土地面积,包括灌溉水田、望天田、水浇地、旱地、菜地等。

**林业用地面积** 指生长乔木、竹类、灌木、沿海红树林等林木的土地面积,包括有林地、灌木林、疏林地、未成林造林地、迹地、苗圃等。

**草地面积** 指牧区和农区用于放牧牲畜或割草,植被盖度在5%以上的草原、草坡、草山等面积。包括天然的和人工种植或改良的草地面积。

**森林资源** 指森林、林木、林地以及依托森林、林木、林地生存的野生动物、植物和微生物。林木指树木和竹子。森林指以乔木为主体的植物群落,是集生的乔木及与共同作用的植物、动物、微生物和土壤、气候等的总体。

**活立木总蓄积量** 指一定范围内土地上全部树木蓄积的总量,包括森林蓄积、疏林蓄积、散生木蓄积和四旁树蓄积。

**森林面积** 指由乔木树种构成,郁闭度0.2以上(含0.2)的林地或冠幅宽度10米以上的林带的面积,即有林地面积。森林面积包括天然起源和人工起源的针叶林面积、阔叶林面积、针阔混交林面积和竹林面积,不包括灌木林地面积和疏林地面积。

**森林蓄积量** 指一定森林面积上存在着的林木树干部分的总材积。它是反映一个国家或地区森林资源总规模和水平的基本指标之一,也是反映森林资源的丰富程度、衡量森林生态环境优劣的重要依据。

**森林覆盖率** 指一个国家或地区森林面积占土地面积的百分比。在计算森林覆盖率时,森林面积包括郁闭度0.2以上的乔木林地面积和竹林地面积,国家特别规定的灌木林地面积、农田林网以及四旁(村旁、路旁、水旁、宅旁)林木的覆盖面积。森林覆盖率是反映森林资源的丰富程度和生态平衡状况的重要指标。计算公式为:

森林覆盖率(%)=森林面积/土地总面积×100%

**水资源** 水在自然界中以固体、液体和气态三种聚集状态存在,分布于海洋、陆地(包括土壤)以及大气之中,通过水循环形成水资源。水资源包括经人类控制并直接可供灌溉、发电、给水、航运、养殖等用途的地表水和地下水,以及江河、湖泊、井、泉、潮汐、港湾和养殖水域等。水资源是发展国民经济不可缺少的重要自然资源。

**地表水和地下水** 陆地上的水因空间分布不同,可以分为地表水和地下水。地表水指分别存在于河流、湖泊、沼泽、冰川和冰盖等水体中水分的总称,又称陆地水。地下水指储存在地面以下饱和岩土孔隙、裂隙及溶洞中的水。

**内陆水域总面积** 指江、河、湖泊、池塘、塘堰、水库等各种流水或蓄水的水面占地面积。

**径流** 指大气降水扣除损耗外,从地表和地下向流域出口断面汇集的水流。径流可分为地表径流、地下径流和壤中流。地表径流指沿地表向河流、湖泊、沼泽、海洋等汇集的水流;地下径流指沿潜水层或隔水层间的含水层,向河流、湖泊、沼泽、海洋等汇集的地下水水流。

**径流量** 指在一定时段内通过河流某一过水断面的水量,用以反映一个国家或地区水资源的丰欠程度。计算公式为:

径流量=降水量-蒸发量

**矿产资源** 矿产指由地质作用形成,富集于地壳中或出露于地表达到工农业利用要求的有用矿物。矿产是一种重要的自然资源,是社会发展的重要物质基础。从某种意义上讲,一个国家对矿产资源开发利用的广度和深度,可以作为这个国家经济发展水平的标志。

**矿产保有储量** 指探明的矿产储量(包括工业储量和远景储量),扣除已开采部分和地下损失量后的年末实有储量,是反映国家矿产资源现状的重要指标。

# 1 经济社会综合篇

## ② 综　合

资料整理：张利珍　闫少菲

# 1－2－1 年末总人口及人口变动

| 项　　目 | 2011 年 | 2012 年 | 2012 年比 2011 年增长% |
|---|---|---|---|
| **总人口（万人）** | **2481.71** | **2489.85** | **0.33** |
| 按性别分 | | | |
| 男（万人） | 1287.99 | 1291.61 | 0.28 |
| 女（万人） | 1193.72 | 1198.24 | 0.38 |
| 按城乡分 | | | |
| 市镇人口（万人） | 1405.24 | 1437.64 | 2.31 |
| 乡村人口（万人） | 1076.47 | 1052.21 | －2.25 |
| 按农业非农业分 | | | |
| 农业人口（万人） | 1469.17 | 1464.53 | －0.32 |
| 非农业人口（万人） | 1012.54 | 1025.32 | 1.26 |
| 人口自然变动 | | | |
| 出生人口（万人） | 22.14 | 22.79 | 2.94 |
| 男 | 11.67 | 11.94 | 2.31 |
| 女 | 10.47 | 10.85 | 3.63 |
| 死亡人口（万人） | 13.45 | 13.72 | 2.01 |
| 出生率（‰） | 8.94 | 9.17 | |
| 死亡率（‰） | 5.43 | 5.52 | |
| 自然增长率（‰） | 3.51 | 3.65 | |

注:本表中数据根据人口变动调查数据推算。

# 1－2－2 国民经济和

| 指　　标 | 总　量　指　标 | | | | | |
|---|---|---|---|---|---|---|
| | 1978 | 1995 | 2000 | 2005 | 2010 | 2012 |
| **人口与就业** | | | | | | |
| 人口(万人) | | | | | | |
| 年末总人口 | 1823.4 | 2284.4 | 2372.4 | 2403.1 | 2472.2 | 2489.9 |
| 市镇人口 | 397.5 | 873.1 | 1001.1 | 1134.3 | 1372.9 | 1437.6 |
| 乡村人口 | 1425.9 | 1411.3 | 1371.3 | 1268.8 | 1099.3 | 1052.2 |
| 男性人口 | 957.8 | 1187.6 | 1227.2 | 1237.9 | 1283.9 | 1291.6 |
| 女性人口 | 865.6 | 1096.8 | 1145.2 | 1165.2 | 1188.3 | 1198.2 |
| 就业(万人) | | | | | | |
| 从业人数 | 652.8 | 1029.4 | 1061.6 | 1041.1 | 1184.7 | 1304.9 |
| # 职工人数 | 227.6 | 383.7 | 263.9 | 239.6 | 244.9 | 265.3 |
| 城镇登记失业人数 | | 14.0 | 12.7 | 17.8 | 20.8 | 23.1 |
| **宏观经济** | | | | | | |
| 国民经济核算(亿元) | | | | | | |
| 生产总值 | 58.04 | 857.06 | 1539.12 | 3905.03 | 11672.00 | 15880.58 |
| 第一产业 | 18.96 | 260.18 | 350.80 | 589.56 | 1095.28 | 1448.58 |
| 第二产业 | 26.37 | 308.78 | 582.57 | 1773.21 | 6367.69 | 8801.50 |
| 第三产业 | 12.71 | 288.10 | 605.74 | 1542.26 | 4209.02 | 5630.50 |
| 固定资产投资(亿元) | | | | | | |
| 全社会固定资产投资总额 | | 273.06 | 430.42 | 2687.84 | 8971.63 | 13112.01 |
| # 国有单位 | | 210.00 | 275.06 | 1644.71 | 4191.07 | 5137.25 |
| 集体单位 | | 11.14 | 27.15 | 41.14 | 108.74 | 243.95 |
| 个体经济 | | 44.09 | 51.64 | 84.26 | 105.44 | 182.83 |
| 财政(亿元) | | | | | | |
| 地方财政总收入 | 6.90 | 43.70 | 110.68 | 335.09 | 1738.14 | 2497.28 |
| 地方财政总支出 | 18.69 | 102.18 | 261.06 | 734.61 | 2273.50 | 3425.99 |
| 物价总指数(上年＝100) | | | | | | |
| 商品零售价格总指数 | 101.0 | 116.8 | 98.8 | 101.5 | 103.0 | 102.5 |
| 居民消费价格总指数 | | 117.5 | 101.3 | 102.4 | 103.2 | 103.1 |
| 农产品生产者价格总指数 | 101.6 | 124.7 | 99.7 | 103.2 | 111.4 | 104.7 |
| 能源生产与消费(万吨标准煤) | | | | | | |
| 能源生产总量 | 1070.63 | 4642.02 | 4701.23 | 19082.33 | 49740.18 | 64027.06 |
| 能源消费总量 | | 3268.44 | 3937.54 | 10788.37 | 18882.66 | 22103.30 |

# 社会发展总量与速度

| 速度指标（%） | | | | | | | | |
|---|---|---|---|---|---|---|---|---|
| 指数(2012年比以下各年) | | | | | 平均增长速度 | | | |
| 1978 | 1995 | 2000 | 2005 | 2010 | 1979－2012 | 1996－2000 | 2001－2005 | 2006－2010 |
| 136.5 | 109.0 | 105.0 | 103.6 | 100.7 | 0.9 | 0.8 | 0.3 | 0.6 |
| 361.7 | 164.7 | 143.6 | 126.7 | 104.7 | 3.9 | 2.8 | 2.5 | 3.9 |
| 73.8 | 74.6 | 76.7 | 82.9 | 95.7 | -0.9 | -0.6 | -1.5 | -2.8 |
| 134.9 | 108.8 | 105.2 | 104.3 | 100.6 | 0.9 | 0.7 | 0.2 | 0.7 |
| 138.4 | 109.2 | 104.6 | 102.8 | 100.8 | 1.0 | 0.9 | 0.3 | 0.4 |
| 199.9 | 126.8 | 122.9 | 125.3 | 110.1 | 2.1 | 0.6 | -0.4 | 2.6 |
| 116.6 | 69.1 | 100.5 | 110.7 | 108.3 | 0.5 | -7.2 | -1.9 | 0.4 |
| | 165.2 | 182.1 | 129.9 | 111.2 | | -1.9 | 6.9 | 3.2 |
| 5332.1 | 1067.2 | 631.6 | 286.7 | 127.5 | 12.4 | 11.1 | 17.1 | 17.6 |
| 814.2 | 262.0 | 192.2 | 139.9 | 111.8 | 6.4 | 6.4 | 6.6 | 4.6 |
| 7449.7 | 1708.5 | 998.8 | 369.5 | 132.6 | 13.5 | 11.3 | 22.0 | 22.8 |
| 10663.2 | 1037.4 | 546.5 | 248.9 | 123.7 | 14.7 | 13.7 | 17.0 | 15.0 |
| | 4801.9 | 3046.3 | 487.8 | 146.1 | | 9.5 | 44.2 | 27.3 |
| | 2446.3 | 1867.7 | 312.3 | 122.6 | | 5.5 | 43.0 | 20.6 |
| | 2189.9 | 898.5 | 593.0 | 224.3 | | 19.5 | 8.7 | 21.5 |
| | 414.7 | 354.0 | 217.0 | 173.4 | | 3.2 | 10.3 | 4.6 |
| 36192.5 | 5714.6 | 2256.3 | 745.3 | 143.7 | 18.9 | 20.4 | 24.8 | 39.0 |
| 18330.6 | 3352.9 | 1312.3 | 466.4 | 150.7 | 16.6 | 20.6 | 23.0 | 25.4 |
| 450.6 | 128.2 | 125.0 | 121.2 | 107.5 | 4.5 | 0.5 | 0.6 | 2.4 |
| | 157.3 | 139.3 | 125.7 | 108.9 | | 2.5 | 2.1 | 2.9 |
| | 186.4 | 224.2 | 173.5 | 118.1 | | -3.6 | 5.3 | 8.0 |
| 5980.3 | 1379.3 | 1361.9 | 335.5 | 128.7 | 12.8 | 0.3 | 32.3 | 21.1 |
| | 676.3 | 561.3 | 204.9 | 117.1 | | 3.8 | 22.3 | 11.8 |

# 1－2－2

| 指标 | 总量指标 | | | | | |
|---|---|---|---|---|---|---|
| | 1978 | 1995 | 2000 | 2005 | 2010 | 2012 |
| 产业 | | | | | | |
| 农林牧渔业 | | | | | | |
| 耕地面积(万公顷) | 532.60 | 549.1 | 731.70 | 735.50 | 714.90 | |
| 从业人员(万人) | 393.80 | 503.0 | 524.30 | 529.18 | 540.53 | 552.85 |
| 总产值(亿元) | 28.35 | 373.59 | 543.16 | 980.21 | 1843.57 | 2449.34 |
| 主要农畜产品产量 | | | | | | |
| 粮食(万吨) | 499.00 | 1055.40 | 1241.90 | 1662.20 | 2158.20 | 2528.50 |
| 油料(万吨) | 12.50 | 70.20 | 116.40 | 122.20 | 128.10 | 145.10 |
| 甜菜(万吨) | 43.10 | 263.50 | 141.30 | 138.30 | 161.00 | 167.90 |
| 造林面积(万公顷) | 29.79 | 40.25 | 58.90 | 38.38 | 65.52 | 78.16 |
| 肉类(万吨) | | 81.89 | 143.40 | 229.91 | 238.71 | 245.83 |
| 牛奶(万吨) | | 48.57 | 79.80 | 691.08 | 905.15 | 910.18 |
| 羊毛(万吨) | | 5.99 | 6.85 | 10.25 | 12.00 | 11.66 |
| 羊绒(吨) | | 3114 | 3815 | 6646 | 8104 | 7642 |
| 水产品(万吨) | 1.50 | 4.76 | 7.21 | 8.26 | 11.38 | 13.16 |
| 六月末牲畜总数(万头只) | 4162.3 | 6065.7 | 7300.47 | 10615.3 | 10798.5 | 11263 |
| 大牲畜(万头) | 697.5 | 783.8 | 803.31 | 934.20 | 1140.1 | 1238.7 |
| 羊(万只) | 2860.5 | 4302.5 | 5406.23 | 8713.00 | 8408 | 8605.4 |
| 生猪(万口) | 604.30 | 979.4 | 1090.92 | 968.10 | 1250.50 | 1418.90 |
| 工业生产 | | | | | | |
| 工业总产值(亿元) | 52.96 | 626.52 | 1202.85 | 3861.58 | 16020 | 21933.29 |
| 轻工业(亿元) | 22.05 | 215.92 | 464.26 | 1171.70 | 4645.8 | 6579.99 |
| 重工业(亿元) | 30.91 | 410.61 | 738.59 | 2689.88 | 11374 | 15353.3 |
| 工业增加值(亿元) | 21.84 | 254.88 | 484.19 | 1477.88 | 5618.40 | 7735.78 |
| 主要工业产品产量 | | | | | | |
| 原煤(万吨) | 2194 | 7055 | 7247 | 25608 | 78913 | 106603 |
| 原油(万吨) | | | 90.50 | 146.92 | 182.91 | 197.84 |
| 原盐(万吨) | 65.18 | 76.13 | 126.68 | 215.84 | 278.42 | 253.46 |
| 发电量(亿千瓦小时) | 37.38 | 278.54 | 439.21 | 1056.59 | 2483.90 | 3116.89 |
| 糖(包括土糖)(万吨) | 4.23 | 17.07 | 12.04 | 14.75 | 12.04 | 31.14 |
| 乳制品(万吨) | 0.31 | 3.03 | 6.65 | 307.53 | 345.36 | 325.67 |
| 呢绒(万米) | 336.80 | 1477.00 | 421.20 | 611.76 | 1257.94 | 753.40 |
| 服装(万件) | | 4868 | 1794.70 | 1980.72 | 3676.37 | 3276.90 |
| 机制纸及纸板(万吨) | 4.25 | 19.15 | 12.19 | 25.74 | 28.84 | 14.97 |
| 水泥(万吨) | 91.91 | 349.27 | 630.00 | 1632.25 | 5454.30 | 5872.06 |
| 钢(万吨) | 99 | 355.36 | 423.59 | 805.49 | 1232.84 | 1734.14 |
| 生铁(万吨) | 107 | 345.78 | 440.83 | 922.69 | 1358.97 | 1326.43 |
| 成品钢材(万吨) | 36.23 | 257.77 | 378.91 | 747.77 | 1341.41 | 1661.82 |
| 电视机(万台) | 0.10 | 32.68 | 51.80 | 239.09 | 204.37 | 383.23 |
| 建筑业 | | | | | | |
| 建筑业从业人数(万人) | | 30.98 | 35.30 | 26.35 | 44.34 | 36.89 |
| 建筑企业总产值(亿元) | | 85.52 | 138.80 | 381.30 | 1125.58 | 1441.00 |
| 施工房屋面积(万平方米) | | 1010.92 | 1816.94 | 2958.88 | 7577.89 | 10550.69 |
| 竣工房屋面积(万平方米) | | 511.86 | 1130.00 | 1623.38 | 3805.24 | 3658.96 |
| 交通运输 | | | | | | |
| 货运量(万吨) | 8213 | 32732 | 44629 | 73082 | 132205 | 168078 |
| 铁路 | 3861 | 8347 | 9648 | 22060 | 47040 | 42813 |
| 公路 | 4352 | 24384 | 34979 | 51020 | 85162 | 125260 |
| 空运 | | 1.13 | 2.00 | 2.00 | 3.11 | 4.68 |
| 客运量(万人) | 3422 | 18273 | 23549 | 32114 | 24343 | 28188 |
| 铁路 | 1753 | 2909 | 3378 | 3259 | 4136 | 4273 |
| 公路 | 1669 | 15248 | 20061 | 28604 | 19830 | 23310 |
| 空运 | | 116 | 110 | 251 | 377 | 605 |

# 续表 1

| 速度指标（%） | | | | | | | | |
|---|---|---|---|---|---|---|---|---|
| 指数(2012 年比以下各年) | | | | | 平均增长速度 | | | |
| 1978 | 1995 | 2000 | 2005 | 2010 | 1979－2012 | 1996－2000 | 2001－2005 | 2006－2010 |
| | | | | | | | | |
| | | | | | | 5.9 | 0.1 | －0.6 |
| 140.4 | 109.9 | 105.4 | 104.5 | 102.3 | 1.0 | 0.8 | 0.2 | 0.4 |
| 821.2 | 290.9 | 204.5 | 140.8 | 111.7 | 6.4 | 7.3 | 7.7 | 4.7 |
| | | | | | | | | |
| 506.7 | 239.6 | 203.6 | 152.1 | 117.2 | 4.9 | 3.3 | 6.0 | 5.4 |
| 1160.8 | 206.7 | 124.7 | 118.7 | 113.3 | 7.5 | 10.6 | 1.0 | 0.9 |
| 389.6 | 63.7 | 118.8 | 121.4 | 104.3 | 4.1 | －11.7 | －0.4 | 3.1 |
| 262.4 | 194.2 | 132.7 | 203.6 | 119.3 | 2.9 | 7.9 | －8.2 | 11.3 |
| | 300.2 | 171.4 | 106.9 | 103.0 | | 11.8 | 9.9 | 0.8 |
| | 1874.0 | 1140.6 | 131.7 | 100.6 | | 10.4 | 54.0 | 5.5 |
| | 194.7 | 170.3 | 113.8 | 97.2 | | 2.7 | 8.4 | 3.2 |
| | 245.4 | 200.3 | 115.0 | 94.3 | | 4.1 | 11.7 | 4.0 |
| 877.2 | 276.4 | 182.5 | 159.3 | 115.6 | 6.6 | 8.7 | 2.8 | 6.6 |
| 270.6 | 185.7 | 154.3 | 106.1 | 104.3 | 3.0 | 3.8 | 7.8 | 0.3 |
| 177.6 | 158.0 | 154.2 | 132.6 | 108.6 | 1.7 | 0.5 | 3.1 | 4.1 |
| 300.8 | 200.0 | 159.2 | 98.8 | 102.3 | 3.3 | 4.7 | 10.0 | －0.7 |
| 234.8 | 144.9 | 130.1 | 146.6 | 113.5 | 2.5 | 2.3 | －2.4 | 5.3 |
| | | | | | | | | |
| 9853.5 | 1914.2 | 1091.7 | 406.8 | 136.6 | 14.5 | 11.9 | 21.8 | 24.4 |
| 9218.2 | 1758.1 | 859.3 | 324.7 | 128.7 | 14.2 | 15.4 | 21.5 | 20.3 |
| 9116.0 | 1795.8 | 1166.3 | 435.2 | 138.5 | 14.2 | 9.0 | 21.8 | 25.7 |
| 7786.3 | 1874.0 | 1035.9 | 391.9 | 133.1 | 13.7 | 12.6 | 21.5 | 24.1 |
| | | | | | | | | |
| 4858.8 | 1511.0 | 1471.0 | 416.3 | 135.1 | 12.1 | 0.5 | 28.7 | 25.2 |
| | | 218.6 | 134.7 | 108.2 | | | 10.2 | 4.5 |
| 388.9 | 332.9 | 200.1 | 117.4 | 91.0 | 4.1 | 10.7 | 11.2 | 5.2 |
| 8338.4 | 1119.0 | 709.7 | 295.0 | 125.5 | 13.9 | 9.5 | 19.2 | 18.6 |
| 736.2 | 182.4 | 258.7 | 211.1 | 258.7 | 6.0 | －6.7 | 4.1 | －4.0 |
| 105054.8 | 10748.2 | 4897.3 | 105.9 | 94.3 | 22.7 | 17.0 | 115.3 | 2.3 |
| 223.7 | 51.0 | 178.9 | 123.2 | 59.9 | 2.4 | －22.2 | 7.8 | 15.5 |
| | 67.3 | 182.6 | 165.4 | 89.1 | | －18.1 | 2.0 | 13.2 |
| 352.2 | 78.2 | 122.8 | 58.2 | 51.9 | 3.8 | －8.6 | 16.1 | 2.3 |
| 6388.9 | 1681.2 | 932.1 | 359.8 | 107.7 | 13.0 | 12.5 | 21.0 | 27.3 |
| 1751.7 | 488.0 | 409.4 | 215.3 | 140.7 | 8.8 | 3.6 | 13.7 | 8.9 |
| 1239.7 | 383.6 | 300.9 | 143.8 | 97.6 | 7.7 | 5.0 | 15.9 | 8.1 |
| 4586.9 | 644.7 | 438.6 | 222.2 | 123.9 | 11.9 | 8.0 | 14.6 | 12.4 |
| 383230.0 | 1172.7 | 739.8 | 160.3 | 187.5 | 27.5 | 9.7 | 35.8 | －3.1 |
| | | | | | | | | |
| | 119.1 | 104.5 | 140.0 | 83.2 | | 2.6 | －5.7 | 11.0 |
| | 1685.0 | 1038.2 | 377.9 | 128.0 | | 10.2 | 22.4 | 24.2 |
| | 1043.7 | 580.7 | 356.6 | 139.2 | | 12.4 | 10.2 | 20.7 |
| | 714.8 | 323.8 | 225.4 | 96.2 | | 17.2 | 7.5 | 18.6 |
| | | | | | | | | |
| 2046.5 | 53.5 | 376.6 | 230.0 | 127.1 | 9.3 | 6.4 | 10.6 | 12.6 |
| 1108.9 | 512.9 | 443.8 | 194.1 | 91.0 | 7.3 | 2.9 | 18.0 | 16.4 |
| 2878.2 | 513.7 | 358.1 | 245.5 | 147.1 | 10.4 | 7.5 | 7.8 | 10.8 |
| | 414.2 | 234.0 | 234.0 | 150.5 | | 12.1 | | 9.2 |
| 823.7 | 154.3 | 119.7 | 87.8 | 115.8 | 6.4 | 5.2 | 6.4 | －5.4 |
| 243.8 | 146.9 | 126.5 | 131.1 | 103.3 | 2.7 | 3.0 | －0.7 | 4.9 |
| 1396.6 | 152.9 | 116.2 | 81.5 | 117.5 | 8.1 | 5.6 | 7.4 | －7.1 |
| | 521.6 | 550.0 | 241.0 | 160.5 | | －1.1 | 17.9 | 8.5 |

1－2－2

| 指　　标 | 总　量　指　标 | | | | | |
|---|---|---|---|---|---|---|
| | 1978 | 1995 | 2000 | 2005 | 2010 | 2012 |
| **邮电通信业** | | | | | | |
| 邮电业务总量(亿元) | 0.42 | 9.66 | 56.25 | 199.72 | 200.69 | 270.29 |
| 函 件(万件) | 6658 | 16728 | 9677 | 3143 | 3389 | 2433 |
| 报刊期发数(万份) | 253 | 486 | 395 | 194 | 242 | 230 |
| 局用交换机容量(万门) | 5.08 | 105.92 | 254.30 | 430.45 | 711.47 | 863.53 |
| 电话机(万部) | 9.96 | 85.49 | 322.20 | 1254.30 | 2448.09 | 2918.30 |
| **国内贸易** | | | | | | |
| 社会消费品零售总额(亿元) | 36.83 | 313.31 | 608.55 | 1358.1 | 3384.00 | 4572.50 |
| **对外经济贸易** | | | | | | |
| 进出口总额(亿美元) | 0.16 | 11.23 | 20.36 | 51.62 | 87.19 | 112.57 |
| 进口额 | 0.05 | 5.15 | 10.14 | 30.97 | 53.84 | 72.86 |
| 出口额 | 0.11 | 6.08 | 10.22 | 20.65 | 33.35 | 39.70 |
| 实际利用外资额(万美元) | | 10838 | 54819 | 140007 | 355876 | 417665 |
| **国际旅游** | | | | | | |
| 来华旅游人数(万人) | | 30.09 | 39.19 | 100.16 | 142.80 | 159.17 |
| 旅游外汇收入(万美元) | | 9052 | 12645 | 35207 | 60190 | 77196 |
| **金融保险** | | | | | | |
| 金融机构各项存款(亿元) | 16.47 | 566.34 | 1270.13 | 3298.15 | 10278.69 | 13612.72 |
| 金融机构各项贷款(亿元) | 40.33 | 819.87 | 1340.74 | 2588.57 | 7919.47 | 11284.20 |
| 中资保险公司保险金额(亿元) | | 1426 | 1624 | 10504 | 37989 | 47067 |
| 中资保险公司保费收入(亿元) | | 9.11 | 24.63 | 60.87 | 198.84 | 247.74 |
| 中资保险公司赔款及给付(亿元) | | 4.87 | 7.92 | 10.76 | 59.45 | 85.36 |
| **教育、科技、文化** | | | | | | |
| **教育** | | | | | | |
| 专任教师数(人) | | | | | | |
| 普通高等学校 | 2949 | 7070 | 8856 | 16189 | 23332 | 24654 |
| 中等学校 | 81208 | 98437 | 101036 | 107704 | 110137 | 109659 |
| 小学 | 121364 | 153461 | 129242 | 118988 | 113546 | 112898 |
| 在校学生数(人) | | | | | | |
| 普通高等学校 | 12567 | 37248 | 71967 | 229354 | 371388 | 391434 |
| 中等学校 | 1624573 | 1304852 | 1621258 | 1798804 | 1648686 | 1522115 |
| 小学 | 2917772 | 2343129 | 2015076 | 1596381 | 1430751 | 1365080 |
| 教育经费支出(亿元) | | 31.7 | 55.28 | 116.22 | 357.09 | 553.90 |
| **科技** | | | | | | |
| 研究与发展经费支出(万元) | | 2023 | 24605.8 | 113208 | 637205 | 1014468 |
| 技术市场成交额(万元) | | 25000 | 60287 | 310620 | 868893 | 2184318 |
| **文化** | | | | | | |
| 出版数量 | | | | | | |
| 图书(万册・张) | 3200 | 6560 | 7423.34 | 8888.15 | 6069.00 | 5807.11 |
| 杂志(万册) | | 1036.00 | 1585.46 | 1384.00 | 1437.00 | 2755.00 |
| 报纸(万份) | | 16286.00 | 17967.23 | 61819.00 | 27050.00 | 29361.00 |
| 电视节目制作时间(小时) | | 9843.00 | 12916.00 | 71091.00 | 64697.00 | 66794.00 |

# 续表 2

| 速度指标（%） | | | | | | | | |
|---|---|---|---|---|---|---|---|---|
| 指数(2012 年比以下各年) | | | | | 平均增长速度 | | | |
| 1978 | 1995 | 2000 | 2005 | 2010 | 1979－2012 | 1996－2000 | 2001－2005 | 2006－2010 |
| 64355.7 | 2798.1 | 480.5 | 135.3 | 134.7 | 20.9 | 42.2 | 28.8 | 0.1 |
| 36.5 | 14.5 | 25.1 | 77.4 | 71.8 | －2.9 | －10.4 | －20.1 | 1.5 |
| 90.9 | 47.3 | 58.2 | 118.6 | 95.0 | －0.3 | －4.1 | －13.3 | 4.5 |
| 16998.6 | 815.3 | 339.6 | 200.6 | 121.4 | 16.3 | 19.1 | 11.1 | 10.6 |
| 29300.2 | 3413.6 | 905.7 | 232.7 | 119.2 | 18.2 | 30.4 | 31.2 | 14.3 |
| 12415.2 | 1459.4 | 751.4 | 336.7 | 135.1 | 15.2 | 14.2 | 17.2 | 20.0 |
| 70354.2 | 1002.4 | 552.9 | 218.1 | 129.1 | 21.3 | 12.6 | 20.5 | 11.1 |
| 145724.4 | 1414.8 | 718.6 | 235.3 | 135.3 | 23.9 | 14.5 | 25.0 | 11.7 |
| 36095.0 | 653.0 | 388.5 | 192.3 | 119.1 | 18.9 | 10.9 | 15.1 | 10.1 |
|  | 3853.7 | 761.9 | 298.3 | 117.4 |  | 38.3 | 20.6 | 20.5 |
|  | 529.0 | 406.1 | 158.9 | 111.5 |  | 5.4 | 20.6 | 7.4 |
|  | 852.8 | 610.5 | 219.3 | 128.3 |  | 6.9 | 22.7 | 11.3 |
| 82651.6 | 2403.6 | 1071.8 | 412.7 | 132.4 | 21.8 | 17.5 | 21.0 | 25.5 |
| 27979.7 | 1376.3 | 841.6 | 435.9 | 142.5 | 18.0 | 10.3 | 14.1 | 25.1 |
|  | 3300.6 | 2898.2 | 448.1 | 123.9 |  | 2.6 | 45.3 | 29.3 |
|  | 2719.4 | 1005.8 | 407.0 | 124.6 |  | 22.0 | 19.8 | 26.7 |
|  | 1752.8 | 1077.8 | 793.3 | 143.6 |  | 10.2 | 6.3 | 40.8 |
| 836.0 | 348.7 | 278.4 | 152.3 | 105.7 | 6.4 | 4.6 | 12.8 | 7.6 |
| 135.0 | 111.4 | 108.5 | 101.8 | 99.6 | 0.9 | 0.5 | 1.3 | 0.4 |
| 93.0 | 73.6 | 87.4 | 94.9 | 99.4 | －0.2 | －3.4 | －1.6 | －0.9 |
| 3114.8 | 1050.9 | 543.9 | 170.7 | 105.4 | 10.6 | 14.1 | 26.1 | 10.1 |
| 93.7 | 116.7 | 93.9 | 84.6 | 92.3 | －0.2 | 4.4 | 2.1 | －1.7 |
| 46.8 | 58.3 | 67.7 | 85.5 | 95.4 | －2.2 | －3.0 | －4.6 | －2.2 |
|  | 1747.3 | 1002.0 | 476.6 | 155.1 |  | 11.8 | 16.0 | 25.2 |
|  | 50146.7 | 4122.9 | 896.1 | 159.2 |  | 64.8 | 35.7 | 41.3 |
|  | 8737.3 | 3623.2 | 703.2 | 251.4 |  | 19.2 | 38.8 | 22.8 |
| 181.5 | 88.5 | 78.2 | 65.3 | 95.7 | 1.8 | 2.5 | 3.7 | －7.3 |
|  | 265.9 | 173.8 | 199.1 | 191.7 |  | 8.9 | －2.7 | 0.8 |
|  | 180.3 | 163.4 | 47.5 | 108.5 |  | 2.0 | 28.0 | －15.2 |
|  | 678.6 | 517.1 | 94.0 | 103.2 |  | 5.6 | 40.6 | －1.9 |

# 1-2-2

<table>
<tr><th rowspan="2">指　　标</th><th colspan="6">总　量　指　标</th></tr>
<tr><th>1978</th><th>1995</th><th>2000</th><th>2005</th><th>2010</th><th>2012</th></tr>
<tr><td>家庭、生活、环境</td><td></td><td></td><td></td><td></td><td></td><td></td></tr>
<tr><td>家庭</td><td></td><td></td><td></td><td></td><td></td><td></td></tr>
<tr><td>城镇居民平均每户家庭人口(人)</td><td>3.34</td><td>3.08</td><td>3.00</td><td>2.82</td><td>2.80</td><td></td></tr>
<tr><td>农村居民平均每户家庭人口(人)</td><td>5.78</td><td>4.50</td><td>4.10</td><td>3.78</td><td>3.47</td><td>3.28</td></tr>
<tr><td>婚姻</td><td></td><td></td><td></td><td></td><td></td><td></td></tr>
<tr><td>结婚数(万对)</td><td></td><td>17.35</td><td>15.20</td><td>15.45</td><td>20.26</td><td>20.77</td></tr>
<tr><td>离婚数(万对)</td><td></td><td>2.75</td><td>3.25</td><td>3.92</td><td>5.72</td><td>7.49</td></tr>
<tr><td>居住</td><td></td><td></td><td></td><td></td><td></td><td></td></tr>
<tr><td>城市居民人均居住面积(平方米)</td><td>3.50</td><td>12.06</td><td>15.54</td><td>26.09</td><td>29.84</td><td>29.89</td></tr>
<tr><td>农村居民人均居住面积(平方米)</td><td></td><td>15.29</td><td>17.00</td><td>19.70</td><td>22.10</td><td>24.90</td></tr>
<tr><td>生活</td><td></td><td></td><td></td><td></td><td></td><td></td></tr>
<tr><td>城镇居民人均可支配收入(元)</td><td>301</td><td>2846</td><td>5129</td><td>9137</td><td>17698</td><td>23150</td></tr>
<tr><td>农村牧区居民人均纯收入(元)</td><td>131</td><td>1300</td><td>2038</td><td>2989</td><td>5530</td><td>7611</td></tr>
<tr><td>农民人均纯收入(元)</td><td>126</td><td>1208</td><td>1869</td><td>2813</td><td>5222</td><td>6968</td></tr>
<tr><td>牧民人均纯收入(元)</td><td>188</td><td>1871</td><td>3355</td><td>4341</td><td>7851</td><td>12257</td></tr>
<tr><td>个人储蓄存款余额(亿元)</td><td>2.53</td><td>410.82</td><td>875.74</td><td>1973.60</td><td>4618.11</td><td>6597.22</td></tr>
<tr><td>工资和福利</td><td></td><td></td><td></td><td></td><td></td><td></td></tr>
<tr><td>工资总额(亿元)</td><td>14.98</td><td>156.12</td><td>185.96</td><td>387.73</td><td>879.8</td><td>1280.5</td></tr>
<tr><td>职工平均工资(元)</td><td>712</td><td>4134</td><td>6974</td><td>15985</td><td>35507</td><td>47053</td></tr>
<tr><td>卫生</td><td></td><td></td><td></td><td></td><td></td><td></td></tr>
<tr><td>医院、卫生院(个)</td><td>1723</td><td>2003</td><td>1988</td><td>1834</td><td>1807</td><td>1848</td></tr>
<tr><td>医生(人)</td><td>26724</td><td>49345</td><td>52299</td><td>50308</td><td>54161</td><td>59528</td></tr>
<tr><td>医院、卫生院床位数(张)</td><td>24079</td><td>61933</td><td>63156</td><td>64002</td><td>87882</td><td>99761</td></tr>
<tr><td>市政建设</td><td></td><td></td><td></td><td></td><td></td><td></td></tr>
<tr><td>自来水供应量(亿吨)</td><td>0.88</td><td>6.32</td><td>6.18</td><td>6.11</td><td>6.28</td><td>6.49</td></tr>
<tr><td>下水道长度(公里)</td><td></td><td>2156</td><td>2693</td><td>4505</td><td>8514</td><td>10012</td></tr>
<tr><td>城市煤气和天然气供气量(万立方米)</td><td></td><td>5694</td><td>7485</td><td>16330</td><td>72560</td><td>115825</td></tr>
<tr><td>公共汽车总数(辆)</td><td>425</td><td>2078</td><td>2128</td><td>3594</td><td>5771</td><td>5705</td></tr>
<tr><td>铺装道路长度(公里)</td><td>677</td><td>2229</td><td>2771</td><td>3867</td><td>6447</td><td>7299</td></tr>
<tr><td>绿地面积(公顷)</td><td>2143</td><td>13394</td><td>16541</td><td>24632</td><td>38143</td><td>46727</td></tr>
<tr><td>环境、灾害</td><td></td><td></td><td></td><td></td><td></td><td></td></tr>
<tr><td>污染治理项目本年完成投资额(亿元)</td><td></td><td></td><td>5.59</td><td>2.57</td><td>11.18</td><td></td></tr>
<tr><td>火灾发生数(起)</td><td></td><td></td><td>2096</td><td>5422</td><td>8741</td><td>7545</td></tr>
<tr><td>火灾损失(万元)</td><td></td><td></td><td>1365</td><td>1687</td><td>5195</td><td>10131</td></tr>
<tr><td>交通事故发生数(起)</td><td></td><td></td><td>9521</td><td>8452</td><td>4780</td><td>3956</td></tr>
<tr><td>交通事故损失(万元)</td><td></td><td></td><td>2539</td><td>2785</td><td>2346</td><td>1879</td></tr>
</table>

注:个人储蓄存款余额为2011年修改指标,2010以前为城乡居民储蓄存款余额。

# 续表 3

| 速度指标（%） | | | | | | | | |
|---|---|---|---|---|---|---|---|---|
| 指数(2012 年比以下各年) | | | | | 平均增长速度 | | | |
| 1978 | 1995 | 2000 | 2005 | 2010 | 1979－2012 | 1996－2000 | 2001－2005 | 2006－2010 |
| | 83.8 | 90.9 | 93.3 | 99.3 | | －1.6 | －0.5 | －1.2 |
| 56.7 | 72.9 | 80.0 | 86.8 | 94.5 | －1.7 | －1.8 | －1.6 | －1.7 |
| | 119.7 | 136.6 | 134.4 | 102.5 | | －2.6 | 0.3 | 5.6 |
| | 272.5 | 230.6 | 191.2 | 131.0 | | 3.4 | 3.8 | 7.9 |
| 854.0 | 247.8 | 192.3 | 114.6 | 100.2 | 6.5 | 5.2 | 10.9 | 2.7 |
| | 162.9 | 146.5 | 126.4 | 112.7 | | 2.1 | 3.0 | 2.3 |
| 1285.9 | 526.8 | 333.3 | 203.4 | 120.0 | 7.8 | 9.6 | 10.4 | 11.1 |
| 1060.4 | 387.0 | 259.5 | 201.6 | 127.1 | 7.2 | 8.3 | 5.2 | 9.7 |
| 882.0 | 367.2 | 258.8 | 196.2 | 123.2 | 6.6 | 7.2 | 5.7 | 9.8 |
| 1168.0 | 399.8 | 257.1 | 223.4 | 144.1 | 7.5 | 9.2 | 2.9 | 9.2 |
| 8548.4 | 820.2 | 688.6 | 330.3 | 145.5 | 14.0 | 3.6 | 15.8 | 17.8 |
| 6608.6 | 1138.2 | 674.7 | 294.4 | 132.5 | 13.1 | 11.0 | 18.0 | 17.3 |
| 107.3 | 92.3 | 93.0 | 100.8 | 102.3 | 0.2 | －0.2 | －1.6 | －0.3 |
| 222.8 | 120.6 | 113.8 | 118.3 | 109.9 | 2.4 | 1.2 | －0.8 | 1.5 |
| 414.3 | 161.1 | 158.0 | 155.9 | 113.5 | 4.3 | 0.4 | 0.3 | 6.5 |
| 737.2 | 102.6 | 105.0 | 106.2 | 103.3 | 6.1 | －0.4 | －0.2 | 0.6 |
| | 464.4 | 371.8 | 222.2 | 117.6 | | 4.5 | 10.8 | 13.6 |
| | 2034.2 | 1547.4 | 709.3 | 159.6 | | 5.6 | 16.9 | 34.8 |
| 1342.4 | 274.5 | 268.1 | 158.7 | 98.9 | 7.9 | 0.5 | 11.1 | 9.9 |
| 1078.2 | 327.5 | 263.4 | 188.8 | 113.2 | 7.2 | 4.4 | 6.9 | 10.8 |
| 2180.4 | 348.9 | 282.5 | 189.7 | 122.5 | 9.5 | 4.3 | 8.3 | 9.1 |
| | | | | | | | －14.4 | 34.2 |
| | | 360.0 | 139.2 | 86.3 | | | 20.9 | 10.0 |
| | | 742.2 | 600.6 | 195.0 | | | 4.3 | 25.2 |
| | | 41.6 | 46.8 | 82.8 | | | －2.4 | －10.8 |
| | | 74.0 | 67.5 | 80.1 | | | 1.9 | －3.4 |

# 1-2-3 国民经济和社会发展结构

单位:%

| 指　　标 | 1990 | 1995 | 2000 | 2005 | 2010 | 2012 |
|---|---|---|---|---|---|---|
| **人口城乡结构** | | | | | | |
| 城镇 | 36.1 | 38.2 | 42.2 | 47.2 | 55.5 | 57.7 |
| 乡村 | 63.9 | 61.8 | 57.8 | 52.8 | 44.5 | 42.3 |
| **人口性别结构** | | | | | | |
| 男 | 52.1 | 52.0 | 51.7 | 51.5 | 51.9 | 51.9 |
| 女 | 47.9 | 48.0 | 48.3 | 48.5 | 48.1 | 48.1 |
| **就业产业结构** | | | | | | |
| 第一产业 | 55.8 | 52.1 | 52.2 | 53.8 | 48.2 | 44.7 |
| 第二产业 | 21.8 | 21.9 | 17.1 | 15.6 | 17.4 | 18.1 |
| 第三产业 | 22.4 | 26.0 | 30.7 | 30.5 | 34.4 | 37.2 |
| **生产总值三次产业结构** | | | | | | |
| 第一产业 | 35.3 | 30.4 | 22.8 | 15.1 | 9.4 | 9.1 |
| 第二产业 | 32.1 | 36.0 | 37.9 | 45.4 | 54.5 | 55.4 |
| 第三产业 | 32.6 | 33.6 | 39.3 | 39.5 | 36.1 | 35.5 |
| **国民总支出中总投资和总消费结构** | | | | | | |
| 总投资 | 39.0 | 43.5 | 41.7 | 72.9 | 77.3 | 84.6 |
| 总消费 | 67.9 | 62.9 | 56.8 | 46.2 | 39.3 | 39.4 |
| **工农业总产值中农、轻、重结构** | | | | | | |
| 农业 | 37.3 | 38.2 | 31.1 | 20.2 | 10.3 | 10.0 |
| 轻工业 | 25.8 | 21.6 | 27.0 | 24.2 | 26.0 | 27.0 |
| 重工业 | 36.9 | 45.3 | 43.0 | 55.6 | 63.7 | 63.0 |
| **农、林、牧、渔业产值结构** | | | | | | |
| 农业 | 65.7 | 62.0 | 56.8 | 48.3 | 48.8 | 47.8 |
| 林业 | 4.0 | 3.2 | 4.3 | 4.1 | 4.2 | 4.0 |
| 牧业 | 29.6 | 34.0 | 37.8 | 45.4 | 44.6 | 45.7 |
| 渔业 | 0.7 | 0.8 | 1.1 | 0.7 | 0.9 | 1.1 |
| **工业总产值中轻、重工业结构** | | | | | | |
| 轻工业 | 41.2 | 34.5 | 38.6 | 30.3 | 29.0 | 30.0 |
| 重工业 | 58.8 | 65.5 | 61.4 | 69.7 | 71.0 | 70.0 |
| **固定资产投资额三次产业投资结构** | | | | | | |
| 第一产业 | 7.6 | 8.6 | 11.1 | 5.2 | 5.4 | 6.1 |
| 第二产业 | 57.3 | 64.8 | 34.3 | 58.9 | 55.2 | 54.7 |
| 第三产业 | 35.1 | 26.6 | 54.6 | 35.9 | 39.4 | 39.3 |
| **教育经费占财政支出的比例** | **14.1** | **16.2** | **11.6** | **10.7** | **14.2** | **12.8** |

# 1－2－3 续表

单位:%

| 指　　标 | 1990 | 1995 | 2000 | 2005 | 2010 | 2012 |
|---|---|---|---|---|---|---|
| **建筑业总产值结构** | | | | | | |
| 土木工程建筑业 | 96.9 | 90.0 | 90.1 | 94.7 | 94.6 | 61.0 |
| 线路管道设备安装业 | 3.1 | 9.5 | 9.3 | 4.5 | 4.5 | 35.8 |
| 建筑物装修装饰业 | | 0.5 | 0.6 | 0.8 | 0.9 | 3.2 |
| **货运量结构(按运输方式分)** | | | | | | |
| 铁路 | 26.0 | 27.5 | 21.6 | 30.2 | 35.6 | 25.5 |
| 公路 | 74.0 | 72.5 | 78.4 | 69.8 | 64.4 | 74.5 |
| 航空 | | | | | | |
| 管道 | | | | | | |
| **社会消费品零售总额构成** | | | | | | |
| 市 | 55.0 | 58.0 | 60.0 | 66.9 | | |
| 县 | 25.9 | 24.0 | 24.0 | 20.7 | | |
| 县以下 | 19.1 | 18.0 | 16.0 | 12.4 | | |
| **学校在校学生结构** | | | | | | |
| 大学生 | 0.9 | 1.0 | 4.8 | 6.3 | 10.7 | 11.9 |
| 中学生 | 34.2 | 35.4 | 40.9 | 49.6 | 47.8 | 46.4 |
| 小学生 | 64.9 | 63.6 | 54.3 | 44.1 | 41.5 | 41.6 |
| 科技经费内部支出结构 | | | | | | |
| # 劳务费 | | | 44.6 | 19.7 | | |
| 研究与发展经费支出 | | | 35.6 | 34.0 | | |
| **城镇居民消费结构** | | | | | | |
| 食 品 类 | 48.3 | 48.4 | 34.5 | 31.4 | 30.1 | 30.8 |
| 衣 着 类 | 16.5 | 16.3 | 14.3 | 15.1 | 15.7 | 15.4 |
| 用品及其他 | 35.2 | 29.0 | 42.6 | 43.1 | 44.3 | 44.8 |
| 居 住 | | 6.3 | 8.6 | 10.4 | 9.9 | 8.9 |
| **农牧民消费结构** | | | | | | |
| 食 品 类 | | 59.7 | 44.8 | 43.1 | 37.5 | 37.3 |
| 衣 着 类 | | 7.3 | 6.9 | 6.1 | 7.1 | 7.5 |
| 用品及其他 | | 19.7 | 32.9 | 37.1 | 38.5 | 38.3 |
| 居 住 | | 13.3 | 15.4 | 13.7 | 16.9 | 16.9 |
| **卫生技术人员结构** | | | | | | |
| 医生 | 42.8 | 48.3 | 51.9 | 41.5 | 44.0 | 42.6 |
| 护师、护士 | 22.9 | 24.1 | 25.6 | 22.3 | 30.6 | 33.4 |

# 1－2－4 国民经济和社会发展比例和效益

| 指　　标 | 1990 | 1995 | 2000 | 2005 | 2010 | 2012 |
|---|---|---|---|---|---|---|
| **人口与就业** | | | | | | |
| **人口** | | | | | | |
| 出生率(‰) | 21.2 | 17.2 | 12.1 | 10.1 | 9.3 | 9.2 |
| 死亡率(‰) | 7.2 | 6.7 | 5.9 | 5.5 | 5.5 | 5.5 |
| 自然增长率(‰) | 14.0 | 10.5 | 6.1 | 4.6 | 3.8 | 3.7 |
| **就业** | | | | | | |
| 就业者负担人数(人) | 1.89 | 1.86 | 1.92 | 1.91 | 1.94 | 1.93 |
| 三次产业从业者比例（以第一产业为100） | | | | | | |
| 第一产业 | 100 | 100 | 100 | 100 | 100 | 100 |
| 第二产业 | 39.1 | 41.9 | 33.0 | 29.0 | 36.1 | 40.5 |
| 第三产业 | 40.3 | 50.0 | 58.8 | 56.7 | 71.4 | 83.2 |
| 城镇登记失业率(%) | 3.49 | 3.17 | 3.34 | 4.26 | 3.90 | 3.73 |
| **宏观经济** | | | | | | |
| **国民经济核算** | | | | | | |
| 三次产业增加值比例（以第一产业为100） | | | | | | |
| 第一产业 | 100 | 100 | 100 | 100 | 100 | 100 |
| 第二产业 | 91.0 | 118.7 | 166.1 | 300.8 | 581.4 | 607.6 |
| 第三产业 | 92.7 | 110.7 | 172.7 | 260.0 | 384.3 | 388.7 |
| 人均生产总值(元) | 1478 | 3772 | 6502 | 16285 | 47347 | 63886 |
| **固定资产投资** | | | | | | |
| 全社会固定资产投资占生产总值比例(%) | 22.2 | 31.9 | 28.0 | 68.8 | 76.9 | 82.6 |
| 全社会房屋建筑面积竣工率(%) | 77.8 | 80.7 | 75.5 | 53.5 | 50.2 | 34.7 |
| **财政** | | | | | | |
| 地方财政总收入占生产总值比例(%) | 10.3 | 5.1 | 7.2 | 8.6 | 14.9 | 15.7 |
| 地方财政总支出占生产总值比例(%) | 19.1 | 11.9 | 17.0 | 18.8 | 19.5 | 21.6 |
| **能源生产与消费** | | | | | | |
| 能源生产弹性系数 | 0.66 | 1.61 | 0.27 | 0.94 | 1.59 | 0.62 |
| 能源消费弹性系数 | 1.09 | 1.61 | 0.77 | 1.13 | 0.64 | 0.49 |
| 每万元生产总值消耗的能源（吨标准煤） | 7.59 | 3.81 | 2.31 | 2.48 | 1.92 | 1.33 |

# 1-2-4 续表 1

| 指　　标 | 1990 | 1995 | 2000 | 2005 | 2010 | 2012 |
|---|---|---|---|---|---|---|
| **产 业** | | | | | | |
| **农牧业** | | | | | | |
| 人均耕地面积(公顷) | 0.23 | 0.24 | 0.31 | 0.31 | 0.30 | |
| 农业从业者人均耕地面积(公顷) | 1.06 | 1.10 | 1.39 | 1.65 | 1.59 | |
| 每公顷耕地农业机械总动力(千瓦) | 1.53 | 1.64 | 1.85 | 2.61 | 4.24 | |
| 每公顷耕地用电量(千瓦小时) | 229 | 305 | 291 | 398 | 297 | |
| 每公顷耕地化肥用量(千克) | 70 | 98 | 102 | 159 | 248 | |
| 每公顷耕地生产的农业产值(元) | 2077 | 4210 | 4214 | 6443 | 12595 | |
| 农业从业者人均农产品产量(千克) | | | | | | |
| 粮 食 | 2070 | 2105 | 2366 | 3719 | 4813 | 5541 |
| 油 料 | 148 | 140 | 222 | 273 | 286 | 318 |
| 甜 菜 | 503 | 525 | 269 | 309 | 359 | 368 |
| 肉 类 | 114 | 163 | 273 | 514 | 532 | 539 |
| 每公顷播种面积农产品产量(千克) | | | | | | |
| 粮 食 | 2511 | 2547 | 2800 | 3800 | 3925 | 4524 |
| 油 料 | 1340 | 1260 | 1324 | 1759 | 1848 | 1897 |
| 甜 菜 | 24884 | 18821 | 23998 | 36328 | 43707 | 38421 |
| **建筑业** | | | | | | |
| 技术装备率(元/人) | 2434 | 3053 | 5844 | 11822 | 11379 | 16484 |
| 产值利税率(%) | 6.2 | 3.6 | 4.2 | 8.3 | 11.6 | 9.6 |
| 全员劳动生产率(元/人)(按总产值计算) | 1369 | 28440 | 39319 | 81750 | 151321 | 263203 |
| **交通运输业** | | | | | | |
| 铁路网密度(公里/万平方公里) | 47 | 49 | 61 | 65 | 66 | 76 |
| 公路网密度(公里/万平方公里) | 366 | 378 | 569 | 1052 | 1336 | 1384 |
| 铁路货运密度(吨/公里) | 12338 | 14391 | 14705 | 29186 | 60300 | 47714 |
| 公路货运密度(吨/公里) | 4597 | 5443 | 5194 | 6456 | 5390 | 7649 |
| **邮电通信业** | | | | | | |
| 固定电话普及率(部/百人) | 0.8 | 2.9 | 8.7 | 22.7 | 16.8 | 14.8 |
| 移动电话普及率(部/百人) | | 0.1 | 4.9 | 29.9 | 82.5 | 102.6 |
| **国内贸易** | | | | | | |
| 人均社会消费品零售额(元) | 610 | 1298 | 2045 | 5635 | 13833 | 18395 |
| **对外经济贸易** | | | | | | |
| 进出口总额占生产总值比例(%) | 7.9 | 10.9 | 11.0 | 10.7 | 4.9 | 4.5 |

# 1－2－4 续表 2

| 指　　标 | 1990 | 1995 | 2000 | 2005 | 2010 | 2012 |
|---|---|---|---|---|---|---|
| 金融保险 | | | | | | |
| 金融机构存款占生产总值比例(%) | 53.2 | 66.1 | 82.5 | 84.5 | 88.1 | 85.7 |
| 金融机构贷款占生产总值比例(%) | 85.5 | 95.7 | 87.1 | 66.3 | 67.9 | 71.1 |
| **教育、科技、文化** | | | | | | |
| **教育** | | | | | | |
| 学龄儿童入学率(%) | 97.9 | 98.9 | 99.5 | 99.4 | 100.0 | 99.76 |
| 小学升学率(%) | 81.8 | 90.0 | 96.1 | 100.0 | 100.2 | 99.8 |
| 初中升学率(%) | 42.1 | 48.6 | 60.2 | 73.0 | 91.5 | 90.5 |
| 学校教师负担系数(%) | | | | | | |
| 高等学校 | 4.8 | 5.3 | 8.1 | 14.2 | 15.9 | 15.9 |
| 中等学校 | 12.7 | 13.2 | 16.1 | 16.7 | 15.0 | 13.9 |
| 小学学校 | 15.2 | 15.3 | 15.6 | 13.4 | 12.6 | 12.1 |
| **科技** | | | | | | |
| 研究与开发经费支出占生产总值比例(%) | | 0.09 | 0.16 | 0.29 | 0.55 | 0.64 |
| **文化** | | | | | | |
| 每百万人有艺术表演团体(个) | 5.8 | 5.2 | 4.9 | 4.6 | 4.4 | 4.3 |
| 每百万人有公共图书馆(个) | 4.9 | 4.7 | 4.6 | 4.6 | 4.6 | 4.5 |
| 每百万人有博物馆(个) | 0.5 | 0.7 | 1.1 | 1.4 | 2.2 | 2.6 |
| **家庭、生活、环境** | | | | | | |
| **家庭** | | | | | | |
| 负担少儿系数(%) | 42.1 | 38.2 | 29.0 | 22.4 | 18.0 | 17.7 |
| 负担老年系数(%) | 5.9 | 6.8 | 7.3 | 8.8 | 9.7 | 10.3 |
| **卫生** | | | | | | |
| 每万人医院数(个) | 0.9 | 0.9 | 0.9 | 0.8 | 0.7 | 0.7 |
| 每万人医生数(个) | 19 | 22 | 22 | 21 | 22 | 24 |
| 每万人医院床位数(张) | 26.6 | 27.3 | 28.2 | 29.1 | 40.4 | 40.1 |
| **市政建设** | | | | | | |
| 城市自来水普及率(%) | 73.4 | 80.7 | 89.1 | 83.9 | 88.0 | 94.4 |
| 城市用气普及率(%) | 16.8 | 40.5 | 58.6 | 68.2 | 79.3 | 84.4 |
| 每万人绿地面积(公顷) | 3.3 | 5.9 | 7.0 | 7.8 | 12.4 | 15.5 |

# 1－2－5 平均每天主要社会经济活动

| 指　标 | 1990 | 1995 | 2000 | 2005 | 2010 | 2012 |
|---|---|---|---|---|---|---|
| **全区每天创造的财富** | | | | | | |
| 生产总值(万元) | 8748 | 23481 | 42168 | 106987 | 319781 | 433896 |
| 第一产业 | 3084 | 7128 | 9611 | 16152 | 30008 | 39579 |
| 第二产业 | 2806 | 8460 | 15961 | 48581 | 174457 | 240478 |
| 工 业 | 2388 | 6983 | 13265 | 40490 | 153929 | 211360 |
| 建筑业 | 418 | 1477 | 2695 | 8091 | 20528 | 29118 |
| 第三产业 | 2858 | 7893 | 16596 | 42254 | 115316 | 153839 |
| # 运输邮电业 | 567 | 1900 | 4807 | 11659 | 27254 | 32385 |
| 商业饮食业 | 683 | 2275 | 5353 | 12551 | 36876 | 50530 |
| 财政收入(万元) | 904 | 2092 | 4263 | 14695 | 47620 | 68232 |
| 财政支出(万元) | 1668 | 2799 | 7152 | 20126 | 62288 | 93606 |
| 粮食(吨) | 26657 | 28915 | 34025 | 45540 | 59129 | 69085 |
| 油料(吨) | 1901 | 1923 | 3189 | 3348 | 3510 | 3964 |
| 肉类(吨) | 1469 | 2243 | 3929 | 6299 | 6540 | 6717 |
| 牛奶(吨) | 1012 | 1331 | 2186 | 18934 | 24799 | 24868 |
| 水产品(吨) | 83 | 130 | 198 | 226 | 312 | 359 |
| 布(万米) | 29.55 | 23.42 | 9.01 | 22.84 | 26.88 | 11.35 |
| 乳制品(吨) | 60 | 83 | 182 | 8425 | 9462 | 8898 |
| 原煤(万吨) | 13.05 | 19.33 | 19.86 | 70.16 | 216.20 | 291.26 |
| 发电量(万千瓦小时) | 4645 | 7631 | 12033 | 28948 | 68052 | 85161 |
| 钢(吨) | 7480 | 9736 | 11605 | 22068 | 33776 | 47381 |
| 成品钢材(吨) | 4807 | 7062 | 10381 | 20487 | 36751 | 45405 |
| 水泥(吨) | 6246 | 9569 | 17260 | 44719 | 149433 | 160439 |
| **每天消费量** | | | | | | |
| 最终消费(万元) | 5937 | 14778 | 23936 | 49393 | 125702 | 170605 |
| 居民消费(万元) | 4652 | 11314 | 17427 | 32632 | 73790 | 103204 |

# 1-2-5 续表

| 指　　标 | 1990 | 1995 | 2000 | 2005 | 2010 | 2012 |
|---|---|---|---|---|---|---|
| 农民 | 2368 | 4984 | 6517 | 8522 | 14428 | 20451 |
| 非农业居民 | 2284 | 6330 | 10910 | 24110 | 59362 | 82754 |
| 政府消费(万元) | 1285 | 3464 | 6508 | 16761 | 51913 | 67401 |
| 能源消费量(万吨标准煤) | 6.64 | 8.95 | 10.79 | 29.49 | 51.73 | 60.39 |
| 社会消费品零售总额(万元) | 3577 | 8083 | 13260 | 37208 | 92712 | 124932 |
| **每天其他经济活动** | | | | | | |
| 资本形成总额(万元) | 3416 | 10219 | 17591 | 77947 | 247134 | 367270 |
| 固定资本形成 | 1939 | 7484 | 12039 | 73568 | 244896 | 353943 |
| 存货增加 | 1477 | 2735 | 5552 | 4379 | 2239 | 13326 |
| 城镇新建住宅面积（万平方米） | 0.96 | 1.65 | 2.78 | 3.40 | 7.07 | 7.63 |
| 农牧民个人新建住宅面积　（万平方米） | 1.36 | 2.65 | 2.36 | 1.40 | 0.99 | 0.98 |
| 货运量(万吨) | 73.09 | 89.68 | 122.27 | 200.22 | 362.21 | 459.23 |
| 客运量(万人) | 28.70 | 50.06 | 64.52 | 87.98 | 66.69 | 77.02 |
| 进出口总额(万美元) | 132.68 | 307.70 | 557.80 | 1414.22 | 2388.75 | 3075.59 |
| 邮电业务总量(万元) | 58.07 | 264.50 | 1541.00 | 5471.78 | 5527.90 | 7385.08 |
| 个人储蓄存款新增额（万元） | 822 | 2496 | 2140 | 10129 | 19292 | 32081 |
| 图书出版(万册) | 21.78 | 17.97 | 20.34 | 24.35 | 16.63 | 15.87 |
| 杂志出版(万册) | 3.46 | 2.84 | 4.34 | 3.79 | 3.94 | 7.53 |
| 报纸出版(万份) | 44.36 | 44.62 | 49.23 | 169.37 | 74.11 | 80.22 |
| 邮寄函件(万件) | 22.14 | 45.83 | 26.51 | 8.61 | 9.28 | 6.65 |
| **每天人口变动与婚姻** | | | | | | |
| 出生(人) | 1117 | 1073 | 645 | 659 | 628 | 623 |
| 死亡(人) | 293 | 417 | 359 | 357 | 374 | 375 |
| 结婚(对) | 435 | 475 | 416 | 423 | 555 | 568 |
| 离婚(对) | 60 | 75 | 89 | 107 | 157 | 205 |

# 1-2-6 社会经济主要指标人均水平

| 指　　标 | 1990 | 1995 | 2000 | 2005 | 2010 | 2012 |
|---|---|---|---|---|---|---|
| **生产总值(元)** | **1478** | **3772** | **6502** | **16285** | **47347** | **63886** |
| **财政收入(元)** | **154** | **336** | **657** | **1397** | **7051** | **10046** |
| **农牧业生产** | | | | | | |
| 耕地面积(公顷) | 0.23 | 0.24 | 0.31 | 0.31 | 0.29 | |
| 粮食产量(千克) | 454.15 | 464.4 | 524.6 | 693.19 | 875.47 | 1017.19 |
| 油料产量(千克) | 32.38 | 30.9 | 49.2 | 50.96 | 51.96 | 58.37 |
| 甜菜产量(千克) | 110.36 | 116 | 59.69 | 57.68 | 65.31 | 67.54 |
| 年末大牲畜(头) | 0.33 | 0.31 | 0.26 | 0.33 | 0.36 | 0.34 |
| 年 末 羊(只) | 1.41 | 1.46 | 1.5 | 2.26 | 2.14 | 2.07 |
| 年末生猪(口) | 0.24 | 0.34 | 0.31 | 0.29 | 0.28 | 0.28 |
| 肉类产量(千克) | 25.02 | 36.03 | 60.58 | 95.88 | 96.83 | 98.90 |
| # 牛肉产量(千克) | 3.99 | 4.1 | 9.23 | 14.01 | 20.17 | 20.60 |
| 羊肉产量(千克) | 5.96 | 7.42 | 13.44 | 30.21 | 36.2 | 35.68 |
| 猪肉产量(千克) | 13.43 | 20.97 | 32.37 | 36.71 | 29.15 | 29.75 |
| 牛奶产量(千克) | 17.25 | 21.37 | 33.7 | 288.2 | 367.17 | 366.16 |
| 羊 毛(千克) | 2.87 | 2.64 | 2.89 | 4.27 | 4.87 | 4.69 |
| **主要工业产品产量** | | | | | | |
| 原 煤(吨) | 2.22 | 3.1 | 3.06 | 10.68 | 32.01 | 42.89 |
| 原 盐(吨) | 0.04 | 0.03 | 0.05 | 0.09 | 0.11 | 0.10 |
| 发 电 量(千瓦小时) | 791 | 1225 | 1855 | 4406 | 10684 | 12539 |
| 糖(千克) | 7.64 | 7.51 | 5.09 | 6.15 | 4.88 | 12.53 |
| 乳 制 品(千克) | 1.03 | 1.33 | 2.81 | 128.25 | 140.09 | 131.01 |
| 呢 绒(米) | 0.49 | 0.65 | 0.18 | 0.26 | 0.51 | 0.30 |
| 水 泥(吨) | 0.11 | 0.15 | 0.27 | 0.68 | 2.21 | 2.36 |
| 钢(吨) | 0.13 | 0.16 | 0.18 | 0.34 | 0.5 | 0.70 |
| 生 铁(吨) | 0.13 | 0.15 | 0.19 | 0.38 | 0.55 | 0.53 |
| **社会消费品零售额(元)** | **609.5** | **1378.7** | **2570.8** | **5664** | **13727** | **18395** |
| **人民生活** | | | | | | |
| 职工平均工资(元) | 1846 | 4134 | 6974 | 15985 | 35507 | 47053 |
| # 国 有(元) | 1971 | 4407 | 7261 | 16598 | 37602 | 49680 |
| 集 体(元) | 1441 | 3001 | 4826 | 10804 | 29822 | 46309 |
| 城镇居民可支配收入(元) | 1155 | 2846 | 5129 | 9137 | 17698 | 23150 |
| 城镇居民消费支出(元) | 982 | 2482 | 3928 | 6929 | 13995 | 17717 |
| 农牧民家庭纯收入(元) | 647 | 1300 | 2038 | 2989 | 5530 | 7611 |
| 农牧民家庭生活 | | | | | | |
| 消费支出(元) | 539 | 1261 | 1615 | 2446 | 4461 | 6382 |
| 个人储蓄存款余额(元) | 515 | 1804 | 3875 | 8231 | 18877 | 26540 |

注:个人储蓄存款余额2010年以前为城乡居民储蓄存款余额。

# 1－2－7 各地区经济社会主要指标(2012 年)

| 地　　区 | 常住人口（万人） | 就业人员（万人） | 土地面积（平方公里） | 生产总值（万元） | 公共财政预算收入(万元) |
|---|---|---|---|---|---|
| **呼和浩特市** | **294.88** | **171.10** | **17224** | **24587441** | **1786447** |
| 新城区 | 36.89 | 32.72 | 700 | 5145999 | 277778 |
| 回民区 | 23.64 | 17.22 | 175 | 3104476 | 122218 |
| 玉泉区 | 19.81 | 9.89 | 207 | 2502871 | 115867 |
| 赛罕区 | 41.67 | 15.21 | 1025 | 4200078 | 313456 |
| 土默特左旗 | 35.98 | 18.92 | 2779 | 2131378 | 96208 |
| 托克托县 | 20.78 | 11.51 | 1313 | 2374118 | 101441 |
| 和林格尔县 | 19.82 | 11.41 | 3401 | 1687473 | 100613 |
| 清水河县 | 14.34 | 5.71 | 2859 | 577449 | 26419 |
| 武川县 | 17.39 | 8.60 | 4885 | 643176 | 31895 |
| **包头市** | **273.16** | **150.63** | **27768** | **32091393** | **1857557** |
| 东河区 | 53.10 | 28.09 | 470 | 4372437 | 110580 |
| 昆都仑区 | 75.08 | 45.90 | 301 | 9458576 | 311336 |
| 青山区 | 49.79 | 26.72 | 280 | 7707997 | 291377 |
| 九原区 | 20.82 | 12.90 | 734 | 2893111 | 138450 |
| 石拐区 | 3.25 | 2.19 | 761 | 904348 | 31533 |
| 白云矿区 | 2.68 | 1.34 | 303 | 318141 | 27010 |
| 土默特右旗 | 27.85 | 23.36 | 2368 | 2851270 | 151929 |
| 固阳县 | 17.39 | 11.37 | 5025 | 1035919 | 69559 |
| 达尔罕茂明安联合旗 | 10.01 | 6.03 | 17410 | 1686607 | 118119 |
| **呼伦贝尔市** | **253.47** | **131.38** | **253356** | **13358049** | **793562** |
| 海拉尔区 | 27.57 | 11.29 | 1440 | 2352141 | 88830 |
| 满洲里市 | 17.00 | 7.53 | 732 | 1759226 | 116771 |
| 扎兰屯市 | 42.14 | 17.66 | 16800 | 1486485 | 35054 |
| 牙克石市 | 35.41 | 10.27 | 27590 | 1901513 | 66115 |
| 额尔古纳市 | 8.36 | 4.61 | 28958 | 369968 | 19726 |
| 根河市 | 15.52 | 5.76 | 19659 | 349223 | 6603 |
| 阿荣旗 | 33.04 | 16.54 | 12063 | 1291996 | 40349 |
| 莫力达瓦达斡尔族自治旗 | 32.85 | 16.52 | 10356 | 900637 | 21768 |
| 鄂伦春自治旗 | 26.55 | 8.17 | 59880 | 534636 | 14656 |
| 鄂温克族自治旗 | 14.35 | 6.26 | 19111 | 926279 | 60709 |
| 新巴尔虎右旗 | 3.53 | 2.41 | 24839 | 667531 | 60785 |
| 新巴尔虎左旗 | 4.22 | 2.38 | 22000 | 319994 | 14259 |
| 陈巴尔虎旗 | 5.86 | 3.32 | 18634 | 780851 | 38813 |
| **兴安盟** | **160.73** | **85.46** | **59806** | **3851609** | **175997** |
| 乌兰浩特市 | 32.14 | 14.57 | 2728 | 1300027 | 54243 |
| 阿尔山市 | 4.86 | 2.18 | 7409 | 127315 | 7825 |
| 科尔沁右翼前旗 | 33.84 | 18.32 | 17428 | 750072 | 22071 |
| 科尔沁右翼中旗 | 25.88 | 13.43 | 15613 | 480028 | 17050 |
| 扎赉特旗 | 39.92 | 19.52 | 11837 | 700125 | 11447 |
| 突泉县 | 31.37 | 17.45 | 4800 | 560168 | 6537 |

# 1－2－7 续表1

| 地　　区 | 常住人口（万人） | 就业人员（万人） | 土地面积（平方公里） | 生产总值（万元） | 公共财政预算收入（万元） |
|---|---|---|---|---|---|
| **通辽市** | **313.25** | **191.11** | **59535** | **16931878** | **891721** |
| 科尔沁区 | 88.96 | 39.99 | 3214 | 6559325 | 346260 |
| 霍林郭勒市 | 8.11 | 4.88 | 585 | 2950039 | 184630 |
| 科尔沁左翼中旗 | 53.50 | 29.15 | 9569 | 1396779 | 23661 |
| 科尔沁左翼后旗 | 40.38 | 17.68 | 11481 | 1425034 | 27514 |
| 开鲁县 | 39.76 | 22.57 | 4488 | 1816816 | 40765 |
| 库伦旗 | 18.04 | 10.71 | 4714 | 619931 | 20768 |
| 奈曼旗 | 44.54 | 28.93 | 8120 | 1331686 | 39593 |
| 扎鲁特旗 | 30.57 | 19.59 | 17193 | 1623690 | 72850 |
| **赤峰市** | **431.30** | **247.15** | **90021** | **15568199** | **745588** |
| 红山区 | 35.69 | 26.96 | 506 | 2521983 | 136229 |
| 元宝山区 | 32.59 | 16.64 | 952 | 2141264 | 114360 |
| 松山区 | 54.99 | 33.02 | 5618 | 2124663 | 65505 |
| 阿鲁科尔沁旗 | 29.96 | 16.22 | 14555 | 917644 | 24603 |
| 巴林左旗 | 35.56 | 20.93 | 6459 | 1002124 | 35911 |
| 巴林右旗 | 18.50 | 8.34 | 9837 | 610819 | 27273 |
| 林西县 | 24.01 | 11.71 | 3933 | 581655 | 24224 |
| 克什克腾旗 | 25.21 | 15.03 | 20673 | 1240588 | 78612 |
| 翁牛特旗 | 48.63 | 24.03 | 11882 | 1180926 | 29228 |
| 喀喇沁旗 | 35.04 | 17.79 | 3050 | 655301 | 35556 |
| 宁城县 | 60.82 | 29.80 | 4305 | 1359955 | 45404 |
| 敖汉旗 | 60.19 | 32.94 | 8294 | 1366966 | 36826 |
| **锡林郭勒盟** | **104.06** | **53.48** | **201494** | **8202013** | **652778** |
| 二连浩特市 | 2.67 | 2.94 | 4013 | 679245 | 36209 |
| 锡林浩特市 | 17.80 | 8.96 | 14780 | 1945374 | 160114 |
| 阿巴嘎旗 | 4.52 | 2.04 | 27474 | 490283 | 22053 |
| 苏尼特左旗 | 3.42 | 2.10 | 34240 | 357907 | 18039 |
| 苏尼特右旗 | 6.92 | 3.37 | 22455 | 450049 | 17937 |
| 东乌珠穆沁旗 | 7.90 | 4.63 | 45575 | 1247276 | 100163 |
| 西乌珠穆沁旗 | 7.91 | 4.48 | 22459 | 1021117 | 130249 |
| 太仆寺旗 | 21.14 | 8.68 | 3426 | 370065 | 7789 |
| 镶黄旗 | 3.12 | 2.41 | 5137 | 398033 | 23156 |
| 正镶白旗 | 7.41 | 3.69 | 6253 | 221784 | 5849 |
| 正蓝旗 | 8.25 | 4.70 | 10206 | 520184 | 37673 |
| 多伦县 | 10.90 | 5.50 | 3864 | 673958 | 32302 |

# 1-2-7 续表2

| 地　　区 | 常住人口（万人） | 就业人员（万人） | 土地面积（平方公里） | 生产总值（万元） | 公共财政预算收入（万元） |
|---|---|---|---|---|---|
| **乌兰察布市** | **212.94** | **112.30** | **54492** | **7787148** | **348006** |
| 集宁区 | 32.15 | 13.04 | 418 | 1474841 | 108486 |
| 丰镇市 | 33.95 | 17.01 | 2704 | 1269004 | 34664 |
| 卓资县 | 21.50 | 14.74 | 3119 | 544478 | 20349 |
| 化德县 | 17.69 | 7.83 | 2527 | 404390 | 13266 |
| 商都县 | 34.29 | 18.59 | 4304 | 512801 | 10797 |
| 兴和县 | 33.07 | 19.04 | 3519 | 549779 | 23019 |
| 凉城县 | 24.55 | 19.41 | 3451 | 744931 | 28496 |
| 察哈尔右翼前旗 | 23.31 | 12.25 | 2734 | 776256 | 23052 |
| 察哈尔右翼中旗 | 23.26 | 12.66 | 4200 | 400601 | 8228 |
| 察哈尔右翼后旗 | 21.79 | 9.25 | 3803 | 677441 | 21472 |
| 四子王旗 | 21.40 | 11.19 | 24016 | 470804 | 11709 |
| **鄂尔多斯市** | **200.42** | **102.40** | **86752** | **36568006** | **3755121** |
| 东胜区 | 26.30 | 27.80 | 2526 | 8503350 | 778736 |
| 达拉特旗 | 35.76 | 23.35 | 8241 | 4514593 | 165421 |
| 准格尔旗 | 30.87 | 18.53 | 7551 | 10003994 | 673807 |
| 鄂托克前旗 | 7.63 | 4.96 | 12221 | 928438 | 97877 |
| 鄂托克旗 | 9.66 | 9.16 | 20367 | 3820684 | 171324 |
| 杭锦旗 | 14.23 | 8.68 | 18814 | 700301 | 65382 |
| 乌审旗 | 10.88 | 8.28 | 11674 | 3101559 | 124583 |
| 伊金霍洛旗 | 16.75 | 16.03 | 5487 | 6356128 | 623637 |
| **巴彦淖尔市** | **166.92** | **89.30** | **64413** | **7833391** | **496094** |
| 临河区 | 56.17 | 32.74 | 2354 | 2389471 | 132121 |
| 五原县 | 29.48 | 14.20 | 2493 | 984922 | 32414 |
| 磴口县 | 12.29 | 6.83 | 4167 | 513057 | 15987 |
| 乌拉特前旗 | 34.31 | 14.22 | 7476 | 1229166 | 76671 |
| 乌拉特中旗 | 14.68 | 7.88 | 23096 | 1029803 | 69415 |
| 乌拉特后旗 | 6.57 | 3.98 | 24925 | 655812 | 55862 |
| 杭锦后旗 | 32.66 | 14.60 | 1752 | 1331108 | 41711 |
| **乌海市** | **54.84** | **27.36** | **1754** | **5319129** | **544135** |
| 海勃湾区 | 30.81 | 14.08 | 529 | 2187005 | 213018 |
| 海南区 | 10.52 | 5.98 | 1005 | 1717888 | 138784 |
| 乌达区 | 13.51 | 7.30 | 220 | 1724433 | 59627 |
| **阿拉善盟** | **23.88** | **17.13** | **270244** | **4257601** | **359371** |
| 阿拉善左旗 | 14.27 | 14.18 | 80412 | 3623664 | 168661 |
| 阿拉善右旗 | 2.54 | 1.29 | 75226 | 355603 | 10913 |
| 额济纳旗 | 1.79 | 1.66 | 114606 | 453178 | 32988 |

# 1-2-8 国民经济主要指标占全国的比重(2012年)

| 指　　标 | 全 国 | 内蒙古 | 内蒙古占全国比重(%) |
|---|---|---|---|
| 土地面积(万平方公里) | 960.0 | 118.3 | 12.3 |
| 年末总人口数(万人) | 135404.0 | 2489.9 | 1.8 |
| 社会就业人员(万人) | 76704.0 | 1304.9 | 1.7 |
| 生产总值(当年价)(亿元) | 519322.1 | 15880.6 | 3.1 |
| 第一产业 | 52377.0 | 1448.6 | 2.8 |
| 第二产业 | 235318.6 | 8801.5 | 3.7 |
| # 工业 | 199859.6 | 7735.8 | 3.9 |
| 第三产业 | 231626.5 | 5630.5 | 2.4 |
| 规模以上工业企业单位数(个) | 333470 | 4244 | 1.3 |
| 规模以上工业利润总额(亿元) | 55577.7 | 1855.7 | 3.3 |
| 能源生产总量(万吨标准煤) | 333300.0 | 64027.1 | 19.2 |
| 能源消费总量(万吨标准煤) | 361700.0 | 22103.3 | 6.1 |
| 农林牧渔业总产值(当年价)(亿元) | 89453.0 | 2449.3 | 2.7 |
| 农业 | 46940.5 | 1172.0 | 2.5 |
| 林业 | 3447.1 | 97.8 | 2.8 |
| 牧业 | 27189.4 | 1118.8 | 4.1 |
| 渔业 | 8706.0 | 26.1 | 0.3 |
| 工农业主要产品产量 | | | |
| 粗钢(万吨) | 71716.0 | 1734.1 | 2.4 |
| 原煤(亿吨) | 36.50 | 10.66 | 29.2 |
| 发电量(亿千瓦小时) | 49377.7 | 3116.9 | 6.3 |
| 汽车(万辆) | 1927.7 | 2.1 | 0.1 |
| 粮食(万吨) | 58958.0 | 2528.5 | 4.3 |
| 油料(万吨) | 3436.8 | 145.1 | 4.2 |
| 货物运输总量(亿吨) | 409.94 | 16.81 | 4.1 |
| 客运总量(亿人次) | 380.40 | 2.8 | 0.7 |
| 邮电业务总量(亿元) | 15021.5 | 270.3 | 1.8 |
| 社会消费品零售总额(亿元) | 210307.0 | 4572.5 | 2.2 |
| 海关进出口总额(亿美元) | 38667.6 | 112.6 | 0.3 |
| 全社会固定资产投资(亿元) | 374675.7 | 13112.0 | 3.5 |
| # 城镇 | 364835.1 | 12729.1 | 3.5 |
| 农村牧区 | 9840.6 | 382.9 | 3.9 |
| 房地产开发 | 71803.8 | 1291.4 | 1.8 |
| 地方财政收入(亿元) | 61077.3 | 2497.3 | 4.1 |
| 年末个人存款余额(亿元) | 411002.8 | 6656.6 | 1.6 |

# 1－2－9 西部地区国民经济和

| 指　　标 | 内蒙古 | 广 西 | 重庆 | 四 川 |
|---|---|---|---|---|
| 土地面积(万平方公里) | 118.3 | 23.7 | 8.2 | 48.5 |
| 年末总人口(万人) | 2490 | 4682 | 2945 | 8076 |
| 人口自然增长率(‰) | 3.70 | 7.89 | 4.00 | 2.97 |
| 人口密度(人/平方公里) | 21.1 | 197.6 | 359.1 | 166.5 |
| 在岗职工人数(万人) | 265.3 | 331.8 | 334.4 | 611.8 |
| 生产总值(亿元) | 15880.6 | 13031.0 | 11459.0 | 23849.8 |
| 第一产业 | 1448.6 | 2172.4 | 940.0 | 3297.2 |
| 第二产业 | 8801.5 | 6333.1 | 6172.3 | 12587.8 |
| # 工业 | 7735.8 | 5364.9 | 5181.0 | 10800.5 |
| 第三产业 | 5630.5 | 4525.6 | 4346.7 | 7964.8 |
| 人均生产总值(元) | 63886 | 27943 | 39083 | 29579 |
| 生产总值指数(上年＝100) | 111.5 | 111.3 | 113.6 | 112.6 |
| 第一产业 | 105.6 | 105.6 | 105.3 | 104.5 |
| 第二产业 | 113.3 | 114.4 | 115.6 | 115.4 |
| # 工业 | 113.5 | 114.0 | 115.9 | 115.6 |
| 第三产业 | 110.0 | 109.5 | 112.0 | 111.2 |
| 全社会固定资产投资(亿元) | 13112.01 | 12635.18 | 9380.00 | 18038.90 |
| # 城镇 | 12729.14 | 12171.78 | 8462.03 | |
| 农村牧区 | 382.87 | 463.40 | 917.97 | |
| 房地产开发 | 1291.44 | 1554.94 | 2508.35 | 3266.40 |
| 全社会固定资产投资指数(上年＝100) | 120.3 | 120.4 | 122.0 | 119.3 |
| # 城镇 | 120.1 | 124.8 | 119.2 | |
| 农村牧区 | 125.6 | 131.1 | 156.4 | |
| 房地产开发 | 79.5 | 102.5 | 124.5 | 115.9 |
| 公共财政预算收入(亿元) | 1552.75 | 1165.98 | 1703.49 | 2421.30 |
| 公共财政预算支出(亿元) | 3426.0 | 2965.2 | 3055.2 | 5431.1 |
| 金融机构人民币存款余额(亿元) | 13612.7 | 15856.0 | 18934.8 | 41130.8 |
| # 储蓄存款余额 | 6597.2 | 7900.8 | 8361.6 | 19438.3 |
| 金融机构人民币贷款余额(亿元) | 11284.2 | 11941.4 | 15131.2 | 25560.4 |
| 粮食产量(万吨) | 2528.50 | 1484.90 | 1138.50 | 3315.00 |
| 油料产量(万吨) | 145.10 | 54.50 | 50.10 | 287.80 |
| 糖料产量(万吨) | 167.90 | 7829.70 | 11.90 | 61.50 |
| 肉类总产量(万吨) | 245.83 | 411.00 | 201.20 | 670.20 |
| # 猪肉 | 73.94 | 252.50 | 150.70 | 496.40 |
| 牛肉 | 51.22 | 13.90 | 7.10 | 29.30 |
| 羊肉 | 88.69 | 3.20 | 2.80 | 24.00 |
| 奶类产量(万吨) | 930.70 | 9.40 | 7.70 | 72.20 |
| 规模以上工业企业主营业务收入(亿元) | 17969.2 | 14324.4 | 12715.7 | 31065.7 |
| 规模以上工业产品税金总额(亿元) | 903.3 | 713.3 | 579.5 | 1749.4 |
| 规模以上工业产品利润总额(亿元) | 1754.2 | 749.0 | 608.3 | 2142.7 |

# 社会发展主要指标(2012 年)

| 贵 州 | 云 南 | 西 藏 | 陕 西 | 甘 肃 | 青 海 | 宁 夏 | 新 疆 |
|---|---|---|---|---|---|---|---|
| 17.6 | 39.4 | 122.8 | 20.6 | 45.4 | 72.1 | 5.2 | 166.0 |
| 3484 | 4659 | 308 | 3753 | 2578 | 573 | 647 | 2233 |
| 6.31 | 6.22 | 10.27 | 3.88 | 6.06 | 8.24 | 8.93 | 10.84 |
| 198.0 | 118.2 | 2.5 | 182.2 | 56.8 | 7.9 | 124.5 | 13.5 |
| 249.7 | 362.8 | 31.5 | 386.5 | 202.3 | 60.8 | 62.9 | 280.3 |
| 6802.2 | 10309.8 | 695.6 | 14451.2 | 5650.2 | 1884.5 | 2326.6 | 7466.3 |
| 890.0 | 1654.6 | 80.4 | 1370.2 | 780.4 | 176.8 | 200.2 | 1320.6 |
| 2655.4 | 4419.1 | 241.7 | 8075.4 | 2600.6 | 1092.0 | 1158.6 | 3560.8 |
| 2196.1 | 3450.7 | 55.1 | 6847.4 | 2074.2 | 895.9 | 878.6 | 2929.9 |
| 3256.8 | 4236.1 | 373.5 | 5005.6 | 2269.2 | 615.8 | 967.9 | 2585.0 |
| 19566 | 22195 | 22757 | 38557 | 21978 | 33023 | 36166 | 33621 |
| 113.6 | 113.0 | 111.8 | 112.9 | 112.6 | 112.3 | 111.5 | 112.0 |
| 108.5 | 106.7 | 103.4 | 106.0 | 106.8 | 105.2 | 105.6 | 107.0 |
| 116.8 | 116.2 | 114.4 | 114.9 | 114.2 | 114.1 | 113.8 | 113.7 |
|  | 115.1 | 111.4 | 115.7 | 114.5 |  | 113.5 | 112.7 |
| 112.1 | 111.4 | 112.0 | 111.5 | 112.5 | 111.1 | 109.7 | 112.3 |
| 7809.05 | 7831.10 | 709.98 | 12044.50 | 6013.42 | 1920.03 | 2109.52 | 6258.38 |
| 7596.19 | 7553.51 | 606.93 | 12501.43 |  | 1655.58 | 2045.69 | 5593.81 |
| 212.86 | 277.59 | 103.05 | 338.70 |  | 264.45 | 63.83 | 664.57 |
| 1467.60 | 1782.14 | 6.87 | 1835.93 | 561.02 | 189.68 | 429.15 | 606.09 |
| 153.1 |  | 129.3 | 128.1 | 143.9 | 133.9 | 127.5 | 135.1 |
| 155.3 | 127.3 | 126.2 | 128.9 |  | 139.4 |  | 135.0 |
| 101.6 |  | 150.6 | 105.2 |  | 107.3 | 114.8 | 136.3 |
| 168.0 | 139.2 | 133.8 | 130.1 | 154.6 | 131.0 | 127.6 | 117.4 |
| 1014.05 | 1337.98 | 86.58 | 1600.69 | 520.88 | 186.40 | 460.14 | 909.10 |
| 2752.9 | 3573.4 | 929.7 | 3326.9 | 2063.4 | 1188.0 | 872.2 | 2719.7 |
| 10540.1 | 17966.4 | 2050.6 | 22657.7 | 10033.4 | 3528.4 | 3495.4 | 12330.9 |
| 4806.1 | 7741.6 | 403.9 | 10934.8 | 5050.1 | 1279.4 | 1688.1 | 5305.8 |
| 8274.8 | 13848.1 | 663.8 | 13865.6 | 6829.4 | 2791.7 | 3339.6 | 7914.0 |
| 1079.50 | 1749.10 | 94.90 | 1245.10 | 1109.70 | 101.50 | 375.00 | 1273.00 |
| 87.40 | 62.80 | 6.30 | 60.30 | 67.00 | 35.20 | 18.00 | 59.00 |
| 128.10 | 2043.80 |  | 0.20 | 24.70 |  |  | 577.20 |
| 190.30 | 348.70 | 25.20 | 107.10 | 87.80 | 30.50 | 26.50 | 134.20 |
| 156.10 | 264.10 | 1.50 | 83.50 | 48.60 | 9.40 | 7.70 | 30.20 |
| 13.00 | 31.90 | 15.10 | 7.50 | 16.70 | 9.60 | 7.90 | 36.20 |
| 3.50 | 13.60 | 8.50 | 6.90 | 15.90 | 10.40 | 8.50 | 48.00 |
| 5.10 | 58.00 | 25.60 | 189.10 | 38.60 | 29.40 | 103.50 | 136.30 |
| 5686.2 | 8662.8 | 89.6 | 16101.3 | 7587.8 | 1951.4 | 2972.6 | 7375.3 |
| 531.7 | 1131.5 | 8.5 | 1341.8 | 471.4 | 131.6 | 153.3 | 641.2 |
| 466.0 | 507.7 | 13.1 | 1982.6 | 259.2 | 152.4 | 107.0 | 841.7 |

1－2－9

| 指　　标 | 内蒙古 | 广 西 | 重庆 | 四 川 |
|---|---|---|---|---|
| 原煤产量(万吨) | 106603.00 | 642.92 | 4419.67 | 11328.90 |
| 发电量(亿千瓦时) | 3116.89 | 1187.80 | 597.70 | 2152.40 |
| 粗钢(万吨) | 1734.14 | 1338.10 | 545.60 | 1674.30 |
| 生铁(万吨) | 1326.4 | 1298.1 | 517.3 | 1670.2 |
| 成品钢材(万吨) | 1661.8 | 2142.4 | 1150.2 | 2281.6 |
| 水泥(万吨) | 5872.1 | 9864.1 | 5499.6 | 13342.1 |
| 化肥(万吨) | 123.0 | 116.4 | 206.4 | 425.3 |
| 汽车(万辆) | 2.1 | 167.3 | 191.0 | 39.7 |
| 建筑业增加值(亿元) | 1065.7 | 968.2 | 991.3 | 1787.3 |
| 建筑业增加值指数(上年=100) | 111.6 | 116.6 | 113.9 | 114.0 |
| 建筑业施工面积(万平方米) | 10550.7 | 15018.5 | 22009.0 | 38916.1 |
| 建筑业竣工面积(万平方米) | 3659.0 | 2333.6 | 3990.6 | 15189.9 |
| 交通运输货运量(万吨) | 168078 | 161356 | 86474 | 174349 |
| # 铁路 | 42813 | 6846 | 2328 | 8793 |
| 公路 | 125260 | 135112 | 71272 | 158396 |
| 交通运输客运量(万人次) | 28188 | 90229 | 156545 | 277611 |
| # 铁路 | 4273 | 3310 | 3040 | 7997 |
| 公路 | 23310 | 86449 | 152249 | 266338 |
| 邮电业务总量(亿元) | 270.29 | 366.40 | 277.26 | 693.40 |
| 社会消费品零售总额(亿元) | 4572.5 | 4516.6 | 4033.7 | 9268.6 |
| 货物进出口总额(亿美元) | 112.6 | 294.7 | 532.0 | 591.3 |
| # 出口总额 | 39.7 | 154.7 | 385.7 | 384.6 |
| 实际外商直接投资额(亿美元) | 39.43 | 7.49 | 105.33 | 98.70 |
| 国际旅游人数(万人次) | 159.2 | 350.3 | 224.3 | 227.3 |
| 国际旅游外汇收入(亿美元) | 7.72 | 12.79 | 11.68 | 7.98 |
| 在校学生数(万人) | | | | |
| 普通高等学校 | 39.14 | 62.92 | 62.36 | 122.40 |
| 普通中学 | 152.21 | 276.20 | 174.70 | 455.90 |
| 小学 | 136.51 | 426.48 | 194.32 | 560.70 |
| 广播人口覆盖率(%) | 97.92 | 96.10 | | 96.80 |
| 电视人口覆盖率(%) | 96.84 | 97.70 | 98.80 | 97.80 |
| 卫生机构个数(个) | 23046 | 10829 | 17958 | 76073 |
| 卫生机构床位数(万张) | 11.08 | 16.87 | 13.59 | 39.10 |
| 执业医师和助理医师数(万人) | 5.95 | 7.80 | 5.21 | 16.20 |
| 在岗职工平均工资(元) | 47053 | 37614 | 45392 | 43110 |
| 城镇居民人均可支配收入(元) | 23150 | 21243 | 22968 | 20307 |
| 城镇居民人均消费性支出(元) | 17717 | 14244 | 16573 | 15050 |
| 农村居民人均纯收入(元) | 7611 | 6008 | 7383 | 7001 |
| 农村居民人均生活消费支出(元) | 6382 | 4934 | 5019 | 5367 |

# 续表

| 贵州 | 云南 | 西藏 | 陕西 | 甘肃 | 青海 | 宁夏 | 新疆 |
|---|---|---|---|---|---|---|---|
| 18107.05 | 7339.08 |  | 47900.00 | 4878.08 | 2459.96 | 8617.08 | 13646.98 |
| 1607.80 | 1745.50 | 26.20 | 1341.30 | 1103.00 | 589.20 | 1007.60 | 1135.5 |
| 531.30 | 1526.70 |  | 828.70 | 810.20 | 141.20 | 21.70 | 1138.2 |
| 552.9 | 1582.8 |  | 803.1 | 746.6 | 150.8 | 80.7 | 1311.7 |
| 560.2 | 1600.0 |  | 1283.6 | 883.0 | 139.5 | 109.1 | 1284.6 |
| 6100.5 | 7793.7 | 286.7 | 7552.7 | 3615.1 | 1371.0 | 1605.3 | 4025.8 |
| 499.5 | 345.4 |  | 97.9 | 78.9 | 357.0 | 88.0 | 295.6 |
| 0.5 | 10.9 |  | 54.5 | 2.4 |  |  | 0.2 |
| 459.3 | 968.4 | 186.5 | 1228.0 | 526.4 | 196.1 | 279.9 | 630.9 |
| 111.8 | 121.0 | 114.3 | 110.2 | 131.1 |  | 114.8 | 118.2 |
| 8189.3 | 14362.0 | 198.8 | 16881.5 | 5635.0 | 841.4 | 3753.1 | 6896.6 |
| 7811.5 | 1851.6 | 138.3 |  | 844.5 | 319.8 | 1491.6 | 1736.2 |
| 52655 | 68735 | 1127 | 136727 | 45832 | 13484 | 41113 | 58794 |
| 6665 | 5031 | 85 | 31942 | 6290 | 3784 | 8467 | 6840 |
| 44892 | 63239 | 1042 | 104593 | 39517 | 9700 | 32646 | 51954 |
| 83527 | 48456 | 3849 | 111773 | 64361 | 12692 | 16343 | 38331 |
| 3902 | 2762 | 110 | 5757 | 2383 | 544 | 535 | 2125 |
| 77172 | 44839 | 3739 | 105647 | 61884 | 12100 | 15666 | 36206 |
| 262.04 | 362.59 | 34.14 | 386.45 | 188.21 | 56.93 | 70.79 | 264.87 |
| 2027.6 | 3511.6 | 254.6 | 4383.8 | 1906.5 | 476.0 | 548.8 | 1858.6 |
| 66.3 | 210.0 | 34.2 | 148.0 | 89.0 | 11.6 | 22.2 | 251.7 |
| 49.5 | 100.2 | 33.6 | 86.5 | 35.7 | 7.3 | 16.4 | 193.5 |
| 10.46 | 21.89 | 1.74 | 29.36 | 0.60 | 2.06 | 2.18 | 4.08 |
| 70.5 | 457.8 | 19.5 | 335.2 | 10.2 | 4.7 | 1.9 | 62.5 |
| 1.69 | 19.47 | 1.06 | 15.97 | 0.22 | 0.24 | 0.05 | 5.51 |
|  |  |  |  |  |  |  |  |
| 38.38 | 51.22 | 3.35 | 102.63 | 43.11 | 6.19 | 10.02 | 26.87 |
| 287.40 | 265.95 | 17.81 | 225.70 | 184.51 | 31.47 | 45.02 | 138.39 |
| 380.08 | 406.70 | 29.20 | 234.62 | 206.35 | 49.87 | 61.81 | 190.08 |
| 88.50 | 96.00 | 93.38 |  | 96.89 | 94.10 | 95.20 | 95.34 |
| 93.00 | 97.00 | 94.51 |  | 97.56 | 96.30 | 98.90 | 95.62 |
| 27672 | 10100 | 1390 | 36270 | 26401 | 1655 | 4136 |  |
| 13.10 | 19.47 | 0.99 | 16.92 | 10.05 | 2.53 | 2.74 |  |
| 4.67 | 6.69 | 0.75 | 6.95 | 4.29 | 1.20 | 1.30 |  |
| 42733 | 38908 | 58347 | 44330 | 38440 | 46827 | 48961 | 45243 |
| 18701 | 21075 | 18028 | 20734 | 17157 | 17566 | 19831 | 17921 |
| 12586 | 13884 | 11184 | 15333 | 12847 | 12346 | 14067 | 13892 |
| 4753 | 5417 | 5719 | 5763 | 4507 | 5364 | 6180 | 6394 |
| 3902 | 4561 | 2968 | 5115 | 4146 | 5339 | 5351 | 5301 |

# 1－2－10 东北经济区国民经济和社会发展主要指标(2012 年)

| 指　　标 | 辽　宁 | 吉　林 | 黑龙江 | 内蒙古 |
|---|---|---|---|---|
| 土地面积（万平方公里） | 14.8 | 18.7 | 45.3 | 118.3 |
| 年末总人口（万人） | 4244.8 | 2750.4 | 3834.0 | 2489.9 |
| 人口密度（人/平方公里） | 286.8 | 147.1 | 84.0 | 21.0 |
| 在岗职工人数（万人） | 572.3 | 274.3 | 39.9 | 265.3 |
| 生产总值（亿元） | 24846.4 | 11939.2 | 13691.6 | 15880.6 |
| 第一产业 | 2155.8 | 1412.1 | 2113.7 | 1448.6 |
| 第二产业 | 13230.5 | 6376.8 | 6037.6 | 8801.5 |
| # 工业 | 11605.1 | 5582.5 | 5240.7 | 7735.8 |
| 第三产业 | 9460.1 | 4150.4 | 5540.3 | 5630.5 |
| 人均生产总值（元） | 56649.0 | 43415.0 | 35711.0 | 63886.0 |
| 生产总值指数（上年＝100） | 112.2 | 112.0 | 110.0 | 111.5 |
| 第一产业 | 106.5 | 105.3 | 106.5 | 105.6 |
| 第二产业 | 114.0 | 114.0 | 110.3 | 113.3 |
| # 工业 | 114.3 | 114.1 | 110.5 | 113.5 |
| 第三产业 | 111.0 | 111.3 | 110.8 | 110.0 |
| 全社会固定资产投资（亿元） | 21836.3 | 9511.6 | 9780.2 | 13112.0 |
| 全社会固定资产投资指数（上年＝100） | 123.2 | 127.8 | 130.0 | 120.3 |
| 公共财政预算收入（亿元） | 3105.4 | 1041.3 | 1163.2 | 1552.7 |
| 公共财政预算支出（亿元） | 4558.6 | 2471.2 | 3171.5 | 3426.0 |
| 金融机构存款余额（亿元） | 34567.3 | 12706.1 | 16326.6 | 13612.7 |
| # 储蓄存款余额 | 17967.4 | 6875.1 | 9269.2 | 6597.2 |
| 金融机构贷款余额（亿元） | 24730.2 | 9155.6 | 9906.7 | 11284.2 |
| 粮食产量（万吨） | 2070.5 | 3343.0 | 5761.3 | 2528.5 |
| 油料产量（万吨） | 120.9 | 80.7 | 22.5 | 145.1 |
| 糖料产量（万吨） | 5.4 | 20.9 | 273.1 | 167.9 |
| 肉类总产量（万吨） | 418.7 | 260.0 | 216.2 | 245.8 |
| # 猪肉 | 230.2 | 132.7 | 128.4 | 73.9 |
| 牛肉 | 43.2 | 45.0 | 39.7 | 51.2 |
| 羊肉 | 7.9 | 4.1 | 12.1 | 88.7 |
| 奶类产量（万吨） | 130.2 | 49.8 | 565.0 | 930.7 |
| 规模以上工业增加值增速（%） | 9.9 | 14.1 | 10.5 | 14.8 |
| 规模以上工业主营业务收入（亿元） | 48199.9 | 19835.6 | 12526.1 | 17969.2 |
| 规模以上工业企业税金总额（亿元） | 4612.3 | 1003.9 | 1327.7 | 1269.6 |
| 规模以上工业企业利润总额（亿元） | 2435.7 | 1215.0 | 1338.6 | 1855.7 |

# 1－2－10 续表

| 指 标 | 辽 宁 | 吉 林 | 黑龙江 | 内蒙古 |
| --- | --- | --- | --- | --- |
| 原煤产量（万吨） | 6431.3 | 6310.4 | 8683.4 | 106602.8 |
| 发电量（亿千瓦时） | 1453.1 | 684.4 | 843.1 | 3116.9 |
| 钢（万吨） | 5178.4 | 1174.2 | 697.6 | 1734.1 |
| 生铁（万吨） | 5338.2 | 1000.8 | 674.7 | 1326.4 |
| 成品钢材（万吨） | 5924.2 | 1229.5 | 610.2 | 1661.8 |
| 水泥（万吨） | 5809.0 | 4158.0 | 3872.9 | 5872.1 |
| 化肥（万吨） | 83.2 | 64.7 | 71.6 | 123.0 |
| 建筑业增加值（亿元） |  | 794.3 | 796.9 | 1065.7 |
| 建筑业增加值指数（上年＝100） |  |  |  | 111.6 |
| 建筑业施工面积（万平方米） | 40040.9 | 11321.0 | 8563.0 | 10550.7 |
| 建筑业竣工面积（万平方米） | 17466.1 | 6034.0 | 4341.0 | 3659.0 |
| 交通运输货运量（万吨） | 212956.6 | 59768.0 | 68450.3 | 168078 |
| #铁路 | 17388.0 | 7355.0 | 16170.4 | 42813.0 |
| 公路 | 174355.0 | 47130.0 | 47465.0 | 125260 |
| 交通运输客运量（万人次） | 104113.0 | 72677.0 | 53353.2 | 28188.0 |
| #铁路 | 12018.0 | 6261.0 | 10380.1 | 4273.0 |
| 公路 | 90650.0 | 66175.0 | 41551.0 | 23310.0 |
| 邮电业务总量（亿元） | 514.1 | 262.2 | 325.0 | 270.3 |
| 社会消费品零售总额（亿元） | 9256.6 | 4772.9 | 5491.0 | 4572.5 |
| 对外贸易进出口总额（亿美元） | 1039.9 | 245.7 | 378.2 | 112.6 |
| #出口总额 | 579.5 | 59.8 | 144.4 | 39.7 |
| 实际利用外商直接投资额（亿美元） | 267.9 | 16.5 | 39.0 | 39.4 |
| 入境旅游人数（万人次） | 473.1 | 118.3 | 207.6 | 159.2 |
| 旅游外汇收入（亿美元） | 31.8 | 4.9 | 8.4 | 7.7 |
| 在校学生数（万人） |  |  |  |  |
| 普通高等学校 | 93.4 | 57.9 | 70.5 | 39.1 |
| 普通中学 | 183.1 | 117.0 | 181.7 | 124.7 |
| 小学 | 213.0 | 142.4 | 186.8 | 136.5 |
| 医院、卫生院个数（个） | 4171.0 | 1345 | 1994.0 | 1848.0 |
| 医院、卫生院床位数（万张） | 23.4 | 11.9 | 16.2 | 10.0 |
| 执业医师和助理医师数（万人） | 10.1 | 6.1 | 7.5 | 6.0 |
| 城镇居民人均可支配收入（元） | 23223 | 20208 | 17760 | 23150 |
| 城镇居民人均生活消费支出（元） | 16594 | 14614 | 12984 | 17717 |
| 农村居民人均纯收入（元） | 9384 | 8598 | 8604 | 7611 |
| 农村居民人均生活消费支出（元） | 5998 | 6186 | 5718 | 6382 |

# 主要统计指标解释

**可比价格** 指计算各种总量指标所采用的扣除了价格变动因素的价格,可进行不同时期总量指标的对比。按可比价格计算总量指标有两种方法:一种是直接用产品产量乘某一年的不变价格计算;另一种是用价格指数进行缩减。

**不变价格** 指以同类产品某年的平均价格作为固定价格,用于计算各年的产品价值。按不变价格计算的产品价值消除了价格变动因素,不同时期对比可以反映生产的发展速度,新中国成立后,随着工农业产品价格水平的变化,国家统计局先后五次制定了全国统一的工业产品不变价格和农业产品不变价格。从1952年到1957年使用1952年工(农)业产品不变价格。从1957年到1970年使用1957年不变价格,从1971年到1980年使用1970年不变价格,从1981年到1990年使用1980年不变价格,从1991年开始使用1990年不变价格。

**平均增长速度** 我国计算平均增长速度有两种方法:一种是习惯上经常使用的"水平法",又称几何平均法,是以间隔期最后一年的水平同基期水平对比来计算平均每年增长(或下降)速度;另一种是"累计法",又称代数平均法或方程法,是以间隔期内各年水平的总和同基期水平对比来计算平均每年增长(或下降)速度。在一般正常情况下,两种方法计算的平均每年增长速度比较接近,但在经济发展不平衡、出现大起大落时,两种方法计算的结果差别较大。

本《年鉴》内所列的平均增长速度,除固定资产投资用"累计法"计算外,其余均用"水平法"计算。从某年到某年平均增长速度的年份,均不包括基期年在内。如建国四十三年的平均增长速度是以1949年为基期计算的,则写为1950－1992年平均增长速度,其余类推。

**企业(单位)登记注册类型** 是以在工商行政管理机关登记注册的各类企业为划分对象,以工商行政管理部门对企业登记注册的类型为依据,将企业登记注册类型分为内资企业、港澳台商投资企业和外商投资企业三大类。内资企业包括国有企业、集体企业、股份合作企业、联营企业、有限责任公司、股份有限公司、私营公司和其他企业;港澳台商投资企业和外商投资企业分别包括合资经营企业、合作经营企业、独资经营企业和股份有限公司。对不在工商行政管理部门进行登记注册的行政机关、事业单位和社会团体,主要按其经费来源和管理方式进行划分。

**行政机关、事业单位和社会团体** 参照企业登记注册类型,主要按其经费来源和管理方式划分。具体规定如下:

(1)行政机关:包括国家机关和政党机关,原则上均列为"国有"。但有特殊规定的,如供销社等,则列为"集体"。

(2)事业单位:包括经国家机构编制部门和有关业务主管部门批准成立的各类事业单位,不包括实行企业化管理的事业单位。事业单位的划分办法如下:

①由国家财政预算拨款或列入财政预算外资金管理以及经费主要来源于国有主管部门或国有上级单位的事业单位,列为"国有"。

②经费主要来源于集体单位的事业单位,列为"集体"。

③公民个人(或个人合伙)开办的事业单位,列为"私营"。

④上述以外的其他事业单位,如果其经费来源不明确,按管理方式进行归类。

(3)社会团体:包括经民政部门批准成立以及未纳入社会团体管理条例范围的工会、妇联等各类社会团体。社会团体的划分办法如下:

①未纳入民政部社会团体管理条例范围的工会、妇联、共青团、青联、工商联、科协、侨联等社会团体,国家拨款设立的基金会或基金管理组织以及经费主要来源于国有业务主管部门或国有上级单位的社会团体,列入"国有"。

②经费主要来源于集体单位的社会团体,列为"集体"。

③公民个人(或个人合伙)开办的社会团体,划为"私营"。

④上述以外的其他社会团体,如果其经费来源不明确,改按管理方式进行归类。

# 1 经济社会综合篇

## ③ 国民经济核算

资料整理：张利珍　闫少菲

# 1－3－1 生产总值

单位:亿元

| 年份 | 生产总值 | 第一产业 | 第二产业 | 工业 | 建筑业 | 第三产业 | #交通运输仓储邮电通讯业 | #批发和零售贸易餐饮业 | 人均生产总值（元） |
|---|---|---|---|---|---|---|---|---|---|
| 1952 | 12.16 | 8.64 | 1.37 | 0.99 | 0.38 | 2.15 | 0.41 | 0.59 | 173 |
| 1953 | 15.57 | 10.44 | 2.25 | 1.57 | 0.68 | 2.88 | 0.56 | 1.02 | 211 |
| 1954 | 19.46 | 12.37 | 3.65 | 2.57 | 1.08 | 3.44 | 0.77 | 1.20 | 249 |
| 1955 | 17.49 | 10.25 | 3.53 | 2.73 | 0.80 | 3.71 | 0.78 | 1.18 | 213 |
| 1956 | 24.60 | 14.11 | 5.43 | 3.95 | 1.48 | 5.06 | 1.05 | 1.57 | 283 |
| 1957 | 21.27 | 11.29 | 5.05 | 3.80 | 1.25 | 4.93 | 0.65 | 1.78 | 232 |
| 1958 | 28.10 | 12.55 | 9.65 | 7.04 | 2.61 | 5.90 | 1.54 | 2.17 | 292 |
| 1959 | 35.76 | 14.75 | 13.41 | 9.90 | 3.51 | 7.60 | 2.59 | 2.65 | 349 |
| 1960 | 36.56 | 11.80 | 17.11 | 13.17 | 3.94 | 7.65 | 2.17 | 2.81 | 325 |
| 1961 | 25.25 | 11.40 | 7.25 | 6.06 | 1.19 | 6.60 | 1.44 | 2.18 | 215 |
| 1962 | 25.12 | 12.75 | 6.56 | 5.80 | 0.76 | 5.81 | 1.29 | 1.61 | 215 |
| 1963 | 29.02 | 12.71 | 9.90 | 8.24 | 1.66 | 6.41 | 1.49 | 2.04 | 243 |
| 1964 | 32.55 | 14.04 | 11.43 | 9.37 | 2.06 | 7.08 | 1.67 | 2.30 | 262 |
| 1965 | 35.41 | 15.21 | 12.08 | 9.65 | 2.43 | 8.12 | 2.26 | 2.57 | 275 |
| 1966 | 38.32 | 17.12 | 13.01 | 10.33 | 2.68 | 8.19 | 2.00 | 2.71 | 289 |
| 1967 | 31.80 | 13.87 | 10.43 | 8.46 | 1.97 | 7.50 | 1.58 | 2.16 | 233 |
| 1968 | 32.96 | 14.87 | 10.54 | 8.49 | 2.05 | 7.55 | 1.57 | 2.11 | 235 |
| 1969 | 32.90 | 14.78 | 10.52 | 8.40 | 2.12 | 7.60 | 1.56 | 2.07 | 227 |
| 1970 | 39.17 | 17.69 | 12.94 | 9.87 | 3.07 | 8.54 | 2.03 | 2.69 | 263 |
| 1971 | 41.61 | 16.82 | 15.99 | 12.50 | 3.49 | 8.80 | 2.18 | 2.56 | 271 |
| 1972 | 39.36 | 14.56 | 15.54 | 12.12 | 3.42 | 9.26 | 2.13 | 2.66 | 247 |
| 1973 | 44.07 | 16.22 | 18.14 | 14.29 | 3.85 | 9.71 | 2.38 | 2.58 | 269 |
| 1974 | 43.26 | 15.97 | 17.30 | 13.35 | 3.95 | 9.99 | 2.24 | 2.74 | 256 |
| 1975 | 48.55 | 18.15 | 20.02 | 15.52 | 4.50 | 10.38 | 2.49 | 2.66 | 280 |
| 1976 | 48.09 | 18.51 | 18.77 | 15.11 | 3.66 | 10.81 | 2.49 | 2.69 | 272 |
| 1977 | 51.65 | 18.91 | 21.60 | 16.48 | 5.12 | 11.14 | 2.56 | 2.73 | 287 |
| 1978 | 58.04 | 18.96 | 26.37 | 21.84 | 4.53 | 12.71 | 2.76 | 2.87 | 317 |
| 1979 | 64.14 | 21.03 | 28.37 | 23.52 | 4.85 | 14.74 | 2.85 | 3.25 | 343 |
| 1980 | 68.40 | 18.03 | 32.26 | 27.30 | 4.96 | 18.11 | 4.12 | 4.01 | 361 |

注:本表按当年价格计算。

# 1－3－1 续表

单位:亿元

| 年份 | 生产总值 | 第一产业 | 第二产业 | 工业 | 建筑业 | 第三产业 | #交通运输仓储邮电通讯业 | #批发和零售贸易餐饮业 | 人均生产总值(元) |
|---|---|---|---|---|---|---|---|---|---|
| 1981 | 77.91 | 27.14 | 32.04 | 27.92 | 4.12 | 18.73 | 3.71 | 4.00 | 407 |
| 1982 | 93.22 | 33.32 | 37.21 | 32.35 | 4.86 | 22.69 | 5.12 | 5.20 | 480 |
| 1983 | 105.88 | 35.90 | 41.98 | 35.90 | 6.08 | 28.00 | 6.58 | 6.32 | 535 |
| 1984 | 128.20 | 42.98 | 47.74 | 39.04 | 8.70 | 37.48 | 8.28 | 10.34 | 640 |
| 1985 | 163.83 | 53.54 | 56.95 | 45.90 | 11.05 | 53.34 | 10.85 | 19.65 | 809 |
| 1986 | 181.58 | 54.64 | 61.55 | 49.74 | 11.81 | 65.39 | 12.59 | 24.11 | 888 |
| 1987 | 212.27 | 62.21 | 70.42 | 58.26 | 12.16 | 79.64 | 12.77 | 32.91 | 1025 |
| 1988 | 270.81 | 90.20 | 85.72 | 70.28 | 15.44 | 94.89 | 14.30 | 38.88 | 1291 |
| 1989 | 292.69 | 89.08 | 98.96 | 83.66 | 15.30 | 104.65 | 18.63 | 35.58 | 1377 |
| 1990 | 319.31 | 112.57 | 102.43 | 87.18 | 15.25 | 104.31 | 20.69 | 24.92 | 1478 |
| 1991 | 359.66 | 117.19 | 124.03 | 102.74 | 21.29 | 118.44 | 26.84 | 27.76 | 1642 |
| 1992 | 421.68 | 126.86 | 152.56 | 120.85 | 31.71 | 142.26 | 32.65 | 35.04 | 1906 |
| 1993 | 537.81 | 149.96 | 203.46 | 162.53 | 40.93 | 184.39 | 44.21 | 47.44 | 2423 |
| 1994 | 695.06 | 208.53 | 254.52 | 205.98 | 48.53 | 232.01 | 53.93 | 63.14 | 3094 |
| 1995 | 857.06 | 260.18 | 308.78 | 254.88 | 53.90 | 288.10 | 69.36 | 83.03 | 3772 |
| 1996 | 1023.09 | 312.82 | 364.77 | 304.81 | 59.96 | 345.50 | 89.13 | 103.70 | 4457 |
| 1997 | 1153.51 | 322.52 | 422.39 | 355.10 | 67.29 | 408.60 | 114.08 | 126.82 | 4980 |
| 1998 | 1262.54 | 341.62 | 458.86 | 382.44 | 76.42 | 462.06 | 126.06 | 144.96 | 5406 |
| 1999 | 1379.31 | 342.91 | 510.47 | 425.13 | 85.34 | 525.93 | 145.98 | 168.59 | 5861 |
| 2000 | 1539.12 | 350.80 | 582.57 | 484.19 | 98.38 | 605.74 | 175.46 | 195.39 | 6502 |
| 2001 | 1713.81 | 358.89 | 655.68 | 541.02 | 114.66 | 699.24 | 204.42 | 226.46 | 7210 |
| 2002 | 1940.94 | 374.69 | 754.78 | 614.89 | 139.89 | 811.47 | 244.28 | 266.54 | 8146 |
| 2003 | 2388.38 | 420.10 | 967.49 | 773.50 | 193.99 | 1000.79 | 296.80 | 312.12 | 10015 |
| 2004 | 3041.07 | 522.80 | 1248.27 | 1015.37 | 232.90 | 1270.00 | 360.39 | 382.66 | 12728 |
| 2005 | 3905.03 | 589.56 | 1773.21 | 1477.88 | 295.33 | 1542.26 | 425.57 | 458.10 | 16285 |
| 2006 | 4944.25 | 634.94 | 2374.96 | 2025.72 | 349.24 | 1934.35 | 507.69 | 585.17 | 20523 |
| 2007 | 6423.18 | 762.10 | 3193.67 | 2781.78 | 411.89 | 2467.41 | 628.50 | 762.22 | 26521 |
| 2008 | 8496.20 | 907.95 | 4376.19 | 3879.42 | 496.77 | 3212.06 | 793.00 | 1007.76 | 34869 |
| 2009 | 9740.25 | 929.60 | 5114.00 | 4503.33 | 610.67 | 3696.65 | 879.28 | 1177.61 | 39735 |
| 2010 | 11672.00 | 1095.28 | 6367.69 | 5618.40 | 749.29 | 4209.02 | 994.76 | 1345.96 | 47347 |
| 2011 | 14359.88 | 1306.30 | 8037.69 | 7101.60 | 936.09 | 5015.89 | 1174.19 | 1552.35 | 57974 |
| 2012 | 15880.58 | 1448.58 | 8801.50 | 7735.78 | 1065.71 | 5630.50 | 1185.30 | 1849.41 | 63886 |

注:从2004年开始第一产业为农业、林业、牧业、渔业及农林牧渔服务业。

# 1－3－2 生产总值构成

单位:%

| 年份 | 生产总值 | 第一产业 | 第二产业 | 工业 | 建筑业 | 第三产业 | #交通运输仓储邮电通讯业 | #批发和零售贸易餐饮业 |
|---|---|---|---|---|---|---|---|---|
| 1952 | 100 | 71.1 | 11.3 | 8.1 | 3.1 | 17.6 | 3.4 | 4.9 |
| 1953 | 100 | 67.1 | 14.5 | 10.1 | 4.4 | 18.4 | 3.6 | 6.6 |
| 1954 | 100 | 63.6 | 18.8 | 13.2 | 5.5 | 17.6 | 4.0 | 6.2 |
| 1955 | 100 | 58.6 | 20.2 | 15.6 | 4.6 | 21.2 | 4.5 | 6.7 |
| 1956 | 100 | 57.4 | 22.1 | 16.1 | 6.0 | 20.5 | 4.3 | 6.4 |
| 1957 | 100 | 53.1 | 23.7 | 17.9 | 5.9 | 23.2 | 3.1 | 8.4 |
| 1958 | 100 | 44.7 | 34.3 | 25.1 | 9.3 | 21.0 | 5.5 | 7.7 |
| 1959 | 100 | 41.2 | 37.5 | 27.7 | 9.8 | 21.3 | 7.2 | 7.4 |
| 1960 | 100 | 32.3 | 46.8 | 36.0 | 10.8 | 20.9 | 5.9 | 7.7 |
| 1961 | 100 | 45.1 | 28.7 | 24.0 | 4.7 | 26.2 | 5.7 | 8.6 |
| 1962 | 100 | 50.8 | 26.1 | 23.1 | 3.0 | 23.1 | 5.1 | 6.4 |
| 1963 | 100 | 43.8 | 34.1 | 28.4 | 5.7 | 22.1 | 5.1 | 7.0 |
| 1964 | 100 | 43.1 | 35.1 | 28.8 | 6.3 | 21.8 | 5.1 | 7.1 |
| 1965 | 100 | 43.0 | 34.1 | 27.3 | 6.9 | 22.9 | 6.4 | 7.3 |
| 1966 | 100 | 44.7 | 34.0 | 27.0 | 7.0 | 21.3 | 5.2 | 7.1 |
| 1967 | 100 | 43.6 | 32.8 | 26.6 | 6.2 | 23.6 | 5.0 | 6.8 |
| 1968 | 100 | 45.1 | 32.0 | 25.8 | 6.2 | 22.9 | 4.8 | 6.4 |
| 1969 | 100 | 44.9 | 32.0 | 25.5 | 6.4 | 23.1 | 4.7 | 6.3 |
| 1970 | 100 | 45.2 | 33.0 | 25.2 | 7.8 | 21.8 | 5.2 | 6.9 |
| 1971 | 100 | 40.4 | 38.4 | 30.0 | 8.4 | 21.2 | 5.2 | 6.2 |
| 1972 | 100 | 37.0 | 39.5 | 30.8 | 8.7 | 23.5 | 5.4 | 6.8 |
| 1973 | 100 | 36.8 | 41.2 | 32.4 | 8.7 | 22.0 | 5.4 | 5.9 |
| 1974 | 100 | 36.9 | 40.0 | 30.9 | 9.1 | 23.1 | 5.2 | 6.3 |
| 1975 | 100 | 37.4 | 41.2 | 32.0 | 9.3 | 21.4 | 5.1 | 5.5 |
| 1976 | 100 | 38.5 | 39.0 | 31.4 | 7.6 | 22.5 | 5.2 | 5.6 |
| 1977 | 100 | 36.6 | 41.8 | 31.9 | 9.9 | 21.6 | 5.0 | 5.3 |
| 1978 | 100 | 32.7 | 45.4 | 37.6 | 7.8 | 21.9 | 4.8 | 4.9 |
| 1979 | 100 | 32.8 | 44.2 | 36.7 | 7.6 | 23.0 | 4.4 | 5.1 |
| 1980 | 100 | 26.4 | 47.2 | 40.0 | 7.3 | 26.4 | 6.0 | 5.9 |

注:本表按当年价格计算。

# 1－3－2 续表

单位:%

| 年份 | 生产总值 | 第一产业 | 第二产业 | 工业 | 建筑业 | 第三产业 | #交通运输仓储邮电通讯业 | #批发和零售贸易餐饮业 |
|---|---|---|---|---|---|---|---|---|
| 1981 | 100 | 34.8 | 41.1 | 35.8 | 5.3 | 24.1 | 4.8 | 5.1 |
| 1982 | 100 | 35.7 | 40.0 | 34.7 | 5.2 | 24.3 | 5.5 | 5.6 |
| 1983 | 100 | 33.9 | 39.6 | 33.9 | 5.7 | 26.5 | 6.2 | 6.0 |
| 1984 | 100 | 33.5 | 37.2 | 30.5 | 6.8 | 29.3 | 6.5 | 8.1 |
| 1985 | 100 | 32.7 | 34.8 | 28.0 | 6.7 | 32.5 | 6.6 | 12.0 |
| 1986 | 100 | 30.1 | 33.9 | 27.4 | 6.5 | 36.0 | 6.9 | 13.3 |
| 1987 | 100 | 29.3 | 33.2 | 27.4 | 5.7 | 37.5 | 6.0 | 15.5 |
| 1988 | 100 | 33.3 | 31.7 | 26.0 | 5.7 | 35.0 | 5.3 | 14.4 |
| 1989 | 100 | 30.4 | 33.8 | 28.6 | 5.2 | 35.8 | 6.4 | 12.2 |
| 1990 | 100 | 35.3 | 32.1 | 27.3 | 4.8 | 32.6 | 6.5 | 7.8 |
| 1991 | 100 | 32.6 | 34.5 | 28.6 | 5.9 | 32.9 | 7.5 | 7.7 |
| 1992 | 100 | 30.1 | 36.2 | 28.7 | 7.5 | 33.7 | 7.7 | 8.3 |
| 1993 | 100 | 27.9 | 37.8 | 30.2 | 7.6 | 34.3 | 8.2 | 8.8 |
| 1994 | 100 | 30.0 | 36.6 | 29.6 | 7.0 | 33.4 | 7.8 | 9.1 |
| 1995 | 100 | 30.4 | 36.0 | 29.7 | 6.3 | 33.6 | 8.1 | 9.7 |
| 1996 | 100 | 30.6 | 35.7 | 29.8 | 5.9 | 33.7 | 8.7 | 10.1 |
| 1997 | 100 | 28.0 | 36.6 | 30.8 | 5.8 | 35.4 | 9.9 | 11.0 |
| 1998 | 100 | 27.1 | 36.3 | 30.3 | 6.0 | 36.6 | 10.0 | 11.5 |
| 1999 | 100 | 24.9 | 37.0 | 30.8 | 6.2 | 38.1 | 10.6 | 12.2 |
| 2000 | 100 | 22.8 | 37.9 | 31.5 | 6.4 | 39.3 | 11.4 | 12.7 |
| 2001 | 100 | 20.9 | 38.3 | 31.6 | 6.7 | 40.8 | 11.9 | 13.2 |
| 2002 | 100 | 19.3 | 38.9 | 31.7 | 7.2 | 41.8 | 12.6 | 13.7 |
| 2003 | 100 | 17.6 | 40.5 | 32.4 | 8.1 | 41.9 | 12.4 | 13.1 |
| 2004 | 100 | 17.2 | 41.0 | 33.4 | 7.6 | 41.8 | 11.9 | 12.6 |
| 2005 | 100 | 15.1 | 45.4 | 37.8 | 7.6 | 39.5 | 10.9 | 11.7 |
| 2006 | 100 | 12.8 | 48.1 | 41.0 | 7.1 | 39.1 | 10.3 | 11.8 |
| 2007 | 100 | 11.9 | 49.7 | 43.3 | 6.4 | 38.4 | 9.8 | 11.9 |
| 2008 | 100 | 10.7 | 51.5 | 45.7 | 5.8 | 37.8 | 9.3 | 11.9 |
| 2009 | 100 | 9.5 | 52.5 | 46.2 | 6.3 | 38.0 | 9.0 | 12.1 |
| 2010 | 100 | 9.4 | 54.5 | 48.1 | 6.4 | 36.1 | 8.5 | 11.5 |
| 2011 | 100 | 9.1 | 56.0 | 49.5 | 6.5 | 34.9 | 8.2 | 10.8 |
| 2012 | 100 | 9.1 | 55.4 | 48.7 | 6.7 | 35.5 | 7.5 | 11.6 |

# 1－3－3 生产总值指数

1952＝100

| 年份 | 生产总值 | 第一产业 | 第二产业 | 工业 | 建筑业 | 第三产业 | #交通运输仓储邮电通讯业 | #批发和零售贸易餐饮业 | 人均生产总值（元） |
|---|---|---|---|---|---|---|---|---|---|
| 1952 | 100 | 100 | 100 | 100 | 100 | 100 | 100 | 100 | 100 |
| 1953 | 116.3 | 107.5 | 159.9 | 153.7 | 176.3 | 127.4 | 140.6 | 174.3 | 110.6 |
| 1954 | 138.9 | 119.6 | 256.6 | 249.5 | 275.2 | 149.8 | 193.8 | 204.1 | 124.8 |
| 1955 | 125.9 | 100.1 | 250.1 | 266.9 | 206.0 | 160.9 | 196.9 | 200.0 | 107.4 |
| 1956 | 174.6 | 136.8 | 380.9 | 382.1 | 377.5 | 211.3 | 262.5 | 267.6 | 140.7 |
| 1957 | 193.6 | 160.8 | 374.2 | 388.7 | 336.3 | 224.5 | 162.5 | 302.7 | 148.2 |
| 1958 | 242.6 | 169.3 | 688.6 | 694.0 | 674.2 | 285.4 | 387.5 | 368.9 | 176.9 |
| 1959 | 298.1 | 190.6 | 958.4 | 976.7 | 910.2 | 357.3 | 646.9 | 450.0 | 204.1 |
| 1960 | 285.6 | 148.5 | 1213.1 | 1289.8 | 1011.9 | 309.1 | 543.8 | 477.0 | 178.1 |
| 1961 | 186.4 | 119.9 | 476.5 | 549.9 | 283.7 | 295.1 | 359.4 | 370.3 | 111.0 |
| 1962 | 176.5 | 126.1 | 401.8 | 490.1 | 169.9 | 255.4 | 325.0 | 273.0 | 106.0 |
| 1963 | 211.3 | 137.3 | 597.2 | 685.9 | 364.1 | 293.8 | 371.9 | 345.9 | 124.0 |
| 1964 | 239.3 | 153.5 | 699.5 | 791.9 | 457.0 | 327.0 | 418.8 | 390.5 | 135.1 |
| 1965 | 262.7 | 162.5 | 795.0 | 877.1 | 579.3 | 368.3 | 565.6 | 456.8 | 143.0 |
| 1966 | 288.9 | 182.6 | 909.8 | 997.2 | 680.4 | 367.2 | 500.0 | 460.8 | 152.7 |
| 1967 | 240.8 | 148.1 | 739.2 | 827.7 | 506.7 | 334.9 | 396.9 | 367.6 | 123.8 |
| 1968 | 240.6 | 146.5 | 758.6 | 844.1 | 534.2 | 329.1 | 393.8 | 359.5 | 120.1 |
| 1969 | 242.6 | 145.7 | 784.6 | 864.9 | 573.6 | 328.3 | 390.6 | 351.4 | 117.3 |
| 1970 | 299.1 | 174.4 | 1100.0 | 1159.0 | 945.1 | 346.6 | 506.3 | 456.8 | 140.7 |
| 1971 | 305.3 | 165.7 | 1171.8 | 1264.8 | 927.7 | 376.6 | 546.9 | 435.1 | 139.2 |
| 1972 | 329.1 | 193.9 | 1138.9 | 1226.7 | 908.3 | 415.8 | 509.4 | 432.4 | 144.9 |
| 1973 | 367.5 | 214.8 | 1329.8 | 1446.2 | 1024.3 | 436.5 | 568.8 | 418.9 | 157.0 |
| 1974 | 353.7 | 202.6 | 1268.7 | 1351.8 | 1050.6 | 444.4 | 534.4 | 444.6 | 146.5 |
| 1975 | 393.8 | 226.3 | 1467.3 | 1570.2 | 1197.1 | 458.4 | 593.8 | 432.4 | 159.1 |
| 1976 | 391.2 | 230.4 | 1389.9 | 1544.8 | 983.0 | 473.1 | 593.8 | 436.5 | 155.0 |
| 1977 | 418.7 | 235.4 | 1591.6 | 1676.8 | 1367.9 | 490.7 | 612.5 | 443.2 | 163.1 |
| 1978 | 452.2 | 232.5 | 1865.3 | 2134.7 | 1157.6 | 534.2 | 659.4 | 466.2 | 173.4 |
| 1979 | 496.3 | 250.5 | 2026.3 | 2241.9 | 1459.9 | 619.5 | 680.9 | 527.1 | 186.3 |
| 1980 | 504.6 | 190.5 | 2295.8 | 2682.5 | 1280.1 | 761.5 | 983.9 | 651.1 | 186.7 |

注：本表按可比价格计算。

# 1－3－3 续表

1952＝100

| 年份 | 生产总值 | 第一产业 | 第二产业 | | | 第三产业 | | | 人均生产总值（元） |
|---|---|---|---|---|---|---|---|---|---|
| | | | | 工业 | 建筑业 | | #交通运输仓储邮电通讯业 | #批发和零售贸易餐饮业 | |
| 1981 | 558.1 | 270.1 | 2210.8 | 2566.6 | 1276.3 | 787.4 | 886.0 | 650.4 | 204.2 |
| 1982 | 661.8 | 319.3 | 2595.1 | 3006.4 | 1514.7 | 953.9 | 1223.3 | 844.7 | 238.8 |
| 1983 | 726.9 | 335.4 | 2850.8 | 3166.6 | 2021.3 | 1113.2 | 1435.9 | 980.9 | 257.5 |
| 1984 | 844.4 | 382.4 | 3135.9 | 3613.9 | 1900.0 | 1425.5 | 1712.8 | 1538.0 | 299.1 |
| 1985 | 989.8 | 436.3 | 3399.5 | 3811.0 | 2318.8 | 1896.5 | 2215.0 | 2692.8 | 342.7 |
| 1986 | 1048.0 | 400.2 | 3582.7 | 4053.5 | 2345.9 | 2282.8 | 2561.1 | 3232.3 | 359.1 |
| 1987 | 1142.1 | 427.6 | 3832.2 | 4429.5 | 2263.1 | 2568.3 | 2463.2 | 4060.2 | 386.6 |
| 1988 | 1254.0 | 501.6 | 4259.3 | 4789.9 | 2865.3 | 2651.2 | 2755.3 | 4038.8 | 419.2 |
| 1989 | 1288.3 | 476.7 | 4470.0 | 5136.7 | 2718.9 | 2831.2 | 3351.4 | 4142.3 | 425.0 |
| 1990 | 1385.2 | 593.2 | 4444.5 | 5095.8 | 2733.6 | 2919.0 | 3386.7 | 3867.8 | 449.5 |
| 1991 | 1488.7 | 616.9 | 4926.5 | 5513.1 | 3445.2 | 3149.9 | 4111.9 | 3965.6 | 476.5 |
| 1992 | 1652.6 | 641.8 | 5687.2 | 6102.3 | 4780.7 | 3584.0 | 4869.8 | 4642.3 | 523.7 |
| 1993 | 1845.3 | 673.9 | 6480.5 | 6855.9 | 5747.0 | 4145.0 | 5804.3 | 5611.2 | 582.9 |
| 1994 | 2051.2 | 695.5 | 7329.5 | 7870.2 | 6143.6 | 4810.9 | 7058.0 | 6652.8 | 640.1 |
| 1995 | 2259.3 | 722.6 | 8133.5 | 8869.4 | 6400.8 | 5490.7 | 8387.3 | 7742.0 | 697.0 |
| 1996 | 2584.3 | 877.2 | 9064.7 | 10218.5 | 6110.4 | 6165.5 | 9589.8 | 8847.1 | 789.3 |
| 1997 | 2862.1 | 894.8 | 10333.8 | 11740.1 | 6686.7 | 7046.3 | 11414.7 | 10423.6 | 866.4 |
| 1998 | 3167.0 | 950.2 | 11322.7 | 12915.0 | 7169.1 | 8080.3 | 13335.9 | 12078.4 | 950.8 |
| 1999 | 3446.7 | 959.7 | 12452.7 | 14299.5 | 7591.5 | 9105.7 | 15130.4 | 14045.7 | 1026.8 |
| 2000 | 3817.3 | 984.7 | 13912.2 | 16045.4 | 8266.6 | 10422.5 | 17764.3 | 16427.2 | 1130.6 |
| 2001 | 4225.8 | 1003.9 | 15423.1 | 17681.2 | 9435.2 | 12033.7 | 20628.9 | 19032.6 | 1246.4 |
| 2002 | 4782.1 | 1048.1 | 17842.6 | 20135.5 | 11725.3 | 13879.9 | 24793.4 | 22329.2 | 1407.1 |
| 2003 | 5638.0 | 1109.9 | 22784.9 | 24520.4 | 17977.0 | 15886.5 | 29823.7 | 25944.0 | 1657.4 |
| 2004 | 6793.8 | 1239.8 | 27878.8 | 30625.9 | 20781.0 | 19381.5 | 36414.7 | 30963.5 | 1993.6 |
| 2005 | 8411.3 | 1352.7 | 37602.8 | 42417.1 | 25216.9 | 22881.4 | 42787.3 | 36506.0 | 2459.3 |
| 2006 | 10014.6 | 1396.1 | 47801.1 | 55065.6 | 28651.4 | 26509.5 | 48826.0 | 42837.7 | 2914.5 |
| 2007 | 11941.2 | 1450.3 | 60205.5 | 70628.6 | 32298.1 | 30750.5 | 56746.9 | 48918.0 | 3456.7 |
| 2008 | 14069.4 | 1558.9 | 73224.6 | 87266.9 | 35205.0 | 35598.2 | 66786.8 | 56459.8 | 4048.3 |
| 2009 | 16447.1 | 1594.7 | 88658.4 | 105174.1 | 44071.5 | 40946.4 | 73398.7 | 65775.7 | 4704.0 |
| 2010 | 18918.3 | 1692.7 | 104795.4 | 124895.3 | 50373.7 | 46044.1 | 82887.0 | 73598.6 | 5380.3 |
| 2011 | 21632.2 | 1792.6 | 122668.3 | 146443.8 | 58216.4 | 51773.5 | 95119.0 | 80193.7 | 6122.8 |
| 2012 | 24111.8 | 1893.0 | 138960.0 | 166213.9 | 64978.2 | 56963.1 | 105795.7 | 90890.9 | 6800.4 |

# 1-3-4 第三产业增加值

单位:亿元

| 指　　标 | 2011 年 | 2012 年 | 2012 年比 2011 年增加 | |
|---|---|---|---|---|
| | | | 绝对数 | % |
| **总 计** | **5015.89** | **5630.50** | **614.61** | **10.0** |
| 交通运输、仓储和邮政业 | 1040.03 | 1185.30 | 145.27 | 11.2 |
| 信息传输、计算机服务和软件业 | 147.55 | 157.16 | 9.61 | 6.4 |
| 批发和零售业 | 1216.60 | 1415.47 | 198.87 | 15.1 |
| 住宿和餐饮业 | 381.64 | 433.94 | 52.30 | 7.6 |
| 金融业 | 447.46 | 502.01 | 54.55 | 13.4 |
| 房地产业 | 384.76 | 385.22 | 0.46 | -1.4 |
| 租赁和商务服务业 | 174.69 | 201.72 | 27.03 | 8.7 |
| 科学研究、技术服务和地质勘查业 | 73.61 | 85.61 | 11.99 | 12.5 |
| 水利、环境和公共设施管理业 | 45.62 | 47.39 | 1.77 | 0.8 |
| 居民服务和其他服务业 | 202.32 | 249.59 | 47.28 | 16.2 |
| 教育 | 251.28 | 261.40 | 10.12 | 0.9 |
| 卫生、社会保障和社会福利业 | 126.00 | 139.04 | 13.04 | 7.0 |
| 文化、体育和娱乐业 | 54.45 | 56.89 | 2.44 | 22.1 |
| 公共管理和社会组织 | 469.89 | 509.77 | 39.88 | 5.2 |

注:本表绝对数按当年价格计算,增速按可比价计算。

# 1-3-5 第三产业增加值构成

单位:%

| 指　　标 | 2011 年 | 2012 年 |
| --- | --- | --- |
| **总 计** | **100.0** | **100.0** |
| 交通运输、仓储和邮政业 | 20.7 | 21.1 |
| 信息传输、计算机服务和软件业 | 2.9 | 2.8 |
| 批发和零售业 | 24.3 | 25.1 |
| 住宿和餐饮业 | 7.6 | 7.7 |
| 金融业 | 8.9 | 8.9 |
| 房地产业 | 7.7 | 6.8 |
| 租赁和商务服务业 | 3.5 | 3.6 |
| 科学研究、技术服务和地质勘查业 | 1.5 | 1.5 |
| 水利、环境和公共设施管理业 | 0.9 | 0.8 |
| 居民服务和其他服务业 | 4.0 | 4.4 |
| 教育 | 5.0 | 4.6 |
| 卫生、社会保障和社会福利业 | 2.5 | 2.5 |
| 文化、体育和娱乐业 | 1.1 | 1.1 |
| 公共管理和社会组织 | 9.4 | 9.1 |
| 国际组织 | | |

注:本表按当年价格计算。

# 1－3－6 第三产业增加值指数

上年＝100

| 指　　标 | 2011 年 | 2012 年 |
|---|---|---|
| **总 计** | **112.4** | **110.0** |
| 交通运输、仓储和邮政业 | 115.0 | 111.2 |
| 信息传输、计算机服务和软件业 | 113.1 | 106.4 |
| 批发和零售业 | 110.3 | 115.1 |
| 住宿和餐饮业 | 105.7 | 107.6 |
| 金融业 | 120.4 | 113.4 |
| 房地产业 | 117.9 | 98.6 |
| 租赁和商务服务业 | 119.9 | 108.7 |
| 科学研究、技术服务和地质勘查业 | 99.9 | 112.5 |
| 水利、环境和公共设施管理业 | 106.3 | 100.8 |
| 居民服务和其他服务业 | 124.9 | 116.2 |
| 教育 | 100.0 | 100.9 |
| 卫生、社会保障和社会福利业 | 100.2 | 107.0 |
| 文化、体育和娱乐业 | 119.4 | 122.1 |
| 公共管理和社会组织 | 110.9 | 105.2 |
| 国际组织 | | |

注：本表按可比价格计算。

# 1－3－7 工农业总产出及指数

| 年 份 | 工农业总产出(亿元，当年价) | | | 指数(以1952年为100，可比价) | | |
|---|---|---|---|---|---|---|
| | 总 计 | 农业总产出 | 工业总产出 | 工农业总产出 | 农业总产出 | 工业总产出 |
| 1952 | 13.70 | 12.10 | 1.60 | 100.0 | 100.0 | 100.0 |
| 1953 | 16.90 | 14.35 | 2.55 | 109.2 | 106.0 | 152.0 |
| 1954 | 20.54 | 19.77 | 3.77 | 123.9 | 116.2 | 224.7 |
| 1955 | 20.01 | 15.60 | 4.41 | 120.2 | 109.2 | 264.0 |
| 1956 | 25.57 | 19.52 | 6.05 | 151.3 | 135.7 | 356.7 |
| 1957 | 17.50 | 11.20 | 6.30 | 134.0 | 114.1 | 394.7 |
| 1958 | 27.63 | 15.60 | 12.03 | 191.4 | 150.9 | 722.7 |
| 1959 | 36.92 | 18.14 | 18.78 | 236.0 | 168.0 | 1127.3 |
| 1960 | 45.14 | 16.57 | 28.57 | 259.7 | 149.4 | 1704.7 |
| 1961 | 32.97 | 17.04 | 15.93 | 181.8 | 128.5 | 880.0 |
| 1962 | 31.31 | 17.05 | 14.26 | 164.4 | 120.9 | 734.7 |
| 1963 | 38.69 | 17.43 | 21.26 | 202.0 | 134.9 | 1080.7 |
| 1964 | 43.87 | 20.82 | 23.05 | 235.6 | 163.1 | 1186.7 |
| 1965 | 46.20 | 19.40 | 26.80 | 243.0 | 148.4 | 1482.7 |
| 1966 | 50.49 | 20.93 | 29.56 | 272.0 | 160.1 | 1738.7 |
| 1967 | 41.74 | 21.46 | 20.28 | 238.4 | 164.2 | 1210.0 |
| 1968 | 43.27 | 22.08 | 21.19 | 235.9 | 156.0 | 1284.0 |
| 1969 | 42.27 | 19.95 | 22.32 | 230.3 | 140.9 | 1401.3 |
| 1970 | 51.80 | 24.00 | 27.80 | 298.9 | 169.8 | 1990.7 |
| 1971 | 54.76 | 23.67 | 31.09 | 318.9 | 167.2 | 2306.7 |
| 1972 | 52.74 | 21.17 | 31.57 | 302.0 | 146.3 | 2342.7 |
| 1973 | 60.39 | 27.72 | 32.67 | 348.8 | 190.5 | 2424.0 |
| 1974 | 59.35 | 29.57 | 29.78 | 337.4 | 194.6 | 2210.0 |
| 1975 | 67.70 | 30.80 | 36.90 | 379.3 | 199.4 | 2737.3 |
| 1976 | 68.90 | 31.29 | 37.61 | 387.5 | 202.0 | 2819.3 |
| 1977 | 72.51 | 28.43 | 44.08 | 403.5 | 183.5 | 3286.7 |
| 1978 | 81.30 | 28.40 | 53.00 | 440.9 | 183.9 | 3810.0 |
| 1979 | 88.98 | 31.58 | 57.40 | 465.8 | 194.3 | 4024.0 |
| 1980 | 90.10 | 30.70 | 59.40 | 447.9 | 168.5 | 4110.0 |

# 1-3-7 续表

| 年份 | 工农业总产出（亿元，当年价） | | | 指数（以1952年为100，可比价） | | |
|---|---|---|---|---|---|---|
| | 总计 | 农业总产出 | 工业总产出 | 工农业总产出 | 农业总产出 | 工业总产出 |
| 1981 | 101.20 | 39.40 | 61.80 | 479.6 | 201.8 | 4120.7 |
| 1982 | 120.90 | 47.20 | 73.70 | 553.2 | 233.6 | 4741.3 |
| 1983 | 134.00 | 52.40 | 81.50 | 601.1 | 250.5 | 5196.7 |
| 1984 | 151.30 | 61.30 | 90.00 | 659.0 | 280.7 | 5617.3 |
| 1985 | 186.10 | 73.20 | 112.90 | 752.1 | 309.6 | 6552.7 |
| 1986 | 203.70 | 77.30 | 126.50 | 781.4 | 293.3 | 7178.7 |
| 1987 | 238.60 | 87.70 | 150.80 | 856.0 | 305.3 | 8072.7 |
| 1988 | 316.20 | 122.40 | 193.90 | 975.9 | 348.6 | 9197.3 |
| 1989 | 371.50 | 128.30 | 243.10 | 1056.5 | 347.0 | 10356.0 |
| 1990 | 420.30 | 156.90 | 263.30 | 1147.0 | 412.0 | 10780.7 |
| 1991 | 468.50 | 164.10 | 304.40 | 1222.3 | 428.4 | 11648.9 |
| 1992 | 544.00 | 180.30 | 363.70 | 1336.5 | 453.2 | 12965.2 |
| 1993 | 691.16 | 220.80 | 470.36 | 1487.9 | 484.9 | 14756.1 |
| 1994 | 831.42 | 309.32 | 522.10 | 1642.0 | 500.7 | 16821.9 |
| 1995 | 1013.72 | 387.20 | 626.52 | 1797.9 | 521.2 | 18840.5 |
| 1996 | 1210.88 | 465.32 | 745.56 | 2070.8 | 644.8 | 21007.2 |
| 1997 | 1361.73 | 489.43 | 872.30 | 2297.6 | 660.9 | 24158.3 |
| 1998 | 1476.46 | 534.38 | 942.08 | 2504.3 | 704.8 | 26574.1 |
| 1999 | 1587.44 | 532.31 | 1055.13 | 2707.1 | 712.4 | 29497.3 |
| 2000 | 1746.01 | 543.16 | 1202.85 | 2961.2 | 729.9 | 33036.9 |
| 2001 | 1903.09 | 555.90 | 1347.19 | 3205.9 | 744.3 | 36704.0 |
| 2002 | 2122.77 | 586.97 | 1535.80 | 3545.0 | 780.7 | 41842.6 |
| 2003 | 2591.05 | 655.94 | 1935.11 | 4246.6 | 826.1 | 52297.6 |
| 2004 | 3656.51 | 851.30 | 2805.21 | 5704.0 | 942.3 | 73380.7 |
| 2005 | 4841.79 | 980.21 | 3861.58 | 7200.8 | 1048.1 | 95923.2 |
| 2006 | 6259.62 | 1058.50 | 5201.12 | 8878.5 | 1084.6 | 123097.0 |
| 2007 | 8513.32 | 1276.45 | 7236.87 | 11148.7 | 1132.1 | 159913.3 |
| 2008 | 11869.72 | 1525.74 | 10343.98 | 13531.6 | 1220.8 | 197652.8 |
| 2009 | 14278.10 | 1570.58 | 12707.52 | 15991.3 | 1249.7 | 238322.4 |
| 2010 | 17863.57 | 1843.57 | 16020.00 | 18783.4 | 1326.9 | 283180.1 |
| 2011 | 22677.45 | 2204.50 | 20472.95 | 22095.5 | 1402.5 | 335708.1 |
| 2012 | 24382.63 | 2449.34 | 21933.29 | 23216.9 | 1482.5 | 352602.2 |

# 1-3-8 居民消费水平

| 年份 | 绝对数(元/人) | | | 指数(上年=100) | | | 指数(1952=100) | | |
|---|---|---|---|---|---|---|---|---|---|
| | 全部居民 | 农村居民 | 城镇居民 | 全部居民 | 农村居民 | 城镇居民 | 全部居民 | 农村居民 | 城镇居民 |
| 1952 | 99 | 88 | 171 | | | | 100.0 | 100.0 | 100.0 |
| 1953 | 103 | 93 | 165 | 105.0 | 105.0 | 96.4 | 105.0 | 105.1 | 96.4 |
| 1954 | 106 | 93 | 173 | 102.8 | 100.1 | 105.0 | 108.0 | 105.2 | 101.3 |
| 1955 | 101 | 85 | 179 | 95.3 | 91.5 | 103.5 | 102.9 | 96.3 | 104.8 |
| 1956 | 118 | 98 | 205 | 116.3 | 114.9 | 114.5 | 119.7 | 110.6 | 120.0 |
| 1957 | 120 | 99 | 209 | 102.1 | 101.5 | 101.9 | 122.3 | 112.2 | 122.3 |
| 1958 | 125 | 99 | 228 | 104.0 | 99.9 | 109.2 | 127.1 | 112.1 | 133.5 |
| 1959 | 131 | 99 | 232 | 104.5 | 99.9 | 101.3 | 132.8 | 112.1 | 135.3 |
| 1960 | 126 | 93 | 205 | 96.5 | 93.8 | 88.6 | 128.2 | 105.2 | 119.9 |
| 1961 | 125 | 96 | 191 | 98.6 | 103.0 | 92.9 | 126.4 | 108.4 | 111.3 |
| 1962 | 121 | 98 | 187 | 97.5 | 102.8 | 97.9 | 123.3 | 111.4 | 109.0 |
| 1963 | 119 | 96 | 183 | 97.7 | 97.7 | 98.0 | 120.5 | 108.9 | 106.8 |
| 1964 | 118 | 96 | 190 | 99.2 | 99.7 | 103.9 | 119.5 | 108.6 | 111.0 |
| 1965 | 119 | 95 | 190 | 101.2 | 99.2 | 100.3 | 121.0 | 107.7 | 111.3 |
| 1966 | 131 | 102 | 212 | 109.7 | 107.6 | 111.1 | 132.7 | 115.9 | 123.6 |
| 1967 | 139 | 108 | 225 | 106.3 | 105.8 | 106.2 | 141.1 | 122.5 | 131.2 |
| 1968 | 132 | 100 | 221 | 94.9 | 92.3 | 98.2 | 134.0 | 113.1 | 128.9 |
| 1969 | 129 | 88 | 236 | 97.5 | 88.6 | 107.2 | 130.6 | 100.1 | 138.2 |
| 1970 | 139 | 99 | 241 | 108.0 | 111.7 | 101.9 | 141.0 | 111.8 | 140.8 |
| 1971 | 146 | 98 | 273 | 105.0 | 99.1 | 113.1 | 148.1 | 110.8 | 159.3 |
| 1972 | 156 | 97 | 303 | 106.8 | 99.3 | 111.2 | 158.2 | 110.0 | 177.2 |
| 1973 | 169 | 113 | 305 | 108.5 | 116.9 | 100.5 | 171.6 | 128.6 | 178.0 |
| 1974 | 170 | 115 | 310 | 100.3 | 101.1 | 101.6 | 172.2 | 130.1 | 181.0 |
| 1975 | 179 | 122 | 321 | 105.6 | 106.3 | 103.6 | 181.8 | 138.2 | 187.5 |
| 1976 | 190 | 128 | 343 | 106.1 | 105.2 | 107.0 | 192.8 | 145.3 | 200.7 |
| 1977 | 200 | 135 | 355 | 105.1 | 105.5 | 103.5 | 202.7 | 153.3 | 207.6 |
| 1978 | 207 | 138 | 370 | 103.4 | 101.8 | 104.2 | 209.7 | 156.1 | 216.4 |
| 1979 | 239 | 161 | 420 | 115.8 | 116.8 | 113.4 | 242.8 | 182.3 | 245.4 |
| 1980 | 295 | 213 | 484 | 123.2 | 132.5 | 115.3 | 299.1 | 241.5 | 282.8 |

注:本表绝对数按当年价格计算,指数按可比价格计算。

# 1-3-8 续表

| 年 份 | 绝对数(元/人) | | | 指数(上年=100) | | | 指数(1952=100) | | |
|---|---|---|---|---|---|---|---|---|---|
| | 全部居民 | 农村居民 | 城镇居民 | 全部居民 | 农村居民 | 城镇居民 | 全部居民 | 农村居民 | 城镇居民 |
| 1981 | 350 | 257 | 567 | 115.5 | 116.2 | 115.0 | 345.4 | 280.7 | 325.2 |
| 1982 | 407 | 318 | 619 | 115.7 | 124.1 | 107.9 | 399.5 | 348.2 | 350.9 |
| 1983 | 423 | 334 | 632 | 104.1 | 106.3 | 100.4 | 416.0 | 370.3 | 352.4 |
| 1984 | 446 | 349 | 671 | 100.0 | 99.0 | 101.1 | 416.2 | 366.7 | 356.3 |
| 1985 | 519 | 412 | 762 | 105.2 | 105.5 | 104.3 | 438.0 | 386.8 | 371.6 |
| 1986 | 578 | 418 | 942 | 107.9 | 100.5 | 117.2 | 472.6 | 388.9 | 435.5 |
| 1987 | 653 | 480 | 1039 | 105.2 | 107.9 | 101.6 | 497.3 | 419.4 | 442.5 |
| 1988 | 713 | 541 | 1086 | 94.1 | 97.7 | 89.4 | 468.1 | 409.7 | 395.4 |
| 1989 | 755 | 565 | 1157 | 92.6 | 89.8 | 95.0 | 433.5 | 368.1 | 375.6 |
| 1990 | 786 | 592 | 1189 | 99.3 | 97.0 | 101.3 | 430.5 | 357.0 | 380.4 |
| 1991 | 861 | 633 | 1330 | 107.0 | 107.9 | 105.7 | 460.7 | 385.1 | 402.2 |
| 1992 | 941 | 686 | 1461 | 103.1 | 104.2 | 101.6 | 474.9 | 401.4 | 408.7 |
| 1993 | 1142 | 779 | 1755 | 103.1 | 100.1 | 105.2 | 487.6 | 402.4 | 429.8 |
| 1994 | 1460 | 967 | 2284 | 103.2 | 100.7 | 104.7 | 503.4 | 405.2 | 450.0 |
| 1995 | 1817 | 1289 | 2683 | 105.3 | 111.1 | 100.4 | 529.9 | 450.2 | 451.8 |
| 1996 | 2040 | 1424 | 3031 | 104.2 | 102.5 | 104.9 | 552.2 | 461.4 | 474.0 |
| 1997 | 2232 | 1551 | 3311 | 105.7 | 105.3 | 105.5 | 583.8 | 485.9 | 500.0 |
| 1998 | 2309 | 1603 | 3391 | 103.9 | 103.8 | 103.0 | 606.8 | 504.3 | 515.0 |
| 1999 | 2520 | 1601 | 3871 | 110.0 | 100.2 | 115.2 | 667.3 | 505.3 | 593.3 |
| 2000 | 2687 | 1720 | 4045 | 105.3 | 106.2 | 103.1 | 702.7 | 536.7 | 611.7 |
| 2001 | 2868 | 1694 | 4431 | 106.2 | 98.0 | 108.9 | 746.2 | 525.9 | 666.2 |
| 2002 | 3341 | 1793 | 5327 | 113.9 | 100.6 | 118.9 | 849.8 | 529.1 | 792.0 |
| 2003 | 3565 | 1945 | 5593 | 104.7 | 105.1 | 103.6 | 889.8 | 556.0 | 820.2 |
| 2004 | 4042 | 2077 | 6415 | 110.7 | 103.7 | 111.9 | 985.4 | 576.5 | 917.8 |
| 2005 | 4967 | 2426 | 7887 | 110.2 | 114.6 | 106.9 | 1085.9 | 660.7 | 981.1 |
| 2006 | 5746 | 2816 | 8930 | 113.4 | 113.7 | 111.0 | 1231.4 | 751.2 | 1089.0 |
| 2007 | 7062 | 3286 | 10930 | 118.1 | 110.9 | 118.0 | 1454.3 | 833.1 | 1285.0 |
| 2008 | 8354 | 3673 | 12863 | 109.1 | 112.5 | 105.8 | 1586.6 | 937.2 | 1359.6 |
| 2009 | 9460 | 4072 | 14323 | 115.0 | 105.3 | 115.3 | 1824.6 | 986.9 | 1567.6 |
| 2010 | 10925 | 4692 | 16136 | 111.1 | 114.9 | 107.4 | 2027.2 | 1134.0 | 1683.6 |
| 2011 | 13264 | 5945 | 18996 | 114.3 | 117.6 | 111.2 | 2317.1 | 1333.5 | 1872.1 |
| 2012 | 15196 | 7032 | 21308 | 111.6 | 113.9 | 109.6 | 2585.8 | 1518.9 | 2051.8 |

# 主要统计指标解释

**地区收入总值** 指一个地区所有常住单位在一定时期内收入初次分配的最终结果。一地区常住单位从事生产活动所创造的增加值在初次分配中主要分配给该地区的常住单位,但也有一部分以生产税及进口税(扣除生产和进口补贴)、劳动者报酬和财产收入等形式分配给非常住单位;同时,地区外生产所创造的增加值也有一部分以生产税及进口税(扣除生产和进口补贴)、劳动者报酬和财产收入等形式分配给该地区的常住单位,从而产生了地区收入总值的概念。它等于地区生产总值加上来自地区外的净要素收入。与地区生产总值不同,地区收入总值是个收入概念,而地区生产总值是个生产概念。

**地区生产总值** 是按市场价格计算的地区生产总值的简称。它是一个地区所有常住单位在一定时期内生产活动的最终成果。地区生产总值有三种表现形式,即价值形态、收入形态和产品形态。从价值形态看,它是所有常住单位在一定时期内所生产的全部货物和服务价值超过同期投入的全部非固定资产货物和服务价值的差额,即所有常住单位的增加值之和;从收入形态看,它是所有常住单位在一定时期内所创造并分配给常住单位和非常住单位的初次分配收入之和;从产品形态看,它是最终使用的货物和服务减去进口货物和服务。在实际核算中,地区生产总值的三种表现形态表现为三种计算方法,即生产法、收入法和支出法。三种方法分别从不同的方面反映地区生产总值及其构成。

**支出法地区生产总值** 指一个地区所有常住单位在一定时期内用于最终消费、资本形成总额,以及货物和服务的净出口总额,它反映本期生产的地区生产总值的使用构成。

**最终消费** 指常住单位在一定时期内对于货物和服务的全部最终消费支出,也就是常住单位为满足物质、文化和精神生活的需要,从本国经济领土和国外购买的货物和服务的支出;不包括非常住单位在本国经济领土内的消费支出。最终消费分为居民消费和政府消费。

**居民消费** 指常住住户对货物和服务的全部最终消费支出。居民消费按市场价格计算,即按居民支付的购买者价格计算。购买者价格是购买者取得货物所支付的价格,包括购买者支付的运输和商业费用。居民消费除了直接以货币形式购买货物和服务的消费之外,还包括以其他方式获得的货物和服务的消费支出,即所谓的虚拟消费支出。

**政府消费** 指政府部门为全社会提供公共服务的消费支出和免费或以较低价格向住户提供的货物和服务的净支出。前者等于政府服务的产出价值减去政府单位所获得的经营收入的价值,政府服务的产出价值等于它的经常性业务支出加上固定资产折旧;后者等于政府部门免费或以较低价格向住户提供的货物和服务的市场价值减去向住户收取的价值。

**资本形成总额** 指常住单位在一定时期内获得的减去处置的固定资产加存货的变动,包括固定资本形成总额和存货增加。

**存货增加** 指常住单位存货实物量变动的市场价值,即期末价值减期初价值的差额。存货增加可以是正值,也可以是负值;正值表示存货上升,负值表示存货下降。它包括生产单位购进的原材料、燃料和储备物资等存货,以及生产单位生产的产成品、在制品等存货等。

**劳动者报酬** 指劳动者因从事生产活动所获得的全部报酬。包括劳动者获得的各种形式的工资、奖金和津贴,既包括货币形式的,也包括实物形式的;还包括劳动者所享受的公费医疗和医药卫生费、上下班交通补贴和单位支付的社会保险费等。对于个体经济来说,其所有者所获得的劳动报酬和经营利润不易区分,这两部分统一作为劳动者报酬处理。

**生产税净额** 指生产税减生产补贴后的余额。生产税指政府对生产单位生产、销售和从事经营活动以及因从事生产活动使用某些生产要素(如固定资产、土地、劳动力)所征收的各种税、附加费和规费。生产补贴与生产税相反,指政府对生产单位的单方面收入转移,因此视为负生产税,包括政策亏损补贴、粮食系统价格补贴、外贸企业出口退税收入等。

**营业盈余** 指常住单位创造的增加值扣除劳动者报酬、生产税净额和固定资产折旧后的余额。它相当于企业的营业利润加上生产补贴,但要扣除从利润中开支的工资和福利等。

**直接消耗系数** 指某一个部门生产单位总产出需要直接消耗各部门产品和服务的数量,也称为投入系数。它反映该部门与其他部门之间直接的技术经济联系和直接依赖关系。

**完全消耗系数** 指增加某一个部门单位总产出需要完全消耗各部门产品和服务的数量。完全消耗系数等于直接消耗系数和全部间接消耗系数之和,它是全面揭示国民经济各部门之间技术经济的全部联系和相互依赖关系的主要指标。

# 2 农村牧区经济社会调查篇

# 2 农村牧区经济社会调查篇

## ① 农村牧区基本情况

资料整理：郭计珍　赵燕　张立新

# 2-1-1 农村牧区基本情况及农业生产条件

| 指标 | 单位 | 数量 | | 2012年比2011年增加 | |
|---|---|---|---|---|---|
| | | 2011年 | 2012年 | 绝对值 | % |
| 农村基层组织情况 | | | | | |
| 乡镇(苏木) | 个 | 637 | 767 | 130 | 20.41 |
| #镇 | 个 | 425 | 490 | 65 | 15.29 |
| 村委会(嘎查) | 个 | 11182 | 11228 | 36 | 0.32 |
| 农村基层设施 | | | | | |
| 自来水受益村 | 个 | 6233 | 6532 | 299 | 4.80 |
| 通汽车村 | 个 | 10851 | 10999 | 148 | 1.36 |
| 通电话村 | 个 | 10782 | 10863 | 81 | 0.75 |
| 乡村人口与从业人员 | | | | | |
| 乡村户数 | 户 | 3800697 | 3919113 | 118416 | 3.12 |
| 乡村人口 | 人 | 13277399 | 13498389 | 220990 | 1.66 |
| 乡村劳动力资源 | 人 | 8183390 | 8319225 | 135835 | 1.66 |
| 乡村从业人员 | 人 | 7322354 | 7423168 | 100814 | 1.38 |
| 按性别分 | | | | | |
| 男 | 人 | 4042288 | 4104608 | 62320 | 1.54 |
| 女 | 人 | 3280066 | 3318560 | 38494 | 1.17 |
| 按国民经济行业分 | | | | | |
| 农林牧渔业从业人员 | 人 | 5423267 | 5528522 | 105255 | 1.94 |
| #农业从业人员 | 人 | 4516572 | 4609461 | 92889 | 2.06 |
| 牧业从业人员 | 人 | 799672 | 828409 | 28737 | 3.59 |
| 工业从业人员 | 人 | 374839 | 371182 | -3657 | -0.98 |
| 建筑业从业人员 | 人 | 576788 | 591421 | 14633 | 2.54 |
| 交运仓储和邮政业从业人员 | 人 | 152822 | 163962 | 11140 | 7.29 |
| 信息传输、计算机服务和软件业 | 人 | 24458 | 28004 | 3546 | 14.50 |
| 批发与零售业从业人员 | 人 | 279515 | 280361 | 846 | 0.30 |
| 住宿和餐饮业从业人员 | 人 | 194883 | 204820 | 9937 | 5.10 |
| 其他行业从业人员 | 人 | 295782 | 254896 | -40886 | -13.82 |

# 2－1－2 耕地面积及所占比例(2012 年)

单位:千公顷

| 指　　标 | 面　积 | 占全区总面积的百分比 |
| --- | --- | --- |
| 耕 地 | 7148.6 | 6.24 |
| 灌溉水田 | 83.8 | 0.07 |
| 望天田 | 0.4 | 0.00 |
| 水浇地 | 1873.3 | 1.64 |
| 旱地 | 5143.8 | 4.49 |
| 菜地 | 47.4 | 0.04 |

注:本表数据来源于内蒙古自治区国土资源厅。

# 2－1－3 农村牧区电气化和农业化学化

| 指　　标 | 单　位 | 2011 年 | 2012 年 | 2012 年比 2011 年增加 | |
| --- | --- | --- | --- | --- | --- |
| | | | | 绝对数 | % |
| 乡、村办水电站 | 个 | 42 | 39 | －3 | －7 |
| 装机容量 | 万千瓦 | 8 | 9 | 1 | 10 |
| 发电量 | 万千瓦时 | 11576 | 16481 | 4905 | 42 |
| 农村用电量 | 万千瓦时 | 522992 | 551546 | 28554 | 5 |
| 农用化肥施用量(折纯) | 万吨 | 177 | 189 | 12 | 7 |
| # 氮肥 | 万吨 | 81 | 83 | 2 | 2 |
| 磷肥 | 万吨 | 30 | 32 | 2 | 6 |
| 钾肥 | 万吨 | 15 | 14 | －1 | －4 |
| 复合肥 | 万吨 | 50 | 59 | 9 | 18 |
| 农用塑料薄膜使用量 | 吨 | 60660 | 69234 | 8574 | 14 |
| # 地膜使用量 | 吨 | 48622 | 55131 | 6509 | 13 |
| 地膜覆盖面积 | 公顷 | 889061 | 945317 | 56256 | 6 |
| 农用柴油使用量 | 万吨 | 61 | 65 | 4 | 6 |
| 农药使用量 | 吨 | 24474 | 29924 | 5450 | 22 |

注:2010 年起乡、村办水电站统计口径变更为农村水电。农村水电是指装机容量 5 万千瓦及以下水电站和配套电网。

# 2-1-4 农业机械化及农田水利情况

| 指　　　标 | 单　位 | 2011 年 | 2012 年 | 2012 年比 2011 年增加 | |
|---|---|---|---|---|---|
| | | | | 绝对数 | % |
| **农用机械总动力** | **万千瓦** | **3173** | **3281** | **108** | **3.39** |
| 柴油发动机动力 | 万千瓦 | 2851 | 2950 | 99 | 3.48 |
| 汽油发动机动力 | 万千瓦 | 16 | 15 | -1 | -3.25 |
| 电动机动力 | 万千瓦 | 301 | 311 | 10 | 3.31 |
| 其它机械动力 | 万千瓦 | 4 | 4 | 0 | -3.25 |
| **农业机械与设备** | | | | **0** | |
| 大中型拖拉机 | 台 | 547661 | 579400 | 31739 | 5.80 |
| | 万千瓦 | 1179 | 1282 | 103 | 8.71 |
| 小型拖拉机 | 台 | 479091 | 439300 | -39791 | -8.31 |
| | 万千瓦 | 580 | 535 | -45 | -7.78 |
| 大中型拖拉机配套农具 | 台 | 869986 | 939200 | 69214 | 7.96 |
| 小型拖拉机配套农具 | 台 | 898523 | 895400 | -3123 | -0.35 |
| **农用排灌机械** | | | | | |
| 农用排灌电动机 | 台 | 372022 | 176240 | -195782 | -52.63 |
| | 万千瓦 | 363 | 155 | -208 | -57.38 |
| 农用排灌柴油机 | 台 | 200692 | 205715 | 5023 | 2.50 |
| | 万千瓦 | 213 | 2183 | 1970 | 925.02 |
| 联合收割机 | 台 | 10998 | 15900 | 4902 | 44.57 |
| | 万千瓦 | 68 | 97 | 29 | 43.25 |
| 机动脱粒机 | 台 | 101211 | 101464 | 253 | 0.25 |
| 农用运输车 | 辆 | 403807 | 451400 | 47593 | 11.79 |
| | 万千瓦 | 40 | 665 | 625 | 1562.33 |
| 养殖渔船 | 艘 | 229 | 211 | -18 | -7.86 |
| | 万千瓦 | | | | |
| 捕捞渔船 | 艘 | 1095 | 1165 | 70 | 6.39 |
| | 万千瓦 | | | | |
| 机电井 | 眼 | 375622 | 379311 | 3689 | 0.98 |
| 节水灌溉机械 | 套 | 60758 | 61700 | 942 | 1.55 |
| 农用水泵 | 台 | 376447 | 386700 | 10253 | 2.72 |
| **农田水利建设情况** | | | | | |
| 有效灌溉面积 | 千公顷 | 3072 | 3125.2 | 53 | 1.73 |
| 旱涝保收面积 | 千公顷 | 1543 | 1548 | 5 | 0.32 |
| 机电排灌面积 | 千公顷 | 3097 | 3154 | 57 | 1.84 |

# 2－1－5 农户固定资产投资

| 指　　标 | 单　位 | 2011 年 | 2012 年 | 2012 年比 2011 年增加 | |
|---|---|---|---|---|---|
| | | | | 绝对数 | % |
| 本年新增固定资产原值 | 万元 | 1101568 | 1217534 | 115966 | 10.5 |
| 本年固定资产投资完成额 | 万元 | 1121948 | 1259708 | 137760 | 12.3 |
| 按投资来源分 | | | | | |
| 国内贷款 | 万元 | 30293 | 51074 | 20781 | 68.6 |
| 自筹资金 | 万元 | 1080885 | 1206830 | 125945 | 11.7 |
| 其他资金 | 万元 | 10770 | 1804 | －8966 | －83.3 |
| 本年施工房屋面积 | 万平方米 | 616 | 460 | －156 | －25.3 |
| #住宅 | 万平方米 | 563 | 364 | －199 | －35.3 |
| 当年新开工 | 万平方米 | | | | |
| 本年竣工房屋面积 | 万平方米 | 582 | 401 | －181 | －31.1 |
| #住宅 | 万平方米 | 428 | 359 | －69 | －16.1 |
| 本年施工房屋投资完成额 | 万元 | 384099 | 319053 | －65046 | －16.9 |
| #住宅 | 万元 | 351379 | 253042 | －98337 | －28 |
| 本年竣工房屋投资完成额 | 万元 | 363719 | 277796 | －85923 | －23.6 |
| #住宅 | 万元 | 267181 | 263127 | －4054 | －1.5 |

# 2－1－6 各盟市农村牧区基本情况(2012)

| 地　区 | 乡　镇<br>（个） | 镇<br>（个） | 村委会<br>（嘎　查）<br>（个） | 乡村总户数<br>（户） | 乡村人口<br>（万人） |
|---|---|---|---|---|---|
| **全　区** | **767** | **490** | **11228** | **391.91** | **1349.84** |
| 呼和浩特市 | 44 | 24 | 1007 | 30.18 | 108.17 |
| 包头市 | 39 | 29 | 638 | 17.69 | 53.40 |
| 呼伦贝尔市 | 84 | 50 | 782 | 37.48 | 120.06 |
| 兴安盟 | 56 | 36 | 871 | 31.86 | 115.65 |
| 通辽市 | 71 | 55 | 2085 | 63.76 | 238.23 |
| 赤峰市 | 116 | 73 | 2057 | 104.53 | 357.92 |
| 锡林郭勒盟 | 61 | 25 | 844 | 13.39 | 44.41 |
| 乌兰察布市 | 82 | 41 | 1339 | 43.25 | 145.07 |
| 鄂尔多斯市 | 41 | 32 | 730 | 19.49 | 54.60 |
| 巴彦淖尔市 | 59 | 46 | 648 | 27.00 | 102.93 |
| 乌海市 | 3 | 3 | 13 | 0.91 | 2.39 |
| 阿拉善盟 | 30 | 15 | 196 | 2.36 | 7.02 |

# 2-1-7 各盟市农村牧区基础设施情况(2012年)

单位:个

| 地　区 | 通自来水村数 | 通汽车村数 | 通电话村数 |
|---|---|---|---|
| **全　区** | **6532** | **10999** | **10863** |
| 呼和浩特市 | 930 | 1000 | 1005 |
| 包头市 | 629 | 637 | 638 |
| 呼伦贝尔市 | 209 | 703 | 640 |
| 兴安盟 | 231 | 867 | 854 |
| 通辽市 | 1136 | 2036 | 2020 |
| 赤峰市 | 1296 | 2028 | 1999 |
| 锡林郭勒盟 | 125 | 844 | 844 |
| 乌兰察布市 | 871 | 1325 | 1315 |
| 鄂尔多斯市 | 461 | 730 | 726 |
| 巴彦淖尔市 | 528 | 629 | 613 |
| 乌海市 | 13 | 13 | 13 |
| 阿拉善盟 | 103 | 187 | 196 |

# 2-1-8 各盟市农村牧区劳动力资源及从业人员构成(2012年)

单位:人

| 地　区 | 乡村劳动力资源 | 乡村从业人员 | | 农林牧渔业从业人员 | | |
|---|---|---|---|---|---|---|
| | | | 男 | | 农　业 | 牧　业 |
| **全　区** | **8319225** | **7423168** | **4104608** | **5528522** | **4609461** | **828409** |
| 呼和浩特市 | 658229 | 588306 | 332877 | 381855 | 307479 | 74003 |
| 包头市 | 370440 | 322572 | 182503 | 208106 | 182206 | 24985 |
| 呼伦贝尔市 | 728099 | 624089 | 365493 | 499019 | 401557 | 88367 |
| 兴安盟 | 676470 | 623763 | 348244 | 531572 | 486516 | 41565 |
| 通辽市 | 1347763 | 1220084 | 663221 | 935396 | 804252 | 98899 |
| 赤峰市 | 2111414 | 1889703 | 1032981 | 1261189 | 1079914 | 158402 |
| 锡林郭勒盟 | 308733 | 285472 | 150292 | 234277 | 97776 | 136501 |
| 乌兰察布市 | 995287 | 849652 | 474258 | 652608 | 589942 | 45327 |
| 鄂尔多斯市 | 401632 | 391418 | 211851 | 286363 | 197041 | 89322 |
| 巴彦淖尔市 | 655264 | 568005 | 310813 | 489502 | 434987 | 50374 |
| 乌海市 | 16608 | 15657 | 8185 | 9882 | 9287 | 418 |
| 阿拉善盟 | 49286 | 44447 | 23890 | 38753 | 18504 | 20246 |

# 2－1－8 续表

单位：人

| 地　区 | 工业从业人员 | 建筑业从业人员 | 交运仓储邮政从业人员 | 信息传输计算机服务软件从业人员 | 批发与零售从业人员 | 住宿和餐饮从业人员 | 其他行业从业人员 |
|---|---|---|---|---|---|---|---|
| **全　区** | **371182** | **591421** | **163962** | **28004** | **280361** | **204820** | **254896** |
| 呼和浩特市 | 41516 | 65205 | 24569 | 3275 | 33503 | 19995 | 18388 |
| 包头市 | 27102 | 21801 | 14858 | 1598 | 20231 | 11676 | 17200 |
| 呼伦贝尔市 | 27645 | 23464 | 13324 | 3541 | 23930 | 17252 | 15914 |
| 兴安盟 | 15649 | 24031 | 4485 | 1144 | 18826 | 15533 | 12523 |
| 通辽市 | 54045 | 90297 | 15492 | 5690 | 39999 | 39667 | 39498 |
| 赤峰市 | 133312 | 241107 | 39436 | 8308 | 72769 | 43348 | 90234 |
| 锡林郭勒盟 | 5304 | 14489 | 4071 | 456 | 6142 | 8488 | 12245 |
| 乌兰察布市 | 23514 | 81515 | 18135 | 899 | 22498 | 21696 | 28787 |
| 鄂尔多斯市 | 19866 | 17022 | 19154 | 2435 | 20335 | 17654 | 8589 |
| 巴彦淖尔市 | 20721 | 9893 | 8625 | 584 | 20954 | 8200 | 9526 |
| 乌海市 | 1385 | 2402 | 746 | 32 | 446 | 372 | 392 |
| 阿拉善盟 | 1123 | 195 | 1067 | 42 | 728 | 939 | 1600 |

# 2－1－9 各盟市耕地面积（2012 年）

单位：公顷

| 地　区 | 耕地 | | | | | |
|---|---|---|---|---|---|---|
| | | 灌溉水田 | 望天田 | 水浇地 | 旱地 | 菜地 |
| **全　区** | **7148571** | **83785** | **350** | **1873308** | **5143759** | **47368** |
| 呼和浩特市 | 568789 | 43 | | 171513 | 394660 | 2573 |
| 包头市 | 422107 | | | 136988 | 276051 | 9069 |
| 呼伦贝尔市 | 1143674 | 8716 | | 164 | 1121738 | 13057 |
| 兴安盟 | 796858 | 29359 | 344 | 75946 | 688973 | 2235 |
| 通辽市 | 1074387 | 31817 | | 416487 | 621503 | 4580 |
| 赤峰市 | 1008126 | 12725 | 6 | 238284 | 753788 | 3322 |
| 锡林郭勒盟 | 238718 | | | 7487 | 224416 | 6815 |
| 乌兰察布市 | 889044 | | | 66045 | 821116 | 1883 |
| 鄂尔多斯市 | 402860 | 337 | | 203809 | 197832 | 883 |
| 巴彦淖尔市 | 581492 | 787 | | 525194 | 54688 | 822 |
| 乌海市 | 7037 | | | 5363 | | 1674 |
| 阿拉善盟 | 27348 | | | 26590 | 299 | 459 |

注：本表数据来源于内蒙古自治区国土资源厅。

# 2－1－10 各盟市农村用电量和农用化肥施用量(2012 年)

单位:吨

| 地　区 | 农村用电量（万千瓦时） | 农用化肥施用量(按折纯法计算) | 氮　肥 | 磷　肥 | 钾　肥 | 复合肥 |
|---|---|---|---|---|---|---|
| **全　区** | **551546** | **1890352** | **828422** | **319311** | **144166** | **587934** |
| 呼和浩特市 | 40230 | 115833 | 64972 | 23050 | 7018 | 20779 |
| 包头市 | 31983 | 69648 | 37478 | 6044 | 3147 | 22667 |
| 呼伦贝尔市 | 26434 | 209239 | 58677 | 48889 | 24327 | 76865 |
| 兴安盟 | 17033 | 190135 | 41655 | 33862 | 11513 | 103105 |
| 通辽市 | 101985 | 541868 | 232785 | 93268 | 53594 | 161475 |
| 赤峰市 | 193986 | 282334 | 120466 | 41503 | 28244 | 84241 |
| 锡林郭勒盟 | 8528 | 16494 | 2051 | 2727 | 623 | 11063 |
| 乌兰察布市 | 24389 | 90388 | 45902 | 9622 | 3583 | 30235 |
| 鄂尔多斯市 | 46287 | 111407 | 61839 | 22688 | 4379 | 22491 |
| 巴彦淖尔市 | 41725 | 240794 | 153186 | 31359 | 6376 | 49873 |
| 乌海市 | 3197 | 3328 | 2081 | 652 | 27 | 568 |
| 阿拉善盟 | 15769 | 18884 | 7330 | 5647 | 1335 | 4572 |

# 2－1－11 各盟市农用塑料薄膜及柴油和农药使用量(2012 年)

| 地　区 | 农用塑料薄膜使用量(吨) | 地膜使用量（吨） | 地膜覆盖面积（公顷） | 农用柴油（吨） | 农药使用量（吨） |
|---|---|---|---|---|---|
| **全　区** | **69234** | **55131** | **945317** | **649594** | **29924** |
| 呼和浩特市 | 7180 | 6281 | 102949 | 35313 | 362 |
| 包头市 | 4157 | 3550 | 55237 | 29750 | 664 |
| 呼伦贝尔市 | 1385 | 817 | 18196 | 118915 | 9892 |
| 兴安盟 | 889 | 414 | 7195 | 78331 | 2554 |
| 通辽市 | 6845 | 4939 | 47443 | 134352 | 9442 |
| 赤峰市 | 18294 | 11870 | 156463 | 103508 | 2563 |
| 锡林郭勒盟 | 1067 | 417 | 7532 | 23269 | 440 |
| 乌兰察布市 | 9388 | 8504 | 116610 | 34255 | 839 |
| 鄂尔多斯市 | 1881 | 1711 | 45410 | 31226 | 1604 |
| 巴彦淖尔市 | 17307 | 15831 | 374671 | 52996 | 1316 |
| 乌海市 | 85 | 51 | 945 | 2204 | 23 |
| 阿拉善盟 | 756 | 746 | 12666 | 5475 | 225 |

# 主要统计指标解释

**乡镇个数** 指农村中经省、自治区、直辖市人民政府批准成立的乡一级行政区划的数量。不包括城关镇、城市街道办事处、工矿区。

**村委会个数** 指农村中经上级政府批准,按居住地区设立的基层群众性自治组织的个数。含城关镇中的村。

**乡村户数** 指长期(一年以上)居住在乡镇(不包括城关镇)行政管理区域内的住户,还包括居住在城关镇所辖行政村范围内的农村住户。户口不在本地而在本地居住一年及以上的住户也包括在本地农村住户内;有本地户口,但举家外出谋生一年以上的住户,无论是否保留承包耕地都不包括在本地农村住户范围内。不包括乡村地区内的国有经济的机关、团体、学校、企业、事业单位的集体户。

**乡村人口数** 指乡村地区常住居民户数中的常住人口数,即经常在家或在家居住 6 个月以上,而且经济和生活与本户连成一体的人口。外出从业人员在外居住时间虽然在 6 个月以上,但收入主要带回家中,经济与本户连为一体,仍视为家庭常住人口;在家居住,生活和本户连成一体的国家职工、退休人员也为家庭常住人口。但是现役军人、中专及以上(走读生除外)的在校学生、以及常年在外(不包括探亲、看病等)且已有稳定的职业与居住场所的外出从业人员,不应当作家庭常住人口。

**乡村劳动力资源数** 指乡村人口中劳动年龄以上(16 周岁)能够参加生产经营活动的人员。

**乡村从业人员** 指乡村人口中 16 岁以上实际参加生产经营活动并取得实物或货币收入的人员,既包括劳动年龄内经常参加劳动的人员,也包括超过劳动年龄但经常参加劳动的人员。但不包括户口在家的在外学生、现役军人和丧失劳动能力的人,也不包括待业人员和家务劳动者。从业人员年龄为 16 岁以上。从业人员按从事主业时间最长(时间相同按收入)分为农业从业人员、工业从业人员、建筑业从业人员、交运仓储及邮政从业人员、信息传输、计算机服务和软件业、批发与零售业从业人员、住宿和餐饮业从业人员、其他行业从业人员。

**耕地** 指用于种植农作物的土地,不包括种植茶、桑、果等多年生木本农作物的土地。包括熟地、新开发、复垦、整理地、休闲地(含轮歇地、草田轮作地);以种植农作物为主,间有零星果树、桑树或其它林木的土地;平均每年能保证收获一季的已垦滩地和海涂;抛荒不满三年的耕地。南方宽度小于 1 米,北方宽度小于 2 米固定的沟、渠、路和田埂也算耕地。

不包括已改为鱼塘、果园、林地的土地,被工厂、公路、铁路等设施占用的土地,已退耕还林、还草或已损毁的耕地。也不包括抛荒三年以上的耕地。

林农、果农间作的土地,以种植农作物为主的按耕地计算,以果树为主的计为园地,以林地为主的计为林地。已实施国家退耕还林、还草项目并已享受补贴的,无论是否间作农作物,均按林地或牧草地计算。

**水田** 指筑有田埂(坎),可以经常蓄水,用来种植水稻、莲藕、席草等水生作物的耕地。包括实行水稻、或旱地作物轮作的(如水稻和小麦、油菜、蚕豆等轮种)耕地。包括灌溉水田和望天田。

**水浇地** 指水田以外、有一定水源和灌溉设施,在一般年景能够进行正常灌溉的耕地。包括由于雨水充足在当年暂时没有进行灌溉的水浇地;种植蔬菜的非工厂化的大棚用地。但没有灌溉设施的引洪淤灌的耕地,不算水浇地。

**旱地** 指主要依靠天然降水种植旱生农作物的耕地。包括靠引洪淤灌的耕地,及山区的陡坡、缓坡、梯田、台地、塬地上的旱地。

**望天田** 指无灌溉工程设施,主要依靠天然降雨,用以种植水稻、莲藕、席草等水生作物的耕地,包括无灌溉设施的水旱轮作地。

**菜地** 指种菜的田地。

# 农村牧区经济社会调查篇

## ② 农牧业生产情况

资料整理：范志生 马一鹏 李时杰 共青
王元杰 郭计珍 赵燕

# 2-2-1 农林牧渔业总产值及增加值(现行价)

单位:万元

| 指　　标 | 2011 年 | 2012 年 | 2012 年比 2011 年增加 | |
|---|---|---|---|---|
| | | | 绝对数 | % |
| **农林牧渔业总产值** | **22045061** | **24493357** | **2448296** | **11.11** |
| 农业产值 | 10578457 | 11719727 | 1141270 | 11 |
| 谷物及其他作物 | 7878996 | 8764535 | 885539 | 11 |
| 谷　物 | 4311176 | 5280846 | 969670 | 22 |
| #小 麦 | 377771 | 435250 | 57479 | 15 |
| 稻　谷 | 235046 | 243956 | 8910 | 4 |
| 玉　米 | 2725665 | 3604468 | 878803 | 32 |
| 薯　类 | 832325 | 934734 | 102408 | 12 |
| 油　料 | 682537 | 767302 | 84765 | 12 |
| #花 生 | 22884 | 16952 | -5932 | -26 |
| 油菜籽 | 127312 | 130943 | 3631 | 3 |
| 豆　类 | 869724 | 748351 | -121373 | -14 |
| #大 豆 | 533846 | 502475 | -31371 | -6 |
| 棉　花 | 3841 | 2561 | -1280 | -33 |
| 麻　类 | 27 | 1 | -26 | -95 |
| 糖　料 | 74373 | 78925 | 4552 | 6 |
| 烟　草 | 13654 | 15390 | 1736 | 13 |
| 其他农作物 | 1091339 | 936425 | -154914 | -14 |
| #饲料作物 | 190002 | 255011 | 65009 | 34 |
| 蔬菜园艺作物 | 2218783 | 2352217 | 133434 | 6 |
| 蔬菜(含菜用瓜) | 2207908 | 2250436 | 42528 | 2 |
| 花　卉 | 5685 | 6399 | 714 | 13 |
| 其他园艺作物 | 5190 | 4688 | -502 | -10 |
| 水果、坚果、饮料和香料作物 | 382663 | 458823 | 76160 | 20 |
| 水果、坚果(含果用瓜) | 296126 | 243009 | -53118 | -18 |
| #苹　果 | 29922 | 52751 | 22830 | 76 |
| 梨 | 19307 | 27122 | 7815 | 40 |
| 中药材 | 98014 | 144152 | 46138 | 47 |
| 林业产值 | 931636 | 977552 | 45916 | 5 |
| 林木的培育和种植 | 661682 | 747650 | 85968 | 13 |
| 育种育苗 | 47711 | 107067 | 59357 | 124 |
| 造　林 | 357458 | 392436 | 34978 | 10 |
| 抚育和管理 | 240517 | 232160 | -8357 | -3 |
| 竹木采运 | 192007 | 167544 | -24463 | -13 |
| 林产品 | 77947 | 62358 | -15589 | -20 |

# 2-2-1 续表

单位:万元

| 指　　标 | 2011 年 | 2012 年 | 2012 年比 2011 年增加 | |
|---|---|---|---|---|
| | | | 绝对数 | % |
| 牧业产值 | 9983126 | 11188550 | 1205425 | 12.07 |
| 牲畜饲养 | 7852777 | 8846029 | 993252 | 12.65 |
| 牛的饲养 | 1234635 | 1371996 | 137360 | 11.13 |
| 羊的饲养 | 3355635 | 3937178 | 581543 | 17.33 |
| 其他牲畜饲养 | 118340 | 126081 | 7741 | 6.54 |
| 奶产品 | 2799477 | 3052528 | 253052 | 9.04 |
| #牛　奶 | 2670117 | 2985456 | 315339 | 11.81 |
| 毛绒产品 | 344690 | 358246 | 13556 | 3.93 |
| #羊　毛 | 106983 | 151759 | 44776 | 41.85 |
| 羊　绒 | 237707 | 206487 | -31220 | -13.13 |
| 其他牲畜副产品 | | | | |
| 猪的饲养 | 1409663 | 1486954 | 77291 | 5.48 |
| 肉　猪 | 1409663 | 1486954 | 77291 | 5.48 |
| 猪的副产品 | | | | |
| 家禽饲养 | 689259 | 826812 | 137553 | 19.96 |
| 肉　禽 | 306009 | 401556 | 95547 | 31.22 |
| 禽　蛋 | 383250 | 425256 | 42006 | 10.96 |
| 羽　绒 | | | | |
| 狩猎和捕捉动物 | | | | |
| 其他畜牧业 | 31427 | 28755 | -2672 | -8.50 |
| #蚕　茧 | 8123 | 8483 | 360 | 4.43 |
| 兔 | 20436 | 17884 | -2552 | -12.49 |
| 渔业产品 | 235197 | 260801 | 25604 | 10.89 |
| 内陆水域水产品 | 235197 | 260801 | 25604 | 10.89 |
| #养　殖 | 162124 | 179088 | 16964 | 10.46 |
| 鱼　类 | 228688 | 255095 | 26407 | 11.55 |
| 甲壳类 | 3040 | 1811 | -1229 | -40.43 |
| 其　他 | 3468 | 3895 | 427 | 12.30 |
| 农林牧渔服务业 | 316646 | 346727 | 30081 | 9.50 |
| 农林牧渔业增加值 | 13062986 | 14485815 | 1422829 | 10.89 |
| 农业增加值 | 6884460 | 7645950 | 761490 | 11.06 |
| 林业增加值 | 654568 | 672266 | 17699 | 2.70 |
| 牧业增加值 | 5179246 | 5787837 | 608592 | 11.75 |
| 渔业增加值 | 156594 | 173772 | 17178 | 10.97 |
| 服务业增加值 | 188119 | 205990 | 17871 | 9.50 |

# 2-2-2 主要农作物播种面积

单位:公顷

| 指标 | 2011年 | 2012年 | 2012年比2011年增加 | |
|---|---|---|---|---|
| | | | 绝对数 | % |
| 农作物总播种面积 | | | | |
| 粮食作物合计 | 5561500 | 5589400 | 27900 | 0.50 |
| 谷物 | 3819283 | 4068050 | 248767 | 6.51 |
| 稻谷 | 89959 | 89330 | -629 | -0.70 |
| 小麦 | 567888 | 609580 | 41692 | 7.34 |
| 玉米 | 2669636 | 2833680 | 164044 | 6.14 |
| 谷子 | 137265 | 142370 | 5105 | 3.72 |
| 高粱 | 118076 | 175190 | 57114 | 48.37 |
| 莜麦 | 40306 | 62490 | 22184 | 55.04 |
| 黍子 | 26728 | 19569 | -7159 | -26.78 |
| 糜子 | 13657 | 11745 | -1912 | -14.00 |
| 荞麦 | 77760 | 65550 | -12210 | -15.70 |
| 大麦 | 74123 | 68850 | -5273 | -7.11 |
| 其他谷物 | 3885 | 7196 | 3311 | 85.23 |
| 豆类合计 | 1022516 | 840010 | -182506 | -17.85 |
| 大豆 | 687629 | 616730 | -70899 | -10.31 |
| 杂豆 | 334887 | 223280 | -111607 | -33.33 |
| #绿豆 | 201438 | 165560 | -35878 | -17.81 |
| 红小豆 | 28539 | 19900 | -8639 | -30.27 |
| 薯类 | 719701 | 681350 | -38351 | -5.33 |
| #马铃薯 | 712704 | 681350 | -31354 | -4.40 |
| 油料合计 | 716993 | 764729 | 47736 | 6.66 |
| #花生果 | 17570 | 16720 | -850 | -4.84 |
| 胡麻籽 | 56296 | 58716 | 2420 | 4.30 |
| 油菜籽 | 218651 | 270730 | 52129 | 23.84 |
| 芝麻 | 3729 | 1532 | -2197 | -58.92 |
| 向日葵籽 | 411971 | 398589 | -13382 | -3.25 |
| 棉花 | 1609 | 1038 | -571 | -35.49 |
| 麻类合计 | 28 | 3 | -25 | -89.29 |
| 线麻 | 13 | 2 | -11 | -84.62 |
| 亚麻 | 0 | 1 | 1 | |
| 甜菜 | 39212 | 43707 | 4495 | 11.46 |
| 烟叶合计 | 4152 | 3822 | -330 | -7.95 |
| #烤烟叶 | 3078 | 2643 | -435 | -14.13 |
| 药材类合计 | 28945 | 27908 | -1037 | -3.58 |
| 蔬菜(含菜用瓜) | 270833 | 288447 | 17614 | 6.50 |
| 瓜类(果用瓜) | 66246 | 62807 | -3439 | -5.19 |
| #西瓜 | 42874 | 37630 | -5244 | -12.33 |
| 甜瓜 | 20815 | 21578 | 763 | 3.67 |
| 草莓 | 46 | 59.34 | 13 | 29.00 |
| 其它作物 | 420378 | 372101 | -48277 | -11.48 |
| #青饲料 | 224664 | 230769 | 6105 | 2.72 |
| 牧草 | 64364 | 64288 | -76 | -0.12 |
| 蓖麻籽 | 7466 | 4062 | -3404 | -45.59 |
| 黑瓜籽 | 30845 | 31234 | 389 | 1.26 |

# 2-2-3 主要农作物产量

单位:吨

| 指　　标 | 2011 年 | 2012 年 | 2012 年比 2011 年增加 | |
|---|---|---|---|---|
| | | | 绝对数 | % |
| **粮食作物合计** | **23875128** | **25285000** | **1409872** | **5.91** |
| 谷　物 | 20121808 | 21808700 | 1686892 | 8.38 |
| 稻　谷 | 778813 | 732600 | -46213 | -5.93 |
| 小　麦 | 1709370 | 1884200 | 174830 | 10.23 |
| 玉　米 | 16321345 | 17843900 | 1522555 | 9.33 |
| 谷　子 | 278290 | 408300 | 130010 | 46.72 |
| 高　粱 | 608666 | 514700 | -93966 | -15.44 |
| 莜　麦 | 21141 | 111000 | 89859 | 425.05 |
| 黍　子 | 42478 | 42600 | 122 | 0.29 |
| 糜　子 | 24493 | 25500 | 1007 | 4.11 |
| 荞　麦 | 108608 | 32800 | -75808 | -69.80 |
| 大　麦 | 216619 | 175200 | -41419 | -19.12 |
| 其他谷物 | 11985 | 37900 | 25915 | 216.23 |
| 豆类合计 | 1713307 | 1629000 | -84307 | -4.92 |
| 大　豆 | 1372355 | 1219600 | -152755 | -11.13 |
| 杂　豆 | 340952 | 409400 | 68448 | 20.08 |
| #绿　豆 | 225138 | 220000 | -5138 | -2.28 |
| 红小豆 | 39031 | 40200 | 1169 | 3.00 |
| 薯　类 | 2040013 | 1847300 | -192713 | -9.45 |
| #马铃薯 | 1964892 | 1847300 | -117592 | -5.98 |
| 油料合计 | 1338765 | 1450797 | 112032 | 8.37 |
| #花生果 | 30552 | 31985 | 1433 | 4.69 |
| 胡麻籽 | 32026 | 36682 | 4656 | 14.54 |
| 油菜籽 | 240235 | 306659 | 66424 | 27.65 |
| 芝　麻 | 1848 | 1355 | -493 | -26.68 |
| 向日葵籽 | 1029741 | 1071035 | 41294 | 4.01 |
| 棉　花 | 2328 | 1552 | -776 | -33.33 |
| 麻类合计 | 57 | 3 | -54 | -94.74 |
| 线　麻 | 29 | 2 | -27 | -93.10 |
| 亚　麻 | | 1 | 1 | |
| 甜　菜 | 1577178 | 1679264 | 102086 | 6.47 |
| 烟叶合计 | 15429 | 14237 | -1192 | -7.73 |
| #烤烟叶 | 12681 | 11768 | -913 | -7.20 |
| 蔬菜（含菜用瓜） | 14401687 | 14762943 | 361256 | 2.51 |
| 瓜类(果用瓜) | 2546076 | 2280568 | -265508 | -10.43 |
| #西　瓜 | 1816803 | 1568904 | -247899 | -13.64 |
| 甜　瓜 | 662662 | 634787 | -27875 | -4.21 |
| 草　莓 | 661 | 647 | -14 | -2.12 |
| 其它作物 | | 383068 | 383068 | |
| 蓖麻籽 | 22151 | 7763 | -14388 | -64.95 |
| 黑瓜籽 | 53305 | 48130 | -5175 | -9.71 |

# 2-2-4 主要农作物单位面积产量

单位:公斤/公顷

| 指　　标 | 2011 年 | 2012 年 | 2012 年比 2011 年增加 | |
|---|---|---|---|---|
| | | | 绝对数 | % |
| **粮食作物合计** | **4293** | **4524** | **231** | **5.4** |
| 谷　物 | 5268 | 5361 | 93 | 1.8 |
| 稻　谷 | 8657 | 8201 | -456 | -5.3 |
| 小　麦 | 3010 | 3091 | 81 | 2.7 |
| 玉　米 | 6114 | 6297 | 183 | 3.0 |
| 谷　子 | 2027 | 2868 | 841 | 41.5 |
| 高　粱 | 5155 | 2938 | -2217 | -43.0 |
| 莜　麦 | 525 | 1776 | 1251 | 238.3 |
| 黍　子 | 1589 | 2177 | 588 | 37.0 |
| 糜　子 | 1793 | 2171 | 378 | 21.1 |
| 荞　麦 | 1397 | 500 | -897 | -64.2 |
| 大　麦 | 2922 | 2545 | -377 | -12.9 |
| 其他谷物 | 3085 | 5267 | 2182 | 70.7 |
| 豆类合计 | 1676 | 1939 | 263 | 15.7 |
| 大　豆 | 1996 | 1978 | -18 | -0.9 |
| 杂　豆 | 1018 | 1834 | 816 | 80.1 |
| #绿　豆 | 1118 | 1329 | 211 | 18.9 |
| 红小豆 | 1368 | 2020 | 652 | 47.7 |
| 薯　类 | 2835 | 2711 | -124 | -4.4 |
| #马铃薯 | 2757 | 2711 | -46 | -1.7 |
| 油料合计 | 1867 | 1897 | 30 | 1.6 |
| #花生果 | 1739 | 1913 | 174 | 10.0 |
| 胡麻籽 | 569 | 625 | 56 | 9.8 |
| 油菜籽 | 1099 | 1133 | 34 | 3.1 |
| 芝　麻 | 495 | 885 | 390 | 78.8 |
| 向日葵籽 | 2500 | 2687 | 187 | 7.5 |
| 棉　花 | 1447 | 1495 | 48 | 3.3 |
| 麻类合计 | 2231 | 1000 | -1231 | -55.2 |
| 线　麻 | 2231 | 1000 | -1231 | -55.2 |
| 亚　麻 | | | | |
| 甜　菜 | 40222 | 38421 | -1801 | -4.5 |
| 烟叶合计 | 3716 | 3725 | 9 | 0.2 |
| #烤烟叶 | 4120 | 4453 | 333 | 8.1 |
| 蔬菜（含菜用瓜） | 53176 | 51181 | -1995 | -3.8 |
| 瓜类(果用瓜) | 38434 | 36311 | -2123 | -5.5 |
| #西　瓜 | 42375 | 41693 | -682 | -1.6 |
| 甜　瓜 | 31835 | 29418 | -2417 | -7.6 |
| 草　莓 | 14351 | 10903 | -3448 | -24.0 |
| 其它作物 | | 147712 | 147712 | |
| 蓖麻籽 | 8280 | 1911 | -6369 | -1.0 |
| 黑瓜籽 | 12885 | 1541 | -11344 | -88.0 |

# 2-2-5 水果生产情况

单位:吨、公顷

| 指标 | 2011 年 | 2012 年 | 2012 年比 2011 年增加 | |
|---|---|---|---|---|
| | | | 绝对数 | % |
| **园林水果** | **468409** | **554391** | **85982** | **18.4** |
| 苹果 | 105730 | 143736 | 38006 | 35.9 |
| # 红富士苹果 | 4054 | 4598 | 544 | 13.4 |
| 国光苹果 | 13691 | 27363 | 13672 | 99.9 |
| 梨 | 77229 | 74924 | -2305 | -29.8 |
| # 雪花梨 | 655 | 523 | -132 | -20.1 |
| 鸭　梨 | 1090 | 1323 | 233 | 21.4 |
| 苹果梨 | | 68419 | | |
| 葡萄 | 74116 | 81359 | 7243 | 9.8 |
| 山楂 | 1137 | 970 | -167 | -14.7 |
| 其他园林水果 | 211328 | 254372 | 43044 | 20.4 |
| 年末果园面积合计 | 66821 | 70901 | 4080 | 6.1 |
| # 苹果园 | 18950 | 18065 | -885 | -4.7 |
| 梨园 | 5785 | 7486 | 1701 | 29.4 |
| 葡萄园 | 7424 | 8191 | 767 | 10.3 |
| 山楂园 | 545 | 547 | 2 | 0.4 |

# 2-2-6 牲畜总头数

单位:万头(只)

| 指标 | 2011 年 | | 2012 年 | |
|---|---|---|---|---|
| | 年末数 | 年中数 | 年末数 | 年中数 |
| **牲畜总头数** | **6806.3** | **10762.61** | **6877.0** | **11263.01** |
| 大牲畜和羊合计 | 6122.1 | 9524.18 | 5983.2 | 9844.14 |
| 大牲畜 | 846.0 | 1176.70 | 839.2 | 1238.73 |
| 牛 | 634.5 | 956.33 | 625.0 | 1015.83 |
| #良种及改良种 | 275.1 | 340.82 | 263.3 | 334.87 |
| 马 | 74.8 | 76.98 | 75.9 | 79.45 |
| 驴 | 94.8 | 102.06 | 96.0 | 102.39 |
| 骡 | 32.0 | 28.70 | 30.0 | 26.13 |
| 骆　驼 | 11.2 | 12.63 | 12.3 | 14.92 |
| 羊合计 | 5276.1 | 8347.47 | 5144.0 | 8605.41 |
| 绵　羊 | 3569.8 | 5885.61 | 3484.4 | 6245.81 |
| #细毛羊及改良羊 | 1173.7 | 1889.16 | 1084.1 | 2019.60 |
| 半细毛羊及改良羊 | 409.8 | 633.22 | 379.1 | 732.27 |
| 山　羊 | 1706.3 | 2461.86 | 1659.6 | 2359.60 |
| 猪 | 684.2 | 1238.44 | 693.8 | 1418.87 |

# 2－2－7 牲畜增减变化情况及良改牲畜(2012 年年中数)

单位:万头(只)

| 指标 | 总增头数 | 总增率(%) | 繁殖仔畜 | 成活仔畜 | 成幼畜死亡 | 良种牲畜 | 改良种牲畜 |
|---|---|---|---|---|---|---|---|
| **牲畜总头数** | **6827.36** | **60.62** | **7132.88** | **6949.38** | **122.02** | **4041.65** | **6612.54** |
| 大牲畜和羊合计 | 5658.07 | 57.48 | 5902.58 | 5758.53 | 100.46 | 3575.55 | 5750.96 |
| 大牲畜 | 426.00 | 34.39 | 442.87 | 433.87 | 7.88 | 381.18 | 700.35 |
| 牛 | 367.00 | 36.13 | 381.19 | 373.58 | 6.58 | 330.46 | 601.16 |
| #良种及改良种 | 114.42 | 34.17 | 121.11 | 116.89 | 2.47 | | |
| 马 | 22.22 | 27.97 | 23.23 | 22.70 | 0.48 | 19.38 | 35.74 |
| 驴 | 31.59 | 30.85 | 32.85 | 32.14 | 0.55 | 22.35 | 63.00 |
| 骡 | 3.06 | 11.69 | 3.23 | 3.17 | 0.11 | | |
| 骆驼 | 2.13 | 14.24 | 2.35 | 2.28 | 0.15 | 8.99 | 0.45 |
| 羊合计 | 5232.07 | 60.80 | 5459.72 | 5324.65 | 92.58 | 3194.36 | 5050.61 |
| 绵羊 | 4133.06 | 66.17 | 4301.54 | 4197.69 | 64.63 | 2265.41 | 3726.99 |
| 山羊 | 1099.01 | 46.58 | 1158.17 | 1126.96 | 27.95 | 928.95 | 1323.62 |
| 猪 | 1169.29 | 82.41 | 1230.29 | 1190.86 | 21.57 | 466.11 | 861.58 |

# 2－2－8 牲畜增减变化情况(2012 年年末数)

单位:万头(只)

| 指标 | 自宰自食 | 出卖 | | | 出栏率(%) | 商品率(%) |
|---|---|---|---|---|---|---|
| | | | 出卖肉畜 | 出卖仔畜 | | |
| **牲畜总头数** | **663.78** | **6897.12** | **6114.91** | **603.52** | **99.59** | **101.33** |
| 大牲畜和羊合计 | 433.09 | 5934.07 | 5400.11 | 388.18 | 95.28 | 96.93 |
| 大牲畜 | 23.22 | 559.14 | 432.33 | 89.36 | 53.85 | 66.09 |
| 牛 | 19.91 | 456.58 | 346.52 | 77.44 | 57.75 | 71.96 |
| 马 | 0.76 | 37.70 | 31.94 | 4.11 | 43.74 | 50.42 |
| 驴 | 2.06 | 52.71 | 43.97 | 6.35 | 48.57 | 55.62 |
| 骡 | 0.35 | 10.50 | 8.36 | 1.39 | 27.20 | 32.79 |
| 骆驼 | 0.14 | 1.64 | 1.53 | 0.08 | 14.93 | 14.70 |
| 羊合计 | 409.87 | 5374.94 | 4967.78 | 298.81 | 101.92 | 101.87 |
| 绵羊 | 272.88 | 4088.69 | 3807.81 | 214.87 | 114.31 | 114.54 |
| 山羊 | 136.99 | 1286.25 | 1159.97 | 83.95 | 76.01 | 75.38 |
| 猪 | 230.69 | 963.04 | 714.80 | 215.34 | 138.19 | 140.75 |

# 2－2－9 牲畜增减变化及能繁殖母畜、耕畜和良改牲畜(2012 年年末数)

单位:万头(只)

| 指　　标 | 繁殖仔畜 | 成活仔畜 | 成幼畜死　亡 | 能繁殖的母畜 | 耕役畜 | 良　种牲　畜 | 改良种牲　畜 |
|---|---|---|---|---|---|---|---|
| **牲畜总头数** | **5921.35** | **5713.19** | **96.29** | **4176.88** | **101.42** | **2616.97** | **3810.83** |
| 大牲畜和羊合计 | 5006.80 | 4877.79 | 79.16 | 4086.80 | 101.42 | 2422.05 | 3333.83 |
| 大牲畜 | 390.01 | 379.26 | 6.38 | 539.35 | 101.42 | 307.75 | 479.22 |
| 牛 | 326.79 | 317.60 | 5.18 | 455.05 | 14.32 | 260.45 | 380.47 |
| #良种及改良种 | 121.52 | 119.34 | 1.84 | 179.21 | | | |
| 马 | 22.57 | 22.14 | 0.53 | 31.34 | 21.57 | 21.31 | 35.81 |
| 驴 | 34.34 | 33.38 | 0.47 | 47.73 | 44.42 | 18.54 | 62.61 |
| 骡 | 4.17 | 4.10 | 0.12 | | 20.82 | | |
| 骆　驼 | 2.15 | 2.05 | 0.08 | 5.24 | 0.29 | 7.44 | 0.32 |
| 羊合计 | 4616.79 | 4498.53 | 72.78 | 3547.45 | | 2114.30 | 2854.62 |
| 绵　羊 | 3570.05 | 3469.94 | 53.09 | 2580.89 | | 1430.26 | 1941.04 |
| 山　羊 | 1046.74 | 1028.59 | 19.70 | 966.56 | | 684.04 | 913.58 |
| 猪 | 914.55 | 835.40 | 17.12 | 90.09 | | 194.92 | 477.00 |

# 2－2－10 渔业生产情况

| 指　　标 | 单　位 | 2011 年 | 2012 年 | 2012 年比 2011 年增加 | |
|---|---|---|---|---|---|
| | | | | 绝对数 | % |
| **水产品产量总计** | **吨** | **122900** | **131575** | **8675** | **7.06** |
| 淡水水域捕捞 | 吨 | 30468 | 31133 | 665 | 2.18 |
| 鱼类 | 吨 | 29614 | 30712 | 1098 | 3.71 |
| 虾蟹类 | 吨 | 743 | 343 | -400 | -53.84 |
| 其他类 | 吨 | 111 | 78 | -33 | -29.73 |
| 淡水水域养殖 | 吨 | 92432 | 100442 | 8010 | 8.67 |
| 鱼类 | 吨 | 90137 | 98124 | 7987 | 8.86 |
| 虾蟹类 | 吨 | 500 | 431 | -69 | -13.80 |
| 其他类 | 吨 | 1795 | 1887 | 92 | 5.13 |
| **水产品养殖面积** | **千公顷** | **112** | **117** | **5** | **4.85** |
| 淡水水域养殖 | 千公顷 | 112 | 117 | 5 | 4.51 |
| 池塘养殖 | 千公顷 | 16 | 18 | 2 | 9.11 |
| 湖泊养殖 | 千公顷 | 41 | 41 | 0 | -0.90 |
| 河沟养殖 | 千公顷 | 4 | 4 | 0 | -1.91 |
| 水库养殖 | 千公顷 | 50 | 54 | 4 | 8.77 |
| 其他养殖 | 千公顷 | | | | |
| **稻田养鱼面积** | **千公顷** | | | | |

# 2-2-11 主要畜禽产品产量

| 指　　标 | 单　位 | 2011 年 | 2012 年 | 2012 年比 2011 年增长(%) |
|---|---|---|---|---|
| 出栏肉猪头数 | 万头 | 905.1 | 940.48 | 3.91 |
| 出售和自宰的肉用牛 | 万头 | 306.79 | 316.44 | 3.14 |
| 出售和自宰的肉用羊 | 万只 | 5300.2 | 5390.35 | 1.70 |
| 出售和自宰的肉用家禽 | 万只 | 9434.5 | 11887.4 | 26.00 |
| 当年肉类总产量 | 吨 | 2374754 | 2458325 | 3.52 |
| # 猪肉产量 | 吨 | 713414 | 739399 | 3.64 |
| 牛肉产量 | 吨 | 497270 | 512174 | 3.00 |
| 羊肉产量 | 吨 | 872444 | 886875 | 1.65 |
| 禽肉产量 | 吨 | 221456 | 235385 | 6.29 |
| 奶类产品 | 吨 | 9314439 | 9307014 | -0.08 |
| # 牛奶产量 | 吨 | 9082029 | 9101811 | 0.22 |
| 绵羊毛产量 | 吨 | 106600 | 104190 | -2.26 |
| 山羊绒产量 | 吨 | 7644 | 7642 | -0.03 |
| 禽蛋产量 | 吨 | 525241 | 544762 | 3.72 |
| 年内牛皮产量 | 万张 | 336.6 | 364.11 | 8.17 |
| 绵羊皮产量 | 万张 | 3923.86 | 4010.04 | 2.20 |
| 山羊皮产量 | 万张 | 1179.68 | 1227.13 | 4.02 |
| 驼绒产量 | 吨 | 421 | 537 | 27.55 |
| 畜禽产品出售量 | | | | |
| 出售肉类总量 | 吨 | 2227505 | 2190570 | -1.66 |
| #出售猪肉 | 吨 | 597197 | 600378 | 0.53 |
| 出售牛肉 | 吨 | 496373 | 508301 | 2.40 |
| 出售羊肉 | 吨 | 793464 | 770388 | -2.91 |
| 出售牛羊奶数量 | 吨 | 8717156 | 8280560 | -5.01 |
| 出售羊毛数量 | 吨 | 104835 | 97719 | -6.79 |
| 出售家禽只数 | 万只 | 8860.96 | 10774.09 | 21.59 |

# 2－2－12 各盟市农林牧渔业现价总产值(2012 年)

单位:万元

| 地 区 | 农林牧渔业总产值 | 农业产值 | 林业产值 | 牧业产值 | 渔业产值 | 服务业产值 |
|---|---|---|---|---|---|---|
| **全 区** | **24493357** | **11719727** | **977552** | **11188550** | **260801** | **346727** |
| 呼和浩特市 | 2133999 | 615302 | 30921 | 1443316 | 24497 | 19963 |
| 包头市 | 1596220 | 460129 | 7351 | 1101676 | 8606 | 18458 |
| 呼伦贝尔市 | 3918847 | 2085969 | 307517 | 1358818 | 114059 | 52483 |
| 兴安盟 | 1921501 | 981599 | 63912 | 836978 | 16202 | 22810 |
| 通辽市 | 3872095 | 2179737 | 101707 | 1528863 | 20738 | 41050 |
| 赤峰市 | 3954968 | 2121431 | 160459 | 1594535 | 20090 | 58454 |
| 锡林郭勒盟 | 1464677 | 349798 | 17519 | 1072450 | 1672 | 23237 |
| 乌兰察布市 | 2101165 | 787503 | 65247 | 1199800 | 7161 | 41454 |
| 鄂尔多斯市 | 1519826 | 707741 | 65142 | 702406 | 16591 | 27947 |
| 巴彦淖尔市 | 2491937 | 1424882 | 82119 | 916762 | 33472 | 34702 |
| 乌海市 | 82737 | 35339 | 3073 | 42193 | 421 | 1711 |
| 阿拉善盟 | 179203 | 90748 | 9302 | 73561 | 1134 | 4457 |

# 2－2－13 各盟市农林牧渔业现价增加值(2012 年)

单位:万元

| 地 区 | 农林牧渔业增加值 | 农业增加值 | 林业增加值 | 牧业增加值 | 渔业增加值 | 服务业增加值 |
|---|---|---|---|---|---|---|
| **全 区** | **14485815** | **7645950** | **672266** | **5787837** | **173772** | **205990** |
| 呼和浩特市 | 1205188 | 400439 | 21725 | 754854 | 16310 | 11860 |
| 包头市 | 897489 | 299452 | 5165 | 576177 | 5730 | 10966 |
| 呼伦贝尔市 | 2391393 | 1357549 | 216062 | 710662 | 75941 | 31180 |
| 兴安盟 | 1145807 | 638824 | 44905 | 437739 | 10787 | 13552 |
| 通辽市 | 2327823 | 1418573 | 71459 | 799595 | 13807 | 24388 |
| 赤峰市 | 2375410 | 1380627 | 112738 | 833942 | 13376 | 34727 |
| 锡林郭勒盟 | 815767 | 227649 | 12309 | 560891 | 1113 | 13805 |
| 乌兰察布市 | 1215241 | 512507 | 45843 | 627496 | 4768 | 24628 |
| 鄂尔多斯市 | 901374 | 460598 | 45769 | 367358 | 11046 | 16603 |
| 巴彦淖尔市 | 1511938 | 931873 | 57697 | 479466 | 22286 | 20616 |
| 乌海市 | 48599 | 23076 | 2159 | 22067 | 280 | 1017 |
| 阿拉善盟 | 107670 | 59259 | 6536 | 38473 | 755 | 2648 |

# 2-2-14 各盟市农作物播种面积

单位:公顷

| 地　区 | 农作物播种面积 | | | 粮食播种面积 | | |
| --- | --- | --- | --- | --- | --- | --- |
| | 2011 年 | 2012 年 | 2012 年比 2011 年增减 | 2011 年 | 2012 年 | 2012 年比 2011 年增加 |
| **全　区** | **7109896** | **7153962** | **44066** | **5561500** | **5589400** | **27900** |
| 呼和浩特市 | 445361 | 444442 | -919 | 323330 | 324947 | 1617 |
| 包头市 | 312820 | 312268 | -552 | 226670 | 227803 | 1133 |
| 呼伦贝尔市 | 1578522 | 1585417 | 6895 | 1323999 | 1330619 | 6620 |
| 兴安盟 | 766949 | 773509 | 6560 | 723330 | 726945 | 3615 |
| 通辽市 | 1127520 | 1119955 | -7565 | 920910 | 925515 | 4605 |
| 赤峰市 | 1103470 | 1110968 | 7498 | 893330 | 897797 | 4467 |
| 锡林郭勒盟 | 226142 | 216660 | -9482 | 150168 | 150919 | 751 |
| 乌兰察布市 | 603040 | 619655 | 16615 | 474830 | 477204 | 2374 |
| 鄂尔多斯市 | 376635 | 381502 | 4867 | 239551 | 240750 | 1199 |
| 巴彦淖尔市 | 530511 | 551045 | 20534 | 262004 | 263410 | 1406 |
| 乌海市 | 6358 | 6694 | 336 | 4444 | 4466 | 22 |
| 阿拉善盟 | 32568 | 31851 | -717 | 18934 | 19029 | 95 |

# 2-2-15 各盟市粮食总产量

单位:吨

| 地　区 | 粮食作物总产量 | | 2012 年比 2011 年增减 | |
| --- | --- | --- | --- | --- |
| | 2011 年 | 2012 年 | 绝对数 | % |
| **全　区** | **23875128** | **25285000** | **1409872** | **5.9** |
| 呼和浩特市 | 1175001 | 1219001 | 44000 | 3.7 |
| 包头市 | 1002500 | 1017500 | 15000 | 1.5 |
| 呼伦贝尔市 | 5250008 | 5656008 | 406000 | 7.7 |
| 兴安盟 | 2990125 | 3405000 | 414875 | 13.9 |
| 通辽市 | 5655000 | 6080000 | 425000 | 7.5 |
| 赤峰市 | 4351035 | 5001035 | 650000 | 14.9 |
| 锡林郭勒盟 | 301506 | 326500 | 24994 | 8.3 |
| 乌兰察布市 | 850005 | 885005 | 35000 | 4.1 |
| 鄂尔多斯市 | 1425357 | 1450400 | 25043 | 1.8 |
| 巴彦淖尔市 | 1925038 | 1955170 | 30132 | 1.6 |
| 乌海市 | 35543 | 38043 | 2500 | 7.0 |
| 阿拉善盟 | 174010 | 179010 | 5000 | 2.9 |

# 2-2-16 各盟市分品种粮食播种面积和产量(2012年)

单位:公顷、吨、公斤/公顷

| 地　区 | 粮食作物 | | | 谷物 | | |
|---|---|---|---|---|---|---|
| | 播种面积 | 总产量 | 每公顷产量 | 播种面积 | 总产量 | 每公顷产量 |
| **全　区** | **5589400** | **25285000** | **4524** | **4068050** | **21808700** | **5361** |
| 呼和浩特市 | 324947 | 1219001 | 3751 | 233141 | 974711 | 4181 |
| 包头市 | 227803 | 1017500 | 4467 | 156352 | 870289 | 5566 |
| 呼伦贝尔市 | 1330619 | 5656008 | 4251 | 713500 | 3851896 | 5399 |
| 兴安盟 | 726945 | 3405000 | 4684 | 586022 | 3059288 | 5220 |
| 通辽市 | 925515 | 6080000 | 6569 | 877982 | 5976949 | 6808 |
| 赤峰市 | 897797 | 5001035 | 5570 | 726208 | 4470714 | 6156 |
| 锡林郭勒盟 | 150919 | 326500 | 2163 | 96582 | 113687 | 1177 |
| 乌兰察布市 | 477204 | 885005 | 1855 | 190416 | 377773 | 1984 |
| 鄂尔多斯市 | 240750 | 1450400 | 6025 | 209869 | 1252308 | 6270 |
| 巴彦淖尔市 | 263410 | 1955170 | 7422 | 254572 | 1859757 | 7305 |
| 乌海市 | 4466 | 38043 | 8518 | 4406 | 37663 | 8548 |
| 阿拉善盟 | 19029 | 179010 | 9407 | 18997 | 178754 | 9410 |

# 2-2-16 续表1

单位:公顷、吨、公斤/公顷

| 地　区 | 水稻 | | | 小麦 | | |
|---|---|---|---|---|---|---|
| | 播种面积 | 总产量 | 每公顷产量 | 播种面积 | 总产量 | 每公顷产量 |
| **全　区** | **89330** | **732600** | **8201** | **609580** | **1884200** | **3091** |
| 呼和浩特市 | | | | 49009 | 77403 | 1579 |
| 包头市 | | | | 51475 | 80243 | 1559 |
| 呼伦贝尔市 | 16032 | 137669 | 8587 | 216913 | 831377 | 3879 |
| 兴安盟 | 28950 | 226829 | 7835 | 41815 | 149631 | 3578 |
| 通辽市 | 24637 | 190352 | 7726 | 10301 | 30234 | 2935 |
| 赤峰市 | 18942 | 169709 | 8959 | 41964 | 82443 | 1965 |
| 锡林郭勒盟 | | | | 52852 | 77620 | 1469 |
| 乌兰察布市 | | | | 46976 | 48696 | 1037 |
| 鄂尔多斯市 | 692 | 7773 | 11239 | 6792 | 31178 | 4590 |
| 巴彦淖尔市 | | | | 89332 | 453970 | 5082 |
| 乌海市 | 77 | 289 | 3753 | 732 | 3649 | 4985 |
| 阿拉善盟 | | | | 1417 | 7939 | 5601 |

# 2－2－16 续表 2

单位：公顷、吨、公斤/公顷

| 地　　区 | 玉　　米 | | |
|---|---|---|---|
| | 播种面积 | 总产量 | 每公顷产量 |
| **全　区** | **2833680** | **17843900** | **6297** |
| 呼和浩特市 | 143995 | 826667 | 5741 |
| 包头市 | 100029 | 783840 | 7836 |
| 呼伦贝尔市 | 422902 | 2609170 | 6170 |
| 兴安盟 | 466678 | 2418947 | 5183 |
| 通辽市 | 723760 | 4996054 | 6903 |
| 赤峰市 | 458973 | 3245462 | 7071 |
| 锡林郭勒盟 | 35247 | 11984 | 340 |
| 乌兰察布市 | 112668 | 301085 | 2672 |
| 鄂尔多斯市 | 187922 | 1141732 | 6076 |
| 巴彦淖尔市 | 160566 | 1399200 | 8717 |
| 乌海市 | 3587 | 33675 | 9388 |
| 阿拉善盟 | 17351 | 169701 | 9780 |

# 2－2－16 续表 3

单位：公顷、吨、公斤/公顷

| 地　　区 | 谷　　子 | | | 高　　粱 | | |
|---|---|---|---|---|---|---|
| | 播种面积 | 总产量 | 每公顷产量 | 播种面积 | 总产量 | 每公顷产量 |
| **全　区** | **142370** | **408300** | **2868** | **175190** | **514700** | **2938** |
| 呼和浩特市 | 4388 | 8377 | 1909 | 1386 | 7705 | 5559 |
| 包头市 | 82 | 178 | 2171 | 3 | | |
| 呼伦贝尔市 | 765 | 2849 | 3724 | 70 | 610 | 8714 |
| 兴安盟 | 6775 | 15740 | 2323 | 33534 | 229433 | 6842 |
| 通辽市 | 12541 | 48584 | 3874 | 88279 | 677203 | 7671 |
| 赤峰市 | 110141 | 532754 | 4837 | 51348 | 309666 | 6031 |
| 锡林郭勒盟 | | | | | | |
| 乌兰察布市 | 5763 | 7191 | 1248 | 177 | 795 | 4492 |
| 鄂尔多斯市 | 1719 | 4249 | 2472 | 193 | 1414 | 7336 |
| 巴彦淖尔市 | 133 | 335 | 2519 | 161 | 1123 | 6975 |
| 乌海市 | | | | | | |
| 阿拉善盟 | 60 | 281 | 4714 | 45 | 111 | 2475 |

# 2－2－16 续表 4

单位:公顷、吨、公斤/公顷

| 地　　区 | 莜　　麦 | | | 黍　　子 | | |
|---|---|---|---|---|---|---|
| | 播种面积 | 总产量 | 每公顷产量 | 播种面积 | 总产量 | 每公顷产量 |
| **全　区** | **62490** | **111000** | **1776** | **19569** | **42600** | **2177** |
| 呼和浩特市 | 10312 | 10011 | 971 | 4639 | 12237 | 2638 |
| 包头市 | 1629 | 1993 | 1223 | 259 | 528 | 2039 |
| 呼伦贝尔市 | | | | | | |
| 兴安盟 | | | | 128 | 256 | 2000 |
| 通辽市 | 90 | 146 | 1622 | 4324 | 7908 | 1829 |
| 赤峰市 | 1781 | 1939 | 1089 | 10867 | 26661 | 2453 |
| 锡林郭勒盟 | 4444 | 14031 | 3157 | 6 | 10 | 1667 |
| 乌兰察布市 | 9166 | 6843 | 747 | 5548 | 8269 | 1490 |
| 鄂尔多斯市 | 8 | 6 | 750 | 2548 | 5334 | 2093 |
| 巴彦淖尔市 | 1470 | 2100 | 1428 | | | |
| 乌海市 | | | | 5 | 25 | 5000 |
| 阿拉善盟 | | | | | | |

# 2－2－16 续表 5

单位:公顷、吨、公斤/公顷

| 地　　区 | 糜　　子 | | | 荞　　麦 | | |
|---|---|---|---|---|---|---|
| | 播种面积 | 总产量 | 每公顷产量 | 播种面积 | 总产量 | 每公顷产量 |
| **全　区** | **11745** | **25500** | **2171** | **65550** | **32800** | **500** |
| 呼和浩特市 | 2517 | 3913 | 1555 | 15685 | 25473 | 1624 |
| 包头市 | 358 | 809 | 2260 | 2350 | 2448 | 1042 |
| 呼伦贝尔市 | 1038 | 4758 | 4584 | 13 | 23 | 1769 |
| 兴安盟 | 1392 | 2416 | 1736 | 1716 | 1969 | 1147 |
| 通辽市 | 830 | 1842 | 2219 | 12395 | 23449 | 1892 |
| 赤峰市 | 252 | 340 | 1349 | 24262 | 68441 | 2821 |
| 锡林郭勒盟 | | | | | | |
| 乌兰察布市 | 1487 | 752 | 506 | 5455 | 2342 | 429 |
| 鄂尔多斯市 | 6859 | 41262 | 6016 | 2487 | 14794 | 5948 |
| 巴彦淖尔市 | | | | 983 | 3007 | 3262 |
| 乌海市 | 5 | 25 | 5000 | | | |
| 阿拉善盟 | | | | | | |

# 2-2-16 续表 6

单位:公顷、吨、公斤/公顷

| 地　　区 | 大　　麦 | | | 其　他　谷　物 | | |
|---|---|---|---|---|---|---|
| | 播种面积 | 总产量 | 每公顷产量 | 播种面积 | 总产量 | 每公顷产量 |
| **全　区** | **68850** | **175200** | **2545** | **7196** | **37900** | **5267** |
| 呼和浩特市 | 1210 | 2925 | 2417 | | | |
| 包头市 | 167 | 250 | 1494 | | | |
| 呼伦贝尔市 | 55767 | 265440 | 4760 | | | |
| 兴安盟 | 3805 | 11967 | 3145 | 1230 | 2100 | 1707 |
| 通辽市 | 207 | 363 | 1754 | 617 | 814 | 1319 |
| 赤峰市 | 550 | 959 | 1744 | 7128 | 32340 | 4537 |
| 锡林郭勒盟 | 3828 | 10041 | 2623 | | | |
| 乌兰察布市 | 2543 | 1799 | 707 | 633 | 1 | 2 |
| 鄂尔多斯市 | 649 | 4566 | 7037 | | | |
| 巴彦淖尔市 | | | | 1927 | 22 | 11 |
| 乌海市 | | | | | | |
| 阿拉善盟 | 124 | 723 | 5850 | | | |

# 2-2-16 续表 7

单位:公顷、吨、公斤/公顷

| 地　　区 | 豆　　类 | | | # 大　　豆 | | |
|---|---|---|---|---|---|---|
| | 播种面积 | 总产量 | 每公顷产量 | 播种面积 | 总产量 | 每公顷产量 |
| **全　区** | **840010** | **1629000** | **1939** | **616730** | **1219600** | **1978** |
| 呼和浩特市 | 19559 | 25319 | 1294 | 12967 | 15750 | 1215 |
| 包头市 | 196 | 343 | 1750 | 87 | 166 | 1908 |
| 呼伦贝尔市 | 530599 | 1152696 | 2172 | 490875 | 1054244 | 2148 |
| 兴安盟 | 115112 | 142853 | 1241 | 35190 | 56400 | 1603 |
| 通辽市 | 43911 | 80262 | 1828 | 23734 | 53033 | 2234 |
| 赤峰市 | 101640 | 154030 | 1515 | 36177 | 75729 | 2093 |
| 锡林郭勒盟 | 262 | 350 | 1336 | | | |
| 乌兰察布市 | 21020 | 13951 | 664 | 12623 | 10949 | 867 |
| 鄂尔多斯市 | 6757 | 13031 | 303 | 4732 | 6685 | 2110 |
| 巴彦淖尔市 | 943 | 7762 | 8231 | 340 | 1050 | 3088 |
| 乌海市 | 8 | 24 | 3000 | 3 | 10 | 3333 |
| 阿拉善盟 | | | | | | |

# 2－2－16 续表 8

单位:公顷、吨、公斤/公顷

| 地 区 | 杂 豆 | | | # 绿 豆 | | |
|---|---|---|---|---|---|---|
| | 播种面积 | 总产量 | 每公顷产量 | 播种面积 | 总产量 | 每公顷产量 |
| **全 区** | **223280** | **409400** | **1834** | **165560** | **220000** | **1329** |
| 呼和浩特市 | 6592 | 9569 | 1452 | 4085 | 6433 | 1575 |
| 包头市 | 109 | 177 | 1624 | 12 | 27 | 2250 |
| 呼伦贝尔市 | 39724 | 98452 | 2478 | 9454 | 21089 | 2231 |
| 兴安盟 | 79922 | 86453 | 1082 | 71261 | 75720 | 1063 |
| 通辽市 | 20177 | 27229 | 1350 | 15969 | 21072 | 1320 |
| 赤峰市 | 65463 | 78301 | 1196 | 62543 | 74823 | 1196 |
| 锡林郭勒盟 | 262 | 350 | 1336 | 23 | 33 | 1435 |
| 乌兰察布市 | 8397 | 3002 | 358 | 799 | 684 | 856 |
| 鄂尔多斯市 | 2025 | 3046 | 1504 | 1355 | 2989 | 2205 |
| 巴彦淖尔市 | 603 | 6712 | 11131 | 55 | 127 | 2309 |
| 乌海市 | 5 | 14 | 2800 | 3 | 8 | 2667 |
| 阿拉善盟 | | | | | | |

# 2－2－16 续表 9

单位:公顷、吨、公斤/公顷

| 地 区 | 薯 类 | | | # 马 铃 薯 | | |
|---|---|---|---|---|---|---|
| | 播种面积 | 总产量 | 每公顷产量 | 播种面积 | 总产量 | 每公顷产量 |
| **全 区** | **681350** | **1847300** | **2711** | **681350** | **1847300** | **2711** |
| 呼和浩特市 | 72247 | 218971 | 3031 | 72247 | 218971 | 3031 |
| 包头市 | 71255 | 146868 | 2061 | 71255 | 146868 | 2061 |
| 呼伦贝尔市 | 86520 | 651416 | 7529 | 86520 | 651416 | 7529 |
| 兴安盟 | 25811 | 202859 | 7859 | 25811 | 202859 | 7859 |
| 通辽市 | 3622 | 22789 | 6292 | 3622 | 22789 | 6292 |
| 赤峰市 | 69949 | 376291 | 5380 | 69949 | 376291 | 5380 |
| 锡林郭勒盟 | 54075 | 212463 | 3929 | 54075 | 212463 | 3929 |
| 乌兰察布市 | 265768 | 493281 | 1856 | 265768 | 493281 | 1856 |
| 鄂尔多斯市 | 24124 | 185061 | 7671 | 24124 | 185061 | 7671 |
| 巴彦淖尔市 | 7895 | 87651 | 11102 | 7895 | 87651 | 11102 |
| 乌海市 | 52 | 356 | 6846 | 52 | 356 | 6846 |
| 阿拉善盟 | 32 | 256 | 8024 | 32 | 256 | 8024 |

# 2－2－17 各盟市油料作物播种面积和产量

单位:公顷

| 地　　区 | 油料作物播种面积 | | | 油料作物总产量 | | |
|---|---|---|---|---|---|---|
| | 2011 年 | 2012 年 | 2012 年比 2011 年增加 | 2011 年 | 2012 年 | 2012 年比 2011 年增加 |
| **全　区** | **716993** | **764729** | **47736** | **1338765** | **1450797** | **112033** |
| 呼和浩特市 | 53629 | 59102 | 5473 | 38894 | 61389 | 22495 |
| 包头市 | 42793 | 39151 | －3642 | 41820 | 50585 | 8765 |
| 呼伦贝尔市 | 157871 | 191393 | 33522 | 260884 | 297002 | 36118 |
| 兴安盟 | 34587 | 35439 | 852 | 38472 | 42298 | 3826 |
| 通辽市 | 55389 | 46486 | －8903 | 129294 | 113073 | －16221 |
| 赤峰市 | 74754 | 70617 | －4137 | 118714 | 129306 | 10592 |
| 锡林郭勒盟 | 21732 | 20503 | －1229 | 10952 | 15992 | 5040 |
| 乌兰察布市 | 61534 | 64409 | 2875 | 35761 | 43850 | 8089 |
| 鄂尔多斯市 | 32517 | 31880 | －637 | 75492 | 78297 | 2805 |
| 巴彦淖尔市 | 174898 | 198242 | 23344 | 560138 | 593946 | 33808 |
| 乌海市 | 521 | 816 | 295 | 1340 | 2110 | 770 |
| 阿拉善盟 | 6768 | 6691 | 77 | 27004 | 22949 | －4055 |

# 2－2－18 各盟市分品种油料播种面积和产量(2012 年)

单位:公顷、吨、公斤/公顷

| 地　　区 | 油　料　合　计 | | | 花　　生 | | |
|---|---|---|---|---|---|---|
| | 播种面积 | 总产量 | 每公顷产量 | 播种面积 | 总产量 | 每公顷产量 |
| **全　区** | **764729** | **1897** | **1450797** | **16720** | **1913** | **31985** |
| 呼和浩特市 | 59102 | 1039 | 61389 | | | |
| 包头市 | 39151 | 1292 | 50585 | | | |
| 呼伦贝尔市 | 191393 | 1552 | 297002 | | | |
| 兴安盟 | 35439 | 1194 | 42298 | 6572 | 1742 | 11451 |
| 通辽市 | 46486 | 2432 | 113073 | 10022 | 2022 | 20262 |
| 赤峰市 | 70617 | 1831 | 129306 | 56 | 2786 | 156 |
| 锡林郭勒盟 | 20503 | 780 | 15992 | | | |
| 乌兰察布市 | 64409 | 681 | 43850 | | | |
| 鄂尔多斯市 | 31880 | 2456 | 78297 | 70 | 1657 | 116 |
| 巴彦淖尔市 | 198242 | 2996 | 593946 | | | |
| 乌海市 | 816 | 2586 | 2110 | | | |
| 阿拉善盟 | 6691 | 3430 | 22949 | | | |

# 2－2－18 续表 1

单位:公顷、吨、公斤/公顷

| 地　　区 | 胡　麻　籽 | | | 葵　花　籽 | | |
|---|---|---|---|---|---|---|
| | 播种面积 | 总产量 | 每公顷产量 | 播种面积 | 总产量 | 每公顷产量 |
| **全　区** | **58716** | **36682** | **624.74** | **398589** | **1071035** | **2687.07** |
| 呼和浩特市 | 19124 | 12777 | 668.11 | 13315 | 32639 | 2451 |
| 包头市 | 1968 | 2735 | 1390 | 22098 | 39629 | 1793 |
| 呼伦贝尔市 | | | | 18615 | 47113 | 2531 |
| 兴安盟 | 24 | 3 | 125 | 14152 | 19301 | 1364 |
| 通辽市 | | | | 35344 | 91001 | 2575 |
| 赤峰市 | 68 | 49 | 720.59 | 50862 | 125394 | 2465.38 |
| 锡林郭勒盟 | 10197 | 6708 | 658 | 36 | 43 | 1194 |
| 乌兰察布市 | 26192 | 12800 | 489 | 9128 | 20550 | 2251 |
| 鄂尔多斯市 | 808 | 1054 | 1304.46 | 29745 | 77032 | 2590 |
| 巴彦淖尔市 | 320 | 524 | 1638 | 197802 | 593306 | 2999 |
| 乌海市 | 3 | 5 | 1666.67 | 813 | 2105 | 2589.18 |
| 阿拉善盟 | 12 | 27 | 2250 | 6679 | 22922 | 3432 |

# 2－2－18 续表 2

单位:公顷、吨、公斤/公顷

| 地　　区 | 油　菜　籽 | | | 芝　　麻 | | |
|---|---|---|---|---|---|---|
| | 播种面积 | 总产量 | 每公顷产量 | 播种面积 | 总产量 | 每公顷产量 |
| **全　区** | **270730** | **306659** | **1133** | **1532** | **1355** | **884** |
| 呼和浩特市 | 26631 | 15965 | 599.49 | | | |
| 包头市 | 14703 | 7822 | 532 | | | |
| 呼伦贝尔市 | 172778 | 249889 | 1446 | | | |
| 兴安盟 | 14602 | 11491 | 787 | 89 | 52 | 584.27 |
| 通辽市 | 645 | 726 | 1126 | 450 | 453 | 1007 |
| 赤峰市 | 656 | 823 | 1255 | 973 | 841 | 864 |
| 锡林郭勒盟 | 10269 | 9241 | 899.89 | | | |
| 乌兰察布市 | 29089 | 10500 | 361 | | | |
| 鄂尔多斯市 | 1237 | 86 | 70 | 20 | 9 | 450 |
| 巴彦淖尔市 | 120 | 116 | 966.67 | | | |
| 乌海市 | | | | | | |
| 阿拉善盟 | | | | | | |

# 2－2－19 各盟市麻类作物播种面积和产量

单位：公顷、吨、公斤/公顷

| 地　区 | 播种面积 | 总产量 | | | 每公顷产量 |
|---|---|---|---|---|---|
| | | 2011 年 | 2012 年 | 2012 年比 2011 年增加 | |
| **全　区** | **3** | **57** | **3** | **－52** | **1000** |
| 呼和浩特市 | | | | | |
| 包头市 | | | | | |
| 呼伦贝尔市 | | | | | |
| 兴安盟 | | | | | |
| 通辽市 | | | | | |
| 赤峰市 | | | | | |
| 锡林郭勒盟 | | | | | |
| 乌兰察布市 | | | | | |
| 鄂尔多斯市 | 3 | 57 | 3 | －52 | 1000 |
| 巴彦淖尔市 | | | | | |
| 乌海市 | | | | | |
| 阿拉善盟 | | | | | |

# 2－2－20 各盟市分品种麻类播种面积和产量（2012 年）

单位：公顷、吨、公斤/公顷

| 地　区 | 线　麻 | | | 亚　麻 | | |
|---|---|---|---|---|---|---|
| | 播种面积 | 总产量 | 每公顷产量 | 播种面积 | 总产量 | 每公顷产量 |
| **全　区** | **2** | **2** | **1000** | **1** | **1** | **1000** |
| 呼和浩特市 | | | | | | |
| 包头市 | | | | | | |
| 呼伦贝尔市 | | | | | | |
| 兴安盟 | | | | | | |
| 通辽市 | | | | | | |
| 赤峰市 | | | | | | |
| 锡林郭勒盟 | | | | | | |
| 乌兰察布市 | | | | | | |
| 鄂尔多斯市 | 2 | 2 | 1000 | 1 | 1 | 1000 |
| 巴彦淖尔市 | | | | | | |
| 乌海市 | | | | | | |
| 阿拉善盟 | | | | | | |

# 2－2－21 各盟市甜菜作物播种面积和产量

单位:公顷、吨、公斤/公顷

| 地　区 | 播种面积 | 总　产　量 | | | 每公顷产量 |
|---|---|---|---|---|---|
| | | 2011 年 | 2012 年 | 2012 年比 2011 年增加 | |
| **全　区** | **43707** | **1577178** | **1679264** | **102086** | **38421** |
| 呼和浩特市 | 698 | 26477 | 27801 | 1324 | 39830 |
| 包头市 | 130 | 31835 | 6226 | －25609 | 47892 |
| 呼伦贝尔市 | 1133 | 3990 | 34848 | 30858 | 30757 |
| 兴安盟 | 112 | 7914 | 3204 | －4710 | 28607 |
| 通辽市 | 2919 | 188123 | 148260 | －39863 | 50791 |
| 赤峰市 | 18160 | 698467 | 749782 | 51315 | 41288 |
| 锡林郭勒盟 | 957 | 3008 | 24203 | 21195 | 25290 |
| 乌兰察布市 | 16415 | 480584 | 548406 | 67822 | 33409 |
| 鄂尔多斯市 | 2692 | 104859 | 107707 | 2848 | 40010 |
| 巴彦淖尔市 | 487 | 31438 | 28781 | －2657 | 59099 |
| 乌海市 | 4 | 45 | 46 | 1 | 11500 |
| 阿拉善盟 | | 438 | | | |

# 2－2－22 各盟市烟叶播种面积和产量(2012 年)

单位:公顷、吨、公斤/公顷

| 地　区 | 烟叶合计 | | | # 烤烟 | | |
|---|---|---|---|---|---|---|
| | 播种面积 | 总产量 | 每公顷产量 | 播种面积 | 总产量 | 每公顷产量 |
| **全　区** | **3822** | **14237** | **3725** | **2643** | **11768** | **4453** |
| 呼和浩特市 | 38 | 32 | 842 | | | |
| 包头市 | | | | | | |
| 呼伦贝尔市 | 260 | 435 | 1673 | | | |
| 兴安盟 | | | | | | |
| 通辽市 | 90 | 223 | 2478 | 40 | 148 | 3700 |
| 赤峰市 | 2671 | 11875 | 4446 | 2603 | 11620 | 4464 |
| 锡林郭勒盟 | | | | | | |
| 乌兰察布市 | | | | | | |
| 鄂尔多斯市 | | | | | | |
| 巴彦淖尔市 | 763 | 1672 | 2191 | | | |
| 乌海市 | | | | | | |
| 阿拉善盟 | | | | | | |

# 2－2－23 各盟市药材及其它农作物播种面积(2012年)

单位:公顷

| 地　区 | 药　材 | 其它农作物 | 青饲料 | 黑瓜籽 |
|---|---|---|---|---|
| **全　区** | **27908** | **372101** | **230769** | **31234** |
| 呼和浩特市 | 1064 | 41606 | 29555 | 3534 |
| 包头市 | 825 | 28433 | 22457 | 2708 |
| 呼伦贝尔市 | 5982 | 36223 | 27020 | 5186 |
| 兴安盟 | 884 | 3601 | 2481 | |
| 通辽市 | 1486 | 60886 | 48051 | 3972 |
| 赤峰市 | 7294 | 30675 | 25845 | 1757 |
| 锡林郭勒盟 | 166 | 25218 | 20107 | |
| 乌兰察布市 | 194 | 22992 | 21625 | |
| 鄂尔多斯市 | 3750 | 85714 | 33108 | 2863 |
| 巴彦淖尔市 | 6048 | 35315 | 85 | 10734 |
| 乌海市 | 7 | 395 | 175 | |
| 阿拉善盟 | 208 | 1043 | 260 | 480 |

# 2－2－24 各盟市蔬菜、瓜类作物播种面积和产量(2012年)

单位:公顷、吨、公斤/公顷

| 地　区 | 蔬菜(含菜用瓜) | | | 瓜类(含果用瓜) | | |
|---|---|---|---|---|---|---|
| | 播种面积 | 总产量 | 每公顷产量 | 播种面积 | 总产量 | 每公顷产量 |
| **全　区** | **288447** | **14762943** | **51181** | **62807** | **2280568** | **36311** |
| 呼和浩特市 | 12123 | 721842 | 59543 | 4864 | 157073 | 32293 |
| 包头市 | 14563 | 1049710 | 72081 | 1363 | 51187 | 37555 |
| 呼伦贝尔市 | 13187 | 756381 | 57358 | 6620 | 211082 | 31886 |
| 兴安盟 | 5857 | 383432 | 65466 | 671 | 19058 | 28402 |
| 通辽市 | 74234 | 2744292 | 36968 | 8339 | 376697 | 45173 |
| 赤峰市 | 75072 | 4644493 | 61867 | 8682 | 336979 | 38814 |
| 锡林郭勒盟 | 18514 | 912467 | 49284 | 383 | 29873 | 77997 |
| 乌兰察布市 | 36767 | 1685689 | 45848 | 1674 | 42115 | 25158 |
| 鄂尔多斯市 | 7764 | 343698 | 44268 | 8947 | 326349 | 36476 |
| 巴彦淖尔市 | 29146 | 1438443 | 49353 | 17634 | 604038 | 34254 |
| 乌海市 | 974 | 68533 | 70362 | 32 | 807 | 25219 |
| 阿拉善盟 | 246 | 13963 | 56760 | 3598 | 125310 | 34828 |

# 2－2－25 各盟市瓜类作物播种面积和产量(2012 年)

单位:公顷、吨、公斤/公顷

| 地　区 | 西　瓜 | | | 甜　瓜 | | |
|---|---|---|---|---|---|---|
| | 播种面积 | 总产量 | 每公顷产量 | 播种面积 | 总产量 | 每公顷产量 |
| **全　区** | **37630** | **1568904** | **41693** | **21578** | **634787** | **29418** |
| 呼和浩特市 | 3701 | 130132 | 35161 | 1137 | 26519 | 23324 |
| 包头市 | 1062 | 43936 | 41371 | 290 | 7094 | 24462 |
| 呼伦贝尔市 | 3227 | 125844 | 38997 | 712 | 26137 | 36709 |
| 兴安盟 | 369 | 13007 | 35249 | 279 | 5200 | 18638 |
| 通辽市 | 7354 | 338897 | 46083 | 809 | 27131 | 33536 |
| 赤峰市 | 5655 | 250245 | 44252 | 2422 | 83958 | 34665 |
| 锡林郭勒盟 | 373 | 29154 | 78161 | 9 | 700 | 77778 |
| 乌兰察布市 | 941 | 24041 | 25548 | 679 | 17019 | 25065 |
| 鄂尔多斯市 | 8461 | 314382 | 37157 | 464 | 10140 | 21853 |
| 巴彦淖尔市 | 5946 | 278834 | 46894 | 11688 | 325204 | 27824 |
| 乌海市 | 12 | 323 | 26917 | 20 | 484 | 24200 |
| 阿拉善盟 | 529 | 20109 | 38013 | 3069 | 105201 | 34279 |

# 2－2－26 各盟市水果种植面积(2012 年)

单位:公顷

| 地　区 | 年末果园面积 | | | | |
|---|---|---|---|---|---|
| | | 苹果园 | 梨园 | 葡萄园 | 山楂园 |
| **全　区** | **70901** | **18065** | **7486** | **8191** | **547** |
| 呼和浩特市 | 2557 | 643 | 199 | 319 | 10 |
| 包头市 | 2180 | 815 | 176 | 658 | |
| 呼伦贝尔市 | 17649 | 27 | 26 | 10 | |
| 兴安盟 | 4808 | 740 | 290 | 143 | 78 |
| 通辽市 | 17409 | 2247 | 1181 | 3728 | 420 |
| 赤峰市 | 14493 | 10317 | 1467 | 874 | 37 |
| 锡林郭勒盟 | | | | | |
| 乌兰察布市 | 662 | 626 | | 2 | |
| 鄂尔多斯市 | 5152 | 2292 | 676 | 302 | 2 |
| 巴彦淖尔市 | 3794 | 320 | 3410 | 64 | |
| 乌海市 | 1736 | 25 | 52 | 1653 | |
| 阿拉善盟 | 461 | 13 | 9 | 438 | |

# 2－2－27 各盟市水果产量(2012 年)

单位:吨

| 地　区 | 园林水果 | | | | | |
|---|---|---|---|---|---|---|
| | | 苹果 | 梨 | 葡萄 | 山楂 | 其他园林水果园 |
| **全　区** | **554391** | **143736** | **74924** | **81359** | **970** | **253402** |
| 呼和浩特市 | 39599 | 6401 | 4612 | 4112 | 75 | 24399 |
| 包头市 | 25690 | 6662 | 1834 | 9945 | | 7249 |
| 呼伦贝尔市 | 181677 | 800 | 400 | 40 | | 180437 |
| 兴安盟 | 14208 | 2376 | 681 | 613 | 97 | 10441 |
| 通辽市 | 78494 | 8821 | 3623 | 40299 | 674 | 25077 |
| 赤峰市 | 127231 | 103114 | 13209 | 7147 | 118 | 3643 |
| 锡林郭勒盟 | | | | | | |
| 乌兰察布市 | 6546 | 5640 | | 8 | | 898 |
| 鄂尔多斯市 | 8133 | 5220 | 1668 | 300 | 6 | 939 |
| 巴彦淖尔市 | 52568 | 4039 | 48308 | 221 | | |
| 乌海市 | 10163 | 293 | 314 | 9356 | | 200 |
| 阿拉善盟 | 10082 | 370 | 275 | 9318 | | 119 |

# 2－2－28 各盟市牲畜头数(2012 年)

单位:万头(只)

| 地　区 | 牲畜总头数 | | 大牲畜和羊 | | 大牲畜 | | #牛 | |
|---|---|---|---|---|---|---|---|---|
| | 年末数 | 年中数 | 年末数 | 年中数 | 年末数 | 年中数 | 年末数 | 年中数 |
| **全　区** | **6677.05** | **11263.01** | **5983.21** | **9844.14** | **839.18** | **1238.73** | **625** | **1015.83** |
| 呼和浩特市 | 261.01 | 397.42 | 231.45 | 355.62 | 72.60 | 79.22 | 68.74 | 74.03 |
| 包头市 | 254.21 | 384.26 | 226.74 | 341.82 | 37.51 | 34.22 | 35.22 | 30.84 |
| 呼伦贝尔市 | 849.29 | 1833.20 | 814.28 | 1663.40 | 117.56 | 209.97 | 100.30 | 187.70 |
| 兴安盟 | 619.66 | 922.91 | 547.96 | 866.07 | 61.34 | 78.17 | 48.90 | 67.47 |
| 通辽市 | 1090.33 | 1716.43 | 825.11 | 1251.84 | 205.86 | 268.22 | 155.25 | 228.02 |
| 赤峰市 | 943.16 | 1856.35 | 816.10 | 1515.97 | 200.26 | 323.76 | 112.93 | 228.82 |
| 锡林郭勒盟 | 633.43 | 705.98 | 628.44 | 617.00 | 93.62 | 126.58 | 81.57 | 111.46 |
| 乌兰察布市 | 499.07 | 877.07 | 457.56 | 755.09 | 43.88 | 46.65 | 37.78 | 40.86 |
| 鄂尔多斯市 | 751.80 | 1208.41 | 708.66 | 1130.59 | 25.42 | 33.31 | 21.11 | 28.24 |
| 巴彦淖尔市 | 729.97 | 1178.52 | 686.68 | 1171.38 | 24.26 | 25.07 | 14.64 | 15.29 |
| 乌海市 | 11.73 | 12.34 | 8.79 | 8.69 | 0.42 | 0.39 | 0.36 | 0.33 |
| 阿拉善盟 | 146.40 | 170.10 | 143.41 | 166.68 | 10.60 | 13.18 | 2.41 | 2.77 |

# 2－2－28 续表 1

单位:万头(只)

| 地　区 | 马 | | 驴 | | 骡 | | 骆驼 | |
|---|---|---|---|---|---|---|---|---|
| | 年末数 | 年中数 | 年末数 | 年中数 | 年末数 | 年中数 | 年末数 | 年中数 |
| **全　区** | **76.16** | **79.45** | **96.38** | **102.39** | **30.15** | **26.13** | **12.26** | **14.92** |
| 呼和浩特市 | 0.20 | 0.25 | 1.78 | 2.64 | 1.78 | 2.26 | 0.10 | 0.04 |
| 包头市 | 0.51 | 0.67 | 1.17 | 1.67 | 0.39 | 0.75 | 0.22 | 0.29 |
| 呼伦贝尔市 | 15.54 | 20.56 | 1.04 | 1.17 | 0.44 | 0.29 | 0.23 | 0.25 |
| 兴安盟 | 5.19 | 6.16 | 6.95 | 4.44 | 0.30 | 0.10 | | |
| 通辽市 | 24.55 | 18.44 | 18.71 | 17.08 | 7.34 | 4.67 | 0.01 | 0.01 |
| 赤峰市 | 16.11 | 16.43 | 58.85 | 67.35 | 12.26 | 11.03 | 0.11 | 0.12 |
| 锡林郭勒盟 | 10.53 | 13.42 | 0.38 | 0.43 | 0.02 | 0.02 | 1.11 | 1.25 |
| 乌兰察布市 | 1.22 | 1.11 | 2.26 | 2.54 | 2.06 | 1.64 | 0.55 | 0.50 |
| 鄂尔多斯市 | 0.84 | 1.21 | 1.77 | 1.88 | 1.54 | 1.61 | 0.16 | 0.37 |
| 巴彦淖尔市 | 0.98 | 1.03 | 2.87 | 2.97 | 3.82 | 3.72 | 1.94 | 2.06 |
| 乌海市 | 0.01 | 0.01 | 0.03 | 0.03 | 0.02 | 0.02 | | |
| 阿拉善盟 | 0.17 | 0.17 | 0.16 | 0.19 | 0.02 | 0.03 | 7.83 | 10.02 |

# 2－2－28 续表 2

单位:万头

| 地　区 | 羊 | | #绵羊 | | #山羊 | | 猪 | |
|---|---|---|---|---|---|---|---|---|
| | 年末数 | 年中数 | 年末数 | 年中数 | 年末数 | 年中数 | 年末数 | 年中数 |
| **全　区** | **5144.03** | **8605.41** | **3484.38** | **6245.81** | **1659.65** | **2359.60** | **693.84** | **1418.87** |
| 呼和浩特市 | 158.85 | 276.40 | 116.89 | 217.44 | 41.96 | 58.96 | 29.56 | 41.81 |
| 包头市 | 189.23 | 307.60 | 125.94 | 204.52 | 63.29 | 103.08 | 27.47 | 42.44 |
| 呼伦贝尔市 | 696.72 | 1453.43 | 595.26 | 1243.34 | 101.46 | 210.09 | 35.00 | 169.80 |
| 兴安盟 | 486.62 | 676.91 | 257.21 | 500.36 | 229.41 | 176.55 | 71.70 | 121.99 |
| 通辽市 | 619.25 | 983.62 | 324.85 | 496.04 | 294.40 | 487.59 | 265.22 | 464.59 |
| 赤峰市 | 615.84 | 1192.21 | 427.83 | 948.75 | 188.01 | 243.46 | 127.06 | 340.38 |
| 锡林郭勒盟 | 534.81 | 1044.80 | 494.01 | 940.56 | 40.80 | 104.24 | 5.00 | 7.15 |
| 乌兰察布市 | 413.69 | 570.35 | 389.28 | 524.57 | 24.41 | 45.78 | 41.50 | 88.98 |
| 鄂尔多斯市 | 683.24 | 1097.28 | 257.12 | 513.17 | 426.12 | 584.11 | 43.14 | 77.82 |
| 巴彦淖尔市 | 662.42 | 841.00 | 482.18 | 607.32 | 180.25 | 233.69 | 43.28 | 56.84 |
| 乌海市 | 8.37 | 8.30 | 2.12 | 2.30 | 6.25 | 6.00 | 2.94 | 3.65 |
| 阿拉善盟 | 132.81 | 153.50 | 39.59 | 47.45 | 93.21 | 106.06 | 2.99 | 3.42 |

# 2－2－29 各盟市牲畜总头数增减变化情况(2012 年)

单位:万头(只)

| 地　区 | 繁殖仔畜 | | 成活仔畜 | | 成幼畜死亡 | |
|---|---|---|---|---|---|---|
| | 年末数 | 年中数 | 年末数 | 年中数 | 年末数 | 年中数 |
| **全 区** | **5921.35** | **7132.88** | **5713.19** | **6949.38** | **96.29** | **122.02** |
| 呼和浩特市 | 275.63 | 357.57 | 270.45 | 348.29 | 5.60 | 9.42 |
| 包头市 | 233.09 | 343.62 | 225.44 | 335.31 | 2.47 | 4.02 |
| 呼伦贝尔市 | 640.42 | 899.26 | 618.60 | 865.34 | 19.10 | 20.46 |
| 兴安盟 | 499.30 | 968.76 | 490.39 | 946.58 | 9.28 | 16.14 |
| 通辽市 | 769.45 | 931.94 | 750.45 | 911.32 | 11.10 | 11.48 |
| 赤峰市 | 671.21 | 920.61 | 591.69 | 903.20 | 11.80 | 18.29 |
| 锡林郭勒盟 | 567.19 | 850.71 | 561.36 | 821.39 | 1.87 | 12.74 |
| 乌兰察布市 | 865.67 | 495.30 | 845.58 | 480.94 | 11.37 | 11.51 |
| 鄂尔多斯市 | 458.48 | 737.96 | 452.85 | 718.43 | 5.18 | 11.30 |
| 巴彦淖尔市 | 870.72 | 570.50 | 839.03 | 564.11 | 16.24 | 2.89 |
| 乌海市 | 13.51 | 7.69 | 12.36 | 7.25 | 0.16 | 0.15 |
| 阿拉善盟 | 51.52 | 48.96 | 49.95 | 47.22 | 1.95 | 3.64 |

# 2－2－29 续表 1（大牲畜和羊合计）

单位:万头(只)

| 地　区 | 繁殖仔畜 | | 成活仔畜 | | 成幼畜死亡 | |
|---|---|---|---|---|---|---|
| | 年末数 | 年中数 | 年末数 | 年中数 | 年末数 | 年中数 |
| **全　区** | **5006.80** | **5902.58** | **4877.79** | **5758.53** | **79.16** | **100.46** |
| 呼和浩特市 | 227.14 | 307.84 | 222.95 | 299.90 | 4.26 | 7.62 |
| 包头市 | 207.46 | 318.13 | 200.55 | 310.45 | 2.20 | 3.53 |
| 呼伦贝尔市 | 583.34 | 790.95 | 564.99 | 766.59 | 16.35 | 17.18 |
| 兴安盟 | 406.15 | 907.57 | 399.71 | 887.51 | 8.04 | 14.81 |
| 通辽市 | 465.89 | 541.36 | 460.04 | 530.35 | 7.00 | 7.16 |
| 赤峰市 | 463.08 | 649.93 | 435.24 | 637.77 | 8.31 | 12.92 |
| 锡林郭勒盟 | 557.30 | 743.86 | 551.56 | 718.37 | 1.85 | 11.25 |
| 乌兰察布市 | 801.46 | 361.88 | 784.60 | 352.21 | 9.69 | 8.91 |
| 鄂尔多斯市 | 397.81 | 666.91 | 392.68 | 649.43 | 4.62 | 10.53 |
| 巴彦淖尔市 | 836.98 | 562.60 | 807.51 | 556.33 | 14.81 | 2.86 |
| 乌海市 | 7.16 | 4.06 | 6.46 | 3.84 | 0.09 | 0.08 |
| 阿拉善盟 | 49.56 | 47.49 | 48.02 | 45.78 | 1.93 | 3.62 |

# 2-2-29 续表 2（大牲畜）

单位:万头

| 地　区 | 繁殖仔畜 | | 成活仔畜 | | 成幼畜死亡 | |
|---|---|---|---|---|---|---|
| | 年末数 | 年中数 | 年末数 | 年中数 | 年末数 | 年中数 |
| **全　区** | **390.01** | **442.87** | **379.26** | **433.87** | **6.38** | **7.88** |
| 呼和浩特市 | 31.47 | 32.55 | 30.70 | 31.56 | 0.79 | 1.31 |
| 包头市 | 19.16 | 17.04 | 18.93 | 16.65 | 0.20 | 0.15 |
| 呼伦贝尔市 | 52.42 | 76.34 | 50.37 | 73.62 | 1.62 | 2.15 |
| 兴安盟 | 29.90 | 7.87 | 28.90 | 7.73 | 0.41 | 0.19 |
| 通辽市 | 79.61 | 88.31 | 78.53 | 86.96 | 1.31 | 1.17 |
| 赤峰市 | 78.12 | 101.99 | 74.01 | 100.46 | 0.96 | 1.40 |
| 锡林郭勒盟 | 56.75 | 24.70 | 56.49 | 24.01 | 0.14 | 0.46 |
| 乌兰察布市 | 22.83 | 24.58 | 22.05 | 23.79 | 0.63 | 0.69 |
| 鄂尔多斯市 | 9.50 | 12.04 | 9.26 | 11.95 | 0.10 | 0.06 |
| 巴彦淖尔市 | 7.02 | 55.42 | 6.90 | 55.18 | 0.16 | 0.20 |
| 乌海市 | 0.10 | 0.08 | 0.09 | 0.07 | | |
| 阿拉善盟 | 1.82 | 1.95 | 1.73 | 1.89 | 0.06 | 0.12 |

# 2-2-29 续表 3（牛）

单位:万头

| 地　区 | 繁殖仔畜 | | 成活仔畜 | | 成幼畜死亡 | |
|---|---|---|---|---|---|---|
| | 年末数 | 年中数 | 年末数 | 年中数 | 年末数 | 年中数 |
| **全　区** | **326.79** | **381.19** | **317.60** | **373.58** | **5.18** | **6.58** |
| 呼和浩特市 | 30.50 | 31.42 | 29.75 | 30.44 | 0.78 | 1.29 |
| 包头市 | 18.53 | 16.24 | 18.31 | 15.86 | 0.18 | 0.13 |
| 呼伦贝尔市 | 46.75 | 69.82 | 44.90 | 67.31 | 1.38 | 1.94 |
| 兴安盟 | 26.64 | 6.40 | 26.31 | 6.28 | 0.38 | 0.13 |
| 通辽市 | 66.69 | 75.55 | 65.75 | 74.63 | 1.09 | 0.98 |
| 赤峰市 | 48.50 | 74.82 | 44.70 | 73.73 | 0.51 | 0.87 |
| 锡林郭勒盟 | 52.49 | 22.57 | 52.25 | 21.94 | 0.13 | 0.35 |
| 乌兰察布市 | 20.51 | 21.47 | 19.79 | 20.76 | 0.53 | 0.64 |
| 鄂尔多斯市 | 8.93 | 11.40 | 8.70 | 11.32 | 0.08 | 0.05 |
| 巴彦淖尔市 | 5.59 | 50.92 | 5.49 | 50.73 | 0.12 | 0.19 |
| 乌海市 | 0.09 | 0.07 | 0.08 | 0.06 | | 0.00 |
| 阿拉善盟 | 0.69 | 0.52 | 0.68 | 0.51 | 0.01 | 0.01 |

# 2－2－29 续表 4（马）

单位：万匹

| 地区 | 繁殖仔畜 | | 成活仔畜 | | 成幼畜死亡 | |
|---|---|---|---|---|---|---|
| | 年末数 | 年中数 | 年末数 | 年中数 | 年末数 | 年中数 |
| **全区** | **22.57** | **23.23** | **22.14** | **22.70** | **0.53** | **0.48** |
| 呼和浩特市 | 0.08 | 0.09 | 0.08 | 0.09 | | |
| 包头市 | 0.13 | 0.17 | 0.13 | 0.17 | 0.01 | 0.01 |
| 呼伦贝尔市 | 5.09 | 6.05 | 4.92 | 5.86 | 0.22 | 0.19 |
| 兴安盟 | 1.38 | 0.26 | 1.35 | 0.25 | 0.02 | 0.01 |
| 通辽市 | 5.74 | 5.65 | 5.67 | 5.56 | 0.08 | 0.09 |
| 赤峰市 | 5.05 | 4.66 | 4.95 | 4.54 | 0.13 | 0.14 |
| 锡林郭勒盟 | 3.82 | 0.48 | 3.79 | 0.47 | 0.01 | 0.01 |
| 乌兰察布市 | 0.71 | 1.63 | 0.70 | 1.57 | 0.05 | 0.03 |
| 鄂尔多斯市 | 0.10 | 0.13 | 0.10 | 0.13 | | |
| 巴彦淖尔市 | 0.33 | 4.08 | 0.33 | 4.04 | 0.01 | 0.01 |
| 乌海市 | | | | | | |
| 阿拉善盟 | 0.02 | 0.03 | 0.02 | 0.02 | | |

# 2－2－29 续表 5（驴）

单位：万头

| 地区 | 繁殖仔畜 | | 成活仔畜 | | 成幼畜死亡 | |
|---|---|---|---|---|---|---|
| | 年末数 | 年中数 | 年末数 | 年中数 | 年末数 | 年中数 |
| **全区** | **34.34** | **32.85** | **33.38** | **32.14** | **0.47** | **0.55** |
| 呼和浩特市 | 0.70 | 0.74 | 0.69 | 0.73 | 0.01 | 0.01 |
| 包头市 | 0.38 | 0.48 | 0.38 | 0.47 | 0.01 | |
| 呼伦贝尔市 | 0.40 | 0.39 | 0.38 | 0.37 | 0.02 | 0.02 |
| 兴安盟 | 1.88 | 0.75 | 1.25 | 0.74 | 0.01 | 0.02 |
| 通辽市 | 5.82 | 6.19 | 5.75 | 5.87 | 0.10 | 0.08 |
| 赤峰市 | 22.73 | 21.16 | 22.55 | 20.87 | 0.27 | 0.36 |
| 锡林郭勒盟 | 0.15 | 1.14 | 0.15 | 1.11 | | 0.03 |
| 乌兰察布市 | 1.15 | 1.48 | 1.12 | 1.46 | 0.03 | 0.02 |
| 鄂尔多斯市 | 0.31 | 0.34 | 0.30 | 0.34 | 0.01 | |
| 巴彦淖尔市 | 0.53 | 0.14 | 0.52 | 0.14 | 0.01 | |
| 乌海市 | 0.01 | | | | | |
| 阿拉善盟 | 0.02 | 0.04 | 0.02 | 0.03 | | |

# 2－2－29 续表 6（骡）

单位:万头

| 地　区 | 繁殖仔畜 | | 成活仔畜 | | 成幼畜死亡 | |
|---|---|---|---|---|---|---|
| | 年末数 | 年中数 | 年末数 | 年中数 | 年末数 | 年中数 |
| **全　区** | **4.17** | **3.23** | **4.10** | **3.17** | **0.12** | **0.11** |
| 呼和浩特市 | 0.17 | 0.30 | 0.17 | 0.29 | | |
| 包头市 | | 0.01 | | 0.01 | | |
| 呼伦贝尔市 | 0.13 | 0.04 | 0.13 | 0.04 | | |
| 兴安盟 | | 0.15 | | 0.15 | | 0.01 |
| 通辽市 | 1.36 | 0.92 | 1.35 | 0.91 | 0.04 | 0.02 |
| 赤峰市 | 1.81 | 1.33 | 1.79 | 1.30 | 0.04 | 0.04 |
| 锡林郭勒盟 | | 0.37 | | 0.35 | | 0.04 |
| 乌兰察布市 | 0.33 | | 0.31 | | 0.02 | |
| 鄂尔多斯市 | 0.09 | 0.12 | 0.09 | 0.12 | | |
| 巴彦淖尔市 | 0.19 | | 0.19 | | 0.01 | |
| 乌海市 | | | | | | |
| 阿拉善盟 | | | | | | |

# 2－2－29 续表 7（骆驼）

单位:万峰

| 地　区 | 繁殖仔畜 | | 成活仔畜 | | 成幼畜死亡 | |
|---|---|---|---|---|---|---|
| | 年末数 | 年中数 | 年末数 | 年中数 | 年末数 | 年中数 |
| **全　区** | **2.15** | **2.35** | **2.05** | **2.28** | **0.08** | **0.15** |
| 呼和浩特市 | 0.02 | 0.01 | 0.02 | 0.01 | | |
| 包头市 | 0.11 | 0.14 | 0.11 | 0.13 | | |
| 呼伦贝尔市 | 0.04 | 0.05 | 0.04 | 0.05 | | 0.01 |
| 兴安盟 | | 0.32 | | 0.31 | | 0.01 |
| 通辽市 | | | | | | |
| 赤峰市 | 0.02 | 0.02 | 0.02 | 0.02 | | |
| 锡林郭勒盟 | 0.30 | 0.14 | 0.29 | 0.12 | | 0.02 |
| 乌兰察布市 | 0.14 | | 0.12 | | | |
| 鄂尔多斯市 | 0.08 | 0.04 | 0.07 | 0.04 | 0.01 | |
| 巴彦淖尔市 | 0.37 | 0.27 | 0.36 | 0.27 | 0.01 | |
| 乌海市 | | | | | | |
| 阿拉善盟 | 1.08 | 1.37 | 1.00 | 1.32 | 0.05 | 0.10 |

# 2－2－29 续表 8（羊）

单位：万只

| 地　　区 | 繁殖仔畜 | | 成活仔畜 | | 成幼畜死亡 | |
|---|---|---|---|---|---|---|
| | 年末数 | 年中数 | 年末数 | 年中数 | 年末数 | 年中数 |
| **全　区** | **4616.79** | **5459.72** | **4498.53** | **5324.65** | **72.78** | **92.58** |
| 呼和浩特市 | 195.66 | 275.28 | 192.24 | 268.35 | 3.47 | 6.32 |
| 包头市 | 188.30 | 301.09 | 181.62 | 293.80 | 2.00 | 3.38 |
| 呼伦贝尔市 | 530.93 | 714.61 | 514.62 | 692.98 | 14.73 | 15.02 |
| 兴安盟 | 376.25 | 899.70 | 370.81 | 879.78 | 7.63 | 14.63 |
| 通辽市 | 386.28 | 453.04 | 381.51 | 443.38 | 5.70 | 5.99 |
| 赤峰市 | 384.96 | 547.95 | 361.23 | 537.30 | 7.35 | 11.52 |
| 锡林郭勒盟 | 500.55 | 719.16 | 495.07 | 694.36 | 1.71 | 10.79 |
| 乌兰察布市 | 778.63 | 337.30 | 762.56 | 328.41 | 9.06 | 8.22 |
| 鄂尔多斯市 | 388.31 | 654.88 | 383.42 | 637.48 | 4.52 | 10.47 |
| 巴彦淖尔市 | 829.95 | 507.19 | 800.62 | 501.15 | 14.65 | 2.66 |
| 乌海市 | 7.06 | 3.98 | 6.37 | 3.77 | 0.09 | 0.07 |
| 阿拉善盟 | 47.74 | 45.54 | 46.29 | 43.89 | 1.87 | 3.51 |

# 2－2－29 续表 9（绵羊）

单位：万只

| 地　　区 | 繁殖仔畜 | | 成活仔畜 | | 成幼畜死亡 | |
|---|---|---|---|---|---|---|
| | 年末数 | 年中数 | 年末数 | 年中数 | 年末数 | 年中数 |
| **全　区** | **3570.05** | **4301.54** | **3469.94** | **4197.69** | **53.09** | **64.63** |
| 呼和浩特市 | 158.25 | 232.38 | 155.62 | 226.76 | 2.59 | 4.74 |
| 包头市 | 149.90 | 233.69 | 144.03 | 227.84 | 1.47 | 2.66 |
| 呼伦贝尔市 | 448.45 | 600.72 | 434.04 | 584.12 | 12.29 | 11.78 |
| 兴安盟 | 241.81 | 788.79 | 237.89 | 771.81 | 4.35 | 10.35 |
| 通辽市 | 194.44 | 272.85 | 191.70 | 267.82 | 3.13 | 2.76 |
| 赤峰市 | 302.89 | 448.77 | 280.97 | 439.93 | 5.01 | 8.56 |
| 锡林郭勒盟 | 456.15 | 686.56 | 451.89 | 664.64 | 1.57 | 9.31 |
| 乌兰察布市 | 752.91 | 251.80 | 737.62 | 244.83 | 8.30 | 5.26 |
| 鄂尔多斯市 | 134.75 | 308.36 | 133.34 | 297.58 | 2.03 | 5.73 |
| 巴彦淖尔市 | 708.17 | 458.61 | 681.02 | 453.87 | 11.84 | 2.31 |
| 乌海市 | 2.06 | 1.21 | 2.01 | 1.16 | 0.02 | 0.02 |
| 阿拉善盟 | 18.38 | 17.81 | 17.94 | 17.34 | 0.49 | 1.15 |

# 2-2-29 续表 10（山羊）

单位:万只

| 地　　区 | 繁殖仔畜 | | 成活仔畜 | | 成幼畜死亡 | |
|---|---|---|---|---|---|---|
| | 年末数 | 年中数 | 年末数 | 年中数 | 年末数 | 年中数 |
| **全　区** | **1046.74** | **1158.17** | **1028.59** | **1126.96** | **19.70** | **27.95** |
| 呼和浩特市 | 37.41 | 42.90 | 36.63 | 41.59 | 0.87 | 1.57 |
| 包头市 | 38.39 | 67.40 | 37.59 | 65.96 | 0.54 | 0.72 |
| 呼伦贝尔市 | 82.48 | 113.88 | 80.58 | 108.86 | 2.44 | 3.24 |
| 兴安盟 | 134.44 | 110.91 | 132.92 | 107.97 | 3.28 | 4.28 |
| 通辽市 | 191.84 | 180.19 | 189.81 | 175.56 | 2.57 | 3.23 |
| 赤峰市 | 82.07 | 99.17 | 80.27 | 97.37 | 2.34 | 2.96 |
| 锡林郭勒盟 | 44.40 | 32.60 | 43.17 | 29.72 | 0.14 | 1.48 |
| 乌兰察布市 | 25.72 | 85.50 | 24.93 | 83.58 | 0.77 | 2.96 |
| 鄂尔多斯市 | 253.56 | 346.51 | 250.09 | 339.90 | 2.50 | 4.75 |
| 巴彦淖尔市 | 121.78 | 48.58 | 119.60 | 47.28 | 2.81 | 0.35 |
| 乌海市 | 5.00 | 2.78 | 4.36 | 2.61 | 0.07 | 0.05 |
| 阿拉善盟 | 29.36 | 27.73 | 28.35 | 26.55 | 1.37 | 2.36 |

# 2-2-29 续表 11（生猪）

单位:万口

| 地　　区 | 繁殖仔畜 | | 成活仔畜 | | 成幼畜死亡 | |
|---|---|---|---|---|---|---|
| | 年末数 | 年中数 | 年末数 | 年中数 | 年末数 | 年中数 |
| **全　区** | **914.55** | **1230.29** | **835.40** | **1190.86** | **17.12** | **21.57** |
| 呼和浩特市 | 48.49 | 49.74 | 47.50 | 48.38 | 1.34 | 1.79 |
| 包头市 | 25.64 | 25.48 | 24.88 | 24.86 | 0.27 | 0.49 |
| 呼伦贝尔市 | 57.08 | 108.31 | 53.62 | 98.74 | 2.74 | 3.28 |
| 兴安盟 | 93.15 | 61.20 | 90.68 | 59.07 | 1.24 | 1.32 |
| 通辽市 | 303.57 | 390.58 | 290.41 | 380.97 | 4.09 | 4.32 |
| 赤峰市 | 208.13 | 270.68 | 156.45 | 265.43 | 3.50 | 5.37 |
| 锡林郭勒盟 | 9.89 | 106.85 | 9.80 | 103.03 | 0.02 | 1.49 |
| 乌兰察布市 | 64.21 | 133.42 | 60.98 | 128.73 | 1.67 | 2.60 |
| 鄂尔多斯市 | 60.67 | 71.05 | 60.17 | 69.00 | 0.56 | 0.77 |
| 巴彦淖尔市 | 33.74 | 7.90 | 31.52 | 7.78 | 1.43 | 0.03 |
| 乌海市 | 6.35 | 3.63 | 5.90 | 3.41 | 0.07 | 0.07 |
| 阿拉善盟 | 1.97 | 1.47 | 1.93 | 1.44 | 0.02 | 0.02 |

# 2－2－30 各盟市总增、能繁殖母畜、耕畜和良改牲畜(2012 年)

单位:万头(只)

| 地　区 | 年　中　数 | | | | 年　末　数 | |
|---|---|---|---|---|---|---|
| | 总增数 | 总增率(%) | 良种牲畜 | 改良种牲畜 | 能繁殖母畜 | 耕役畜 |
| **全　区** | **6827.36** | **60.62** | **4041.65** | **6612.54** | **4176.88** | **101.42** |
| 呼和浩特市 | 338.87 | 85.27 | 138.13 | 240.99 | 175.50 | 3.97 |
| 包头市 | 331.29 | 86.21 | 124.44 | 244.18 | 164.89 | 1.08 |
| 呼伦贝尔市 | 844.87 | 46.09 | 532.73 | 1037.16 | 588.20 | 3.43 |
| 兴安盟 | 930.45 | 100.82 | 474.84 | 426.27 | 362.43 | 1.48 |
| 通辽市 | 899.84 | 52.43 | 537.26 | 1103.56 | 480.87 | 25.84 |
| 赤峰市 | 884.91 | 47.67 | 403.49 | 1383.60 | 551.75 | 47.44 |
| 锡林郭勒盟 | 808.66 | 114.54 | 151.84 | 534.73 | 555.70 | 0.67 |
| 乌兰察布市 | 469.43 | 53.52 | 73.89 | 765.00 | 369.53 | 9.03 |
| 鄂尔多斯市 | 707.13 | 58.52 | 528.73 | 665.02 | 398.61 | 1.86 |
| 巴彦淖尔市 | 561.22 | 47.62 | 948.73 | 202.70 | 446.66 | 5.92 |
| 乌海市 | 7.10 | 57.53 | 1.15 | 9.34 | 4.01 | 0.04 |
| 阿拉善盟 | 43.58 | 25.62 | 126.43 | | 75.65 | 0.16 |

# 2－2－30 续表 1（大牲畜和羊合计）

单位:万头(只)

| 地　区 | 年　中　数 | | | | 年　末　数 | |
|---|---|---|---|---|---|---|
| | 总增数 | 总增率(%) | 良种牲畜 | 改良种牲畜 | 能繁殖母畜 | 耕役畜 |
| **全　区** | **5658.07** | **57.48** | **3575.55** | **5750.96** | **4086.80** | **101.42** |
| 呼和浩特市 | 292.28 | 82.19 | 121.99 | 216.95 | 170.95 | 3.97 |
| 包头市 | 306.92 | 89.79 | 110.74 | 216.27 | 162.06 | 1.08 |
| 呼伦贝尔市 | 749.42 | 45.05 | 494.01 | 959.20 | 582.20 | 3.43 |
| 兴安盟 | 872.70 | 100.76 | 446.76 | 397.52 | 351.13 | 1.48 |
| 通辽市 | 523.19 | 41.79 | 349.15 | 838.85 | 457.00 | 25.84 |
| 赤峰市 | 624.85 | 41.22 | 314.15 | 1136.84 | 529.46 | 47.44 |
| 锡林郭勒盟 | 707.12 | 114.61 | 128.43 | 476.28 | 553.76 | 0.67 |
| 乌兰察布市 | 343.30 | 45.47 | 62.24 | 662.93 | 362.66 | 9.03 |
| 鄂尔多斯市 | 638.90 | 56.51 | 475.07 | 641.67 | 393.27 | 1.86 |
| 巴彦淖尔市 | 553.47 | 47.25 | 947.78 | 198.19 | 443.02 | 5.92 |
| 乌海市 | 3.77 | 43.38 | 0.80 | 6.26 | 3.69 | 0.04 |
| 阿拉善盟 | 42.15 | 25.29 | 124.44 | | 74.60 | 0.16 |

# 2－2－30 续表 2（大牲畜）

单位：万头

| 地　　区 | 年　中　数 | | | | 年　末　数 | |
|---|---|---|---|---|---|---|
| | 总增数 | 总增率（%） | 良种牲畜 | 改良种牲畜 | 能繁殖母畜 | 耕役畜 |
| **全　区** | **426.00** | **34.39** | **381.18** | **700.35** | **539.35** | **101.42** |
| 呼和浩特市 | 30.25 | 38.19 | 38.86 | 36.33 | 51.05 | 3.97 |
| 包头市 | 16.50 | 48.23 | 11.91 | 20.09 | 23.38 | 1.08 |
| 呼伦贝尔市 | 71.46 | 34.04 | 75.64 | 100.20 | 77.25 | 3.43 |
| 兴安盟 | 7.54 | 30.09 | 10.86 | 1.29 | 44.47 | 1.48 |
| 通辽市 | 85.80 | 31.99 | 92.10 | 149.56 | 103.53 | 25.84 |
| 赤峰市 | 99.06 | 30.60 | 48.59 | 245.72 | 116.37 | 47.44 |
| 锡林郭勒盟 | 23.55 | 50.49 | 21.02 | 21.18 | 68.42 | 0.67 |
| 乌兰察布市 | 23.11 | 29.56 | 9.36 | 56.20 | 25.05 | 9.03 |
| 鄂尔多斯市 | 11.90 | 35.72 | 15.51 | 6.75 | 11.36 | 1.86 |
| 巴彦淖尔市 | 54.98 | 43.43 | 47.84 | 62.72 | 12.60 | 5.92 |
| 乌海市 | 0.07 | 17.70 | 0.06 | 0.30 | 0.25 | 0.04 |
| 阿拉善盟 | 1.78 | 13.47 | 9.45 | | 5.08 | 0.16 |

# 2－2－30 续表 3（牛）

单位：万头

| 地　　区 | 年　中　数 | | | | 年　末　数 | |
|---|---|---|---|---|---|---|
| | 总增数 | 总增率（%） | 良种牲畜 | 改良种牲畜 | 能繁殖母畜 | 耕役畜 |
| **全　区** | **367.00** | **36.13** | **330.46** | **601.16** | **455.05** | **14.32** |
| 呼和浩特市 | 29.15 | 39.37 | 38.68 | 34.79 | 49.86 | 1.14 |
| 包头市 | 15.73 | 51.02 | 10.93 | 18.60 | 22.38 | |
| 呼伦贝尔市 | 65.37 | 34.83 | 70.27 | 89.68 | 69.98 | 0.93 |
| 兴安盟 | 6.15 | 40.20 | 10.86 | 1.29 | 38.37 | 0.28 |
| 通辽市 | 73.66 | 32.30 | 82.49 | 129.12 | 88.53 | 1.41 |
| 赤峰市 | 72.86 | 31.84 | 28.58 | 192.23 | 77.87 | 3.23 |
| 锡林郭勒盟 | 21.59 | 52.84 | 20.66 | 18.89 | 62.06 | 0.04 |
| 乌兰察布市 | 20.12 | 29.82 | 7.72 | 49.33 | 23.38 | 6.08 |
| 鄂尔多斯市 | 11.27 | 39.92 | 14.34 | 5.72 | 10.41 | 0.56 |
| 巴彦淖尔市 | 50.54 | 45.34 | 44.83 | 61.24 | 10.26 | 0.64 |
| 乌海市 | 0.06 | 18.53 | 0.06 | 0.27 | 0.24 | |
| 阿拉善盟 | 0.50 | 18.14 | 1.05 | | 1.40 | 0.02 |

# 2-2-30 续表 4（马）

单位：万匹

| 地　　区 | 年　中　数 | | | | 年　末　数 | |
|---|---|---|---|---|---|---|
| | 总 增 数 | 总增率(%) | 良种牲畜 | 改良种牲畜 | 能繁殖母畜 | 耕 役 畜 |
| **全　区** | **22.22** | **27.97** | **19.38** | **35.74** | **31.34** | **21.57** |
| 呼和浩特市 | 0.08 | 32.91 | 0.01 | 0.12 | 0.09 | 0.14 |
| 包头市 | 0.16 | 24.42 | 0.23 | 0.38 | 0.30 | 0.02 |
| 呼伦贝尔市 | 5.67 | 27.57 | 5.21 | 9.95 | 6.83 | 2.05 |
| 兴安盟 | 0.24 | 23.66 | | | 3.22 | 0.47 |
| 通辽市 | 5.47 | 29.68 | 5.55 | 10.39 | 7.27 | 11.20 |
| 赤峰市 | 4.40 | 26.78 | 4.85 | 8.62 | 6.52 | 5.90 |
| 锡林郭勒盟 | 0.46 | 41.48 | 0.10 | 0.67 | 5.53 | 0.60 |
| 乌兰察布市 | 1.55 | 25.13 | 0.72 | 3.89 | 0.54 | 0.46 |
| 鄂尔多斯市 | 0.13 | 10.62 | 0.19 | 0.36 | 0.28 | 0.17 |
| 巴彦淖尔市 | 4.03 | 30.03 | 2.51 | 1.35 | 0.56 | 0.35 |
| 乌海市 | 0.00 | 26.56 | | 0.01 | | |
| 阿拉善盟 | 0.02 | 13.67 | 0.03 | | 0.09 | 0.01 |

# 2-2-30 续表 5（驴）

单位：万头

| 地　　区 | 年　中　数 | | | | 年　末　数 | |
|---|---|---|---|---|---|---|
| | 总 增 数 | 总增率(%) | 良种牲畜 | 改良种牲畜 | 能繁殖母畜 | 耕 役 畜 |
| **全　区** | **31.59** | **30.85** | **22.35** | **63.00** | **47.73** | **44.42** |
| 呼和浩特市 | 0.72 | 27.48 | 0.17 | 1.39 | 1.07 | 1.09 |
| 包头市 | 0.47 | 28.02 | 0.64 | 0.97 | 0.57 | 0.61 |
| 呼伦贝尔市 | 0.35 | 30.07 | 0.15 | 0.57 | 0.34 | 0.27 |
| 兴安盟 | 0.71 | 24.05 | | | 2.88 | 0.69 |
| 通辽市 | 5.78 | 33.87 | 4.06 | 10.06 | 7.73 | 7.28 |
| 赤峰市 | 20.51 | 30.46 | 15.16 | 44.80 | 31.93 | 30.64 |
| 锡林郭勒盟 | 1.08 | 42.67 | 0.26 | 1.62 | 0.23 | 0.02 |
| 乌兰察布市 | 1.44 | 32.38 | 0.92 | 2.98 | 1.03 | 1.15 |
| 鄂尔多斯市 | 0.34 | 17.98 | 0.86 | 0.53 | 0.60 | 0.66 |
| 巴彦淖尔市 | 0.14 | 32.82 | 0.11 | 0.07 | 1.15 | 1.76 |
| 乌海市 | | 9.18 | | 0.02 | 0.01 | 0.02 |
| 阿拉善盟 | 0.03 | 16.78 | 0.02 | | 0.06 | 0.02 |

# 2-2-30 续表 6（骡）

单位：万头

| 地　区 | 年　中　数 | | | | 年　末　数 | |
|---|---|---|---|---|---|---|
| | 总增数 | 总增率(%) | 良种牲畜 | 改良种牲畜 | 能繁殖母畜 | 耕役畜 |
| **全　区** | **3.06** | **11.69** | | | | **20.82** |
| 呼和浩特市 | 0.29 | 12.72 | | | | 1.55 |
| 包头市 | | 0.19 | | | | 0.33 |
| 呼伦贝尔市 | 0.03 | 11.72 | | | | 0.19 |
| 兴安盟 | 0.14 | 3.76 | | | | 0.05 |
| 通辽市 | 0.89 | 18.99 | | | | 5.95 |
| 赤峰市 | 1.26 | 11.45 | | | | 7.67 |
| 锡林郭勒盟 | 0.32 | 19.28 | | | | 0.01 |
| 乌兰察布市 | | 0.30 | | | | 1.33 |
| 鄂尔多斯市 | 0.12 | 7.57 | | | | 0.47 |
| 巴彦淖尔市 | | | | | | 3.16 |
| 乌海市 | | 14.43 | | | | 0.02 |
| 阿拉善盟 | | 3.77 | | | | 0.01 |

# 2-2-30 续表 7（骆驼）

单位：万峰

| 地　区 | 年　中　数 | | | | 年　末　数 | |
|---|---|---|---|---|---|---|
| | 总增数 | 总增率(%) | 良种牲畜 | 改良种牲畜 | 能繁殖母畜 | 耕役畜 |
| **全　区** | **2.13** | **14.24** | **8.99** | **0.45** | **5.24** | **0.29** |
| 呼和浩特市 | 0.01 | 16.87 | | 0.03 | 0.03 | 0.05 |
| 包头市 | 0.13 | 46.67 | 0.12 | 0.15 | 0.13 | 0.12 |
| 呼伦贝尔市 | 0.04 | 15.20 | 0.02 | | 0.09 | |
| 兴安盟 | 0.30 | 14.57 | | | | |
| 通辽市 | | 3.39 | | | | |
| 赤峰市 | 0.02 | 19.39 | | 0.07 | 0.05 | |
| 锡林郭勒盟 | 0.10 | 20.31 | | | 0.60 | 0.01 |
| 乌兰察布市 | | | | | 0.10 | |
| 鄂尔多斯市 | 0.04 | 9.83 | 0.12 | 0.14 | 0.07 | |
| 巴彦淖尔市 | 0.27 | 21.25 | 0.38 | 0.06 | 0.63 | |
| 乌海市 | | | | | | |
| 阿拉善盟 | 1.22 | 12.15 | 8.35 | | 3.54 | 0.10 |

# 2-2-30 续表8（羊）

单位:万只

| 地　区 | 年中数 | | | | 年末数 |
|---|---|---|---|---|---|
| | 总增数 | 总增率(%) | 良种牲畜 | 改良种牲畜 | 能繁殖母畜 |
| **全　区** | **5232.07** | **60.80** | **3194.36** | **5050.61** | **3547.45** |
| 呼和浩特市 | 262.03 | 94.80 | 83.13 | 180.62 | 119.90 |
| 包头市 | 290.42 | 94.41 | 98.83 | 196.18 | 138.68 |
| 呼伦贝尔市 | 677.95 | 46.64 | 418.38 | 859.00 | 504.96 |
| 兴安盟 | 865.15 | 102.87 | 435.90 | 396.23 | 306.67 |
| 通辽市 | 437.39 | 44.47 | 257.05 | 689.28 | 353.47 |
| 赤峰市 | 525.79 | 44.10 | 265.55 | 891.12 | 413.09 |
| 锡林郭勒盟 | 683.57 | 119.85 | 107.42 | 455.10 | 485.34 |
| 乌兰察布市 | 320.19 | 47.30 | 52.88 | 606.73 | 337.61 |
| 鄂尔多斯市 | 627.00 | 57.14 | 459.56 | 634.92 | 381.92 |
| 巴彦淖尔市 | 498.49 | 47.71 | 899.94 | 135.48 | 430.42 |
| 乌海市 | 3.70 | 44.59 | 0.74 | 5.96 | 3.44 |
| 阿拉善盟 | 40.38 | 26.30 | 114.99 | | 69.51 |

# 2-2-30 续表9（绵羊）

单位:万只

| 地　区 | 年中数 | | | | 年末数 |
|---|---|---|---|---|---|
| | 总增数 | 总增率(%) | 良种牲畜 | 改良种牲畜 | 能繁殖母畜 |
| **全　区** | **4133.06** | **66.17** | **2265.41** | **3726.99** | **2580.89** |
| 呼和浩特市 | 222.01 | 102.10 | 62.94 | 145.66 | 91.70 |
| 包头市 | 225.18 | 110.10 | 67.25 | 132.24 | 99.03 |
| 呼伦贝尔市 | 572.33 | 46.03 | 359.35 | 761.11 | 440.40 |
| 兴安盟 | 761.46 | 125.38 | 240.04 | 359.73 | 202.79 |
| 通辽市 | 265.07 | 53.44 | 116.21 | 356.20 | 188.89 |
| 赤峰市 | 431.37 | 45.47 | 216.97 | 707.46 | 323.33 |
| 锡林郭勒盟 | 655.33 | 124.93 | 99.69 | 417.84 | 450.05 |
| 乌兰察布市 | 239.57 | 47.88 | 37.44 | 448.56 | 316.90 |
| 鄂尔多斯市 | 291.85 | 56.87 | 229.81 | 282.74 | 128.32 |
| 巴彦淖尔市 | 451.56 | 48.01 | 822.00 | 113.56 | 314.26 |
| 乌海市 | 1.14 | 49.81 | 0.39 | 1.88 | 1.31 |
| 阿拉善盟 | 16.19 | 34.11 | 13.33 | | 21.64 |

# 2－2－30 续表 10（山羊）

单位:万只

| 地　　区 | 年　　中　　数 | | | | 年末数 |
|---|---|---|---|---|---|
| | 总增数 | 总增率(%) | 良种牲畜 | 改良种牲畜 | 能繁殖母畜 |
| **全　区** | **1099.01** | **46.58** | **928.95** | **1323.62** | **966.56** |
| 呼和浩特市 | 40.02 | 67.87 | 20.19 | 34.95 | 28.20 |
| 包头市 | 65.24 | 63.29 | 31.58 | 63.94 | 39.65 |
| 呼伦贝尔市 | 105.62 | 50.27 | 59.02 | 97.88 | 64.56 |
| 兴安盟 | 103.70 | 44.37 | 195.85 | 36.50 | 103.88 |
| 通辽市 | 172.32 | 35.34 | 140.84 | 333.09 | 164.57 |
| 赤峰市 | 94.42 | 38.78 | 48.59 | 183.66 | 89.76 |
| 锡林郭勒盟 | 28.24 | 61.68 | 7.73 | 37.26 | 35.29 |
| 乌兰察布市 | 80.62 | 45.67 | 15.44 | 158.17 | 20.72 |
| 鄂尔多斯市 | 335.16 | 57.38 | 229.75 | 352.18 | 253.59 |
| 巴彦淖尔市 | 46.93 | 45.02 | 77.94 | 21.92 | 116.15 |
| 乌海市 | 2.56 | 42.59 | 0.34 | 4.08 | 2.13 |
| 阿拉善盟 | 24.19 | 22.81 | 101.67 | | 47.87 |

# 2－2－30 续表 11（生猪）

单位:万口

| 地　　区 | 年　　中　　数 | | | | 年末数 |
|---|---|---|---|---|---|
| | 总增数 | 总增率(%) | 良种牲畜 | 改良种牲畜 | 能繁殖母畜 |
| **全　区** | **1169.29** | **82.41** | **466.11** | **861.58** | **90.09** |
| 呼和浩特市 | 46.59 | 111.44 | 16.14 | 24.04 | 4.55 |
| 包头市 | 24.37 | 57.42 | 13.70 | 27.91 | 2.83 |
| 呼伦贝尔市 | 95.46 | 56.22 | 38.72 | 77.96 | 5.99 |
| 兴安盟 | 57.75 | 101.61 | 28.09 | 28.75 | 11.29 |
| 通辽市 | 376.65 | 81.07 | 188.12 | 264.71 | 23.87 |
| 赤峰市 | 260.06 | 76.40 | 89.34 | 246.76 | 22.29 |
| 锡林郭勒盟 | 101.54 | 114.11 | 23.41 | 58.44 | 1.94 |
| 乌兰察布市 | 126.13 | 103.39 | 11.66 | 102.07 | 6.87 |
| 鄂尔多斯市 | 68.23 | 87.67 | 53.66 | 23.35 | 5.34 |
| 巴彦淖尔市 | 7.75 | 108.51 | 0.96 | 4.51 | 3.64 |
| 乌海市 | 3.33 | 91.20 | 0.34 | 3.07 | 0.32 |
| 阿拉善盟 | 1.43 | 41.68 | 1.98 | | 1.05 |

# 2－2－31 各盟市年末牲畜总头数增减变化情况(2012 年)

单位:万头(只)

| 地　　区 | 自宰自食 | 出　　卖 | | | 出栏率(%) | 商品率(%) |
|---|---|---|---|---|---|---|
| | | | 出卖肉畜 | 出卖仔畜 | | |
| **全　区** | **663.78** | **6897.12** | **6114.91** | **603.52** | **99.59** | **101.33** |
| 呼和浩特市 | 52.48 | 266.83 | 211.43 | 48.37 | 99.93 | 101.04 |
| 包头市 | 40.26 | 436.99 | 424.72 | 12.23 | 181.61 | 170.68 |
| 呼伦贝尔市 | 47.81 | 787.88 | 676.14 | 73.86 | 85.48 | 93.02 |
| 兴安盟 | 29.52 | 622.42 | 524.84 | 71.97 | 89.73 | 100.74 |
| 通辽市 | 89.44 | 883.40 | 765.91 | 104.66 | 78.85 | 81.43 |
| 赤峰市 | 97.89 | 867.66 | 697.87 | 124.84 | 84.80 | 92.47 |
| 锡林郭勒盟 | 21.26 | 691.42 | 678.98 | 5.04 | 110.26 | 108.87 |
| 乌兰察布市 | 80.51 | 897.56 | 800.78 | 94.71 | 162.60 | 165.60 |
| 鄂尔多斯市 | 114.62 | 480.77 | 390.79 | 51.41 | 66.42 | 63.18 |
| 巴彦淖尔市 | 75.17 | 868.77 | 857.05 | 9.77 | 127.88 | 119.17 |
| 乌海市 | 1.95 | 24.00 | 22.45 | 1.24 | 217.81 | 214.19 |
| 阿拉善盟 | 12.02 | 58.15 | 56.16 | 1.94 | 47.16 | 40.23 |

# 2－2－31 续表 1(大牲畜和羊合计)

单位:万头(只)

| 地　　区 | 自宰自食 | 出　　卖 | | | 出栏率(%) | 商品率(%) |
|---|---|---|---|---|---|---|
| | | | 出卖肉畜 | 出卖仔畜 | | |
| **全　区** | **433.09** | **5934.07** | **5400.11** | **388.18** | **95.28** | **96.93** |
| 呼和浩特市 | 39.50 | 223.08 | 188.06 | 28.61 | 96.90 | 94.99 |
| 包头市 | 27.79 | 394.53 | 384.22 | 10.27 | 179.98 | 172.34 |
| 呼伦贝尔市 | 36.58 | 726.50 | 638.25 | 54.83 | 83.07 | 89.43 |
| 兴安盟 | 14.23 | 504.43 | 430.23 | 50.29 | 81.27 | 92.23 |
| 通辽市 | 37.21 | 550.74 | 478.70 | 60.85 | 62.75 | 66.98 |
| 赤峰市 | 38.80 | 692.41 | 587.14 | 79.58 | 77.02 | 85.20 |
| 锡林郭勒盟 | 19.50 | 681.02 | 671.65 | 3.39 | 109.73 | 108.13 |
| 乌兰察布市 | 54.68 | 825.87 | 774.44 | 49.67 | 165.34 | 164.69 |
| 鄂尔多斯市 | 97.34 | 416.92 | 336.83 | 44.62 | 60.43 | 58.03 |
| 巴彦淖尔市 | 54.30 | 844.11 | 840.49 | 1.80 | 130.37 | 122.99 |
| 乌海市 | 1.36 | 14.19 | 13.38 | 0.74 | 183.04 | 176.18 |
| 阿拉善盟 | 11.71 | 55.48 | 53.72 | 1.72 | 46.28 | 39.24 |

# 2－2－31 续表 2（大牲畜）

单位：万头

| 地　区 | 自宰自食 | 出　卖 | 出卖肉畜 | 出卖仔畜 | 出栏率(%) | 商品率(%) |
|---|---|---|---|---|---|---|
| **全　区** | **23.22** | **559.14** | **432.33** | **89.36** | **53.85** | **66.09** |
| 呼和浩特市 | 2.49 | 36.07 | 19.08 | 11.11 | 28.39 | 47.45 |
| 包头市 | 1.16 | 28.42 | 25.11 | 3.27 | 66.17 | 71.57 |
| 呼伦贝尔市 | 4.65 | 67.22 | 50.02 | 11.95 | 47.28 | 58.13 |
| 兴安盟 | 0.20 | 33.27 | 15.36 | 15.91 | 25.81 | 55.16 |
| 通辽市 | 1.92 | 119.19 | 98.88 | 13.54 | 49.66 | 58.72 |
| 赤峰市 | 5.52 | 145.08 | 115.81 | 19.15 | 61.64 | 73.70 |
| 锡林郭勒盟 | 1.89 | 75.17 | 70.24 | 1.83 | 75.90 | 79.09 |
| 乌兰察布市 | 2.46 | 28.32 | 18.83 | 8.74 | 42.52 | 56.56 |
| 鄂尔多斯市 | 2.24 | 11.34 | 8.41 | 1.25 | 41.95 | 44.65 |
| 巴彦淖尔市 | 0.47 | 10.90 | 7.27 | 1.80 | 32.34 | 45.52 |
| 乌海市 | 0.05 | 0.31 | 0.24 | 0.01 | 69.55 | 75.49 |
| 阿拉善盟 | 0.17 | 1.25 | 1.23 | 0.02 | 14.97 | 13.43 |

# 2－2－31 续表 3（牛）

单位：万头

| 地　区 | 自宰自食 | 出　卖 | 出卖肉畜 | 出卖仔畜 | 出栏率(%) | 商品率(%) |
|---|---|---|---|---|---|---|
| **全　区** | **19.91** | **456.58** | **346.52** | **77.44** | **57.75** | **71.96** |
| 呼和浩特市 | 2.32 | 34.40 | 17.71 | 10.83 | 27.88 | 47.88 |
| 包头市 | 1.12 | 27.71 | 24.52 | 3.18 | 68.18 | 73.68 |
| 呼伦贝尔市 | 4.38 | 61.23 | 44.94 | 11.43 | 49.50 | 61.46 |
| 兴安盟 | 0.17 | 29.11 | 13.43 | 14.22 | 28.57 | 61.16 |
| 通辽市 | 1.15 | 89.04 | 70.36 | 12.42 | 47.42 | 59.04 |
| 赤峰市 | 3.91 | 100.72 | 81.47 | 11.89 | 77.17 | 91.03 |
| 锡林郭勒盟 | 1.86 | 67.89 | 63.49 | 1.76 | 77.37 | 80.38 |
| 乌兰察布市 | 2.38 | 24.97 | 16.15 | 8.16 | 42.44 | 57.21 |
| 鄂尔多斯市 | 2.11 | 10.45 | 7.69 | 1.14 | 46.56 | 49.66 |
| 巴彦淖尔市 | 0.40 | 9.10 | 5.61 | 1.68 | 41.80 | 63.36 |
| 乌海市 | 0.05 | 0.27 | 0.22 | 0.01 | 82.23 | 83.18 |
| 阿拉善盟 | 0.07 | 0.46 | 0.45 |  | 28.06 | 24.57 |

# 2-2-31 续表4（马）

单位：万匹

| 地　区 | 自宰自食 | 出　卖 | | | 出栏率（%） | 商品率（%） |
|---|---|---|---|---|---|---|
| | | | 出卖肉畜 | 出卖仔畜 | | |
| **全　区** | **0.76** | **37.70** | **31.94** | **4.11** | **43.74** | **50.42** |
| 呼和浩特市 | 0.01 | 0.11 | 0.10 | 0.01 | 46.75 | 46.37 |
| 包头市 | | 0.11 | 0.08 | 0.03 | 33.81 | 44.04 |
| 呼伦贝尔市 | 0.24 | 5.06 | 4.26 | 0.44 | 30.94 | 34.77 |
| 兴安盟 | | 2.89 | 0.93 | 1.62 | 14.84 | 46.06 |
| 通辽市 | 0.31 | 14.15 | 13.48 | 0.51 | 55.12 | 56.55 |
| 赤峰市 | 0.17 | 7.16 | 5.47 | 1.31 | 35.45 | 45.02 |
| 锡林郭勒盟 | 0.01 | 6.68 | 6.21 | 0.05 | 68.19 | 73.19 |
| 乌兰察布市 | 0.01 | 0.82 | 0.73 | 0.10 | 58.31 | 65.04 |
| 鄂尔多斯市 | 0.01 | 0.12 | 0.09 | 0.02 | 12.47 | 14.85 |
| 巴彦淖尔市 | 0.01 | 0.31 | 0.30 | 0.01 | 37.76 | 37.83 |
| 乌海市 | | 0.01 | 0.01 | | 55.56 | 59 |
| 阿拉善盟 | | 0.02 | 0.02 | | 11.65 | 11.65 |

# 2-2-31 续表5（驴）

单位：万头

| 地　区 | 自宰自食 | 出　卖 | | | 出栏率（%） | 商品率（%） |
|---|---|---|---|---|---|---|
| | | | 出卖肉畜 | 出卖仔畜 | | |
| **全　区** | **2.06** | **52.71** | **43.97** | **6.35** | **48.57** | **55.62** |
| 呼和浩特市 | 0.14 | 0.96 | 0.89 | 0.07 | 54.29 | 51.14 |
| 包头市 | 0.03 | 0.43 | 0.39 | 0.04 | 35.60 | 36.24 |
| 呼伦贝尔市 | 0.04 | 0.73 | 0.66 | 0.04 | 71.98 | 75.61 |
| 兴安盟 | 0.03 | 1.16 | 0.93 | 0.07 | 15.63 | 19.07 |
| 通辽市 | 0.32 | 12.97 | 12.47 | 0.39 | 67.14 | 68.10 |
| 赤峰市 | 1.37 | 32.43 | 25.23 | 5.24 | 46.26 | 56.38 |
| 锡林郭勒盟 | 0.02 | 0.24 | 0.20 | 0.01 | 51.81 | 58.75 |
| 乌兰察布市 | 0.04 | 1.47 | 1.09 | 0.34 | 49.42 | 64.22 |
| 鄂尔多斯市 | 0.04 | 0.42 | 0.34 | 0.04 | 21.12 | 22.95 |
| 巴彦淖尔市 | 0.03 | 0.78 | 0.69 | 0.07 | 25.22 | 27.02 |
| 乌海市 | | 0.01 | 0.01 | | 24.21 | 26.32 |
| 阿拉善盟 | | 0.07 | 0.06 | | 30.95 | 31.58 |

# 2－2－31 续表6（骡）

单位:万头

| 地　　区 | 自宰自食 | 出　　卖 | | | 出栏率(%) | 商品率(%) |
|---|---|---|---|---|---|---|
| | | | 出卖肉畜 | 出卖仔畜 | | |
| **全　区** | **0.35** | **10.50** | **8.36** | **1.39** | **27.20** | **32.79** |
| 呼和浩特市 | 0.03 | 0.54 | 0.33 | 0.21 | 18.91 | 28.32 |
| 包头市 | 0.01 | 0.05 | 0.03 | 0.01 | 8.70 | 11.77 |
| 呼伦贝尔市 | | 0.16 | 0.14 | 0.02 | 47.50 | 55.14 |
| 兴安盟 | | 0.10 | 0.08 | | 23.46 | 29.39 |
| 通辽市 | 0.14 | 3.03 | 2.57 | 0.22 | 33.40 | 37.37 |
| 赤峰市 | 0.06 | 4.74 | 3.62 | 0.70 | 29.09 | 37.48 |
| 锡林郭勒盟 | | 0.01 | 0.01 | | 24.00 | 32.00 |
| 乌兰察布市 | 0.02 | 0.99 | 0.81 | 0.15 | 34.98 | 41.79 |
| 鄂尔多斯市 | 0.08 | 0.27 | 0.24 | 0.02 | 20.10 | 16.94 |
| 巴彦淖尔市 | 0.02 | 0.49 | 0.45 | 0.04 | 11.37 | 11.94 |
| 乌海市 | | 0.02 | | | 2.10 | 46.19 |
| 阿拉善盟 | | 0.01 | 0.01 | | 25.00 | 33.52 |

# 2－2－31 续表7（骆驼）

单位:万峰

| 地　　区 | 自宰自食 | 出　　卖 | | | 出栏率(%) | 商品率(%) |
|---|---|---|---|---|---|---|
| | | | 出卖肉畜 | 出卖仔畜 | | |
| **全　区** | **0.14** | **1.64** | **1.53** | **0.08** | **14.93** | **14.70** |
| 呼和浩特市 | | 0.05 | 0.05 | | 40.08 | 40.83 |
| 包头市 | | 0.12 | 0.08 | 0.02 | 39.50 | 54.14 |
| 呼伦贝尔市 | | 0.04 | 0.02 | 0.01 | 11.26 | 17.90 |
| 兴安盟 | | | | | | |
| 通辽市 | | | | | | |
| 赤峰市 | 0.01 | 0.02 | 0.02 | | 23.78 | 19.25 |
| 锡林郭勒盟 | | 0.35 | 0.34 | | 33.74 | 34.41 |
| 乌兰察布市 | 0.01 | 0.06 | 0.06 | | 13.27 | |
| 鄂尔多斯市 | | 0.08 | 0.05 | 0.03 | 34.71 | 55.44 |
| 巴彦淖尔市 | 0.02 | 0.22 | 0.22 | | 13.37 | 12.30 |
| 乌海市 | | 0.01 | | | 53.33 | |
| 阿拉善盟 | 0.09 | 0.69 | 0.68 | 0.01 | 11.05 | 9.88 |

# 2－2－31 续表 8（羊）

单位：万只

| 地　　区 | 自宰自食 | 出　　卖 | | | 出栏率(%) | 商品率(%) |
|---|---|---|---|---|---|---|
| | | | 出卖肉畜 | 出卖仔畜 | | |
| **全　区** | **409.87** | **5374.94** | **4967.78** | **298.81** | **101.92** | **101.87** |
| 呼和浩特市 | 37.01 | 187.01 | 168.98 | 17.50 | 129.69 | 117.74 |
| 包头市 | 26.63 | 366.12 | 359.11 | 7.00 | 203.86 | 193.49 |
| 呼伦贝尔市 | 31.93 | 659.28 | 588.23 | 42.89 | 89.01 | 94.63 |
| 兴安盟 | 14.03 | 471.16 | 414.87 | 34.38 | 88.14 | 96.83 |
| 通辽市 | 35.29 | 431.55 | 379.82 | 47.31 | 67.04 | 69.69 |
| 赤峰市 | 33.27 | 547.33 | 471.33 | 60.43 | 81.94 | 88.88 |
| 锡林郭勒盟 | 17.61 | 605.85 | 601.41 | 1.56 | 115.75 | 113.28 |
| 乌兰察布市 | 52.22 | 797.55 | 755.61 | 40.93 | 178.96 | 176.68 |
| 鄂尔多斯市 | 95.10 | 405.58 | 328.42 | 43.36 | 61.11 | 58.52 |
| 巴彦淖尔市 | 53.83 | 833.22 | 833.22 | | 133.91 | 125.78 |
| 乌海市 | 1.31 | 13.88 | 13.14 | 0.74 | 189.12 | 181.57 |
| 阿拉善盟 | 11.55 | 54.22 | 52.49 | 1.70 | 48.49 | 41.06 |

# 2－2－31 续表 9（绵羊）

单位：万只

| 地　　区 | 自宰自食 | 出　　卖 | | | 出栏率(%) | 商品率(%) |
|---|---|---|---|---|---|---|
| | | | 出卖肉畜 | 出卖仔畜 | | |
| **全　区** | **272.88** | **4088.69** | **3807.81** | **214.87** | **114.31** | **114.54** |
| 呼和浩特市 | 28.95 | 155.60 | 144.27 | 10.88 | 149.39 | 134.20 |
| 包头市 | 18.97 | 278.81 | 273.88 | 4.93 | 232.53 | 221.38 |
| 呼伦贝尔市 | 25.07 | 547.79 | 489.72 | 33.36 | 86.48 | 92.02 |
| 兴安盟 | 10.19 | 304.11 | 260.91 | 24.60 | 105.40 | 118.23 |
| 通辽市 | 17.59 | 227.56 | 195.12 | 31.33 | 65.48 | 70.05 |
| 赤峰市 | 24.95 | 397.31 | 337.52 | 45.81 | 84.72 | 92.87 |
| 锡林郭勒盟 | 16.82 | 511.05 | 507.36 | 1.53 | 106.97 | 104.29 |
| 乌兰察布市 | 48.31 | 772.96 | 731.74 | 40.20 | 183.35 | 181.68 |
| 鄂尔多斯市 | 34.36 | 143.82 | 119.78 | 20.07 | 58.91 | 54.97 |
| 巴彦淖尔市 | 43.17 | 720.50 | 720.50 | | 158.38 | 149.43 |
| 乌海市 | 0.45 | 4.99 | 4.71 | 0.28 | 228.08 | 220.73 |
| 阿拉善盟 | 3.97 | 22.29 | 21.35 | 0.92 | 61.48 | 54.14 |

# 2-2-31 续表10（山羊）

单位:万只

| 地　　区 | 自宰自食 | 出　　卖 | | | 出栏率(%) | 商品率(%) |
|---|---|---|---|---|---|---|
| | | | 出卖肉畜 | 出卖仔畜 | | |
| **全　区** | **136.99** | **1286.25** | **1159.97** | **83.95** | **76.01** | **75.38** |
| 呼和浩特市 | 8.06 | 31.41 | 24.71 | 6.62 | 76.42 | 73.25 |
| 包头市 | 7.66 | 87.31 | 85.24 | 2.07 | 146.80 | 137.97 |
| 呼伦贝尔市 | 6.86 | 111.49 | 98.51 | 9.53 | 103.86 | 109.90 |
| 兴安盟 | 3.84 | 167.05 | 153.95 | 9.77 | 68.78 | 72.82 |
| 通辽市 | 17.70 | 204.00 | 184.70 | 15.98 | 68.75 | 69.29 |
| 赤峰市 | 8.33 | 150.02 | 133.81 | 14.62 | 75.60 | 79.80 |
| 锡林郭勒盟 | 0.79 | 94.80 | 94.05 | 0.03 | 211.73 | 211.64 |
| 乌兰察布市 | 3.91 | 24.59 | 23.87 | 0.73 | 106.98 | 94.72 |
| 鄂尔多斯市 | 60.74 | 261.76 | 208.64 | 23.29 | 62.44 | 60.67 |
| 巴彦淖尔市 | 10.66 | 112.72 | 112.72 | | 68.45 | 62.54 |
| 乌海市 | 0.87 | 8.89 | 8.43 | 0.46 | 172.74 | 165.11 |
| 阿拉善盟 | 7.58 | 31.93 | 31.14 | 0.78 | 42.60 | 35.13 |

# 2-2-31 续表11（生猪）

单位:万口

| 地　　区 | 自宰自食 | 出　　卖 | | | 出栏率(%) | 商品率(%) |
|---|---|---|---|---|---|---|
| | | | 出卖肉畜 | 出卖仔畜 | | |
| **全　区** | **230.69** | **963.04** | **714.80** | **215.34** | **138.19** | **140.75** |
| 呼和浩特市 | 12.98 | 43.75 | 23.37 | 19.75 | 124.28 | 149.59 |
| 包头市 | 12.47 | 42.46 | 40.50 | 1.96 | 195.39 | 156.62 |
| 呼伦贝尔市 | 11.23 | 61.38 | 37.90 | 19.03 | 141.93 | 177.32 |
| 兴安盟 | 15.29 | 117.99 | 94.61 | 21.68 | 155.01 | 166.41 |
| 通辽市 | 52.23 | 332.66 | 287.21 | 43.80 | 129.26 | 126.68 |
| 赤峰市 | 59.09 | 175.26 | 110.73 | 45.26 | 135.12 | 139.45 |
| 锡林郭勒盟 | 1.76 | 10.40 | 7.33 | 1.66 | 173.61 | 198.71 |
| 乌兰察布市 | 25.83 | 71.70 | 26.34 | 45.04 | 128.72 | 176.90 |
| 鄂尔多斯市 | 17.28 | 63.85 | 53.96 | 6.79 | 167.71 | 150.32 |
| 巴彦淖尔市 | 20.88 | 24.66 | 16.56 | 7.97 | 87.76 | 57.80 |
| 乌海市 | 0.59 | 9.81 | 9.08 | 0.49 | 306.71 | 311.38 |
| 阿拉善盟 | 0.31 | 2.68 | 2.44 | 0.22 | 86.20 | 84.08 |

# 2－2－32 各盟市主要畜产品产量(2012 年)

单位:万头(只)、吨

| 地　区 | 当年出栏肉猪头数 | 当年出售和自宰肉用牛 | 当年出售和自宰肉用羊 | 当年出售和自宰家禽 | 当年肉类总产量 | 猪肉产量 |
|---|---|---|---|---|---|---|
| **全　区** | **940.48** | **316.44** | **5390.35** | **11887.40** | **2458325** | **739399** |
| 呼和浩特市 | 36.35 | 20.03 | 205.99 | 282.69 | 101139 | 27990 |
| 包头市 | 52.97 | 25.64 | 385.74 | 284.73 | 158373 | 46393 |
| 呼伦贝尔市 | 49.13 | 49.31 | 620.15 | 658.11 | 248047 | 38321 |
| 兴安盟 | 109.90 | 13.60 | 428.90 | 943.40 | 187981 | 85722 |
| 通辽市 | 339.44 | 71.51 | 415.11 | 2428.40 | 517124 | 264763 |
| 赤峰市 | 169.82 | 85.38 | 504.60 | 6197.64 | 457895 | 132460 |
| 锡林郭勒盟 | 9.09 | 65.34 | 619.02 | 66.00 | 246847 | 8136 |
| 乌兰察布市 | 52.17 | 18.53 | 807.83 | 425.82 | 209499 | 40694 |
| 鄂尔多斯市 | 71.24 | 9.80 | 423.52 | 70.00 | 150102 | 55560 |
| 巴彦淖尔市 | 37.44 | 6.00 | 887.04 | 483.37 | 189694 | 32573 |
| 乌海市 | 9.66 | 0.27 | 14.46 | 39.14 | 13732 | 9691 |
| 阿拉善盟 | 2.75 | 0.52 | 64.04 | 9.17 | 15557 | 2100 |

# 2－2－32 续表 1

单位:吨

| 地　区 | 牛肉产量 | 羊肉产量 | 禽肉产量 | 奶类产量 | 牛奶产量 | 山羊毛产量 |
|---|---|---|---|---|---|---|
| **全　区** | **512174** | **886875** | **235385** | **9307014** | **9101811** | **12437** |
| 呼和浩特市 | 33048 | 32156 | 5796 | 3110462 | 3108170 | 291 |
| 包头市 | 40364 | 64127 | 6586 | 1575073 | 1574991 | 208 |
| 呼伦贝尔市 | 93894 | 99665 | 7540 | 1349316 | 1343710 | 1012 |
| 兴安盟 | 23120 | 64634 | 12148 | 431314 | 431314 | 1605 |
| 通辽市 | 100846 | 66262 | 57779 | 462765 | 405216 | 5828 |
| 赤峰市 | 97310 | 84292 | 122770 | 375409 | 371374 | 1081 |
| 锡林郭勒盟 | 111078 | 117612 | 1175 | 577036 | 556988 | 75 |
| 乌兰察布市 | 29090 | 121175 | 10178 | 796900 | 796900 | 48 |
| 鄂尔多斯市 | 15346 | 76019 | 1904 | 165249 | 137726 | 1872 |
| 巴彦淖尔市 | 9300 | 137763 | 7929 | 381760 | 381760 | 75 |
| 乌海市 | 516 | 2592 | 857 | 3022 | 3020 | 79 |
| 阿拉善盟 | 544 | 11390 | 111 | 2646 | 2580 | 218 |

# 2－2－32 续表 2

单位:吨、万张

| 地　区 | 绵羊毛产　量 | 山羊绒产　量 | 禽蛋产　量 | 年　内牛皮产量 | 年　内绵羊皮产量 | 年　内山羊皮产量 |
|---|---|---|---|---|---|---|
| **全　区** | **104190** | **7642** | **544762** | **364.11** | **4010.04** | **1227.13** |
| 呼和浩特市 | 3650 | 130 | 32485 | 20.03 | 127.15 | 38.29 |
| 包头市 | 2937 | 166 | 28647 | 25.30 | 302.33 | 91.30 |
| 呼伦贝尔市 | 20940 | 655 | 40415 | 50.20 | 519.88 | 105.91 |
| 兴安盟 | 10289 | 802 | 20313 | 13.79 | 272.56 | 158.89 |
| 通辽市 | 9458 | 1160 | 57793 | 64.55 | 173.27 | 163.10 |
| 赤峰市 | 19244 | 1048 | 326586 | 83.49 | 323.46 | 131.52 |
| 锡林郭勒盟 | 8299 | 342 | 4825 | 70.40 | 548.93 | 93.51 |
| 乌兰察布市 | 9762 | 80 | 14024 | 19.78 | 788.35 | 28.54 |
| 鄂尔多斯市 | 11864 | 2549 | 7095 | 9.45 | 155.84 | 258.96 |
| 巴彦淖尔市 | 7892 | 507 | 8409 | 6.12 | 773.14 | 122.62 |
| 乌海市 | 73 | 14 | 3348 | 0.25 | 4.97 | 7.72 |
| 阿拉善盟 | 505 | 295 | 302 | 0.35 | 19.07 | 26.69 |

# 2－2－32 续表 3

单位:吨、万只

| 地　区 | 驼　绒产　量 | 出售肉类总　量 | | | | 出售家禽只　数 |
|---|---|---|---|---|---|---|
| | | | 出售猪肉 | 出售牛肉 | 出售羊肉 | |
| **全　区** | **537** | **2190570** | **600378** | **508301** | **770388** | **10774.09** |
| 呼和浩特市 | 13 | 77900 | 21108 | 26680 | 24851 | 221.16 |
| 包头市 | 23 | 133952 | 35733 | 37168 | 54912 | 227.17 |
| 呼伦贝尔市 | 5 | 219647 | 33424 | 81545 | 88985 | 465.65 |
| 兴安盟 | | 174986 | 73417 | 21388 | 62859 | 850.02 |
| 通辽市 | | 485549 | 232299 | 94357 | 62126 | 2279.56 |
| 赤峰市 | 3 | 392446 | 98921 | 92622 | 73692 | 5962.42 |
| 锡林郭勒盟 | 68 | 233381 | 7654 | 108239 | 101991 | 51.00 |
| 乌兰察布市 | 17 | 173801 | 20545 | 25353 | 113340 | 323.05 |
| 鄂尔多斯市 | 7 | 106230 | 47415 | 10651 | 46345 | 52.00 |
| 巴彦淖尔市 | 80 | 159609 | 14410 | 8694 | 129402 | 290.02 |
| 乌海市 | | 12449 | 8875 | 449 | 2305 | 39.09 |
| 阿拉善盟 | 321 | 13244 | 2100 | 477 | 9421 | 7.39 |

# 主要统计指标解释

**农林牧渔业总产值** 农林牧渔业总产值是以货币表现的农林牧渔业的全部产品总量和对农林牧渔业生产活动进行的各种支持性服务活动的价值。它反映一定时期内农林牧渔业生产总规模和总成果，是观察农林牧渔业生产水平和发展速度，研究农林牧渔业内部比例关系、农林牧渔业与工业、农林牧渔业与国家建设、人民生活比例关系的重要指标，同时也是计算农林牧渔业劳动生产率和农林牧渔业增加值的基础资料。

**农林牧渔业增加值** 指农、林、牧、渔及农林牧渔服务业生产货物或提供服务活动而增加的价值，为农林牧渔业现价总产值扣除农林牧渔业现价中间投入后的余额。

**增加值也叫附加价值或追加价值** 是指各单位生产经营的最终成果，即本单位或本行业对社会所作的贡献。从宏观上来税，增加值是计算国内生产总值的基础，即各部门增加值之和就是国内生产总值；从微观上来说，增加值能客观反映企业单位或行业的投入、产出、效益、速度和收入等情况。因此，计算增加值不仅是国民经济宏观管理的需要，也是微观的企业和行业管理的需要。

增加值和总产值相比较，一个最大的优点在于增加值避免了中间产品的重复计算，消除了总产值计算时的重复因素，计算结果是社会最终产品的价值。

**农业发展速度** 农业发展速度的实质是综合反映农林牧渔业生产成果的动态变化，计算农业发展速度时应扣除价格水平变动因素。2003 年以前，我国采用按不变价计算农业发展速度。随着我国社会主义市场经济体制的逐步建立，以及农业、农村经济的不断发展，现行的农业发展速度计算方法已不适应新的形势，为此，国家统计局决定从 2004 年定期报表开始，采用农产品价格指数缩减法计算农业发展速度，逐步取消不变价农业总产值统计。

**农作物播种面积** 是指实际播种或移植有农作物的面积，凡是实际种植有农作物的面积不论种植在耕地上还是非耕地上，也不论面积大小，均应统计。

**退耕造林面积** 指坡度在 25°以上（含 25°）的耕地停止种植农作物，并进行造林，经过检查验收成活率达 85% 以上的面积。

**迹地更新面积** 森林经过采伐或者遭受火灾毁损以后，达不到疏林地标准，且尚未更新的地面，称为迹地。在新、旧采伐迹地和火烧迹地上，进行人工更新或人工促进天然更新的面积（包括乔木林和灌木林）称迹地更新面积。迹地更新面积不包括未经人工措施的天然更新面积以及补植面积。

**育苗面积** 指为造林和迹地更新培育苗木所实际利用的苗圃面积。包括新育苗面积、留床面积、移植面积三部分，以及用于育苗的临时性灌溉排水设施和苗床间步道的面积。不包括苗圃休闲地、固定性或永久性灌溉排水设施和道路、建筑物等面积。育苗面积应全部实测。自 1990 年 9 月起，国家统计局与原林业部规定，营养杯、营养砖育苗，可折算育苗面积。并规定育苗面积不包括死亡的育苗面积。

**常用耕地** 指耕地总资源中专门种植农作物并经常进行耕种、能够正常收获的土地。包括当年实际耕种的熟地；弃耕、休闲不满三年，随时可以复耕的地；开荒利用三年以上的地；南方小于 1 米、北方小于 2 米宽的沟、渠、路、田埂。不包括临时种植农作物的坡度在 25 度以上的陡坡地；在河套、湖畔、库区临时开发的成片或零星土地；也不包括已列为国家和省（区、市）退耕计划但仍临时耕种的土地。常用耕地分为基本农田和零星可用耕地。

# 2 农村牧区经济社会调查篇

## ③ 农牧民收入与消费

资料整理：张丽芹 张永林 朝鲁 张鑫

# 2-3-1 农牧民家庭基本情况

| 指标 | 单位 | 数量 | | 2012年比2011年增加 | |
|---|---|---|---|---|---|
| | | 2011年 | 2012年 | 绝对值 | % |
| **调查户数** | **户** | **2060** | **2060** | | |
| 调查户从业类型(按总收入比重计算) | | | | | |
| 农业户 | 户 | 1031 | 1091 | 60 | 6 |
| 农业兼业户 | 户 | 733 | 671 | -62 | -8 |
| 非农业兼业户 | 户 | 227 | 215 | -12 | -5 |
| 非农业户 | 户 | 69 | 83 | 14 | 20 |
| 调查户从业类型(按从业劳动力比重计算) | | | | | |
| 农业户 | 户 | 1425 | 1461 | 36 | 3 |
| 农业兼业户 | 户 | 238 | 246 | 8 | 3 |
| 非农业兼业户 | 户 | 308 | 260 | -48 | -16 |
| 非农业户 | 户 | 89 | 93 | 4 | 4 |
| 户别 | | | | | |
| 个体工商户 | 户 | 49 | 38 | -11 | -22 |
| 干部户 | 户 | 92 | 97 | 5 | 5 |
| 个体工商和干部户 | 户 | 4 | 2 | -2 | -50 |
| 五保户 | 户 | 2 | 1 | -1 | -50 |
| 其他户 | 户 | 1913 | 1922 | 9 | |
| 家庭结构 | | | | | |
| 单身或夫妇 | 户 | 436 | 456 | 20 | 5 |
| 夫妇与一个孩子 | 户 | 666 | 649 | -17 | -3 |
| 夫妇与两个孩子 | 户 | 460 | 454 | -6 | -1 |
| 夫妇与三个以上孩子 | 户 | 54 | 53 | -1 | -2 |
| 单亲与孩子 | 户 | 20 | 19 | -1 | -5 |
| 三代同堂 | 户 | 382 | 391 | 9 | 2 |
| 其他 | 户 | 42 | 38 | -4 | -10 |
| 是否参加专业性合作经济组织 | | | | | |
| 参加的户数 | 户 | 26 | 20 | -6 | -23 |
| 未参加的户数 | 户 | 2034 | 2040 | 6 | |
| 是否参加新型农村合作医疗 | | | | | |
| 参加的户数 | 户 | 2056 | 2054 | -2 | |
| 未参加的户数 | 户 | 4 | 6 | 2 | 50 |
| 是否领取最低生活保障 | | | | | |
| 领取的户数 | 户 | 219 | 238 | 19 | 9 |
| 未领取的户数 | 户 | 1841 | 1822 | -19 | -1 |

注:本部分各表数据为农村牧区住房抽样调查资料。

# 2-3-2 农牧民家庭常住人口基本情况

| 指标 | 单位 | 数量 | | 2012年比2011年增加 | |
|---|---|---|---|---|---|
| | | 2011年 | 2012年 | 绝对值 | % |
| 农村住户人口状况 | | | | | |
| 家庭常住人口 | 人 | 6797 | 6751 | -46 | -1 |
| 家庭常住人口年龄状况 | | | | | |
| 6岁及以下 | 人 | 308 | 321 | 13 | 4 |
| 7-15岁 | 人 | 602 | 600 | -2 | |
| 16-18岁 | 人 | 321 | 321 | | |
| 19-22岁 | 人 | 445 | 411 | -34 | -8 |
| 23-25岁 | 人 | 294 | 277 | -17 | -6 |
| 26-30岁 | 人 | 405 | 389 | -16 | -4 |
| 31-40岁 | 人 | 986 | 987 | 1 | |
| 41-50岁 | 人 | 1551 | 1550 | -1 | |
| 51-60岁 | 人 | 1252 | 1264 | 12 | 1 |
| 60岁以上 | 人 | 641 | 618 | -23 | -4 |
| 在校学生人数 | 人 | 981 | 991 | 10 | 1 |
| #7-15岁以下在校学生人数 | 人 | 621 | 636 | 15 | 2 |
| 整半劳动力数 | 人 | 5100 | 5073 | -27 | -1 |
| #男劳动力人数 | 人 | 2656 | 2643 | -13 | |
| 整劳动力 | 人 | 3147 | 3123 | -24 | -1 |
| 劳动力文化程度 | | 5033 | 5005 | -28 | -1 |
| 不识字或识字很少 | 人 | 261 | 258 | -3 | -1 |
| 小学程度 | 人 | 1370 | 1330 | -40 | -3 |
| 初中程度 | 人 | 2605 | 2606 | 1 | |
| 高中程度 | 人 | 549 | 560 | 11 | 2 |
| 中　专 | 人 | 96 | 93 | -3 | -3 |
| 大专及以上 | 人 | 152 | 158 | 6 | 4 |
| 受过专业培训的人数 | 人 | 1167 | 1141 | -26 | -2 |
| 参加养老保险的人数 | 人 | 1378 | 1675 | 297 | 22 |

# 2-3-3 农牧民家庭耕地经营及产品产量情况

| 指标 | 单位 | 数量 | | 2012年比2011年增加 | |
|---|---|---|---|---|---|
| | | 2011年 | 2012年 | 绝对值 | % |
| **土地经营情况** | | | | | |
| 期初实际经营土地面积 | 亩/人 | 140.81 | 136.36 | -4.45 | -3.16 |
| 期内增加的经营土地面积 | 亩/人 | 1.09 | 0.61 | 0.48 | -44.11 |
| 期内减少的经营土地面积 | 亩/人 | 0.20 | 0.62 | 0.42 | 207.94 |
| 期末实际经营的土地面积 | 亩/人 | 141.70 | 136.32 | -5.37 | -3.79 |
| 耕　地 | 亩/人 | 10.72 | 10.40 | -0.32 | -2.94 |
| #有效灌溉面积 | 亩/人 | 4.31 | 4.31 | 0.00 | 0.04 |
| 山　地 | 亩/人 | 0.39 | 0.08 | -0.32 | -80.55 |
| 园　地 | 亩/人 | 0.01 | 0.00 | 0.00 | -37.05 |
| 牧草地 | 亩/人 | 130.58 | 125.84 | -4.74 | -3.63 |
| 养殖水面 | 亩/人 | | | | |
| **粮食播种面积** | 亩/人 | 6.77 | 6.75 | -0.02 | -0.30 |
| #小麦播种面积 | 亩/人 | 0.30 | 0.30 | -0.0001 | -0.04 |
| 水稻播种面积 | 亩/人 | 0.06 | 0.07 | 0.01 | 11.92 |
| 玉米播种面积 | 亩/人 | 3.20 | 3.83 | 0.63 | 19.69 |
| 豆类播种面积 | 亩/人 | 1.94 | 1.29 | -0.66 | -33.75 |
| 薯类播种面积 | 亩/人 | 0.31 | 0.30 | -0.01 | -3.30 |
| **经济作物播种面积** | 亩/人 | 1.25 | 1.22 | -0.03 | -2.06 |
| #油料播种面积 | 亩/人 | 0.89 | 0.89 | 0.00 | -0.22 |
| 麻类播种面积 | 亩/人 | 0.02 | 0.01 | -0.01 | -54.34 |
| 糖料播种面积 | 亩/人 | 0.04 | 0.01 | -0.03 | -76.25 |
| 蔬菜播种面积 | 亩/人 | 0.11 | 0.12 | 0.01 | 8.96 |
| 瓜类播种面积 | 亩/人 | 0.05 | 0.09 | 0.03 | 60.08 |
| **农业生产技术应用情况** | | | | | |
| 机耕面积 | 亩/人 | 9.17 | 7.56 | -1.60 | -17.48 |
| 抛秧面积 | 亩/人 | 0.01 | | -0.01 | -100.00 |
| 机播面积 | 亩/人 | 6.60 | 6.21 | -0.39 | -5.90 |
| 机收面积 | 亩/人 | 1.68 | 1.60 | -0.09 | -5.13 |
| 机电灌溉面积 | 亩/人 | 2.50 | 2.54 | 0.04 | 1.43 |
| 薄膜覆盖面积 | 亩/人 | 1.44 | 1.35 | -0.09 | -6.16 |

# 2-3-3 续表 1

| 指 标 | 单 位 | 数 量 | | 2012 年比 2011 年增加 | |
|---|---|---|---|---|---|
| | | 2011 年 | 2012 年 | 绝对值 | % |
| **农产品产量** | | | | | |
| 谷物产量 | 公斤/人 | 1669.35 | 2015.82 | 346.47 | 20.75 |
| 小麦产量 | 公斤/人 | 59.61 | 62.03 | 2.42 | 4.06 |
| 稻谷产量 | 公斤/人 | 25.97 | 23.85 | -2.11 | -8.14 |
| 玉米产量 | 公斤/人 | 1429.00 | 1821.08 | 392.08 | 27.44 |
| 高粱产量 | 公斤/人 | 55.13 | 41.07 | -14.06 | -25.51 |
| 谷子产量 | 公斤/人 | 47.44 | 49.68 | 2.23 | 4.71 |
| 其他谷物产量 | 公斤/人 | 52.20 | 18.11 | -34.09 | -65.30 |
| 薯类产量 | 公斤/人 | 37.43 | 46.39 | 8.96 | 23.93 |
| 豆类产量 | 公斤/人 | 180.25 | 146.79 | -33.45 | -18.56 |
| 大豆产量 | 公斤/人 | 126.73 | 105.04 | -21.69 | -17.12 |
| 其他豆类产量 | 公斤/人 | 53.52 | 41.76 | -11.76 | -21.97 |
| 油料产量 | 公斤/人 | 126.69 | 130.94 | 4.25 | 3.35 |
| 花生产量 | 公斤/人 | 1.67 | 1.92 | 0.26 | 15.52 |
| 芝麻产量 | 公斤/人 | 0.42 | | -0.42 | -100.00 |
| 油菜籽产量 | 公斤/人 | 2.46 | 8.09 | 5.64 | 229.62 |
| 葵花籽产量 | 公斤/人 | 115.45 | 112.12 | -3.33 | -2.88 |
| 其他产量 | 公斤/人 | 6.69 | 8.80 | 2.10 | 31.43 |

# 2-3-3 续表2

| 指　　标 | 单　位 | 数　量 | | 2012年比2011年增加 | |
|---|---|---|---|---|---|
| | | 2011年 | 2012年 | 绝对值 | % |
| 麻类产量 | 公斤/人 | 1.89 | 0.83 | -1.06 | -56.15 |
| 糖料产量 | 公斤/人 | 95.06 | 26.53 | -68.53 | -72.09 |
| 烟草产量 | 公斤/人 | 0.55 | 0.16 | -0.39 | -70.63 |
| 蔬菜产量 | 公斤/人 | 288.53 | 265.17 | -23.36 | -8.10 |
| 鲜菜产量 | 公斤/人 | 288.53 | 264.99 | -23.54 | -8.16 |
| 干菜产量 | 公斤/人 | | 0.18 | 0.18 | |
| 鲜菌产量 | 公斤/人 | | | | |
| 干菌产量 | 公斤/人 | 0.001 | | -0.001 | -100.00 |
| 花卉、园艺 | | 1.63 | 0.02 | -1.60 | -98.54 |
| 瓜果类产量 | 公斤/人 | 134.81 | 94.46 | -40.35 | -29.93 |
| #西瓜产量 | 公斤/人 | 70.42 | 62.18 | -8.24 | -11.70 |
| 园林水果产量 | 公斤/人 | 1.15 | 2.11 | 0.95 | 82.56 |
| 中药材(人工种植)产量 | 公斤/人 | 0.88 | 0.89 | 0.01 | 1.09 |
| 其他种植业产品 | 公斤/人 | 356.77 | 55.74 | -301.03 | -84.38 |
| 野生植物采集 | 公斤/人 | 0.01 | 0.00 | -0.01 | -68.32 |
| 农作物副产品产量 | 公斤/人 | 340.30 | 354.64 | 14.34 | 4.21 |
| 用农产品加工手工业产品 | | | 0.11 | 0.11 | |
| 专用农产品 | | 207.64 | 91.71 | -115.93 | -55.83 |

# 2－3－4 农牧民家庭畜产品产量情况

| 指　　标 | 单　位 | 数　量 | | 2012 年比 2011 年增加 | |
|---|---|---|---|---|---|
| | | 2011 年 | 2012 年 | 绝对值 | % |
| 畜禽肉产量(出售、自宰) | 公斤/人 | 93.87 | 98.96 | 5.09 | 5.42 |
| 畜肉产量 | 公斤/人 | 90.06 | 96.10 | 6.03 | 6.70 |
| 肉猪头数 | 头/人 | 0.33 | 0.27 | －0.06 | －19.20 |
| 肉猪肉产量 | 公斤/人 | 27.73 | 23.04 | －4.69 | －16.92 |
| 菜羊只数 | 只/人 | 1.76 | 2.08 | 0.32 | 18.30 |
| 菜羊肉产量 | 公斤/人 | 41.27 | 50.79 | 9.52 | 23.06 |
| 肉牛头数 | 头/人 | 0.11 | 0.10 | －0.01 | －6.24 |
| 肉牛肉产量 | 公斤/人 | 18.05 | 18.90 | 0.85 | 4.73 |
| 其他牲畜头数 | 头/人 | 0.02 | 0.03 | 0.00 | 6.90 |
| 其他牲畜肉产量 | 公斤/人 | 3.01 | 3.36 | 0.35 | 11.74 |
| 家禽肉产量 | 公斤/人 | 3.81 | 2.86 | －0.94 | －24.82 |
| #鸡只数 | 只/人 | 1.17 | 1.12 | －0.05 | －4.67 |
| 鸡肉产量 | 公斤/人 | 3.39 | 2.76 | －0.63 | －18.66 |
| 鸭只数 | 只/人 | 0.02 | 0.01 | －0.01 | －42.59 |
| 鸭肉产量 | 公斤/人 | 0.04 | 0.02 | －0.02 | －48.37 |
| 其他家禽只数 | 只/人 | | | | |
| 其他家禽的肉产量 | 公斤/人 | | | | |
| 蛋类产量 | 公斤/人 | 8.20 | 7.94 | －0.26 | －3.15 |
| 皮产量 | 张/人 | 0.24 | 0.26 | 0.02 | 9.99 |
| 猪皮产量 | 张/人 | | | | |
| 牛皮产量 | 张/人 | | | | |
| 羊皮产量 | 张/人 | 0.22 | 0.23 | 0.01 | 3.43 |
| 其他皮产量 | 张/人 | 0.01 | 0.03 | 0.02 | 198.69 |
| 毛、绒产量 | 公斤/人 | 7.10 | 7.16 | 0.06 | 0.87 |
| #羊毛产量 | 公斤/人 | 5.19 | 5.19 | －0.01 | －0.12 |
| 羊绒产量 | 公斤/人 | 1.45 | 1.64 | 0.19 | 13.20 |
| 兔毛、绒产量 | 公斤/人 | | | | |
| 奶类产量 | 公斤/人 | 169.07 | 152.13 | －16.94 | －10.02 |
| 牛奶产量 | 公斤/人 | 169.02 | 152.03 | －16.99 | －10.05 |
| 羊奶产量 | 公斤/人 | 0.05 | 0.02 | －0.03 | －64.08 |
| 其他奶产量 | 公斤/人 | | 0.08 | 0.08 | |

# 2-3-5 农牧民家庭收入来源情况

| 指标 | 单位 | 数量 | | 2012年比2011年增加 | |
|---|---|---|---|---|---|
| | | 2011年 | 2012年 | 绝对值 | % |
| **总收入** | **元/人** | **11972.52** | **13647.19** | **1674.66** | **13.99** |
| 工资性收入 | 元/人 | 1310.86 | 1459.05 | 148.20 | 11.31 |
| 在非企业组织中劳动得到收入 | 元/人 | 280.23 | 334.03 | 53.80 | 19.20 |
| 乡村干部收入 | 元/人 | 108.30 | 119.32 | 11.01 | 10.17 |
| 乡村教师收入 | 元/人 | 127.12 | 158.95 | 31.83 | 25.04 |
| 行政事业单位等职工收入 | 元/人 | 44.81 | 55.77 | 10.96 | 24.46 |
| 在本乡地域内劳动得到收入 | 元/人 | 545.30 | 670.49 | 125.20 | 22.96 |
| 在企业中劳动得到收入 | 元/人 | 69.60 | 81.94 | 12.34 | 17.72 |
| 在国家投资基建项目得到收入 | 元/人 | 3.32 | 1.66 | -1.66 | -50.06 |
| 提供其他劳务收入 | 元/人 | 472.38 | 586.90 | 114.52 | 24.24 |
| 外出从业得到收入 | 元/人 | 485.32 | 454.53 | -30.80 | -6.35 |
| 在乡外县内从业得到收入 | 元/人 | 148.99 | 125.25 | -23.73 | -15.93 |
| 在县外省内从业得到收入 | 元/人 | 183.06 | 222.06 | 38.99 | 21.30 |
| 在省外国内从业得到收入 | 元/人 | 151.51 | 106.39 | -45.12 | -29.78 |
| 在国外从业得到收入 | 元/人 | 1.77 | 0.83 | -0.94 | -53.02 |
| 家庭经营收入 | 元/人 | 9500.74 | 10647.70 | 1146.95 | 12.07 |
| 第一产业收入 | 元/人 | 8890.25 | 10124.26 | 1234.01 | 13.88 |
| 农业收入 | 元/人 | 5286.42 | 5964.83 | 678.41 | 12.83 |
| 农产品收入 | 元/人 | 5215.63 | 5861.87 | 646.24 | 12.39 |
| 粮食收入 | 元/人 | 3558.42 | 4345.10 | 786.68 | 22.11 |
| 油料收入 | 元/人 | 716.52 | 808.28 | 91.76 | 12.81 |
| 麻类收入 | 元/人 | 10.84 | 5.03 | -5.81 | -53.59 |

# 2－3－5 续表 1

| 指　　标 | 单　位 | 数　量 | | 2012 年比 2011 年增加 | |
|---|---|---|---|---|---|
| | | 2011 年 | 2012 年 | 绝对值 | % |
| 糖料收入 | 元/人 | 37.00 | 14.58 | －22.42 | －60.59 |
| 烟草收入 | 元/人 | 6.21 | 1.33 | －4.88 | －78.54 |
| 蔬菜收入 | 元/人 | 303.02 | 311.10 | 8.08 | 2.67 |
| 花卉园艺收入 | 元/人 | 2.49 | 1.68 | －0.81 | －32.55 |
| 瓜果收入 | 元/人 | 130.69 | 90.55 | －40.14 | －30.71 |
| 园林收入 | 元/人 | 3.40 | 9.50 | 6.10 | 179.34 |
| 中药材收入 | 元/人 | 2.60 | 3.59 | 1.00 | 38.35 |
| 其他种植业产品收入 | 元/人 | 36.56 | 17.26 | －19.29 | －52.78 |
| 野生植物采集收入 | 元/人 | 1.62 | 0.62 | －1.00 | －61.78 |
| 农作物副产品收入 | 元/人 | 228.28 | 137.42 | －90.87 | －39.80 |
| 用农产品加工手工业产品收入 | 元/人 | 1.06 | 2.91 | 1.86 | 176.11 |
| 专用农产品收入 | 元/人 | 176.94 | 112.92 | －64.02 | －36.18 |
| 农业服务性收入 | 元/人 | 70.78 | 102.95 | 32.17 | 45.45 |
| 林业收入 | 元/人 | 37.97 | 53.61 | 15.64 | 41.20 |
| 林业产品收入 | 元/人 | 35.58 | 48.42 | 12.84 | 36.10 |
| 采集林产品收入 | 元/人 | 26.29 | 16.39 | －9.90 | －37.64 |
| 竹木采伐收入 | 元/人 | 8.17 | 20.65 | 12.48 | 152.75 |
| 育种、育苗收入 | 元/人 | 1.05 | 11.22 | 10.17 | 968.64 |
| 林业副产品收入 | 元/人 | 0.07 | 0.16 | 0.09 | 124.44 |
| 用林产品加工手工业产品收入 | 元/人 | | | | |
| 林业服务性收入 | 元/人 | 2.39 | 5.19 | 2.80 | 117.24 |
| 牧业收入 | 元/人 | 3565.83 | 4104.00 | 538.17 | 15.09 |
| 牧业产品收入 | 元/人 | 3543.63 | 4079.14 | 535.51 | 15.11 |

# 2-3-5 续表 2

| 指　　标 | 单　位 | 数　量 | | 2012 年比 2011 年增加 | |
|---|---|---|---|---|---|
| | | 2011 年 | 2012 年 | 绝对值 | % |
| 成龄家畜收入 | 元/人 | 2111.56 | 2636.97 | 525.41 | 24.88 |
| #猪收入 | 元/人 | 553.34 | 466.62 | -86.72 | -15.67 |
| 菜羊收入 | 元/人 | 1088.72 | 1580.94 | 492.22 | 45.21 |
| 肉牛收入 | 元/人 | 407.13 | 503.02 | 95.89 | 23.55 |
| 成龄家禽收入 | 元/人 | 42.94 | 39.80 | -3.14 | -7.31 |
| 蛋类收入 | 元/人 | 58.86 | 64.76 | 5.89 | 10.01 |
| 皮收入 | 元/人 | 28.79 | 31.01 | 2.22 | 7.72 |
| 毛、绒收入 | 元/人 | 534.30 | 482.96 | -51.34 | -9.61 |
| 奶类收入 | 元/人 | 465.41 | 427.04 | -38.38 | -8.25 |
| 仔、幼畜、禽产品收入 | 元/人 | 243.20 | 328.81 | 85.61 | 35.20 |
| 育肥畜收入 | 元/人 | 23.45 | 29.04 | 5.60 | 23.88 |
| 其他牧业产品收入 | 元/人 | 0.97 | 2.02 | 1.05 | 108.28 |
| 狩猎和捕捉野生动物收入 | 元/人 | 0.44 | 0.53 | 0.09 | 19.34 |
| 牧业副产品收入 | 元/人 | 28.96 | 30.06 | 1.09 | 3.78 |
| 牧业加工手工业收入 | 元/人 | 4.74 | 6.13 | 1.39 | 29.40 |
| 牧业服务性收入 | 元/人 | 22.20 | 24.87 | 2.66 | 12.00 |
| 渔业收入 | 元/人 | 0.04 | 1.82 | 1.78 | 4663.00 |
| #渔业产品收入 | 元/人 | 0.04 | 1.82 | 1.78 | 4663.00 |
| #淡水产品收入 | 元/人 | 0.04 | 1.82 | 1.78 | 4663.00 |
| 渔业副产品收入 | 元/人 | | | | |
| 渔业加工手工业产品收入 | 元/人 | | | | |
| 渔业服务性收入 | 元/人 | | | | |
| 第二产业收入 | 元/人 | 117.31 | 62.99 | -54.31 | -46.30 |
| 工业收入 | 元/人 | 50.54 | 0.67 | -49.86 | -98.67 |
| 工业产品收入 | 元/人 | 38.49 | 0.62 | -37.86 | -98.38 |
| 工业服务性收入 | 元/人 | 12.05 | 0.05 | -12.00 | -99.58 |
| 建筑业收入 | 元/人 | 66.77 | 62.32 | -4.45 | -6.67 |

# 2-3-5 续表 3

| 指　　标 | 单　位 | 数　量 | | 2012 年比 2011 年增加 | |
|---|---|---|---|---|---|
| | | 2011 年 | 2012 年 | 绝对值 | % |
| 第三产业收入 | 元/人 | 493.18 | 460.44 | -32.74 | -6.64 |
| 其他产品收入 | 元/人 | 0.39 | 0.45 | 0.06 | 16.48 |
| 第三产业服务性收入 | 元/人 | 492.80 | 459.99 | -32.80 | -6.66 |
| 交通.运输.邮电业收入 | 元/人 | 241.31 | 183.11 | -58.20 | -24.12 |
| 批零贸易业.饮食业收入 | 元/人 | 164.99 | 197.10 | 32.11 | 19.46 |
| 社会服务业收入 | 元/人 | 36.88 | 38.11 | 1.23 | 3.33 |
| 文教卫生业收入 | 元/人 | 25.24 | 20.22 | -5.02 | -19.88 |
| 其他行业收入 | 元/人 | 24.37 | 21.45 | -2.92 | -11.99 |
| 财产性收入 | 元/人 | 337.59 | 322.98 | -14.61 | -4.33 |
| 利　息 | 元/人 | 5.70 | 8.79 | 3.09 | 54.10 |
| 集体分配股息和红利 | 元/人 | 27.66 | 50.72 | 23.06 | 83.38 |
| 其他股息和红利 | 元/人 | 1.56 | 0.27 | -1.29 | -82.92 |
| 租金(包括农业机械) | 元/人 | 34.15 | 53.51 | 19.36 | 56.69 |
| 出让无形资产净收入 | 元/人 | 0.44 | | -0.44 | -100.00 |
| 储蓄性保险投资收入 | 元/人 | 0.31 | 0.04 | -0.26 | -85.62 |
| 土地征用补偿收入 | 元/人 | | | | |
| 转让承包土地经营权收入 | 元/人 | 65.78 | 97.07 | 31.29 | 47.56 |
| 其他投资收益 | 元/人 | | | | |
| 其　他 | 元/人 | 201.99 | 112.58 | -89.41 | -44.26 |
| 转移性收入 | 元/人 | 823.34 | 1217.46 | 394.12 | 47.87 |
| #家庭非常住人口寄回和带回收入 | 元/人 | 0.93 | | -0.93 | -100.00 |
| 城市亲友赠送收入 | 元/人 | 16.67 | 24.83 | 8.15 | 48.91 |
| 农村亲友赠送收入 | 元/人 | 62.78 | 89.01 | 26.23 | 41.78 |
| 退耕还林还草补贴收入 | 元/人 | 180.18 | 163.91 | -16.27 | -9.03 |
| 各项补贴收入 | 元/人 | 448.60 | 662.28 | 213.68 | 47.63 |

# 2-3-6 农牧民家庭生产生活支出情况

| 指　　标 | 单　位 | 数　量 | | 2012年比2011年增加 | |
|---|---|---|---|---|---|
| | | 2011年 | 2012年 | 绝对值 | % |
| **家庭经营费用支出** | **元/人** | **4677.49** | **5357.14** | **679.65** | **14.53** |
| 第一产业生产费用支出 | 元/人 | 4352.12 | 5109.35 | 757.22 | 17.40 |
| 农业生产费用支出 | 元/人 | 2312.91 | 2665.14 | 352.23 | 15.23 |
| 农业生产资料支出 | 元/人 | 1455.40 | 1788.14 | 332.74 | 22.86 |
| 种籽支出 | 元/人 | 341.17 | 419.11 | 77.94 | 22.84 |
| 饲料支出 | 元/人 | 59.40 | 50.28 | -9.12 | -15.36 |
| 其他生产资料支出 | 元/人 | 1054.83 | 1318.76 | 263.93 | 25.02 |
| 农业服务性支出 | 元/人 | 857.51 | 877.00 | 19.49 | 2.27 |
| 农业生产雇工工资支出 | 元/人 | 161.12 | 190.50 | 29.37 | 18.23 |
| 其他生产服务支出 | 元/人 | 696.39 | 686.50 | -9.89 | -1.42 |
| 林业生产费用支出 | 元/人 | 15.76 | 11.76 | -4.01 | -25.41 |
| 林业生产资料支出 | 元/人 | 10.83 | 6.28 | -4.55 | -41.99 |
| 饲料支出 | 元/人 | 0.47 | 0.65 | 0.18 | 38.02 |
| 其他生产资料支出 | 元/人 | 10.35 | 5.63 | -4.73 | -45.63 |
| 林业服务性支出 | 元/人 | 4.94 | 5.48 | 0.54 | 10.94 |
| 林业生产雇工工资支出 | 元/人 | 0.83 | 2.71 | 1.88 | 225.92 |
| 其他生产服务支出 | 元/人 | 4.11 | 2.76 | -1.34 | -32.66 |
| 牧业生产费用支出 | 元/人 | 2022.47 | 2431.76 | 409.29 | 20.24 |
| 牧业生产资料支出 | 元/人 | 1718.39 | 2113.37 | 394.98 | 22.99 |
| 饲料支出 | 元/人 | 1000.50 | 1487.37 | 486.87 | 48.66 |
| 其他生产资料支出 | 元/人 | 717.89 | 626.00 | -91.88 | -12.80 |
| 牧业服务性支出 | 元/人 | 304.08 | 318.38 | 14.30 | 4.70 |
| 牧业生产雇工工资支出 | 元/人 | 112.94 | 105.12 | -7.83 | -6.93 |
| 其他生产服务支出 | 元/人 | 191.14 | 213.27 | 22.13 | 11.58 |
| 渔业生产费用支出 | 元/人 | 0.98 | 0.70 | -0.29 | -29.11 |

# 2-3-6 续表 1

| 指　　标 | 单　位 | 数　量 | | 2012 年比 2011 年增加 | |
|---|---|---|---|---|---|
| | | 2011 年 | 2012 年 | 绝对值 | % |
| 饲料支出 | 元/人 | 0.08 | 0.05 | -0.03 | -35.80 |
| 其他生产资料支出 | 元/人 | 0.28 | 0.60 | 0.32 | 116.63 |
| 渔业服务性支出 | 元/人 | 0.62 | 0.04 | -0.58 | -93.89 |
| 渔业生产雇工工资支出 | 元/人 | | 0.01 | 0.01 | |
| 其他生产服务支出 | 元/人 | 0.62 | 0.02 | -0.59 | -96.28 |
| 第二产业生产费用支出 | 元/人 | 72.45 | 39.54 | -32.91 | -45.42 |
| 工业生产费用支出 | 元/人 | 37.21 | 0.08 | -37.14 | -99.79 |
| 工业生产资料支出 | 元/人 | 34.49 | 0.04 | -34.46 | -99.89 |
| 其中:原料支出 | 元/人 | 31.31 | | -31.31 | -100.00 |
| 燃料支出 | 元/人 | 1.80 | 0.03 | -1.77 | -98.35 |
| 工业服务性支出 | 元/人 | 2.72 | 0.04 | -2.68 | -98.64 |
| 工业生产雇工工资支出 | 元/人 | 0.44 | | -0.44 | -100.00 |
| 其他生产服务支出 | 元/人 | 2.28 | 0.04 | -2.24 | -98.38 |
| 建筑业生产费用支出 | 元/人 | 35.24 | 39.47 | 4.23 | 12.01 |
| 建筑业生产资料支出 | 元/人 | 18.64 | 26.72 | 8.08 | 43.33 |
| 其中:原料支出 | 元/人 | 2.73 | 9.18 | 6.44 | 235.82 |
| 燃料支出 | 元/人 | 10.42 | 3.84 | -6.58 | -63.16 |
| 建筑业服务性支出 | 元/人 | 16.59 | 12.74 | -3.85 | -23.19 |
| 建筑业生产雇工工资支出 | 元/人 | 5.46 | 5.50 | 0.05 | 0.88 |
| 其他生产服务支出 | 元/人 | 11.14 | 7.24 | -3.90 | -34.99 |
| 第三产业生产费用支出 | 元/人 | 252.91 | 208.25 | -44.66 | -17.66 |
| 交通运输邮电业生产费用支出 | 元/人 | 156.34 | 100.58 | -55.76 | -35.67 |
| 交通运输邮电业生产资料支出 | 元/人 | 95.48 | 60.70 | -34.79 | -36.43 |
| 其中:燃料支出 | 元/人 | 88.27 | 54.59 | -33.69 | -38.16 |
| 交通运输邮电业服务性支出 | 元/人 | 60.86 | 39.88 | -20.98 | -34.47 |

# 2－3－6 续表2

| 指　　标 | 单　位 | 数　量 | | 2012年比2011年增加 | |
|---|---|---|---|---|---|
| | | 2011年 | 2012年 | 绝对值 | % |
| 其他生产服务支出 | 元/人 | 45.51 | 24.45 | －21.06 | －46.28 |
| 批零贸易餐饮业生产费用支出 | 元/人 | 63.79 | 70.53 | 6.75 | 10.58 |
| 批零贸易餐饮业生产资料支出 | 元/人 | 36.15 | 47.17 | 11.03 | 30.51 |
| #原料支出 | 元/人 | 14.61 | 6.03 | －8.58 | －58.73 |
| 燃料支出 | 元/人 | 5.59 | 3.84 | －1.75 | －31.27 |
| 批零贸易餐饮业服务性支出 | 元/人 | 27.64 | 23.36 | －4.28 | －15.49 |
| 批零贸易餐饮业生产雇工工资支出 | 元/人 | 5.11 | 5.77 | 0.66 | 12.97 |
| 其他生产服务支出 | 元/人 | 22.53 | 17.59 | －4.94 | －21.94 |
| 社会服务业生产费用支出 | 元/人 | 11.27 | 20.13 | 8.86 | 78.62 |
| 社会服务业生产资料支出 | 元/人 | 8.63 | 14.02 | 5.39 | 62.51 |
| #原料支出 | 元/人 | 3.10 | 1.73 | －1.37 | －44.25 |
| 燃料支出 | 元/人 | 1.30 | 5.57 | 4.27 | 327.40 |
| 社会服务业服务性支出 | 元/人 | 2.64 | 6.11 | 3.47 | 131.26 |
| 社会服务业生产雇工工资支出 | 元/人 | 0.02 | 0.76 | 0.74 | 4074.59 |
| 其他生产服务支出 | 元/人 | 2.62 | 5.35 | 2.73 | 104.06 |
| 文教卫生业生产费用支出 | 元/人 | 4.98 | 2.43 | －2.55 | －51.28 |
| 文教卫生业生产资料支出 | 元/人 | 1.94 | 1.46 | －0.49 | －25.02 |
| #原料支出 | 元/人 | 0.55 | 0.30 | －0.25 | －44.96 |
| 燃料支出 | 元/人 | 0.86 | | －0.86 | －100.00 |
| 文教卫生业服务性支出 | 元/人 | 3.04 | 0.97 | －2.07 | －68.08 |
| 文教卫生业生产雇工工资支出 | 元/人 | 0.89 | 0.25 | －0.64 | －72.04 |

# 2-3-6 续表 3

| 指　　标 | 单位 | 数量 | | 2012年比2011年增加 | |
|---|---|---|---|---|---|
| | | 2011年 | 2012年 | 绝对值 | % |
| 其他生产服务支出 | 元/人 | 2.14 | 0.72 | -1.42 | -66.42 |
| 其他行业生产费用支出 | 元/人 | 16.54 | 14.59 | -1.95 | -11.82 |
| 其他行业生产资料支出 | 元/人 | 11.40 | 10.06 | -1.33 | -11.71 |
| #原料支出 | 元/人 | 2.38 | 0.90 | -1.49 | -62.38 |
| 其他行业服务性支出 | 元/人 | 5.14 | 4.52 | -0.62 | -12.06 |
| 其他行业生产雇工工资支出 | 元/人 | 2.75 | 0.52 | -2.23 | -81.14 |
| 其他生产服务支出 | 元/人 | 2.40 | 4.00 | 1.61 | 67.20 |
| 购置生产性固定资产支出 | 元/人 | 700.68 | 626.37 | -74.31 | -10.61 |
| 建、造生产性固定资产雇工支出 | 元/人 | 9.89 | 6.64 | -3.25 | -32.88 |
| 税费支出 | 元/人 | 7.27 | 3.61 | -3.66 | -50.35 |
| 第一产业税 | 元/人 | | 0.12 | 0.07 | 168.48 |
| 第二产业税 | 元/人 | | | | |
| 工业生产纳税 | 元/人 | | | | |
| 建筑业生产纳税 | 元/人 | | | | |
| 第三产业税 | 元/人 | 4.19 | 0.44 | -3.75 | -89.40 |
| 其他各种收费 | 元/人 | 3.04 | 3.05 | 0.01 | 0.32 |
| 生活消费支出 | 元/人 | 5507.72 | 6381.97 | 874.25 | 15.87 |
| #服务性支出 | 元/人 | 1688.23 | 1881.48 | 193.25 | 11.45 |
| 食品消费支出 | 元/人 | 2067.03 | 2379.76 | 312.73 | 15.13 |
| 食品消费品支出 | 元/人 | 1720.23 | 1985.93 | 265.70 | 15.45 |
| 谷　物 | 元/人 | 392.61 | 446.36 | 53.75 | 13.69 |
| 薯　类 | 元/人 | 28.93 | 31.31 | 2.38 | 8.22 |
| 豆　类 | 元/人 | 10.75 | 11.10 | 0.34 | 3.21 |
| 食用油 | 元/人 | 54.63 | 71.36 | 16.73 | 30.63 |
| 蔬菜及制品 | 元/人 | 121.74 | 141.70 | 19.97 | 16.40 |
| 肉、禽、蛋、奶及制品 | 元/人 | 645.59 | 729.22 | 83.63 | 12.95 |
| 水产品及制品 | 元/人 | 22.91 | 27.04 | 4.13 | 18.02 |
| 烟、酒 | 元/人 | 219.41 | 264.02 | 44.61 | 20.33 |
| 茶叶、饮料 | 元/人 | 25.33 | 28.63 | 3.31 | 13.06 |

# 2－3－6 续表 4

| 指　　标 | 单　位 | 数　量 | | 2012 年比 2011 年增加 | |
|---|---|---|---|---|---|
| | | 2011 年 | 2012 年 | 绝对值 | % |
| 食品消费服务性支出 | 元/人 | 346.80 | 393.83 | 47.03 | 13.56 |
| 在外饮食 | 元/人 | 330.97 | 383.10 | 52.13 | 15.75 |
| 食品加工费 | 元/人 | 9.83 | 9.44 | -0.39 | -3.95 |
| 其他服务性支出 | 元/人 | 6.00 | 1.29 | -4.71 | -78.50 |
| 衣着消费支出 | 元/人 | 395.21 | 481.75 | 86.54 | 21.90 |
| 衣着消费品支出 | 元/人 | 393.85 | 480.00 | 86.15 | 21.87 |
| 服　装 | 元/人 | 282.44 | 341.84 | 59.41 | 21.03 |
| 服装材料 | 元/人 | 6.75 | 8.03 | 1.29 | 19.11 |
| 鞋　类 | 元/人 | 85.46 | 106.05 | 20.60 | 24.10 |
| 其　他 | 元/人 | 19.21 | 24.07 | 4.85 | 25.27 |
| 衣着消费服务性支出 | 元/人 | 1.36 | 1.75 | 0.39 | 28.85 |
| 衣着加工费 | 元/人 | 0.86 | 1.43 | 0.57 | 66.46 |
| 其他服务性支出 | 元/人 | 0.50 | 0.32 | -0.18 | -36.12 |
| 居住消费支出 | 元/人 | 880.26 | 1078.97 | 198.71 | 22.57 |
| 居住消费品支出 | 元/人 | 652.32 | 760.52 | 108.19 | 16.59 |
| 建筑生活用房材料 | 元/人 | 144.05 | 217.76 | 73.71 | 51.17 |
| 维修生活用房材料 | 元/人 | 70.43 | 82.74 | 12.30 | 17.47 |
| 装修生活用房材料 | 元/人 | 44.95 | 71.75 | 26.80 | 59.62 |
| 生活用房 | 元/人 | 93.57 | 100.73 | 7.16 | 7.65 |
| 生活用燃料 | 元/人 | 299.32 | 287.54 | -11.78 | -3.93 |
| 居住消费服务性支出 | 元/人 | 227.94 | 318.45 | 90.52 | 39.71 |
| 建筑.维修生活用房雇工工资 | 元/人 | 73.41 | 127.58 | 54.17 | 73.80 |
| 房　租 | 元/人 | 10.28 | 11.14 | 0.86 | 8.33 |
| 生活用水 | 元/人 | 6.61 | 8.45 | 1.84 | 27.90 |
| 生活用电 | 元/人 | 97.89 | 105.52 | 7.63 | 7.80 |

# 2-3-6 续表 5

| 指　　标 | 单　位 | 数　量 | | 2012 年比 2011 年增加 | |
|---|---|---|---|---|---|
| | | 2011 年 | 2012 年 | 绝对值 | % |
| 其他服务性支出 | 元/人 | 39.42 | 65.46 | 26.04 | 66.05 |
| 家庭设备.用品消费支出 | 元/人 | 243.27 | 268.98 | 25.71 | 10.57 |
| 家庭设备用品消费品支出 | 元/人 | 223.26 | 257.94 | 34.67 | 15.53 |
| 日用品 | 元/人 | 78.54 | 95.58 | 17.05 | 21.71 |
| 床上用品 | 元/人 | 14.74 | 20.81 | 6.07 | 41.17 |
| 室内装饰品 | 元/人 | 6.11 | 13.48 | 7.36 | 120.43 |
| 家俱类 | 元/人 | 39.00 | 46.24 | 7.24 | 18.55 |
| 机电设备 | 元/人 | 84.87 | 81.83 | -3.04 | -3.59 |
| 家庭设备用品服务性消费支出 | 元/人 | 20.01 | 11.05 | -8.96 | -44.79 |
| 家庭设备修理费 | 元/人 | 5.36 | 5.13 | -0.23 | -4.23 |
| 日杂用品加工修理费 | 元/人 | 1.75 | 0.94 | -0.81 | -46.45 |
| 家政服务费 | 元/人 | 0.27 | 0.40 | 0.13 | 48.37 |
| 其他服务性支出 | 元/人 | 12.63 | 4.57 | -8.05 | -63.78 |
| 交通和通讯消费支出 | 元/人 | 728.94 | 912.25 | 183.31 | 25.15 |
| 交通和通讯用品支出 | 元/人 | 417.57 | 554.98 | 137.41 | 32.91 |
| 交通工具 | 元/人 | 242.97 | 315.11 | 72.14 | 29.69 |
| 交通工具用燃料 | 元/人 | 107.86 | 160.36 | 52.50 | 48.67 |
| 交通工具用零配件 | 元/人 | 15.11 | 24.61 | 9.50 | 62.89 |
| 通讯工具 | 元/人 | 50.77 | 53.92 | 3.15 | 6.21 |
| 通讯工具用零配件 | 元/人 | 0.87 | 0.99 | 0.12 | 13.68 |
| 交通和通讯服务消费支出 | 元/人 | 311.37 | 357.27 | 45.90 | 14.74 |
| 交通消费服务支出 | 元/人 | 170.56 | 197.24 | 26.69 | 15.65 |
| 交通客运费 | 元/人 | 131.61 | 139.77 | 8.17 | 6.21 |
| 生活物品货运费 | 元/人 | 1.24 | 3.17 | 1.93 | 155.40 |
| 交通工具修理费 | 元/人 | 24.60 | 33.40 | 8.80 | 35.77 |

# 2－3－6 续表 6

| 指　　标 | 单　位 | 数　量 | | 2012 年比 2011 年增加 | |
|---|---|---|---|---|---|
| | | 2011 年 | 2012 年 | 绝对值 | % |
| 通讯消费服务支出 | 元/人 | 140.81 | 160.02 | 19.21 | 13.64 |
| 邮寄费 | 元/人 | 0.54 | 1.02 | 0.48 | 89.03 |
| 通讯费 | 元/人 | 138.26 | 157.02 | 18.75 | 13.56 |
| 通讯工具修理费 | 元/人 | 1.05 | 1.29 | 0.24 | 23.00 |
| 其　他 | 元/人 | 0.96 | 0.69 | －0.27 | －27.82 |
| 文化教育、娱乐消费支出 | 元/人 | 525.89 | 513.97 | －11.93 | －2.27 |
| 文化教育、娱乐用品消费支出 | 元/人 | 129.96 | 148.52 | 18.56 | 14.28 |
| 文教、娱乐用机电消费品 | 元/人 | 70.04 | 81.93 | 11.89 | 16.98 |
| 书、报、杂志 | 元/人 | 8.89 | 8.87 | －0.02 | －0.24 |
| 纸张、文具 | 元/人 | 12.47 | 14.35 | 1.89 | 15.12 |
| 音像制品 | 元/人 | 0.32 | 0.52 | 0.20 | 61.03 |
| 电脑软件 | 元/人 | 0.09 | 0.27 | 0.18 | 204.92 |
| 体育用品 | 元/人 | 0.07 | 0.11 | 0.03 | 43.33 |
| 计算机零配件及耗材 | 元/人 | 0.03 | 0.16 | 0.12 | 395.89 |
| 鲜　花 | 元/人 | 0.05 | 0.17 | 0.12 | 273.77 |
| 娱乐用品 | 元/人 | 20.11 | 24.28 | 4.17 | 20.74 |
| 其他用品 | 元/人 | 17.90 | 17.86 | －0.03 | －0.18 |
| 教育服务消费支出 | 元/人 | 352.51 | 306.66 | －45.85 | －13.01 |
| 托儿费 | 元/人 | 15.93 | 16.06 | 0.13 | 0.79 |
| 幼儿园赞助费 | 元/人 | 1.09 | 1.14 | 0.04 | 3.73 |
| 学杂费 | 元/人 | 273.75 | 222.59 | －51.17 | －18.69 |
| 入学赞助费 | 元/人 | 1.34 | 0.01 | －1.33 | －99.49 |
| 私立学校就读费 | 元/人 | 2.10 | 1.81 | －0.29 | －13.88 |
| 成人培训费 | 元/人 | 20.25 | 23.00 | 2.75 | 13.59 |
| 教育设备修理费 | 元/人 | | 0.08 | 0.08 | |

# 2-3-6 续表 7

| 指　　标 | 单　位 | 数　量 | | 2012 年比 2011 年增加 | |
|---|---|---|---|---|---|
| | | 2011 年 | 2012 年 | 绝对值 | % |
| 文化、体育、娱乐服务消费支出 | 元/人 | 43.42 | 58.78 | 15.36 | 35.38 |
| 旅　游 | 元/人 | 15.87 | 23.65 | 7.79 | 49.07 |
| 休闲娱乐费 | 元/人 | 14.04 | 16.43 | 2.39 | 17.01 |
| 文化、体育、娱乐用品修理费 | 元/人 | 0.59 | 0.29 | -0.30 | -50.29 |
| 其他服务性支出 | 元/人 | 12.93 | 18.41 | 5.48 | 42.43 |
| 医疗保健消费支出 | 元/人 | 534.18 | 588.87 | 54.68 | 10.24 |
| 医疗保健用品 | 元/人 | 209.54 | 234.11 | 24.57 | 11.73 |
| 医疗卫生用品 | 元/人 | 206.87 | 231.44 | 24.57 | 11.88 |
| 药　品 | 元/人 | 205.47 | 227.16 | 21.69 | 10.55 |
| 医疗卫生器械 | 元/人 | 0.78 | 3.90 | 3.12 | 400.02 |
| 其他医疗卫生用品 | 元/人 | 0.62 | 0.38 | -0.24 | -38.80 |
| 保健用品 | 元/人 | 2.67 | 2.67 | 0.00 | 0.00 |
| 药品类保健品 | 元/人 | 1.58 | 2.13 | 0.54 | 34.22 |
| 保健器材 | 元/人 | 1.09 | 0.55 | -0.54 | -49.80 |
| 医疗保健服务消费支出 | 元/人 | 324.65 | 354.76 | 30.11 | 9.28 |
| 医疗费 | 元/人 | 318.98 | 351.30 | 32.32 | 10.13 |
| 医疗设备修理费 | 元/人 | | 0.87 | 0.87 | |
| 保健费 | 元/人 | 1.30 | 0.85 | -0.45 | -34.89 |
| 保健设备修理费 | 元/人 | 0.08 | 0.01 | -0.07 | -87.78 |
| 其他服务性支出 | 元/人 | 4.30 | 1.73 | -2.56 | -59.67 |
| 其他商品和服务消费支出 | 元/人 | 132.92 | 157.42 | 24.50 | 18.43 |
| 其他商品支出 | 元/人 | 72.75 | 78.50 | 5.75 | 7.91 |
| 其他消费服务支出 | 元/人 | 60.18 | 78.93 | 18.75 | 31.15 |
| **财产性支出** | **元/人** | **8.20** | **5.88** | **-2.31** | **-28.22** |
| **转移性支出** | **元/人** | **916.89** | **998.32** | **81.43** | **8.88** |

# 2－3－7　农牧民家庭纯收入来源情况

| 指　　标 | 单　位 | 数　量 | | 2012年比2011年增加 | |
|---|---|---|---|---|---|
| | | 2011年 | 2012年 | 绝对值 | % |
| **农村住户纯收入来源** | | | | | |
| **全年纯收入** | **元/人** | **6641.56** | **7611.31** | **969.75** | **14.60** |
| 工资性收入 | 元/人 | 1310.86 | 1459.05 | 148.20 | 11.31 |
| 在非企业组织中劳动得到收入 | 元/人 | 280.23 | 334.03 | 53.80 | 19.20 |
| 乡村干部收入 | 元/人 | 108.30 | 119.32 | 11.01 | 10.17 |
| 乡村教师收入 | 元/人 | 127.12 | 158.95 | 31.83 | 25.04 |
| 行政事业单位等职工收入 | 元/人 | 44.81 | 55.77 | 10.96 | 24.46 |
| 在本乡地域内劳动得到收入 | 元/人 | 545.30 | 670.49 | 125.20 | 22.96 |
| 在企业中劳动得到收入 | 元/人 | 69.60 | 81.94 | 12.34 | 17.72 |
| 在国家投资基建项目得到收入 | 元/人 | 3.32 | 1.66 | －1.66 | －50.06 |
| 提供其他劳务收入 | 元/人 | 472.38 | 586.90 | 114.52 | 24.24 |
| 外出从业得到收入 | 元/人 | 485.32 | 454.53 | －30.80 | －6.35 |
| 在乡外县内从业得到收入 | 元/人 | 148.99 | 125.25 | －23.73 | －15.93 |
| 在县外省内从业得到收入 | 元/人 | 183.06 | 222.06 | 38.99 | 21.30 |
| 在省外国内从业得到收入 | 元/人 | 151.51 | 106.39 | －45.12 | －29.78 |
| 在国外从业得到收入 | 元/人 | 1.77 | 0.83 | －0.94 | －53.02 |
| 家庭经营纯收入 | 元/人 | 4217.50 | 4689.11 | 471.61 | 11.18 |
| 第一产业纯收入 | 元/人 | 4013.74 | 4485.41 | 471.67 | 11.75 |
| 农业收入 | 元/人 | 2666.17 | 2988.73 | 322.56 | 12.10 |
| 林业收入 | 元/人 | 22.20 | 41.60 | 19.39 | 87.35 |
| 牧业收入 | 元/人 | 1326.32 | 1453.96 | 127.64 | 9.62 |
| 渔业收入 | 元/人 | －0.95 | 1.13 | 2.07 | －219.11 |
| 非农产业纯收入 | 元/人 | 203.76 | 203.70 | －0.06 | －0.03 |
| 第二产业纯收入 | 元/人 | 37.92 | 16.84 | －21.08 | －55.59 |
| 工业收入 | 元/人 | 10.42 | －0.89 | －11.30 | －108.50 |
| 建筑业收入 | 元/人 | 27.50 | 17.73 | －9.78 | －35.54 |
| 第三产业纯收入 | 元/人 | 165.84 | 186.86 | 21.02 | 12.68 |
| 交通.运输.邮电业收入 | 元/人 | 34.88 | 41.19 | 6.30 | 18.07 |
| 批零贸易业.饮食业收入 | 元/人 | 86.59 | 109.92 | 23.34 | 26.95 |
| 社会服务业收入 | 元/人 | 23.28 | 16.54 | －6.74 | －28.95 |
| 文教卫生业收入 | 元/人 | 18.94 | 16.26 | －2.68 | －14.14 |

# 2－3－7 续表

| 指标 | 单位 | 数量 | | 2012年比2011年增加 | |
|---|---|---|---|---|---|
| | | 2011年 | 2012年 | 绝对值 | % |
| 其他行业收入 | 元/人 | 2.15 | 2.94 | 0.80 | 37.08 |
| 财产性纯收入 | 元/人 | 337.59 | 322.98 | －14.61 | －4.33 |
| 利　息 | 元/人 | 5.70 | 8.79 | 3.09 | 54.10 |
| 集体分配股息和红利 | 元/人 | 27.66 | 50.72 | 23.06 | 83.38 |
| 其他股息和红利 | 元/人 | 1.56 | 0.27 | －1.29 | －82.92 |
| 租金(包括农业机械) | 元/人 | 1.56 | 0.27 | －1.29 | －82.92 |
| 出让无形资产净收入 | 元/人 | 34.15 | 53.51 | 19.36 | 56.69 |
| 储蓄性保险投资收入 | 元/人 | 0.44 | | －0.44 | －100.00 |
| 转让承包土地经营权收入 | 元/人 | 0.31 | 0.04 | －0.26 | －85.62 |
| 其　他 | 元/人 | 201.99 | 112.58 | －89.41 | －44.26 |
| 转移性纯收入 | 元/人 | 775.62 | 1140.17 | 364.55 | 47.00 |
| 家庭非常住人口寄回和带回 | 元/人 | 0.93 | | －0.93 | －100.00 |
| 城市亲友赠送 | 元/人 | 16.67 | 24.83 | 8.15 | 48.91 |
| 离退休金.养老金 | 元/人 | 57.11 | 92.87 | 35.75 | 62.60 |
| 城市亲友支付赡养费 | 元/人 | 6.52 | 3.69 | －2.83 | －43.36 |
| 农村亲友支付赡养费 | 元/人 | 7.63 | 7.92 | 0.29 | 3.81 |
| 救济金　抚恤金　灾款 | 元/人 | 3.75 | 4.86 | 1.10 | 29.38 |
| 报销医疗费 | 元/人 | 4.29 | | | |
| 退　税 | 元/人 | 3.59 | 0.88 | －2.72 | －75.63 |
| 退耕还林还草补贴 | 元/人 | 180.18 | 163.91 | －16.27 | －9.03 |
| 无偿扶贫或扶持款 | 元/人 | 3.28 | 11.45 | 8.16 | 248.87 |
| 得到赔款 | 元/人 | 4.29 | 12.14 | 7.85 | 182.98 |
| 得到赔款 | 元/人 | 4.29 | 12.14 | 7.85 | 182.98 |
| 其　他 | 元/人 | 43.07 | 155.36 | 112.29 | 260.71 |
| 全年现金纯收入 | 元/人 | 5443.25 | 6033.97 | 590.71 | 10.85 |
| 全年实物纯收入 | 元/人 | 1198.31 | 1577.34 | 379.03 | 31.63 |

# 2-3-8 农牧民家庭现金收支情况

| 指　　标 | 单　位 | 数　量 | | 2012年比2011年增加 | |
|---|---|---|---|---|---|
| | | 2011年 | 2012年 | 绝对值 | % |
| **期内现金收入** | **元/人** | **9750.90** | **11064.52** | **1313.63** | **13.47** |
| 工资性收入 | 元/人 | 1305.24 | 1459.05 | 153.82 | 11.78 |
| 在非企业组织中劳动得到收入 | 元/人 | 274.73 | 334.03 | 59.30 | 21.58 |
| 乡村干部收入 | 元/人 | 102.80 | 119.32 | 16.51 | 16.06 |
| 乡村教师收入 | 元/人 | 127.12 | 158.95 | 31.83 | 25.04 |
| 行政事业单位等职工收入 | 元/人 | 44.81 | 55.77 | 10.96 | 24.46 |
| 在本乡地域内劳动得到收入 | 元/人 | 545.18 | 670.49 | 125.31 | 22.99 |
| 在企业中劳动得到收入 | 元/人 | 69.49 | 81.94 | 12.45 | 17.92 |
| 在国家投资基建项目得到收入 | 元/人 | 3.32 | 1.66 | -1.66 | -50.06 |
| 提供其他劳务收入 | 元/人 | 472.38 | 586.90 | 114.52 | 24.24 |
| 外出从业得到收入 | 元/人 | 485.32 | 454.53 | -30.80 | -6.35 |
| 在乡外县内从业得到收入 | 元/人 | 148.99 | 125.25 | -23.73 | -15.93 |
| 在县外省内从业得到收入 | 元/人 | 183.06 | 222.06 | 38.99 | 21.30 |
| 在省外国内从业得到收入 | 元/人 | 151.51 | 106.39 | -45.12 | -29.78 |
| 在国外从业得到收入 | 元/人 | 177 | 0.83 | -0.94 | -53.02 |
| 家庭经营现金收入 | 元/人 | 7478.92 | 8174.29 | 695.37 | 9.30 |
| 第一产业现金收入 | 元/人 | 6868.43 | 7650.86 | 782.42 | 11.39 |
| 农业现金收入 | 元/人 | 3667.40 | 3938.71 | 271.30 | 7.40 |
| 林业现金收入 | 元/人 | 40.37 | 53.65 | 13.28 | 32.89 |
| 牧业现金收入 | 元/人 | 3160.62 | 3656.68 | 496.05 | 15.69 |
| 渔业现金收入 | 元/人 | 0.04 | 1.82 | 1.78 | 4663.00 |
| 第二产业现金收入 | 元/人 | 117.31 | 62.99 | -54.31 | -46.30 |
| 第三产业现金收入 | 元/人 | 493.18 | 460.44 | -32.74 | -6.64 |
| 财产性收入 | 元/人 | 145.89 | 216.37 | 70.48 | 48.31 |
| 利　息 | 元/人 | 5.70 | 8.79 | 3.09 | 54.10 |
| 集体分配股息和红利 | 元/人 | 27.66 | 50.72 | 23.06 | 83.38 |

# 2－3－8 续表 1

| 指　　标 | 单　位 | 数　量 | | 2012年比2011年增加 | |
|---|---|---|---|---|---|
| | | 2011年 | 2012年 | 绝对值 | % |
| 储蓄性保险投资收入 | 元/人 | 0.31 | 0.04 | －0.26 | －85.62 |
| 转让承包土地经营权收入 | 元/人 | 65.78 | 97.07 | 31.29 | 47.56 |
| 其他 | 元/人 | 10.29 | 5.98 | －4.32 | －41.94 |
| 转移性收入 | 元/人 | 820.85 | 1214.81 | 393.96 | 47.99 |
| 家庭住户成员寄回和带回 | 元/人 | 0.93 | | －0.93 | －100.00 |
| 城市亲友赠送 | 元/人 | 16.32 | 24.54 | 8.21 | 50.32 |
| 农村亲友赠送 | 元/人 | 60.87 | 87.71 | 26.84 | 44.09 |
| 离退休金、养老金 | 元/人 | 57.11 | 92.87 | 35.75 | 62.60 |
| 城市亲友支付赡养费 | 元/人 | 6.52 | 3.69 | －2.83 | －43.36 |
| 农村亲友支付赡养费 | 元/人 | 7.63 | 7.92 | 0.29 | 3.81 |
| 救济金 | 元/人 | 2.65 | 3.90 | 1.25 | 46.93 |
| 抚恤金 | 元/人 | 0.50 | | －0.50 | －100.00 |
| 救灾款 | 元/人 | 0.60 | 0.95 | 0.36 | 59.30 |
| 退税 | 元/人 | 3.59 | 0.88 | －2.72 | －75.63 |
| 退耕还林还草补贴 | 元/人 | 180.18 | 163.91 | －16.27 | －9.03 |
| 无偿扶贫或扶持款 | 元/人 | 3.28 | 11.45 | 8.16 | 248.87 |
| 得到赔款 | 元/人 | 4.29 | 12.14 | 7.85 | 182.98 |
| 粮食直接补贴 | 元/人 | 248.85 | 233.18 | －15.67 | －6.30 |
| 购置和更新大型农机具补贴 | 元/人 | 1.71 | 10.95 | 9.24 | 540.09 |
| 良种补贴收入 | 元/人 | 18.21 | 26.55 | 8.34 | 45.83 |
| 购买生产资料综合补贴 | 元/人 | 46.89 | 89.33 | 42.45 | 90.53 |
| 领取养殖业补贴 | 元/人 | 2.96 | 5.73 | 2.77 | 93.40 |
| 领取最低生活保障费 | 元/人 | 38.08 | 51.45 | 13.36 | 35.09 |
| 领取新型农村养老保险 | 元/人 | 23.86 | 38.51 | 14.66 | 61.44 |
| 其他来自政府的补贴 | 元/人 | 68.04 | 206.58 | 138.54 | 203.62 |
| 其他 | 元/人 | 27.78 | 142.58 | 114.80 | 413.27 |
| 非收入现金所得 | 元/人 | 4603.37 | 3824.51 | －778.86 | －16.92 |
| 非借贷性现金所得 | 元/人 | 1326.40 | 900.54 | －425.85 | －32.11 |
| 借贷性现金所得 | 元/人 | 3276.97 | 2923.97 | －353.00 | －10.77 |

# 2－3－8 续表 2

| 指　　标 | 单　位 | 数　量 | | 2012 年比 2011 年增加 | |
|---|---|---|---|---|---|
| | | 2011 年 | 2012 年 | 绝对值 | % |
| 生产费用支出 | 元/人 | 4665.89 | 5285.04 | 619.15 | 13.27 |
| 家庭经营费用支出 | 元/人 | 3955.32 | 4652.04 | 696.71 | 17.61 |
| 第一产业生产费用支出 | 元/人 | 3634.53 | 4404.24 | 769.71 | 21.18 |
| 农业生产费用支出 | 元/人 | 2210.53 | 2578.21 | 367.68 | 16.63 |
| 林业生产费用支出 | 元/人 | 15.76 | 11.76 | －4.01 | －25.41 |
| 牧业生产费用支出 | 元/人 | 1407.26 | 1813.59 | 406.34 | 28.87 |
| 渔业生产费用支出 | 元/人 | 0.98 | 0.68 | －0.30 | －30.87 |
| 第二产业生产费用支出 | 元/人 | 70.83 | 39.54 | －31.29 | －44.17 |
| 工业生产费用支出 | 元/人 | 37.21 | 0.08 | －37.14 | －99.79 |
| 建筑业生产费用支出 | 元/人 | 33.62 | 39.47 | 5.85 | 17.40 |
| 第三产业生产费用支出 | 元/人 | 249.96 | 208.25 | －41.71 | －16.69 |
| 交通运输邮电业生产费用支出 | 元/人 | 156.33 | 100.58 | －55.75 | －35.66 |
| 批零贸易餐饮业生产费用支出 | 元/人 | 60.84 | 70.53 | 9.69 | 15.92 |
| 社会服务业生产费用支出 | 元/人 | 11.27 | 20.13 | 8.86 | 78.62 |
| 文教卫生业生产费用支出 | 元/人 | 4.98 | 2.43 | －2.55 | －51.28 |
| 其他行业生产费用支出 | 元/人 | 16.54 | 14.59 | －1.95 | －11.82 |
| 购置生产性固定资产支出 | 元/人 | 700.68 | 626.37 | －74.31 | －10.61 |
| 税费支出 | 元/人 | 7.27 | 3.61 | －3.66 | －50.35 |
| 生活消费支出 | 元/人 | 4827.99 | 5731.21 | 903.22 | 18.71 |
| 食品消费支出 | 元/人 | 1479.67 | 1808.01 | 328.35 | 22.19 |
| 衣　着 | 元/人 | 394.79 | 481.71 | 86.92 | 22.02 |
| 居　住 | 元/人 | 788.44 | 1000.88 | 212.44 | 26.94 |
| 家庭设备.用品及服务 | 元/人 | 243.15 | 268.10 | 24.95 | 10.26 |
| 交通和通讯 | 元/人 | 728.94 | 912.25 | 183.31 | 25.15 |
| 文化教育.娱乐用品及服务 | 元/人 | 525.89 | 513.97 | －11.93 | －2.27 |
| 医疗保健 | 元/人 | 534.18 | 588.87 | 54.68 | 10.24 |
| 其他商品和服务 | 元/人 | 132.92 | 157.42 | 24.50 | 18.43 |
| 财产性支出 | 元/人 | 8.20 | 5.88 | －2.31 | －28.22 |
| 转移性支出 | 元/人 | 913.26 | 995.14 | 81.88 | 8.97 |

# 2-3-9 农牧民家庭出售农产品情况

| 指 标 | 单 位 | 数 量 | | 2012年比2011年增加 | |
|---|---|---|---|---|---|
| | | 2011年 | 2012年 | 绝对值 | % |
| 农 业 | | | | | |
| 谷物数量 | 公斤/人 | 1078.96 | 1068.79 | -10.17 | -0.94 |
| 金 额 | 元/人 | 1901.57 | 2040.95 | 139.37 | 7.33 |
| 出售小麦数量 | 公斤/人 | 15.92 | 17.47 | 1.54 | 9.70 |
| 出售小麦金额 | 元/人 | 40.39 | 44.58 | 4.19 | 10.36 |
| 出售稻谷数量 | 公斤/人 | 17.35 | 13.78 | -3.58 | -20.60 |
| 出售稻谷金额 | 元/人 | 46.12 | 39.47 | -6.65 | -14.41 |
| 出售玉米数量 | 公斤/人 | 943.26 | 954.20 | 10.95 | 1.16 |
| 出售玉米金额 | 元/人 | 1584.84 | 1764.42 | 179.58 | 11.33 |
| 出售高粱数量 | 公斤/人 | 62.66 | 38.46 | -24.20 | -38.62 |
| 出售高粱金额 | 元/人 | 112.42 | 74.15 | -38.27 | -34.04 |
| 出售谷子数量 | 公斤/人 | 32.85 | 34.30 | 1.45 | 4.41 |
| 出售谷子金额 | 元/人 | 93.35 | 86.86 | -6.50 | -6.96 |
| 出售其它谷物数量 | 公斤/人 | 6.91 | 10.58 | 3.67 | 53.05 |
| 出售其它谷物金额 | 元/人 | 24.45 | 31.46 | 7.02 | 28.71 |
| 出售薯类数量 | 公斤/人 | 24.45 | 25.32 | 0.87 | 3.55 |
| 出售薯类金额 | 元/人 | 116.65 | 100.64 | -16.01 | -13.73 |
| # 出售红薯数量 | 公斤/人 | | | | |
| 出售红薯金额 | 元/人 | | | | |
| 出售马铃薯数量 | 公斤/人 | 24.44 | 25.32 | 0.88 | 3.60 |
| 出售马铃薯金额 | 元/人 | 116.41 | 100.64 | -15.77 | -13.55 |

# 2－3－9 续表 1

| 指　　标 | 单　位 | 数　量 | | 2012 年比 2011 年增加 | |
|---|---|---|---|---|---|
| | | 2011 年 | 2012 年 | 绝对值 | % |
| 出售豆类数量 | 公斤/人 | 72.73 | 74.28 | 1.55 | 2.14 |
| 出售豆类金额 | 元/人 | 314.88 | 345.66 | 30.78 | 9.77 |
| # 出售大豆数量 | 公斤/人 | 41.16 | 34.65 | -6.51 | -15.81 |
| 出售大豆金额 | 元/人 | 149.25 | 140.90 | -8.35 | -5.60 |
| 出售油料数量 | 公斤/人 | 106.83 | 118.64 | 11.80 | 11.05 |
| 出售油料金额 | 元/人 | 627.20 | 769.63 | 142.44 | 22.71 |
| # 出售花生数量 | 公斤/人 | 1.67 | 2.76 | 1.10 | 65.78 |
| 出售花生金额 | 元/人 | 10.85 | 18.02 | 7.16 | 65.97 |
| 出售芝麻数量 | 公斤/人 | 0.25 | 0.09 | -0.17 | -66.22 |
| 出售芝麻金额 | 元/人 | 2.97 | 0.64 | -2.33 | -78.40 |
| 出售油菜籽数量 | 公斤/人 | 1.47 | 2.27 | 0.81 | 54.97 |
| 出售油菜籽金额 | 元/人 | 7.42 | 10.37 | 2.95 | 39.77 |
| 出售葵花籽数量 | 公斤/人 | 99.21 | 110.13 | 10.93 | 11.02 |
| 出售葵花籽金额 | 元/人 | 585.46 | 722.92 | 137.47 | 23.48 |
| 出售麻类数量 | 公斤/人 | 0.80 | 1.03 | 0.23 | 28.69 |
| 出售麻类金额 | 元/人 | 4.99 | 6.15 | 1.16 | 23.17 |
| 出售糖料数量 | 公斤/人 | 45.62 | 75.86 | 30.24 | 66.28 |
| 出售糖料金额 | 元/人 | 19.63 | 36.18 | 16.55 | 84.29 |
| # 出售甜菜数量 | 公斤/人 | 45.62 | 75.86 | 30.24 | 66.28 |
| 出售甜菜金额 | 元/人 | 19.63 | 36.18 | 16.55 | 84.29 |

# 2-3-9 续表 2

| 指　　标 | 单　位 | 数　量 | | 2012 年比 2011 年增加 | |
|---|---|---|---|---|---|
| | | 2011 年 | 2012 年 | 绝对值 | % |
| 出售烟草数量 | 公斤/人 | 0.47 | 0.15 | -0.32 | -68.35 |
| 出售烟草金额 | 元/人 | 5.41 | 1.24 | -4.18 | -77.15 |
| 出售蔬菜数量 | 公斤/人 | 232.41 | 240.21 | 7.79 | 3.35 |
| 出售蔬菜金额 | 元/人 | 254.39 | 286.28 | 31.89 | 12.54 |
| #出售鲜菜数量 | 公斤/人 | 232.36 | 239.92 | 7.56 | 3.25 |
| 出售鲜菜金额 | 元/人 | 253.73 | 285.71 | 31.97 | 12.60 |
| 出售干菜数量 | 公斤/人 | 0.01 | 0.28 | 0.27 | 2952.66 |
| 出售干菜金额 | 元/人 | 0.41 | 0.43 | 0.02 | 5.54 |
| 出售鲜菌数量 | 公斤/人 | 0.04 | 0.01 | -0.04 | -84.06 |
| 出售鲜菌金额 | 元/人 | 0.22 | 0.14 | -0.08 | -36.24 |
| 出售干菌数量 | 公斤/人 | | | | |
| 出售干菌金额 | 元/人 | 0.02 | | -0.02 | -100.00 |
| 出售花卉、园艺金额 | 元/人 | 2.49 | 1.68 | -0.81 | -32.55 |
| 出售瓜类数量 | 公斤/人 | 116.13 | 93.55 | -22.57 | -19.44 |
| 出售瓜类金额 | 元/人 | 119.71 | 89.99 | -29.72 | -24.83 |
| #出售西瓜数量 | 公斤/人 | 51.74 | 61.36 | 9.62 | 18.59 |
| 出售西瓜金额 | 元/人 | 33.78 | 39.61 | 5.83 | 17.27 |
| 出售甜瓜数量 | 公斤/人 | 64.10 | 32.20 | -31.90 | -49.77 |
| 出售甜瓜金额 | 元/人 | 84.27 | 50.38 | -33.89 | -40.22 |
| 出售园林水果数量 | 公斤/人 | 1.05 | 2.10 | 1.04 | 98.96 |
| 出售园林水果金额 | 元/人 | 3.15 | 9.76 | 6.61 | 209.51 |

# 2－3－10 农牧民家庭出售林产品情况

| 指　　标 | 单　位 | 数　量 | | 2012年比2011年增加 | |
|---|---|---|---|---|---|
| | | 2011年 | 2012年 | 绝对值 | % |
| 出售苹果数量 | 公斤/人 | 0.01 | 0.17 | 0.16 | 1451.60 |
| 出售苹果金额 | 元/人 | 0.03 | 0.67 | 0.64 | 2199.83 |
| 出售梨数量 | 公斤/人 | | | | |
| 出售梨金额 | 元/人 | | | | |
| 出售茶叶和其他饮料金额 | 元/人 | | | | |
| 出售中药材数量 | 公斤/人 | 0.42 | 0.15 | －0.28 | －65.53 |
| 出售中药材金额 | 元/人 | 1.66 | 0.67 | －0.99 | －59.50 |
| 出售其他种植业产品金额 | 元/人 | 22.98 | 8.64 | －14.34 | －62.41 |
| 出售采集野生植物金额 | 元/人 | 1.55 | 0.31 | －1.24 | －80.11 |
| 出售农作物副产品数量 | 公斤/人 | 54.02 | 35.66 | －18.37 | －34.00 |
| 出售农作物副产品金额 | 元/人 | 21.35 | 12.01 | －9.34 | －43.75 |
| 出售手工业产品金额 | 元/人 | 1.06 | 2.91 | 1.86 | 176.11 |
| # 酒 | 公斤/人 | | | | |
| 金额 | 元/人 | | | | |
| 出售专用农产品金额 | 元/人 | 176.94 | 112.92 | －64.02 | －36.18 |
| 林业 | 元/人 | 37.98 | 48.46 | 10.48 | 27.59 |
| 出售采集林产品金额 | 元/人 | 26.29 | 16.39 | －9.90 | －37.64 |
| 出售天然林和人工林地采集果实 | 元/人 | 2.16 | 1.42 | －0.74 | －34.36 |
| 出售采集野生植物和果实金额 | 元/人 | 24.13 | 14.98 | －9.15 | －37.93 |
| 出售竹木金额 | 元/人 | 10.57 | 20.69 | 10.11 | 95.67 |
| 出售育种.育苗金额 | 元/人 | 1.05 | 11.22 | 10.17 | 968.64 |
| 出售林业副产品金额 | 元/人 | 0.07 | 0.16 | 0.09 | 124.44 |
| 出售林业手工业产品金额 | 元/人 | | | | |

# 2－3－11 农牧民家庭出售牧产品情况

| 指　　标 | 单　位 | 数　量 | | 2012 年比 2011 年增加 | |
|---|---|---|---|---|---|
| | | 2011 年 | 2012 年 | 绝对值 | % |
| 出售肉猪及猪肉总重量 | 公斤/人 | 15.18 | 12.59 | －2.58 | －17.03 |
| 出售肉猪及猪肉总金额 | 元/人 | 317.57 | 281.86 | －35.71 | －11.25 |
| 出售肉猪的头数 | 头/人 | 0.15 | 0.12 | －0.03 | －17.48 |
| 出售肉猪的毛重 | 公斤/人 | 16.80 | 14.47 | －2.34 | －13.90 |
| 出售肉猪的金额 | 元/人 | 266.65 | 240.53 | －26.12 | －9.79 |
| 出售自宰猪的头数 | 头/人 | 0.02 | 0.02 | －0.01 | －31.39 |
| 出售自宰猪肉的数量 | 公斤/人 | 2.40 | 1.60 | －0.81 | －33.65 |
| 出售自宰猪肉的金额 | 元/人 | 50.92 | 41.33 | －9.60 | －18.84 |
| 出售菜羊及羊肉总重量 | 公斤/人 | 36.31 | 45.52 | 9.21 | 25.36 |
| 出售菜羊及羊肉总金额 | 元/人 | 986.78 | 1431.94 | 445.16 | 45.11 |
| 出售菜羊的头数 | 只/人 | 1.50 | 1.70 | 0.20 | 13.46 |
| 出售菜羊的毛重 | 公斤/人 | 51.05 | 64.10 | 13.06 | 25.57 |
| 出售菜羊的金额 | 元/人 | 959.82 | 1401.78 | 441.96 | 46.05 |
| 出售自宰菜羊的只数 | 只/人 | 0.03 | 0.03 | 0.00 | －13.33 |
| 出售自宰羊肉的数量 | 公斤/人 | 0.58 | 0.65 | 0.07 | 11.82 |
| 出售自宰羊肉的金额 | 元/人 | 26.96 | 30.16 | 3.20 | 11.88 |
| 出售肉牛及牛肉总重量 | 公斤/人 | 17.18 | 17.53 | 0.35 | 2.03 |
| 出售肉牛及牛肉总金额 | 元/人 | 396.46 | 472.87 | 76.41 | 19.27 |
| 出售肉牛的头数 | 头/人 | 0.10 | 0.09 | －0.01 | －12.38 |
| 出售肉牛的毛重 | 公斤/人 | 23.33 | 23.78 | 0.45 | 1.93 |
| 出售肉牛的金额 | 元/人 | 391.97 | 467.73 | 75.75 | 19.33 |
| 出售自宰牛的头数 | 头/人 | 0.00 | 0.00 | 0.00 | －11.67 |
| 出售自宰牛肉的数量 | 公斤/人 | 0.16 | 0.18 | 0.02 | 13.30 |
| 出售自宰牛肉的金额 | 元/人 | 4.48 | 5.14 | 0.66 | 14.63 |
| 出售其他活家畜及自宰畜头数 | 头/人 | 0.03 | 0.03 | 0.00 | －2.60 |

# 2－3－12 农牧民家庭购买生活生产性消费品情况

| 指　　标 | 单　位 | 数　量 | | 2012 年比 2011 年增加 | |
|---|---|---|---|---|---|
| | | 2011 年 | 2012 年 | 绝对值 | % |
| 购买生活消费品情况 | | | | | |
| 食品类 | 元/人 | 1192.49 | 1504.45 | 311.96 | 26.16 |
| 购买谷物数量 | 公斤/人 | 100.32 | 114.85 | 14.53 | 14.48 |
| 购买谷物金额 | 元/人 | 289.61 | 349.93 | 60.33 | 20.83 |
| #购买小麦 | 公斤/人 | 4.41 | 5.66 | 1.25 | 28.48 |
| 金　额 | 元/人 | 14.10 | 17.76 | 3.66 | 25.93 |
| 购买面粉 | 公斤/人 | 47.01 | 52.02 | 5.01 | 10.67 |
| 金　额 | 元/人 | 116.67 | 135.22 | 18.54 | 15.89 |
| 购买稻谷 | 公斤/人 | 2.29 | 0.89 | －1.40 | －61.26 |
| 金　额 | 元/人 | 9.47 | 4.08 | －5.39 | －56.94 |
| 购买大米 | 公斤/人 | 40.81 | 46.65 | 5.84 | 14.31 |
| 金　额 | 元/人 | 125.58 | 157.40 | 31.82 | 25.34 |
| 购买玉米 | 公斤/人 | 1.00 | 3.63 | 2.63 | 263.81 |
| 金　额 | 元/人 | 1.98 | 7.56 | 5.57 | 280.87 |
| 购买玉米面 | 公斤/人 | 0.11 | 0.13 | 0.02 | 16.30 |
| 金　额 | 元/人 | 0.31 | 0.35 | 0.04 | 11.27 |
| 购买高粱 | 公斤/人 | 0.07 | 0.06 | 0.02 | －24.04 |
| 金　额 | 元/人 | 0.27 | 0.19 | －0.08 | －28.10 |
| 购买谷子 | 公斤/人 | 0.93 | 1.02 | 0.09 | 9.57 |
| 金　额 | 元/人 | 4.16 | 4.63 | 0.48 | 11.46 |
| 购买薯类 | 公斤/人 | 1.37 | 1.21 | －0.17 | －12.25 |
| 金　额 | 元/人 | 10.70 | 11.81 | 1.11 | 10.35 |
| # 购买红薯 | 公斤/人 | 0.03 | 0.08 | 0.05 | 166.72 |
| 金　额 | 元/人 | 0.30 | 1.02 | 0.71 | 234.39 |
| 购买马铃薯 | 公斤/人 | 1.11 | 0.92 | －0.19 | －16.96 |
| 金　额 | 元/人 | 6.79 | 7.10 | 0.30 | 4.48 |

# 2-3-12 续表 1

| 指　　标 | 单　位 | 数　量 | | 2012 年比 2011 年增加 | |
|---|---|---|---|---|---|
| | | 2011 年 | 2012 年 | 绝对值 | % |
| #购买大豆 | 公斤/人 | 0.21 | 0.26 | 0.05 | 23.88 |
| 金　额 | 元/人 | 1.02 | 1.43 | 0.41 | 40.19 |
| 购买食用油 | 公斤/人 | 3.54 | 4.39 | 0.84 | 23.84 |
| 金　额 | 元/人 | 44.33 | 64.45 | 20.11 | 45.37 |
| #购买植物油 | 公斤/人 | 3.27 | 4.09 | 0.82 | 24.97 |
| 金　额 | 元/人 | 39.96 | 59.59 | 19.64 | 49.14 |
| 购买动物油 | 公斤/人 | 0.27 | 0.30 | 0.03 | 10.14 |
| 金　额 | 元/人 | 4.38 | 4.86 | 0.48 | 10.89 |
| 购买蔬菜及制品金额 | 公斤/人 | 108.80 | 129.44 | 20.64 | 18.97 |
| 购买蔬菜 | 元/人 | 41.43 | 47.47 | 6.04 | 14.57 |
| 金　额 | 公斤/人 | 106.76 | 126.47 | 19.72 | 18.47 |
| 购买鲜菜 | 元/人 | 41.16 | 47.23 | 6.08 | 14.76 |
| 金　额 | 公斤/人 | 104.95 | 124.20 | 19.25 | 18.34 |
| 购买干菜 | 元/人 | 0.19 | 0.10 | -0.09 | -47.31 |
| 金　额 | 公斤/人 | 1.19 | 1.18 | -0.01 | -0.86 |
| 购买菜制品 | 元/人 | 0.09 | 0.14 | 0.05 | 56.56 |
| 金　额 | 公斤/人 | 0.62 | 1.09 | 0.48 | 77.84 |
| 购买菌类 | 元/人 | 0.14 | 0.17 | 0.03 | 22.53 |
| 金　额 | 公斤/人 | 2.04 | 2.97 | 0.92 | 45.12 |
| 购买鲜菌 | 元/人 | 0.10 | 0.13 | 0.04 | 38.77 |
| 金　额 | 公斤/人 | 0.70 | 1.50 | 0.80 | 114.75 |
| 购买干菌 | 元/人 | 0.04 | 0.03 | -0.01 | -16.11 |
| 金　额 | 公斤/人 | 1.30 | 1.42 | 0.12 | 8.93 |
| 购买菌制品 | 元/人 | | 0.00 | 0.00 | 49.64 |
| 金　额 | 公斤/人 | 0.04 | 0.04 | 0.00 | 4.45 |

# 2-3-12 续表 2

| 指　　标 | 单　位 | 数　量 | | 2012年比2011年增加 | |
|---|---|---|---|---|---|
| | | 2011年 | 2012年 | 绝对值 | % |
| 购买肉、禽、蛋、奶及其制品金额 | 元/人 | 249.37 | 358.12 | 108.75 | 43.61 |
| #购买猪肉 | 公斤/人 | 4.80 | 6.16 | 1.36 | 28.34 |
| 金　额 | 元/人 | 103.38 | 156.02 | 52.64 | 50.92 |
| 购买牛肉 | 公斤/人 | 0.86 | 0.94 | 0.08 | 9.06 |
| 金　额 | 元/人 | 25.78 | 35.48 | 9.70 | 37.61 |
| 购买羊肉 | 公斤/人 | 0.92 | 0.99 | 0.07 | 8.16 |
| 金　额 | 元/人 | 31.44 | 43.99 | 12.56 | 39.94 |
| 购买鸡 | 公斤/人 | 2.01 | 2.19 | 0.18 | 8.69 |
| 金　额 | 元/人 | 26.65 | 32.12 | 5.48 | 20.56 |
| 购买鸭 | 公斤/人 | 0.04 | 0.03 | -0.01 | -27.73 |
| 金　额 | 元/人 | 0.47 | 0.39 | -0.07 | -15.54 |
| 购买鲜鸡蛋 | 公斤/人 | 1.91 | 2.57 | 0.66 | 34.49 |
| 金　额 | 元/人 | 15.67 | 23.01 | 7.34 | 46.85 |
| 购买鲜鸭蛋 | 公斤/人 | 0.02 | 0.08 | 0.05 | 218.64 |
| 金　额 | 元/人 | 0.27 | 0.69 | 0.42 | 158.99 |
| 购买鲜奶 | 公斤/人 | 2.99 | 3.74 | 0.76 | 25.43 |
| 金　额 | 元/人 | 15.94 | 20.34 | 4.40 | 27.57 |
| 购买酥油 | 公斤/人 | 0.01 | 0.01 | 0.00 | -26.79 |
| 金　额 | 元/人 | 0.30 | 0.12 | -0.18 | -59.72 |
| 购买水产品及制品金额 | 元/人 | 24.12 | 28.77 | 4.65 | 19.27 |
| #购买海水鱼类 | 公斤/人 | 0.43 | 0.44 | 0.01 | 2.55 |
| 金　额 | 元/人 | 4.75 | 6.03 | 1.28 | 26.92 |
| 购买淡水鱼类 | 公斤/人 | 1.57 | 1.50 | -0.06 | -4.04 |
| 金　额 | 元/人 | 17.67 | 20.86 | 3.20 | 18.11 |

# 2-3-12 续表 3

| 指　　标 | 单 位 | 数 量 | | 2012年比2011年增加 | |
|---|---|---|---|---|---|
| | | 2011年 | 2012年 | 绝对值 | % |
| 购买淡水虾类 | 公斤/人 | 0.02 | 0.03 | 0.01 | 64.49 |
| 金　额 | 元/人 | 0.36 | 0.64 | 0.27 | 74.67 |
| 购买烟、酒金额 | 元/人 | 230.96 | 280.87 | 49.91 | 21.61 |
| #购买卷烟 | 盒/人 | 29.16 | 32.45 | 3.29 | 11.27 |
| 金　额 | 元/人 | 136.91 | 165.92 | 29.00 | 21.18 |
| 购买烟丝、烟叶 | 公斤/人 | 0.07 | 0.12 | 0.05 | 82.13 |
| 金　额 | 元/人 | 1.35 | 1.89 | 0.53 | 39.28 |
| 购买啤酒 | 公斤/人 | 6.15 | 7.86 | 1.71 | 27.89 |
| 金　额 | 元/人 | 22.24 | 31.56 | 9.32 | 41.91 |
| 购买白酒 | 公斤/人 | 5.99 | 6.01 | 0.02 | 0.38 |
| 金　额 | 元/人 | 69.68 | 80.94 | 11.26 | 16.17 |
| 购买果酒 | 公斤/人 | 0.04 | 0.03 | -0.01 | -27.25 |
| 金　额 | 元/人 | 0.23 | 0.37 | 0.15 | 63.96 |
| 购买茶叶、饮料金额 | 元/人 | 26.66 | 30.46 | 3.80 | 14.26 |
| #购买茶叶 | 公斤/人 | 0.46 | 0.47 | 0.01 | 2.19 |
| 金　额 | 元/人 | 9.94 | 11.23 | 1.28 | 12.89 |
| 购买冷饮金额 | 元/人 | 4.56 | 4.95 | 0.39 | 8.47 |
| 购买碳酸类饮料金额 | 元/人 | 1.99 | 2.33 | 0.33 | 16.69 |
| 购买其他种类食品金额 | 元/人 | 203.88 | 245.72 | 41.84 | 20.52 |
| # 购买豆制品 | 元/人 | 5.04 | 5.36 | 0.32 | 6.36 |
| 购买调味 | 元/人 | 30.75 | 33.25 | 2.50 | 8.13 |
| 购买食糖 | 公斤/人 | 0.91 | 0.92 | 0.01 | 1.30 |
| 金　额 | 元/人 | 6.60 | 7.59 | 0.99 | 15.08 |
| 购买西瓜 | 公斤/人 | 5.82 | 5.87 | 0.05 | 0.83 |
| 金　额 | 元/人 | 6.72 | 7.99 | 1.26 | 18.80 |
| 购买其他果用瓜 | 公斤/人 | 0.36 | 0.47 | 0.11 | 29.75 |
| 金　额 | 元/人 | 1.02 | 1.63 | 0.61 | 59.89 |
| 购买水果 | 公斤/人 | 10.93 | 13.38 | 2.45 | 22.43 |
| 金　额 | 元/人 | 53.23 | 68.68 | 15.45 | 29.02 |

# 2-3-12 续表 4

| 指　　标 | 单　位 | 数　量 | | 2012 年比 2011 年增加 | |
|---|---|---|---|---|---|
| | | 2011 年 | 2012 年 | 绝对值 | % |
| 购买坚果、果仁及制品 | 元/人 | 4.77 | 6.94 | 2.17 | 45.42 |
| 购买糖果 | 元/人 | 5.58 | 7.39 | 1.80 | 32.33 |
| 购买糕点 | 元/人 | 14.99 | 17.86 | 2.88 | 19.19 |
| 购买营养滋补品 | 元/人 | 3.20 | 3.31 | 0.10 | 3.26 |
| 衣着类 | 元/人 | 414.14 | 510.59 | 96.45 | 23.29 |
| # 购买服装 | 件/人 | 3.34 | 3.25 | -0.09 | -2.61 |
| 金　额 | 元/人 | 297.30 | 363.66 | 66.36 | 22.32 |
| 购买鞋类 | 双/人 | 1.62 | 1.68 | 0.06 | 3.67 |
| 金　额 | 元/人 | 89.96 | 112.82 | 22.87 | 25.42 |
| 居住类 | 元/人 | 590.01 | 725.99 | 135.98 | 23.05 |
| 购买建筑生活用房材料支出 | 元/人 | 151.16 | 223.21 | 72.05 | 47.67 |
| # 购买水泥 | 公斤/人 | 53.16 | 66.76 | 13.60 | 25.59 |
| 金　额 | 元/人 | 19.99 | 27.48 | 7.49 | 37.44 |
| 购买木材 | 立方米/人 | 0.04 | 0.04 | 0.00 | -8.78 |
| 金　额 | 元/人 | 12.38 | 13.03 | 0.65 | 5.27 |
| 购买钢材 | 公斤/人 | 3.08 | 3.64 | 0.57 | 18.46 |
| 金　额 | 元/人 | 15.10 | 15.68 | 0.58 | 3.83 |
| 购买玻璃 | 立方米/人 | 0.01 | 0.01 | 0.00 | 9.17 |
| 金　额 | 元/人 | 0.16 | 0.25 | 0.08 | 51.57 |
| 购买砖 | 块/人 | 160.42 | 171.01 | 10.59 | 6.60 |
| 金　额 | 元/人 | 55.60 | 66.65 | 11.05 | 19.88 |
| 购买生活用房支出 | 元/人 | 98.50 | 107.16 | 8.67 | 8.80 |
| 购买生活用燃料 | 元/人 | 218.89 | 231.27 | 12.38 | 5.65 |
| # 购买柴 | 公担/人 | 0.06 | 0.03 | -0.03 | -49.92 |
| 金　额 | 元/人 | 0.65 | 0.23 | -0.41 | -63.90 |
| 购买煤 | 公斤/人 | 347.15 | 365.94 | 18.79 | 5.41 |
| 金　额 | 元/人 | 211.97 | 222.40 | 10.43 | 4.92 |
| 液化气 | 元/人 | 5.76 | 7.80 | 2.04 | 35.38 |
| 购买生活用水 | 吨/人 | 3.53 | 4.36 | 0.83 | 23.50 |
| 金　额 | 元/人 | 6.95 | 8.99 | 2.03 | 29.26 |

# 2－3－12 续表 5

| 指　　标 | 单　位 | 数　量 | | 2012 年比 2011 年增加 | |
|---|---|---|---|---|---|
| | | 2011 年 | 2012 年 | 绝对值 | % |
| 购买生活用电 | 度/人 | 179.52 | 210.47 | 30.96 | 17.25 |
| 金　额 | 元/人 | 103.04 | 112.26 | 9.21 | 8.94 |
| 家用设备和日用品 | 元/人 | 234.88 | 273.46 | 38.58 | 16.42 |
| 交通、通讯工具和用品 | 元/人 | 439.55 | 590.41 | 150.86 | 34.32 |
| 文化、教育、体育、娱乐用品 | 元/人 | 136.81 | 158.00 | 21.20 | 15.49 |
| 医疗卫生、保健用品 | 元/人 | 220.57 | 249.05 | 28.48 | 12.91 |
| #购买药品 | 元/人 | 216.29 | 241.66 | 25.37 | 11.73 |
| 其他杂项商品 | 元/人 | 76.57 | 83.51 | 6.93 | 9.06 |
| 购买首饰 | 元/人 | 30.97 | 29.09 | －1.88 | －6.07 |
| 购买生产资料 | 元/人 | 2669.54 | 3363.52 | 693.98 | 26.00 |
| 购买农业用种籽、种苗 | 公斤/人 | 32.26 | 33.09 | 0.83 | 2.56 |
| 金　额 | 元/人 | 297.89 | 376.90 | 79.01 | 26.52 |
| 购买小麦种籽 | 公斤/人 | 0.60 | 1.12 | 0.52 | 85.39 |
| 金　额 | 元/人 | 1.91 | 4.08 | 2.16 | 113.08 |
| 购买稻谷种籽 | 公斤/人 | 0.48 | 0.29 | －0.19 | －40.50 |
| 金　额 | 元/人 | 2.60 | 1.80 | －0.80 | －30.72 |
| 购买玉米种籽 | 公斤/人 | 10.82 | 12.09 | 1.26 | 11.68 |
| 金　额 | 元/人 | 117.21 | 179.41 | 62.20 | 53.07 |
| 购买其他粮食种籽 | 公斤/人 | 14.37 | 13.41 | －0.96 | －6.69 |
| 金　额 | 元/人 | 64.51 | 56.58 | －7.93 | －12.29 |
| 购买其他种籽、种苗 | 公斤/人 | 5.99 | 6.19 | 0.20 | 3.38 |
| 金　额 | 元/人 | 111.64 | 135.02 | 23.37 | 20.94 |
| 购买农业用饲料 | 公斤/人 | 9.21 | 3.08 | －6.14 | －66.61 |
| 金　额 | 元/人 | 19.93 | 8.39 | －11.54 | －57.89 |
| 购买农业用其他生产资料 | 公斤/人 | 1035.20 | 1315.92 | 280.72 | 27.12 |
| # 购买化肥 | 公斤/人 | 222.56 | 302.02 | 79.46 | 35.70 |
| 金　额 | 公斤/人 | 533.76 | 789.39 | 255.63 | 47.89 |

# 2－3－12 续表6

| 指　　标 | 单　位 | 数　量 | | 2012年比2011年增加 | |
|---|---|---|---|---|---|
| | | 2011年 | 2012年 | 绝对值 | % |
| 购买微量元素肥 | 克/人 | 1.47 | 2.15 | 0.68 | 46.63 |
| 金　额 | 元/人 | 2.68 | 6.77 | 4.10 | 153.13 |
| 购买饼肥 | 公斤/人 | 1.35 | 0.33 | －1.02 | －75.56 |
| 金　额 | 元/人 | 4.76 | 1.18 | －3.58 | －75.23 |
| 购买农药 | 元/人 | 64.23 | 84.63 | 20.39 | 31.75 |
| 购买薄膜 | 公斤/人 | 5.87 | 4.88 | －0.99 | －16.88 |
| 金　额 | 元/人 | 75.30 | 56.70 | －18.60 | －24.70 |
| 购买燃料 | 公斤/人 | 36.38 | 35.83 | －0.55 | －1.52 |
| 金　额 | 元/人 | 265.15 | 270.17 | 5.02 | 1.89 |
| 购买林业用饲料 | 公斤/人 | 0.13 | 0.20 | 0.07 | 58.11 |
| 金　额 | 元/人 | 0.47 | 0.65 | 0.18 | 38.02 |
| 购买林业用其他生产资料 | 元/人 | 10.35 | 5.63 | －4.73 | －45.63 |
| # 购买树种 | 公斤/人 | 0.05 | 0.03 | －0.02 | －35.81 |
| 金　额 | 元/人 | 2.80 | 0.93 | －1.86 | －66.60 |
| 购买树苗 | 株/人 | 4.39 | 1.44 | －2.95 | －67.17 |
| 金　额 | 元/人 | 6.19 | 3.55 | －2.64 | －42.63 |
| 购买化肥 | 公斤/人 | 0.04 | 0.37 | 0.33 | 906.81 |
| 购买牧业用饲料 | 公斤/人 | 298.68 | 474.36 | 175.68 | 58.82 |
| 金　额 | 元/人 | 575.33 | 948.85 | 373.52 | 64.92 |
| 购买牧业用其他生产资料 | 元/人 | 527.84 | 546.36 | 18.51 | 3.51 |
| #　购买仔、幼畜 | 头/人 | 0.34 | 0.25 | －0.09 | －26.81 |
| 金　额 | 元/人 | 93.86 | 98.80 | 4.94 | 5.27 |
| 购买育肥周转畜 | 头/人 | 0.32 | 0.27 | －0.05 | －15.53 |
| 金　额 | 元/人 | 238.84 | 240.90 | 2.06 | 0.86 |
| 仔、幼禽 | 元/人 | 15.47 | 14.09 | －1.38 | －8.90 |
| 仔、幼小动物 | 元/人 | 4.61 | 15.97 | 11.36 | 246.32 |
| 购买种蛋 | 公斤/人 | 0.00 | 0.04 | 0.04 | 832.88 |
| 金　额 | 元/人 | 0.04 | 0.79 | 0.75 | 1694.75 |
| 兽　药 | 元/人 | 40.42 | 39.13 | －1.29 | －3.19 |
| 燃　料 | 元/人 | 85.28 | 84.21 | －1.07 | －1.25 |
| 购买渔业用生产饲料金额 | 元/人 | 0.08 | 0.05 | －0.03 | －38.61 |
| 购买渔业用生产资料金额 | 元/人 | 0.28 | 0.59 | 0.31 | 111.31 |

# 2－3－12 续表 7

| 指　　标 | 单　位 | 数　量 | | 2012 年比 2011 年增加 | |
|---|---|---|---|---|---|
| | | 2011 年 | 2012 年 | 绝对值 | % |
| 购买工业生产用原料 | 元/人 | 31.31 | | －31.31 | －100.00 |
| 购买工业用燃料 | 公斤/人 | 0.26 | 0.00 | －0.26 | －98.53 |
| 金　额 | 元/人 | 1.80 | 0.03 | －1.77 | －98.35 |
| 购买建筑业生产用原料 | 元/人 | 1.11 | 9.18 | 8.06 | 723.42 |
| 购买建筑业生产用燃料 | 公斤/人 | 1.43 | 0.47 | －0.96 | －67.08 |
| 金　额 | 元/人 | 10.42 | 3.84 | －6.58 | －63.16 |
| 购买交通运输业邮电业燃料 | 公斤/人 | 12.13 | 6.99 | －5.14 | －42.39 |
| 金　额 | 元/人 | 88.27 | 54.59 | －33.69 | －38.16 |
| 购买批零贸易业用原料 | 元/人 | 11.67 | 6.03 | －5.64 | －48.33 |
| 购买批零贸易业用燃料 | 公斤/人 | 0.79 | 0.51 | －0.27 | －34.49 |
| 金　额 | 元/人 | 5.59 | 3.84 | －1.75 | －31.27 |
| 购买社会服务业用原料 | 元/人 | 3.10 | 1.73 | －1.37 | －44.25 |
| 购买社会服务业用燃料 | 公斤/人 | 0.18 | 0.76 | 0.58 | 316.77 |
| 金　额 | 元/人 | 1.30 | 5.57 | 4.27 | 327.40 |
| 购买文教卫生业用原料 | 元/人 | 0.55 | 0.30 | －0.25 | －44.96 |
| 购买文教卫生业用燃料 | 公斤/人 | 0.27 | | －0.27 | －100.00 |
| 金　额 | 元/人 | 0.86 | | 0.86 | 100.00 |
| 购买其他行业用原料 | 元/人 | 2.38 | 0.90 | －1.49 | －62.38 |
| 购买其他行业用燃料 | 公斤/人 | 0.89 | 1.13 | 0.24 | 26.79 |
| 金　额 | 元/人 | 6.28 | 8.43 | 2.15 | 34.16 |
| 购买生产用电 | 度/人 | 101.64 | 75.67 | －25.98 | －25.56 |
| 金　额 | 元/人 | 45.39 | 34.09 | －11.30 | －24.89 |
| 购买生产性固定资产情况 | | 700.68 | 626.37 | －74.31 | －10.61 |
| 购买建筑生产用建筑物材料 | 元/人 | 100.21 | 41.93 | －58.27 | －58.15 |
| 购买生产用房间数 | 间/百户 | 0.21 | 1.80 | 1.59 | 755.29 |
| 面　积 | 立方米/百户 | 14.31 | 33.01 | 18.70 | 130.68 |
| 金　额 | 元/百户 | 1328.87 | 9660.19 | 8331.32 | 626.95 |

# 2－3－12 续表 8

| 指　　标 | 单　位 | 数　量 | | 2012 年比 2011 年增加 | |
|---|---|---|---|---|---|
| | | 2011 年 | 2012 年 | 绝对值 | % |
| 购买役畜 | 头/百户 | 2.40 | 1.17 | －1.23 | －51.41 |
| 金　额 | 元/百户 | 6633.53 | 4071.36 | －2562.17 | －38.62 |
| 购买产品畜 | 头/百户 | 11.50 | 9.03 | －2.47 | －21.47 |
| 金　额 | 元/百户 | 23918.00 | 19800.38 | －4117.62 | －17.22 |
| 购买农林牧渔业机械支出 | 元/百户 | 109911.07 | 134711.36 | 24800.29 | 22.56 |
| #购买大中型铁木家具 | 元/百户 | 9592.50 | 14275.83 | 4683.32 | 48.82 |
| 购买小型拖拉机 | 台/百户 | 4.04 | 3.01 | －1.03 | －25.50 |
| 金　额 | 元/百户 | 43978.04 | 37072.82 | －6905.23 | －15.70 |
| 购买大中型拖拉机 | 台/百户 | 0.46 | 0.73 | 0.27 | 57.64 |
| 金　额 | 元/百户 | 13972.32 | 36281.55 | 22309.23 | 159.67 |
| 购买机动脱粒机 | 台/百户 | 1.68 | 1.21 | －0.47 | －27.86 |
| 金　额 | 元/百户 | 2905.27 | 1869.90 | －1035.36 | －35.64 |
| 购买收割机 | 台/百户 | 0.99 | 0.58 | －0.41 | －41.07 |
| 金　额 | 元/百户 | 6275.15 | 12387.86 | 6112.72 | 97.41 |
| 购买动力机 | 台/百户 | 1.18 | 0.97 | －0.21 | －17.56 |
| 金　额 | 元/百户 | 2187.58 | 1783.35 | －404.23 | －18.48 |
| 购买胶轮大车 | 辆/百户 | 0.10 | 0.19 | 0.09 | 89.17 |
| 金　额 | 元/百户 | 378.18 | 87.38 | －290.80 | －76.90 |
| 购买水泵 | 台/百户 | 5.21 | 6.65 | 1.44 | 27.66 |
| 金　额 | 元/百户 | 3497.11 | 4637.77 | 1140.66 | 32.62 |
| 购买风力发电机 | 台/百户 | 0.37 | 0.29 | －0.08 | －20.95 |
| 金　额 | 元/百户 | 1864.94 | 260.92 | －1604.02 | －86.01 |
| 购买工业机械支出 | 元/百户 | | 194.17 | 194.17 | |
| 购买运输机械支出 | 元/百户 | 45164.62 | 14702.91 | －30461.71 | －67.45 |
| #购买大中型拖拉机 | 辆/百户 | | 0.10 | 0.10 | |
| 金　额 | 元/百户 | | 1067.96 | 1067.96 | |
| 购买小型拖拉机 | 辆/百户 | 0.30 | 0.24 | －0.06 | －19.11 |
| 金　额 | 元/百户 | 3130.74 | 2912.62 | －218.12 | －6.97 |
| 购买汽车 | 辆/百户 | 0.46 | 0.05 | －0.41 | －89.37 |
| 金　额 | 元/百户 | 33305.63 | 1174.76 | －32130.88 | －96.47 |
| 购买胶轮大车 | 辆/百户 | | | | |
| 金　额 | 元/百户 | | | | |

# 2－3－13 农牧民家庭食物消费量情况

| 指　　标 | 单　位 | 数　量 | | 2012 年比 2011 年增加 | |
|---|---|---|---|---|---|
| | | 2011 年 | 2012 年 | 绝对值 | % |
| **粮食消费量** | **公斤/人** | **165.43** | **181.91** | **16.48** | **9.96** |
| 谷物消费量 | 公斤/人 | 155.66 | 172.07 | 16.41 | 10.54 |
| 小　麦 | 公斤/人 | 70.34 | 77.31 | 6.96 | 9.90 |
| 稻　谷 | 公斤/人 | 44.80 | 49.38 | 4.58 | 10.22 |
| 玉　米 | 公斤/人 | 13.34 | 19.70 | 6.36 | 47.68 |
| 高　粱 | 公斤/人 | 0.17 | 0.18 | 0.01 | 8.44 |
| 谷　子 | 公斤/人 | 11.10 | 9.68 | －1.42 | －12.77 |
| 青　稞 | 公斤/人 | 0.00 | 0.02 | 0.02 | 517.22 |
| 其他谷物 | 公斤/人 | 15.91 | 15.80 | －0.10 | －0.66 |
| 薯类消费量 | 公斤/人 | 6.71 | 7.01 | 0.30 | 4.49 |
| 红　薯 | 公斤/人 | 0.03 | 0.08 | 0.05 | 166.72 |
| 马铃薯 | 公斤/人 | 6.39 | 6.68 | 0.29 | 4.50 |
| 其他薯类 | 公斤/人 | 0.29 | 0.25 | －0.03 | －11.99 |
| 豆类消费量 | 公斤/人 | 3.07 | 2.84 | －0.23 | －7.43 |
| 大　豆 | 公斤/人 | 2.34 | 2.20 | －0.14 | －5.98 |
| 其他豆类 | 公斤/人 | 0.73 | 0.64 | －0.09 | －12.09 |
| 油脂类消费量 | 公斤/人 | 4.50 | 5.20 | 0.70 | 15.59 |
| 植物油 | 公斤/人 | 3.99 | 4.72 | 0.73 | 18.21 |
| 动物油 | 公斤/人 | 0.51 | 0.48 | －0.03 | －5.09 |
| 烟叶消费量 | 公斤/人 | 0.07 | 0.12 | 0.05 | 82.13 |
| 豆制品 | 公斤/人 | 1.09 | 1.11 | 0.01 | 1.27 |
| 蔬菜及菜制品消费量 | 公斤/人 | 63.04 | 68.74 | 5.70 | 9.04 |
| 鲜菜类 | 公斤/人 | 62.62 | 68.33 | 5.71 | 9.11 |
| 干菜类 | 公斤/人 | 0.19 | 0.10 | －0.09 | －47.31 |

# 2-3-13 续表

| 指标 | 单位 | 数量 | | 2012年比2011年增加 | |
|---|---|---|---|---|---|
| | | 2011年 | 2012年 | 绝对值 | % |
| 菜制品 | 公斤/人 | 0.09 | 0.14 | 0.05 | 56.56 |
| 鲜菌 | 公斤/人 | 0.10 | 0.13 | 0.04 | 38.77 |
| 干菌 | 公斤/人 | 0.04 | 0.03 | -0.01 | -16.11 |
| 菌制品 | 公斤/人 | 0.00 | 0.00 | 0.00 | 49.64 |
| 瓜类 | 公斤/人 | 7.53 | 7.51 | -0.02 | -0.23 |
| 西瓜 | 公斤/人 | 7.15 | 7.00 | -0.15 | -2.15 |
| 其他瓜果 | 公斤/人 | 0.38 | 0.52 | 0.14 | 35.49 |
| 水果类 | 公斤/人 | 11.23 | 13.52 | 2.29 | 20.37 |
| 消费茶叶 | 公斤/人 | 0.46 | 0.47 | 0.01 | 2.19 |
| 坚果消费量 | 公斤/人 | 0.40 | 0.58 | 0.18 | 46.16 |
| 肉禽及其制品 | 公斤/人 | 31.23 | 31.21 | -0.02 | -0.05 |
| 猪肉 | 公斤/人 | 19.85 | 20.22 | 0.37 | 1.87 |
| 牛肉 | 公斤/人 | 1.69 | 1.48 | -0.20 | -12.01 |
| 羊肉 | 公斤/人 | 4.64 | 4.48 | -0.16 | -3.48 |
| 家禽 | 公斤/人 | 3.46 | 3.52 | 0.07 | 1.88 |
| 其他肉禽及制品 | 公斤/人 | 1.59 | 1.51 | -0.09 | -5.51 |
| 蛋类及蛋制品 | 公斤/人 | 5.13 | 6.45 | 1.32 | 25.79 |
| 奶和奶制品 | 公斤/人 | 6.46 | 8.77 | 2.31 | 35.71 |
| 水产品 | 公斤/人 | 2.12 | 2.06 | -0.06 | -2.74 |
| 鱼类 | 公斤/人 | 2.00 | 1.95 | -0.05 | -2.44 |
| 虾、贝、蟹类 | 公斤/人 | 0.03 | 0.04 | 0.01 | 26.12 |
| 藻类 | 公斤/人 | 0.03 | 0.03 | 0.00 | -11.33 |
| 其他 | 公斤/人 | 0.06 | 0.05 | -0.01 | -23.12 |
| 食糖 | 公斤/人 | 0.91 | 0.92 | 0.01 | 1.30 |
| 酒 | 公斤/人 | 12.19 | 13.90 | 1.71 | 14.00 |
| #白酒 | 公斤/人 | 5.99 | 6.01 | 0.02 | 0.38 |

# 2－3－14 农牧民家庭住房基本情况

| 指　　标 | 单　位 | 数　量 | | 2012 年比 2011 年增加 | |
|---|---|---|---|---|---|
| | | 2011 年 | 2012 年 | 绝对值 | % |
| 期末住房情况 | | | | | |
| 住房面积 | 平方米/人 | 25.19 | 25.24 | 0.05 | 0.19 |
| 住房价值 | 元/人 | 12214.54 | 13106.74 | 892.19 | 7.30 |
| 住房类型 | | | | | |
| 楼房面积 | 平方米/人 | 0.66 | 0.72 | 0.06 | 9.16 |
| 砖瓦平房面积 | 平方米/人 | 17.38 | 18.14 | 0.76 | 4.36 |
| 其　他 | 平方米/人 | 6.20 | 6.08 | －0.12 | －1.92 |
| 住房结构 | | | | | |
| 钢筋混泥土结构面积 | 平方米/人 | 1.23 | 1.33 | 0.11 | 8.83 |
| 砖木结构面积 | 平方米/人 | 16.72 | 17.45 | 0.73 | 4.36 |
| 其　他 | 平方米/人 | 6.30 | 6.16 | －0.14 | －2.21 |
| 期内新建(购)住房情况 | | | | | |
| 新建(购)住房面积 | 平方米/人 | 0.32 | 0.42 | 0.10 | 30.58 |
| 新建(购)住房价值 | 元/人 | 290.31 | 384.08 | 93.77 | 32.30 |
| 新建(购)住房类型 | | | | | |
| 楼房面积 | 平方米/人 | | 0.03 | 0.03 | |
| 砖瓦平房面积 | 平方米/人 | 0.28 | 0.38 | 0.10 | 35.02 |
| 其　他 | 平方米/人 | 0.04 | 0.02 | －0.03 | －62.91 |
| 新建(购)住房结构 | | | | | |
| 钢筋混泥土结构面积 | 平方米/人 | 0.02 | 0.04 | 0.02 | 115.21 |
| 砖木结构面积 | 平方米/人 | 0.26 | 0.37 | 0.11 | 39.75 |
| 其　他 | 平方米/人 | 0.04 | 0.02 | －0.03 | －62.91 |
| 期内新建(购)住房资金来源 | | | | | |
| 自　筹 | 元/人 | 235.29 | 16.29 | 121.39 | 51.59 |
| 银行、信用社贷款 | 元/人 | 13.24 | 356.67 | 3.05 | 23.05 |
| 其　他 | 元/人 | 7.37 | 8.31 | 0.94 | 12.76 |

# 2－3－15 农牧民家庭固定资产及耐用品拥有情况

| 指标 | 单位 | 数量 | | 2012年比2011年增加 | |
|---|---|---|---|---|---|
| | | 2011年 | 2012年 | 绝对值 | % |
| 主要生产性固定资产数量 | | | | | |
| 房屋及建筑物 | 平方米/百户 | 5847 | 5411 | －436 | －7.5 |
| 汽　车 | 辆/百户 | 5 | 5 | | |
| 大中型拖拉机 | 台/百户 | 9 | 12 | 3 | 33.3 |
| 小型和手扶拖拉机 | 台/百户 | 51 | 50 | －1 | －2.0 |
| 机动脱粒机 | 台/百户 | 10 | 9 | －1 | －10.0 |
| 收割机 | 台/百户 | 5 | 5 | | |
| 农用动力机械 | 台/百户 | 18 | 21 | 3 | 16.7 |
| 胶轮大车 | 架/百户 | 15 | 12 | －3 | －20.0 |
| 水　泵 | 台/百户 | 37 | 38 | 1 | 2.7 |
| 役　畜 | 头/百户 | 44 | 41 | －3 | －6.8 |
| 产品畜 | 头/百户 | 266 | 281 | 15 | 5.6 |
| 期末主要耐用消费品拥有情况 | | | | | |
| 洗衣机 | 件/百户 | 78 | 80 | 2 | 2.6 |
| 电冰箱 | 台/百户 | 82 | 84 | 2 | 2.4 |
| 空调机 | 台/百户 | 1 | 1 | | |
| 抽油烟机 | 台/百户 | 7 | 8 | 1 | 14.3 |
| 吸尘器 | 台/百户 | 1 | 1 | | |
| 微波炉 | 辆/百户 | 2 | 3 | 1 | 50.0 |
| 热水器 | 辆/百户 | 7 | 9 | 2 | 28.6 |
| 自行车 | 辆/百户 | 45 | 46 | 1 | 2.2 |
| 摩托车 | 部/百户 | 75 | 75 | | |
| 汽车(生活用) | 部/百户 | 8 | 9 | 1 | 12.5 |
| 固定电话机 | 台/百户 | 15 | 16 | 1 | 6.7 |
| 移动电话 | 台/百户 | 200 | 202 | 2 | 1.0 |
| 彩色电视机 | 台/百户 | 107 | 106 | －1 | －0.9 |
| 黑白电视机 | 台/百户 | 1 | 1 | | |
| 摄像机 | 台/百户 | 1 | 1 | | |
| 影碟机 | 台/百户 | 24 | 23 | －1 | －4.2 |
| 照相机 | 架/百户 | 3 | 3 | | |
| 家用计算机 | 台/百户 | 9 | 11 | 2 | 22.2 |
| #接入互联网的 | 台/百户 | 5 | 7 | 2 | 40.0 |

# 2-3-16 农牧民家庭粮食收支情况

| 指　　标 | 单　位 | 数　量 | | 2012年比2011年增加 | |
|---|---|---|---|---|---|
| | | 2011年 | 2012年 | 绝对值 | % |
| **期初粮食结存** | **公斤/人** | **1463.37** | **1581.09** | **117.72** | **8.04** |
| **期内粮食收入合计** | **公斤/人** | **2123.61** | **2530.28** | **406.67** | **19.15** |
| 家庭经营生产粮食 | 公斤/人 | 1887.03 | 2209.01 | 321.98 | 17.06 |
| 谷　物 | 公斤/人 | 1669.35 | 2015.82 | 346.47 | 20.75 |
| 小　麦 | 公斤/人 | 59.61 | 62.03 | 2.42 | 4.06 |
| 水　稻 | 公斤/人 | 25.97 | 23.85 | -2.11 | -8.14 |
| 玉　米 | 公斤/人 | 1429.00 | 1821.08 | 392.08 | 27.44 |
| 高　粱 | 公斤/人 | 55.13 | 41.07 | -14.06 | -25.51 |
| 谷　子 | 公斤/人 | 47.44 | 49.68 | 2.23 | 4.71 |
| 其　他 | 公斤/人 | 52.20 | 18.11 | -34.09 | -65.30 |
| 薯　类 | 公斤/人 | 37.43 | 46.39 | 8.96 | 23.93 |
| 红　薯 | 公斤/人 | | | | |
| 马铃薯 | 公斤/人 | 37.41 | 46.33 | 8.92 | 23.84 |
| 其他薯类 | 公斤/人 | 0.02 | 0.06 | 0.04 | 209.79 |
| 豆　类 | 公斤/人 | 180.25 | 146.79 | -33.45 | -18.56 |
| 大　豆 | 公斤/人 | 126.73 | 105.04 | -21.69 | -17.12 |
| 其他豆类 | 公斤/人 | 53.52 | 41.76 | -11.76 | -21.97 |
| 购入粮食 | 公斤/人 | 236.10 | 309.93 | 73.83 | 31.27 |
| 谷　物 | 公斤/人 | 233.87 | 307.86 | 73.98 | 31.63 |
| 小　麦 | 公斤/人 | 52.05 | 58.95 | 6.90 | 13.26 |
| 水　稻 | 公斤/人 | 43.66 | 47.92 | 4.27 | 9.78 |
| 玉　米 | 公斤/人 | 119.11 | 181.72 | 62.60 | 52.56 |
| 高　粱 | 公斤/人 | 0.07 | 0.06 | -0.02 | -24.04 |
| 谷　子 | 公斤/人 | 0.93 | 1.02 | 0.09 | 9.57 |
| 其　他 | 公斤/人 | 18.05 | 18.19 | 0.14 | 0.76 |
| 薯　类 | 公斤/人 | 1.37 | 1.21 | -0.17 | -12.25 |
| 红　薯 | 公斤/人 | 0.03 | 0.08 | 0.05 | 166.72 |

# 2-3-16 续表 1

| 指　　标 | 单　位 | 数　量 | | 2012 年比 2011 年增加 | |
|---|---|---|---|---|---|
| | | 2011 年 | 2012 年 | 绝对值 | % |
| 马铃薯 | 公斤/人 | 1.11 | 0.92 | -0.19 | -16.96 |
| 其他薯类 | 公斤/人 | 0.24 | 0.21 | -0.03 | -12.09 |
| 豆　类 | 公斤/人 | 0.85 | 0.87 | 0.02 | 1.90 |
| 大　豆 | 公斤/人 | 0.21 | 0.26 | 0.05 | 23.88 |
| 其他豆类 | 公斤/人 | 0.64 | 0.61 | -0.03 | -5.36 |
| 收回借出粮 | 公斤/人 | 0.16 | 5.65 | 5.48 | 3420.34 |
| 其他粮食收入 | 公斤/人 | 0.28 | 0.37 | 0.10 | 35.41 |
| **期内粮食支出合计** | **公斤/人** | **1834.59** | **1919.18** | **84.59** | **4.61** |
| 主食用粮 | 公斤/人 | 165.43 | 181.91 | 16.48 | 9.96 |
| 谷　物 | 公斤/人 | 155.66 | 172.07 | 16.41 | 10.54 |
| 小　麦 | 公斤/人 | 70.34 | 77.31 | 6.96 | 9.90 |
| 水　稻 | 公斤/人 | 44.80 | 49.38 | 4.58 | 10.22 |
| 玉　米 | 公斤/人 | 13.34 | 19.70 | 6.36 | 47.68 |
| 高　粱 | 公斤/人 | 0.17 | 0.18 | 0.01 | 8.44 |
| 谷　子 | 公斤/人 | 11.10 | 9.68 | -1.42 | -12.77 |
| 其　他 | 公斤/人 | 15.91 | 15.82 | -0.09 | -0.55 |
| 薯　类 | 公斤/人 | 6.71 | 7.01 | 0.30 | 4.49 |
| 马铃薯 | 公斤/人 | 6.39 | 6.68 | 0.29 | 4.50 |
| 其他薯类 | 公斤/人 | 0.29 | 0.25 | -0.03 | -11.99 |
| 豆　类 | 公斤/人 | 3.07 | 2.84 | -0.23 | -7.43 |
| 大　豆 | 公斤/人 | 2.34 | 2.20 | -0.14 | -5.98 |
| 其他豆类 | 公斤/人 | 0.73 | 0.64 | -0.09 | -12.09 |
| 其他生活用粮 | 公斤/人 | 0.46 | 0.49 | 0.04 | 8.43 |
| 出售粮食 | 公斤/人 | 1176.66 | 1172.50 | -4.16 | -0.35 |

# 2-3-16 续表 2

| 指　　标 | 单　位 | 数　量 | | 2012 年比 2011 年增加 | |
|---|---|---|---|---|---|
| | | 2011 年 | 2012 年 | 绝对值 | % |
| 谷　物 | 公斤/人 | 1079.48 | 1072.90 | -6.58 | -0.61 |
| 小　麦 | 公斤/人 | 15.92 | 17.47 | 1.54 | 9.70 |
| 水　稻 | 公斤/人 | 17.88 | 17.89 | 0.01 | 0.06 |
| 玉　米 | 公斤/人 | 943.26 | 954.20 | 10.95 | 1.16 |
| 高　粱 | 公斤/人 | 62.66 | 38.46 | -24.20 | -38.62 |
| 谷　子 | 公斤/人 | 32.85 | 34.30 | 1.45 | 4.41 |
| 其　他 | 公斤/人 | 6.91 | 10.58 | 3.67 | 53.05 |
| 薯　类 | 公斤/人 | 24.45 | 25.32 | 0.87 | 3.55 |
| 马铃薯 | 公斤/人 | 24.44 | 25.32 | 0.88 | 3.60 |
| 其他薯类 | 公斤/人 | 0.01 | | -0.01 | -100.00 |
| 豆　类 | 公斤/人 | 72.73 | 74.28 | 1.55 | 2.14 |
| 大　豆 | 公斤/人 | 41.16 | 34.65 | -6.51 | -15.81 |
| 其他豆类 | 公斤/人 | 31.57 | 39.63 | 8.06 | 25.53 |
| 种籽用粮食 | 公斤/人 | 42.20 | 44.78 | 2.58 | 6.11 |
| 小　麦 | 公斤/人 | 3.66 | 4.62 | 0.96 | 26.10 |
| 水　稻 | 公斤/人 | 0.50 | 0.31 | -0.18 | -37.03 |
| 玉　米 | 公斤/人 | 11.01 | 12.38 | 1.37 | 12.46 |
| 其　他 | 公斤/人 | 27.03 | 27.46 | 0.44 | 1.61 |
| 饲料用粮食 | 公斤/人 | 443.57 | 516.28 | 72.70 | 16.39 |
| 小　麦 | 公斤/人 | 0.69 | 1.02 | 0.32 | 46.50 |
| 水　稻 | 公斤/人 | 0.22 | 0.23 | 0.01 | 3.15 |
| 玉　米 | 公斤/人 | 422.66 | 489.31 | 66.65 | 15.77 |
| 其　他 | 公斤/人 | 19.99 | 25.72 | 5.73 | 28.66 |
| 借出粮食 | 公斤/人 | | | | |
| 归还借粮 | 公斤/人 | 5.71 | 3.17 | -2.54 | -44.52 |
| **期末粮食结存** | **公斤/人** | **1775.86** | **2192.19** | **416.33** | **23.44** |

# 2－3－17 农牧民家庭人员劳动力就业情况

| 指　　标 | 单　位 | 数　量 | | 2012 年比 2011 年增加 | |
| --- | --- | --- | --- | --- | --- |
| | | 2011 年 | 2012 年 | 绝对值 | % |
| 就业劳动力人数 | 人 | 5060 | 5005 | －28 | －0.56 |
| # 男劳动力人数 | 人 | 2650 | 2625 | －10 | －0.38 |
| 整劳动力人数 | 人 | 3119 | 3078 | －17 | －0.55 |
| 受专业培训的人数 | 人 | 1167 | 1141 | －26 | －2.23 |
| 与户主关系 | * | | | | |
| 户主 | 人 | 1990 | 1988 | －3 | －0.15 |
| 配偶 | 人 | 1873 | 1867 | －6 | －0.32 |
| 子女 | 人 | 1125 | 1075 | －21 | －1.92 |
| 孙子女 | 人 | 4 | 3 | －1 | －25.00 |
| 父母 | 人 | 44 | 49 | 4 | 8.89 |
| 祖父母 | 人 | | | | |
| 兄弟姐妹 | 人 | 19 | 18 | －1 | －5.26 |
| 其他亲属 | 人 | 5 | 5 | | |
| 非亲属 | 人 | | | | |
| 年龄结构 | －－ | | | | |
| 16－18 岁 | 人 | 75 | 97 | 15 | 18.29 |
| 19－22 岁 | 人 | 324 | 314 | －3 | －0.95 |
| 23－25 岁 | 人 | 275 | 254 | －10 | －3.79 |
| 26－30 岁 | 人 | 397 | 371 | －18 | －4.63 |
| 31－40 岁 | 人 | 973 | 977 | 2 | 0.21 |
| 41－50 岁 | 人 | 1533 | 1524 | －8 | －0.52 |
| 51－60 岁 | 人 | 1174 | 1172 | 4 | 0.34 |
| 60 岁以上 | 人 | 309 | 296 | －10 | －3.27 |

# 2-3-17 续表

| 指　　标 | 单　位 | 数　量 | | 2012年比2011年增加 | |
|---|---|---|---|---|---|
| | | 2011年 | 2012年 | 绝对值 | % |
| 文化程度 | -- | | | | |
| 不识字或识字很少 | 人 | 261 | 258 | -3 | -1.15 |
| 小学程度 | 人 | 1371 | 1330 | -40 | -2.92 |
| 初中程度 | 人 | 2620 | 2606 | 1 | 0.04 |
| 高中程度 | 人 | 551 | 560 | 11 | 2.00 |
| 中专 | 人 | 99 | 93 | -3 | -3.13 |
| 大专及以上 | 人 | 158 | 158 | 6 | 3.95 |
| 就业地点 | -- | | | | |
| 乡内 | 人 | 4656 | 4663 | 7 | 0.15 |
| 县内乡外 | 人 | 94 | 58 | -37 | -38.95 |
| 省内县外 | 人 | 203 | 207 | 20 | 10.70 |
| 国内省外 | 人 | 106 | 76 | -21 | -21.65 |
| 国外 | 人 | 1 | 1 | | |
| 行业分布 | * | | | | |
| 一产业就业劳动力 | 人 | 4250 | 4256 | 6 | 0.14 |
| 非农产业就业劳动力 | 人 | 810 | 749 | -61 | -7.53 |
| 二产业就业劳动力 | 人 | 269 | 257 | -12 | -4.46 |
| 三产业就业劳动力 | 人 | 541 | 492 | -49 | -9.06 |
| 年内从事各种行业时间 | 月 | 37464 | 37989 | 527 | 1.41 |
| 本地企业职工人数 | 人 | | | | |

# 2－3－18 农民家庭主要收支情况

| 指　　标 | 单　位 | 数　量 | | 2012 年比 2011 年增加 | |
|---|---|---|---|---|---|
| | | 2011 年 | 2012 年 | 绝对值 | % |
| 常住人口 | 人 | 5967.50 | 5930 | －37 | －1 |
| 纯收入 | 元/人 | 6298.54 | 6968.19 | 669.65 | 10.63 |
| 工资性收入 | 元/人 | 1340.79 | 1472.62 | 131.83 | 9.83 |
| 在非企业组织劳动得到的收入 | 元/人 | 282.87 | 332.05 | 49.18 | 17.39 |
| 在本地劳动得到的收入 | 元/人 | 546.92 | 669.34 | 122.43 | 22.38 |
| #在企业劳动得到的收入 | 元/人 | 51.62 | 79.38 | 27.75 | 53.76 |
| 常住人口外出从业得到的收入 | 元/人 | 511.01 | 471.23 | －39.78 | －7.78 |
| 家庭经营纯收入 | 元/人 | 3976.79 | 4362.19 | 385.40 | 9.69 |
| 一产业收入 | 元/人 | 3777.36 | 4157.10 | 379.74 | 10.05 |
| # 农业收入 | 元/人 | 3020.26 | 3385.81 | 365.55 | 12.10 |
| 牧业收入 | 元/人 | 747.36 | 736.45 | －10.91 | －1.46 |
| 非农业收入 | 元/人 | 199.43 | 205.09 | 5.66 | 2.84 |
| # 二产收入 | 元/人 | 32.22 | 15.41 | －16.81 | －52.16 |
| 三产收入 | 元/人 | 167.21 | 189.67 | 22.46 | 13.43 |
| 财产性收入 | 元/人 | 328.84 | 304.14 | －24.71 | －7.51 |
| 转移性收入 | 元/人 | 652.12 | 829.24 | 177.12 | 27.16 |
| 期内现金收入 | 元/人 | 8798.05 | 9678.13 | 880.08 | 10.00 |
| 期内生活消费支出 | 元/人 | 5072.53 | 5813.22 | 740.70 | 14.60 |
| #现金支出 | 元/人 | 4389.24 | 5172.53 | 783.29 | 17.85 |
| 期末住房情况 | | | | | |
| 住房面积 | 平方米/人 | 24.46 | 24.48 | 0.01 | 0.06 |
| 住房结构 | | | | | |
| # 钢筋混凝土面积 | 平方米/人 | 0.91 | 1.03 | 0.12 | 13.08 |
| 砖木结构面积 | 平方米/人 | 16.16 | 17.00 | 0.85 | 5.23 |

# 2-3-18 续表 1

| 指　　标 | 单　位 | 数　量 | | 2012 年比 2011 年增加 | |
|---|---|---|---|---|---|
| | | 2011 年 | 2012 年 | 绝对值 | % |
| 家庭经营费用支出 | 元/人 | 4157.30 | 4795.27 | 637.96 | 15.35 |
| 第一产业生产费用支出 | 元/人 | 3849.52 | 4589.20 | 739.68 | 19.21 |
| 农业生产费用支出 | 元/人 | 2430.12 | 2729.24 | 299.12 | 12.31 |
| 农业生产资料支出 | 元/人 | 1563.00 | 1873.70 | 310.70 | 19.88 |
| 农业服务性支出 | 元/人 | 867.12 | 855.54 | -11.58 | -1.34 |
| 林业生产费用支出 | 元/人 | 17.62 | 11.95 | -5.67 | -32.20 |
| 林业生产资料支出 | 元/人 | 12.10 | 7.15 | -4.95 | -40.93 |
| 林业服务性支出 | 元/人 | 5.53 | 4.80 | -0.72 | -13.10 |
| 牧业生产费用支出 | 元/人 | 1400.66 | 1847.22 | 446.56 | 31.88 |
| 牧业生产资料支出 | 元/人 | 1301.38 | 1743.40 | 442.02 | 33.97 |
| 牧业服务性支出 | 元/人 | 99.28 | 103.82 | 4.54 | 4.57 |
| 渔业生产费用支出 | 元/人 | 1.12 | 0.79 | -0.33 | -29.15 |
| 渔业生产资料支出 | 元/人 | 0.41 | 0.75 | 0.34 | 81.07 |
| 渔业服务性支出 | 元/人 | 0.70 | 0.04 | -0.66 | -93.89 |
| 第二产业生产费用支出 | 元/人 | 68.09 | 37.14 | -30.96 | -45.46 |
| 工业生产费用支出 | 元/人 | 37.36 | 0.09 | -37.27 | -99.77 |
| 建筑业生产费用支出 | 元/人 | 30.73 | 37.05 | 6.32 | 20.55 |
| 第三产业生产费用支出 | 元/人 | 239.69 | 168.93 | -70.76 | -29.52 |
| 交通运输邮电业生产费用支出 | 元/人 | 157.28 | 72.44 | -84.83 | -53.94 |
| 批零贸易餐饮业生产费用支出 | 元/人 | 54.94 | 64.95 | 10.02 | 18.23 |
| 社会服务业生产费用支出 | 元/人 | 7.81 | 12.72 | 4.91 | 62.86 |
| 文教卫生业生产费用支出 | 元/人 | 5.33 | 2.76 | -2.57 | -48.26 |
| 其他行业生产费用支出 | 元/人 | 14.33 | 16.05 | 1.73 | 12.05 |

# 2－3－18 续表 2

| 指　　标 | 单　位 | 数　量 | | 2012 年比 2011 年增加 | |
|---|---|---|---|---|---|
| | | 2011 年 | 2012 年 | 绝对值 | % |
| 购置生产性固定资产支出 | 元/人 | 568.80 | 474.42 | －94.38 | －1.66 |
| 建造生产性固定资产雇工支出 | 元/人 | 2.15 | 5.85 | 3.70 | 17.19 |
| 税费支出 | 元/人 | 4.37 | 3.60 | －0.76 | －1.74 |
| 生活消费支出 | 元/人 | 5072.53 | 5813.22 | 740.70 | 1.46 |
| 服务性支出 | 元/人 | 1568.81 | 1659.99 | 91.17 | 0.58 |
| 食品消费支出 | 元/人 | 1992.02 | 2267.22 | 275.21 | 1.38 |
| 衣着消费支出 | 元/人 | 353.07 | 424.25 | 71.18 | 2.02 |
| 居住消费支出 | 元/人 | 800.89 | 1018.14 | 217.25 | 2.71 |
| 家庭设备.用品消费支出 | 元/人 | 223.02 | 238.94 | 15.93 | 0.71 |
| 交通和通讯消费支出 | 元/人 | 589.21 | 726.26 | 137.04 | 2.33 |
| 文化教育.娱乐消费支出 | 元/人 | 505.59 | 476.27 | －29.32 | －0.58 |
| 医疗保健消费支出 | 元/人 | 502.05 | 533.71 | 31.66 | 0.63 |
| 医疗保健用品 | 元/人 | 198.76 | 219.80 | 21.04 | 1.06 |
| 医疗卫生用品 | 元/人 | 196.92 | 217.89 | 20.96 | 1.06 |
| 药　品 | 元/人 | 195.87 | 213.47 | 17.60 | 0.90 |
| 保健用品 | 元/人 | 1.83 | 1.91 | 0.08 | 0.43 |
| 医疗保健服务消费支出 | 元/人 | 303.29 | 313.91 | 10.62 | 0.35 |
| 医疗费 | 元/人 | 300.04 | 310.56 | 10.52 | 0.35 |
| 其他服务性支出 | 元/人 | 2.05 | 1.95 | －0.11 | －0.52 |
| 其他商品和服务消费支出 | 元/人 | 106.69 | 128.44 | 21.75 | 2.04 |
| 财产性支出 | 元/人 | 5.07 | 2.97 | －2.11 | －4.15 |
| 转移性支出 | 元/人 | 844.52 | 926.85 | 82.33 | 0.97 |

# 2-3-19 牧民家庭主要收支情况

| 指标 | 单位 | 数量 | | 2012年比2011年增加 | |
|---|---|---|---|---|---|
| | | 2011年 | 2012年 | 绝对值 | % |
| 常住人口 | 人 | 829.75 | 821 | -8.75 | -1.05 |
| 纯收入 | 元/人 | 9108.53 | 12256.71 | 3148.18 | 34.56 |
| 工资性收入 | 元/人 | 1095.62 | 1361.09 | 265.47 | 24.23 |
| 在非企业组织劳动得到的收入 | 元/人 | 261.38 | 348.39 | 87.02 | 33.29 |
| 在本地劳动得到的收入 | 元/人 | 533.64 | 678.82 | 145.18 | 27.21 |
| #在企业劳动得到的收入 | 元/人 | 69.90 | 100.45 | 30.55 | 43.71 |
| 常住人口外出从业得到的收入 | 元/人 | 300.60 | 333.88 | 33.29 | 11.07 |
| 家庭经营纯收入 | 元/人 | 5948.62 | 7050.47 | 1101.85 | 18.52 |
| 一产业收入 | 元/人 | 5713.75 | 6856.82 | 1143.07 | 20.01 |
| # 农业收入 | 元/人 | 119.56 | 120.51 | 0.95 | 0.80 |
| 牧业收入 | 元/人 | 5490.15 | 6636.69 | 1146.54 | 20.88 |
| 非农业收入 | 元/人 | 234.86 | 193.66 | -41.21 | -17.55 |
| # 二产收入 | 元/人 | 78.92 | 27.15 | -51.76 | -65.59 |
| 三产收入 | 元/人 | 155.95 | 166.50 | 10.55 | 6.77 |
| 财产性收入 | 元/人 | 400.47 | 459.05 | 58.58 | 14.63 |
| 转移性收入 | 元/人 | 1663.82 | 3386.09 | 1722.27 | 103.51 |
| 期内现金收入 | 元/人 | 16603.71 | 21078.73 | 4475.01 | 26.95 |
| 期内生活消费支出 | 元/人 | 8637.61 | 10490.14 | 1852.52 | 21.45 |
| #现金支出 | 元/人 | 7983.46 | 9766.67 | 1783.21 | 22.34 |
| 期末住房情况 | | | | | |
| 住房面积 | 平方米/人 | 30.43 | 30.74 | 0.31 | 1.03 |
| 住房结构 | | | | | |
| #钢筋混凝土面积 | 平方米/人 | 3.48 | 3.51 | 0.03 | 0.94 |
| 砖木结构面积 | 平方米/人 | 20.81 | 20.72 | -0.09 | -0.43 |
| 家庭经营费用支出 | 元/人 | 8418.64 | 9415.67 | 997.03 | 11.84 |
| 第一产业生产费用支出 | 元/人 | 7966.80 | 8866.47 | 899.67 | 11.29 |
| 农业生产费用支出 | 元/人 | 1469.94 | 2202.10 | 732.16 | 49.81 |
| 农业生产资料支出 | 元/人 | 681.51 | 1170.11 | 488.60 | 71.69 |
| 农业服务性支出 | 元/人 | 788.43 | 1032.00 | 243.57 | 30.89 |
| 林业生产费用支出 | 元/人 | 2.39 | 10.38 | 7.99 | 334.21 |
| 林业生产资料支出 | 元/人 | 1.69 | 0.02 | -1.67 | -98.56 |
| 林业服务性支出 | 元/人 | 0.70 | 10.35 | 9.65 | 1379.03 |
| 牧业生产费用支出 | 元/人 | 6494.47 | 6653.99 | 159.52 | 2.46 |
| 牧业生产资料支出 | 元/人 | 4717.49 | 4785.76 | 68.27 | 1.45 |
| 牧业服务性支出 | 元/人 | 1776.99 | 1868.23 | 91.24 | 5.13 |
| 渔业生产费用支出 | 元/人 | | | | |

# 2-3-19 续表

| 指　　标 | 单　位 | 数　量 | | 2012年比2011年增加 | |
|---|---|---|---|---|---|
| | | 2011年 | 2012年 | 绝对值 | % |
| 第二产业生产费用支出 | 元/人 | 103.79 | 56.94 | -46.85 | -45.14 |
| 第三产业生产费用支出 | 元/人 | 348.04 | 492.26 | 144.22 | 41.44 |
| 交通运输邮电业生产费用支出 | 元/人 | 149.59 | 303.78 | 154.19 | 103.08 |
| 批零贸易餐饮业生产费用支出 | 元/人 | 127.43 | 110.83 | -16.60 | -13.03 |
| 社会服务业生产费用支出 | 元/人 | 36.16 | 73.67 | 37.51 | 103.72 |
| 文教卫生业生产费用支出 | 元/人 | 2.41 | 0.00 | -2.41 | -99.85 |
| 其他行业生产费用支出 | 元/人 | 32.45 | 3.98 | -28.47 | -87.74 |
| 购置生产性固定资产支出 | 元/人 | 1649.13 | 1723.93 | 74.80 | 4.54 |
| 生活消费支出 | 元/人 | 8637.61 | 10490.14 | 1852.53 | 21.45 |
| 食品消费支出 | 元/人 | 2606.54 | 3192.63 | 586.09 | 22.49 |
| 谷　物 | 元/人 | 357.22 | 430.55 | 73.33 | 20.53 |
| 蔬菜及制品 | 元/人 | 190.67 | 225.88 | 35.21 | 18.46 |
| 肉.禽.蛋.奶及制品 | 元/人 | 938.43 | 1131.72 | 193.29 | 20.60 |
| 水产品及制品 | 元/人 | 9.46 | 18.61 | 9.15 | 96.73 |
| 烟.酒 | 元/人 | 298.01 | 309.53 | 11.52 | 3.87 |
| 茶叶.饮料 | 元/人 | 49.63 | 58.35 | 8.72 | 17.58 |
| 衣着消费支出 | 元/人 | 698.31 | 897.14 | 198.83 | 28.47 |
| 服　装 | 元/人 | 491.03 | 617.39 | 126.36 | 25.73 |
| 服装材料 | 元/人 | 14.07 | 16.47 | 2.40 | 17.09 |
| 鞋　类 | 元/人 | 156.02 | 213.96 | 57.94 | 37.14 |
| 其　他 | 元/人 | 32.56 | 43.10 | 10.54 | 32.37 |
| 居住消费支出 | 元/人 | 1451.12 | 1518.37 | 67.25 | 4.63 |
| 家庭设备.用品消费支出 | 元/人 | 388.94 | 485.97 | 97.03 | 24.95 |
| 交通和通讯消费支出 | 元/人 | 1733.85 | 2255.69 | 521.84 | 30.10 |
| 交通工具 | 元/人 | 690.74 | 938.13 | 247.39 | 35.82 |
| 交通工具用燃料 | 元/人 | 313.36 | 434.17 | 120.81 | 38.55 |
| 通讯工具 | 元/人 | 75.62 | 91.53 | 15.91 | 21.04 |
| 文化教育.娱乐消费支出 | 元/人 | 671.91 | 786.28 | 114.37 | 17.02 |
| 文化教育.娱乐用品消费支出 | 元/人 | 217.30 | 234.86 | 17.56 | 8.08 |
| 教育服务消费支出 | 元/人 | 364.80 | 376.91 | 12.11 | 3.32 |
| 医疗保健消费支出 | 元/人 | 765.32 | 987.29 | 221.97 | 29.00 |
| 医疗费 | 元/人 | 455.17 | 645.56 | 190.39 | 41.83 |
| 其他商品和服务消费支出 | 元/人 | 321.62 | 366.78 | 45.16 | 14.04 |

# 2－3－20 农牧民家庭

| 指　　标 | 合 计 | 500元以　下 | 500至1000元 | 1000至1500元 | 1500至2000元 |
|---|---|---|---|---|---|
| 调查户数 | 2060 | 31 | 17 | 56 | 68 |
| 调查户从业类型(按总收入比重计算) | 3410 | 45 | 25 | 75 | 98 |
| 农业户 | 1091 | 19 | 11 | 39 | 45 |
| 农业兼业户 | 671 | 10 | 4 | 15 | 18 |
| 非农业兼业户 | 215 | 2 | 2 | 2 | 3 |
| 非农业户 | 83 | | | | 2 |
| 调查户从业类型(按从业劳动力比重计算) | 3105 | 46 | 22 | 65 | 88 |
| 农业户 | 1461 | 21 | 14 | 51 | 54 |
| 农业兼业户 | 246 | 6 | 1 | 1 | 8 |
| 非农业兼业户 | 260 | 3 | 2 | 4 | 6 |
| 非农业户 | 93 | 1 | | | |
| 户别 | 9852 | 152 | 85 | 277 | 334 |
| 个体工商户 | 38 | | | | |
| 干部户 | 97 | 1 | | 1 | 2 |
| 个体工商和干部户 | 2 | | | | |
| 五保户 | 1 | | | | |
| 其他户 | 1922 | 30 | 17 | 55 | 66 |
| 家庭结构 | 6035 | 104 | 49 | 182 | 230 |
| 单身或夫妇 | 456 | 6 | 5 | 9 | 13 |
| 夫妇与一个孩子 | 649 | 8 | 4 | 17 | 17 |
| 夫妇与两个孩子 | 454 | 7 | 4 | 13 | 13 |
| 夫妇与三个以上孩子 | 53 | | | 1 | 3 |
| 单亲与孩子 | 19 | | | 1 | |
| 三代同堂 | 391 | 9 | 4 | 14 | 22 |
| 其他 | 38 | 1 | | 1 | |
| 是否参加专业性合作经济组织 | 4100 | 62 | 34 | 112 | 136 |
| 参加的户数 | 20 | | | | |
| 未参加的户数 | 2040 | 31 | 17 | 56 | 68 |
| 是否参加新型农村合作医疗 | 2066 | 31 | 17 | 56 | 68 |
| 参加的户数 | 2054 | 31 | 17 | 56 | 68 |
| 未参加的户数 | 6 | | | | |
| 是否参加新型农村合作医疗 | 3882 | 59 | 30 | 100 | 125 |
| 领取的户数 | 238 | 3 | 4 | 12 | 11 |
| 未领取的户数 | 1822 | 28 | 13 | 44 | 57 |

# 基本情况分组(2012年)

单位:户

| 2000至2500元 | 2500至3000元 | 3000至4000元 | 4000至5000元 | 5000至6000元 | 6000至7000元 | 7000至8000元 | 8000元以上 |
|---|---|---|---|---|---|---|---|
| 78 | 204 | 206 | 201 | 181 | 123 | 141 | 754 |
| 121 | 289 | 351 | 344 | 309 | 213 | 246 | 1294 |
| 42 | 136 | 94 | 91 | 87 | 62 | 66 | 399 |
| 29 | 53 | 83 | 81 | 66 | 37 | 50 | 225 |
| 7 | 13 | 25 | 25 | 22 | 19 | 20 | 75 |
|  | 2 | 4 | 4 | 6 | 5 | 5 | 55 |
| 95 | 273 | 284 | 291 | 284 | 183 | 196 | 1278 |
| 65 | 165 | 153 | 145 | 124 | 93 | 109 | 467 |
| 9 | 14 | 32 | 25 | 19 | 7 | 14 | 110 |
| 4 | 20 | 17 | 28 | 30 | 16 | 13 | 117 |
|  | 5 | 4 | 3 | 8 | 7 | 5 | 60 |
| 381 | 979 | 985 | 966 | 865 | 592 | 693 | 3543 |
|  | 5 | 3 | 3 | 4 | 2 |  | 21 |
| 3 | 6 | 11 | 9 | 8 | 5 | 4 | 47 |
|  | 1 |  |  |  |  |  | 1 |
|  | 1 |  |  |  |  |  |  |
| 75 | 191 | 192 | 189 | 169 | 116 | 137 | 685 |
| 241 | 570 | 677 | 599 | 523 | 360 | 394 | 2106 |
| 15 | 54 | 39 | 38 | 48 | 32 | 30 | 167 |
| 26 | 63 | 55 | 64 | 51 | 32 | 53 | 259 |
| 15 | 41 | 46 | 50 | 40 | 29 | 28 | 168 |
| 2 | 4 | 5 | 6 | 2 | 2 | 3 | 25 |
|  | 5 | 1 |  |  | 1 | 1 | 10 |
| 19 | 33 | 55 | 42 | 35 | 25 | 25 | 108 |
| 1 | 4 | 5 | 1 | 5 | 2 | 1 | 17 |
| 156 | 408 | 412 | 402 | 361 | 245 | 278 | 1494 |
|  |  |  |  | 1 | 1 | 4 | 14 |
| 78 | 204 | 206 | 201 | 180 | 122 | 137 | 740 |
| 78 | 204 | 207 | 201 | 181 | 123 | 142 | 758 |
| 78 | 204 | 205 | 201 | 181 | 123 | 140 | 750 |
|  |  | 1 |  |  |  | 1 | 4 |
| 148 | 374 | 380 | 371 | 341 | 229 | 268 | 1457 |
| 8 | 34 | 32 | 31 | 21 | 17 | 14 | 51 |
| 70 | 170 | 174 | 170 | 160 | 106 | 127 | 703 |

# 2－3－21 农牧民家庭

| 指　　标 | 合 计 | 500元以　下 | 500至1000元 | 1000至1500元 | 1500至2000元 |
|---|---|---|---|---|---|
| 总收入 | 13647 | 9666 | 5052 | 6020 | 5625 |
| 工资性收入 | 1459 | 637 | 316 | 197 | 422 |
| 在非企业组织中劳动得到收入 | 334 | 132 | 26 | 5 | 44 |
| 乡村干部收入 | 119 | 6 | 26 | 5 | 44 |
| 乡村教师收入 | 159 | 127 | | | |
| 行政事业单位等职工收入 | 56 | | | | |
| 在本乡地域内劳动得到收入 | 670 | 481 | 165 | 176 | 288 |
| 在企业中劳动得到收入 | 82 | 89 | | 14 | 15 |
| 在国家投资基建项目得到收入 | 2 | | | | |
| 提供其他劳务收入 | 587 | 392 | 165 | 162 | 273 |
| 外出从业得到收入 | 455 | 23 | 125 | 17 | 90 |
| 在乡外县内从业得到收入 | 125 | | 69 | 17 | 28 |
| 在县外省内从业得到收入 | 222 | 5 | | | 62 |
| 在省外国内从业得到收入 | 106 | 19 | 56 | | |
| 在国外从业得到收入 | 1 | | | | |
| 家庭经营收入 | 10648 | 6935 | 3865 | 4897 | 4714 |
| 第一产业收入 | 10124 | 6544 | 3865 | 4756 | 4661 |
| 农业收入 | 5965 | 3470 | 3086 | 3056 | 3430 |
| 农产品收入 | 5862 | 3436 | 3086 | 3045 | 3428 |
| 粮食收入 | 4345 | 1411 | 2346 | 2362 | 2795 |
| 油料收入 | 808 | 1205 | 493 | 487 | 245 |
| 糖料收入 | 15 | | | | 1 |
| 蔬菜收入 | 311 | 85 | 52 | 104 | 198 |
| 其他种植业产品收入 | 17 | | | 10 | 37 |

# 收支分组情况(2012 年)

单位:元/人

| 2000 至 2500 元 | 2500 至 3000 元 | 3000 至 4000 元 | 4000 至 5000 元 | 5000 至 6000 元 | 6000 至 7000 元 | 7000 至 8000 元 | 8000 元 以 上 |
|---|---|---|---|---|---|---|---|
| 6978 | 10236 | 7556 | 8376 | 10116 | 11994 | 13091 | 22164 |
| 531 | 442 | 922 | 1028 | 1162 | 1244 | 1656 | 2524 |
| 44 | 52 | 103 | 98 | 93 | 108 | 113 | 815 |
| 27 | 52 | 90 | 98 | 53 | 38 | 59 | 234 |
|  |  | 14 |  | 19 | 5 | 54 | 437 |
| 16 |  |  |  | 21 | 65 |  | 144 |
| 395 | 338 | 549 | 633 | 682 | 908 | 1140 | 818 |
| 30 | 44 | 37 | 82 | 153 | 130 | 23 | 113 |
|  |  | 4 |  |  |  |  | 3 |
| 365 | 294 | 507 | 550 | 529 | 777 | 1117 | 702 |
| 92 | 52 | 270 | 297 | 387 | 228 | 403 | 891 |
| 74 | 5 | 74 | 116 | 146 | 9 | 142 | 223 |
| 11 | 17 | 121 | 126 | 186 | 170 | 175 | 446 |
| 7 | 30 | 75 | 55 | 54 | 50 | 85 | 219 |
|  |  |  |  |  |  |  | 2 |
| 5748 | 8929 | 5831 | 6415 | 7663 | 9392 | 10122 | 17092 |
| 5676 | 8383 | 5666 | 6168 | 7409 | 8805 | 9857 | 16112 |
| 3654 | 3030 | 4156 | 4612 | 4947 | 6892 | 6557 | 8763 |
| 3640 | 2991 | 4142 | 4582 | 4867 | 6641 | 6506 | 8565 |
| 2827 | 2190 | 3283 | 3823 | 4124 | 5511 | 5163 | 5859 |
| 425 | 481 | 392 | 339 | 315 | 387 | 557 | 1548 |
|  | 13 | 39 | 34 | 35 |  | 11 | 5 |
| 125 | 140 | 240 | 138 | 135 | 475 | 351 | 514 |
| 5 | 6 | 7 | 15 | 20 | 6 | 27 | 25 |

2－3－21

| 指　　标 | 合 计 | 500元以　下 | 500至1000元 | 1000至1500元 | 1500至2000元 |
|---|---|---|---|---|---|
| 野生植物采集收入 | 0.6 | | | | 0.4 |
| 农作物副产品收入 | 137.4 | 43.0 | 70.1 | 72.6 | 133.8 |
| 专用农产品收入 | 112.9 | | | 4.5 | 12.5 |
| 农业服务性收入 | 103.0 | 34.2 | | 11.1 | 2.1 |
| 林业收入 | 53.6 | 40.4 | 3.8 | 4.2 | |
| 牧业收入 | 4104.0 | 3033.8 | 774.3 | 1695.7 | 1230.4 |
| 牧业产品收入 | 4079.1 | 3033.8 | 774.3 | 1694.2 | 1230.4 |
| 成龄家畜收入 | 2637.0 | 2522.7 | 358.5 | 1312.9 | 729.8 |
| 成龄家禽收入 | 39.8 | 16.8 | 2.2 | 16.1 | 24.2 |
| 蛋类收入 | 64.8 | 15.2 | 37.5 | 30.9 | 43.4 |
| 皮收入 | 31.0 | 6.6 | 1.3 | 12.8 | 7.2 |
| 毛、绒收入 | 483.0 | 30.7 | 18.2 | 135.4 | 1.6 |
| 奶类收入 | 427.0 | 356.3 | 186.0 | | 331.5 |
| 仔、幼畜、禽产品收入 | 328.8 | 85.4 | 170.5 | 182.4 | 90.7 |
| 育肥畜收入 | 29.0 | | | | |
| 其他牧业产品收入 | 2.0 | | | | 1.7 |
| 渔业收入 | 1.8 | | | | |
| 第二产业收入 | 63.0 | 34.7 | | | |
| 第三产业收入 | 460.4 | 355.8 | 0.3 | 141.3 | 52.8 |
| 其他产品收入 | 0.4 | | 0.3 | | |
| 第三产业服务性收入 | 460.0 | 355.8 | | 141.3 | 52.8 |
| 交通.运输.邮电业收入 | 183.1 | 40.8 | | 73.3 | |
| 其他行业收入 | 21.5 | 52.1 | | 10.9 | 24.9 |
| 财产性收入 | 323.0 | 943.7 | 289.9 | 260.9 | 87.4 |
| 转让承包土地经营权收入 | 97.1 | 28.2 | 12.0 | 135.6 | 15.7 |
| 其　他 | 112.6 | 900.5 | 267.5 | 125.2 | 71.7 |
| 转移性收入 | 1217.5 | 1150.4 | 582.0 | 664.4 | 402.2 |
| 农村亲友赠送收入 | 89.0 | 296.2 | | 19.5 | 18.3 |
| 退耕还林还草补贴收入 | 163.9 | 84.4 | 222.3 | 152.7 | 43.0 |
| 各项补贴收入 | 662.3 | 372.2 | 343.5 | 426.0 | 296.0 |

# 续表 1

单位:元/人

| 2000 至 2500 元 | 2500 至 3000 元 | 3000 至 4000 元 | 4000 至 5000 元 | 5000 至 6000 元 | 6000 至 7000 元 | 7000 至 8000 元 | 8000 元以上 |
|---|---|---|---|---|---|---|---|
| 0.4 | 2.1 | 0.4 | 0.5 | 0.6 | 3.1 | 0.7 | 0.0 |
| 125.7 | 107.7 | 141.6 | 164.0 | 169.0 | 111.8 | 160.1 | 141.9 |
| 118.6 | 15.7 | 24.3 | 36.6 | 55.1 | 68.7 | 116.7 | 240.9 |
| 14.2 | 38.3 | 14.5 | 29.8 | 80.2 | 250.6 | 51.0 | 197.2 |
| 1.8 | 7.2 | 12.6 | 9.1 | 66.3 | 19.5 | 2.7 | 123.7 |
| 2020.2 | 5346.1 | 1496.9 | 1547.7 | 2395.5 | 1893.9 | 3297.2 | 7220.4 |
| 2019.2 | 5339.9 | 1494.0 | 1536.4 | 2384.1 | 1887.7 | 3268.6 | 7163.9 |
| 1820.0 | 4365.6 | 1085.8 | 1014.7 | 1673.7 | 1306.9 | 1861.3 | 4226.6 |
| 18.3 | 107.4 | 21.4 | 18.6 | 14.7 | 20.5 | 76.3 | 43.7 |
| 34.8 | 192.1 | 28.9 | 32.3 | 32.5 | 31.3 | 289.0 | 31.6 |
| 5.8 | 83.5 | 12.6 | 9.7 | 5.7 | 14.7 | 11.1 | 50.5 |
| 79.3 | 224.7 | 159.4 | 267.4 | 157.1 | 154.6 | 172.2 | 1089.0 |
| 34.2 | 198.4 | 65.0 | 94.4 | 109.9 | 63.8 | 564.8 | 930.1 |
| 26.2 | 159.7 | 114.2 | 68.7 | 306.0 | 157.8 | 269.2 | 659.7 |
|  | 3.7 | 0.7 | 27.7 | 52.4 | 30.6 | 11.7 | 53.9 |
| 0.3 | 0.1 |  | 2.4 | 13.0 |  | 7.7 | 0.0 |
|  |  |  |  |  |  |  | 5.3 |
|  |  | 2.7 |  | 14.1 | 95.6 | 42.8 | 152.7 |
| 71.4 | 545.8 | 162.7 | 246.2 | 240.4 | 491.4 | 222.2 | 827.5 |
|  |  | 0.8 | 0.3 |  | 1.0 | 0.8 | 0.6 |
| 71.4 | 545.8 | 161.9 | 245.9 | 240.4 | 490.4 | 221.4 | 826.9 |
| 19.9 | 492.3 | 45.4 | 35.6 | 111.3 | 101.1 | 110.8 | 289.0 |
|  | 11.3 | 34.2 | 4.8 | 26.9 | 77.7 | 1.9 | 20.2 |
| -15.1 | 109.8 | 86.1 | 194.8 | 150.6 | 225.2 | 241.6 | 619.2 |
| 17.1 | 148.9 | 41.0 | 48.4 | 48.2 | 68.1 | 80.8 | 155.8 |
| -32.2 | -39.1 | 35.3 | 115.3 | 100.2 | 146.1 | 159.1 | 149.1 |
| 714.5 | 755.5 | 716.6 | 739.3 | 1140.5 | 1132.7 | 1071.8 | 1928.2 |
| 134.8 | 59.8 | 37.5 | 47.9 | 85.0 | 296.7 | 81.9 | 93.1 |
| 94.4 | 151.2 | 126.8 | 97.7 | 135.1 | 154.7 | 129.9 | 239.0 |
| 407.8 | 499.0 | 460.0 | 492.4 | 691.9 | 531.7 | 756.7 | 931.4 |

# 2－3－21

| 指　　标 | 合计 | 500元以下 | 500至1000元 | 1000至1500元 | 1500至2000元 |
|---|---|---|---|---|---|
| 家庭经营费用支出 | 5357 | 11843 | 3878 | 4314 | 3454 |
| 第一产业生产费用支出 | 5109 | 11006 | 3876 | 4206 | 3436 |
| 农业生产费用支出 | 2665 | 3914 | 2053 | 2401 | 2042 |
| 农业生产资料支出 | 1788 | 2700 | 1633 | 1625 | 1512 |
| 种籽支出 | 419 | 845 | 416 | 364 | 245 |
| 饲料支出 | 50 | 33 | 39 | 28 | 112 |
| 其他生产资料支出 | 1319 | 1821 | 1178 | 1233 | 1154 |
| 农业服务性支出 | 877 | 1214 | 419 | 776 | 530 |
| 农业生产雇工工资支出 | 190 | 180 | 40 | 151 | 83 |
| 其他生产服务支出 | 686 | 1034 | 379 | 625 | 448 |
| 林业生产费用支出 | 12 | 93 | 27 | | |
| 林业生产资料支出 | 6 | 83 | 27 | | |
| 饲料支出 | 1 | | | | |
| 其他生产资料支出 | 6 | 83 | 27 | | |
| 林业服务性支出 | 5 | 9 | | | |
| 林业生产雇工工资支出 | 3 | 9 | | | |
| 其他生产服务支出 | 3 | | | | |
| 牧业生产费用支出 | 2432 | 7000 | 1796 | 1805 | 1394 |
| 牧业生产资料支出 | 2113 | 5816 | 1687 | 1698 | 1341 |
| 饲料支出 | 1487 | 2449 | 1493 | 1255 | 1004 |
| 其他生产资料支出 | 626 | 3366 | 194 | 442 | 338 |
| 牧业服务性支出 | 318 | 1184 | 109 | 108 | 52 |
| 牧业生产雇工工资支出 | 105 | 244 | 10 | 35 | 9 |
| 其他生产服务支出 | 213 | 941 | 99 | 73 | 43 |
| 渔业生产费用支出 | 1 | | | | |
| 第二产业生产费用支出 | 40 | | | 18 | 1 |
| 第三产业生产费用支出 | 208 | 836 | 2 | 90 | 18 |
| 交通运输邮电业生产费用支出 | 101 | 204 | | 81 | |
| 交通运输邮电业生产资料支出 | 61 | 204 | | 14 | |

# 续表 2

单位:元/人

| 2000 至 2500 元 | 2500 至 3000 元 | 3000 至 4000 元 | 4000 至 5000 元 | 5000 至 6000 元 | 6000 至 7000 元 | 7000 至 8000 元 | 8000 元 以 上 |
|---|---|---|---|---|---|---|---|
| 4248 | 6601 | 3560 | 3499 | 4014 | 4734 | 4975 | 6822 |
| 4247 | 6049 | 3497 | 3432 | 3902 | 4484 | 4909 | 6433 |
| 2368 | 2797 | 2149 | 2167 | 2352 | 3289 | 2646 | 3001 |
| 1590 | 1901 | 1370 | 1502 | 1493 | 1854 | 1710 | 2085 |
| 364 | 427 | 301 | 323 | 322 | 440 | 405 | 518 |
| 53 | 43 | 46 | 62 | 61 | 31 | 38 | 49 |
| 1173 | 1432 | 1023 | 1116 | 1111 | 1383 | 1266 | 1517 |
| 778 | 895 | 779 | 665 | 859 | 1435 | 936 | 916 |
| 214 | 172 | 143 | 150 | 171 | 160 | 141 | 259 |
| 565 | 723 | 636 | 515 | 687 | 1275 | 795 | 657 |
| 1 | 20 | 1 | 1 | 5 | 12 | 1 | 19 |
| 1 |  | 1 |  | 2 | 1 | 1 | 13 |
|  |  |  |  |  | 1 |  | 1 |
| 1 |  | 1 |  | 1 |  |  | 11 |
|  | 20 |  | 1 | 3 | 11 |  | 7 |
|  | 4 |  |  |  |  |  | 6 |
|  | 16 |  | 1 | 3 | 11 |  | 1 |
| 1878 | 3232 | 1347 | 1265 | 1546 | 1184 | 2263 | 3411 |
| 1730 | 2889 | 1135 | 1152 | 1371 | 1004 | 2099 | 2881 |
| 1233 | 2127 | 732 | 742 | 953 | 786 | 1480 | 2086 |
| 497 | 763 | 403 | 409 | 418 | 218 | 619 | 795 |
| 148 | 343 | 212 | 113 | 174 | 180 | 164 | 530 |
| 40 | 68 | 83 | 23 | 53 | 56 | 42 | 202 |
| 107 | 275 | 129 | 90 | 121 | 124 | 122 | 329 |
|  |  |  |  |  |  |  | 2 |
|  | 5 | 1 |  | 10 | 110 | 11 | 88 |
| 1 | 547 | 62 | 66 | 102 | 140 | 54 | 301 |
|  | 521 | 17 | 10 | 58 | 41 | 36 | 90 |
|  | 330 | 16 | 9 | 43 | 37 | 26 | 41 |

# 2-3-21

| 指　　标 | 合计 | 500元以　下 | 500至800元 | 800至1000元 | 1000至1200元 |
|---|---|---|---|---|---|
| 交通运输邮电业服务性支出 | 40 | | | 67 | |
| 购置生产性固定资产支出 | 626 | 2446 | 245 | 243 | 277 |
| 税费支出 | 4 | 12 | 1 | 1 | 2 |
| 生活消费支出 | 6382 | 6250 | 4805 | 4781 | 4533 |
| #服务性支出 | 1881 | 1756 | 805 | 1301 | 1289 |
| 食品消费支出 | 2380 | 2348 | 1819 | 1969 | 1924 |
| 食品消费品支出 | 1986 | 1845 | 1785 | 1614 | 1634 |
| 谷　物 | 446 | 347 | 567 | 411 | 453 |
| 薯　类 | 31 | 43 | 81 | 23 | 42 |
| 豆　类 | 11 | 8 | 22 | 19 | 19 |
| 食用油 | 71 | 44 | 56 | 72 | 64 |
| 蔬菜及制品 | 142 | 171 | 104 | 109 | 115 |
| 肉.禽.蛋.奶及制品 | 729 | 564 | 491 | 574 | 525 |
| 水产品及制品 | 27 | 25 | 26 | 19 | 26 |
| 烟.酒 | 264 | 291 | 243 | 181 | 191 |
| 茶叶.饮料 | 29 | 27 | 28 | 21 | 19 |
| 食品消费服务性支出 | 394 | 503 | 34 | 355 | 290 |
| 在外饮食 | 383 | 487 | 23 | 346 | 278 |
| 食品加工费 | 9 | 15 | 10 | 8 | 12 |
| 其他服务性支出 | 1 | 1 | | | |
| 衣着消费支出 | 482 | 621 | 281 | 340 | 318 |
| 衣着消费品支出 | 480 | 619 | 281 | 339 | 318 |
| 服　装 | 342 | 459 | 181 | 230 | 215 |
| 服装材料 | 8 | 1 | 17 | 8 | 5 |
| 鞋　类 | 106 | 135 | 68 | 84 | 80 |
| 其　他 | 24 | 25 | 15 | 17 | 17 |
| 衣着消费服务性支出 | 2 | 1 | | 1 | |
| 衣着加工费 | 1 | | | | |
| 其他服务性支出 | | 1 | | | |

# 续表 3

单位:元/人

| 2000 至 2500 元 | 2500 至 3000 元 | 3000 至 4000 元 | 4000 至 5000 元 | 5000 至 6000 元 | 6000 至 7000 元 | 7000 至 8000 元 | 8000 元 以 上 |
| --- | --- | --- | --- | --- | --- | --- | --- |
|  | 191 |  | 1 | 15 | 4 | 10 | 49 |
| 978 | 342 | 310 | 136 | 617 | 736 | 464 | 922 |
| 1 | 1 | 1 | 2 |  | 2 | 1 | 8 |
| 4372 | 5538 | 4636 | 4994 | 5730 | 5812 | 6248 | 8511 |
| 1269 | 1580 | 1336 | 1397 | 1566 | 1720 | 2016 | 2590 |
| 1822 | 2279 | 2006 | 2139 | 2211 | 2241 | 2302 | 2850 |
| 1552 | 1868 | 1705 | 1775 | 1826 | 1922 | 1847 | 2386 |
| 441 | 480 | 408 | 471 | 439 | 454 | 428 | 450 |
| 33 | 21 | 25 | 42 | 34 | 26 | 30 | 31 |
| 7 | 11 | 10 | 15 | 8 | 9 | 10 | 11 |
| 54 | 66 | 62 | 72 | 71 | 75 | 69 | 80 |
| 89 | 126 | 126 | 128 | 121 | 132 | 124 | 177 |
| 507 | 645 | 629 | 582 | 658 | 690 | 707 | 934 |
| 22 | 22 | 21 | 23 | 23 | 25 | 27 | 35 |
| 208 | 269 | 193 | 223 | 240 | 257 | 209 | 337 |
| 22 | 21 | 24 | 22 | 26 | 28 | 28 | 38 |
| 270 | 410 | 301 | 364 | 385 | 319 | 455 | 464 |
| 259 | 401 | 291 | 354 | 373 | 307 | 439 | 454 |
| 11 | 8 | 9 | 10 | 10 | 11 | 8 | 9 |
|  | 2 |  |  | 2 | 2 | 7 | 1 |
| 298 | 479 | 342 | 335 | 425 | 429 | 484 | 645 |
| 297 | 478 | 342 | 334 | 424 | 429 | 484 | 641 |
| 209 | 351 | 228 | 232 | 300 | 287 | 354 | 464 |
| 8 | 9 | 5 | 5 | 7 | 10 | 9 | 10 |
| 65 | 100 | 83 | 78 | 94 | 103 | 102 | 137 |
| 15 | 18 | 25 | 20 | 24 | 29 | 20 | 29 |
| 1 |  |  | 1 | 1 | 1 |  | 4 |
| 1 |  |  | 1 |  | 1 |  | 3 |
|  |  |  |  |  |  |  | 1 |

# 2－3－21

| 指　　标 | 合计 | 500元以下 | 500至1000元 | 1000至1500元 | 1500至2000元 |
|---|---|---|---|---|---|
| 居住消费支出 | 1079.0 | 1124.1 | 479.7 | 852.9 | 717.7 |
| 居住消费品支出 | 760.5 | 754.6 | 337.8 | 652.8 | 578.3 |
| 建筑生活用房材料 | 217.8 | 359.1 | 91.7 | 227.2 | 113.2 |
| 维修生活用房材料 | 82.7 | 62.1 | 13.1 | 189.5 | 39.8 |
| 装修生活用房材料 | 71.8 | 53.4 | 51.4 | 11.7 | 98.3 |
| 生活用房 | 100.7 | | | | 117.1 |
| 生活用燃料 | 287.5 | 279.9 | 181.7 | 224.4 | 209.8 |
| 居住消费服务性支出 | 318.5 | 369.5 | 141.9 | 200.1 | 139.4 |
| 建筑.维修生活用房雇工工资 | 127.6 | 274.7 | 11.7 | 109.5 | 25.7 |
| 房　租 | 11.1 | | 13.0 | 1.2 | 1.6 |
| 生活用水 | 8.5 | 12.8 | 3.6 | 7.4 | 6.7 |
| 生活用电 | 105.5 | 79.1 | 94.6 | 78.7 | 100.5 |
| 其他服务性支出 | 65.5 | 2.7 | 19.0 | 3.1 | 4.8 |
| 家庭设备.用品消费支出 | 269.0 | 471.1 | 131.7 | 189.4 | 186.5 |
| 家庭设备用品消费品支出 | 257.9 | 467.8 | 131.4 | 180.4 | 178.7 |
| 日用品 | 95.6 | 96.9 | 69.7 | 83.3 | 69.7 |
| 床上用品 | 20.8 | 26.0 | 35.2 | 9.0 | 10.2 |
| 室内装饰品 | 13.5 | 78.2 | | 3.3 | 1.0 |
| 家俱类 | 46.2 | 166.6 | 22.7 | 21.7 | 19.7 |
| 机电设备 | 81.8 | 100.1 | 3.9 | 63.2 | 78.0 |
| 家庭设备用品服务性消费支出 | 11.0 | 3.3 | 0.3 | 8.9 | 7.7 |
| 家庭设备修理费 | 5.1 | 1.6 | 0.3 | 6.8 | 5.0 |
| 日杂用品加工修理费 | 0.9 | 0.9 | | 1.3 | 2.8 |
| 家政服务费 | 0.4 | | | | |
| 其他服务性支出 | 4.6 | 0.7 | | 0.8 | |
| 交通和通讯消费支出 | 912.2 | 729.5 | 1566.1 | 507.2 | 436.3 |
| 交通和通讯用品支出 | 555.0 | 369.9 | 1177.5 | 245.5 | 190.7 |
| 交通工具 | 315.1 | 24.7 | 1001.6 | 55.8 | 65.6 |
| 交通工具用燃料 | 160.4 | 231.5 | 139.5 | 127.7 | 68.6 |
| 交通工具用零配件 | 24.6 | 32.9 | 8.8 | 17.0 | 13.9 |
| 通讯工具 | 53.9 | 75.9 | 27.7 | 43.6 | 42.4 |

# 续表 4

单位:元/人

| 2000 至 2500 元 | 2500 至 3000 元 | 3000 至 4000 元 | 4000 至 5000 元 | 5000 至 6000 元 | 6000 至 7000 元 | 7000 至 8000 元 | 8000 元以上 |
|---|---|---|---|---|---|---|---|
| 747.1 | 766.2 | 722.3 | 840.9 | 1104.3 | 776.5 | 1174.4 | 1490.6 |
| 469.1 | 534.1 | 540.7 | 685.4 | 910.0 | 621.9 | 880.2 | 954.0 |
| 112.9 | 170.4 | 155.0 | 316.3 | 269.8 | 149.3 | 153.0 | 252.5 |
| 21.9 | 34.5 | 89.8 | 60.8 | 63.4 | 138.5 | 41.4 | 109.6 |
| 42.1 | 34.9 | 36.6 | 57.7 | 63.1 | 27.9 | 80.9 | 113.2 |
| 96.1 | 14.3 | 38.2 |  | 258.0 |  | 349.6 | 117.7 |
| 196.2 | 280.0 | 221.2 | 250.6 | 255.6 | 306.1 | 255.3 | 361.0 |
| 277.9 | 232.1 | 181.6 | 155.5 | 194.4 | 154.6 | 294.2 | 536.6 |
| 149.7 | 83.2 | 66.0 | 33.8 | 54.9 | 16.8 | 66.6 | 243.3 |
| 2.1 | 7.7 | 3.3 | 2.1 | 8.2 | 1.3 | 10.8 | 23.3 |
| 4.9 | 5.4 | 4.5 | 5.9 | 5.6 | 7.3 | 4.0 | 13.8 |
| 85.6 | 113.4 | 84.4 | 97.9 | 106.3 | 114.9 | 114.5 | 115.5 |
| 35.6 | 22.4 | 23.2 | 15.8 | 19.4 | 14.3 | 98.2 | 140.0 |
| 165.3 | 228.4 | 156.0 | 177.3 | 244.6 | 286.2 | 209.9 | 381.1 |
| 157.2 | 214.2 | 146.5 | 172.5 | 240.9 | 268.5 | 198.5 | 366.5 |
| 64.6 | 92.6 | 70.5 | 70.6 | 81.4 | 104.3 | 77.9 | 125.7 |
| 17.0 | 17.1 | 11.2 | 10.2 | 18.0 | 16.2 | 9.7 | 33.8 |
| 6.4 | 11.2 | 5.0 | 7.5 | 9.3 | 6.8 | 7.4 | 22.5 |
| 32.5 | 32.8 | 12.4 | 17.0 | 61.2 | 65.7 | 9.7 | 71.1 |
| 36.7 | 60.6 | 47.5 | 67.2 | 71.0 | 75.5 | 93.9 | 113.5 |
| 8.1 | 14.2 | 9.5 | 4.9 | 3.7 | 17.7 | 11.4 | 14.7 |
| 6.5 | 3.8 | 2.6 | 2.0 | 1.7 | 4.4 | 9.8 | 7.4 |
| 1.4 | 0.8 | 1.0 | 0.6 | 0.8 | 0.4 | 1.0 | 0.9 |
| 0.1 | 0.3 | 0.1 | 0.1 | 0.4 | 0.3 | 0.1 | 0.8 |
| 0.1 | 9.3 | 5.7 | 2.2 | 0.8 | 12.7 | 0.5 | 5.6 |
| 525.9 | 813.6 | 488.7 | 559.8 | 653.4 | 781.2 | 717.1 | 1432.8 |
| 256.8 | 488.9 | 221.3 | 296.2 | 320.1 | 408.7 | 397.2 | 969.0 |
| 78.5 | 275.9 | 64.4 | 131.2 | 162.8 | 222.7 | 180.7 | 616.6 |
| 109.7 | 134.2 | 104.6 | 109.7 | 97.7 | 125.0 | 145.8 | 241.8 |
| 28.2 | 19.0 | 12.1 | 16.9 | 20.7 | 19.5 | 17.3 | 37.2 |
| 40.2 | 58.3 | 39.5 | 37.5 | 37.5 | 40.9 | 52.9 | 72.3 |

# 2－3－21

| 指　　标 | 合计 | 500元以下 | 500至1000元 | 1000至1500元 | 1500至2000元 |
|---|---|---|---|---|---|
| 交通和通讯服务消费支出 | 357 | 360 | 389 | 262 | 246 |
| 交通消费服务支出 | 197 | 183 | 283 | 143 | 126 |
| 交通客运费 | 140 | 147 | 100 | 111 | 108 |
| 生活物品货运费 | 3 | | 2 | 4 | |
| 交通工具修理费 | 33 | 25 | 11 | 26 | 17 |
| 通讯消费服务支出 | 160 | 177 | 106 | 118 | 120 |
| 邮寄费 | 1 | | | | |
| 通讯费 | 157 | 176 | 105 | 116 | 118 |
| 通讯工具修理费 | 1 | 1 | 1 | 2 | 1 |
| 其　他 | 1 | | | | |
| 文化教育.娱乐消费支出 | 514 | 396 | 136 | 439 | 475 |
| 文化教育.娱乐用品消费支出 | 149 | 141 | 40 | 173 | 136 |
| 文教.娱乐用机电消费品 | 82 | 55 | | 96 | 78 |
| 书.报.杂志 | 9 | 18 | 5 | 14 | 7 |
| 纸张.文具 | 14 | 14 | 3 | 16 | 14 |
| 娱乐用品 | 24 | 36 | 16 | 22 | 24 |
| 其他用品 | 18 | 17 | 16 | 25 | 13 |
| 教育服务消费支出 | 307 | 246 | 76 | 256 | 312 |
| 托儿费 | 16 | 1 | | 26 | 15 |
| 幼儿园赞助费 | 1 | | | 6 | |
| 学杂费 | 223 | 142 | 61 | 181 | 266 |
| 其他服务性支出 | 42 | 69 | 8 | 41 | 30 |
| 文化.体育.娱乐服务消费支出 | 59 | 9 | 21 | 10 | 27 |
| 旅　游 | 24 | | | 1 | |
| 休闲娱乐费 | 16 | 7 | 5 | 2 | 4 |
| 文化.体育.娱乐用品修理费 | | | | 2 | |
| 其他服务性支出 | 18 | 2 | 16 | 5 | 23 |
| 医疗保健消费支出 | 589 | 375 | 303 | 391 | 404 |
| 医疗保健用品 | 234 | 209 | 194 | 226 | 172 |
| 医疗卫生用品 | 231 | 208 | 194 | 222 | 171 |

# 续表 5

单位:元/人

| 2000 至 2500 元 | 2500 至 3000 元 | 3000 至 4000 元 | 4000 至 5000 元 | 5000 至 6000 元 | 6000 至 7000 元 | 7000 至 8000 元 | 8000 元以 上 |
|---|---|---|---|---|---|---|---|
| 269 | 325 | 267 | 264 | 333 | 372 | 320 | 464 |
| 151 | 174 | 146 | 132 | 171 | 216 | 157 | 267 |
| 113 | 105 | 112 | 107 | 139 | 130 | 119 | 184 |
| 1 | 2 | 3 | 3 | 1 | 1 | 3 | 5 |
| 38 | 36 | 27 | 20 | 30 | 18 | 29 | 46 |
| 118 | 151 | 121 | 131 | 162 | 156 | 163 | 197 |
| 1 |  | 1 |  |  | 7 | 1 | 1 |
| 115 | 149 | 120 | 130 | 159 | 145 | 161 | 193 |
| 3 | 1 | 1 | 1 | 2 | 1 | 1 | 1 |
|  |  |  |  |  | 4 |  | 1 |
| 301 | 435 | 365 | 350 | 421 | 438 | 518 | 721 |
| 99 | 139 | 101 | 105 | 162 | 134 | 137 | 189 |
| 51 | 72 | 46 | 39 | 111 | 75 | 76 | 110 |
| 4 | 7 | 8 | 9 | 7 | 8 | 10 | 10 |
| 10 | 19 | 11 | 18 | 12 | 12 | 16 | 14 |
| 22 | 17 | 26 | 22 | 19 | 18 | 23 | 29 |
| 12 | 23 | 9 | 13 | 11 | 18 | 11 | 24 |
| 194 | 246 | 241 | 215 | 239 | 267 | 340 | 417 |
| 7 | 14 | 14 | 15 | 11 | 7 | 30 | 19 |
|  |  | 2 |  | 1 |  |  | 2 |
| 173 | 174 | 183 | 154 | 168 | 224 | 260 | 290 |
| 13 | 41 | 26 | 34 | 49 | 26 | 28 | 58 |
| 9 | 51 | 24 | 30 | 21 | 37 | 41 | 115 |
|  | 17 | 4 | 8 |  | 8 | 7 | 58 |
| 5 | 13 | 6 | 13 | 10 | 13 | 8 | 30 |
|  |  |  |  |  |  |  |  |
| 4 | 20 | 13 | 9 | 10 | 16 | 26 | 27 |
| 386 | 405 | 455 | 496 | 549 | 765 | 670 | 755 |
| 184 | 160 | 194 | 183 | 216 | 257 | 226 | 302 |
| 183 | 157 | 191 | 181 | 214 | 255 | 224 | 297 |

2 - 3 - 21

| 指　　标 | 合 计 | 500 元<br>以　下 | 500 至<br>1000 元 | 1000 至<br>1500 元 | 1500 至<br>2000 元 |
|---|---|---|---|---|---|
| 药品 | 227 | 208 | 194 | 222 | 171 |
| 医疗卫生器械 | 4 | | | | |
| 其他医疗卫生用品 | | | | | |
| 保健用品 | 3 | 1 | | 3 | 1 |
| 药品类保健品 | 2 | 1 | | 3 | 1 |
| 保健器材 | 1 | | | | |
| 医疗保健服务消费支出 | 355 | 166 | 109 | 165 | 232 |
| 医疗费 | 351 | 163 | 109 | 165 | 227 |
| 医疗设备修理费 | 1 | | | | |
| 保健费 | 1 | 1 | | | |
| 其他服务性支出 | 2 | 1 | | | 6 |
| 其他商品和服务消费支出 | 157 | 185 | 89 | 92 | 71 |
| 其他商品支出 | 78 | 87 | 55 | 48 | 37 |
| 首　饰 | 27 | 20 | | 2 | 3 |
| 手　表 | 1 | 1 | | | |
| 化妆品 | 15 | 30 | 8 | 18 | 5 |
| 迷信.宗教用品 | 6 | 8 | 3 | 5 | 3 |
| 其　他 | 29 | 28 | 44 | 23 | 27 |
| 其他消费服务支出 | 79 | 98 | 34 | 44 | 34 |
| 旅馆住宿费 | 9 | 2 | | 1 | 3 |
| 美容美发 | 8 | 12 | 3 | 5 | 3 |
| 殡殓费 | 16 | 51 | | 9 | 11 |
| 生活消费借贷利息 | 11 | 8 | | 2 | |
| 其他服务性支出 | 34 | 25 | 31 | 27 | 17 |
| 财产性支出 | 6 | | | | |
| 承包其他农户转让费 | | | | | |
| 其　他 | 6 | | | | |
| 转移性支出 | 998 | 874 | 232 | 559 | 704 |

# 续表 6

单位:元/人

| 2000 至 2500 元 | 2500 至 3000 元 | 3000 至 4000 元 | 4000 至 5000 元 | 5000 至 6000 元 | 6000 至 7000 元 | 7000 至 8000 元 | 8000 元 以　上 |
|---|---|---|---|---|---|---|---|
| 181 | 155 | 191 | 180 | 213 | 253 | 223 | 287 |
| 2 | 2 |  |  | 1 | 2 |  | 10 |
| 1 |  | 1 |  |  |  |  | 1 |
|  | 2 | 2 | 2 | 2 | 1 | 2 | 4 |
|  | 2 | 1 | 1 | 2 | 1 | 1 | 4 |
|  |  | 1 | 1 |  |  | 1 | 1 |
| 202 | 246 | 261 | 313 | 332 | 509 | 444 | 453 |
| 201 | 243 | 257 | 309 | 331 | 507 | 443 | 448 |
|  |  |  | 2 |  |  |  | 2 |
|  |  |  |  |  | 1 |  | 2 |
| 1 | 2 | 5 | 2 | 1 | 1 | 1 | 1 |
| 126 | 132 | 101 | 97 | 122 | 94 | 172 | 237 |
| 89 | 76 | 50 | 47 | 65 | 52 | 62 | 115 |
| 47 | 37 | 12 | 6 | 15 | 7 | 10 | 49 |
|  |  | 1 |  |  |  |  | 2 |
| 6 | 10 | 13 | 7 | 12 | 10 | 13 | 24 |
| 9 | 4 | 6 | 6 | 4 | 6 | 6 | 7 |
| 26 | 26 | 19 | 28 | 33 | 28 | 33 | 33 |
| 38 | 56 | 50 | 50 | 57 | 42 | 110 | 122 |
| 2 | 8 | 7 | 2 | 8 | 7 | 6 | 16 |
| 3 | 10 | 5 | 5 | 6 | 5 | 6 | 12 |
|  | 9 |  | 22 | 14 |  | 64 | 18 |
|  | 8 | 3 | 5 |  | 1 | 1 | 26 |
| 32 | 22 | 35 | 15 | 30 | 28 | 32 | 50 |
| 2 |  |  |  |  |  |  | 17 |
|  |  |  |  |  |  |  |  |
| 2 |  |  |  |  |  |  | 17 |
| 580 | 896 | 964 | 630 | 729 | 799 | 945 | 1408 |

# 2－3－22 农牧民家庭人均

| 指　　标 | 合 计 | 500元以 下 | 500至1000元 | 1000至1500元 | 1500至2000元 |
|---|---|---|---|---|---|
| 全年纯收入 | 7611 | －3128 | 820 | 1311 | 1748 |
| 工资性收入 | 1459 | 637 | 316 | 197 | 422 |
| 在非企业组织中劳动得到收入 | 334 | 132 | 26 | 5 | 44 |
| 乡村干部收入 | 119 | 6 | 26 | 5 | 44 |
| 乡村教师收入 | 159 | 127 | | | |
| 行政事业单位等职工收入 | 56 | | | | |
| 在本乡地域内劳动得到收入 | 670 | 481 | 165 | 176 | 288 |
| 在企业中劳动得到收入 | 82 | 89 | | 14 | 15 |
| 在国家投资基建项目得到收入 | 2 | | | | |
| 提供其他劳务收入 | 587 | 392 | 165 | 162 | 273 |
| 外出从业得到收入 | 455 | 23 | 125 | 17 | 90 |
| 在乡外县内从业得到收入 | 125 | | 69 | 17 | 28 |
| 在县外省内从业得到收入 | 222 | 5 | | | 62 |
| 在省外国内从业得到收入 | 106 | 19 | 56 | | |
| 在国外从业得到收入 | 1 | | | | |
| 家庭经营纯收入 | 4689 | －5575 | －377 | 207 | 849 |
| 第一产业纯收入 | 4485 | －4992 | －375 | 174 | 820 |
| 农业收入 | 2989 | －736 | 701 | 347 | 1133 |
| 林业收入 | 42 | －53 | －23 | 4 | |
| 牧业收入 | 1454 | －4203 | －1053 | －177 | －313 |
| 渔业收入 | 1 | | | | |
| 非农产业纯收入 | 204 | －583 | －2 | 33 | 29 |
| 第二产业纯收入 | 17 | 35 | | －18 | －1 |
| 第三产业纯收入 | 187 | －617 | －2 | 51 | 29 |
| 交通. 运输. 邮电业收入 | 41 | －293 | | －8 | |
| 批零贸易业. 饮食业收入 | 110 | 182 | | | 21 |

# 纯收入分组情况(2012 年)

单位:元/人

| 2000 至 2500 元 | 2500 至 3000 元 | 3000 至 4000 元 | 4000 至 5000 元 | 5000 至 6000 元 | 6000 至 7000 元 | 7000 至 8000 元 | 8000 元 以 上 |
|---|---|---|---|---|---|---|---|
| 2261 | 2708 | 3513 | 4482 | 5478 | 6468 | 7491 | 14510 |
| 531 | 442 | 922 | 1028 | 1162 | 1244 | 1656 | 2524 |
| 44 | 52 | 103 | 98 | 93 | 108 | 113 | 815 |
| 27 | 52 | 90 | 98 | 53 | 38 | 59 | 234 |
|  |  | 14 |  | 19 | 5 | 54 | 437 |
| 16 |  |  |  | 21 | 65 |  | 144 |
| 395 | 338 | 549 | 633 | 682 | 908 | 1140 | 818 |
| 30 | 44 | 37 | 82 | 153 | 130 | 23 | 113 |
|  |  | 4 |  |  |  |  | 3 |
| 365 | 294 | 507 | 550 | 529 | 777 | 1117 | 702 |
| 92 | 52 | 270 | 297 | 387 | 228 | 403 | 891 |
| 74 | 5 | 74 | 116 | 146 | 9 | 142 | 223 |
| 11 | 17 | 121 | 126 | 186 | 170 | 175 | 446 |
| 7 | 30 | 75 | 55 | 54 | 50 | 85 | 219 |
|  |  |  |  |  |  |  | 2 |
| 1160 | 1451 | 1817 | 2555 | 3095 | 4151 | 4578 | 9520 |
| 1100 | 1675 | 1740 | 2396 | 3000 | 3891 | 4400 | 9024 |
| 1075 | -139 | 1765 | 2178 | 2274 | 3288 | 3530 | 5432 |
| -1 | -13 | 12 | 8 | 61 | 8 | 2 | 104 |
| 26 | 1828 | -37 | 210 | 665 | 595 | 869 | 3485 |
|  |  |  |  |  |  |  | 3 |
| 60 | -224 | 78 | 160 | 95 | 260 | 178 | 496 |
|  | -5 | 1 |  | -13 | -30 | 30 | 53 |
| 60 | -219 | 76 | 160 | 108 | 290 | 147 | 443 |
| 9 | -230 | 18 | 15 | 44 | 16 | 64 | 162 |
| 49 | 12 | 19 | 93 | 59 | 190 | 69 | 205 |

# 2－3－22

| 指　　标 | 合计 | 500元以　下 | 500至1000元 | 1000至1500元 | 1500至2000元 |
|---|---|---|---|---|---|
| 其他行业收入 | 3 | －13 | | 10 | 9 |
| 财产性纯收入 | 323 | 944 | 290 | 261 | 87 |
| 利　息 | 9 | | | | |
| 集体分配股息和红利 | 51 | | | | |
| 其他股息和红利 | | | | | |
| 租金(包括农业机械) | 54 | 15 | 10 | | |
| 出让无形资产净收入 | | | | | |
| 储蓄性保险投资收入 | | | | | |
| 转让承包土地经营权收入 | 97 | 28 | 12 | 136 | 16 |
| 其　他 | 113 | 901 | 268 | 125 | 72 |
| 转移性纯收入 | 1140 | 867 | 592 | 646 | 391 |
| 家庭非常住人口寄回和带回 | | | | | |
| 城市亲友赠送 | 25 | | | | 7 |
| 离退休金.养老金 | 93 | 101 | | | |
| 城市亲友支付赡养费 | 4 | | | | |
| 农村亲友支付赡养费 | 8 | | | 10 | |
| 救济金　抚恤金　救灾款 | 5 | | | 1 | 7 |
| 退　税 | 1 | | | | |
| 退耕还林还草补贴 | 164 | 84 | 222 | 153 | 43 |
| 无偿扶贫或扶持款 | 11 | | | | |
| 得到赔款 | 12 | 54 | 9 | | 4 |
| 各项补贴收入 | 662 | 372 | 343 | 426 | 296 |
| 其　他 | 155 | 255 | 17 | 57 | 34 |
| 全年现金纯收入 | 6034 | －1097 | 457 | 479 | 796 |
| 全年实物纯收入 | 1577 | －2031 | 364 | 832 | 953 |

# 续表

单位:元/人

| 2000至2500元 | 2500至3000元 | 3000至4000元 | 4000至5000元 | 5000至6000元 | 6000至7000元 | 7000至8000元 | 8000元以上 |
|---|---|---|---|---|---|---|---|
| | -2 | -16 | 4 | 4 | 32 | 2 | 5 |
| -15 | 110 | 86 | 195 | 151 | 225 | 242 | 619 |
| | | 3 | 8 | | 5 | | 21 |
| | | | 20 | | | | 142 |
| | | | | | | 1 | 1 |
| | | 7 | 2 | 2 | 6 | 1 | 150 |
| | | | | | | | |
| | | | | | | | |
| 17 | 149 | 41 | 48 | 48 | 68 | 81 | 156 |
| -32 | -39 | 35 | 115 | 100 | 146 | 159 | 149 |
| 585 | 705 | 687 | 704 | 1070 | 848 | 1016 | 1847 |
| | | | | | | | |
| 10 | 4 | 15 | 2 | 53 | 16 | 39 | 39 |
| | 1 | | 5 | 55 | 73 | | 237 |
| | 2 | 2 | 1 | 5 | | 14 | 5 |
| 11 | 14 | | 5 | 34 | | 6 | 6 |
| 5 | 2 | 3 | 1 | 3 | 6 | 12 | 7 |
| | 2 | 2 | 1 | | | | 1 |
| 94 | 151 | 127 | 98 | 135 | 155 | 130 | 239 |
| | | 2 | 10 | 2 | 2 | | 29 |
| 40 | | | 2 | 2 | 2 | 11 | 24 |
| 408 | 499 | 460 | 492 | 692 | 532 | 757 | 931 |
| 17 | 29 | 77 | 87 | 90 | 63 | 48 | 328 |
| 1469 | 2851 | 1858 | 3160 | 3802 | 4145 | 5563 | 12189 |
| 791 | -144 | 1654 | 1322 | 1676 | 2323 | 1928 | 2321 |

# 2－3－23 农牧民家庭现金

| 指　　标 | 合 计 | 500 元<br>以　下 | 500 至<br>1000 元 | 1000 至<br>1500 元 | 1500 至<br>2000 元 |
|---|---|---|---|---|---|
| 期内现金收入 | 11065 | 10865 | 3878 | 4593 | 3708 |
| 工资性收入 | 1459 | 637 | 316 | 197 | 422 |
| 在非企业组织中劳动得到收入 | 334 | 132 | 26 | 5 | 44 |
| 乡村干部收入 | 119 | 6 | 26 | 5 | 44 |
| 乡村教师收入 | 159 | 127 | | | |
| 行政事业单位等职工收入 | 56 | | | | |
| 在本乡地域内劳动得到收入 | 670 | 481 | 165 | 176 | 288 |
| 在企业中劳动得到收入 | 82 | 89 | | 14 | 15 |
| 在国家投资基建项目得到收入 | 2 | | | | |
| 提供其他劳务收入 | 587 | 392 | 165 | 162 | 273 |
| 外出从业得到收入 | 455 | 23 | 125 | 17 | 90 |
| 在乡外县内从业得到收入 | 125 | | 69 | 17 | 28 |
| 在县外省内从业得到收入 | 222 | 5 | | | 62 |
| 在省外国内从业得到收入 | 106 | 19 | 56 | | |
| 在国外从业得到收入 | 1 | | | | |
| 家庭经营现金收入 | 8174 | 8960 | 2958 | 3596 | 2869 |
| 第一产业现金收入 | 7651 | 8570 | 2957 | 3454 | 2816 |
| 农业现金收入 | 3939 | 5556 | 2377 | 1898 | 1820 |
| 出售农产品收入 | 3836 | 5522 | 2377 | 1887 | 1818 |
| 农业服务性收入 | 103 | 34 | | 11 | 2 |
| 农产品初加工收入 | 8 | 10 | | | |
| 提供机械和操作人收入 | 69 | 24 | | 1 | |
| 其他服务收入 | 25 | | | 10 | 2 |
| 林业现金收入 | 54 | 40 | 4 | 4 | |

# 收支分组情况(2012 年)

单位:元/人

| 2000 至 2500 元 | 2500 至 3000 元 | 3000 至 4000 元 | 4000 至 5000 元 | 5000 至 6000 元 | 6000 至 7000 元 | 7000 至 8000 元 | 8000 元 以 上 |
|---|---|---|---|---|---|---|---|
| 5330 | 9296 | 5169 | 6312 | 7485 | 8922 | 10136 | 18571 |
| 531 | 442 | 922 | 1028 | 1162 | 1244 | 1656 | 2524 |
| 44 | 52 | 103 | 98 | 93 | 108 | 113 | 815 |
| 27 | 52 | 90 | 98 | 53 | 38 | 59 | 234 |
|  |  | 14 |  | 19 | 5 | 54 | 437 |
| 16 |  |  |  | 21 | 65 |  | 144 |
| 395 | 338 | 549 | 633 | 682 | 908 | 1140 | 818 |
| 30 | 44 | 37 | 82 | 153 | 130 | 23 | 113 |
|  |  | 4 |  |  |  |  | 3 |
| 365 | 294 | 507 | 550 | 529 | 777 | 1117 | 702 |
| 92 | 52 | 270 | 297 | 387 | 228 | 403 | 891 |
| 74 | 5 | 74 | 116 | 146 | 9 | 142 | 223 |
| 11 | 17 | 121 | 126 | 186 | 170 | 175 | 446 |
| 7 | 30 | 75 | 55 | 54 | 50 | 85 | 219 |
|  |  |  |  |  |  |  | 2 |
| 4068 | 7950 | 3485 | 4463 | 5133 | 6427 | 7330 | 13646 |
| 3997 | 7404 | 3319 | 4217 | 4879 | 5840 | 7065 | 12666 |
| 2293 | 2080 | 2179 | 2895 | 2745 | 4272 | 4183 | 6115 |
| 2279 | 2041 | 2165 | 2865 | 2665 | 4021 | 4132 | 5918 |
| 14 | 38 | 14 | 30 | 80 | 251 | 51 | 197 |
|  |  |  |  | 5 |  |  | 21 |
| 7 | 25 | 2 | 13 | 46 | 221 | 36 | 130 |
| 8 | 13 | 12 | 17 | 21 | 30 | 15 | 45 |
| 2 | 7 | 13 | 9 | 67 | 20 | 3 | 124 |

2-3-23

| 指　　标 | 合计 | 500元以下 | 500至1000元 | 1000至1500元 | 1500至2000元 |
|---|---|---|---|---|---|
| 牧业现金收入 | 3657 | 2973 | 577 | 1552 | 996 |
| 渔业现金收入 | 2 | | | | |
| 第二产业现金收入 | 63 | 35 | | | |
| 第三产业现金收入 | 460 | 356 | | 141 | 53 |
| 出售其他产品收入 | | | | | |
| 第三产业服务性现金收入 | 460 | 356 | | 141 | 53 |
| 交通.运输.邮电业收入 | 183 | 41 | | 73 | |
| 批零贸易业.饮食业收入 | 197 | 188 | | | 28 |
| 其他行业收入 | 21 | 52 | | 11 | 25 |
| 财产性收入 | 216 | 118 | 22 | 136 | 16 |
| 转让承包土地经营权收入 | 97 | 28 | 12 | 136 | 16 |
| 转移性收入 | 1215 | 1150 | 582 | 664 | 401 |
| 农村亲友赠送 | 88 | 296 | | 19 | 18 |
| 救济金 | 4 | | | | 7 |
| 退耕还林还草补贴 | 164 | 84 | 222 | 153 | 43 |
| 其　他 | 726 | 645 | 227 | 306 | 199 |
| #粮食直接补贴收入 | 233 | 125 | 133 | 186 | 134 |
| 非收入现金所得 | 3825 | 10700 | 2172 | 2782 | 2156 |
| 非借贷性现金所得 | 901 | 2934 | 185 | 561 | 607 |
| 出售财物 | 254 | 82 | | 272 | 113 |
| 出售役畜.产品畜 | 189 | 2644 | 78 | 13 | 128 |
| 调查补贴 | 64 | 64 | 51 | 50 | 53 |
| 婚.丧.嫁.娶礼金 | 264 | 12 | | 203 | 233 |
| 其　他 | 34 | 6 | 2 | | |
| 借贷性现金所得 | 2924 | 7766 | 1986 | 2220 | 1548 |
| 银行.信用社贷款 | 709 | 610 | 534 | 798 | 125 |
| 借入款 | 1104 | 5008 | 1379 | 894 | 537 |
| 收回借出款 | 561 | 1885 | 60 | 435 | 578 |
| 取回存款 | 537 | 263 | | 94 | 309 |

# 续表 1

单位:元/人

| 2000 至<br>2500 元 | 2500 至<br>3000 元 | 3000 至<br>4000 元 | 4000 至<br>5000 元 | 5000 至<br>6000 元 | 6000 至<br>7000 元 | 7000 至<br>8000 元 | 8000 元<br>以 上 |
|---|---|---|---|---|---|---|---|
| 1702 | 5318 | 1128 | 1313 | 2067 | 1549 | 2879 | 6422 |
| | | | | | | | 5 |
| | | 3 | | 14 | 96 | 43 | 153 |
| 71 | 546 | 163 | 246 | 240 | 491 | 222 | 828 |
| | | 1 | | | 1 | 1 | 1 |
| 71 | 546 | 162 | 246 | 240 | 490 | 221 | 827 |
| 20 | 492 | 45 | 36 | 111 | 101 | 111 | 289 |
| 49 | 32 | 22 | 141 | 101 | 218 | 95 | 417 |
| | 11 | 34 | 5 | 27 | 78 | 2 | 20 |
| 17 | 149 | 51 | 82 | 52 | 122 | 83 | 475 |
| 17 | 149 | 41 | 48 | 48 | 68 | 81 | 156 |
| 714 | 755 | 710 | 738 | 1137 | 1128 | 1067 | 1926 |
| 134 | 59 | 34 | 47 | 83 | 297 | 81 | 92 |
| 1 | 2 | 2 | 1 | 3 | | 11 | 6 |
| 94 | 151 | 127 | 98 | 135 | 155 | 130 | 239 |
| 282 | 349 | 362 | 416 | 667 | 461 | 561 | 1297 |
| 203 | 193 | 185 | 176 | 249 | 216 | 284 | 291 |
| 3057 | 5651 | 2683 | 2235 | 3273 | 3822 | 2807 | 4563 |
| 372 | 1880 | 533 | 577 | 671 | 1133 | 542 | 972 |
| 128 | 1113 | 148 | 146 | 30 | 597 | 178 | 130 |
| 36 | 310 | 147 | 100 | 77 | 226 | 151 | 155 |
| 48 | 56 | 53 | 61 | 63 | 62 | 65 | 75 |
| 152 | 317 | 157 | 164 | 318 | 180 | 34 | 397 |
| 2 | 64 | 1 | 7 | 34 | 3 | 2 | 68 |
| 2685 | 3771 | 2150 | 1658 | 2602 | 2689 | 2264 | 3591 |
| 507 | 674 | 148 | 497 | 229 | 479 | 678 | 1219 |
| 1620 | 1505 | 1205 | 757 | 1336 | 648 | 934 | 939 |
| 189 | 512 | 552 | 180 | 734 | 911 | 435 | 615 |
| 369 | 1066 | 245 | 223 | 221 | 649 | 216 | 808 |

2－3－23

| 指　　标 | 合 计 | 500元以　下 | 500至1000元 | 1000至1500元 | 1500至2000元 |
|---|---|---|---|---|---|
| 生产费用支出 | 5285 | 13785 | 3494 | 4151 | 2971 |
| 家庭经营费用支出 | 4652 | 11339 | 3248 | 3907 | 2694 |
| 第一产业生产费用支出 | 4404 | 10503 | 3246 | 3799 | 2676 |
| 农业生产费用支出 | 2578 | 3847 | 1943 | 2305 | 1903 |
| 购买农业生产资料 | 1701 | 2632 | 1524 | 1529 | 1373 |
| 农业生产雇工工资 | 190 | 180 | 40 | 151 | 83 |
| 其他生产服务支出 | 686 | 1034 | 379 | 625 | 448 |
| #借.贷款利息 | 205 | 183 | 66 | 309 | 175 |
| 排灌费 | 108 | 209 | 20 | 50 | 59 |
| 机耕费 | 153 | 330 | 82 | 77 | 126 |
| 修理费 | 52 | 54 | 51 | 64 | 21 |
| 电　费 | 31 | 8 | | 4 | 20 |
| 林业生产费用支出 | 12 | 93 | 27 | | |
| 购买林业生产资料 | 6 | 83 | 27 | | |
| 其他生产服务支出 | 3 | | | | |
| 牧业生产费用支出 | 1814 | 6563 | 1276 | 1494 | 773 |
| 购买牧业生产资料 | 1495 | 5379 | 1167 | 1387 | 720 |
| 牧业生产雇工工资 | 105 | 244 | 10 | 35 | 9 |
| 其他生产服务支出 | 213 | 941 | 99 | 73 | 43 |
| 渔业生产费用支出 | 1 | | | | |
| 第二产业生产费用支出 | 40 | | | 18 | 1 |
| 第三产业生产费用支出 | 208 | 836 | 2 | 90 | 18 |
| 购置生产性固定资产支出 | 626 | 2446 | 245 | 243 | 277 |
| 购置建筑生产用建筑物材料 | 42 | 245 | | | 60 |
| 购买生产用房 | 29 | | | | |
| 购买役畜.产品畜 | 73 | 10 | | 20 | 107 |
| 购买其他生产性固定资产 | 26 | 1 | 63 | | |
| 建造生产性固定资产雇工支出 | 7 | | | | |
| 税费支出 | 4 | 12 | 1 | 1 | 2 |

# 续表 2

单位:元/人

| 2000 至 2500 元 | 2500 至 3000 元 | 3000 至 4000 元 | 4000 至 5000 元 | 5000 至 6000 元 | 6000 至 7000 元 | 7000 至 8000 元 | 8000 元 以 上 |
|---|---|---|---|---|---|---|---|
| 4539 | 6298 | 3367 | 3073 | 3970 | 4973 | 4706 | 6858 |
| 3562 | 5956 | 3058 | 2936 | 3337 | 4237 | 4232 | 5923 |
| 3561 | 5404 | 2994 | 2870 | 3226 | 3987 | 4167 | 5534 |
| 2268 | 2697 | 2058 | 2062 | 2262 | 3208 | 2554 | 2932 |
| 1489 | 1802 | 1279 | 1397 | 1403 | 1773 | 1618 | 2016 |
| 214 | 172 | 143 | 150 | 171 | 160 | 141 | 259 |
| 565 | 723 | 636 | 515 | 687 | 1275 | 795 | 657 |
| 254 | 131 | 198 | 155 | 236 | 696 | 257 | 133 |
| 35 | 43 | 91 | 73 | 117 | 117 | 132 | 151 |
| 111 | 162 | 170 | 124 | 147 | 242 | 204 | 137 |
| 49 | 46 | 51 | 48 | 33 | 55 | 52 | 63 |
| 35 | 79 | 11 | 17 | 15 | 39 | 28 | 36 |
| 1 | 20 | 1 | 1 | 5 | 12 | 1 | 19 |
| 1 |  | 1 |  | 2 | 1 | 1 | 13 |
|  | 16 |  | 1 | 3 | 11 |  | 1 |
| 1293 | 2686 | 935 | 807 | 959 | 767 | 1612 | 2581 |
| 1145 | 2343 | 723 | 694 | 784 | 587 | 1448 | 2051 |
| 40 | 68 | 83 | 23 | 53 | 56 | 42 | 202 |
| 107 | 275 | 129 | 90 | 121 | 124 | 122 | 329 |
|  |  |  |  |  |  |  | 2 |
|  | 5 | 1 |  | 10 | 110 | 11 | 88 |
| 1 | 547 | 62 | 66 | 102 | 140 | 54 | 301 |
| 978 | 342 | 310 | 136 | 617 | 736 | 464 | 922 |
| 9 | 33 | 6 | 9 | 14 | 18 | 23 | 78 |
| 529 | 18 |  |  |  |  |  | 16 |
|  | 34 | 42 | 18 | 207 | 1 | 31 | 110 |
| 95 | 35 | 9 | 1 | 27 | 8 | 11 | 38 |
|  |  |  |  | 15 |  | 10 | 13 |
| 1 | 1 | 1 | 2 |  | 2 | 1 | 8 |

# 2－3－23

| 指　　标 | 合 计 | 500元以　下 | 500至1000元 | 1000至1500元 | 1500至2000元 |
|---|---|---|---|---|---|
| 生活消费支出 | 5731 | 5827 | 4196 | 4266 | 3879 |
| #服务性支出 | 1881 | 1756 | 805 | 1301 | 1289 |
| 食品消费支出 | 1808 | 1956 | 1242 | 1491 | 1349 |
| 购买食品支出 | 1414 | 1452 | 1208 | 1136 | 1059 |
| 谷　物 | 329 | 247 | 391 | 313 | 298 |
| 薯　类 | 11 | 14 | 2 | 6 | 6 |
| 豆　类 | 5 | 7 | 4 | 14 | 6 |
| 食用油 | 61 | 42 | 46 | 67 | 49 |
| 蔬菜及制品 | 122 | 161 | 92 | 94 | 84 |
| 肉.禽.蛋.奶及制品 | 337 | 333 | 223 | 243 | 201 |
| 水产品及制品 | 27 | 25 | 26 | 19 | 26 |
| 烟.酒 | 264 | 291 | 243 | 181 | 191 |
| 茶叶.饮料 | 29 | 27 | 28 | 21 | 19 |
| 其它类食品 | 231 | 306 | 152 | 179 | 179 |
| 食品消费服务性支出 | 394 | 503 | 34 | 355 | 290 |
| 在外饮食 | 383 | 487 | 23 | 346 | 278 |
| 食品加工费 | 9 | 15 | 10 | 8 | 12 |
| 其他服务 | 1 | 1 |  |  |  |
| 衣　着 | 482 | 621 | 281 | 340 | 318 |
| 购买衣着支出 | 480 | 619 | 281 | 339 | 318 |
| 服　装 | 342 | 459 | 181 | 230 | 215 |
| 服装材料 | 8 | 1 | 17 | 8 | 5 |
| 鞋　类 | 106 | 135 | 68 | 84 | 80 |
| 其　他 | 24 | 25 | 15 | 17 | 17 |
| 衣着消费服务性支出 | 2 | 1 |  | 1 |  |
| 衣着加工费 | 1 |  |  |  |  |
| 其他服务 |  | 1 |  |  |  |
| 居　住 | 1001 | 1094 | 447 | 816 | 638 |
| 购买居住消费品支出 | 682 | 725 | 305 | 615 | 499 |
| 购买建筑生活用房材料 | 210 | 359 | 92 | 227 | 113 |

# 续表 3

单位:元/人

| 2000 至 2500 元 | 2500 至 3000 元 | 3000 至 4000 元 | 4000 至 5000 元 | 5000 至 6000 元 | 6000 至 7000 元 | 7000 至 8000 元 | 8000 元 以 上 |
|---|---|---|---|---|---|---|---|
| 3845 | 4950 | 4023 | 4288 | 5065 | 5189 | 5551 | 7817 |
| 1269 | 1580 | 1336 | 1397 | 1566 | 1720 | 2016 | 2590 |
| 1342 | 1742 | 1465 | 1586 | 1635 | 1691 | 1676 | 2233 |
| 1072 | 1332 | 1164 | 1223 | 1250 | 1372 | 1222 | 1769 |
| 308 | 352 | 294 | 314 | 311 | 345 | 290 | 357 |
| 7 | 7 | 8 | 8 | 8 | 12 | 10 | 17 |
| 3 | 7 | 5 | 3 | 3 | 4 | 4 | 4 |
| 46 | 53 | 52 | 58 | 57 | 65 | 56 | 71 |
| 78 | 108 | 105 | 98 | 95 | 114 | 96 | 162 |
| 211 | 290 | 259 | 280 | 285 | 301 | 291 | 461 |
| 22 | 22 | 21 | 23 | 23 | 25 | 27 | 35 |
| 208 | 269 | 193 | 223 | 240 | 257 | 209 | 337 |
| 22 | 21 | 24 | 22 | 26 | 28 | 28 | 38 |
| 166 | 203 | 204 | 193 | 205 | 221 | 212 | 288 |
| 270 | 410 | 301 | 364 | 385 | 319 | 455 | 464 |
| 259 | 401 | 291 | 354 | 373 | 307 | 439 | 454 |
| 11 | 8 | 9 | 10 | 10 | 11 | 8 | 9 |
|  | 2 |  |  | 2 | 2 | 7 | 1 |
| 298 | 479 | 342 | 335 | 425 | 429 | 484 | 644 |
| 297 | 478 | 342 | 334 | 424 | 429 | 484 | 640 |
| 209 | 351 | 228 | 232 | 300 | 287 | 354 | 464 |
| 8 | 9 | 5 | 5 | 7 | 10 | 9 | 10 |
| 65 | 100 | 83 | 78 | 94 | 103 | 102 | 137 |
| 15 | 18 | 25 | 20 | 24 | 29 | 20 | 29 |
| 1 |  |  | 1 | 1 | 1 |  | 4 |
| 1 |  |  | 1 |  | 1 |  | 3 |
|  |  |  |  |  |  |  | 1 |
| 700 | 715 | 651 | 687 | 1020 | 704 | 1103 | 1414 |
| 422 | 483 | 469 | 531 | 826 | 549 | 809 | 878 |
| 112 | 170 | 154 | 246 | 270 | 148 | 153 | 251 |

2－3－23

| 指　　标 | 合 计 | 500元以　下 | 500至1000元 | 1000至1500元 | 1500至2000元 |
|---|---|---|---|---|---|
| 装修生活用房材料 | 72 | 53 | 51 | 12 | 98 |
| 购买生活用燃料 | 217 | 250 | 149 | 187 | 130 |
| 居住消费服务性支出 | 318 | 370 | 142 | 200 | 139 |
| 建筑.维修生活用房雇工工资 | 128 | 275 | 12 | 110 | 26 |
| 房　租 | 11 |  | 13 | 1 | 2 |
| 生活用水 | 8 | 13 | 4 | 7 | 7 |
| 生活用电 | 106 | 79 | 95 | 79 | 101 |
| 清洁费.卫生费 |  |  |  |  |  |
| 其　他 | 65 | 3 | 19 | 3 | 5 |
| 家庭设备.用品及服务 | 268 | 471 | 132 | 189 | 186 |
| 购买家庭设备.用品支出 | 257 | 468 | 131 | 180 | 179 |
| 日用品 | 95 | 97 | 70 | 83 | 70 |
| 床上用品 | 21 | 26 | 35 | 9 | 10 |
| 室内装饰品 | 13 | 78 |  | 3 | 1 |
| 家俱类 | 46 | 167 | 23 | 22 | 20 |
| 机电设备 | 82 | 100 | 4 | 63 | 78 |
| 家庭设备服务消费支出 | 11 | 3 |  | 9 | 8 |
| 家庭设备修理费 | 5 | 2 |  | 7 | 5 |
| 日杂用品加工修理费 | 1 | 1 |  | 1 | 3 |
| 家政服务费 |  |  |  |  |  |
| 其　他 | 5 | 1 |  | 1 |  |
| 交通和通讯 | 912 | 730 | 1566 | 507 | 436 |
| 购买交通和通讯用品支出 | 555 | 370 | 1178 | 246 | 191 |
| 交通工具 | 315 | 25 | 1002 | 56 | 66 |
| 交通工具用燃料 | 160 | 231 | 139 | 128 | 69 |
| 交通工具用零配件 | 25 | 33 | 9 | 17 | 14 |
| 通讯工具 | 54 | 76 | 28 | 44 | 42 |
| 通讯工具用零配件 | 1 | 5 |  | 1 |  |

# 续表 4

单位:元/人

| 2000 至 2500 元 | 2500 至 3000 元 | 3000 至 4000 元 | 4000 至 5000 元 | 5000 至 6000 元 | 6000 至 7000 元 | 7000 至 8000 元 | 8000 元 以 上 |
|---|---|---|---|---|---|---|---|
| 42 | 35 | 37 | 58 | 63 | 28 | 81 | 113 |
| 150 | 229 | 150 | 167 | 172 | 235 | 184 | 286 |
| 278 | 232 | 182 | 155 | 194 | 155 | 294 | 537 |
| 150 | 83 | 66 | 34 | 55 | 17 | 67 | 243 |
| 2 | 8 | 3 | 2 | 8 | 1 | 11 | 23 |
| 5 | 5 | 4 | 6 | 6 | 7 | 4 | 14 |
| 86 | 113 | 84 | 98 | 106 | 115 | 114 | 115 |
|  |  |  |  |  |  |  | 1 |
| 36 | 22 | 23 | 16 | 19 | 14 | 98 | 140 |
| 165 | 228 | 155 | 177 | 239 | 285 | 210 | 380 |
| 157 | 214 | 146 | 172 | 235 | 268 | 199 | 366 |
| 64 | 93 | 70 | 71 | 75 | 104 | 78 | 125 |
| 17 | 17 | 11 | 10 | 18 | 16 | 10 | 34 |
| 6 | 11 | 5 | 7 | 9 | 7 | 7 | 22 |
| 33 | 33 | 12 | 17 | 61 | 66 | 10 | 71 |
| 37 | 61 | 47 | 67 | 71 | 76 | 94 | 113 |
| 8 | 14 | 9 | 5 | 4 | 18 | 11 | 15 |
| 6 | 4 | 3 | 2 | 2 | 4 | 10 | 7 |
| 1 | 1 | 1 | 1 | 1 |  | 1 | 1 |
|  |  |  |  |  |  |  | 1 |
|  | 9 | 6 | 2 | 1 | 13 |  | 6 |
| 526 | 814 | 489 | 560 | 653 | 781 | 717 | 1433 |
| 257 | 489 | 221 | 296 | 320 | 409 | 397 | 969 |
| 79 | 276 | 64 | 131 | 163 | 223 | 181 | 617 |
| 110 | 134 | 105 | 110 | 98 | 125 | 146 | 242 |
| 28 | 19 | 12 | 17 | 21 | 19 | 17 | 37 |
| 40 | 58 | 39 | 37 | 37 | 41 | 53 | 72 |
|  | 2 | 1 | 1 | 1 | 1 |  | 1 |

# 2－3－23

| 指　　标 | 合计 | 500元以　下 | 500至1000元 | 1000至1500元 | 1500至2000元 |
|---|---|---|---|---|---|
| 交通服务支出 | 197 | 183 | 283 | 143 | 126 |
| 交通客运费 | 140 | 147 | 100 | 111 | 108 |
| 生活物品货运费 | 3 | | 2 | 4 | |
| 交通工具修理费 | 33 | 25 | 11 | 26 | 17 |
| 其他(过路过桥费等) | 21 | 11 | 170 | 1 | |
| 通讯服务支出 | 160 | 177 | 106 | 118 | 120 |
| 邮寄费 | 1 | | | | |
| 通讯费 | 157 | 176 | 105 | 116 | 118 |
| 通讯工具修理费 | 1 | 1 | 1 | 2 | 1 |
| 其　他 | 1 | | | | |
| 文化教育.娱乐用品及服务 | 514 | 396 | 136 | 439 | 475 |
| 购买文化教育.娱乐用品 | 149 | 141 | 40 | 173 | 136 |
| 文教.娱乐用机电消费品 | 82 | 55 | | 96 | 78 |
| 书.报.杂志 | 9 | 18 | 5 | 14 | 7 |
| 纸张.文具 | 14 | 14 | 3 | 16 | 14 |
| 教育服务消费 | 307 | 246 | 76 | 256 | 312 |
| 托儿费 | 16 | 1 | | 26 | 15 |
| 幼儿园赞助费 | 1 | | | 6 | |
| 学杂费 | 141 | 122 | 61 | 130 | 192 |
| 其他 | 42 | 69 | 8 | 41 | 30 |
| 文化.体育.娱乐服务消费 | 59 | 9 | 21 | 10 | 27 |
| 旅　游 | 24 | | | 1 | |
| 休闲娱乐费 | 16 | 7 | 5 | 2 | 4 |
| 文化.体育.娱乐用品修理费 | | | | 2 | |
| 其　他 | 8 | 2 | 8 | 5 | 4 |
| 医疗保健 | 589 | 375 | 303 | 391 | 404 |
| 购买医疗保健用品 | 234 | 209 | 194 | 226 | 172 |
| 购买医疗卫生用品 | 231 | 208 | 194 | 222 | 171 |
| 药　品 | 227 | 208 | 194 | 222 | 171 |

# 续表 5

单位:元/人

| 2000 至 2500 元 | 2500 至 3000 元 | 3000 至 4000 元 | 4000 至 5000 元 | 5000 至 6000 元 | 6000 至 7000 元 | 7000 至 8000 元 | 8000 元以上 |
|---|---|---|---|---|---|---|---|
| 151 | 174 | 146 | 132 | 171 | 216 | 157 | 267 |
| 113 | 105 | 112 | 107 | 139 | 130 | 119 | 184 |
| 1 | 2 | 3 | 3 | 1 | 1 | 3 | 5 |
| 38 | 36 | 27 | 20 | 30 | 18 | 29 | 46 |
|  | 31 | 4 | 1 | 1 | 67 | 5 | 33 |
| 118 | 151 | 121 | 131 | 162 | 156 | 163 | 197 |
| 1 |  | 1 |  |  | 7 | 1 | 1 |
| 115 | 149 | 120 | 130 | 159 | 145 | 161 | 193 |
| 3 | 1 | 1 | 1 | 2 | 1 | 1 | 1 |
|  |  |  |  |  | 4 |  | 1 |
| 301 | 435 | 365 | 350 | 421 | 438 | 518 | 721 |
| 99 | 139 | 101 | 105 | 162 | 134 | 137 | 189 |
| 51 | 72 | 46 | 39 | 111 | 75 | 76 | 110 |
| 4 | 7 | 8 | 9 | 7 | 8 | 10 | 10 |
| 10 | 19 | 11 | 18 | 12 | 12 | 16 | 14 |
| 194 | 246 | 241 | 215 | 239 | 267 | 340 | 417 |
| 7 | 14 | 14 | 15 | 11 | 7 | 30 | 19 |
|  |  | 2 |  | 1 |  |  | 2 |
| 84 | 130 | 105 | 112 | 98 | 152 | 167 | 174 |
| 13 | 41 | 26 | 34 | 49 | 26 | 28 | 58 |
| 9 | 51 | 24 | 30 | 21 | 37 | 41 | 115 |
|  | 17 | 4 | 8 |  | 8 | 7 | 58 |
| 5 | 13 | 6 | 13 | 10 | 13 | 8 | 30 |
|  |  |  |  |  |  |  |  |
|  | 6 | 4 | 5 | 8 | 6 | 10 | 13 |
| 386 | 405 | 455 | 496 | 549 | 765 | 670 | 755 |
| 184 | 160 | 194 | 183 | 216 | 257 | 226 | 302 |
| 183 | 157 | 191 | 181 | 214 | 255 | 224 | 297 |
| 181 | 155 | 191 | 180 | 213 | 253 | 223 | 287 |

# 2－3－23

| 指　　标 | 合 计 | 500 元以　下 | 500 至 1000 元 | 1000 至 1500 元 | 1500 至 2000 元 |
|---|---|---|---|---|---|
| 医疗保健服务消费支出 | 355 | 166 | 109 | 165 | 232 |
| # 医疗费 | 351 | 163 | 109 | 165 | 227 |
| 其他商品和服务 | 157 | 185 | 89 | 92 | 71 |
| 购买其他商品支出 | 78 | 87 | 55 | 48 | 37 |
| # 首饰 | 27 | 20 |  | 2 | 3 |
| 迷信. 宗教用品 | 6 | 8 | 3 | 5 | 3 |
| 其他消费服务支出 | 79 | 98 | 34 | 44 | 34 |
| 财产性支出 | 6 |  |  |  |  |
| 转移性支出 | 995 | 874 | 232 | 559 | 704 |
| 寄给带给家庭非常人口现金 | 329 | 103 |  | 249 | 395 |
| 赠送农村亲友 | 348 | 387 | 73 | 194 | 176 |
| 非消费性支出 | 3188 | 4120 | 514 | 923 | 875 |
| 非借贷性支出 | 845 | 630 | 485 | 443 | 449 |
| 购买彩票 | 2 |  |  |  |  |
| 婚. 丧. 嫁. 娶支出 | 789 | 627 | 485 | 441 | 449 |
| 交纳党费. 团费 |  |  |  |  |  |
| 迷信. 宗教活动捐赠 | 4 |  |  |  |  |
| 其　　他 | 50 | 3 |  | 2 |  |
| 储蓄. 借贷性支出 | 2343 | 3490 | 29 | 480 | 426 |
| 归还银行. 信用社 | 738 | 369 | 16 | 308 | 109 |
| 借出款 | 155 | 175 |  | 17 | 2 |
| 归还借款 | 748 | 1569 |  | 144 | 312 |
| 其　　他 | 5 |  | 13 | 11 |  |
| 期末金融资产余额 | 5501 | 3266 | 2109 | 4112 | 1498 |
| 手存现金 | 2323 | 1372 | 1367 | 2067 | 1173 |
| 存款余额 | 3178 | 1895 | 741 | 2045 | 325 |
| 期末债务余额 | 1518 | 4392 | 603 | 1899 | 1125 |
| 银行. 信用社贷款 | 687 | 2923 | 86 | 1041 | 270 |
| 个人借(欠)款 | 769 | 1281 | 517 | 858 | 742 |

# 续表 6

单位:元/人

| 2000 至 2500 元 | 2500 至 3000 元 | 3000 至 4000 元 | 4000 至 5000 元 | 5000 至 6000 元 | 6000 至 7000 元 | 7000 至 8000 元 | 8000 元 以 上 |
|---|---|---|---|---|---|---|---|
| 202 | 246 | 261 | 313 | 332 | 509 | 444 | 453 |
| 201 | 243 | 257 | 309 | 331 | 507 | 443 | 448 |
| 126 | 132 | 101 | 97 | 122 | 94 | 172 | 237 |
| 89 | 76 | 50 | 47 | 65 | 52 | 62 | 115 |
| 47 | 37 | 12 | 6 | 15 | 7 | 10 | 49 |
| 9 | 4 | 6 | 6 | 4 | 6 | 6 | 7 |
| 38 | 56 | 50 | 50 | 57 | 42 | 110 | 122 |
| 2 | | | | | | | 17 |
| 575 | 893 | 961 | 627 | 724 | 796 | 939 | 1405 |
| 270 | 220 | 300 | 161 | 229 | 256 | 416 | 466 |
| 193 | 293 | 333 | 315 | 304 | 327 | 301 | 459 |
| 1065 | 2751 | 1299 | 1405 | 2481 | 2543 | 1737 | 5745 |
| 364 | 719 | 618 | 618 | 763 | 828 | 496 | 1266 |
| | | 1 | | | | 1 | 4 |
| 350 | 692 | 610 | 611 | 707 | 819 | 441 | 1144 |
| 3 | | | | | | | |
| 1 | 2 | 1 | | 2 | 6 | 4 | 8 |
| 11 | 25 | 7 | 6 | 53 | 2 | 50 | 109 |
| 701 | 2031 | 680 | 787 | 1718 | 1715 | 1242 | 4479 |
| 219 | 723 | 240 | 232 | 633 | 347 | 153 | 1463 |
| | 122 | 41 | 11 | 45 | 88 | 101 | 346 |
| 412 | 359 | 262 | 414 | 496 | 686 | 737 | 1312 |
| | 4 | | 5 | 18 | 2 | 3 | 6 |
| 2371 | 5071 | 3160 | 3479 | 3492 | 5149 | 6580 | 8455 |
| 1694 | 2210 | 1828 | 2105 | 2041 | 2025 | 2865 | 2883 |
| 676 | 2861 | 1331 | 1374 | 1452 | 3124 | 3715 | 5572 |
| 997 | 1767 | 1257 | 1167 | 1285 | 1182 | 1301 | 1757 |
| 479 | 692 | 417 | 464 | 302 | 383 | 625 | 953 |
| 496 | 1061 | 695 | 617 | 835 | 749 | 641 | 775 |

# 2－3－24 各盟市农牧民家庭基本情况(2012 年)

| 地　区 | 调查户数（户） | 常住人口（人） | 平均每户常住人口（户） | 平均每户整半劳动力（人） | | |
|---|---|---|---|---|---|---|
| | | | | | 男劳动力（人） | 整劳动力（人） |
| **全　区** | **2060** | **6751** | **3.28** | **2.46** | **1.28** | **1.52** |
| 呼和浩特市 | 420 | 1346 | 3.21 | 2.42 | 1.31 | 1.44 |
| 包头市 | 360 | 1095 | 3.04 | 2.30 | 1.22 | 1.45 |
| 呼伦贝尔市 | 480 | 1667 | 3.47 | 2.51 | 1.29 | 1.84 |
| 兴安盟 | 410 | 1481 | 3.61 | 2.68 | 1.41 | 1.94 |
| 通辽市 | 540 | 2038 | 3.77 | 2.61 | 1.34 | 1.94 |
| 赤峰市 | 800 | 2716 | 3.40 | 2.46 | 1.27 | 1.57 |
| 锡林郭勒盟 | 450 | 1495 | 3.32 | 2.50 | 1.29 | 1.66 |
| 乌兰察布市 | 500 | 1388 | 2.78 | 2.25 | 1.18 | 0.87 |
| 鄂尔多斯市 | 420 | 1186 | 2.82 | 2.30 | 1.21 | 1.16 |
| 巴彦淖尔市 | 560 | 1801 | 3.22 | 2.51 | 1.31 | 1.66 |
| 乌海市 | 60 | 169 | 2.81 | 2.20 | 1.15 | 1.30 |
| 阿拉善盟 | 100 | 344 | 3.44 | 2.23 | 1.17 | 1.78 |

# 2－3－24 续表 1

| 地　区 | 调查户每百户中 | | | | |
|---|---|---|---|---|---|
| | 个体工商户（户） | 干部户（户） | 个体工商和干部户（户） | 五保户（户） | 其他户（户） |
| **全　区** | **1.85** | **4.71** | **0.10** | **0.05** | **93.30** |
| 呼和浩特市 | 3.57 | 8.57 | 0.24 | | 87.62 |
| 包头市 | 5.28 | 6.67 | 0.56 | | 87.50 |
| 呼伦贝尔市 | 5.63 | 3.33 | | | 91.04 |
| 兴安盟 | 1.46 | 2.44 | | | 96.10 |
| 通辽市 | 2.59 | 4.82 | 0.19 | | 92.41 |
| 赤峰市 | 1.38 | 2.88 | 0.13 | | 95.63 |
| 锡林郭勒盟 | 0.89 | 9.33 | 0.44 | | 89.33 |
| 乌兰察布市 | 2.80 | 5.40 | 0.60 | 0.40 | 78.00 |
| 鄂尔多斯市 | 13.10 | 1.67 | | | 85.24 |
| 巴彦淖尔市 | 1.79 | 1.96 | | | 96.25 |
| 乌海市 | | 5.00 | | | 95.00 |
| 阿拉善盟 | 2.00 | 6.00 | 1.00 | | 91.00 |

# 2－3－24 续表 2

| 地　区 | 各种家庭类型所占比重(%) | | | | | | |
|---|---|---|---|---|---|---|---|
| | 单身或夫妻 | 夫妇与一个孩子 | 夫妇与两个孩子 | 夫妇与三个以上孩子 | 单亲与孩子 | 三代同堂 | 其　他 |
| **全　区** | **22.14** | **31.51** | **22.04** | **2.57** | **0.92** | **18.98** | **1.85** |
| 呼和浩特市 | 18.10 | 34.76 | 31.67 | 4.52 | 1.67 | 7.86 | 1.43 |
| 包头市 | 23.89 | 40.28 | 28.33 | 2.78 | 0.83 | 3.33 | 0.56 |
| 呼伦贝尔市 | 14.79 | 37.08 | 21.04 | 3.13 | 1.88 | 20.21 | 1.88 |
| 兴安盟 | 12.44 | 32.93 | 21.22 | 2.68 | 1.71 | 23.66 | 5.37 |
| 通辽市 | 9.26 | 26.48 | 30.19 | 3.70 | 0.93 | 28.15 | 1.30 |
| 赤峰市 | 16.25 | 33.63 | 21.38 | 3.00 | 0.25 | 22.75 | 2.75 |
| 锡林郭勒盟 | 17.11 | 34.44 | 25.56 | 3.11 | 1.33 | 16.67 | 1.78 |
| 乌兰察布市 | 32.00 | 32.20 | 15.20 | 2.20 | 0.80 | 3.00 | 1.80 |
| 鄂尔多斯市 | 35.24 | 30.00 | 20.71 | 2.62 | 1.19 | 6.43 | 3.81 |
| 巴彦淖尔市 | 17.50 | 36.96 | 28.39 | 4.29 | 0.71 | 10.54 | 1.61 |
| 乌海市 | 25.00 | 45.00 | 18.33 | 1.67 | | 10.00 | |
| 阿拉善盟 | 22.00 | 40.00 | 20.00 | 2.00 | 2.00 | 13.00 | 1.00 |

# 2－3－24 续表 3

| 地　区 | 常住人口中年龄结构比重(%) | | | | |
|---|---|---|---|---|---|
| | 6 岁以下人口 | 7 至 15 岁人口 | 16 至 18 岁人口 | 19 至 22 岁人口 | 23 至 25 岁人口 |
| **全　区** | **4.76** | **8.89** | **4.76** | **6.09** | **4.10** |
| 呼和浩特市 | 4.01 | 9.51 | 5.42 | 5.72 | 4.53 |
| 包头市 | 5.85 | 7.22 | 4.57 | 7.40 | 5.03 |
| 呼伦贝尔市 | 6.90 | 9.06 | 4.50 | 6.90 | 5.16 |
| 兴安盟 | 6.82 | 8.24 | 5.13 | 7.57 | 5.88 |
| 通辽市 | 6.09 | 11.14 | 5.55 | 7.61 | 4.86 |
| 赤峰市 | 6.00 | 9.94 | 3.98 | 5.30 | 4.49 |
| 锡林郭勒盟 | 6.02 | 9.50 | 3.75 | 4.68 | 5.28 |
| 乌兰察布市 | 1.87 | 6.05 | 3.96 | 5.55 | 3.60 |
| 鄂尔多斯市 | 4.22 | 5.65 | 3.63 | 4.97 | 4.47 |
| 巴彦淖尔市 | 3.61 | 8.05 | 4.78 | 6.89 | 5.55 |
| 乌海市 | 5.33 | 7.11 | 1.19 | 6.52 | 3.56 |
| 阿拉善盟 | 2.33 | 13.09 | 4.07 | 7.27 | 4.07 |

# 2－3－24 续表 4

| 地　　区 | 常住人口中年龄结构比重(%) | | | | |
|---|---|---|---|---|---|
| | 26 至 30 岁人口 | 31 至 40 岁人口 | 41 至 50 岁人口 | 51 至 60 岁人口 | 60 岁以上人口 |
| **全　区** | **5.76** | **14.62** | **22.96** | **18.72** | **9.15** |
| 呼和浩特市 | 5.72 | 13.22 | 23.92 | 19.69 | 7.88 |
| 包头市 | 7.58 | 15.62 | 21.84 | 18.55 | 6.49 |
| 呼伦贝尔市 | 7.86 | 19.98 | 19.98 | 13.20 | 6.36 |
| 兴安盟 | 9.66 | 16.21 | 19.86 | 13.37 | 7.16 |
| 通辽市 | 6.87 | 16.24 | 21.35 | 12.37 | 7.90 |
| 赤峰市 | 6.81 | 15.50 | 21.72 | 17.97 | 8.17 |
| 锡林郭勒盟 | 7.49 | 18.53 | 20.33 | 16.79 | 7.56 |
| 乌兰察布市 | 4.32 | 7.71 | 19.46 | 30.78 | 16.29 |
| 鄂尔多斯市 | 6.15 | 11.47 | 23.10 | 24.78 | 11.13 |
| 巴彦淖尔市 | 5.00 | 16.33 | 26.94 | 15.27 | 6.44 |
| 乌海市 | 9.48 | 16.00 | 19.56 | 20.15 | 11.85 |
| 阿拉善盟 | 4.36 | 23.56 | 23.56 | 8.73 | 8.44 |

# 2－3－24 续表 5

单位：人

| 地　　区 | 平均每百个劳动力中 | | | | | |
|---|---|---|---|---|---|---|
| | 不识字或识字很少人数 | 小学程度人　数 | 初中程度人　数 | 高中程度人　数 | 中专程度人　数 | 大专以上程度人数 |
| **全　区** | **5.16** | **26.57** | **52.07** | **11.19** | **1.86** | **3.16** |
| 呼和浩特市 | 6.07 | 22.84 | 46.71 | 15.23 | 2.68 | 6.48 |
| 包头市 | 3.92 | 20.98 | 53.57 | 12.03 | 3.50 | 6.01 |
| 呼伦贝尔市 | 2.03 | 25.80 | 55.12 | 10.87 | 2.92 | 3.27 |
| 兴安盟 | 1.96 | 31.83 | 54.16 | 9.60 | 0.78 | 1.67 |
| 通辽市 | 2.18 | 17.98 | 66.59 | 11.14 | 0.87 | 1.24 |
| 赤峰市 | 3.07 | 25.46 | 57.84 | 10.04 | 1.43 | 2.15 |
| 锡林郭勒盟 | 1.61 | 29.02 | 50.27 | 12.95 | 3.04 | 3.13 |
| 乌兰察布市 | 11.59 | 36.46 | 41.06 | 7.99 | 1.10 | 1.80 |
| 鄂尔多斯市 | 9.44 | 33.73 | 40.13 | 8.35 | 1.84 | 6.51 |
| 巴彦淖尔市 | 4.57 | 17.64 | 58.43 | 13.21 | 2.71 | 3.43 |
| 乌海市 | 18.27 | 24.04 | 44.23 | 8.65 | 0.96 | 3.85 |
| 阿拉善盟 | 0.90 | 25.56 | 50.22 | 17.49 | 1.35 | 4.48 |

# 2－3－24 续表 6

单位:人

| 地　　区 | 平均每百个劳动力中 | | |
|---|---|---|---|
| | 一产业就业劳动力 | 二产业就业劳动力 | 三产业就业劳动力 |
| **全　区** | **83.72** | **5.07** | **9.70** |
| 呼和浩特市 | 59.84 | 13.09 | 22.74 |
| 包头市 | 54.35 | 7.37 | 24.64 |
| 呼伦贝尔市 | 73.22 | 2.74 | 6.72 |
| 兴安盟 | 81.42 | 1.46 | 3.83 |
| 通辽市 | 85.74 | 4.33 | 7.45 |
| 赤峰市 | 81.68 | 10.40 | 6.95 |
| 锡林郭勒盟 | 87.00 | 1.69 | 10.78 |
| 乌兰察布市 | 70.26 | 5.52 | 6.95 |
| 鄂尔多斯市 | 72.82 | 5.81 | 17.01 |
| 巴彦淖尔市 | 59.35 | 3.27 | 6.40 |
| 乌海市 | 34.09 | 14.39 | 30.30 |
| 阿拉善盟 | 70.85 | 2.24 | 16.14 |

# 2－3－24 续表 7

单位:人

| 地　　区 | 平均每百个劳动力中 | | | | |
|---|---|---|---|---|---|
| | 二产业就业劳动力 | 采矿业人数 | 制造业人数 | 电力煤气及水生产供应 | 建筑业人数 |
| **全　区** | **5.07** | **1.03** | **0.99** | **0.2** | **2.86** |
| 呼和浩特市 | 13.09 | 0.39 | 4.53 | 0.49 | 7.68 |
| 包头市 | 7.37 | 3.02 | 1.45 | 0.73 | 2.17 |
| 呼伦贝尔市 | 2.74 | | 0.33 | 0.08 | 2.32 |
| 兴安盟 | 1.46 | 0.09 | 0.27 | 0.18 | 0.91 |
| 通辽市 | 4.33 | 0.21 | 1.35 | 0.21 | 2.56 |
| 赤峰市 | 10.4 | 2.69 | 2.28 | 0.25 | 5.18 |
| 锡林郭勒盟 | 1.69 | 0.09 | 0.45 | 0.18 | 0.98 |
| 乌兰察布市 | 5.52 | 0.18 | 2.49 | 0.27 | 2.58 |
| 鄂尔多斯市 | 5.81 | 2.28 | 0.42 | 0.42 | 2.7 |
| 巴彦淖尔市 | 3.27 | 0.64 | 1.35 | 0.14 | 1.14 |
| 乌海市 | 14.39 | 3.79 | 6.82 | | 3.79 |
| 阿拉善盟 | 2.24 | 1.35 | | 0.9 | |

# 2－3－24 续表 8

单位：人

| 地　　区 | 平均每百个劳动力中 | | | | |
|---|---|---|---|---|---|
| | 三产业就业劳动力 | 运输仓储及邮电通讯业 | 批发和零售贸易 | 住宿和餐饮业 | 居民服务其他服务 |
| **全　区** | **9.70** | **1.36** | **1.46** | **1.10** | **1.75** |
| 呼和浩特市 | 22.74 | 3.35 | 4.04 | 2.36 | 6.3 |
| 包头市 | 24.64 | 4.47 | 3.14 | 1.21 | 8.82 |
| 呼伦贝尔市 | 6.72 | 0.75 | 1.00 | 0.33 | 0.66 |
| 兴安盟 | 3.83 | 0.36 | 1.00 | 0.55 | 0.55 |
| 通辽市 | 7.45 | 1.14 | 1.70 | 0.78 | 0.92 |
| 赤峰市 | 6.95 | 0.91 | 1.42 | 0.76 | 0.56 |
| 锡林郭勒盟 | 10.78 | 1.07 | 0.89 | 0.71 | 2.85 |
| 乌兰察布市 | 6.95 | 0.45 | 0.71 | 0.36 | 2.32 |
| 鄂尔多斯市 | 17.01 | 2.18 | 2.39 | 1.87 | 6.54 |
| 巴彦淖尔市 | 6.40 | 1.14 | 0.78 | 1.21 | 0.92 |
| 乌海市 | 30.30 | 9.09 | 4.55 | | 9.09 |
| 阿拉善盟 | 16.14 | 4.04 | 3.14 | 2.69 | 1.79 |

# 2－3－24 续表 9

单位：人

| 地　　区 | | | | | 每百常住人口中在校学生人数 | |
|---|---|---|---|---|---|---|
| | 教育人数 | 卫生社会保障和社会福利业 | 文化、体育和娱乐业 | 其他人数 | | 7至15岁在校学生人数 |
| **全　区** | **0.95** | **0.20** | **0.12** | **2.21** | **14.68** | **9.42** |
| 呼和浩特市 | 0.79 | 0.59 | 0.20 | 4.53 | 17.09 | 10.10 |
| 包头市 | 1.57 | 0.48 | 0.12 | 3.87 | 15.35 | 7.22 |
| 呼伦贝尔市 | 0.83 | 0.17 | 0.08 | 2.65 | 15.00 | 9.36 |
| 兴安盟 | 0.27 | | 0.09 | 0.82 | 13.98 | 8.85 |
| 通辽市 | 0.57 | 0.14 | 0.14 | 1.77 | 18.06 | 11.88 |
| 赤峰市 | 0.71 | 0.10 | | 1.17 | 16.31 | 10.57 |
| 锡林郭勒盟 | 0.36 | 0.36 | 0.18 | 3.92 | 15.52 | 10.97 |
| 乌兰察布市 | 0.45 | | 0.09 | 2.58 | 11.46 | 6.13 |
| 鄂尔多斯市 | 0.52 | | 0.21 | 2.39 | 10.71 | 5.73 |
| 巴彦淖尔市 | 0.28 | 0.14 | 0.21 | 0.57 | 14.61 | 8.39 |
| 乌海市 | 3.79 | | | 3.03 | 10.67 | 7.70 |
| 阿拉善盟 | 0.45 | | 0.45 | 3.59 | 22.98 | 13.09 |

# 2－3－24 续表 10

| 地　　区 | 劳动力从业地点所占比重(%) | | | | |
|---|---|---|---|---|---|
| | 乡　内 | 县内乡外 | 省内县外 | 国内省外 | 国　外 |
| **全　区** | **92.99** | **1.16** | **4.14** | **1.52** | **0.02** |
| 呼和浩特市 | 87.14 | 2.37 | 9.77 | 0.62 | 0.10 |
| 包头市 | 91.33 | 4.48 | 4.06 | 0.14 | |
| 呼伦贝尔市 | 84.89 | 1.15 | 0.44 | 1.68 | |
| 兴安盟 | 90.30 | 0.10 | 0.88 | 1.96 | |
| 通辽市 | 95.27 | 2.04 | 1.17 | 1.53 | |
| 赤峰市 | 94.47 | 0.87 | 2.51 | 2.10 | 0.05 |
| 锡林郭勒盟 | 92.86 | 2.05 | 3.66 | 1.16 | |
| 乌兰察布市 | 86.81 | 1.00 | 4.50 | 0.50 | |
| 鄂尔多斯市 | 88.50 | 6.29 | 4.88 | 0.33 | |
| 巴彦淖尔市 | 61.93 | 1.21 | 5.00 | 1.07 | |
| 乌海市 | 66.35 | 30.77 | 2.89 | | |
| 阿拉善盟 | 86.55 | 1.35 | 0.45 | 0.90 | |

# 2－3－24 续表 11

| 地　　区 | 劳动力年龄结构(%) | | | | | | |
|---|---|---|---|---|---|---|---|
| | 16－20 岁 | 21－25 岁 | 26－30 岁 | 31－35 岁 | 36－40 岁 | 41－45 岁 | 46 岁以上 |
| **全　区** | **1.91** | **6.19** | **5.01** | **7.31** | **19.26** | **30.04** | **28.94** |
| 呼和浩特市 | 0.79 | 4.63 | 5.61 | 6.99 | 16.04 | 31.10 | 30.51 |
| 包头市 | 0.73 | 4.71 | 4.71 | 7.13 | 17.39 | 25.85 | 25.85 |
| 呼伦贝尔市 | 1.66 | 6.72 | 6.05 | 10.20 | 25.87 | 25.37 | 17.99 |
| 兴安盟 | 2.64 | 7.83 | 7.38 | 12.02 | 20.77 | 24.32 | 18.03 |
| 通辽市 | 2.41 | 8.59 | 6.53 | 9.58 | 22.85 | 30.02 | 17.53 |
| 赤峰市 | 1.02 | 4.67 | 5.48 | 9.29 | 21.21 | 29.43 | 27.96 |
| 锡林郭勒盟 | 0.98 | 4.90 | 6.95 | 9.88 | 24.31 | 26.71 | 26.00 |
| 乌兰察布市 | 0.80 | 3.47 | 2.85 | 4.19 | 8.01 | 21.28 | 48.53 |
| 鄂尔多斯市 | 0.52 | 3.63 | 4.36 | 6.33 | 13.59 | 27.91 | 39.32 |
| 巴彦淖尔市 | 1.35 | 6.11 | 6.61 | 6.40 | 20.83 | 34.33 | 23.88 |
| 乌海市 | | 2.27 | 3.03 | 8.33 | 16.67 | 18.18 | 30.30 |
| 阿拉善盟 | | 4.04 | 4.93 | 6.73 | 35.87 | 36.32 | 12.11 |

# 2－3－24 续表 12

| 地　　区 | 劳动力文化程度结构(%) | | | | | |
|---|---|---|---|---|---|---|
| | 不识字或识字很少 | 小 学 | 初 中 | 高 中 | 中 专 | 大专及以上 |
| **全　区** | **5.16** | **26.57** | **52.07** | **11.19** | **1.86** | **3.16** |
| 呼和浩特市 | 6.07 | 22.84 | 46.71 | 15.23 | 2.68 | 6.48 |
| 包头市 | 3.92 | 20.98 | 53.57 | 12.03 | 3.50 | 6.01 |
| 呼伦贝尔市 | 2.03 | 25.80 | 55.12 | 10.87 | 2.92 | 3.27 |
| 兴安盟 | 1.96 | 31.83 | 54.16 | 9.60 | 0.78 | 1.67 |
| 通辽市 | 2.18 | 17.98 | 66.59 | 11.14 | 0.87 | 1.24 |
| 赤峰市 | 3.07 | 25.46 | 57.84 | 10.04 | 1.43 | 2.15 |
| 锡林郭勒盟 | 1.61 | 29.02 | 50.27 | 12.95 | 3.04 | 3.13 |
| 乌兰察布市 | 11.59 | 36.46 | 41.06 | 7.99 | 1.10 | 1.80 |
| 鄂尔多斯市 | 9.44 | 33.73 | 40.13 | 8.35 | 1.84 | 6.51 |
| 巴彦淖尔市 | 4.57 | 17.64 | 58.43 | 13.21 | 2.71 | 3.43 |
| 乌海市 | 18.27 | 24.04 | 44.23 | 8.65 | 0.96 | 3.85 |
| 阿拉善盟 | 0.90 | 25.56 | 50.22 | 17.49 | 1.35 | 4.48 |

# 2－3－24 续表 13

| 地　　区 | 外出劳动力就业地区类型(%) | | | | | |
|---|---|---|---|---|---|---|
| | 直辖市 | 省会城市 | 地区级城市 | 县级市 | 建制镇 | 其他地区 |
| **全　区** | **7.10** | **30.00** | **33.50** | **23.90** | **2.90** | **2.60** |
| 呼和浩特市 | 3.70 | 65.70 | 8.30 | 16.70 | 3.70 | 1.90 |
| 包头市 | 3.60 | 7.10 | 51.80 | 32.10 | 1.80 | 3.60 |
| 呼伦贝尔市 | 16.70 | 30.60 | 36.10 | 13.90 | | 2.80 |
| 兴安盟 | 24.10 | 27.60 | 41.40 | 6.90 | | |
| 通辽市 | 7.50 | 5.70 | 24.50 | 66.60 | 3.80 | 1.90 |
| 赤峰市 | 8.60 | 11.10 | 37.00 | 35.80 | 1.20 | 6.20 |
| 锡林郭勒盟 | 10.80 | 13.50 | 27.00 | 45.90 | 2.70 | |
| 乌兰察布市 | 6.50 | 42.90 | 29.90 | 18.20 | 1.30 | 1.30 |
| 鄂尔多斯市 | | 2.20 | 19.60 | 69.60 | 7.60 | 1.10 |
| 巴彦淖尔市 | | | 60.00 | 40.00 | | |
| 乌海市 | | | | 88.50 | 11.50 | |
| 阿拉善盟 | | 33.30 | | 16.70 | 50.00 | |

# 2－3－24 续表 14

| 地　　区 | 外出劳动力年龄结构(%) | | | | | | |
|---|---|---|---|---|---|---|---|
| | 16－20 岁 | 21－25 岁 | 26－30 岁 | 31－35 岁 | 36－40 岁 | 41－45 岁 | 46 岁以上 |
| **全　区** | **6.94** | **22.73** | **16.75** | **18.18** | **14.83** | **13.40** | **7.18** |
| 呼和浩特市 | 2.84 | 18.44 | 19.15 | 19.15 | 11.35 | 19.15 | 9.93 |
| 包头市 | 4.35 | 20.29 | 23.19 | 13.04 | 21.74 | 15.94 | 1.45 |
| 呼伦贝尔市 | 8.57 | 22.86 | 25.71 | 14.29 | 11.43 | 14.29 | 2.86 |
| 兴安盟 | 12.82 | 35.90 | 12.82 | 20.51 | 15.39 | 2.56 | |
| 通辽市 | 2.41 | 22.89 | 15.66 | 21.69 | 16.87 | 16.87 | 3.62 |
| 赤峰市 | 1.95 | 7.14 | 8.44 | 16.88 | 29.22 | 26.62 | 9.74 |
| 锡林郭勒盟 | 3.30 | 18.68 | 28.57 | 24.18 | 16.48 | 6.59 | 2.20 |
| 乌兰察布市 | 1.35 | 27.03 | 16.22 | 14.87 | 13.51 | 14.87 | 12.16 |
| 鄂尔多斯市 | 2.78 | 11.81 | 20.14 | 18.75 | 13.89 | 18.06 | 14.58 |
| 巴彦淖尔市 | 7.97 | 33.63 | 33.63 | 14.16 | 6.20 | 2.66 | 1.77 |
| 乌海市 | | 4.88 | 7.32 | 12.20 | 34.15 | 17.07 | 24.39 |
| 阿拉善盟 | | 28.57 | | 57.14 | 14.29 | | |

# 2－3－24 续表 15

| 地　　区 | 外出劳动力文化程度结构(%) | | | | | |
|---|---|---|---|---|---|---|
| | 不识字或识字很少 | 小 学 | 初 中 | 高 中 | 中 专 | 大专及以上 |
| **全　区** | **0.47** | **8.45** | **51.41** | **16.20** | **5.63** | **17.84** |
| 呼和浩特市 | 1.39 | 9.72 | 45.14 | 15.97 | 7.64 | 20.14 |
| 包头市 | | 7.14 | 45.71 | 18.57 | 10.00 | 18.57 |
| 呼伦贝尔市 | | 2.86 | 51.43 | 2.86 | 8.57 | 34.29 |
| 兴安盟 | | 23.08 | 61.54 | 7.69 | | 7.69 |
| 通辽市 | | 1.21 | 85.54 | 8.43 | | 4.82 |
| 赤峰市 | 0.65 | 14.94 | 63.64 | 12.34 | 1.95 | 6.49 |
| 锡林郭勒盟 | | 6.52 | 51.09 | 18.48 | 6.52 | 17.39 |
| 乌兰察布市 | | 12.00 | 58.67 | 13.33 | 2.67 | 13.33 |
| 鄂尔多斯市 | 0.65 | 11.77 | 48.37 | 10.46 | 3.92 | 24.84 |
| 巴彦淖尔市 | | 4.39 | 39.47 | 20.18 | 12.28 | 23.68 |
| 乌海市 | 11.63 | 4.65 | 65.12 | 11.63 | 2.33 | 4.65 |
| 阿拉善盟 | | | 42.86 | 28.57 | 14.29 | 14.29 |

## 2-3-25 各盟市农牧民家庭平均每人经营土地情况(2012年)

单位:市亩/人

| 地区 | 期末耕地面积 | 有效灌溉 | 山地面积 | 园地面积 | 牧草地面积 | 期内增加耕地面积 | 期内减少耕地面积 |
|---|---|---|---|---|---|---|---|
| **全区** | **10.40** | **4.31** | **0.08** | **0.01** | **125.84** | **0.60** | **0.60** |
| 呼和浩特市 | 7.55 | 3.58 | | | 0.21 | 0.34 | 0.2 |
| 包头市 | 6.01 | 3.87 | | | 15.3 | 0.1 | 0.36 |
| 呼伦贝尔市 | 15.24 | 0.65 | 0.92 | 0.10 | 148.93 | 0.71 | 0.02 |
| 兴安盟 | 12.49 | 3.02 | 0.11 | | 5.53 | 0.48 | 0.26 |
| 通辽市 | 9.97 | 5.44 | 0.44 | 0.01 | 2.76 | 0.60 | 0.93 |
| 赤峰市 | 6.3 | 2.36 | 0.61 | | 32.31 | 0.44 | 0.38 |
| 锡林郭勒盟 | 3.89 | 0.09 | | | 886.76 | 0.07 | 0.24 |
| 乌兰察布市 | 7.69 | 2.45 | 0.18 | 0.02 | 8.28 | 0.48 | 0.69 |
| 鄂尔多斯市 | 9.93 | 8.70 | 0.28 | | 208.24 | 0.05 | 0.11 |
| 巴彦淖尔市 | 11.83 | 10.88 | | | 81.09 | 0.51 | 0.25 |
| 乌海市 | 1.85 | 1.85 | | | | | |
| 阿拉善盟 | 10.72 | 10.72 | | | 1150.03 | | 0.23 |

## 2-3-26 各盟市农牧民家庭平均每人播种面积情况(2012年)

单位:市亩/人

| 地区 | 粮食播种面积 | 小麦面积 | 水稻面积 | 玉米面积 | 豆类面积 | 薯类面积 |
|---|---|---|---|---|---|---|
| **全区** | **6.35** | **0.30** | **0.07** | **3.83** | **1.29** | **0.30** |
| 呼和浩特市 | 5.26 | 0.56 | | 3.26 | 0.35 | 0.68 |
| 包头市 | 3.36 | 0.86 | | 1.29 | 0.01 | 0.64 |
| 呼伦贝尔市 | 15.97 | 3.08 | 0.11 | 2.79 | 9.48 | 0.31 |
| 兴安盟 | 9.16 | | 0.40 | 6.13 | 2.25 | 0.10 |
| 通辽市 | 9.50 | 0.02 | 0.07 | 8.60 | 0.51 | |
| 赤峰市 | 5.28 | 0.04 | 0.09 | 2.84 | 0.49 | 0.01 |
| 锡林郭勒盟 | 2.72 | 0.81 | | 0.24 | 0.07 | 0.11 |
| 乌兰察布市 | 4.49 | 1.01 | 0.01 | 0.51 | 0.24 | 1.14 |
| 鄂尔多斯市 | 3.83 | 0.06 | | 3.30 | 0.04 | 0.33 |
| 巴彦淖尔市 | 3.38 | 0.77 | | 2.44 | | 0.03 |
| 乌海市 | 1.85 | 0.18 | | 1.67 | | |
| 阿拉善盟 | 2.94 | | | 2.56 | | |

# 2－3－26 续表

单位:市亩/人

| 地　区 | 经济作物面　积 | 油料面积 | 糖料面积 | 蔬菜面积 | 瓜类面积 |
|---|---|---|---|---|---|
| **全　区** | **1.22** | **0.89** | **0.01** | **0.12** | **0.09** |
| 呼和浩特市 | 1.11 | 0.58 | | 0.10 | 0.12 |
| 包头市 | 1.05 | 0.78 | | 0.24 | 0.01 |
| 呼伦贝尔市 | 1.26 | 1.07 | | 0.19 | |
| 兴安盟 | 0.23 | 0.19 | | 0.03 | 0.01 |
| 通辽市 | 0.22 | 0.09 | | 0.12 | |
| 赤峰市 | 0.41 | 0.24 | 0.02 | 0.13 | |
| 锡林郭勒盟 | 0.36 | 0.27 | | 0.09 | |
| 乌兰察布市 | 1.35 | 1.20 | 0.07 | 0.08 | |
| 鄂尔多斯市 | 1.16 | 0.62 | | 0.03 | 0.23 |
| 巴彦淖尔市 | 5.26 | 4.17 | | 0.12 | 0.39 |
| 乌海市 | 0.53 | 0.28 | | 0.25 | |
| 阿拉善盟 | 2.68 | 1.79 | | 0.11 | 0.47 |

# 2－3－27 各盟市农牧民家庭农业生产技术应用情况(2012年)

单位:市亩/户

| 地　区 | 机耕面积 | 抛秧面积 | 机播面积 | 机收面积 | 机电灌溉面　积 | 薄膜覆盖面　积 | 温室面积 |
|---|---|---|---|---|---|---|---|
| **全　区** | **24.79** | | **20.35** | **5.24** | **8.31** | **4.44** | **0.03** |
| 呼和浩特市 | 21.41 | | 16.89 | 6.43 | 8.42 | 8.66 | 0.16 |
| 包头市 | 17.38 | 0.26 | 16.68 | 10.96 | 7.25 | 5.75 | 0.04 |
| 呼伦贝尔市 | 32.36 | 0.14 | 28.70 | 26.94 | 0.02 | 0.02 | 0.01 |
| 兴安盟 | 12.83 | | 11.50 | 0.96 | 0.73 | | |
| 通辽市 | 34.72 | | 27.64 | 2.53 | 9.48 | 0.10 | 0.01 |
| 赤峰市 | 17.65 | | 13.69 | 0.24 | 5.40 | 0.93 | |
| 锡林郭勒盟 | 12.57 | | 12.52 | 10.02 | | | 0.04 |
| 乌兰察布市 | 15.01 | 0.08 | 11.55 | 7.97 | 4.67 | 2.86 | |
| 鄂尔多斯市 | 21.80 | | 19.88 | 4.97 | 16.61 | 5.53 | 0.02 |
| 巴彦淖尔市 | 37.51 | | 23.85 | 8.32 | 8.70 | 22.89 | 0.02 |
| 乌海市 | 2.13 | | 2.13 | 1.08 | 1.08 | | 0.18 |
| 阿拉善盟 | 36.54 | | 32.18 | 33.48 | 17.69 | 3.75 | |

# 2－3－28 各盟市农牧民家庭全年人均总收入(2012年)

单位:元

| 地　　区 | 全年总收入 | 工资性收入 | 家庭经营收入 | 财产性收入 | 转移性收入 | 全年纯收入 |
|---|---|---|---|---|---|---|
| **全　区** | **13647.19** | **1459.06** | **10647.70** | **322.98** | **1217.46** | **7611.31** |
| 呼和浩特市 | 17248.17 | 4381.65 | 11103.15 | 839.83 | 923.53 | 11361.04 |
| 包头市 | 16788.87 | 3513.14 | 11151.89 | 1362.51 | 761.34 | 11421.00 |
| 呼伦贝尔市 | 16932.10 | 1473.81 | 13387.46 | 602.85 | 1467.98 | 8806.64 |
| 兴安盟 | 8351.78 | 727.00 | 6591.02 | 230.08 | 803.68 | 5064.42 |
| 通辽市 | 15632.44 | 1560.52 | 12814.56 | 449.66 | 807.70 | 8501.10 |
| 赤峰市 | 11206.36 | 2372.37 | 8005.54 | 206.52 | 621.93 | 7079.37 |
| 锡林郭勒盟 | 17296.09 | 1312.30 | 13539.83 | 340.71 | 2103.26 | 8925.36 |
| 乌兰察布市 | 9465.48 | 1708.05 | 6587.31 | 21.05 | 1149.06 | 5853.29 |
| 鄂尔多斯市 | 18862.85 | 3660.29 | 13140.34 | 596.76 | 1465.46 | 11416.14 |
| 巴彦淖尔市 | 19909.61 | 1821.71 | 16906.71 | 443.14 | 738.06 | 10716.91 |
| 乌海市 | 17073.04 | 4402.22 | 8030.44 | 2341.17 | 2299.21 | 12428.62 |
| 阿拉善盟 | 23588.07 | 1396.79 | 17732.44 | 954.78 | 3504.07 | 10420.01 |

# 2－3－28 续表1

单位:元

| 地　　区 | 工资性收入 | 在非企业组织中劳动得到的收入 | 乡村干部收入 | 乡村教师收入 | 行政、事业职工收入 | 在本乡地域内劳动得到的收入 | 在企业中得到收入 |
|---|---|---|---|---|---|---|---|
| **全　区** | **1459.06** | **334.03** | **119.32** | **158.95** | **55.77** | **670.49** | **81.94** |
| 呼和浩特市 | 4381.65 | 531.55 | 286.04 | 179.67 | 65.85 | 2277.70 | 485.15 |
| 包头市 | 3513.14 | 441.44 | 204.85 | 162.77 | 73.82 | 1845.76 | 646.14 |
| 呼伦贝尔市 | 1473.81 | 491.50 | 98.92 | 208.08 | 184.49 | 912.65 | 37.08 |
| 兴安盟 | 727.00 | 132.79 | 50.92 | 31.31 | 50.56 | 475.83 | 9.20 |
| 通辽市 | 1560.52 | 385.05 | 134.28 | 242.09 | 8.69 | 728.50 | 146.02 |
| 赤峰市 | 2372.37 | 280.76 | 83.24 | 150.89 | 46.63 | 1348.31 | 673.44 |
| 锡林郭勒盟 | 1312.30 | 397.51 | 299.51 | 31.07 | 66.92 | 462.79 | 64.37 |
| 乌兰察布市 | 1708.05 | 209.06 | 128.70 | 38.81 | 41.55 | 1113.71 | 234.44 |
| 鄂尔多斯市 | 3660.29 | 298.50 | 113.60 | 47.24 | 137.66 | 2676.53 | 820.09 |
| 巴彦淖尔市 | 1821.71 | 168.68 | 83.94 | 23.43 | 61.30 | 742.64 | 63.66 |
| 乌海市 | 4402.22 | 1025.66 | 303.17 | 408.53 | 313.96 | 699.53 | 247.71 |
| 阿拉善盟 | 1396.79 | 350.00 | 181.28 |  | 168.73 | 707.94 | 185.13 |

# 2－3－28 续表 2

单位:元

| 地　区 | 在国家投资基建项目得到收入 | 提　供其他劳务收　入 | 外出从业得到的收　入 | 在乡外县内从业得到收入 | 在县外省内从业得到收入 | 在省外国内从业得到收入 | 在国外从业得到收入 |
|---|---|---|---|---|---|---|---|
| **全　区** | **1.66** | **586.90** | **454.53** | **125.25** | **222.06** | **106.39** | **0.83** |
| 呼和浩特市 |  | 1792.55 | 1572.40 | 146.74 | 1306.74 | 104.81 | 14.12 |
| 包头市 |  | 1199.62 | 1225.94 | 502.49 | 723.45 |  |  |
| 呼伦贝尔市 | 0.25 | 875.32 | 69.67 | 47.08 | 19.44 | 3.15 |  |
| 兴安盟 |  | 466.63 | 118.38 | 32.19 | 30.94 | 55.25 |  |
| 通辽市 |  | 582.48 | 446.97 | 269.41 | 50.41 | 127.15 |  |
| 赤峰市 | 10.85 | 664.01 | 743.31 | 323.02 | 168.38 | 249.84 | 2.06 |
| 锡林郭勒盟 | 0.54 | 397.88 | 452.00 | 211.73 | 160.68 | 79.59 |  |
| 乌兰察布市 | 4.97 | 874.31 | 385.28 | 57.51 | 297.64 | 30.13 |  |
| 鄂尔多斯市 | 72.17 | 1784.28 | 685.26 | 642.09 | 33.13 | 10.04 |  |
| 巴彦淖尔市 |  | 678.98 | 910.39 | 205.53 | 523.54 | 181.33 |  |
| 乌海市 | 14.34 | 437.48 | 2677.04 | 2505.90 | 171.14 |  |  |
| 阿拉善盟 | 89.85 | 432.97 | 338.84 | 154.05 | 98.91 | 85.88 |  |

# 2－3－28 续表 3

单位:元

| 地　区 | 家　庭经营收入 | 第一产业收　入 | 农业收入 | 林业收入 | 牧业收入 | 渔业收入 | 第二产业收　入 |
|---|---|---|---|---|---|---|---|
| **全　区** | **10647.70** | **10124.26** | **5964.83** | **53.61** | **4104.00** | **1.82** | **62.99** |
| 呼和浩特市 | 11103.15 | 8984.37 | 5740.45 | 1.02 | 3242.90 |  | 593.45 |
| 包头市 | 11151.89 | 8149.61 | 4627.93 |  | 3521.69 |  | 660.18 |
| 呼伦贝尔市 | 13387.46 | 12971.87 | 9478.32 | 29.00 | 3457.11 | 7.44 | 53.60 |
| 兴安盟 | 6591.02 | 6393.71 | 4371.92 | 21.29 | 2000.00 | 0.50 | 17.60 |
| 通辽市 | 12814.56 | 12341.80 | 9795.87 | 32.95 | 2512.98 |  | 92.01 |
| 赤峰市 | 8005.54 | 7422.49 | 4769.48 | 72.81 | 2580.20 |  | 63.78 |
| 锡林郭勒盟 | 13539.83 | 12896.88 | 1378.95 | 48.53 | 11469.39 |  | 41.69 |
| 乌兰察布市 | 6587.31 | 6443.84 | 3153.61 | 3.84 | 3286.38 |  | 22.37 |
| 鄂尔多斯市 | 13140.34 | 11443.71 | 5250.96 | 170.91 | 5947.99 | 73.85 | 320.59 |
| 巴彦淖尔市 | 16906.71 | 16163.04 | 10880.37 | 51.40 | 5218.29 | 12.98 | 142.44 |
| 乌海市 | 8030.44 | 6245.83 | 4159.08 | 2.96 | 2083.79 |  |  |
| 阿拉善盟 | 17732.44 | 14515.70 | 7210.58 | 262.31 | 7042.81 |  | 1088.00 |

# 2-3-28 续表 4

单位:元

| 地区 | 工业收入 | 建筑业收入 | 第三产业收入 | 其他产品收入 | 第三产业服务性收入 | 财产性收入 | 利息 |
|---|---|---|---|---|---|---|---|
| **全区** | **0.67** | **62.32** | **460.44** | **0.45** | **459.99** | **322.98** | **8.79** |
| 呼和浩特市 | 6.76 | 586.68 | 1525.34 | | 1525.34 | 839.83 | 157.58 |
| 包头市 | 254.59 | 405.59 | 2342.10 | | 2342.10 | 1362.51 | 8.76 |
| 呼伦贝尔市 | 1.50 | 52.10 | 361.99 | 0.63 | 361.37 | 602.85 | 38.04 |
| 兴安盟 | 0.34 | 17.26 | 179.71 | 0.02 | 179.69 | 230.08 | 1.20 |
| 通辽市 | 3.61 | 88.41 | 380.75 | | 380.75 | 449.66 | 35.67 |
| 赤峰市 | | 63.78 | 519.27 | 1.24 | 518.03 | 206.52 | 2.00 |
| 锡林郭勒盟 | | 41.69 | 601.26 | | 601.26 | 340.71 | 6.69 |
| 乌兰察布市 | 17.07 | 5.30 | 121.11 | 0.08 | 121.03 | 21.05 | 0.22 |
| 鄂尔多斯市 | 269.80 | 50.79 | 1376.04 | 0.59 | 1375.45 | 596.76 | 19.98 |
| 巴彦淖尔市 | 60.61 | 81.84 | 601.22 | 3.40 | 597.82 | 443.14 | 6.25 |
| 乌海市 | | | 1784.60 | 22.06 | 1762.54 | 2341.17 | 120.30 |
| 阿拉善盟 | 1088.00 | | 2128.74 | 0.10 | 2128.64 | 954.78 | 5.09 |

# 2-3-28 续表 5

单位:元

| 地区 | 集体分配股息和红利 | 其他股息和红利 | 租金(包括农业机械) | 土地征用补偿收入 | 转让承包土地经营权收入 | 其他 |
|---|---|---|---|---|---|---|
| **全区** | **50.72** | **0.27** | **53.51** | | **97.07** | **112.58** |
| 呼和浩特市 | 1.11 | 119.30 | 311.49 | | 80.82 | 165.31 |
| 包头市 | 133.07 | 0.64 | 1131.39 | | 30.22 | 58.44 |
| 呼伦贝尔市 | 8.57 | 0.24 | 197.88 | | 77.13 | 275.53 |
| 兴安盟 | 0.74 | 3.52 | 76.48 | | 77.53 | 70.61 |
| 通辽市 | | | 6.59 | | 120.70 | 286.71 |
| 赤峰市 | | | 18.45 | | 64.23 | 121.84 |
| 锡林郭勒盟 | | | 21.16 | | 168.63 | 144.23 |
| 乌兰察布市 | | | 16.48 | | 27.46 | -23.10 |
| 鄂尔多斯市 | 0.15 | 7.12 | 187.11 | | 54.83 | 327.58 |
| 巴彦淖尔市 | | 0.11 | 25.66 | | 94.80 | 315.82 |
| 乌海市 | 65.19 | 5.93 | 99.20 | | 154.96 | 1170.79 |
| 阿拉善盟 | 6.53 | 58.18 | 94.45 | | 554.11 | 236.42 |

# 2－3－28 续表 6

单位:元

| 地　　区 | 转移性收　入 | 家庭非常住人口寄回和带回收入 | 城市亲友赠送收入 | 农村亲友赠送收入 | 退耕还林还草补贴 | 各　　项补贴收入 |
|---|---|---|---|---|---|---|
| **全　区** | **1217.46** | | **24.83** | **89.01** | **163.91** | **662.28** |
| 呼和浩特市 | 923.53 | 5.13 | 26.55 | 106.97 | 12.98 | 505.22 |
| 包头市 | 761.34 | | 29.23 | 20.83 | 35.23 | 374.89 |
| 呼伦贝尔市 | 1467.98 | | 8.49 | 35.12 | 315.39 | 782.66 |
| 兴安盟 | 803.68 | | 2.03 | 118.58 | 43.27 | 587.97 |
| 通辽市 | 807.70 | | 0.88 | 34.06 | 35.30 | 606.89 |
| 赤峰市 | 621.93 | 0.37 | 43.02 | 39.57 | 72.15 | 365.84 |
| 锡林郭勒盟 | 2103.26 | | 2.68 | 67.51 | 320.40 | 1387.43 |
| 乌兰察布市 | 1149.06 | | 21.02 | 17.18 | 310.69 | 644.36 |
| 鄂尔多斯市 | 1465.46 | | 26.81 | 60.62 | 291.38 | 542.80 |
| 巴彦淖尔市 | 738.06 | | 6.36 | 32.31 | 55.61 | 557.21 |
| 乌海市 | 2299.21 | | 130.96 | 55.41 | 65.78 | 803.82 |
| 阿拉善盟 | 3504.07 | | 37.19 | 240.29 | 1432.30 | 1449.81 |

# 2－3－29 各盟市农牧民家庭全年人均现金收入情况(2012 年)

单位:元

| 地　　区 | 期　　内现金收入 | 工资性收　入 | 在非企业组织中劳动得到收入 | 乡　　村干部收入 | 乡　　村教师收入 | 行政事业职工收入 | 在本乡地域内劳动得到　收　入 | 在企业中得到收入 |
|---|---|---|---|---|---|---|---|---|
| **全　区** | **11064.52** | **1459.06** | **334.03** | **119.32** | **158.95** | **55.77** | **670.49** | **81.94** |
| 呼和浩特市 | 15481.96 | 4372.05 | 522.95 | 277.43 | 179.67 | 65.85 | 2276.71 | 484.16 |
| 包头市 | 15077.19 | 3511.93 | 441.44 | 204.85 | 162.77 | 73.82 | 1844.55 | 644.94 |
| 呼伦贝尔市 | 14120.69 | 1473.81 | 491.50 | 98.92 | 208.08 | 184.49 | 912.65 | 37.08 |
| 兴安盟 | 7110.89 | 723.23 | 129.02 | 50.92 | 31.31 | 46.79 | 475.83 | 9.20 |
| 通辽市 | 11314.60 | 1560.52 | 385.05 | 134.28 | 242.09 | 8.69 | 728.50 | 146.02 |
| 赤峰市 | 9205.99 | 2371.49 | 280.76 | 83.24 | 150.89 | 46.63 | 1347.42 | 672.56 |
| 锡林郭勒盟 | 16555.26 | 1311.90 | 397.11 | 299.11 | 31.07 | 66.92 | 462.79 | 64.37 |
| 乌兰察布市 | 7496.04 | 1708.05 | 209.06 | 128.70 | 38.81 | 41.55 | 1113.71 | 234.44 |
| 鄂尔多斯市 | 15432.65 | 3574.60 | 284.13 | 113.60 | 32.88 | 137.66 | 2605.38 | 748.93 |
| 巴彦淖尔市 | 17879.32 | 1821.71 | 168.68 | 83.94 | 23.43 | 61.30 | 742.64 | 63.66 |
| 乌海市 | 14885.03 | 4401.16 | 1024.59 | 302.10 | 408.53 | 313.96 | 699.53 | 247.71 |
| 阿拉善盟 | 23399.94 | 1396.79 | 350.00 | 181.28 | | 168.73 | 707.94 | 185.13 |

# 2－3－29 续表 1

单位:元

| 地　　区 | 在国家投资基建项目得到收入 | 提供其他劳务收入 | 外出从业得到收入 | 在乡外县内从业得到 | 在县外省内从业得到 | 在省外国内从业得到 | 在国外从业得到收入 |
|---|---|---|---|---|---|---|---|
| **全　区** | **1.66** | **586.90** | **454.53** | **125.25** | **222.06** | **106.39** | **0.83** |
| 呼和浩特市 | | 1792.55 | 1572.40 | 146.74 | 1306.74 | 104.81 | 14.12 |
| 包头市 | | 1199.62 | 1225.94 | 502.49 | 723.45 | | |
| 呼伦贝尔市 | 0.25 | 875.32 | 69.67 | 47.08 | 19.44 | 3.15 | |
| 兴安盟 | | 466.63 | 118.38 | 32.19 | 30.94 | 55.25 | |
| 通辽市 | | 582.48 | 446.97 | 269.41 | 50.41 | 127.15 | |
| 赤峰市 | 10.85 | 664.01 | 743.31 | 323.02 | 168.38 | 249.84 | 2.06 |
| 锡林郭勒盟 | 0.54 | 397.88 | 452.00 | 211.73 | 160.68 | 79.59 | |
| 乌兰察布市 | 4.97 | 874.31 | 385.28 | 57.51 | 297.64 | 30.13 | |
| 鄂尔多斯市 | 72.17 | 1784.28 | 685.09 | 641.92 | 33.13 | 10.04 | |
| 巴彦淖尔市 | | 678.98 | 910.39 | 205.53 | 523.54 | 181.33 | |
| 乌海市 | 14.34 | 437.48 | 2677.04 | 2505.90 | 171.14 | | |
| 阿拉善盟 | 89.85 | 432.97 | 338.84 | 154.05 | 98.91 | 85.88 | |

# 2－3－29 续表 2

单位:元

| 地　　区 | 家庭经营现金收入 | 第一产业现金收入 | 农　业现金收入 | 林　业现金收入 | 牧　业现金收入 | 渔　业现金收入 | 第二产业现金收入 |
|---|---|---|---|---|---|---|---|
| **全　区** | **8174.29** | **7650.86** | **3938.71** | **53.65** | **3656.68** | **1.82** | **62.99** |
| 呼和浩特市 | 9489.80 | 7371.02 | 4237.30 | 1.02 | 3132.70 | | 593.45 |
| 包头市 | 9458.46 | 6456.19 | 3075.66 | | 3380.53 | | 660.18 |
| 呼伦贝尔市 | 10845.76 | 10430.16 | 6296.08 | 29.00 | 4097.64 | 7.44 | 53.60 |
| 兴安盟 | 5253.44 | 5056.14 | 3188.75 | 21.58 | 1845.30 | 0.50 | 17.60 |
| 通辽市 | 8640.60 | 8167.85 | 5839.43 | 32.95 | 2295.47 | | 92.01 |
| 赤峰市 | 6127.46 | 5544.41 | 3149.47 | 72.86 | 2322.08 | | 63.78 |
| 锡林郭勒盟 | 12874.73 | 12231.78 | 788.54 | 48.53 | 11394.71 | | 41.69 |
| 乌兰察布市 | 4586.99 | 4443.51 | 1522.82 | 3.84 | 2916.85 | | 22.37 |
| 鄂尔多斯市 | 10001.94 | 8305.32 | 3819.11 | 160.98 | 4251.38 | 73.85 | 320.59 |
| 巴彦淖尔市 | 15180.61 | 14436.94 | 9492.81 | 51.40 | 4879.75 | 12.98 | 142.44 |
| 乌海市 | 5843.50 | 4058.89 | 2301.68 | 2.96 | 1754.25 | | |
| 阿拉善盟 | 17779.85 | 14563.11 | 6936.88 | 262.31 | 7363.92 | | 1088.00 |

# 2－3－29 续表 3

单位:元

| 地　　区 | 工业收入 | 建筑业收入 | 第三产业现金收入 | 出售其他产品收入 | 第三产业服务性现金 | 财产性收入 | 利　息 |
|---|---|---|---|---|---|---|---|
| **全　区** | **0.67** | **62.32** | **460.44** | **0.45** | **459.99** | **216.37** | **8.79** |
| 呼和浩特市 | 6.76 | 586.68 | 1525.34 | | 1525.34 | 698.96 | 157.58 |
| 包头市 | 254.59 | 405.59 | 2342.10 | | 2342.10 | 1345.46 | 8.76 |
| 呼伦贝尔市 | 1.50 | 52.10 | 361.99 | 0.63 | 361.37 | 345.74 | 38.04 |
| 兴安盟 | 0.34 | 17.26 | 179.71 | 0.02 | 179.69 | 330.53 | 1.20 |
| 通辽市 | 3.61 | 88.41 | 380.75 | | 380.75 | 305.77 | 35.67 |
| 赤峰市 | | 63.78 | 519.27 | 1.24 | 518.03 | 88.91 | 2.00 |
| 锡林郭勒盟 | | 41.69 | 601.26 | | 601.26 | 266.17 | 6.69 |
| 乌兰察布市 | 17.07 | 5.30 | 121.11 | 0.08 | 121.03 | 52.78 | 0.22 |
| 鄂尔多斯市 | 269.80 | 50.79 | 1376.04 | 0.59 | 1375.45 | 391.24 | 19.98 |
| 巴彦淖尔市 | 60.61 | 81.84 | 601.22 | 3.40 | 597.82 | 138.95 | 6.25 |
| 乌海市 | | | 1784.60 | 22.06 | 1762.54 | 2341.17 | 120.30 |
| 阿拉善盟 | 1088.00 | | 2128.74 | 0.10 | 2128.64 | 719.24 | 5.09 |

# 2－3－29 续表 4

单位:元

| 地　　区 | 集体分配股息和红利 | 其他股息和红利 | 租金(包括农业机械) | 出让无形资产净收入 | 储蓄性保险投资收入 | 转让承包土地经营权收入 | 其　他 |
|---|---|---|---|---|---|---|---|
| **全　区** | **50.72** | **0.27** | **53.51** | | **0.04** | **97.07** | **5.98** |
| 呼和浩特市 | 1.11 | 119.3 | 311.49 | | 4.23 | 80.82 | 24.43 |
| 包头市 | 133.07 | 0.64 | 1131.39 | | | 30.22 | 41.39 |
| 呼伦贝尔市 | 8.57 | 0.24 | 197.88 | 1.8 | 3.66 | 77.13 | 18.43 |
| 兴安盟 | 0.74 | 3.52 | 76.48 | | | 77.53 | 171.06 |
| 通辽市 | | | 6.59 | | | 120.7 | 142.82 |
| 赤峰市 | | | 18.45 | | | 64.23 | 4.23 |
| 锡林郭勒盟 | | | 21.16 | | | 168.63 | 69.69 |
| 乌兰察布市 | | | 16.48 | | | 27.46 | 8.62 |
| 鄂尔多斯市 | 0.15 | 7.12 | 187.11 | | | 54.83 | 122.05 |
| 巴彦淖尔市 | | 0.11 | 25.66 | | 0.5 | 94.8 | 11.64 |
| 乌海市 | 65.19 | 5.93 | 99.2 | 671.48 | 53.33 | 154.96 | 1170.79 |
| 阿拉善盟 | 6.53 | 58.18 | 94.45 | | | 554.11 | 0.87 |

# 2－3－29 续表 5

单位:元

| 地　　区 | 转移性收　入 | 家庭非常住人口寄回和带回 | 城　市亲友赠送 | 农　村亲友赠送 | 离退休金养老金 | 城　市亲友支付赡养费 | 农　村亲友支付赡养费 | 救济金 |
|---|---|---|---|---|---|---|---|---|
| **全　区** | **1214.81** | | **24.54** | **87.71** | **92.87** | **3.69** | **7.92** | **3.90** |
| 呼和浩特市 | 921.15 | 5.13 | 26.55 | 104.59 | 169.35 | 0.22 | 0.45 | 1.19 |
| 包头市 | 761.34 | | 29.23 | 20.83 | 114.98 | 14.84 | 20.58 | 0.57 |
| 呼伦贝尔市 | 1455.38 | | 8.49 | 22.52 | 79.36 | | 33.77 | 0.60 |
| 兴安盟 | 803.68 | | 2.03 | 118.58 | 13.00 | 4.39 | 1.52 | 0.81 |
| 通辽市 | 807.70 | | 0.88 | 34.06 | 95.26 | 1.87 | | 0.98 |
| 赤峰市 | 618.13 | 0.37 | 42.57 | 38.72 | 32.17 | 7.66 | 4.57 | 2.54 |
| 锡林郭勒盟 | 2102.46 | | 2.68 | 67.51 | 75.97 | 2.68 | 10.73 | |
| 乌兰察布市 | 1148.23 | | 20.69 | 16.69 | 113.78 | 1.37 | 2.88 | 4.42 |
| 鄂尔多斯市 | 1464.87 | | 26.81 | 60.23 | 80.84 | | 4.13 | 8.96 |
| 巴彦淖尔市 | 738.06 | | 6.36 | 32.31 | 36.82 | | 2.33 | |
| 乌海市 | 2299.21 | | 130.96 | 55.41 | 1113.58 | 26.07 | 47.41 | |
| 阿拉善盟 | 3504.07 | | 37.19 | 240.29 | 213.27 | 10.18 | | 41.31 |

# 2－3－29 续表 6

单位:元

| 地　　区 | 抚恤金 | 救灾款 | 报　销医疗费 | 退　税 | 退耕还林还草补贴 | 无偿扶贫或扶持款 | 得到赔款 | 其他 |
|---|---|---|---|---|---|---|---|---|
| **全　区** | **163.91** | **11.45** | **233.18** | **10.95** | **89.34** | **51.45** | **206.58** | **142.58** |
| 呼和浩特市 | 12.98 | 1.08 | 227.47 | | 14.11 | 13.17 | 170.13 | 92.07 |
| 包头市 | 35.23 | | 118.27 | | 136.90 | 4.78 | 24.76 | 139.90 |
| 呼伦贝尔市 | 315.39 | 1.20 | 330.98 | 0.30 | 79.21 | 87.68 | 25.24 | 195.82 |
| 兴安盟 | 43.27 | 1.22 | 176.84 | 0.40 | 124.50 | 40.49 | 75.22 | 21.96 |
| 通辽市 | 35.30 | 0.87 | 346.36 | 9.71 | 46.06 | 21.79 | 104.20 | 29.59 |
| 赤峰市 | 72.15 | 4.59 | 130.45 | 13.49 | 27.84 | 19.73 | 111.52 | 25.24 |
| 锡林郭勒盟 | 320.40 | 2.07 | 41.99 | 22.46 | 25.09 | 78.23 | 1130.08 | 223.56 |
| 乌兰察布市 | 310.69 | 3.19 | 232.25 | | 22.27 | 169.14 | 112.99 | 21.82 |
| 鄂尔多斯市 | 291.38 | 41.14 | 70.91 | 6.95 | 9.45 | 12.29 | 217.18 | 377.79 |
| 巴彦淖尔市 | 55.61 | | 328.08 | 14.02 | 101.67 | 16.82 | 77.04 | 1.93 |
| 乌海市 | 65.78 | 5.93 | 78.19 | | | 367.79 | 53.32 | 20.86 |
| 阿拉善盟 | 1432.30 | 7.56 | 382.04 | 58.18 | 103.44 | 0.87 | 773.91 | 63.68 |

# 2－3－29 续表 7

单位：元

| 地　　区 | 非收入现金所得 | 非借贷性现金所得 | 保险赔款 | 出售财物 | 出售役畜产品畜 | 彩票中奖所得 | 调查补贴 |
|---|---|---|---|---|---|---|---|
| **全　区** | **3824.51** | **900.54** | **11.70** | **253.60** | **189.06** | **1.25** | **63.81** |
| 呼和浩特市 | 2561.27 | 1383.95 | 10.75 | 128.71 | 363.48 | | 75.96 |
| 包头市 | 1018.67 | 340.32 | 0.09 | 70.87 | | 1.83 | 75.82 |
| 呼伦贝尔市 | 1682.83 | 598.17 | 4.56 | 33.11 | 230.23 | | 49.63 |
| 兴安盟 | 2882.30 | 210.05 | 5.80 | 21.51 | 53.23 | | 52.98 |
| 通辽市 | 2630.21 | 531.95 | 5.69 | 58.50 | 21.73 | | 53.93 |
| 赤峰市 | 2118.61 | 257.38 | 4.63 | 50.26 | 26.92 | 0.91 | 31.00 |
| 锡林郭勒盟 | 2780.58 | 261.47 | 1.10 | 63.10 | 31.57 | | 49.77 |
| 乌兰察布市 | 1973.21 | 860.52 | 28.61 | 263.25 | 404.78 | | 40.84 |
| 鄂尔多斯市 | 7813.28 | 1415.49 | 12.53 | 89.73 | 75.91 | | 69.54 |
| 巴彦淖尔市 | 2191.22 | 515.03 | 0.25 | 19.91 | 16.66 | | 32.59 |
| 乌海市 | 1279.44 | 428.42 | 0.33 | 8.48 | | | 163.62 |
| 阿拉善盟 | 29253.69 | 12295.31 | | 5608.32 | 5948.26 | 17.46 | 122.18 |

# 2－3－29 续表 8

单位：元

| 地　　区 | 一次性工伤补贴 | 婚、丧、嫁娶礼金 | 其他（包括赌博所得） | 借贷现金所得 | 银行信用社贷款 | 借入款 | 收回借出款 |
|---|---|---|---|---|---|---|---|
| **全　区** | **263.58** | **48.33** | **34.71** | **2923.97** | **709.17** | **1104.48** | **560.58** |
| 呼和浩特市 | 472.34 | 287.27 | 4.64 | 1177.32 | 392.27 | 198.25 | 75.76 |
| 包头市 | 21.11 | 160.02 | 1.31 | 678.35 | 256.74 | 97.76 | 33.53 |
| 呼伦贝尔市 | 208.64 | 55.47 | 8.85 | 1084.66 | 552.00 | 383.67 | 47.74 |
| 兴安盟 | 19.14 | 2.09 | 7.54 | 2672.26 | 274.09 | 2126.70 | 213.31 |
| 通辽市 | 349.14 | 0.02 | 6.35 | 2098.26 | 188.93 | 1156.78 | 624.63 |
| 赤峰市 | 67.88 | 41.99 | 27.85 | 1861.23 | 387.52 | 956.60 | 304.47 |
| 锡林郭勒盟 | 35.31 | 20.67 | 43.20 | 2519.11 | 1084.77 | 306.57 | 192.68 |
| 乌兰察布市 | 67.60 | 42.07 | 12.02 | 1112.69 | 99.89 | 418.79 | 485.15 |
| 鄂尔多斯市 | 932.58 | 133.43 | 50.47 | 6397.79 | 1313.13 | 1345.02 | 1759.82 |
| 巴彦淖尔市 | 384.31 | 33.22 | 24.23 | 1676.19 | 1252.49 | 341.90 | 44.54 |
| 乌海市 | 244.15 | | 8.30 | 851.02 | | 23.70 | 16.59 |
| 阿拉善盟 | 162.42 | 113.46 | 318.29 | 16958.38 | 4744.73 | 1857.19 | 5021.10 |

# 2-3-29 续表 9

单位:元

| 地　　区 | 取回存款 | 收回其他投资款 | 其　　他 |
| --- | --- | --- | --- |
| **全　区** | **537.29** | **1.33** | **9.92** |
| 呼和浩特市 | 505.67 | | 4.46 |
| 包头市 | 261.76 | | 28.55 |
| 呼伦贝尔市 | 100.96 | | |
| 兴安盟 | 57.69 | | 0.47 |
| 通辽市 | 118.88 | | 9.04 |
| 赤峰市 | 209.31 | 3.31 | 0.02 |
| 锡林郭勒盟 | 935.10 | | |
| 乌兰察布市 | 72.79 | | 36.08 |
| 鄂尔多斯市 | 1974.77 | | 3.37 |
| 巴彦淖尔市 | 37.27 | | |
| 乌海市 | 810.73 | | |
| 阿拉善盟 | 5335.36 | | |

# 2-3-30 各盟市农牧民家庭全年人均纯收入来源(2012年)

单位:元

| 地　　区 | 全　年纯收入 | 工资性纯收入 | 家庭经营纯收入 | 财产性纯收入 | 转移性纯收入 | 全年现金纯收入 |
| --- | --- | --- | --- | --- | --- | --- |
| **全　区** | **7611** | **1459** | **4689** | **323** | **1140** | **6034** |
| 呼和浩特市 | 11361 | 4382 | 5312 | 840 | 827 | 10877 |
| 包头市 | 11421 | 3513 | 5805 | 1363 | 741 | 10337 |
| 呼伦贝尔市 | 8807 | 1253 | 5619 | 498 | 1437 | 8006 |
| 兴安盟 | 5064 | 727 | 3416 | 230 | 691 | 4290 |
| 通辽市 | 8501 | 1561 | 5712 | 450 | 779 | 5031 |
| 赤峰市 | 7079 | 2372 | 3913 | 207 | 587 | 5813 |
| 锡林郭勒盟 | 8925 | 1312 | 5236 | 341 | 2037 | 8779 |
| 乌兰察布市 | 5853 | 1708 | 2964 | 21 | 1161 | 4671 |
| 鄂尔多斯市 | 11416 | 3660 | 5742 | 597 | 1417 | 9263 |
| 巴彦淖尔市 | 10717 | 1822 | 7746 | 443 | 706 | 9629 |
| 乌海市 | 12429 | 4402 | 3441 | 2341 | 2244 | 10506 |
| 阿拉善盟 | 10420 | 1397 | 4805 | 955 | 3264 | 10978 |

# 2－3－30 续表 1

单位:元

| 地　　区 | 工资性纯收入 | 在非企业组织中劳动得到收入 | | | | 在本乡地域劳动得到收入 | |
|---|---|---|---|---|---|---|---|
| | | | 乡　　村干部收入 | 乡　　村教师收入 | 行政事业职工收入 | | 在企业中劳动收入 |
| **全　区** | **1459.06** | **334.03** | **119.32** | **158.95** | **55.77** | **670.49** | **81.94** |
| 呼和浩特市 | 4381.65 | 531.55 | 286.04 | 179.67 | 65.85 | 2277.70 | 485.15 |
| 包头市 | 3513.14 | 441.44 | 204.85 | 162.77 | 73.82 | 1845.76 | 646.14 |
| 呼伦贝尔市 | 1253.38 | 356.11 | 64.02 | 108.03 | 184.49 | 827.25 | 37.08 |
| 兴安盟 | 727.00 | 132.79 | 50.92 | 31.31 | 50.56 | 475.83 | 9.20 |
| 通辽市 | 1560.52 | 385.05 | 134.28 | 242.09 | 8.69 | 728.50 | 146.02 |
| 赤峰市 | 2372.37 | 280.76 | 83.24 | 150.89 | 46.63 | 1348.31 | 673.44 |
| 锡林郭勒盟 | 1312.30 | 397.51 | 299.51 | 31.07 | 66.92 | 462.79 | 64.37 |
| 乌兰察布市 | 1708.05 | 209.06 | 128.70 | 38.81 | 41.55 | 1113.71 | 234.44 |
| 鄂尔多斯市 | 3660.29 | 298.50 | 113.60 | 47.24 | 137.66 | 2676.53 | 820.09 |
| 巴彦淖尔市 | 1821.71 | 168.68 | 83.94 | 23.43 | 61.30 | 742.64 | 63.66 |
| 乌海市 | 4402.22 | 1025.66 | 303.17 | 408.53 | 313.96 | 699.53 | 247.71 |
| 阿拉善盟 | 1396.79 | 350.00 | 181.28 | | 168.73 | 707.94 | 185.13 |

# 2－3－30 续表 2

单位:元

| 地　　区 | 在国家投资基建项目得到收入 | 提供其他劳务收入 | 外出从业得到的收入 | 在乡外县内从业得到 | 在县外省内从业得到 | 在省外国内从业得到 | 在国外从业得到收入 |
|---|---|---|---|---|---|---|---|
| **全　区** | **1.66** | **586.90** | **454.53** | **125.25** | **222.06** | **106.39** | **0.83** |
| 呼和浩特市 | | 1792.55 | 1572.40 | 146.74 | 1306.74 | 104.81 | 14.12 |
| 包头市 | | 1199.62 | 1225.94 | 502.49 | 723.45 | | |
| 呼伦贝尔市 | 0.25 | 789.24 | 69.67 | 47.08 | 19.44 | 3.15 | |
| 兴安盟 | | 466.63 | 118.38 | 32.19 | 30.94 | 55.25 | |
| 通辽市 | | 582.48 | 446.97 | 269.41 | 50.41 | 127.15 | |
| 赤峰市 | 10.85 | 664.01 | 743.31 | 323.02 | 168.38 | 249.84 | 2.06 |
| 锡林郭勒盟 | 0.54 | 397.88 | 452.00 | 211.73 | 160.68 | 79.59 | |
| 乌兰察布市 | 4.97 | 874.31 | 385.28 | 57.51 | 297.64 | 30.13 | |
| 鄂尔多斯市 | 72.17 | 1784.28 | 685.26 | 642.09 | 33.13 | 10.04 | |
| 巴彦淖尔市 | | 678.98 | 910.39 | 205.53 | 523.54 | 181.33 | |
| 乌海市 | 14.34 | 437.48 | 2677.04 | 2505.90 | 171.14 | | |
| 阿拉善盟 | 89.85 | 432.97 | 338.84 | 154.05 | 98.91 | 85.88 | |

# 2-3-30 续表 3

单位:元

| 地区 | 家庭经营纯收入 | 第一产业纯收入 | | | | | 非农产业纯收入 |
|---|---|---|---|---|---|---|---|
| | | | 农业收入 | 林业收入 | 牧业收入 | 渔业收入 | |
| **全　区** | **4689.11** | **4485.41** | **2988.73** | **41.60** | **1453.96** | **1.13** | **203.70** |
| 呼和浩特市 | 5312.25 | 4258.14 | 3166.12 | -8.09 | 1100.11 | | 1054.11 |
| 包头市 | 5804.75 | 4336.68 | 2914.85 | | 1421.83 | | 1468.07 |
| 呼伦贝尔市 | 5618.69 | 5295.59 | 4227.27 | 6.35 | 1059.61 | 3.39 | 322.94 |
| 兴安盟 | 3416.19 | 3324.33 | 2350.14 | 16.52 | 957.51 | 0.17 | 91.87 |
| 通辽市 | 5711.58 | 5455.74 | 4516.29 | 13.55 | 925.92 | -0.03 | 255.85 |
| 赤峰市 | 3913.35 | 3566.87 | 2784.60 | 52.40 | 735.42 | -5.55 | 346.48 |
| 锡林郭勒盟 | 5235.50 | 4721.16 | 696.92 | 42.24 | 3982.07 | -0.08 | 514.34 |
| 乌兰察布市 | 2963.69 | 2838.36 | 1751.21 | -2.26 | 1089.42 | | 125.32 |
| 鄂尔多斯市 | 5741.71 | 4971.30 | 2243.60 | 100.90 | 2572.77 | 54.03 | 770.42 |
| 巴彦淖尔市 | 7746.04 | 7326.43 | 4975.79 | 39.21 | 2300.78 | 10.65 | 419.61 |
| 乌海市 | 3441.10 | 2459.70 | 1800.66 | 2.09 | 656.95 | | 981.39 |
| 阿拉善盟 | 4804.67 | 3598.21 | 501.13 | 262.31 | 2834.77 | | 1206.46 |

# 2-3-30 续表 4

单位:元

| 地区 | | | 财产性纯收入 | | | | |
|---|---|---|---|---|---|---|---|
| | 第二产业纯收入 | 第三产业纯收入 | | 利息 | 集体分配股息和红利 | 其他股息和红利 | 租金(包括农业机械) |
| **全　区** | **16.84** | **186.86** | **322.98** | **8.79** | **50.72** | **0.27** | **53.51** |
| 呼和浩特市 | 231.57 | 822.54 | 839.83 | 157.58 | 1.11 | 119.30 | 311.49 |
| 包头市 | 283.99 | 1184.08 | 1362.51 | 8.76 | 133.07 | 0.64 | 1131.39 |
| 呼伦贝尔市 | 45.16 | 277.78 | 498.15 | 38.04 | 8.57 | 0.24 | 197.88 |
| 兴安盟 | 10.49 | 81.38 | 230.08 | 1.20 | 0.74 | 3.52 | 76.48 |
| 通辽市 | 73.20 | 182.65 | 449.66 | 35.67 | | | 6.59 |
| 赤峰市 | 29.80 | 316.68 | 206.52 | 2.00 | | | 18.45 |
| 锡林郭勒盟 | 36.94 | 477.40 | 340.71 | 6.69 | | | 21.16 |
| 乌兰察布市 | 14.80 | 110.52 | 21.05 | 0.22 | | | 16.48 |
| 鄂尔多斯市 | 241.90 | 528.51 | 596.76 | 19.98 | 0.15 | 7.12 | 187.11 |
| 巴彦淖尔市 | 94.87 | 324.74 | 443.14 | 6.25 | | 0.11 | 25.66 |
| 乌海市 | | 981.39 | 2341.17 | 120.30 | 65.19 | 5.93 | 99.20 |
| 阿拉善盟 | 334.86 | 871.60 | 954.78 | 5.09 | 6.53 | 58.18 | 94.45 |

# 2－3－30 续表 5

单位：元

| 地　　区 | 出让无形资产净收入 | 储蓄性保险投资收入 | 转让承包土地经营权收入 | 其　他 |
|---|---|---|---|---|
| **全　区** | | **0.04** | **97.07** | **112.58** |
| 呼和浩特市 | | 4.23 | 80.82 | 165.31 |
| 包头市 | | | 30.22 | 58.44 |
| 呼伦贝尔市 | 1.80 | 3.66 | 77.13 | 171.05 |
| 兴安盟 | | | 77.53 | 70.61 |
| 通辽市 | | | 120.70 | 286.71 |
| 赤峰市 | | | 64.23 | 121.84 |
| 锡林郭勒盟 | | | 168.63 | 144.23 |
| 乌兰察布市 | | | 27.46 | －23.10 |
| 鄂尔多斯市 | | | 54.83 | 327.58 |
| 巴彦淖尔市 | | 0.50 | 94.80 | 315.82 |
| 乌海市 | 671.48 | 53.33 | 154.96 | 1170.79 |
| 阿拉善盟 | | | 554.11 | 236.42 |

# 2－3－30 续表 6

单位：元

| 地　　区 | 转移性纯收入 | 家庭非常住人口寄回和带回 | 城　市亲友赠送 | 离退休金养老金 | 城　市亲友支付赡养费 | 农　村亲友支付赡养费 | 救济金抚恤金救灾款 |
|---|---|---|---|---|---|---|---|
| **全　区** | **1140.17** | | **24.83** | **92.87** | **3.69** | **7.92** | **4.86** |
| 呼和浩特市 | 827.31 | 5.13 | 26.55 | 169.35 | 0.22 | 0.45 | 1.19 |
| 包头市 | 740.60 | | 29.23 | 114.98 | 14.84 | 20.58 | 0.66 |
| 呼伦贝尔市 | 1437.42 | | 8.49 | 79.36 | | 33.77 | 1.20 |
| 兴安盟 | 691.16 | | 2.03 | 13.00 | 4.39 | 1.52 | 4.40 |
| 通辽市 | 779.33 | | 0.88 | 95.26 | 1.87 | | 0.98 |
| 赤峰市 | 587.13 | 0.37 | 43.02 | 32.17 | 7.66 | 4.57 | 2.98 |
| 锡林郭勒盟 | 2036.85 | | 2.68 | 75.97 | 2.68 | 10.73 | 0.33 |
| 乌兰察布市 | 1160.50 | | 21.02 | 113.78 | 1.37 | 2.88 | 4.49 |
| 鄂尔多斯市 | 1417.37 | | 26.81 | 80.84 | | 4.13 | 22.53 |
| 巴彦淖尔市 | 706.04 | | 6.36 | 36.82 | | 2.33 | 45.08 |
| 乌海市 | 2244.12 | | 130.96 | 1113.58 | 26.07 | 47.41 | 23.47 |
| 阿拉善盟 | 3263.78 | | 37.19 | 213.27 | 10.18 | | 47.91 |

# 2-3-30 续表 7

单位:元

| 地区 | 退税 | 退耕还林还草补贴 | 无偿扶贫或扶持款 | 得到赔款 | 各项补贴收入 | 其他 |
|---|---|---|---|---|---|---|
| **全区** | **0.88** | **163.91** | **11.45** | **12.14** | **662.28** | **155.36** |
| 呼和浩特市 | | 12.98 | 1.08 | 2.34 | 505.22 | 102.82 |
| 包头市 | | 35.23 | | 10.21 | 374.89 | 139.99 |
| 呼伦贝尔市 | 0.72 | 315.39 | 1.20 | 14.24 | 782.66 | 200.38 |
| 兴安盟 | 0.99 | 43.27 | 1.22 | 4.38 | 587.97 | 28.01 |
| 通辽市 | 1.03 | 35.30 | 0.87 | 0.98 | 606.89 | 35.28 |
| 赤峰市 | 0.80 | 72.15 | 4.59 | 20.49 | 365.84 | 32.51 |
| 锡林郭勒盟 | 5.46 | 320.40 | 2.07 | 3.65 | 1387.43 | 225.46 |
| 乌兰察布市 | 5.18 | 310.69 | 3.19 | 3.09 | 644.36 | 50.44 |
| 鄂尔多斯市 | | 291.38 | 41.14 | 17.43 | 542.80 | 390.32 |
| 巴彦淖尔市 | 0.41 | 55.61 | | | 557.21 | 2.22 |
| 乌海市 | | 65.78 | 5.93 | 5.93 | 803.82 | 21.19 |
| 阿拉善盟 | | 1432.30 | 7.56 | 1.86 | 1449.81 | 63.68 |

# 2-3-31 各盟市农牧民家庭全年人均总支出(2012年)

单位:元

| 地区 | 全年总支出 | 家庭经营费用 | 第一产业生产费用 | 农业生产费用 | 林业生产费用 | 牧业生产费用 | 渔业生产费用 |
|---|---|---|---|---|---|---|---|
| **全区** | **13379.93** | **5357.14** | **5109.35** | **2665.14** | **11.76** | **2431.76** | **0.70** |
| 呼和浩特市 | 14455.09 | 5218.72 | 4355.83 | 2368.61 | 2.48 | 1984.74 | |
| 包头市 | 13157.31 | 4488.79 | 3347.75 | 1447.66 | | 1900.09 | |
| 呼伦贝尔市 | 16360.83 | 5837.63 | 5812.14 | 3781.95 | 21.55 | 2004.59 | 4.05 |
| 兴安盟 | 7989.09 | 2702.32 | 2624.49 | 1703.81 | 4.55 | 915.79 | 0.34 |
| 通辽市 | 14509.46 | 6423.84 | 6249.80 | 4824.09 | 18.42 | 1407.27 | 0.03 |
| 赤峰市 | 10886.88 | 3620.47 | 3429.66 | 1700.36 | 20.41 | 1703.34 | 5.55 |
| 锡林郭勒盟 | 15627.29 | 7228.89 | 7119.48 | 573.35 | 6.28 | 6539.78 | 0.08 |
| 乌兰察布市 | 8788.72 | 3353.04 | 3346.47 | 1244.81 | 6.10 | 2095.56 | |
| 鄂尔多斯市 | 18533.96 | 6393.27 | 5588.10 | 2635.03 | 69.61 | 2868.41 | 15.05 |
| 巴彦淖尔市 | 18961.53 | 8520.15 | 8238.34 | 5473.14 | 11.90 | 2750.98 | 2.33 |
| 乌海市 | 15108.52 | 4183.95 | 3521.38 | 2116.20 | 0.88 | 1404.30 | |
| 阿拉善盟 | 25378.06 | 11427.22 | 9706.11 | 6107.71 | | 3598.39 | |

# 2－3－31 续表 1

单位:元

| 地区 | 第二产业生产费用 | 工业生产费用 | 建筑业生产费用 | 第三产业生产费用 | 交通运输邮电 | 批零贸易餐饮 | 社会服务 | 文教卫生 |
|---|---|---|---|---|---|---|---|---|
| **全区** | **39.54** | **0.08** | **39.47** | **208.25** | **100.58** | **70.53** | **20.13** | **2.43** |
| 呼和浩特市 | 337.61 | 3.30 | 334.31 | 525.28 | 241.46 | 182.89 | 65.03 | 25.41 |
| 包头市 | 338.88 | 152.83 | 186.05 | 802.16 | 394.38 | 223.95 | 162.58 | 10.29 |
| 呼伦贝尔市 | 5.56 | | 5.56 | 19.93 | 17.22 | 2.28 | 0.22 | 0.06 |
| 兴安盟 | 3.22 | 0.06 | 3.15 | 74.61 | 6.13 | 62.72 | 0.86 | 0.34 |
| 通辽市 | 17.81 | 2.74 | 15.07 | 156.23 | 26.48 | 111.55 | 2.48 | 1.44 |
| 赤峰市 | 29.29 | 0.91 | 28.38 | 161.52 | 82.38 | 42.31 | 6.25 | 3.70 |
| 锡林郭勒盟 | 4.75 | 1.74 | 3.01 | 104.66 | 38.45 | 54.71 | 11.51 | |
| 乌兰察布市 | 0.36 | 0.36 | | 6.22 | 1.99 | 1.04 | | |
| 鄂尔多斯市 | 71.77 | 6.07 | 65.70 | 733.40 | 354.29 | 367.73 | 0.85 | 2.63 |
| 巴彦淖尔市 | 39.51 | 13.10 | 26.41 | 242.30 | 117.77 | 78.89 | 20.42 | 21.51 |
| 乌海市 | | | | 662.57 | 499.88 | 65.66 | 82.09 | 0.27 |
| 阿拉善盟 | 753.14 | 753.14 | | 967.97 | 516.97 | 419.58 | | |

# 2－3－31 续表 2

单位:元

| 地区 | 购置生产性固定资产 | 税费支出 | 第一产业税 | 第二产业税 | 第三产业税 | 其他各种收费 |
|---|---|---|---|---|---|---|
| **全区** | **626.37** | **3.61** | **0.12** | | **0.44** | **3.05** |
| 呼和浩特市 | 231.72 | 4.32 | | | 0.59 | 3.72 |
| 包头市 | 359.74 | 29.88 | | 12.46 | 17.42 | |
| 呼伦贝尔市 | 730.34 | 34.52 | 11.78 | | | 22.75 |
| 兴安盟 | 277.06 | | | | | |
| 通辽市 | 529.92 | 0.29 | | | | 0.29 |
| 赤峰市 | 725.64 | 1.20 | | | 0.15 | 1.05 |
| 锡林郭勒盟 | 674.06 | 0.87 | | | | 0.87 |
| 乌兰察布市 | 70.47 | 0.02 | | | | 0.02 |
| 鄂尔多斯市 | 766.85 | 5.50 | | | | 5.50 |
| 巴彦淖尔市 | 777.83 | 14.74 | | | | 14.74 |
| 乌海市 | 109.36 | | | | | |
| 阿拉善盟 | 1856.67 | 7.56 | | | 7.56 | |

# 2－3－31 续表 3

单位:元

| 地　区 | 生活消费支出 | 食品消费支出 | 食品消费品支出 | 食品消费服务性支出 | 衣着消费支出 | 衣着消费品支出 |
|---|---|---|---|---|---|---|
| **全　区** | **6381.97** | **2379.76** | **1985.93** | **393.83** | **481.75** | **480.00** |
| 呼和浩特市 | 8235.35 | 2814.15 | 2384.07 | 430.08 | 683.32 | 682.61 |
| 包头市 | 7868.81 | 2927.15 | 2507.40 | 419.75 | 859.71 | 858.69 |
| 呼伦贝尔市 | 6818.05 | 2519.76 | 2213.70 | 306.09 | 547.16 | 545.16 |
| 兴安盟 | 4608.53 | 1857.91 | 1533.01 | 324.90 | 359.34 | 358.77 |
| 通辽市 | 6764.43 | 2375.83 | 1874.02 | 501.81 | 443.84 | 437.76 |
| 赤峰市 | 5826.46 | 2258.55 | 1927.58 | 330.98 | 424.39 | 423.95 |
| 锡林郭勒盟 | 6985.69 | 2693.58 | 2274.12 | 419.46 | 729.85 | 727.31 |
| 乌兰察布市 | 4735.26 | 2146.17 | 1992.69 | 153.48 | 327.88 | 327.61 |
| 鄂尔多斯市 | 10392.04 | 3777.57 | 3407.20 | 370.37 | 601.82 | 601.32 |
| 巴彦淖尔市 | 8661.53 | 3252.41 | 2758.07 | 494.35 | 780.91 | 778.39 |
| 乌海市 | 10165.21 | 3877.32 | 3486.77 | 390.54 | 852.75 | 850.29 |
| 阿拉善盟 | 9877.71 | 3282.83 | 2786.18 | 496.66 | 842.95 | 839.14 |

# 2－3－31 续表 4

单位:元

| 地　区 | 衣着消费服务性支出 | 居住消费支出 | 居住消费品支出 | 居住消费服务性支出 | 家庭设备用品消费支出 | 家庭设备用品消费品支出 | 家庭设备用品服务性消费 |
|---|---|---|---|---|---|---|---|
| **全　区** | **1.75** | **1078.97** | **760.52** | **318.46** | **268.98** | **257.94** | **11.05** |
| 呼和浩特市 | 0.71 | 2016.73 | 1440.58 | 576.16 | 274.66 | 260.55 | 14.10 |
| 包头市 | 1.02 | 1380.10 | 1139.09 | 241.01 | 337.51 | 333.80 | 3.72 |
| 呼伦贝尔市 | 2.06 | 1154.35 | 892.27 | 181.33 | 316.10 | 303.09 | 12.49 |
| 兴安盟 | 0.57 | 704.86 | 522.99 | 181.87 | 214.31 | 207.64 | 6.67 |
| 通辽市 | 6.08 | 1627.67 | 1360.83 | 266.84 | 281.85 | 273.33 | 8.52 |
| 赤峰市 | 0.44 | 938.95 | 723.74 | 215.21 | 235.15 | 222.33 | 12.83 |
| 锡林郭勒盟 | 2.53 | 884.23 | 577.62 | 306.61 | 268.58 | 259.86 | 8.72 |
| 乌兰察布市 | 0.27 | 1044.67 | 916.86 | 127.81 | 160.19 | 149.18 | 11.01 |
| 鄂尔多斯市 | 0.50 | 1468.34 | 930.95 | 537.39 | 630.66 | 527.57 | 103.09 |
| 巴彦淖尔市 | 2.52 | 1512.81 | 1269.20 | 243.61 | 595.48 | 587.32 | 8.16 |
| 乌海市 | 2.45 | 1728.98 | 1294.12 | 434.87 | 563.36 | 550.25 | 13.11 |
| 阿拉善盟 | 3.81 | 1113.98 | 894.93 | 219.05 | 667.25 | 628.15 | 39.10 |

# 2－3－31 续表 5

单位：元

| 地　　区 | 交通和通讯消费支出 | 交通和通讯用品支出 | 交通和通讯服务消费支出 | 文化教育娱乐消费支出 | 文化教育娱乐用品消费 | 教育服务消费支出 | 文化体育娱乐服务消费 |
|---|---|---|---|---|---|---|---|
| **全　区** | **912.25** | **554.98** | **357.27** | **513.97** | **148.52** | **306.66** | **58.78** |
| 呼和浩特市 | 996.02 | 687.96 | 308.06 | 747.12 | 149.51 | 449.97 | 147.65 |
| 包头市 | 984.54 | 652.62 | 331.92 | 657.48 | 217.84 | 293.57 | 146.06 |
| 呼伦贝尔市 | 890.27 | 471.14 | 419.37 | 546.5 | 152.44 | 343.19 | 50.87 |
| 兴安盟 | 689.77 | 412.83 | 276.94 | 271.06 | 94.28 | 162.79 | 13.99 |
| 通辽市 | 856.05 | 487.63 | 368.42 | 456.4 | 146.66 | 262.27 | 47.47 |
| 赤峰市 | 688.36 | 379.08 | 309.28 | 508.48 | 154.07 | 328.09 | 26.32 |
| 锡林郭勒盟 | 1151.48 | 671.38 | 480.1 | 412.11 | 143.77 | 201.27 | 67.08 |
| 乌兰察布市 | 372.31 | 195.14 | 177.17 | 303.52 | 54.04 | 242.69 | 6.8 |
| 鄂尔多斯市 | 1867.59 | 1319.33 | 548.26 | 819.73 | 256.68 | 419.41 | 143.64 |
| 巴彦淖尔市 | 1053.38 | 695 | 358.39 | 558.49 | 189.63 | 303.64 | 65.21 |
| 乌海市 | 1144.25 | 583.37 | 560.88 | 765.27 | 267.88 | 364.34 | 133.05 |
| 阿拉善盟 | 1573.52 | 850.67 | 722.86 | 859.86 | 356.35 | 375.84 | 127.66 |

# 2－3－31 续表 6

单位：元

| 地　　区 | 医疗保健消费支出 | 医疗保健用品 | 医疗保健服务消费支出 | 其他商品和服务消费 | 其他商品支出 | 其他服务消费支出 |
|---|---|---|---|---|---|---|
| **全　区** | **588.87** | **234.11** | **354.76** | **157.42** | **78.5** | **78.93** |
| 呼和浩特市 | 537.52 | 155.71 | 381.81 | 165.83 | 115.67 | 50.17 |
| 包头市 | 565.82 | 231.24 | 334.57 | 156.5 | 103.13 | 53.38 |
| 呼伦贝尔市 | 802.66 | 213.98 | 588.68 | 207.92 | 152.01 | 55.91 |
| 兴安盟 | 426.83 | 144.63 | 282.2 | 84.45 | 61.98 | 22.47 |
| 通辽市 | 541.74 | 147.54 | 394.2 | 181.05 | 105.44 | 75.61 |
| 赤峰市 | 624.55 | 287.02 | 337.53 | 148.02 | 87.36 | 60.66 |
| 锡林郭勒盟 | 679.44 | 228.94 | 450.5 | 166.43 | 94.99 | 71.44 |
| 乌兰察布市 | 287.03 | 95.08 | 191.95 | 93.48 | 48.9 | 44.59 |
| 鄂尔多斯市 | 935.14 | 308.85 | 626.29 | 291.19 | 170.99 | 120.2 |
| 巴彦淖尔市 | 678.53 | 274.61 | 403.92 | 229.53 | 107.2 | 122.33 |
| 乌海市 | 993.14 | 305.14 | 688 | 240.14 | 179.03 | 61.11 |
| 阿拉善盟 | 1257.39 | 238.19 | 1019.2 | 279.94 | 183.58 | 96.37 |

## 2－3－31 续表 7

单位:元

| 地　　区 | 财产性支出 | 宅基地有偿使用费 | 承包其他农户转让费 | 其　他 | 转移性支出 | 寄给带给家庭非常住人口 | 赠　送农村亲友 | 赠　送城市亲友 |
|---|---|---|---|---|---|---|---|---|
| **全　区** | **5.88** | | | **5.88** | **998.32** | **329.37** | **349.4** | **57.98** |
| 呼和浩特市 | 29.72 | 29.72 | | | 734.95 | 271.44 | 189.06 | 115.24 |
| 包头市 | 0.09 | 0.09 | | | 408.58 | 149.41 | 95.91 | 14.23 |
| 呼伦贝尔市 | 97.21 | 37.8 | | 59.41 | 1124.08 | 200.88 | 416.76 | 222.27 |
| 兴安盟 | 7.06 | | | 7.06 | 390.88 | 108.82 | 181.26 | 1.69 |
| 通辽市 | 25.89 | 23.07 | | 2.83 | 755.39 | 235.22 | 379.2 | 15.02 |
| 赤峰市 | 1.29 | 0.77 | | 0.52 | 707.67 | 316.4 | 208.28 | 15.93 |
| 锡林郭勒盟 | 20.48 | 3.34 | | 17.13 | 705.47 | 277.06 | 267.5 | 4.82 |
| 乌兰察布市 | 5.81 | | | 5.81 | 624.11 | 239.76 | 185.54 | 28.97 |
| 鄂尔多斯市 | 18.65 | | | 18.65 | 939.03 | 266.46 | 346.29 | 23.97 |
| 巴彦淖尔市 | 19.77 | 8.59 | | 11.17 | 956.49 | 233.12 | 228.49 | 85.05 |
| 乌海市 | 106.67 | | | 106.67 | 495.93 | 110.13 | 98.62 | 86.7 |
| 阿拉善盟 | 174.84 | 49.46 | | 125.38 | 2033.59 | 516.14 | 464.82 | 37.38 |

## 2－3－32 各盟市农牧民家庭全年人均现金支出情况(2012 年)

单位:元

| 地　　区 | 期内现金支　出 | 生产费用支　出 | 家庭经营费用支出 | 第一产业生产费用 | 农　业 | 林　业 | 牧　业 | 渔　业 |
|---|---|---|---|---|---|---|---|---|
| **全　区** | **12020.88** | **5285.04** | **4652.04** | **4404.24** | **2578.21** | **11.76** | **1813.59** | **0.68** |
| 呼和浩特市 | 12949.47 | 4455.25 | 4223.22 | 3360.33 | 2249.90 | 2.48 | 1107.95 | |
| 包头市 | 12604.36 | 4636.26 | 4275.10 | 3134.06 | 1427.45 | | 1706.61 | |
| 呼伦贝尔市 | 15215.35 | 6345.31 | 5611.07 | 5585.59 | 3776.47 | 21.55 | 1783.52 | 4.05 |
| 兴安盟 | 7454.29 | 2752.17 | 2471.87 | 2394.04 | 1699.52 | 4.55 | 689.64 | 0.34 |
| 通辽市 | 13332.36 | 6455.32 | 5915.71 | 5741.67 | 4757.74 | 18.42 | 965.49 | 0.03 |
| 赤峰市 | 9726.24 | 3851.87 | 3122.08 | 2931.27 | 1558.10 | 20.41 | 1347.21 | 5.55 |
| 锡林郭勒盟 | 15100.38 | 7857.45 | 7171.56 | 7062.15 | 534.21 | 6.28 | 6521.59 | 0.08 |
| 乌兰察布市 | 7465.52 | 2772.55 | 2702.09 | 2695.51 | 1099.10 | 6.10 | 1590.31 | |
| 鄂尔多斯市 | 16734.24 | 6401.80 | 5616.32 | 4811.15 | 2606.80 | 69.61 | 2122.39 | 12.35 |
| 巴彦淖尔市 | 17520.87 | 8679.86 | 7891.00 | 7609.20 | 5339.32 | 11.90 | 2255.72 | 2.26 |
| 乌海市 | 13488.65 | 4278.33 | 4121.57 | 3458.99 | 2102.99 | 0.88 | 1355.13 | |
| 阿拉善盟 | 25256.30 | 13284.36 | 11427.22 | 9706.11 | 6107.71 | | 3598.39 | |

# 2－3－32 续表 1

单位:元

| 地　区 | 第二产业生产费用 | 工　业生产费用 | 建筑业生产费用 | 第三产业生产费用 | 交　通运输邮电 | 批　零贸易餐饮 | 社会服务 | 文教卫生 |
|---|---|---|---|---|---|---|---|---|
| **全　区** | **39.54** | **0.08** | **39.47** | **208.25** | **100.58** | **70.53** | **20.13** | **2.43** |
| 呼和浩特市 | 337.61 | 3.30 | 334.31 | 525.28 | 241.46 | 182.89 | 65.03 | 25.41 |
| 包头市 | 338.88 | 152.83 | 186.05 | 802.16 | 394.38 | 223.95 | 162.58 | 10.29 |
| 呼伦贝尔市 | 5.56 | | 5.56 | 19.93 | 17.22 | 2.28 | 0.22 | 0.06 |
| 兴安盟 | 3.22 | 0.06 | 3.15 | 74.61 | 6.13 | 62.72 | 0.86 | 0.34 |
| 通辽市 | 17.81 | 2.74 | 15.07 | 156.23 | 26.48 | 111.55 | 2.48 | 1.44 |
| 赤峰市 | 29.29 | 0.91 | 28.38 | 161.52 | 82.38 | 42.31 | 6.25 | 3.70 |
| 锡林郭勒盟 | 4.75 | 1.74 | 3.01 | 104.66 | 38.45 | 54.71 | 11.51 | |
| 乌兰察布市 | 0.36 | 0.36 | | 6.22 | 1.99 | 1.04 | | |
| 鄂尔多斯市 | 71.77 | 6.07 | 65.70 | 733.40 | 354.29 | 367.73 | 0.85 | 2.63 |
| 巴彦淖尔市 | 39.51 | 13.10 | 26.41 | 242.30 | 117.77 | 78.89 | 20.42 | 21.51 |
| 乌海市 | | | | 662.57 | 499.88 | 65.66 | 82.09 | 0.27 |
| 阿拉善盟 | 753.14 | 753.14 | | 967.97 | 516.97 | 419.58 | | |

# 2－3－32 续表 2

单位:元

| 地　区 | 购置生产性固定资产 | 税费支出 | 第一产业税 | 第二产业税 | 第三产业税 | 其他各种收费 |
|---|---|---|---|---|---|---|
| **全　区** | **626.37** | **3.61** | **0.12** | | **0.44** | **3.05** |
| 呼和浩特市 | 231.72 | 4.32 | | | 0.59 | 3.72 |
| 包头市 | 359.74 | 29.88 | | 12.46 | 17.42 | |
| 呼伦贝尔市 | 730.34 | 34.52 | 11.78 | | | 22.75 |
| 兴安盟 | 277.06 | | | | | |
| 通辽市 | 529.92 | 0.29 | | | | 0.29 |
| 赤峰市 | 725.64 | 1.20 | | | 0.15 | 1.05 |
| 锡林郭勒盟 | 674.06 | 0.80 | | | | 0.80 |
| 乌兰察布市 | 70.47 | 0.02 | | | | 0.02 |
| 鄂尔多斯市 | 766.85 | 5.50 | | | | 5.50 |
| 巴彦淖尔市 | 777.83 | 14.74 | | | | 14.74 |
| 乌海市 | 109.36 | | | | | |
| 阿拉善盟 | 1856.67 | 7.56 | | | 7.56 | |

# 2－3－32 续表 3

单位:元

| 地　　区 | 生　　活<br>消费支出 | 食　　品<br>消费支出 | 购　　买<br>食品支出 | 谷　物 | 薯　类 | 豆　类 | 食用油 | 蔬菜及制品 |
|---|---|---|---|---|---|---|---|---|
| **全　区** | **5731.21** | **1808.01** | **1414.19** | **328.94** | **11.10** | **4.59** | **60.58** | **121.67** |
| 呼和浩特市 | 7728.69 | 2492.72 | 2062.64 | 333.27 | 53.17 | 5.21 | 98.39 | 116.30 |
| 包头市 | 7529.56 | 2587.90 | 2168.15 | 347.60 | 50.48 | 13.34 | 96.95 | 170.20 |
| 呼伦贝尔市 | 7614.28 | 2387.87 | 2022.51 | 450.39 | 11.15 | 33.99 | 117.30 | 214.41 |
| 兴安盟 | 4304.18 | 1567.53 | 1242.63 | 385.58 | 16.14 | 6.16 | 59.41 | 119.36 |
| 通辽市 | 6095.47 | 1950.76 | 1448.95 | 451.23 | 5.86 | 8.40 | 81.31 | 122.88 |
| 赤峰市 | 5165.30 | 1785.36 | 1454.38 | 394.71 | 5.92 | 6.10 | 74.31 | 138.72 |
| 锡林郭勒盟 | 6523.53 | 2260.52 | 1841.06 | 472.99 | 3.60 | 1.08 | 46.03 | 157.74 |
| 乌兰察布市 | 4064.12 | 1506.42 | 1352.94 | 307.52 | 5.82 | 4.01 | 17.15 | 62.99 |
| 鄂尔多斯市 | 9375.20 | 2842.72 | 2472.35 | 444.00 | 26.98 | 10.17 | 59.07 | 141.45 |
| 巴彦淖尔市 | 7852.52 | 2551.18 | 2056.83 | 223.51 | 18.85 | 4.99 | 73.83 | 311.24 |
| 乌海市 | 8608.15 | 2872.79 | 2482.24 | 409.55 | 51.80 | 9.57 | 86.96 | 252.38 |
| 阿拉善盟 | 9755.95 | 3161.08 | 2664.42 | 496.01 | 45.55 | 15.20 | 80.98 | 307.13 |

# 2－3－32 续表 4

单位:元

| 地　　区 | 肉禽蛋奶<br>及制品 | 水产品<br>及制品 | 烟酒<br>茶叶 | 其它类<br>食　品 | 食品消费<br>服务性<br>支　出 | 在外饮食 | 食　品<br>加工费 | 其他服务 |
|---|---|---|---|---|---|---|---|---|
| **全　区** | **336.63** | **27.04** | **292.65** | **230.98** | **393.83** | **383.10** | **9.44** | **1.29** |
| 呼和浩特市 | 671.18 | 25.45 | 408.58 | 351.10 | 430.08 | 421.73 | 8.04 | 0.31 |
| 包头市 | 638.41 | 42.86 | 432.20 | 376.11 | 419.75 | 412.34 | 6.69 | 0.73 |
| 呼伦贝尔市 | 478.60 | 61.74 | 346.88 | 308.04 | 365.36 | 361.81 | 3.22 | 0.33 |
| 兴安盟 | 211.54 | 32.66 | 255.45 | 156.33 | 324.90 | 322.68 | 2.13 | 0.09 |
| 通辽市 | 310.84 | 27.93 | 252.06 | 188.44 | 501.81 | 497.02 | 2.10 | 2.69 |
| 赤峰市 | 330.88 | 33.44 | 237.27 | 233.03 | 330.98 | 324.88 | 5.37 | 0.73 |
| 锡林郭勒盟 | 345.51 | 10.72 | 418.41 | 384.98 | 419.46 | 414.97 | 4.40 | 0.10 |
| 乌兰察布市 | 311.89 | 20.16 | 353.15 | 270.25 | 153.48 | 130.15 | 23.24 | 0.09 |
| 鄂尔多斯市 | 652.37 | 21.29 | 803.79 | 313.24 | 370.37 | 362.57 | 7.22 | 0.58 |
| 巴彦淖尔市 | 515.30 | 43.76 | 533.79 | 331.57 | 494.35 | 471.27 | 21.96 | 1.12 |
| 乌海市 | 840.23 | 34.77 | 473.30 | 323.70 | 390.54 | 370.54 | 17.79 | 2.22 |
| 阿拉善盟 | 602.39 | 19.07 | 473.40 | 624.70 | 496.66 | 489.33 | 7.33 | |

# 2－3－32 续表 5

单位:元

| 地区 | 衣着消费支出 | 购买衣着支出 | 服装支出 | 服装材料 | 鞋类 | 其他 | 衣着消费服务支出 | 衣着加工费 |
|---|---|---|---|---|---|---|---|---|
| **全区** | **481.71** | **479.96** | **341.84** | **7.99** | **106.05** | **24.07** | **1.75** | **1.43** |
| 呼和浩特市 | 683.26 | 682.55 | 483.39 | 5.43 | 149.49 | 44.24 | 0.71 | 0.48 |
| 包头市 | 859.71 | 858.69 | 599.91 | 8.97 | 206.99 | 42.82 | 1.02 | 0.62 |
| 呼伦贝尔市 | 888.49 | 886.43 | 690.67 | 4.21 | 154.83 | 36.72 | 2.06 | 1.84 |
| 兴安盟 | 359.34 | 358.77 | 240.39 | 4.18 | 98.32 | 15.88 | 0.57 | 0.52 |
| 通辽市 | 443.74 | 437.66 | 311.38 | 11.60 | 95.15 | 19.53 | 6.08 | 0.07 |
| 赤峰市 | 424.39 | 423.95 | 290.68 | 11.09 | 106.87 | 15.32 | 0.44 | 0.40 |
| 锡林郭勒盟 | 729.85 | 727.31 | 508.48 | 14.26 | 188.20 | 16.38 | 2.53 | 2.32 |
| 乌兰察布市 | 327.88 | 327.61 | 210.09 | 13.97 | 74.52 | 29.04 | 0.27 | 0.14 |
| 鄂尔多斯市 | 601.82 | 601.32 | 465.50 | 8.07 | 112.82 | 14.93 | 0.50 | 0.11 |
| 巴彦淖尔市 | 780.89 | 778.37 | 588.08 | 7.95 | 138.72 | 43.61 | 2.52 | 2.04 |
| 乌海市 | 852.75 | 850.29 | 593.79 | 22.28 | 198.82 | 35.40 | 2.45 | 1.87 |
| 阿拉善盟 | 842.95 | 839.14 | 600.42 | 10.73 | 183.07 | 44.92 | 3.81 | 0.45 |

# 2－3－32 续表 6

单位:元

| 地区 | 其他服务 | 居住消费支出 | 购买居住消费品支出 | 购建筑生活材料 | 购维修用房材料 | 装修用房材料 | 购买生活用房 | 购买生活用燃料 |
|---|---|---|---|---|---|---|---|---|
| **全区** | **0.32** | **1000.88** | **682.43** | **209.82** | **82.74** | **71.75** | **100.73** | **217.39** |
| 呼和浩特市 | 0.23 | 1831.96 | 1255.80 | 187.76 | 73.02 | 268.50 | 325.85 | 400.68 |
| 包头市 | 0.40 | 1380.10 | 1139.09 | 124.75 | 98.35 | 119.21 | 342.26 | 454.52 |
| 呼伦贝尔市 | 0.22 | 981.76 | 800.44 | 201.84 | 90.23 | 230.32 | 123.01 | 155.04 |
| 兴安盟 | 0.06 | 695.95 | 514.09 | 218.10 | 116.63 | 59.92 | 0.44 | 119.00 |
| 通辽市 | 6.01 | 1383.89 | 1117.04 | 509.10 | 225.58 | 231.39 | 73.61 | 77.36 |
| 赤峰市 | 0.04 | 751.77 | 536.56 | 149.15 | 52.93 | 89.58 | 21.72 | 223.17 |
| 锡林郭勒盟 | 0.22 | 855.13 | 548.52 | 45.68 | 44.65 | 128.72 | 7.66 | 321.81 |
| 乌兰察布市 | 0.13 | 1013.28 | 885.47 | 46.61 | 33.79 | 18.44 | 120.07 | 666.56 |
| 鄂尔多斯市 | 0.39 | 1444.67 | 907.27 | 112.33 | 80.37 | 153.52 | 108.55 | 452.51 |
| 巴彦淖尔市 | 0.48 | 1405.58 | 1161.97 | 228.98 | 83.19 | 121.87 | 323.30 | 404.63 |
| 乌海市 | 0.58 | 1176.69 | 741.83 | 48.84 | 16.23 | 300.06 | 88.89 | 287.80 |
| 阿拉善盟 | 3.36 | 1113.98 | 894.93 | 34.71 | 27.68 | 23.06 | 468.36 | 341.11 |

# 2－3－32 续表 7

单位:元

| 地　区 | 居住消费服务性支出 | 建筑维修雇工费 | 房　租 | 生活用水 | 生活用电 | 清洁费卫生费 | 其　他 |
|---|---|---|---|---|---|---|---|
| **全　区** | **318.46** | **127.58** | **11.14** | **8.45** | **105.52** | **0.30** | **65.46** |
| 呼和浩特市 | 576.16 | 245.21 | 103.21 | 16.50 | 141.51 | 6.62 | 63.10 |
| 包头市 | 241.01 | 87.87 | 4.95 | 17.23 | 118.79 | 1.66 | 10.51 |
| 呼伦贝尔市 | 181.33 | 30.79 | 29.72 | 3.83 | 96.20 | 1.62 | 19.16 |
| 兴安盟 | 181.87 | 73.61 | 8.23 | 0.68 | 91.58 | 0.18 | 7.59 |
| 通辽市 | 266.84 | 115.31 | 3.04 | 3.08 | 124.64 | 0.09 | 20.68 |
| 赤峰市 | 215.21 | 56.61 | 2.04 | 6.36 | 120.80 | 0.14 | 29.26 |
| 锡林郭勒盟 | 306.61 | 114.07 | 62.92 | 6.82 | 94.81 | 1.12 | 26.87 |
| 乌兰察布市 | 127.81 | 28.46 | 7.05 | 6.81 | 76.28 | 0.07 | 9.13 |
| 鄂尔多斯市 | 537.39 | 128.39 | 69.80 | 10.35 | 140.50 | 0.86 | 187.50 |
| 巴彦淖尔市 | 243.61 | 120.28 | 4.75 | 22.78 | 81.99 | 0.13 | 13.70 |
| 乌海市 | 434.87 | 74.67 | 74.61 | 48.67 | 157.60 | 0.89 | 78.44 |
| 阿拉善盟 | 219.05 | 6.98 | 67.46 | 17.66 | 76.08 | 3.04 | 47.83 |

# 2－3－32 续表 8

单位:元

| 地　区 | 家庭设备用品及服务 | 购买家庭设备用品支出 | 日用品用品支出 | 床上用品 | 室内装饰品 | 家俱类 | 机电设备 |
|---|---|---|---|---|---|---|---|
| **全　区** | **268.10** | **257.06** | **94.70** | **20.81** | **13.48** | **46.24** | **81.83** |
| 呼和浩特市 | 274.26 | 260.15 | 92.39 | 21.68 | 19.17 | 52.45 | 74.47 |
| 包头市 | 337.51 | 333.80 | 123.27 | 29.07 | 13.19 | 81.61 | 86.67 |
| 呼伦贝尔市 | 576.92 | 564.43 | 134.28 | 29.61 | 6.95 | 60.59 | 333.00 |
| 兴安盟 | 209.25 | 202.58 | 77.20 | 18.48 | 17.55 | 25.02 | 64.33 |
| 通辽市 | 281.85 | 273.33 | 98.87 | 15.45 | 8.99 | 58.04 | 91.99 |
| 赤峰市 | 234.37 | 221.55 | 72.94 | 23.32 | 11.35 | 45.23 | 68.71 |
| 锡林郭勒盟 | 268.58 | 259.86 | 134.09 | 21.73 | 5.37 | 56.28 | 42.39 |
| 乌兰察布市 | 160.19 | 149.18 | 72.43 | 9.42 | 3.08 | 20.63 | 43.62 |
| 鄂尔多斯市 | 572.34 | 469.25 | 215.67 | 20.59 | 17.71 | 111.59 | 103.69 |
| 巴彦淖尔市 | 594.94 | 586.78 | 348.93 | 27.70 | 13.21 | 105.00 | 91.96 |
| 乌海市 | 563.12 | 550.01 | 170.24 | 27.53 | 16.11 | 59.59 | 276.54 |
| 阿拉善盟 | 667.25 | 628.15 | 241.29 | 19.79 | 34.55 | 135.57 | 196.95 |

# 2－3－32 续表 9

单位:元

| 地　　区 | 家庭设备服务消费支出 | 家庭设备修理费 | 日杂用品修理费 | 家政服务费 | 其　他 | 交通和通讯 | 购买交通和通讯用品 |
|---|---|---|---|---|---|---|---|
| **全　区** | **11.05** | **5.14** | **0.94** | **0.40** | **4.57** | **912.25** | **554.98** |
| 呼和浩特市 | 14.10 | 4.63 | 0.68 | 0.22 | 8.58 | 996.02 | 687.96 |
| 包头市 | 3.72 | 2.10 | 0.36 | 0.44 | 0.82 | 984.54 | 652.62 |
| 呼伦贝尔市 | 12.49 | 4.68 | 0.39 |  | 7.43 | 1222.16 | 802.79 |
| 兴安盟 | 6.67 | 3.91 | 2.22 |  | 0.54 | 689.77 | 412.83 |
| 通辽市 | 8.52 | 5.63 | 0.45 |  | 2.45 | 856.05 | 487.63 |
| 赤峰市 | 12.83 | 8.11 | 0.85 | 0.25 | 3.61 | 688.36 | 379.08 |
| 锡林郭勒盟 | 8.72 | 3.72 | 1.36 |  | 3.65 | 1151.48 | 671.38 |
| 乌兰察布市 | 11.01 | 1.24 | 1.83 | 2.11 | 5.84 | 372.31 | 195.14 |
| 鄂尔多斯市 | 103.09 | 11.79 | 7.20 | 0.24 | 83.87 | 1867.59 | 1319.33 |
| 巴彦淖尔市 | 8.16 | 4.94 | 1.62 | 0.40 | 1.20 | 1053.38 | 695.00 |
| 乌海市 | 13.11 | 5.54 | 4.01 | 1.78 | 1.80 | 1144.25 | 583.37 |
| 阿拉善盟 | 39.10 | 16.43 | 6.59 |  | 16.08 | 1573.52 | 850.67 |

# 2－3－32 续表 10

单位:元

| 地　　区 | 交通工具 | 交通工具用燃料 | 交通工具用配件 | 通讯工具 | 通讯工具用配件 | 交通通讯服务消费 | 交通服务支出 |
|---|---|---|---|---|---|---|---|
| **全　区** | **315.11** | **160.36** | **24.61** | **53.92** | **0.99** | **357.27** | **197.24** |
| 呼和浩特市 | 464.49 | 150.60 | 6.40 | 66.15 | 0.31 | 308.06 | 136.88 |
| 包头市 | 322.73 | 212.82 | 12.36 | 104.39 | 0.32 | 331.92 | 132.39 |
| 呼伦贝尔市 | 515.29 | 163.43 | 64.06 | 58.37 | 1.64 | 419.37 | 241.76 |
| 兴安盟 | 215.45 | 126.48 | 22.58 | 47.21 | 1.11 | 276.94 | 138.89 |
| 通辽市 | 235.50 | 162.19 | 26.92 | 62.18 | 0.83 | 368.42 | 216.23 |
| 赤峰市 | 184.45 | 124.16 | 23.66 | 46.24 | 0.59 | 309.28 | 151.99 |
| 锡林郭勒盟 | 292.94 | 272.15 | 31.30 | 73.79 | 1.21 | 480.10 | 186.06 |
| 乌兰察布市 | 108.36 | 50.31 | 9.45 | 26.78 | 0.23 | 177.17 | 76.02 |
| 鄂尔多斯市 | 677.07 | 529.18 | 39.10 | 73.46 | 0.52 | 548.26 | 338.32 |
| 巴彦淖尔市 | 450.35 | 152.38 | 22.80 | 68.44 | 1.03 | 358.39 | 207.77 |
| 乌海市 | 139.44 | 334.90 | 35.41 | 71.40 | 2.22 | 560.88 | 320.22 |
| 阿拉善盟 | 293.70 | 419.73 | 43.57 | 93.17 | 0.50 | 722.86 | 484.56 |

# 2－3－32 续表 11

单位：元

| 地区 | 通讯服务支出 | 文化教育娱乐用品及服务 | 购买文化教育娱乐用品 | 文教娱乐用品 | 书、报杂志 | 纸张文具 | 音像制品 |
|---|---|---|---|---|---|---|---|
| **全区** | **160.02** | **513.97** | **148.52** | **81.93** | **8.87** | **14.35** | **0.52** |
| 呼和浩特市 | 171.18 | 747.12 | 149.51 | 70.81 | 15.76 | 15.98 | 0.24 |
| 包头市 | 199.53 | 657.48 | 217.84 | 94.57 | 12.18 | 19.05 | 0.82 |
| 呼伦贝尔市 | 177.61 | 546.50 | 152.44 | 71.62 | 11.29 | 10.15 | 0.31 |
| 兴安盟 | 138.05 | 271.06 | 94.28 | 53.26 | 2.73 | 10.53 | 0.37 |
| 通辽市 | 152.19 | 456.40 | 146.66 | 99.28 | 6.50 | 17.28 | 0.24 |
| 赤峰市 | 157.29 | 508.48 | 154.07 | 91.25 | 9.11 | 13.58 | 0.20 |
| 锡林郭勒盟 | 294.04 | 412.11 | 143.77 | 89.01 | 9.80 | 22.59 | 0.42 |
| 乌兰察布市 | 101.14 | 303.52 | 54.04 | 19.52 | 5.45 | 4.50 | 0.15 |
| 鄂尔多斯市 | 209.94 | 819.73 | 256.68 | 161.15 | 6.11 | 41.50 | 0.25 |
| 巴彦淖尔市 | 150.62 | 558.49 | 189.63 | 116.97 | 11.29 | 11.30 | 1.17 |
| 乌海市 | 240.66 | 765.27 | 267.88 | 202.76 | 10.12 | 13.50 | 0.14 |
| 阿拉善盟 | 238.29 | 859.86 | 356.35 | 221.67 | 31.66 | 58.51 | 6.90 |

# 2－3－32 续表 12

单位：元

| 地区 | 电脑软件 | 体育用品 | 计算机零配件及耗材 | 鲜花 | 其他用品 | 教育服务消费 | 托儿费 |
|---|---|---|---|---|---|---|---|
| **全区** | **0.27** | **0.11** | **0.16** | **0.17** | **17.86** | **306.66** | **16.06** |
| 呼和浩特市 | – | 0.42 | – | 0.44 | 13.64 | 449.97 | 21.22 |
| 包头市 | 0.07 | 0.08 | 1.88 | 1.44 | 55.99 | 293.57 | 57.04 |
| 呼伦贝尔市 | 0.08 | 1.44 | 0.10 | 0.59 | 18.87 | 343.19 | 16.28 |
| 兴安盟 | 1.33 | 0.17 | 0.05 | 0.06 | 7.64 | 162.79 | 13.38 |
| 通辽市 | 0.09 | 0.17 | 0.15 | 0.22 | 11.86 | 262.27 | 14.77 |
| 赤峰市 | 0.04 | 0.03 | 0.32 | 0.31 | 10.78 | 328.09 | 14.62 |
| 锡林郭勒盟 | 0.25 | 0.07 |  | 0.03 | 9.02 | 201.27 | 4.32 |
| 乌兰察布市 |  |  |  | 0.01 | 14.97 | 242.69 | 6.78 |
| 鄂尔多斯市 |  | 0.01 | 0.02 | 0.22 | 23.13 | 419.41 | 13.54 |
| 巴彦淖尔市 |  | 1.20 | 0.33 | 0.20 | 14.87 | 303.64 | 12.67 |
| 乌海市 |  | 0.04 |  | 0.02 | 19.97 | 364.34 | 79.69 |
| 阿拉善盟 | 1.46 |  |  | 0.95 | 13.25 | 375.84 | 2.04 |

# 2－3－32 续表 13

单位：元

| 地　　区 | 幼儿园赞助费 | 学杂费 | 入学赞助费 | 私立学校就读费 | 成人培训费 | 教育设备修理费 | 其　　他 |
|---|---|---|---|---|---|---|---|
| **全　区** | **1.14** | **37.49** | **52.68** | **48.81** | **83.61** | **23.00** | **41.98** |
| 呼和浩特市 | 2.10 | 76.19 | 69.60 | 54.95 | 61.38 | 55.64 | 108.89 |
| 包头市 | 6.03 | 20.74 | 36.69 | 22.15 | 41.89 | 18.10 | 78.85 |
| 呼伦贝尔市 | 0.66 | 35.65 | 18.48 | 32.33 | 53.76 | 24.31 | 157.78 |
| 兴安盟 | 0.36 | 24.26 | 23.32 | 20.74 | 25.90 | 2.57 | 49.00 |
| 通辽市 | 2.61 | 64.53 | 44.21 | 29.57 | 71.24 | 10.94 | 24.10 |
| 赤峰市 | 1.14 | 39.51 | 87.33 | 47.96 | 87.64 | 18.97 | 27.73 |
| 锡林郭勒盟 | 1.44 | 35.53 | 13.61 | 53.27 | 65.47 | 5.81 | 20.52 |
| 乌兰察布市 | 0.96 | 13.30 | 57.15 | 50.07 | 52.68 | 4.69 | 55.04 |
| 鄂尔多斯市 | 11.47 | 59.99 | 98.79 | 44.94 | 67.02 | 31.37 | 92.29 |
| 巴彦淖尔市 | 2.21 | 54.11 | 56.51 | 41.97 | 57.94 | 52.82 | 25.43 |
| 乌海市 | 10.67 | 134.23 | 14.34 | 19.91 | 27.29 | 49.80 | 28.42 |
| 阿拉善盟 |  | 36.69 | 10.31 | 82.27 | 138.93 | 74.41 | 31.19 |

# 2－3－32 续表 14

单位：元

| 地　　区 | 文化体育娱乐服务消　　费 | 旅　　游服务消费 | 休闲娱乐费 | 文体娱乐用品修理费 | 其　他 | 医疗保健 | 购　买医　疗保健品 |
|---|---|---|---|---|---|---|---|
| **全　区** | **58.78** | **23.65** | **16.43** | **0.29** | **8.16** | **588.87** | **234.11** |
| 呼和浩特市 | 147.65 | 87.84 | 26.38 | 0.16 | 17.22 | 537.52 | 155.71 |
| 包头市 | 146.06 | 86.80 | 25.65 | 1.44 | 17.43 | 565.82 | 231.24 |
| 呼伦贝尔市 | 50.87 | 16.83 | 16.48 | 0.24 | 5.09 | 802.66 | 213.98 |
| 兴安盟 | 13.99 | 6.48 | 2.19 | 0.09 | 3.25 | 426.83 | 144.63 |
| 通辽市 | 47.47 | 19.69 | 1.92 | 0.14 | 9.83 | 541.74 | 147.54 |
| 赤峰市 | 26.32 | 2.52 | 5.46 | 0.73 | 7.73 | 624.55 | 287.02 |
| 锡林郭勒盟 | 67.08 | 33.84 | 16.01 |  | 13.15 | 679.44 | 228.94 |
| 乌兰察布市 | 6.80 |  | 4.53 |  | 1.55 | 287.03 | 95.08 |
| 鄂尔多斯市 | 143.64 | 61.58 | 53.52 | 0.30 | 26.20 | 935.14 | 308.85 |
| 巴彦淖尔市 | 65.21 | 21.09 | 11.02 | 0.58 | 20.23 | 678.53 | 274.61 |
| 乌海市 | 133.05 | 70.13 | 25.81 | 2.01 | 2.74 | 993.14 | 305.14 |
| 阿拉善盟 | 127.66 | 66.65 | 35.65 |  | 5.98 | 1257.39 | 238.19 |

# 2-3-32 续表 15

单位:元

| 地区 | 购买医卫用品 | 保健用品 | 医疗保健服务消费 | 医疗费消费支出 | 医疗设备修理费 | 保健费 | 保健设备修理费 | 其他 |
|---|---|---|---|---|---|---|---|---|
| **全区** | **231.44** | **2.67** | **354.76** | **351.30** | **0.88** | **0.85** | **0.01** | **1.73** |
| 呼和浩特市 | 154.17 | 1.54 | 381.81 | 377.66 | | 1.87 | 1.49 | 0.79 |
| 包头市 | 227.85 | 3.40 | 334.57 | 328.39 | 1.09 | 3.64 | 0.01 | 1.45 |
| 呼伦贝尔市 | 212.08 | 1.90 | 588.68 | 580.35 | 3.79 | 0.98 | 1.35 | 2.21 |
| 兴安盟 | 143.34 | 1.29 | 282.20 | 280.97 | 0.23 | 0.07 | 0.03 | 0.91 |
| 通辽市 | 146.92 | 0.62 | 394.20 | 391.89 | 0.05 | 0.25 | | 2.02 |
| 赤峰市 | 285.34 | 1.67 | 337.53 | 333.06 | 0.18 | 0.98 | 0.01 | 3.30 |
| 锡林郭勒盟 | 226.73 | 2.22 | 450.50 | 440.18 | 0.31 | 0.79 | 0.03 | 9.19 |
| 乌兰察布市 | 94.23 | 0.85 | 191.95 | 186.25 | 0.10 | | | 5.60 |
| 鄂尔多斯市 | 306.75 | 2.10 | 626.29 | 623.46 | 0.34 | 1.97 | | 0.52 |
| 巴彦淖尔市 | 269.27 | 5.34 | 403.92 | 390.54 | 3.58 | 3.20 | 0.01 | 6.60 |
| 乌海市 | 302.27 | 2.87 | 688.00 | 669.63 | | 18.37 | | |
| 阿拉善盟 | 228.53 | 9.65 | 1019.20 | 1018.72 | | 0.48 | | |

# 2-3-32 续表 16

单位:元

| 地区 | 其他商品和服务 | 购买其他商品支出 | 首饰 | 手表 | 化妆品 | 迷信宗教用品 | 其他 |
|---|---|---|---|---|---|---|---|
| **全区** | **157.42** | **78.50** | **27.34** | **0.81** | **15.45** | **5.79** | **29.12** |
| 呼和浩特市 | 165.83 | 115.67 | 40.94 | 7.90 | 17.19 | 2.75 | 46.88 |
| 包头市 | 156.50 | 103.13 | 16.23 | 2.98 | 38.89 | 1.48 | 43.54 |
| 呼伦贝尔市 | 207.92 | 152.01 | 68.08 | 0.63 | 26.29 | 9.14 | 47.88 |
| 兴安盟 | 84.45 | 61.98 | 10.11 | 1.18 | 11.40 | 8.68 | 30.60 |
| 通辽市 | 181.05 | 105.44 | 25.42 | 0.44 | 13.39 | 3.52 | 62.67 |
| 赤峰市 | 148.02 | 87.36 | 24.26 | 0.78 | 15.77 | 8.67 | 37.88 |
| 锡林郭勒盟 | 166.43 | 94.99 | 19.19 | 1.17 | 41.17 | 2.68 | 30.78 |
| 乌兰察布市 | 93.48 | 48.90 | 10.95 | 0.29 | 5.44 | 1.40 | 30.83 |
| 鄂尔多斯市 | 291.19 | 170.99 | 74.76 | 1.67 | 17.25 | 2.40 | 74.91 |
| 巴彦淖尔市 | 229.53 | 107.20 | 35.91 | 1.35 | 28.81 | 5.64 | 35.49 |
| 乌海市 | 240.14 | 179.03 | 61.18 | 0.24 | 37.14 | 3.30 | 77.17 |
| 阿拉善盟 | 279.94 | 183.58 | 62.61 | 4.13 | 32.30 | 22.00 | 62.55 |

# 2－3－32 续表 17

单位:元

| 地　区 | 其他消费服务支出 | 旅馆住宿费 | 美容美发 | 殡殓费 | 生活消费借贷利息 | 其他服务 |
|---|---|---|---|---|---|---|
| **全　区** | **78.93** | **9.11** | **8.15** | **16.33** | **10.92** | **34.42** |
| 呼和浩特市 | 50.17 | 1.37 | 20.87 | 6.97 | 0.38 | 20.58 |
| 包头市 | 53.38 | 1.45 | 20.92 | 0.21 |  | 30.8 |
| 呼伦贝尔市 | 55.91 | 9.51 | 7.41 | 7.56 | 6.02 | 25.42 |
| 兴安盟 | 22.47 | 5.69 | 7.25 | 1.28 |  | 8.26 |
| 通辽市 | 75.61 | 5.64 | 5.81 | 1.94 | 0.28 | 61.95 |
| 赤峰市 | 60.66 | 4.06 | 7.57 | 16.49 | 5.55 | 26.99 |
| 锡林郭勒盟 | 71.44 | 13.35 | 11.53 | 5.25 | 21.65 | 19.67 |
| 乌兰察布市 | 44.59 | 1 | 3.22 | 9.48 |  | 30.88 |
| 鄂尔多斯市 | 120.2 | 8.52 | 10.26 | 3.71 | 35.75 | 61.97 |
| 巴彦淖尔市 | 122.33 | 14.89 | 19.02 | 4.68 | 1.29 | 82.45 |
| 乌海市 | 61.11 | 4.86 | 29.45 | 0.06 |  | 26.75 |
| 阿拉善盟 | 96.37 | 32.85 | 21.69 | 2.91 |  | 38.92 |

# 2－3－32 续表 18

单位:元

| 地　区 | 财产性支出 | 宅基地有偿使用费 | 承包其他农户转让 | 其　他 | 转移性支出 | 寄给带给非常住人口 | 赠　送农村亲友 | 赠　送城市亲友 |
|---|---|---|---|---|---|---|---|---|
| **全　区** | **5.88** |  |  | **5.88** | **995.14** | **328.69** | **348.13** | **56.75** |
| 呼和浩特市 | 29.72 | 29.72 |  |  | 731.5 | 271.44 | 185.6 | 115.24 |
| 包头市 | 0.09 | 0.09 |  |  | 408.58 | 149.41 | 95.91 | 14.23 |
| 呼伦贝尔市 | 97.21 | 37.8 |  | 59.41 | 1124.03 | 200.88 | 416.7 | 222.27 |
| 兴安盟 | 7.06 |  |  | 7.06 | 390.88 | 108.82 | 181.26 | 1.69 |
| 通辽市 | 25.89 | 23.07 |  | 2.83 | 755.39 | 235.22 | 379.2 | 15.02 |
| 赤峰市 | 1.29 | 0.77 |  | 0.52 | 706.59 | 316.4 | 207.36 | 15.76 |
| 锡林郭勒盟 | 20.48 | 3.34 |  | 17.13 | 698.13 | 277.06 | 267.36 | 4.82 |
| 乌兰察布市 | 5.81 |  |  | 5.81 | 623.02 | 239.76 | 184.92 | 28.49 |
| 鄂尔多斯市 | 18.65 |  |  | 18.65 | 933.09 | 261.24 | 345.97 | 23.59 |
| 巴彦淖尔市 | 19.77 | 8.59 |  | 11.17 | 953.99 | 233.12 | 225.99 | 85.05 |
| 乌海市 | 106.67 |  |  | 106.67 | 495.51 | 110.13 | 98.2 | 86.7 |
| 阿拉善盟 | 174.84 | 49.46 |  | 125.38 | 2033.59 | 516.14 | 464.82 | 37.38 |

# 2-3-32 续表19

单位:元

| 地　　区 | 交　纳医疗保险 | 交纳社会保障基金 | 购买非储蓄性保险 | 赡养费 | 其　他直接税 | 捐　赠 | 罚款赔款 | 其　他 |
|---|---|---|---|---|---|---|---|---|
| **全　区** | **63.74** | **88.79** | **29.38** | **9.00** | **12.51** | **1.34** | **9.80** | **47.02** |
| 呼和浩特市 | 73.69 | 46.08 | 18.77 | 0.97 | | 0.20 | 10.31 | 9.20 |
| 包头市 | 57.34 | 39.30 | 13.49 | 10.87 | 0.38 | 2.49 | 5.07 | 20.11 |
| 呼伦贝尔市 | 43.70 | 47.74 | 70.91 | 17.79 | 1.26 | 10.18 | 6.99 | 85.61 |
| 兴安盟 | 56.14 | 14.14 | 8.53 | 1.28 | 6.36 | 6.45 | 2.03 | 4.18 |
| 通辽市 | 58.88 | 24.77 | 21.27 | 2.16 | 1.99 | 0.79 | 3.39 | 12.70 |
| 赤峰市 | 43.38 | 32.18 | 22.70 | 4.38 | 0.07 | 0.37 | 3.45 | 60.54 |
| 锡林郭勒盟 | 31.19 | 48.61 | 26.67 | 14.94 | 1.54 | 2.15 | 4.31 | 19.47 |
| 乌兰察布市 | 43.03 | 101.85 | 7.88 | 0.29 | 0.08 | 0.15 | 8.74 | 7.82 |
| 鄂尔多斯市 | 49.17 | 81.99 | 33.90 | 12.77 | 53.25 | 2.77 | 7.20 | 61.26 |
| 巴彦淖尔市 | 64.11 | 229.38 | 78.15 | 10.79 | 3.03 | 3.94 | 2.84 | 17.60 |
| 乌海市 | 48.47 | 94.31 | 22.86 | 18.96 | | 0.06 | 4.15 | 11.66 |
| 阿拉善盟 | 169.01 | 417.46 | 103.91 | 93.06 | 20.01 | 2.76 | 68.93 | 140.11 |

# 2-3-32 续表20

单位:元

| 地　　区 | 非消费性支　出 | 非　借贷性支出 | 购买彩票 | 婚、丧、嫁娶支出 | 交纳党费团　费 | 迷信宗教活动捐赠 | 其　他 |
|---|---|---|---|---|---|---|---|
| **全　区** | **3187.56** | **844.65** | **1.76** | **788.57** | **0.19** | **4.00** | **50.13** |
| 呼和浩特市 | 1768.58 | 1209.41 | 0.23 | 1191.43 | 0.01 | 0.15 | 17.59 |
| 包头市 | 990.76 | 753.20 | 1.14 | 746.85 | | 1.16 | 4.05 |
| 呼伦贝尔市 | 2504.28 | 903.76 | 2.79 | 885.88 | 0.10 | 0.47 | 14.53 |
| 兴安盟 | 2240.46 | 518.69 | 3.75 | 503.55 | 0.56 | 0.88 | 9.96 |
| 通辽市 | 1837.24 | 846.37 | 0.07 | 823.61 | | 0.12 | 22.57 |
| 赤峰市 | 1274.05 | 360.86 | 0.18 | 338.68 | 7.75 | 0.58 | 13.68 |
| 锡林郭勒盟 | 3770.33 | 363.01 | 4.18 | 327.72 | | 5.40 | 25.70 |
| 乌兰察布市 | 590.15 | 326.92 | 1.03 | 314.02 | | 0.02 | 11.84 |
| 鄂尔多斯市 | 4730.30 | 1427.28 | 0.02 | 1364.94 | 0.70 | 19.56 | 42.06 |
| 巴彦淖尔市 | 2709.33 | 1486.64 | 0.93 | 1345.50 | 0.19 | 2.07 | 137.96 |
| 乌海市 | 2192.32 | 1471.42 | 0.20 | 1404.85 | 2.23 | 16.36 | 47.78 |
| 阿拉善盟 | 25310.55 | 1418.57 | 40.13 | 1209.84 | 3.02 | 25.57 | 140.02 |

# 2－3－32 续表21

单位:元

| 地　　区 | 储蓄借贷性支出 | 归还银行信用社 | 借出款 | 归还借款 | 存　款 | 购买储蓄性保险 |
|---|---|---|---|---|---|---|
| **全　区** | **2342.91** | **738.30** | **155.42** | **747.87** | **679.78** | **16.14** |
| 呼和浩特市 | 559.16 | 188.44 | 34.18 | 164.00 | 150.07 | 15.38 |
| 包头市 | 237.57 | 104.90 | 13.39 | 94.84 | | 20.45 |
| 呼伦贝尔市 | 1600.52 | 327.31 | 53.32 | 913.80 | 294.39 | 9.93 |
| 兴安盟 | 1721.77 | 197.45 | 94.12 | 376.62 | 1047.69 | 3.88 |
| 通辽市 | 990.87 | 105.81 | 41.73 | 652.48 | 171.51 | 16.89 |
| 赤峰市 | 913.19 | 149.60 | 64.54 | 501.84 | 175.37 | 9.31 |
| 锡林郭勒盟 | 3407.32 | 1350.59 | 214.01 | 317.56 | 1478.95 | 29.76 |
| 乌兰察布市 | 263.24 | 55.29 | 1.30 | 132.06 | 72.07 | 2.03 |
| 鄂尔多斯市 | 3303.02 | 780.98 | 25.29 | 969.99 | 1401.83 | 0.78 |
| 巴彦淖尔市 | 1222.68 | 796.90 | 40.88 | 251.92 | 83.31 | 48.12 |
| 乌海市 | 720.90 | 59.26 | 59.26 | 320.00 | 207.33 | 64.30 |
| 阿拉善盟 | 23891.98 | 3859.88 | 5509.20 | 1049.08 | 13472.72 | 1.11 |

# 2－3－32 续表22

单位:元

| 地　　区 | 购买股票 | 其　他 | 期末金融资产余额 | 手存现金 | 存款余额 |
|---|---|---|---|---|---|
| **全　区** | | **5.41** | **5500.81** | **2322.78** | **3178.03** |
| 呼和浩特市 | 3.72 | 3.38 | 7376.04 | 2179.51 | 5196.53 |
| 包头市 | 3.91 | 0.09 | 6634.39 | 1260.80 | 5373.60 |
| 呼伦贝尔市 | | 1.77 | 2610.41 | 585.16 | 2025.25 |
| 兴安盟 | | 2.01 | 2218.22 | 1603.56 | 613.31 |
| 通辽市 | | 2.45 | 3758.72 | 2006.92 | 1751.80 |
| 赤峰市 | | 12.53 | 3546.78 | 1332.99 | 2213.79 |
| 锡林郭勒盟 | | 16.45 | 6045.01 | 1259.66 | 4764.02 |
| 乌兰察布市 | | 0.49 | 4026.66 | 1908.37 | 2118.29 |
| 鄂尔多斯市 | 109.59 | 14.57 | 5751.83 | 3482.91 | 2268.92 |
| 巴彦淖尔市 | | 1.57 | 10351.92 | 1197.85 | 9147.13 |
| 乌海市 | | 10.76 | 13769.30 | 1022.64 | 11798.52 |
| 阿拉善盟 | | | 17504.79 | 1556.10 | 15948.69 |

# 2－3－32 续表 23

单位:元

| 地　　区 | 其他金融资产价值 | 期末债务余额 | 银行信用社贷款 | 个人借(欠)款 | 其　　他 |
|---|---|---|---|---|---|
| **全　区** | | **1517.71** | **686.90** | **768.53** | **20.95** |
| 呼和浩特市 | | 1655.69 | 894.87 | 760.82 | |
| 包头市 | | 598.40 | 557.06 | 41.34 | |
| 呼伦贝尔市 | | 690.37 | 514.19 | 106.57 | 54.61 |
| 兴安盟 | | 1416.82 | 457.62 | 901.59 | 40.05 |
| 通辽市 | | 818.23 | 159.64 | 542.78 | |
| 赤峰市 | | 1191.90 | 526.29 | 642.08 | 16.90 |
| 锡林郭勒盟 | 21.33 | 1651.63 | 1360.71 | 284.23 | 6.69 |
| 乌兰察布市 | | 685.28 | 125.05 | 516.99 | 43.24 |
| 鄂尔多斯市 | | 1186.85 | 455.98 | 614.54 | 4.22 |
| 巴彦淖尔市 | | 1558.09 | 1059.60 | 348.71 | 11.11 |
| 乌海市 | 948.15 | 0.08 | 0.08 | | |
| 阿拉善盟 | | 9281.29 | 5142.59 | 4138.70 | |

# 2－3－33 各盟市农牧民家庭全年人均农作物产量(2012)

单位:公斤

| 地　　区 | 谷　　物 | 普通小麦 | 普通稻谷 | 普通玉米 |
|---|---|---|---|---|
| **全　区** | **2015.82** | **62.03** | **23.85** | **1821.08** |
| 呼和浩特市 | 1791.76 | 76.57 | | 1657.82 |
| 包头市 | 955.27 | 199.83 | | 706.33 |
| 呼伦贝尔市 | 1832.38 | 546.06 | 45.97 | 1192.65 |
| 兴安盟 | 1733.26 | | 148.50 | 1489.37 |
| 通辽市 | 4894.09 | 4.86 | 37.76 | 4766.42 |
| 赤峰市 | 1877.13 | 6.41 | 33.17 | 1498.32 |
| 锡林郭勒盟 | 297.25 | 88.71 | | 57.32 |
| 乌兰察布市 | 530.41 | 125.90 | 1.37 | 223.78 |
| 鄂尔多斯市 | 1854.36 | 21.39 | 0.30 | 1810.97 |
| 巴彦淖尔市 | 1645.14 | 254.51 | | 1380.00 |
| 乌海市 | 1058.16 | 85.63 | | 972.11 |
| 阿拉善盟 | 1160.67 | | | 1085.03 |

# 2－3－33 续表 1

单位:公斤

| 地　　区 | 高　粱 | 谷　子 | 其他谷物 | 其他种子 |
|---|---|---|---|---|
| **全　区** | **41.07** | **49.68** | **18.11** | |
| 呼和浩特市 | | 8.17 | 49.2 | |
| 包头市 | | 0.02 | 49.08 | |
| 呼伦贝尔市 | | 23.52 | 24.18 | |
| 兴安盟 | 86.36 | 8.38 | 0.65 | |
| 通辽市 | 54.2 | 22.6 | 8.25 | |
| 赤峰市 | 82.05 | 177.02 | 80.17 | |
| 锡林郭勒盟 | | | 151.23 | |
| 乌兰察布市 | 1.95 | 12.61 | 164.81 | |
| 鄂尔多斯市 | | 4.32 | 17.4 | |
| 巴彦淖尔市 | | | 10.63 | |
| 乌海市 | | | 0.42 | |
| 阿拉善盟 | | | | |

# 2－3－33 续表 2

单位:公斤

| 地　　区 | 薯　类 | | | 豆　类 | | |
|---|---|---|---|---|---|---|
| | | 马铃薯 | 其他薯类 | | 大 豆 | 其他豆类 |
| **全　区** | **46.39** | **46.33** | **0.06** | **146.79** | **105.04** | **41.76** |
| 呼和浩特市 | 123.71 | 123.71 | | 30.07 | 6.60 | 23.47 |
| 包头市 | 162.98 | 162.98 | | 2.47 | | 2.47 |
| 呼伦贝尔市 | 95.58 | 95.58 | | 1114.98 | 1031.65 | 83.32 |
| 兴安盟 | 12.00 | 12.00 | | 182.96 | 15.31 | 167.66 |
| 通辽市 | 0.03 | 0.03 | | 86.64 | 1.89 | 84.75 |
| 赤峰市 | 1.71 | 1.71 | | 37.29 | 4.48 | 32.81 |
| 锡林郭勒盟 | 22.37 | 22.37 | | 5.01 | 2.54 | 2.47 |
| 乌兰察布市 | 185.04 | 184.75 | 0.29 | 33.50 | 11.71 | 21.78 |
| 鄂尔多斯市 | 63.52 | 63.52 | | 3.95 | 3.76 | 0.20 |
| 巴彦淖尔市 | 6.26 | 6.26 | | 0.73 | | 0.73 |
| 乌海市 | 2.96 | 2.96 | | | | |
| 阿拉善盟 | | | | | | |

# 2-3-33 续表 3

单位:公斤

| 地　区 | 油　料 | 花　生 | 油菜籽 | 葵花籽 |
|---|---|---|---|---|
| **全　区** | **130.94** | **1.92** | **8.09** | **112.12** |
| 呼和浩特市 | 67.89 | | 27.16 | 32.72 |
| 包头市 | 109.96 | | 19.06 | 86.32 |
| 呼伦贝尔市 | 118.14 | | 77.96 | 40.18 |
| 兴安盟 | 40.38 | 4.90 | 0.10 | 35.38 |
| 通辽市 | 13.46 | 7.11 | | 6.26 |
| 赤峰市 | 27.75 | | 0.26 | 27.50 |
| 锡林郭勒盟 | 16.18 | | 3.55 | |
| 乌兰察布市 | 124.34 | | 55.36 | 12.10 |
| 鄂尔多斯市 | 119.43 | | 7.11 | 109.11 |
| 巴彦淖尔市 | 804.04 | | 0.28 | 794.70 |
| 乌海市 | 48.06 | | 11.56 | 36.50 |
| 阿拉善盟 | 436.70 | | 6.40 | 430.30 |

# 2-3-33 续表 4

单位:公斤

| 地　区 | 麻　类 | 糖　料 | 甜　菜 | 烟　草 | 蔬　菜 |
|---|---|---|---|---|---|
| **全　区** | **0.83** | **26.53** | **26.53** | **0.16** | **265.17** |
| 呼和浩特市 | | | | | 145.66 |
| 包头市 | 2.52 | 4.20 | 4.20 | | 881.91 |
| 呼伦贝尔市 | | | | | 175.64 |
| 兴安盟 | | | | | 25.82 |
| 通辽市 | 2.12 | | | | 147.47 |
| 赤峰市 | | 64.86 | 64.86 | 6.66 | 154.38 |
| 锡林郭勒盟 | | | | | 363.98 |
| 乌兰察布市 | | 267.47 | 267.47 | | 204.16 |
| 鄂尔多斯市 | 13.10 | 0.01 | 0.01 | | 47.89 |
| 巴彦淖尔市 | | 17.77 | 17.77 | | 310.18 |
| 乌海市 | | | | | 385.35 |
| 阿拉善盟 | | | | | 103.25 |

# 2-3-33 续表5

单位:公斤

| 地　区 | 花卉园艺 | 瓜果类产量 | 园林水果产量 | 其他种植业产品 | 农作物副产品产量 | 中药材（人工种植） |
|---|---|---|---|---|---|---|
| **全　区** | **0.02** | **94.46** | **2.11** | **55.74** | **354.64** | **0.89** |
| 呼和浩特市 | | 186.01 | 5.90 | 8.54 | 252.75 | 0.50 |
| 包头市 | | 10.93 | 16.06 | | | 0.09 |
| 呼伦贝尔市 | | | | 207.02 | 1.20 | 0.31 |
| 兴安盟 | | 4.97 | 2.96 | 2.03 | 3.58 | |
| 通辽市 | 0.29 | 0.03 | 2.90 | | 1047.86 | |
| 赤峰市 | 1.24 | 10.83 | 1.44 | 38.80 | 613.38 | 3.38 |
| 锡林郭勒盟 | | 0.33 | 0.33 | 23.41 | | |
| 乌兰察布市 | | | | 21.54 | 68.11 | |
| 鄂尔多斯市 | 0.07 | 462.16 | 4.87 | 138.19 | 883.20 | 0.30 |
| 巴彦淖尔市 | | 473.75 | 3.61 | | 63.51 | 4.16 |
| 乌海市 | | | 14.37 | | | |
| 阿拉善盟 | | 510.39 | 73.31 | 205.82 | 185.83 | |

# 2-3-34 各盟市农牧民家庭全年人均出售主要农产品情况(2012年)

单位:公斤

| 地　区 | 出售谷物数　量 | 出售小麦 | 出售稻谷 | 出售玉米 | 出售高粱 | 出售谷子 |
|---|---|---|---|---|---|---|
| **全　区** | **1068.79** | **17.47** | **13.78** | **954.20** | **38.46** | **34.30** |
| 呼和浩特市 | 1262.47 | 0.37 | | 1238.61 | 2.08 | 2.44 |
| 包头市 | 423.48 | 54.38 | | 336.50 | | 0.02 |
| 呼伦贝尔市 | 1020.28 | 546.09 | 26.91 | 433.78 | | |
| 兴安盟 | 1141.67 | | 95.33 | 949.47 | 88.33 | 7.37 |
| 通辽市 | 2717.74 | 0.03 | 24.28 | 2563.64 | 99.86 | 25.06 |
| 赤峰市 | 966.24 | 0.26 | 15.53 | 722.94 | 54.33 | 123.44 |
| 锡林郭勒盟 | 108.09 | 26.28 | | 17.15 | | |
| 乌兰察布市 | 151.95 | 20.92 | | 47.09 | 0.72 | 1.93 |
| 鄂尔多斯市 | 970.65 | 15.44 | | 920.92 | | 1.32 |
| 巴彦淖尔市 | 682.21 | 135.26 | | 540.31 | | |
| 乌海市 | 442.57 | 70.82 | | 371.76 | | |
| 阿拉善盟 | 953.24 | | | 877.61 | | |

# 2-3-34 续表 1

单位:公斤

| 地区 | 出售薯类数量 | 马铃薯 | 出售豆类数量 | 大豆 | 出售油料数量 | 油菜籽 |
|---|---|---|---|---|---|---|
| **全区** | **25.32** | **25.32** | **74.29** | **34.65** | **118.64** | **2.27** |
| 呼和浩特市 | 56.27 | 56.27 | 9.17 | 2.17 | 35.64 | 3.40 |
| 包头市 | 14.81 | 14.81 | 2.31 | | 95.02 | 5.06 |
| 呼伦贝尔市 | 73.58 | 73.58 | 791.05 | 701.18 | 159.58 | 77.96 |
| 兴安盟 | 5.30 | 5.30 | 152.78 | 13.97 | 27.81 | |
| 通辽市 | | | 48.25 | 1.32 | 15.46 | |
| 赤峰市 | 2.88 | 2.73 | 58.42 | 1.03 | 21.42 | 0.11 |
| 锡林郭勒盟 | 6.68 | 6.68 | 2.69 | 2.48 | 5.77 | |
| 乌兰察布市 | 58.18 | 58.18 | 10.70 | 3.23 | 76.92 | 5.99 |
| 鄂尔多斯市 | 23.95 | 23.95 | 0.02 | | 113.13 | |
| 巴彦淖尔市 | 3.04 | 3.04 | 0.69 | | 862.41 | 3.61 |
| 乌海市 | | | | | 15.11 | 5.33 |
| 阿拉善盟 | | | | | 436.70 | 6.40 |

# 2-3-34 续表 2

单位:公斤

| 地区 | 葵花籽 | 出售麻类数量 | 出售糖料数量 | 甜菜 | 出售烟草数量 | 出售蔬菜数量 | 出售瓜类数量 | 出售中药材数量 |
|---|---|---|---|---|---|---|---|---|
| **全区** | **110.14** | **1.03** | **75.86** | **75.86** | **0.15** | **240.21** | **93.55** | **0.15** |
| 呼和浩特市 | 27.09 | | | | | 144.15 | 179.36 | 0.50 |
| 包头市 | 85.46 | 2.52 | 4.20 | 4.20 | | 881.82 | 10.93 | 0.09 |
| 呼伦贝尔市 | 64.86 | | | | | 166.83 | 12.00 | 1.43 |
| 兴安盟 | 27.10 | | | | | 16.42 | 4.83 | |
| 通辽市 | 4.91 | 2.12 | | | | 98.17 | 0.01 | |
| 赤峰市 | 21.16 | | 64.86 | 64.86 | 5.09 | 126.31 | 17.86 | 3.44 |
| 锡林郭勒盟 | | | | | | 352.43 | 0.33 | |
| 乌兰察布市 | 30.87 | | 264.85 | 264.85 | | 189.14 | | |
| 鄂尔多斯市 | 111.26 | 16.34 | 0.01 | 0.01 | | 28.56 | 559.31 | 1.61 |
| 巴彦淖尔市 | 849.82 | | 17.77 | 17.77 | | 300.01 | 461.82 | 4.37 |
| 乌海市 | 9.78 | | | | | 351.09 | | |
| 阿拉善盟 | 430.30 | | | | | 103.25 | 539.48 | |

# 2－3－35 各盟市农牧民家庭全年人均主要畜禽产品产量(2012年)

单位:公斤

| 地区 | 畜禽肉产量 | 畜肉 | 家禽 | 蛋类产量 | 皮产量(张) | 毛、绒产量 | 奶类产量 | 其他牧业产品 |
|---|---|---|---|---|---|---|---|---|
| **全区** | **98.96** | **96.10** | **2.86** | **7.94** | **0.26** | **7.16** | **152.13** | **1.29** |
| 呼和浩特市 | 43.07 | 42.53 | 0.55 | 2.25 | 0.05 | 1.13 | 647.21 | |
| 包头市 | 63.65 | 61.52 | 2.13 | 65.14 | 0.09 | 1.98 | 247.04 | |
| 呼伦贝尔市 | 46.75 | 44.21 | 2.54 | 14.38 | 0.07 | 3.28 | 391.51 | 208.59 |
| 兴安盟 | 60.24 | 54.48 | 5.76 | 3.85 | 0.01 | 4.61 | 113.46 | |
| 通辽市 | 76.77 | 71.17 | 5.60 | 11.16 | | 0.26 | 72.95 | |
| 赤峰市 | 95.93 | 87.35 | 8.59 | 22.23 | 0.11 | 1.52 | 1.50 | 4.49 |
| 锡林郭勒盟 | 183.19 | 183.10 | 0.09 | 8.04 | 0.52 | 32.69 | 352.00 | 10.92 |
| 乌兰察布市 | 88.05 | 87.25 | 0.80 | 1.55 | 0.27 | 5.07 | 114.20 | 0.70 |
| 鄂尔多斯市 | 129.23 | 125.64 | 3.59 | 3.65 | 1.10 | 19.51 | 0.38 | 2.63 |
| 巴彦淖尔市 | 83.95 | 81.53 | 2.42 | 4.19 | 0.45 | 9.43 | 37.50 | 0.55 |
| 乌海市 | 69.16 | 66.10 | 3.06 | 5.60 | 0.21 | 0.60 | | |
| 阿拉善盟 | 96.08 | 91.11 | 4.98 | 1.91 | 0.86 | 19.83 | 1.66 | 12.09 |

# 2－3－36 各盟市农牧民家庭全年人均出售主要牧业产品情况(2012年)

单位:公斤

| 地区 | 出售肉猪及猪肉总重量 | 出售菜羊及羊肉总重量 | 出售肉牛及牛肉总重量 | 出售家禽总重量 | 出售蛋类数量 | 出售畜皮数量(张) | 出售毛、绒数量 | 出售奶类数量 |
|---|---|---|---|---|---|---|---|---|
| **全区** | **12.59** | **45.52** | **17.53** | **1.92** | **5.38** | **0.28** | **6.80** | **149.48** |
| 呼和浩特市 | 11.08 | 17.57 | 7.07 | 0.04 | 0.23 | 0.05 | 1.45 | 649.25 |
| 包头市 | 17.56 | 28.57 | 7.76 | 2.06 | 64.90 | 0.09 | 2.02 | 245.86 |
| 呼伦贝尔市 | 5.94 | 13.04 | 32.07 | 4.16 | 14.62 | 0.08 | 3.63 | 488.13 |
| 兴安盟 | 13.56 | 18.87 | 12.80 | 5.26 | 0.70 | 0.01 | 4.85 | 103.90 |
| 通辽市 | 13.40 | 11.91 | 33.22 | 4.55 | 7.12 | | 0.26 | 72.82 |
| 赤峰市 | 33.43 | 15.61 | 22.73 | 9.65 | 19.64 | 0.09 | 1.51 | |
| 锡林郭勒盟 | 1.66 | 99.09 | 64.93 | 0.05 | 7.76 | 0.60 | 33.08 | 336.96 |
| 乌兰察布市 | 9.88 | 44.52 | 17.64 | 0.18 | 0.16 | 0.27 | 2.82 | 114.20 |
| 鄂尔多斯市 | 11.87 | 50.34 | 6.83 | 1.71 | 2.07 | 1.07 | 12.89 | 0.32 |
| 巴彦淖尔市 | 12.05 | 49.70 | 3.79 | 0.25 | 3.07 | 0.38 | 7.82 | 36.59 |
| 乌海市 | 43.46 | 6.72 | | 2.36 | 3.67 | 0.21 | 0.57 | |
| 阿拉善盟 | | 67.29 | 16.99 | 4.98 | 1.91 | 0.86 | 20.60 | 1.66 |

# 2-3-37 各盟市农牧民家庭全年户均购买农业用种籽情况(2012年)

单位:公斤、元

| 地 区 | 小麦种籽 | | 玉米种籽 | | 其他粮食种籽 | | 其他种籽 | |
|---|---|---|---|---|---|---|---|---|
| | 数量 | 金额 | 数量 | 金额 | 数量 | 金额 | 数量 | 金额 |
| **全 区** | **3.68** | **13.37** | **39.61** | **588.00** | **43.94** | **185.44** | **20.30** | **442.49** |
| 呼和浩特市 | 3.16 | 10.77 | 37.79 | 491.32 | 58.93 | 97.78 | 148.92 | 343.39 |
| 包头市 | 2.42 | 14.08 | 24.04 | 196.13 | 26.51 | 160.29 | 28.70 | 341.23 |
| 呼伦贝尔市 | 328.08 | 983.83 | 34.90 | 580.77 | 225.40 | 1409.18 | 51.30 | 180.78 |
| 兴安盟 | 0.02 | 1.83 | 63.63 | 976.61 | 7.22 | 94.07 | 6.80 | 21.48 |
| 通辽市 | 0.77 | 2.99 | 252.23 | 1926.75 | 8.96 | 74.58 | 9.37 | 129.85 |
| 赤峰市 | 0.95 | 6.35 | 26.51 | 393.16 | 6.62 | 72.67 | 20.91 | 115.89 |
| 锡林郭勒盟 | 5.33 | 17.82 | 3.52 | 31.78 | 27.35 | 79.97 | 5.60 | 60.78 |
| 乌兰察布市 | 1.62 | 4.17 | 14.59 | 85.47 | 70.20 | 150.16 | 20.40 | 141.62 |
| 鄂尔多斯市 | 0.38 | 3.27 | 72.33 | 705.65 | 33.26 | 268.08 | 31.12 | 128.18 |
| 巴彦淖尔市 | 24.57 | 140.89 | 35.14 | 361.94 | 2.85 | 107.17 | 41.99 | 3009.09 |
| 乌海市 | 27.42 | 114.17 | 29.28 | 178.66 | 5.35 | 95.12 | 28.83 | 108.58 |
| 阿拉善盟 | 12.00 | 90.00 | 125.53 | 846.20 | 37.94 | 753.56 | 25.63 | 655.23 |

# 2-3-38 各盟市农牧民家庭全年户均购买农业用其他生产资料情况(2012年)

单位:公斤、元

| 地 区 | 化 肥 | | 饼肥 | 农药 | 薄 膜 | | 燃 料 | |
|---|---|---|---|---|---|---|---|---|
| | 数量 | 金额 | 金额 | 金额 | 数量 | 金额 | 数量 | 金额 |
| **全 区** | **989.80** | **2587.07** | **3.87** | **277.35** | **15.98** | **185.83** | **117.42** | **885.42** |
| 呼和浩特市 | 793.35 | 1597.49 | 25.71 | 97.13 | 36.02 | 396.30 | 87.11 | 664.46 |
| 包头市 | 448.17 | 853.30 | 24.15 | 140.75 | 34.26 | 322.90 | 89.32 | 585.36 |
| 呼伦贝尔市 | 810.52 | 3455.36 | 0.15 | 1208.52 | 0.70 | 11.44 | 279.17 | 1736.54 |
| 兴安盟 | 672.41 | 1983.48 | 0.05 | 356.19 | 6.93 | 23.25 | 145.21 | 1096.03 |
| 通辽市 | 2054.80 | 6208.60 | 9.73 | 470.79 | 1.41 | 44.22 | 183.00 | 1324.47 |
| 赤峰市 | 596.52 | 1884.89 | 5.53 | 116.86 | 10.84 | 151.93 | 37.17 | 262.86 |
| 锡林郭勒盟 | 106.20 | 363.55 | | 29.89 | 0.68 | 7.49 | 66.67 | 527.98 |
| 乌兰察布市 | 299.33 | 803.53 | | 25.63 | 9.70 | 137.98 | 68.71 | 535.24 |
| 鄂尔多斯市 | 1214.22 | 2476.28 | | 226.35 | 6.95 | 133.87 | 90.38 | 697.09 |
| 巴彦淖尔市 | 2512.28 | 5631.64 | 1.52 | 396.45 | 78.88 | 817.40 | 394.32 | 1410.88 |
| 乌海市 | 754.83 | 2015.08 | 218.33 | 685.38 | 163.33 | 814.67 | 9.49 | 55.00 |
| 阿拉善盟 | 776.85 | 3824.24 | 146.00 | 696.85 | 87.57 | 628.21 | 312.80 | 2239.38 |

# 2－3－39 各盟市农牧民家庭全年人均食品消费情况(2012 年)

单位:公斤

| 地　　区 | 粮　食消费量 | 谷　物消费量 | 小　麦 | 稻　谷 | 玉　米 | 高　粱 | 谷　子 | 其他谷物 |
|---|---|---|---|---|---|---|---|---|
| **全　区** | **181.91** | **172.07** | **77.31** | **49.38** | **19.70** | **0.18** | **9.68** | **15.82** |
| 呼和浩特市 | 150.37 | 133.39 | 82.77 | 27.60 | 0.50 | | 1.80 | 20.72 |
| 包头市 | 161.08 | 149.61 | 92.75 | 39.89 | 1.24 | 0.03 | 1.17 | 14.54 |
| 呼伦贝尔市 | 163.04 | 151.95 | 67.41 | 64.79 | 16.86 | | 0.89 | 2.00 |
| 兴安盟 | 123.82 | 121.48 | 43.08 | 70.55 | 3.61 | 0.05 | 0.46 | 3.72 |
| 通辽市 | 206.43 | 204.22 | 54.65 | 86.59 | 50.48 | 0.72 | 6.62 | 5.16 |
| 赤峰市 | 186.22 | 182.82 | 60.99 | 68.81 | 17.71 | 0.05 | 26.15 | 9.11 |
| 锡林郭勒盟 | 200.60 | 197.81 | 121.44 | 40.73 | 1.12 | 0.04 | 1.84 | 32.64 |
| 乌兰察布市 | 222.31 | 195.16 | 122.10 | 15.09 | 12.93 | 0.09 | 3.52 | 41.44 |
| 鄂尔多斯市 | 210.83 | 190.71 | 57.66 | 57.67 | 62.19 | | 3.21 | 9.98 |
| 巴彦淖尔市 | 227.89 | 225.32 | 190.04 | 28.00 | 3.98 | 0.01 | 0.13 | 3.17 |
| 乌海市 | 141.92 | 136.28 | 56.91 | 43.64 | 31.79 | | 0.51 | 3.43 |
| 阿拉善盟 | 177.32 | 170.44 | 104.64 | 58.71 | 7.00 | | | 0.10 |

# 2－3－39 续表 1

单位:公斤

| 地　　区 | 薯类消费量 | 红　薯 | 马铃薯 | 其他薯类 | 豆类消费量 | 大　豆 | 其他豆类 |
|---|---|---|---|---|---|---|---|
| **全　区** | **7.01** | **0.08** | **6.68** | **0.26** | **2.84** | **2.20** | **0.64** |
| 呼和浩特市 | 13.09 | 0.11 | 12.05 | 0.93 | 3.90 | 2.39 | 1.51 |
| 包头市 | 8.83 | 0.33 | 7.96 | 0.54 | 2.65 | 0.23 | 2.42 |
| 呼伦贝尔市 | 1.38 | 0.07 | 1.13 | 0.18 | 9.72 | 8.60 | 1.12 |
| 兴安盟 | 1.41 | 0.03 | 1.16 | 0.22 | 0.93 | 0.37 | 0.56 |
| 通辽市 | 0.53 | 0.10 | 0.39 | 0.05 | 1.68 | 0.97 | 0.71 |
| 赤峰市 | 0.88 | 0.09 | 0.48 | 0.31 | 2.52 | 1.65 | 0.88 |
| 锡林郭勒盟 | 2.39 | 0.10 | 2.25 | 0.04 | 0.40 | 0.19 | 0.21 |
| 乌兰察布市 | 23.15 | 0.21 | 22.48 | 0.47 | 4.00 | 3.59 | 0.41 |
| 鄂尔多斯市 | 16.98 | 0.02 | 16.69 | 0.27 | 3.14 | 1.77 | 1.37 |
| 巴彦淖尔市 | 1.98 | 0.07 | 1.72 | 0.19 | 0.59 | 0.02 | 0.56 |
| 乌海市 | 3.71 | 0.53 | 2.99 | 0.19 | 1.94 | 0.08 | 1.86 |
| 阿拉善盟 | 2.93 | 0.55 | 1.83 | 0.56 | 3.95 | 2.04 | 1.91 |

# 2－3－39 续表 2

单位:公斤

| 地　　区 | 油脂类消费量 | 植物油 | 动物油 | 烟　叶消费量 | 豆制品消费量 |
|---|---|---|---|---|---|
| **全　区** | **5.20** | **4.72** | **0.48** | **0.12** | **1.11** |
| 呼和浩特市 | 5.25 | 4.72 | 0.53 | 0.08 | 2.78 |
| 包头市 | 6.42 | 6.03 | 0.39 | 0.09 | 2.79 |
| 呼伦贝尔市 | 10.69 | 10.58 | 0.12 | 0.28 | 0.99 |
| 兴安盟 | 4.71 | 4.53 | 0.18 | 0.06 | 1.20 |
| 通辽市 | 5.85 | 5.33 | 0.52 | 0.08 | 0.82 |
| 赤峰市 | 4.98 | 4.38 | 0.60 | 0.17 | 1.49 |
| 锡林郭勒盟 | 2.85 | 2.76 | 0.09 | 0.02 | 0.26 |
| 乌兰察布市 | 3.04 | 2.82 | 0.22 | 0.05 | 0.95 |
| 鄂尔多斯市 | 5.67 | 2.43 | 3.24 | 0.01 | 0.93 |
| 巴彦淖尔市 | 4.85 | 4.47 | 0.38 | 0.10 | 1.45 |
| 乌海市 | 5.90 | 5.77 | 0.14 | 0.23 | 0.31 |
| 阿拉善盟 | 5.55 | 4.66 | 0.89 | 0.04 | 2.91 |

# 2－3－39 续表 3

单位:公斤

| 地　　区 | 蔬　菜及菜制品 | 鲜　菜 | 干　菜 | 菜制品 | 鲜菌 | 干菌 | 菌制品 |
|---|---|---|---|---|---|---|---|
| **全　区** | **68.74** | **68.33** | **0.10** | **0.14** | **0.13** | **0.04** | |
| 呼和浩特市 | 44.73 | 44.33 | 0.06 | 0.08 | 0.24 | 0.03 | |
| 包头市 | 69.41 | 68.39 | 0.16 | 0.39 | 0.40 | 0.08 | |
| 呼伦贝尔市 | 50.47 | 50.18 | 0.08 | 0.07 | 0.09 | 0.05 | |
| 兴安盟 | 56.20 | 55.56 | 0.08 | 0.17 | 0.33 | 0.06 | |
| 通辽市 | 89.04 | 88.25 | 0.27 | 0.30 | 0.16 | 0.05 | 0.01 |
| 赤峰市 | 80.52 | 79.92 | 0.24 | 0.10 | 0.19 | 0.06 | 0.01 |
| 锡林郭勒盟 | 40.53 | 40.34 | 0.13 | 0.04 | 0.01 | 0.01 | |
| 乌兰察布市 | 24.27 | 24.17 | 0.04 | 0.01 | 0.01 | 0.04 | |
| 鄂尔多斯市 | 65.33 | 64.89 | 0.12 | 0.24 | 0.07 | | |
| 巴彦淖尔市 | 123.64 | 123.08 | 0.09 | 0.13 | 0.18 | 0.16 | |
| 乌海市 | 90.42 | 89.68 | 0.17 | 0.39 | 0.14 | 0.03 | 0.01 |
| 阿拉善盟 | 67.34 | 61.00 | 0.43 | 2.04 | 3.29 | | 0.58 |

# 2－3－39 续表 4

单位:公斤

| 地区 | 瓜类消费量 | 水果类消费量 | 消费茶叶 | 肉禽及其制品 | | | | |
|---|---|---|---|---|---|---|---|---|
| | | | | | 猪肉 | 牛肉 | 羊肉 | 家禽 |
| **全区** | **7.51** | **13.52** | **0.47** | **31.21** | **20.22** | **1.48** | **4.48** | **3.52** |
| 呼和浩特市 | 15.56 | 15.22 | 0.35 | 30.03 | 18.07 | 1.23 | 5.58 | 4.01 |
| 包头市 | 10.46 | 17.88 | 0.21 | 30.84 | 18.30 | 1.80 | 4.86 | 4.67 |
| 呼伦贝尔市 | 3.86 | 15.87 | 0.66 | 19.34 | 10.39 | 2.70 | 2.04 | 2.10 |
| 兴安盟 | 4.22 | 8.46 | 0.73 | 20.57 | 16.25 | 0.34 | 0.59 | 2.07 |
| 通辽市 | 2.81 | 11.02 | 0.43 | 32.89 | 28.48 | 0.51 | 0.43 | 1.80 |
| 赤峰市 | 4.55 | 17.51 | 0.42 | 27.06 | 19.57 | 1.90 | 1.50 | 2.57 |
| 锡林郭勒盟 | 0.90 | 12.32 | 3.61 | 20.12 | 4.31 | 4.96 | 8.94 | 1.27 |
| 乌兰察布市 | 5.05 | 17.03 | 0.45 | 26.22 | 15.48 | 0.89 | 3.73 | 4.49 |
| 鄂尔多斯市 | 20.66 | 11.16 | 0.22 | 53.56 | 29.11 | 4.48 | 12.92 | 5.01 |
| 巴彦淖尔市 | 20.31 | 14.76 | 0.24 | 38.55 | 20.80 | 2.10 | 9.19 | 4.89 |
| 乌海市 | 21.33 | 11.49 | 0.37 | 68.69 | 47.51 | 3.55 | 12.36 | 3.72 |
| 阿拉善盟 | 19.14 | 33.01 | 0.82 | 23.24 | 7.72 | 2.54 | 9.06 | 1.60 |

# 2－3－39 续表 5

单位:公斤

| 地区 | 蛋类及蛋制品 | 奶和奶制品 | 水产品 | 食糖 | 酒 | | | |
|---|---|---|---|---|---|---|---|---|
| | | | | | | 白酒 | 啤酒 | 果酒 |
| **全区** | **6.45** | **8.77** | **2.06** | **0.92** | **13.90** | **6.01** | **7.86** | **0.03** |
| 呼和浩特市 | 6.24 | 7.72 | 1.57 | 1.14 | 6.45 | 4.15 | 2.29 | 0.01 |
| 包头市 | 6.17 | 11.52 | 2.50 | 1.64 | 6.26 | 3.47 | 2.64 | 0.06 |
| 呼伦贝尔市 | 6.59 | 16.39 | 3.75 | 0.94 | 20.82 | 7.22 | 13.56 | 0.03 |
| 兴安盟 | 5.91 | 7.20 | 2.36 | 0.37 | 21.25 | 8.73 | 12.45 | 0.05 |
| 通辽市 | 6.66 | 5.40 | 3.84 | 0.49 | 20.21 | 9.33 | 10.83 | 0.04 |
| 赤峰市 | 6.97 | 6.97 | 2.60 | 0.72 | 18.32 | 6.90 | 11.38 | 0.03 |
| 锡林郭勒盟 | 2.14 | 22.76 | 0.76 | 1.21 | 12.23 | 7.74 | 4.44 | 0.05 |
| 乌兰察布市 | 3.48 | 5.68 | 1.52 | 2.17 | 9.51 | 7.06 | 2.43 | |
| 鄂尔多斯市 | 4.80 | 7.18 | 1.08 | 0.64 | 5.91 | 3.89 | 1.98 | 0.02 |
| 巴彦淖尔市 | 3.92 | 8.29 | 2.83 | 1.10 | 12.46 | 3.93 | 8.53 | 0.01 |
| 乌海市 | 5.87 | 6.81 | 1.97 | 0.85 | 6.64 | 2.30 | 4.20 | 0.01 |
| 阿拉善盟 | 7.59 | 17.52 | 1.20 | 6.27 | 9.24 | 3.31 | 5.52 | 0.41 |

# 2-3-40 各盟市农牧民家庭全年人均购买食品情况(2012年)

单位:公斤、元

| 地区 | 小麦 | | 面粉 | | 大米 | | 食用油 | |
|---|---|---|---|---|---|---|---|---|
| | 数量 | 金额 | 数量 | 金额 | 数量 | 金额 | 数量 | 金额 |
| **全区** | **5.66** | **17.76** | **52.03** | **135.22** | **46.65** | **157.41** | **4.39** | **64.45** |
| 呼和浩特市 | 8.69 | 32.51 | 54.53 | 136.33 | 25.13 | 86.53 | 4.85 | 98.39 |
| 包头市 | 16.10 | 47.88 | 37.21 | 103.89 | 36.40 | 114.95 | 6.28 | 96.95 |
| 呼伦贝尔市 | 2.94 | 13.33 | 64.31 | 173.01 | 62.63 | 217.37 | 10.69 | 117.30 |
| 兴安盟 | 9.53 | 31.77 | 33.56 | 86.99 | 47.30 | 154.72 | 4.71 | 59.41 |
| 通辽市 | 4.54 | 17.65 | 47.78 | 128.87 | 74.90 | 252.84 | 5.85 | 81.31 |
| 赤峰市 | 2.79 | 11.91 | 53.98 | 139.83 | 62.93 | 209.09 | 4.80 | 74.31 |
| 锡林郭勒盟 | 14.59 | 52.82 | 95.19 | 230.32 | 29.03 | 93.70 | 2.85 | 46.03 |
| 乌兰察布市 | 6.42 | 17.81 | 68.66 | 153.66 | 13.71 | 40.59 | 1.08 | 17.09 |
| 鄂尔多斯市 | 8.70 | 45.13 | 43.35 | 133.24 | 51.67 | 167.69 | 4.75 | 59.07 |
| 巴彦淖尔市 | 12.90 | 42.23 | 99.48 | 46.47 | 19.79 | 68.61 | 4.80 | 73.83 |
| 乌海市 | 23.63 | 93.38 | 24.95 | 68.82 | 31.34 | 118.09 | 5.52 | 86.96 |
| 阿拉善盟 | 8.18 | 24.22 | 96.46 | 278.36 | 54.68 | 160.74 | 5.55 | 80.98 |

# 2-3-40 续表1

单位:公斤、元

| 地区 | 蔬菜 | | 猪肉 | | 牛肉 | | 羊肉 | |
|---|---|---|---|---|---|---|---|---|
| | 数量 | 金额 | 数量 | 金额 | 数量 | 金额 | 数量 | 金额 |
| **全区** | **47.47** | **126.47** | **6.16** | **156.02** | **0.94** | **35.48** | **0.99** | **43.99** |
| 呼和浩特市 | 43.11 | 112.45 | 11.29 | 295.92 | 1.09 | 46.88 | 3.32 | 153.85 |
| 包头市 | 60.10 | 163.89 | 9.50 | 231.04 | 1.67 | 68.31 | 2.96 | 120.07 |
| 呼伦贝尔市 | 44.93 | 209.03 | 7.63 | 174.69 | 2.35 | 89.85 | 0.79 | 32.49 |
| 兴安盟 | 48.21 | 113.55 | 4.32 | 100.55 | 0.34 | 12.48 | 0.30 | 10.43 |
| 通辽市 | 40.69 | 120.07 | 17.90 | 211.96 | 0.40 | 13.86 | 0.21 | 7.02 |
| 赤峰市 | 51.28 | 134.54 | 7.03 | 161.28 | 0.88 | 31.52 | 0.41 | 16.12 |
| 锡林郭勒盟 | 39.29 | 157.12 | 2.22 | 51.46 | 3.09 | 127.98 | 0.94 | 40.03 |
| 乌兰察布市 | 23.80 | 61.92 | 5.85 | 133.78 | 0.73 | 24.62 | 1.00 | 36.44 |
| 鄂尔多斯市 | 60.13 | 140.73 | 8.56 | 271.92 | 1.37 | 48.55 | 4.04 | 177.39 |
| 巴彦淖尔市 | 117.93 | 309.26 | 6.26 | 167.28 | 1.83 | 76.48 | 2.49 | 101.06 |
| 乌海市 | 64.67 | 250.01 | 12.72 | 334.53 | 3.25 | 118.84 | 5.31 | 234.73 |
| 阿拉善盟 | 63.47 | 288.25 | 7.72 | 170.28 | 2.54 | 44.15 | 4.40 | 157.00 |

# 2－3－40 续表 2

单位:公斤、元

| 地 区 | 鸡 | | 鲜鸡蛋 | | 鲜 奶 | | 水产品 | |
|---|---|---|---|---|---|---|---|---|
| | 数量 | 金额 | 数量 | 金额 | 数量 | 金额 | 数量 | 金额 |
| **全 区** | **2.19** | **32.13** | **2.58** | **23.01** | **3.75** | **20.34** | **2.01** | **28.77** |
| 呼和浩特市 | 3.46 | 53.29 | 4.07 | 37.34 | 4.86 | 30.21 | 1.53 | 25.45 |
| 包头市 | 4.50 | 67.89 | 5.58 | 49.52 | 8.15 | 50.15 | 2.47 | 42.86 |
| 呼伦贝尔市 | 1.43 | 27.74 | 4.53 | 40.81 | 2.62 | 13.71 | 3.66 | 61.74 |
| 兴安盟 | 1.30 | 19.42 | 2.32 | 21.19 | 3.39 | 15.38 | 2.34 | 32.66 |
| 通辽市 | 0.64 | 11.15 | 2.33 | 19.24 | 2.94 | 16.04 | 3.79 | 27.93 |
| 赤峰市 | 1.79 | 25.77 | 4.18 | 33.92 | 4.20 | 23.68 | 2.54 | 33.44 |
| 锡林郭勒盟 | 1.18 | 18.04 | 1.75 | 16.44 | 6.62 | 32.06 | 0.75 | 10.72 |
| 乌兰察布市 | 3.69 | 47.83 | 1.97 | 16.57 | 4.12 | 19.02 | 1.52 | 20.16 |
| 鄂尔多斯市 | 3.28 | 55.91 | 3.37 | 24.29 | 5.71 | 38.52 | 0.93 | 21.29 |
| 巴彦淖尔市 | 2.58 | 38.83 | 2.71 | 25.58 | 5.56 | 36.73 | 2.81 | 43.76 |
| 乌海市 | 2.61 | 43.16 | 3.39 | 33.05 | 5.54 | 42.82 | 1.96 | 34.77 |
| 阿拉善盟 | 1.28 | 25.10 | 7.01 | 41.08 | 14.68 | 67.93 | 1.20 | 19.07 |

# 2－3－40 续表 3

单位:公斤、元

| 地 区 | 卷 烟 | | 烟丝、烟叶 | | 啤 酒 | | 白 酒 | |
|---|---|---|---|---|---|---|---|---|
| | 数量 | 金额 | 数量 | 金额 | 数量 | 金额 | 数量 | 金额 |
| **全 区** | **32.45** | **165.92** | **0.12** | **1.89** | **7.86** | **31.56** | **6.01** | **80.94** |
| 呼和浩特市 | 45.03 | 261.78 | 0.08 | 3.25 | 2.29 | 11.29 | 4.15 | 109.97 |
| 包头市 | 37.27 | 261.53 | 0.09 | 3.00 | 2.64 | 11.08 | 3.47 | 119.26 |
| 呼伦贝尔市 | 27.36 | 159.05 | 0.22 | 1.35 | 13.53 | 68.25 | 7.21 | 83.49 |
| 兴安盟 | 23.63 | 116.05 | 0.06 | 0.63 | 12.45 | 44.54 | 8.73 | 63.10 |
| 通辽市 | 21.48 | 120.16 | 0.08 | 1.02 | 10.83 | 37.64 | 9.33 | 61.30 |
| 赤峰市 | 17.63 | 97.28 | 0.17 | 2.01 | 11.38 | 42.26 | 6.90 | 64.64 |
| 锡林郭勒盟 | 33.16 | 180.80 | 0.02 | 0.11 | 4.44 | 23.03 | 7.74 | 141.09 |
| 乌兰察布市 | 55.23 | 242.85 | 0.05 | 0.99 | 2.43 | 11.79 | 7.06 | 82.84 |
| 鄂尔多斯市 | 47.28 | 472.83 | 0.01 | 0.42 | 1.98 | 12.77 | 3.89 | 275.13 |
| 巴彦淖尔市 | 40.39 | 269.47 | 0.10 | 2.38 | 8.53 | 40.87 | 3.93 | 193.61 |
| 乌海市 | 28.48 | 308.51 | 0.23 | 2.09 | 4.20 | 20.20 | 2.30 | 101.22 |
| 阿拉善盟 | 34.70 | 248.99 | 0.04 | 0.20 | 5.52 | 28.86 | 3.31 | 123.36 |

# 2-3-40 续表 4

单位:公斤、元

| 地　　区 | 茶　叶 | | 食　糖 | | 果用瓜 | | 水　果 | |
|---|---|---|---|---|---|---|---|---|
| | 数量 | 金额 | 数量 | 金额 | 数量 | 金额 | 数量 | 金额 |
| **全　区** | **0.47** | **11.23** | **0.92** | **7.59** | **6.34** | **9.62** | **13.38** | **68.68** |
| 呼和浩特市 | 0.35 | 7.86 | 1.14 | 9.07 | 10.03 | 15.77 | 15.17 | 98.09 |
| 包头市 | 0.21 | 13.09 | 1.64 | 11.89 | 10.32 | 15.84 | 17.70 | 104.47 |
| 呼伦贝尔市 | 0.68 | 13.25 | 0.94 | 8.37 | 3.60 | 9.22 | 15.34 | 104.78 |
| 兴安盟 | 0.73 | 17.42 | 0.37 | 3.28 | 4.05 | 7.61 | 8.34 | 47.38 |
| 通辽市 | 0.43 | 18.14 | 0.49 | 4.07 | 2.81 | 5.59 | 10.91 | 59.00 |
| 赤峰市 | 0.41 | 7.80 | 0.72 | 5.82 | 4.45 | 8.04 | 17.37 | 82.33 |
| 锡林郭勒盟 | 3.61 | 49.56 | 1.21 | 9.88 | 0.90 | 2.96 | 12.03 | 74.43 |
| 乌兰察布市 | 0.45 | 7.57 | 2.17 | 16.57 | 4.78 | 9.19 | 16.93 | 74.69 |
| 鄂尔多斯市 | 0.22 | 5.84 | 0.64 | 4.99 | 7.28 | 11.66 | 11.10 | 82.61 |
| 巴彦淖尔市 | 0.24 | 5.20 | 1.10 | 8.76 | 16.21 | 19.87 | 14.67 | 78.08 |
| 乌海市 | 0.37 | 7.50 | 0.85 | 9.51 | 21.33 | 29.57 | 11.45 | 97.34 |
| 阿拉善盟 | 0.82 | 13.56 | 6.27 | 40.35 | 19.14 | 34.74 | 28.34 | 130.52 |

# 2-3-41 各盟市农牧民家庭全年人均粮食收支平衡表(2012 年)

单位:公斤

| 地　　区 | 期内粮食收入合计 | 家庭经营生产粮食 | 谷　物 | 小　麦 | 水　稻 | 玉　米 |
|---|---|---|---|---|---|---|
| **全　区** | **2530.28** | **2209.01** | **2015.82** | **62.03** | **23.85** | **1821.08** |
| 呼和浩特市 | 2151.35 | 1945.54 | 1791.76 | 76.57 | | 1657.82 |
| 包头市 | 1450.11 | 1120.72 | 955.27 | 199.83 | | 706.33 |
| 呼伦贝尔市 | 3442.58 | 3042.94 | 1832.38 | 546.06 | 45.97 | 1192.65 |
| 兴安盟 | 2087.04 | 1928.22 | 1733.26 | | 148.50 | 1489.37 |
| 通辽市 | 5203.04 | 4980.75 | 4894.09 | 4.86 | 37.76 | 4766.42 |
| 赤峰市 | 2210.48 | 1916.13 | 1877.13 | 6.41 | 33.17 | 1498.32 |
| 锡林郭勒盟 | 1342.39 | 324.62 | 297.25 | 88.71 | | 57.32 |
| 乌兰察布市 | 1110.40 | 748.95 | 530.41 | 125.90 | 1.37 | 223.78 |
| 鄂尔多斯市 | 2258.25 | 1921.84 | 1854.36 | 21.39 | 0.30 | 1810.97 |
| 巴彦淖尔市 | 2111.63 | 1652.13 | 1645.14 | 254.51 | | 1380.00 |
| 乌海市 | 1480.87 | 1061.12 | 1058.16 | 85.63 | | 972.11 |
| 阿拉善盟 | 1980.64 | 1160.67 | 1160.67 | | | 1085.03 |

# 2－3－41 续表 1

单位:公斤

| 地　区 | 高　粱 | 谷　子 | 其　他 | 薯　类 | 马铃薯 | 其他薯类 |
|---|---|---|---|---|---|---|
| **全　区** | **41.07** | **49.68** | **18.11** | **46.39** | **46.33** | **0.06** |
| 呼和浩特市 | | 8.17 | 49.20 | 123.71 | 123.71 | |
| 包头市 | | 0.02 | 49.08 | 162.98 | 162.98 | |
| 呼伦贝尔市 | | 23.52 | 24.18 | 95.58 | 95.58 | |
| 兴安盟 | 86.36 | 8.38 | 0.65 | 12.00 | 12.00 | |
| 通辽市 | 54.20 | 22.60 | 8.25 | 0.03 | 0.03 | |
| 赤峰市 | 82.05 | 177.02 | 80.17 | 1.71 | 1.71 | |
| 锡林郭勒盟 | | | 151.23 | 22.37 | 22.37 | |
| 乌兰察布市 | 1.95 | 12.61 | 164.81 | 185.04 | 184.75 | 0.29 |
| 鄂尔多斯市 | | 4.32 | 17.40 | 63.52 | 63.52 | |
| 巴彦淖尔市 | | | 10.63 | 6.26 | 6.26 | |
| 乌海市 | | | 0.42 | 2.96 | 2.96 | |
| 阿拉善盟 | | | 75.64 | | | |

# 2－3－41 续表 2

单位:公斤

| 地　区 | 豆　类 | 大　豆 | 其他豆类 | 购入粮食 | 谷　物 | 小　麦 | 水　稻 | 玉　米 |
|---|---|---|---|---|---|---|---|---|
| **全　区** | **146.79** | **105.04** | **41.76** | **309.93** | **307.86** | **58.95** | **47.92** | **181.72** |
| 呼和浩特市 | 30.07 | 6.60 | 23.47 | 205.77 | 198.42 | 64.22 | 27.60 | 73.83 |
| 包头市 | 2.47 | | 2.47 | 329.39 | 321.13 | 54.29 | 39.89 | 204.14 |
| 呼伦贝尔市 | 1114.98 | 1031.65 | 83.32 | 399.64 | 390.83 | 170.07 | 63.77 | 89.26 |
| 兴安盟 | 182.96 | 15.31 | 167.66 | 158.82 | 156.66 | 43.75 | 66.95 | 39.91 |
| 通辽市 | 86.64 | 1.89 | 84.75 | 222.28 | 220.19 | 54.72 | 83.36 | 77.49 |
| 赤峰市 | 37.29 | 4.48 | 32.81 | 270.73 | 269.12 | 57.10 | 63.50 | 142.44 |
| 锡林郭勒盟 | 5.01 | 2.54 | 2.47 | 1017.76 | 1017.37 | 111.38 | 40.63 | 848.04 |
| 乌兰察布市 | 33.50 | 11.71 | 21.78 | 358.32 | 356.87 | 77.87 | 15.11 | 230.81 |
| 鄂尔多斯市 | 3.95 | 3.76 | 0.20 | 336.29 | 330.87 | 53.11 | 57.65 | 201.14 |
| 巴彦淖尔市 | 0.73 | | 0.73 | 455.59 | 453.46 | 120.51 | 27.93 | 300.88 |
| 乌海市 | | | | 419.75 | 414.79 | 75.75 | 57.27 | 275.93 |
| 阿拉善盟 | | | | 819.97 | 813.09 | 108.13 | 58.71 | 635.12 |

# 2-3-41 续表 3

单位：公斤

| 地　　区 | 高　粱 | 谷　子 | 其　他 | 薯　类 | 红　薯 | 马铃薯 | 其他薯类 |
|---|---|---|---|---|---|---|---|
| **全　区** | **0.06** | **1.02** | **18.19** | **1.21** | **0.08** | **0.92** | **0.21** |
| 呼和浩特市 | | 0.35 | 32.41 | 6.26 | 0.11 | 5.29 | 0.87 |
| 包头市 | 0.03 | 1.17 | 21.62 | 5.62 | 0.33 | 4.77 | 0.52 |
| 呼伦贝尔市 | | 0.84 | 66.90 | 0.70 | 0.07 | 0.45 | 0.18 |
| 兴安盟 | 0.05 | 0.28 | 5.71 | 1.35 | 0.03 | 1.10 | 0.22 |
| 通辽市 | 0.34 | 0.15 | 4.14 | 0.53 | 0.10 | 0.38 | 0.05 |
| 赤峰市 | | 0.89 | 5.19 | 0.56 | 0.09 | 0.17 | 0.30 |
| 锡林郭勒盟 | 0.04 | 1.61 | 15.68 | 0.24 | 0.10 | 0.13 | 0.02 |
| 乌兰察布市 | 0.09 | 0.82 | 32.18 | 0.71 | 0.21 | 0.27 | 0.23 |
| 鄂尔多斯市 | | 0.03 | 18.95 | 4.02 | 0.02 | 3.73 | 0.27 |
| 巴彦淖尔市 | 0.01 | 0.13 | 4.00 | 1.55 | 0.07 | 1.31 | 0.17 |
| 乌海市 | | 0.51 | 5.33 | 3.02 | 0.53 | 2.30 | 0.19 |
| 阿拉善盟 | | | 11.14 | 2.93 | 0.55 | 1.83 | 0.56 |

# 2-3-41 续表 4

单位：公斤

| 地　　区 | 豆　类 | 大　豆 | 其他豆类 | 借入粮食 | 收回借出粮 | 其　他<br>粮食收入 | 期内粮食<br>支出合计 |
|---|---|---|---|---|---|---|---|
| **全　区** | **0.87** | **0.26** | **0.61** | **5.33** | **5.65** | **0.37** | **1919.18** |
| 呼和浩特市 | 1.09 | 0.06 | 1.03 | | | 0.05 | 2126.85 |
| 包头市 | 2.64 | 0.23 | 2.41 | | | | 929.60 |
| 呼伦贝尔市 | 8.11 | 6.99 | 1.12 | | | | 2410.45 |
| 兴安盟 | 0.81 | 0.26 | 0.56 | | | | 1609.97 |
| 通辽市 | 1.57 | 0.86 | 0.71 | | | | 3320.00 |
| 赤峰市 | 1.05 | 0.20 | 0.86 | 10.42 | 12.67 | 0.53 | 1604.36 |
| 锡林郭勒盟 | 0.15 | 0.03 | 0.12 | | | | 1199.17 |
| 乌兰察布市 | 0.75 | 0.39 | 0.36 | | 2.66 | 0.47 | 992.65 |
| 鄂尔多斯市 | 1.40 | 0.02 | 1.37 | | | 0.13 | 1782.12 |
| 巴彦淖尔市 | 0.59 | 0.02 | 0.56 | 3.92 | | | 1555.49 |
| 乌海市 | 1.94 | 0.08 | 1.86 | | | | 918.80 |
| 阿拉善盟 | 3.95 | 2.04 | 1.91 | | | | 1773.22 |

# 2-3-41 续表 5

单位:公斤

| 地区 | 主食用粮 | 谷物 | 小麦 | 水稻 | 玉米 | 高粱 | 其他 |
|---|---|---|---|---|---|---|---|
| **全区** | **181.91** | **172.07** | **77.31** | **49.38** | **19.70** | **0.18** | **25.51** |
| 呼和浩特市 | 150.37 | 133.39 | 82.77 | 27.60 | 0.50 | | 22.52 |
| 包头市 | 161.08 | 149.61 | 92.75 | 39.89 | 1.24 | 0.03 | 15.70 |
| 呼伦贝尔市 | 163.04 | 151.95 | 67.41 | 64.79 | 16.86 | | 2.89 |
| 兴安盟 | 123.82 | 121.48 | 43.08 | 70.55 | 3.61 | 0.05 | 4.19 |
| 通辽市 | 206.43 | 204.22 | 54.65 | 86.59 | 50.48 | 0.72 | 11.78 |
| 赤峰市 | 186.22 | 182.82 | 60.99 | 68.81 | 17.71 | 0.05 | 35.26 |
| 锡林郭勒盟 | 200.60 | 197.81 | 121.44 | 40.73 | 1.12 | 0.04 | 34.48 |
| 乌兰察布市 | 222.31 | 195.16 | 122.10 | 15.09 | 12.93 | 0.09 | 44.97 |
| 鄂尔多斯市 | 210.83 | 190.71 | 57.66 | 57.67 | 62.19 | | 13.19 |
| 巴彦淖尔市 | 227.89 | 225.32 | 190.04 | 28.00 | 3.98 | 0.01 | 3.30 |
| 乌海市 | 141.92 | 136.28 | 56.91 | 43.64 | 31.79 | | 3.94 |
| 阿拉善盟 | 177.32 | 170.44 | 104.64 | 58.71 | 7.00 | | 0.10 |

# 2-3-41 续表 6

单位:公斤

| 地区 | 薯类 | 红薯 | 马铃薯 | 其他薯类 | 豆类 | 大豆 | 其他豆类 | 其他生活用粮 |
|---|---|---|---|---|---|---|---|---|
| **全区** | **7.01** | **0.08** | **6.68** | **0.26** | **2.84** | **2.20** | **0.64** | **0.49** |
| 呼和浩特市 | 13.09 | 0.11 | 12.05 | 0.93 | 3.90 | 2.39 | 1.51 | |
| 包头市 | 8.83 | 0.33 | 7.96 | 0.54 | 2.65 | 0.23 | 2.42 | |
| 呼伦贝尔市 | 1.38 | 0.07 | 1.13 | 0.18 | 9.72 | 8.60 | 1.12 | |
| 兴安盟 | 1.41 | 0.03 | 1.16 | 0.22 | 0.93 | 0.37 | 0.56 | |
| 通辽市 | 0.53 | 0.10 | 0.39 | 0.05 | 1.68 | 0.97 | 0.71 | 0.88 |
| 赤峰市 | 0.88 | 0.09 | 0.48 | 0.31 | 2.52 | 1.65 | 0.88 | |
| 锡林郭勒盟 | 2.39 | 0.10 | 2.25 | 0.04 | 0.40 | 0.19 | 0.21 | |
| 乌兰察布市 | 23.15 | 0.21 | 22.48 | 0.47 | 4.00 | 3.59 | 0.41 | 0.22 |
| 鄂尔多斯市 | 16.98 | 0.02 | 16.69 | 0.27 | 3.14 | 1.77 | 1.37 | |
| 巴彦淖尔市 | 1.98 | 0.07 | 1.72 | 0.19 | 0.59 | 0.02 | 0.56 | |
| 乌海市 | 3.71 | 0.53 | 2.99 | 0.19 | 1.94 | 0.08 | 1.86 | |
| 阿拉善盟 | 2.93 | 0.55 | 1.83 | 0.56 | 3.95 | 2.04 | 1.91 | |

# 2-3-41 续表 7

单位:公斤

| 地　　区 | 出售粮食 | 谷　物 | 小　麦 | 水　稻 | 玉　米 | 高　粱 | 谷　子 | 其　他 |
|---|---|---|---|---|---|---|---|---|
| **全　区** | **1172.50** | **1072.90** | **17.47** | **17.89** | **954.20** | **38.46** | **34.30** | **10.58** |
| 呼和浩特市 | 1327.91 | 1262.47 | 0.37 | | 1238.61 | 2.08 | 2.44 | 18.97 |
| 包头市 | 440.60 | 423.48 | 54.38 | | 336.50 | | 0.02 | 32.58 |
| 呼伦贝尔市 | 1891.74 | 1027.11 | 546.09 | 33.74 | 433.78 | | | 13.51 |
| 兴安盟 | 1300.30 | 1142.23 | | 95.89 | 949.47 | 88.33 | 7.37 | 1.17 |
| 通辽市 | 2773.30 | 2725.05 | 0.03 | 31.60 | 2563.64 | 99.86 | 25.06 | 4.87 |
| 赤峰市 | 1027.54 | 966.24 | 0.26 | 15.53 | 722.94 | 54.33 | 123.44 | 49.75 |
| 锡林郭勒盟 | 117.46 | 108.09 | 26.28 | | 17.15 | | | 64.65 |
| 乌兰察布市 | 220.83 | 151.95 | 20.92 | | 47.09 | 0.72 | 1.93 | 81.29 |
| 鄂尔多斯市 | 994.63 | 970.65 | 15.44 | | 920.92 | | 1.32 | 32.97 |
| 巴彦淖尔市 | 686.74 | 683.01 | 135.26 | 0.79 | 540.31 | | | 6.64 |
| 乌海市 | 442.57 | 442.57 | 70.82 | | 371.76 | | | |
| 阿拉善盟 | 953.24 | 953.24 | | | 877.61 | | | 75.64 |

# 2-3-41 续表 8

单位:公斤

| 地　　区 | 薯　类 | 马铃薯 | 其他薯类 | 豆　类 | 大　豆 | 其他豆类 |
|---|---|---|---|---|---|---|
| **全　区** | **25.32** | **25.32** | | **74.29** | **34.65** | **39.63** |
| 呼和浩特市 | 56.27 | 56.27 | | 9.17 | 2.17 | 7.01 |
| 包头市 | 14.81 | 14.81 | | 2.31 | | 2.31 |
| 呼伦贝尔市 | 73.58 | 73.58 | | 791.05 | 701.18 | 89.87 |
| 兴安盟 | 5.30 | 5.30 | | 152.78 | 13.97 | 138.81 |
| 通辽市 | | | | 48.25 | 1.32 | 46.93 |
| 赤峰市 | 2.88 | 2.73 | | 58.42 | 1.03 | 57.39 |
| 锡林郭勒盟 | 6.68 | 6.68 | | 2.69 | 2.48 | 0.21 |
| 乌兰察布市 | 58.18 | 58.18 | | 10.70 | 3.23 | 7.47 |
| 鄂尔多斯市 | 23.95 | 23.95 | | 0.02 | | 0.02 |
| 巴彦淖尔市 | 3.04 | 3.04 | | 0.69 | | 0.69 |
| 乌海市 | | | | | | |
| 阿拉善盟 | | | | | | |

# 2-3-41 续表 9

单位:公斤

| 地　区 | 种籽用粮食 | 小　麦 | 玉　米 | 其　他 | 饲料用粮食 | 小　麦 | 玉　米 | 其　他 |
|---|---|---|---|---|---|---|---|---|
| **全　区** | **44.78** | **4.62** | **12.38** | **27.78** | **516.28** | **1.02** | **489.31** | **25.95** |
| 呼和浩特市 | 54.84 | 6.96 | 12.35 | 35.53 | 593.70 | 1.21 | 576.61 | 15.88 |
| 包头市 | 22.42 | 0.91 | 9.30 | 12.21 | 305.50 | 0.23 | 274.83 | 30.44 |
| 呼伦贝尔市 | 171.18 | 94.50 | 10.88 | 65.80 | 184.49 | 8.32 | 175.66 | 0.51 |
| 兴安盟 | 20.94 | ... | 17.91 | 3.03 | 164.91 | 1.07 | 162.21 | 1.63 |
| 通辽市 | 70.89 | 0.21 | 67.97 | 2.71 | 268.50 | 2.20 | 266.28 | 0.03 |
| 赤峰市 | 13.46 | 0.33 | 10.17 | 2.97 | 377.01 | 0.07 | 375.25 | 1.69 |
| 锡林郭勒盟 | 28.43 | 5.38 | 1.06 | 22.00 | 852.68 |  | 846.76 | 5.92 |
| 乌兰察布市 | 77.79 | 8.64 | 5.67 | 63.49 | 467.60 | 7.21 | 371.86 | 88.54 |
| 鄂尔多斯市 | 40.66 | 0.56 | 27.18 | 12.93 | 535.83 | 1.68 | 530.58 | 3.57 |
| 巴彦淖尔市 | 30.68 | 17.32 | 11.10 | 2.27 | 610.18 | 0.49 | 608.17 | 1.52 |
| 乌海市 | 24.40 | 10.28 | 10.44 | 3.68 | 309.73 | 17.57 | 279.33 | 12.83 |
| 阿拉善盟 | 51.05 | 3.49 | 36.52 | 11.04 | 591.61 |  | 591.61 |  |

# 2-3-42 各盟市农牧民家庭年末人均生产性固定资产原值(2012 年)

单位:元

| 地　区 | 生产性固定资产原值 | 农　业 | 房屋及建筑物 | 役　畜 | 大中型铁木农具 | 农业机械 |
|---|---|---|---|---|---|---|
| **全　区** | **8967.61** | **4632.23** | **1396.71** | **382.51** | **557.49** | **2210.06** |
| 呼和浩特市 | 8518.04 | 3057.47 | 708.05 | 123.11 | 312.82 | 1685.44 |
| 包头市 | 12427.04 | 3981.22 | 2012.26 |  | 216.17 | 1704.20 |
| 呼伦贝尔市 | 13548.52 | 6655.43 | 2671.77 | 30.00 | 899.01 | 2856.76 |
| 兴安盟 | 7087.66 | 4769.55 | 1462.92 | 109.42 | 347.19 | 2486.90 |
| 通辽市 | 10182.64 | 6828.24 | 3213.79 | 391.15 | 272.68 | 2768.27 |
| 赤峰市 | 7057.88 | 4257.94 | 2325.31 | 710.03 | 202.07 | 905.65 |
| 锡林郭勒盟 | 16118.53 | 1626.56 | 580.61 | 14.71 | 92.34 | 930.88 |
| 乌兰察布市 | 4058.41 | 2363.81 | 466.99 | 377.55 | 334.67 | 1201.45 |
| 鄂尔多斯市 | 14997.86 | 5532.75 | 2204.93 | 234.14 | 1083.84 | 2006.71 |
| 巴彦淖尔市 | 9386.76 | 6310.66 | 1897.37 | 177.23 | 882.65 | 3195.14 |
| 乌海市 | 6080.89 | 3633.19 | 3238.52 | 80.59 | 17.78 | 237.04 |
| 阿拉善盟 | 22394.79 | 9026.04 | 5605.82 |  | 573.09 | 3138.04 |

# 2－3－42 续表 1

单位:元

| 地　　区 | 林　业 | 役　畜 | 牧　业 | 房屋及建筑物 |
|---|---|---|---|---|
| **全　区** | **3.85** | | **3259.33** | **1327.39** |
| 呼和浩特市 | 99.50 | | 2343.24 | 531.50 |
| 包头市 | | | 2996.57 | 813.43 |
| 呼伦贝尔市 | 15.60 | 60.61 | 5870.29 | 1450.96 |
| 兴安盟 | 3.38 | | 1900.55 | 250.49 |
| 通辽市 | 14.72 | | 2696.66 | 1027.02 |
| 赤峰市 | | | 2116.61 | 854.53 |
| 锡林郭勒盟 | | | 14203.99 | 4931.74 |
| 乌兰察布市 | | | 1520.99 | 335.58 |
| 鄂尔多斯市 | 5.90 | | 7572.17 | 2789.54 |
| 巴彦淖尔市 | 4.44 | | 2439.31 | 1279.17 |
| 乌海市 | | | 338.07 | 90.67 |
| 阿拉善盟 | | | 9144.73 | 4525.67 |

# 2－3－42 续表 2

单位:元

| 地　　区 | 产品畜 | 大中型铁木农具 | 牧业机械 | 渔　业 | 渔业机械 |
|---|---|---|---|---|---|
| **全　区** | **1161.27** | **74.47** | **282.32** | | |
| 呼和浩特市 | 1635.59 | 10.40 | 134.18 | | |
| 包头市 | 2060.53 | 26.95 | 84.97 | | |
| 呼伦贝尔市 | 2442.74 | 108.01 | 846.09 | | |
| 兴安盟 | 1589.94 | | | | |
| 通辽市 | 1423.39 | | 246.25 | | |
| 赤峰市 | 483.83 | 15.52 | 659.71 | | |
| 锡林郭勒盟 | 4349.11 | 1122.14 | 2047.29 | | |
| 乌兰察布市 | 1101.41 | | 82.41 | | |
| 鄂尔多斯市 | 4485.35 | 188.37 | 82.36 | 71.65 | 42.15 |
| 巴彦淖尔市 | 885.54 | 36.85 | 120.11 | | |
| 乌海市 | 247.41 | | | | |
| 阿拉善盟 | 3636.36 | 224.87 | 984.73 | | |

# 2－3－42 续表 3

单位:元

| 地　　区 | 制造业 | 房屋及建筑业 | 生产设备 | 建筑业 | 交通运输业、仓储和邮政业 |
|---|---|---|---|---|---|
| **全　区** | **22.22** | **22.22** | | **76.89** | **619.42** |
| 呼和浩特市 | 59.44 | 32.69 | 26.75 | 304.61 | 2221.40 |
| 包头市 | 229.33 | 139.79 | 63.96 | 125.17 | 2697.12 |
| 呼伦贝尔市 | | | | 43.20 | 393.04 |
| 兴安盟 | 57.08 | 54.04 | 3.04 | 1.35 | 31.41 |
| 通辽市 | 1.47 | 1.47 | | 13.54 | 262.64 |
| 赤峰市 | 36.82 | 18.41 | 18.41 | 33.51 | 397.02 |
| 锡林郭勒盟 | | | | | 139.11 |
| 乌兰察布市 | | | | 108.11 | 17.30 |
| 鄂尔多斯市 | 84.30 | 84.30 | | 19.39 | 1250.75 |
| 巴彦淖尔市 | | | | 121.08 | 273.57 |
| 乌海市 | | | | | 1102.22 |
| 阿拉善盟 | | | | | 1669.82 |

# 2－3－42 续表 4

单位:元

| 地　　区 | 批发和零售贸易业 | 住宿和餐饮业 | 居民服务与其他服务业 | 卫生社会保障和福利业 | 其　他 |
|---|---|---|---|---|---|
| **全　区** | **115.19** | **128.57** | **21.33** | **21.03** | **65.62** |
| 呼和浩特市 | 254.09 | 62.41 | 36.40 | 17.09 | 56.46 |
| 包头市 | 1165.83 | 453.36 | 750.11 | 0.91 | 9.14 |
| 呼伦贝尔市 | 220.82 | | 180.02 | 24.00 | 140.11 |
| 兴安盟 | 313.41 | | 10.94 | | |
| 通辽市 | 162.29 | 106.98 | | 45.15 | 40.14 |
| 赤峰市 | 136.97 | | 11.56 | 7.36 | 59.00 |
| 锡林郭勒盟 | 11.37 | | 8.43 | | 129.08 |
| 乌兰察布市 | 10.38 | | | | 37.84 |
| 鄂尔多斯市 | 351.70 | 8.43 | 50.24 | | 50.58 |
| 巴彦淖尔市 | 51.10 | | 16.66 | 169.95 | |
| 乌海市 | 444.44 | | 562.96 | | |
| 阿拉善盟 | 186.18 | 1745.46 | | | 622.58 |

# 2－3－43 各盟市农牧民家庭每百户拥有主要生产性固定资产情况(2012 年)

| 地　区 | 汽　车<br>(辆) | 大中型<br>拖拉机<br>(台) | 小型和手<br>扶拖拉机<br>(台) | 机　动<br>脱粒机<br>(台) | 收割机<br>(台) | 农用动力<br>机　械<br>(辆) |
|---|---|---|---|---|---|---|
| **全　区** | **5.05** | **11.89** | **49.98** | **9.01** | **4.52** | **20.80** |
| 呼和浩特市 | 8.10 | 15.95 | 35.48 | 10.71 | 3.10 | 24.29 |
| 包头市 | 7.22 | 9.44 | 29.72 | 2.78 | 1.39 | 14.17 |
| 呼伦贝尔市 | 8.54 | 26.04 | 58.33 | 7.71 | 8.33 | 4.17 |
| 兴安盟 | 3.42 | 6.59 | 80.73 | 2.20 | 3.90 | 35.37 |
| 通辽市 | 4.82 | 16.30 | 41.48 | 6.11 | 0.93 | 16.85 |
| 赤峰市 | 3.50 | 4.50 | 11.50 | 6.13 | 1.13 | 9.63 |
| 锡林郭勒盟 | 12.44 | 5.56 | 49.33 |  | 16.00 | 7.33 |
| 乌兰察布市 | 1.60 | 5.20 | 46.90 | 6.60 | 5.60 | 5.60 |
| 鄂尔多斯市 | 14.05 | 6.91 | 41.43 | 5.95 | 3.57 | 34.76 |
| 巴彦淖尔市 | 2.14 | 8.39 | 86.79 | 40.89 | 0.54 | 20.80 |
| 乌海市 | 1.67 | 15.00 | 1.67 | 1.67 |  | 1.67 |
| 阿拉善盟 | 30.00 | 18.00 | 47.00 | 7.00 | 5.00 | 10.00 |

# 2－3－43 续表

| 地　区 | 胶轮大车<br>(辆) | 水　泵<br>(台) | 役　畜<br>(头) | 产品畜<br>(头) |
|---|---|---|---|---|
| **全　区** | **11.99** | **38.33** | **40.78** | **281.21** |
| 呼和浩特市 | 1.43 | 11.91 | 14.52 | 149.76 |
| 包头市 | 1.39 | 7.22 |  | 648.61 |
| 呼伦贝尔市 | 7.50 | 15.63 | 71.46 | 736.67 |
| 兴安盟 | 1.95 | 68.54 | 10.98 | 593.42 |
| 通辽市 | 14.07 | 57.22 | 43.15 | 60.00 |
| 赤峰市 | 22.25 | 42.13 | 84.75 | 40.88 |
| 锡林郭勒盟 | 0.67 | 25.56 | 33.11 | 541.33 |
| 乌兰察布市 | 3.00 | 16.80 | 22.00 | 318.60 |
| 鄂尔多斯市 | 3.10 | 42.38 | 20.71 | 1840.48 |
| 巴彦淖尔市 | 12.14 | 25.54 | 15.36 | 260.71 |
| 乌海市 |  | 1.67 | 6.67 | 158.33 |
| 阿拉善盟 | 4.00 | 39.00 | 1160.00 | 369.00 |

# 2-3-44 各盟市农牧民家庭全年户均购买建筑生活用房材料情况(2012年)

| 地　区 | 水　泥（公斤） | 木　材（立方米） | 钢　材（公斤） | 水泥预制件（件） | 玻　璃（平方米） | 砖（块） | 瓦（块） | 沙　石（立方米） |
|---|---|---|---|---|---|---|---|---|
| **全　区** | **351.20** | **757.94** | **1199.30** | **0.73** | **25.55** | **14.28** | **689.79** | **367.90** |
| 呼和浩特市 | 1044.29 | 1284.07 | 1986.68 | | 18.54 | 17.00 | 908.54 | 453.50 |
| 包头市 | 1040.56 | 1381.88 | 2309.93 | | 32.34 | 24.99 | 743.92 | 361.17 |
| 呼伦贝尔市 | 427.08 | 538.27 | 1016.93 | 0.49 | 19.98 | 6.19 | 667.36 | 334.01 |
| 兴安盟 | 1.59 | 429.70 | 511.72 | | 52.05 | 2.07 | 514.98 | 330.69 |
| 通辽市 | 277.78 | 291.93 | 342.66 | | 38.26 | 7.15 | 821.00 | 470.35 |
| 赤峰市 | 73.75 | 757.67 | 1255.83 | 17.19 | 66.22 | 13.67 | 764.78 | 410.11 |
| 锡林郭勒盟 | 25.45 | 1069.32 | 1479.41 | 2.22 | 34.24 | 7.52 | 550.28 | 315.04 |
| 乌兰察布市 | 333.20 | 1849.71 | 2406.37 | | 6.07 | 7.87 | 369.00 | 211.69 |
| 鄂尔多斯市 | 306.59 | 1278.06 | 2286.85 | 0.13 | 28.31 | 7.82 | 749.73 | 396.82 |
| 巴彦淖尔市 | 1039.46 | 1300.96 | 1704.59 | | 17.69 | 47.88 | 478.49 | 263.60 |
| 乌海市 | 250.00 | 809.45 | 1038.72 | | 76.73 | 79.92 | 899.96 | 443.24 |
| 阿拉善盟 | 1610.00 | 1172.56 | 1102.18 | 1.00 | 73.14 | 10.28 | 447.07 | 261.51 |

# 2-3-44 续表

| 地　区 | 购生活用房支出（元） | 购生活用燃料（元） | 购买煤数量（公斤） | 购买草数量（公担） | 购买液化气（元） | 购买生活用水（吨） | 购买生活用电（度） | 购买生活用电（元） |
|---|---|---|---|---|---|---|---|---|
| **全　区** | **351.20** | **757.94** | **1199.30** | **0.73** | **25.55** | **0.03** | **0.70** | **5.72** |
| 呼和浩特市 | 1044.29 | 1284.07 | 1986.68 | | 18.54 | 7.40 | | 0.38 |
| 包头市 | 1040.56 | 1381.88 | 2309.93 | | 32.34 | 4.00 | 4.96 | 19.41 |
| 呼伦贝尔市 | 427.08 | 538.27 | 1016.93 | 0.49 | 19.98 | 0.44 | 0.23 | 1.91 |
| 兴安盟 | 1.59 | 429.70 | 511.72 | | 52.05 | 0.25 | 0.57 | 3.72 |
| 通辽市 | 277.78 | 291.93 | 342.66 | | 38.26 | 0.19 | 2.13 | 5.07 |
| 赤峰市 | 73.75 | 757.67 | 1255.83 | 17.19 | 66.22 | 0.23 | 3.43 | 12.73 |
| 锡林郭勒盟 | 25.45 | 1069.32 | 1479.41 | 2.22 | 34.24 | 0.06 | 0.58 | 5.69 |
| 乌兰察布市 | 333.20 | 1849.71 | 2406.37 | | 6.07 | 0.01 | 6.38 | 6.06 |
| 鄂尔多斯市 | 306.59 | 1278.06 | 2286.85 | 0.13 | 28.31 | 2.00 | 8.17 | 13.77 |
| 巴彦淖尔市 | 1039.46 | 1300.96 | 1704.59 | | 17.69 | 0.11 | 2.31 | 11.69 |
| 乌海市 | 250.00 | 809.45 | 1038.72 | | 76.73 | 33.42 | 2.75 | 7.63 |
| 阿拉善盟 | 1610.00 | 1172.56 | 1102.18 | 1.00 | 73.14 | | 8.75 | 59.59 |

# 2-3-45 各盟市农牧民家庭年末人均拥有房屋情况(2012年)

| 地　　区 | 年末人均住房面积（平方米） | 住房类型 | | | 住房结构 | | |
|---|---|---|---|---|---|---|---|
| | | 楼房面积（平方米） | 砖瓦房（平方米） | 其他（平方米） | 钢筋混凝（平方米） | 砖木结构（平方米） | 其他（平方米） |
| **全　区** | **24.94** | **0.73** | **18.14** | **6.08** | **1.34** | **17.45** | **6.16** |
| 呼和浩特市 | 25.05 | 3.81 | 15.86 | 5.37 | 5.10 | 14.48 | 5.47 |
| 包头市 | 30.11 | 10.17 | 17.66 | 2.29 | 10.17 | 17.36 | 2.59 |
| 呼伦贝尔市 | 23.53 | 1.19 | 19.95 | 2.49 | 1.20 | 19.83 | 2.33 |
| 兴安盟 | 23.69 | 0.07 | 15.56 | 8.23 | 1.10 | 14.32 | 8.44 |
| 通辽市 | 23.82 | | 21.44 | 2.38 | | 21.51 | 2.31 |
| 赤峰市 | 24.48 | 0.16 | 21.21 | 3.10 | 0.65 | 20.70 | 3.09 |
| 锡林郭勒盟 | 20.46 | 1.08 | 13.54 | 5.32 | 1.24 | 14.54 | 5.08 |
| 乌兰察布市 | 14.59 | 0.07 | 7.19 | 7.87 | 0.19 | 7.17 | 7.76 |
| 鄂尔多斯市 | 40.10 | 1.15 | 35.90 | 3.06 | 13.14 | 22.86 | 4.10 |
| 巴彦淖尔市 | 27.72 | 0.53 | 20.45 | 6.92 | 0.60 | 19.93 | 6.64 |
| 乌海市 | 32.17 | 10.59 | 17.49 | 4.09 | 20.90 | 11.27 | |
| 阿拉善盟 | 42.58 | 6.70 | 29.78 | 6.42 | 6.70 | 29.78 | 6.42 |

# 2-3-45 续表

| 地　　区 | 每平方米住房价值（元） | 年内人均新建和购买住房面积（平方米） | 年内人均新建和购买住房价值（元） | 年内人均新建和购买住房类型 | | |
|---|---|---|---|---|---|---|
| | | | | 楼房面积（平方米） | 砖瓦平房面　积（平方米） | 其　他（平方米） |
| **全　区** | **523.27** | **0.42** | **0.38** | **0.03** | **0.38** | **0.02** |
| 呼和浩特市 | 587.97 | 0.30 | 0.30 | 0.30 | | |
| 包头市 | 1539.50 | 0.14 | | 0.14 | | |
| 呼伦贝尔市 | 993.68 | 0.73 | 0.48 | 0.05 | 0.68 | |
| 兴安盟 | 567.01 | 0.20 | 0.20 | | 0.20 | |
| 通辽市 | 745.67 | 0.99 | 0.96 | | 0.96 | 0.03 |
| 赤峰市 | 491.89 | 0.12 | 0.12 | | 0.12 | |
| 锡林郭勒盟 | 419.51 | 0.14 | 0.08 | 0.06 | 0.08 | |
| 乌兰察布市 | 199.30 | 0.16 | 0.09 | 0.07 | 0.09 | |
| 鄂尔多斯市 | 724.97 | 0.51 | 0.51 | | 0.51 | |
| 巴彦淖尔市 | 475.86 | 0.76 | 0.62 | 0.08 | 0.69 | |
| 乌海市 | 956.46 | | | | | |
| 阿拉善盟 | 1030.95 | | | | | |

# 2-3-46 各盟市农牧民家庭全年户均购买衣着及日用品情况(2012年)

| 地　　区 | 服　装 | | 鞋　类 | | 洗衣机 | | 缝纫机 | |
|---|---|---|---|---|---|---|---|---|
| | 数量（件） | 金额（元） | 数量（双） | 金额（元） | 数量（台） | 金额（元） | 数量（台） | 金额（元） |
| **全　区** | **10.67** | **1191.84** | **5.49** | **369.76** | **0.05** | **37.74** | | **0.20** |
| 呼和浩特市 | 10.48 | 1549.15 | 4.62 | 479.08 | 0.05 | 49.52 | | |
| 包头市 | 12.42 | 1823.90 | 5.74 | 629.29 | 0.03 | 38.88 | | |
| 呼伦贝尔市 | 11.77 | 2397.92 | 6.21 | 537.55 | 0.04 | 45.37 | | 0.31 |
| 兴安盟 | 13.84 | 868.05 | 6.10 | 355.03 | 0.06 | 36.07 | 0.01 | 12.73 |
| 通辽市 | 11.06 | 1175.04 | 6.13 | 359.05 | 0.04 | 34.24 | 0.01 | 1.04 |
| 赤峰市 | 11.52 | 986.86 | 6.79 | 362.82 | 0.06 | 42.37 | | |
| 锡林郭勒盟 | 13.40 | 1689.55 | 5.43 | 625.34 | 0.02 | 17.56 | | |
| 乌兰察布市 | 5.75 | 582.99 | 3.36 | 206.79 | 0.02 | 13.14 | | |
| 鄂尔多斯市 | 8.23 | 1314.77 | 3.40 | 318.64 | 0.06 | 36.76 | | |
| 巴彦淖尔市 | 748.65 | 1890.79 | 4.87 | 446.02 | 0.05 | 45.56 | | |
| 乌海市 | 11.38 | 1670.05 | 7.14 | 559.18 | 0.05 | 85.00 | | |
| 阿拉善盟 | 11.98 | 2063.95 | 4.53 | 629.31 | 0.05 | 82.80 | | |

# 2-3-46 续表 1

| 地　　区 | 电风扇 | | 电冰箱 | | 抽油烟机 | |
|---|---|---|---|---|---|---|
| | 数量（台） | 金额（元） | 数量（台） | 金额（元） | 数量（台） | 金额（元） |
| **全　区** | **0.02** | **2.16** | **0.06** | **99.13** | **0.01** | **5.57** |
| 呼和浩特市 | 0.01 | 0.73 | 0.03 | 55.71 | 0.02 | 19.39 |
| 包头市 | 0.02 | 3.93 | 0.04 | 68.88 | 0.01 | 12.14 |
| 呼伦贝尔市 | 0.02 | 3.28 | 0.02 | 29.65 | 0.01 | 22.14 |
| 兴安盟 | 0.06 | 8.64 | 0.04 | 74.89 | 0.01 | 5.81 |
| 通辽市 | 0.05 | 6.81 | 0.08 | 142.57 | 0.01 | 3.24 |
| 赤峰市 | 0.03 | 2.86 | 0.04 | 70.45 | 0.01 | 1.08 |
| 锡林郭勒盟 | | 0.80 | 0.03 | 47.81 | | |
| 乌兰察布市 | 0.01 | 0.68 | 0.04 | 55.43 | | 3.00 |
| 鄂尔多斯市 | 0.01 | 1.18 | 0.05 | 77.78 | | 2.62 |
| 巴彦淖尔市 | 0.01 | 1.51 | 0.06 | 94.48 | 0.01 | 7.41 |
| 乌海市 | 0.03 | 23.48 | 0.12 | 273.17 | 0.02 | 11.00 |
| 阿拉善盟 | | | 0.12 | 189.90 | 0.03 | 51.60 |

# 2－3－46 续表 2

| 地　　区 | 热水器 | | 电饭锅 | | 液化气炉具 | |
|---|---|---|---|---|---|---|
| | 数量（台） | 金额（元） | 数量（个） | 金额（元） | 数量（套） | 金额（元） |
| **全　区** | **0.02** | **35.32** | **0.08** | **11.82** | **0.02** | **7.08** |
| 呼和浩特市 | 0.01 | 26.77 | 0.09 | 14.51 | 0.01 | 7.21 |
| 包头市 | 0.02 | 23.36 | 0.08 | 10.61 | 0.01 | 4.01 |
| 呼伦贝尔市 | 0.01 | 8.77 | 0.08 | 16.12 | 0.04 | 4.99 |
| 兴安盟 | 0.05 | 21.17 | 0.12 | 18.05 | 0.07 | 13.12 |
| 通辽市 | 0.03 | 66.53 | 0.13 | 16.83 | 0.02 | 3.31 |
| 赤峰市 | 0.03 | 33.79 | 0.09 | 13.13 | 0.03 | 10.09 |
| 锡林郭勒盟 | 0.01 | 9.22 | 0.03 | 7.15 | 0.01 | 4.26 |
| 乌兰察布市 | 0.01 | 6.62 | 0.04 | 5.06 | | 0.45 |
| 鄂尔多斯市 | 0.01 | 7.05 | 0.07 | 8.39 | 0.01 | 8.29 |
| 巴彦淖尔市 | 0.03 | 62.54 | 0.08 | 11.16 | 0.03 | 16.66 |
| 乌海市 | 0.08 | 202.75 | 0.12 | 11.22 | 0.18 | 31.86 |
| 阿拉善盟 | 0.03 | 28.00 | 0.10 | 24.55 | 0.04 | 15.40 |

# 2－3－47 各盟市农牧民家庭全年户均购买文化、教育、体育、娱乐用品情况（2012 年）

| 地　　区 | 收录机 | | 电子游戏机 | | 黑白电视机 | |
|---|---|---|---|---|---|---|
| | 数量（台） | 金额（元） | 数量（台） | 金额（元） | 数量（台） | 金额（元） |
| **全　区** | | **0.13** | | **0.08** | | |
| 呼和浩特市 | 0.01 | 0.70 | | 0.43 | | |
| 包头市 | | 0.21 | | | | |
| 呼伦贝尔市 | | | | | | 0.94 |
| 兴安盟 | 0.01 | 0.11 | 0.01 | 0.19 | | |
| 通辽市 | | 0.43 | | 0.28 | | |
| 赤峰市 | | 0.06 | | | | |
| 锡林郭勒盟 | 0.01 | 0.51 | | | | |
| 乌兰察布市 | 0.01 | 1.07 | | | | |
| 鄂尔多斯市 | 0.01 | 1.10 | | | | |
| 巴彦淖尔市 | 0.01 | 1.42 | | 0.68 | | |
| 乌海市 | | | 0.02 | 5.00 | | |
| 阿拉善盟 | 0.02 | 2.10 | | | | |

# 2－3－47 续表

| 地　区 | 彩色电视机 | | 影碟机 | | 照相机 | |
|---|---|---|---|---|---|---|
| | 数量（台） | 金额（元） | 数量（台） | 金额（元） | 数量（只） | 金额（元） |
| **全　区** | **0.05** | **102.71** | **0.01** | **3.73** | **0.01** | **9.15** |
| 呼和浩特市 | 0.04 | 108.02 | 0.01 | 2.88 | 0.01 | 8.07 |
| 包头市 | 0.03 | 92.35 | 0.01 | 1.47 | 0.01 | 11.11 |
| 呼伦贝尔市 | 0.05 | 138.29 | | 1.31 | | 3.63 |
| 兴安盟 | 0.04 | 106.17 | 0.02 | 2.88 | | 0.98 |
| 通辽市 | 0.05 | 126.80 | 0.01 | 1.48 | 0.01 | 10.13 |
| 赤峰市 | 0.04 | 82.46 | 0.01 | 1.89 | | 7.60 |
| 锡林郭勒盟 | 0.06 | 163.27 | 0.01 | 6.38 | 0.01 | 19.22 |
| 乌兰察布市 | 0.01 | 20.86 | 0.02 | 5.30 | 0.01 | 5.80 |
| 鄂尔多斯市 | 0.05 | 123.71 | 0.02 | 4.95 | 0.01 | 22.69 |
| 巴彦淖尔市 | 0.05 | 124.67 | 0.01 | 1.68 | | 2.68 |
| 乌海市 | 0.08 | 255.00 | | | | |
| 阿拉善盟 | 0.07 | 162.60 | 0.03 | 13.10 | 0.02 | 35.00 |

# 2－3－48 各盟市农牧民家庭全年户均购买交通、通讯工具情况（2012 年）

| 地　区 | 自行车 | | 电动自行车 | | 摩托车 | |
|---|---|---|---|---|---|---|
| | 数量（辆） | 金额（元） | 数量（辆） | 金额（元） | 数量（辆） | 金额（元） |
| **全　区** | **0.05** | **8.73** | **0.04** | **94.30** | **0.03** | **127.89** |
| 呼和浩特市 | 0.05 | 19.62 | 0.04 | 61.53 | 0.02 | 75.48 |
| 包头市 | 0.06 | 8.41 | 0.08 | 163.72 | 0.01 | 35.36 |
| 呼伦贝尔市 | 0.08 | 19.26 | 0.03 | 76.44 | 0.04 | 153.75 |
| 兴安盟 | 0.04 | 14.90 | 0.04 | 57.59 | 0.02 | 98.42 |
| 通辽市 | 0.03 | 5.80 | 0.04 | 109.20 | 0.03 | 107.32 |
| 赤峰市 | 0.10 | 17.01 | 0.05 | 156.25 | 0.04 | 175.32 |
| 锡林郭勒盟 | 0.04 | 17.99 | 0.05 | 64.83 | 0.04 | 179.56 |
| 乌兰察布市 | 0.07 | 6.31 | 0.04 | 91.48 | 0.01 | 15.16 |
| 鄂尔多斯市 | 0.02 | 6.83 | 0.03 | 85.07 | 0.04 | 105.38 |
| 巴彦淖尔市 | 0.06 | 10.65 | 0.11 | 284.88 | 0.04 | 144.70 |
| 乌海市 | 0.03 | 16.50 | 0.17 | 350.67 | 0.02 | 25.00 |
| 阿拉善盟 | | | 0.06 | 186.60 | 0.09 | 423.00 |

# 2－3－48 续表

| 地　　区 | 汽车(生活用) | | 固定电话 | | 手机 | |
|---|---|---|---|---|---|---|
| | 数量（辆） | 金额（元） | 数量（部） | 金额（元） | 数量（部） | 金额（元） |
| **全　区** | **0.02** | **830.32** | **0.01** | **1.26** | **0.36** | **186.59** |
| 呼和浩特市 | 0.02 | 1331.93 | 0.01 | 0.48 | 0.25 | 211.37 |
| 包头市 | 0.01 | 755.83 | 0.01 | 1.99 | 0.35 | 315.26 |
| 呼伦贝尔市 | 0.02 | 1539.58 | 0.02 | 2.42 | 0.37 | 200.13 |
| 兴安盟 | 0.01 | 606.34 | | | 0.37 | 170.07 |
| 通辽市 | 0.02 | 633.89 | 0.01 | 2.00 | 0.47 | 231.42 |
| 赤峰市 | 0.01 | 250.00 | 0.02 | 2.03 | 0.35 | 154.91 |
| 锡林郭勒盟 | 0.03 | 707.65 | 0.01 | 1.33 | 0.35 | 243.82 |
| 乌兰察布市 | 0.01 | 187.52 | | 0.17 | 0.17 | 74.15 |
| 鄂尔多斯市 | 0.03 | 1621.19 | | 0.17 | 0.31 | 207.09 |
| 巴彦淖尔市 | 0.02 | 1006.93 | 0.01 | 6.94 | 0.36 | 212.46 |
| 乌海市 | | | | | 0.32 | 167.47 |
| 阿拉善盟 | 0.02 | 400.00 | | | 0.45 | 320.28 |

# 2－3－49 各盟市农牧民家庭平均每百户年末耐用物品拥有量(2012 年)

| 地　　区 | 洗衣机（台） | 电冰箱（台） | 抽油烟机（台） | 自行车（辆） | 摩托车（台） |
|---|---|---|---|---|---|
| **全　区** | **79.81** | **84.32** | **7.62** | **46.02** | **75.44** |
| 呼和浩特市 | 86.19 | 86.19 | 32.14 | 94.05 | 53.10 |
| 包头市 | 91.11 | 91.67 | 30.28 | 85.83 | 47.22 |
| 呼伦贝尔市 | 86.67 | 73.96 | 5.42 | 41.88 | 62.50 |
| 兴安盟 | 90.00 | 67.32 | 3.42 | 36.83 | 73.90 |
| 通辽市 | 91.67 | 75.37 | 3.89 | 33.33 | 73.70 |
| 赤峰市 | 78.63 | 76.00 | 2.38 | 49.50 | 67.63 |
| 锡林郭勒盟 | 59.78 | 83.56 | 2.67 | 18.44 | 100.00 |
| 乌兰察布市 | 45.80 | 62.80 | 4.20 | 37.20 | 51.60 |
| 鄂尔多斯市 | 77.38 | 83.10 | 4.05 | 16.67 | 65.00 |
| 巴彦淖尔市 | 90.89 | 86.61 | 23.39 | 112.86 | 82.68 |
| 乌海市 | 100.00 | 96.67 | 33.33 | 88.33 | 50.00 |
| 阿拉善盟 | 102.00 | 105.00 | 19.00 | 45.00 | 139.00 |

# 2－3－49 续表 1

| 地　区 | 生活用汽车（台） | 电话机（部） | 移动电话（部） | 彩色电视机（台） | 黑白电视机（台） |
|---|---|---|---|---|---|
| **全　区** | **9.27** | **16.36** | **201.65** | **105.58** | **1.21** |
| 呼和浩特市 | 12.86 | 16.67 | 193.57 | 98.10 | 0.48 |
| 包头市 | 16.67 | 9.44 | 201.94 | 101.39 | |
| 呼伦贝尔市 | 11.25 | 19.58 | 194.79 | 95.00 | 2.50 |
| 兴安盟 | 7.32 | 5.85 | 181.95 | 99.76 | 0.49 |
| 通辽市 | 8.15 | 17.04 | 197.04 | 112.04 | 0.37 |
| 赤峰市 | 3.63 | 31.75 | 158.75 | 102.75 | 0.38 |
| 锡林郭勒盟 | 22.89 | 15.33 | 222.89 | 103.11 | 1.11 |
| 乌兰察布市 | 2.80 | 6.20 | 121.80 | 85.20 | 0.60 |
| 鄂尔多斯市 | 25.48 | 2.62 | 190.95 | 89.52 | 0.95 |
| 巴彦淖尔市 | 10.00 | 4.11 | 234.46 | 102.86 | 1.25 |
| 乌海市 | 15.00 | | 216.67 | 101.67 | |
| 阿拉善盟 | 47.00 | 43.00 | 276.00 | 135.00 | |

# 2－3－49 续表 2

| 地　区 | 摄像机（台） | 影碟机（台） | 照相机（架） | 家用计算机（台） | 中高档乐器（件） |
|---|---|---|---|---|---|
| **全　区** | **0.87** | **22.86** | **3.01** | **11.21** | **0.68** |
| 呼和浩特市 | 0.24 | 22.62 | 11.19 | 10.95 | 0.24 |
| 包头市 | 1.39 | 37.22 | 16.39 | 28.89 | 0.56 |
| 呼伦贝尔市 | 2.29 | 30.83 | 8.96 | 13.75 | 0.42 |
| 兴安盟 | 0.98 | 32.20 | 1.22 | 7.56 | |
| 通辽市 | 1.30 | 18.70 | 1.67 | 18.33 | 0.37 |
| 赤峰市 | 0.13 | 12.00 | 2.25 | 10.25 | 0.75 |
| 锡林郭勒盟 | 2.89 | 27.11 | 10.67 | 7.11 | 2.00 |
| 乌兰察布市 | 0.40 | 9.20 | 1.40 | 2.60 | |
| 鄂尔多斯市 | 6.19 | 22.14 | 7.86 | 12.14 | 0.71 |
| 巴彦淖尔市 | 0.54 | 25.36 | 4.82 | 10.54 | 0.71 |
| 乌海市 | 1.67 | 1.67 | 6.67 | 23.33 | |
| 阿拉善盟 | 6.00 | 41.00 | 13.00 | 41.00 | 1.00 |

# 主要统计指标解释

**家庭常住人口** 指全年经常在家或在家居住6个月以上,而且经济和生活与本户连成一体的人口。

**生产性固定资产** 是指生产过程中使用年限较长、单位价值较高,并在使用过程中保持原有物质形态的资产,包括厂房、机器设备等。

**固定资产原值** 是指固定资产当初的购进价、新建价或开始转为固定资产的价值。

**整、半劳动力数量** 整劳动力是指男子18周岁到50周岁,女子18周岁到45周岁;半劳动力是指男子16周岁到17周岁,51周岁到60周岁;女子16周岁到17周岁,46周岁到55周岁,同时具有劳动能力的人。虽然在劳动年龄之内,但已丧失劳动能力的人,不应算为劳动力;超过劳动年龄,但能经常参加劳动,计入半劳动力数内。常住人口中的职工,若这些职工为劳动力,就包括在本户的整半劳动力中。

**总收入** 是调查期内全部收入的总和,其中未扣除为获得收入所发生的支出(生产费用)和生活消费支出。

**工资性收入** 指农村住户成员受雇于单位或个人,靠出卖劳动而获得的收入。

**在非企业组织中劳动得到的收入** 指农村住户成员在不具备企业性质的行政事业单位和各种组织中劳动得到的收入。

**在本地企业中劳动得到的收入** 指农村住户成员在其所属乡(镇)地域范围内的任何企业劳动得到的收入。根据企业生产经营的性质将企业划分为第一产业、第二产业和第三产业企业。

**常住人口外出从业得到的收入** 是指农村住户成员到其所属乡(镇)地域范围以外从业得到的收入。

**家庭经营收入** 是指农村住户以家庭为生产经营单位进行生产筹划和管理而获得的收入。

**财产性收入** 指金融资产或有形非生产性资产的所有者向其他机构单位提供资金或将有形非生产性资产供其支配,作为汇报而从中获得的收入。

**转移性收入** 指农村住户和住户成员无须付出任何对应物而获得的货物、服务、资金或资产所有权等,不包括无偿提供的用于固定资本形成的资金。

**纯收入** 在农村住户家庭总收入中扣除费用后得到的收入。

**总支出** 指农村住户用于生产、生活和再分配的全部支出。

**家庭经营费用支出** 指农村住户以家庭为基本生产经营单位从事生产经营活动而消费的商品和服务、自产自用产品。

**购置生产性固定资产支出** 指农村住户用于建造和购置生产性固定资产所支出的费用。

**生产性固定资产折旧** 指农村住户在家庭经营生产活动中,因使用固定资产,而转移到新产品中的那部分固定资产价值。在农村住户调查中,生产性固定资产的使用年限定为15年。

**税费支出** 指农村住户家庭经营生产活动中所缴纳税款、村提留、乡统筹和各种集资、摊派;以及农村住户缴纳的其他直接税。

**生活消费支出** 指农村住户用于物质生活和精神生活方面的支出。

**转移性支出** 包括寄给和带给家庭非常住人口、赠送亲友、支付保险费、租金支出、罚款及其他转移性支出。

**寄给和带给家庭非常住人口** 指农村住户和住户成员寄给和带给家庭非常住人口的现金和实物。实物支出按实际购买价格计算;如果是自己生产的产品,按该产品当地零售价折价。

**现金收入** 指农村住户和住户成员在调查期内得到以现金形态表现的收入。按来源分成工资性收入、家庭经营现金收入、财产性收入、转移性收入。

**非现金收入所得** 指农村住户和住户成员得到的不具收入特性的款项。非收入所得也可用于农村住户和成员的消费支出,包括:支取的储蓄存款、出卖财产得到的款项、借款、贷款和其他款项。

**现金支出** 指农村住户在调查期内用于生产、生活和再分配所支付的现金。包括家庭经营费用支出、缴纳的税费、购买生产性固定资产、生活消费、财产性和转移性支出。

# 农村牧区经济社会调查篇

## ④ 农林牧渔业中间消耗

资料整理：郭计珍 赵燕 范志生 刘世友

# 2－4－1 农林牧渔业中间消耗

单位：万元

| 指　　标 | 2011 年 | 2012 年 | 2012 年比 2011 年增加 | |
|---|---|---|---|---|
| | | | 绝对数 | % |
| **农林牧渔业中间消耗总计** | **8982075** | **10007542** | **1025467** | **11.42** |
| 农业中间消耗合计 | 3693997 | 4073777 | 379780 | 10 |
| 物质消耗 | 3102109 | 3425110 | 323002 | 10 |
| 用种量 | 719757 | 784700 | 64943 | 9 |
| 役畜用饲料、饲草 | 88203 | 72099 | －16105 | －18 |
| 肥　料 | 1262758 | 1395441 | 132683 | 11 |
| 燃　料 | 715991 | 789342 | 73351 | 10 |
| 农　药 | 187551 | 240286 | 52735 | 28 |
| 农用塑料薄膜 | 27820 | 31625 | 3806 | 14 |
| 用电量 | 67936 | 74975 | 7039 | 10 |
| 小农具购置 | 10772 | 13006 | 2234 | 21 |
| 办公用品购置 | 1003 | 1103 | 100 | 10 |
| 其　他 | 20318 | 22533 | 2215 | 11 |
| 生产服务支出 | 591889 | 648667 | 56778 | 10 |
| 林业中间消耗合计 | 277069 | 305286 | 28217 | 10 |
| 物质消耗 | 174603 | 191774 | 17171 | 10 |
| 用种量 | 59244 | 67563 | 8319 | 14 |
| 肥　料 | 16318 | 18349 | 2031 | 12 |
| 燃　料 | 73360 | 77837 | 4477 | 6 |
| 农　药 | 2525 | 2875 | 350 | 14 |
| 用电量 | 9010 | 10239 | 1229 | 14 |
| 小农机具购置 | 1503 | 1613 | 110 | 7 |
| 办公用品购置 | 5900 | 6302 | 402 | 7 |
| 其　他 | 6742 | 6995 | 253 | 4 |
| 生产服务支出 | 102466 | 113512 | 11046 | 11 |

# 2-4-1 续表

单位:万元

| 指　　标 | 2011 年 | 2012 年 | 2012 年比 2011 年增加 | |
|---|---|---|---|---|
| | | | 绝对数 | % |
| 牧业中间消耗合计 | 4803880 | 5400713 | 596833 | 12.42 |
| 物质消耗 | 4329487 | 4888984 | 559498 | 12.92 |
| 用种量 | 128194 | 142914 | 14720 | 11.48 |
| 饲料、饲草 | 3882128 | 4365998 | 483871 | 12.46 |
| 燃　料 | 93860 | 111821 | 17960 | 19.14 |
| 用电量 | 89442 | 101001 | 11559 | 12.92 |
| 畜牧用药品 | 70591 | 97128 | 26538 | 37.59 |
| 其　他 | 65272 | 70122 | 4850 | 7.43 |
| 生产服务支出 | 474393 | 511729 | 37336 | 7.87 |
| 渔业中间消耗合计 | 78603 | 87029 | 8427 | 10.72 |
| 物质消耗 | 67613 | 75210 | 7597 | 11.24 |
| 饲　料 | 36022 | 39770 | 3747 | 10.40 |
| 燃　料 | 9656 | 9829 | 173 | 1.79 |
| 用电量 | 4790 | 5679 | 889 | 18.55 |
| 办公用品购置 | 3040 | 3508 | 468 | 15.38 |
| 其　他 | 14104 | 16424 | 2320 | 16.45 |
| 生产服务支出 | 10990 | 11820 | 830 | 7.55 |
| 农林牧渔服务业中间消耗合计 | 128526 | 140736 | 12210 | 9.50 |
| 物质消耗 | 67596 | 74158 | 6562 | 9.71 |
| 生产服务支出 | 60931 | 66578 | 5648 | 9.27 |

# 2-4-2 主要农产品中间消耗（2012年）

| 指　　标 | 单　位 | 稻　谷 | 小　麦 | 玉　米 | 杂　粮 |
|---|---|---|---|---|---|
| 调查数量 | 亩 | 12916 | 46411.4 | 512008.5 | 3471.5 |
| 产　量 | 公斤/亩 | 661.53 | 259.18 | 547.62 | 239.14 |
| 价　格 | 元/公斤 | 2.76 | 2.57 | 2.01 | 3.47 |
| 每亩产值 | 元/亩 | 1824.06 | 665.33 | 1101.8 | 830.75 |
| 每亩增加值 | 元/亩 | 1449.76 | 407.43 | 828.25 | 729.62 |
| 增加值率 | % | 79.48 | 61.24 | 75.17 | 87.83 |
| 平均每亩中间消耗 | 元 | 374.3 | 257.9 | 273.55 | 101.13 |
| 物质消耗 | 元 | 286.93 | 224.13 | 228.13 | 73.75 |
| 用　种 | 元 | 52.43 | 66.13 | 45.71 | 14.37 |
| 饲　料 | 元 |  | 6.32 | 8.55 | 8.27 |
| 肥　料 | 元 | 125.58 | 88.14 | 110.94 | 41.61 |
| 燃　料 | 元 | 36.45 | 22.83 | 26.63 | 4.71 |
| 农　膜 | 元 |  | 0.21 | 10.93 |  |
| 农　药 | 元 | 56.42 | 13.55 | 9.09 | 2.69 |
| 水　费 | 元 |  | 17.28 | 7.58 | 1 |
| 电　费 | 元 | 14.67 | 8.16 | 6.65 | 2.21 |
| 棚架材料费 | 元 |  |  |  |  |
| 小农具 | 元 | 1.39 | 0.62 | 1.27 | 1.23 |
| 办公用品 | 元 |  |  |  |  |
| 其他物质消耗 | 元 |  | 0.88 | 1.91 | 1.88 |
| 生产服务支出 | 元 | 87.37 | 33.77 | 45.42 | 27.38 |
| 修理费 | 元 | 9.91 | 2 | 3.6 | 1.25 |
| 运输费 | 元 | 1 |  | 1.04 |  |
| 排灌费 | 元 |  | 5.19 | 13.33 | 1.39 |
| 机械作业 | 元 | 54.08 | 25.16 | 23.36 | 16.2 |
| 管理费 | 元 |  |  |  |  |
| 其　他 | 元 | 20.13 | 1.34 | 3.78 | 8.54 |
| 付记 |  |  |  |  |  |
| 雇工支出 | 元 | 6.02 | 12.65 | 15.89 | 9.06 |
| 各种补贴收入 | 元 | 20.94 | 52.11 | 60.67 | 20.12 |
| #粮食直补 | 元 | 20.94 | 29.2 | 38.59 | 19.03 |

# 2-4-2 续表 1

| 指　　标 | 单 位 | 高 粱 | 大 麦 | 荞 麦 | 其他谷物 |
|---|---|---|---|---|---|
| 调查数量 | 亩 | 1415.2 | | 675.5 | |
| 产　量 | 公斤/亩 | 360.24 | | 104.32 | |
| 价　格 | 元/公斤 | 1.92 | | 2.79 | |
| 每亩产值 | 元/亩 | 692.18 | | 290.89 | |
| 每亩增加值 | 元/亩 | 526.39 | | 204.82 | |
| 增加值率 | % | 76.05 | | 70.41 | |
| 平均每亩中间消耗 | 元 | 165.79 | | 86.07 | |
| 物质消耗 | 元 | 145.26 | | 62.41 | |
| 用　种 | 元 | 26.4 | | 18.51 | |
| 饲　料 | 元 | 6.93 | | 9.13 | |
| 肥　料 | 元 | 88.15 | | 21.78 | |
| 燃　料 | 元 | 16.05 | | 9.98 | |
| 农　膜 | 元 | | | | |
| 农　药 | 元 | 2.79 | | 1.03 | |
| 水　费 | 元 | 0.14 | | | |
| 电　费 | 元 | 4.27 | | 0.37 | |
| 棚架材料费 | 元 | | | | |
| 小农具 | 元 | 0.53 | | 0.89 | |
| 办公用品 | 元 | | | | |
| 其他物质消耗 | 元 | | | 1.34 | |
| 生产服务支出 | 元 | 20.54 | | 23.66 | |
| 修理费 | 元 | 1.36 | | 1.14 | |
| 运输费 | 元 | | | 1.59 | |
| 排灌费 | 元 | | | | |
| 机械作业 | 元 | 19.18 | | 17.79 | |
| 管理费 | 元 | | | | |
| 其　他 | 元 | | | 3.15 | |
| 付记 | | | | | |
| 雇工支出 | 元 | 3.18 | | 0.56 | |
| 各种补贴收入 | 元 | 30.23 | | 35.36 | |
| #粮食直补 | 元 | 18.75 | | 22.61 | |

# 2－4－2 续表 2

| 指　　标 | 单　位 | 马铃薯 | 大　豆 | 油菜籽 | 向日葵 |
|---|---|---|---|---|---|
| 调查数量 | 亩 | 10581.5 | 102439.5 | 214 | 2180.5 |
| 产　量 | 公斤/亩 | 1091.19 | 106.22 | 85.62 | 142.71 |
| 价　格 | 元/公斤 | 1.03 | 4.15 | 4.17 | 6.29 |
| 每亩产值 | 元/亩 | 1128.48 | 440.67 | 357.32 | 897.39 |
| 每亩增加值 | 元/亩 | 832.68 | 308.35 | 299.52 | 606.48 |
| 增加值率 | % | 73.79 | 69.97 | 83.82 | 67.58 |
| 平均每亩中间消耗 | 元 | 295.8 | 132.32 | 57.8 | 290.91 |
| 物质消耗 | 元 | 249.87 | 124.61 | 33.32 | 260.9 |
| 用　种 | 元 | 85.79 | 42.83 | 7.09 | 98.79 |
| 饲　料 | 元 | 10.33 | 11.71 | | |
| 肥　料 | 元 | 103.04 | 30.31 | | 85.58 |
| 燃　料 | 元 | 19.63 | 14.58 | 22.93 | 34.59 |
| 农　膜 | 元 | 6.41 | | | 11.55 |
| 农　药 | 元 | 4.64 | 17.67 | 2.33 | 4.97 |
| 水　费 | 元 | 6.1 | 2.83 | | 11.33 |
| 电　费 | 元 | 3.22 | | | 6.4 |
| 棚架材料费 | 元 | | | | |
| 小农具 | 元 | 2.32 | | 0.93 | 6.93 |
| 办公用品 | 元 | 1.42 | | | |
| 其他物质消耗 | 元 | 9.96 | 4.68 | 0.06 | |
| 生产服务支出 | 元 | 45.93 | 7.72 | 24.48 | 30.01 |
| 修理费 | 元 | 2.53 | 0.69 | 1.7 | 5.67 |
| 运输费 | 元 | 12.84 | 0.12 | | 2.16 |
| 排灌费 | 元 | 1.14 | | 0.73 | 0.34 |
| 机械作业 | 元 | 13.52 | 0.33 | 22.05 | 11.21 |
| 管理费 | 元 | | | | |
| 其　他 | 元 | 15.71 | 6.58 | | 10.64 |
| 付记 | | | | | |
| 雇工支出 | 元 | 27.82 | 1.78 | | 14.38 |
| 各种补贴收入 | 元 | 59.74 | 40.37 | 19.5 | 23.23 |

# 2-4-2 续表3

| 指　　标 | 单　位 | 胡麻籽 | 甜　菜 | 蔬　菜 | 西　瓜 |
|---|---|---|---|---|---|
| 调查数量 | 亩 | 289.8 | 1039 | 84.60 | 33 |
| 产　量 | 公斤/亩 | 71.68 | 3508.81 | 3110.85 | 4369.45 |
| 价　格 | 元/公斤 | 6.77 | 0.74 | 1.67 | 0.65 |
| 每亩产值 | 元/亩 | 485.38 | 2597.53 | 5184.24 | 2820.89 |
| 每亩增加值 | 元/亩 | 391.47 | 2397.05 | 3666.04 | 2010.00 |
| 增加值率 | % | 80.65 | 92.28 | 70.72 | 71.25 |
| 平均每亩中间消耗 | 元 | 93.91 | 200.48 | 1518.20 | 810.89 |
| 物质消耗 | 元 | 74.3 | 150.77 | 1377.54 | 752.55 |
| 用　种 | 元 | 25.36 | 45 | 184.35 | 180.56 |
| 饲　料 | 元 | 8.67 | | | |
| 肥　料 | 元 | 27.43 | 40.67 | 314.96 | 79.95 |
| 燃　料 | 元 | 9.58 | 40.67 | 171.10 | 23.55 |
| 农　膜 | 元 | | | 96.40 | 24.09 |
| 农　药 | 元 | 0.23 | 15.43 | 97.55 | 1.06 |
| 水　费 | 元 | 2 | | 45.26 | |
| 电　费 | 元 | 0.49 | 4.67 | 32.95 | 443.34 |
| 棚架材料费 | 元 | | | 0.35 | |
| 小农具 | 元 | | 4.33 | | |
| 办公用品 | 元 | | | | |
| 其他物质消耗 | 元 | 1.17 | | 434.22 | |
| 生产服务支出 | 元 | 19.61 | 49.72 | 140.66 | 58.33 |
| 修理费 | 元 | | 4 | 8.51 | |
| 运输费 | 元 | | 19.83 | 67.49 | |
| 排灌费 | 元 | 1.11 | 18.89 | 3.30 | |
| 机械作业 | 元 | 16.8 | 7 | 8.87 | |
| 管理费 | 元 | | | | |
| 其　他 | 元 | 1.7 | | 52.48 | |
| 付记 | 元 | | | | |
| 雇工支出 | | 6.25 | | 483.45 | 533.33 |
| 各种补贴收入 | 元 | 32.25 | 12.99 | 8.00 | 27.85 |

# 2-4-2 续表 4

| 指　　标 | 单　位 | 猪 | 牛 | 羊 |
|---|---|---|---|---|
| 调查数量 | 头、只 | 25583.00 | 4964.00 | 16751.00 |
| 产　量 | 公斤/头、只 | 120.45 | 289.81 | 37.51 |
| 价　格 | 元/公斤 | 17.83 | 20.04 | 23.74 |
| 单位产值 | 元/头、只 | 2147.76 | 5806.41 | 890.55 |
| 单位增加值 | 元/头、只 | 1007.41 | 3721.67 | 569.28 |
| 增加值率 | % | 46.91 | 64.10 | 63.92 |
| 中间消耗合计 | 元 | 1140.35 | 2084.74 | 321.28 |
| 物质消耗 | 元 | 1114.08 | 1983.91 | 299.70 |
| 用　种 | 元 | 216.97 | 359.58 | 55.89 |
| 饲　料 | 元 | 845.07 | 1518.64 | 227.07 |
| 燃　料 | 元 | 17.34 | 27.96 | 3.07 |
| 养殖用药 | 元 | 15.57 | 24.66 | 6.81 |
| 水　费 | 元 | 3.43 | 4.07 | 1.12 |
| 电　费 | 元 | 3.96 | 12.54 | 0.83 |
| 小农具 | 元 | 1.45 | 3.87 | 1.06 |
| 其　他 | 元 | 10.22 | 32.60 | 3.79 |
| 生产服务支出 | 元 | 26.28 | 100.84 | 21.59 |
| 修　理 | 元 | 0.33 | 28.34 | 2.25 |
| 运　输 | 元 | 0.91 | 8.60 | 0.97 |
| 配种费 | 元 | 1.65 | 8.28 | 1.36 |
| 防疫费 | 元 | 12.53 | 13.79 | 5.17 |
| 上交管理费 | 元 | | | |
| 其　他 | 元 | 9.97 | 24.66 | 11.28 |
| 付记 | | | | |
| 雇工支出 | 元 | 31.89 | 124.12 | 35.46 |

# 2-4-2 续表 5

| 指　　标 | 单　位 | 鸡 | 鸡　蛋 | 牛　奶 | 山羊绒 |
|---|---|---|---|---|---|
| 调查数量 | 只 | 3952.00 | | | |
| 价　格 | 元/公斤 | 16.36 | 7.55 | 3.43 | 262.34 |
| 单位产值 | 元/百公斤 | 1635.79 | 755.04 | 343.13 | 26234.31 |
| 单位增加值 | 元/百公斤 | 454.68 | 305.12 | 162.69 | 10150.01 |
| 增加值率 | % | 27.80 | 40.41 | 47.41 | 38.69 |
| 中间消耗合计 | 元/百公斤 | 1181.11 | 449.93 | 180.44 | 16084.31 |
| 物质消耗 | 元/百公斤 | 1050.34 | 437.04 | 165.07 | 15129.68 |
| 用　种 | 元/百公斤 | 99.70 | 49.38 | 0.13 | 877.97 |
| 饲　料 | 元/百公斤 | 902.77 | 372.38 | 157.01 | 12398.81 |
| 燃　料 | 元/百公斤 | 3.24 | 5.06 | 1.86 | 941.66 |
| 养殖用药 | 元/百公斤 | 15.57 | 4.45 | 1.64 | 670.81 |
| 水　费 | 元/百公斤 | 7.27 | 0.83 | 0.69 | |
| 电　费 | 元/百公斤 | 21.80 | 4.38 | 2.32 | 9.53 |
| 小农具 | 元/百公斤 | | 0.18 | 0.37 | 38.82 |
| 其　他 | 元/百公斤 | | 0.38 | 1.01 | 192.09 |
| 生产服务支出 | 元/百公斤 | 130.77 | 12.89 | 15.36 | 954.63 |
| 修　理 | 元/百公斤 | 12.45 | 1.18 | 4.26 | 163.95 |
| 运　输 | 元/百公斤 | 8.30 | 2.14 | 2.18 | 14.40 |
| 配种费 | 元/百公斤 | | | 1.32 | 24.81 |
| 防疫费 | 元/百公斤 | 103.79 | 6.94 | 1.54 | 646.49 |
| 上交管理费 | 元/百公斤 | | | 0.12 | |
| 其　他 | 元/百公斤 | 6.23 | 1.53 | 0.38 | 104.53 |
| 付记 | | | | | |
| 雇工支出 | 元/百公斤 | 348.73 | 97.11 | 12.83 | 1311.59 |

# 2－4－2 续表 6

| 指　　标 | 单　位 | 鲤　鱼 | 草　鱼 | 鲢　鱼 |
|---|---|---|---|---|
| 调查数量 | | | | |
| 价　格 | 元/公斤 | 24.35 | 32.50 | 10.00 |
| 单位产值 | 元/百公斤 | 2435.02 | 3250.00 | 1000.00 |
| 单位增加值 | 元/百公斤 | 1479.54 | 1418.33 | 631.25 |
| 增加值率 | % | 60.76 | 43.64 | 63.13 |
| 平均每百公斤中间消耗 | 元 | 955.48 | 1831.67 | 368.75 |
| 物质消耗 | 元/百公斤 | 934.06 | 1690.00 | 353.75 |
| 用　种 | 元/百公斤 | 24.55 | 600.00 | 62.50 |
| 饲　料 | 元/百公斤 | 867.64 | 600.00 | 269.38 |
| 肥　料 | 元/百公斤 | | | |
| 燃　料 | 元/百公斤 | 12.63 | 131.67 | |
| 农　膜 | 元/百公斤 | | | |
| 养殖用药 | 元/百公斤 | 15.88 | 100.00 | 1.88 |
| 水　费 | 元/百公斤 | | | |
| 电　费 | 元/百公斤 | 0.36 | 58.33 | 16.25 |
| 棚架材料费 | 元/百公斤 | | | |
| 小农具 | 元/百公斤 | | | |
| 办公用品 | 元/百公斤 | | | |
| 其他物质消耗 | 元/百公斤 | 13.00 | 200.00 | 3.75 |
| 生产服务支出 | 元/百公斤 | 21.42 | 141.67 | 15.00 |
| 修理费 | 元/百公斤 | | 100.00 | |
| 运输费 | 元/百公斤 | 7.22 | | |
| 排灌费 | 元/百公斤 | | | |
| 机械作业 | 元/百公斤 | | | |
| 管理费 | 元/百公斤 | 1.20 | | 12.50 |
| 其　他 | 元/百公斤 | 12.27 | | 2.50 |
| 付记 | | | | |
| 雇工支出 | | 101.08 | | |

# 主要统计指标解释

**农业中间消耗(中间投入)** 是指农林牧渔业生产经营过程中所消耗的货物和服务的价值,包括物质产品消耗和非物质性服务消耗。物质产品消耗是指农林牧渔业生产过程中所消耗的各种物质产品的价值,包括购买和计入总产出的自给性物质产品消耗,主要有种籽、饲料、肥料、农药、燃料、用电量、小农具购置、原材料消耗等;非物质性服务消耗是支付给非物质生产部门的各种服务费,主要包括修理费、生产用外雇运输费、生产用邮电费、畜禽配种费、畜禽防疫医疗费、科研费、旅馆、车船费、金融服务费、保险服务费、广告费等。

**主要农产品中间消耗** 是指我区农村牧区生产的一些主要农林牧渔业产品,每一种产品在生产经营过程中的中间投入,即所消耗的货物和服务的价值。

1、用种:谷物豆类,油料作物和其他农作物的种籽,不包括种(秧)苗;林业中育苗、造林用的各种树木种籽、种苗;牧业的种籽费用包括已计入了总产值的孵育雏禽用的种蛋、产蚕仔的种茧。各种农作物的种籽消耗量,

2、饲料:包括用于农业生产的役畜和牧业中各种家畜、家禽、蚕、兔、蜂等及发展养殖渔业,所消耗的各种精饲料(如粮食、糠麸、油饼等)和粗饲料(如青饲料农作物秸秆等)。

3、肥料:指农业、林业的生产过程中,所使用的化肥、饼肥、绿肥和农作物副产品(如秸秆还田用作肥料)。

4、燃料:指农林牧渔业使用的各种机械所消耗的汽油、柴油、煤炭等燃料。润滑油也计算在燃料消耗量中。

5、农药:指农业、牧业、林业的生产过程中,所使用的各种农药(包括粉剂和水剂),农药施用量。

6、农用塑料薄膜:指农业生产中用于地膜和塑料大棚以及其他生产用途消耗的塑料薄膜。

7、用电量:指农林牧渔业生产过程中消耗的全部生产用电量(包括外购的和本单位发电用于农业生产的部分)。

8、小农具购置:指农业生产过程中所消耗的小农具的价值。

9、办公用品购置:指农林牧渔业生产经营单位在生产过程中购买的各种办公用具,

10、畜牧用药品:指农牧业生产单位在外购买的用于本单位对各种牲畜进行配、育种及对畜禽进行疾病防疫、治病所消耗的各种药品、器械等物质消耗。

11、生产服务支出:指在农林牧渔业生产经营过程中支付给物质生产部门和非物质生产部门的各种服务费用,包括修理费,生产用外雇运输费,生产用邮电费、畜禽防疫费、配种费、保险费、广告费、职工教育费、科技咨询费、差旅费、会议费等。

# 3 城市经济社会调查篇

# 3 城市经济社会调查篇

## ① 城市社会经济基本情况

资料整理：浩毕斯 杜春平 高晓青

# 3－1－1 地级城市社会经济基本情况

| 指　　标 | 单位 | 合　计 | 市辖区 |
|---|---|---|---|
| **人口、劳动力及土地面积** | | | |
| 人口 | | | |
| 年末总人口 | 万人 | 2181.71 | 672.29 |
| 年出生人口 | 人 | 202785 | 64967 |
| 年死亡人口 | 人 | 165667 | 48643 |
| 年末总户数 | 万户 | 818.17 | 235.82 |
| 从业人员 | | | |
| 年末单位从业人员数(城镇) | 万人 | 231.15 | 116.81 |
| 第一产业(农、林、牧、渔业) | 万人 | 19.54 | 2.07 |
| 第二产业 | 万人 | 84.89 | 49.15 |
| 采矿业 | 万人 | 18.65 | 5.76 |
| 制造业 | 万人 | 39.52 | 25.28 |
| 电力、燃气及水的生产和供应业 | 万人 | 10.61 | 5.85 |
| 建筑业 | 万人 | 16.11 | 12.26 |
| 第三产业 | 万人 | 126.72 | 65.59 |
| 农、林、牧、渔服务业 | 万人 | 2.5 | 0.6 |
| 开采辅助活动 | 万人 | 0.01 | |
| 金属制品、机械和设备修理业 | 万人 | 0.61 | 0.33 |
| 批发和零售业 | 万人 | 6.85 | 4.64 |
| 交通运输、仓储及邮政业 | 万人 | 7.95 | 4.41 |
| 住宿、餐饮业 | 万人 | 2.51 | 2.11 |
| 信息传输、计算机服务和软件业 | 万人 | 3.67 | 2.62 |
| 金融业 | 万人 | 9.46 | 6.26 |
| 房地产业 | 万人 | 1.49 | 1.11 |
| 租赁和商业服务业 | 万人 | 2.39 | 1.64 |
| 科学研究、技术服务 | 万人 | 4.21 | 3.16 |
| 水利、环境和公共设施管理业 | 万人 | 7.06 | 4.43 |
| 居民服务和其他服务业 | 万人 | 0.65 | 0.24 |
| 教育 | 万人 | 30.58 | 12.85 |

# 3-1-1 续表 1

| 指　　标 | 单位 | 合　计 | 市辖区 |
|---|---|---|---|
| 卫生和社会工作 | 万人 | 11.11 | 5.66 |
| 文化、体育和娱乐业 | 万人 | 2.89 | 1.88 |
| 公共管理和社会组织 | 万人 | 32.78 | 13.65 |
| 国际组织 | 万人 | | |
| 城镇私营和个体从业人员 | 人 | 2764952 | 1629791 |
| 年末城镇登记失业人员数 | 人 | 185222 | 96858 |
| 土地面积及水资源 | - | | |
| 行政区域土地面积 | 平方公里 | 660500 | 23511 |
| #建成区面积 | 平方公里 | | 877 |
| 城市建设用地面积 | 平方公里 | | 869 |
| #居住用地面积 | 平方公里 | | 332 |
| 公共设施用地面积 | 平方公里 | | 120 |
| 工业用地面积 | 平方公里 | | 156 |
| 水资源总量 | 万立方米 | 5224612 | |
| 综合经济 | - | | |
| 地区生产总值(当年价格) | 万元 | 162960050 | 78879840 |
| 第一产业增加值 | 万元 | 12874410 | 2205727 |
| 第二产业增加值 | 万元 | 88896233 | 37866301 |
| 第三产业增加值 | 万元 | 61189407 | 38807812 |
| 地区生产总值(2010 年价格) | 万元 | 146545722 | 72191704 |
| 人均地区生产总值 | 元 | 80520.33 | 83427.11 |
| 地区生产总值增长率 | % | 111.41 | 108.3 |
| 财政 | - | | |
| 地方财政一般预算收入 | 万元 | 11218146 | 4603144 |
| #各项税收 | 万元 | 7197964 | 3548077 |
| #企业所得税 | 万元 | 1168718 | 454941 |
| 个人所得税 | 万元 | 325104 | 139499 |
| 地方财政一般预算支出 | 万元 | 24353879 | 6545065 |
| 一般性公共服务支出 | 万元 | 2393195 | 629437 |
| 科学技术支出 | 万元 | 183574 | 71128 |
| 教育支出 | 万元 | 3399024 | 1034766 |

# 3－1－1 续表 2

| 指　　标 | 单位 | 合　计 | 市 辖 区 |
|---|---|---|---|
| 文化体育与传媒支出 | 万元 | 530035 | 104520 |
| 医疗卫生支出 | 万元 | 1390731 | 340347 |
| 节能保护支出 | 万元 | 983185 | 202000 |
| 城乡社区事务支出 | 万元 | 3324598 | 1260221 |
| 交通运输支出 | 万元 | 1234868 | 242738 |
| 社会保障和就业支出 | 万元 | 3122472 | 773857 |
| 住房保障支出 | 万元 | 1235995 | 369376 |
| 金融 | － | | |
| 年末金融机构人民币各项存款余额 | 万元 | 126258312 | 92526633 |
| #居民人民币储蓄存款余额 | 万元 | 60627275 | 39139143 |
| 年末金融机构人民币各项贷款余额 | 万元 | 104274966 | 81382843 |
| 保险 | － | | |
| 保费收入 | 万元 | 2099014 | |
| #财产险 | 万元 | 996759 | |
| 人身险 | 万元 | 1014255 | |
| 赔款、给付 | 万元 | 627756 | |
| #财产险 | 万元 | 454542 | |
| 人身险 | 万元 | 173214 | |
| 工业 | － | | |
| 规模以上工业法人企业 | － | | |
| 工业企业数 | 个 | 3614 | 1279 |
| 内资企业 | 个 | 3453 | 1206 |
| #国有企业 | 个 | 189 | 65 |
| 私营企业 | 个 | 1482 | 488 |
| #私营独资企业 | 个 | 138 | 28 |
| 私营股份有限公司 | 个 | 55 | 49 |
| 港、澳、台商投资企业 | 个 | 63 | 28 |
| 外商投资企业 | 个 | 98 | 45 |
| 工业总产值(当年价) | 万元 | 164415674 | 61077366 |
| 内资企业 | 万元 | 153328854 | 56613813 |
| #国有企业 | 万元 | 18342971 | 10979643 |

# 3-1-1 续表 3

| 指　　标 | 单位 | 合　计 | 市辖区 |
| --- | --- | --- | --- |
| 私营企业 | 万元 | 38788156 | 9713021 |
| #私营独资企业 | 万元 | 3492615 | 320637 |
| 私营股份有限公司 | 万元 | 3252026 | 1683818 |
| 港、澳、台商投资企业 | 万元 | 2519002 | 1075629 |
| 外商投资企业 | 万元 | 8567818 | 3387924 |
| 企业财务 | - | | |
| 从业人员年平均人数 | 万人 | 114.98 | 50.79 |
| 流动资产合计 | 万元 | 71309606 | 30620043 |
| 固定资产合计 | 万元 | 81851283 | 31293416 |
| 主营业务收入 | 万元 | 161212076 | 57910379 |
| 主营业务成本 | 万元 | 126926139 | 48674500 |
| 主营业务税金及附加 | 万元 | 2075036 | 867204 |
| 本年应交增值税 | 万元 | 6559082 | 2008741 |
| 利润总额 | 万元 | 17145789 | 5002129 |
| 交通运输、邮电通信、能源电力 | - | | |
| 交通运输 | - | | |
| 铁路旅客运量 | 万人 | 6558.83 | |
| 铁路货物运量 | 万吨 | 53411 | |
| 公路客运量(全社会) | 万人 | 20667.06 | |
| 公路货运量(全社会) | 万吨 | 117252 | |
| 水运客运量(全社会) | 万人 | | |
| 水运货运量(全社会) | 万吨 | | |
| 民用航空客运量 | 万人 | 1039.29 | |
| 民用航空货邮运量 | 吨 | 59694 | |
| 沿海港口货物吞吐量(规模以上) | 万吨 | | |
| 内河港口货物吞吐量(规模以上) | 万吨 | | |
| 公路里程 | 公里 | 128046 | |
| 境内高速公路里程 | 公里 | 2677 | |
| 民用汽车拥有量 | 辆 | 2801238 | |
| #私人汽车拥有量 | 辆 | 2330568 | |

# 3－1－1 续表 4

| 指　　标 | 单位 | 合　计 | 市 辖 区 |
|---|---|---|---|
| 邮电通信 | － | | |
| 年末邮政局(所)数 | 处 | 1349 | 335 |
| 邮政业务收入 | 万元 | 221740 | |
| 电信业务收入 | 万元 | 1972307 | |
| 固定电话年末用户数 | 万户 | 329.72 | |
| 移动电话年末用户数 | 万户 | 2436.99 | |
| # 3G 移动电话用户 | 万户 | 268.05 | |
| 互联网宽带接入用户数 | 万户 | 202.43 | |
| 能源电力 | － | | |
| 综合能源消费量 | 万吨/标准煤 | 18345 | |
| 全社会用电量 | 万千瓦时 | 18129770 | 6569537 |
| # 工业用电 | 万千瓦时 | 16022156 | 5392637 |
| 城乡居民生活用电 | 万千瓦时 | 902227 | 537592 |
| 贸易、外经及旅游 | － | | |
| 社会消费品零售总额 | 万元 | 41646433 | 27905300 |
| 限额以上批发零售贸易业商品销售总额 | 万元 | 40670800 | 24857450 |
| 限额以上批发零售企业数(法人数) | 个 | 1552 | 1099 |
| #零售业 | 个 | 926 | 608 |
| 限额以上批发零售贸易业企业财务 | － | | |
| 年末从业人数 | 万人 | 12.56 | 10.22 |
| 流动资产合计 | 万元 | 11865491 | 8568129 |
| 固定资产合计 | 万元 | 1917592 | 1377475 |
| 主营业务收入 | 万元 | 34415713 | 22616793 |
| 主营业务成本 | 万元 | 30969952 | 20441133 |
| 主营业务税金及附加 | 万元 | 273225 | 211939 |
| 本年应交增值税 | 万元 | 736049 | 593742 |
| 利润总额 | 万元 | 1051667 | 555374 |
| 外贸外经 | － | | |
| 货物进口额(海关数) | 万美元 | 622296 | |
| 货物出口额(海关数) | 万美元 | 299295 | |

# 3－1－1 续表 5

| 指　　标 | 单 位 | 合　计 | 市 辖 区 |
|---|---|---|---|
| 外商直接投资合同项目 | 个 | 79 | 28 |
| 当年实际使用外资金额 | 万美元 | 412817 | 171998 |
| 旅游 | - | | |
| 入境游客人数(含一日游游客) | 人 | 14642709 | |
| #外国人 | 人 | 849969 | |
| 港、澳、台同胞 | 人 | 52470 | |
| 国际旅游(外汇)收入 | 万美元 | 56088 | |
| 固定资产投资 | - | | |
| 全社会固定资产投资 | 万元 | 116607281 | 41596707 |
| 固定资产投资(不含农户) | 万元 | 115410184 | 45782629 |
| #房地产开发投资 | 万元 | 11998629 | 7410300 |
| #住宅 | 万元 | 7685305 | 4809487 |
| 全年新增固定资产 | 万元 | 80755276 | 30369276 |
| 房地产 | - | | |
| 商品房屋销售面积 | 万平方米 | 2270.66 | 1387 |
| #住宅 | 万平方米 | 1900.43 | 1203.74 |
| #别墅、高档公寓 | 万平方米 | 48.36 | 33.06 |
| 商品房屋销售额 | 万元 | 9473310 | 6486698 |
| #住宅 | 万元 | 7142703 | 5081103 |
| #别墅、高档公寓 | 万元 | 312712 | 209703 |
| 待售面积 | 万平方米 | 503.51 | 250.44 |
| 保障性住房建设 | - | | |
| 保障性住房本年完成投资 | 万元 | 3270939 | 1931937 |
| #廉租房 | 万元 | 169395 | 54694 |
| 保障性住房施工面积 | 万平方米 | 2929.86 | 2033.56 |
| #廉租房 | 万平方米 | 331.37 | 74.26 |
| 保障性住房竣工面积 | 万平方米 | 557.53 | 334.93 |
| #廉租房 | 万平方米 | 41.95 | 12.41 |

# 3－1－1 续表 6

| 指标 | 单位 | 合计 | 市辖区 |
|---|---|---|---|
| 教育、科技、体育、文化及卫生 | － | | |
| 普通高等学校数 | 所 | 45 | |
| 中等职业教育学校数 | 所 | 230 | 102 |
| 普通中学学校数 | 所 | 889 | 319 |
| 小学学校数 | 所 | 2202 | 574 |
| 专任教师数 | － | | |
| 普通高等学校教师数 | 人 | 24079 | 22241 |
| 中等职业教育学校教师数 | 人 | 14367 | 6952 |
| 普通中学教师数 | 人 | 83125 | 32380 |
| 小学教师数 | 人 | 97235 | 29059 |
| 在校学生数 | － | | |
| 普通高等学校学生数 | 人 | 395587 | 356143 |
| 高中阶段在校学生数 | 人 | 512944 | 245376 |
| 中等职业教育学校学生数 | 人 | 224851 | 135313 |
| 普通中学学生数 | 万人 | 100.7 | 45.74 |
| 小学学生数 | 万人 | 120.86 | 50.3 |
| 初中毕业生升学率 | % | 93.09 | 97.87 |
| 成人高等学校在校学生数 | 人 | 87210 | 74424 |
| 科技 | － | | |
| 科技活动人员 | 人 | 101922 | 71837 |
| R&D 人员数 | 人 | 27989 | 21675 |
| R&D 内部经费支出 | 万元 | 860357 | |
| 专利申请受理量 | 项 | 4478 | |
| 专利申请授权量 | 项 | 2073 | |
| #发明 | 项 | 666 | |
| 体育 | － | | |
| 体育场馆数 | 个 | 187 | 93 |
| 文化 | － | | |
| 剧场、影剧院数 | 个 | 78 | 46 |

# 3－1－1 续表 7

| 指　　标 | 单位 | 合　计 | 市 辖 区 |
|---|---|---|---|
| 公共图书馆图书总藏量 | 千册、件 | 11723.4 | 7812.49 |
| 订销报刊杂志累计份数 | 千份 | 161710.52 | 85735.99 |
| 广播节目综合人口覆盖率 | % | 98.07 | 99.32 |
| 电视节目综合人口覆盖率 | % | 96.91 | 98.45 |
| 有线电视入户率 | % | 60.27 | 78.97 |
| 卫生 | － | | |
| 医院、卫生院数 | 个 | 1888 | 703 |
| 医院、卫生院床位数 | 张 | 95031 | 54258 |
| 医生数(执业医师＋执业助理医师) | 人 | 56060 | 27489 |
| 注册护士 | 人 | 92049 | 24246 |
| 人民生活和社会保障 | － | | |
| 在岗职工平均人数 | 万人 | 216.55 | 106.06 |
| 在岗职工工资总额 | 万元 | 10756337 | 5618759 |
| 居民收支 | － | | |
| 家庭总收入 | 元 | | 245081 |
| 工资性收入 | 元 | | 161999 |
| 经营净收入 | 元 | | 29963 |
| 财产性收入 | 元 | | 7204 |
| 转移性收入 | 元 | | 45916 |
| 城镇居民人均可支配收入 | 元 | | 227375 |
| 最低 10% 户人均可支配收入 | 元 | | 87203 |
| 最高 10% 户人均可支配收入 | 元 | | 571025 |
| 城镇居民人均消费支出 | 元 | | 174194 |
| # 食品 | 元 | | 54202 |
| 衣着 | 元 | | 27325 |
| 居住 | 元 | | 15531 |
| 家庭设备用品及服务 | 元 | | 11891 |
| 医疗保健 | 元 | | 12270 |
| 交通和通信 | 元 | | 23389 |
| 教育文化娱乐服务 | 元 | | 19938 |

# 3－1－1 续表 8

| 指　　标 | 单位 | 合　计 | 市 辖 区 |
|---|---|---|---|
| 居民生活 | － | | |
| 每百户居民家庭拥有： | － | | |
| 家用汽车 | 辆 | | 218 |
| 家用电脑 | 台 | | 575 |
| 固定电话 | 部 | | 379 |
| 移动电话 | 部 | | 1887 |
| 电冰箱(柜) | 台 | | 901 |
| 彩色电视机 | 台 | | 970 |
| 钢琴 | 架 | | 20 |
| 照相机 | 架 | | 348 |
| 摄像机 | 架 | | 96 |
| 洗衣机 | 台 | | 885 |
| 城镇居民人均住房建筑面积 | 平方米 | | 274.47 |
| 居民消费价格指数(上年为100) | % | | 103.4 |
| 社会保障 | － | | |
| 城镇职工基本养老保险参保人数 | 人 | 3614310 | 1637236 |
| 城镇基本医疗保险参保人数 | 人 | 7899923 | 3431662 |
| #城镇职工参保人数 | 人 | 3797999 | 1933855 |
| 失业保险参保人数 | 人 | 2085445 | 1074725 |
| 工伤保险参保人数 | 人 | 2003048 | 1020673 |
| 生育保险参保人数 | 人 | 2288500 | 1079689 |
| 社会福利院数 | 个 | 463 | 111 |
| 社会福利院床位数 | 张 | 44593 | 15717 |
| 社区服务设施数 | 个 | 3666 | 1356 |
| 城镇居民最低生活保障人数 | 人 | 713703 | 282824 |
| 公共管理 | － | | |
| 事故 | － | | |
| 交通事故死亡人数 | 人 | 981 | 259 |
| 交通事故损失额 | 万元 | 921 | 238 |
| 火灾事故死亡人数 | 人 | 19 | 11 |
| 火灾事故损失额 | 万元 | 7912 | 5484 |

# 3－1－1 续表 9

| 指　　标 | 单位 | 合　计 | 市辖区 |
|---|---|---|---|
| 社会治安 | － | | |
| 刑事案件立案数 | 起 | 39658 | 12141 |
| 犯罪人数 | 人 | 23528 | 9424 |
| #青少年人数(年龄 14－25 周岁) | 人 | 4613 | 2083 |
| 市政公用事业 | － | | |
| 基础设施 | － | | |
| 城市维护建设资金支出 | 万元 | | 739520 |
| 年末实有城市道路面积 | 万平方米 | | 10731 |
| 排水管道长度 | 公里 | | 7100 |
| 供水综合生产能力(包括自备水源) | 万立方米/日 | | 330.7 |
| 城市供水总量 | 万吨 | | 83005 |
| 售水量 | 万吨 | | 40792 |
| #居民生活用水量 | 万吨 | | 13988 |
| 用水人口 | 万人 | | 72235 |
| 供气 | － | | |
| 供气总量（人工、天然气） | 万立方米 | | 114025 |
| #家庭用量 | 万立方米 | | 37139 |
| 用气人口 | 人 | | 3962126 |
| 液化石油气供气总量 | 吨 | | 72699 |
| #家庭用量 | 吨 | | 66448 |
| 用液化气人口 | 人 | | 2698800 |
| 公共交通 | － | | |
| 年末实有公共汽(电)车营运车辆数 | 辆 | | 5696 |
| 全年公共汽(电)车客运总量 | 万人次 | | 86646.59 |
| 年末实有出租汽车数 | 辆 | | 28441 |
| 绿地 | － | | |
| 绿地面积 | 公顷 | | 35186 |
| #公园绿地面积 | 公顷 | | 13088 |
| 建成区绿化覆盖面积 | 公顷 | | 36691 |
| 环境保护 | － | | |
| 工业废水排放量 | 万吨 | 30569 | |
| 工业二氧化硫产生量 | 吨 | 4157334 | |
| 工业二氧化硫排放量 | 吨 | 1073604 | |
| 工业烟(粉)尘去除量 | 吨 | 33164287 | |
| 工业烟(粉)尘排放量 | 吨 | 665361 | |
| 一般工业固体废物综合利用率 | % | 53.21 | |
| 污水处理厂集中处理率 | % | 81.52 | |
| 生活垃圾无害化处理率 | % | 89.49 | |

# 3－1－2 各城市人口情况

| 城　市 | 年末总人口（万人） | 出生人口（人） | 死亡人口（人） | 年末总户数（万户） |
|---|---|---|---|---|
| 呼和浩特市 | 230.32 | 26419 | 31472 | 83.85 |
| 市辖区 | 122.01 | 13107 | 18418 | 44.21 |
| 包头市 | 223.45 | 21155 | 8899 | 81.92 |
| 市辖区 | 145.16 | 14038 | 6909 | 50.29 |
| 呼伦贝尔市 | 266.39 | 20017 | 29339 | 100.3 |
| 市辖区 | 27.57 | 2062 | 1609 | 8.45 |
| 通辽市 | 319.77 | 30500 | 18500 | 111.84 |
| 市辖区 | 84.81 | 7631 | 4696 | 29.32 |
| 赤峰市 | 461.19 | 47217 | 30143 | 174.2 |
| 市辖区 | 123.27 | 11642 | 5251 | 44.58 |
| 乌兰察布市 | 286.97 | 14900 | 15100 | 117.48 |
| 市辖区 | 32.15 | 2477 | 6633 | 11.53 |
| 鄂尔多斯市 | 152.08 | 23377 | 19714 | 61.9 |
| 市辖区 | 26.31 | 3556 | 1527 | 8.97 |
| 巴彦淖尔市 | 186.7 | 14000 | 10000 | 67.12 |
| 市辖区 | 56.17 | 5254 | 1100 | 18.91 |
| 乌海市 | 54.84 | 5200 | 2500 | 19.56 |
| 市辖区 | 54.84 | 5200 | 2500 | 19.56 |

# 3－1－3 各城市劳动力情况

单位：万人

| 城　市 | 年末单位从业人员 | 第一产业 | 第二产业 | 第三产业 |
|---|---|---|---|---|
| 呼和浩特市 | 34.27 | 0.37 | 10.48 | 23.42 |
| 市辖区 | 23.32 | 0.17 | 4.87 | 18.28 |
| 包头市 | 39.38 | 0.16 | 23.37 | 15.85 |
| 市辖区 | 34.76 | 0.13 | 21.39 | 13.24 |
| 呼伦贝尔市 | 36.77 | 10.23 | 9.26 | 17.28 |
| 市辖区 | 4.83 | 0.1 | 0.93 | 3.8 |
| 通辽市 | 24.93 | 4.99 | 6.41 | 13.53 |
| 市辖区 | 9.91 | 0.92 | 3.69 | 5.3 |
| 赤峰市 | 32.06 | 1.48 | 10.76 | 19.82 |
| 市辖区 | 13.57 | 0.05 | 6.14 | 7.38 |
| 乌兰察布市 | 15.3 | 0.07 | 2.93 | 12.3 |
| 市辖区 | 6.16 | 0.01 | 1.41 | 4.74 |
| 鄂尔多斯市 | 22.26 | 0.12 | 10.6 | 11.54 |
| 市辖区 | 6.68 | 0.07 | 2.16 | 4.45 |
| 巴彦淖尔市 | 15.9 | 2.1 | 4.5 | 9.3 |
| 市辖区 | 7.3 | 0.6 | 1.98 | 4.72 |
| 乌海市 | 10.28 | 0.02 | 6.58 | 3.68 |
| 市辖区 | 10.28 | 0.02 | 6.58 | 3.68 |

# 3－1－3 续表 1

单位:万人

| 城　　市 | 采矿业 | 制造业 | 电力、燃气及水业 | 建筑业 |
|---|---|---|---|---|
| 呼和浩特市 | 0.08 | 6.15 | 1.78 | 2.47 |
| 市辖区 | 0 | 1.36 | 1.27 | 2.24 |
| 包头市 | 1.07 | 16.32 | 1.6 | 4.38 |
| 市辖区 | 0.15 | 15.99 | 1.31 | 3.94 |
| 呼伦贝尔市 | 3.75 | 2.35 | 1.36 | 1.8 |
| 市辖区 | 0.04 | 0.42 | 0.22 | 0.25 |
| 通辽市 | 1.59 | 2.46 | 1.05 | 1.31 |
| 市辖区 | 0.11 | 1.93 | 0.6 | 1.05 |
| 赤峰市 | 3.3 | 3.75 | 1.49 | 2.22 |
| 市辖区 | 2.17 | 1.98 | 0.84 | 1.15 |
| 乌兰察布市 | 0.24 | 1 | 0.89 | 0.8 |
| 市辖区 | 0.02 | 0.47 | 0.21 | 0.71 |
| 鄂尔多斯市 | 5.57 | 3.6 | 1.03 | 0.4 |
| 市辖区 | 0.72 | 0.74 | 0.39 | 0.31 |
| 巴彦淖尔市 | 0.5 | 2.3 | 0.8 | 0.9 |
| 市辖区 | 0 | 0.8 | 0.4 | 0.78 |
| 乌海市 | 2.55 | 1.59 | 0.61 | 1.83 |
| 市辖区 | 2.55 | 1.59 | 0.61 | 1.83 |

# 3－1－3 续表 2

单位:万人

| 城　　市 | 交通运输仓储及邮政 | 信息传输、计算机服务和软件业 | 批发和零售业 | 住宿、餐饮业 | 金融业 |
|---|---|---|---|---|---|
| 呼和浩特市 | 1.43 | 0.93 | 1.16 | 0.74 | 2.06 |
| 市辖区 | 1.35 | 0.44 | 0.56 | 0.62 | 1.81 |
| 包头市 | 1.16 | 0.55 | 2.01 | 0.87 | 1.6 |
| 市辖区 | 1.08 | 0.34 | 1.93 | 0.86 | 1.37 |
| 呼伦贝尔市 | 2.06 | 0.48 | 0.77 | 0.28 | 1.07 |
| 市辖区 | 0.3 | 0.43 | 0.39 | 0.12 | 0.37 |
| 通辽市 | 0.68 | 0.34 | 0.63 | 0.11 | 0.73 |
| 市辖区 | 0.29 | 0.21 | 0.45 | 0.06 | 0.38 |
| 赤峰市 | 0.87 | 0.37 | 0.74 | 0.24 | 1.26 |
| 市辖区 | 0.2 | 0.35 | 0.11 | 0.21 | 0.62 |
| 乌兰察布市 | 0.7 | 0.34 | 0.64 | 0.1 | 0.78 |
| 市辖区 | 0.54 | 0.29 | 0.51 | 0.09 | 0.39 |
| 鄂尔多斯市 | 0.31 | 0.3 | 0.29 | 0.06 | 0.88 |
| 市辖区 | 0.11 | 0.21 | 0.18 | 0.06 | 0.44 |
| 巴彦淖尔市 | 0.5 | 0.2 | 0.5 | 0.08 | 0.7 |
| 市辖区 | 0.3 | 0.19 | 0.4 | 0.06 | 0.5 |
| 乌海市 | 0.24 | 0.16 | 0.11 | 0.03 | 0.38 |
| 市辖区 | 0.24 | 0.16 | 0.11 | 0.03 | 0.38 |

# 3－1－3 续表3

单位:万人

| 城　　市 | 房地产业 | 租赁和商业服务业 | 科学研究、技术服务 | 水利、环境和公共设施管理业 | 居民服务和其他服务业 |
|---|---|---|---|---|---|
| 呼和浩特市 | 0.22 | 0.72 | 1.48 | 1.61 | 0.25 |
| 市辖区 | 0.2 | 0.7 | 1.34 | 1.25 | 0.07 |
| 包头市 | 0.5 | 0.27 | 0.48 | 0.9 | 0.1 |
| 市辖区 | 0.47 | 0.21 | 0.44 | 0.76 | 0.03 |
| 呼伦贝尔市 | 0.16 | 0.55 | 0.44 | 0.52 | 0.13 |
| 市辖区 | 0.03 | 0.06 | 0.17 | 0.06 | 0.03 |
| 通辽市 | 0.19 | 0.13 | 0.37 | 0.72 | 0.03 |
| 市辖区 | 0.14 | 0.09 | 0.21 | 0.27 | 0.02 |
| 赤峰市 | 0.1 | 0.38 | 0.48 | 0.58 | 0.07 |
| 市辖区 | 0.03 | 0.34 | 0.39 | 0.31 | 0.04 |
| 乌兰察布市 | 0.1 | 0.11 | 0.36 | 0.68 | 0.03 |
| 市辖区 | 0.05 | 0.07 | 0.26 | 0.32 | 0.01 |
| 鄂尔多斯市 | 0.04 | 0.06 | 0.19 | 1.2 | 0.02 |
| 市辖区 | 0.02 | 0.02 | 0.13 | 0.84 | 0.02 |
| 巴彦淖尔市 | 0.07 | 0.1 | 0.3 | 0.5 | 0.01 |
| 市辖区 | 0.06 | 0.08 | 0.11 | 0.27 | 0.01 |
| 乌海市 | 0.11 | 0.07 | 0.11 | 0.35 | 0.01 |
| 市辖区 | 0.11 | 0.07 | 0.11 | 0.35 | 0.01 |

# 3－1－3 续表4

单位:万人

| 城　　市 | 教　　育 | 卫生和社会工作 | 文化、体育和娱乐业 | 公共管理和社会组织 |
|---|---|---|---|---|
| 呼和浩特市 | 4.88 | 1.81 | 0.96 | 4.91 |
| 市辖区 | 3.68 | 1.57 | 0.93 | 3.61 |
| 包头市 | 3.06 | 1.06 | 0.28 | 2.83 |
| 市辖区 | 2.44 | 0.85 | 0.23 | 2.12 |
| 呼伦贝尔市 | 3.68 | 1.92 | 0.42 | 4.32 |
| 市辖区 | 0.58 | 0.41 | 0.11 | 0.72 |
| 通辽市 | 4.29 | 1.3 | 0.28 | 3.24 |
| 市辖区 | 1.32 | 0.57 | 0.14 | 1.04 |
| 赤峰市 | 6.53 | 2.03 | 0.26 | 5.04 |
| 市辖区 | 2 | 0.71 | 0.13 | 1.61 |
| 乌兰察布市 | 2.75 | 0.86 | 0.22 | 4.33 |
| 市辖区 | 0.71 | 0.34 | 0.1 | 1.04 |
| 鄂尔多斯市 | 2.69 | 0.89 | 0.25 | 4.04 |
| 市辖区 | 0.62 | 0.37 | 0.12 | 1.24 |
| 巴彦淖尔市 | 2 | 0.9 | 0.14 | 3.1 |
| 市辖区 | 0.8 | 0.5 | 0.04 | 1.3 |
| 乌海市 | 0.7 | 0.34 | 0.08 | 0.97 |
| 市辖区 | 0.7 | 0.34 | 0.08 | 0.97 |

# 3－1－4 各城市土地面积情况

单位:平方公里

| 城市 | 行政区域土地面积 | 城市建设用地面积 | 居住用地 | 公共设施用地 | 工业用地 |
|---|---|---|---|---|---|
| 呼和浩特市 | 17453 | | | | |
| 市辖区 | 2065 | 205 | 77 | 38 | 29 |
| 包头市 | 27768 | | | | |
| 市辖区 | 2965 | 212 | 71 | 15 | 60 |
| 呼伦贝尔市 | 253356 | | | | |
| 市辖区 | 1440 | 28 | 15 | 2 | 2 |
| 通辽市 | 59535 | | | | |
| 市辖区 | 3212 | 76 | 22 | 9 | 15 |
| 赤峰市 | 90021 | | | | |
| 市辖区 | 7077 | 79 | 38 | 8 | 14 |
| 乌兰察布市 | 59448 | | | | |
| 市辖区 | 114 | 52 | 24 | 4 | 18 |
| 鄂尔多斯市 | 86752 | | | | |
| 市辖区 | 2530 | 125 | 47 | 41 | 12 |
| 巴彦淖尔市 | 64413 | 64413 | | | |
| 市辖区 | 2354 | 35 | 18 | 1 | 2 |
| 乌海市 | 1754 | | | | |
| 市辖区 | 1754 | 57 | 20 | 2 | 4 |

# 3－1－5 各城市生产总值情况

单位:万元

| 城市 | 地区生产总值(当年价格) | 第一产业增加值 | 第二产业增加值 | 第三产业增加值 | 人均地区生产总值(元) | 地区生产总值增长率(%) |
|---|---|---|---|---|---|---|
| 呼和浩特市 | 24755700 | 1205200 | 9023000 | 14527500 | 84534 | 11 |
| 市辖区 | 17342106 | 259364 | 4576268 | 12506474 | 85102 | 10.7 |
| 包头市 | 34095400 | 897500 | 18854800 | 14343100 | 125709 | 12.6 |
| 市辖区 | 27845019 | 270451 | 14524497 | 13050071 | 132494 | 13.4 |
| 呼伦贝尔市 | 13358200 | 2391400 | 6297900 | 4668900 | 52649 | 13.51 |
| 市辖区 | 2352108 | 79135 | 1192356 | 1080617 | 85700 | 15.7 |
| 通辽市 | 16918500 | 2327800 | 10684900 | 3905800 | 53976 | 13.1 |
| 市辖区 | 6559325 | 523221 | 4121341 | 1914763 | 63812 | 7.9 |
| 赤峰市 | 15693540 | 2375410 | 8688800 | 4629330 | 36360 | 13.6 |
| 市辖区 | 6787910 | 572531 | 3912804 | 2302575 | 49674 | 14.3 |
| 乌兰察布市 | 7811700 | 1215200 | 4295300 | 2301200 | 36721 | 10.3 |
| 市辖区 | 1474841 | 43000 | 795092 | 636749 | 45871 | 11.9 |
| 鄂尔多斯市 | 36568000 | 901400 | 22131300 | 13535300 | 182680 | 13 |
| 市辖区 | 8503350 | 14668 | 3366826 | 5121856 | 141310 | 9.1 |
| 巴彦淖尔市 | 8133300 | 1511900 | 4788300 | 1833100 | 48812 | 10.3 |
| 市辖区 | 2389471 | 394757 | 1245184 | 749530 | 43639 | 11.3 |
| 乌海市 | 5625710 | 48600 | 4131933 | 1445177 | 103242 | 14 |
| 市辖区 | 5625710 | 48600 | 4131933 | 1445177 | 103242 | 14 |

# 3-1-6 各城市财政、金融、保险情况

单位:万元

| 城市 | 地方财政一般预算内收入 | 各项税收 | 企业所得税 | 个人所得税 | 地方财政一般预算内支出 |
|---|---|---|---|---|---|
| 呼和浩特市 | 1786447 | 206456 | 148731 | 57725 | 2753195 |
| 市辖区 | 829319 | 762037 | 93756 | 26913 | 647053 |
| 包头市 | 1857557 | 1251286 | 180818 | 41997 | 2911038 |
| 市辖区 | 1459327 | 1000847 | 145597 | 37310 | 2206832 |
| 呼伦贝尔市 | 793625 | 565520 | 57461 | 20213 | 2944411 |
| 市辖区 | 88830 | 73485 | 7055 | 4196 | 181976 |
| 通辽市 | 891721 | 595465 | 45866 | 10538 | 2555593 |
| 市辖区 | 346260 | 229341 | 41203 | 9231 | 453546 |
| 赤峰市 | 745577 | 587077 | 86848 | 21700 | 3256223 |
| 市辖区 | 316094 | 288432 | 44430 | 9221 | 665804 |
| 乌兰察布市 | 348006 | 295654 | 23642 | 6923 | 2337185 |
| 市辖区 | 108486 | 95737 | 5610 | 1995 | 332856 |
| 鄂尔多斯市 | 3755121 | 3002471 | 532880 | 135198 | 4832535 |
| 市辖区 | 778736 | 659547 | 66631 | 29323 | 801425 |
| 巴彦淖尔市 | 496120 | 374173 | 53033 | 13618 | 1828092 |
| 市辖区 | 132120 | 118789 | 11220 | 4118 | 319966 |
| 乌海市 | 543972 | 319862 | 39439 | 17192 | 935607 |
| 市辖区 | 543972 | 319862 | 39439 | 17192 | 935607 |

# 3-1-6 续表1

单位:万元

| 城市 | 一般性公共服务支出 | 科学技术支出 | 教育支出 | 文化体育与传媒支出 | 社会保障和就业支出 |
|---|---|---|---|---|---|
| 呼和浩特市 | 267583 | 23137 | 342607 | 50213 | 310382 |
| 市辖区 | 98395 | 23137 | 160750 | 7119 | 76635 |
| 包头市 | 326460 | 38200 | 403763 | 45498 | 389005 |
| 市辖区 | 220036 | 34103 | 337504 | 32780 | 291683 |
| 呼伦贝尔市 | 304721 | 24046 | 414693 | 58403 | 446629 |
| 市辖区 | 17400 | 2827 | 36367 | 1641 | 30452 |
| 通辽市 | 231621 | 15192 | 388113 | 36094 | 330561 |
| 市辖区 | 31442 | 681 | 66521 | 2385 | 50810 |
| 赤峰市 | 336975 | 11618 | 668023 | 81979 | 410504 |
| 市辖区 | 56643 | 2749 | 157128 | 14333 | 87946 |
| 乌兰察布市 | 188140 | 5657 | 301382 | 35211 | 415982 |
| 市辖区 | 18051 | 44 | 30929 | 3465 | 43401 |
| 鄂尔多斯市 | 481872 | 47928 | 592291 | 171037 | 435724 |
| 市辖区 | 78688 | 14216 | 106383 | 18253 | 48142 |
| 巴彦淖尔市 | 179097 | 7116 | 198255 | 27893 | 294774 |
| 市辖区 | 32056 | 733 | 49287 | 837 | 55877 |
| 乌海市 | 76726 | 10680 | 89897 | 23707 | 88911 |
| 市辖区 | 76726 | 10680 | 89897 | 23707 | 88911 |

# 3－1－6 续表2

单位:万元

| 城　　市 | 住房保障支　出 | 医疗卫生支　出 | 节能保护支　出 | 城乡社区事务支出 | 交通运输支　出 |
|---|---|---|---|---|---|
| 呼和浩特市 | 123662 | 157571 | 113644 | 608420 | 118502 |
| 市辖区 | 34197 | 25715 | 4818 | 105476 | 9378 |
| 包头市 | 127765 | 120209 | 111849 | 565971 | 94474 |
| 市辖区 | 92823 | 98082 | 75193 | 500134 | 70341 |
| 呼伦贝尔市 | 210878 | 187394 | 95551 | 281220 | 166646 |
| 市辖区 | 5182 | 13885 | 4067 | 35244 | 11160 |
| 通辽市 | 130086 | 193419 | 71813 | 258529 | 153880 |
| 市辖区 | 13253 | 30285 | 6548 | 46756 | 18074 |
| 赤峰市 | 125854 | 228651 | 193055 | 205476 | 155398 |
| 市辖区 | 32838 | 228651 | 45036 | 38842 | 23242 |
| 乌兰察布市 | 167217 | 132433 | 131468 | 252378 | 117093 |
| 市辖区 | 68170 | 13751 | 2792 | 76646 | 3699 |
| 鄂尔多斯市 | 146342 | 212811 | 130137 | 884788 | 249772 |
| 市辖区 | 23171 | 32609 | 12363 | 307302 | 10205 |
| 巴彦淖尔市 | 157221 | 104811 | 84485 | 146540 | 96917 |
| 市辖区 | 52772 | 25367 |  | 28545 | 14453 |
| 乌海市 | 46970 | 53432 | 51183 | 121276 | 82186 |
| 市辖区 | 46970 | 53432 | 51183 | 121276 | 82186 |

# 3－1－6 续表3

单位:万元

| 城　　市 | 年末金融机构人民币各项存款余额 | 居民人民币储蓄存款余额 | 年末金融机构人民币各项贷款余额 | 保费收入 | 财产险 |
|---|---|---|---|---|---|
| 呼和浩特市 | 38057598 | 12432682 | 37072150 | 471815 | 106495 |
| 市辖区 | 35654368 | 10997731 | 35586310 | - |  |
| 包头市 | 20797880 | 10350249 | 14198606 | 347016 | 178645 |
| 市辖区 | 19383553 | 9451831 | 13294817 |  |  |
| 呼伦贝尔市 | 9958300 | 5946700 | 5508500 | 112326 | 84240 |
| 市辖区 | 3443266 | 1561791 | 2390861 |  |  |
| 通辽市 | 6278249 | 3654746 | 6102591 | 193900 | 102700 |
| 市辖区 | 3811250 | 2085118 | 3338396 |  |  |
| 赤峰市 | 11586221 | 7670230 | 7117500 | 302945 | 124140 |
| 市辖区 | 6526201 | 4122741 | 4467719 |  |  |
| 乌兰察布市 | 5976164 | 4107968 | 3444619 | 64302 | 19860 |
| 市辖区 | 2498524 | 1719992 | 1571750 |  |  |
| 鄂尔多斯市 | 21949200 | 10316700 | 22181100 | 340408 | 196923 |
| 市辖区 | 12260819 | 4932576 | 14028906 |  |  |
| 巴彦淖尔市 | 6055200 | 3546300 | 4838000 | 90202 | 35684 |
| 市辖区 | 3349152 | 1665663 | 2892184 |  |  |
| 乌海市 | 5599500 | 2601700 | 3811900 | 176100 | 39800 |
| 市辖区 | 5599500 | 2601700 | 3811900 |  |  |

# 3－1－6 续表4

单位:万元

| 城　　市 | 人身险 | 赔款、给付 | 财产险 | 人身险 |
|---|---|---|---|---|
| 呼和浩特市 | 257048 | 164831 | 106495 | 58336 |
| 市辖区 | | | | |
| 包头市 | 168371 | 104665 | 74813 | 29852 |
| 市辖区 | | | | |
| 呼伦贝尔市 | 28086 | 45122 | 26987 | 18135 |
| 市辖区 | | | | |
| 通辽市 | 91200 | 56800 | 46700 | 10100 |
| 市辖区 | | | | |
| 赤峰市 | 178805 | 85644 | 58861 | 26783 |
| 市辖区 | | | | |
| 乌兰察布市 | 44442 | 13572 | 11821 | 1751 |
| 市辖区 | | | | |
| 鄂尔多斯市 | 143485 | 115957 | 94460 | 21497 |
| 市辖区 | | | | |
| 巴彦淖尔市 | 54518 | 16865 | 16105 | 760 |
| 市辖区 | | | | |
| 乌海市 | 48300 | 24300 | 18300 | 6000 |
| 市辖区 | | | | |

# 3－1－7 各城市工业情况

单位:个

| 城　　市 | 工业企业 | 内资企业 | 国有企业 | 私营企业 |
|---|---|---|---|---|
| 呼和浩特市 | 273 | 242 | 17 | 102 |
| 市辖区 | 81 | 75 | 12 | 36 |
| 包头市 | 618 | 585 | 20 | 299 |
| 市辖区 | 433 | 405 | 14 | 185 |
| 呼伦贝尔市 | 394 | 372 | 29 | 169 |
| 市辖区 | 56 | 51 | 3 | 32 |
| 通辽市 | 616 | 597 | 28 | 302 |
| 市辖区 | 219 | 209 | 10 | 67 |
| 赤峰市 | 532 | 520 | 28 | 179 |
| 市辖区 | 157 | 148 | 12 | 47 |
| 乌兰察布市 | 382 | 369 | 24 | 198 |
| 市辖区 | 40 | 37 | 3 | 10 |
| 鄂尔多斯市 | 371 | 354 | 29 | 74 |
| 市辖区 | 63 | 57 | 4 | 7 |
| 巴彦淖尔市 | 275 | 264 | 10 | 70 |
| 市辖区 | 77 | 74 | 3 | 15 |
| 乌海市 | 153 | 150 | 4 | 89 |
| 市辖区 | 153 | 150 | 4 | 89 |

# 3－1－7 续表1

单位:个

| 城　　市 | 私营独资企业 | 私营股份有限公司 | 港、澳、台商投资企业 | 外　商投资企业 |
|---|---|---|---|---|
| 呼和浩特市 | 3 | 2 | 12 | 19 |
| 市辖区 | 1 | 1 | 3 | 3 |
| 包头市 | 12 | 14 | 12 | 21 |
| 市辖区 | 5 | 7 | 9 | 19 |
| 呼伦贝尔市 | 13 | 3 | 7 | 15 |
| 市辖区 | 2 | 30 | 1 | 4 |
| 通辽市 | 52 | 11 | 8 | 11 |
| 市辖区 | 10 | 1 | 4 | 6 |
| 赤峰市 | 20 | 9 | 6 | 6 |
| 市辖区 | 5 | 4 | 4 | 5 |
| 乌兰察布市 | 19 | 4 | 7 | 6 |
| 市辖区 | 2 |  | 2 | 1 |
| 鄂尔多斯市 | 13 | 7 | 6 | 11 |
| 市辖区 |  | 1 | 2 | 4 |
| 巴彦淖尔市 | 3 | 1 | 4 | 7 |
| 市辖区 |  | 1 | 2 | 1 |
| 乌海市 | 3 | 4 | 1 | 2 |
| 市辖区 | 3 | 4 | 1 | 2 |

# 3－1－7 续表2

单位:万元

| 城　　市 | 工　业总产值(当年价) | 内资企业 | 国有企业 | 私营企业 |
|---|---|---|---|---|
| 呼和浩特市 | 13048747 | 9449271 | 2269643 | 2095314 |
| 市辖区 | 2629974 | 2355540 | 1145912 | 265573 |
| 包头市 | 32359884 | 31130908 | 2650551 | 7811651 |
| 市辖区 | 24880738 | 23735942 | 2276912 | 3981781 |
| 呼伦贝尔市 | 10947106 | 10419462 | 1471951 | 3268067 |
| 市辖区 | 1370636 | 1254696 | 320074 | 505391 |
| 通辽市 | 25592403 | 23630545 | 1887324 | 10670207 |
| 市辖区 | 9266328 | 8305802 | 1213699 | 411227 |
| 赤峰市 | 18683848 | 18082946 | 3020692 | 3510343 |
| 市辖区 | 8366680 | 7837974 | 2145441 | 1233355 |
| 乌兰察布市 | 9517722 | 9146579 | 1026181 | 3604390 |
| 市辖区 | 1075536 | 1047915 | 617699 | 104573 |
| 鄂尔多斯市 | 39685427 | 37730896 | 3620751 | 3421057 |
| 市辖区 | 4497064 | 3459940 | 987198 | 149650 |
| 巴彦淖尔市 | 7995457 | 7158347 | 582178 | 1800627 |
| 市辖区 | 2405330 | 2036104 | 459008 | 454971 |
| 乌海市 | 6585080 | 6579900 | 1813700 | 2606500 |
| 市辖区 | 6585080 | 6579900 | 1813700 | 2606500 |

# 3－1－7 续表3

单位：万元

| 城　　市 | 私营独资企业 | 私营股份有限公司 | 港、澳、台商投资企业 | 外商投资企业 |
|---|---|---|---|---|
| 呼和浩特市 | 137248 | 209156 | 884889 | 2714587 |
| 市辖区 | 59740 | 3608 | 212919 | 61515 |
| 包头市 | 271311 | 296148 | 163601 | 1065375 |
| 市辖区 | 80424 | 188297 | 95644 | 1049152 |
| 呼伦贝尔市 | 19909 | 11725 | 191847 | 335797 |
| 市辖区 | 8218 | 497173 | 8132 | 107808 |
| 通辽市 | 1161127 | 1426664 | 281451 | 1680407 |
| 市辖区 | 90785 | 12870 | 243722 | 716804 |
| 赤峰市 | 413316 | 826777 | 255882 | 345020 |
| 市辖区 | 41053 | 706215 | 193036 | 335670 |
| 乌兰察布市 | 348601 | 59553 | 125275 | 245868 |
| 市辖区 | 13117 |  | 12365 | 15256 |
| 鄂尔多斯市 | 1098797 | 148605 | 158625 | 1795906 |
| 市辖区 |  | 2257 | 9578 | 1027546 |
| 巴彦淖尔市 | 15006 | 25698 | 455332 | 381778 |
| 市辖区 |  | 25698 | 298133 | 71093 |
| 乌海市 | 27300 | 247700 | 2100 | 3080 |
| 市辖区 | 27300 | 247700 | 2100 | 3080 |

# 3－1－7 续表4

单位：万元

| 城　　市 | 固定资产合计 | 主营业务收入 | 主营业务税金及附加 | 本年应交增值税 | 利润总额 |
|---|---|---|---|---|---|
| 呼和浩特市 | 7525735 | 12482098 | 348961 | 546785 | 999461 |
| 市辖区 | 2915280 | 2159952 | 373909 | 84361 | －80306 |
| 包头市 | 15297707 | 30335907 | 224008 | 1075291 | 2206022 |
| 市辖区 | 12353596 | 22952514 | 145544 | 662296 | 1460814 |
| 呼伦贝尔市 | 8399293 | 10465592 | 114009 | 454624 | 889203 |
| 市辖区 | 1641919 | 1326259 | 4522 | 50627 | 145885 |
| 通辽市 | 6788489 | 25109424 | 257588 | 865177 | 1698709 |
| 市辖区 | 1202720 | 6777400 | 80400 | 144800 | 394700 |
| 赤峰市 | 5661361 | 18039605 | 158038 | 407005 | 1435814 |
| 市辖区 | 2845445 | 8357360 | 35037 | 177564 | 535281 |
| 乌兰察布市 | 5838146 | 8543683 | 37206 | 177193 | 140552 |
| 市辖区 | 398217 | 513264 | 2627 | 10790 | －9286 |
| 鄂尔多斯市 | 23993799 | 42863163 | 809991 | 2516890 | 9026871 |
| 市辖区 | 4572613 | 7611638 | 144791 | 504350 | 2046549 |
| 巴彦淖尔市 | 4279753 | 7214804 | 51435 | 183317 | 510957 |
| 市辖区 | 1296626 | 2054192 | 6574 | 41153 | 270292 |
| 乌海市 | 4067000 | 6157800 | 73800 | 332800 | 238200 |
| 市辖区 | 4067000 | 6157800 | 73800 | 332800 | 238200 |

# 3－1－8 各城市交通运输情况

| 城　　市 | 铁路旅客运量（万人） | 铁路货物运量（万吨） | 民用汽车拥有量（辆） | 私人汽车拥有量（辆） |
|---|---|---|---|---|
| 呼和浩特市 | 692 | 1940 | 500322 | 422106 |
| 市辖区 | | | | |
| 包头市 | 587 | 9324 | 416335 | 344142 |
| 市辖区 | | | | |
| 呼伦贝尔市 | 845.5 | 8834 | 162342 | 122484 |
| 市辖区 | | | | |
| 通辽市 | 3508.8 | 5800 | 385181 | 303801 |
| 市辖区 | | | | |
| 赤峰市 | 401 | 1750 | 279684 | 247040 |
| 市辖区 | | | | |
| 乌兰察布市 | 302 | 387 | 316819 | 282984 |
| 市辖区 | | | | |
| 鄂尔多斯市 | 54.72 | 23306 | 440561 | 395386 |
| 市辖区 | | | | |
| 巴彦淖尔市 | | | 184794 | 112725 |
| 市辖区 | | | | |
| 乌海市 | 167.81 | 2070 | 115200 | 99900 |
| 市辖区 | | | | |

# 3－1－8 续表1

| 城　　市 | 公路客运量（万人） | 公路货运量（万吨） | 公路里程（公里） | 境内高速公路里程（公里） |
|---|---|---|---|---|
| 呼和浩特市 | 1691 | 12790 | 6694 | 181 |
| 市辖区 | | | | |
| 包头市 | 1417 | 26951 | 6852 | 141 |
| 市辖区 | | | | |
| 呼伦贝尔市 | 3243 | 7093 | 20786 | 294 |
| 市辖区 | | | | |
| 通辽市 | 2830.5 | 5160 | 18139 | 340 |
| 市辖区 | | | | |
| 赤峰市 | 5066 | 11890 | 23887357 | |
| 市辖区 | | | | |
| 乌兰察布市 | 1769 | 6121 | 12709 | 389 |
| 市辖区 | | | | |
| 鄂尔多斯市 | 2423 | 35258 | 18102 | 658 |
| 市辖区 | | | | |
| 巴彦淖尔市 | 1914 | 3515 | 20074 | 253 |
| 市辖区 | | | | |
| 乌海市 | 313.56 | 8474 | 803 | 64 |
| 市辖区 | | | | |

# 3－1－8 续表2

| 城　　市 | 内河港口货物吞吐量（万吨） | 水运客运量（万人） | 水运货运量（万吨） | 民用航空客运量（万人） | 民用航空货邮运量（吨） |
|---|---|---|---|---|---|
| 呼和浩特市 | | | | 543.52 | 28674 |
| 市辖区 | | | | | |
| 包头市 | | | | 81.43 | 2422 |
| 市辖区 | | | | | |
| 呼伦贝尔市 | | | | 128.2 | 14833 |
| 市辖区 | | | | | |
| 通辽市 | | | | 34.38 | 1500 |
| 市辖区 | | | | | |
| 赤峰市 | | | | 39.48 | 1245 |
| 市辖区 | | | | | |
| 乌兰察布市 | | | | | |
| 市辖区 | | | | | |
| 鄂尔多斯市 | | | | 180.06 | 9800 |
| 市辖区 | | | | | |
| 巴彦淖尔市 | | | | | |
| 市辖区 | | | | | |
| 乌海市 | | | | 32.22 | 1220 |
| 市辖区 | | | | | |

# 3－1－9 各城市邮电、通信情况

| 城　　市 | 年末邮政局（所）（处） | 邮政业务收入（万元） | 电信业务收入（万元） | 固定电话年末用户数（万户） | 移动电话年末用户数（万户） | 互联网宽带接入用户数（万户） |
|---|---|---|---|---|---|---|
| 呼和浩特市 | 115 | 24683 | 419716 | 79.4 | 370.6 | 42.4 |
| 市辖区 | 50 | | | | | |
| 包头市 | 107 | 12568 | 274311 | 45.4 | 358.3 | 23.32 |
| 市辖区 | 74 | | | | | |
| 呼伦贝尔市 | 198 | 14678 | 17032 | 30.19 | 312.95 | 34.02 |
| 市辖区 | 10 | | | | | |
| 通辽市 | 125 | 10426 | 511000 | 26.1 | 299.1 | 24.46 |
| 市辖区 | 29 | | | | | |
| 赤峰市 | 286 | 16425 | 248824 | 49.45 | 338.42 | 29.17 |
| 市辖区 | 69 | | | | | |
| 乌兰察布市 | 172 | 11626 | 138677 | 36 | 102 | 10 |
| 市辖区 | 16 | | | | | |
| 鄂尔多斯市 | 164 | 119000 | 237400 | 24.14 | 301.24 | 13.1 |
| 市辖区 | 16 | | | | | |
| 巴彦淖尔市 | 145 | 7453 | 50547 | 23.5 | 242 | 16.5 |
| 市辖区 | 34 | | | | | |
| 乌海市 | 37 | 4881 | 74800 | 15.54 | 112.38 | 9.46 |
| 市辖区 | 37 | | | | | |

# 3－1－10 各城市能源、电力情况

| 城　　市 | 综合能源消费量（万吨/标准煤） | 全社会用电量（万千瓦时） | 工业用电（万千瓦时） | 城乡居民生活用电（万千瓦时） |
|---|---|---|---|---|
| 呼和浩特市 | 2688 | 1535000 | 1126000 | 141000 |
| 市辖区 | | 553000 | 201000 | 128000 |
| 包头市 | 4699 | 4065187 | 3710125 | 195170 |
| 市辖区 | | 2357809 | 2193117 | 159946 |
| 呼伦贝尔市 | 1309 | 780924 | 597084 | 91169 |
| 市辖区 | | 91114 | 49832 | 16494 |
| 通辽市 | 761 | 2038021 | 1790131 | 118900 |
| 市辖区 | | 973823 | 811099 | 82331 |
| 赤峰市 | 1594 | 1124940 | 865508 | 127938 |
| 市辖区 | | 536117 | 358166 | 50084 |
| 乌兰察布市 | 1062 | 1969502 | 1851387 | 53571 |
| 市辖区 | | 130334 | 73797 | 21812 |
| 鄂尔多斯市 | 3265 | 4005103 | 3700079 | 87451 |
| 市辖区 | | 229118 | 118133 | 30362 |
| 巴彦淖尔市 | 1186 | 1045407 | 879441 | 61665 |
| 市辖区 | | 132536 | 85092 | 23200 |
| 乌海市 | 1781 | 1565686 | 1502401 | 25363 |
| 市辖区 | | 1565686 | 1502401 | 25363 |

# 3－1－11 各城市内、外贸易情况

| 城　　市 | 社会消费品零售总额（万元） | 限额以上批发零售贸易业商品销售总额（万元） | 限额以上批发零售企业数（个） | 零售业（个） |
|---|---|---|---|---|
| 呼和浩特市 | 10222452 | 9041621 | 380 | 216 |
| 市辖区 | 9221204 | 7497859 | 323 | 118 |
| 包头市 | 9529244 | 9751426 | 279 | 175 |
| 市辖区 | 8401619 | 9105745 | 250 | 163 |
| 呼伦贝尔市 | 4055000 | 2629545 | 216 | 105 |
| 市辖区 | 1008000 | 890236 | 93 | 41 |
| 通辽市 | 3305308 | 3178770 | 201 | 97 |
| 市辖区 | 2049804 | 675541 | 110 | 62 |
| 赤峰市 | 4653329 | 2017798 | 149 | 86 |
| 市辖区 | 2309983 | 888382 | 81 | 44 |
| 乌兰察布市 | 2131304 | 631326 | 30 | 27 |
| 市辖区 | 569439 | 627526 | 28 | 25 |
| 鄂尔多斯市 | 5013886 | 9123763 | 156 | 141 |
| 市辖区 | 2508565 | 2300573 | 88 | 79 |
| 巴彦淖尔市 | 1730299 | 3153860 | 43 | 24 |
| 市辖区 | 831075 | 1728897 | 28 | 21 |
| 乌海市 | 1005611 | 1142691 | 98 | 55 |
| 市辖区 | 1005611 | 1142691 | 98 | 55 |

# 3-1-11 续表1

| 城　　市 | 限额以上批发零售贸易业企业从业人员年平均人数（万人） | 限额以上批发零售贸易业企业主营业务税金及附加（万元） | 限额以上批发零售贸易业企业本年应交增值税（万元） | 限额以上批发零售贸易业企业利润总额（万元） |
|---|---|---|---|---|
| 呼和浩特市 | 4.15 | 81529 | 116089 | 203657 |
| 市辖区 | 3.86 | 79534 | 94007 | 165623 |
| 包头市 | 2.4 | 47277 | 187323 | 133994 |
| 市辖区 | 2.2 | 40422 | 171487 | 119928 |
| 呼伦贝尔市 | 1.35 | 15396 | 24649 | 33338 |
| 市辖区 | 0.73 | 11542 | 16655 | 26279 |
| 通辽市 | 0.96 | 28168 | 47520 | 109469 |
| 市辖区 | 0.68 | 12910 | 8442 | 25663 |
| 赤峰市 | 1.2 | 15490 | 26799 | 34939 |
| 市辖区 | 0.68 | 13114 | 20888 | 27611 |
| 乌兰察布市 | 0.38 | 12996 | 45701 | 30788 |
| 市辖区 | 0.37 | 12988 | 45685 | 30493 |
| 鄂尔多斯市 | 1.16 | 54316 | 251035 | 448536 |
| 市辖区 | 0.87 | 24792 | 209558 | 116346 |
| 巴彦淖尔市 | 0.65 | 11847 | 20578 | 32585 |
| 市辖区 | 0.52 | 10431 | 10665 | 19070 |
| 乌海市 | 0.31 | 6206 | 16355 | 24361 |
| 市辖区 | 0.31 | 6206 | 16355 | 24361 |

# 3-1-11 续表2

| 城　　市 | 货物进口额（万美元） | 货物出口额（万美元） | 外商直接投资合同项目 | 当年实际使用外资金额（万美元） |
|---|---|---|---|---|
| 呼和浩特市 | 170128 | 83292 | 6 | 61694 |
| 市辖区 | | | 4 | 31182 |
| 包头市 | 93624 | 116358 | 14 | 136500 |
| 市辖区 | | | 11 | 86800 |
| 呼伦贝尔市 | 191434 | 27694 | 36 | 10752 |
| 市辖区 | | | | |
| 通辽市 | 3096 | 7288 | 3 | 6598 |
| 市辖区 | | | 1 | 450 |
| 赤峰市 | 129127 | 12298 | 1 | 1132 |
| 市辖区 | | | 1 | 1132 |
| 乌兰察布市 | 876 | 4298 | | 17141 |
| 市辖区 | | | | |
| 鄂尔多斯市 | 19357 | 22903 | 13 | 153000 |
| 市辖区 | | | 5 | 52434 |
| 巴彦淖尔市 | 10200 | 25000 | | 26000 |
| 市辖区 | | | | |
| 乌海市 | 4454 | 164 | 6 | |
| 市辖区 | | | 6 | |

# 3－1－12 各城市旅游情况

| 城　　市 | 入境游客人数（含一日游）（人） | 外国人（人） | 港、澳、台同胞（人） | 国际旅游（外汇）收入（万美元） |
|---|---|---|---|---|
| 呼和浩特市 | 110082 | 86535 | 23547 | 9280 |
| 市辖区 | | | | |
| 包头市 | 26473 | 23184 | 3289 | 1475 |
| 市辖区 | | | | |
| 呼伦贝尔市 | 14330000 | 588400 | 1534 | 35500 |
| 市辖区 | | | | |
| 通辽市 | 22326 | 21800 | 526 | 1244 |
| 市辖区 | | | | |
| 赤峰市 | 37400 | 37400 | | 2100 |
| 市辖区 | | | | |
| 乌兰察布市 | 25600 | 6000 | 19400 | 1427 |
| 市辖区 | | | | |
| 鄂尔多斯市 | 34315 | 31214 | 3101 | 1912 |
| 市辖区 | | | | |
| 巴彦淖尔市 | 56043 | 55043 | 1000 | 3124 |
| 市辖区 | | | | |
| 乌海市 | 470 | 393 | 73 | 26 |
| 市辖区 | | | | |

# 3－1－13 各城市固定资产投资情况

单位：万元

| 城　　市 | 全社会固定资产投资总额 | 固定资产投资（不含农户） | 房地产开发投资完成额 | 住　　宅 | 全年新增固定资产 |
|---|---|---|---|---|---|
| 呼和浩特市 | 13014370 | 13014300 | 4479900 | 2868800 | 6909900 |
| 市辖区 | 1313057 | 8612600 | 3467400 | 2247700 | 3206300 |
| 包头市 | 25342444 | 25229765 | 1585583 | 1086398 | 23312273 |
| 市辖区 | 18268338 | 18258743 | 1520537 | 1034370 | 17512670 |
| 呼伦贝尔市 | 8990192 | 8990192 | 907452 | 658065 | 6884749 |
| 市辖区 | 1628389 | 1628389 | 333269 | 253333 | 583905 |
| 通辽市 | 13200000 | 12815760 | 426322 | 311566 | 11803058 |
| 市辖区 | 5435390 | 5435351 | 286254 | 191998 | 578647 |
| 赤峰市 | 13372892 | 13222892 | 1398388 | 888479 | 11014810 |
| 市辖区 | 4917270 | 4839093 | 661713 | 351945 | 4470908 |
| 乌兰察布市 | 6504874 | 6195958 | 319900 | 242337 | 4051303 |
| 市辖区 | 1846346 | 1846346 | 141564 | 94319 | 1180520 |
| 鄂尔多斯市 | 25705730 | 25530538 | 1753420 | 918746 | 8621539 |
| 市辖区 | 3026112 | 302 | 106 | 52 | 213 |
| 巴彦淖尔市 | 7010075 | 7010075 | 664208 | 428870 | 6185770 |
| 市辖区 | 1695101 | 1695101 | 536001 | 353726 | 864239 |
| 乌海市 | 3466704 | 3400704 | 463456 | 282044 | 1971874 |
| 市辖区 | 3466704 | 3466704 | 463456 | 282044 | 1971874 |

# 3-1-13 续表1

| 城市 | 商品房屋销售面积（万平方米） | 住宅（万平方米） | 商品房屋销售额（万元） | 住宅（万元） | 别墅、高档公寓（万元） | 商品房屋待售面积（万平方米） |
|---|---|---|---|---|---|---|
| 呼和浩特市 | 478.18 | 414.31 | 2603781 | 1987906 | 168484 | 184.74 |
| 市辖区 | 433.95 | 374.16 | 2413469 | 1834266 | 156607 | 108.76 |
| 包头市 | 354.3 | 314.15 | 1618014 | 1348541 | 12167 | 21.61 |
| 市辖区 | 312.11 | 279.24 | 1508674 | 1260935 | 12167 | 21.61 |
| 呼伦贝尔市 | 420.77 | 326.81 | 1402391 | 955693 | 55555 | 53.71 |
| 市辖区 | 130 | 113 | 475860 | 374570 | 1069 | 6.9 |
| 通辽市 | 158.7 | 117.4 | 518635 | 336712 | 29867 | 74.4 |
| 市辖区 | 55.63 | 40.97 | 231381 | 148785 | 23746 | 26.25 |
| 赤峰市 | 337.93 | 283.01 | 1237241 | 961780 | | 92.51 |
| 市辖区 | 134.02 | 112.85 | 519547 | 387246 | | 15.35 |
| 乌兰察布市 | 70.84 | 68.39 | 178396 | 153915 | 191 | 19.5 |
| 市辖区 | 23.77 | 21.1 | 75937 | 65786 | 191 | 17 |
| 鄂尔多斯市 | 232.39 | 181.41 | 1079007 | 731921 | 33528 | 29.43 |
| 市辖区 | 95.4 | 81.52 | 463091 | 373940 | 3003 | 29.43 |
| 巴彦淖尔市 | 101.22 | 94.82 | 329531 | 281335 | 2220 | 26.63 |
| 市辖区 | 85.79 | 80.77 | 292425 | 250675 | 2220 | 24.16 |
| 乌海市 | 116.33 | 100.13 | 506314 | 384900 | 10700 | 0.98 |
| 市辖区 | 116.33 | 100.13 | 506314 | 384900 | 10700 | 0.98 |

# 3-1-14 各城市教育、科技情况

| 城市 | 普通高等学校（所） | 中等职业教育学校（所） | 普通中学学校（所） | 小学学校（所） | 普通高等学校教师（人） |
|---|---|---|---|---|---|
| 呼和浩特市 | 23 | 60 | 114 | 268 | 12416 |
| 市辖区 | | 40 | 72 | 111 | 12416 |
| 包头市 | 5 | 21 | 98 | 162 | 4543 |
| 市辖区 | | 21 | 84 | 126 | 4543 |
| 呼伦贝尔市 | 2 | 28 | 173 | 167 | 790 |
| 市辖区 | | 3 | 19 | 16 | 674 |
| 通辽市 | 3 | 30 | 140 | 541 | 1722 |
| 市辖区 | | 2 | 30 | 81 | |
| 赤峰市 | 4 | 45 | 161 | 599 | 1737 |
| 市辖区 | | 19 | 52 | 119 | 1737 |
| 乌兰察布市 | 3 | 25 | 70 | 207 | 1223 |
| 市辖区 | | 4 | 16 | 28 | 1223 |
| 鄂尔多斯市 | 2 | 5 | 64 | 122 | 281 |
| 市辖区 | | 4 | 14 | 36 | 281 |
| 巴彦淖尔市 | 2 | 15 | 52 | 107 | 579 |
| 市辖区 | | 8 | 15 | 28 | 579 |
| 乌海市 | 1 | 1 | 17 | 29 | 788 |
| 市辖区 | | 1 | 17 | 29 | 788 |

# 3－1－14 续表1

单位：人

| 城　　市 | 中等职业教育学校教师 | 普通中学教　师 | 小学教师 | 普通高等学校学生 | 高中阶段在校学生 |
|---|---|---|---|---|---|
| 呼和浩特市 | 3533 | 10185 | 8887 | 227190 | 61709 |
| 市辖区 | 2768 | 6467 | 4801 | 227190 | 40810 |
| 包头市 | 1428 | 9592 | 8720 | 68641 | 53990 |
| 市辖区 | 1428 | 7803 | 6399 | 68641 | 47410 |
| 呼伦贝尔市 | 1632 | 9703 | 10605 | 13368 | 40248 |
| 市辖区 | 187 | 1735 | 857 | 11703 | 10719 |
| 通辽市 | 1208 | 12067 | 17626 | 37779 | 62300 |
| 市辖区 | 110 | 2797 | 3291 |  | 26424 |
| 赤峰市 | 2701 | 18423 | 22985 | 17850 | 164729 |
| 市辖区 | 930 | 6270 | 5983 | 17850 | 64920 |
| 乌兰察布市 | 1816 | 9124 | 11850 | 15800 | 42207 |
| 市辖区 | 297 | 2136 | 1447 | 15800 | 21108 |
| 鄂尔多斯市 | 663 | 7409 | 7038 | 3848 | 44666 |
| 市辖区 | 463 | 2351 | 1875 | 3848 | 15548 |
| 巴彦淖尔市 | 1200 | 5426 | 7180 | 7572 | 31810 |
| 市辖区 | 583 | 1625 | 2062 | 7572 | 7152 |
| 乌海市 | 186 | 1196 | 2344 | 3539 | 11285 |
| 市辖区 | 186 | 1196 | 2344 | 3539 | 11285 |

# 3－1－14 续表2

| 城　　市 | 中等职业教育学校学生（人） | 普通中学学生（万人） | 小学学生（万人） | 初中毕业生升学率（%） | 成人高等学校在校学生（人） |
|---|---|---|---|---|---|
| 呼和浩特市 | 51148 | 15.52 | 17.32 | 100 | 42848 |
| 市辖区 | 45045 | 10.23 | 11.6 | 100 | 42848 |
| 包头市 | 27739 | 13.05 | 13.54 | 100 | 19632 |
| 市辖区 | 27739 | 11.06 | 11.08 | 100 | 19632 |
| 呼伦贝尔市 | 24861 | 10.62 | 10.93 | 89 | 4425 |
| 市辖区 | 1904 | 2 | 1.37 | 99 | 4425 |
| 通辽市 | 25500 | 10.28 | 20.6 | 89 | 12786 |
| 市辖区 | 1377 | 3.49 | 7.14 | 99 |  |
| 赤峰市 | 53508 | 25.54 | 26.75 | 90 |  |
| 市辖区 | 23688 | 8.57 | 8.03 | 90 |  |
| 乌兰察布市 | 11278 | 10.11 | 9.97 | 79 | 3980 |
| 市辖区 | 10324 | 3.23 | 2.27 | 95 | 3980 |
| 鄂尔多斯市 | 8822 | 5.31 | 10.73 | 98 |  |
| 市辖区 | 6676 | 2.98 | 3.19 | 100 |  |
| 巴彦淖尔市 | 17435 | 8.69 | 7.96 | 93 |  |
| 市辖区 | 14000 | 2.6 | 2.56 | 98 |  |
| 乌海市 | 4560 | 1.58 | 3.06 | 97 | 3539 |
| 市辖区 | 4560 | 1.58 | 3.06 | 97 | 3539 |

# 3－1－14 续表3

| 城　　市 | 科技活动人员（人） | 专利申请受理量（项） | 专利申请授权量（项） | 发明（项） |
|---|---|---|---|---|
| 呼和浩特市 | 5657 | 405 | 287 | 167 |
| 市辖区 | 3425 | | | |
| 包头市 | 31676 | 1430 | 815 | 162 |
| 市辖区 | 31327 | | | |
| 呼伦贝尔市 | 1726 | 25 | 16 | 4 |
| 市辖区 | 28375 | | | |
| 通辽市 | 829 | 480 | 190 | 32 |
| 市辖区 | 596 | | | |
| 赤峰市 | 6210 | 504 | 356 | 173 |
| 市辖区 | 966 | | | |
| 乌兰察布市 | 48109 | 139 | 64 | 62 |
| 市辖区 | 5120 | | | |
| 鄂尔多斯市 | 5590 | 404 | 219 | 25 |
| 市辖区 | 1098 | | | |
| 巴彦淖尔市 | 1353 | 1080 | 115 | 37 |
| 市辖区 | 158 | | | |
| 乌海市 | 772 | 11 | 11 | 4 |
| 市辖区 | 772 | | | |

# 3－1－15 各城市文化、体育、卫生情况

| 城　　市 | 体育场馆（个） | 剧场影剧院（个） | 公共图书馆图书总藏量（千册、件） | 医院卫生院（个） | 医院、卫生院床位数（张） | 医生数（人） | 注册护士（人） |
|---|---|---|---|---|---|---|---|
| 呼和浩特市 | 17 | 14 | 2240 | 146 | 11723 | 4772 | 55501 |
| 市辖区 | 12 | 10 | 2131 | 82 | 11176 | 3451 | 4990 |
| 包头市 | 27 | 17 | 3036 | 117 | 13905 | 7473 | 7091 |
| 市辖区 | 27 | 16 | 2958 | 53 | 12249 | 6429 | 6431 |
| 呼伦贝尔市 | 22 | 14 | 1750 | 229 | 13263 | 7421 | 6474 |
| 市辖区 | 7 | 2 | 43 | 15 | 2587 | 1301 | 1386 |
| 通辽市 | 13 | 6 | 904 | 209 | 9950 | 6156 | 4259 |
| 市辖区 | 2 | 5 | 300.1 | 46 | 6543 | 2763 | 1347 |
| 赤峰市 | 18 | 2 | 1173 | 310 | 19436 | 10088 | 7404 |
| 市辖区 | 7 | 2 | 607 | 81 | 9019 | 4358 | 3942 |
| 乌兰察布市 | 10 | 12 | 678 | 219 | 6264 | 7855 | 2072 |
| 市辖区 | 1 | 5 | 320 | 17 | 1966 | 3394 | 750 |
| 鄂尔多斯市 | 54 | 5 | 779 | 170 | 8424 | 6427 | 4595 |
| 市辖区 | 17 | 2 | 430 | 31 | 3044 | 2319 | 2112 |
| 巴彦淖尔市 | 8 | 6 | 640 | 147 | 8510 | 4283 | 3242 |
| 市辖区 | 2 | 2 | 500 | 37 | 4118 | 1889 | 1877 |
| 乌海市 | 18 | 2 | 524 | 341 | 3556 | 1585 | 1411 |
| 市辖区 | 18 | 2 | 524 | 341 | 3556 | 1585 | 1411 |

# 3－1－16 各城市人民生活情况

| 城　　市 | 在岗职工平均人数（万人） | 在岗职工工资总额（万元） | 城镇居民人均可支配收入（元） |
|---|---|---|---|
| 呼和浩特市 | 24 | 1575290 | |
| 市辖区 | 16 | 1115099 | 30772 |
| 包头市 | 36.43 | 1881466 | |
| 市辖区 | 31.93 | 1649540 | 34749 |
| 呼伦贝尔市 | 35.85 | 1602060 | |
| 市辖区 | 4.81 | 252705 | 23267 |
| 通辽市 | 24.44 | 935437 | |
| 市辖区 | 9.66 | 364880 | 20797 |
| 赤峰市 | 31.86 | 1452639 | |
| 市辖区 | 13.51 | 668412 | 18678 |
| 乌兰察布市 | 15.02 | 620765 | |
| 市辖区 | 6.2 | 235503 | 20460 |
| 鄂尔多斯市 | 22.33 | 1483389 | |
| 市辖区 | 6.73 | 466091 | 34719 |
| 巴彦淖尔市 | 16.6 | 689548 | |
| 市辖区 | 7.2 | 350786 | 18486 |
| 乌海市 | 10.02 | 515743 | |
| 市辖区 | 10.02 | 515743 | 25447 |

# 3－1－16 续表 1

单位:元

| 城　　市 | 城镇居民人均消费支　出 | 食　品 | 衣　着 | 居　住 |
|---|---|---|---|---|
| 呼和浩特市 | | | | |
| 市辖区 | 21361 | 5808 | 2683 | 1921 |
| 包头市 | | | | |
| 市辖区 | 26902 | 8249 | 3909 | 2040 |
| 呼伦贝尔市 | | | | |
| 市辖区 | 18511 | 6668 | 2978 | 1217 |
| 通辽市 | | | | |
| 市辖区 | 15875 | 4763 | 2274 | 1920 |
| 赤峰市 | | | | |
| 市辖区 | 13138 | 4270 | 2129 | 1198 |
| 乌兰察布市 | | | | |
| 市辖区 | 12626 | 5066 | 2125 | 1672 |
| 鄂尔多斯市 | | | | |
| 市辖区 | 31379 | 8944 | 5402 | 2879 |
| 巴彦淖尔市 | | | | |
| 市辖区 | 13481 | 4269 | 2563 | 1249 |
| 乌海市 | | | | |
| 市辖区 | 20921 | 6165 | 3262 | 1435 |

# 3－1－16 续表 2

单位:元

| 城市 | 家庭设备、用品及服务 | 医疗保健 | 交通和通讯 | 教育文化娱乐服务 |
|---|---|---|---|---|
| 呼和浩特市市辖区 | 1516 | 1949 | 3194 | 2679 |
| 包头市市辖区 | 2162 | 2032 | 3951 | 3340 |
| 呼伦贝尔市市辖区 | 1320 | 1942 | 1952 | 1430 |
| 通辽市市辖区 | 957 | 1316 | 1716 | 2081 |
| 赤峰市市辖区 | 1016 | 1197 | 1389 | 1413 |
| 乌兰察布市市辖区 | 758 | 898 | 821 | 794 |
| 鄂尔多斯市市辖区 | 1740 | 1061 | 5105 | 4181 |
| 巴彦淖尔市市辖区 | 901 | 880 | 1179 | 1551 |
| 乌海市市辖区 | 1521 | 995 | 4082 | 2469 |

# 3－1－16 续表 3

| 城市 | 每百户居民家庭拥有家用汽车(辆) | 每百户居民家庭拥有家用电脑(台) | 人均住房使用面积(平方米) | 居民消费价格指数(上年为100)(%) |
|---|---|---|---|---|
| 呼和浩特市市辖区 | 25 | 70 | 32 | 103.1 |
| 包头市市辖区 | 39 | 78 | 36.96 | 103.1 |
| 呼伦贝尔市市辖区 | 21 | 52 | 28.23 | 104.5 |
| 通辽市市辖区 | 13 | 63 | 28.05 | 103.9 |
| 赤峰市市辖区 | 14 | 68 | 28.92 | 102.7 |
| 乌兰察布市市辖区 | 7 | 32 | 21.47 | 105.2 |
| 鄂尔多斯市市辖区 | 63 | 82 | 37.77 | 101.8 |
| 巴彦淖尔市市辖区 | 14 | 63 | 29.62 | 103.4 |
| 乌海市市辖区 | 22 | 67 | 31.45 | 102.9 |

# 3－1－17 各城市社会保障情况

| 城　　市 | 基本养老保险参保人（人） | 基本医疗保险参保人（人） | 失业保险参保人（人） |
|---|---|---|---|
| 呼和浩特市 | 374000 | 914568 | 404262 |
| 市辖区 | 312374 | 745899 | 338194 |
| 包头市 | 823558 | 1308430 | 433164 |
| 市辖区 | 736090 | 1256319 | 365381 |
| 呼伦贝尔市 | 1070000 | 1380000 | 300000 |
| 市辖区 | 79200 | 167300 | 15800 |
| 通辽市 | 230000 | 1012400 | 180000 |
| 市辖区 | 99237 | 107170 | 92026 |
| 赤峰市 | 301516 | 1042211 | 265026 |
| 市辖区 | 66006 | 468761 | 62100 |
| 乌兰察布市 | 141300 | 766688 | 138000 |
| 市辖区 | 25000 | 44254 | 20000 |
| 鄂尔多斯市 | 248871 | 602521 | 160993 |
| 市辖区 | 116264 | 225854 | 67224 |
| 巴彦淖尔市 | 269000 | 627000 | 106000 |
| 市辖区 | 47000 | 170000 | 16000 |
| 乌海市 | 156065 | 246105 | 98000 |
| 市辖区 | 156065 | 246105 | 98000 |

# 3－1－17 续表

| 城　　市 | 社会福利院（个） | 社会福利院床位（张） | 社区服务设施（个） | 城镇居民最低生活保障人（人） |
|---|---|---|---|---|
| 呼和浩特市 | 7 | 1960 | 286 | 56490 |
| 市辖区 | 3 | 780 | 256 | 35091 |
| 包头市 | 53 | 6776 | 437 | 60338 |
| 市辖区 | 30 | 5260 | 437 | 43109 |
| 呼伦贝尔市 | 13 | 2049 | 118 | 178101 |
| 市辖区 | 6 | 960 | 16 | 54174 |
| 通辽市 | 91 | 7304 | 468 | 99600 |
| 市辖区 | 15 | 958 | 136 | 36822 |
| 赤峰市 | 161 | 11344 | 404 | 101124 |
| 市辖区 | 29 | 2747 | 112 | 43340 |
| 乌兰察布市 | 48 | 2200 | 36 | 120455 |
| 市辖区 | 5 | 260 | 4 | 30118 |
| 鄂尔多斯市 | 38 | 4740 | 1278 | 23551 |
| 市辖区 | 11 | 2121 | 89 | 4568 |
| 巴彦淖尔市 | 44 | 7019 | 527 | 51000 |
| 市辖区 | 4 | 1430 | 194 | 12558 |
| 乌海市 | 8 | 1201 | 112 | 23044 |
| 市辖区 | 8 | 1201 | 112 | 23044 |

# 3－1－18 各城市社会治安情况

| 城　　市 | 交通事故死亡人（人） | 交通事故损失额（万元） | 火灾事故死亡人（人） | 火灾事故损失额（万元） |
|---|---|---|---|---|
| 呼和浩特市 | 136 | 131 | 7 | 466 |
| 市辖区 | 67 | 46 | 5 | 429 |
| 包头市 | 143 | 152 | 4 | 391 |
| 市辖区 | 50 | 64 | 4 | 159 |
| 呼伦贝尔市 | 95 | 48 | 2 | 902 |
| 市辖区 | 17 | 5 | | 141 |
| 通辽市 | 104 | 225 | 2 | 4182 |
| 市辖区 | 11 | 49 | 2 | 3899 |
| 赤峰市 | 157 | 73 | | 507 |
| 市辖区 | 32 | 19 | | 41 |
| 乌兰察布市 | 96 | 76 | 4 | 670 |
| 市辖区 | 16 | 4 | | 383 |
| 鄂尔多斯市 | 125 | 147 | | 309 |
| 市辖区 | 9 | 10 | | 63 |
| 巴彦淖尔市 | 89 | 37 | | 159 |
| 市辖区 | 21 | 9 | | 43 |
| 乌海市 | 36 | 32 | | 326 |
| 市辖区 | 36 | 32 | | 326 |

# 3－1－18 续表

| 城　　市 | 刑事案件立案数（件） | 犯罪人数（人） | 青少年（人） |
|---|---|---|---|
| 呼和浩特市 | 2357 | 3547 | 686 |
| 市辖区 | 1646 | 2361 | 448 |
| 包头市 | 2259 | 1542 | 330 |
| 市辖区 | 1732 | 870 | 235 |
| 呼伦贝尔市 | 13475 | 4252 | 794 |
| 市辖区 | 279 | 429 | 78 |
| 通辽市 | 1785 | 1541 | 560 |
| 市辖区 | 535 | 491 | 235 |
| 赤峰市 | 3315 | 2109 | 448 |
| 市辖区 | 1444 | 992 | 225 |
| 乌兰察布市 | 1127 | 1546 | 199 |
| 市辖区 | 260 | 346 | 64 |
| 鄂尔多斯市 | 4113 | 5228 | 1105 |
| 市辖区 | 1459 | 1864 | 433 |
| 巴彦淖尔市 | 10386 | 2652 | 216 |
| 市辖区 | 3945 | 960 | 90 |
| 乌海市 | 841 | 1111 | 275 |
| 市辖区 | 841 | 1111 | 275 |

# 3－1－19 各城市市政公用事业情况

| 城　　市 | 城市维护建设资金支出（万元） | 年末实有城市道路面积（万平方米） | 排水管道长　度（公里） | 供水综合生产能力（万立方米/日） | 城市供水总　量（万吨） |
|---|---|---|---|---|---|
| 呼和浩特市 | | | | | |
| 市辖区 | 218142 | 1949 | 724 | 56 | 13718 |
| 包头市 | | | | | |
| 市辖区 | 235843 | 2422 | 1982 | 108.11 | 24619 |
| 呼伦贝尔市 | | | | | |
| 市辖区 | 9432 | 479 | 214 | 14 | 2468 |
| 通辽市 | | | | | |
| 市辖区 | 46756 | 959 | 620 | 72.3 | 19570 |
| 赤峰市 | | | | | |
| 市辖区 | 33773 | 1314 | 598 | 21.46 | 10365 |
| 乌兰察布市 | | | | | |
| 市辖区 | 4997 | 52 | 264 | 8.07 | 4100 |
| 鄂尔多斯市 | | | | | |
| 市辖区 | 57257 | 2021 | 1800 | 13.5 | 2427 |
| 巴彦淖尔市 | | | | | |
| 市辖区 | 2794 | 780 | 619 | 8.06 | 1989 |
| 乌海市 | | | | | |
| 市辖区 | 130526 | 755 | 279 | 29.2 | 2319 |

# 3－1－19 续表 1

| 城　　市 | 居民生活用水量（万吨） | 用　水人　口（万人） | 供气总量（人工、天然气）（万立方米） | | |
|---|---|---|---|---|---|
| | | | | 家庭用量（万立方米） | 用气人口（人） |
| 呼和浩特市 | | | | | |
| 市辖区 | 2836 | 186 | 42050 | 5300 | 1343400 |
| 包头市 | | | | | |
| 市辖区 | 3470 | 175 | 52956 | 21938 | 1339800 |
| 呼伦贝尔市 | | | | | |
| 市辖区 | 651 | 20.46 | | | |
| 通辽市 | | | | | |
| 市辖区 | 1100 | 89.8 | 1775 | 1727 | 199000 |
| 赤峰市 | | | | | |
| 市辖区 | 1860 | 76.91 | 1072 | 188 | 126200 |
| 乌兰察布市 | | | | | |
| 市辖区 | 687 | 26 | 3296 | 1709 | 201900 |
| 鄂尔多斯市 | | | | | |
| 市辖区 | 1287 | 59.6 | 6625 | 1611 | 350000 |
| 巴彦淖尔市 | | | | | |
| 市辖区 | 1308 | 33.8 | 3285 | 3285 | 54000 |
| 乌海市 | | | | | |
| 市辖区 | 789 | 54.78 | 2965 | 1380 | 347800 |

# 3－1－19 续表2

| 城市 | 液化石油气供气总量(吨) | 家庭用量(吨) | 用液化气人口(人) | 年末实有公共汽(电)车营运车辆(辆) | 全年公共汽(电)车客运总量(万人次) |
|---|---|---|---|---|---|
| 呼和浩特市 | | | | | |
| 市辖区 | 15173 | 15173 | 433500 | 2261 | 34787.89 |
| 包头市 | | | | | |
| 市辖区 | 9692 | 9042 | 345200 | 1342 | 13260 |
| 呼伦贝尔市 | | | | | |
| 市辖区 | 6800 | 6400 | 255000 | 206 | 2835 |
| 通辽市 | | | | | |
| 市辖区 | 3019 | 2800 | 299000 | 388 | 3000.2 |
| 赤峰市 | | | | | |
| 市辖区 | 15615 | 14550 | 727300 | 444 | 17628 |
| 乌兰察布市 | | | | | |
| 市辖区 | 6012 | 3104 | 167800 | 161 | 3600 |
| 鄂尔多斯市 | | | | | |
| 市辖区 | 2880 | 2880 | 150000 | 396 | 5859.5 |
| 巴彦淖尔市 | | | | | |
| 市辖区 | 54000 | 12000 | 11000 | 111 | 1146 |
| 乌海市 | | | | | |
| 市辖区 | 1508 | 1499 | 84000 | 387 | 4530 |

# 3－1－19 续表3

| 城市 | 年末实有出租汽车(辆) | 绿地面积(公顷) | 公园绿地(公顷) | 建成区绿化覆盖面积(公顷) |
|---|---|---|---|---|
| 呼和浩特市 | | | | |
| 市辖区 | 5564 | 7198 | 2853 | 7560 |
| 包头市 | | | | |
| 市辖区 | 5827 | 7862 | 2221 | 7812 |
| 呼伦贝尔市 | | | | |
| 市辖区 | 2131 | 936 | 600 | 953 |
| 通辽市 | | | | |
| 市辖区 | 2949 | 2836 | 779 | 2601 |
| 赤峰市 | | | | |
| 市辖区 | 3783 | 3107 | 1282 | 3368 |
| 乌兰察布市 | | | | |
| 市辖区 | 3496 | 1858 | 1140 | 1769 |
| 鄂尔多斯市 | | | | |
| 市辖区 | 2501 | 7864 | 3123 | 8541 |
| 巴彦淖尔市 | | | | |
| 市辖区 | 1237 | 1484 | 308 | 1292 |
| 乌海市 | | | | |
| 市辖区 | 953 | 2271 | 782 | 2560 |

# 3－1－20 各城市环境保护情况

| 城　　市 | 三废综合利用产品产值（万元） | 工业废水排放量（万吨） | 工业废水排放达标量（万吨） |
|---|---|---|---|
| 呼和浩特市 | | 2186 | |
| 市辖区 | | | |
| 包头市 | | 7394 | |
| 市辖区 | | | |
| 呼伦贝尔市 | | 116637 | |
| 市辖区 | | | |
| 通辽市 | | 4475 | |
| 市辖区 | | | |
| 赤峰市 | | 2253 | |
| 市辖区 | | | |
| 乌兰察布市 | | 1634 | |
| 市辖区 | | | |
| 鄂尔多斯市 | | 1783 | |
| 市辖区 | | | |
| 巴彦淖尔市 | | 2696 | |
| 市辖区 | | | |
| 乌海市 | | 3024 | |
| 市辖区 | | | |

# 3－1－20 续表 1

| 城　　市 | 工业二氧化硫产生量（吨） | 工业二氧化硫排放量（吨） | 工业烟（粉）去除量（吨） | 工业烟（粉）排放量（吨） |
|---|---|---|---|---|
| 呼和浩特市 | 392000 | 99375 | 2812079 | 18372 |
| 市辖区 | | | | |
| 包头市 | 547781 | 209781 | 7001813 | 78946 |
| 市辖区 | | | | |
| 呼伦贝尔市 | 116637 | 85120 | 3468966 | 60478 |
| 市辖区 | | | | |
| 通辽市 | 411497 | 83055 | 9323453 | 138162 |
| 市辖区 | | | | |
| 赤峰市 | 698790 | 126137 | 2958589 | 22472 |
| 市辖区 | | | | |
| 乌兰察布市 | 619800 | 60880 | 205790 | 19497 |
| 市辖区 | | | | |
| 鄂尔多斯市 | 650949 | 225666 | | 260939 |
| 市辖区 | | | | |
| 巴彦淖尔市 | 402426 | 71193 | 2062936 | 27228 |
| 市辖区 | | | | |
| 乌海市 | 317454 | 112397 | 5330661 | 39267 |
| 市辖区 | | | | |

# 3－1－20 续表2

| 城　　市 | 一般工业固体废物综合利用率（%） | 污水处理厂集中处理率（%） | 空气质量达标（API<100）天数（天） | 生活垃圾无害化处理率（%） |
|---|---|---|---|---|
| 呼和浩特市 | 35.74 | 79.23 | | 93 |
| 市辖区 | | | | |
| 包头市 | 47.71 | 84.3 | | 92.45 |
| 市辖区 | | | | |
| 呼伦贝尔市 | 76.6 | 84.5 | | 86.5 |
| 市辖区 | | | | |
| 通辽市 | 85 | 95.81 | | 74.43 |
| 市辖区 | | | | |
| 赤峰市 | 18.07 | 90 | | 85 |
| 市辖区 | | | | |
| 乌兰察布市 | 269 | 270 | | 271 |
| 市辖区 | 57 | 52 | | 94.9 |
| 鄂尔多斯市 | 86.53 | 93.22 | | 93.69 |
| 市辖区 | | | | |
| 巴彦淖尔市 | 13 | 62 | | 100 |
| 市辖区 | | | | |
| 乌海市 | 59.28 | 92.6 | | 85.4 |
| 市辖区 | | | | |

# 主要统计指标解释

**行政区域土地面积** 是指在该行政区划内的全部土地面积(包括水面面积)。计算土地面积是以行政区划为准。

**居住用地面积** 指在城市中包括住宅及相当于居住小区及以下的公共服务设施、道路和绿地等设施的建设用地。

**公共设施用地** 城市中为社会服务的行政、经济、文化、教育、卫生、体育、科研及设计等机构或设施的建设用地。

**货运量** 指年内以重量单位(吨)计算的由各种运输工具实际完成运输过程的货物数量。包括铁路货运量、公路货运量、水运货运量(其中包括内河、沿海、远洋货运量)、民航货邮运量和管道运输量。本制度按铁路、公路、水运和民航分列。

**邮政、电信业务收入** 指邮电、通信企业通过生产经营活动所取得的全部业务收入,包括邮政、长途电信、本地电话等各项主营业务收入和地方国有通信收入。

**国际旅游(外汇)收入** 海外旅游者在中国(大陆)境内旅行、游览过程中用于交通、参观游览、住宿、餐饮、购物、娱乐等全部花费。

**全社会固定资产投资完成额** 是以货币表现的在一定时期内建造、购置固定资产的工作量以及与此有关的费用总称。它是反映固定资产投资规模、结构和发展速度的综合性指标。又是观察工程进度和考核投资效果的重要依据。包括基本建设投资、更新改造措施投资、房地产开发和其他固定资产投资(含农村投资)。

**专利申请受理量:** 指经专利部门初步审核后符合受理条件的专利申请量。

**专利申请授权量:** 指经专利部门审查合格后,依据专利法授予申请人对申请项目专有权的专利申请数量。

**城镇居民人均消费支出** 指调查户用于本家庭日常生活的全部支出,包括食品、衣着、家庭设备用品及服务、医疗保健、交通的通讯、娱乐教育文化服务、居住、杂项商品和服务等八大类支出。不包括用于赠送的商品或服务。

**人均住房使用面积** 使用面积和常住人口的比值。

**基本养老保险参保人数** 指报告期末参加基本养老保险的职工人数。

**基本医疗保险参保人数** 指报告期末参加基本医疗保险的职工人数。

**失业保险参保人数** 指报告期末参加失业保险的人数。

**城镇居民最低生活保障人数** 指在报告期末,家庭平均收入在当地规定的最低生活保障线以下的城镇居民数。包括"三无对象",失业人员和在职、下岗、退休人员等。

**交通事故损失额:** 指以货币形式表现的交通事故所造成的损失程度。

**火灾事故损失额:** 指以货币形式表现的火灾事故所造成的损失程度。

**交通事故死亡人数** 指实际因交通事故死亡的人数。

**刑事案件立案数** 指年内发生并达到公安等司法部门规定的立案标准的刑事案。刑事案件是指需依法追究刑事责任并由公安等司法机关立案处理的案件。

**供水综合生产能力** 是指城建部门系统自来水公司所属自来水厂及各单位自备水源取水、净化、送水、出厂输水干管等环节的综合生产能力,以四个环节的薄弱环节为主,超负荷运行增加的能力不应计算。

**供水总量** 是指自来水厂供出厂外的全部水量,包括有效供水量及损失水量。

**居民家庭用水量** 指城市范围内所有居民家庭的日常生活用水。包括城市居民、农民家庭、公共供水站用水。

**公园绿地面积** 指开放的各级各类公园绿地。

**环境污染治理本年完成投资总额** 指企事业单位本年在污染治理工程(或设施)建设中实际投入的资金总额。包括工业污染源治理投资、新建项目环保设施"三同时"投资两部分。

**城市环境基础设施建设本年完成投资总额** 包括用于城市建设中的燃气、集中供热、污水处理、园林绿化、垃圾处理及其他行业的固定资产投资额。

**工业废水排放量** 是指经过工业企业厂区所有排放口排放到企业外部的全部废水总量。包括外排的生产废水和厂区生活污水,也包括外排的直接冷却水和矿区的超过排放标准的有毒有害的矿井地下水;不包括外排的间接冷却水。

**工业废水排放达标量** 是指全面达到国家、地方排放标准的外排废水,包括经过处理和未经过处理的,但不包括经过处理仍未达到国家排放标准的。

# 3 城市经济社会调查篇

## ② 城市居民生活

资料整理：高志宇　刘军

# 3-2-1 城镇居民人口就业基本情况(按月平均)

| 指　　标 | 单　位 | 2011 年 | 2012 年 | 2012 年比 2011 年增加 | |
|---|---|---|---|---|---|
| | | | | 绝对值 | % |
| 调查户数 | 户 | 2350 | 2350 | | |
| 家庭人口数 | 人/户 | 2.81 | 2.8 | -0.01 | -0.36 |
| 有收入者人数 | 人/户 | 1.93 | 1.93 | | |
| 就业人口数 | 人/户 | 1.5 | 1.51 | 0.01 | 0.67 |
| 国有经济单位职工人数 | 人/户 | 0.73 | 0.71 | -0.02 | -2.74 |
| 城镇集体经济单位职工人数 | 人/户 | 0.04 | 0.04 | | |
| 其它经济类型单位职工人数 | 人/户 | 0.11 | 0.12 | 0.01 | 9.09 |
| 城镇个体或私营企业主人数 | 人/户 | 0.24 | 0.26 | 0.02 | 8.33 |
| 城镇个体或私营企业被雇人数 | 人/户 | 0.27 | 0.27 | | |
| 离退休再就业人数 | 人/户 | 0.02 | 0.02 | | |
| 其它就业人数 | 人/户 | 0.09 | 0.1 | 0.01 | 11.11 |
| 离退休人数 | 人/户 | 0.37 | 0.37 | | |
| 其它有收入者人数 | 人/户 | 0.05 | 0.06 | 0.01 | 20.00 |
| 无收入者人数 | 人/户 | 0.88 | 0.87 | -0.01 | -1.14 |
| 在外就学人数 | 人/户 | 0.06 | 0.06 | | |
| 非家庭人口在家用餐 | 人次/户 | 1.21 | 1.1 | -0.11 | -9.09 |
| 家庭人口在外用餐 | 人次/户 | 2.94 | 2.68 | -0.26 | -8.84 |

# 3－2－2 城镇居民住房基本情况

| 指　　标 | 单　位 | 2011 年 | 2012 年 | 2012 年比 2011 年增加 | |
|---|---|---|---|---|---|
| | | | | 绝对值 | % |
| 现住房总建筑面积 | 平方米/人 | 29.37 | 29.89 | 0.52 | 1.77 |
| 房屋产权 | | | | | |
| 租赁公房 | % | 0.33 | 0.36 | 0.03 | 9.09 |
| 租赁私房 | % | 6.21 | 6.09 | －0.12 | －1.93 |
| 原有私房 | % | 14.77 | 14.57 | －0.2 | －1.35 |
| 房改私房 | % | 18.65 | 17.46 | －1.19 | －6.38 |
| 商品房 | % | 57.29 | 58.31 | 1.02 | 1.78 |
| 借用房 | | | 2.86 | 2.86 | |
| 其它 | % | 2.75 | 0.36 | －2.39 | －86.91 |
| 住宅建筑式样 | | | | | |
| 单栋住宅 | % | 0.97 | 0.94 | －0.03 | －3.09 |
| 四居室 | % | 1.86 | 1.98 | 0.12 | 6.45 |
| 三居室 | % | 24.42 | 25.09 | 0.67 | 2.74 |
| 二居室 | % | 45.41 | 45.53 | 0.12 | 0.26 |
| 一居室 | % | 3.24 | 3.28 | 0.04 | 1.23 |
| 普通楼房 | % | 4.19 | 3.93 | －0.26 | －6.21 |
| 平房及其它 | % | 19.91 | 19.25 | －0.66 | －3.31 |
| 装修状况 | | | | | |
| 有装修 | % | 61.92 | 57.64 | －4.28 | －6.91 |
| 未装修 | % | 38.08 | 42.36 | 4.28 | 11.24 |
| 购房总金额 | 元/户 | 90351.89 | 97531.95 | 7180.06 | 7.95 |
| 购房实际支出金额 | 元/户 | 87435.96 | 94515.42 | 7079.46 | 8.10 |
| 除现住房外其它住房 | 套/户 | 0.11 | 0.11 | | |
| 出租房 | 套/户 | 0.07 | 0.07 | | |
| 建筑面积 | 平方米/户 | 5.24 | 5.47 | 0.23 | 4.39 |
| 偶尔居住房 | 套/户 | 0.02 | 0.02 | | |
| 建筑面积 | 平方米/户 | 1.6 | 1.74 | 0.14 | 8.75 |
| 其它用途房 | 套/户 | 0.02 | 0.02 | | |
| 建筑面积 | 平方米/户 | 1.54 | 1.79 | 0.25 | 16.23 |

# 3－2－3 城镇居民生活基本情况

| 指　　标 | 单　位 | 2011 年 | 2012 年 | 2012 年比 2011 年增加 | |
|---|---|---|---|---|---|
| | | | | 绝对值 | % |
| 饮水情况 | | | | | |
| 自来水 | % | 88.79 | 88.98 | 0.19 | 0.21 |
| 矿泉水 | % | 3.12 | 2.47 | －0.65 | －20.83 |
| 纯净水 | % | 4.76 | 5.2 | 0.44 | 9.24 |
| 井、河水 | % | 2.97 | 2.99 | 0.02 | 0.67 |
| 其它 | % | 0.36 | 0.36 | | |
| 用水情况 | | | | | |
| 独用自来水 | % | 95.41 | 95.19 | －0.22 | －0.23 |
| 公用自来水 | % | 1.12 | 1.31 | 0.19 | 16.96 |
| 井、河水 | % | 2.94 | 2.96 | 0.02 | 0.68 |
| 其它 | % | 0.53 | 0.53 | | |
| 卫生设备 | | | | | |
| 无卫生设备 | % | 13.52 | 12.83 | －0.69 | －5.10 |
| 有厕所浴室 | % | 61.3 | 62.62 | 1.32 | 2.15 |
| 有厕所无浴室 | % | 20.91 | 20.51 | －0.4 | －1.91 |
| 公用 | % | 4.27 | 4.04 | －0.23 | －5.39 |
| 取暖设备 | | | | | |
| 无取暖设备 | % | 0.6 | 0.51 | －0.09 | －15.00 |
| 空调设备 | % | 0.14 | 0.11 | －0.03 | －21.43 |
| 暖气 | % | 84.85 | 85.07 | 0.22 | 0.26 |
| 其它 | % | 14.41 | 14.31 | －0.1 | －0.69 |
| 炊用燃料使用情况 | | | | | |
| 煤炭 | % | 17.43 | 16.83 | －0.6 | －3.44 |
| 罐装液化石油气 | % | 51.85 | 50.38 | －1.47 | －2.84 |
| 管道液化石油气 | % | 1.56 | 1.6 | 0.04 | 2.56 |
| 管道煤气 | % | 4.92 | 3.73 | －1.19 | －24.19 |
| 管道天然气 | % | 16.2 | 19.1 | 2.9 | 17.90 |
| 柴油 | % | | | | |
| 其它燃料 | % | 8.05 | 8.36 | 0.31 | 3.85 |

# 3-2-4 城镇居民耐用消费品拥有情况

| 指　　标 | 单　位 | 2011 年 | 2012 年 | 2012 年比 2011 年增加 | |
|---|---|---|---|---|---|
| | | | | 绝对值 | % |
| 摩托车 | 辆/百户 | 21.06 | 21.81 | 0.75 | 3.56 |
| 助力车 | 辆/百户 | 28.02 | 28.7 | 0.68 | 2.43 |
| 家用汽车 | 辆/百户 | 19.62 | 23.58 | 3.96 | 20.18 |
| 洗衣机 | 台/百户 | 96.74 | 97.35 | 0.61 | 0.63 |
| 电冰箱 | 台/百户 | 98.64 | 99.63 | 0.99 | 1.00 |
| 彩色电视机 | 台/百户 | 105.2 | 105.27 | 0.07 | 0.07 |
| 家用电脑 | 台/百户 | 60.83 | 62.6 | 1.77 | 2.91 |
| 组合音响 | 套/百户 | 13.57 | 13.07 | -0.5 | -3.68 |
| 摄像机 | 架/百户 | 7.81 | 8.98 | 1.17 | 14.98 |
| 照相机 | 架/百户 | 32.45 | 33.39 | 0.94 | 2.90 |
| 钢琴 | 架/百户 | 1.54 | 1.79 | 0.25 | 16.23 |
| 其它中高档乐器 | 件/百户 | 3.43 | 3.35 | -0.08 | -2.33 |
| 微波炉 | 台/百户 | 41.9 | 41.85 | -0.05 | -0.12 |
| 空调器 | 台/百户 | 13.96 | 15.64 | 1.68 | 12.03 |
| 淋浴热水器 | 台/百户 | 62.2 | 63.04 | 0.84 | 1.35 |
| 消毒碗柜 | 台/百户 | 3.4 | 3.78 | 0.38 | 11.18 |
| 洗碗机 | 台/百户 | 0.2 | 0.28 | 0.08 | 40.00 |
| 健身器材 | 套/百户 | 2.78 | 2.77 | -0.01 | -0.36 |
| 固定电话 | 部/百户 | 47.3 | 44.85 | -2.45 | -5.18 |
| 移动电话 | 部/百户 | 204.72 | 206.11 | 1.39 | 0.68 |
| 接入互联网的移动电话 | 部/百户 | 40.1 | 44.65 | 4.55 | 11.35 |
| 接入有线电视网络的电视机 | 台/百户 | 83.17 | 78.73 | -4.44 | -5.34 |
| 接入互联网的计算机 | 台/百户 | 44.37 | 45.87 | 1.5 | 3.38 |

# 3－2－5 城镇居民现金收入情况

| 指　　标 | 单　位 | 2011年 | 2012年 | 2012年比2011年增加 | |
|---|---|---|---|---|---|
| | | | | 绝对值 | % |
| 期初手存现金 | 元/人 | 260.57 | 472.21 | 211.64 | 81.22 |
| 家庭总收入 | 元/人 | 21890.19 | 24790.79 | 2900.6 | 13.25 |
| #可支配收入 | 元/人 | 20407.57 | 23150.26 | 2742.69 | 13.44 |
| 工资性收入 | 元/人 | 14779.08 | 16872.58 | 2093.5 | 14.17 |
| 工资及补贴收入 | 元/人 | 13777.64 | 15905.39 | 2127.75 | 15.44 |
| 其它劳动收入 | 元/人 | 1001.44 | 967.19 | －34.25 | －3.42 |
| 经营性收入 | 元/人 | 2320.36 | 2698.67 | 378.31 | 16.30 |
| 财产性收入 | 元/人 | 513.36 | 564.02 | 50.66 | 9.87 |
| 利息收入 | 元/人 | 93.68 | 94.83 | 1.15 | 1.23 |
| 股息与红利收入 | 元/人 | 86.95 | 111.63 | 24.68 | 28.38 |
| 保险收益 | 元/人 | 13.55 | 17.26 | 3.71 | 27.38 |
| 其它投资收入 | 元/人 | 102.44 | 71 | －31.44 | －30.69 |
| 出租房屋收入 | 元/人 | 162.42 | 200.04 | 37.62 | 23.16 |
| 知识产权收入 | 元/人 | 0.7 | 0.17 | －0.53 | －75.71 |
| 其它财产性收入 | 元/人 | 53.63 | 69.1 | 15.47 | 28.85 |
| 转移性收入 | 元/人 | 4277.38 | 4655.51 | 378.13 | 8.84 |
| 养老金或离退休金 | 元/人 | 3574.8 | 4029.9 | 455.1 | 12.73 |
| 社会救济收入 | 元/人 | 85.93 | 104.34 | 18.41 | 21.42 |
| #最低生活保障收入 | 元/人 | 67.37 | 91.67 | 24.3 | 36.07 |
| 辞退金 | 元/人 | 0.1 | 0.03 | －0.07 | －70.00 |
| 赔偿收入 | 元/人 | 1.51 | 2.43 | 0.92 | 60.93 |
| 保险收入 | 元/人 | 7.36 | 22.74 | 15.38 | 208.97 |
| #失业保险金 | 元/人 | 2.6 | 4.3 | 1.7 | 65.38 |
| 赡养收入 | 元/人 | 96.92 | 97.92 | 1 | 1.03 |
| #来自城镇居民的赡养收入 | 元/人 | 5.29 | 7.26 | 1.97 | 37.24 |
| 捐赠收入 | 元/人 | 338.5 | 184.67 | －153.83 | －45.44 |
| #来自城镇居民的捐赠收入 | 元/人 | 54.95 | 10.9 | －44.05 | －80.16 |
| 提取住房公积金 | 元/人 | 26.48 | 57.27 | 30.79 | 116.28 |
| 其它转移性收入 | 元/人 | 56.17 | 54.15 | －2.02 | －3.60 |
| 出售财物收入 | 元/人 | 70.6 | 130.72 | 60.12 | 85.16 |
| 出售住房收入 | 元/人 | 52.87 | 120.38 | 67.51 | 127.69 |
| 出售其它物品收入 | 元/人 | 17.73 | 10.35 | －7.38 | －41.62 |
| 借贷收入 | 元/人 | 6940.88 | 6809.86 | －131.02 | －1.89 |
| 提取储蓄存款 | 元/人 | 6495.19 | 6435.04 | －60.15 | －0.93 |
| 借入款 | 元/人 | 172.89 | 64.97 | －107.92 | －62.42 |
| 收回借出款 | 元/人 | 49.9 | 70.24 | 20.34 | 40.76 |
| 收回储蓄性保险本 | 元/人 | 3.28 | 0.33 | －2.95 | －89.94 |
| 兑售有价证券 | 元/人 | 0.09 | 0.17 | 0.08 | 88.89 |
| 收回投资本金 | 元/人 | 0.64 | 7.99 | 7.35 | 1148.44 |
| 住房贷款 | 元/人 | 132.55 | 170.72 | 38.17 | 28.80 |
| 汽车贷款 | 元/人 | 36.01 | 15.68 | －20.33 | －56.46 |
| 教育贷款 | 元/人 | 5.99 | 6.55 | 0.56 | 9.35 |
| 其它贷款 | 元/人 | 36.43 | 33.43 | －3 | －8.23 |
| 其它借贷收入 | 元/人 | 7.91 | 4.73 | －3.18 | －40.20 |

# 3－2－6 城镇居民现金支出情况

| 指　　标 | 单　位 | 2011 年 | 2012 年 | 2012 年比 2011 年增加 | |
|---|---|---|---|---|---|
| | | | | 绝对值 | % |
| 家庭总支出 | 元/人 | 20270.86 | 22562.52 | 2291.66 | 11.31 |
| 消费性支出 | 元/人 | 15878.07 | 17717.1 | 1839.03 | 11.58 |
| 财产性支出 | 元/人 | 18.47 | 20.74 | 2.27 | 12.29 |
| 非生产性贷款利息支出 | 元/人 | 13.93 | 16.69 | 2.76 | 19.81 |
| 其它 | 元/人 | 4.54 | 4.04 | -0.5 | -11.01 |
| 转移性支出 | 元/人 | 2619.41 | 2977.59 | 358.18 | 13.67 |
| 交纳所得税 | 元/人 | 111.03 | 50.41 | -60.62 | -54.60 |
| # 来自工资性收入的个税 | 元/人 | 104.52 | 48.23 | -56.29 | -53.86 |
| 来自经营净收入的个税 | 元/人 | 1.22 | 1.54 | 0.32 | 26.23 |
| 来自财产性收入的个税 | 元/人 | 0.2 | 0.36 | 0.16 | 80.00 |
| 来自转移性收入的个税 | 元/人 | 0.47 | | -0.47 | -100.00 |
| 捐赠支出 | 元/人 | 1922.08 | 2269.46 | 347.38 | 18.07 |
| 购买彩票 | 元/人 | 6.71 | 5.89 | -0.82 | -12.22 |
| 赡养支出 | 元/人 | 420.67 | 480.8 | 60.13 | 14.29 |
| #在外就学子女费用 | 元/人 | 300.28 | 340.21 | 39.93 | 13.30 |
| 各种非储蓄性保险支出 | 元/人 | 111.88 | 123.23 | 11.35 | 10.14 |
| #车辆保险支出 | 元/人 | 51.57 | 70.57 | 19 | 36.84 |
| 其它转移性支出 | 元/人 | 47.05 | 47.81 | 0.76 | 1.62 |
| 社会保障支出 | 元/人 | 1281.98 | 1488.07 | 206.09 | 16.08 |
| 个人交纳的养老基金 | 元/人 | 429.18 | 503.22 | 74.04 | 17.25 |
| 个人交纳的住房公积金 | 元/人 | 578.95 | 679.56 | 100.61 | 17.38 |
| 个人交纳的医疗基金 | 元/人 | 185.85 | 213.28 | 27.43 | 14.76 |
| 个人交纳的失业基金 | 元/人 | 33.46 | 37.31 | 3.85 | 11.51 |
| 其它社会保障支出 | 元/人 | 54.54 | 54.71 | 0.17 | 0.31 |
| 购房与建房支出 | 元/人 | 472.93 | 359.03 | -113.9 | -24.08 |
| 购房 | 元/人 | 463.94 | 350.93 | -113.01 | -24.36 |
| 建房 | 元/人 | 8.99 | 8.1 | -0.89 | -9.90 |
| 借贷支出 | 元/人 | 8249.41 | 8933.46 | 684.05 | 8.29 |
| 存入储蓄款 | 元/人 | 7381.92 | 8028.44 | 646.52 | 8.76 |
| 借出款 | 元/人 | 29.42 | 29.49 | 0.07 | 0.24 |
| 归还借款 | 元/人 | 120.65 | 72.4 | -48.25 | -39.99 |
| 储蓄性保险支出 | 元/人 | 102.22 | 135.18 | 32.96 | 32.24 |
| 购买有价证券 | 元/人 | 3.65 | 0.72 | -2.93 | -80.27 |
| 其它投资支出 | 元/人 | 18.17 | 26.59 | 8.42 | 46.34 |
| 归还住房贷款 | 元/人 | 437.79 | 507.19 | 69.4 | 15.85 |
| 归还汽车贷款 | 元/人 | 96.81 | 96.33 | -0.48 | -0.50 |
| 归还教育贷款 | 元/人 | 2.9 | | -2.9 | -100.00 |
| 归还其它贷款 | 元/人 | 19.63 | 28.16 | 8.53 | 43.45 |
| 其它借贷支出 | 元/人 | 36.25 | 8.95 | -27.3 | -75.31 |
| 期末手存现金 | 元/人 | 606.77 | 707.18 | 100.41 | 16.55 |

# 3-2-7 城镇居民非现金(实物与服务)收入情况

| 指　　标 | 单　位 | 2011年 | 2012年 | 2012年比2011年增加 | |
|---|---|---|---|---|---|
| | | | | 绝对值 | % |
| 非现金(实物与服务)收入 | 元/人 | 213.82 | 250.53 | 36.71 | 17.17 |
| 食品 | 元/人 | 53.3 | 48.44 | -4.86 | -9.12 |
| 粮油类 | 元/人 | 12.96 | 11.12 | -1.84 | -14.20 |
| 肉禽蛋水产品类 | 元/人 | 16.66 | 14.28 | -2.38 | -14.29 |
| 蔬菜类 | 元/人 | 1.9 | 0.91 | -0.99 | -52.11 |
| 糖烟酒饮料类 | 元/人 | 8.35 | 9.51 | 1.16 | 13.89 |
| 干鲜瓜果类 | 元/人 | 5.12 | 5.93 | 0.81 | 15.82 |
| 糕点、奶及奶制品 | 元/人 | 4.08 | 4.66 | 0.58 | 14.22 |
| 其它食品 | 元/人 | 2.97 | 0.67 | -2.3 | -77.44 |
| 饮食服务 | 元/人 | 1.25 | 1.37 | 0.12 | 9.60 |
| 衣着 | 元/人 | 9.48 | 4.2 | -5.28 | -55.70 |
| 居住 | 元/人 | 67.01 | 81.96 | 14.95 | 22.31 |
| 住房 | 元/人 | 66.93 | 81.96 | 15.03 | 22.46 |
| 水电燃料及其它 | 元/人 | 0.08 | | -0.08 | |
| 居住服务费 | 元/人 | | | | |
| 家庭设备用品及服务 | 元/人 | 1.98 | 1.51 | -0.47 | -23.74 |
| 医疗保健 | 元/人 | 2.86 | 1.42 | -1.44 | -50.35 |
| #医疗基金 | 元/人 | 27.42 | 30.37 | 2.95 | 10.76 |
| 医疗器具 | 元/人 | | 0.04 | 0.04 | |
| 保健用品 | 元/人 | 0.48 | 0.02 | -0.46 | -95.83 |
| 药品费 | 元/人 | 1.62 | 0.72 | -0.9 | -55.56 |
| 滋补保健品 | 元/人 | 0.65 | 0.49 | -0.16 | -24.62 |
| 医疗费 | 元/人 | 0.1 | 0.14 | 0.04 | 40.00 |
| 其它医疗保健 | 元/人 | | | | |
| 交通和通讯 | 元/人 | 1.19 | 1.35 | 0.16 | 13.45 |
| 交通 | 元/人 | 0.93 | 0.74 | -0.19 | -20.43 |
| 通信 | 元/人 | 0.26 | 0.61 | 0.35 | 134.62 |
| 教育文化娱乐服务 | 元/人 | 1.72 | 0.56 | -1.16 | -67.44 |
| 文化娱乐用品 | 元/人 | 0.48 | 0.37 | -0.11 | -22.92 |
| 文化娱乐服务 | 元/人 | 0.76 | 0.16 | -0.6 | -78.95 |
| 教育 | 元/人 | 0.48 | 0.03 | -0.45 | -93.75 |
| 其它商品和服务 | 元/人 | 76.29 | 111.1 | 34.81 | 45.63 |

# 3－2－8 城镇居民食品类消费支出情况

| 指　　标 | 单　位 | 2011 年 | 2012 年 | 2012 年比 2011 年增加 | |
|---|---|---|---|---|---|
| | | | | 绝对值 | % |
| 消费支出 | 元/人 | 15878.07 | 17717.1 | 1839.03 | 11.58 |
| #服务性消费支出 | 元/人 | 3870.09 | 4282.99 | 412.9 | 10.67 |
| 通过互联网购买商品或服务支出 | 元/人 | 32.74 | 48.31 | 15.57 | 47.56 |
| 旅游人次 | 次/百人 | 0.33 | 0.4 | 0.07 | 21.21 |
| 旅游花费总额 | 元/人 | 247.54 | 282.07 | 34.53 | 13.95 |
| 食品 | 元/人 | 4962.4 | 5463.18 | 500.78 | 10.09 |
| 粮油类 | 元/人 | 655.03 | 689.15 | 34.12 | 5.21 |
| 粮食 | 元/人 | 461.19 | 488.84 | 27.65 | 6.00 |
| 大米 | 元/人 | 165.52 | 177.41 | 11.89 | 7.18 |
| 面粉 | 元/人 | 101.79 | 103.71 | 1.92 | 1.89 |
| 其它粮食及制品 | 元/人 | 193.88 | 207.73 | 13.85 | 7.14 |
| 淀粉及薯类 | 元/人 | 41.57 | 39.84 | -1.73 | -4.16 |
| 干豆类及豆制品 | 元/人 | 42.91 | 44.05 | 1.14 | 2.66 |
| 油脂类 | 元/人 | 109.36 | 116.43 | 7.07 | 6.46 |
| 食用植物油 | 元/人 | 107.85 | 113.84 | 5.99 | 5.55 |
| 食用动物油 | 元/人 | 1.52 | 2.58 | 1.06 | 69.74 |
| 肉禽蛋水产品类 | 元/人 | 1120.11 | 1218.38 | 98.27 | 8.77 |
| 肉类 | 元/人 | 825.18 | 879.95 | 54.77 | 6.64 |
| 猪肉 | 元/人 | 328.98 | 336.01 | 7.03 | 2.14 |
| 牛肉 | 元/人 | 157.64 | 173.94 | 16.3 | 10.34 |
| 羊肉 | 元/人 | 210.18 | 227.89 | 17.71 | 8.43 |
| 其它肉及制品 | 元/人 | 128.38 | 142.12 | 13.74 | 10.70 |
| 禽类 | 元/人 | 100.55 | 110.8 | 10.25 | 10.19 |
| 鸡 | 元/人 | 58.32 | 65.12 | 6.8 | 11.66 |
| 鸭 | 元/人 | 2.3 | 4.07 | 1.77 | 76.96 |
| 其它禽类及制品 | 元/人 | 39.93 | 41.61 | 1.68 | 4.21 |
| 蛋类 | 元/人 | 82.42 | 83.19 | 0.77 | 0.93 |
| 鲜蛋 | 元/人 | 78.65 | 79.31 | 0.66 | 0.84 |
| 蛋制品 | 元/人 | 3.77 | 3.88 | 0.11 | 2.92 |
| 水产品类 | 元/人 | 111.97 | 144.44 | 32.47 | 29.00 |
| 鱼 | 元/人 | 66.56 | 76.18 | 9.62 | 14.45 |
| 虾 | 元/人 | 25.16 | 35.08 | 9.92 | 39.43 |
| 其它水产品及制品 | 元/人 | 20.24 | 33.17 | 12.93 | 63.88 |

# 3－2－8 续表

| 指　　标 | 单　位 | 2011 年 | 2012 年 | 2012 年比 2011 年增加 | |
|---|---|---|---|---|---|
| | | | | 绝对值 | % |
| 蔬菜类 | 元/人 | 403.33 | 457.17 | 53.84 | 13.35 |
| 鲜菜 | 元/人 | 368.84 | 413.57 | 44.73 | 12.13 |
| 干菜 | 元/人 | 18.69 | 23.8 | 5.11 | 27.34 |
| 菜制品 | 元/人 | 15.81 | 19.8 | 3.99 | 25.24 |
| 调味品 | 元/人 | 61.18 | 62.79 | 1.61 | 2.63 |
| 糖烟酒饮料类 | 元/人 | 653.78 | 745.73 | 91.95 | 14.06 |
| 糖类 | 元/人 | 35.21 | 39.79 | 4.58 | 13.01 |
| 烟草类 | 元/人 | 282.97 | 337.22 | 54.25 | 19.17 |
| 酒类 | 元/人 | 243.81 | 264.32 | 20.51 | 8.41 |
| 白酒 | 元/人 | 193.74 | 219.46 | 25.72 | 13.28 |
| 果酒 | 元/人 | 6.14 | 8.99 | 2.85 | 46.42 |
| 啤酒 | 元/人 | 26.01 | 27.97 | 1.96 | 7.54 |
| 其它酒 | 元/人 | 17.92 | 7.9 | －10.02 | －55.92 |
| 饮料 | 元/人 | 91.79 | 104.39 | 12.6 | 13.73 |
| 碳酸饮料 | 元/人 | 9.97 | 10.31 | 0.34 | 3.41 |
| 瓶装饮用水 | 元/人 | 8.72 | 10.14 | 1.42 | 16.28 |
| 茶叶 | 元/人 | 34.16 | 38.46 | 4.3 | 12.59 |
| 其它饮料 | 元/人 | 38.94 | 45.48 | 6.54 | 16.80 |
| 干鲜瓜果类 | 元/人 | 432.46 | 484.96 | 52.5 | 12.14 |
| 鲜果 | 元/人 | 267.59 | 296.79 | 29.2 | 10.91 |
| 鲜瓜 | 元/人 | 35.49 | 38.78 | 3.29 | 9.27 |
| 其它干鲜瓜果类及制品 | 元/人 | 129.38 | 149.39 | 20.01 | 15.47 |
| 糕点、奶及奶制品 | 元/人 | 272.31 | 310.82 | 38.51 | 14.14 |
| 糕点 | 元/人 | 66.63 | 73.46 | 6.83 | 10.25 |
| 奶及奶制品 | 元/人 | 205.68 | 237.35 | 31.67 | 15.40 |
| 鲜乳品 | 元/人 | 106.59 | 121.69 | 15.1 | 14.17 |
| 奶粉 | 元/人 | 21.16 | 24.76 | 3.6 | 17.01 |
| 酸奶 | 元/人 | 30.43 | 30.75 | 0.32 | 1.05 |
| 其它奶制品 | 元/人 | 47.5 | 60.15 | 12.65 | 26.63 |
| 其它食品 | 元/人 | 228.21 | 239.87 | 11.66 | 5.11 |
| 饮食服务 | 元/人 | 1135.98 | 1254.31 | 118.33 | 10.42 |
| 食品加工服务费 | 元/人 | 1.18 | 1.45 | 0.27 | 22.88 |
| 在外饮食 | 元/人 | 1134.8 | 1252.86 | 118.06 | 10.40 |

# 3－2－9 城镇居民非食品类消费支出情况

| 指　　标 | 单　位 | 2011 年 | 2012 年 | 2012 年比 2011 年增加 | |
|---|---|---|---|---|---|
| | | | | 绝对值 | % |
| 衣着 | 元/人 | 2514.09 | 2730.23 | 216.14 | 8.60 |
| 服装 | 元/人 | 1859.84 | 2017.83 | 157.99 | 8.49 |
| 衣着材料 | 元/人 | 7.2 | 6.36 | －0.84 | －11.67 |
| 鞋类 | 元/人 | 528.85 | 575.66 | 46.81 | 8.85 |
| 其它衣着用品 | 元/人 | 104.79 | 119.08 | 14.29 | 13.64 |
| 衣着加工服务费 | 元/人 | 13.41 | 11.3 | －2.11 | －15.73 |
| 居住 | 元/人 | 1418.6 | 1583.56 | 164.96 | 11.63 |
| 住房 | 元/人 | 468.76 | 616.02 | 147.26 | 31.41 |
| 租赁房房租 | 元/人 | 67.36 | 45.92 | －21.44 | －31.83 |
| 住房装潢支出 | 元/人 | 289.34 | 424.85 | 135.51 | 46.83 |
| 维修用建筑材料 | 元/人 | 90.04 | 91.05 | 1.01 | 1.12 |
| 其它住房支出 | 元/人 | 22.02 | 54.21 | 32.19 | 146.19 |
| 水电燃料及其它 | 元/人 | 853.54 | 861.53 | 7.99 | 0.94 |
| 水 | 元/人 | 54.45 | 59.09 | 4.64 | 8.52 |
| 电 | 元/人 | 241.11 | 236.4 | －4.71 | －1.95 |
| 燃料 | 元/人 | 165.55 | 125.96 | －39.59 | －23.91 |
| 煤炭 | 元/人 | 99.82 | 59.12 | －40.7 | －40.77 |
| 罐装液化石油气 | 元/人 | 43.9 | 44.23 | 0.33 | 0.75 |
| 管道液化石油气 | 元/人 | 0.59 | 0.66 | 0.07 | 11.86 |
| 管道煤气 | 元/人 | 5.26 | 4.28 | －0.98 | －18.63 |
| 管道天然气 | 元/人 | 13.19 | 15.37 | 2.18 | 16.53 |
| 柴油 | 元/人 | 0.08 | 0.38 | 0.3 | 375.00 |
| 其它燃料 | 元/人 | 2.71 | 1.92 | －0.79 | －29.15 |
| 取暖费 | 元/人 | 376.11 | 423.27 | 47.16 | 12.54 |
| 其它相关支出 | 元/人 | 16.32 | 16.81 | 0.49 | 3.00 |
| 居住服务费 | 元/人 | 96.29 | 106 | 9.71 | 10.08 |
| 物业管理费 | 元/人 | 58.36 | 64.28 | 5.92 | 10.14 |
| 维修服务费 | 元/人 | 17.38 | 16.21 | －1.17 | －6.73 |
| 其它居住服务费 | 元/人 | 20.55 | 25.5 | 4.95 | 24.09 |
| 家庭设备用品及服务 | 元/人 | 1162.87 | 1242.64 | 79.77 | 6.86 |
| 耐用消费品 | 元/人 | 534.49 | 538.84 | 4.35 | 0.81 |
| 家具 | 元/人 | 148.84 | 151.79 | 2.95 | 1.98 |
| 家庭设备 | 元/人 | 385.64 | 387.05 | 1.41 | 0.37 |
| 洗衣机 | 元/人 | 37.76 | 40.74 | 2.98 | 7.89 |
| 电冰箱 | 元/人 | 61.99 | 72.55 | 10.56 | 17.04 |
| 微波炉 | 元/人 | 7.73 | 5.44 | －2.29 | －29.62 |
| 空调器 | 元/人 | 56.94 | 26.54 | －30.4 | －53.39 |
| 淋浴热水器 | 元/人 | 20.46 | 21.29 | 0.83 | 4.06 |
| 消毒碗柜 | 元/人 | 0.28 | 1.29 | 1.01 | 360.71 |
| 洗碗机 | 元/人 | 0.86 | 0.05 | －0.81 | －94.19 |
| 其它家庭设备 | 元/人 | 199.63 | 219.16 | 19.53 | 9.78 |
| 室内装饰品 | 元/人 | 49.72 | 34.09 | －15.63 | －31.44 |
| 床上用品 | 元/人 | 99.65 | 133.74 | 34.09 | 34.21 |
| 家庭日用杂品 | 元/人 | 394.48 | 446.86 | 52.38 | 13.28 |
| 家具材料 | 元/人 | 31.67 | 36.44 | 4.77 | 15.06 |
| 家庭服务 | 元/人 | 52.86 | 52.66 | －0.2 | －0.38 |
| 家政服务 | 元/人 | 31.81 | 29.01 | －2.8 | －8.80 |
| 加工维修服务费 | 元/人 | 21.05 | 23.65 | 2.6 | 12.35 |

# 3-2-9 续表 1

| 指　　标 | 单　位 | 2011 年 | 2012 年 | 2012 年比 2011 年增加 | |
|---|---|---|---|---|---|
| | | | | 绝对值 | % |
| 医疗保健 | 元/人 | 1239.36 | 1354.09 | 114.73 | 9.26 |
| 医疗器具 | 元/人 | 8.82 | 18.49 | 9.67 | 109.64 |
| 保健器具 | 元/人 | 13.88 | 18.42 | 4.54 | 32.71 |
| 药品费 | 元/人 | 548.1 | 574.87 | 26.77 | 4.88 |
| 滋补保健品 | 元/人 | 86.39 | 101.67 | 15.28 | 17.69 |
| 医疗费 | 元/人 | 566.86 | 623.1 | 56.24 | 9.92 |
| 其它医疗保健支出 | 元/人 | 15.31 | 17.54 | 2.23 | 14.57 |
| 交通和通讯 | 元/人 | 2003.54 | 2572.93 | 569.39 | 28.42 |
| 交通 | 元/人 | 1374.19 | 1863.06 | 488.87 | 35.58 |
| 家庭交通工具 | 元/人 | 594.36 | 936.09 | 341.73 | 57.50 |
| 摩托车 | 元/人 | 7.96 | 2.13 | -5.83 | -73.24 |
| 助力车 | 元/人 | 33.31 | 44.15 | 10.84 | 32.54 |
| 家用汽车 | 元/人 | 536.99 | 875.48 | 338.49 | 63.03 |
| 其它交通工具 | 元/人 | 16.09 | 14.33 | -1.76 | -10.94 |
| 车辆用燃料及零配件 | 元/人 | 315.3 | 396.39 | 81.09 | 25.72 |
| 燃料 | 元/人 | 285.76 | 359.61 | 73.85 | 25.84 |
| 汽油 | 元/人 | 225.82 | 283.43 | 57.61 | 25.51 |
| 柴油 | 元/人 | 0.41 | 0.2 | -0.21 | -51.22 |
| 零配件 | 元/人 | 15.88 | 22.77 | 6.89 | 43.39 |
| 其它 | 元/人 | 13.66 | 14.01 | 0.35 | 2.56 |
| 交通工具服务支出 | 元/人 | 140.27 | 200.59 | 60.32 | 43.00 |
| 维修费 | 元/人 | 52.6 | 60.61 | 8.01 | 15.23 |
| 车辆使用税费 | 元/人 | 56.6 | 81.13 | 24.53 | 43.34 |
| 其它车辆使用费用 | 元/人 | 31.08 | 58.86 | 27.78 | 89.38 |
| 交通费 | 元/人 | 324.26 | 329.99 | 5.73 | 1.77 |
| 飞机 | 元/人 | 61.49 | 71.64 | 10.15 | 16.51 |
| 火车 | 元/人 | 91.32 | 94.98 | 3.66 | 4.01 |
| 长途汽车 | 元/人 | 52.07 | 43.35 | -8.72 | -16.75 |
| 市内公共交通 | 元/人 | 34.66 | 30.11 | -4.55 | -13.13 |
| 出租汽车费 | 元/人 | 68.64 | 73.53 | 4.89 | 7.12 |
| 其它交通费 | 元/人 | 16.08 | 16.36 | 0.28 | 1.74 |
| 通信 | 元/人 | 629.35 | 709.88 | 80.53 | 12.80 |
| 通信工具 | 元/人 | 197.16 | 250.54 | 53.38 | 27.07 |
| 电话机 | 元/人 | 8.29 | 7.86 | -0.43 | -5.19 |
| 移动电话 | 元/人 | 187.27 | 237.89 | 50.62 | 27.03 |
| 其它通信工具 | 元/人 | 1.59 | 4.79 | 3.2 | 201.26 |
| 通信服务 | 元/人 | 432.2 | 459.34 | 27.14 | 6.28 |
| 电信费 | 元/人 | 415.14 | 439.05 | 23.91 | 5.76 |
| 上网费 | 元/人 | 74.69 | 77.14 | 2.45 | 3.28 |
| 邮费 | 元/人 | 3.53 | 3.06 | -0.47 | -13.31 |
| 其它通信服务费 | 元/人 | 13.53 | 17.23 | 3.7 | 27.35 |

# 3－2－9 续表 2

| 指　　标 | 单　位 | 2011 年 | 2012 年 | 2012 年比 2011 年增加 | |
|---|---|---|---|---|---|
| | | | | 绝对值 | % |
| 教育文化娱乐服务 | 元/人 | 1812.07 | 1971.78 | 159.71 | 8.81 |
| 文化娱乐用品 | 元/人 | 510.89 | 514.3 | 3.41 | 0.67 |
| 彩色电视机 | 元/人 | 116.63 | 103.25 | －13.38 | －11.47 |
| 家用电脑 | 元/人 | 109.5 | 116.31 | 6.81 | 6.22 |
| 购买整机 | 元/人 | 97.95 | 104.2 | 6.25 | 6.38 |
| 计算机外部设备 | 元/人 | 5.83 | 7.58 | 1.75 | 30.02 |
| 各种零配件及耗材 | 元/人 | 5.72 | 4.54 | －1.18 | －20.63 |
| 组合音响 | 元/人 | 1.37 | 0.27 | －1.1 | －80.29 |
| 摄像机 | 元/人 | 5.92 | 9.93 | 4.01 | 67.74 |
| 照相机 | 元/人 | 22.78 | 19.2 | －3.58 | －15.72 |
| 钢琴 | 元/人 | 16.19 | 18.2 | 2.01 | 12.42 |
| 其它中高档乐器 | 元/人 | 7.64 | 9 | 1.36 | 17.80 |
| 健身器材 | 元/人 | 4.21 | 16.66 | 12.45 | 295.72 |
| 电子辞典 | 元/人 | 2.28 | 2.17 | －0.11 | －4.82 |
| 音像制品及软件 | 元/人 | 3.07 | 2.28 | －0.79 | －25.73 |
| 体育用品 | 元/人 | 3.75 | 3.64 | －0.11 | －2.93 |
| 书报杂志 | 元/人 | 43.25 | 46.03 | 2.78 | 6.43 |
| 纸张文具 | 元/人 | 30.61 | 31.03 | 0.42 | 1.37 |
| 其它文娱用品 | 元/人 | 143.68 | 136.33 | －7.35 | －5.12 |
| 文化娱乐服务 | 元/人 | 560.78 | 670.96 | 110.18 | 19.65 |
| 参观游览 | 元/人 | 84.36 | 133.66 | 49.3 | 58.44 |
| 健身活动 | 元/人 | 6.02 | 13.09 | 7.07 | 117.44 |
| 团体旅游 | 元/人 | 315.13 | 348.6 | 33.47 | 10.62 |
| 其它文娱活动 | 元/人 | 147.85 | 169.13 | 21.28 | 14.39 |
| 文娱用品修理服务费 | 元/人 | 7.43 | 6.48 | －0.95 | －12.79 |
| 教育 | 元/人 | 740.41 | 786.53 | 46.12 | 6.23 |
| 教材 | 元/人 | 28.94 | 27.2 | －1.74 | －6.01 |
| 课本及参考书 | 元/人 | 21.22 | 19.65 | －1.57 | －7.40 |
| 教育软件 | 元/人 | 1.71 | 0.89 | －0.82 | －47.95 |
| 其它教材 | 元/人 | 6.01 | 6.66 | 0.65 | 10.82 |
| 教育费用 | 元/人 | 711.46 | 759.32 | 47.86 | 6.73 |
| 非义务教育学杂费 | 元/人 | 249.77 | 203.37 | －46.4 | －18.58 |
| 义务教育学杂费 | 元/人 | 40.01 | 38.07 | －1.94 | －4.85 |
| 托幼费 | 元/人 | 62.27 | 60.8 | －1.47 | －2.36 |
| 成人教育费 | 元/人 | 80.71 | 100.55 | 19.84 | 24.58 |
| 家教费 | 元/人 | 39.73 | 47.92 | 8.19 | 20.61 |
| 培训班 | 元/人 | 153.72 | 212.05 | 58.33 | 37.95 |
| 学校住宿费 | 元/人 | 14.34 | 12.05 | －2.29 | －15.97 |
| 其它教育费用 | 元/人 | 70.92 | 84.5 | 13.58 | 19.15 |
| 其它商品和服务 | 元/人 | 765.13 | 798.68 | 33.55 | 4.38 |
| 其它商品 | 元/人 | 545.12 | 572.69 | 27.57 | 5.06 |
| 金银珠宝饰品 | 元/人 | 220.75 | 223.16 | 2.41 | 1.09 |
| 手表 | 元/人 | 20.89 | 41.65 | 20.76 | 99.38 |
| 理发美容用具 | 元/人 | 2.06 | 3.68 | 1.62 | 78.64 |
| 化妆品 | 元/人 | 193.73 | 205.66 | 11.93 | 6.16 |
| 其它杂品 | 元/人 | 107.69 | 98.54 | －9.15 | －8.50 |
| 服务 | 元/人 | 220.01 | 225.99 | 5.98 | 2.72 |
| 旅馆住宿费 | 元/人 | 39.63 | 42.98 | 3.35 | 8.45 |
| 理发洗澡费 | 元/人 | 80.19 | 85.22 | 5.03 | 6.27 |
| 美容费 | 元/人 | 33.67 | 29.47 | －4.2 | －12.47 |
| 其它服务 | 元/人 | 66.52 | 68.32 | 1.8 | 2.71 |

# 3-2-10 城镇居民主要消费品消费数量情况

| 指　　标 | 单　位 | 2011年 | 2012年 | 2012年比2011年增加 | |
|---|---|---|---|---|---|
| | | | | 绝对值 | % |
| 食品类消费 | | | | | |
| 大米 | 千克/人 | 32.36 | 32.53 | 0.17 | 0.53 |
| 面粉 | 千克/人 | 25.85 | 25.02 | -0.83 | -3.21 |
| 食用植物油 | 千克/人 | 6.74 | 6.55 | -0.19 | -2.82 |
| 猪肉 | 千克/人 | 13.22 | 13.12 | -0.1 | -0.76 |
| 牛肉 | 千克/人 | 4.9 | 4.26 | -0.64 | -13.06 |
| 羊肉 | 千克/人 | 5.39 | 5.31 | -0.08 | -1.48 |
| 鸡 | 千克/人 | 3.24 | 3.54 | 0.3 | 9.26 |
| 鸭 | 千克/人 | 0.11 | 0.22 | 0.11 | 100.00 |
| 鲜蛋 | 千克/人 | 8.17 | 8.55 | 0.38 | 4.65 |
| 鱼 | 千克/人 | 4.02 | 4.12 | 0.1 | 2.49 |
| 虾 | 千克/人 | 0.44 | 0.53 | 0.09 | 20.45 |
| 鲜菜 | 千克/人 | 103.4 | 99.1 | -4.3 | -4.16 |
| 白酒 | 千克/人 | 3.18 | 2.93 | -0.25 | -7.86 |
| 果酒 | 千克/人 | 0.12 | 0.13 | 0.01 | 8.33 |
| 啤酒 | 千克/人 | 4.8 | 4.76 | -0.04 | -0.83 |
| 碳酸饮料 | 千克/人 | 1.55 | 1.35 | -0.2 | -12.90 |
| 瓶装饮用水 | 千克/人 | 3.3 | 3.48 | 0.18 | 5.45 |
| 茶叶 | 千克/人 | 0.34 | 0.33 | -0.01 | -2.94 |
| 鲜果 | 千克/人 | 39.27 | 40.68 | 1.41 | 3.59 |
| 鲜瓜 | 千克/人 | 13.95 | 13.21 | -0.74 | -5.30 |
| 糕点 | 千克/人 | 4.25 | 4.38 | 0.13 | 3.06 |
| 鲜乳品 | 千克/人 | 16.83 | 17.45 | 0.62 | 3.68 |
| 奶粉 | 千克/人 | 0.32 | 0.35 | 0.03 | 9.38 |
| 酸奶 | 千克/人 | 3.75 | 3.51 | -0.24 | -6.40 |
| 非食品类消费 | | | | | |
| 服装 | 件/人 | 9.21 | 9.89 | 0.68 | 7.38 |
| 鞋类 | 双/人 | 3.23 | 3.34 | 0.11 | 3.41 |
| 水 | 吨/人 | 32.16 | 32.45 | 0.29 | 0.90 |
| 电 | 度/人 | 491.89 | 475.48 | -16.41 | -3.34 |
| 煤炭 | 千克/人 | 142.75 | 80.11 | -62.64 | -43.88 |
| 罐装液化石油气 | 千克/人 | 7.78 | 8.75 | 0.97 | 12.47 |
| 管道液化石油气 | 立方米/人 | 0.13 | 0.2 | 0.07 | 53.85 |
| 管道煤气 | 立方米/人 | 4.58 | 3.6 | -0.98 | -21.40 |
| 管道天然气 | 立方米/人 | 6.71 | 7.65 | 0.94 | 14.01 |
| 洗衣机 | 台/百户 | 6.13 | 7.37 | 1.24 | 20.23 |
| 电冰箱 | 台/百户 | 6.12 | 6.5 | 0.38 | 6.21 |
| 微波炉 | 台/百户 | 2.65 | 2.28 | -0.37 | -13.96 |
| 空调器 | 台/百户 | 4.18 | 1.54 | -2.64 | -63.16 |
| 淋浴热水器 | 台/百户 | 3.09 | 3.35 | 0.26 | 8.41 |
| 消毒碗柜 | 台/百户 | 0.09 | 0.74 | 0.65 | 722.22 |
| 洗碗机 | 台/百户 | 0.32 | 0.03 | -0.29 | -90.63 |
| 摩托车 | 辆/百户 | 0.76 | 0.18 | -0.58 | -76.32 |
| 助力车 | 辆/百户 | 4.67 | 5.3 | 0.63 | 13.49 |
| 家用汽车 | 辆/百户 | 2.05 | 2.52 | 0.47 | 22.93 |
| 汽油 | 升/人 | 31.33 | 37.26 | 5.93 | 18.93 |
| 柴油 | 升/人 | 0.05 | 0.02 | -0.03 | -60.00 |
| 电话机 | 部/百户 | 4.53 | 3.12 | -1.41 | -31.13 |
| 移动电话 | 部/百户 | 61.63 | 75 | 13.37 | 21.69 |
| 彩色电视机 | 台/百户 | 6.27 | 5.5 | -0.77 | -12.28 |
| 整机购买家用电脑 | 台/百户 | 6.51 | 8.76 | 2.25 | 34.56 |
| 组合音响 | 台/百户 | 0.47 | 0.14 | -0.33 | -70.21 |
| 摄像机 | 架/百户 | 0.33 | 0.67 | 0.34 | 103.03 |
| 照相机 | 架/百户 | 3.07 | 2.33 | -0.74 | -24.10 |
| 钢琴 | 架/百户 | 0.27 | 0.3 | 0.03 | 11.11 |
| 其它中高档乐器 | 件/百户 | 0.82 | 1.08 | 0.26 | 31.71 |
| 健身器材 | 件/百户 | 0.73 | 5.23 | 4.5 | 616.44 |
| 电子辞典 | 部/百户 | 0.88 | 0.57 | -0.31 | -35.23 |
| 手表 | 只/人 | 0.03 | 0.05 | 0.02 | 66.67 |

# 3－2－11 按人均可支配收

| 项目 | 计量单位 | 合计 | 200元以下 | 200－400 | 400－600 |
|---|---|---|---|---|---|
| **调查户数** | **户** | **2350** | **20** | **28** | **62** |
| **住房情况** | | | | | |
| 家庭居住人口数 | 人/户 | 2.8 | 2.76 | 3.04 | 3.53 |
| 现住房总建筑面积 | 平方米/人 | 29.89 | 27.99 | 20.23 | 21.53 |
| 房屋产权 | － | | | | |
| 租赁公房 | % | 0.36 | | | 0.49 |
| 租赁私房 | % | 6.09 | 11.98 | 7.01 | 10.14 |
| 原有私房 | % | 14.57 | 7.63 | 50.8 | 29.55 |
| 房改私房 | % | 17.46 | 22.98 | 6.64 | 22.7 |
| 商品房 | % | 58.31 | 41.77 | 35.55 | 28.62 |
| 借用房 | % | 2.86 | 12.41 | | 3.16 |
| 其他 | % | 0.36 | 3.24 | | 5.34 |
| 住宅建筑式样 | － | | | | |
| 单栋住宅 | % | 0.94 | | 3.73 | 0.56 |
| 四居室 | % | 1.98 | | | 0.72 |
| 三居室 | % | 25.09 | 28.94 | 4.63 | 19.93 |
| 二居室 | % | 45.53 | 31.72 | 36.47 | 19.83 |
| 一居室 | % | 3.28 | 7 | 6.64 | 4.89 |
| 普通楼房 | % | 3.93 | | 1.73 | 6.35 |
| 平房及其他 | % | 19.25 | 32.34 | 46.81 | 47.72 |
| 装修状况 | － | | | | |
| 有装修 | % | 57.64 | 41.31 | 37.01 | 36.84 |
| 未装修 | % | 42.36 | 58.69 | 62.99 | 63.16 |
| 购房总金额 | 元/户 | 97531.95 | 55323.49 | 46451.27 | 47136.34 |
| 购房实际支出金额 | 元/户 | 94515.42 | 55323.49 | 40195.71 | 43874.9 |
| 除了现住房，还有几处其他住房 | 套/户 | 0.11 | 0.09 | 0.01 | 0.04 |
| 出租房 | 套/户 | 0.07 | | 0.01 | 0.03 |
| 建筑面积 | 平方米/户 | 5.47 | | 0.72 | 2.37 |
| 偶尔居住房 | 套/户 | 0.02 | 0.09 | | 0.01 |
| 建筑面积 | 平方米/户 | 1.74 | 6.3 | | 0.48 |
| 其它用途房 | 套/户 | 0.02 | | | |
| 建筑面积 | 平方米/户 | 1.79 | | | |

# 入分组(月收入)(2012年)

| 600－800 | 800－1000 | 1000－1500 | 1500－2000 | 2000－2500 | 2500－3000 | 3000－4000 | 4000－5000 | 5000元以上 |
|---|---|---|---|---|---|---|---|---|
| **112** | **136** | **453** | **493** | **368** | **227** | **251** | **87** | **112** |
| | | | | | | | | |
| | | | | | | | | |
| 3.25 | 3.15 | 2.91 | 2.78 | 2.72 | 2.53 | 2.44 | 2.54 | 2.5 |
| 23.32 | 24.76 | 27.55 | 29.9 | 31.14 | 35.34 | 36.22 | 35.73 | 38.25 |
| | | | | | | | | |
| | 1.85 | 0.19 | | 0.17 | 1.14 | | | 1 |
| 11.68 | 9.85 | 6.62 | 6.21 | 3.62 | 3.5 | 5.7 | 1.76 | 4.36 |
| 16.11 | 16.83 | 14.55 | 12.38 | 11.65 | 13.43 | 15.92 | 14.78 | 6.64 |
| 16.96 | 12.05 | 14.94 | 20.34 | 20.08 | 17.18 | 15.49 | 27.15 | 12.49 |
| 46.75 | 59.03 | 61.62 | 59.01 | 61.89 | 61.78 | 62.37 | 51.42 | 66.85 |
| 8.09 | | 2.07 | 2.06 | 2.59 | 2.97 | 0.52 | 4.89 | 7.42 |
| 0.42 | 0.39 | | | | | | | 1.24 |
| | | | | | | | | |
| 1.48 | 0.84 | 2.05 | 0.82 | 0.8 | 0.15 | | 0.43 | 0.56 |
| 0.84 | 0.53 | 1.04 | 2.78 | 2.79 | 1.91 | 1.65 | 3.78 | 4.08 |
| 16.34 | 25 | 21.75 | 26.72 | 24.76 | 28.49 | 33.51 | 24.09 | 29.6 |
| 43.13 | 38.33 | 47.8 | 46.51 | 51.37 | 55.02 | 41.09 | 38.85 | 49.26 |
| 1.9 | 1.22 | 3.39 | 3.74 | 4.08 | 2.14 | 2.62 | 6.63 | 1.56 |
| 3.09 | 8 | 3.14 | 3.91 | 3.77 | 2.35 | 4.14 | 4.7 | 4.18 |
| 33.21 | 26.08 | 20.83 | 15.52 | 12.43 | 9.93 | 16.99 | 21.52 | 10.77 |
| | | | | | | | | |
| 39.96 | 46.95 | 48.46 | 60.04 | 60.62 | 62.4 | 70.91 | 73.81 | 80.26 |
| 60.04 | 53.05 | 51.54 | 39.96 | 39.38 | 37.6 | 29.09 | 26.19 | 19.74 |
| 75440.04 | 82928.7 | 88163.71 | 95721.97 | 106683.6 | 119225.41 | 108341.92 | 107875.92 | 137975.49 |
| 74755.36 | 77596.59 | 86074.68 | 92821.56 | 105713.28 | 114516.17 | 105916.2 | 106734.05 | 127281.28 |
| 0.11 | 0.09 | 0.06 | 0.1 | 0.11 | 0.13 | 0.14 | 0.19 | 0.28 |
| 0.05 | 0.1 | 0.04 | 0.06 | 0.06 | 0.08 | 0.1 | 0.08 | 0.2 |
| 3.82 | 6.31 | 3.38 | 4.7 | 4.11 | 7.54 | 7.95 | 6.35 | 14.11 |
| 0.02 | | 0.01 | 0.02 | 0.02 | 0.02 | 0.02 | 0.11 | 0.02 |
| 1.79 | | 0.45 | 1.52 | 1.88 | 1.6 | 1.82 | 11.55 | 1.84 |
| 0.05 | 0.01 | 0.02 | 0.02 | 0.03 | 0.03 | 0.02 | 0.02 | 0.06 |
| 1.72 | 0.66 | 1.19 | 1.31 | 2.29 | 2.35 | 1.82 | 3.43 | 4.67 |

# 3－2－11

| 项　　目 | 计量单位 | 合计 | 200 元以下 | 200－400 | 400－600 |
|---|---|---|---|---|---|
| **饮水情况** | － | | | | |
| 自来水 | % | 88.98 | 91.2 | 84.2 | 85.71 |
| 矿泉水 | % | 2.47 | | | 0.93 |
| 纯净水 | % | 5.2 | 4.42 | 3.79 | 0.99 |
| 井、河水 | % | 2.99 | 4.38 | 12.01 | 11.81 |
| 其他 | % | 0.36 | | | 0.56 |
| **用水情况** | － | | | | |
| 独用自来水 | % | 95.19 | 95.62 | 86.55 | 82.97 |
| 公用自来水 | % | 1.31 | | | 4.23 |
| 井、河水 | % | 2.96 | 4.38 | 13.45 | 12.8 |
| 其他 | % | 0.53 | | | |
| **卫生设备** | － | | | | |
| 无卫生设备 | % | 12.83 | 32.34 | 26.74 | 21.55 |
| 有厕所浴室 | % | 62.62 | 57.6 | 24.63 | 35.66 |
| 有厕所无浴室 | % | 20.51 | 10.06 | 28.56 | 30.38 |
| 公用 | % | 4.04 | | 20.07 | 12.41 |
| **取暖设备** | － | | | | |
| 无取暖设备 | % | 0.51 | | | 10.68 |
| 空调设备 | % | 0.11 | | 4.8 | |
| 暖气 | % | 85.07 | 83.38 | 54.19 | 55.12 |
| 其他 | % | 14.31 | 16.62 | 41.01 | 34.2 |
| **炊用燃料使用情况** | － | | | | |
| 煤炭 | % | 16.83 | 16.69 | 46.01 | 46.7 |
| 罐装液化石油气 | % | 50.38 | 79.85 | 40.28 | 46.04 |
| 管道液化石油气 | % | 1.6 | | | |
| 管道煤气 | % | 3.73 | | | 0.68 |
| 管道天然气 | % | 19.1 | | 4.2 | 1.08 |
| 柴油 | % | | | | |
| 其他 | % | 8.36 | 3.46 | 9.51 | 5.5 |
| **人口就业情况** | － | | | | |
| 家庭人口数 | 人 | 2.8 | 2.9 | 3.06 | 3.19 |
| 有收入者人数 | 人 | 1.93 | 1.79 | 1.68 | 1.73 |
| 就业人口数 | 人 | 1.51 | 1.53 | 1.34 | 1.35 |
| 国有经济单位职工人数 | 人 | 0.71 | 0.45 | 0.18 | 0.24 |
| 城镇集体经济单位职工人数 | 人 | 0.04 | 0.04 | 0.03 | 0.03 |
| 其他各种经济类型单位职工 | 人 | 0.12 | 0.21 | 0.13 | 0.07 |
| 城镇个体经营者人员数 | 人 | 0.26 | 0.35 | 0.41 | 0.35 |
| 城镇个体被雇人员数 | 人 | 0.27 | 0.35 | 0.35 | 0.54 |
| 离退休再就业人员数 | 人 | 0.02 | 0.01 | | |
| 其他就业人员数 | 人 | 0.1 | 0.12 | 0.23 | 0.12 |
| 离退休人数 | 人 | 0.37 | 0.18 | 0.07 | 0.15 |
| 其他有收入者人数 | 人 | 0.06 | 0.08 | 0.27 | 0.23 |
| 无收入者人数 | 人 | 0.87 | 1.1 | 1.38 | 1.45 |

# 续表 1

| 600－800 | 800－1000 | 1000－1500 | 1500－2000 | 2000－2500 | 2500－3000 | 3000－4000 | 4000－5000 | 5000 元以上 |
|---|---|---|---|---|---|---|---|---|
| 91.21 | 91.28 | 92.84 | 88.43 | 89.88 | 84.79 | 84.47 | 83.89 | 91.6 |
| 1.47 | 1.98 | 1.42 | 2.95 | 3.57 | 5.67 | 1.98 | 4.34 | |
| 0.4 | 1.34 | 3.11 | 5.92 | 5.52 | 8.72 | 8.89 | 7.38 | 8.1 |
| 6.93 | 5.39 | 1.88 | 2.14 | 0.8 | 0.82 | 4.01 | 4.4 | 0.3 |
| | | 0.75 | 0.56 | 0.21 | | 0.65 | | |
| | | | | | | | | |
| 91.35 | 93.48 | 95.48 | 97.14 | 97.21 | 97.88 | 94.46 | 92.57 | 98.13 |
| 1.72 | | 1.79 | 0.72 | 1.77 | 1.08 | 0.88 | 3.03 | |
| 6.93 | 5.68 | 1.76 | 2.14 | 0.8 | 1.04 | 3.08 | 4.4 | 0.3 |
| | 0.84 | 0.97 | | 0.21 | | 1.58 | | 1.58 |
| | | | | | | | | |
| 14.51 | 14.37 | 14.84 | 12.38 | 10.46 | 7.69 | 11.35 | 17.9 | 6.26 |
| 39.9 | 53.9 | 58.54 | 61.44 | 64.87 | 75.81 | 75.01 | 73.29 | 84.57 |
| 34.73 | 22.95 | 22.93 | 23 | 23.34 | 16.1 | 10.22 | 7.63 | 7.18 |
| 10.86 | 8.78 | 3.69 | 3.18 | 1.33 | 0.41 | 3.42 | 1.17 | 1.99 |
| | | | | | | | | |
| | 0.28 | | 0.41 | 0.12 | | | | |
| | | | | | 0.4 | | | |
| 77 | 82.27 | 84.94 | 87.63 | 89.89 | 90.92 | 88.49 | 80.34 | 92.06 |
| 23 | 17.45 | 15.06 | 11.97 | 10 | 8.67 | 11.51 | 19.66 | 7.94 |
| | | | | | | | | |
| 30.97 | 22.46 | 15.79 | 13.15 | 10.59 | 10.5 | 16.53 | 19.08 | 8.53 |
| 53.33 | 52.03 | 56.88 | 52.25 | 54.14 | 43.99 | 43.54 | 36.52 | 42.14 |
| 0.39 | 2.61 | 2.79 | 0.34 | 1.85 | 1.99 | 0.81 | 2.14 | 3.13 |
| 2.39 | 1.61 | 0.78 | 4.97 | 1.88 | 6.62 | 6.43 | 12.63 | 6.15 |
| 4.15 | 12.22 | 13.05 | 22.64 | 22.38 | 28.19 | 26.1 | 25.58 | 29.54 |
| | | | | | | | | |
| 8.76 | 9.07 | 10.7 | 6.65 | 9.15 | 8.7 | 6.58 | 4.07 | 10.51 |
| | | | | | | | | |
| 3.15 | 3.13 | 3 | 2.8 | 2.7 | 2.52 | 2.36 | 2.41 | 2.41 |
| 1.86 | 1.78 | 1.87 | 1.95 | 2.03 | 2 | 2 | 2.07 | 2.05 |
| 1.57 | 1.49 | 1.55 | 1.49 | 1.56 | 1.51 | 1.39 | 1.47 | 1.58 |
| 0.34 | 0.44 | 0.57 | 0.77 | 0.93 | 0.96 | 0.86 | 0.94 | 0.98 |
| 0.03 | 0.02 | 0.03 | 0.03 | 0.05 | 0.04 | 0.03 | 0.06 | 0.04 |
| 0.1 | 0.11 | 0.16 | 0.11 | 0.11 | 0.09 | 0.08 | 0.11 | 0.12 |
| 0.43 | 0.34 | 0.34 | 0.22 | 0.18 | 0.17 | 0.15 | 0.17 | 0.27 |
| 0.45 | 0.39 | 0.32 | 0.26 | 0.2 | 0.16 | 0.17 | 0.1 | 0.11 |
| | | 0.01 | 0.02 | 0.03 | 0.03 | 0.05 | 0.06 | 0.03 |
| 0.2 | 0.19 | 0.12 | 0.08 | 0.07 | 0.04 | 0.05 | 0.03 | 0.03 |
| 0.12 | 0.19 | 0.26 | 0.43 | 0.46 | 0.48 | 0.59 | 0.56 | 0.44 |
| 0.17 | 0.11 | 0.06 | 0.03 | 0.02 | 0.01 | 0.01 | 0.04 | 0.03 |
| 1.29 | 1.35 | 1.13 | 0.85 | 0.67 | 0.52 | 0.36 | 0.34 | 0.36 |

# 3-2-11

| 项　　目 | 计量单位 | 合计 | 200元以下 | 200-400 | 400-600 |
|---|---|---|---|---|---|
| 在外就学人数 | 人 | 0.06 | 0.08 | 0.03 | 0.02 |
| 非家庭人口在家用餐 | 人次 | 1.1 | 1.09 | 0.76 | 0.48 |
| 家庭人口在外用餐 | 人次 | 2.68 | 1.94 | 0.65 | 3.22 |
| **耐用消费品** | - | | | | |
| 摩托车 | 辆 | 21.81 | 62.14 | 9.89 | 18.67 |
| 助力车 | 辆 | 28.7 | 34.09 | 23.26 | 29.55 |
| 家用汽车 | 辆 | 23.58 | 37.89 | 24.58 | 11.78 |
| 洗衣机 | 台 | 97.35 | 100 | 87.93 | 88.45 |
| 电冰箱 | 台 | 99.63 | 93.3 | 63.88 | 90 |
| 彩色电视机 | 台 | 105.27 | 100 | 100 | 107.29 |
| 家用电脑 | 台 | 62.6 | 65.01 | 29.46 | 33.92 |
| 组合音响 | 套 | 13.07 | 4.38 | 2.05 | 7.95 |
| 摄像机 | 架 | 8.98 | | | 1.03 |
| 照相机 | 架 | 33.39 | 11.83 | 7.25 | 13.26 |
| 钢琴 | 架 | 1.79 | 3.24 | | |
| 其他中高档乐器 | 件 | 3.35 | | 3.52 | |
| 微波炉 | 台 | 41.85 | 39.33 | 6.64 | 15.99 |
| 空调器 | 台 | 15.64 | | | 3.16 |
| 淋浴热水器 | 台 | 63.04 | 57.6 | 22.18 | 35.41 |
| 消毒碗柜 | 台 | 3.78 | | 2.36 | 0.68 |
| 洗碗机 | 台 | 0.28 | | | |
| 健身器材 | 套 | 2.77 | | 3.51 | 0.68 |
| 普通电话 | 部 | 44.85 | 44.94 | 14.06 | 25.61 |
| 移动电话 | 部 | 206.11 | 222.47 | 168.19 | 189.25 |
| 接入互联网的移动电话 | 部 | 44.65 | 58.8 | 20.51 | 45.63 |
| 接入有线电视网络的电视机 | 台 | 78.73 | 86.3 | 72.47 | 65.71 |
| 接入互联网的计算机 | 台 | 45.87 | 16.79 | 17.02 | 27.01 |
| **现金收支情况** | - | | | | |
| 期初手存现金 | 元 | 472.21 | 708.09 | 426.36 | 420.29 |
| 家庭总收入 | 元 | 24790.79 | 11082.04 | 5019.51 | 6832.7 |
| #可支配收入 | 元 | 23150.26 | -5901.98 | 3591.57 | 6021.04 |
| 工资性收入 | 元 | 16872.58 | 8426.64 | 3077.7 | 4155.07 |
| 工资及补贴收入 | 元 | 15905.39 | 7713.66 | 2572.54 | 3478.15 |
| 其它劳动收入 | 元 | 967.19 | 712.97 | 505.16 | 676.92 |
| 经营净收入 | 元 | 2698.67 | 1250.27 | 967.57 | 1339.92 |

# 续表 2

| 600－800 | 800－1000 | 1000－1500 | 1500－2000 | 2000－2500 | 2500－3000 | 3000－4000 | 4000－5000 | 5000 元以上 |
|---|---|---|---|---|---|---|---|---|
| 0.05 | 0.07 | 0.07 | 0.06 | 0.05 | 0.03 | 0.04 | 0.04 | 0.06 |
| 0.99 | 0.76 | 0.89 | 1.17 | 1.12 | 0.99 | 1.99 | 1.03 | 1.55 |
| 1.96 | 1.91 | 2.13 | 2.75 | 3.25 | 2.78 | 3.12 | 3.59 | 4.22 |
| | | | | | | | | |
| 26.27 | 33.11 | 22.6 | 23.29 | 24.44 | 18.24 | 13.1 | 16.98 | 14.41 |
| 26.27 | 32.01 | 30.45 | 32.98 | 27.78 | 21.07 | 26.12 | 30.34 | 26.92 |
| 18.29 | 12.35 | 18.32 | 20.2 | 21.54 | 27.59 | 35.94 | 31.5 | 44.61 |
| 94.24 | 92.94 | 95.48 | 97.66 | 102.28 | 99.14 | 99.48 | 95.13 | 99.78 |
| 95.06 | 92.43 | 96.57 | 101.97 | 102.5 | 105.07 | 103.13 | 99.62 | 108.72 |
| 101.43 | 101.81 | 102.56 | 103.02 | 105.73 | 106.94 | 111.03 | 108.24 | 112.77 |
| 49.83 | 46.14 | 57.4 | 62.13 | 67.82 | 77.46 | 74.56 | 63.15 | 80.21 |
| 6.52 | 8.41 | 11.39 | 13.79 | 12.4 | 14.57 | 17.96 | 19.24 | 21.99 |
| 13.1 | 3.02 | 5.24 | 9.13 | 8.8 | 10.31 | 14.53 | 14.88 | 14.97 |
| 19.46 | 16.49 | 23.7 | 31.93 | 35.88 | 46.14 | 51.76 | 44.9 | 56.86 |
| 3.09 | 0.92 | 2.59 | 0.62 | 1.29 | 2.99 | 1.3 | 1.74 | 4.06 |
| 1.43 | 3.26 | 2.1 | 4.32 | 3.35 | 3.83 | 3.07 | 3.62 | 8.4 |
| 22.84 | 26.77 | 32.5 | 42.37 | 45.6 | 55.56 | 57.22 | 62.06 | 60.26 |
| 11.55 | 13.72 | 9.27 | 15.37 | 17.18 | 22.31 | 24.19 | 19 | 24.83 |
| 45.28 | 54.27 | 58.5 | 63.4 | 65.13 | 76.25 | 73.91 | 72.61 | 81.93 |
| 1.25 | 1.83 | 1.57 | 2.08 | 3.95 | 3.61 | 8.38 | 10.26 | 10.28 |
| | | | 0.28 | | 0.4 | 0.42 | 3.13 | 0.38 |
| 3.34 | 1.42 | 1.35 | 3.34 | 2.06 | 3.07 | 4.5 | 7.75 | 2.87 |
| 30.4 | 42.39 | 36.36 | 50.82 | 54.07 | 43.8 | 56.02 | 40.95 | 50.98 |
| 203.51 | 205.93 | 208.04 | 210.89 | 202.21 | 209.21 | 195.38 | 212.68 | 226.79 |
| 65.28 | 62.97 | 50.91 | 44.13 | 34.86 | 36.35 | 41.5 | 34.27 | 38.89 |
| 63.12 | 80.99 | 75.68 | 81.94 | 76.56 | 85.87 | 86.04 | 69.77 | 90.19 |
| 38.78 | 38.55 | 40.52 | 47.01 | 47.28 | 60.72 | 51.79 | 48.28 | 59.79 |
| | | | | | | | | |
| 327.44 | 393.53 | 434.05 | 444.22 | 498.35 | 454.43 | 501.66 | 536.38 | 826.99 |
| 9039.39 | 11502.58 | 15889.23 | 22143.47 | 28427.92 | 34714.24 | 42919.87 | 55236.14 | 102108.44 |
| 8325.73 | 10675.57 | 14830.89 | 20759.33 | 26587.36 | 32619.61 | 40640.34 | 52675.74 | 98957.91 |
| 5553.29 | 8092.91 | 11359.54 | 16042.81 | 21045.65 | 24579.54 | 28270.58 | 34858.83 | 54148.76 |
| 4816.03 | 7155.05 | 10596.59 | 15323.14 | 20343.83 | 23647.67 | 27157.54 | 32746.11 | 48613.14 |
| 737.26 | 937.87 | 762.95 | 719.67 | 701.83 | 931.87 | 1113.04 | 2112.72 | 5535.62 |
| 2155.16 | 1782.6 | 2240.73 | 2039.98 | 2057.51 | 2724.52 | 3148.04 | 4201.97 | 18110.31 |

# 3－2－11

| 项　　目 | 计量单位 | 合计 | 200 元以下 | 200－400 | 400－600 |
|---|---|---|---|---|---|
| 财产性收入 | 元 | 564.02 | 144.51 | 18.37 | 40.02 |
| 利息收入 | 元 | 94.83 | 17.91 | 2.85 | 8.95 |
| 股息与红利收入 | 元 | 111.63 | | 1.57 | 1.85 |
| 保险收益 | 元 | 17.26 | | | |
| 其它投资收入 | 元 | 71 | | | |
| 出租房屋收入 | 元 | 200.04 | 126.6 | 13.96 | 7.22 |
| 知识产权收入 | 元 | 0.17 | | | |
| 其它财产性收入 | 元 | 69.1 | | | 21.99 |
| 转移性收入 | 元 | 4655.51 | 1260.62 | 955.86 | 1297.69 |
| 养老金或离退休金 | 元 | 4029.9 | 918.73 | 225.88 | 631.12 |
| 社会救济收入 | 元 | 104.34 | 139.67 | 427.92 | 464.36 |
| #最低生活保障收入 | 元 | 91.67 | 106.68 | 419.32 | 438.38 |
| 辞退金 | 元 | 0.03 | | | |
| 赔偿收入 | 元 | 2.43 | | | |
| 保险收入 | 元 | 22.74 | 25.78 | | 4.72 |
| #失业保险金 | 元 | 4.3 | | | 1.71 |
| 赡养收入 | 元 | 97.92 | 73.93 | 120 | 75.25 |
| #来自城镇居民的赡养收入 | 元 | 7.26 | | 6.03 | 4.79 |
| 捐赠收入 | 元 | 184.67 | 53.53 | 1.9 | 20.81 |
| #来自城镇居民的捐赠收入 | 元 | 10.9 | 9.22 | 1.9 | 0.75 |
| 提取住房公积金 | 元 | 57.27 | | | |
| 其它转移性收入 | 元 | 54.15 | | 51.77 | |
| 出售财物收入 | 元 | 130.72 | 47.71 | 3.77 | |
| 出售住房收入 | 元 | 120.38 | 47.71 | 3.77 | |
| 出售其它物品收入 | 元 | 10.35 | | | |
| 借贷收入 | 元 | 6809.86 | 23383.3 | 5432.63 | 3444.62 |
| 提取储蓄存款 | 元 | 6435.04 | 22807.69 | 5383.57 | 3357.49 |
| 借入款 | 元 | 64.97 | 454.3 | 47.01 | 72.65 |
| 收回借出款 | 元 | 70.24 | | | 11.22 |
| 收回储蓄性保险本 | 元 | 0.33 | | | |
| 兑售有价证券 | 元 | 0.17 | | | |
| 收回投资本金 | 元 | 7.99 | | | |
| 住房贷款 | 元 | 170.72 | | | |
| 汽车贷款 | 元 | 15.68 | | | |
| 教育贷款 | 元 | 6.55 | 121.31 | 2.05 | 3.26 |
| 其它贷款 | 元 | 33.43 | | | |
| 其它借贷收入 | 元 | 4.73 | | | |

# 续表 3

| 600－800 | 800－1000 | 1000－1500 | 1500－2000 | 2000－2500 | 2500－3000 | 3000－4000 | 4000－5000 | 5000 元以上 |
|---|---|---|---|---|---|---|---|---|
| 40.7 | 100.91 | 78.09 | 143.77 | 210.81 | 446.56 | 794.6 | 2480.78 | 10426.88 |
| 5.43 | 12.14 | 11.82 | 23.95 | 32.54 | 94.51 | 114.27 | 539.59 | 1683.22 |
| 0.84 |  | 0.32 | 5 | 18.66 | 39.08 | 74.53 | 304.98 | 3061.93 |
|  | 0.64 |  | 6.2 | 11.95 | 19.47 | 15.79 | 42.45 | 349.32 |
|  |  | 0.61 | 7.03 | 11.46 | 20.4 | 135.92 | 525.09 | 1398.75 |
| 16.03 | 84.82 | 53.48 | 75.54 | 110.98 | 202.52 | 377.93 | 645.48 | 2839.74 |
|  |  | 0.33 |  | 0.12 | 0.96 |  |  |  |
| 18.4 | 3.31 | 11.52 | 26.04 | 25.1 | 69.63 | 76.15 | 423.2 | 1093.93 |
| 1290.24 | 1526.16 | 2210.87 | 3916.91 | 5113.95 | 6963.61 | 10706.65 | 13694.55 | 19422.49 |
| 729.94 | 1203.97 | 1948.84 | 3713.71 | 4814.94 | 6647.87 | 10028.73 | 12299.16 | 10590.28 |
| 328.85 | 192.87 | 91.18 | 38.61 | 36.05 | 14.93 | 23.32 | 44.66 | 81.17 |
| 308.72 | 167.41 | 74.47 | 29.26 | 29.47 | 13.88 | 20.83 | 44.66 | 50.84 |
|  |  |  | 0.1 |  |  |  |  | 0.28 |
|  | 7.64 |  | 0.46 | 3.02 |  | 0.88 |  | 42.96 |
| 4.35 | 2.71 | 1.82 | 4.56 | 13.66 | 7.03 | 29.38 | 40.73 | 491.16 |
| 1.58 | 2.71 | 1.82 | 4.1 | 9.71 | 3.84 | 10.34 | 3.25 | 2.92 |
| 41.83 | 13.12 | 38.11 | 29.45 | 61.04 | 48.9 | 146.73 | 152.55 | 1533.05 |
|  |  |  | 1.97 | 11.97 | 2.35 | 26.8 | 15.05 | 73.02 |
| 7.56 | 34.8 | 26.17 | 38.75 | 63.35 | 104.39 | 217.47 | 685.99 | 3832.31 |
|  |  | 0.92 | 0.59 | 1.32 |  | 2.2 | 72.5 | 274.24 |
| 0.02 |  |  | 1.04 | 0.34 | 12.74 | 6.35 | 31.52 | 1847.2 |
| 97.82 | 2.28 | 25.93 | 3.77 | 11.55 | 9.35 | 94.99 | 234.4 | 800.39 |
| 8.44 | 1348.57 | 0.09 | 6.4 | 5.99 | 19.25 | 252.12 | 0.53 | 154.44 |
| 0.19 | 1348.56 |  |  | 5.99 |  | 222.6 |  |  |
| 8.25 | 0.02 | 0.09 | 6.4 |  | 19.25 | 29.52 | 0.53 | 154.44 |
| 4777.08 | 3699.46 | 4531.74 | 4737.51 | 7049.02 | 9222.5 | 10303.34 | 13574.13 | 27723.64 |
| 4554.25 | 3680.17 | 4445.64 | 4674.56 | 6393.38 | 7026.67 | 10138.57 | 13178.09 | 26860.34 |
| 2.06 | 19.29 | 68.97 | 14.71 | 156.41 | 18.93 | 102.2 |  | 147.66 |
| 3.68 |  | 4.42 | 18.48 | 122.26 | 316.75 | 36.33 | 355.21 | 342.36 |
|  |  | 0.72 | 0.82 |  |  |  |  |  |
|  |  |  |  | 1.2 |  |  |  |  |
|  |  | 0.25 |  |  | 98.06 | 1.92 |  |  |
| 6.4 |  |  | 18.29 | 306.81 | 1545.3 | 2.68 | 20.27 | 7.23 |
|  |  |  |  | 37.15 | 132 |  |  |  |
| 53.56 |  | 6.58 |  |  |  |  |  |  |
| 157.13 |  | 5.15 | 10.35 | 5.99 | 79.8 | 18.02 | 14.02 | 359.47 |
|  |  |  | 0.3 | 25.83 | 4.99 | 3.62 | 6.54 | 6.57 |

# 3-2-11

| 项　　目 | 计量单位 | 合计 | 200元以下 | 200-400 | 400-600 |
|---|---|---|---|---|---|
| 家庭总支出 | 元 | 22562.52 | 35091.7 | 10546.6 | 8938.56 |
| 消费性支出 | 元 | 17717.1 | 14909.86 | 8016.46 | 7092.35 |
| 财产性支出 | 元 | 20.74 | 2.38 | 11.57 | 7.82 |
| 非生产性贷款利息支出 | 元 | 16.69 | 2.38 | 11.57 | 7.82 |
| 其它 | 元 | 4.04 | | | |
| 转移性支出 | 元 | 2977.59 | 3379.24 | 1227.38 | 1135.31 |
| 交纳所得税 | 元 | 50.41 | 134.82 | 8.35 | 7.26 |
| #来自工资性收入的个税 | 元 | 48.23 | 134.82 | 8.05 | 7.26 |
| 来自经营净收入的个税 | 元 | 1.54 | | | |
| 来自财产性收入的个税 | 元 | 0.36 | | 0.3 | |
| 来自转移性收入的个税 | 元 | | | | |
| 捐赠支出 | 元 | 2269.46 | 1905.93 | 792.77 | 804.51 |
| 购买彩票 | 元 | 5.89 | 3.13 | 1.08 | 2.4 |
| 赡养支出 | 元 | 480.8 | 1087.57 | 394.93 | 286.28 |
| #在外就学子女费用 | 元 | 340.21 | 1032.35 | 343.3 | 233.87 |
| 各种非储蓄性保险支出 | 元 | 123.23 | 76.73 | 29.25 | 19.22 |
| #车辆保险支出 | 元 | 70.57 | 50.78 | | |
| 其它转移性支出 | 元 | 47.81 | 171.05 | 1 | 15.64 |
| 社会保障支出 | 元 | 1488.07 | 16800.22 | 1291.19 | 702.96 |
| 个人交纳的养老基金 | 元 | 503.22 | 10321.69 | 386.26 | 191.97 |
| 个人交纳的住房公积金 | 元 | 679.56 | 2651.71 | 306.14 | 368.6 |
| 个人交纳的医疗基金 | 元 | 213.28 | 1276.07 | 515.4 | 100.93 |
| 个人交纳的失业基金 | 元 | 37.31 | 97.48 | 11.79 | 21.65 |
| 其它社会保障支出 | 元 | 54.71 | 2453.26 | 71.6 | 19.81 |
| 购房与建房支出 | 元 | 359.03 | | | 0.12 |
| 购房 | 元 | 350.93 | | | |
| 建房 | 元 | 8.1 | | | 0.12 |
| 借贷支出 | 元 | 8933.46 | 1348.53 | 1367.4 | 1800.78 |
| 存入储蓄款 | 元 | 8028.44 | 696.31 | 1108.88 | 1432.49 |
| 借出款 | 元 | 29.49 | 39.11 | | 1.71 |
| 归还借款 | 元 | 72.4 | | 6.52 | 47.42 |
| 储蓄性保险支出 | 元 | 135.18 | 65.76 | 142.26 | 83.58 |
| 购买有价证券 | 元 | 0.72 | | | |
| 其它投资支出 | 元 | 26.59 | | 0.79 | 57.27 |
| 归还住房贷款 | 元 | 507.19 | 473.04 | 71.02 | 140.27 |
| 归还汽车贷款 | 元 | 96.33 | 74.3 | 37.92 | 35.06 |
| 归还教育贷款 | 元 | | | | |
| 归还其它贷款 | 元 | 28.16 | | | 0.92 |
| 其它借贷支出 | 元 | 8.95 | | | 2.06 |
| 期末手存现金 | 元 | 707.18 | 760.56 | 344.06 | 261.81 |

# 续表 4

| 600－800 | 800－1000 | 1000－1500 | 1500－2000 | 2000－2500 | 2500－3000 | 3000－4000 | 4000－5000 | 5000 元以上 |
|---|---|---|---|---|---|---|---|---|
| 11638.91 | 12172.47 | 15884.15 | 19534.82 | 25822.95 | 30359.86 | 36788.6 | 45062.11 | 72476.33 |
| 9677.86 | 9869.31 | 12861.85 | 15617.59 | 20017.3 | 23810.43 | 28891.75 | 35442.62 | 55777.47 |
| 5.38 | 5.89 | 8.91 | 34.79 | 17.45 | 63.87 | 3.94 | 61.53 | 25.87 |
| 5.36 | 5.86 | 7.07 | 33.22 | 15.08 | 26.73 | 3.92 | 61.53 | 25.39 |
| 0.02 | 0.03 | 1.83 | 1.57 | 2.37 | 37.14 | 0.02 |  | 0.47 |
| 1329.83 | 1546.43 | 1994.98 | 2432.04 | 3275.2 | 4457.22 | 5093.02 | 7351.52 | 10097.63 |
| 7.95 | 7.39 | 16.42 | 32.76 | 46.97 | 82.86 | 102.64 | 148.41 | 394.95 |
| 7.95 | 7.31 | 15.64 | 30.79 | 45.79 | 79.61 | 100.83 | 139.23 | 368.89 |
|  | 0.09 | 0.27 | 1.41 | 1.18 | 3.12 | 1.46 | 2.67 | 19.56 |
|  |  | 0.49 | 0.11 |  |  |  | 4.48 | 3.29 |
|  |  |  |  |  |  |  |  |  |
| 1024.81 | 1159.24 | 1528.8 | 1871.62 | 2508.35 | 3270.82 | 3891.63 | 5734.76 | 8069.44 |
| 3.76 | 6.83 | 7.74 | 5.38 | 7.67 | 4.77 | 4.59 | 7.06 | 2.9 |
| 221.5 | 291.34 | 359.06 | 366.96 | 515.99 | 851.79 | 736.3 | 1046.63 | 1021.94 |
| 163.7 | 198.39 | 288.71 | 251.91 | 323.86 | 547.16 | 478.19 | 839.01 | 709.7 |
| 49.39 | 68.41 | 52.42 | 106.95 | 138.11 | 146.43 | 304.3 | 310.56 | 515.54 |
| 18.03 | 16.82 | 28.51 | 71.28 | 64.62 | 68.22 | 183.94 | 205 | 399.12 |
| 22.42 | 13.22 | 30.54 | 48.37 | 58.1 | 100.57 | 53.57 | 104.09 | 92.87 |
| 625.84 | 750.84 | 963.09 | 1264.93 | 1683.57 | 1893.38 | 2018.09 | 2206.44 | 2551.9 |
| 251.27 | 227.44 | 348.84 | 388.3 | 490.75 | 519.81 | 522.99 | 538.31 | 670.88 |
| 242.81 | 351.02 | 398.7 | 647.32 | 895.06 | 1017.01 | 1081.96 | 1177.43 | 1378.93 |
| 89.43 | 112.2 | 162.98 | 175.97 | 228.92 | 278.4 | 313.28 | 379.7 | 340.79 |
| 11.5 | 19.45 | 26.33 | 38.54 | 41.64 | 50.21 | 62.85 | 65.79 | 82.21 |
| 30.83 | 40.73 | 26.25 | 14.8 | 27.19 | 27.95 | 37.01 | 45.22 | 79.09 |
|  |  | 55.33 | 185.47 | 829.43 | 134.95 | 781.81 |  | 4023.46 |
|  |  | 20.24 | 185.47 | 829.43 | 134.95 | 781.81 |  | 4023.46 |
|  |  | 35.09 |  |  |  |  |  |  |
| 2238.01 | 4373.26 | 4458.77 | 7175.09 | 9280.36 | 12921.05 | 15921.98 | 22927.54 | 55572.75 |
| 1863.76 | 4089.78 | 4057.53 | 6540.7 | 8366.5 | 10936.39 | 14003.31 | 20394.75 | 52043.17 |
| 99.47 |  | 7.62 | 1.1 | 31.53 | 24.16 | 9.07 | 418.49 | 73.5 |
| 0.64 | 0.53 | 34.18 | 49.94 | 60.08 | 127.67 | 120.18 | 326.46 | 519.32 |
| 73.61 | 96.77 | 107.75 | 186.73 | 147.56 | 141.03 | 151.51 | 103.61 | 231 |
|  |  | 1.29 |  |  | 0.69 |  |  | 12.4 |
| 2.97 | 0.66 | 7.3 | 10.52 | 10.62 | 3.38 | 87.36 | 154.84 | 247.76 |
| 95.32 | 158.34 | 194.01 | 322.77 | 578.27 | 1384.68 | 1162.07 | 1106.65 | 1801.79 |
| 101.51 | 21.63 | 39.86 | 47.64 | 66.39 | 187.7 | 264.89 | 331.71 | 405.95 |
|  |  |  |  |  |  |  |  |  |
| 0.73 | 5.54 | 7.51 | 13.98 | 13.53 | 94.86 | 59.37 | 77.53 | 231.45 |
|  |  | 1.73 | 1.73 | 5.88 | 20.49 | 64.23 | 13.49 | 6.41 |
| 273.6 | 474.97 | 598.05 | 739.11 | 835.41 | 966.01 | 903.5 | 1041.11 | 1088.7 |

# 3-2-11

| 项　　目 | 计量单位 | 合计 | 200元以下 | 200-400 | 400-600 |
|---|---|---|---|---|---|
| 消费支出 | 元 | 17717.1 | 14909.86 | 8016.46 | 7092.35 |
| #服务性消费支出 | 元 | 4282.99 | 4822.9 | 1632.18 | 1565.36 |
| 通过互联网购买商品或服务支出 | 元 | 48.31 | 4.84 | | 2.27 |
| 旅游人次 | 次/人 | 0.4 | 0.22 | 0.06 | 0.15 |
| 旅游花费总额 | 元/人 | 282.07 | 170.49 | 64.81 | 31.26 |
| 食品 | 元 | 5463.18 | 4301.06 | 2768.64 | 2733.1 |
| 粮油类 | 元 | 689.15 | 580.63 | 530 | 561.48 |
| 粮食 | 元 | 488.84 | 436.42 | 388.36 | 409.9 |
| 数量 | 千克 | 93.28 | 82.08 | 80.36 | 87.82 |
| 大米 | 元/千克 | 5.45 | 4.88 | 5.4 | 5.19 |
| 数量 | 千克 | 32.53 | 30.72 | 30.43 | 33.85 |
| 金额 | 元 | 177.41 | 149.88 | 164.19 | 175.78 |
| 面粉 | 元/千克 | 4.14 | 4.51 | 3.93 | 3.59 |
| 数量 | 千克 | 25.02 | 18.44 | 25.32 | 26.16 |
| 金额 | 元 | 103.71 | 83.2 | 99.44 | 94.05 |
| 其它粮食及制品 | 元 | 207.73 | 203.35 | 124.73 | 140.07 |
| 数量 | 千克 | 35.73 | 32.92 | 24.61 | 27.81 |
| 淀粉及薯类 | 元 | 39.84 | 35.3 | 27.35 | 32.27 |
| 数量 | 千克 | 11.52 | 11.24 | 7.74 | 12.44 |
| 干豆类及豆制品 | 元 | 44.05 | 38.37 | 29.6 | 35.9 |
| 油脂类 | 元 | 116.43 | 70.54 | 84.68 | 83.42 |
| 数量 | 千克 | 6.68 | 4.05 | 5.29 | 5.43 |
| 食用植物油 | 元/千克 | 17.38 | 17.47 | 16.09 | 15.31 |
| 数量 | 千克 | 6.55 | 4.02 | 4.98 | 5.3 |
| 金额 | 元 | 113.84 | 70.3 | 80.08 | 81.08 |
| 食用动物油 | 元 | 2.58 | 0.24 | 4.61 | 2.34 |
| 肉禽蛋水产品类 | 元 | 1218.38 | 840.28 | 750.48 | 621.76 |
| 肉类 | 元 | 879.95 | 609.48 | 464.66 | 450.78 |
| 数量 | 千克 | 28.16 | 21.52 | 21.63 | 16.53 |
| 猪肉 | 元/千克 | 25.62 | 25.05 | 22.41 | 23.6 |
| 数量 | 千克 | 13.12 | 12.93 | 10.15 | 8.35 |
| 金额 | 元 | 336.01 | 323.83 | 227.38 | 197.19 |
| 牛肉 | 元/千克 | 40.85 | 42.43 | 34.85 | 34.88 |
| 数量 | 千克 | 4.26 | 1.23 | 2.26 | 1.42 |
| 金额 | 元 | 173.94 | 52.16 | 78.65 | 49.62 |
| 羊肉 | 元/千克 | 42.91 | 46.79 | 15.08 | 39.28 |
| 数量 | 千克 | 5.31 | 2.9 | 6.86 | 3 |
| 金额 | 元 | 227.89 | 135.67 | 103.43 | 117.71 |
| 其它肉及制品 | 元 | 142.12 | 97.82 | 55.21 | 86.26 |
| 数量 | 千克 | 5.5 | 4.47 | 2.38 | 3.77 |
| 禽类 | 元 | 110.8 | 71.56 | 57.23 | 59.64 |
| 数量 | 千克 | 5.51 | 3.46 | 3.08 | 3.24 |
| 鸡 | 元/千克 | 18.42 | 20.29 | 17.65 | 18.54 |
| 数量 | 千克 | 3.54 | 2.57 | 2.1 | 1.95 |
| 金额 | 元 | 65.12 | 52.05 | 37.03 | 36.19 |

# 续表 5

| 600－800 | 800－1000 | 1000－1500 | 1500－2000 | 2000－2500 | 2500－3000 | 3000－4000 | 4000－5000 | 5000 元以上 |
|---|---|---|---|---|---|---|---|---|
| 9677.86 | 9869.31 | 12861.85 | 15617.59 | 20017.3 | 23810.43 | 28891.75 | 35442.62 | 55777.47 |
| 2149.46 | 2292.52 | 2931.39 | 3805.79 | 5053.85 | 5830.72 | 6928.59 | 8934.7 | 13864.14 |
| 9.36 | 14.04 | 20.7 | 44.78 | 92.26 | 82.6 | 59.95 | 88.51 | 200.55 |
| 0.18 | 0.15 | 0.33 | 0.38 | 0.39 | 0.48 | 0.56 | 0.67 | 1.49 |
| 39 | 103.7 | 130.67 | 249.02 | 360.03 | 371.84 | 482.94 | 854.37 | 1529.77 |
| 3250.21 | 3387.33 | 4216.72 | 5241.77 | 6158.26 | 7139.74 | 8517.83 | 10107.77 | 12420.77 |
| 617.22 | 590.17 | 617.18 | 700.03 | 694.01 | 810.58 | 904.64 | 815.25 | 847.18 |
| 444.47 | 422.26 | 441.99 | 483.66 | 489.75 | 579.24 | 645.74 | 575.54 | 593.77 |
| 90.22 | 86.01 | 88.82 | 93.97 | 89.63 | 103.76 | 114.62 | 98.3 | 94.49 |
| 5.19 | 5.3 | 5.34 | 5.43 | 5.6 | 5.66 | 5.65 | 5.8 | 5.99 |
| 36.1 | 29.89 | 31.4 | 32.62 | 30.87 | 35.61 | 37.53 | 28.59 | 29.01 |
| 187.31 | 158.3 | 167.75 | 177.18 | 172.8 | 201.6 | 211.98 | 165.84 | 173.89 |
| 3.85 | 3.84 | 3.91 | 4.15 | 4.35 | 4.61 | 4.47 | 4.63 | 4.61 |
| 25.98 | 24.55 | 25.83 | 24.01 | 21.47 | 27.66 | 31.05 | 23.47 | 20.29 |
| 100.12 | 94.33 | 101.1 | 99.58 | 93.4 | 127.4 | 138.85 | 108.66 | 93.65 |
| 157.04 | 169.64 | 173.14 | 206.9 | 223.56 | 250.24 | 294.91 | 301.04 | 326.23 |
| 28.14 | 31.57 | 31.58 | 37.35 | 37.3 | 40.5 | 46.04 | 46.25 | 45.18 |
| 33.22 | 32.7 | 34.53 | 42.97 | 42.73 | 47.57 | 46.18 | 55.73 | 45.64 |
| 9.85 | 9.69 | 10.14 | 12.45 | 12.27 | 13.12 | 12.47 | 14.28 | 12.38 |
| 36.87 | 38.85 | 39.25 | 44.35 | 45.3 | 48.8 | 62.27 | 47.1 | 59.3 |
| 102.67 | 96.35 | 101.41 | 129.04 | 116.22 | 134.96 | 150.46 | 136.88 | 148.47 |
| 6.42 | 5.98 | 6.09 | 7.16 | 6.47 | 7.46 | 8.26 | 7.36 | 7.8 |
| 15.94 | 16.1 | 16.69 | 17.68 | 17.92 | 18.12 | 18.48 | 18.55 | 19.05 |
| 6.29 | 5.76 | 5.95 | 7.07 | 6.39 | 7.32 | 8.02 | 7.31 | 7.73 |
| 100.3 | 92.69 | 99.29 | 125.07 | 114.5 | 132.73 | 148.17 | 135.57 | 147.19 |
| 2.37 | 3.67 | 2.12 | 3.97 | 1.73 | 2.23 | 2.29 | 1.31 | 1.28 |
| 822.64 | 772.54 | 955.3 | 1250.74 | 1294.96 | 1550.87 | 1775.28 | 2537.91 | 2339.51 |
| 535.44 | 529.95 | 699.5 | 887.65 | 950.02 | 1142.57 | 1337.64 | 1914.9 | 1612.87 |
| 19.38 | 19.38 | 24.19 | 28.01 | 30.34 | 34.14 | 40.04 | 53.07 | 43.51 |
| 24.79 | 24.06 | 24.57 | 26.18 | 26.44 | 26.15 | 26.39 | 26.48 | 27.9 |
| 9.79 | 10.65 | 12.89 | 13.24 | 13.62 | 15.62 | 15.55 | 18.64 | 15.47 |
| 242.59 | 256.15 | 316.6 | 346.67 | 359.99 | 408.34 | 410.42 | 493.77 | 431.59 |
| 38.61 | 32.52 | 37.72 | 42.92 | 40.45 | 41.78 | 41.45 | 44.35 | 43.13 |
| 2.44 | 2.04 | 2.89 | 4.24 | 4.61 | 5.78 | 6.84 | 14.71 | 8.78 |
| 94.02 | 66.42 | 108.99 | 181.75 | 186.59 | 241.64 | 283.52 | 652.45 | 378.83 |
| 44.87 | 46.96 | 42.09 | 43.51 | 40.82 | 48.04 | 42.21 | 44 | 48.03 |
| 2.29 | 2.46 | 3.88 | 5.09 | 5.87 | 6.43 | 9.69 | 12.27 | 11.49 |
| 102.89 | 115.39 | 163.45 | 221.59 | 239.67 | 309.1 | 409.09 | 539.81 | 551.61 |
| 95.94 | 91.99 | 110.46 | 137.63 | 163.75 | 183.49 | 234.62 | 228.87 | 250.84 |
| 4.88 | 4.25 | 4.54 | 5.46 | 6.26 | 6.33 | 7.98 | 7.48 | 7.8 |
| 94.23 | 78.2 | 96.24 | 120.27 | 119.9 | 134.54 | 146.63 | 146.32 | 157.37 |
| 5.21 | 4.49 | 4.99 | 6.44 | 5.62 | 6.15 | 6.29 | 6.55 | 6.4 |
| 17.9 | 16.98 | 18.16 | 16.57 | 19.11 | 20.26 | 20.71 | 19.51 | 21.23 |
| 3.1 | 2.71 | 3.24 | 4.21 | 3.43 | 4.17 | 3.99 | 4.31 | 4.44 |
| 55.51 | 46.06 | 58.74 | 69.84 | 65.57 | 84.44 | 82.54 | 84.11 | 94.23 |

# 3-2-11

| 项目 | 计量单位 | 合计 | 200元以下 | 200-400 | 400-600 |
|---|---|---|---|---|---|
| 鸭 | 元/千克 | 18.85 | 25.48 | 30.03 | 18.36 |
| 数量 | 千克 | 0.22 | 0.14 | 0.03 | 0.05 |
| 金额 | 元 | 4.07 | 3.67 | 0.9 | 0.96 |
| 其它禽类及制品 | 元 | 41.61 | 15.84 | 19.3 | 22.49 |
| 数量 | 千克 | 1.76 | 0.75 | 0.96 | 1.24 |
| 蛋类 | 元 | 83.19 | 67.86 | 51.98 | 63.09 |
| 数量 | 千克 | 8.86 | 7.5 | 5.87 | 7.26 |
| 鲜蛋 | 元/千克 | 9.27 | 9.04 | 8.78 | 8.63 |
| 数量 | 千克 | 8.55 | 7.21 | 5.74 | 7.17 |
| 金额 | 元 | 79.31 | 65.16 | 50.41 | 61.94 |
| 蛋制品 | 元 | 3.88 | 2.7 | 1.57 | 1.15 |
| 数量 | 千克 | 0.31 | 0.29 | 0.13 | 0.09 |
| 水产品类 | 元 | 144.44 | 91.37 | 176.6 | 48.25 |
| 鱼 | 元/千克 | 18.48 | 16.29 | 14.69 | 15.81 |
| 数量 | 千克 | 4.12 | 2.78 | 2.33 | 2.48 |
| 金额 | 元 | 76.18 | 45.35 | 34.16 | 39.16 |
| 虾 | 元/千克 | 66.78 | 48.72 | 114.25 | 28.78 |
| 数量 | 千克 | 0.53 | 0.19 | 1.16 | 0.08 |
| 金额 | 元 | 35.08 | 9.16 | 132.91 | 2.36 |
| 其它水产品及制品 | 元 | 33.17 | 36.87 | 9.53 | 6.73 |
| 数量 | 千克 | 0.79 | 0.84 | 0.38 | 0.42 |
| 蔬菜类 | 元 | 457.17 | 390.31 | 316.03 | 256.31 |
| 鲜菜 | 元/千克 | 4.17 | 3.97 | 4.24 | 3.41 |
| 数量 | 千克 | 99.1 | 90.84 | 68.85 | 67.72 |
| 金额 | 元 | 413.57 | 360.37 | 291.89 | 231.22 |
| 干菜 | 元 | 23.8 | 18.99 | 17.05 | 10.68 |
| 菜制品 | 元 | 19.8 | 10.94 | 7.1 | 14.41 |
| 调味品 | 元 | 62.79 | 54.27 | 40.62 | 44.32 |
| 糖烟酒饮料类 | 元 | 745.73 | 474.28 | 289.9 | 270.15 |
| 糖类 | 元 | 39.79 | 32.02 | 22.03 | 13.18 |
| 烟草类 | 元 | 337.22 | 266.61 | 142.6 | 123.94 |
| 酒类 | 元 | 264.32 | 121.86 | 90.04 | 94.26 |
| 数量 | 千克 | 7.82 | 7.04 | 5.31 | 5.72 |
| 白酒 | 元/千克 | 74.95 | 39.75 | 31.15 | 39.74 |
| 数量 | 千克 | 2.93 | 2.05 | 1.82 | 1.82 |
| 金额 | 元 | 219.46 | 81.38 | 56.69 | 72.5 |
| 果酒 | 元/千克 | 69.31 | 67.82 | 89.95 | 89.39 |
| 数量 | 千克 | 0.13 | 0.04 | 0.15 | 0.01 |
| 金额 | 元 | 8.99 | 2.81 | 13.38 | 1.09 |
| 啤酒 | 元/千克 | 5.88 | 5.01 | 5.48 | 5.08 |
| 数量 | 千克 | 4.76 | 4.95 | 3.34 | 3.89 |
| 金额 | 元 | 27.97 | 24.8 | 18.33 | 19.73 |
| 其他酒 | 元 | 7.9 | 12.87 | 1.63 | 0.95 |

# 续表 6

| 600－800 | 800－1000 | 1000－1500 | 1500－2000 | 2000－2500 | 2500－3000 | 3000－4000 | 4000－5000 | 5000 元以上 |
|---|---|---|---|---|---|---|---|---|
| 16.85 | 16.58 | 17.74 | 18.31 | 19.97 | 18.6 | 21.75 | 19.23 | 22.68 |
| 0.18 | 0.22 | 0.16 | 0.29 | 0.23 | 0.22 | 0.28 | 0.32 | 0.18 |
| 3.06 | 3.69 | 2.9 | 5.26 | 4.63 | 4.12 | 6.18 | 6.07 | 4.19 |
| 35.67 | 28.45 | 34.6 | 45.17 | 49.7 | 45.98 | 57.91 | 56.14 | 58.95 |
| 1.93 | 1.56 | 1.6 | 1.94 | 1.96 | 1.76 | 2.02 | 1.92 | 1.78 |
| 72.26 | 73.07 | 76.19 | 85.13 | 88.91 | 90.35 | 108.87 | 97.16 | 96.69 |
| 8.2 | 8.27 | 8.15 | 9.22 | 9.54 | 9.32 | 10.73 | 9.65 | 9.12 |
| 8.68 | 8.76 | 9.27 | 9.12 | 9.21 | 9.52 | 10.03 | 9.84 | 10.46 |
| 8.02 | 8.12 | 7.93 | 8.87 | 9.19 | 8.89 | 10.24 | 9.05 | 8.6 |
| 69.61 | 71.17 | 73.5 | 80.86 | 84.63 | 84.63 | 102.63 | 89.04 | 89.95 |
| 2.66 | 1.9 | 2.69 | 4.28 | 4.28 | 5.72 | 6.25 | 8.12 | 6.74 |
| 0.18 | 0.15 | 0.22 | 0.35 | 0.36 | 0.43 | 0.49 | 0.6 | 0.53 |
| 120.7 | 91.32 | 83.37 | 157.68 | 136.14 | 183.4 | 182.13 | 379.53 | 472.57 |
| 15.37 | 16.74 | 17.05 | 17.78 | 18.91 | 20.92 | 19.31 | 27.33 | 21.51 |
| 3.34 | 3.13 | 3.6 | 4.3 | 4.67 | 4.92 | 5.57 | 5.69 | 4.95 |
| 51.33 | 52.41 | 61.31 | 76.4 | 88.36 | 102.91 | 107.63 | 155.54 | 106.5 |
| 134.53 | 66.37 | 35.91 | 79.68 | 41.51 | 62.56 | 37.2 | 40.82 | 79.65 |
| 0.45 | 0.45 | 0.21 | 0.73 | 0.41 | 0.59 | 0.81 | 0.53 | 1.9 |
| 60.25 | 29.98 | 7.49 | 58.56 | 16.98 | 36.73 | 30.18 | 21.6 | 151.15 |
| 9.11 | 8.92 | 14.57 | 22.72 | 30.8 | 43.76 | 44.32 | 202.39 | 214.92 |
| 0.38 | 0.42 | 0.54 | 0.8 | 0.84 | 1.04 | 1.17 | 2.18 | 2.2 |
| 344.11 | 360.06 | 407.9 | 473.09 | 528.81 | 528.31 | 612.2 | 583.53 | 548.29 |
| 3.66 | 3.59 | 3.93 | 4.09 | 4.5 | 4.7 | 4.58 | 4.69 | 4.77 |
| 86.23 | 92.17 | 94.6 | 104.7 | 105.61 | 100.97 | 118.6 | 113.45 | 103.3 |
| 315.61 | 330.65 | 371.93 | 428.42 | 474.89 | 474.86 | 543.12 | 531.61 | 493 |
| 16.89 | 15.69 | 19.01 | 26.33 | 28.82 | 30.76 | 32.94 | 29.9 | 30.8 |
| 11.61 | 13.73 | 16.95 | 18.34 | 25.1 | 22.68 | 36.14 | 22.02 | 24.49 |
| 47.43 | 48.65 | 53.93 | 60.61 | 67.15 | 77.39 | 91.98 | 84.06 | 100.43 |
| 326.59 | 404.7 | 546.26 | 590.53 | 755.93 | 1017.32 | 1345.15 | 1723.14 | 2915.59 |
| 24.21 | 27.89 | 30.23 | 37.12 | 41.85 | 51.06 | 61.18 | 88.55 | 105.85 |
| 162.04 | 166.27 | 248.24 | 269.14 | 332.82 | 507.25 | 579.98 | 762.34 | 1284.49 |
| 88.65 | 142.42 | 187.76 | 190.9 | 263.29 | 317.75 | 515.26 | 682.87 | 1264.3 |
| 6.84 | 6.83 | 7.74 | 8.13 | 7.63 | 8.7 | 8.48 | 7.51 | 12.58 |
| 33.09 | 50.88 | 55.28 | 53.68 | 80.87 | 72.13 | 129.11 | 144.59 | 134.68 |
| 1.84 | 2.21 | 2.79 | 2.79 | 2.65 | 3.73 | 3.56 | 3.75 | 8.44 |
| 60.83 | 112.29 | 154.24 | 149.67 | 214.18 | 268.85 | 459.58 | 542.42 | 1136.51 |
| 7.54 | 18.73 | 26.96 | 53.51 | 76.46 | 76.78 | 116.38 | 143.01 | 238.01 |
| 0.23 | 0.06 | 0.11 | 0.12 | 0.14 | 0.16 | 0.15 | 0.18 | 0.28 |
| 1.74 | 1.13 | 2.92 | 6.23 | 10.68 | 12.43 | 17.77 | 25.21 | 67.01 |
| 5.07 | 5.58 | 5.56 | 5.84 | 6.42 | 6.33 | 6.42 | 7.11 | 6.59 |
| 4.77 | 4.57 | 4.83 | 5.23 | 4.84 | 4.81 | 4.77 | 3.58 | 3.86 |
| 24.16 | 25.51 | 26.88 | 30.52 | 31.06 | 30.46 | 30.58 | 25.49 | 25.44 |
| 1.92 | 3.5 | 3.73 | 4.49 | 7.38 | 6.01 | 7.32 | 89.75 | 35.33 |

# 3－2－11

| 项　　目 | 计量单位 | 合计 | 200 元以下 | 200－400 | 400－600 |
|---|---|---|---|---|---|
| 饮料 | 元 | 104.39 | 53.79 | 35.23 | 38.77 |
| 碳酸饮料 | 元/千克 | 7.63 | 7.81 | 11.39 | 7.51 |
| 数量 | 千克 | 1.35 | 0.65 | 0.17 | 0.29 |
| 金额 | 元 | 10.31 | 5.07 | 1.9 | 2.2 |
| 瓶装饮用水 | 元/千克 | 2.92 | 1.75 | 2.44 | 2.89 |
| 数量 | 千克 | 3.48 | 3.46 | 1.67 | 1.37 |
| 金额 | 元 | 10.14 | 6.03 | 4.09 | 3.98 |
| 茶叶 | 元/千克 | 118.16 | 53.72 | 73.6 | 67.38 |
| 数量 | 千克 | 0.33 | 0.14 | 0.19 | 0.13 |
| 金额 | 元 | 38.46 | 7.58 | 14.18 | 8.62 |
| 其它饮料 | 元 | 45.48 | 35.1 | 15.06 | 23.97 |
| 干鲜瓜果类 | 元 | 484.96 | 374.28 | 200.65 | 233.54 |
| 鲜果 | 元/千克 | 7.3 | 5.77 | 6.1 | 5.63 |
| 数量 | 千克 | 40.68 | 37.9 | 22.3 | 25.65 |
| 金额 | 元 | 296.79 | 218.52 | 136.05 | 144.31 |
| 鲜瓜 | 元/千克 | 2.94 | 3.14 | 2.79 | 2.34 |
| 数量 | 千克 | 13.21 | 10.63 | 8.31 | 9.92 |
| 金额 | 元 | 38.78 | 33.38 | 23.23 | 23.18 |
| 其它干鲜瓜果类及制品 | 元 | 149.39 | 122.38 | 41.37 | 66.04 |
| 糕点、奶及奶制品 | 元 | 310.82 | 176.93 | 128.9 | 172.75 |
| 糕点 | 元/千克 | 16.77 | 12.71 | 13.04 | 13.03 |
| 数量 | 千克 | 4.38 | 4.69 | 2.51 | 3.57 |
| 金额 | 元 | 73.46 | 59.63 | 32.69 | 46.58 |
| 奶及奶制品 | 元 | 237.35 | 117.31 | 96.21 | 126.17 |
| 鲜乳品 | 元/千克 | 6.97 | 6.24 | 5.74 | 6.53 |
| 数量 | 千克 | 17.45 | 9.11 | 8.13 | 10.77 |
| 金额 | 元 | 121.69 | 56.84 | 46.67 | 70.32 |
| 奶粉 | 元/千克 | 70.05 | 53.13 | 132.35 | 49.66 |
| 数量 | 千克 | 0.35 | 0.19 | 0.14 | 0.13 |
| 金额 | 元 | 24.76 | 10.26 | 18.82 | 6.61 |
| 酸奶 | 元/千克 | 8.76 | 6.51 | 9.46 | 8.99 |
| 数量 | 千克 | 3.51 | 2.13 | 1.18 | 1.53 |
| 金额 | 元 | 30.75 | 13.9 | 11.17 | 13.71 |
| 其他奶制品 | 元 | 60.15 | 36.31 | 19.55 | 35.53 |
| 其他食品 | 元 | 239.87 | 228.62 | 74.95 | 110.66 |
| 饮食服务 | 元 | 1254.31 | 1181.45 | 437.11 | 462.12 |
| 食品加工服务费 | 元 | 1.45 | 1.2 | 0.47 | 0.18 |
| 在外饮食 | 元 | 1252.86 | 1180.25 | 436.64 | 461.94 |

# 续表 7

| 600－800 | 800－1000 | 1000－1500 | 1500－2000 | 2000－2500 | 2500－3000 | 3000－4000 | 4000－5000 | 5000 元以上 |
|---|---|---|---|---|---|---|---|---|
| 51.7 | 68.12 | 80.03 | 93.37 | 117.97 | 141.26 | 188.73 | 189.37 | 260.95 |
| 6.98 | 9.3 | 7.39 | 7.44 | 7.24 | 7.61 | 9.38 | 7.73 | 6.26 |
| 0.68 | 0.8 | 1.57 | 1.64 | 1.48 | 1.75 | 1.43 | 1.11 | 1.25 |
| 4.77 | 7.45 | 11.61 | 12.2 | 10.72 | 13.31 | 13.38 | 8.56 | 7.86 |
| 2.54 | 2.8 | 2.91 | 2.98 | 2.98 | 3.19 | 3 | 2.78 | 2.56 |
| 2.55 | 1.75 | 2.28 | 3.21 | 4.35 | 5.09 | 6.36 | 5.54 | 6.91 |
| 6.49 | 4.91 | 6.64 | 9.58 | 12.95 | 16.22 | 19.04 | 15.41 | 17.68 |
| 110.95 | 93.04 | 103.13 | 104.35 | 108.17 | 97.54 | 130.09 | 196.7 | 316.68 |
| 0.12 | 0.28 | 0.26 | 0.29 | 0.36 | 0.54 | 0.61 | 0.5 | 0.43 |
| 13.61 | 25.7 | 26.38 | 30.36 | 39.18 | 52.46 | 79.36 | 98.89 | 137.09 |
| 26.83 | 30.05 | 35.4 | 41.23 | 55.12 | 59.27 | 76.94 | 66.51 | 98.33 |
| 289.79 | 322.64 | 400.35 | 470.34 | 580.93 | 601.19 | 752.12 | 795.73 | 873.22 |
| 6.53 | 6.27 | 6.77 | 7.16 | 7.78 | 7.81 | 7.96 | 8.5 | 8.8 |
| 28.7 | 32.28 | 36.6 | 40.31 | 45.43 | 46.86 | 58.77 | 54.71 | 54.67 |
| 187.33 | 202.31 | 247.85 | 288.71 | 353.27 | 365.85 | 467.98 | 464.83 | 481.32 |
| 2.53 | 2.77 | 2.86 | 2.93 | 2.99 | 2.94 | 3.22 | 3.19 | 3.66 |
| 9.29 | 10.31 | 11.94 | 13.75 | 14.97 | 16.97 | 16.88 | 17.17 | 11.75 |
| 23.5 | 28.57 | 34.11 | 40.23 | 44.77 | 49.82 | 54.37 | 54.79 | 43.04 |
| 78.96 | 91.77 | 118.4 | 141.39 | 182.89 | 185.51 | 229.77 | 276.11 | 348.87 |
| 175.39 | 210.3 | 241.2 | 294.07 | 352.98 | 398.91 | 517.11 | 546.66 | 663.57 |
| 13.68 | 13.57 | 16.63 | 16.7 | 16.52 | 19.4 | 18.78 | 20.61 | 19.34 |
| 3.27 | 3.95 | 3.73 | 4.42 | 5.12 | 4.71 | 5.66 | 5.15 | 6.26 |
| 44.76 | 53.65 | 62.03 | 73.78 | 84.55 | 91.46 | 106.24 | 106.17 | 121.14 |
| 130.62 | 156.65 | 179.16 | 220.29 | 268.42 | 307.45 | 410.87 | 440.5 | 542.43 |
| 6.13 | 6.6 | 6.68 | 6.75 | 7.27 | 7.21 | 7.38 | 8.12 | 7.44 |
| 11.33 | 13.02 | 14.46 | 18.3 | 18.78 | 21.07 | 25.76 | 28.27 | 29.02 |
| 69.41 | 85.96 | 96.54 | 123.51 | 136.57 | 151.86 | 190.2 | 229.58 | 215.79 |
| 29.95 | 43.59 | 69.86 | 57.28 | 39.25 | 116.86 | 104.61 | 104.28 | 105.46 |
| 0.27 | 0.15 | 0.26 | 0.32 | 0.56 | 0.42 | 0.63 | 0.4 | 0.6 |
| 7.95 | 6.5 | 18.18 | 18.07 | 22.04 | 48.6 | 65.85 | 41.54 | 63.2 |
| 8.55 | 8.38 | 8.82 | 8.78 | 8.87 | 8.74 | 8.48 | 8.22 | 9.8 |
| 2.24 | 2.03 | 2.82 | 3.28 | 4.64 | 4.36 | 5.36 | 5.88 | 6.85 |
| 19.18 | 16.99 | 24.85 | 28.77 | 41.13 | 38.07 | 45.46 | 48.35 | 67.16 |
| 34.09 | 47.2 | 39.59 | 49.94 | 68.68 | 68.91 | 109.35 | 121.04 | 196.27 |
| 128.95 | 130.23 | 210.63 | 242.3 | 291.86 | 318.11 | 342.27 | 393.45 | 381.28 |
| 498.1 | 548.03 | 783.97 | 1160.08 | 1591.62 | 1837.07 | 2177.06 | 2628.04 | 3751.71 |
| 0.28 | 0.96 | 1.2 | 1.83 | 1.79 | 1.31 | 2.8 | 1.27 | 2.3 |
| 497.82 | 547.07 | 782.77 | 1158.24 | 1589.84 | 1835.76 | 2174.26 | 2626.77 | 3749.41 |

3－2－11

| 项　　目 | 计量单位 | 合计 | 200 元以下 | 200－400 | 400－600 |
|---|---|---|---|---|---|
| 衣着 | 元/人 | 2730.23 | 1805.06 | 973.08 | 1153.49 |
| 服装 | 元/件 | 204.1 | 191.71 | 136.33 | 135.67 |
| 数量 | 件 | 9.89 | 6.45 | 5.07 | 5.85 |
| 金额 | 元 | 2017.83 | 1236.73 | 690.76 | 794.25 |
| 衣着材料 | 元 | 6.36 | 1.17 | 2.92 | 2.85 |
| 鞋类 | 元/双 | 172.3 | 185.52 | 104.56 | 113.91 |
| 数量 | 双 | 3.34 | 2.48 | 2.22 | 2.54 |
| 金额 | 元 | 575.66 | 460.79 | 232.59 | 288.96 |
| 其他衣着用品 | 元 | 119.08 | 104.65 | 44.35 | 64.73 |
| 衣着加工服务费 | 元 | 11.3 | 1.73 | 2.47 | 2.71 |
| 家庭设备用品及服务 | 元 | 1242.64 | 1026.65 | 412.04 | 435.68 |
| 耐用消费品 | 元 | 538.84 | 565.02 | 154.21 | 136.44 |
| 家具 | 元 | 151.79 | 3.74 | 41.86 | 15 |
| 家庭设备 | 元 | 387.05 | 561.27 | 112.35 | 121.44 |
| 洗衣机 | 元/台 | 1546.37 | 536.4 | 1200 | 687.31 |
| 数量 | 台 | 7.37 | 5.14 | 4.8 | 6.35 |
| 金额 | 元 | 40.74 | 9.52 | 18.85 | 13.7 |
| 电冰箱 | 元/台 | 3124.53 | 2555.94 |  | 2173.89 |
| 数量 | 台 | 6.5 | 9.27 |  | 2.27 |
| 金额 | 元 | 72.55 | 81.86 |  | 15.51 |
| 微波炉 | 元/台 | 668.17 |  | 300 |  |
| 数量 | 台 | 2.28 |  | 1.44 |  |
| 金额 | 元 | 5.44 |  | 1.41 |  |
| 空调器 | 元/台 | 4812.79 |  |  | 4000 |
| 数量 | 台 | 1.54 |  |  | 0.98 |
| 金额 | 元 | 26.54 |  |  | 12.24 |
| 淋浴热水器 | 元/台 | 1779.02 |  |  |  |
| 数量 | 台 | 3.35 |  |  |  |
| 金额 | 元 | 21.29 |  |  |  |
| 消毒碗柜 | 元/台 | 484.19 |  |  |  |
| 数量 | 台 | 0.74 |  |  |  |
| 金额 | 元 | 1.29 |  |  |  |
| 洗碗机 | 元/台 | 423 |  |  |  |
| 数量 | 台 | 0.03 |  |  |  |
| 金额 | 元 | 0.05 |  |  |  |
| 其他 | 元 | 219.16 | 469.89 | 92.09 | 79.99 |

# 续表 8

| 600－800 | 800－1000 | 1000－1500 | 1500－2000 | 2000－2500 | 2500－3000 | 3000－4000 | 4000－5000 | 5000 元以上 |
|---|---|---|---|---|---|---|---|---|
| 1437.42 | 1630.2 | 1932.51 | 2438.59 | 3004.95 | 3555.47 | 4548.64 | 5746 | 9009.22 |
| 98.91 | 187.15 | 173.6 | 145.62 | 220.66 | 254.77 | 262.03 | 352.43 | 498.98 |
| 9.84 | 6.23 | 7.9 | 12.25 | 9.87 | 10.59 | 13.25 | 12.77 | 14.32 |
| 973.26 | 1165.47 | 1372.2 | 1783.55 | 2177.62 | 2697.71 | 3472.87 | 4499.13 | 7147.35 |
| 3.44 | 8.11 | 3.92 | 4.96 | 7.28 | 10.68 | 10.11 | 14.94 | 12.05 |
| 142.1 | 147.88 | 113.46 | 180.31 | 203.18 | 207.15 | 216.74 | 273.06 | 335.02 |
| 2.64 | 2.54 | 4.08 | 2.96 | 3.26 | 3.26 | 3.96 | 3.64 | 4.51 |
| 374.46 | 376.28 | 463.26 | 533.53 | 662.45 | 675.17 | 857.47 | 993.91 | 1512.54 |
| 79.93 | 73.23 | 84.92 | 106.19 | 147.18 | 158.03 | 183.04 | 210.29 | 308.18 |
| 6.33 | 7.1 | 8.2 | 10.37 | 10.42 | 13.87 | 25.15 | 27.72 | 29.1 |
| 540.45 | 653.27 | 818.83 | 1060.74 | 1506.88 | 1779.99 | 2137.43 | 2432.76 | 4352.25 |
| 179.04 | 195.21 | 306.87 | 424.29 | 659.19 | 816.7 | 984.45 | 1143.37 | 2518.42 |
| 11.04 | 29.29 | 66.83 | 99.61 | 158.55 | 212.08 | 310.44 | 235.56 | 1408.52 |
| 168 | 165.92 | 240.04 | 324.68 | 500.64 | 604.62 | 674.01 | 907.81 | 1109.9 |
| 628.43 | 720.75 | 1205.81 | 1449.58 | 1711.81 | 1609.79 | 1890.76 | 2762.75 | 2639.9 |
| 3.83 | 6.03 | 7.53 | 6.25 | 7.25 | 7.58 | 9.86 | 10.11 | 15.28 |
| 7.65 | 13.88 | 30.3 | 32.39 | 45.92 | 48.37 | 79 | 116.12 | 167.32 |
| 1723.37 | 3395.31 | 2979.16 | 3311.51 | 3144.96 | 3844.4 | 2863.91 | 3409.54 | 3102.06 |
| 1.9 | 2.51 | 7.36 | 4.34 | 8.83 | 6.52 | 9.39 | 12.46 | 12.8 |
| 10.39 | 27.23 | 73.13 | 51.37 | 102.69 | 99.34 | 113.99 | 176.6 | 164.66 |
| 976.24 | 384.99 | 474.19 | 659.72 | 273.8 | 801.73 | 845.71 | 706.34 | 1772.08 |
| 0.79 | 2.06 | 1.93 | 2.06 | 1.57 | 3.49 | 5.81 | 2.93 | 1.7 |
| 2.46 | 2.54 | 3.05 | 4.86 | 1.59 | 11.11 | 20.81 | 8.61 | 12.47 |
|  |  | 4093.29 | 3835.18 | 4968.41 | 3819.4 | 5410.33 | 3899.39 | 7859.22 |
|  |  | 0.89 | 0.55 | 2.85 | 3.1 | 2.81 | 3.6 | 4.08 |
|  |  | 12.2 | 7.52 | 52.44 | 46.97 | 64.36 | 58.39 | 132.88 |
| 1811.42 | 2255.12 | 1524.67 | 2045.64 | 1746.25 | 1935.55 | 1422.3 | 1583.96 | 2164.62 |
| 1.78 | 2.02 | 3.54 | 2.57 | 2.91 | 4.04 | 4.69 | 7.13 | 10.97 |
| 10.23 | 14.52 | 18.02 | 18.8 | 18.78 | 31.03 | 28.28 | 46.98 | 98.47 |
|  |  |  |  | 153.94 | 1300 |  |  | 3001 |
|  |  |  |  | 4.13 | 1.11 |  |  | 1.37 |
|  |  |  |  | 2.35 | 5.72 |  |  | 17.01 |
|  |  |  |  | 423 |  |  |  |  |
|  |  |  |  | 0.24 |  |  |  |  |
|  |  |  |  | 0.38 |  |  |  |  |
| 137.27 | 107.75 | 103.34 | 209.74 | 276.5 | 362.08 | 367.56 | 501.12 | 517.08 |

3－2－11

| 项　　目 | 计量单位 | 合计 | 200 元以下 | 200－400 | 400－600 |
|---|---|---|---|---|---|
| 室内装饰品 | 元 | 34.09 | 3.39 | 20.82 | 5.3 |
| 床上用品 | 元 | 133.74 | 92.78 | 51.74 | 53.38 |
| 家庭日用杂品 | 元 | 446.86 | 354.31 | 177.34 | 210.85 |
| 家具材料 | 元 | 36.44 | 2.09 | 0.15 | 11.34 |
| 家庭服务 | 元 | 52.66 | 9.07 | 7.77 | 18.36 |
| 家政服务 | 元 | 29.01 | | 3.23 | 1.51 |
| 加工维修服务费 | 元 | 23.65 | 9.07 | 4.54 | 16.85 |
| 医疗保健 | 元 | 1354.09 | 1663.93 | 739.97 | 474.5 |
| 医疗器具 | 元 | 18.49 | 35.62 | 1.5 | 0.33 |
| 保健器具 | 元 | 18.42 | 5.75 | 21.45 | 13.26 |
| 药品费 | 元 | 574.87 | 691.2 | 393.7 | 241.66 |
| 滋补保健品 | 元 | 101.67 | 77.12 | 51.52 | 26.69 |
| 医疗费 | 元 | 623.1 | 819.42 | 255.06 | 190.77 |
| 其他 | 元 | 17.54 | 34.83 | 16.73 | 1.79 |
| 交通和通讯 | 元 | 2572.93 | 1784.07 | 1271.9 | 641.43 |
| 交通 | 元 | 1863.06 | 1137.51 | 942.87 | 394.35 |
| 家庭交通工具 | 元 | 936.09 | 39.38 | 708.22 | 57.58 |
| 摩托车 | 元/辆 | 3318.95 | | | 3400 |
| 数量 | 辆 | 0.18 | | | 1.54 |
| 金额 | 元 | 2.13 | | | 16.48 |
| 助力车 | 元/辆 | 2330.35 | 3000 | | 1350 |
| 数量 | 辆 | 5.3 | 2.49 | | 2.61 |
| 金额 | 元 | 44.15 | 25.77 | | 11.06 |
| 家用汽车 | 元/辆 | 97212.57 | | 45000 | |
| 数量 | 辆 | 2.52 | | 4.8 | |
| 金额 | 元 | 875.48 | | 706.81 | |
| 其他交通工具 | 元 | 14.33 | 13.61 | 1.41 | 30.04 |
| 车辆用燃料及零配件 | 元 | 396.39 | 565.05 | 131.53 | 136.96 |
| 燃料 | 元 | 359.61 | 564 | 127.33 | 121.41 |
| 汽油 | 元/升 | 7.61 | 7.54 | 9.42 | 8.1 |
| 数量 | 升 | 37.26 | 68.02 | 10.72 | 8.08 |
| 金额 | 元 | 283.43 | 513.04 | 101.08 | 65.4 |
| 柴油 | 元/升 | 8.38 | | | |
| 数量 | 升 | 0.02 | | | |
| 金额 | 元 | 0.2 | | | |
| 零配件 | 元 | 22.77 | 0.1 | 1.02 | 10.65 |
| 其他 | 元 | 14.01 | 0.95 | 3.19 | 4.9 |
| 交通工具服务支出 | 元 | 200.59 | 293.22 | 27.36 | 99.46 |
| 维修费 | 元 | 60.61 | 140.82 | 15.92 | 35.48 |
| 车辆使用税费 | 元 | 81.13 | 128.32 | 4.39 | 24.16 |
| 其它车辆使用费用 | 元 | 58.86 | 24.07 | 7.05 | 39.82 |
| 交通费 | 元 | 329.99 | 239.86 | 75.76 | 100.36 |
| 飞机 | 元 | 71.64 | 47.93 | | 5.81 |
| 火车 | 元 | 94.98 | 86.49 | 35.6 | 20.96 |
| 长途汽车 | 元 | 43.35 | 56.99 | 8.49 | 24.88 |
| 市内公共交通 | 元 | 30.11 | 14.91 | 7.52 | 9.65 |
| 出租汽车费 | 元 | 73.53 | 30.21 | 21.68 | 37.37 |
| 其他交通费 | 元 | 16.36 | 3.32 | 2.47 | 1.68 |

# 续表 9

| 600 – 800 | 800 – 1000 | 1000 – 1500 | 1500 – 2000 | 2000 – 2500 | 2500 – 3000 | 3000 – 4000 | 4000 – 5000 | 5000 元以上 |
|---|---|---|---|---|---|---|---|---|
| 26.51 | 25.4 | 14.52 | 43.12 | 27.64 | 38.81 | 55.27 | 35.36 | 181.01 |
| 58.56 | 121.76 | 93 | 101.98 | 151.49 | 205.68 | 216.8 | 268.31 | 419.27 |
| 230.77 | 280.43 | 368 | 410.82 | 520.81 | 607.1 | 740.97 | 794.03 | 841.48 |
| 26.94 | 19.59 | 8.72 | 22.43 | 91.66 | 33.27 | 44.41 | 40.62 | 201.93 |
| 18.63 | 10.88 | 27.72 | 58.1 | 56.09 | 78.43 | 95.53 | 151.07 | 190.14 |
| 14.75 | 2.89 | 9.79 | 30.49 | 24.82 | 56.38 | 50.03 | 108.26 | 147.81 |
| 3.89 | 7.99 | 17.93 | 27.61 | 31.27 | 22.06 | 45.5 | 42.81 | 42.33 |
| 824.72 | 797.44 | 1001.63 | 1096.83 | 1571.89 | 1648.33 | 2320.44 | 2779.68 | 4215.9 |
| 0.06 | 3.16 | 24.48 | 11.85 | 30.59 | 2.43 | 42.59 | 22.1 | 43.82 |
| 1.16 | 7.45 | 4.84 | 14.17 | 6.33 | 23.25 | 85.46 | 25.21 | 88.22 |
| 421.92 | 390.36 | 468.78 | 503.82 | 617.02 | 705.39 | 1033.93 | 779.47 | 1251.78 |
| 49.23 | 30.66 | 54.11 | 70.01 | 139.35 | 140.37 | 169.91 | 328.85 | 458.74 |
| 332.26 | 345.97 | 444.14 | 484.2 | 763.52 | 748.3 | 940.49 | 1582.59 | 2344.73 |
| 20.09 | 19.84 | 5.29 | 12.78 | 15.07 | 28.59 | 48.07 | 41.47 | 28.62 |
| 1293.08 | 973.73 | 1963.67 | 1969.58 | 2691.96 | 3857.87 | 4067.56 | 5911.92 | 11052.57 |
| 888.97 | 526.37 | 1419.56 | 1278.3 | 1859.97 | 2927.12 | 2865.39 | 4702.04 | 9645.31 |
| 393.04 | 100.52 | 852.85 | 440.12 | 824.75 | 1614.15 | 1231.77 | 2765.69 | 6282.92 |
| 4640 |  | 2600 |  |  | 2000 | 4600 |  |  |
| 0.46 |  | 0.26 |  |  | 0.24 | 0.22 |  |  |
| 6.74 |  | 2.22 |  |  | 1.91 | 4.37 |  |  |
| 2182.21 | 1836.8 | 2485.1 | 2260.64 | 2793.16 | 2115.62 | 2734.16 | 2384.58 | 2024.17 |
| 2.7 | 2.58 | 5.24 | 6.22 | 4.6 | 11.84 | 2.76 | 4.77 | 9.58 |
| 18.73 | 15.12 | 43.44 | 50.28 | 47.5 | 99.36 | 32.01 | 47.25 | 80.38 |
| 70000 | 129900.01 | 101616.77 | 85988.58 | 65059.43 | 113665.17 | 140873.81 | 385000 | 84304.52 |
| 1.64 |  | 2.34 | 1.22 | 3.18 | 3.31 | 1.97 | 1.68 | 17.71 |
| 365.19 | 84.03 | 793.08 | 375.64 | 764.52 | 1489.84 | 1173.81 | 2685.28 | 6192.08 |
| 2.38 | 1.38 | 14.1 | 14.2 | 12.73 | 23.04 | 21.59 | 33.15 | 10.45 |
| 172.11 | 174.93 | 206.5 | 330.67 | 452.52 | 550.13 | 771.02 | 992.05 | 1617.15 |
| 144.97 | 137.57 | 184.86 | 299.52 | 422.48 | 518.43 | 696.44 | 847.68 | 1496.57 |
| 7.88 | 7.83 | 7.64 | 7.59 | 7.9 | 7.45 | 7.48 | 7.5 | 7.45 |
| 14.11 | 9.78 | 16.54 | 29.03 | 41.88 | 55.7 | 81.65 | 102.67 | 171.4 |
| 111.23 | 76.59 | 126.43 | 220.38 | 330.88 | 414.84 | 611.02 | 769.6 | 1276.95 |
|  |  | 7.32 | 6.86 | 6.32 | 7.69 | 10.84 |  | 9.39 |
|  |  | 0.02 |  | 0.04 | 0.03 | 0.07 |  | 0.19 |
|  |  | 0.13 | 0.02 | 0.28 | 0.21 | 0.75 |  | 1.8 |
| 16.33 | 33.39 | 11.33 | 24.27 | 16.45 | 22.6 | 42.32 | 67.09 | 63.56 |
| 10.82 | 3.97 | 10.3 | 6.89 | 13.59 | 9.1 | 32.26 | 77.29 | 57.03 |
| 96.77 | 87.56 | 108.36 | 197.62 | 177.63 | 305.98 | 309.25 | 354.64 | 1056.55 |
| 20.87 | 23.27 | 43.52 | 44.68 | 75.03 | 72.94 | 82.11 | 135.06 | 292.34 |
| 27.91 | 32.66 | 34.64 | 68.92 | 57.98 | 137.69 | 151.79 | 121.68 | 605.33 |
| 47.98 | 31.62 | 30.2 | 84.02 | 44.61 | 95.35 | 75.35 | 97.9 | 158.88 |
| 227.04 | 163.36 | 251.86 | 309.88 | 405.08 | 456.85 | 553.35 | 589.66 | 688.69 |
| 47.85 | 21.75 | 32.54 | 43.6 | 86.04 | 128.33 | 141.58 | 273.25 | 298.82 |
| 84.39 | 39.31 | 78.99 | 100.01 | 111.92 | 132.65 | 153.79 | 75.54 | 165.01 |
| 26.7 | 34.23 | 40.3 | 42.86 | 45.59 | 49.28 | 62.88 | 74.17 | 64 |
| 18.23 | 15.34 | 25.68 | 30.59 | 39.12 | 34.59 | 59.2 | 44.17 | 25.92 |
| 40.29 | 47.66 | 58.98 | 80.7 | 92.79 | 85.27 | 109.09 | 113.13 | 117.54 |
| 9.58 | 5.08 | 15.37 | 12.12 | 29.62 | 26.74 | 26.8 | 9.4 | 17.4 |

# 3－2－11

| 项　　目 | 计量单位 | 合计 | 200 元以下 | 200－400 | 400－600 |
|---|---|---|---|---|---|
| 通信 | 元 | 709.88 | 646.57 | 329.03 | 247.08 |
| 通信工具 | 元 | 250.54 | 179.86 | 65.92 | 26 |
| 电话机 | 元/部 | 703.76 | 1725 | | |
| 数量 | 部 | 3.12 | 5.07 | | |
| 金额 | 元 | 7.86 | 30.18 | | |
| 移动电话 | 元/部 | 887.47 | 1303.98 | 1089.2 | 1255.2 |
| 数量 | 部 | 75 | 33.11 | 18.36 | 5.62 |
| 金额 | 元 | 237.89 | 149.1 | 65.43 | 22.12 |
| 其他通信工具 | 元 | 4.79 | 0.58 | 0.49 | 3.88 |
| 通信服务 | 元 | 459.34 | 466.71 | 263.11 | 221.08 |
| 电信费 | 元 | 439.05 | 437.51 | 257.64 | 217.89 |
| #上网费 | 元 | 77.14 | 55.75 | 24.33 | 20.29 |
| 邮费 | 元 | 3.06 | 4.91 | 0.48 | 0.02 |
| 其它通信服务费 | 元 | 17.23 | 24.29 | 5 | 3.16 |
| 教育文化娱乐服务 | 元 | 1971.78 | 2480.62 | 628.37 | 575.69 |
| 文化娱乐用品 | 元 | 514.3 | 428.14 | 140.18 | 115.88 |
| 彩色电视机 | 元/台 | 5254.74 | | | 13618.14 |
| 数量 | 台 | 5.5 | | | |
| 金额 | 元 | 103.25 | | | 16.28 |
| 家用电脑 | 元 | 116.31 | 235.15 | 0.04 | |
| 整机电脑 | 元/台 | 3327.78 | 5244 | | |
| 数量 | 台 | 8.76 | 12.42 | | |
| 金额 | 元 | 104.2 | 224.94 | | |
| 计算机外部设备 | 元 | 7.58 | 2.47 | | |
| 各种零配件及耗材 | 元 | 4.54 | 7.73 | 0.04 | |
| 组合音响 | 元/台 | 547.47 | | | |
| 数量 | 台 | 0.14 | | | |
| 金额 | 元 | 0.27 | | | |
| 摄像机 | 元/架 | 4117.08 | | | |
| 数量 | 架 | 0.67 | | | |
| 金额 | 元 | 9.93 | | | |
| 照相机 | 元/架 | 2303.55 | | | |
| 数量 | 架 | 2.33 | | | |
| 金额 | 元 | 19.2 | | | |
| 钢琴 | 元/架 | 16999 | | | |
| 数量 | 架 | 0.3 | | | |
| 金额 | 元 | 18.2 | | | |
| 其他中高档乐器 | 元/件 | 2337.32 | | 2880 | |
| 数量 | 件 | 1.08 | | 5.8 | |
| 金额 | 元 | 9 | | 54.68 | |
| 健身器材 | 元/件 | 891.49 | | | |
| 数量 | 件 | 5.23 | | | |
| 金额 | 元 | 16.66 | | | |

# 续表 10

| 600 - 800 | 800 - 1000 | 1000 - 1500 | 1500 - 2000 | 2000 - 2500 | 2500 - 3000 | 3000 - 4000 | 4000 - 5000 | 5000 元以上 |
|---|---|---|---|---|---|---|---|---|
| 404.12 | 447.37 | 544.11 | 691.28 | 832 | 930.75 | 1202.17 | 1209.88 | 1407.26 |
| 106.85 | 128.7 | 140.97 | 262.67 | 297.18 | 332.55 | 542.14 | 485.76 | 651.1 |
| 322 | 3235.1 | 548.64 | 458.42 | 704.67 | 562.17 | 819.52 | 189.49 | 425.04 |
| 3.13 | 1.81 | 1.99 | 3.26 | 6.68 | 2.35 | 3.13 | 1.44 | 4.4 |
| 3.2 | 18.72 | 3.65 | 5.34 | 17.42 | 5.25 | 10.87 | 1.14 | 7.75 |
| 1218.14 | 1082.24 | 1150.42 | 1565.14 | 273.5 | 1216.49 | 2506.39 | 2053.32 | 2552.61 |
| 26.64 | 31.48 | 35.47 | 44.42 | 272.17 | 67.11 | 48.77 | 55.38 | 60.37 |
| 102.96 | 108.81 | 136.11 | 248.52 | 275.28 | 323.75 | 518.08 | 472.77 | 639.03 |
| 0.68 | 1.18 | 1.21 | 8.81 | 4.49 | 3.55 | 13.19 | 11.85 | 4.32 |
| 297.27 | 318.67 | 403.14 | 428.61 | 534.82 | 598.2 | 660.03 | 724.12 | 756.16 |
| 287.2 | 310.73 | 384.87 | 408.3 | 506.7 | 576.23 | 628.48 | 688.59 | 723.09 |
| 34.05 | 55.46 | 71.75 | 54.6 | 94.13 | 112.78 | 136.16 | 125.89 | 163.2 |
| 0.8 | 1.47 | 3.15 | 3.27 | 3.25 | 3.21 | 4.09 | 9.24 | 5.36 |
| 9.27 | 6.47 | 15.12 | 17.04 | 24.86 | 18.75 | 27.46 | 26.3 | 27.71 |
| 1033.34 | 1184 | 1353.56 | 1839.64 | 2300.76 | 2433.82 | 3091.95 | 4728.04 | 5998.07 |
| 284.83 | 371.57 | 355.17 | 489.41 | 559.3 | 563.03 | 788.55 | 1297.9 | 1802.24 |
| 7535.28 | 4055.9 | 4396.06 | 5612.01 | 5236.22 | 3867.98 | 4377.71 | 5804.74 | 7160.26 |
| 4.29 | 4.92 | 4.97 | 4.8 | 5.63 | 4.27 | 6.56 | 17.12 | 15.06 |
| 102.63 | 63.67 | 72.95 | 96.33 | 109.04 | 65.45 | 121.71 | 413.18 | 447.17 |
| 57.5 | 159.36 | 73.59 | 77.32 | 138.46 | 145.43 | 207.57 | 347.15 | 283.47 |
| 3885.44 | 3546.65 | 3785.92 | 3147.9 | 3734.73 | 1489.63 | 4043.02 | 4684.08 | 5006.18 |
| 4.16 | 11.54 | 5.5 | 5.68 | 9.15 | 22.26 | 10.7 | 17.27 | 12.64 |
| 51.33 | 130.73 | 69.41 | 63.97 | 126.32 | 131.46 | 183.44 | 336.29 | 262.32 |
| 0.28 | 27.8 | 2.56 | 8.81 | 6.17 | 7.9 | 13.06 | 7.44 | 7.85 |
| 5.89 | 0.83 | 1.63 | 4.53 | 5.97 | 6.07 | 11.08 | 3.42 | 13.3 |
| 102.8 |  | 272.32 |  | 100 | 1916 |  | 613.58 | 900 |
| 0.79 |  |  | 0.11 |  | 0.49 |  |  | 0.55 |
| 0.07 |  | 0.1 |  | 0.18 | 1.17 |  | 1.41 | 2.96 |
|  |  |  | 3792.05 | 3807.46 | 2100 | 6277.73 |  | 2547.35 |
|  |  |  | 1.11 | 0.98 | 0.59 | 1.76 |  | 2.55 |
|  |  |  | 15.01 | 13.8 | 4.91 | 46.87 |  | 26.92 |
| 1862.91 | 2763.62 | 1635.48 | 2992.98 | 1605.51 | 2298.33 | 1533.3 | 1947.82 | 6656.68 |
| 0.43 | 0.89 | 0.55 | 2.92 | 5.49 | 3.53 | 2.98 | 1.44 | 2.95 |
| 2.54 | 7.83 | 2.97 | 31.19 | 32.58 | 32.14 | 19.35 | 11.68 | 81.35 |
| 55.07 |  | 20000 | 12298.44 | 4000 |  | 15400 |  | 30547.07 |
|  |  | 0.13 | 0.62 | 0.24 |  | 0.37 |  | 2.2 |
| 0.04 |  | 8.43 | 27.4 | 3.52 |  | 24.02 |  | 278.22 |
| 4328.15 | 2433.72 | 1858.37 | 805.37 | 693.36 | 380 | 2950 | 4500 | 9854.43 |
| 0.94 | 0.62 | 0.79 | 1.21 | 1.91 | 0.27 | 0.5 | 1.12 | 2.7 |
| 12.94 | 4.85 | 4.91 | 3.49 | 4.9 | 0.4 | 6.21 | 21.02 | 110.45 |
|  | 1075 | 1363.01 | 1548.98 | 1160.33 | 1463.77 | 239.51 | 2282.23 | 3723.67 |
|  | 1.39 | 2.41 | 3.05 | 4.38 | 5.66 | 27.47 | 4.1 | 4 |
|  | 4.77 | 10.96 | 16.88 | 18.79 | 32.84 | 27.89 | 38.91 | 61.73 |

# 3-2-11

| 项　　目 | 计量单位 | 合计 | 200 元以下 | 200-400 | 400-600 |
|---|---|---|---|---|---|
| 电子辞典 | 元/部 | 1058.89 | | | 2298 |
| 数量 | 部 | 0.57 | | | 0.66 |
| 金额 | 元 | 2.17 | | | 4.74 |
| 音像制品及软件 | 元 | 2.28 | 0.87 | 0.02 | 0.15 |
| 体育用品 | 元 | 3.64 | | | 2.97 |
| 书报杂志 | 元 | 46.03 | 22.36 | 19.88 | 30.91 |
| 纸张文具 | 元 | 31.03 | 32.52 | 15.43 | 24.53 |
| 其他文娱用品 | 元 | 136.33 | 137.24 | 50.14 | 33.83 |
| 文化娱乐服务 | 元 | 670.96 | 557.33 | 105.35 | 165.21 |
| 参观游览 | 元 | 133.66 | 94.98 | | 60.98 |
| 健身活动 | 元 | 13.09 | 94.33 | | 0.42 |
| 团体旅游 | 元 | 348.6 | 282.9 | 49.25 | 42.39 |
| 其它文娱活动 | 元 | 169.13 | 76.28 | 48.21 | 52 |
| 文娱用品修理服务费 | 元 | 6.48 | 8.83 | 7.89 | 9.42 |
| 教育 | 元 | 786.53 | 1495.15 | 382.84 | 294.61 |
| 教材 | 元 | 27.2 | 44.63 | 37.87 | 13.86 |
| 课本及参考书 | 元 | 19.65 | 23.21 | 35.07 | 7.87 |
| 教育软件 | 元 | 0.89 | | | |
| 其它教材 | 元 | 6.66 | 21.42 | 2.8 | 5.99 |
| 教育费用 | 元 | 759.32 | 1450.53 | 344.96 | 280.75 |
| 非义务教育学杂费 | 元 | 203.37 | 642.58 | 39.29 | 49.26 |
| 义务教育学杂费 | 元 | 38.07 | 98.16 | 23.99 | 23.15 |
| 托幼费 | 元 | 60.8 | 17.63 | 23.26 | 34.49 |
| 成人教育费 | 元 | 100.55 | 6.34 | 52.19 | 41.54 |
| 家教费 | 元 | 47.92 | 54.4 | 29.45 | 41.23 |
| 培训班 | 元 | 212.05 | 498.2 | 114.13 | 64.5 |
| 学校住宿费 | 元 | 12.05 | 81.06 | | 1.63 |
| 其他 | 元 | 84.5 | 52.16 | 62.66 | 24.94 |
| 居住 | 元 | 1583.56 | 1039.85 | 1012.22 | 726.73 |
| 住房 | 元 | 616.02 | 314.58 | 527.82 | 186.47 |
| 租赁房房租 | 元 | 45.92 | 52.46 | 42.05 | 22.19 |
| 住房装潢支出 | 元 | 424.85 | 53.61 | 460.83 | 150.79 |
| 维修用建筑材料 | 元 | 91.05 | 205.18 | 14.11 | 10.69 |
| 其它住房支出 | 元 | 54.21 | 3.33 | 10.83 | 2.8 |
| 水电燃料及其他 | 元 | 861.53 | 636.02 | 461.13 | 520.88 |
| 水 | 元/吨 | 1.82 | 2.19 | 2.38 | 1.71 |
| 数量 | 吨 | 32.45 | 29.15 | 10.54 | 20.49 |
| 金额 | 元 | 59.09 | 63.92 | 25.14 | 35.04 |

# 续表 11

| 600－800 | 800－1000 | 1000－1500 | 1500－2000 | 2000－2500 | 2500－3000 | 3000－4000 | 4000－5000 | 5000 元以上 |
|---|---|---|---|---|---|---|---|---|
| | 516.81 | 840.73 | 1163.67 | | 2578.43 | 1136 | 383.2 | 430 |
| | 1.78 | 0.92 | 0.54 | | 0.61 | 0.37 | | 1.01 |
| | 2.93 | 2.57 | 2.24 | | 6.19 | 1.77 | 0.7 | 1.81 |
| 0.08 | 0.3 | 0.66 | 1.82 | 2.63 | 3.43 | 7.06 | 8.83 | 9.33 |
| 0.53 | 2.19 | 2.51 | 4.23 | 6.09 | 2.28 | 7.06 | 5.77 | 4.15 |
| 28.89 | 29.81 | 35.68 | 45.36 | 58.07 | 66.38 | 66.3 | 67.79 | 68.88 |
| 22.75 | 27.62 | 32.91 | 30.44 | 30.9 | 36.54 | 35.46 | 35.63 | 34.62 |
| 56.87 | 68.24 | 106.92 | 137.71 | 140.36 | 165.86 | 217.26 | 345.84 | 391.19 |
| 195.33 | 245.02 | 354.38 | 623.77 | 867.6 | 954.81 | 1198.65 | 1773.05 | 2559.15 |
| 39.11 | 18.26 | 50.8 | 131.04 | 193.19 | 307.46 | 289.64 | 239.44 | 227.29 |
| 0.06 | 0.8 | 6.18 | 13.7 | 14.34 | 16.54 | 8.87 | 29.44 | 100.15 |
| 97.45 | 143.9 | 177.41 | 305.93 | 435.1 | 374.59 | 617.31 | 1106.92 | 1787.16 |
| 56.57 | 81.16 | 115.38 | 167.89 | 216.92 | 247.67 | 268.08 | 387.42 | 434.65 |
| 2.13 | 0.89 | 4.62 | 5.21 | 8.04 | 8.55 | 14.76 | 9.83 | 9.89 |
| 553.18 | 567.42 | 644.01 | 726.47 | 873.86 | 915.98 | 1104.75 | 1657.09 | 1636.67 |
| 52.88 | 15.89 | 27.29 | 27.51 | 21.92 | 36.06 | 19.18 | 19.86 | 30.84 |
| 46.65 | 11.28 | 18.26 | 21.38 | 16.52 | 23.26 | 11.92 | 13.98 | 16.32 |
| 0.04 | | 1.71 | 1.61 | 0.08 | 0.04 | 1.78 | | 0.33 |
| 6.2 | 4.61 | 7.32 | 4.52 | 5.33 | 12.76 | 5.48 | 5.87 | 14.19 |
| 500.29 | 551.53 | 616.72 | 698.96 | 851.94 | 879.92 | 1085.57 | 1637.23 | 1605.84 |
| 72.32 | 194.32 | 152.14 | 183.89 | 215.84 | 212.93 | 442.46 | 268.05 | 413.48 |
| 27.79 | 62.05 | 42.86 | 49.27 | 33.45 | 27.22 | 12.52 | 2.99 | 43.54 |
| 28.88 | 55.21 | 48.14 | 63.62 | 67.14 | 93.86 | 63.01 | 107.09 | 132.18 |
| 15.74 | 29.05 | 69.47 | 61.08 | 103.86 | 99.78 | 143.02 | 696.15 | 466.66 |
| 57.72 | 30.58 | 41.11 | 55.24 | 37.94 | 56.33 | 53.16 | 85.48 | 66.06 |
| 165.64 | 114.63 | 179.7 | 189.5 | 269.26 | 296.53 | 276 | 385.73 | 299.81 |
| 8.28 | 10.59 | 5.16 | 17.01 | 10.49 | 17.67 | 14.95 | 8.24 | 27.67 |
| 123.92 | 55.1 | 78.15 | 79.37 | 113.96 | 75.62 | 80.45 | 83.5 | 156.45 |
| 1041.64 | 853.12 | 1088.9 | 1260.85 | 1843.2 | 2247.35 | 2602.39 | 2046.48 | 6262.77 |
| 503.48 | 208.58 | 270.09 | 320.89 | 762.77 | 938.36 | 1101.6 | 515.4 | 4611.58 |
| 9.67 | 28.83 | 51.98 | 33.67 | 44.39 | 32.29 | 57.64 | 53.28 | 246.66 |
| 176.75 | 147.42 | 145.64 | 205.31 | 435.65 | 716.77 | 858.18 | 342.36 | 3947.69 |
| 156.01 | 24.9 | 35.79 | 53.27 | 192.81 | 152.19 | 113.25 | 89.28 | 211.51 |
| 161.05 | 7.42 | 36.69 | 28.65 | 89.92 | 37.12 | 72.53 | 30.47 | 205.71 |
| 472.73 | 599.94 | 745.62 | 835.81 | 963.49 | 1127.36 | 1319.89 | 1360.48 | 1373.5 |
| 1.84 | 1.9 | 1.67 | 1.77 | 1.7 | 1.91 | 2.04 | 2.1 | 2.14 |
| 27.02 | 26.18 | 30.57 | 35.21 | 33.76 | 33.55 | 42.22 | 41.2 | 42.52 |
| 49.75 | 49.61 | 51.15 | 62.26 | 57.53 | 64.11 | 86.05 | 86.36 | 90.79 |

3 - 2 - 11

| 项　　目 | 计量单位 | 合计 | 200 元以下 | 200 - 400 | 400 - 600 |
|---|---|---|---|---|---|
| 电 | 元/度 | 0.5 | 0.5 | 0.5 | 0.51 |
| 数量 | 度 | 475.48 | 520.48 | 309.35 | 331.09 |
| 金额 | 元 | 236.4 | 258.52 | 154.71 | 167.48 |
| 燃料 | 元 | 125.96 | 111.3 | 189.01 | 152.88 |
| 煤炭 | 元/千克 | 0.74 | 0.83 | 0.57 | 0.62 |
| 数量 | 千克 | 80.11 | 63.33 | 282.13 | 169.48 |
| 金额 | 元 | 59.12 | 52.43 | 160.47 | 105.39 |
| 罐装液化石油气 | 元/千克 | 5.06 | 7.07 | 3.95 | 2.54 |
| 数量 | 千克 | 8.75 | 6.6 | 6.41 | 13.99 |
| 金额 | 元 | 44.23 | 46.71 | 25.35 | 35.53 |
| 管道液化石油气 | 元/立方米 | 3.34 | 2.08 | | 4 |
| 数量 | 立方米 | 0.2 | 0.88 | | 0.05 |
| 金额 | 元 | 0.66 | 1.82 | | 0.19 |
| 管道煤气 | 元/立方米 | 1.19 | | 1.55 | 3.31 |
| 数量 | 立方米 | 3.6 | | 1.72 | 0.06 |
| 金额 | 元 | 4.28 | | 2.67 | 0.19 |
| 管道天然气 | 元/立方米 | 2.01 | 2.5 | 1.82 | 2.68 |
| 数量 | 立方米 | 7.65 | 4.14 | 0.29 | 0.86 |
| 金额 | 元 | 15.37 | 10.34 | 0.52 | 2.3 |
| 柴油 | 元/升 | 9.21 | | | 10 |
| 数量 | 升 | 0.04 | | | 0.05 |
| 金额 | 元 | 0.38 | | | 0.45 |
| 其它燃料 | 元 | 1.92 | | | 8.82 |
| 取暖费 | 元 | 423.27 | 200.96 | 92.24 | 164.52 |
| 其它相关支出 | 元 | 16.81 | 1.33 | 0.02 | 0.97 |
| 居住服务费 | 元 | 106 | 89.25 | 23.28 | 19.38 |
| 物业管理费 | 元 | 64.28 | 80.72 | 12.02 | 10.5 |
| 维修服务费 | 元 | 16.21 | 2.62 | 7.87 | 6.08 |
| 其它居住服务费 | 元 | 25.5 | 5.91 | 3.39 | 2.79 |
| 其它商品和服务 | 元 | 798.68 | 808.61 | 210.23 | 351.74 |
| 其它商品 | 元 | 572.69 | 578.04 | 128.35 | 198.1 |
| 金银珠宝饰品 | 元 | 223.16 | 389.9 | 66.08 | 64.52 |
| 手表 | 元/只 | 892.71 | 806.69 | | 54.73 |
| 数量 | 只 | 0.05 | 0.06 | | 0.03 |
| 金额 | 元 | 41.65 | 48.09 | | 1.71 |
| 理发美容用具 | 元 | 3.68 | 1.05 | 0.56 | 0.01 |
| 化妆品 | 元 | 205.66 | 98.85 | 34.43 | 83.68 |
| 其它杂品 | 元 | 98.54 | 40.14 | 27.28 | 48.19 |
| 服务 | 元 | 225.99 | 230.57 | 81.89 | 153.64 |
| 旅馆住宿费 | 元 | 42.98 | 2.41 | 20.56 | 14.43 |
| 理发洗澡费 | 元 | 85.22 | 85.82 | 41.25 | 54.02 |
| 美容费 | 元 | 29.47 | 51.28 | 3.09 | 3.37 |
| 其它服务 | 元 | 68.32 | 91.06 | 16.99 | 81.82 |

# 续表 12

| 600－800 | 800－1000 | 1000－1500 | 1500－2000 | 2000－2500 | 2500－3000 | 3000－4000 | 4000－5000 | 5000 元以上 |
|---|---|---|---|---|---|---|---|---|
| 0.51 | 0.5 | 0.5 | 0.5 | 0.5 | 0.49 | 0.49 | 0.51 | 0.46 |
| 345.44 | 405.26 | 423.16 | 457.4 | 502.27 | 548.09 | 684.52 | 697.31 | 668.99 |
| 176.09 | 202.49 | 212.53 | 226.63 | 253.24 | 266.98 | 336.09 | 353.05 | 308.65 |
| 97.67 | 100.77 | 150.8 | 117.01 | 118.46 | 110.69 | 142.05 | 96.65 | 115.75 |
| 0.73 | 0.85 | 0.75 | 0.73 | 0.74 | 1.14 | 0.78 | 1.83 | 0.55 |
| 71.75 | 58.4 | 118.24 | 64.95 | 65.34 | 28.85 | 62.69 | 5.97 | 56.09 |
| 52.62 | 49.36 | 88.13 | 47.36 | 48.14 | 32.92 | 48.87 | 10.94 | 30.66 |
| 5.53 | 2.22 | 6.04 | 6.13 | 5.84 | 4.33 | 5.71 | 4.84 | 5.55 |
| 7.24 | 15.17 | 8.12 | 8.05 | 7.57 | 9.07 | 8.97 | 8.18 | 5.08 |
| 40.03 | 33.7 | 49.02 | 49.33 | 44.17 | 39.28 | 51.19 | 39.53 | 28.19 |
| 3.39 |  | 2.38 | 3.36 | 2.27 | 6.75 | 9.33 | 5.49 | 3.9 |
| 0.03 |  | 0.17 | 0.18 | 0.41 | 0.15 | 0.01 | 1.03 | 0.33 |
| 0.11 |  | 0.41 | 0.6 | 0.93 | 1.01 | 0.1 | 5.65 | 1.28 |
| 0.99 | 1.05 | 2.01 | 1.2 | 1.19 | 1.19 | 1.11 | 1.06 | 0.97 |
| 0.3 | 1.06 | 1.16 | 2.4 | 4.08 | 5.26 | 11.15 | 12.96 | 16.44 |
| 0.29 | 1.11 | 2.32 | 2.87 | 4.86 | 6.27 | 12.39 | 13.69 | 15.9 |
| 1.98 | 1.93 | 2.16 | 2 | 1.99 | 1.93 | 2 | 2.1 | 1.9 |
| 1.46 | 3.1 | 4.47 | 7.81 | 9.36 | 15.42 | 14.17 | 12.47 | 20.81 |
| 2.9 | 5.97 | 9.64 | 15.61 | 18.65 | 29.79 | 28.33 | 26.2 | 39.52 |
|  |  | 9.7 | 8.83 | 10 | 6 |  |  |  |
|  |  | 0.04 | 0.1 | 0.06 | 0.02 |  |  |  |
|  |  | 0.43 | 0.86 | 0.57 | 0.13 |  |  |  |
| 1.72 | 10.63 | 0.84 | 0.39 | 1.13 | 1.28 | 1.17 | 0.63 | 0.21 |
| 148.01 | 245.81 | 325.98 | 406.34 | 515.27 | 683.39 | 688.44 | 753.06 | 842.69 |
| 1.21 | 1.26 | 5.17 | 23.57 | 19 | 2.2 | 67.26 | 71.37 | 15.62 |
| 65.42 | 44.6 | 73.18 | 104.15 | 116.94 | 181.63 | 180.9 | 170.61 | 277.69 |
| 49.42 | 38.8 | 39.42 | 57.86 | 74.44 | 116.45 | 97.35 | 105.07 | 183.52 |
| 10.7 | 2.41 | 19.12 | 18.13 | 12.2 | 17.66 | 20.09 | 26.61 | 46.41 |
| 5.31 | 3.39 | 14.64 | 28.16 | 30.3 | 47.51 | 63.46 | 38.92 | 47.76 |
| 256.99 | 390.22 | 486.03 | 709.59 | 939.41 | 1147.87 | 1605.51 | 1689.96 | 2465.93 |
| 176.44 | 234.69 | 345.15 | 516.22 | 684.94 | 773.34 | 1216.68 | 1270.84 | 1812.58 |
| 38.26 | 39.94 | 110.91 | 206.81 | 259.22 | 262.92 | 581.53 | 497.63 | 848.15 |
| 504.49 | 561.33 | 668.55 | 706.97 | 683.42 | 857.1 | 1697.9 | 1805.46 | 2293.56 |
| 0.02 | 0.04 | 0.04 | 0.05 | 0.06 | 0.06 | 0.06 | 0.06 | 0.08 |
| 9.72 | 21.8 | 26.28 | 33.03 | 43.21 | 49.26 | 95.97 | 114.47 | 179.31 |
| 0.94 | 2.83 | 0.72 | 2.93 | 5.26 | 7.61 | 5.16 | 5.72 | 24.09 |
| 74.53 | 104.95 | 132.36 | 182.91 | 254.69 | 312.89 | 389.22 | 459.92 | 542.64 |
| 52.98 | 65.17 | 74.89 | 90.54 | 122.55 | 140.66 | 144.81 | 193.1 | 218.38 |
| 80.56 | 155.54 | 140.88 | 193.37 | 254.47 | 374.53 | 388.83 | 419.13 | 653.36 |
| 18.6 | 18.47 | 18.39 | 32.02 | 50.74 | 71.55 | 87.64 | 111.02 | 198.95 |
| 39.16 | 46.17 | 63.42 | 84.92 | 94.08 | 108.67 | 149.22 | 154.03 | 187.87 |
| 7.14 | 7.47 | 16.23 | 22.87 | 30.09 | 53.71 | 66.4 | 57.11 | 134.79 |
| 15.66 | 83.42 | 42.84 | 53.56 | 79.56 | 140.59 | 85.56 | 96.96 | 131.75 |

# 3－2－11

| 项　　目 | 计量单位 | 合计 | 200元以下 | 200－400 | 400－600 |
|---|---|---|---|---|---|
| 非现金(实物与服务)收入 | 元/人 | 250.53 | 135.79 | 118.48 | 30.05 |
| 食品 | 元/人 | 48.44 | 51.34 | 115.56 | 20.49 |
| 粮油类 | 元/人 | 11.12 | 2.64 | 5.78 | 6.75 |
| 肉禽蛋水产品类 | 元/人 | 14.28 | 24.26 | 19.74 | 8.51 |
| 蔬菜类 | 元/人 | 0.91 | 1.35 | 0.63 | 2.57 |
| 糖烟酒饮料类 | 元/人 | 9.51 | 3.95 | 78.47 | 0.88 |
| 干鲜瓜果类 | 元/人 | 5.93 | 5.62 | 8.92 | 1.5 |
| 糕点、奶及奶制品 | 元/人 | 4.66 | 13.51 | 2.01 | 0.27 |
| 其它食品 | 元/人 | 0.67 | | | |
| 饮食服务 | 元/人 | 1.37 | | | |
| 衣着 | 元/人 | 4.2 | 21.09 | | |
| 居住 | 元/人 | 81.96 | 16.93 | | 0.62 |
| 住房 | 元/人 | 81.96 | 16.93 | | 0.62 |
| 水电燃料及其它 | 元/人 | | | | |
| 居住服务费 | 元/人 | | | | |
| 家庭设备用品及服务 | 元/人 | 1.51 | | | |
| 医疗保健 | 元/人 | 1.42 | | 0.14 | |
| #医疗基金 | 元/人 | 30.37 | 7.1 | | 0.61 |
| 医疗器具 | 元/人 | 0.04 | | | |
| 保健用品 | 元/人 | 0.02 | | | |
| 药品费 | 元/人 | 0.72 | | 0.14 | |
| 滋补保健品 | 元/人 | 0.49 | | | |
| 医疗费 | 元/人 | 0.14 | | | |
| 其它医疗保健 | 元/人 | | | | |
| 交通和通讯 | 元/人 | 1.35 | | | |
| 交通 | 元/人 | 0.74 | | | |
| 通信 | 元/人 | 0.61 | | | |
| 教育文化娱乐服务 | 元/人 | 0.56 | | | 0.93 |
| 文化娱乐用品 | 元/人 | 0.37 | | | 0.93 |
| 文化娱乐服务 | 元/人 | 0.16 | | | |
| 教育 | 元/人 | 0.03 | | | |
| 其它商品和服务 | 元/人 | 111.1 | 46.42 | 2.78 | 8 |

# 续表 13

| 600－800 | 800－1000 | 1000－1500 | 1500－2000 | 2000－2500 | 2500－3000 | 3000－4000 | 4000－5000 | 5000 元以上 |
|---|---|---|---|---|---|---|---|---|
| 22.96 | 57.12 | 98.85 | 198.2 | 428.11 | 377.34 | 539.04 | 494.56 | 1038.14 |
| 5.28 | 37.34 | 23.13 | 41.95 | 36.63 | 41.74 | 98.08 | 119.12 | 293.91 |
| 2.72 | 21.41 | 6.61 | 12 | 4.49 | 9.23 | 14.44 | 23.3 | 61.5 |
| 0.6 | 8.3 | 6.88 | 12.47 | 8.39 | 16.15 | 34.16 | 21.21 | 95.13 |
| 0.11 | 4.93 | 0.17 | 0.14 | 0.21 | 0.11 | 1.85 | 1.14 | 4.01 |
| 0.25 | 2.3 | 3.6 | 6.33 | 9.1 | 5.7 | 21.95 | 32.51 | 51.01 |
| 1.04 | 0.4 | 3.34 | 6.48 | 5.6 | 3.77 | 9.13 | 7.74 | 49.24 |
| 0.57 |  | 1.88 | 3.41 | 7.03 | 5 | 8.88 | 32.23 | 11.91 |
|  |  | 0.59 | 1.11 | 0.2 | 1.06 | 1.14 | 1 | 2.68 |
|  |  | 0.06 | 0.01 | 1.62 | 0.72 | 6.55 |  | 18.43 |
|  | 4.05 | 2.59 | 2.86 | 2.09 | 13.78 | 4.3 | 20.89 | 6.83 |
| 5.2 | 4.33 | 26.97 | 58.72 | 176.48 | 137.75 | 184.82 | 133.46 | 300.92 |
| 5.2 | 4.33 | 26.97 | 58.72 | 176.48 | 137.75 | 184.82 | 133.46 | 300.92 |
|  |  |  |  |  |  |  |  |  |
|  |  |  |  |  |  |  |  |  |
|  | 0.69 | 1.48 | 1.88 | 2.42 | 1.41 | 0.83 |  | 7.09 |
| 0.62 |  | 0.1 | 1.88 | 0.72 | 3.69 | 4 | 7.31 | 2.03 |
| 1.53 | 1.11 | 10.99 | 20.94 | 57.82 | 51.61 | 63.41 | 48.24 | 159.82 |
|  |  |  | 0.21 |  |  |  |  |  |
|  |  |  |  |  |  | 0.31 |  |  |
| 0.62 |  | 0.1 | 0.8 |  | 2.51 | 1.98 | 4.06 | 0.94 |
|  |  |  | 0.77 | 0.72 | 1.19 | 0.46 | 3.26 | 0.52 |
|  |  |  | 0.1 |  |  | 1.25 |  | 0.57 |
|  |  |  |  |  |  |  |  |  |
|  |  | 3.31 | 0.53 |  | 0.78 | 0.92 | 11.48 | 1.3 |
|  |  | 2.91 | 0.16 |  |  |  |  | 1.3 |
|  |  | 0.4 | 0.36 |  | 0.78 | 0.92 | 11.48 |  |
| 1.74 |  | 0.21 | 0.4 | 0.4 | 0.31 | 0.74 |  | 4.43 |
| 1.74 |  | 0.07 | 0.11 | 0.04 |  | 0.43 |  | 4.43 |
|  |  | 0.11 | 0.29 | 0.36 |  | 0.32 |  |  |
|  |  | 0.03 |  |  | 0.31 |  |  |  |
| 10.11 | 10.71 | 41.06 | 89.99 | 209.37 | 177.86 | 245.35 | 202.3 | 421.63 |

# 3－2－12 按相对收入不等距五组分组(2012 年)

| 项　　目 | 计量单位 | 合计 | 低 20% | 较低 20% | 中 20% | 较高 20% | 高 20% |
|---|---|---|---|---|---|---|---|
| **调查户数** | **户** | **2350** | **470** | **471** | **472** | **469** | **468** |
| 住房情况 | | | | | | | |
| 家庭居住人口数 | 人/户 | 2.8 | 3.17 | 2.91 | 2.77 | 2.57 | 2.34 |
| 现住房总建筑面积 | 平方米/人 | 29.89 | 23.45 | 27.04 | 29.93 | 35.6 | 41.59 |
| 房屋产权 | － | | | | | | |
| 租赁公房 | % | 0.36 | 0.7 | 0.24 | | 0.55 | 0.22 |
| 租赁私房 | % | 6.09 | 11.84 | 4.71 | 5.55 | 2.86 | 3.32 |
| 原有私房 | % | 14.57 | 24.48 | 17 | 9.39 | 8.48 | 8.44 |
| 房改私房 | % | 17.46 | 14.29 | 15.81 | 17.47 | 22.06 | 19.71 |
| 商品房 | % | 58.31 | 43.09 | 58.66 | 64.2 | 64.3 | 67.98 |
| 借用房 | | 2.86 | 4.49 | 3.59 | 3.4 | 1.6 | |
| 其他 | % | 0.36 | 1.12 | | | 0.14 | 0.33 |
| 住宅建筑式样 | － | | | | | | |
| 单栋住宅 | % | 0.94 | 1.3 | 0.83 | 1.22 | 0.73 | 0.43 |
| 四居室 | % | 1.98 | 0.96 | 1.06 | 2.4 | 2.98 | 3.28 |
| 三居室 | % | 25.09 | 16.25 | 22.87 | 25.73 | 31.99 | 33.69 |
| 二居室 | % | 45.53 | 34.89 | 47.22 | 48.12 | 51.81 | 49.67 |
| 一居室 | % | 3.28 | 4.25 | 3.87 | 3.84 | 1.85 | 1.84 |
| 普通楼房 | % | 3.93 | 4.74 | 2.61 | 4.63 | 4.59 | 3 |
| 平房及其他 | % | 19.25 | 37.61 | 21.53 | 14.05 | 6.05 | 8.08 |
| 装修状况 | － | | | | | | |
| 有装修 | % | 57.64 | 38.51 | 52.16 | 56.77 | 73.45 | 78.67 |
| 未装修 | % | 42.36 | 61.49 | 47.84 | 43.23 | 26.55 | 21.33 |
| 购房总金额 | 元/户 | 97531.95 | 62948.6 | 84274.44 | 105196.64 | 120267.79 | 136496.57 |
| 购房实际支出金额 | 元/户 | 94515.42 | 61496.91 | 81432.76 | 103444.59 | 116873.34 | 129707.97 |
| 除了现住房,还有几处其他住房 | 套/户 | 0.11 | 0.07 | 0.06 | 0.09 | 0.16 | 0.23 |
| 出租房 | 套/户 | 0.07 | 0.05 | 0.04 | 0.05 | 0.1 | 0.15 |
| 建筑面积 | 平方米/户 | 5.47 | 3.65 | 3.15 | 3.06 | 7.89 | 11.82 |
| 偶尔居住房 | 套/户 | 0.02 | 0.01 | 0.01 | 0.02 | 0.02 | 0.04 |
| 建筑面积 | 平方米/户 | 1.74 | 0.65 | 0.96 | 1.51 | 2.36 | 4.13 |
| 其它用途房 | 套/户 | 0.02 | 0.01 | 0.01 | 0.03 | 0.03 | 0.05 |
| 建筑面积 | 平方米/户 | 1.79 | 0.59 | 0.63 | 1.64 | 2.37 | 4.85 |

# 3－2－12 续表 1

| 项　　目 | 计量单位 | 合计 | 低 20% | 较低 20% | 中 20% | 较高 20% | 高 20% |
|---|---|---|---|---|---|---|---|
| **饮水情况** | － | | | | | | |
| 自来水 | % | 88.98 | 91.58 | 92.47 | 89.99 | 83.32 | 84.94 |
| 矿泉水 | % | 2.47 | 0.87 | 1.13 | 2.03 | 6.61 | 2.84 |
| 纯净水 | % | 5.2 | 1.42 | 2.28 | 5.08 | 9.53 | 10.71 |
| 井、河水 | % | 2.99 | 5.91 | 3.67 | 2.19 | 0.53 | 1.08 |
| 其他 | % | 0.36 | 0.22 | 0.45 | 0.7 | | 0.43 |
| **用水情况** | － | | | | | | |
| 独用自来水 | % | 95.19 | 91.01 | 95.36 | 95.3 | 98.31 | 97.9 |
| 公用自来水 | % | 1.31 | 2.33 | 0.09 | 2.33 | 1.06 | 0.59 |
| 井、河水 | % | 2.96 | 6.3 | 3.59 | 1.55 | 0.64 | 1.08 |
| 其他 | % | 0.53 | 0.36 | 0.95 | 0.82 | | 0.43 |
| **卫生设备** | － | | | | | | |
| 无卫生设备 | % | 12.83 | 22.77 | 15.81 | 9.98 | 4.5 | 5.74 |
| 有厕所浴室 | % | 62.62 | 39.27 | 55.01 | 66.14 | 80.31 | 86.02 |
| 有厕所无浴室 | % | 20.51 | 29.15 | 24.55 | 20.8 | 14.13 | 8.02 |
| 公用 | % | 4.04 | 8.82 | 4.63 | 3.08 | 1.06 | 0.22 |
| **取暖设备** | － | | | | | | |
| 无取暖设备 | % | 0.51 | 1.69 | 0.39 | | | |
| 空调设备 | % | 0.11 | 0.29 | | | 0.2 | |
| 暖气 | % | 85.07 | 71.71 | 82.52 | 87.9 | 95.87 | 94.32 |
| 其他 | % | 14.31 | 26.32 | 17.09 | 12.1 | 3.93 | 5.68 |
| **炊用燃料使用情况** | － | | | | | | |
| 煤炭 | % | 16.83 | 35.04 | 15.9 | 11.59 | 4.52 | 9.56 |
| 罐装液化石油气 | % | 50.38 | 45.91 | 56.74 | 56.49 | 53.38 | 37.61 |
| 管道液化石油气 | % | 1.6 | 1.55 | 2.12 | 1.83 | 1.57 | 0.69 |
| 管道煤气 | % | 3.73 | 1.21 | 2.22 | 3.36 | 4.29 | 9.64 |
| 管道天然气 | % | 19.1 | 6.53 | 13.09 | 19.19 | 27.93 | 37.58 |
| 柴油 | % | | | | | | |
| 其他 | % | 8.36 | 9.77 | 9.94 | 7.53 | 8.32 | 4.93 |
| **人口就业情况** | － | | | | | | |
| 家庭人口数 | 人 | 2.8 | 3.17 | 2.91 | 2.77 | 2.57 | 2.34 |
| 有收入者人数 | 人 | 1.93 | 1.79 | 1.87 | 2.02 | 2.01 | 2.04 |
| 就业人口数 | 人 | 1.51 | 1.48 | 1.51 | 1.55 | 1.52 | 1.45 |
| 国有经济单位职工人数 | 人 | 0.71 | 0.34 | 0.59 | 0.85 | 1.03 | 0.95 |
| 城镇集体经济单位职工人数 | 人 | 0.04 | 0.03 | 0.03 | 0.05 | 0.04 | 0.04 |
| 其他各种经济类型单位职工 | 人 | 0.12 | 0.11 | 0.14 | 0.13 | 0.09 | 0.1 |
| 城镇个体经营者人员数 | 人 | 0.26 | 0.39 | 0.34 | 0.18 | 0.14 | 0.16 |
| 城镇个体被雇人员数 | 人 | 0.27 | 0.45 | 0.28 | 0.26 | 0.14 | 0.13 |
| 离退休再就业人员数 | 人 | 0.02 | 0.01 | 0.01 | 0.02 | 0.03 | 0.05 |
| 其他就业人员数 | 人 | 0.1 | 0.16 | 0.13 | 0.07 | 0.05 | 0.03 |
| 离退休人数 | 人 | 0.37 | 0.16 | 0.31 | 0.43 | 0.48 | 0.58 |
| 其他有收入者人数 | 人 | 0.06 | 0.15 | 0.04 | 0.04 | 0.01 | 0.01 |
| 无收入者人数 | 人 | 0.87 | 1.38 | 1.04 | 0.74 | 0.56 | 0.3 |
| 在外就学人数 | 人 | 0.06 | 0.06 | 0.07 | 0.05 | 0.04 | 0.04 |
| 非家庭人口在家用餐 | 人次 | 1.1 | 0.84 | 0.96 | 1.18 | 1.02 | 1.72 |
| 家庭人口在外用餐 | 人次 | 2.68 | 1.88 | 2.48 | 2.64 | 2.99 | 3.92 |

# 3－2－12 续表 2

| 项　　目 | 计量单位 | 合计 | 低 20% | 较低 20% | 中 20% | 较高 20% | 高 20% |
|---|---|---|---|---|---|---|---|
| **耐用消费品** | － | | | | | | |
| 摩托车 | 辆 | 21.81 | 26.3 | 25.57 | 21.93 | 22.1 | 8.88 |
| 助力车 | 辆 | 28.7 | 34.4 | 30.97 | 27.47 | 25.31 | 21.7 |
| 家用汽车 | 辆 | 23.58 | 16.46 | 15.83 | 20.37 | 28.67 | 44.07 |
| 洗衣机 | 台 | 97.35 | 90.95 | 96.2 | 99.15 | 100.82 | 103.04 |
| 电冰箱 | 台 | 99.63 | 91.07 | 97.19 | 101.62 | 104.69 | 108.57 |
| 彩色电视机 | 台 | 105.27 | 101.91 | 102.73 | 104.78 | 107.53 | 112.28 |
| 家用电脑 | 台 | 62.6 | 40.19 | 54.39 | 68.08 | 79.9 | 83.87 |
| 组合音响 | 套 | 13.07 | 4.9 | 10.11 | 14.61 | 19.55 | 21.13 |
| 摄像机 | 架 | 8.98 | 3.55 | 4.48 | 10.72 | 14.1 | 16.23 |
| 照相机 | 架 | 33.39 | 13.22 | 24.26 | 36.63 | 46.35 | 59.92 |
| 钢琴 | 架 | 1.79 | 1.48 | 1.47 | 2.27 | 1.2 | 2.81 |
| 其他中高档乐器 | 件 | 3.35 | 0.74 | 3.01 | 4.02 | 4.98 | 5.29 |
| 微波炉 | 台 | 41.85 | 17.27 | 33.43 | 47.93 | 58.95 | 66.27 |
| 空调器 | 台 | 15.64 | 5.9 | 10.64 | 17.5 | 23.31 | 27.38 |
| 淋浴热水器 | 台 | 63.04 | 40.34 | 55.22 | 67.51 | 80.53 | 85.13 |
| 消毒碗柜 | 台 | 3.78 | 1.1 | 0.33 | 4.15 | 7.25 | 8.7 |
| 洗碗机 | 台 | 0.28 | | 0.1 | 0.52 | 0.35 | 0.6 |
| 健身器材 | 套 | 2.77 | 0.3 | 2.57 | 4.57 | 2.65 | 4.91 |
| 普通电话 | 部 | 44.85 | 29.3 | 43.73 | 47.27 | 52.86 | 59 |
| 移动电话 | 部 | 206.11 | 194.5 | 208.33 | 211.98 | 207.38 | 212.65 |
| 接入互连网移动电话 | 部 | 44.65 | 44.92 | 53.46 | 38.34 | 39.42 | 44.69 |
| 接入有线电视网络的电视机 | 台 | 78.73 | 67.37 | 73.22 | 80.1 | 89.09 | 91.39 |
| 接入互连网计算机 | 台 | 45.87 | 27.18 | 39.6 | 49.7 | 61.43 | 62.4 |
| **现金收支情况** | － | | | | | | |
| 期初手存现金 | 元 | 472.21 | 357.64 | 379.55 | 506.59 | 560.98 | 727.85 |
| 家庭总收入 | 元 | 24790.79 | 11907.31 | 18866.11 | 24960.11 | 32582.06 | 53211.03 |
| #可支配收入 | 元 | 23150.26 | 10995.9 | 17679.75 | 23219.06 | 30229.07 | 50205.25 |
| 工资性收入 | 元 | 16872.58 | 7809.69 | 13313.86 | 18397.58 | 23796.69 | 32019.31 |
| 工资及补贴收入 | 元 | 15905.39 | 6865.6 | 12432.92 | 17514.39 | 23079.1 | 30423.71 |
| 其它劳动收入 | 元 | 967.19 | 944.1 | 880.94 | 883.18 | 717.58 | 1595.6 |
| 经营性收入 | 元 | 2698.67 | 2361.45 | 2629.14 | 1717.98 | 1773.33 | 6051.12 |
| 财产性收入 | 元 | 564.02 | 128.28 | 112.78 | 367.89 | 567.52 | 2582.17 |
| 利息收入 | 元 | 94.83 | 19.43 | 14.1 | 51.04 | 126.15 | 425.3 |
| 股息与红利收入 | 元 | 111.63 | 1.92 | 6.99 | 49.88 | 72.49 | 669.63 |
| 保险收益 | 元 | 17.26 | 2.8 | 6.56 | 10.31 | 4.79 | 92.44 |
| 其它投资收入 | 元 | 71 | 7.5 | 9.15 | 72.38 | 64.06 | 324.85 |
| 出租房屋收入 | 元 | 200.04 | 79.28 | 51.9 | 103.39 | 247.96 | 803.59 |
| 知识产权收入 | 元 | 0.17 | | 0.63 | | 0.1 | |
| 其它财产性收入 | 元 | 69.1 | 17.36 | 23.45 | 80.89 | 51.96 | 266.36 |

# 3-2-12 续表 3

| 项　　目 | 计量单位 | 合计 | 低 20% | 较低 20% | 中 20% | 较高 20% | 高 20% |
|---|---|---|---|---|---|---|---|
| 转移性收入 | 元 | 4655.51 | 1607.89 | 2810.33 | 4476.67 | 6444.53 | 12558.43 |
| 养老金或离退休金 | 元 | 4029.9 | 1085.4 | 2539.72 | 4031.32 | 6011.16 | 10580.52 |
| 社会救济收入 | 元 | 104.34 | 252.98 | 58.69 | 86.28 | 7.92 | 14.14 |
| #最低生活保障收入 | 元 | 91.67 | 219.79 | 53.63 | 81.56 | 7.71 | 4.89 |
| 辞退金 | 元 | 0.03 |  |  | 0.11 |  | 0.06 |
| 赔偿收入 | 元 | 2.43 | 2.04 | 1.76 |  | 7.47 | 1.76 |
| 保险收入 | 元 | 22.74 | 3.21 | 8.59 | 23.84 | 10.27 | 103.66 |
| #失业保险金 | 元 | 4.3 | 2.11 | 8.19 | 2.92 |  | 9.07 |
| 赡养收入 | 元 | 97.92 | 66.87 | 53.52 | 88.91 | 52.01 | 313.28 |
| #来自城镇居民的赡养收入 | 元 | 7.26 | 11.53 | 1.35 | 3.91 | 3.96 | 17.62 |
| 捐赠收入 | 元 | 184.67 | 58.77 | 41.92 | 98.04 | 156.11 | 868.45 |
| #来自城镇居民的捐赠收入 | 元 | 10.9 | 3.41 | 0.5 | 8.65 | 17.23 | 41.14 |
| 提取住房公积金 | 元 | 57.27 | 0.76 | 4.05 | 10.45 |  | 409.88 |
| 其它转移性收入 | 元 | 54.15 | 49.76 | 16.97 | 40.15 | 81.11 | 117.89 |
| 出售财物收入 | 元 | 130.72 | 4.76 | 4.67 | 564.14 | 8.13 | 166.67 |
| 出售住房收入 | 元 | 120.38 | 2.06 |  | 545.63 | 5.55 | 131.76 |
| 出售其它物品收入 | 元 | 10.35 | 2.7 | 4.67 | 18.5 | 2.57 | 34.91 |
| 借贷收入 | 元 | 6809.86 | 3285.82 | 4539.92 | 6382.97 | 8642.66 | 16793.26 |
| 提取储蓄存款 | 元 | 6435.04 | 3246.6 | 4403.34 | 6046.73 | 7346.35 | 16341.16 |
| 借入款 | 元 | 64.97 | 23.12 | 70.06 | 131.97 | 46.58 | 72.75 |
| 收回借出款 | 元 | 70.24 | 2.6 | 5.56 | 106.35 | 25.4 | 335.38 |
| 收回储蓄性保险本 | 元 | 0.33 |  | 0.69 | 0.9 |  |  |
| 兑售有价证券 | 元 | 0.17 |  |  | 0.9 |  |  |
| 收回投资本金 | 元 | 7.99 |  |  | 0.82 | 48.3 | 0.43 |
| 住房贷款 | 元 | 170.72 |  | 1.78 | 26.96 | 1018.37 | 9.65 |
| 汽车贷款 | 元 | 15.68 |  |  | 27.98 | 65.02 |  |
| 教育贷款 | 元 | 6.55 | 13.35 | 6.33 | 6.92 |  |  |
| 其它贷款 | 元 | 33.43 | 0.15 | 51.9 | 33.43 | 67.92 | 28.63 |
| 其它借贷收入 | 元 | 4.73 |  | 0.25 |  | 24.7 | 5.25 |
| 家庭总支出 | 元 | 22562.52 | 11744.34 | 17303.73 | 22653.62 | 29440.1 | 46605.64 |
| 消费性支出 | 元 | 17717.1 | 9543.27 | 13961 | 17949.61 | 22887.9 | 35289.33 |
| 财产性支出 | 元 | 20.74 | 6.22 | 9.01 | 38.7 | 34.27 | 31.1 |
| 非生产性贷款利息支出 | 元 | 16.69 | 5.03 | 7.25 | 36.96 | 15.89 | 31.08 |
| 其它 | 元 | 4.04 | 1.19 | 1.76 | 1.74 | 18.38 | 0.01 |
| 转移性支出 | 元 | 2977.59 | 1377.95 | 2056.58 | 2804.43 | 3842.66 | 7241.24 |
| 交纳所得税 | 元 | 50.41 | 11.74 | 13.74 | 34.26 | 66.2 | 202.75 |
| #来自工资性收入的个税 | 元 | 48.23 | 11.69 | 13.26 | 30.96 | 62.28 | 196.67 |
| 来自经营净收入的个税 | 元 | 1.54 | 0.02 | 0.01 | 2.05 | 3.33 | 4.61 |
| 来自财产性收入的个税 | 元 | 0.36 |  | 0.47 | 0.77 |  | 0.77 |
| 来自转移性收入的个税 | 元 |  |  |  |  |  |  |
| 捐赠支出 | 元 | 2269.46 | 1053.24 | 1558.69 | 2222.22 | 2776.11 | 5595.53 |
| 购买彩票 | 元 | 5.89 | 6.89 | 5.23 | 7.89 | 4.37 | 4.01 |
| 赡养支出 | 元 | 480.8 | 255.08 | 362.81 | 408.72 | 774.02 | 919.1 |
| #在外就学子女费用 | 元 | 340.21 | 191.8 | 275.13 | 300.59 | 458.37 | 685.7 |
| 各种非储蓄性保险支出 | 元 | 123.23 | 25.2 | 70.31 | 98.51 | 146.45 | 434.27 |
| #车辆保险支出 | 元 | 70.57 | 5.28 | 33.6 | 55.67 | 62.9 | 306.85 |
| 其它转移性支出 | 元 | 47.81 | 25.8 | 45.79 | 32.83 | 75.52 | 85.59 |

# 3－2－12 续表 4

| 项　　目 | 计量单位 | 合计 | 低 20% | 较低 20% | 中 20% | 较高 20% | 高 20% |
|---|---|---|---|---|---|---|---|
| 社会保障支出 | 元 | 1488.07 | 811.57 | 1087.51 | 1609.23 | 2168.31 | 2654.25 |
| 个人交纳的养老基金 | 元 | 503.22 | 405.1 | 446.41 | 499.8 | 654.37 | 635.57 |
| 个人交纳的住房公积金 | 元 | 679.56 | 197.02 | 425.76 | 805.01 | 1124.95 | 1446.99 |
| 个人交纳的医疗基金 | 元 | 213.28 | 114.55 | 170.65 | 235.16 | 294.68 | 370.58 |
| 个人交纳的失业基金 | 元 | 37.31 | 16.02 | 23.85 | 45.84 | 52.7 | 76.21 |
| 其它社会保障支出 | 元 | 54.71 | 78.88 | 20.84 | 23.42 | 41.6 | 124.88 |
| 购房与建房支出 | 元 | 359.03 | 5.31 | 189.63 | 251.65 | 506.96 | 1389.72 |
| 购房 | 元 | 350.93 | 2.7 | 158.95 | 251.65 | 506.96 | 1389.72 |
| 建房 | 元 | 8.1 | 2.61 | 30.68 |  |  |  |
| 借贷支出 | 元 | 8933.46 | 3330.14 | 5849.08 | 8993.87 | 11521.81 | 23210.26 |
| 存入储蓄款 | 元 | 8028.44 | 3110.01 | 5475.75 | 8210.45 | 9905.9 | 20578.61 |
| 借出款 | 元 | 29.49 | 0.23 | 30.97 | 9.23 | 9.11 | 142.41 |
| 归还借款 | 元 | 72.4 | 11.96 | 48.02 | 59.31 | 94.58 | 236.59 |
| 储蓄性保险支出 | 元 | 135.18 | 82.79 | 93.24 | 232.93 | 153.26 | 163.07 |
| 购买有价证券 | 元 | 0.72 |  | 1.24 |  |  | 3.18 |
| 其它投资支出 | 元 | 26.59 | 2.46 | 6.75 | 0.91 | 9.66 | 170.76 |
| 归还住房贷款 | 元 | 507.19 | 107.32 | 173.53 | 392.17 | 1098.07 | 1405.18 |
| 归还汽车贷款 | 元 | 96.33 | 11.99 | 19.43 | 70.18 | 214.7 | 307.86 |
| 归还教育贷款 | 元 |  |  |  |  |  |  |
| 归还其它贷款 | 元 | 28.16 | 1.77 | 0.16 | 13.48 | 23.91 | 160.97 |
| 其它借贷支出 | 元 | 8.95 | 1.61 |  | 5.2 | 12.63 | 41.63 |
| 期末手存现金 | 元 | 707.18 | 473.06 | 644.33 | 753.6 | 843.89 | 1084.12 |
| **消费支出** | **元** | **17717.1** | **9543.27** | **13961** | **17949.61** | **22887.9** | **35289.33** |
| #服务性消费支出 | 元 | 4282.99 | 2192.36 | 3220.62 | 4465.34 | 5479.95 | 8942.18 |
| 通过互联网购买商品或服务支出 | 元 | 48.31 | 7.69 | 17.57 | 74.78 | 67.19 | 130.24 |
| 旅游人次 | 次/人 | 0.4 | 0.18 | 0.31 | 0.38 | 0.42 | 0.89 |
| 旅游花费总额 | 元/人 | 282.07 | 60.59 | 161.61 | 230.5 | 400.97 | 899.47 |
| 食品 | 元 | 5463.18 | 3286.24 | 4669.75 | 5704.31 | 6923.01 | 9414.14 |
| 粮油类 | 元 | 689.15 | 585.38 | 655.71 | 707.62 | 735.27 | 888.33 |
| 粮食 | 元 | 488.84 | 420.82 | 468.84 | 493.62 | 517.04 | 628.7 |
| 数量 | 千克 | 93.28 | 86.6 | 94.37 | 93.45 | 92.26 | 106.54 |
| 大米 | 元/千克 | 5.45 | 5.23 | 5.34 | 5.46 | 5.71 | 5.84 |
| 数量 | 千克 | 32.53 | 33.22 | 32.73 | 33.49 | 30.68 | 31.6 |
| 金额 | 元 | 177.41 | 173.81 | 174.75 | 182.97 | 175.25 | 184.68 |
| 面粉 | 元/千克 | 4.14 | 3.82 | 3.94 | 4.35 | 4.49 | 4.55 |
| 数量 | 千克 | 25.02 | 25.73 | 26.2 | 23.3 | 22.07 | 27.4 |
| 金额 | 元 | 103.71 | 98.39 | 103.34 | 101.34 | 99.05 | 124.71 |
| 其它粮食及制品 | 元 | 207.73 | 148.62 | 190.76 | 209.31 | 242.74 | 319.3 |
| 数量 | 千克 | 35.73 | 27.65 | 35.43 | 36.66 | 39.51 | 47.55 |

# 3－2－12 续表 5

| 项目 | 计量单位 | 合计 | 低 20% | 较低 20% | 中 20% | 较高 20% | 高 20% |
|---|---|---|---|---|---|---|---|
| 淀粉及薯类 | 元 | 39.84 | 31.42 | 36.13 | 44.15 | 46.33 | 50.48 |
| 数量 | 千克 | 11.52 | 10.18 | 9.97 | 12.76 | 12.8 | 13.9 |
| 干豆类及豆制品 | 元 | 44.05 | 37.18 | 40.99 | 42.26 | 48.17 | 61.69 |
| 油脂类 | 元 | 116.43 | 95.96 | 109.74 | 127.59 | 123.73 | 147.46 |
| 数量 | 千克 | 6.68 | 6 | 6.38 | 7.1 | 6.85 | 7.89 |
| 食用植物油 | 元/千克 | 17.38 | 16 | 17.22 | 17.7 | 18.07 | 18.7 |
| 数量 | 千克 | 6.55 | 5.83 | 6.23 | 6.98 | 6.75 | 7.81 |
| 金额 | 元 | 113.84 | 93.21 | 107.26 | 123.48 | 122.03 | 146.12 |
| 食用动物油 | 元 | 2.58 | 2.75 | 2.48 | 4.1 | 1.7 | 1.34 |
| 肉禽蛋水产品类 | 元 | 1218.38 | 810.32 | 1115.56 | 1290.8 | 1536.01 | 1783.61 |
| 肉类 | 元 | 879.95 | 565.92 | 806.02 | 933.93 | 1118.78 | 1314.81 |
| 数量 | 千克 | 28.16 | 20.29 | 27.3 | 30.17 | 33.06 | 37.67 |
| 猪肉 | 元/千克 | 25.62 | 24.34 | 24.52 | 26.25 | 26.79 | 27.25 |
| 数量 | 千克 | 13.12 | 10.93 | 13.74 | 13.13 | 14.37 | 15.11 |
| 金额 | 元 | 336.01 | 265.93 | 336.84 | 344.64 | 384.84 | 411.82 |
| 牛肉 | 元/千克 | 40.85 | 39.66 | 38.03 | 40.04 | 42.88 | 43.8 |
| 数量 | 千克 | 4.26 | 2.49 | 3.92 | 4.91 | 5.54 | 6.15 |
| 金额 | 元 | 173.94 | 98.82 | 149 | 196.76 | 237.5 | 269.33 |
| 羊肉 | 元/千克 | 42.91 | 39.38 | 43.34 | 39.86 | 45.73 | 45 |
| 数量 | 千克 | 5.31 | 2.77 | 4.69 | 5.92 | 6.77 | 9.21 |
| 金额 | 元 | 227.89 | 108.91 | 203.47 | 235.88 | 309.59 | 414.36 |
| 其它肉及制品 | 元 | 142.12 | 92.26 | 116.71 | 156.66 | 186.85 | 219.29 |
| 数量 | 千克 | 5.5 | 4.12 | 4.97 | 6.23 | 6.41 | 7.24 |
| 禽类 | 元 | 110.8 | 81.62 | 108.65 | 122.86 | 124.34 | 143.31 |
| 数量 | 千克 | 5.51 | 4.39 | 6.12 | 5.95 | 5.64 | 6.04 |
| 鸡 | 元/千克 | 18.42 | 18.23 | 15.97 | 18.94 | 20.37 | 20.39 |
| 数量 | 千克 | 3.54 | 2.69 | 4.06 | 3.76 | 3.65 | 3.92 |
| 金额 | 元 | 65.12 | 49.13 | 64.84 | 71.15 | 74.38 | 79.87 |
| 鸭 | 元/千克 | 18.85 | 17.22 | 17.73 | 18.71 | 21.08 | 20.79 |
| 数量 | 千克 | 0.22 | 0.14 | 0.26 | 0.25 | 0.2 | 0.26 |
| 金额 | 元 | 4.07 | 2.44 | 4.53 | 4.75 | 4.3 | 5.48 |
| 其它禽类及制品 | 元 | 41.61 | 30.04 | 39.28 | 46.95 | 45.66 | 57.96 |
| 数量 | 千克 | 1.76 | 1.56 | 1.8 | 1.94 | 1.79 | 1.87 |
| 蛋类 | 元 | 83.19 | 69.56 | 80.15 | 85.31 | 90.77 | 105.46 |
| 数量 | 千克 | 8.86 | 7.76 | 8.72 | 9.15 | 9.44 | 10.35 |
| 鲜蛋 | 元/千克 | 9.27 | 8.89 | 9.1 | 9.23 | 9.44 | 10.03 |
| 数量 | 千克 | 8.55 | 7.6 | 8.48 | 8.79 | 8.98 | 9.86 |
| 金额 | 元 | 79.31 | 67.57 | 77.19 | 81.1 | 84.77 | 98.9 |
| 蛋制品 | 元 | 3.88 | 1.99 | 2.95 | 4.21 | 6 | 6.57 |
| 数量 | 千克 | 0.31 | 0.16 | 0.24 | 0.36 | 0.46 | 0.49 |
| 水产品类 | 元 | 144.44 | 93.22 | 120.75 | 148.7 | 202.12 | 220.03 |
| 鱼 | 元/千克 | 18.48 | 16.24 | 17.51 | 18.27 | 20.61 | 20.79 |
| 数量 | 千克 | 4.12 | 3.16 | 4.2 | 4.34 | 4.51 | 5.24 |
| 金额 | 元 | 76.18 | 51.3 | 73.62 | 79.25 | 93.02 | 108.89 |
| 虾 | 元/千克 | 66.78 | 89.55 | 51.5 | 59.97 | 84.28 | 55.49 |
| 数量 | 千克 | 0.53 | 0.28 | 0.33 | 0.62 | 0.66 | 1.11 |
| 金额 | 元 | 35.08 | 25.07 | 17.05 | 37.08 | 55.46 | 61.41 |
| 其它水产品及制品 | 元 | 33.17 | 16.85 | 30.07 | 32.36 | 53.64 | 49.72 |
| 数量 | 千克 | 0.79 | 0.45 | 0.78 | 0.88 | 1.14 | 1 |

# 3-2-12 续表 6

| 项目 | 计量单位 | 合计 | 低 20% | 较低 20% | 中 20% | 较高 20% | 高 20% |
|---|---|---|---|---|---|---|---|
| 蔬菜类 | 元 | 457.17 | 335.78 | 450.57 | 491.66 | 516.67 | 606.15 |
| 鲜菜 | 元/千克 | 4.17 | 3.55 | 4.05 | 4.42 | 4.53 | 4.67 |
| 数量 | 千克 | 99.1 | 86.53 | 100.59 | 101.11 | 102 | 116.75 |
| 金额 | 元 | 413.57 | 306.85 | 407.87 | 446.84 | 461.96 | 544.97 |
| 干菜 | 元 | 23.8 | 16.49 | 24.3 | 22.82 | 30.6 | 31.55 |
| 菜制品 | 元 | 19.8 | 12.44 | 18.39 | 22 | 24.11 | 29.63 |
| 调味品 | 元 | 62.79 | 46.01 | 56.47 | 62.85 | 75.41 | 94.49 |
| 糖烟酒饮料类 | 元 | 745.73 | 377.14 | 542.14 | 795.85 | 900.99 | 1639.46 |
| 糖类 | 元 | 39.79 | 24.15 | 34.15 | 40.14 | 46.35 | 74.82 |
| 烟草类 | 元 | 337.22 | 178.47 | 233.65 | 369.88 | 428.35 | 705.85 |
| 酒类 | 元 | 264.32 | 118.02 | 189.11 | 284.11 | 299.69 | 641.07 |
| 数量 | 千克 | 7.82 | 6.89 | 8.77 | 7.88 | 8.05 | 7.72 |
| 白酒 | 元/千克 | 74.95 | 38.54 | 44.98 | 86.78 | 77.59 | 148.28 |
| 数量 | 千克 | 2.93 | 2.1 | 3.26 | 2.76 | 3.32 | 3.86 |
| 金额 | 元 | 219.46 | 80.76 | 146.61 | 239.22 | 257.39 | 572.65 |
| 果酒 | 元/千克 | 69.31 | 28.3 | 46.01 | 80.03 | 67.29 | 144.6 |
| 数量 | 千克 | 0.13 | 0.13 | 0.1 | 0.11 | 0.14 | 0.19 |
| 金额 | 元 | 8.99 | 3.72 | 4.77 | 8.79 | 9.17 | 27.92 |
| 啤酒 | 元/千克 | 5.88 | 5.46 | 5.41 | 6.36 | 6.2 | 6.83 |
| 数量 | 千克 | 4.76 | 4.66 | 5.39 | 5.01 | 4.6 | 3.66 |
| 金额 | 元 | 27.97 | 25.46 | 29.17 | 31.88 | 28.49 | 25.02 |
| 其他酒 | 元 | 7.9 | 8.08 | 8.55 | 4.22 | 4.63 | 15.48 |
| 饮料 | 元 | 104.39 | 56.5 | 85.23 | 101.72 | 126.61 | 217.72 |
| 碳酸饮料 | 元/千克 | 7.63 | 7.71 | 6.72 | 8.06 | 7.11 | 9.28 |
| 数量 | 千克 | 1.35 | 0.81 | 1.65 | 1.65 | 1.41 | 1.48 |
| 金额 | 元 | 10.31 | 6.22 | 11.1 | 13.33 | 10 | 13.71 |
| 瓶装饮用水 | 元/千克 | 2.92 | 2.6 | 2.96 | 3.06 | 2.75 | 3.13 |
| 数量 | 千克 | 3.48 | 1.76 | 2.92 | 3.4 | 5.16 | 6.21 |
| 金额 | 元 | 10.14 | 4.58 | 8.64 | 10.39 | 14.18 | 19.41 |
| 茶叶 | 元/千克 | 118.16 | 91.12 | 92.96 | 119.56 | 90.09 | 187.53 |
| 数量 | 千克 | 0.33 | 0.19 | 0.29 | 0.26 | 0.48 | 0.58 |
| 金额 | 元 | 38.46 | 17.54 | 26.99 | 30.81 | 43.2 | 108.81 |
| 其它饮料 | 元 | 45.48 | 28.17 | 38.5 | 47.2 | 59.23 | 75.8 |

# 3－2－12 续表 7

| 项　　目 | 计量单位 | 合计 | 低 20% | 较低 20% | 中 20% | 较高 20% | 高 20% |
|---|---|---|---|---|---|---|---|
| 干鲜瓜果类 | 元 | 484.96 | 316.02 | 433.03 | 498.72 | 619.69 | 754.92 |
| 鲜果 | 元/千克 | 7.3 | 6.04 | 6.92 | 7.52 | 7.86 | 8.34 |
| 数量 | 千克 | 40.68 | 30.27 | 37.46 | 41.35 | 48.34 | 58.37 |
| 金额 | 元 | 296.79 | 182.73 | 259.04 | 310.93 | 379.84 | 486.73 |
| 鲜瓜 | 元/千克 | 2.94 | 2.51 | 3 | 2.9 | 2.99 | 3.38 |
| 数量 | 千克 | 13.21 | 10.26 | 11.83 | 14.02 | 16.23 | 17.18 |
| 金额 | 元 | 38.78 | 25.75 | 35.44 | 40.71 | 48.44 | 58.04 |
| 其它干鲜瓜果类及制品 | 元 | 149.39 | 107.54 | 138.55 | 147.07 | 191.41 | 210.15 |
| 糕点、奶及奶制品 | 元 | 310.82 | 183.63 | 274.49 | 318.74 | 392.48 | 536.52 |
| 糕点 | 元/千克 | 16.77 | 13.89 | 16.24 | 16.21 | 18.45 | 19.73 |
| 数量 | 千克 | 4.38 | 3.24 | 4.21 | 4.75 | 4.91 | 5.94 |
| 金额 | 元 | 73.46 | 44.98 | 68.41 | 77.03 | 90.69 | 117.2 |
| 奶及奶制品 | 元 | 237.35 | 138.66 | 206.08 | 241.71 | 301.8 | 419.32 |
| 鲜乳品 | 元/千克 | 6.97 | 6.34 | 6.68 | 6.86 | 7.53 | 7.45 |
| 数量 | 千克 | 17.45 | 11.5 | 16.11 | 18.34 | 20.12 | 28.02 |
| 金额 | 元 | 121.69 | 72.91 | 107.62 | 125.9 | 151.44 | 208.8 |
| 奶粉 | 元/千克 | 70.05 | 44.27 | 75.79 | 45.99 | 76.22 | 108.14 |
| 数量 | 千克 | 0.35 | 0.18 | 0.29 | 0.51 | 0.4 | 0.55 |
| 金额 | 元 | 24.76 | 8.11 | 22.1 | 23.27 | 30.6 | 59.97 |
| 酸奶 | 元/千克 | 8.76 | 8.55 | 8.92 | 8.28 | 8.87 | 9.13 |
| 数量 | 千克 | 3.51 | 1.78 | 2.96 | 4.11 | 4.77 | 5.8 |
| 金额 | 元 | 30.75 | 15.24 | 26.36 | 34.03 | 42.32 | 52.95 |
| 其他奶制品 | 元 | 60.15 | 42.39 | 50.01 | 58.51 | 77.43 | 97.61 |
| 其他食品 | 元 | 239.87 | 138.23 | 209.97 | 245.33 | 368.68 | 345.6 |
| 饮食服务 | 元 | 1254.31 | 493.73 | 931.81 | 1292.74 | 1777.8 | 2765.06 |
| 食品加工服务费 | 元 | 1.45 | 1.01 | 1.12 | 1.77 | 1.86 | 2.04 |
| 在外饮食 | 元 | 1252.86 | 492.72 | 930.7 | 1290.97 | 1775.94 | 2763.02 |
| 衣着 | 元/人 | 2730.23 | 1350.01 | 2148.99 | 2706.72 | 3801.9 | 5447.55 |
| 服装 | 元/件 | 204.1 | 133.25 | 186.7 | 148.6 | 271.57 | 313.82 |
| 数量 | 件 | 9.89 | 7.04 | 8.33 | 13.08 | 10.54 | 13.48 |
| 金额 | 元 | 2017.83 | 938.08 | 1554.35 | 1943.78 | 2861.39 | 4231.55 |
| 衣着材料 | 元 | 6.36 | 4.92 | 3.86 | 6.24 | 6.66 | 13.78 |
| 鞋类 | 元/双 | 172.3 | 94.04 | 174.61 | 196.78 | 216.89 | 246.47 |
| 数量 | 双 | 3.34 | 3.59 | 2.81 | 3.18 | 3.44 | 3.89 |
| 金额 | 元 | 575.66 | 337.33 | 491.17 | 624.95 | 746.35 | 958.4 |
| 其他衣着用品 | 元 | 119.08 | 63.38 | 91.79 | 121.09 | 175.09 | 216 |
| 衣着加工服务费 | 元 | 11.3 | 6.3 | 7.81 | 10.67 | 12.42 | 27.83 |

# 3－2－12 续表 8

| 项　　目 | 计量单位 | 合计 | 低 20% | 较低 20% | 中 20% | 较高 20% | 高 20% |
|---|---|---|---|---|---|---|---|
| 家庭设备用品及服务 | 元 | 1242.64 | 574.48 | 975.37 | 1183.89 | 1612.63 | 2780.51 |
| 耐用消费品 | 元 | 538.84 | 215.36 | 359.93 | 497.94 | 731.33 | 1374.61 |
| 家具 | 元 | 151.79 | 10.91 | 63.67 | 124.66 | 219.02 | 567.69 |
| 家庭设备 | 元 | 387.05 | 204.45 | 296.26 | 373.27 | 512.31 | 806.92 |
| 洗衣机 | 元/台 | 1546.37 | 860.28 | 1599.19 | 1451.32 | 1946.26 | 1780.94 |
| 数量 | 台 | 7.37 | 5.77 | 6.71 | 5.66 | 7.58 | 12.68 |
| 金额 | 元 | 40.74 | 15.66 | 36.85 | 29.7 | 57.4 | 96.4 |
| 电冰箱 | 元/台 | 3124.53 | 2254.22 | 3756.71 | 2760.81 | 3376.24 | 3422.14 |
| 数量 | 台 | 6.5 | 4.98 | 4.25 | 6.16 | 6.79 | 12.24 |
| 金额 | 元 | 72.55 | 35.39 | 54.91 | 61.43 | 89.28 | 178.83 |
| 微波炉 | 元/台 | 668.17 | 569.32 | 692.38 | 596.01 | 521.14 | 910.79 |
| 数量 | 台 | 2.28 | 2.2 | 1.47 | 1.34 | 3.1 | 3.76 |
| 金额 | 元 | 5.44 | 3.96 | 3.51 | 2.89 | 6.29 | 14.62 |
| 空调器 | 元/台 | 4812.79 | | 3747.35 | 4711.43 | 4236.88 | 6038.79 |
| 数量 | 台 | 1.54 | | 0.54 | 2.27 | 3.29 | 2.62 |
| 金额 | 元 | 26.54 | | 6.9 | 38.73 | 54.3 | 67.64 |
| 淋浴热水器 | 元/台 | 1779.02 | 1424.79 | 1851.96 | 1569.36 | 2044.83 | 1814.97 |
| 数量 | 台 | 3.35 | 2.12 | 2.93 | 2.02 | 3.81 | 6.95 |
| 金额 | 元 | 21.29 | 9.55 | 18.64 | 11.48 | 30.34 | 53.85 |
| 消毒碗柜 | 元/台 | 484.19 | | | 672.51 | 3 | 3001 |
| 数量 | 台 | 0.74 | | | 1.72 | 2.12 | 0.3 |
| 金额 | 元 | 1.29 | | | 4.19 | 0.02 | 3.81 |
| 洗碗机 | 元/台 | 423 | | | | | 423 |
| 数量 | 台 | 0.03 | | | | | 0.22 |
| 金额 | 元 | 0.05 | | | | | 0.4 |
| 其他 | 元 | 219.16 | 139.9 | 175.46 | 224.85 | 274.67 | 391.36 |
| 室内装饰品 | 元 | 34.09 | 11.68 | 28.8 | 33.5 | 52.07 | 70.29 |
| 床上用品 | 元 | 133.74 | 56.24 | 138.4 | 127.17 | 155.72 | 272.5 |
| 家庭日用杂品 | 元 | 446.86 | 253.73 | 375.08 | 442.4 | 578.46 | 833.79 |
| 家具材料 | 元 | 36.44 | 13.23 | 36.45 | 22.08 | 44.85 | 95.74 |
| 家庭服务 | 元 | 52.66 | 24.24 | 36.71 | 60.8 | 50.21 | 133.58 |
| 家政服务 | 元 | 29.01 | 12.61 | 16.06 | 26.04 | 29.32 | 91.21 |
| 加工维修服务费 | 元 | 23.65 | 11.63 | 20.65 | 34.77 | 20.89 | 42.38 |
| 医疗保健 | 元 | 1354.09 | 779.85 | 1103.86 | 1415.83 | 1555.85 | 2696.78 |
| 医疗器具 | 元 | 18.49 | 6.52 | 23.36 | 22.43 | 12.47 | 36.84 |
| 保健器具 | 元 | 18.42 | 2.76 | 7.92 | 12.69 | 20.01 | 76.93 |
| 药品费 | 元 | 574.87 | 373.39 | 585.4 | 519.56 | 636.27 | 987.22 |
| 滋补保健品 | 元 | 101.67 | 51.13 | 50.8 | 106.24 | 99.98 | 297.13 |
| 医疗费 | 元 | 623.1 | 339.18 | 417.96 | 744.3 | 763.2 | 1258.01 |
| 其他 | 元 | 17.54 | 6.87 | 18.42 | 10.6 | 23.93 | 40.64 |

# 3－2－12 续表 9

| 项　　目 | 计量单位 | 合计 | 低 20% | 较低 20% | 中 20% | 较高 20% | 高 20% |
|---|---|---|---|---|---|---|---|
| 交通和通讯 | 元 | 2572.93 | 1228.47 | 1853.16 | 2474.52 | 3378.62 | 5895.56 |
| 交通 | 元 | 1863.06 | 820.34 | 1264.6 | 1747.55 | 2432.51 | 4635.75 |
| 家庭交通工具 | 元 | 936.09 | 411.53 | 634.94 | 860.58 | 1166.81 | 2423.56 |
| 摩托车 | 元/辆 | 3318.95 | 3324.8 | | | | 3300 |
| 数量 | 辆 | 0.18 | 0.55 | | | | 0.27 |
| 金额 | 元 | 2.13 | 5.81 | | | | 3.78 |
| 助力车 | 元/辆 | 2330.35 | 2162.7 | 2381.13 | 2713.99 | 2153.32 | 2143.05 |
| 数量 | 辆 | 5.3 | 4.72 | 5.64 | 6.06 | 4.79 | 5.38 |
| 金额 | 元 | 44.15 | 32.17 | 46.14 | 59.5 | 40.15 | 49.25 |
| 家用汽车 | 元/辆 | 97212.57 | 126169.8 | 94982.02 | 61639.71 | 105902.7 | 115562.6 |
| 数量 | 辆 | 2.52 | 0.91 | 1.77 | 3.52 | 2.69 | 4.76 |
| 金额 | 元 | 875.48 | 363.72 | 577.68 | 783.46 | 1110.78 | 2347.32 |
| 其他交通工具 | 元 | 14.33 | 9.84 | 11.12 | 17.62 | 15.89 | 23.21 |
| 车辆用燃料及零配件 | 元 | 396.39 | 157.36 | 209.58 | 326.24 | 595.83 | 1099.64 |
| 燃料 | 元 | 359.61 | 138.82 | 182.11 | 303.9 | 551.13 | 996.49 |
| 汽油 | 元/升 | 7.61 | 7.67 | 7.48 | 8.37 | 7.49 | 7.45 |
| 数量 | 升 | 37.26 | 10.85 | 16.8 | 26.92 | 57.54 | 120.41 |
| 金额 | 元 | 283.43 | 83.21 | 125.71 | 225.35 | 430.94 | 897.59 |
| 柴油 | 元/升 | 8.38 | 13.33 | 8.75 | 8 | 8 | 9.39 |
| 数量 | 升 | 0.02 | | | 0.08 | 0.02 | 0.04 |
| 金额 | 元 | 0.2 | 0.01 | 0.01 | 0.66 | 0.14 | 0.4 |
| 零配件 | 元 | 22.77 | 9.48 | 22.06 | 16.88 | 28.79 | 53.27 |
| 其他 | 元 | 14.01 | 9.06 | 5.42 | 5.45 | 15.91 | 49.88 |
| 交通工具服务支出 | 元 | 200.59 | 93.38 | 134.32 | 194.7 | 232.82 | 517.95 |
| 维修费 | 元 | 60.61 | 28.94 | 38.11 | 54.49 | 81.8 | 151.58 |
| 车辆使用税费 | 元 | 81.13 | 25.54 | 47.87 | 59.24 | 98.49 | 269.38 |
| 其它车辆使用费用 | 元 | 58.86 | 38.89 | 48.34 | 80.98 | 52.54 | 96.99 |
| 交通费 | 元 | 329.99 | 158.07 | 285.76 | 366.04 | 437.05 | 594.6 |
| 飞机 | 元 | 71.64 | 15.35 | 40.16 | 52.82 | 121.64 | 214.07 |
| 火车 | 元 | 94.98 | 50.08 | 92 | 108.85 | 122.99 | 142.21 |
| 长途汽车 | 元 | 43.35 | 30.01 | 41.01 | 52.6 | 50.68 | 54.03 |
| 市内公共交通 | 元 | 30.11 | 16.43 | 27.22 | 29.83 | 44.17 | 47.72 |
| 出租汽车费 | 元 | 73.53 | 40.8 | 64.73 | 98.7 | 80.93 | 114.67 |
| 其他交通费 | 元 | 16.36 | 5.39 | 20.65 | 23.24 | 16.63 | 21.9 |
| 通信 | 元 | 709.88 | 408.13 | 588.57 | 726.97 | 946.11 | 1259.81 |
| 通信工具 | 元 | 250.54 | 104.25 | 185.28 | 240.84 | 381.12 | 534.63 |
| 电话机 | 元/部 | 703.76 | 1665.67 | 294.64 | 488.4 | 1042.71 | 745.5 |
| 数量 | 部 | 3.12 | 1.56 | 3.56 | 4.9 | 2.3 | 3.74 |
| 金额 | 元 | 7.86 | 8.22 | 3.6 | 8.64 | 9.34 | 11.9 |
| 移动电话 | 元/部 | 887.47 | 1155.69 | 1343.85 | 275.41 | 1888.53 | 2400.43 |
| 数量 | 部 | 75 | 26.16 | 38.02 | 229.25 | 49.96 | 49.76 |
| 金额 | 元 | 237.89 | 95.37 | 175.59 | 228.21 | 367.21 | 510.08 |
| 其他通信工具 | 元 | 4.79 | 0.67 | 6.08 | 3.99 | 4.56 | 12.65 |

# 3－2－12 续表 10

| 项　　目 | 计量单位 | 合计 | 低 20% | 较低 20% | 中 20% | 较高 20% | 高 20% |
|---|---|---|---|---|---|---|---|
| 通信服务 | 元 | 459.34 | 303.88 | 403.29 | 486.13 | 564.99 | 725.18 |
| 电信费 | 元 | 439.05 | 295.89 | 385.23 | 463.67 | 537.79 | 686.18 |
| #上网费 | 元 | 77.14 | 43.6 | 60.07 | 87.12 | 102.26 | 134.81 |
| 邮费 | 元 | 3.06 | 1.02 | 3.15 | 3.58 | 3.57 | 5.89 |
| 其它通信服务费 | 元 | 17.23 | 6.97 | 14.91 | 18.88 | 23.64 | 33.11 |
| 教育文化娱乐服务 | 元 | 1971.78 | 1147.83 | 1487.08 | 1877.13 | 2539.85 | 4045 |
| 文化娱乐用品 | 元 | 514.3 | 341.7 | 362.2 | 504.77 | 648.89 | 1006.95 |
| 彩色电视机 | 元/台 | 5254.74 | 5914.79 | 4336.79 | 4611.29 | 5593.46 | 5609.73 |
| 数量 | 台 | 5.5 | 4.03 | 4.52 | 4.85 | 6.64 | 8.74 |
| 金额 | 元 | 103.25 | 75.2 | 67.35 | 80.76 | 144.6 | 209.35 |
| 家用电脑 | 元 | 116.31 | 93.87 | 82.7 | 94.26 | 148.94 | 216.36 |
| 整机电脑 | 元/台 | 3327.78 | 3723.58 | 3350.27 | 3890.22 | 2237.85 | 4320.51 |
| 数量 | 台 | 8.76 | 6.91 | 6.56 | 6.07 | 15.65 | 10.44 |
| 金额 | 元 | 104.2 | 81.19 | 75.5 | 85.4 | 136.28 | 192.6 |
| 计算机外部设备 | 元 | 7.58 | 10.43 | 5.27 | 3.58 | 5.88 | 13.39 |
| 各种零配件及耗材 | 元 | 4.54 | 2.25 | 1.92 | 5.29 | 6.79 | 10.37 |
| 组合音响 | 元/台 | 547.47 | 50.69 | 302.48 |  | 467.54 | 789.46 |
| 数量 | 台 | 0.14 |  | 0.1 |  | 0.4 | 0.28 |
| 金额 | 元 | 0.27 | 0.01 | 0.11 |  | 0.73 | 0.95 |
| 摄像机 | 元/架 | 4117.08 |  |  | 4067.54 | 3053.04 | 4837.1 |
| 数量 | 架 | 0.67 |  |  | 1.47 | 0.87 | 1.56 |
| 金额 | 元 | 9.93 |  |  | 21.54 | 10.39 | 32.15 |
| 照相机 | 元/架 | 2303.55 | 7479.75 | 1521.87 | 1994.75 | 1773.31 | 2708.3 |
| 数量 | 架 | 2.33 | 0.55 | 1.95 | 3.36 | 3.7 | 2.95 |
| 金额 | 元 | 19.2 | 12.91 | 10.19 | 24.22 | 25.57 | 34.12 |
| 钢琴 | 元/架 | 16999 | 34514.41 | 10000 | 11053.71 | 18500 | 17978.41 |
| 数量 | 架 | 0.3 | 0.21 | 0.4 | 0.33 | 0.2 | 0.37 |
| 金额 | 元 | 18.2 | 22.81 | 13.87 | 13.11 | 14.17 | 28.34 |
| 其他中高档乐器 | 元/件 | 2337.32 | 2643.11 | 1240.69 | 773.11 | 1532.52 | 7029.12 |
| 数量 | 件 | 1.08 | 0.6 | 0.59 | 1.52 | 1.89 | 1.11 |
| 金额 | 元 | 9 | 5 | 2.51 | 4.26 | 11.28 | 33.19 |
| 健身器材 | 元/件 | 891.49 | 1674.16 | 1395.53 | 1690.36 | 969.32 | 529.37 |
| 数量 | 件 | 5.23 | 1.07 | 2.33 | 3.6 | 4.4 | 18.88 |
| 金额 | 元 | 16.66 | 5.63 | 11.17 | 22 | 16.6 | 42.67 |
| 电子辞典 | 元/部 | 1058.89 | 1403.51 | 565.85 | 2365 | 1756.34 | 955.46 |
| 数量 | 部 | 0.57 | 0.23 | 1.06 | 0.32 | 0.3 | 0.99 |
| 金额 | 元 | 2.17 | 1.04 | 2.06 | 2.76 | 2.08 | 4.04 |
| 音像制品及软件 | 元 | 2.28 | 0.51 | 0.77 | 1.68 | 3.47 | 8.17 |
| 体育用品 | 元 | 3.64 | 1.12 | 2.18 | 4.01 | 6.26 | 7.93 |
| 书报杂志 | 元 | 46.03 | 25.85 | 35.02 | 57.98 | 61.13 | 73.69 |
| 纸张文具 | 元 | 31.03 | 25.96 | 26.43 | 36.43 | 32.96 | 40.23 |
| 其他文娱用品 | 元 | 136.33 | 71.79 | 107.85 | 141.76 | 170.7 | 275.77 |

# 3-2-12 续表 11

| 项目 | 计量单位 | 合计 | 低 20% | 较低 20% | 中 20% | 较高 20% | 高 20% |
|---|---|---|---|---|---|---|---|
| 文化娱乐服务 | 元 | 670.96 | 229.78 | 458.35 | 616.11 | 924.8 | 1763.04 |
| 参观游览 | 元 | 133.66 | 61.93 | 82.25 | 119.75 | 189.2 | 331.42 |
| 健身活动 | 元 | 13.09 | 0.8 | 6.55 | 19.84 | 11.13 | 43.96 |
| 团体旅游 | 元 | 348.6 | 83.92 | 225.11 | 290.85 | 499.23 | 1033.42 |
| 其它文娱活动 | 元 | 169.13 | 79.48 | 138.72 | 179.42 | 217.1 | 342.06 |
| 文娱用品修理服务费 | 元 | 6.48 | 3.64 | 5.72 | 6.25 | 8.14 | 12.18 |
| 教育 | 元 | 786.53 | 576.36 | 666.54 | 756.25 | 966.17 | 1275.02 |
| 教材 | 元 | 27.2 | 25.9 | 23.73 | 33.77 | 32.17 | 20.98 |
| 课本及参考书 | 元 | 19.65 | 17.1 | 18.57 | 28.65 | 20.74 | 13.04 |
| 教育软件 | 元 | 0.89 | 1.17 | 0.74 | 0.41 | 0.95 | 1.18 |
| 其它教材 | 元 | 6.66 | 7.62 | 4.43 | 4.72 | 10.49 | 6.75 |
| 教育费用 | 元 | 759.32 | 550.46 | 642.81 | 722.47 | 933.99 | 1254.04 |
| 非义务教育学杂费 | 元 | 203.37 | 177.55 | 172.73 | 176.39 | 248.37 | 297.08 |
| 义务教育学杂费 | 元 | 38.07 | 49.89 | 41.71 | 32.72 | 37.33 | 14.75 |
| 托幼费 | 元 | 60.8 | 36.93 | 49.61 | 54.97 | 80.78 | 115.72 |
| 成人教育费 | 元 | 100.55 | 25.18 | 84 | 67.32 | 101.99 | 335.97 |
| 家教费 | 元 | 47.92 | 48.62 | 41.44 | 57.86 | 54.29 | 36.47 |
| 培训班 | 元 | 212.05 | 145.73 | 144.26 | 244.07 | 302.06 | 321.41 |
| 学校住宿费 | 元 | 12.05 | 6.62 | 16.41 | 15.69 | 7.94 | 15.54 |
| 其他 | 元 | 84.5 | 59.94 | 92.64 | 73.46 | 101.24 | 117.09 |
| 居住 | 元 | 1583.56 | 876.88 | 1178.79 | 1796.42 | 1924.87 | 3105.63 |
| 住房 | 元 | 616.02 | 261.43 | 345.5 | 779.13 | 691.67 | 1539.51 |
| 租赁房房租 | 元 | 45.92 | 36.59 | 28.65 | 46.72 | 37.39 | 106.39 |
| 住房装潢支出 | 元 | 424.85 | 132.47 | 235.45 | 499.44 | 469.07 | 1231.62 |
| 维修用建筑材料 | 元 | 91.05 | 51.02 | 64.39 | 173 | 84.85 | 116.79 |
| 其它住房支出 | 元 | 54.21 | 41.35 | 17.01 | 59.97 | 100.37 | 84.71 |
| 水电燃料及其他 | 元 | 861.53 | 579.55 | 742.56 | 884.84 | 1105.59 | 1346.91 |
| 水 | 元/吨 | 1.82 | 1.87 | 1.64 | 1.72 | 1.81 | 2.18 |
| 数量 | 吨 | 32.45 | 22.94 | 34.43 | 34.77 | 37.29 | 39.94 |
| 金额 | 元 | 59.09 | 42.9 | 56.36 | 59.89 | 67.55 | 87.03 |
| 电 | 元/度 | 0.5 | 0.51 | 0.5 | 0.5 | 0.5 | 0.48 |
| 数量 | 度 | 475.48 | 354.72 | 451.18 | 474.12 | 533.69 | 707.36 |
| 金额 | 元 | 236.4 | 179.13 | 224.89 | 239.39 | 265.29 | 339.67 |
| 燃料 | 元 | 125.96 | 138.85 | 139.68 | 105.57 | 98.11 | 136.33 |
| 煤炭 | 元/千克 | 0.74 | 0.67 | 0.8 | 0.87 | 0.64 | 0.94 |
| 数量 | 千克 | 80.11 | 133.92 | 91.68 | 39.65 | 44.89 | 44.59 |
| 金额 | 元 | 59.12 | 89.07 | 72.9 | 34.64 | 28.86 | 41.76 |

# 3－2－12 续表 12

| 项　　目 | 计量单位 | 合计 | 低 20% | 较低 20% | 中 20% | 较高 20% | 高 20% |
|---|---|---|---|---|---|---|---|
| 罐装液化石油气 | 元/千克 | 5.06 | 3.72 | 6.17 | 5.78 | 4.9 | 5.59 |
| 数量 | 千克 | 8.75 | 10.18 | 8.8 | 8.5 | 7.66 | 7.28 |
| 金额 | 元 | 44.23 | 37.9 | 54.24 | 49.15 | 37.57 | 40.69 |
| 管道液化石油气 | 元/千克 | 3.34 | 2.72 | 3.56 | 2.7 | 2.15 | 5.92 |
| 数量 | 千克 | 0.2 | 0.04 | 0.1 | 0.27 | 0.43 | 0.34 |
| 金额 | 元 | 0.66 | 0.1 | 0.34 | 0.73 | 0.92 | 2.01 |
| 管道煤气 | 元/立方米 | 1.19 | 2.07 | 1.43 | 1.45 | 1.1 | 1.06 |
| 数量 | 立方米 | 3.6 | 0.59 | 1.41 | 1.94 | 4.88 | 14.76 |
| 金额 | 元 | 4.28 | 1.21 | 2.01 | 2.8 | 5.35 | 15.69 |
| 管道天然气 | 元/立方米 | 2.01 | 2.21 | 2.04 | 2.08 | 1.94 | 1.95 |
| 数量 | 立方米 | 7.65 | 2.37 | 4.34 | 8.17 | 12.35 | 18.47 |
| 金额 | 元 | 15.37 | 5.23 | 8.84 | 17 | 23.97 | 36.05 |
| 柴油 | 元/升 | 9.21 | 10 | 9.86 | 10 | 5 | 6 |
| 数量 | 升 | 0.04 | 0.04 | 0.09 | 0.02 | 0.03 | 0.01 |
| 金额 | 元 | 0.38 | 0.37 | 0.88 | 0.18 | 0.14 | 0.08 |
| 其它燃料 | 元 | 1.92 | 4.97 | 0.45 | 1.07 | 1.29 | 0.06 |
| 取暖费 | 元 | 423.27 | 217.85 | 312.65 | 464.16 | 626.47 | 755.7 |
| 其它相关支出 | 元 | 16.81 | 0.81 | 8.97 | 15.84 | 48.17 | 28.17 |
| 居住服务费 | 元 | 106 | 35.91 | 90.74 | 132.45 | 127.6 | 219.2 |
| 物业管理费 | 元 | 64.28 | 20.53 | 55.26 | 71.47 | 82.33 | 141.61 |
| 维修服务费 | 元 | 16.21 | 10.4 | 17.97 | 17.83 | 10.39 | 30.19 |
| 其它居住服务费 | 元 | 25.5 | 4.98 | 17.51 | 43.14 | 34.88 | 47.4 |
| 其它商品和服务 | 元 | 798.68 | 299.51 | 543.98 | 790.79 | 1151.15 | 1904.15 |
| 其它商品 | 元 | 572.69 | 185.28 | 390.39 | 552.87 | 833.13 | 1437.99 |
| 金银珠宝饰品 | 元 | 223.16 | 56.87 | 114.73 | 232.57 | 289.01 | 680.17 |
| 手表 | 元/只 | 892.71 | 260.52 | 714.12 | 576.32 | 997.44 | 1750.81 |
| 数量 | 只 | 0.05 | 0.02 | 0.05 | 0.05 | 0.05 | 0.08 |
| 金额 | 元 | 41.65 | 6.46 | 33.48 | 31.33 | 50.35 | 135.26 |
| 理发美容用具 | 元 | 3.68 | 1.1 | 1.26 | 3.74 | 4.85 | 12.05 |
| 化妆品 | 元 | 205.66 | 72.21 | 144.79 | 199.58 | 326.23 | 461.58 |
| 其它杂品 | 元 | 98.54 | 48.65 | 96.13 | 85.65 | 162.7 | 148.92 |
| 服务 | 元 | 225.99 | 114.23 | 153.59 | 237.92 | 318.02 | 466.16 |
| 旅馆住宿费 | 元 | 42.98 | 10.33 | 20.5 | 49.01 | 64.86 | 118.08 |
| 理发洗澡费 | 元 | 85.22 | 46.02 | 68.53 | 96.13 | 107.15 | 156.78 |
| 美容费 | 元 | 29.47 | 10.73 | 14.52 | 30.46 | 39.63 | 82.73 |
| 其它服务 | 元 | 68.32 | 47.15 | 50.04 | 62.32 | 106.39 | 108.56 |

# 3－2－12 续表 13

| 项　　目 | 计量单位 | 合计 | 低 20% | 较低 20% | 中 20% | 较高 20% | 高 20% |
| --- | --- | --- | --- | --- | --- | --- | --- |
| 非现金(实物与服务)收入 | 元/人 | 250.53 | 38.15 | 117.76 | 216.66 | 490.71 | 698.19 |
| 食品 | 元/人 | 48.44 | 24.06 | 35.72 | 40.24 | 46.04 | 137.89 |
| 粮油类 | 元/人 | 11.12 | 9.5 | 10.42 | 5.75 | 11.24 | 23.24 |
| 肉禽蛋水产品类 | 元/人 | 14.28 | 5.79 | 9.85 | 14.66 | 15.13 | 38.81 |
| 蔬菜类 | 元/人 | 0.91 | 0.8 | 0.8 | 0.95 | 0.32 | 2 |
| 糖烟酒饮料类 | 元/人 | 9.51 | 5.78 | 5.16 | 8.6 | 4.25 | 33.02 |
| 干鲜瓜果类 | 元/人 | 5.93 | 1.5 | 5.77 | 3.59 | 7.82 | 16.65 |
| 糕点、奶及奶制品 | 元/人 | 4.66 | 0.67 | 3.22 | 4.76 | 5.97 | 13.98 |
| 其它食品 | 元/人 | 0.67 | 0.01 | 0.45 | 0.84 | 1.2 | 1.62 |
| 饮食服务 | 元/人 | 1.37 | 0.01 | 0.05 | 1.1 | 0.1 | 8.57 |
| 衣着 | 元/人 | 4.2 | 1.63 | 1.01 | 5.67 | 1.33 | 16.85 |
| 居住 | 元/人 | 81.96 | 2.42 | 39.97 | 58.15 | 207.39 | 207.99 |
| 住房 | 元/人 | 81.96 | 2.42 | 39.97 | 58.15 | 207.39 | 207.99 |
| 水电燃料及其它 | 元/人 | | | | | | |
| 居住服务费 | 元/人 | | | | | | |
| 家庭设备用品及服务 | 元/人 | 1.51 | 0.04 | 1.39 | 0.27 | 3.6 | 4.02 |
| 医疗保健 | 元/人 | 1.42 | 0.15 | 0.53 | 1.17 | 0.97 | 6.62 |
| #医疗基金 | 元/人 | 30.37 | 3.8 | 9.32 | 24.81 | 68.41 | 86.56 |
| 医疗器具 | 元/人 | 0.04 | | | | | 0.32 |
| 保健用品 | 元/人 | 0.02 | | | | | 0.19 |
| 药品费 | 元/人 | 0.72 | 0.15 | 0.53 | 0.1 | 0.53 | 3.4 |
| 滋补保健品 | 元/人 | 0.49 | | | 0.97 | 0.44 | 1.83 |
| 医疗费 | 元/人 | 0.14 | | | 0.11 | | 0.88 |
| 其它医疗保健 | 元/人 | | | | | | |
| 交通和通讯 | 元/人 | 1.35 | | | 4.51 | | 3.88 |
| 交通 | 元/人 | 0.74 | | | 3.61 | | 0.54 |
| 通信 | 元/人 | 0.61 | | | 0.9 | | 3.34 |
| 教育文化娱乐服务 | 元/人 | 0.56 | 0.09 | 0.63 | 0.76 | 0.2 | 1.58 |
| 文化娱乐用品 | 元/人 | 0.37 | | 0.49 | 0.45 | 0.04 | 1.21 |
| 文化娱乐服务 | 元/人 | 0.16 | 0.09 | 0.14 | 0.27 | 0.16 | 0.19 |
| 教育 | 元/人 | 0.03 | | | 0.04 | | 0.19 |
| 其它商品和服务 | 元/人 | 111.1 | 9.76 | 38.51 | 105.89 | 231.17 | 319.34 |

# 3－2－13 按相对收入

| 项　　　目 | 计量单位 | 合计 | 最低10% | 更低5% | 低10% |
|---|---|---|---|---|---|
| **调查户数** | **户** | **2350** | **236** | **118** | **235** |
| 住房情况 | | | | | |
| 家庭居住人口数 | 人/户 | 2.8 | 3.21 | 3.27 | 3.12 |
| 现住房总建筑面积 | 平方米/人 | 29.89 | 22.07 | 21.97 | 25.04 |
| 房屋产权 | － | | | | |
| 租赁公房 | % | 0.36 | 1.25 | 0.63 | 0.1 |
| 租赁私房 | % | 6.09 | 14.08 | 18.71 | 9.33 |
| 原有私房 | % | 14.57 | 31.94 | 37.61 | 16.15 |
| 房改私房 | % | 17.46 | 13.49 | 11.16 | 15.18 |
| 商品房 | % | 58.31 | 32.64 | 21.91 | 54.76 |
| 借用房 | | 2.86 | 4.87 | 6.59 | 4.05 |
| 其他 | % | 0.36 | 1.74 | 3.39 | 0.43 |
| 住宅建筑式样 | － | | | | |
| 单栋住宅 | % | 0.94 | 1.32 | 2.26 | 1.27 |
| 四居室 | % | 1.98 | 0.5 | 0.41 | 1.47 |
| 三居室 | % | 25.09 | 12.99 | 8.98 | 19.89 |
| 二居室 | % | 45.53 | 30.14 | 25.05 | 40.19 |
| 一居室 | % | 3.28 | 4.57 | 6.06 | 3.89 |
| 普通楼房 | % | 3.93 | 3.22 | 4.13 | 6.45 |
| 平房及其他 | % | 19.25 | 47.26 | 53.12 | 26.84 |
| 装修状况 | － | | | | |
| 有装修 | % | 57.64 | 31.2 | 29.18 | 46.79 |
| 未装修 | % | 42.36 | 68.8 | 70.82 | 53.21 |
| 购房总金额 | 元/户 | 97531.95 | 43701.24 | 30702.44 | 84445.14 |
| 购房实际支出金额 | 元/户 | 94515.42 | 42696.86 | 29663.4 | 82493.88 |
| 除了现住房,还有几处其他住房 | 套/户 | 0.11 | 0.06 | 0.07 | 0.08 |
| 出租房 | 套/户 | 0.07 | 0.04 | 0.04 | 0.06 |
| 建筑面积 | 平方米/户 | 5.47 | 4.09 | 3.28 | 3.16 |
| 偶尔居住房 | 套/户 | 0.02 | 0.01 | 0.02 | 0.01 |
| 建筑面积 | 平方米/户 | 1.74 | 0.89 | 1.53 | 0.37 |
| 其它用途房 | 套/户 | 0.02 | | | 0.02 |
| 建筑面积 | 平方米/户 | 1.79 | 0.55 | | 0.65 |

# 不等距九组分组(2012 年)

| 较低 20% | 中间 20% | 较高 20% | 高 10% | 最高 10% | 更高 5% |
|---|---|---|---|---|---|
| **471** | **472** | **469** | **235** | **232** | **115** |
| | | | | | |
| | | | | | |
| 2.91 | 2.77 | 2.57 | 2.38 | 2.3 | 2.34 |
| 27.04 | 29.93 | 35.6 | 39.05 | 44.71 | 47.24 |
| | | | | | |
| 0.24 | | 0.55 | 0.4 | | |
| 4.71 | 5.55 | 2.86 | 4.17 | 2.32 | 1.84 |
| 17 | 9.39 | 8.48 | 11.01 | 5.4 | 5.21 |
| 15.81 | 17.47 | 22.06 | 18.55 | 21.09 | 18.97 |
| 58.66 | 64.2 | 64.3 | 65.88 | 70.47 | 72.5 |
| 3.59 | 3.4 | 1.6 | | | |
| | | 0.14 | | 0.71 | 1.49 |
| | | | | | |
| 0.83 | 1.22 | 0.73 | 0.2 | 0.71 | 1 |
| 1.06 | 2.4 | 2.98 | 2.7 | 3.97 | 6.95 |
| 22.87 | 25.73 | 31.99 | 30.55 | 37.43 | 40.76 |
| 47.22 | 48.12 | 51.81 | 50.14 | 49.1 | 48.33 |
| 3.87 | 3.84 | 1.85 | 1.78 | 1.91 | 1 |
| 2.61 | 4.63 | 4.59 | 3.22 | 2.75 | 0.99 |
| 21.53 | 14.05 | 6.05 | 11.41 | 4.13 | 0.98 |
| | | | | | |
| 52.16 | 56.77 | 73.45 | 72.66 | 85.69 | 89.68 |
| 47.84 | 43.23 | 26.55 | 27.34 | 14.31 | 10.32 |
| 84274.44 | 105196.64 | 120267.79 | 124278.63 | 151011.49 | 160317.92 |
| 81432.76 | 103444.59 | 116873.34 | 118588.98 | 142917.33 | 149258.27 |
| 0.06 | 0.09 | 0.16 | 0.17 | 0.3 | 0.35 |
| 0.04 | 0.05 | 0.1 | 0.11 | 0.19 | 0.22 |
| 3.15 | 3.06 | 7.89 | 9.99 | 14 | 16.52 |
| 0.01 | 0.02 | 0.02 | 0.03 | 0.04 | 0.05 |
| 0.96 | 1.51 | 2.36 | 3.73 | 4.61 | 4.72 |
| 0.01 | 0.03 | 0.03 | 0.03 | 0.08 | 0.08 |
| 0.63 | 1.64 | 2.37 | 2.36 | 7.81 | 8.94 |

# 3－2－13

| 项　　目 | 计量单位 | 合计 | 最低10% | 更低5% | 低10% |
|---|---|---|---|---|---|
| **饮水情况** | － | | | | |
| 自来水 | % | 88.98 | 90.88 | 87.63 | 92.36 |
| 矿泉水 | % | 2.47 | 0.65 | | 1.11 |
| 纯净水 | % | 5.2 | 0.85 | 0.87 | 2.05 |
| 井、河水 | % | 2.99 | 7.46 | 11.5 | 4.19 |
| 其他 | % | 0.36 | 0.16 | | 0.29 |
| **用水情况** | － | | | | |
| 独用自来水 | % | 95.19 | 89.33 | 87.08 | 92.89 |
| 公用自来水 | % | 1.31 | 2.2 | 0.55 | 2.47 |
| 井、河水 | % | 2.96 | 8.04 | 12.37 | 4.35 |
| 其他 | % | 0.53 | 0.42 | | 0.29 |
| **卫生设备** | － | | | | |
| 无卫生设备 | % | 12.83 | 26.09 | 25.95 | 19.09 |
| 有厕所浴室 | % | 62.62 | 31.57 | 28.32 | 47.78 |
| 有厕所无浴室 | % | 20.51 | 30.18 | 30.49 | 28 |
| 公用 | % | 4.04 | 12.15 | 15.24 | 5.13 |
| **取暖设备** | － | | | | |
| 无取暖设备 | % | 0.51 | 3.2 | 5.98 | |
| 空调设备 | % | 0.11 | 0.54 | 1.06 | |
| 暖气 | % | 85.07 | 61.71 | 53.22 | 82.88 |
| 其他 | % | 14.31 | 34.55 | 39.74 | 17.12 |
| **炊用燃料使用情况** | － | | | | |
| 煤炭 | % | 16.83 | 43.95 | 52.72 | 25.08 |
| 罐装液化石油气 | % | 50.38 | 40.76 | 35.89 | 51.65 |
| 管道液化石油气 | % | 1.6 | 1.04 | 1.28 | 2.11 |
| 管道煤气 | % | 3.73 | 1.11 | 1.66 | 1.32 |
| 管道天然气 | % | 19.1 | 4.39 | 3.61 | 8.93 |
| 柴油 | % | | | | |
| 其他 | % | 8.36 | 8.75 | 4.86 | 10.9 |
| **人口就业情况** | － | | | | |
| 家庭人口数 | 人 | 2.8 | 3.21 | 3.27 | 3.12 |
| 有收入者人数 | 人 | 1.93 | 1.78 | 1.8 | 1.81 |
| 就业人口数 | 人 | 1.51 | 1.45 | 1.41 | 1.51 |
| 国有经济单位职工人数 | 人 | 0.71 | 0.25 | 0.12 | 0.45 |
| 城镇集体经济单位职工人数 | 人 | 0.04 | 0.02 | 0.04 | 0.03 |
| 其他各种经济类型单位职工 | 人 | 0.12 | 0.1 | 0.16 | 0.12 |
| 城镇个体经营者人员数 | 人 | 0.26 | 0.36 | 0.44 | 0.41 |
| 城镇个体被雇人员数 | 人 | 0.27 | 0.5 | 0.47 | 0.39 |
| 离退休再就业人员数 | 人 | 0.02 | | | 0.01 |
| 其他就业人员数 | 人 | 0.1 | 0.21 | 0.19 | 0.1 |
| 离退休人数 | 人 | 0.37 | 0.13 | 0.11 | 0.2 |
| 其他有收入者人数 | 人 | 0.06 | 0.2 | 0.28 | 0.09 |
| 无收入者人数 | 人 | 0.87 | 1.43 | 1.47 | 1.32 |
| 在外就学人数 | 人 | 0.06 | 0.05 | 0.02 | 0.08 |
| 非家庭人口在家用餐 | 人次 | 1.1 | 0.97 | 0.45 | 0.69 |
| 家庭人口在外用餐 | 人次 | 2.68 | 1.31 | 1 | 2.52 |

# 续表 1

| 较低 20% | 中间 20% | 较高 20% | 高 10% | 最高 10% | 更高 5% |
|---|---|---|---|---|---|
| | | | | | |
| 92.47 | 89.99 | 83.32 | 81.31 | 89.24 | 87.53 |
| 1.13 | 2.03 | 6.61 | 4.03 | 1.43 | 1 |
| 2.28 | 5.08 | 9.53 | 11.87 | 9.32 | 11.47 |
| 3.67 | 2.19 | 0.53 | 1.99 | | |
| 0.45 | 0.7 | | 0.8 | | |
| | | | | | |
| 95.36 | 95.3 | 98.31 | 96.13 | 100 | 100 |
| 0.09 | 2.33 | 1.06 | 1.08 | | |
| 3.59 | 1.55 | 0.64 | 1.99 | | |
| 0.95 | 0.82 | | 0.8 | | |
| | | | | | |
| 15.81 | 9.98 | 4.5 | 8.42 | 2.56 | 0.49 |
| 55.01 | 66.14 | 80.31 | 80 | 93.17 | 95.7 |
| 24.55 | 20.8 | 14.13 | 11.18 | 4.27 | 3.81 |
| 4.63 | 3.08 | 1.06 | 0.4 | | |
| | | | | | |
| 0.39 | | | | | |
| | | 0.2 | | | |
| 82.52 | 87.9 | 95.87 | 92.16 | 96.89 | 99.02 |
| 17.09 | 12.1 | 3.93 | 7.84 | 3.11 | 0.98 |
| | | | | | |
| 15.9 | 11.59 | 4.52 | 14.87 | 3.27 | 0.98 |
| 56.74 | 56.49 | 53.38 | 36.71 | 38.67 | 35.89 |
| 2.12 | 1.83 | 1.57 | 0.99 | 0.32 | 0.67 |
| 2.22 | 3.36 | 4.29 | 9.31 | 10.04 | 8.98 |
| 13.09 | 19.19 | 27.93 | 34.98 | 40.66 | 47 |
| | | | | | |
| 9.94 | 7.53 | 8.32 | 3.14 | 7.03 | 6.47 |
| | | | | | |
| 2.91 | 2.77 | 2.57 | 2.38 | 2.3 | 2.34 |
| 1.87 | 2.02 | 2.01 | 2.01 | 2.08 | 2.1 |
| 1.51 | 1.55 | 1.52 | 1.38 | 1.54 | 1.62 |
| 0.59 | 0.85 | 1.03 | 0.91 | 0.99 | 0.94 |
| 0.03 | 0.05 | 0.04 | 0.03 | 0.04 | 0.05 |
| 0.14 | 0.13 | 0.09 | 0.08 | 0.13 | 0.15 |
| 0.34 | 0.18 | 0.14 | 0.1 | 0.23 | 0.36 |
| 0.28 | 0.26 | 0.14 | 0.17 | 0.08 | 0.09 |
| 0.01 | 0.02 | 0.03 | 0.04 | 0.06 | 0.03 |
| 0.13 | 0.07 | 0.05 | 0.05 | 0.01 | 0.01 |
| 0.31 | 0.43 | 0.48 | 0.61 | 0.53 | 0.48 |
| 0.04 | 0.04 | 0.01 | 0.01 | 0.01 | |
| 1.04 | 0.74 | 0.56 | 0.37 | 0.22 | 0.23 |
| 0.07 | 0.05 | 0.04 | 0.04 | 0.05 | 0.08 |
| 0.96 | 1.18 | 1.02 | 2.19 | 1.16 | 1.42 |
| 2.48 | 2.64 | 2.99 | 3.63 | 4.27 | 4.72 |

3－2－13

| 项目 | 计量单位 | 合计 | 最低10% | 更低5% | 低10% |
|---|---|---|---|---|---|
| **耐用消费品** | – | | | | |
| 摩托车 | 辆 | 21.81 | 22.8 | 20.39 | 30.21 |
| 助力车 | 辆 | 28.7 | 32.38 | 32.58 | 36.66 |
| 家用汽车 | 辆 | 23.58 | 15.05 | 17.44 | 18.04 |
| 洗衣机 | 台 | 97.35 | 88.31 | 89.05 | 93.9 |
| 电冰箱 | 台 | 99.63 | 87.11 | 88.1 | 95.49 |
| 彩色电视机 | 台 | 105.27 | 102.99 | 104.07 | 100.71 |
| 家用电脑 | 台 | 62.6 | 31.42 | 30.85 | 49.98 |
| 组合音响 | 套 | 13.07 | 3.85 | 3.53 | 6.08 |
| 摄像机 | 架 | 8.98 | 3.25 | 2.04 | 3.88 |
| 照相机 | 架 | 33.39 | 9.45 | 10.1 | 17.44 |
| 钢琴 | 架 | 1.79 | 2.42 | 0.77 | 0.43 |
| 其他中高档乐器 | 件 | 3.35 | 0.5 | | 1.02 |
| 微波炉 | 台 | 41.85 | 11.86 | 10 | 23.32 |
| 空调器 | 台 | 15.64 | 4 | 0.73 | 8.03 |
| 淋浴热水器 | 台 | 63.04 | 33.27 | 28.26 | 48.23 |
| 消毒碗柜 | 台 | 3.78 | 0.58 | 0.38 | 1.68 |
| 洗碗机 | 台 | 0.28 | | | |
| 健身器材 | 套 | 2.77 | | | 0.64 |
| 普通电话 | 部 | 44.85 | 28.44 | 23.82 | 30.26 |
| 移动电话 | 部 | 206.11 | 187.51 | 191.44 | 202.3 |
| 接入互连网移动电话 | 部 | 44.65 | 41.33 | 42.46 | 48.93 |
| 接入有线电视网络的电视机 | 台 | 78.73 | 63.64 | 68.63 | 71.53 |
| 接入互连网计算机 | 台 | 45.87 | 18.71 | 17.64 | 36.65 |
| **现金收支情况** | – | | | | |
| 期初手存现金 | 元 | 472.21 | 336.01 | 312.66 | 382.51 |
| 家庭总收入 | 元 | 24790.79 | 9791.87 | 8228.86 | 14342.82 |
| #可支配收入 | 元 | 23150.26 | 8845.92 | 7249.2 | 13471.16 |
| 工资性收入 | 元 | 16872.58 | 6303.66 | 4795.1 | 9543.59 |
| 工资及补贴收入 | 元 | 15905.39 | 5169.45 | 3773.62 | 8818.37 |
| 其它劳动收入 | 元 | 967.19 | 1134.21 | 1021.48 | 725.22 |
| 经营性收入 | 元 | 2698.67 | 2009.81 | 1925.33 | 2766.29 |
| 财产性收入 | 元 | 564.02 | 103.95 | 154.67 | 156.29 |
| 利息收入 | 元 | 94.83 | 2.6 | 3.56 | 38.8 |
| 股息与红利收入 | 元 | 111.63 | 0.72 | 1.38 | 3.3 |
| 保险收益 | 元 | 17.26 | 0.01 | | 6.02 |
| 其它投资收入 | 元 | 71 | 8.98 | 7.08 | 5.78 |
| 出租房屋收入 | 元 | 200.04 | 79 | 127.27 | 79.59 |
| 知识产权收入 | 元 | 0.17 | | | |
| 其它财产性收入 | 元 | 69.1 | 12.64 | 15.37 | 22.79 |

# 续表 2

| 较低 20% | 中间 20% | 较高 20% | 高 10% | 最高 10% | 更高 5% |
|---|---|---|---|---|---|
| 25.57 | 21.93 | 22.1 | 7.28 | 10.79 | 12.6 |
| 30.97 | 27.47 | 25.31 | 24.79 | 18.03 | 21.07 |
| 15.83 | 20.37 | 28.67 | 40.25 | 48.61 | 66.22 |
| 96.2 | 99.15 | 100.82 | 103.45 | 102.55 | 105.93 |
| 97.19 | 101.62 | 104.69 | 102.61 | 115.66 | 115.37 |
| 102.73 | 104.78 | 107.53 | 109.14 | 116 | 115.51 |
| 54.39 | 68.08 | 79.9 | 80.2 | 88.22 | 95.77 |
| 10.11 | 14.61 | 19.55 | 21.23 | 21 | 28.19 |
| 4.48 | 10.72 | 14.1 | 16.06 | 16.44 | 15.66 |
| 24.26 | 36.63 | 46.35 | 51.51 | 69.91 | 73.89 |
| 1.47 | 2.27 | 1.2 | 1.54 | 4.31 | 6.65 |
| 3.01 | 4.02 | 4.98 | 3.18 | 7.8 | 13.6 |
| 33.43 | 47.93 | 58.95 | 62.95 | 70.21 | 69.98 |
| 10.64 | 17.5 | 23.31 | 24.82 | 30.42 | 28.89 |
| 55.22 | 67.51 | 80.53 | 79.33 | 92.01 | 91.73 |
| 0.33 | 4.15 | 7.25 | 6.84 | 10.91 | 13.5 |
| 0.1 | 0.52 | 0.35 | 0.25 | 1.02 | 1.35 |
| 2.57 | 4.57 | 2.65 | 3.97 | 6.02 | 5.92 |
| 43.73 | 47.27 | 52.86 | 60.15 | 57.64 | 61.53 |
| 208.33 | 211.98 | 207.38 | 205.55 | 221.09 | 228.57 |
| 53.46 | 38.34 | 39.42 | 47.08 | 41.86 | 41.5 |
| 73.22 | 80.1 | 89.09 | 87.55 | 95.95 | 97 |
| 39.6 | 49.7 | 61.43 | 56.89 | 68.94 | 73.26 |
| | | | | | |
| 379.55 | 506.59 | 560.98 | 672.52 | 797.07 | 978.46 |
| 18866.11 | 24960.11 | 32582.06 | 42056.35 | 67119.01 | 82585.04 |
| 17679.75 | 23219.06 | 30229.07 | 39456.58 | 63607.01 | 78858.91 |
| 13313.86 | 18397.58 | 23796.69 | 28601.73 | 36280.45 | 40143.02 |
| 12432.92 | 17514.39 | 23079.1 | 27023.09 | 34663.71 | 38021.83 |
| 880.94 | 883.18 | 717.58 | 1578.64 | 1616.74 | 2121.19 |
| 2629.14 | 1717.98 | 1773.33 | 2062.45 | 11024.32 | 18973.24 |
| 112.78 | 367.89 | 567.52 | 973.72 | 4587.63 | 6554.17 |
| 14.1 | 51.04 | 126.15 | 139.48 | 781.66 | 1075.56 |
| 6.99 | 49.88 | 72.49 | 111.6 | 1365.41 | 2298.31 |
| 6.56 | 10.31 | 4.79 | 48.2 | 147.6 | 241.08 |
| 9.15 | 72.38 | 64.06 | 174.02 | 512.91 | 641.48 |
| 51.9 | 103.39 | 247.96 | 361.61 | 1354.67 | 1580.96 |
| 0.63 | | 0.1 | | | |
| 23.45 | 80.89 | 51.96 | 138.81 | 425.39 | 716.79 |

# 3－2－13

| 项　　目 | 计量单位 | 合计 | 最低 10% | 更低 5% | 低 10% |
|---|---|---|---|---|---|
| 转移性收入 | 元 | 4655.51 | 1374.45 | 1353.76 | 1876.65 |
| 养老金或离退休金 | 元 | 4029.9 | 776.78 | 540.06 | 1440.72 |
| 社会救济收入 | 元 | 104.34 | 317.31 | 444.94 | 178.91 |
| #最低生活保障收入 | 元 | 91.67 | 291.35 | 411.26 | 137.4 |
| 辞退金 | 元 | 0.03 | | | |
| 赔偿收入 | 元 | 2.43 | 3.81 | | |
| 保险收入 | 元 | 22.74 | 0.51 | 0.25 | 6.31 |
| #失业保险金 | 元 | 4.3 | 0.51 | 0.25 | 3.96 |
| 赡养收入 | 元 | 97.92 | 72.78 | 98.28 | 60.06 |
| #来自城镇居民的赡养收入 | 元 | 7.26 | 9.14 | 3.73 | 14.27 |
| 捐赠收入 | 元 | 184.67 | 46.61 | 47.13 | 72.78 |
| #来自城镇居民的捐赠收入 | 元 | 10.9 | 1.86 | 2.5 | 5.2 |
| 提取住房公积金 | 元 | 57.27 | 0.01 | | 1.62 |
| 其它转移性收入 | 元 | 54.15 | 63.08 | 120.77 | 34.43 |
| 出售财物收入 | 元 | 130.72 | 7.55 | 9.17 | 1.56 |
| 出售住房收入 | 元 | 120.38 | 3.86 | 7.4 | |
| 出售其它物品收入 | 元 | 10.35 | 3.69 | 1.77 | 1.56 |
| 借贷收入 | 元 | 6809.86 | 2974.58 | 3775.45 | 3644.15 |
| 提取储蓄存款 | 元 | 6435.04 | 2923.46 | 3729.41 | 3618.64 |
| 借入款 | 元 | 64.97 | 22.87 | 43.93 | 23.41 |
| 收回借出款 | 元 | 70.24 | 3.03 | | 2.11 |
| 收回储蓄性保险本 | 元 | 0.33 | | | |
| 兑售有价证券 | 元 | 0.17 | | | |
| 收回投资本金 | 元 | 7.99 | | | |
| 住房贷款 | 元 | 170.72 | | | |
| 汽车贷款 | 元 | 15.68 | | | |
| 教育贷款 | 元 | 6.55 | 24.94 | 2.12 | |
| 其它贷款 | 元 | 33.43 | 0.28 | | |
| 其它借贷收入 | 元 | 4.73 | | | |
| 家庭总支出 | 元 | 22562.52 | 10058.15 | 9811.6 | 13685.64 |
| 消费性支出 | 元 | 17717.1 | 8118.93 | 7881.36 | 11183.12 |
| 财产性支出 | 元 | 20.74 | 7.98 | 3.15 | 4.21 |
| 非生产性贷款利息支出 | 元 | 16.69 | 7.97 | 3.15 | 1.66 |
| 其它 | 元 | 4.04 | 0.01 | | 2.55 |
| 转移性支出 | 元 | 2977.59 | 1092.91 | 1072.43 | 1706.13 |
| 交纳所得税 | 元 | 50.41 | 14.05 | 22.68 | 9.08 |
| # 来自工资性收入的个税 | 元 | 48.23 | 14.05 | 22.68 | 8.98 |
| 来自经营净收入的个税 | 元 | 1.54 | | | 0.05 |
| 来自财产性收入的个税 | 元 | 0.36 | | | |
| 来自转移性收入的个税 | 元 | | | | |
| 捐赠支出 | 元 | 2269.46 | 883.26 | 860.45 | 1248.93 |
| 购买彩票 | 元 | 5.89 | 0.55 | 0.45 | 14.2 |
| 赡养支出 | 元 | 480.8 | 134.06 | 121.3 | 394.41 |
| #在外就学子女费用 | 元 | 340.21 | 86.95 | 96.43 | 312.53 |
| 各种非储蓄性保险支出 | 元 | 123.23 | 38.86 | 36.63 | 9.48 |
| #车辆保险支出 | 元 | 70.57 | 7.42 | 14.24 | 2.83 |
| 其它转移性支出 | 元 | 47.81 | 22.14 | 30.92 | 30.02 |

# 续表 3

| 较低 20% | 中间 20% | 较高 20% | 高 10% | 最高 10% | 更高 5% |
|---|---|---|---|---|---|
| 2810.33 | 4476.67 | 6444.53 | 10418.46 | 15226.62 | 16914.61 |
| 2539.72 | 4031.32 | 6011.16 | 9573.78 | 11835.75 | 11294.08 |
| 58.69 | 86.28 | 7.92 | 22.72 | 3.45 | |
| 53.63 | 81.56 | 7.71 | 7.42 | 1.74 | |
| | 0.11 | | | 0.14 | 0.29 |
| 1.76 | | 7.47 | | 3.96 | |
| 8.59 | 23.84 | 10.27 | 20.07 | 207.89 | 271.95 |
| 8.19 | 2.92 | | 16.34 | | |
| 53.52 | 88.91 | 52.01 | 122.8 | 550.78 | 851.52 |
| 1.35 | 3.91 | 3.96 | 10.3 | 26.76 | 55.45 |
| 41.92 | 98.04 | 156.11 | 305.75 | 1570.04 | 2655.81 |
| 0.5 | 8.65 | 17.23 | 14.69 | 74.1 | 117.53 |
| 4.05 | 10.45 | | 160.59 | 720.7 | 1421.55 |
| 16.97 | 40.15 | 81.11 | 59.41 | 190.8 | 278.25 |
| 4.67 | 564.14 | 8.13 | 0.76 | 373.52 | 704.03 |
| | 545.63 | 5.55 | | 296.04 | 613.45 |
| 4.67 | 18.5 | 2.57 | 0.76 | 77.48 | 90.58 |
| 4539.92 | 6382.97 | 8642.66 | 10412.57 | 24748.89 | 33824.08 |
| 4403.34 | 6046.73 | 7346.35 | 10118.91 | 24099.24 | 33160.09 |
| 70.06 | 131.97 | 46.58 | 66.66 | 80.35 | |
| 5.56 | 106.35 | 25.4 | 189.47 | 517.32 | 621.48 |
| 0.69 | 0.9 | | | | |
| | 0.9 | | | | |
| | 0.82 | 48.3 | 0.78 | | |
| 1.78 | 26.96 | 1018.37 | | 21.68 | |
| | 27.98 | 65.02 | | | |
| 6.33 | 6.92 | | | | |
| 51.9 | 33.43 | 67.92 | 32.31 | 24.03 | 35.66 |
| 0.25 | | 24.7 | 4.44 | 6.27 | 6.85 |
| 17303.73 | 22653.62 | 29440.1 | 35511.34 | 60438.34 | 75105.84 |
| 13961 | 17949.61 | 22887.9 | 27303.65 | 45246.13 | 54974.14 |
| 9.01 | 38.7 | 34.27 | 25.14 | 38.52 | 23.89 |
| 7.25 | 36.96 | 15.89 | 25.12 | 38.52 | 23.89 |
| 1.76 | 1.74 | 18.38 | 0.02 | | |
| 2056.58 | 2804.43 | 3842.66 | 5502.67 | 9408.95 | 11585.11 |
| 13.74 | 34.26 | 66.2 | 101.33 | 329.2 | 419 |
| 13.26 | 30.96 | 62.28 | 99.3 | 318.08 | 396.83 |
| 0.01 | 2.05 | 3.33 | 0.86 | 9.29 | 18.74 |
| 0.47 | 0.77 | | 0.07 | 1.65 | 3.43 |
| | | | | | |
| 1558.69 | 2222.22 | 2776.11 | 4085.85 | 7477.85 | 8920.81 |
| 5.23 | 7.89 | 4.37 | 4.11 | 3.88 | 6.74 |
| 362.81 | 408.72 | 774.02 | 902.25 | 940.11 | 1540.2 |
| 275.13 | 300.59 | 458.37 | 676.39 | 697.31 | 1230.1 |
| 70.31 | 98.51 | 146.45 | 338.67 | 553.47 | 578.17 |
| 33.6 | 55.67 | 62.9 | 236.7 | 394.31 | 467.71 |
| 45.79 | 32.83 | 75.52 | 70.46 | 104.44 | 120.2 |

3－2－13

| 项　　目 | 计量单位 | 合计 | 最低10% | 更低5% | 低10% |
|---|---|---|---|---|---|
| 社会保障支出 | 元 | 1488.07 | 838.34 | 854.66 | 780.76 |
| 个人交纳的养老基金 | 元 | 503.22 | 479.3 | 525.97 | 319.68 |
| 个人交纳的住房公积金 | 元 | 679.56 | 153.69 | 135.69 | 246.9 |
| 个人交纳的医疗基金 | 元 | 213.28 | 110.37 | 71.26 | 119.35 |
| 个人交纳的失业基金 | 元 | 37.31 | 12.12 | 8.62 | 20.52 |
| 其它社会保障支出 | 元 | 54.71 | 82.86 | 113.12 | 74.31 |
| 购房与建房支出 | 元 | 359.03 | | | 11.42 |
| 购房 | 元 | 350.93 | | | 5.8 |
| 建房 | 元 | 8.1 | | | 5.62 |
| 借贷支出 | 元 | 8933.46 | 2635.24 | 2126.58 | 4130.18 |
| 存入储蓄款 | 元 | 8028.44 | 2519.38 | 2058.97 | 3790 |
| 借出款 | 元 | 29.49 | | | 0.49 |
| 归还借款 | 元 | 72.4 | 16.47 | 2.12 | 6.77 |
| 储蓄性保险支出 | 元 | 135.18 | 45.48 | 38.8 | 125.75 |
| 购买有价证券 | 元 | 0.72 | | | |
| 其它投资支出 | 元 | 26.59 | 1.49 | 2.72 | 3.59 |
| 归还住房贷款 | 元 | 507.19 | 50.4 | 20.06 | 172.86 |
| 归还汽车贷款 | 元 | 96.33 | | | 25.79 |
| 归还教育贷款 | 元 | | | | |
| 归还其它贷款 | 元 | 28.16 | 2.04 | 3.91 | 1.47 |
| 其它借贷支出 | 元 | 8.95 | | | 3.47 |
| 期末手存现金 | 元 | 707.18 | 402.85 | 370.66 | 553.82 |
| **消费支出** | **元** | **17717.1** | **8118.93** | **7881.36** | **11183.12** |
| #服务性消费支出 | 元 | 4282.99 | 1812.34 | 1673.38 | 2629.88 |
| 通过互联网购买商品或服务支出 | 元 | 48.31 | 1.74 | | 14.54 |
| 旅游人次 | 次/人 | 0.4 | 0.1 | 0.13 | 0.28 |
| 旅游花费总额 | 元/人 | 282.07 | 38.11 | 41.09 | 86.48 |
| 有价证券收入 | 元/人 | | | | |
| 食品 | 元 | 5463.18 | 2989.97 | 2882.1 | 3627.34 |
| 粮油类 | 元 | 689.15 | 575.04 | 573.04 | 597.29 |
| 粮食 | 元 | 488.84 | 417.02 | 421.26 | 425.2 |
| 数量 | 千克 | 93.28 | 86.91 | 88.25 | 86.24 |
| 大米 | 元/千克 | 5.45 | 5.2 | 5.17 | 5.27 |
| 数量 | 千克 | 32.53 | 33.34 | 33.52 | 33.08 |
| 金额 | 元 | 177.41 | 173.31 | 173.15 | 174.39 |
| 面粉 | 元/千克 | 4.14 | 3.76 | 3.71 | 3.9 |
| 数量 | 千克 | 25.02 | 26.49 | 25.35 | 24.86 |
| 金额 | 元 | 103.71 | 99.68 | 94 | 96.9 |
| 其它粮食及制品 | 元 | 207.73 | 144.03 | 154.11 | 153.91 |
| 数量 | 千克 | 35.73 | 27.08 | 29.39 | 28.31 |

# 续表 4

| 较低 20% | 中间 20% | 较高 20% | 高 10% | 最高 10% | 更高 5% |
|---|---|---|---|---|---|
| 1087.51 | 1609.23 | 2168.31 | 2345.11 | 3039.7 | 3165.96 |
| 446.41 | 499.8 | 654.37 | 490.26 | 816.75 | 872.16 |
| 425.76 | 805.01 | 1124.95 | 1274.9 | 1661.56 | 1710.81 |
| 170.65 | 235.16 | 294.68 | 342.45 | 405.66 | 438.77 |
| 23.85 | 45.84 | 52.7 | 68.24 | 86.16 | 107.55 |
| 20.84 | 23.42 | 41.6 | 169.25 | 69.57 | 36.67 |
| 189.63 | 251.65 | 506.96 | 334.78 | 2705.04 | 5356.75 |
| 158.95 | 251.65 | 506.96 | 334.78 | 2705.04 | 5356.75 |
| 30.68 | | | | | |
| 5849.08 | 8993.87 | 11521.81 | 16718 | 31305.01 | 41746.2 |
| 5475.75 | 8210.45 | 9905.9 | 14709.85 | 27895.95 | 37726.79 |
| 30.97 | 9.23 | 9.11 | 15.88 | 300.18 | 480.19 |
| 48.02 | 59.31 | 94.58 | 184.37 | 301.69 | 66.08 |
| 93.24 | 232.93 | 153.26 | 155.91 | 172.01 | 302.1 |
| 1.24 | | | 0.74 | 6.24 | 11.31 |
| 6.75 | 0.91 | 9.66 | 0.53 | 383 | 503.7 |
| 173.53 | 392.17 | 1098.07 | 1343.21 | 1482.45 | 1854.77 |
| 19.43 | 70.18 | 214.7 | 114.52 | 548.92 | 469.36 |
| | | | | | |
| 0.16 | 13.48 | 23.91 | 146.79 | 178.65 | 315.87 |
| | 5.2 | 12.63 | 46.2 | 35.93 | 16.04 |
| 644.33 | 753.6 | 843.89 | 969.42 | 1224.92 | 1277.05 |
| 13961 | 17949.61 | 22887.9 | 27303.65 | 45246.13 | 54974.14 |
| 3220.62 | 4465.34 | 5479.95 | 6583.69 | 11882.81 | 14946.29 |
| 17.57 | 74.78 | 67.19 | 89.47 | 181.08 | 165.54 |
| 0.31 | 0.38 | 0.42 | 0.57 | 1.27 | 1.86 |
| 161.61 | 230.5 | 400.97 | 446.42 | 1464.35 | 2021.93 |
| | | | | | |
| 4669.75 | 5704.31 | 6923.01 | 8297.84 | 10805.98 | 12135.48 |
| 655.71 | 707.62 | 735.27 | 913.87 | 856.49 | 864.12 |
| 468.84 | 493.62 | 517.04 | 649.2 | 603.13 | 602.64 |
| 94.37 | 93.45 | 92.26 | 114.28 | 96.89 | 93.78 |
| 5.34 | 5.46 | 5.71 | 5.84 | 5.85 | 5.95 |
| 32.73 | 33.49 | 30.68 | 34.27 | 28.27 | 27.5 |
| 174.75 | 182.97 | 175.25 | 200.2 | 165.34 | 163.6 |
| 3.94 | 4.35 | 4.49 | 4.49 | 4.67 | 4.72 |
| 26.2 | 23.3 | 22.07 | 32.66 | 20.83 | 19.07 |
| 103.34 | 101.34 | 99.05 | 146.71 | 97.28 | 90 |
| 190.76 | 209.31 | 242.74 | 302.29 | 340.51 | 349.04 |
| 35.43 | 36.66 | 39.51 | 47.35 | 47.79 | 47.21 |

3-2-13

| 项目 | 计量单位 | 合计 | 最低10% | 更低5% | 低10% |
|---|---|---|---|---|---|
| 淀粉及薯类 | 元 | 39.84 | 30.62 | 32.94 | 32.34 |
| 数量 | 千克 | 11.52 | 10.06 | 11.17 | 10.33 |
| 干豆类及豆制品 | 元 | 44.05 | 37.32 | 39.48 | 37.03 |
| 油脂类 | 元 | 116.43 | 90.09 | 79.37 | 102.72 |
| 数量 | 千克 | 6.68 | 5.62 | 5.18 | 6.43 |
| 食用植物油 | 元/千克 | 17.38 | 16.02 | 15.25 | 15.97 |
| 数量 | 千克 | 6.55 | 5.4 | 5.05 | 6.32 |
| 金额 | 元 | 113.84 | 86.46 | 76.95 | 100.98 |
| 食用动物油 | 元 | 2.58 | 3.63 | 2.42 | 1.73 |
| 肉禽蛋水产品类 | 元 | 1218.38 | 727.73 | 689.43 | 905.41 |
| 肉类 | 元 | 879.95 | 512.08 | 465.67 | 627.92 |
| 数量 | 千克 | 28.16 | 19.14 | 18.41 | 21.61 |
| 猪肉 | 元/千克 | 25.62 | 24.12 | 23.43 | 24.56 |
| 数量 | 千克 | 13.12 | 10.26 | 9.9 | 11.69 |
| 金额 | 元 | 336.01 | 247.54 | 232.07 | 287.1 |
| 牛肉 | 元/千克 | 40.85 | 38.81 | 36.43 | 40.37 |
| 数量 | 千克 | 4.26 | 2.11 | 1.73 | 2.93 |
| 金额 | 元 | 173.94 | 81.86 | 63.07 | 118.36 |
| 羊肉 | 元/千克 | 42.91 | 34.87 | 28.68 | 44.53 |
| 数量 | 千克 | 5.31 | 2.76 | 3.14 | 2.77 |
| 金额 | 元 | 227.89 | 96.21 | 90.07 | 123.54 |
| 其它肉及制品 | 元 | 142.12 | 86.46 | 80.46 | 98.93 |
| 数量 | 千克 | 5.5 | 4.02 | 3.65 | 4.23 |
| 禽类 | 元 | 110.8 | 81.17 | 80.93 | 82.13 |
| 数量 | 千克 | 5.51 | 4.43 | 4.34 | 4.34 |
| 鸡 | 元/千克 | 18.42 | 18 | 17.76 | 18.48 |
| 数量 | 千克 | 3.54 | 2.59 | 2.5 | 2.82 |
| 金额 | 元 | 65.12 | 46.57 | 44.45 | 52.08 |
| 鸭 | 元/千克 | 18.85 | 18.47 | 21.88 | 16.46 |
| 数量 | 千克 | 0.22 | 0.1 | 0.04 | 0.19 |
| 金额 | 元 | 4.07 | 1.85 | 0.77 | 3.13 |
| 其它禽类及制品 | 元 | 41.61 | 32.76 | 35.71 | 26.91 |
| 数量 | 千克 | 1.76 | 1.75 | 1.8 | 1.34 |
| 蛋类 | 元 | 83.19 | 67.32 | 66 | 72.15 |
| 数量 | 千克 | 8.86 | 7.65 | 7.57 | 7.9 |
| 鲜蛋 | 元/千克 | 9.27 | 8.73 | 8.66 | 9.06 |
| 数量 | 千克 | 8.55 | 7.49 | 7.45 | 7.74 |
| 金额 | 元 | 79.31 | 65.36 | 64.53 | 70.13 |
| 蛋制品 | 元 | 3.88 | 1.96 | 1.47 | 2.03 |
| 数量 | 千克 | 0.31 | 0.16 | 0.12 | 0.16 |
| 水产品类 | 元 | 144.44 | 67.16 | 76.83 | 123.22 |
| 鱼 | 元/千克 | 18.48 | 15.55 | 14.92 | 16.81 |
| 数量 | 千克 | 4.12 | 2.67 | 2.76 | 3.72 |
| 金额 | 元 | 76.18 | 41.53 | 41.22 | 62.55 |
| 虾 | 元/千克 | 66.78 | 74.78 | 103.07 | 102.29 |
| 数量 | 千克 | 0.53 | 0.24 | 0.28 | 0.32 |
| 金额 | 元 | 35.08 | 18.11 | 28.58 | 33.09 |
| 其它水产品及制品 | 元 | 33.17 | 7.52 | 7.02 | 27.58 |
| 数量 | 千克 | 0.79 | 0.31 | 0.26 | 0.61 |

# 续表 5

| 较低 20% | 中间 20% | 较高 20% | 高 10% | 最高 10% | 更高 5% |
|---|---|---|---|---|---|
| 36.13 | 44.15 | 46.33 | 45.75 | 56.38 | 51.9 |
| 9.97 | 12.76 | 12.8 | 12.28 | 15.92 | 15.95 |
| 40.99 | 42.26 | 48.17 | 67.28 | 54.73 | 56.06 |
| 109.74 | 127.59 | 123.73 | 151.64 | 142.25 | 153.52 |
| 6.38 | 7.1 | 6.85 | 8.06 | 7.67 | 8.15 |
| 17.22 | 17.7 | 18.07 | 18.84 | 18.52 | 18.83 |
| 6.23 | 6.98 | 6.75 | 7.97 | 7.62 | 8.13 |
| 107.26 | 123.48 | 122.03 | 150.18 | 141.07 | 153.02 |
| 2.48 | 4.1 | 1.7 | 1.46 | 1.18 | 0.5 |
| 1115.56 | 1290.8 | 1536.01 | 1641.41 | 1960.9 | 1935.19 |
| 806.02 | 933.93 | 1118.78 | 1194.91 | 1464.3 | 1313.39 |
| 27.3 | 30.17 | 33.06 | 35.28 | 40.66 | 37.89 |
| 24.52 | 26.25 | 26.79 | 26.95 | 27.56 | 27.29 |
| 13.74 | 13.13 | 14.37 | 13.78 | 16.77 | 17.54 |
| 336.84 | 344.64 | 384.84 | 371.43 | 462.18 | 478.72 |
| 38.03 | 40.04 | 42.88 | 41.7 | 45.97 | 42.9 |
| 3.92 | 4.91 | 5.54 | 5.62 | 6.81 | 4.22 |
| 149 | 196.76 | 237.5 | 234.27 | 313.06 | 181.02 |
| 43.34 | 39.86 | 45.73 | 42.53 | 47.98 | 48.12 |
| 4.69 | 5.92 | 6.77 | 9.07 | 9.38 | 8.14 |
| 203.47 | 235.88 | 309.59 | 385.76 | 450.01 | 391.93 |
| 116.71 | 156.66 | 186.85 | 203.45 | 239.05 | 261.73 |
| 4.97 | 6.23 | 6.41 | 6.84 | 7.73 | 8.02 |
| 108.65 | 122.86 | 124.34 | 147.88 | 137.61 | 159.64 |
| 6.12 | 5.95 | 5.64 | 6.16 | 5.9 | 6.5 |
| 15.97 | 18.94 | 20.37 | 20.07 | 20.78 | 21.95 |
| 4.06 | 3.76 | 3.65 | 3.88 | 3.96 | 4.82 |
| 64.84 | 71.15 | 74.38 | 77.87 | 82.36 | 105.71 |
| 17.73 | 18.71 | 21.08 | 21.32 | 19.72 | 19.03 |
| 0.26 | 0.25 | 0.2 | 0.32 | 0.2 | 0.21 |
| 4.53 | 4.75 | 4.3 | 6.75 | 3.89 | 3.9 |
| 39.28 | 46.95 | 45.66 | 63.26 | 51.36 | 50.03 |
| 1.8 | 1.94 | 1.79 | 1.97 | 1.75 | 1.48 |
| 80.15 | 85.31 | 90.77 | 104.06 | 107.21 | 103.69 |
| 8.72 | 9.15 | 9.44 | 10.42 | 10.27 | 9.73 |
| 9.1 | 9.23 | 9.44 | 9.85 | 10.26 | 10.47 |
| 8.48 | 8.79 | 8.98 | 9.98 | 9.71 | 9.11 |
| 77.19 | 81.1 | 84.77 | 98.3 | 99.64 | 95.31 |
| 2.95 | 4.21 | 6 | 5.76 | 7.57 | 8.38 |
| 0.24 | 0.36 | 0.46 | 0.44 | 0.56 | 0.62 |
| 120.75 | 148.7 | 202.12 | 194.55 | 251.78 | 358.46 |
| 17.51 | 18.27 | 20.61 | 20.83 | 20.74 | 22.64 |
| 4.2 | 4.34 | 4.51 | 5.36 | 5.09 | 4.73 |
| 73.62 | 79.25 | 93.02 | 111.63 | 105.48 | 107.05 |
| 51.5 | 59.97 | 84.28 | 40.84 | 69.07 | 78.59 |
| 0.33 | 0.62 | 0.66 | 0.96 | 1.29 | 2 |
| 17.05 | 37.08 | 55.46 | 39.17 | 89.14 | 156.86 |
| 30.07 | 32.36 | 53.64 | 43.75 | 57.16 | 94.55 |
| 0.78 | 0.88 | 1.14 | 1.06 | 0.93 | 1.29 |

# 3－2－13

| 项目 | 计量单位 | 合计 | 最低10% | 更低5% | 低10% |
|---|---|---|---|---|---|
| 蔬菜类 | 元 | 457.17 | 315.44 | 294.04 | 359.19 |
| 鲜菜 | 元/千克 | 4.17 | 3.39 | 3.34 | 3.71 |
| 数量 | 千克 | 99.1 | 83.94 | 80.89 | 89.51 |
| 金额 | 元 | 413.57 | 284.94 | 269.97 | 332.07 |
| 干菜 | 元 | 23.8 | 18.5 | 13.07 | 14.17 |
| 菜制品 | 元 | 19.8 | 12 | 11 | 12.95 |
| 调味品 | 元 | 62.79 | 44.04 | 44.19 | 48.27 |
| 糖烟酒饮料类 | 元 | 745.73 | 367.33 | 359.73 | 388.42 |
| 糖类 | 元 | 39.79 | 22.72 | 20.87 | 25.79 |
| 烟草类 | 元 | 337.22 | 183.35 | 193.64 | 172.84 |
| 酒类 | 元 | 264.32 | 113.28 | 107.15 | 123.49 |
| 数量 | 千克 | 7.82 | 5.99 | 5.6 | 7.93 |
| 白酒 | 元/千克 | 74.95 | 47.6 | 49.47 | 31.94 |
| 数量 | 千克 | 2.93 | 1.65 | 1.61 | 2.61 |
| 金额 | 元 | 219.46 | 78.53 | 79.87 | 83.33 |
| 果酒 | 元/千克 | 69.31 | 38.7 | 70.18 | 19.45 |
| 数量 | 千克 | 0.13 | 0.11 | 0.05 | 0.15 |
| 金额 | 元 | 8.99 | 4.37 | 3.75 | 2.97 |
| 啤酒 | 元/千克 | 5.88 | 5.01 | 4.99 | 5.89 |
| 数量 | 千克 | 4.76 | 4.23 | 3.93 | 5.16 |
| 金额 | 元 | 27.97 | 21.17 | 19.61 | 30.39 |
| 其他酒 | 元 | 7.9 | 9.2 | 3.93 | 6.79 |
| 饮料 | 元 | 104.39 | 47.98 | 38.07 | 66.3 |
| 碳酸饮料 | 元/千克 | 7.63 | 7.3 | 7.16 | 7.95 |
| 数量 | 千克 | 1.35 | 0.55 | 0.47 | 1.1 |
| 金额 | 元 | 10.31 | 4.03 | 3.35 | 8.74 |
| 瓶装饮用水 | 元/千克 | 2.92 | 2.48 | 2.49 | 2.76 |
| 数量 | 千克 | 3.48 | 1.84 | 1.89 | 1.67 |
| 金额 | 元 | 10.14 | 4.56 | 4.72 | 4.59 |
| 茶叶 | 元/千克 | 118.16 | 85.24 | 68.85 | 95.7 |
| 数量 | 千克 | 0.33 | 0.16 | 0.12 | 0.23 |
| 金额 | 元 | 38.46 | 13.41 | 8.47 | 22.28 |
| 其它饮料 | 元 | 45.48 | 25.99 | 21.53 | 30.68 |

# 续表 6

| 较低 20% | 中间 20% | 较高 20% | 高 10% | 最高 10% | 更高 5% |
|---|---|---|---|---|---|
| 450.57 | 491.66 | 516.67 | 616.81 | 592.86 | 599.51 |
| 4.05 | 4.42 | 4.53 | 4.66 | 4.68 | 4.88 |
| 100.59 | 101.11 | 102 | 118.64 | 114.39 | 112.08 |
| 407.87 | 446.84 | 461.96 | 552.53 | 535.55 | 546.88 |
| 24.3 | 22.82 | 30.6 | 33.66 | 28.91 | 31.07 |
| 18.39 | 22 | 24.11 | 30.63 | 28.39 | 21.56 |
| 56.47 | 62.85 | 75.41 | 89.77 | 100.39 | 100.37 |
| 542.14 | 795.85 | 900.99 | 1255.45 | 2118.27 | 2707.01 |
| 34.15 | 40.14 | 46.35 | 59.64 | 93.76 | 106.06 |
| 233.65 | 369.88 | 428.35 | 534.82 | 919.1 | 1092.62 |
| 189.11 | 284.11 | 299.69 | 467.18 | 857.88 | 1233.89 |
| 8.77 | 7.88 | 8.05 | 7.39 | 8.14 | 9.92 |
| 44.98 | 86.78 | 77.59 | 122 | 173.46 | 186.5 |
| 3.26 | 2.76 | 3.32 | 3.41 | 4.43 | 5.99 |
| 146.61 | 239.22 | 257.39 | 415.61 | 768.46 | 1117.14 |
| 46.01 | 80.03 | 67.29 | 93.5 | 191.93 | 230.27 |
| 0.1 | 0.11 | 0.14 | 0.17 | 0.23 | 0.3 |
| 4.77 | 8.79 | 9.17 | 15.64 | 43.23 | 69.97 |
| 5.41 | 6.36 | 6.2 | 6.8 | 6.87 | 6.28 |
| 5.39 | 5.01 | 4.6 | 3.81 | 3.48 | 3.62 |
| 29.17 | 31.88 | 28.49 | 25.93 | 23.88 | 22.74 |
| 8.55 | 4.22 | 4.63 | 9.99 | 22.32 | 24.04 |
| 85.23 | 101.72 | 126.61 | 193.82 | 247.53 | 274.45 |
| 6.72 | 8.06 | 7.11 | 8.41 | 11.76 | 15.25 |
| 1.65 | 1.65 | 1.41 | 1.97 | 0.86 | 0.98 |
| 11.1 | 13.33 | 10 | 16.55 | 10.16 | 14.91 |
| 2.96 | 3.06 | 2.75 | 3.4 | 2.88 | 2.55 |
| 2.92 | 3.4 | 5.16 | 5.2 | 7.46 | 6.73 |
| 8.64 | 10.39 | 14.18 | 17.72 | 21.51 | 17.17 |
| 92.96 | 119.56 | 90.09 | 158.55 | 218.75 | 320.74 |
| 0.29 | 0.26 | 0.48 | 0.54 | 0.63 | 0.49 |
| 26.99 | 30.81 | 43.2 | 85.98 | 137.27 | 158.24 |
| 38.5 | 47.2 | 59.23 | 73.56 | 78.59 | 84.14 |

3－2－13

| 项　　目 | 计量单位 | 合计 | 最低10% | 更低5% | 低10% |
|---|---|---|---|---|---|
| 干鲜瓜果类 | 元 | 484.96 | 275.96 | 262.49 | 362.13 |
| 鲜果 | 元/千克 | 7.3 | 5.57 | 5.5 | 6.52 |
| 数量 | 千克 | 40.68 | 28.71 | 28.1 | 32.07 |
| 金额 | 元 | 296.79 | 159.88 | 154.4 | 209.03 |
| 鲜瓜 | 元/千克 | 2.94 | 2.48 | 2.42 | 2.54 |
| 数量 | 千克 | 13.21 | 8.35 | 8.28 | 12.45 |
| 金额 | 元 | 38.78 | 20.67 | 20.02 | 31.61 |
| 其它干鲜瓜果类及制品 | 元 | 149.39 | 95.41 | 88.07 | 121.49 |
| 糕点、奶及奶制品 | 元 | 310.82 | 164.02 | 162.54 | 206.22 |
| 糕点 | 元/千克 | 16.77 | 13.13 | 13.6 | 14.7 |
| 数量 | 千克 | 4.38 | 3.12 | 2.98 | 3.38 |
| 金额 | 元 | 73.46 | 40.92 | 40.61 | 49.65 |
| 奶及奶制品 | 元 | 237.35 | 123.1 | 121.94 | 156.57 |
| 鲜乳品 | 元/千克 | 6.97 | 6.16 | 5.99 | 6.51 |
| 数量 | 千克 | 17.45 | 10.52 | 11.23 | 12.63 |
| 金额 | 元 | 121.69 | 64.78 | 67.3 | 82.27 |
| 奶粉 | 元/千克 | 70.05 | 38.72 | 59.87 | 48.76 |
| 数量 | 千克 | 0.35 | 0.15 | 0.11 | 0.22 |
| 金额 | 元 | 24.76 | 5.93 | 6.31 | 10.62 |
| 酸奶 | 元/千克 | 8.76 | 8.97 | 9.19 | 8.17 |
| 数量 | 千克 | 3.51 | 1.6 | 1.6 | 1.99 |
| 金额 | 元 | 30.75 | 14.34 | 14.67 | 16.29 |
| 其他奶制品 | 元 | 60.15 | 38.04 | 33.66 | 47.4 |
| 其他食品 | 元 | 239.87 | 100.83 | 101.61 | 181.28 |
| 饮食服务 | 元 | 1254.31 | 419.57 | 395.03 | 579.13 |
| 食品加工服务费 | 元 | 1.45 | 0.96 | 0.61 | 1.07 |
| 在外饮食 | 元 | 1252.86 | 418.6 | 394.41 | 578.05 |
| 衣着 | 元/人 | 2730.23 | 1132.35 | 1040.4 | 1600.6 |
| 服装 | 元/件 | 204.1 | 103.18 | 134.51 | 172.28 |
| 数量 | 件 | 9.89 | 7.43 | 5.32 | 6.59 |
| 金额 | 元 | 2017.83 | 766.7 | 715.36 | 1135.39 |
| 衣着材料 | 元 | 6.36 | 4.32 | 1.16 | 5.61 |
| 鞋类 | 元/双 | 172.3 | 122.46 | 114.43 | 77.79 |
| 数量 | 双 | 3.34 | 2.44 | 2.29 | 4.91 |
| 金额 | 元 | 575.66 | 298.73 | 261.81 | 381.79 |
| 其他衣着用品 | 元 | 119.08 | 57.81 | 59.27 | 69.79 |
| 衣着加工服务费 | 元 | 11.3 | 4.79 | 2.8 | 8.03 |

# 续表 7

| 较低 20% | 中间 20% | 较高 20% | 高 10% | 最高 10% | 更高 5% |
|---|---|---|---|---|---|
| 433.03 | 498.72 | 619.69 | 737.32 | 776.86 | 848.13 |
| 6.92 | 7.52 | 7.86 | 7.91 | 8.94 | 8.96 |
| 37.46 | 41.35 | 48.34 | 61.2 | 54.85 | 59 |
| 259.04 | 310.93 | 379.84 | 483.94 | 490.21 | 528.44 |
| 3 | 2.9 | 2.99 | 3.2 | 3.58 | 3.55 |
| 11.83 | 14.02 | 16.23 | 16.43 | 18.12 | 16.52 |
| 35.44 | 40.71 | 48.44 | 52.56 | 64.87 | 58.64 |
| 138.55 | 147.07 | 191.41 | 200.82 | 221.77 | 261.05 |
| 274.49 | 318.74 | 392.48 | 479.5 | 607.62 | 605.69 |
| 16.24 | 16.21 | 18.45 | 18.57 | 20.97 | 21.09 |
| 4.21 | 4.75 | 4.91 | 5.55 | 6.43 | 6.19 |
| 68.41 | 77.03 | 90.69 | 102.99 | 134.92 | 130.48 |
| 206.08 | 241.71 | 301.8 | 376.51 | 472.71 | 475.21 |
| 6.68 | 6.86 | 7.53 | 7.35 | 7.56 | 7.41 |
| 16.11 | 18.34 | 20.12 | 26.97 | 29.34 | 29.12 |
| 107.62 | 125.9 | 151.44 | 198.3 | 221.89 | 215.89 |
| 75.79 | 45.99 | 76.22 | 82.51 | 134.99 | 151.47 |
| 0.29 | 0.51 | 0.4 | 0.51 | 0.61 | 0.53 |
| 22.1 | 23.27 | 30.6 | 42.18 | 82.15 | 80.98 |
| 8.92 | 8.28 | 8.87 | 9.08 | 9.18 | 9.49 |
| 2.96 | 4.11 | 4.77 | 5.19 | 6.56 | 6.97 |
| 26.36 | 34.03 | 42.32 | 47.16 | 60.17 | 66.17 |
| 50.01 | 58.51 | 77.43 | 88.88 | 108.5 | 112.17 |
| 209.97 | 245.33 | 368.68 | 344.96 | 346.38 | 292.65 |
| 931.81 | 1292.74 | 1777.8 | 2218.74 | 3446.23 | 4182.81 |
| 1.12 | 1.77 | 1.86 | 2.78 | 1.11 | 1.36 |
| 930.7 | 1290.97 | 1775.94 | 2215.96 | 3445.11 | 4181.45 |
| 2148.99 | 2706.72 | 3801.9 | 4536.09 | 6584 | 7254.57 |
| 186.7 | 148.6 | 271.57 | 261.4 | 375.5 | 431.52 |
| 8.33 | 13.08 | 10.54 | 13.14 | 13.92 | 13.45 |
| 1554.35 | 1943.78 | 2861.39 | 3433.73 | 5226.3 | 5801.88 |
| 3.86 | 6.24 | 6.66 | 10.67 | 17.66 | 26.49 |
| 174.61 | 196.78 | 216.89 | 233.2 | 262.28 | 271.88 |
| 2.81 | 3.18 | 3.44 | 3.81 | 3.99 | 4.05 |
| 491.17 | 624.95 | 746.35 | 888.53 | 1045.5 | 1101.68 |
| 91.79 | 121.09 | 175.09 | 176.26 | 265.55 | 294.9 |
| 7.81 | 10.67 | 12.42 | 26.9 | 28.98 | 29.63 |

# 3－2－13

| 项　　目 | 计量单位 | 合计 | 最低 10% | 更低 5% | 低 10% |
|---|---|---|---|---|---|
| 家庭设备用品及服务 | 元 | 1242.64 | 494.6 | 488.52 | 666.44 |
| 耐用消费品 | 元 | 538.84 | 199.31 | 204.65 | 233.84 |
| 家具 | 元 | 151.79 | 6.13 | 0.83 | 16.41 |
| 家庭设备 | 元 | 387.05 | 193.18 | 203.82 | 217.43 |
| 洗衣机 | 元/台 | 1546.37 | 712.68 | 695.34 | 1101.87 |
| 数量 | 台 | 7.37 | 6.78 | 10.38 | 4.63 |
| 金额 | 元 | 40.74 | 15.04 | 22.07 | 16.36 |
| 电冰箱 | 元/台 | 3124.53 | 2149.61 | 2867.3 | 2352.72 |
| 数量 | 台 | 6.5 | 4.57 | 2.8 | 5.43 |
| 金额 | 元 | 72.55 | 30.58 | 24.53 | 40.93 |
| 微波炉 | 元/台 | 668.17 | 569.08 | 1075.9 | 569.65 |
| 数量 | 台 | 2.28 | 2.43 | 1.81 | 1.95 |
| 金额 | 元 | 5.44 | 4.3 | 5.97 | 3.57 |
| 空调器 | 元/台 | 4812.79 | | | |
| 数量 | 台 | 1.54 | | | |
| 金额 | 元 | 26.54 | | | |
| 淋浴热水器 | 元/台 | 1779.02 | 1811.42 | 1932.53 | 1327.67 |
| 数量 | 台 | 3.35 | 0.81 | 0.76 | 3.6 |
| 金额 | 元 | 21.29 | 4.55 | 4.47 | 15.3 |
| 消毒碗柜 | 元/台 | 484.19 | | | |
| 数量 | 台 | 0.74 | | | |
| 金额 | 元 | 1.29 | | | |
| 洗碗机 | 元/台 | 423 | | | |
| 数量 | 台 | 0.03 | | | |
| 金额 | 元 | 0.05 | | | |
| 其他 | 元 | 219.16 | 138.7 | 146.77 | 141.28 |
| 室内装饰品 | 元 | 34.09 | 7.96 | 9.19 | 15.97 |
| 床上用品 | 元 | 133.74 | 47.44 | 50.3 | 66.37 |
| 家庭日用杂品 | 元 | 446.86 | 210.57 | 194.56 | 303.42 |
| 家具材料 | 元 | 36.44 | 13.79 | 21.11 | 12.59 |
| 家庭服务 | 元 | 52.66 | 15.53 | 8.73 | 34.26 |
| 家政服务 | 元 | 29.01 | 8.34 | 4.64 | 17.52 |
| 加工维修服务费 | 元 | 23.65 | 7.19 | 4.09 | 16.74 |
| 医疗保健 | 元 | 1354.09 | 683.5 | 682.03 | 890.77 |
| 医疗器具 | 元 | 18.49 | 0.25 | 0.33 | 13.75 |
| 保健器具 | 元 | 18.42 | 2.54 | 4.71 | 3.02 |
| 药品费 | 元 | 574.87 | 368.05 | 348.36 | 379.53 |
| 滋补保健品 | 元 | 101.67 | 26.08 | 37.66 | 79.97 |
| 医疗费 | 元 | 623.1 | 277.22 | 283.97 | 410.51 |
| 其他 | 元 | 17.54 | 9.37 | 7 | 3.99 |

# 续表 8

| 较低 20% | 中间 20% | 较高 20% | 高 10% | 最高 10% | 更高 5% |
|---|---|---|---|---|---|
| 975.37 | 1183.89 | 1612.63 | 1992.95 | 3762.46 | 4951.32 |
| 359.93 | 497.94 | 731.33 | 865.87 | 2008.93 | 2870.14 |
| 63.67 | 124.66 | 219.02 | 214.07 | 1008.59 | 1705 |
| 296.26 | 373.27 | 512.31 | 651.8 | 1000.34 | 1165.14 |
| 1599.19 | 1451.32 | 1946.26 | 1685.91 | 1862.73 | 1828.24 |
| 6.71 | 5.66 | 7.58 | 10.73 | 15.02 | 15.21 |
| 36.85 | 29.7 | 57.4 | 76.07 | 121.76 | 119 |
| 3756.71 | 2760.81 | 3376.24 | 2861.52 | 4021.42 | 5216.27 |
| 4.25 | 6.16 | 6.79 | 11.57 | 13.04 | 8.76 |
| 54.91 | 61.43 | 89.28 | 139.23 | 228.22 | 195.6 |
| 692.38 | 596.01 | 521.14 | 968.94 | 812.73 | 473.5 |
| 1.47 | 1.34 | 3.1 | 4.32 | 3.09 | 2.05 |
| 3.51 | 2.89 | 6.29 | 17.6 | 10.91 | 4.15 |
| 3747.35 | 4711.43 | 4236.88 | 6422.29 | 5717.77 | 6899.43 |
| 0.54 | 2.27 | 3.29 | 2.19 | 3.15 | 3.76 |
| 6.9 | 38.73 | 54.3 | 59.07 | 78.33 | 111.09 |
| 1851.96 | 1569.36 | 2044.83 | 1267.27 | 2285.05 | 2444.06 |
| 2.93 | 2.02 | 3.81 | 5.87 | 8.25 | 13.53 |
| 18.64 | 11.48 | 30.34 | 31.3 | 81.98 | 141.56 |
|  | 672.51 | 3 |  | 3001 | 2 |
|  | 1.72 | 2.12 |  | 0.66 | 0.69 |
|  | 4.19 | 0.02 |  | 8.56 | 0.01 |
|  |  |  |  | 423 | 423 |
|  |  |  |  | 0.49 | 1.02 |
|  |  |  |  | 0.89 | 1.85 |
| 175.46 | 224.85 | 274.67 | 328.55 | 469.69 | 591.88 |
| 28.8 | 33.5 | 52.07 | 48.65 | 97.27 | 164.84 |
| 138.4 | 127.17 | 155.72 | 215.77 | 343.25 | 464.73 |
| 375.08 | 442.4 | 578.46 | 730.94 | 962.02 | 967.09 |
| 36.45 | 22.08 | 44.85 | 56.83 | 144.25 | 221.05 |
| 36.71 | 60.8 | 50.21 | 74.89 | 206.76 | 263.46 |
| 16.06 | 26.04 | 29.32 | 48.96 | 143.88 | 192.08 |
| 20.65 | 34.77 | 20.89 | 25.93 | 62.88 | 71.39 |
| 1103.86 | 1415.83 | 1555.85 | 2007.16 | 3556.62 | 3807.5 |
| 23.36 | 22.43 | 12.47 | 11.75 | 68.12 | 53.25 |
| 7.92 | 12.69 | 20.01 | 88 | 63.13 | 82.29 |
| 585.4 | 519.56 | 636.27 | 841.99 | 1168.31 | 1288.14 |
| 50.8 | 106.24 | 99.98 | 234.32 | 375.45 | 564.73 |
| 417.96 | 744.3 | 763.2 | 781.89 | 1851.65 | 1779.71 |
| 18.42 | 10.6 | 23.93 | 49.2 | 29.96 | 39.37 |

# 3 －2 －13

| 项　　　目 | 计量单位 | 合计 | 最低10% | 更低5% | 低10% |
|---|---|---|---|---|---|
| 交通和通讯 | 元 | 2572.93 | 731.27 | 783.37 | 1800.9 |
| 交通 | 元 | 1863.06 | 367.37 | 454.01 | 1341.85 |
| 家庭交通工具 | 元 | 936.09 | 26.83 | 33.4 | 854.44 |
| 摩托车 | 元/辆 | 3318.95 | 3809.97 | 3400 | 2600 |
| 数量 | 辆 | 0.18 | 0.63 | 0.82 | 0.47 |
| 金额 | 元 | 2.13 | 7.45 | 8.55 | 3.92 |
| 助力车 | 元/辆 | 2330.35 | 2220.71 | 2352.31 | 2145.86 |
| 数量 | 辆 | 5.3 | 2.01 | 2.22 | 7.74 |
| 金额 | 元 | 44.15 | 13.88 | 16.01 | 53.22 |
| 家用汽车 | 元/辆 | 97212.57 | | | 126169.8 |
| 数量 | 辆 | 2.52 | | | 1.94 |
| 金额 | 元 | 875.48 | | | 782.46 |
| 其他交通工具 | 元 | 14.33 | 5.5 | 8.84 | 14.83 |
| 车辆用燃料及零配件 | 元 | 396.39 | 143.62 | 171.79 | 173.17 |
| 燃料 | 元 | 359.61 | 121.96 | 139.56 | 158.22 |
| 汽油 | 元/升 | 7.61 | 7.49 | 7.38 | 7.88 |
| 数量 | 升 | 37.26 | 10.95 | 13.52 | 10.74 |
| 金额 | 元 | 283.43 | 81.97 | 99.72 | 84.64 |
| 柴油 | 元/升 | 8.38 | 13.33 | | |
| 数量 | 升 | 0.02 | | | |
| 金额 | 元 | 0.2 | 0.02 | | |
| 零配件 | 元 | 22.77 | 6.97 | 6.19 | 12.36 |
| 其他 | 元 | 14.01 | 14.69 | 26.04 | 2.59 |
| 交通工具服务支出 | 元 | 200.59 | 63.09 | 92.88 | 128.25 |
| 维修费 | 元 | 60.61 | 26.05 | 34.23 | 32.27 |
| 车辆使用税费 | 元 | 81.13 | 21.12 | 32.05 | 30.62 |
| 其它车辆使用费用 | 元 | 58.86 | 15.91 | 26.59 | 65.35 |
| 交通费 | 元 | 329.99 | 133.82 | 155.94 | 185.99 |
| 飞机 | 元 | 71.64 | 18.43 | 35.39 | 11.81 |
| 火车 | 元 | 94.98 | 43.1 | 51.68 | 58.12 |
| 长途汽车 | 元 | 43.35 | 25.85 | 30.96 | 34.81 |
| 市内公共交通 | 元 | 30.11 | 10.84 | 8.31 | 22.87 |
| 出租汽车费 | 元 | 73.53 | 31.86 | 27.59 | 51.09 |
| 其他交通费 | 元 | 16.36 | 3.74 | 2.01 | 7.29 |
| 通信 | 元 | 709.88 | 363.91 | 329.36 | 459.05 |
| 通信工具 | 元 | 250.54 | 95.9 | 89.14 | 113.88 |
| 电话机 | 元/部 | 703.76 | 2782.92 | 4000 | 761.15 |
| 数量 | 部 | 3.12 | 1.33 | 1.46 | 1.83 |
| 金额 | 元 | 7.86 | 11.48 | 17.9 | 4.46 |
| 移动电话 | 元/部 | 887.47 | 1250.95 | 1270.26 | 1083.01 |
| 数量 | 部 | 75 | 21.44 | 18 | 31.43 |
| 金额 | 元 | 237.89 | 83.48 | 69.94 | 109.06 |
| 其他通信工具 | 元 | 4.79 | 0.94 | 1.29 | 0.35 |

# 续表 9

| 较低 20% | 中间 20% | 较高 20% | 高 10% | 最高 10% | 更高 5% |
|---|---|---|---|---|---|
| 1853.16 | 2474.52 | 3378.62 | 3840.15 | 8458.31 | 10588.73 |
| 1264.6 | 1747.55 | 2432.51 | 2701.54 | 7047.39 | 9072.88 |
| 634.94 | 860.58 | 1166.81 | 920.59 | 4297.5 | 5477.06 |
| | | | | 3300 | |
| | | | | 0.59 | |
| | | | | 8.5 | |
| 2381.13 | 2713.99 | 2153.32 | 2316.2 | 1965.05 | 1924.97 |
| 5.64 | 6.06 | 4.79 | 4.99 | 5.85 | 9.74 |
| 46.14 | 59.5 | 40.15 | 48.62 | 50.03 | 80.27 |
| 94982.02 | 61639.71 | 105902.7 | 77457.58 | 131771.84 | 99625.5 |
| 1.77 | 3.52 | 2.69 | 2.6 | 7.36 | 12.59 |
| 577.68 | 783.46 | 1110.78 | 846.12 | 4219.06 | 5369.04 |
| 11.12 | 17.62 | 15.89 | 25.85 | 19.91 | 27.74 |
| 209.58 | 326.24 | 595.83 | 882.41 | 1370.49 | 1859.55 |
| 182.11 | 303.9 | 551.13 | 795.09 | 1247.6 | 1731.97 |
| 7.48 | 8.37 | 7.49 | 7.46 | 7.45 | 7.46 |
| 16.8 | 26.92 | 57.54 | 98.94 | 147.17 | 195.3 |
| 125.71 | 225.35 | 430.94 | 738.48 | 1095.96 | 1456.48 |
| 8.75 | 8 | 8 | 12 | 7.52 | 7.52 |
| | 0.08 | 0.02 | 0.03 | 0.06 | 0.12 |
| 0.01 | 0.66 | 0.14 | 0.39 | 0.42 | 0.88 |
| 22.06 | 16.88 | 28.79 | 40.9 | 68.69 | 93.02 |
| 5.42 | 5.45 | 15.91 | 46.41 | 54.2 | 34.57 |
| 134.32 | 194.7 | 232.82 | 365.48 | 708.05 | 1061.02 |
| 38.11 | 54.49 | 81.8 | 95.84 | 221.08 | 362.61 |
| 47.87 | 59.24 | 98.49 | 172.81 | 389.79 | 563.37 |
| 48.34 | 80.98 | 52.54 | 96.83 | 97.18 | 135.03 |
| 285.76 | 366.04 | 437.05 | 533.05 | 671.34 | 675.25 |
| 40.16 | 52.82 | 121.64 | 162.5 | 278.38 | 338.51 |
| 92 | 108.85 | 122.99 | 140.13 | 144.81 | 122.94 |
| 41.01 | 52.6 | 50.68 | 41.26 | 69.95 | 48.98 |
| 27.22 | 29.83 | 44.17 | 59.73 | 32.74 | 22.11 |
| 64.73 | 98.7 | 80.93 | 103.33 | 128.79 | 118.46 |
| 20.65 | 23.24 | 16.63 | 26.1 | 16.67 | 24.26 |
| 588.57 | 726.97 | 946.11 | 1138.61 | 1410.93 | 1515.85 |
| 185.28 | 240.84 | 381.12 | 451.65 | 638.1 | 650.07 |
| 294.64 | 488.4 | 1042.71 | 699.36 | 829.98 | 659.5 |
| 3.56 | 4.9 | 2.3 | 4.42 | 2.91 | 3.06 |
| 3.6 | 8.64 | 9.34 | 13.01 | 10.52 | 8.65 |
| 1343.85 | 275.41 | 1888.53 | 2062.03 | 2788.52 | 3386.79 |
| 38.02 | 229.25 | 49.96 | 48.64 | 51.12 | 43.54 |
| 175.59 | 228.21 | 367.21 | 421.81 | 620.14 | 631.15 |
| 6.08 | 3.99 | 4.56 | 16.82 | 7.44 | 10.27 |

3－2－13

| 项　　目 | 计量单位 | 合计 | 最低 10% | 更低 5% | 低 10% |
|---|---|---|---|---|---|
| 通信服务 | 元 | 459.34 | 268.01 | 240.22 | 345.18 |
| 电信费 | 元 | 439.05 | 259.92 | 234.18 | 337.31 |
| #上网费 | 元 | 77.14 | 36.91 | 28 | 51.3 |
| 邮费 | 元 | 3.06 | 0.91 | 1.45 | 1.14 |
| 其它通信服务费 | 元 | 17.23 | 7.18 | 4.59 | 6.73 |
| 教育文化娱乐服务 | 元 | 1971.78 | 1039.35 | 1015.09 | 1272.73 |
| 文化娱乐用品 | 元 | 514.3 | 358.65 | 427.05 | 322.19 |
| 彩色电视机 | 元/台 | 5254.74 | 6575.64 | 7401.25 | 3514.59 |
| 数量 | 台 | 5.5 | 5.99 | 8.26 | 1.84 |
| 金额 | 元 | 103.25 | 122.49 | 187.05 | 20.75 |
| 家用电脑 | 元 | 116.31 | 71.49 | 42.65 | 119.64 |
| 整机电脑 | 元/台 | 3327.78 | 3820.87 | 3817.89 | 3648.14 |
| 数量 | 台 | 8.76 | 5.72 | 3.1 | 8.25 |
| 金额 | 元 | 104.2 | 67.99 | 36.23 | 96.39 |
| 计算机外部设备 | 元 | 7.58 | 0.48 | 0.7 | 21.88 |
| 各种零配件及耗材 | 元 | 4.54 | 3.01 | 5.73 | 1.37 |
| 组合音响 | 元/台 | 547.47 | | | 50.69 |
| 数量 | 台 | 0.14 | | | |
| 金额 | 元 | 0.27 | | | 0.02 |
| 摄像机 | 元/架 | 4117.08 | | | |
| 数量 | 架 | 0.67 | | | |
| 金额 | 元 | 9.93 | | | |
| 照相机 | 元/架 | 2303.55 | 1862.91 | 1800 | 8779.64 |
| 数量 | 架 | 2.33 | 0.19 | 0.38 | 0.94 |
| 金额 | 元 | 19.2 | 1.13 | 2.1 | 26.48 |
| 钢琴 | 元/架 | 16999 | 34514.41 | 34500 | |
| 数量 | 架 | 0.3 | 0.4 | 0.78 | |
| 金额 | 元 | 18.2 | 42.62 | 81.81 | |
| 其他中高档乐器 | 元/件 | 2337.32 | 2733.35 | 2880 | 2100 |
| 数量 | 件 | 1.08 | 0.97 | 1.28 | 0.18 |
| 金额 | 元 | 9 | 8.29 | 11.26 | 1.22 |
| 健身器材 | 元/件 | 891.49 | | | 1674.16 |
| 数量 | 件 | 5.23 | | | 2.26 |
| 金额 | 元 | 16.66 | | | 12.11 |
| 电子辞典 | 元/部 | 1058.89 | 2298 | 2298 | 800 |
| 数量 | 部 | 0.57 | 0.18 | 0.35 | 0.3 |
| 金额 | 元 | 2.17 | 1.28 | 2.46 | 0.76 |
| 音像制品及软件 | 元 | 2.28 | 0.12 | 0.07 | 0.97 |
| 体育用品 | 元 | 3.64 | 0.24 | 0.41 | 2.14 |
| 书报杂志 | 元 | 46.03 | 21.68 | 19.47 | 30.64 |
| 纸张文具 | 元 | 31.03 | 21.89 | 17.81 | 30.65 |
| 其他文娱用品 | 元 | 136.33 | 67.43 | 61.96 | 76.81 |

# 续表 10

| 较低 20% | 中间 20% | 较高 20% | 高 10% | 最高 10% | 更高 5% |
|---|---|---|---|---|---|
| 403.29 | 486.13 | 564.99 | 686.97 | 772.83 | 865.79 |
| 385.23 | 463.67 | 537.79 | 644.61 | 738.01 | 830.17 |
| 60.07 | 87.12 | 102.26 | 113.87 | 160.92 | 173.21 |
| 3.15 | 3.58 | 3.57 | 4.44 | 7.7 | 9.27 |
| 14.91 | 18.88 | 23.64 | 37.92 | 27.12 | 26.35 |
| 1487.08 | 1877.13 | 2539.85 | 3126.52 | 5190.2 | 6764.2 |
| 362.2 | 504.77 | 648.89 | 818.16 | 1242.34 | 1590.39 |
| 4336.79 | 4611.29 | 5593.46 | 4569.08 | 6941.34 | 7199.49 |
| 4.52 | 4.85 | 6.64 | 8.98 | 8.45 | 14.03 |
| 67.35 | 80.76 | 144.6 | 172.48 | 255.32 | 432.33 |
| 82.7 | 94.26 | 148.94 | 211.36 | 222.59 | 230.94 |
| 3350.27 | 3890.22 | 2237.85 | 4164.99 | 4521.95 | 4244 |
| 6.56 | 6.07 | 15.65 | 10.78 | 10.03 | 11.12 |
| 75.5 | 85.4 | 136.28 | 188.81 | 197.33 | 201.92 |
| 5.27 | 3.58 | 5.88 | 13.65 | 13.07 | 17.04 |
| 1.92 | 5.29 | 6.79 | 8.9 | 12.19 | 11.98 |
| 302.48 |  | 467.54 |  | 789.46 | 789.46 |
| 0.1 |  | 0.4 |  | 0.62 | 1.3 |
| 0.11 |  | 0.73 |  | 2.13 | 4.41 |
|  | 4067.54 | 3053.04 | 6840.4 | 4241.25 | 4226.39 |
|  | 1.47 | 0.87 | 0.65 | 2.65 | 3.86 |
|  | 21.54 | 10.39 | 18.78 | 48.81 | 69.78 |
| 1521.87 | 1994.75 | 1773.31 | 2010.36 | 4016.85 | 6788.22 |
| 1.95 | 3.36 | 3.7 | 3.52 | 2.26 | 2.22 |
| 10.19 | 24.22 | 25.57 | 29.77 | 39.55 | 64.43 |
| 10000 | 11053.71 | 18500 |  | 17978.41 | 21800 |
| 0.4 | 0.33 | 0.2 |  | 0.81 | 0.69 |
| 13.87 | 13.11 | 14.17 |  | 63.67 | 64.45 |
| 1240.69 | 773.11 | 1532.52 | 380 | 8062.26 | 8717.58 |
| 0.59 | 1.52 | 1.89 | 0.27 | 2.11 | 3.75 |
| 2.51 | 4.26 | 11.28 | 0.43 | 74.03 | 140.09 |
| 1395.53 | 1690.36 | 969.32 | 2172.23 | 268.32 | 15680 |
| 2.33 | 3.6 | 4.4 | 4.74 | 35.92 | 0.69 |
| 11.17 | 22 | 16.6 | 43.26 | 41.93 | 46.36 |
| 565.85 | 2365 | 1756.34 | 1632.82 | 412.03 |  |
| 1.06 | 0.32 | 0.3 | 0.81 | 1.21 |  |
| 2.06 | 2.76 | 2.08 | 5.54 | 2.17 |  |
| 0.77 | 1.68 | 3.47 | 6.52 | 10.24 | 12.38 |
| 2.18 | 4.01 | 6.26 | 8.39 | 7.36 | 8.65 |
| 35.02 | 57.98 | 61.13 | 78.5 | 67.69 | 69.72 |
| 26.43 | 36.43 | 32.96 | 44.5 | 34.91 | 39.05 |
| 107.85 | 141.76 | 170.7 | 198.63 | 371.96 | 407.79 |

# 3－2－13

| 项　　目 | 计量单位 | 合计 | 最低10% | 更低5% | 低10% |
|---|---|---|---|---|---|
| 文化娱乐服务 | 元 | 670.96 | 163.76 | 150.71 | 305.78 |
| 参观游览 | 元 | 133.66 | 22.95 | 40.51 | 106.8 |
| 健身活动 | 元 | 13.09 | 0.78 | 1.04 | 0.82 |
| 团体旅游 | 元 | 348.6 | 74.69 | 49.91 | 94.55 |
| 其它文娱活动 | 元 | 169.13 | 61.79 | 56.02 | 99.85 |
| 文娱用品修理服务费 | 元 | 6.48 | 3.55 | 3.23 | 3.76 |
| 教育 | 元 | 786.53 | 516.94 | 437.33 | 644.76 |
| 教材 | 元 | 27.2 | 27.08 | 23.63 | 24.53 |
| 课本及参考书 | 元 | 19.65 | 17.15 | 14.92 | 17.04 |
| 教育软件 | 元 | 0.89 | 0.02 | 0.03 | 2.5 |
| 其它教材 | 元 | 6.66 | 9.91 | 8.67 | 4.99 |
| 教育费用 | 元 | 759.32 | 489.86 | 413.7 | 620.23 |
| 非义务教育学杂费 | 元 | 203.37 | 161.75 | 99.3 | 195.74 |
| 义务教育学杂费 | 元 | 38.07 | 48.28 | 46.05 | 51.74 |
| 托幼费 | 元 | 60.8 | 22.51 | 20.36 | 53.54 |
| 成人教育费 | 元 | 100.55 | 21.22 | 17.03 | 29.73 |
| 家教费 | 元 | 47.92 | 54.23 | 45.75 | 42.16 |
| 培训班 | 元 | 212.05 | 132.48 | 143.7 | 160.99 |
| 学校住宿费 | 元 | 12.05 | 5.84 | 0.85 | 7.52 |
| 其他 | 元 | 84.5 | 43.55 | 40.66 | 78.81 |
| 居住 | 元 | 1583.56 | 798.05 | 770.52 | 967.64 |
| 住房 | 元 | 616.02 | 246.37 | 301.85 | 278.77 |
| 租赁房房租 | 元 | 45.92 | 28.52 | 16.89 | 45.89 |
| 住房装潢支出 | 元 | 424.85 | 67.1 | 14.7 | 207.73 |
| 维修用建筑材料 | 元 | 91.05 | 79.16 | 138.09 | 18.63 |
| 其它住房支出 | 元 | 54.21 | 71.6 | 132.17 | 6.53 |
| 水电燃料及其他 | 元 | 861.53 | 525.09 | 454.28 | 642.25 |
| 水 | 元/吨 | 1.82 | 1.92 | 1.89 | 1.83 |
| 数量 | 吨 | 32.45 | 19.42 | 19.31 | 27 |
| 金额 | 元 | 59.09 | 37.33 | 36.46 | 49.31 |
| 电 | 元/度 | 0.5 | 0.5 | 0.49 | 0.51 |
| 数量 | 度 | 475.48 | 326.02 | 295.87 | 387.76 |
| 金额 | 元 | 236.4 | 162.66 | 144.4 | 198.1 |
| 燃料 | 元 | 125.96 | 155.07 | 166.58 | 120.18 |
| 煤炭 | 元/千克 | 0.74 | 0.65 | 0.64 | 0.7 |
| 数量 | 千克 | 80.11 | 169.39 | 196.12 | 93.08 |
| 金额 | 元 | 59.12 | 109.78 | 125.57 | 65.24 |

# 续表 11

| 较低 20% | 中间 20% | 较高 20% | 高 10% | 最高 10% | 更高 5% |
|---|---|---|---|---|---|
| 458.35 | 616.11 | 924.8 | 1275.53 | 2370.87 | 2963.76 |
| 82.25 | 119.75 | 189.2 | 417.38 | 224.24 | 250.69 |
| 6.55 | 19.84 | 11.13 | 7.96 | 88.84 | 52.35 |
| 225.11 | 290.85 | 499.23 | 532.61 | 1657.85 | 2160.1 |
| 138.72 | 179.42 | 217.1 | 302.2 | 391.75 | 490.29 |
| 5.72 | 6.25 | 8.14 | 15.37 | 8.21 | 10.32 |
| 666.54 | 756.25 | 966.17 | 1032.83 | 1576.99 | 2210.06 |
| 23.73 | 33.77 | 32.17 | 20.42 | 21.68 | 24.58 |
| 18.57 | 28.65 | 20.74 | 14.97 | 10.64 | 12.63 |
| 0.74 | 0.41 | 0.95 | 1.24 | 1.12 | 0.9 |
| 4.43 | 4.72 | 10.49 | 4.2 | 9.92 | 11.05 |
| 642.81 | 722.47 | 933.99 | 1012.41 | 1555.31 | 2185.48 |
| 172.73 | 176.39 | 248.37 | 393.12 | 177.35 | 146.57 |
| 41.71 | 32.72 | 37.33 | 14.03 | 15.65 | 13.82 |
| 49.61 | 54.97 | 80.78 | 94.19 | 142.57 | 221.83 |
| 84 | 67.32 | 101.99 | 66 | 672.56 | 1174.47 |
| 41.44 | 57.86 | 54.29 | 48.51 | 21.46 | 22.15 |
| 144.26 | 244.07 | 302.06 | 319.91 | 323.29 | 331.96 |
| 16.41 | 15.69 | 7.94 | 6.72 | 26.54 | 29.46 |
| 92.64 | 73.46 | 101.24 | 69.94 | 175.89 | 245.22 |
| 1178.79 | 1796.42 | 1924.87 | 1928.39 | 4573.45 | 6825.77 |
| 345.5 | 779.13 | 691.67 | 515.49 | 2816.29 | 5123.29 |
| 28.65 | 46.72 | 37.39 | 64.69 | 158.39 | 224.66 |
| 235.45 | 499.44 | 469.07 | 271.58 | 2428.62 | 4553.84 |
| 64.39 | 173 | 84.85 | 88.26 | 152.36 | 226.24 |
| 17.01 | 59.97 | 100.37 | 90.96 | 76.92 | 118.55 |
| 742.56 | 884.84 | 1105.59 | 1234.4 | 1487.2 | 1436.06 |
| 1.64 | 1.72 | 1.81 | 2.14 | 2.22 | 2.18 |
| 34.43 | 34.77 | 37.29 | 38.81 | 41.35 | 48.41 |
| 56.36 | 59.89 | 67.55 | 83.06 | 91.99 | 105.64 |
| 0.5 | 0.5 | 0.5 | 0.48 | 0.48 | 0.46 |
| 451.18 | 474.12 | 533.69 | 686.09 | 733.88 | 761.82 |
| 224.89 | 239.39 | 265.29 | 330.31 | 351.34 | 346.95 |
| 139.68 | 105.57 | 98.11 | 136.29 | 136.38 | 108.84 |
| 0.8 | 0.87 | 0.64 | 0.87 | 1.08 | 0.35 |
| 91.68 | 39.65 | 44.89 | 53.63 | 33.31 | 10.55 |
| 72.9 | 34.64 | 28.86 | 46.51 | 35.82 | 3.71 |

3－2－13

| 项　　目 | 计量单位 | 合计 | 最低10% | 更低5% | 低10% |
|---|---|---|---|---|---|
| 罐装液化石油气 | 元/千克 | 5.06 | 3.18 | 2.13 | 4.39 |
| 数量 | 千克 | 8.75 | 10.5 | 14.93 | 9.82 |
| 金额 | 元 | 44.23 | 33.38 | 31.78 | 43.1 |
| 管道液化石油气 | 元/千克 | 3.34 | 3.67 | 3.67 | 2.08 |
| 数量 | 千克 | 0.2 | 0.03 | 0.05 | 0.05 |
| 金额 | 元 | 0.66 | 0.1 | 0.2 | 0.1 |
| 管道煤气 | 元/立方米 | 1.19 | 1.68 | 2.35 | 2.45 |
| 数量 | 立方米 | 3.6 | 0.54 | 0.25 | 0.64 |
| 金额 | 元 | 4.28 | 0.91 | 0.59 | 1.56 |
| 管道天然气 | 元/立方米 | 2.01 | 2.4 | 2.91 | 2.06 |
| 数量 | 立方米 | 7.65 | 1.95 | 1.89 | 2.85 |
| 金额 | 元 | 15.37 | 4.67 | 5.5 | 5.86 |
| 柴油 | 元/升 | 9.21 | 10 | 10 | 10 |
| 数量 | 升 | 0.04 | 0.01 | 0.02 | 0.07 |
| 金额 | 元 | 0.38 | 0.12 | 0.23 | 0.66 |
| 其它燃料 | 元 | 1.92 | 6.1 | 2.72 | 3.66 |
| 取暖费 | 元 | 423.27 | 169.2 | 106.51 | 273.86 |
| 其它相关支出 | 元 | 16.81 | 0.83 | 0.33 | 0.8 |
| 居住服务费 | 元 | 106 | 26.59 | 14.39 | 46.63 |
| 物业管理费 | 元 | 64.28 | 15.64 | 7.44 | 26.15 |
| 维修服务费 | 元 | 16.21 | 6.62 | 3.61 | 14.75 |
| 其它居住服务费 | 元 | 25.5 | 4.32 | 3.34 | 5.73 |
| 其它商品和服务 | 元 | 798.68 | 249.84 | 219.32 | 356.69 |
| 其它商品 | 元 | 572.69 | 145.79 | 129.88 | 230.75 |
| 金银珠宝饰品 | 元 | 223.16 | 46.94 | 44.73 | 68.31 |
| 手表 | 元/只 | 892.71 | 287.86 | 132.95 | 235.36 |
| 数量 | 只 | 0.05 | 0.02 | 0.02 | 0.03 |
| 金额 | 元 | 41.65 | 6.39 | 2.49 | 6.54 |
| 理发美容用具 | 元 | 3.68 | 0.31 | 0.22 | 2 |
| 化妆品 | 元 | 205.66 | 58 | 47.61 | 88.57 |
| 其它杂品 | 元 | 98.54 | 34.16 | 34.84 | 65.33 |
| 服务 | 元 | 225.99 | 104.05 | 89.44 | 125.95 |
| 旅馆住宿费 | 元 | 42.98 | 5.64 | 5.28 | 15.73 |
| 理发洗澡费 | 元 | 85.22 | 39.22 | 33.84 | 53.85 |
| 美容费 | 元 | 29.47 | 12.12 | 9.5 | 9.12 |
| 其它服务 | 元 | 68.32 | 47.06 | 40.82 | 47.24 |

# 续表 12

| 较低 20% | 中间 20% | 较高 20% | 高 10% | 最高 10% | 更高 5% |
|---|---|---|---|---|---|
| 6.17 | 5.78 | 4.9 | 6.03 | 5 | 5.44 |
| 8.8 | 8.5 | 7.66 | 7.43 | 7.11 | 6.77 |
| 54.24 | 49.15 | 37.57 | 44.81 | 35.55 | 36.81 |
| 3.56 | 2.7 | 2.15 | | 5.92 | 4.55 |
| 0.1 | 0.27 | 0.43 | | 0.76 | 0.53 |
| 0.34 | 0.73 | 0.92 | | 4.52 | 2.4 |
| 1.43 | 1.45 | 1.1 | 1.12 | 1.03 | 0.99 |
| 1.41 | 1.94 | 4.88 | 10.22 | 20.42 | 21.88 |
| 2.01 | 2.8 | 5.35 | 11.43 | 21 | 21.62 |
| 2.04 | 2.08 | 1.94 | 1.95 | 1.96 | 1.91 |
| 4.34 | 8.17 | 12.35 | 17.23 | 20.02 | 23.18 |
| 8.84 | 17 | 23.97 | 33.51 | 39.21 | 44.3 |
| 9.86 | 10 | 5 | | 6 | |
| 0.09 | 0.02 | 0.03 | | 0.03 | |
| 0.88 | 0.18 | 0.14 | | 0.17 | |
| 0.45 | 1.07 | 1.29 | 0.03 | 0.1 | |
| 312.65 | 464.16 | 626.47 | 679.09 | 851.22 | 846.66 |
| 8.97 | 15.84 | 48.17 | 5.65 | 56.26 | 27.96 |
| 90.74 | 132.45 | 127.6 | 178.5 | 269.95 | 266.42 |
| 55.26 | 71.47 | 82.33 | 124.19 | 163.32 | 172.76 |
| 17.97 | 17.83 | 10.39 | 16.29 | 47.53 | 50.31 |
| 17.51 | 43.14 | 34.88 | 38.02 | 59.11 | 43.35 |
| 543.98 | 790.79 | 1151.15 | 1574.55 | 2315.1 | 2646.56 |
| 390.39 | 552.87 | 833.13 | 1210.57 | 1721.55 | 1929.06 |
| 114.73 | 232.57 | 289.01 | 561.02 | 828.74 | 795.46 |
| 714.12 | 576.32 | 997.44 | 1470.93 | 2027.8 | 3473.29 |
| 0.05 | 0.05 | 0.05 | 0.07 | 0.09 | 0.07 |
| 33.48 | 31.33 | 50.35 | 101.86 | 176.91 | 253.38 |
| 1.26 | 3.74 | 4.85 | 9.38 | 15.38 | 21.94 |
| 144.79 | 199.58 | 326.23 | 410.7 | 525.01 | 652.13 |
| 96.13 | 85.65 | 162.7 | 127.6 | 175.51 | 206.15 |
| 153.59 | 237.92 | 318.02 | 363.98 | 593.55 | 717.5 |
| 20.5 | 49.01 | 64.86 | 69.38 | 178.82 | 190.74 |
| 68.53 | 96.13 | 107.15 | 137.04 | 181.41 | 201.55 |
| 14.52 | 30.46 | 39.63 | 58.14 | 113.38 | 161.38 |
| 50.04 | 62.32 | 106.39 | 99.43 | 119.95 | 163.84 |

# 3－2－13

| 项　　目 | 计量单位 | 合计 | 最低10% | 更低5% | 低10% |
|---|---|---|---|---|---|
| 非现金(实物与服务)收入 | 元/人 | 250.53 | 33.63 | 31.23 | 43.36 |
| 食品 | 元/人 | 48.44 | 31.94 | 28.52 | 14.99 |
| 粮油类 | 元/人 | 11.12 | 13.72 | 3.47 | 4.64 |
| 肉禽蛋水产品类 | 元/人 | 14.28 | 6.06 | 4.56 | 5.49 |
| 蔬菜类 | 元/人 | 0.91 | 1.05 | 0.71 | 0.51 |
| 糖烟酒饮料类 | 元/人 | 9.51 | 8.69 | 16.18 | 2.43 |
| 干鲜瓜果类 | 元/人 | 5.93 | 1.99 | 3.18 | 0.94 |
| 糕点、奶及奶制品 | 元/人 | 4.66 | 0.4 | 0.41 | 0.98 |
| 其它食品 | 元/人 | 0.67 | 0.01 | | |
| 饮食服务 | 元/人 | 1.37 | 0.02 | | |
| 衣着 | 元/人 | 4.2 | 1.13 | 2.17 | 2.21 |
| 居住 | 元/人 | 81.96 | | | 5.2 |
| 住房 | 元/人 | 81.96 | | | 5.2 |
| 水电燃料及其它 | 元/人 | | | | |
| 居住服务费 | 元/人 | | | | |
| 家庭设备用品及服务 | 元/人 | 1.51 | | | 0.09 |
| 医疗保健 | 元/人 | 1.42 | 0.28 | | |
| #医疗基金 | 元/人 | 30.37 | | | 8.17 |
| 医疗器具 | 元/人 | 0.04 | | | |
| 保健用品 | 元/人 | 0.02 | | | |
| 药品费 | 元/人 | 0.72 | 0.28 | | |
| 滋补保健品 | 元/人 | 0.49 | | | |
| 医疗费 | 元/人 | 0.14 | | | |
| 其它医疗保健 | 元/人 | | | | |
| 交通和通讯 | 元/人 | 1.35 | | | |
| 交通 | 元/人 | 0.74 | | | |
| 通信 | 元/人 | 0.61 | | | |
| 教育文化娱乐服务 | 元/人 | 0.56 | | | 0.19 |
| 文化娱乐用品 | 元/人 | 0.37 | | | |
| 文化娱乐服务 | 元/人 | 0.16 | | | 0.19 |
| 教育 | 元/人 | 0.03 | | | |
| 其它商品和服务 | 元/人 | 111.1 | 0.28 | 0.54 | 20.68 |

# 续表 13

| 较低 20% | 中间 20% | 较高 20% | 高 10% | 最高 10% | 更高 5% |
|---|---|---|---|---|---|
| 117.76 | 216.66 | 490.71 | 495.04 | 951.48 | 1139.7 |
| 35.72 | 40.24 | 46.04 | 107.53 | 175.74 | 163.92 |
| 10.42 | 5.75 | 11.24 | 15.5 | 32.88 | 25.26 |
| 9.85 | 14.66 | 15.13 | 27.59 | 52.81 | 52.78 |
| 0.8 | 0.95 | 0.32 | 1.72 | 2.35 | 1.43 |
| 5.16 | 8.6 | 4.25 | 30.55 | 36.1 | 38.97 |
| 5.77 | 3.59 | 7.82 | 12 | 22.46 | 22.23 |
| 3.22 | 4.76 | 5.97 | 11 | 17.69 | 5.52 |
| 0.45 | 0.84 | 1.2 | 1.85 | 1.33 | |
| 0.05 | 1.1 | 0.1 | 7.32 | 10.13 | 17.74 |
| 1.01 | 5.67 | 1.33 | 7.63 | 28.35 | 1.51 |
| 39.97 | 58.15 | 207.39 | 160.92 | 266.69 | 447.28 |
| 39.97 | 58.15 | 207.39 | 160.92 | 266.69 | 447.28 |
| | | | | | |
| | | | | | |
| 1.39 | 0.27 | 3.6 | 0.57 | 8.32 | 1.39 |
| 0.53 | 1.17 | 0.97 | 2.16 | 12.18 | |
| 9.32 | 24.81 | 68.41 | 59.67 | 120.08 | 180.27 |
| | | | | 0.73 | |
| | | | 0.34 | | |
| 0.53 | 0.1 | 0.53 | 0.3 | 7.27 | |
| | 0.97 | 0.44 | 0.17 | 3.9 | |
| | 0.11 | | 1.36 | 0.29 | |
| | | | | | |
| | 4.51 | | 1.37 | 7 | |
| | 3.61 | | 0.53 | 0.56 | |
| | 0.9 | | 0.85 | 6.44 | |
| 0.63 | 0.76 | 0.2 | 0.78 | 2.58 | 3.27 |
| 0.49 | 0.45 | 0.04 | 0.1 | 2.58 | 3.27 |
| 0.14 | 0.27 | 0.16 | 0.34 | | |
| | 0.04 | | 0.34 | | |
| 38.51 | 105.89 | 231.17 | 214.07 | 450.61 | 522.34 |

# 3－2－14 各盟市城镇居民人口与就业情况(2012 年)

单位:人/户

| 地　区 | 家庭人口数 | 有收入者人数 | 就业人口数 | 国有经济单位职工人数 |
|---|---|---|---|---|
| **全区** | **2.80** | **1.93** | **1.51** | **0.71** |
| 呼和浩特市 | 2.64 | 1.97 | 1.43 | 0.67 |
| 包头市 | 2.56 | 2.03 | 1.51 | 0.96 |
| 呼伦贝尔市 | 2.70 | 1.90 | 1.42 | 0.67 |
| 兴安盟 | 2.75 | 1.79 | 1.44 | 0.63 |
| 通辽市 | 2.88 | 1.96 | 1.55 | 0.78 |
| 赤峰市 | 2.86 | 1.83 | 1.46 | 0.52 |
| 锡林郭勒盟 | 2.81 | 1.73 | 1.61 | 0.77 |
| 乌兰察布市 | 2.87 | 1.75 | 1.37 | 0.59 |
| 鄂尔多斯市 | 2.92 | 1.95 | 1.76 | 0.87 |
| 巴彦淖尔市 | 2.82 | 1.97 | 1.65 | 0.88 |
| 乌海市 | 2.80 | 1.98 | 1.55 | 0.78 |
| 阿拉善盟 | 2.97 | 2.05 | 1.61 | 0.79 |

# 3－2－14 续表 1

单位:人/户

| 地　区 | 城镇集体经济单位职工人数 | 其它经济类型单位职工人数 | 城镇个体或私营企业主人数 | 城镇个体或私营企业被雇人数 | 离退休再就业人数 | 其　它就业人数 |
|---|---|---|---|---|---|---|
| **全区** | **0.04** | **0.12** | **0.26** | **0.27** | **0.02** | **0.10** |
| 呼和浩特市 | 0.07 | 0.11 | 0.14 | 0.32 | 0.03 | 0.09 |
| 包头市 | 0.04 | 0.07 | 0.16 | 0.19 | 0.06 | 0.02 |
| 呼伦贝尔市 | 0.07 | 0.07 | 0.26 | 0.21 | 0.02 | 0.14 |
| 兴安盟 | 0.02 | 0.04 | 0.31 | 0.22 | 0.02 | 0.20 |
| 通辽市 | 0.04 | 0.08 | 0.29 | 0.22 |  | 0.14 |
| 赤峰市 | 0.02 | 0.12 | 0.38 | 0.25 | 0.01 | 0.16 |
| 锡林郭勒盟 | 0.03 | 0.16 | 0.23 | 0.25 | 0.03 | 0.14 |
| 乌兰察布市 | 0.02 | 0.07 | 0.23 | 0.31 | 0.01 | 0.15 |
| 鄂尔多斯市 | 0.04 | 0.38 | 0.23 | 0.15 | 0.03 | 0.07 |
| 巴彦淖尔市 | 0.02 | 0.07 | 0.28 | 0.23 | 0.02 | 0.15 |
| 乌海市 | 0.07 | 0.17 | 0.13 | 0.27 | 0.01 | 0.12 |
| 阿拉善盟 | 0.02 | 0.09 | 0.31 | 0.28 | 0.05 | 0.07 |

# 3－2－14 续表2

单位：人/户

| 地　区 | | | | 在外就学人数 | 非家庭人口在家用餐(人次) | 家庭人口在外用餐(人次) |
|---|---|---|---|---|---|---|
| | 离退休人数 | 其它有收入者人数 | 无收入者人数 | | | |
| **全区** | **0.37** | **0.06** | **0.87** | **0.06** | **1.10** | **2.68** |
| 呼和浩特市 | 0.51 | 0.03 | 0.67 | 0.04 | 0.85 | 8.48 |
| 包头市 | 0.52 | 0.01 | 0.52 | 0.02 | 0.74 | 1.33 |
| 呼伦贝尔市 | 0.39 | 0.09 | 0.80 | 0.07 | 0.53 | 2.27 |
| 兴安盟 | 0.23 | 0.12 | 0.96 | 0.04 | 2.12 | 3.35 |
| 通辽市 | 0.29 | 0.12 | 0.92 | 0.10 | 2.10 | 3.18 |
| 赤峰市 | 0.34 | 0.03 | 1.04 | 0.05 | 2.99 | 3.02 |
| 锡林郭勒盟 | 0.11 | 0.01 | 1.09 | 0.01 | 0.20 | 0.20 |
| 乌兰察布市 | 0.31 | 0.07 | 1.12 | 0.03 | 0.49 | 2.15 |
| 鄂尔多斯市 | 0.15 | 0.04 | 0.97 | 0.07 | 1.45 | 3.33 |
| 巴彦淖尔市 | 0.28 | 0.04 | 0.84 | 0.10 | 0.37 | 0.84 |
| 乌海市 | 0.40 | 0.04 | 0.82 | 0.10 | 2.64 | 5.64 |
| 阿拉善盟 | 0.34 | 0.10 | 0.93 | 0.05 | 1.25 | 2.65 |

# 3－2－15 各盟市城镇居民住房情况(2012年)

| 地　区 | 家庭居住人口数(人) | 现住房总建筑面积(平方米/人) | 房屋产权(%) | | | | | |
|---|---|---|---|---|---|---|---|---|
| | | | 租赁公房 | 租赁私房 | 原有私房 | 房改私房 | 商品房 | 其他 |
| **全区** | **2.80** | **29.89** | **0.36** | **6.09** | **14.57** | **17.46** | **58.31** | **3.21** |
| 呼和浩特市 | 2.64 | 31.53 | 0.44 | 6.17 | 5.06 | 32.78 | 55.15 | 0.40 |
| 包头市 | 2.55 | 36.09 | 0.27 | 0.16 | 2.89 | 39.79 | 56.22 | 0.67 |
| 呼伦贝尔市 | 2.69 | 27.81 | 0.10 | 7.17 | 29.79 | 15.39 | 45.54 | 2.01 |
| 兴安盟 | 2.75 | 27.22 | 0.22 | 13.09 | 39.07 | 4.26 | 39.56 | 3.81 |
| 通辽市 | 2.88 | 27.62 | 0.90 | 5.79 | 5.35 | 34.30 | 51.47 | 2.20 |
| 赤峰市 | 2.86 | 28.92 | 0.39 | 5.30 | 9.69 | 14.20 | 67.89 | 2.53 |
| 锡林郭勒盟 | 2.81 | 32.20 | 1.53 | 5.66 | 35.48 | 9.06 | 45.73 | 2.54 |
| 乌兰察布市 | 2.87 | 23.79 | 0.45 | 9.13 | 41.49 | 15.49 | 27.95 | 5.49 |
| 鄂尔多斯市 | 2.92 | 38.17 | 0.50 | 8.41 | 18.69 | 3.73 | 63.86 | 4.82 |
| 巴彦淖尔市 | 2.82 | 31.08 | 0.44 | 5.82 | 23.64 | 4.24 | 64.00 | 1.86 |
| 乌海市 | 2.80 | 31.45 | | 1.33 | 6.00 | 4.67 | 88.00 | 0.00 |
| 阿拉善盟 | 2.97 | 36.10 | 2.96 | 3.60 | 24.75 | 6.00 | 58.05 | 4.64 |

# 3－2－15 续表 1

| 地　区 | 住宅建筑式样(%) | | | | | | |
|---|---|---|---|---|---|---|---|
| | 单栋住宅 | 四居室 | 三居室 | 二居室 | 一居室 | 普通楼房 | 平房及其他 |
| **全区** | **0.94** | **1.98** | **25.09** | **45.53** | **3.28** | **3.93** | **19.25** |
| 呼和浩特市 | 0.10 | 3.79 | 16.35 | 69.87 | 1.04 | | 8.84 |
| 包头市 | 0.51 | 2.20 | 22.67 | 63.27 | 2.93 | 3.76 | 4.66 |
| 呼伦贝尔市 | 0.40 | 0.96 | 8.61 | 32.17 | 2.40 | 14.45 | 41.01 |
| 兴安盟 | 1.63 | 1.03 | 8.60 | 28.55 | 3.57 | 14.29 | 42.31 |
| 通辽市 | 0.18 | 4.07 | 27.33 | 34.71 | 1.30 | 7.82 | 24.58 |
| 赤峰市 | 0.75 | 0.89 | 31.10 | 49.16 | 2.15 | 2.99 | 12.97 |
| 锡林郭勒盟 | 2.09 | 0.69 | 14.10 | 26.41 | 1.79 | 2.98 | 51.95 |
| 乌兰察布市 | 1.57 | 0.71 | 2.44 | 27.83 | 4.46 | 8.77 | 54.22 |
| 鄂尔多斯市 | 2.13 | 1.96 | 31.01 | 40.60 | 0.47 | 1.75 | 22.08 |
| 巴彦淖尔市 | 0.98 | 0.91 | 18.31 | 33.82 | 0.88 | 15.12 | 29.98 |
| 乌海市 | | 3.33 | 40.00 | 42.67 | 3.33 | 0.67 | 10.00 |
| 阿拉善盟 | | 0.40 | 32.94 | 22.00 | 1.80 | 4.57 | 38.29 |

# 3－2－15 续表 2

| 地　区 | 装修状况 | | | |
|---|---|---|---|---|
| | 有装修(%) | 未装修(%) | 最近一次装修年份 | 最近一次装修花费(元) |
| **全区** | **57.64** | **42.36** | **4.37** | **20235.36** |
| 呼和浩特市 | 65.98 | 34.02 | 6.37 | 19701.72 |
| 包头市 | 86.45 | 13.55 | 7.62 | 39495.11 |
| 呼伦贝尔市 | 43.84 | 56.16 | 3.05 | 12402.37 |
| 兴安盟 | 20.22 | 79.78 | 0.99 | 7451.77 |
| 通辽市 | 48.96 | 51.04 | 3.28 | 16629.10 |
| 赤峰市 | 43.16 | 56.84 | 11.38 | 9125.69 |
| 锡林郭勒盟 | 28.06 | 71.94 | 1.42 | 6599.63 |
| 乌兰察布市 | 40.19 | 59.81 | 4.83 | 13045.75 |
| 鄂尔多斯市 | 71.57 | 28.43 | 4.62 | 43324.72 |
| 巴彦淖尔市 | 56.31 | 43.69 | 3.65 | 19963.58 |
| 乌海市 | 63.33 | 36.67 | 3.36 | 19685.33 |
| 阿拉善盟 | 65.18 | 34.82 | 4.28 | 27542.89 |

# 3－2－15 续表3

单位：元

| 地　　区 | 购房时间 | 购房总金额 | 购房实际支出金额 |
|---|---|---|---|
| **全区** | **8.20** | **97531.95** | **94515.42** |
| 呼和浩特市 | 10.29 | 94750.64 | 92914.31 |
| 包头市 | 10.55 | 126131.88 | 124242.03 |
| 呼伦贝尔市 | 6.58 | 59694.82 | 58772.56 |
| 兴安盟 | 6.01 | 59949.37 | 57956.55 |
| 通辽市 | 5.04 | 70050.72 | 67418.75 |
| 赤峰市 | 11.78 | 99064.35 | 97900.27 |
| 锡林郭勒盟 | 8.71 | 63540.15 | 61513.60 |
| 乌兰察布市 | 5.53 | 41847.70 | 40698.64 |
| 鄂尔多斯市 | 7.93 | 137129.00 | 118188.90 |
| 巴彦淖尔市 | 6.97 | 79656.87 | 77323.98 |
| 乌海市 | 8.05 | 123149.87 | 116763.20 |
| 阿拉善盟 | | 82999.63 | 78647.47 |

# 3－2－15 续表4

单位：平方米

| 地　　区 | 除了现住房，还有几处其他住房（套） | 出租房（套） | | 偶尔居住房（套） | | 其它用途房（套） | |
|---|---|---|---|---|---|---|---|
| | | | 建筑面积 | | 建筑面积 | | 建筑面积 |
| **全区** | **0.11** | **0.07** | **5.47** | **0.02** | **1.74** | **0.02** | **1.79** |
| 呼和浩特市 | 0.14 | 0.09 | 6.37 | 0.03 | 2.94 | 0.02 | 1.33 |
| 包头市 | 0.15 | 0.07 | 6.19 | 0.04 | 3.93 | 0.03 | 2.78 |
| 呼伦贝尔市 | 0.12 | 0.07 | 5.51 | 0.03 | 2.26 | 0.01 | 1.22 |
| 兴安盟 | 0.05 | 0.03 | 3.37 | 0.01 | 0.67 | 0.01 | 0.59 |
| 通辽市 | 0.14 | 0.11 | 7.28 | 0.01 | 0.49 | 0.03 | 2.07 |
| 赤峰市 | 0.05 | 0.02 | 1.85 | | 0.15 | 0.02 | 0.84 |
| 锡林郭勒盟 | 0.05 | 0.03 | 3.50 | | 0.14 | | 0.37 |
| 乌兰察布市 | 0.06 | 0.03 | 1.79 | 0.02 | 2.03 | 0.01 | 0.42 |
| 鄂尔多斯市 | 0.37 | 0.21 | 18.92 | 0.05 | 5.56 | 0.12 | 11.68 |
| 巴彦淖尔市 | 0.13 | 0.10 | 7.47 | 0.02 | 1.38 | 0.02 | 1.75 |
| 乌海市 | 0.05 | 0.03 | 1.05 | 0.01 | 0.89 | 0.01 | 0.81 |
| 阿拉善盟 | 0.09 | 0.05 | 3.84 | 0.05 | 5.34 | 0.01 | 0.59 |

# 3－2－16 各盟市城镇居民生活基本情况(2012年)

| 地　区 | 饮水情况(%) | | | | |
|---|---|---|---|---|---|
| | 自来水 | 矿泉水 | 纯净水 | 井、河水 | 其它 |
| **全区** | **88.98** | **2.47** | **5.20** | **2.99** | **0.36** |
| 呼和浩特市 | 99.67 | | 0.22 | 0.10 | |
| 包头市 | 60.61 | 15.15 | 24.24 | | |
| 呼伦贝尔市 | 68.12 | | 0.19 | 30.38 | 1.31 |
| 兴安盟 | 84.10 | 0.28 | 0.28 | 15.35 | |
| 通辽市 | 98.99 | | | 1.01 | |
| 赤峰市 | 98.95 | 0.21 | 0.31 | 0.33 | 0.21 |
| 锡林郭勒盟 | 97.14 | | 0.53 | 2.22 | 0.10 |
| 乌兰察布市 | 95.55 | | 1.39 | 2.71 | 0.35 |
| 鄂尔多斯市 | 98.29 | 0.61 | 1.10 | | |
| 巴彦淖尔市 | 97.37 | 1.32 | 0.14 | 1.18 | |
| 乌海市 | 96.67 | | 3.33 | | |
| 阿拉善盟 | 100.00 | | | | |

# 3－2－16 续表1

| 地　区 | 用水情况(%) | | | |
|---|---|---|---|---|
| | 独用自来水 | 公用自来水 | 井、河水 | 其它 |
| **全区** | **95.19** | **1.31** | **2.96** | **0.53** |
| 呼和浩特市 | 99.55 | 0.28 | 0.18 | |
| 包头市 | 99.97 | 0.03 | | |
| 呼伦贝尔市 | 67.39 | 0.92 | 30.08 | 1.62 |
| 兴安盟 | 82.52 | 1.23 | 13.69 | 2.56 |
| 通辽市 | 98.99 | | 1.01 | |
| 赤峰市 | 93.65 | 5.33 | 0.72 | 0.31 |
| 锡林郭勒盟 | 35.81 | 60.47 | 2.33 | 1.39 |
| 乌兰察布市 | 91.27 | 4.20 | 3.47 | 1.06 |
| 鄂尔多斯市 | 95.09 | 4.91 | | |
| 巴彦淖尔市 | 98.59 | 0.14 | 1.18 | 0.10 |
| 乌海市 | 100.00 | | | |
| 阿拉善盟 | 99.68 | 0.32 | | |

# 3－2－16 续表 2

| 地　　区 | 卫生设备(%) | | | |
|---|---|---|---|---|
| | 无卫生设备 | 有厕所浴室 | 有厕所无浴室 | 公　　用 |
| **全区** | **12.83** | **62.62** | **20.51** | **4.04** |
| 呼和浩特市 | 5.52 | 81.14 | 10.61 | 2.73 |
| 包头市 | 1.42 | 82.94 | 13.09 | 2.55 |
| 呼伦贝尔市 | 25.95 | 36.81 | 23.28 | 13.96 |
| 兴安盟 | 26.13 | 29.42 | 31.06 | 13.39 |
| 通辽市 | 19.42 | 52.72 | 23.72 | 4.15 |
| 赤峰市 | 4.12 | 53.72 | 36.01 | 6.15 |
| 锡林郭勒盟 | 40.64 | 37.72 | 16.44 | 5.20 |
| 乌兰察布市 | 48.89 | 34.15 | 11.17 | 5.79 |
| 鄂尔多斯市 | 11.24 | 78.12 | 3.45 | 7.19 |
| 巴彦淖尔市 | 21.13 | 59.61 | 15.64 | 3.62 |
| 乌海市 | 5.33 | 88.67 | 4.00 | 2.00 |
| 阿拉善盟 | 30.93 | 58.46 | 4.46 | 6.14 |

# 3－2－16 续表 3

| 地　　区 | 取暖设备(%) | | | |
|---|---|---|---|---|
| | 无取暖设备 | 空调设备 | 暖　气 | 其　它 |
| **全区** | **0.51** | **0.11** | **85.07** | **14.31** |
| 呼和浩特市 | | | 90.97 | 9.03 |
| 包头市 | | 0.32 | 97.02 | 2.66 |
| 呼伦贝尔市 | 0.70 | | 72.76 | 26.53 |
| 兴安盟 | 0.59 | 0.55 | 88.77 | 10.09 |
| 通辽市 | 5.40 | 0.38 | 86.45 | 7.77 |
| 赤峰市 | 1.17 | 0.21 | 92.91 | 5.72 |
| 锡林郭勒盟 | 0.33 | 0.06 | 95.68 | 3.93 |
| 乌兰察布市 | 1.92 | 0.13 | 50.92 | 47.02 |
| 鄂尔多斯市 | 0.76 | | 95.06 | 4.18 |
| 巴彦淖尔市 | 0.14 | | 87.26 | 12.60 |
| 乌海市 | | | 96.00 | 4.00 |
| 阿拉善盟 | 0.20 | | 69.38 | 30.41 |

## 3－2－16 续表4

| 地　　区 | 炊用燃料使用情况(%) | | | | | |
|---|---|---|---|---|---|---|
| | 煤炭 | 罐装液化石油气 | 管道液化石油气 | 管道煤气 | 管道天然气 | 其它燃料 |
| **全区** | **16.83** | **50.38** | **1.60** | **3.73** | **19.10** | **8.36** |
| 呼和浩特市 | 7.88 | 13.66 | 0.42 | 1.88 | 74.99 | 1.16 |
| 包头市 | 5.17 | 30.82 | | 25.53 | 38.45 | 0.03 |
| 呼伦贝尔市 | 34.03 | 60.57 | 0.56 | 0.04 | | 4.79 |
| 兴安盟 | 27.85 | 46.93 | | | | 25.22 |
| 通辽市 | 16.38 | 56.14 | 0.00 | 0.00 | 15.97 | 11.51 |
| 赤峰市 | 9.22 | 87.62 | 1.18 | 1.50 | | 0.49 |
| 锡林郭勒盟 | 34.75 | 63.38 | 0.13 | 0.67 | | 1.08 |
| 乌兰察布市 | 56.95 | 29.79 | 2.91 | 0.08 | | 10.27 |
| 鄂尔多斯市 | 10.50 | 44.64 | 0.21 | 8.11 | 30.97 | 5.57 |
| 巴彦淖尔市 | 23.58 | 52.25 | 7.27 | 3.18 | 1.17 | 12.55 |
| 乌海市 | 9.33 | 20.67 | | | 52.00 | 18.00 |
| 阿拉善盟 | 14.81 | 71.13 | 0.33 | 0.98 | | 12.75 |

## 3－2－17 各盟市城镇居民主要消费品每百户拥有情况(2012年)

| 地　　区 | 摩托车(辆) | 助力车(辆) | 家用汽车(辆) | 洗衣机(台) | 电冰箱(台) | 彩色电视机(台) |
|---|---|---|---|---|---|---|
| **全区** | **21.81** | **28.70** | **23.58** | **97.35** | **99.63** | **105.27** |
| 呼和浩特市 | 8.29 | 36.03 | 24.87 | 102.14 | 104.93 | 105.71 |
| 包头市 | 11.53 | 27.20 | 37.61 | 101.49 | 106.54 | 109.03 |
| 呼伦贝尔市 | 18.68 | 11.49 | 9.79 | 93.96 | 88.04 | 109.21 |
| 兴安盟 | 38.55 | 17.27 | 13.75 | 90.24 | 81.33 | 103.14 |
| 通辽市 | 24.86 | 38.11 | 13.13 | 97.35 | 94.50 | 111.23 |
| 赤峰市 | 31.65 | 23.33 | 14.40 | 97.64 | 99.87 | 105.78 |
| 锡林郭勒盟 | 54.75 | 38.52 | 23.69 | 88.01 | 91.79 | 110.15 |
| 乌兰察布市 | 28.84 | 43.40 | 11.06 | 89.16 | 86.15 | 102.50 |
| 鄂尔多斯市 | 14.32 | 46.50 | 62.36 | 107.29 | 115.61 | 120.91 |
| 巴彦淖尔市 | 35.14 | 54.41 | 17.45 | 98.37 | 100.42 | 101.81 |
| 乌海市 | 22.67 | 51.33 | 22.00 | 100.00 | 102.00 | 105.33 |
| 阿拉善盟 | 54.41 | 43.74 | 36.96 | 98.95 | 97.02 | 109.32 |

# 3－2－17 续表1

| 地　　区 | 家用电脑(台) | 组合音响(套) | 摄像机(架) | 照相机(架) | 钢琴(架) | 其他中高档乐器(件) |
|---|---|---|---|---|---|---|
| **全区** | **62.60** | **13.07** | **8.98** | **33.39** | **1.79** | **3.35** |
| 呼和浩特市 | 67.66 | 12.68 | 9.15 | 43.60 | 1.59 | 3.68 |
| 包头市 | 77.29 | 23.64 | 13.64 | 51.06 | 2.82 | 6.78 |
| 呼伦贝尔市 | 54.68 | 8.51 | 5.82 | 21.19 | 0.90 | 2.50 |
| 兴安盟 | 44.48 | 4.62 | 4.28 | 17.71 | 0.98 | 0.58 |
| 通辽市 | 62.55 | 5.35 | 7.41 | 24.52 | 0.76 | 2.12 |
| 赤峰市 | 68.10 | 9.97 | 8.44 | 27.40 | 1.34 | 2.73 |
| 锡林郭勒盟 | 67.77 | 16.41 | 12.69 | 24.22 | 4.80 | 6.14 |
| 乌兰察布市 | 38.11 | 6.95 | 3.62 | 14.21 | 0.27 | 1.03 |
| 鄂尔多斯市 | 77.79 | 14.09 | 14.36 | 62.94 | 2.59 | 7.21 |
| 巴彦淖尔市 | 66.62 | 8.09 | 7.10 | 35.38 | 3.21 | 5.59 |
| 乌海市 | 66.67 | 16.00 | 19.33 | 50.00 | 3.33 | 6.00 |
| 阿拉善盟 | 72.02 | 17.86 | 8.03 | 35.92 | 1.20 | 2.40 |

# 3－2－17 续表2

| 地　　区 | 微波炉(台) | 空调器(台) | 淋浴热水器(台) | 消毒碗柜(台) | 洗碗机(台) | 健身器材(套) |
|---|---|---|---|---|---|---|
| **全区** | **41.85** | **15.64** | **63.04** | **3.78** | **0.28** | **2.77** |
| 呼和浩特市 | 54.68 | 12.12 | 81.35 | 3.49 | 0.60 | 3.31 |
| 包头市 | 68.65 | 29.22 | 83.31 | 6.36 | 0.21 | 4.48 |
| 呼伦贝尔市 | 28.01 | 1.96 | 36.96 | 5.17 | 0.71 | 0.98 |
| 兴安盟 | 12.37 | 5.64 | 32.14 | 0.73 | 0.17 | 1.23 |
| 通辽市 | 35.00 | 17.10 | 52.54 | 1.63 | 0.58 | 2.25 |
| 赤峰市 | 45.97 | 14.89 | 59.68 | 2.24 | 0.10 | 2.88 |
| 锡林郭勒盟 | 41.06 | 9.17 | 32.56 | 5.11 | 2.80 | 4.28 |
| 乌兰察布市 | 21.20 | 0.64 | 31.30 | 1.49 |  | 0.49 |
| 鄂尔多斯市 | 44.69 | 8.76 | 68.65 | 5.51 | 0.48 | 5.05 |
| 巴彦淖尔市 | 35.14 | 22.73 | 61.80 | 3.02 |  | 3.50 |
| 乌海市 | 51.33 | 42.67 | 88.67 | 3.33 | 0.67 | 8.00 |
| 阿拉善盟 | 38.16 | 13.12 | 70.56 | 2.63 | 0.20 |  |

# 3－2－17 续表3

| 地　　区 | 普通电话（部） | 移动电话（部） | 接入互联网的移动电话(部) | 接入有线电视网络的电视机(台) | 接入互联网的计算机(台) |
|---|---|---|---|---|---|
| **全区** | **44.85** | **206.11** | **44.65** | **78.73** | **45.87** |
| 呼和浩特市 | 56.42 | 214.51 | 22.66 | 83.73 | 39.87 |
| 包头市 | 54.15 | 203.43 | 32.81 | 92.18 | 60.89 |
| 呼伦贝尔市 | 53.99 | 204.54 | 15.53 | 88.76 | 52.14 |
| 兴安盟 | 24.13 | 195.38 | 10.06 | 75.36 | 30.10 |
| 通辽市 | 25.71 | 215.38 | 26.12 | 92.39 | 46.22 |
| 赤峰市 | 54.17 | 200.90 | 78.16 | 93.94 | 47.53 |
| 锡林郭勒盟 | 37.76 | 236.51 | 24.04 | 101.80 | 47.57 |
| 乌兰察布市 | 30.30 | 179.54 | 15.74 | 59.83 | 21.47 |
| 鄂尔多斯市 | 41.46 | 259.29 | 15.11 | 99.28 | 52.82 |
| 巴彦淖尔市 | 38.26 | 230.03 | 19.80 | 82.97 | 45.72 |
| 乌海市 | 28.67 | 224.00 | 42.00 | 100.00 | 46.00 |
| 阿拉善盟 | 38.22 | 245.26 | 26.85 | 101.87 | 60.00 |

# 3－2－18 各盟市城镇居民现金收入情况(2012年)

单位:元

| 地　　区 | 期初手存现金 | 家庭总收入 | | | | | |
|---|---|---|---|---|---|---|---|
| | | | #可支配收入 | 工资性收入 | | | 经营性收入 |
| | | | | | 工资及补贴收　　入 | 其它劳动收入 | |
| **全区** | **472.21** | **24790.79** | **23150.26** | **16872.58** | **15905.39** | **967.19** | **2698.67** |
| 呼和浩特市 | 644.33 | 34390.22 | 32646.20 | 19875.47 | 18266.67 | 1608.80 | 4861.65 |
| 包头市 | 418.23 | 36608.45 | 33488.38 | 23106.31 | 22538.55 | 567.76 | 4743.22 |
| 呼伦贝尔市 | 600.52 | 21188.26 | 19491.85 | 14268.99 | 12538.59 | 1730.40 | 3442.09 |
| 兴安盟 | 567.26 | 16311.80 | 15573.08 | 11004.41 | 9166.16 | 1838.25 | 2491.62 |
| 通辽市 | 894.04 | 20153.30 | 18828.03 | 12133.15 | 11120.98 | 1012.16 | 3548.03 |
| 赤峰市 | 608.72 | 19624.15 | 18678.46 | 12868.36 | 11898.82 | 969.55 | 3017.58 |
| 锡林郭勒盟 | 353.99 | 21758.41 | 20508.05 | 14132.14 | 13312.03 | 820.11 | 3589.13 |
| 乌兰察布市 | 735.06 | 19323.78 | 18608.85 | 13816.81 | 12539.61 | 1277.20 | 2288.91 |
| 鄂尔多斯市 | 207.48 | 35669.38 | 33140.13 | 25101.95 | 23394.55 | 1707.40 | 4934.65 |
| 巴彦淖尔市 | 467.75 | 19473.31 | 18455.00 | 13996.55 | 13478.76 | 517.79 | 2407.07 |
| 乌海市 | 155.38 | 28656.98 | 25447.00 | 20832.07 | 19575.39 | 1256.67 | 2495.35 |
| 阿拉善盟 | 412.33 | 26852.89 | 24448.00 | 16266.02 | 14898.48 | 1367.54 | 4813.87 |

# 3－2－18 续表 1

单位:元

| 地　区 | 财产性收入 | 利息收入 | 股息与红利收入 | 保险收益 | 其它投资收　入 | 出租房屋收　入 | 知识产权收　入 | 其它财产性收入 |
|---|---|---|---|---|---|---|---|---|
| **全区** | **564.02** | **94.83** | **111.63** | **17.26** | **71.00** | **200.04** | **0.17** | **69.10** |
| 呼和浩特市 | 1579.66 | 24.19 | 289.30 | 101.64 | 551.02 | 398.80 | 0.17 | 214.54 |
| 包头市 | 921.00 | 253.60 | 175.37 | 1.73 | 122.84 | 261.12 | | 106.34 |
| 呼伦贝尔市 | 224.21 | 32.06 | 26.70 | 26.87 | 5.49 | 115.06 | | 18.03 |
| 兴安盟 | 99.98 | 13.78 | 2.51 | 2.53 | 3.84 | 47.61 | | 29.71 |
| 通辽市 | 263.00 | 13.38 | 5.78 | 17.02 | 4.77 | 213.38 | | 8.67 |
| 赤峰市 | 635.43 | 54.92 | 66.41 | 13.16 | 252.61 | 43.32 | | 205.01 |
| 锡林郭勒盟 | 531.05 | 49.16 | 68.04 | 29.00 | 33.40 | 245.08 | 0.04 | 106.33 |
| 乌兰察布市 | 36.72 | 7.18 | 0.14 | 0.36 | 4.60 | 21.75 | | 2.70 |
| 鄂尔多斯市 | 2352.08 | 521.07 | 493.68 | 3.06 | 323.66 | 965.42 | | 45.19 |
| 巴彦淖尔市 | 200.75 | 44.11 | 18.41 | 0.04 | 19.86 | 114.33 | | 4.00 |
| 乌海市 | 286.93 | 47.79 | 55.55 | 13.47 | 49.52 | 101.67 | | 18.93 |
| 阿拉善盟 | 359.02 | 47.52 | 5.91 | 33.53 | 17.37 | 221.13 | | 33.55 |

# 3－2－18 续表 2

单位:元

| 地　区 | 转移性收入 | 养老金或离退休金 | 社会救济收　入 | 最低生活保障收入 | 辞退金 | 赔偿收入 |
|---|---|---|---|---|---|---|
| **全区** | **4655.51** | **4029.90** | **104.34** | **91.67** | **0.03** | **2.43** |
| 呼和浩特市 | 8073.45 | 5784.40 | 46.71 | 41.63 | 1.66 | |
| 包头市 | 7837.91 | 7443.77 | 12.00 | 6.25 | | 2.01 |
| 呼伦贝尔市 | 3252.97 | 2694.48 | 122.71 | 83.67 | | 1.80 |
| 兴安盟 | 2715.79 | 2322.00 | 170.53 | 147.49 | | |
| 通辽市 | 4209.12 | 2946.44 | 213.66 | 187.32 | 0.11 | |
| 赤峰市 | 3102.77 | 2927.80 | 73.36 | 61.66 | | 0.35 |
| 锡林郭勒盟 | 3506.09 | 2901.48 | 65.25 | 58.53 | 0.04 | 24.20 |
| 乌兰察布市 | 3181.33 | 2779.30 | 214.94 | 202.33 | | 5.08 |
| 鄂尔多斯市 | 3280.70 | 2183.24 | 45.24 | 43.96 | 4.08 | |
| 巴彦淖尔市 | 2868.93 | 2651.37 | 78.83 | 62.94 | | 7.99 |
| 乌海市 | 5042.62 | 4705.17 | 19.29 | 17.14 | | 5.95 |
| 阿拉善盟 | 5413.98 | 4608.28 | 66.27 | 51.33 | | |

# 3－2－18 续表 3

单位:元

| 地　　区 | 保险收入 | 失业保险金 | 赡养收入 | 来自城镇居民赡养收入 | 捐赠收入 | 来自城镇居民捐赠收入 | 提取住房公积金 | 其它转移性收入 |
|---|---|---|---|---|---|---|---|---|
| **全区** | **22.74** | **4.30** | **97.92** | **7.26** | **184.67** | **10.90** | **57.27** | **54.15** |
| 呼和浩特市 | 55.47 | 12.17 | 481.28 | 33.05 | 1386.45 | 118.06 | 110.33 | 74.05 |
| 包头市 | 9.74 | | 34.84 | | 171.16 | | 1.54 | 27.47 |
| 呼伦贝尔市 | 22.40 | 8.19 | 92.72 | 4.48 | 130.09 | 37.59 | 75.74 | 29.17 |
| 兴安盟 | 12.70 | 12.26 | 91.16 | | 22.72 | | 1.00 | 14.14 |
| 通辽市 | 20.84 | 0.58 | 246.95 | 113.02 | 484.98 | | 75.95 | 95.18 |
| 赤峰市 | 3.03 | | 43.98 | | 8.38 | 0.76 | 4.15 | 0.80 |
| 锡林郭勒盟 | 32.82 | 0.01 | 94.21 | 11.64 | 220.32 | | 11.10 | 53.93 |
| 乌兰察布市 | 1.01 | 1.01 | 31.74 | | 62.29 | | | 0.78 |
| 鄂尔多斯市 | 13.57 | | 297.29 | 197.22 | 417.70 | 218.31 | 25.25 | 188.88 |
| 巴彦淖尔市 | 4.31 | 4.31 | 19.36 | 0.00 | 50.11 | 0.00 | 1.42 | 5.82 |
| 乌海市 | 13.57 | | 84.76 | 9.52 | 85.60 | | | 0.93 |
| 阿拉善盟 | 27.71 | 20.23 | 45.85 | 2.72 | 256.54 | | 14.52 | 238.83 |

# 3－2－18 续表 4

单位:元

| 地　　区 | 出售财物收入 | 出售住房收入 | 出售其它物品收入 |
|---|---|---|---|
| **全区** | **130.72** | **120.38** | **10.35** |
| 呼和浩特市 | 17.43 | 8.51 | 8.92 |
| 包头市 | 83.76 | 55.56 | 28.20 |
| 呼伦贝尔市 | 1.93 | | 1.93 |
| 兴安盟 | 16.05 | 2.40 | 13.65 |
| 通辽市 | 121.88 | 121.18 | 0.71 |
| 赤峰市 | 5.64 | | 5.64 |
| 锡林郭勒盟 | 63.29 | 14.54 | 48.75 |
| 乌兰察布市 | 81.74 | 81.66 | 0.08 |
| 鄂尔多斯市 | | | |
| 巴彦淖尔市 | 4.09 | 0.95 | 3.13 |
| 乌海市 | 1.43 | | 1.43 |
| 阿拉善盟 | 1482.17 | 1448.78 | 33.39 |

# 3-2-18 续表 5

单位:元

| 地　　区 | 借贷收入 | 提取储蓄存款 | 借入款 | 收回借出款 | 收回储蓄性保险本 | 兑售有价证券 |
|---|---|---|---|---|---|---|
| **全区** | **6809.86** | **6435.04** | **64.97** | **70.24** | **0.33** | **0.17** |
| 呼和浩特市 | 11527.86 | 10657.14 | 250.87 | 215.67 | 8.78 | 1.70 |
| 包头市 | 9254.04 | 9180.85 | 44.77 | 11.07 | 0.94 | |
| 呼伦贝尔市 | 4915.78 | 4543.91 | 93.29 | 86.76 | | |
| 兴安盟 | 1841.99 | 1679.10 | 99.03 | 3.76 | | |
| 通辽市 | 7074.28 | 6476.39 | 105.36 | 126.02 | | |
| 赤峰市 | 3397.55 | 3309.10 | 79.54 | 0.88 | 0.82 | |
| 锡林郭勒盟 | 4040.93 | 3807.38 | 33.61 | 11.62 | 0.23 | 0.53 |
| 乌兰察布市 | 3500.45 | 3290.28 | 125.78 | 10.71 | 0.19 | |
| 鄂尔多斯市 | 20171.16 | 18708.49 | 444.48 | 490.04 | 9.69 | |
| 巴彦淖尔市 | 3705.33 | 3618.81 | 47.90 | 10.59 | | |
| 乌海市 | 9950.97 | 9663.11 | 161.90 | 70.24 | | |
| 阿拉善盟 | 13310.70 | 10994.57 | 518.26 | 170.82 | | |

# 3-2-18 续表 6

单位:元

| 地　　区 | 收回投资本金 | 住房贷款 | 汽车贷款 | 教育贷款 | 其它贷款 | 其它借贷收入 |
|---|---|---|---|---|---|---|
| **全区** | **7.99** | **170.72** | **15.68** | **6.55** | **33.43** | **4.73** |
| 呼和浩特市 | | 320.03 | 51.43 | | 21.31 | 0.93 |
| 包头市 | | 1.99 | | | 14.42 | |
| 呼伦贝尔市 | 16.89 | 157.78 | | 11.84 | 3.13 | 2.18 |
| 兴安盟 | 0.70 | 7.02 | 40.03 | 6.69 | 5.67 | |
| 通辽市 | 81.41 | 158.05 | 104.07 | 8.04 | 12.92 | 2.02 |
| 赤峰市 | | 2.08 | | 2.16 | 2.97 | |
| 锡林郭勒盟 | | 16.56 | 169.17 | 1.00 | 0.70 | 0.13 |
| 乌兰察布市 | | 29.76 | | 6.50 | 37.11 | 0.12 |
| 鄂尔多斯市 | | 92.30 | 202.37 | | 150.52 | 73.27 |
| 巴彦淖尔市 | 0.48 | | 24.00 | | 3.36 | 0.19 |
| 乌海市 | | 30.24 | | | 18.10 | 7.38 |
| 阿拉善盟 | 4.82 | 1127.60 | 149.46 | | 264.49 | 80.68 |

# 3－2－19 各盟市城镇居民现金支出情况(2012 年)

单位:元

| 地　　区 | 家庭总支出 | | | | |
|---|---|---|---|---|---|
| | | 消费性支出 | 财产性支出 | | |
| | | | | 非生产性贷款利息支出 | 其它 |
| **全区** | **22562.52** | **17717.10** | **20.74** | **16.69** | **4.04** |
| 呼和浩特市 | 27661.41 | 21094.96 | 69.33 | 64.62 | 4.71 |
| 包头市 | 32821.03 | 25999.13 | 4.59 | 3.38 | 1.21 |
| 呼伦贝尔市 | 20102.32 | 15157.00 | 42.11 | 41.84 | 0.27 |
| 兴安盟 | 14374.83 | 11369.13 | 1.52 | 1.52 | |
| 通辽市 | 19455.47 | 14333.98 | 12.50 | 2.38 | 10.12 |
| 赤峰市 | 15871.91 | 13137.95 | 1.81 | | 1.81 |
| 锡林郭勒盟 | 20007.99 | 16799.12 | 7.95 | 4.80 | 3.15 |
| 乌兰察布市 | 15573.43 | 12262.61 | 3.66 | 3.61 | 0.05 |
| 鄂尔多斯市 | 36291.94 | 27488.17 | 157.20 | 94.79 | 62.41 |
| 巴彦淖尔市 | 17834.86 | 13372.37 | 9.51 | 8.02 | 1.49 |
| 乌海市 | 28832.51 | 20921.08 | 47.65 | 47.65 | |
| 阿拉善盟 | 29787.71 | 22369.51 | 3.50 | | 3.50 |

# 3－2－19 续表 1

单位:元

| 地　　区 | 转移性支出 | | | | | | | |
|---|---|---|---|---|---|---|---|---|
| | | 交纳所得税 | | | | | 捐赠支出 | 购买彩票 |
| | | | 来自工资性收入的个税 | 来自经营净收入的个税 | 来自财产性收入的个税 | 来自转移性收入的个税 | | |
| **全区** | **2977.59** | **50.41** | **48.23** | **1.54** | **0.36** | | **2269.46** | **5.89** |
| 呼和浩特市 | 3769.12 | 69.99 | 57.99 | 10.17 | 1.75 | | 3114.28 | 4.62 |
| 包头市 | 3681.09 | 106.58 | 103.38 | 3.12 | | | 2897.58 | 6.32 |
| 呼伦贝尔市 | 2678.72 | 26.50 | 8.98 | 13.71 | 0.02 | | 2089.56 | 2.77 |
| 兴安盟 | 2250.83 | 1.14 | 0.01 | | | | 1822.09 | 3.33 |
| 通辽市 | 2654.30 | 46.33 | 43.58 | 1.00 | 1.01 | 0.08 | 2124.44 | 1.93 |
| 赤峰市 | 1595.04 | 8.44 | 7.54 | 0.10 | | | 1080.23 | 4.50 |
| 锡林郭勒盟 | 1942.91 | 13.95 | 12.81 | 0.07 | 0.99 | 0.06 | 1511.25 | 4.66 |
| 乌兰察布市 | 2654.74 | 32.19 | 7.28 | 18.71 | | 5.98 | 2198.49 | 6.41 |
| 鄂尔多斯市 | 5782.38 | 261.89 | 256.86 | 4.21 | 0.54 | | 4226.31 | 9.60 |
| 巴彦淖尔市 | 3451.87 | 8.00 | 5.94 | 0.21 | | | 2677.53 | 3.90 |
| 乌海市 | 3882.16 | 77.20 | 66.58 | 8.54 | | | 3016.08 | 7.66 |
| 阿拉善盟 | 5207.01 | 112.38 | 110.55 | 0.48 | | | 3388.37 | 27.23 |

# 3－2－19 续表 2

单位:元

| 地　　区 | 赡养支出 | 在外就学子女费用 | 各种非储蓄性保险支出 | 车辆保险支出 | 其它转移性支出 |
|---|---|---|---|---|---|
| **全区** | **480.80** | **340.21** | **123.23** | **70.57** | **47.81** |
| 呼和浩特市 | 222.01 | 196.80 | 254.36 | 201.13 | 103.86 |
| 包头市 | 472.07 | 253.99 | 119.64 | 53.27 | 78.89 |
| 呼伦贝尔市 | 421.71 | 157.89 | 50.82 | 2.44 | 87.37 |
| 兴安盟 | 340.10 | 305.43 | 46.38 | 9.11 | 37.80 |
| 通辽市 | 418.83 | 377.89 | 41.20 | 26.77 | 21.57 |
| 赤峰市 | 371.83 | 290.52 | 64.28 | 26.83 | 65.77 |
| 锡林郭勒盟 | 257.13 | 56.78 | 90.23 | 41.31 | 65.69 |
| 乌兰察布市 | 378.59 | 337.81 | 30.91 | 12.16 | 8.15 |
| 鄂尔多斯市 | 678.82 | 605.01 | 366.83 | 265.49 | 238.93 |
| 巴彦淖尔市 | 571.97 | 414.91 | 113.38 | 50.21 | 77.08 |
| 乌海市 | 484.20 | 298.25 | 91.87 | 29.83 | 205.15 |
| 阿拉善盟 | 1456.98 | 1270.57 | 201.69 | 153.08 | 20.37 |

# 3－2－19 续表 3

单位:元

| 地　　区 | 社会保障支出 | 个人交纳的养老基金 | 个人交纳的住房公积金 | 个人交纳的医疗基金 | 个人交纳的失业基金 | 其它社会保障支出 |
|---|---|---|---|---|---|---|
| **全区** | **1488.07** | **503.22** | **679.56** | **213.28** | **37.31** | **54.71** |
| 呼和浩特市 | 1540.94 | 419.78 | 773.49 | 289.33 | 39.64 | 18.70 |
| 包头市 | 2878.10 | 1049.84 | 1256.09 | 370.17 | 105.53 | 96.48 |
| 呼伦贝尔市 | 1586.05 | 613.06 | 657.54 | 266.13 | 27.88 | 21.43 |
| 兴安盟 | 656.05 | 150.17 | 352.21 | 118.17 | 19.98 | 15.52 |
| 通辽市 | 1376.52 | 424.62 | 682.00 | 206.25 | 18.67 | 44.98 |
| 赤峰市 | 896.33 | 325.01 | 413.73 | 114.95 | 14.06 | 28.58 |
| 锡林郭勒盟 | 1165.82 | 105.50 | 841.41 | 199.36 | 8.45 | 11.10 |
| 乌兰察布市 | 595.54 | 204.02 | 238.28 | 93.51 | 3.74 | 56.00 |
| 鄂尔多斯市 | 2161.90 | 767.40 | 986.14 | 301.73 | 38.76 | 67.87 |
| 巴彦淖尔市 | 998.81 | 221.77 | 604.02 | 158.71 | 7.34 | 6.97 |
| 乌海市 | 3005.43 | 976.69 | 1405.99 | 509.47 | 51.53 | 61.74 |
| 阿拉善盟 | 2136.63 | 508.61 | 1181.39 | 322.36 | 74.51 | 49.77 |

# 3－2－19 续表 4

单位:元

| 地　区 | 购房与建房支出 | 购房 | 建房 |
|---|---|---|---|
| **全区** | **359.03** | **350.93** | **8.10** |
| 呼和浩特市 | 1187.07 | 1185.11 | 1.96 |
| 包头市 | 258.12 | 258.12 | |
| 呼伦贝尔市 | 657.80 | 657.80 | |
| 兴安盟 | 97.30 | 77.35 | 19.94 |
| 通辽市 | 1078.17 | 1078.17 | |
| 赤峰市 | 240.79 | 240.79 | |
| 锡林郭勒盟 | 92.19 | 92.19 | |
| 乌兰察布市 | 56.88 | 30.83 | 26.05 |
| 鄂尔多斯市 | 702.29 | 670.36 | 31.93 |
| 巴彦淖尔市 | 2.30 | | 2.30 |
| 乌海市 | 976.19 | 976.19 | |
| 阿拉善盟 | 71.04 | 69.00 | 2.04 |

# 3－2－19 续表 5

单位:元

| 地　区 | 借贷支出 | 存入储蓄款 | 借出款 | 归还借款 |
|---|---|---|---|---|
| **全区** | **8933.46** | **8028.44** | **29.49** | **72.40** |
| 呼和浩特市 | 18127.73 | 17608.13 | 8.00 | 151.57 |
| 包头市 | 12889.73 | 11499.07 | 13.62 | 81.57 |
| 呼伦贝尔市 | 6905.70 | 6391.61 | 9.58 | 62.65 |
| 兴安盟 | 3739.01 | 3112.17 | 1.83 | 30.00 |
| 通辽市 | 7883.31 | 6773.48 | 86.44 | 78.50 |
| 赤峰市 | 6567.91 | 6232.28 | 19.88 | 31.47 |
| 锡林郭勒盟 | 6580.06 | 6012.16 | 1.01 | 41.89 |
| 乌兰察布市 | 7282.37 | 6983.94 | 5.68 | 33.50 |
| 鄂尔多斯市 | 17795.91 | 13769.34 | 148.07 | 254.41 |
| 巴彦淖尔市 | 5987.04 | 5265.52 | 1.88 | 42.64 |
| 乌海市 | 8965.14 | 8394.79 | 41.19 | 94.05 |
| 阿拉善盟 | 11880.06 | 9587.21 | 10.70 | 310.72 |

# 3－2－19 续表 6

单位:元

| 地　　区 | 储蓄性保险支出 | 购买有价证券 | 其它投资支出 | 归还住房贷款 |
|---|---|---|---|---|
| **全区** | **135.18** | **0.72** | **26.59** | **507.19** |
| 呼和浩特市 | 120.14 | | | 203.63 |
| 包头市 | 240.10 | | 3.30 | 908.22 |
| 呼伦贝尔市 | 111.86 | | 38.87 | 269.57 |
| 兴安盟 | 228.40 | | 17.32 | 335.85 |
| 通辽市 | 117.53 | 5.87 | 205.74 | 434.27 |
| 赤峰市 | 103.26 | | 5.98 | 166.19 |
| 锡林郭勒盟 | 36.26 | | 1.67 | 457.78 |
| 乌兰察布市 | 63.36 | | 11.23 | 139.55 |
| 鄂尔多斯市 | 89.15 | | 140.31 | 1715.33 |
| 巴彦淖尔市 | 148.53 | | 0.28 | 483.04 |
| 乌海市 | 52.77 | 7.62 | 3.81 | 193.42 |
| 阿拉善盟 | 93.17 | | 49.49 | 1672.45 |

# 3－2－19 续表 7

单位:元

| 地　　区 | 归还汽车贷款 | 归还教育贷款 | 归还其它贷款 | 其它借贷支出 | 期末手存现金 |
|---|---|---|---|---|---|
| **全区** | **96.33** | | **28.16** | **8.95** | **707.18** |
| 呼和浩特市 | 30.12 | | 5.42 | 0.72 | 788.89 |
| 包头市 | 83.51 | | 47.94 | 12.40 | 655.24 |
| 呼伦贝尔市 | 2.12 | | 4.42 | 15.03 | 1028.87 |
| 兴安盟 | 3.26 | | 8.55 | 1.63 | 600.53 |
| 通辽市 | 30.60 | | 33.73 | 117.17 | 1273.66 |
| 赤峰市 | | | 7.13 | 1.73 | 1285.80 |
| 锡林郭勒盟 | 13.03 | | 15.31 | 0.94 | 439.80 |
| 乌兰察布市 | 8.24 | | 15.22 | 21.65 | 985.16 |
| 鄂尔多斯市 | 1211.13 | 0.61 | 287.53 | 180.04 | 1888.81 |
| 巴彦淖尔市 | 33.29 | | 6.94 | 4.93 | 581.82 |
| 乌海市 | 128.10 | | 27.64 | 21.76 | 965.53 |
| 阿拉善盟 | 65.92 | | 89.21 | 1.20 | 390.23 |

# 3－2－20 各盟市城镇居民非现金(实物与服务)收入情况(2012 年)

单位:元

| 地　区 | 非现金(实物与服务)收入总计 | 食品 | 粮油类 | 肉禽蛋水产品类 | 蔬菜类 |
|---|---|---|---|---|---|
| **全区** | **250.53** | **48.44** | **11.12** | **14.28** | **0.91** |
| 呼和浩特市 | 124.84 | 94.82 | 12.79 | 33.93 | 3.13 |
| 包头市 | 1194.86 | 50.42 | 5.69 | 13.27 | 0.55 |
| 呼伦贝尔市 | 65.93 | 45.92 | 9.80 | 14.23 | 0.73 |
| 兴安盟 | 15.13 | 12.74 | 4.72 | 6.84 | 0.04 |
| 通辽市 | 81.27 | 67.33 | 21.77 | 22.37 | 0.21 |
| 赤峰市 | 22.78 | 15.61 | 5.33 | 3.78 | 1.28 |
| 锡林郭勒盟 | 2.44 | 2.27 | 1.05 | 0.39 | |
| 乌兰察布市 | 7.82 | 7.44 | 2.11 | 1.90 | 0.10 |
| 鄂尔多斯市 | 455.81 | 62.36 | 17.07 | 25.06 | 0.13 |
| 巴彦淖尔市 | 74.57 | 45.01 | 5.07 | 20.87 | 2.10 |
| 乌海市 | 55.24 | 34.17 | 3.04 | 12.86 | 0.47 |
| 阿拉善盟 | 59.06 | 48.67 | 1.06 | 17.05 | |

# 3－2－20 续表 1

单位:元

| 地　区 | 糖烟酒饮料类 | 干鲜瓜果类 | 糕点、奶及奶制品 | 其它食品 | 饮食服务 |
|---|---|---|---|---|---|
| **全区** | **9.51** | **5.93** | **4.66** | **0.67** | **1.37** |
| 呼和浩特市 | 16.51 | 12.43 | 6.54 | 1.79 | 7.70 |
| 包头市 | 11.76 | 4.86 | 8.05 | 2.93 | 3.30 |
| 呼伦贝尔市 | 5.94 | 1.84 | 0.59 | | 12.79 |
| 兴安盟 | 0.44 | 0.49 | 0.22 | | |
| 通辽市 | 12.66 | 3.58 | 3.47 | 0.67 | 2.60 |
| 赤峰市 | 1.42 | 1.33 | 1.97 | 0.50 | |
| 锡林郭勒盟 | 0.43 | 0.04 | 0.35 | 0.01 | |
| 乌兰察布市 | 0.91 | 0.94 | 0.59 | 0.89 | |
| 鄂尔多斯市 | 3.25 | 10.29 | 0.16 | 6.40 | |
| 巴彦淖尔市 | 5.87 | 2.77 | 1.85 | 1.61 | 4.87 |
| 乌海市 | 7.90 | 2.64 | 6.67 | 0.59 | |
| 阿拉善盟 | 22.97 | 5.65 | 1.48 | 0.45 | |

# 3－2－20 续表 2

单位:元

| 地区 | 衣着 | 居住 | 住房 | 水电燃料及其它 | 居住服务费 | 家庭设备用品及服务 |
|---|---|---|---|---|---|---|
| **全区** | **4.20** | **81.96** | **81.96** | | | **1.51** |
| 呼和浩特市 | 7.36 | 0.45 | | 0.45 | | 2.08 |
| 包头市 | 3.93 | 586.53 | 586.53 | | | 0.10 |
| 呼伦贝尔市 | 3.00 | | | | | 0.15 |
| 兴安盟 | 2.12 | | | | | |
| 通辽市 | 3.76 | | | | | 2.03 |
| 赤峰市 | 3.46 | | | | | 0.23 |
| 锡林郭勒盟 | 0.12 | | | | | |
| 乌兰察布市 | 0.08 | | | | | 0.16 |
| 鄂尔多斯市 | 1.22 | | | | | 6.39 |
| 巴彦淖尔市 | 7.02 | | | | | 0.75 |
| 乌海市 | 8.77 | | | | | 1.20 |
| 阿拉善盟 | | | | | | 5.59 |

# 3－2－20 续表 3

单位:元

| 地区 | 医疗保健 | 医疗基金 | 医疗器具 | 保健用品 | 药品费 | 滋补保健品 | 医疗费 | 其它医疗保健 |
|---|---|---|---|---|---|---|---|---|
| **全区** | **1.42** | **30.37** | **0.04** | **0.02** | **0.72** | **0.49** | **0.14** | |
| 呼和浩特市 | 5.44 | | 1.96 | 0.66 | 1.02 | 1.65 | 0.15 | |
| 包头市 | 0.94 | 177.41 | | 0.08 | 0.28 | 0.26 | 0.32 | |
| 呼伦贝尔市 | 14.69 | | | | 3.76 | | 10.94 | |
| 兴安盟 | | | | | | | | |
| 通辽市 | 0.38 | | | | 0.03 | 0.35 | | |
| 赤峰市 | 2.47 | | 0.04 | | 1.69 | 0.69 | 0.05 | |
| 锡林郭勒盟 | | | | | | | | |
| 乌兰察布市 | 0.04 | | | | 0.04 | | | |
| 鄂尔多斯市 | | | | | | | | |
| 巴彦淖尔市 | 7.27 | | 0.50 | | | 0.48 | 6.08 | 0.21 |
| 乌海市 | 1.38 | | | | | 1.38 | | |
| 阿拉善盟 | | | | | | | | |

# 3－2－20 续表 4

单位:元

| 地区 | 交通和通讯 | 交通 | 通信 | 教育文化娱乐服务 | 文化娱乐用品 | 文化娱乐服务 | 教育 | 其它商品和服务 |
|---|---|---|---|---|---|---|---|---|
| **全区** | **1.35** | **0.74** | **0.61** | **0.56** | **0.37** | **0.16** | **0.03** | **111.10** |
| 呼和浩特市 | 7.45 | 7.45 | | 3.32 | 0.98 | 2.35 | | 3.91 |
| 包头市 | 0.41 | | 0.41 | 0.57 | 0.49 | | 0.08 | 551.97 |
| 呼伦贝尔市 | 1.74 | 1.74 | | 0.31 | 0.31 | | | 0.11 |
| 兴安盟 | | | | | | | | 0.27 |
| 通辽市 | 0.11 | | 0.11 | 4.92 | 4.88 | 0.04 | | 2.74 |
| 赤峰市 | | | | 0.06 | 0.06 | | | 0.95 |
| 锡林郭勒盟 | | | | 0.05 | 0.05 | | | |
| 乌兰察布市 | | | | | | | | 0.10 |
| 鄂尔多斯市 | 6.91 | | 6.91 | 0.53 | 0.53 | | | 378.41 |
| 巴彦淖尔市 | 6.13 | 0.57 | 5.57 | 0.77 | 0.60 | 0.17 | | 7.62 |
| 乌海市 | 4.29 | | 4.29 | 0.86 | 0.67 | | 0.19 | 4.58 |
| 阿拉善盟 | | | | 3.31 | 3.31 | | | 1.49 |

# 3－2－21 各盟市城镇居民消费支出(2012 年)

| 地区 | 消费支出(元) | 服务性消费支出(元) | 通过互联网购买商品或服务支出(元) | 旅游人次(次/人) | 旅游花费总额(元) | 有价证券收入(元) |
|---|---|---|---|---|---|---|
| **全区** | **17717.10** | **4282.99** | **48.31** | **0.40** | **282.07** | |
| 呼和浩特市 | 21094.96 | 5666.94 | 35.34 | 1.56 | 756.61 | |
| 包头市 | 25999.13 | 6585.02 | 11.71 | 0.39 | 391.67 | |
| 呼伦贝尔市 | 15157.00 | 3542.60 | 22.99 | 0.34 | 107.74 | |
| 兴安盟 | 11369.13 | 2753.28 | 25.89 | 0.78 | 88.71 | |
| 通辽市 | 14333.98 | 3533.88 | 47.77 | 0.49 | 297.94 | |
| 赤峰市 | 13137.95 | 2983.78 | 16.89 | 0.22 | 45.53 | |
| 锡林郭勒盟 | 16799.12 | 4008.49 | 16.82 | 1.21 | 118.73 | |
| 乌兰察布市 | 12262.61 | 2518.16 | 3.72 | 0.09 | 63.66 | |
| 鄂尔多斯市 | 27488.17 | 7069.57 | 228.81 | 1.21 | 967.49 | |
| 巴彦淖尔市 | 13102.00 | 2908.80 | 37.07 | 0.16 | 156.09 | |
| 乌海市 | 20921.08 | 5282.39 | 109.50 | 0.92 | 791.49 | |
| 阿拉善盟 | 22369.51 | 5472.92 | 45.60 | 0.33 | 409.82 | |

# 3－2－22 各盟市城镇居民食品类消费情况(2012年)

单位:元、千克

| 地区 | 食品 | 粮油类 | 粮食 | 数量 | 大米(元/千克) | 数量 | 金额 |
|---|---|---|---|---|---|---|---|
| **全区** | **5463.18** | **689.15** | **488.84** | **93.28** | **5.45** | **32.53** | **177.41** |
| 呼和浩特市 | 6491.53 | 816.32 | 556.03 | 93.15 | 5.72 | 21.74 | 124.38 |
| 包头市 | 8000.82 | 885.92 | 604.50 | 115.41 | 5.67 | 31.18 | 176.71 |
| 呼伦贝尔市 | 4830.09 | 731.23 | 500.85 | 97.22 | 5.63 | 38.45 | 216.63 |
| 兴安盟 | 3489.12 | 702.43 | 509.81 | 107.54 | 5.11 | 58.82 | 300.67 |
| 通辽市 | 4353.59 | 665.15 | 455.94 | 90.61 | 5.07 | 45.83 | 232.15 |
| 赤峰市 | 4270.13 | 727.41 | 535.02 | 104.78 | 5.38 | 45.20 | 243.32 |
| 锡林郭勒盟 | 6176.06 | 781.85 | 615.14 | 132.15 | 5.34 | 34.86 | 185.99 |
| 乌兰察布市 | 4463.26 | 575.92 | 408.40 | 77.33 | 6.77 | 13.67 | 92.57 |
| 鄂尔多斯市 | 7254.00 | 686.88 | 505.10 | 78.98 | 5.30 | 27.09 | 143.51 |
| 巴彦淖尔市 | 4026.14 | 450.25 | 324.83 | 65.45 | 5.09 | 23.52 | 122.35 |
| 乌海市 | 6164.79 | 640.15 | 424.04 | 66.95 | 7.16 | 20.86 | 149.27 |
| 阿拉善盟 | 6751.15 | 967.58 | 738.67 | 147.69 | 5.74 | 49.39 | 283.24 |

# 3－2－22 续表1

单位:元、千克

| 地区 | 面粉(元/千克) | 数量 | 金额 | 其它粮食及制品 | 数量 | 淀粉及薯类 | 数量 | 干豆类及豆制品 |
|---|---|---|---|---|---|---|---|---|
| **全区** | **4.14** | **25.02** | **103.71** | **207.73** | **35.73** | **39.84** | **11.52** | **44.05** |
| 呼和浩特市 | 4.25 | 24.45 | 104.01 | 327.65 | 46.95 | 75.06 | 25.11 | 56.26 |
| 包头市 | 4.53 | 26.69 | 120.98 | 306.63 | 57.55 | 56.44 | 16.51 | 60.95 |
| 呼伦贝尔市 | 4.01 | 29.29 | 117.57 | 166.65 | 29.49 | 45.02 | 11.63 | 40.57 |
| 兴安盟 | 3.75 | 31.06 | 116.38 | 92.75 | 17.65 | 31.01 | 9.21 | 35.43 |
| 通辽市 | 4.10 | 23.02 | 94.36 | 129.43 | 21.76 | 37.62 | 10.69 | 36.76 |
| 赤峰市 | 4.21 | 27.17 | 114.44 | 177.25 | 32.41 | 32.20 | 7.68 | 40.03 |
| 锡林郭勒盟 | 3.57 | 38.67 | 138.05 | 184.55 | 58.62 | 30.84 | 10.20 | 26.89 |
| 乌兰察布市 | 4.34 | 33.45 | 145.23 | 170.60 | 30.21 | 55.24 | 21.89 | 40.35 |
| 鄂尔多斯市 | 4.91 | 18.65 | 91.63 | 269.96 | 33.23 | 49.41 | 14.77 | 46.94 |
| 巴彦淖尔市 | 3.86 | 18.60 | 73.23 | 129.26 | 23.35 | 28.25 | 9.23 | 28.71 |
| 乌海市 | 6.41 | 16.30 | 104.43 | 170.34 | 29.80 | 55.57 | 13.40 | 41.54 |
| 阿拉善盟 | 4.17 | 77.76 | 324.06 | 131.37 | 20.55 | 64.92 | 16.18 | 22.18 |

# 3－2－22 续表 2

单位:元、千克

| 地　区 | 油脂类 | 数　量 | 食用植物油（元/千克） | 数　量 | 金　额 | 食用动物油 |
|---|---|---|---|---|---|---|
| **全区** | **116.43** | **6.68** | **17.38** | **6.55** | **113.84** | **2.58** |
| 呼和浩特市 | 128.98 | 6.36 | 20.29 | 6.32 | 128.26 | 0.72 |
| 包头市 | 164.03 | 9.59 | 17.09 | 9.57 | 163.53 | 0.49 |
| 呼伦贝尔市 | 144.78 | 10.85 | 13.31 | 10.70 | 142.53 | 2.25 |
| 兴安盟 | 126.18 | 9.18 | 13.76 | 9.10 | 125.15 | 1.03 |
| 通辽市 | 134.83 | 8.30 | 16.25 | 8.16 | 132.54 | 2.29 |
| 赤峰市 | 120.16 | 6.49 | 18.56 | 6.31 | 117.04 | 3.11 |
| 锡林郭勒盟 | 108.98 | 6.25 | 15.77 | 6.11 | 107.29 | 1.69 |
| 乌兰察布市 | 71.93 | 4.00 | 18.06 | 3.87 | 69.95 | 1.98 |
| 鄂尔多斯市 | 85.43 | 3.53 | 24.15 | 3.35 | 81.00 | 4.43 |
| 巴彦淖尔市 | 68.45 | 4.07 | 16.27 | 3.97 | 65.87 | 2.58 |
| 乌海市 | 119.00 | 5.02 | 23.85 | 4.87 | 116.22 | 2.78 |
| 阿拉善盟 | 141.81 | 7.76 | 18.78 | 7.35 | 138.08 | 3.73 |

# 3－2－22 续表 3

单位:元、千克

| 地　区 | 肉禽蛋水产品类 | 肉　类 | 数　量 | 猪　肉（元/千克） | 数　量 | 金　额 |
|---|---|---|---|---|---|---|
| **全区** | **1218.38** | **879.95** | **28.16** | **25.62** | **13.12** | **336.01** |
| 呼和浩特市 | 1260.18 | 921.62 | 26.50 | 26.77 | 13.58 | 363.55 |
| 包头市 | 1594.31 | 1139.11 | 35.42 | 26.78 | 16.54 | 443.01 |
| 呼伦贝尔市 | 1296.01 | 894.64 | 27.46 | 25.30 | 12.29 | 310.97 |
| 兴安盟 | 812.60 | 562.97 | 20.15 | 26.12 | 12.23 | 319.60 |
| 通辽市 | 913.60 | 615.58 | 21.34 | 25.18 | 14.20 | 357.61 |
| 赤峰市 | 969.38 | 674.32 | 24.38 | 24.80 | 13.52 | 335.18 |
| 锡林郭勒盟 | 1629.75 | 1433.96 | 40.67 | 26.95 | 6.20 | 167.09 |
| 乌兰察布市 | 1152.36 | 824.83 | 25.99 | 24.10 | 11.48 | 276.80 |
| 鄂尔多斯市 | 1524.28 | 1278.16 | 33.51 | 31.48 | 14.52 | 457.07 |
| 巴彦淖尔市 | 870.14 | 668.16 | 21.42 | 27.27 | 10.99 | 306.08 |
| 乌海市 | 1349.84 | 1023.09 | 26.03 | 35.46 | 12.84 | 455.17 |
| 阿拉善盟 | 1467.89 | 1151.89 | 28.46 | 28.52 | 9.24 | 263.50 |

# 3－2－22 续表4

单位:元、千克

| 地　　区 | 牛肉（元/千克） | 数量 | 金额 | 羊肉（元/千克） | 数量 | 金额 | 其它肉及制品 | 数量 |
|---|---|---|---|---|---|---|---|---|
| **全区** | **40.85** | **4.26** | **173.94** | **42.91** | **5.31** | **227.89** | **142.12** | **5.50** |
| 呼和浩特市 | 42.99 | 3.20 | 137.65 | 48.28 | 5.59 | 270.02 | 150.40 | 4.15 |
| 包头市 | 40.75 | 4.24 | 172.80 | 45.40 | 6.78 | 307.61 | 215.69 | 7.89 |
| 呼伦贝尔市 | 40.56 | 6.58 | 267.11 | 47.16 | 3.73 | 176.04 | 140.50 | 4.87 |
| 兴安盟 | 39.54 | 1.85 | 72.96 | 45.04 | 1.52 | 68.53 | 101.87 | 4.57 |
| 通辽市 | 41.05 | 2.68 | 109.85 | 42.48 | 1.07 | 45.28 | 102.84 | 3.42 |
| 赤峰市 | 36.32 | 3.14 | 114.07 | 42.22 | 2.66 | 112.16 | 112.90 | 5.07 |
| 锡林郭勒盟 | 35.11 | 16.12 | 565.97 | 38.12 | 15.39 | 586.67 | 114.23 | 2.96 |
| 乌兰察布市 | 41.70 | 3.17 | 132.35 | 41.42 | 7.28 | 301.65 | 114.03 | 4.06 |
| 鄂尔多斯市 | 42.06 | 4.44 | 186.92 | 46.09 | 11.84 | 545.53 | 88.64 | 2.72 |
| 巴彦淖尔市 | 34.38 | 2.86 | 100.54 | 38.95 | 4.97 | 197.29 | 64.24 | 2.60 |
| 乌海市 | 49.65 | 3.55 | 176.07 | 52.57 | 5.65 | 296.99 | 94.85 | 4.03 |
| 阿拉善盟 | 46.46 | 3.35 | 155.72 | 48.74 | 12.69 | 618.35 | 114.31 | 3.21 |

# 3－2－22 续表5

单位:元、千克

| 地　　区 | 禽　肉 | 数量 | 鸡（元/千克） | 数量 | 金额 | 鸭（元/千克） | 数量 | 金额 | 其它禽类及制品 |
|---|---|---|---|---|---|---|---|---|---|
| **全区** | **110.80** | **5.51** | **18.42** | **3.54** | **65.12** | **18.85** | **0.22** | **4.07** | **41.61** |
| 呼和浩特市 | 128.40 | 5.37 | 19.20 | 3.27 | 62.82 | 12.42 | 0.02 | 0.26 | 65.31 |
| 包头市 | 130.41 | 6.35 | 18.66 | 4.60 | 85.87 | 20.24 | 0.39 | 7.87 | 36.66 |
| 呼伦贝尔市 | 115.48 | 5.22 | 19.03 | 3.14 | 59.73 | 20.08 | 0.28 | 5.61 | 50.14 |
| 兴安盟 | 97.66 | 5.60 | 15.62 | 3.57 | 55.76 | 21.51 | 0.15 | 3.24 | 38.66 |
| 通辽市 | 108.33 | 5.00 | 19.98 | 3.43 | 68.42 | 18.91 | 0.42 | 7.96 | 31.95 |
| 赤峰市 | 109.40 | 5.83 | 18.18 | 3.59 | 65.30 | 17.54 | 0.27 | 4.77 | 39.32 |
| 锡林郭勒盟 | 67.58 | 4.17 | 15.55 | 3.50 | 54.36 | 18.31 | 0.08 | 1.45 | 11.78 |
| 乌兰察布市 | 99.09 | 4.61 | 19.04 | 2.87 | 54.64 | 17.94 | 0.04 | 0.64 | 43.81 |
| 鄂尔多斯市 | 108.34 | 4.97 | 20.58 | 4.28 | 88.11 | 30.84 | 0.07 | 2.30 | 17.92 |
| 巴彦淖尔市 | 83.57 | 4.57 | 17.68 | 3.74 | 67.48 | 14.32 | 0.17 | 2.37 | 13.72 |
| 乌海市 | 109.08 | 4.27 | 25.18 | 3.37 | 84.82 | 27.04 | 0.22 | 5.91 | 18.35 |
| 阿拉善盟 | 135.78 | 6.33 | 20.00 | 4.72 | 94.46 | 20.76 | 0.31 | 6.50 | 34.82 |

# 3－2－22 续表6

单位:元、千克

| 地区 | 蛋类 | 数量 | 鲜蛋(元/千克) | 数量 | 金额 | 蛋制品 | 数量 |
|---|---|---|---|---|---|---|---|
| **全区** | **83.19** | **8.86** | **9.27** | **8.55** | **79.31** | **3.88** | **0.31** |
| 呼和浩特市 | 91.42 | 9.59 | 9.42 | 9.24 | 87.00 | 4.42 | 0.36 |
| 包头市 | 114.24 | 11.56 | 9.73 | 11.05 | 107.53 | 6.71 | 0.50 |
| 呼伦贝尔市 | 97.28 | 10.60 | 8.93 | 9.97 | 89.12 | 8.16 | 0.63 |
| 兴安盟 | 69.36 | 7.77 | 8.87 | 7.58 | 67.21 | 2.15 | 0.20 |
| 通辽市 | 83.02 | 9.22 | 8.94 | 8.95 | 80.03 | 2.99 | 0.27 |
| 赤峰市 | 94.86 | 10.83 | 8.72 | 10.65 | 92.88 | 1.99 | 0.18 |
| 锡林郭勒盟 | 65.51 | 7.11 | 9.19 | 7.06 | 64.89 | 0.61 | 0.05 |
| 乌兰察布市 | 64.72 | 6.48 | 9.91 | 6.39 | 63.34 | 1.38 | 0.09 |
| 鄂尔多斯市 | 62.80 | 6.65 | 9.27 | 5.88 | 54.56 | 8.24 | 0.76 |
| 巴彦淖尔市 | 51.03 | 5.42 | 9.14 | 5.31 | 49.62 | 1.41 | 0.10 |
| 乌海市 | 84.83 | 7.19 | 11.97 | 6.84 | 81.85 | 2.98 | 0.35 |
| 阿拉善盟 | 88.85 | 7.60 | 11.30 | 6.97 | 78.83 | 10.02 | 0.62 |

# 3－2－22 续表7

单位:元、千克

| 地区 | 水产品类 | 鱼(元/千克) | 数量 | 金额 | 虾(元/千克) | 数量 | 金额 | 其它水产品及制品 |
|---|---|---|---|---|---|---|---|---|
| **全区** | **144.44** | **18.48** | **4.12** | **76.18** | **66.78** | **0.53** | **35.08** | **33.17** |
| 呼和浩特市 | 118.75 | 21.40 | 3.68 | 78.80 | 41.51 | 0.28 | 11.72 | 28.22 |
| 包头市 | 210.07 | 20.29 | 6.13 | 124.34 | 43.72 | 0.78 | 34.28 | 51.44 |
| 呼伦贝尔市 | 188.61 | 17.87 | 6.64 | 118.74 | 36.12 | 0.77 | 27.71 | 42.16 |
| 兴安盟 | 82.61 | 16.28 | 4.14 | 67.46 | 32.88 | 0.26 | 8.44 | 6.72 |
| 通辽市 | 106.67 | 14.80 | 4.58 | 67.78 | 41.50 | 0.29 | 11.89 | 26.99 |
| 赤峰市 | 90.80 | 16.91 | 4.25 | 71.83 | 34.52 | 0.26 | 8.99 | 9.98 |
| 锡林郭勒盟 | 62.70 | 16.73 | 3.05 | 51.04 | 32.95 | 0.06 | 2.00 | 9.66 |
| 乌兰察布市 | 163.73 | 18.93 | 2.45 | 46.35 | 114.44 | 0.65 | 74.44 | 42.93 |
| 鄂尔多斯市 | 74.97 | 23.89 | 1.79 | 42.81 | 42.69 | 0.07 | 2.81 | 29.36 |
| 巴彦淖尔市 | 67.39 | 17.61 | 3.48 | 62.52 | 31.32 | 0.04 | 1.21 | 3.65 |
| 乌海市 | 132.85 | 27.11 | 3.14 | 85.26 | 92.20 | 0.35 | 32.12 | 15.47 |
| 阿拉善盟 | 91.38 | 18.90 | 3.41 | 64.41 | 24.84 | 0.46 | 11.34 | 15.63 |

# 3－2－22 续表8

单位:元、千克

| 地　区 | 蔬菜类 | 鲜菜（元/千克） | 数量 | 金　额 | 干菜 | 菜制品 |
|---|---|---|---|---|---|---|
| **全区** | **457.17** | **4.17** | **99.10** | **413.57** | **23.80** | **19.80** |
| 呼和浩特市 | 518.00 | 4.58 | 105.45 | 482.62 | 20.70 | 14.68 |
| 包头市 | 571.41 | 4.66 | 111.79 | 521.30 | 30.40 | 19.70 |
| 呼伦贝尔市 | 408.92 | 3.94 | 84.44 | 332.59 | 38.18 | 38.15 |
| 兴安盟 | 359.80 | 3.24 | 102.50 | 332.48 | 15.08 | 12.24 |
| 通辽市 | 366.14 | 3.79 | 87.81 | 332.35 | 16.21 | 17.58 |
| 赤峰市 | 498.59 | 3.48 | 133.00 | 462.49 | 19.16 | 16.94 |
| 锡林郭勒盟 | 414.65 | 4.99 | 79.83 | 398.46 | 7.23 | 8.96 |
| 乌兰察布市 | 309.31 | 4.12 | 67.64 | 278.79 | 18.91 | 11.62 |
| 鄂尔多斯市 | 382.26 | 4.81 | 70.63 | 339.41 | 13.08 | 29.77 |
| 巴彦淖尔市 | 414.40 | 3.76 | 98.40 | 377.65 | 8.85 | 27.89 |
| 乌海市 | 495.22 | 6.22 | 74.30 | 462.14 | 15.22 | 17.86 |
| 阿拉善盟 | 736.63 | 5.91 | 105.31 | 622.03 | 57.19 | 57.41 |

# 3－2－22 续表9

单位:元、千克

| 地　区 | 调味品 | 糖烟酒饮料类 | 糖类 | 烟草类 | 酒类 | 白酒（元/千克） | 数量 | 金额 |
|---|---|---|---|---|---|---|---|---|
| **全区** | **62.79** | **745.73** | **39.79** | **337.22** | **264.32** | **74.95** | **2.93** | **219.46** |
| 呼和浩特市 | 76.51 | 900.06 | 53.45 | 435.57 | 312.02 | 84.61 | 3.31 | 280.37 |
| 包头市 | 102.61 | 1349.81 | 57.11 | 610.34 | 495.17 | 141.73 | 3.15 | 446.47 |
| 呼伦贝尔市 | 59.07 | 440.48 | 49.40 | 149.98 | 144.19 | 20.07 | 3.34 | 67.12 |
| 兴安盟 | 61.01 | 349.68 | 25.64 | 133.12 | 130.96 | 12.74 | 5.95 | 75.86 |
| 通辽市 | 63.84 | 640.87 | 42.11 | 255.96 | 234.78 | 34.49 | 4.28 | 147.56 |
| 赤峰市 | 60.12 | 344.97 | 25.30 | 120.82 | 119.84 | 25.68 | 2.88 | 73.96 |
| 锡林郭勒盟 | 54.41 | 686.72 | 48.21 | 299.36 | 276.18 | 48.08 | 4.76 | 228.92 |
| 乌兰察布市 | 59.85 | 840.16 | 27.44 | 460.25 | 300.08 | 74.60 | 3.68 | 274.58 |
| 鄂尔多斯市 | 58.22 | 1354.07 | 33.31 | 639.55 | 561.18 | 197.42 | 2.66 | 524.77 |
| 巴彦淖尔市 | 44.29 | 447.72 | 20.87 | 214.77 | 157.03 | 87.34 | 1.50 | 133.64 |
| 乌海市 | 56.97 | 776.87 | 35.55 | 391.05 | 241.92 | 99.19 | 2.03 | 201.66 |
| 阿拉善盟 | 53.41 | 869.12 | 82.66 | 382.73 | 276.43 | 95.50 | 2.33 | 222.32 |

# 3-2-22 续表 10

单位:元、千克

| 地区 | 果酒（元/千克） | 数量 | 金额 | 啤酒（元/千克） | 数量 | 金额 | 其它酒） |
|---|---|---|---|---|---|---|---|
| **全区** | **69.31** | **0.13** | **8.99** | **5.88** | **4.76** | **27.97** | **7.90** |
| 呼和浩特市 | 85.78 | 0.14 | 11.65 | 5.99 | 2.86 | 17.16 | 2.84 |
| 包头市 | 144.63 | 0.11 | 16.45 | 6.46 | 3.34 | 21.58 | 10.68 |
| 呼伦贝尔市 | 40.93 | 0.26 | 10.60 | 5.61 | 10.50 | 58.97 | 7.50 |
| 兴安盟 | 29.53 | 0.09 | 2.59 | 4.77 | 10.22 | 48.79 | 3.72 |
| 通辽市 | 159.06 | 0.13 | 20.72 | 6.03 | 8.50 | 51.22 | 15.28 |
| 赤峰市 | 28.67 | 0.12 | 3.56 | 5.40 | 7.60 | 41.07 | 1.24 |
| 锡林郭勒盟 | 56.05 | 0.06 | 3.55 | 5.65 | 6.27 | 35.38 | 8.33 |
| 乌兰察布市 | 106.53 | 0.04 | 3.84 | 6.43 | 1.75 | 11.23 | 10.44 |
| 鄂尔多斯市 | 96.90 | 0.12 | 11.36 | 8.27 | 2.15 | 17.78 | 7.27 |
| 巴彦淖尔市 | 72.63 | 0.04 | 2.65 | 5.28 | 3.59 | 19.30 | 1.44 |
| 乌海市 | 41.23 | 0.18 | 7.24 | 7.15 | 3.27 | 23.36 | 9.65 |
| 阿拉善盟 | 25.18 | 0.70 | 17.64 | 8.24 | 3.91 | 32.20 | 4.28 |

# 3-2-22 续表 11

单位:元、千克

| 地区 | 饮料 | 碳酸饮料 | 数量 | 金额 | 瓶装饮用水（元/千克） | 数量 | 金额 |
|---|---|---|---|---|---|---|---|
| **全区** | **104.39** | **7.63** | **1.35** | **10.31** | **2.92** | **3.48** | **10.14** |
| 呼和浩特市 | 99.02 | 6.53 | 0.82 | 5.36 | 3.25 | 2.67 | 8.68 |
| 包头市 | 187.19 | 9.30 | 0.96 | 8.94 | 2.83 | 7.27 | 20.56 |
| 呼伦贝尔市 | 96.91 | 7.38 | 1.24 | 9.16 | 2.76 | 2.31 | 6.38 |
| 兴安盟 | 59.96 | 6.63 | 2.32 | 15.39 | 3.48 | 1.46 | 5.10 |
| 通辽市 | 108.03 | 7.14 | 1.11 | 7.95 | 3.11 | 1.88 | 5.83 |
| 赤峰市 | 79.00 | 7.38 | 1.67 | 12.32 | 2.97 | 1.89 | 5.61 |
| 锡林郭勒盟 | 62.97 | 6.69 | 2.59 | 17.36 | 2.67 | 2.17 | 5.79 |
| 乌兰察布市 | 52.38 | 10.33 | 0.34 | 3.54 | 3.74 | 0.56 | 2.10 |
| 鄂尔多斯市 | 120.02 | 11.31 | 1.07 | 12.13 | 2.62 | 6.66 | 17.46 |
| 巴彦淖尔市 | 55.05 | 7.24 | 0.38 | 2.80 | 3.03 | 1.56 | 4.83 |
| 乌海市 | 108.36 | 9.69 | 1.63 | 15.81 | 4.82 | 3.77 | 18.15 |
| 阿拉善盟 | 127.30 | 10.59 | 1.68 | 17.75 | 6.49 | 5.35 | 34.75 |

# 3－2－22 续表12

单位:元、千克

| 地　区 | 茶叶（元/千克） | 数量 | 金额 | 其它饮料 |
|---|---|---|---|---|
| **全区** | **118.16** | **0.33** | **38.46** | **45.48** |
| 呼和浩特市 | 127.90 | 0.41 | 52.68 | 32.30 |
| 包头市 | 239.22 | 0.39 | 92.53 | 65.17 |
| 呼伦贝尔市 | 133.74 | 0.27 | 36.06 | 45.30 |
| 兴安盟 | 80.27 | 0.34 | 27.05 | 12.42 |
| 通辽市 | 179.58 | 0.28 | 50.67 | 43.58 |
| 赤峰市 | 94.98 | 0.22 | 21.30 | 39.77 |
| 锡林郭勒盟 | 52.58 | 0.28 | 14.98 | 24.84 |
| 乌兰察布市 | 133.31 | 0.18 | 24.45 | 22.29 |
| 鄂尔多斯市 | 54.16 | 0.46 | 25.16 | 65.27 |
| 巴彦淖尔市 | 137.25 | 0.10 | 14.33 | 33.10 |
| 乌海市 | 103.09 | 0.27 | 28.28 | 46.12 |
| 阿拉善盟 | 91.97 | 0.23 | 21.19 | 53.61 |

# 3－2－22 续表13

单位:元、千克

| 地　区 | 干鲜瓜果类 | 鲜果（元/千克） | 数量 | 金额 | 鲜瓜（元/千克） | 数量 | 金额 | 其它干鲜瓜果类及制品 |
|---|---|---|---|---|---|---|---|---|
| **全区** | **484.96** | **7.30** | **40.68** | **296.79** | **2.94** | **13.21** | **38.78** | **149.39** |
| 呼和浩特市 | 605.85 | 7.77 | 50.02 | 388.43 | 2.74 | 15.66 | 42.83 | 174.58 |
| 包头市 | 613.73 | 7.91 | 49.89 | 394.52 | 2.62 | 14.10 | 36.89 | 182.32 |
| 呼伦贝尔市 | 469.27 | 8.36 | 35.08 | 293.40 | 4.22 | 11.88 | 50.18 | 125.69 |
| 兴安盟 | 294.19 | 6.61 | 28.48 | 188.38 | 2.91 | 9.81 | 28.56 | 77.25 |
| 通辽市 | 390.14 | 7.29 | 35.41 | 258.24 | 2.93 | 11.58 | 33.90 | 98.00 |
| 赤峰市 | 409.21 | 6.64 | 38.33 | 254.51 | 2.85 | 14.30 | 40.79 | 113.91 |
| 锡林郭勒盟 | 292.33 | 7.38 | 27.80 | 205.18 | 4.04 | 6.73 | 27.19 | 59.96 |
| 乌兰察布市 | 388.32 | 6.62 | 32.70 | 216.35 | 3.34 | 11.29 | 37.74 | 134.24 |
| 鄂尔多斯市 | 471.09 | 9.39 | 30.52 | 286.65 | 3.57 | 19.04 | 67.96 | 116.47 |
| 巴彦淖尔市 | 406.47 | 7.18 | 33.87 | 248.15 | 1.66 | 31.71 | 53.72 | 104.59 |
| 乌海市 | 519.35 | 11.25 | 29.14 | 327.66 | 4.68 | 15.42 | 72.14 | 119.55 |
| 阿拉善盟 | 454.65 | 7.32 | 39.02 | 285.61 | 2.08 | 29.55 | 61.48 | 107.55 |

# 3-2-22 续表14

单位:元、千克

| 地　区 | 糕点、奶皮奶制品 | 糕点（元/千克） | 数量 | 金额 | 奶皮奶制品 | 鲜乳品（元/千克） | 数量 | 金额 |
|---|---|---|---|---|---|---|---|---|
| **全区** | **310.82** | **16.77** | **4.38** | **73.46** | **237.35** | **6.97** | **17.45** | **121.69** |
| 呼和浩特市 | 435.00 | 20.83 | 4.73 | 98.48 | 336.52 | 7.58 | 23.24 | 176.22 |
| 包头市 | 404.49 | 18.20 | 5.22 | 94.96 | 309.52 | 7.37 | 25.90 | 191.01 |
| 呼伦贝尔市 | 276.45 | 18.91 | 5.14 | 97.25 | 179.20 | 5.61 | 15.83 | 88.79 |
| 兴安盟 | 160.85 | 16.72 | 2.53 | 42.23 | 118.62 | 5.72 | 11.78 | 67.41 |
| 通辽市 | 225.37 | 16.19 | 3.81 | 61.67 | 163.70 | 7.35 | 10.70 | 78.64 |
| 赤峰市 | 226.00 | 15.89 | 3.44 | 54.69 | 171.31 | 6.54 | 14.56 | 95.29 |
| 锡林郭勒盟 | 389.12 | 14.70 | 2.91 | 42.79 | 346.33 | 6.50 | 23.68 | 153.88 |
| 乌兰察布市 | 254.78 | 11.03 | 5.01 | 55.29 | 199.50 | 5.71 | 18.52 | 105.68 |
| 鄂尔多斯市 | 435.31 | 17.47 | 3.73 | 65.06 | 370.24 | 6.87 | 21.64 | 148.75 |
| 巴彦淖尔市 | 205.21 | 16.09 | 2.75 | 45.21 | 160.00 | 6.38 | 14.33 | 93.25 |
| 乌海市 | 328.66 | 21.67 | 3.53 | 76.56 | 252.09 | 9.75 | 13.02 | 126.93 |
| 阿拉善盟 | 333.62 | 19.45 | 2.55 | 49.63 | 283.99 | 7.49 | 21.72 | 162.64 |

# 3-2-22 续表15

单位:元、千克

| 地　区 | 奶粉（元/千克） | 数量 | 金额 | 酸奶（元/千克） | 数量 | 金额 | 其它奶制品 |
|---|---|---|---|---|---|---|---|
| **全区** | **70.05** | **0.35** | **24.76** | **8.76** | **3.51** | **30.75** | **60.15** |
| 呼和浩特市 | 178.05 | 0.33 | 59.57 | 11.69 | 3.32 | 38.76 | 61.97 |
| 包头市 | 78.90 | 0.24 | 19.05 | 8.38 | 5.51 | 46.16 | 53.31 |
| 呼伦贝尔市 | 52.72 | 0.32 | 16.85 | 9.25 | 3.27 | 30.26 | 43.30 |
| 兴安盟 | 40.01 | 0.16 | 6.57 | 5.20 | 3.89 | 20.22 | 24.41 |
| 通辽市 | 67.14 | 0.25 | 16.47 | 10.00 | 2.79 | 27.92 | 40.67 |
| 赤峰市 | 57.19 | 0.46 | 26.24 | 7.14 | 2.86 | 20.42 | 29.36 |
| 锡林郭勒盟 | 10.40 | 1.82 | 18.94 | 7.65 | 3.64 | 27.80 | 145.71 |
| 乌兰察布市 | 50.58 | 0.08 | 3.93 | 10.78 | 1.36 | 14.68 | 75.19 |
| 鄂尔多斯市 | 91.17 | 1.17 | 107.10 | 8.72 | 4.91 | 42.83 | 71.57 |
| 巴彦淖尔市 | 67.34 | 0.12 | 7.91 | 8.26 | 2.75 | 23.21 | 35.65 |
| 乌海市 | 21.18 | 1.47 | 31.22 | 10.49 | 4.24 | 44.48 | 49.46 |
| 阿拉善盟 | 23.46 | 1.09 | 25.63 | 8.08 | 3.97 | 32.12 | 63.60 |

# 3－2－22 续表16

单位:元、千克

| 地　　区 | 其它食品 | 饮食服务 | 食品加工服务费 | 在外饮食 |
|---|---|---|---|---|
| **全区** | **239.87** | **1254.31** | **1.45** | **1252.86** |
| 呼和浩特市 | 104.53 | 1775.07 | 1.07 | 1774.00 |
| 包头市 | 449.17 | 2029.36 | 0.55 | 2028.81 |
| 呼伦贝尔市 | 154.21 | 994.47 | 3.54 | 990.93 |
| 兴安盟 | 132.13 | 616.43 | 1.93 | 614.51 |
| 通辽市 | 149.88 | 938.60 | 0.49 | 938.11 |
| 赤峰市 | 128.97 | 905.49 | 2.00 | 903.49 |
| 锡林郭勒盟 | 338.76 | 1588.47 | 1.56 | 1586.91 |
| 乌兰察布市 | 145.51 | 737.05 | 2.77 | 734.27 |
| 鄂尔多斯市 | 227.77 | 2114.12 | 2.18 | 2111.94 |
| 巴彦淖尔市 | 345.63 | 842.04 | 1.33 | 840.71 |
| 乌海市 | 408.71 | 1589.01 | 2.05 | 1586.96 |
| 阿拉善盟 | 324.06 | 1544.19 | 9.42 | 1534.77 |

# 3－2－23 各盟市城镇居民非食品类消费情况(2012年)

单位:元

| 地　　区 | 衣着 | 服装（元/件） | | | 衣着材料 |
|---|---|---|---|---|---|
| | | | 数量（件） | 金额 | |
| **全区** | **2730.23** | **204.10** | **9.89** | **2017.83** | **6.36** |
| 呼和浩特市 | 2683.19 | 216.43 | 9.06 | 1960.03 | 13.32 |
| 包头市 | 3816.02 | 285.03 | 10.19 | 2905.00 | 4.44 |
| 呼伦贝尔市 | 2602.75 | 253.74 | 7.20 | 1826.99 | 11.58 |
| 兴安盟 | 2226.88 | 197.17 | 7.98 | 1572.58 | 1.90 |
| 通辽市 | 2282.67 | 97.68 | 17.08 | 1668.55 | 12.95 |
| 赤峰市 | 2128.76 | 166.05 | 9.37 | 1555.15 | 4.21 |
| 锡林郭勒盟 | 2086.12 | 279.40 | 4.84 | 1352.33 | 1.05 |
| 乌兰察布市 | 2085.65 | 248.91 | 5.89 | 1465.42 | 3.58 |
| 鄂尔多斯市 | 4445.76 | 311.66 | 11.00 | 3428.45 | 10.72 |
| 巴彦淖尔市 | 2532.59 | 207.92 | 8.64 | 1833.19 | 5.79 |
| 乌海市 | 3262.33 | 239.43 | 9.72 | 2326.50 | 9.36 |
| 阿拉善盟 | 2654.25 | 198.50 | 9.94 | 1972.83 | 30.95 |

# 3－2－23 续表 1

单位:元

| 地　　区 | 鞋类（元/双） | 数量（双） | 金额 | 其它衣着用品 | 衣着加工服务费 |
|---|---|---|---|---|---|
| **全区** | **172.30** | **3.34** | **575.66** | **119.08** | **11.30** |
| 呼和浩特市 | 203.35 | 2.93 | 595.96 | 100.12 | 13.77 |
| 包头市 | 203.41 | 3.33 | 676.61 | 220.40 | 9.58 |
| 呼伦贝尔市 | 188.57 | 3.13 | 590.70 | 157.82 | 15.65 |
| 兴安盟 | 153.87 | 3.45 | 530.22 | 114.65 | 7.52 |
| 通辽市 | 156.11 | 3.31 | 516.75 | 72.70 | 11.72 |
| 赤峰市 | 147.58 | 3.22 | 475.03 | 86.69 | 7.68 |
| 锡林郭勒盟 | 189.33 | 2.42 | 458.52 | 267.84 | 6.39 |
| 乌兰察布市 | 171.29 | 2.54 | 435.61 | 167.96 | 13.09 |
| 鄂尔多斯市 | 234.27 | 3.48 | 814.59 | 169.96 | 22.03 |
| 巴彦淖尔市 | 186.57 | 2.85 | 543.61 | 135.45 | 14.55 |
| 乌海市 | 228.43 | 3.40 | 777.76 | 135.38 | 13.33 |
| 阿拉善盟 | 190.29 | 2.82 | 535.68 | 97.70 | 17.09 |

# 3－2－23 续表 2

单位:元

| 地　　区 | 居住 | 住房 | 租赁房房租 | 住房装潢支出 | 维修用建筑材料 | 其它住房支出 |
|---|---|---|---|---|---|---|
| **全区** | **1583.56** | **616.02** | **45.92** | **424.85** | **91.05** | **54.21** |
| 呼和浩特市 | 1951.71 | 691.86 | 168.58 | 401.35 | 100.69 | 21.24 |
| 包头市 | 2011.20 | 899.10 | 43.27 | 615.15 | 154.47 | 86.22 |
| 呼伦贝尔市 | 1529.57 | 421.88 | 20.85 | 248.27 | 135.17 | 37.60 |
| 兴安盟 | 961.36 | 137.50 | 38.47 | 18.82 | 71.94 | 8.28 |
| 通辽市 | 1565.76 | 544.58 | 31.21 | 374.91 | 98.99 | 39.47 |
| 赤峰市 | 1197.61 | 271.73 | 31.81 | 147.70 | 51.17 | 41.04 |
| 锡林郭勒盟 | 2307.30 | 1070.58 | 51.66 | 335.80 | 570.93 | 112.19 |
| 乌兰察布市 | 1458.92 | 730.85 | 33.91 | 528.93 | 98.68 | 69.32 |
| 鄂尔多斯市 | 2267.47 | 1168.61 | 181.82 | 769.41 | 167.54 | 49.86 |
| 巴彦淖尔市 | 1240.67 | 314.67 | 35.76 | 198.76 | 63.46 | 16.69 |
| 乌海市 | 1435.35 | 441.32 | 48.48 | 209.61 | 83.06 | 100.18 |
| 阿拉善盟 | 2576.17 | 1489.08 | 26.92 | 1201.04 | 188.17 | 72.95 |

# 3－2－23 续表3

单位:元

| 地　区 | 水电燃料及其它 | 水（元/吨） | 数量（吨） | 金额 | 电（元/度） | 数量（度） | 金额（元） |
|---|---|---|---|---|---|---|---|
| **全区** | **861.53** | **1.82** | **32.45** | **59.09** | **0.50** | **475.48** | **236.40** |
| 呼和浩特市 | 1116.33 | 2.55 | 24.86 | 63.46 | 0.45 | 556.56 | 249.08 |
| 包头市 | 999.20 | 1.97 | 42.95 | 84.68 | 0.48 | 567.06 | 272.41 |
| 呼伦贝尔市 | 971.38 | 1.93 | 25.38 | 48.93 | 0.58 | 485.42 | 282.59 |
| 兴安盟 | 768.96 | 1.76 | 19.93 | 35.17 | 0.58 | 447.96 | 261.08 |
| 通辽市 | 843.76 | 2.70 | 18.46 | 49.85 | 0.53 | 565.88 | 298.71 |
| 赤峰市 | 851.05 | 1.76 | 29.74 | 52.42 | 0.53 | 477.17 | 251.01 |
| 锡林郭勒盟 | 1135.93 | 2.94 | 31.10 | 91.52 | 0.59 | 484.24 | 287.17 |
| 乌兰察布市 | 685.36 | 2.76 | 15.95 | 43.97 | 0.50 | 386.21 | 194.35 |
| 鄂尔多斯市 | 910.15 | 2.92 | 27.55 | 80.58 | 0.49 | 481.52 | 234.69 |
| 巴彦淖尔市 | 840.18 | 2.47 | 24.02 | 60.51 | 0.48 | 487.56 | 238.49 |
| 乌海市 | 750.87 | 1.31 | 48.87 | 64.02 | 0.53 | 429.21 | 225.53 |
| 阿拉善盟 | 979.99 | 2.44 | 24.38 | 59.43 | 0.47 | 512.81 | 239.96 |

# 3－2－23 续表4

| 地　区 | 燃料（元） | 煤（元/千克） | 数量（千克） | 金额（元） | 灌装液化气（元/千克） | 数量（千克） | 金额（元） |
|---|---|---|---|---|---|---|---|
| **全区** | **125.96** | **0.74** | **80.11** | **59.12** | **5.06** | **8.75** | **44.23** |
| 呼和浩特市 | 141.90 | 0.60 | 84.74 | 51.21 | 7.06 | 2.08 | 14.70 |
| 包头市 | 104.50 | 0.51 | 42.39 | 21.82 | 4.85 | 4.12 | 19.98 |
| 呼伦贝尔市 | 224.94 | 0.49 | 265.72 | 130.47 | 3.69 | 20.99 | 77.48 |
| 兴安盟 | 161.96 | 0.77 | 142.30 | 110.00 | 2.65 | 17.59 | 46.60 |
| 通辽市 | 139.97 | 0.59 | 120.19 | 70.67 | 4.81 | 8.63 | 41.50 |
| 赤峰市 | 156.24 | 0.47 | 110.68 | 52.25 | 6.40 | 15.55 | 99.44 |
| 锡林郭勒盟 | 260.31 | 0.70 | 275.35 | 194.05 | 5.06 | 12.82 | 64.87 |
| 乌兰察布市 | 216.24 | 0.71 | 272.28 | 194.12 | 4.12 | 4.26 | 17.58 |
| 鄂尔多斯市 | 104.45 | 0.88 | 25.91 | 22.91 | 3.99 | 6.74 | 26.89 |
| 巴彦淖尔市 | 170.61 | 0.73 | 173.55 | 128.79 | 3.90 | 9.37 | 37.30 |
| 乌海市 | 82.23 | 1.45 | 20.89 | 30.26 | 5.11 | 1.83 | 9.37 |
| 阿拉善盟 | 162.19 | 0.70 | 181.77 | 126.46 | 6.88 | 4.41 | 30.32 |

# 3－2－23 续表5

| 地　　区 | 管道液化石油气（元/立方米） | 数量（立方米） | 金额（元） | 管道煤气（元/立方米） | 数量（立方米） | 金额（元） |
|---|---|---|---|---|---|---|
| **全区** | **3.34** | **0.20** | **0.66** | **1.19** | **3.60** | **4.28** |
| 呼和浩特市 | 6.10 | 0.05 | 0.31 | 0.80 | 4.76 | 3.83 |
| 包头市 | 2.01 | 0.17 | 0.34 | 1.08 | 29.01 | 31.32 |
| 呼伦贝尔市 | 9.88 | 0.02 | 0.17 | 0.00 | | |
| 兴安盟 | 13.41 | 0.03 | 0.46 | 0.46 | 0.33 | 0.15 |
| 通辽市 | 4.70 | 0.62 | 2.91 | 3.91 | 0.38 | 1.48 |
| 赤峰市 | 6.00 | 0.22 | 1.29 | 5.71 | 0.16 | 0.89 |
| 锡林郭勒盟 | 3.00 | | | 22.39 | 0.01 | 0.17 |
| 乌兰察布市 | 2.57 | 0.03 | 0.07 | 3.80 | 0.11 | 0.44 |
| 鄂尔多斯市 | 5.09 | 0.44 | 2.25 | 3.07 | 0.42 | 1.28 |
| 巴彦淖尔市 | 4.58 | 0.01 | 0.07 | 2.71 | 0.19 | 0.51 |
| 乌海市 | 1.27 | 0.53 | 0.68 | 3.70 | 0.35 | 1.31 |
| 阿拉善盟 | | | | | | |

# 3－2－23 续表6

| 地　　区 | 管道天然气（元/立方米） | 数量（立方米） | 金额（元） | 柴油（元/升） | 数量（升） | 金额（元） | 其它（元） |
|---|---|---|---|---|---|---|---|
| **全区** | **2.01** | **7.65** | **15.37** | **9.21** | **0.04** | **0.38** | **1.92** |
| 呼和浩特市 | 1.82 | 39.25 | 71.51 | | | | 0.34 |
| 包头市 | 1.92 | 16.11 | 30.98 | | | | 0.06 |
| 呼伦贝尔市 | 0.00 | | | 9.45 | 0.01 | 0.12 | 16.70 |
| 兴安盟 | | | | 8.31 | 0.05 | 0.42 | 4.34 |
| 通辽市 | 3.36 | 4.26 | 14.34 | | | | 9.41 |
| 赤峰市 | 9.29 | 0.07 | 0.61 | 9.40 | 0.12 | 1.09 | 0.67 |
| 锡林郭勒盟 | 12.86 | | 0.01 | 8.28 | 0.01 | 0.07 | 1.14 |
| 乌兰察布市 | | | | | | | 4.04 |
| 鄂尔多斯市 | 2.02 | 24.50 | 49.58 | | | | 1.55 |
| 巴彦淖尔市 | 2.34 | 1.53 | 3.65 | 8.91 | 0.01 | 0.10 | 0.20 |
| 乌海市 | 2.19 | 18.27 | 40.00 | | | | 0.60 |
| 阿拉善盟 | 3.67 | 1.20 | 4.40 | | | | 1.02 |

# 3－2－23 续表7

单位：元

| 地　区 | 取暖费 | 其它 | 居住服务费 | 物业管理费 | 维修服务费 | 其它 |
|---|---|---|---|---|---|---|
| **全区** | **423.27** | **16.81** | **106.00** | **64.28** | **16.21** | **25.50** |
| 呼和浩特市 | 645.79 | 16.11 | 143.51 | 85.04 | 17.70 | 40.77 |
| 包头市 | 495.70 | 37.91 | 112.91 | 59.29 | 21.32 | 32.30 |
| 呼伦贝尔市 | 394.39 | 20.53 | 116.31 | 50.38 | 51.20 | 14.74 |
| 兴安盟 | 310.63 | 0.12 | 54.90 | 41.25 | 7.22 | 6.43 |
| 通辽市 | 350.97 | 4.26 | 177.43 | 81.29 | 37.83 | 58.31 |
| 赤峰市 | 390.19 | 1.19 | 74.83 | 56.25 | 7.35 | 11.23 |
| 锡林郭勒盟 | 477.11 | 19.82 | 100.79 | 22.36 | 34.54 | 43.89 |
| 乌兰察布市 | 202.09 | 28.71 | 42.70 | 25.81 | 14.38 | 2.51 |
| 鄂尔多斯市 | 422.69 | 67.74 | 188.71 | 143.36 | 22.56 | 22.80 |
| 巴彦淖尔市 | 370.32 | 0.24 | 85.83 | 47.84 | 21.55 | 16.44 |
| 乌海市 | 361.50 | 17.58 | 243.16 | 121.90 | 71.40 | 49.86 |
| 阿拉善盟 | 516.96 | 1.44 | 107.10 | 71.74 | 23.38 | 11.98 |

# 3－2－23 续表8

单位：元

| 地　区 | 家庭设备用品及服务 | 耐用消费品 | 家具 | 家庭设备 | 洗衣机(元/台) | 数量(台) | 金额 |
|---|---|---|---|---|---|---|---|
| **全区** | **1242.64** | **538.84** | **151.79** | **387.05** | **1546.37** | **7.37** | **40.74** |
| 呼和浩特市 | 1397.46 | 568.33 | 207.80 | 360.52 | 1432.60 | 5.17 | 28.04 |
| 包头市 | 2056.36 | 955.09 | 288.30 | 666.79 | 1774.29 | 14.24 | 98.89 |
| 呼伦贝尔市 | 1029.53 | 444.52 | 144.81 | 299.71 | 2437.18 | 3.82 | 34.49 |
| 兴安盟 | 693.82 | 265.79 | 13.04 | 252.76 | 1445.85 | 4.43 | 23.28 |
| 通辽市 | 950.83 | 360.07 | 168.72 | 191.35 | 778.35 | 4.48 | 12.13 |
| 赤峰市 | 1016.32 | 398.03 | 127.02 | 271.01 | 1654.43 | 4.20 | 24.26 |
| 锡林郭勒盟 | 1128.31 | 371.43 | 84.42 | 287.01 | 1206.07 | 107.21 | 17.94 |
| 乌兰察布市 | 796.54 | 363.40 | 122.33 | 241.08 | 2081.18 | 4.77 | 34.65 |
| 鄂尔多斯市 | 1796.23 | 652.19 | 281.48 | 370.71 | 1681.18 | 8.76 | 50.43 |
| 巴彦淖尔市 | 906.07 | 328.10 | 130.30 | 197.78 | 991.23 | 5.48 | 19.68 |
| 乌海市 | 1520.88 | 718.68 | 177.18 | 541.49 | 2103.22 | 6.00 | 45.07 |
| 阿拉善盟 | 1369.09 | 695.96 | 278.37 | 417.59 | 2515.32 | 8.37 | 70.79 |

# 3-2-23 续表9

| 地　　区 | 电冰箱（元/台） | 数量(台) | 金额(元) | 微波炉（元/台） | 数量(台) | 金额(元) |
|---|---|---|---|---|---|---|
| **全区** | **3124.53** | **6.50** | **72.55** | **668.17** | **2.28** | **5.44** |
| 呼和浩特市 | 2986.15 | 6.02 | 68.04 | 897.65 | 1.71 | 5.81 |
| 包头市 | 3292.26 | 11.94 | 153.83 | 765.35 | 5.40 | 16.16 |
| 呼伦贝尔市 | 3348.42 | 3.68 | 45.68 | | | |
| 兴安盟 | 1968.47 | 2.74 | 19.61 | 450.00 | 0.41 | 0.67 |
| 通辽市 | 3013.24 | 3.70 | 38.72 | 524.17 | 1.16 | 2.12 |
| 赤峰市 | 2732.26 | 4.33 | 41.29 | 637.73 | 1.37 | 3.04 |
| 锡林郭勒盟 | 1904.30 | 6.15 | 17.85 | 820.60 | 4.52 | 1.73 |
| 乌兰察布市 | 2918.01 | 4.76 | 48.45 | 538.78 | 1.71 | 3.21 |
| 鄂尔多斯市 | 2399.56 | 11.54 | 94.84 | 638.93 | 1.12 | 2.45 |
| 巴彦淖尔市 | 2449.28 | 4.91 | 43.59 | 636.87 | 0.10 | 0.22 |
| 乌海市 | 3362.13 | 5.33 | 64.04 | 999.25 | 5.33 | 19.03 |
| 阿拉善盟 | 3497.69 | 8.72 | 102.62 | 708.01 | 2.49 | 5.93 |

# 3-2-23 续表10

| 地　　区 | 空调器（元/台） | 数量(台) | 金额(元) | 热水器（元/台） | 数量(台) | 金额(元) |
|---|---|---|---|---|---|---|
| **全区** | **4812.79** | **1.54** | **26.54** | **1779.02** | **3.35** | **21.29** |
| 呼和浩特市 | 6992.15 | 2.38 | 62.92 | 1697.91 | 5.50 | 35.38 |
| 包头市 | 3887.08 | 4.96 | 75.50 | 2009.22 | 8.74 | 68.70 |
| 呼伦贝尔市 | 6890.00 | 0.17 | 4.47 | 1140.68 | 2.36 | 10.01 |
| 兴安盟 | 3200.00 | 0.41 | 4.74 | 2101.96 | 0.99 | 7.58 |
| 通辽市 | 2223.84 | 0.62 | 4.79 | 2141.26 | 0.90 | 6.67 |
| 赤峰市 | 6677.00 | 0.46 | 10.65 | 1959.03 | 1.78 | 12.20 |
| 锡林郭勒盟 | 1620.50 | 0.38 | 6.99 | 1244.10 | 2.29 | 10.11 |
| 乌兰察布市 | 4500.00 | 0.10 | 1.53 | 1863.52 | 1.51 | 9.83 |
| 鄂尔多斯市 | | | | 1305.24 | 3.29 | 14.72 |
| 巴彦淖尔市 | 4464.84 | 1.94 | 31.36 | 1401.47 | 0.83 | 4.22 |
| 乌海市 | 2922.00 | 6.00 | 62.61 | 1828.46 | 8.67 | 56.60 |
| 阿拉善盟 | 4959.48 | 2.13 | 35.61 | 1687.89 | 5.77 | 32.76 |

# 3－2－23 续表11

单位：元

| 地　区 | 消毒碗柜（元/台） | 数量（台） | 金额（元） | 洗碗机（元/台） | 数量（台） | 金额（元） | 其它（元） |
|---|---|---|---|---|---|---|---|
| **全区** | **484.19** | **0.74** | **1.29** | **423.00** | **0.03** | **0.05** | **219.16** |
| 呼和浩特市 | 3060.28 | 0.44 | 5.08 | | | | 155.27 |
| 包头市 | | | | 423.00 | 0.27 | 0.45 | 253.27 |
| 呼伦贝尔市 | | | | | | | 198.98 |
| 兴安盟 | | | | 488.00 | 0.83 | 1.47 | 195.43 |
| 通辽市 | | | | | | | 126.93 |
| 赤峰市 | 39.57 | 1.15 | 0.16 | | | | 179.42 |
| 锡林郭勒盟 | 1000.00 | 0.05 | 0.19 | 873.96 | 0.11 | 0.33 | 231.87 |
| 乌兰察布市 | | | | | | | 143.42 |
| 鄂尔多斯市 | | | | | | | 208.28 |
| 巴彦淖尔市 | | | | | | | 98.71 |
| 乌海市 | 880.00 | 0.67 | 2.10 | | | | 292.05 |
| 阿拉善盟 | 1503.18 | 2.09 | 10.55 | | | | 159.33 |

# 3－2－23 续表12

单位：元

| 地　区 | 室内装饰品 | 床上用品 | 家庭日用杂品 | 家具材料 | 家庭服务 | 家政服务 | 加工维修服务费 |
|---|---|---|---|---|---|---|---|
| **全区** | **34.09** | **133.74** | **446.86** | **36.44** | **52.66** | **29.01** | **23.65** |
| 呼和浩特市 | 32.40 | 91.96 | 572.84 | 52.01 | 79.92 | 45.68 | 34.24 |
| 包头市 | 68.98 | 163.16 | 688.66 | 84.61 | 95.86 | 67.78 | 28.08 |
| 呼伦贝尔市 | 57.13 | 110.98 | 374.47 | 13.07 | 29.37 | 6.53 | 22.84 |
| 兴安盟 | 10.32 | 78.85 | 313.37 | 16.00 | 9.49 | 2.41 | 7.08 |
| 通辽市 | 30.26 | 113.95 | 395.45 | 12.11 | 38.98 | 17.63 | 21.35 |
| 赤峰市 | 34.10 | 131.29 | 390.96 | 11.15 | 50.79 | 23.60 | 27.19 |
| 锡林郭勒盟 | 42.39 | 94.07 | 596.69 | 8.90 | 14.83 | 7.23 | 7.60 |
| 乌兰察布市 | 35.90 | 102.23 | 248.12 | 30.07 | 16.82 | 6.67 | 6.82 |
| 鄂尔多斯市 | 100.14 | 170.08 | 644.20 | 54.49 | 175.13 | 134.90 | 40.23 |
| 巴彦淖尔市 | 40.15 | 96.41 | 385.42 | 5.99 | 50.01 | 22.37 | 27.63 |
| 乌海市 | 81.47 | 125.39 | 465.91 | 56.83 | 72.61 | 49.09 | 23.52 |
| 阿拉善盟 | 39.07 | 102.03 | 393.67 | 73.38 | 64.97 | 30.73 | 34.25 |

# 3－2－23 续表 13

单位:元

| 地　　区 | 医疗保健 | 医疗器具 | 保健器具 | 药品费 | 滋补保健品 | 医疗费 | 其它 |
|---|---|---|---|---|---|---|---|
| **全区** | **1354.09** | **18.49** | **18.42** | **574.87** | **101.67** | **623.10** | **17.54** |
| 呼和浩特市 | 1839.74 | 7.89 | 19.85 | 710.77 | 155.81 | 926.38 | 19.04 |
| 包头市 | 1979.51 | 26.74 | 34.24 | 656.38 | 236.10 | 1010.96 | 15.08 |
| 呼伦贝尔市 | 1310.45 | 9.20 | 11.76 | 511.88 | 99.49 | 610.33 | 67.79 |
| 兴安盟 | 1204.99 | 1.80 | 6.42 | 590.18 | 46.88 | 556.86 | 2.84 |
| 通辽市 | 1157.91 | 13.28 | 29.36 | 523.57 | 115.98 | 460.43 | 15.29 |
| 赤峰市 | 1197.18 | 3.07 | 8.38 | 678.18 | 67.04 | 411.82 | 28.69 |
| 锡林郭勒盟 | 980.01 | 8.20 | 10.10 | 647.87 | 17.02 | 281.87 | 14.95 |
| 乌兰察布市 | 809.86 | 3.17 | 1.70 | 413.44 | 32.58 | 355.09 | 3.89 |
| 鄂尔多斯市 | 1379.86 | 9.02 | 23.98 | 654.66 | 93.39 | 583.62 | 15.19 |
| 巴彦淖尔市 | 846.58 | 29.62 | 9.36 | 408.60 | 42.85 | 352.84 | 3.31 |
| 乌海市 | 994.97 | 9.34 | 21.00 | 389.01 | 75.13 | 480.82 | 19.68 |
| 阿拉善盟 | 1291.85 | 15.52 | 20.52 | 602.51 | 45.18 | 585.68 | 22.45 |

# 3－2－23 续表 14

单位:元

| 地　　区 | 交通和通讯 | 交通 | 家庭交通工具 | 摩托车(元/台) | 数量(台) | 金额 |
|---|---|---|---|---|---|---|
| **全区** | **2572.93** | **1863.06** | **936.09** | **3318.95** | **0.18** | **2.13** |
| 呼和浩特市 | 3169.69 | 2385.67 | 1145.79 | | | |
| 包头市 | 3738.71 | 2787.25 | 1502.73 | 7500.00 | 0.08 | 2.31 |
| 呼伦贝尔市 | 1670.00 | 959.46 | 254.98 | 3967.07 | 0.58 | 8.57 |
| 兴安盟 | 1085.75 | 612.35 | 71.02 | 3110.73 | 1.13 | 12.74 |
| 通辽市 | 1630.19 | 1040.25 | 361.12 | 4350.93 | 0.44 | 6.68 |
| 赤峰市 | 1388.88 | 767.41 | 280.75 | 4144.79 | 0.30 | 4.39 |
| 锡林郭勒盟 | 2076.57 | 1241.53 | 428.70 | 2696.39 | 4.14 | 39.65 |
| 乌兰察布市 | 1006.69 | 549.26 | 125.56 | 1800.00 | 0.12 | 0.73 |
| 鄂尔多斯市 | 5625.05 | 4561.87 | 1699.41 | 1000.00 | 0.18 | 0.61 |
| 巴彦淖尔市 | 1428.17 | 868.17 | 236.16 | 1077.78 | 0.15 | 0.57 |
| 乌海市 | 4081.67 | 2960.28 | 1742.84 | | | |
| 阿拉善盟 | 3870.11 | 2971.51 | 1567.32 | 5500.00 | 0.40 | 7.47 |

# 3－2－23 续表15

| 地区 | 助力车(元/台) | 数量(台) | 金额(元) | 家用汽车(元/台) | 数量(台) | 金额(元) | 其它(元) |
|---|---|---|---|---|---|---|---|
| **全区** | **2330.35** | **5.30** | **44.15** | **97212.57** | **2.52** | **875.48** | **14.33** |
| 呼和浩特市 | 2004.04 | 4.62 | 35.05 | 75250.54 | 3.84 | 1094.82 | 15.92 |
| 包头市 | 2246.99 | 6.98 | 61.37 | 78990.03 | 4.54 | 1403.97 | 35.08 |
| 呼伦贝尔市 | 2736.30 | 2.91 | 29.59 | 113724.06 | 0.48 | 200.39 | 16.42 |
| 兴安盟 | 2397.47 | 1.02 | 8.85 | 32300.00 | 0.28 | 32.32 | 17.11 |
| 通辽市 | 2236.90 | 6.77 | 52.57 | 83302.89 | 1.01 | 291.74 | 10.13 |
| 赤峰市 | 1738.07 | 7.08 | 42.97 | 64449.35 | 0.98 | 220.23 | 13.17 |
| 锡林郭勒盟 | 2271.32 | 1.18 | 9.54 | 116416.20 | 2.97 | 334.35 | 45.16 |
| 乌兰察布市 | 2121.39 | 5.96 | 44.14 | 68608.31 | 0.29 | 68.32 | 12.37 |
| 鄂尔多斯市 | 1932.55 | 4.46 | 29.50 | 13616.54 | 35.25 | 1644.53 | 24.77 |
| 巴彦淖尔市 | 2209.41 | 7.25 | 58.02 | 51083.83 | 0.90 | 166.94 | 10.63 |
| 乌海市 | 1887.06 | 11.33 | 76.38 | 137900.00 | 3.33 | 1641.67 | 24.79 |
| 阿拉善盟 | 2475.80 | 6.00 | 49.98 | 74270.79 | 6.02 | 1504.01 | 5.87 |

# 3－2－23 续表16

单位:元

| 地区 | 车辆用燃料及零配件 | 燃料 | 汽油(元/升) | 数量(升) | 金额 |
|---|---|---|---|---|---|
| **全区** | **396.39** | **359.61** | **7.61** | **37.26** | **283.43** |
| 呼和浩特市 | 650.91 | 605.59 | 7.55 | 79.01 | 596.57 |
| 包头市 | 616.44 | 582.64 | 7.35 | 51.55 | 379.05 |
| 呼伦贝尔市 | 153.45 | 120.02 | 8.94 | 9.95 | 89.02 |
| 兴安盟 | 172.12 | 150.51 | 7.29 | 8.96 | 65.31 |
| 通辽市 | 246.70 | 207.24 | 7.23 | 27.72 | 200.59 |
| 赤峰市 | 179.29 | 156.64 | 7.69 | 12.17 | 93.58 |
| 锡林郭勒盟 | 314.98 | 241.64 | 7.53 | 35.33 | 266.03 |
| 乌兰察布市 | 148.35 | 131.65 | 6.96 | 13.53 | 94.18 |
| 鄂尔多斯市 | 1590.17 | 1471.64 | 7.39 | 173.92 | 1285.05 |
| 巴彦淖尔市 | 316.58 | 280.03 | 7.32 | 20.14 | 150.49 |
| 乌海市 | 329.19 | 309.69 | 7.22 | 42.72 | 308.42 |
| 阿拉善盟 | 645.10 | 567.99 | 7.41 | 74.96 | 555.19 |

# 3－2－23 续表17

单位:元

| 地　区 | 柴油（元/升） | 数量(升) | 金额 | 零配件 | 其　它 |
|---|---|---|---|---|---|
| **全区** | **8.38** | **0.02** | **0.20** | **22.77** | **14.01** |
| 呼和浩特市 | 7.72 | 0.03 | 0.21 | 25.91 | 19.42 |
| 包头市 | 7.52 | 0.03 | 0.26 | 27.28 | 6.52 |
| 呼伦贝尔市 | 53.35 | 0.01 | 0.74 | 30.37 | 3.07 |
| 兴安盟 | 7.62 | 0.51 | 3.87 | 17.55 | 4.06 |
| 通辽市 | 7.53 | 0.21 | 1.55 | 26.18 | 12.29 |
| 赤峰市 | 8.19 | 0.31 | 2.50 | 14.80 | 7.85 |
| 锡林郭勒盟 | 9.02 | 0.06 | 0.54 | 20.03 | 28.38 |
| 乌兰察布市 | 10.29 | 0.01 | 0.06 | 13.03 | 3.27 |
| 鄂尔多斯市 | 8.34 | 0.20 | 1.66 | 43.14 | 75.39 |
| 巴彦淖尔市 | 9.80 |  | 0.02 | 29.54 | 7.03 |
| 乌海市 |  |  |  | 11.12 | 8.38 |
| 阿拉善盟 | 7.71 | 0.04 | 0.29 | 47.08 | 30.03 |

# 3－2－23 续表18

单位:元

| 地　区 | 交通工具服务支出 | 维修费 | 车辆使用税费 | 其它 |
|---|---|---|---|---|
| **全区** | **200.59** | **60.61** | **81.13** | **58.86** |
| 呼和浩特市 | 252.52 | 96.65 | 131.05 | 24.82 |
| 包头市 | 267.81 | 83.45 | 88.76 | 95.60 |
| 呼伦贝尔市 | 49.03 | 26.93 | 12.22 | 9.88 |
| 兴安盟 | 72.03 | 40.80 | 12.88 | 18.36 |
| 通辽市 | 135.60 | 88.12 | 27.48 | 20.00 |
| 赤峰市 | 79.08 | 28.00 | 14.74 | 36.35 |
| 锡林郭勒盟 | 93.65 | 59.10 | 10.30 | 24.25 |
| 乌兰察布市 | 48.16 | 31.29 | 7.21 | 9.34 |
| 鄂尔多斯市 | 809.17 | 285.02 | 512.40 | 11.75 |
| 巴彦淖尔市 | 70.06 | 29.86 | 17.88 | 22.31 |
| 乌海市 | 168.44 | 46.71 | 64.41 | 57.31 |
| 阿拉善盟 | 306.60 | 49.34 | 121.91 | 135.35 |

# 3－2－23 续表19

单位：元

| 地　区 | 交通费 | 飞机 | 火车 | 长途汽车 | 市内公共交通 | 出租汽车费 | 其它 |
|---|---|---|---|---|---|---|---|
| **全区** | **329.99** | **71.64** | **94.98** | **43.35** | **30.11** | **73.53** | **16.36** |
| 呼和浩特市 | 336.44 | 99.68 | 85.29 | 28.73 | 35.53 | 78.50 | 8.71 |
| 包头市 | 400.27 | 112.98 | 115.04 | 38.48 | 26.16 | 85.69 | 21.92 |
| 呼伦贝尔市 | 502.00 | 153.23 | 173.79 | 26.58 | 29.49 | 106.08 | 12.83 |
| 兴安盟 | 297.18 | 28.84 | 81.09 | 70.23 | 13.79 | 97.74 | 5.49 |
| 通辽市 | 296.83 | 23.22 | 107.41 | 41.11 | 10.29 | 92.08 | 22.73 |
| 赤峰市 | 228.29 | 12.11 | 59.39 | 62.33 | 13.79 | 55.49 | 25.18 |
| 锡林郭勒盟 | 404.20 | 97.02 | 35.62 | 181.24 | 3.19 | 68.46 | 18.67 |
| 乌兰察布市 | 227.19 | 12.31 | 68.73 | 67.76 | 20.79 | 42.63 | 14.72 |
| 鄂尔多斯市 | 463.12 | 227.48 | 34.83 | 92.81 | 11.72 | 72.22 | 24.06 |
| 巴彦淖尔市 | 245.36 | 16.26 | 52.59 | 105.54 | 11.74 | 48.41 | 10.82 |
| 乌海市 | 719.81 | 190.27 | 195.18 | 85.15 | 98.83 | 115.18 | 35.20 |
| 阿拉善盟 | 452.49 | 69.76 | 102.19 | 158.90 | 109.10 | 8.07 | 4.46 |

# 3－2－23 续表20

单位：元

| 地　区 | 通信 | 通信工具 | 电话机（元/台） | | | 移动电话（元/台） | | |
|---|---|---|---|---|---|---|---|---|
| | | | | 数量（台） | 金额 | | 数量（台） | 金额 |
| **全区** | **709.88** | **250.54** | **703.76** | **3.12** | **7.86** | **887.47** | **75.00** | **237.89** |
| 呼和浩特市 | 784.02 | 246.75 | 172.86 | 2.56 | 1.67 | 1747.04 | 36.23 | 239.57 |
| 包头市 | 951.46 | 395.01 | 957.52 | 4.65 | 17.44 | 1849.83 | 51.72 | 374.37 |
| 呼伦贝尔市 | 710.54 | 228.39 | 277.93 | 1.87 | 1.93 | 175.40 | 343.00 | 223.18 |
| 兴安盟 | 473.41 | 104.01 | 1372.32 | 1.67 | 8.33 | 868.93 | 29.56 | 93.25 |
| 通辽市 | 589.94 | 133.34 | 56.50 | 6.31 | 1.24 | 1059.43 | 35.69 | 131.33 |
| 赤峰市 | 621.47 | 189.38 | 476.27 | 4.54 | 7.55 | 1224.22 | 42.09 | 179.91 |
| 锡林郭勒盟 | 835.04 | 178.39 | 400.09 | 3.08 | 8.33 | 800.82 | 49.33 | 169.92 |
| 乌兰察布市 | 457.43 | 123.75 | 1019.35 | 2.41 | 8.58 | 1057.71 | 30.68 | 113.19 |
| 鄂尔多斯市 | 1063.18 | 471.51 | 1787.99 | 1.92 | 11.77 | 1718.98 | 76.74 | 451.97 |
| 巴彦淖尔市 | 560.00 | 171.81 | 465.83 | 0.71 | 1.20 | 1338.82 | 34.28 | 166.31 |
| 乌海市 | 1121.39 | 575.62 | 774.08 | 8.67 | 23.96 | 2258.55 | 66.67 | 537.75 |
| 阿拉善盟 | 898.60 | 261.63 | 980.00 | 1.48 | 4.88 | 1067.97 | 70.91 | 254.73 |

# 3－2－23 续表21

单位:元

| 地　　区 | 其它通信工具 | 通信服务 | 电信费 | 上网费 | 邮费 | 其它 |
|---|---|---|---|---|---|---|
| **全区** | **4.79** | **459.34** | **439.05** | **77.14** | **3.06** | **17.23** |
| 呼和浩特市 | 5.51 | 537.27 | 521.88 | 101.44 | 4.60 | 10.79 |
| 包头市 | 3.20 | 556.46 | 529.19 | 91.10 | 3.08 | 24.18 |
| 呼伦贝尔市 | 3.28 | 482.15 | 453.70 | 93.54 | 4.76 | 23.69 |
| 兴安盟 | 2.43 | 369.40 | 362.51 | 38.93 | 1.22 | 5.67 |
| 通辽市 | 0.77 | 456.61 | 403.46 | 82.90 | 2.27 | 50.88 |
| 赤峰市 | 1.92 | 432.08 | 406.60 | 59.22 | 2.54 | 22.94 |
| 锡林郭勒盟 | 0.14 | 656.65 | 638.32 | 58.13 | 1.03 | 17.30 |
| 乌兰察布市 | 0.51 | 333.67 | 325.46 | 43.47 | 3.31 | 4.90 |
| 鄂尔多斯市 | 7.78 | 591.67 | 525.73 | 142.02 | 2.89 | 63.06 |
| 巴彦淖尔市 | 4.30 | 388.19 | 364.69 | 66.51 | 2.55 | 20.95 |
| 乌海市 | 13.91 | 545.77 | 470.59 | 104.48 | 5.66 | 69.51 |
| 阿拉善盟 | 2.02 | 636.97 | 623.81 | 108.57 | 6.53 | 6.63 |

# 3－2－23 续表22

单位:元

| 地　　区 | 教育文化娱乐服务 | 文化娱乐用品 | 彩色电视机（元/台） | 数量（台） | 金额 |
|---|---|---|---|---|---|
| **全区** | **1971.78** | **514.30** | **5254.74** | **5.50** | **103.25** |
| 呼和浩特市 | 2600.81 | 684.31 | 4731.21 | 7.08 | 126.79 |
| 包头市 | 3219.22 | 714.63 | 5713.62 | 7.28 | 162.72 |
| 呼伦贝尔市 | 1346.79 | 425.60 | 1861.29 | 13.36 | 92.21 |
| 兴安盟 | 1182.91 | 315.84 | 3176.50 | 3.04 | 35.07 |
| 通辽市 | 1712.90 | 520.59 | 4562.81 | 6.84 | 108.37 |
| 赤峰市 | 1413.37 | 371.01 | 3931.82 | 4.09 | 56.20 |
| 锡林郭勒盟 | 1392.23 | 394.50 | 3700.52 | 4.22 | 82.72 |
| 乌兰察布市 | 1086.92 | 290.36 | 3995.61 | 4.54 | 63.34 |
| 鄂尔多斯市 | 3055.91 | 654.03 | 5591.44 | 8.42 | 161.35 |
| 巴彦淖尔市 | 1405.04 | 359.64 | 5388.86 | 3.45 | 67.34 |
| 乌海市 | 2468.66 | 571.81 | 4747.89 | 6.00 | 101.74 |
| 阿拉善盟 | 2372.04 | 765.44 | 4616.16 | 16.34 | 253.70 |

# 3－2－23 续表23

单位:元

| 地　区 | 家用电脑 | 购买整机(元/台) | 数量(台) | 金额 | 计算机外部设备 | 零楼件及耗材 |
|---|---|---|---|---|---|---|
| **全区** | **116.31** | **3327.78** | **8.76** | **104.20** | **7.58** | **4.54** |
| 呼和浩特市 | 180.51 | 4721.00 | 8.79 | 157.10 | 10.51 | 12.91 |
| 包头市 | 149.18 | 4104.57 | 8.45 | 135.68 | 8.42 | 5.08 |
| 呼伦贝尔市 | 113.44 | 4276.80 | 6.46 | 102.43 | 4.66 | 6.36 |
| 兴安盟 | 115.73 | 3085.13 | 10.09 | 113.01 | 1.73 | 0.99 |
| 通辽市 | 86.94 | 3664.01 | 5.89 | 74.99 | 3.32 | 8.63 |
| 赤峰市 | 69.42 | 3484.95 | 4.90 | 59.64 | 7.98 | 1.80 |
| 锡林郭勒盟 | 44.43 | 766.01 | 13.30 | 86.21 | 6.40 | 1.81 |
| 乌兰察布市 | 87.37 | 4105.70 | 5.79 | 82.99 | 2.07 | 2.30 |
| 鄂尔多斯市 | 94.68 | 4775.29 | 5.21 | 85.20 | 4.21 | 5.27 |
| 巴彦淖尔市 | 86.33 | 12.02 | 1880.24 | 81.89 | 3.29 | 1.15 |
| 乌海市 | 148.73 | 4543.64 | 7.33 | 119.00 | 14.89 | 14.83 |
| 阿拉善盟 | 154.41 | 4770.12 | 9.04 | 145.05 | 2.78 | 6.59 |

# 3－2－23 续表24

| 地　区 | 组合音响(元/台) | 数量(台) | 金额(元) | 摄像机(元/架) | 数量(架) | 金额(元) |
|---|---|---|---|---|---|---|
| **全区** | **547.47** | **0.14** | **0.27** | **4117.08** | **0.67** | **9.93** |
| 呼和浩特市 | 259.96 | 0.28 | 0.27 | 5702.71 | 0.40 | 8.58 |
| 包头市 | 1571.18 | 0.16 | 0.97 | 1460.35 | 0.39 | 2.22 |
| 呼伦贝尔市 | 1988.80 | 0.18 | 1.36 | 5500.00 | 0.11 | 2.27 |
| 兴安盟 | 360.00 | 0.16 | 0.20 | | | |
| 通辽市 | 127.24 | 0.32 | 0.14 | 3730.00 | 0.58 | 7.52 |
| 赤峰市 | 11.04 | | 0.06 | 4001.89 | 0.75 | 10.53 |
| 锡林郭勒盟 | 277.32 | 1.38 | 1.36 | 2859.04 | 1.47 | 14.93 |
| 乌兰察布市 | | | | | | |
| 鄂尔多斯市 | 608.14 | 0.55 | 1.16 | 3940.74 | 1.01 | 13.59 |
| 巴彦淖尔市 | 4.26 | 0.00 | 0.05 | 2.61 | 689.91 | 6.51 |
| 乌海市 | 1916.00 | | 2.38 | 8400.00 | 0.67 | 20.00 |
| 阿拉善盟 | 1500.00 | 0.40 | 2.04 | 4705.37 | 1.13 | 17.81 |

# 3－2－23 续表25

| 地　区 | 照相机（元/架） | 数量(架) | 金额(元) | 钢琴（元/架） | 数量(架) | 金额(元) |
|---|---|---|---|---|---|---|
| **全区** | **2303.55** | **2.33** | **19.20** | **16999.00** | **0.30** | **18.20** |
| 呼和浩特市 | 2149.84 | 4.42 | 35.96 | 21800.00 | 0.17 | 14.23 |
| 包头市 | 1697.32 | 2.89 | 19.19 | 13100.61 | 0.26 | 13.15 |
| 呼伦贝尔市 | 2781.57 | 1.77 | 18.30 | | | |
| 兴安盟 | 1560.37 | 1.95 | 11.06 | | | |
| 通辽市 | 1663.92 | 2.07 | 11.94 | 21829.40 | 0.10 | 7.84 |
| 赤峰市 | 4114.02 | 1.87 | 26.91 | 10000.00 | 0.25 | 8.77 |
| 锡林郭勒盟 | 3580.53 | 3.15 | 40.05 | | | |
| 乌兰察布市 | 2772.93 | 1.31 | 12.69 | | | |
| 鄂尔多斯市 | 2572.12 | 3.14 | 27.69 | 24337.07 | 0.53 | 44.08 |
| 巴彦淖尔市 | 1647.17 | 1.61 | 9.57 | | | |
| 乌海市 | 2612.86 | 4.67 | 43.55 | | | |
| 阿拉善盟 | 2035.66 | 4.09 | 27.99 | 5000.00 | 0.20 | 3.40 |

# 3－2－23 续表26

| 地　区 | 其它中高档乐器（元/件） | 数量(件) | 金额(元) | 健身器材（元/件） | 数量(件) | 金额(元) |
|---|---|---|---|---|---|---|
| **全区** | **2337.32** | **1.08** | **9.00** | **891.49** | **5.23** | **16.66** |
| 呼和浩特市 | 2155.35 | 0.92 | 7.53 | 4121.94 | 1.63 | 25.40 |
| 包头市 | 5667.55 | 1.95 | 43.30 | 20.58 | 23.11 | 1.86 |
| 呼伦贝尔市 | 2388.32 | 1.98 | 17.52 | 905.31 | 2.11 | 7.08 |
| 兴安盟 | 892.37 | 0.89 | 2.90 | 197.17 | 0.64 | 0.46 |
| 通辽市 | 1531.27 | 1.84 | 9.79 | 1069.27 | 3.26 | 12.11 |
| 赤峰市 | 1469.91 | 0.61 | 3.12 | 1548.86 | 3.67 | 19.87 |
| 锡林郭勒盟 | 2454.87 | 0.06 | 0.51 | 1283.60 | 0.35 | 1.61 |
| 乌兰察布市 | 860.70 | 1.16 | 3.49 | 445.51 | 0.94 | 1.46 |
| 鄂尔多斯市 | 1094.78 | 1.51 | 5.67 | 1868.13 | 1.09 | 6.97 |
| 巴彦淖尔市 | 2821.82 | 0.26 | 2.70 | 2088.20 | 2.12 | 16.03 |
| 乌海市 | 1033.33 | 2.00 | 7.38 | 1500.00 | 0.67 | 3.57 |
| 阿拉善盟 | 1836.89 | 0.84 | 5.17 | 1180.00 | 1.48 | 5.88 |

# 3－2－23 续表27

单位:元

| 地　　区 | 电子辞典(元/部) | 数量(件) | 金额 | 音像制品及软件 | 体育用品 | 书报杂志 | 纸张文具 | 其它文娱用品 |
|---|---|---|---|---|---|---|---|---|
| **全区** | **1058.89** | **0.57** | **2.17** | **2.28** | **3.64** | **46.03** | **31.03** | **136.33** |
| 呼和浩特市 | 1283.32 | 0.79 | 3.86 | 4.61 | 7.20 | 53.29 | 27.40 | 188.68 |
| 包头市 | 1444.05 | 1.36 | 7.66 | 8.03 | 7.18 | 74.40 | 38.97 | 185.81 |
| 呼伦贝尔市 | 307.66 | 0.09 | 0.10 | 2.73 | 4.06 | 25.44 | 34.96 | 94.33 |
| 兴安盟 | | | | 0.25 | 0.65 | 28.17 | 34.53 | 86.83 |
| 通辽市 | | | | 2.39 | 2.57 | 44.47 | 28.21 | 145.39 |
| 赤峰市 | 284.26 | 0.90 | 0.90 | 0.67 | 3.36 | 32.08 | 32.96 | 106.14 |
| 锡林郭勒盟 | 800.00 | 1.36 | 3.87 | 1.31 | 0.62 | 24.14 | 15.00 | 114.15 |
| 乌兰察布市 | 2177.80 | 0.47 | 3.57 | 0.28 | 0.28 | 20.34 | 27.01 | 70.53 |
| 鄂尔多斯市 | 641.39 | 1.56 | 3.42 | 7.87 | 7.14 | 62.10 | 36.17 | 182.14 |
| 巴彦淖尔市 | 684.16 | 0.89 | 2.22 | 1.91 | 2.91 | 36.94 | 28.30 | 98.83 |
| 乌海市 | 5456.77 | | 6.78 | 1.61 | 6.27 | 84.14 | 41.60 | 104.06 |
| 阿拉善盟 | | | | 7.80 | 2.52 | 41.39 | 34.28 | 209.05 |

# 3－2－23 续表28

单位:元

| 地　　区 | 文化娱乐服务 | 参观游览 | 健身活动 | 团体旅游 | 其它文娱活动 | 文娱用品修理服务费 |
|---|---|---|---|---|---|---|
| **全区** | **670.96** | **133.66** | **13.09** | **348.60** | **169.13** | **6.48** |
| 呼和浩特市 | 743.73 | 96.47 | 16.89 | 379.48 | 242.47 | 8.42 |
| 包头市 | 1322.16 | 242.35 | 12.25 | 822.66 | 239.21 | 5.68 |
| 呼伦贝尔市 | 310.61 | 61.68 | 2.44 | 105.75 | 132.69 | 8.05 |
| 兴安盟 | 354.37 | 88.36 | 2.82 | 167.16 | 94.99 | 1.04 |
| 通辽市 | 439.06 | 29.95 | 7.86 | 275.20 | 120.31 | 5.75 |
| 赤峰市 | 383.83 | 118.89 | 4.61 | 58.44 | 191.24 | 10.65 |
| 锡林郭勒盟 | 450.89 | 107.92 | 15.05 | 206.65 | 112.73 | 8.54 |
| 乌兰察布市 | 221.81 | 45.43 | 0.15 | 51.12 | 104.62 | 20.49 |
| 鄂尔多斯市 | 1522.53 | 99.15 | 29.30 | 1139.57 | 237.19 | 17.33 |
| 巴彦淖尔市 | 432.45 | 59.96 | 2.00 | 209.78 | 151.09 | 9.63 |
| 乌海市 | 1073.99 | 85.56 | 12.13 | 796.83 | 172.76 | 6.71 |
| 阿拉善盟 | 955.77 | 192.94 | 1.39 | 480.53 | 260.53 | 20.38 |

# 3－2－23 续表29

单位:元

| 地　　区 | 教育 | 教材 | 课本及参考书 | 教育软件 | 其它教材 | 教育费用 | 非义务教育学杂费 |
|---|---|---|---|---|---|---|---|
| **全区** | **786.53** | **27.20** | **19.65** | **0.89** | **6.66** | **759.32** | **203.37** |
| 呼和浩特市 | 1172.78 | 40.01 | 27.65 | 2.62 | 9.74 | 1132.76 | 316.04 |
| 包头市 | 1182.44 | 20.30 | 15.55 | 2.10 | 2.65 | 1162.13 | 236.67 |
| 呼伦贝尔市 | 610.57 | 23.06 | 20.25 | 0.72 | 2.09 | 587.52 | 121.78 |
| 兴安盟 | 512.70 | 20.75 | 19.03 | 0.13 | 1.59 | 491.95 | 113.98 |
| 通辽市 | 753.24 | 29.56 | 28.73 |  | 0.83 | 723.69 | 160.16 |
| 赤峰市 | 658.53 | 32.88 | 28.81 | 0.19 | 3.88 | 625.65 | 198.62 |
| 锡林郭勒盟 | 546.84 | 14.40 | 4.46 | 0.24 | 9.70 | 532.44 | 245.60 |
| 乌兰察布市 | 574.75 | 67.85 | 55.78 | 1.47 | 10.60 | 506.90 | 210.88 |
| 鄂尔多斯市 | 879.34 | 28.83 | 15.19 | 1.89 | 11.75 | 850.51 | 170.11 |
| 巴彦淖尔市 | 612.95 | 12.90 | 11.59 | 0.00 | 1.31 | 600.05 | 236.99 |
| 乌海市 | 822.86 | 25.82 | 14.41 | 2.52 | 8.88 | 797.04 | 230.38 |
| 阿拉善盟 | 650.83 | 68.20 | 42.90 | 7.54 | 17.75 | 582.63 | 173.64 |

# 3－2－23 续表30

单位:元

| 地　　区 | 义务教育学杂费 | 托幼费 | 成人教育费 | 家教费 | 培训班 | 学校住宿费 | 其它 |
|---|---|---|---|---|---|---|---|
| **全区** | **38.07** | **60.80** | **100.55** | **47.92** | **212.05** | **12.05** | **84.50** |
| 呼和浩特市 | 29.66 | 140.44 | 182.36 | 58.07 | 331.27 | 6.73 | 68.20 |
| 包头市 | 1.10 | 106.30 | 264.86 | 53.53 | 356.18 | 8.97 | 134.52 |
| 呼伦贝尔市 | 11.96 | 44.63 | 40.25 | 23.21 | 251.34 | 33.82 | 60.52 |
| 兴安盟 | 48.57 | 43.62 | 12.72 | 27.37 | 124.33 | 22.13 | 99.24 |
| 通辽市 | 41.66 | 39.98 | 158.14 | 16.92 | 174.55 | 1.86 | 130.41 |
| 赤峰市 | 36.06 | 52.38 | 43.78 | 14.31 | 161.64 | 5.80 | 113.06 |
| 锡林郭勒盟 | 30.40 | 15.20 | 30.18 | 12.38 | 59.67 | 22.59 | 333.14 |
| 乌兰察布市 | 36.13 | 20.94 | 28.25 | 60.04 | 108.59 | 7.42 | 33.74 |
| 鄂尔多斯市 | 69.86 | 79.74 | 114.39 | 18.96 | 262.18 | 17.14 | 118.12 |
| 巴彦淖尔市 | 50.90 | 21.81 | 80.39 | 55.77 | 102.48 | 3.36 | 48.33 |
| 乌海市 | 2.66 | 118.86 | 95.10 | 70.33 | 232.14 | 22.00 | 25.59 |
| 阿拉善盟 | 28.29 | 11.49 | 122.08 | 48.90 | 175.84 | 9.68 | 12.71 |

# 3－2－23 续表31

单位:元

| 地　　区 | 其它商品和服务 | 其它商品 | 金银珠宝饰品 | 手表（元/只） | 数量（只） | 金额 | 理发美容用　具 |
|---|---|---|---|---|---|---|---|
| **全区** | **798.68** | **572.69** | **223.16** | **892.71** | **0.05** | **41.65** | **3.68** |
| 呼和浩特市 | 960.83 | 677.40 | 327.28 | 1029.88 | 0.05 | 55.84 | 2.78 |
| 包头市 | 1186.85 | 842.29 | 347.84 | 1089.07 | 0.07 | 78.10 | 4.04 |
| 呼伦贝尔市 | 838.47 | 609.99 | 188.78 | 754.84 | 0.05 | 41.11 | 3.29 |
| 兴安盟 | 524.30 | 339.89 | 65.92 | 745.14 | 0.05 | 34.14 | 1.60 |
| 通辽市 | 680.12 | 537.30 | 228.63 | 1134.26 | 0.04 | 41.05 | 2.45 |
| 赤峰市 | 525.71 | 380.62 | 103.56 | 353.36 | 0.04 | 15.87 | 2.27 |
| 锡林郭勒盟 | 653.52 | 483.48 | 150.69 | 857.14 | 0.01 | 10.58 | 0.78 |
| 乌兰察布市 | 554.77 | 417.44 | 139.51 | 449.35 | 0.04 | 16.50 | 1.72 |
| 鄂尔多斯市 | 1663.89 | 1348.53 | 536.66 | 102.59 | 1.22 | 125.11 | 6.59 |
| 巴彦淖尔市 | 717.01 | 584.48 | 276.54 | 451.08 | 0.03 | 15.00 | 1.31 |
| 乌海市 | 992.42 | 752.87 | 317.59 | 910.91 | 0.05 | 47.71 | 12.57 |
| 阿拉善盟 | 1484.84 | 1005.38 | 490.95 | 541.37 | 0.07 | 35.36 | 11.92 |

# 3－2－23 续表32

单位:元

| 地　　区 | 化妆品 | 其它杂品 | 服务 | 旅馆住宿费 | 理发洗澡费 | 美容费 | 其它服务 |
|---|---|---|---|---|---|---|---|
| **全区** | **205.66** | **98.54** | **225.99** | **42.98** | **85.22** | **29.47** | **68.32** |
| 呼和浩特市 | 240.64 | 50.85 | 283.43 | 59.16 | 100.79 | 44.31 | 79.17 |
| 包头市 | 280.55 | 131.77 | 344.56 | 53.79 | 131.66 | 56.74 | 102.37 |
| 呼伦贝尔市 | 235.65 | 141.16 | 228.48 | 45.90 | 105.93 | 36.34 | 40.32 |
| 兴安盟 | 149.14 | 89.07 | 184.41 | 44.13 | 75.60 | 11.32 | 53.36 |
| 通辽市 | 173.22 | 91.95 | 142.82 | 31.37 | 66.34 | 25.60 | 19.51 |
| 赤峰市 | 151.54 | 107.38 | 145.09 | 28.61 | 61.17 | 25.39 | 29.92 |
| 锡林郭勒盟 | 248.89 | 72.54 | 170.04 | 53.14 | 109.98 | 6.88 | 24.69 |
| 乌兰察布市 | 128.58 | 121.77 | 137.34 | 24.36 | 64.38 | 9.86 | 38.74 |
| 鄂尔多斯市 | 528.97 | 151.21 | 315.36 | 130.27 | 97.59 | 46.82 | 40.68 |
| 巴彦淖尔市 | 190.61 | 101.02 | 132.52 | 24.65 | 69.55 | 13.71 | 24.62 |
| 乌海市 | 276.80 | 98.20 | 239.56 | 47.21 | 121.32 | 45.52 | 25.50 |
| 阿拉善盟 | 285.86 | 181.30 | 479.46 | 97.89 | 84.77 | 43.54 | 253.26 |

# 主要统计指标解释

**家庭总收入** 指调查户中生活在一起的所有家庭成员在调查期得到的工薪收入、经营净收入、财产性收入、转移性收入的总和,不包括出售财物和借贷收入。收入的统计标准以实际发生的数额为准,无论收入是补发还是预发,只要是调查期得到的都应如实计算,不作分摊。

**可支配收入** 指调查户可用于最终消费支出和其它非义务性支出以及储蓄的总和,即居民家庭可以用来自由支配的收入。它是家庭总收入扣除交纳的 所得税、个人交纳的社会保障费以及调查户的记账补贴后的收入。计算公式为:可支配收入 = 家庭总收入 - 交纳所得税 - 个人交纳的社会保障支出 - 记帐补贴

**工薪收入** 指就业人员通过各种途径得到的全部劳动报酬,包括所从事的主要职业的工资以及从事第二职业、其他兼职和零星劳动得到的其它劳动收入。

**经营净收入** 指家庭成员从事生产经营活动所获得的净收入。是全部生产经营收入中扣除生产成本和税金后所得的收入。如当期收入小于生产费用的开支,其差额记入" 其他借贷支出 "中。

**财产性收入** 指家庭拥有的动产(如银行存款、有价证券)、不动产(如房屋、车辆、土地、收藏品等)所获得的收入。包括出让财产使用权所获得的利息、租金、专利收入;财产营运所获得的红利收入、财产增值收益等。

**转移性收入** 指国家、单位、社会团体对居民家庭的各种转移支付和居民家庭间的收入转移。包括政府对个人收入转移的离退休金、失业救济金、赔偿等;单位对个人收入转移的辞退金、保险索赔、住房公积金、家庭间的赠送和赡养等。

**借贷收入** 指家庭资产不发生增减的周转性收入。包括提取银行存款、提取储金会款、借入款、收回借出款、兑售有价证券、收回的投资本金、贷款等。

**家庭总支出** 指家庭除借贷支出以外的全部实际支出。包括消费性支出、购房建房支出、转移性支出、财产性支出、社会保障支出。支出统计是以实际购得的商品或服务的总价值填报,不论其付款方式是一次付清、分期付款,还是赊购,只要商品或服务已被消费就要按其总价值计量。如果采用分期付款或赊购形式,则要在借贷收入类相应的项目填入实付款与总的应付款的差额。

**消费支出** 指调查户用于本家庭日常生活的全部支出,包括食品、衣着、家庭设备用品及服务、医疗保健、交通和通讯、娱乐教育文化服务、居住、杂项商品和服务八大类等。不包括用于赠送的商品或服务。消费支出按商品(服务)的用途分类,详细解释见消费支出表。

**服务性消费支出** 指调查户用于本家庭支付社会提供的各种文化和生活方面的非商品性服务费用。不包括为别人付款的服务。服务消费与商品消费不同,其特点在于其劳动过程和消费过程在时间与空间上的统一。

服务性消费支出 = 食品加工服务费用 + 在外饮食业 × 50% + 衣着加工服务费 + 家庭服务 + 医疗费 + 交通工具服务支出 + 交通费 + 通信服务 + 文化娱乐服务费 + 教育费用 + 房租 + 自有房租折算 + 住房装潢支出 × 40% + 居住服务费 + 杂项服务费

这一指标是派生的,由计算机根据各类消费支出的性质自动生成。

**转移性支出** 指居民家庭对国家、单位、住户、个人的转移支付。包括交纳的税款、捐赠和赡养支出等。

**财产性支出** 指家庭购买或维护财产所支付的利息等有关费用。

**借贷支出** 包括所有权没有变化的周转性支付,如存入储蓄款、借出款;资金归还,如归还借款、归还各类贷款等。

# 3 城市经济社会调查篇

## ③ 物　价

资料整理：赵桂梅　郭　松　郑海兰
袁　渊　陈　旭　刘世友

# 3－3－1 历年流通和消费价格总指数

上年＝100

| 年　份 | 居民消费价格总指数 | 城　市 | 农　村 | 商品零售价格总指数 | 城　市 | 农　村 | 农业生产资料价格指数 |
|---|---|---|---|---|---|---|---|
| 1951 | | 110.9 | | 112.7 | 110.9 | 117.2 | 119.1 |
| 1952 | | 110.8 | | 109.4 | 111.0 | 107.2 | 117.8 |
| 1953 | | 104.7 | | 103.2 | 104.6 | 101.6 | 119.9 |
| 1954 | | 102.4 | | 102.4 | 104.0 | 101.1 | 103.7 |
| 1955 | | 104.1 | | 103.9 | 103.2 | 103.3 | 102.8 |
| 1956 | | 104.1 | | 103.0 | 103.7 | 102.8 | 107.7 |
| 1957 | | 97.8 | | 99.3 | 97.1 | 100.2 | 97.6 |
| 1958 | | 98.8 | | 98.5 | 98.9 | 98.1 | 96.3 |
| 1959 | | 101.5 | | 99.6 | 100.2 | 99.0 | 102.5 |
| 1960 | | 100.2 | | 102.0 | 101.0 | 103.1 | 103.2 |
| 1961 | | 109.7 | | 106.7 | 110.0 | 102.6 | 101.9 |
| 1962 | | 104.9 | | 108.2 | 108.2 | 105.8 | 119.3 |
| 1963 | | 97.8 | | 99.1 | 97.9 | 102.6 | 99.6 |
| 1964 | | 96.6 | | 95.9 | 95.2 | 97.5 | 92.8 |
| 1965 | | 98.6 | | 99.6 | 98.6 | 100.4 | 95.2 |
| 1966 | | 100.7 | | 100.2 | 100.8 | 99.4 | 97.2 |
| 1967 | | 101.3 | | 100.5 | 101.5 | 99.3 | 96.6 |
| 1968 | | 100.4 | | 100.5 | 100.6 | 99.9 | 100.0 |
| 1969 | | 100.9 | | 100.4 | 101.0 | 99.5 | 100.0 |
| 1970 | | 100.4 | | 100.1 | 100.5 | 99.3 | 100.0 |
| 1971 | | 100.9 | | 99.9 | 101.0 | 98.6 | 96.2 |
| 1972 | | 101.2 | | 100.2 | 101.3 | 98.8 | 95.7 |
| 1973 | | 101.6 | | 101.4 | 101.7 | 100.6 | 101.6 |
| 1974 | | 101.7 | | 101.2 | 101.8 | 100.1 | 100.1 |
| 1975 | | 101.4 | | 100.7 | 101.5 | 99.5 | 98.8 |
| 1976 | | 101.7 | | 101.1 | 101.9 | 100.0 | 100.0 |
| 1977 | | 101.1 | | 101.0 | 101.4 | 100.1 | 100.3 |
| 1978 | | 101.5 | | 101.0 | 101.6 | 100.0 | 100.0 |

# 3-3-1 续表

上年=100

| 年份 | 居民消费价格总指数 | 城市 | 农村 | 商品零售价格总指数 | 城市 | 农村 | 农业生产资料价格指数 |
|---|---|---|---|---|---|---|---|
| 1979 | | 102.3 | | 101.9 | 102.3 | 101.5 | 98.8 |
| 1980 | | 106.1 | | 105.5 | 106.5 | 104.0 | 100.2 |
| 1981 | | 101.9 | | 101.8 | 101.6 | 102.1 | 100.7 |
| 1982 | | 101.7 | | 101.7 | 101.9 | 101.6 | 100.2 |
| 1983 | | 101.2 | | 101.0 | 101.2 | 101.0 | 101.4 |
| 1984 | 104.0 | 104.9 | 102.2 | 104.4 | 105.0 | 103.5 | 108.5 |
| 1985 | 109.3 | 108.9 | 110.0 | 108.5 | 108.5 | 108.4 | 104.6 |
| 1986 | 105.2 | 105.5 | 104.5 | 105.0 | 105.5 | 104.1 | 103.2 |
| 1987 | 107.8 | 108.5 | 106.0 | 108.1 | 108.8 | 106.3 | 106.5 |
| 1988 | 116.3 | 117.0 | 115.0 | 116.3 | 117.1 | 115.1 | 118.0 |
| 1989 | 115.3 | 114.2 | 118.3 | 115.9 | 114.4 | 118.8 | 119.9 |
| 1990 | 102.3 | 101.8 | 103.4 | 102.9 | 101.3 | 105.6 | 110.8 |
| 1991 | 104.6 | 106.0 | 102.5 | 104.5 | 106.1 | 102.9 | 103.5 |
| 1992 | 107.4 | 108.7 | 103.9 | 106.8 | 108.7 | 103.4 | 102.2 |
| 1993 | 114.1 | 114.7 | 112.5 | 112.5 | 113.2 | 110.8 | 111.4 |
| 1994 | 122.9 | 124.3 | 121.3 | 119.3 | 119.6 | 118.8 | 122.6 |
| 1995 | 117.5 | 117.1 | 118.0 | 116.8 | 115.4 | 118.9 | 128.5 |
| 1996 | 107.6 | 107.5 | 107.7 | 105.8 | 105.9 | 105.6 | 109.9 |
| 1997 | 104.5 | 104.6 | 104.3 | 102.3 | 102.4 | 101.9 | 104.0 |
| 1998 | 99.3 | 99.3 | 99.2 | 98.1 | 98.1 | 98.2 | 98.7 |
| 1999 | 99.8 | 100.3 | 99.1 | 97.7 | 97.9 | 97.4 | 96.3 |
| 2000 | 101.3 | 101.3 | 101.2 | 98.8 | 98.7 | 98.9 | 106.1 |
| 2001 | 100.6 | 100.6 | 100.5 | 100.0 | 100.0 | 99.9 | 101.4 |
| 2002 | 100.2 | 99.3 | 101.9 | 99.4 | 99.5 | 99.2 | 102.6 |
| 2003 | 102.2 | 101.5 | 103.5 | 99.6 | 99.6 | 99.6 | 101.2 |
| 2004 | 102.9 | 102.5 | 103.9 | 102.7 | 102.4 | 103.1 | 109.5 |
| 2005 | 102.4 | 102.0 | 103.3 | 101.5 | 101.5 | 101.4 | 108.3 |
| 2006 | 101.5 | 101.3 | 102 | 101.9 | 101.4 | 101.5 | 101.2 |
| 2007 | 104.6 | 104.3 | 105.2 | 103.6 | 103.4 | 104.0 | 103.0 |
| 2008 | 105.7 | 105.4 | 106.3 | 104.7 | 104.1 | 106.1 | 114.9 |
| 2009 | 99.7 | 99.7 | 99.8 | 99.5 | 99.4 | 99.6 | 99.7 |
| 2010 | 103.2 | 103.0 | 103.5 | 103.0 | 102.9 | 103.3 | 102.0 |
| 2011 | 105.6 | 105.5 | 105.7 | 104.9 | 105.0 | 104.7 | 106.3 |
| 2012 | 103.1 | 103.3 | 102.5 | 102.5 | 102.5 | 102.4 | 104.9 |

# 3－3－2 居民消费价格指数(2012 年)

上年＝100

| 类别名称 | 全　区 | 城　市 | 农　村 |
|---|---|---|---|
| 居民消费价格总指数 | 103.1 | 103.3 | 102.5 |
| 非食品价格指数 | 101.9 | 102.0 | 101.5 |
| 服务项目价格指数 | 102.3 | 102.5 | 101.6 |
| 工业品价格指数 | 101.6 | 101.6 | 101.4 |
| 扣除食品和能源价格指数 | 101.7 | 101.9 | 101.2 |
| 扣除鲜菜鲜果总指数 | 102.8 | 103.0 | 102.0 |
| 消费品价格指数 | 103.4 | 103.6 | 102.7 |
| 食品 | 105.8 | 106.2 | 104.5 |
| 粮食 | 105.7 | 107.0 | 104.1 |
| 大　米 | 108.4 | 107.5 | 110.3 |
| 面　粉 | 102.7 | 105.2 | 101.0 |
| 粮食制品 | 107.9 | 109.7 | 105.8 |
| 其　他 | 100.5 | 102.0 | 97.6 |
| 淀粉 | 90.5 | 88.4 | 91.9 |
| 淀　粉 | 90.5 | 88.4 | 91.9 |
| 干豆类及豆制品 | 102.8 | 104.6 | 96.5 |
| 干　豆 | 90.1 | 88.7 | 92.0 |
| 豆制品 | 108.4 | 109.4 | 102.3 |
| 油脂 | 105.3 | 106.2 | 102.6 |
| 食用植物油 | 106.6 | 107.6 | 103.6 |
| 植物油制品 | 104.4 | 104.7 | 103.4 |
| 其　他 | 98.5 | 107.2 | 96.0 |
| 肉禽及其制品 | 105.3 | 106.8 | 100.3 |
| 食用畜肉及副产品 | 104.6 | 106.1 | 99.9 |
| 猪　肉 | 93.6 | 93.5 | 94.0 |
| 牛　肉 | 123.8 | 124.1 | 122.0 |
| 羊　肉 | 115.8 | 116.6 | 110.5 |
| 畜肉副产品 | 107.0 | 116.4 | 102.8 |
| 其　他 | 112.8 | 129.5 | 101.6 |
| 禽 | 100.8 | 101.2 | 99.7 |
| 鸡 | 100.2 | 100.4 | 99.7 |
| 鸭 | 107.5 | 108.1 | 98.1 |
| 其　他 | 107.1 | 107.0 | 108.5 |
| 加工肉禽 | 112.5 | 113.1 | 106.8 |
| 畜肉制品 | 112.4 | 112.8 | 108.0 |
| 禽制品 | 112.6 | 114.1 | 104.7 |
| 蛋 | 98.1 | 98.1 | 98.5 |
| 鲜　蛋 | 97.5 | 97.6 | 97.2 |
| 蛋制品 | 107.6 | 107.1 | 108.5 |
| 水产品 | 107.7 | 107.3 | 109.2 |
| 鱼 | 106.2 | 104.7 | 109.7 |
| 淡水鱼 | 105.5 | 103.3 | 110.0 |
| 海水鱼 | 108.4 | 108.3 | 108.6 |
| 其他水产品 | 110.7 | 111.1 | 101.1 |

# 3－3－2 续表1

上年＝100

| 类别名称 | 全 区 | 城 市 | 农 村 |
|---|---|---|---|
| 虾蟹类 | 112.0 | 113.0 | 101.3 |
| 其 他 | 110.2 | 110.4 | 100.6 |
| 菜 | 112.3 | 111.8 | 114.1 |
| 鲜 菜 | 114.5 | 114.0 | 116.2 |
| 干菜及菜制品 | 105.4 | 105.8 | 98.6 |
| 薯 类 | 85.3 | 85.2 | 85.6 |
| 调味品 | 104.1 | 104.4 | 103.5 |
| 盐 | 102.6 | 101.8 | 103.6 |
| 酱 油 | 102.3 | 102.3 | 102.2 |
| 醋 | 104.4 | 103.7 | 105.7 |
| 味 精 | 102.1 | 101.2 | 103.1 |
| 其 他 | 108.8 | 111.9 | 102.7 |
| 糖 | 105.2 | 103.5 | 108.8 |
| 食 糖 | 107.2 | 100.8 | 113.4 |
| 糖 果 | 104.5 | 105.3 | 102.4 |
| 巧克力制品 | 105.4 | 104.5 | 109.5 |
| 糖类小食品 | 102.1 | 102.5 | 100.1 |
| 茶及饮料 | 104.2 | 104.1 | 104.3 |
| 茶叶 | 101.5 | 101.7 | 100.9 |
| 茶 叶 | 101.5 | 101.7 | 100.9 |
| 饮料 | 105.7 | 105.5 | 106.9 |
| 固体饮料 | 103.4 | 103.6 | 102.1 |
| 液体饮料 | 103.4 | 102.2 | 108.1 |
| 冷冻饮品 | 111.2 | 112.2 | 107.6 |
| 干鲜瓜果 | 106.0 | 105.7 | 108.1 |
| 鲜瓜果 | 104.6 | 103.8 | 108.0 |
| 干(坚)果 | 111.9 | 112.0 | 109.0 |
| 糕点饼干 | 105.0 | 105.5 | 102.8 |
| 糕 点 | 106.5 | 107.3 | 102.9 |
| 饼 干 | 103.1 | 103.3 | 102.5 |
| 面 包 | 104.7 | 105.1 | 103.0 |
| 液体乳及乳制品 | 103.7 | 103.4 | 105.5 |
| 巴氏杀菌奶或消毒奶 | 102.8 | 102.5 | 105.2 |
| 酸 奶 | 110.0 | 110.8 | 106.0 |
| 奶 粉 | 104.6 | 102.7 | 109.5 |
| 其 他 | 101.7 | 101.8 | 100.1 |
| 在外用膳食品 | 106.4 | 106.2 | 107.1 |
| 主 食 | 106.0 | 105.3 | 107.8 |
| 炒 菜 | 105.7 | 105.6 | 106.6 |
| 地方小吃 | 110.5 | 110.9 | 108.9 |
| 其他食品 | 103.1 | 102.9 | 104.4 |
| 其他食品 | 103.1 | 102.9 | 104.4 |
| 烟酒及用品 | 102.8 | 102.6 | 103.4 |
| 烟草 | 100.3 | 100.3 | 100.1 |

# 3-3-2 续表 2

上年=100

| 类别名称 | 全区 | 城市 | 农村 |
|---|---|---|---|
| 高档卷烟 | 99.7 | 99.7 | 99.9 |
| 中档卷烟 | 100.2 | 100.1 | 100.3 |
| 其他 | 101.4 | 101.4 | 100.5 |
| 酒 | 105.8 | 105.2 | 107.1 |
| 白酒 | 107.7 | 106.7 | 110.0 |
| 葡萄酒 | 102.0 | 102.0 | 102.7 |
| 啤酒 | 103.0 | 103.8 | 101.6 |
| 其他 | 99.7 | 98.7 | 101.5 |
| 衣着 | 103.8 | 103.9 | 102.6 |
| 服装 | 103.6 | 103.8 | 102.1 |
| 男式服装 | 102.6 | 102.7 | 101.7 |
| 大衣 | 97.0 | 96.5 | 101.4 |
| 毛线衣 | 98.9 | 99.3 | 96.2 |
| 夹克衫 | 105.0 | 105.8 | 99.8 |
| 衬衫 | 108.3 | 108.0 | 110.5 |
| T恤衫 | 100.8 | 101.0 | 98.8 |
| 裤子 | 103.9 | 103.8 | 104.9 |
| 西服 | 100.8 | 100.7 | 102.3 |
| 运动衫裤 | 101.0 | 100.7 | 104.3 |
| 内衣 | 106.0 | 106.7 | 99.7 |
| 羽绒衣 | 103.8 | 104.2 | 100.5 |
| 其他 | 104.5 | 105.4 | 96.1 |
| 女式服装 | 105.0 | 105.3 | 102.1 |
| 大衣 | 104.9 | 105.3 | 99.8 |
| 毛线衣 | 102.4 | 102.6 | 100.2 |
| 羽绒衣 | 105.2 | 105.5 | 102.4 |
| 套装 | 106.2 | 106.9 | 99.6 |
| 衬衫 | 112.6 | 113.6 | 102.0 |
| T恤衫 | 107.2 | 107.3 | 105.9 |
| 裙子 | 102.7 | 102.3 | 106.3 |
| 裤子 | 105.8 | 106.1 | 102.5 |
| 运动衫裤 | 102.6 | 102.9 | 100.0 |
| 内衣 | 104.5 | 104.6 | 104.4 |
| 其他 | 101.8 | 101.8 | 101.6 |
| 儿童服装 | 101.6 | 101.4 | 102.8 |
| 上衣 | 103.6 | 104.0 | 100.8 |
| 裤子 | 98.0 | 96.7 | 104.7 |
| 裙子 | 102.5 | 102.3 | 103.4 |
| 其他 | 103.1 | 103.2 | 102.9 |
| 衣着材料 | 105.3 | 105.9 | 104.5 |
| 棉布 | 107.6 | 108.1 | 107.0 |

# 3－3－2 续表 3

上年＝100

| 类别名称 | 全　区 | 城　市 | 农　村 |
|---|---|---|---|
| 化纤布 | 105.5 | 107.1 | 103.6 |
| 毛　线 | 103.4 | 101.7 | 104.8 |
| 鞋袜帽 | 103.9 | 103.9 | 103.7 |
| 鞋 | 104.2 | 104.2 | 104.1 |
| 男　鞋 | 100.4 | 99.8 | 106.1 |
| 女　鞋 | 107.3 | 107.9 | 101.9 |
| 童　鞋 | 104.5 | 104.4 | 104.9 |
| 袜子 | 102.7 | 102.7 | 102.4 |
| 男　袜 | 103.1 | 103.2 | 102.1 |
| 女　袜 | 102.2 | 102.2 | 102.6 |
| 帽子 | 102.8 | 103.0 | 101.5 |
| 男　帽 | 102.4 | 102.3 | 102.6 |
| 女　帽 | 103.1 | 103.4 | 100.4 |
| 衣着加工服务费 | 108.9 | 109.4 | 101.9 |
| 缝　纫 | 105.5 | 106.5 | 101.0 |
| 清　洗 | 110.9 | 111.0 | 106.3 |
| 家庭设备用品及维修服务 | 101.4 | 101.5 | 100.9 |
| 耐用消费品 | 100.9 | 101.3 | 99.5 |
| 家具 | 100.5 | 100.7 | 99.8 |
| 柜 | 100.0 | 99.9 | 100.7 |
| 床 | 101.8 | 102.0 | 101.2 |
| 桌 | 101.5 | 101.8 | 99.9 |
| 椅 | 101.4 | 101.7 | 100.0 |
| 沙　发 | 100.2 | 100.7 | 97.9 |
| 其　他 | 97.6 | 97.1 | 100.0 |
| 家庭设备 | 101.1 | 101.6 | 99.4 |
| 洗衣机 | 99.5 | 99.7 | 99.0 |
| 电风扇 | 102.9 | 103.1 | 100.1 |
| 电冰箱(柜) | 99.5 | 99.6 | 99.4 |
| 吸排油烟机 | 99.9 | 99.9 | 100.0 |
| 空调器 | 99.6 | 99.6 | 101.2 |
| 热水器 | 100.4 | 100.4 | 100.3 |
| 微波炉 | 100.3 | 100.3 | 100.6 |
| 室内装饰品 | 101.4 | 101.5 | 101.1 |
| 纺织装饰品 | 102.2 | 102.3 | 101.6 |
| 装饰灯具 | 100.9 | 100.9 | 101.1 |
| 其　他 | 101.1 | 101.3 | 100.2 |
| 床上用品 | 100.4 | 100.3 | 101.0 |
| 被　子 | 100.8 | 100.6 | 101.6 |
| 床上套件 | 100.2 | 100.2 | 100.4 |
| 其　他 | 100.4 | 100.2 | 100.8 |

# 3－3－2 续表4

上年＝100

| 类别名称 | 全 区 | 城 市 | 农 村 |
|---|---|---|---|
| 家庭日用杂品 | 101.5 | 101.4 | 101.9 |
| 茶 具 | 100.2 | 100.0 | 100.5 |
| 餐 具 | 99.1 | 98.3 | 101.0 |
| 厨 具 | 101.1 | 101.2 | 100.8 |
| 家用手工工具 | 101.0 | 101.3 | 99.9 |
| 洗涤用品 | 103.9 | 104.3 | 103.3 |
| 其 他 | 100.5 | 100.2 | 102.1 |
| 家庭服务及加工维修服务 | 105.9 | 106.7 | 103.9 |
| 家庭服务 | 107.9 | 109.3 | 105.3 |
| 加工维修服务 | 103.0 | 103.6 | 100.1 |
| 医疗保健和个人用品 | 102.1 | 102.0 | 102.2 |
| 医疗保健 | 101.4 | 101.5 | 101.0 |
| 医疗器具及用品 | 99.6 | 99.3 | 101.2 |
| 医疗器具及用品 | 99.6 | 99.3 | 101.2 |
| 中药材及中成药 | 104.9 | 105.5 | 103.9 |
| 中药材 | 108.9 | 111.4 | 106.0 |
| 中成药 | 101.4 | 101.0 | 101.9 |
| 西药 | 100.4 | 100.6 | 100.0 |
| 抗微生物药 | 101.2 | 102.5 | 98.4 |
| 消化系统用药 | 99.8 | 99.1 | 101.0 |
| 呼吸系统用药 | 99.3 | 101.0 | 95.5 |
| 解热镇痛 | 98.8 | 97.3 | 101.5 |
| 抗肿瘤药 | 99.7 | 99.5 | 100.0 |
| 激素类药 | 100.3 | 101.1 | 98.5 |
| 心血管系统用药 | 99.7 | 99.0 | 102.4 |
| 中枢神经系统用药 | 101.8 | 101.7 | 101.9 |
| 消毒防腐及创伤外科用药 | 101.7 | 101.4 | 102.3 |
| 泌尿系统用药 | 102.0 | 104.0 | 97.5 |
| 维生素类 | 101.6 | 99.9 | 105.3 |
| 其 他 | 101.8 | 102.9 | 100.0 |
| 保健器具及用品 | 101.0 | 101.0 | 99.6 |
| 保健器具 | 101.1 | 101.2 | 97.3 |
| 滋补保健用品 | 101.0 | 101.0 | 100.5 |
| 医疗保健服务 | 100.7 | 100.9 | 100.4 |
| 挂号费 | 100.2 | 100.0 | 100.4 |
| 注射费 | 100.3 | 100.0 | 100.6 |
| 检查费 | 101.0 | 101.7 | 100.2 |
| 手术费 | 100.4 | 100.6 | 100.0 |
| 住院费 | 100.1 | 100.1 | 100.2 |
| 理疗费 | 99.9 | 99.6 | 100.3 |
| 化验费 | 102.1 | 102.0 | 102.1 |
| 其 他 | 102.5 | 105.3 | 99.6 |
| 个人用品及服务 | 103.4 | 102.8 | 105.9 |
| 化妆美容用品 | 101.6 | 101.7 | 100.8 |
| 化妆美容器具 | 99.5 | 99.4 | 99.5 |
| 美容化妆品 | 102.2 | 102.3 | 101.0 |

# 3－3－2 续表 5

上年＝100

| 类别名称 | 全区 | 城市 | 农村 |
| --- | --- | --- | --- |
| 护肤品 | 100.8 | 100.8 | 100.8 |
| 护发美容品 | 102.9 | 103.0 | 101.7 |
| 清洁化妆用品 | 102.0 | 101.9 | 102.6 |
| 洗发用品 | 102.0 | 101.9 | 102.4 |
| 洗浴用品 | 101.1 | 100.9 | 103.6 |
| 其　他 | 103.2 | 103.3 | 102.0 |
| 个人饰品 | 99.1 | 98.3 | 102.0 |
| 首　饰 | 97.2 | 96.2 | 102.3 |
| 皮　件 | 102.0 | 102.5 | 98.8 |
| 手　表 | 98.7 | 98.7 | 98.9 |
| 领　带 | 99.7 | 99.8 | 99.2 |
| 其　他 | 101.9 | 100.3 | 103.0 |
| 个人服务 | 110.1 | 110.5 | 109.4 |
| 美　容 | 108.0 | 108.9 | 100.7 |
| 理(烫)发 | 111.6 | 107.3 | 117.9 |
| 洗　浴 | 112.0 | 117.5 | 103.0 |
| 其　他 | 101.1 | 101.8 | 100.6 |
| 交通和通信 | 99.7 | 99.5 | 100.2 |
| 交通 | 101.1 | 101.0 | 101.1 |
| 交通工具 | 99.1 | 98.9 | 99.8 |
| 助动自行车 | 100.4 | 100.5 | 100.3 |
| 轿　车 | 98.8 | 98.6 | 99.4 |
| 自行车 | 99.8 | 99.7 | 100.7 |
| 其　他 | 100.1 | 100.3 | 98.4 |
| 车用燃料及零配件 | 102.3 | 102.6 | 101.8 |
| 汽　油 | 102.9 | 103.1 | 102.7 |
| 柴　油 | 103.0 | 103.3 | 102.9 |
| 零配件 | 100.3 | 100.1 | 100.5 |
| 其　他 | 100.6 | 101.0 | 99.9 |
| 车辆使用及维修费 | 104.5 | 105.6 | 101.1 |
| 保险费 | 100.1 | 100.1 | 100.0 |
| 停车费 | 103.5 | 104.3 | 100.0 |
| 车辆修理服务费 | 105.7 | 107.8 | 100.1 |
| 其　他 | 109.5 | 110.0 | 107.0 |
| 市区公共交通费 | 102.4 | 102.4 | 102.3 |
| 公共汽车票 | 100.7 | 100.0 | 102.6 |
| 出租汽车 | 103.7 | 103.8 | 102.9 |
| 其　他 | 102.1 | 108.4 | 100.1 |
| 城市间交通费 | 102.5 | 102.5 | 102.5 |
| 飞机票 | 98.5 | 98.5 | 103.1 |
| 火车票 | 102.2 | 102.5 | 100.3 |
| 长途汽车 | 106.9 | 107.8 | 105.2 |
| 短途汽车 | 101.5 | 102.3 | 100.6 |

# 3-3-2 续表6

上年=100

| 类别名称 | 全区 | 城市 | 农村 |
|---|---|---|---|
| 通信 | 97.2 | 96.6 | 98.8 |
| 通信工具 | 94.3 | 92.6 | 97.0 |
| 固定电话机 | 98.3 | 98.3 | 98.8 |
| 移动电话机 | 93.7 | 92.3 | 98.6 |
| 其　他 | 95.9 | 98.8 | 95.8 |
| 通信服务 | 98.1 | 97.6 | 99.9 |
| 移动通信费 | 95.2 | 94.4 | 100.0 |
| 市内电话费 | 100.0 | 100.0 | 100.0 |
| 长途电话费 | 99.9 | 100.0 | 99.9 |
| 月租费 | 99.9 | 100.0 | 99.5 |
| 上网费 | 100.4 | 100.7 | 99.1 |
| 信件邮寄 | 100.0 | 100.0 | 100.0 |
| 包裹邮寄 | 101.1 | 101.4 | 100.8 |
| 其　他 | 99.9 | 99.8 | 100.0 |
| 娱乐教育文化用品及服务 | 100.8 | 100.7 | 101.0 |
| 文娱用耐用消费品及服务 | 96.6 | 95.5 | 100.6 |
| 电视机 | 94.0 | 92.6 | 99.6 |
| 激光视盘机 | 95.6 | 95.3 | 99.1 |
| 摄像机 | 96.0 | 95.9 | 99.9 |
| 照相机 | 93.7 | 93.5 | 99.4 |
| 家用音响 | 99.2 | 99.3 | 98.8 |
| 便携式音响 | 97.7 | 97.7 | 97.9 |
| 电　脑 | 97.1 | 96.7 | 99.4 |
| 修理服务 | 102.7 | 105.2 | 102.2 |
| 其　他 | 97.5 | 97.4 | 98.7 |
| 教育 | 101.1 | 101.1 | 100.9 |
| 教材及参考书 | 101.3 | 101.9 | 100.5 |
| 工具书 | 100.0 | 100.0 | 100.1 |
| 教　材 | 100.5 | 100.1 | 101.1 |
| 参考书 | 103.4 | 104.7 | 100.0 |
| 教育软件 | 100.4 | 100.1 | 100.4 |
| 教育服务 | 101.1 | 101.1 | 101.0 |
| 学前教育 | 102.9 | 102.6 | 103.8 |
| 中等教育 | 99.3 | 99.2 | 100.0 |
| 高等教育 | 99.8 | 99.8 | 97.4 |
| 专业技能培训 | 100.6 | 100.9 | 98.3 |
| 其　他 | 105.8 | 106.4 | 100.0 |
| 文化娱乐类 | 101.7 | 101.9 | 100.7 |
| 文化娱乐用品 | 100.2 | 100.1 | 100.9 |
| 乐　器 | 101.7 | 101.8 | 100.4 |
| 音响光盘和磁带 | 100.1 | 100.1 | 100.1 |
| 电子存储器 | 96.9 | 96.9 | 100.0 |
| 儿童玩具 | 100.5 | 100.3 | 101.0 |

# 3－3－2 续表7

上年＝100

| 类别名称 | 全　区 | 城　市 | 农　村 |
|---|---|---|---|
| 纸张本册 | 101.1 | 101.8 | 100.0 |
| 文　具 | 104.4 | 105.2 | 102.7 |
| 体育用品 | 98.8 | 98.8 | 100.5 |
| 其　他 | 99.7 | 99.7 | 100.0 |
| 书报杂志 | 100.5 | 100.6 | 100.2 |
| 书　籍 | 100.0 | 100.0 | 100.0 |
| 报　纸 | 100.7 | 100.9 | 100.4 |
| 杂　志 | 101.1 | 101.4 | 100.3 |
| 文娱费 | 102.8 | 102.9 | 101.2 |
| 电影票 | 102.4 | 102.5 | 101.2 |
| 景点门票 | 105.6 | 105.7 | 103.1 |
| 有线电视 | 100.2 | 100.1 | 101.0 |
| 健身活动 | 104.2 | 106.0 | 100.0 |
| 其　他 | 104.8 | 104.9 | 101.6 |
| 旅游 | 102.5 | 102.5 | 102.7 |
| 旅行社收费 | 103.2 | 103.5 | 98.6 |
| 宾馆住宿 | 100.4 | 99.5 | 104.9 |
| 其他住宿 | 102.8 | 102.4 | 104.1 |
| 居住 | 102.4 | 102.9 | 101.1 |
| 建房及装修材料 | 100.6 | 101.2 | 100.4 |
| 木　材 | 102.4 | 104.3 | 101.0 |
| 木地板 | 98.8 | 98.5 | 98.9 |
| 砖 | 101.2 | 100.0 | 101.5 |
| 水　泥 | 99.5 | 100.2 | 99.2 |
| 涂　料 | 101.4 | 100.9 | 101.5 |
| 胶合板 | 100.4 | 102.1 | 100.0 |
| 玻　璃 | 105.1 | 105.4 | 102.6 |
| 粘　胶 | 100.9 | 103.7 | 100.2 |
| 橱卫设备 | 100.6 | 99.8 | 100.9 |
| 其　他 | 99.3 | 99.8 | 98.7 |
| 住房租金 | 104.5 | 104.3 | 104.6 |
| 公房房租 | 100.3 | 100.4 | 100.0 |
| 私房房租 | 106.3 | 106.6 | 106.0 |
| 其他费用 | 103.0 | 100.2 | 103.8 |
| 自有住房 | 103.3 | 103.9 | 100.6 |
| 住房估算租金 | 102.2 | 102.4 | 101.0 |
| 物业管理费用 | 101.6 | 101.6 | 100.0 |
| 维护修理费用 | 108.4 | 110.6 | 100.0 |
| 其　他 | 100.0 | 100.1 | 100.0 |
| 水、电、燃料 | 101.5 | 101.3 | 102.0 |
| 水 | 101.7 | 101.6 | 103.0 |
| 电 | 100.9 | 100.9 | 101.1 |
| 液化石油气 | 104.1 | 104.3 | 101.3 |
| 管道燃气 | 100.9 | 100.9 | 100.0 |
| 其他燃料 | 101.1 | 99.4 | 102.6 |

# 3－3－3 商品零售价格指数(2012 年)

上年＝100

| 类别名称 | 全　区 | 城　市 | 农　村 |
|---|---|---|---|
| 商品零售价格总指数 | 102.5 | 102.5 | 102.4 |
| 食品 | 105.6 | 105.9 | 105.0 |
| 粮食 | 105.3 | 106.3 | 103.2 |
| 大　米 | 107.1 | 107.3 | 106.7 |
| 面　粉 | 103.4 | 104.7 | 101.3 |
| 粮食制品 | 107.5 | 109.3 | 104.2 |
| 其　他 | 100.5 | 102.5 | 97.7 |
| 淀粉及制品 | 89.9 | 89.2 | 91.5 |
| 淀粉及制品 | 89.9 | 89.2 | 91.5 |
| 干豆类及豆制品 | 102.5 | 104.1 | 99.5 |
| 干　豆 | 90.8 | 89.0 | 93.9 |
| 豆制品 | 107.1 | 109.5 | 102.0 |
| 油脂 | 105.0 | 106.1 | 102.8 |
| 食用植物油 | 106.2 | 107.0 | 104.2 |
| 植物油制品 | 104.7 | 104.8 | 104.4 |
| 其　他 | 100.8 | 107.6 | 96.5 |
| 肉禽及其制品 | 105.9 | 106.5 | 104.5 |
| 食用畜肉及副产品 | 105.7 | 106.3 | 104.1 |
| 猪　肉 | 93.6 | 93.6 | 93.6 |
| 牛　肉 | 122.3 | 123.2 | 119.9 |
| 羊　肉 | 113.6 | 115.5 | 109.8 |
| 畜肉副产品 | 112.7 | 115.6 | 106.5 |
| 其　他 | 117.4 | 124.9 | 100.9 |
| 禽 | 100.0 | 99.4 | 101.1 |
| 鸡 | 99.1 | 98.5 | 100.3 |
| 鸭 | 106.4 | 110.3 | 100.9 |
| 其　他 | 108.9 | 109.4 | 108.4 |
| 加工肉禽 | 110.8 | 112.2 | 108.4 |
| 畜肉制品 | 111.3 | 112.2 | 109.7 |
| 禽制品 | 109.7 | 112.2 | 105.7 |
| 蛋 | 98.5 | 98.4 | 98.7 |
| 鲜　蛋 | 97.8 | 98.0 | 97.3 |
| 蛋制品 | 107.9 | 105.6 | 111.4 |
| 水产品 | 107.6 | 107.7 | 107.4 |
| 鱼 | 107.2 | 106.1 | 109.8 |
| 淡水鱼 | 105.7 | 104.0 | 109.8 |
| 海水鱼 | 110.5 | 110.9 | 109.6 |
| 其他水产品 | 108.9 | 112.2 | 100.6 |
| 虾蟹类 | 111.4 | 115.0 | 101.6 |
| 其　他 | 104.8 | 107.3 | 99.3 |
| 菜 | 110.5 | 110.5 | 110.7 |
| 鲜　菜 | 114.2 | 113.4 | 116.5 |
| 干菜及菜制品 | 104.0 | 106.6 | 100.7 |
| 薯　类 | 86.3 | 84.2 | 89.8 |
| 调味品 | 103.6 | 104.0 | 102.9 |

# 3－3－3 续表 1

上年＝100

| 类别名称 | 全 区 | 城 市 | 农 村 |
|---|---|---|---|
| 食用盐 | 102.0 | 101.8 | 102.2 |
| 酱 油 | 101.0 | 100.5 | 102.2 |
| 食 醋 | 103.5 | 102.6 | 105.2 |
| 味 精 | 101.7 | 100.9 | 102.8 |
| 其 他 | 109.1 | 111.7 | 102.4 |
| 糖 | 104.9 | 104.2 | 106.0 |
| 食 糖 | 104.8 | 101.3 | 110.2 |
| 糖 果 | 104.9 | 106.5 | 101.9 |
| 巧克力制品 | 107.0 | 105.4 | 109.7 |
| 糖类小食品 | 102.3 | 103.3 | 100.7 |
| 干鲜瓜果 | 106.2 | 105.5 | 108.4 |
| 鲜瓜果 | 104.4 | 103.2 | 108.3 |
| 干(坚)果 | 112.7 | 114.2 | 108.9 |
| 糕点饼干面包 | 106.0 | 107.1 | 103.9 |
| 糕 点 | 107.7 | 109.7 | 104.0 |
| 饼 干 | 103.7 | 103.7 | 103.7 |
| 面 包 | 105.9 | 106.7 | 103.9 |
| 液体乳及乳制品 | 103.7 | 103.6 | 103.9 |
| 巴氏杀菌奶或消毒奶 | 101.8 | 101.6 | 102.9 |
| 酸牛乳 | 111.6 | 113.1 | 106.6 |
| 乳 粉 | 103.6 | 101.4 | 106.3 |
| 其 他 | 100.8 | 101.1 | 100.2 |
| 在外用膳食品 | 106.4 | 106.5 | 106.1 |
| 主 食 | 106.0 | 105.9 | 106.3 |
| 炒 菜 | 105.8 | 106.0 | 105.4 |
| 地方小吃 | 109.2 | 108.9 | 110.1 |
| 其 他 | 106.5 | 107.8 | 101.1 |
| 其他食品 | 103.5 | 103.0 | 104.6 |
| 其他食品 | 103.5 | 103.0 | 104.6 |
| 饮料、烟酒 | 103.0 | 103.2 | 102.5 |
| 茶及饮料 | 104.6 | 104.4 | 104.9 |
| 茶叶 | 101.1 | 101.4 | 100.7 |
| 茶 叶 | 101.1 | 101.4 | 100.7 |
| 饮料 | 105.7 | 105.3 | 106.6 |
| 固体饮料 | 102.8 | 103.2 | 101.6 |
| 液体饮料 | 105.0 | 102.6 | 109.3 |
| 冷冻饮品 | 109.9 | 112.4 | 105.7 |
| 烟草 | 100.2 | 100.2 | 100.0 |
| 高档卷烟 | 99.9 | 99.9 | 99.9 |
| 中档卷烟 | 100.3 | 100.5 | 100.1 |
| 其 他 | 100.7 | 100.8 | 100.5 |
| 酒 | 105.4 | 106.1 | 104.1 |
| 白 酒 | 106.8 | 107.2 | 105.7 |
| 葡萄酒 | 102.9 | 102.6 | 103.2 |
| 啤 酒 | 103.2 | 104.4 | 101.5 |
| 其 他 | 102.1 | 98.6 | 106.9 |

# 3－3－3　续表2

上年＝100

| 类别名称 | 全　区 | 城　市 | 农　村 |
|---|---|---|---|
| 服装、鞋帽 | 102.9 | 103.3 | 102.2 |
| 服装 | 102.9 | 103.4 | 101.9 |
| 男式服装 | 102.0 | 102.1 | 101.7 |
| 大　衣 | 96.0 | 93.8 | 101.6 |
| 毛线衣 | 98.6 | 98.3 | 99.2 |
| 夹克衫 | 103.9 | 105.1 | 101.1 |
| 衬　衫 | 106.9 | 107.7 | 105.1 |
| T 恤衫 | 99.3 | 99.7 | 98.6 |
| 裤　子 | 104.6 | 104.4 | 105.0 |
| 西　服 | 101.1 | 100.6 | 102.6 |
| 运动衫裤 | 101.7 | 100.6 | 105.2 |
| 内　衣 | 105.9 | 107.3 | 102.4 |
| 羽绒衣 | 100.9 | 101.1 | 100.5 |
| 其　他 | 99.5 | 103.5 | 92.9 |
| 女式服装 | 103.9 | 104.9 | 101.5 |
| 大　衣 | 103.0 | 104.6 | 98.7 |
| 毛线衣 | 102.5 | 103.4 | 100.6 |
| 羽绒衣 | 103.0 | 103.0 | 102.9 |
| 套　装 | 103.9 | 106.9 | 96.8 |
| 衬　衫 | 109.6 | 113.9 | 101.0 |
| T 恤衫 | 105.8 | 105.9 | 105.5 |
| 裙　子 | 103.9 | 102.5 | 106.5 |
| 裤　子 | 105.3 | 106.2 | 102.8 |
| 运动衫裤 | 102.2 | 103.3 | 100.0 |
| 内　衣 | 103.3 | 103.9 | 101.7 |
| 其　他 | 100.4 | 99.7 | 102.3 |
| 儿童服装 | 101.8 | 100.9 | 103.4 |
| 上　衣 | 103.3 | 104.1 | 101.8 |
| 裤　子 | 98.8 | 95.1 | 105.2 |
| 裙　子 | 102.1 | 101.4 | 103.2 |
| 其　他 | 104.0 | 104.0 | 104.1 |
| 鞋袜帽 | 103.1 | 102.9 | 103.3 |
| 鞋 | 103.2 | 103.1 | 103.4 |
| 男　鞋 | 99.3 | 97.0 | 104.8 |
| 女　鞋 | 105.9 | 107.8 | 100.8 |
| 童　鞋 | 104.8 | 102.8 | 107.6 |
| 袜子 | 102.3 | 101.5 | 103.4 |
| 男　袜 | 101.7 | 100.9 | 103.0 |
| 女　袜 | 102.8 | 102.1 | 103.7 |
| 帽子 | 102.4 | 103.0 | 101.6 |
| 男　帽 | 102.3 | 101.1 | 103.7 |
| 女　帽 | 102.6 | 104.1 | 99.6 |

# 3-3-3 续表3

上年=100

| 类别名称 | 全区 | 城市 | 农村 |
|---|---|---|---|
| 其他 | 101.0 | 102.7 | 98.9 |
| 领　带 | 101.0 | 102.7 | 98.9 |
| 纺织品 | 102.6 | 102.4 | 102.9 |
| 衣着材料 | 105.6 | 106.5 | 104.5 |
| 棉　布 | 107.5 | 107.2 | 107.9 |
| 化纤布 | 105.1 | 106.4 | 103.2 |
| 毛　线 | 102.8 | 100.3 | 105.1 |
| 其　他 | 106.2 | 111.0 | 99.8 |
| 床上用品 | 100.4 | 100.0 | 101.3 |
| 被　子 | 100.8 | 100.1 | 102.0 |
| 床上套件 | 100.2 | 99.9 | 100.7 |
| 家用电器及音像器材 | 98.9 | 98.6 | 99.5 |
| 家庭设备 | 100.9 | 101.5 | 99.6 |
| 洗衣机 | 100.4 | 101.1 | 98.9 |
| 电风扇 | 101.8 | 102.5 | 100.2 |
| 电冰箱(柜) | 99.7 | 99.8 | 99.4 |
| 吸排油烟机 | 99.4 | 99.0 | 100.0 |
| 空调器 | 100.6 | 100.4 | 101.2 |
| 热水器 | 99.9 | 99.7 | 100.4 |
| 微波炉 | 100.2 | 100.0 | 100.5 |
| 其　他 | 105.8 | 110.9 | 98.3 |
| 文娱用耐用消费品 | 96.0 | 94.5 | 99.4 |
| 电视机 | 94.6 | 92.3 | 99.7 |
| 激光视盘机 | 96.4 | 94.9 | 99.1 |
| 摄像机 | 96.6 | 96.1 | 100.0 |
| 照相机 | 96.4 | 94.9 | 99.5 |
| 家用音响 | 99.3 | 99.2 | 99.6 |
| 便携式音响 | 96.1 | 95.0 | 99.1 |
| 其　他 | 98.1 | 94.8 | 98.9 |
| 专业音像器材 | 99.2 | 99.1 | 100.0 |
| 专业音响器材 | 100.0 | 100.0 | 100.0 |
| 专业声像器材 | 98.3 | 98.1 | 100.0 |
| 文化办公用品 | 98.2 | 97.5 | 100.5 |
| 纸张本册 | 101.5 | 102.2 | 100.0 |
| 文　具 | 104.5 | 104.9 | 103.7 |
| 电　脑 | 97.2 | 96.7 | 99.4 |
| 电脑附件 | 93.8 | 92.2 | 100.0 |
| 电子存储器 | 95.1 | 93.8 | 100.0 |
| 打印机及配件 | 96.6 | 95.2 | 102.4 |
| 扫描仪 | 99.1 | 98.8 | 100.6 |
| 复印机 | 96.5 | 95.9 | 98.9 |
| 计算器 | 99.1 | 98.9 | 100.0 |
| 教学设备 | 96.2 | 94.2 | 100.1 |
| 其　他 | 98.4 | 99.7 | 94.1 |

# 3－3－3 续表4

上年＝100

| 类别名称 | 全　区 | 城　市 | 农　村 |
|---|---|---|---|
| 日用品 | 101.6 | 101.6 | 101.5 |
| 日用百货 | 101.5 | 101.8 | 100.6 |
| 自 行 车 | 101.0 | 101.3 | 100.6 |
| 助动自行车 | 99.9 | 99.8 | 100.3 |
| 雨　具 | 99.3 | 98.9 | 100.8 |
| 剃须刀具 | 103.1 | 103.9 | 100.5 |
| 电　池 | 102.5 | 103.4 | 100.3 |
| 卫生用纸制品 | 103.4 | 104.0 | 101.2 |
| 其　他 | 100.1 | 100.1 | 100.1 |
| 日用杂品 | 99.8 | 99.2 | 101.3 |
| 茶　具 | 101.6 | 101.9 | 100.8 |
| 餐　具 | 96.3 | 94.3 | 101.3 |
| 厨　具 | 101.4 | 101.4 | 101.2 |
| 其　他 | 100.6 | 100.0 | 102.1 |
| 洗涤用品 | 103.4 | 103.4 | 103.3 |
| 洗衣粉(液) | 103.9 | 103.4 | 105.8 |
| 肥 皂 类 | 103.3 | 103.0 | 104.0 |
| 清洁洗涤剂 | 102.9 | 103.8 | 100.4 |
| 其他日用品 | 100.7 | 100.6 | 100.7 |
| 儿童玩具 | 100.6 | 100.3 | 101.2 |
| 照明器具 | 100.9 | 100.8 | 101.2 |
| 钟表眼镜及配件 | 100.5 | 100.6 | 100.1 |
| 日用普通饰品 | 100.2 | 100.0 | 100.7 |
| 日用皮革制品 | 101.4 | 101.9 | 99.8 |
| 其　他 | 100.2 | 100.0 | 101.4 |
| 体育娱乐用品 | 100.3 | 100.0 | 100.7 |
| 体育用品 | 99.8 | 98.8 | 101.1 |
| 球　类 | 97.7 | 96.1 | 99.9 |
| 棋　牌 | 102.1 | 100.8 | 103.8 |
| 健身器材 | 100.4 | 100.5 | 100.2 |
| 娱乐用品 | 100.7 | 100.9 | 100.3 |
| 游艺器材 | 100.0 | 100.0 | 100.0 |
| 乐　器 | 101.6 | 102.2 | 100.8 |
| 交通、通信用品 | 97.7 | 97.1 | 99.4 |
| 交通运输机械 | 99.3 | 98.8 | 101.4 |
| 轿　车 | 97.5 | 96.9 | 99.0 |
| 客　车 | 100.1 | 100.1 | 100.0 |
| 货　车 | 99.8 | 99.8 | 100.0 |
| 其　他 | 101.1 | 99.2 | 107.2 |
| 通信器材 | 95.4 | 94.6 | 97.4 |
| 固定电话机 | 97.9 | 98.9 | 97.1 |

# 3-3-3 续表5

上年=100

| 类别名称 | 全区 | 城市 | 农村 |
|---|---|---|---|
| 移动电话机 | 94.4 | 93.7 | 97.4 |
| 传真机 | 99.4 | 99.3 | 99.8 |
| 其他 | 84.8 | 82.7 | 100.0 |
| 家具 | 100.8 | 101.0 | 100.0 |
| 柜 | 100.0 | 99.9 | 100.6 |
| 床 | 101.5 | 101.6 | 101.2 |
| 桌 | 101.6 | 101.9 | 100.4 |
| 椅 | 102.8 | 103.4 | 100.2 |
| 沙发 | 100.1 | 100.5 | 98.3 |
| 其他 | 99.2 | 99.0 | 100.0 |
| 化妆品 | 101.8 | 101.8 | 101.6 |
| 护肤品 | 101.2 | 101.4 | 100.4 |
| 美容、装饰类化妆品 | 100.6 | 100.5 | 101.0 |
| 护发美容品 | 103.5 | 103.8 | 102.6 |
| 洗发用品 | 102.9 | 103.0 | 102.4 |
| 洗浴用品 | 101.5 | 101.0 | 104.6 |
| 药物美容用品 | 100.9 | 101.1 | 100.0 |
| 金银珠宝 | 100.3 | 99.7 | 102.1 |
| 金饰品 | 102.7 | 102.0 | 105.0 |
| 银饰品 | 103.8 | 104.7 | 101.4 |
| 铂金饰品 | 96.2 | 95.4 | 99.0 |
| 其他 | 105.2 | 106.8 | 100.0 |
| 中西药品及医疗保健用品 | 102.6 | 103.0 | 101.7 |
| 医疗器具及用品 | 100.1 | 99.3 | 101.4 |
| 医疗器具及用品 | 100.1 | 99.3 | 101.4 |
| 中药材及中成药 | 106.2 | 106.6 | 105.2 |
| 中药材 | 109.6 | 110.4 | 107.4 |
| 中成药 | 101.7 | 101.3 | 102.6 |
| 西药 | 100.9 | 101.4 | 99.5 |
| 抗菌素(抗感染药) | 103.3 | 104.9 | 97.9 |
| 消化系统用药 | 99.7 | 99.4 | 100.6 |
| 呼吸系统用药 | 98.9 | 101.1 | 94.4 |
| 解热镇痛药 | 99.4 | 98.3 | 101.2 |
| 抗肿瘤药 | 99.5 | 99.4 | 100.0 |
| 激素类药 | 100.7 | 101.4 | 97.9 |
| 心血管系统用药 | 99.9 | 98.7 | 102.9 |
| 中枢神经系统用药 | 101.9 | 102.6 | 100.1 |
| 消毒防腐及创伤外科用药 | 102.3 | 102.1 | 103.3 |
| 泌尿系统用药 | 101.0 | 102.3 | 97.2 |
| 维生素类 | 103.2 | 102.1 | 107.1 |
| 其他 | 98.4 | 97.9 | 99.7 |
| 保健器具及用品 | 100.7 | 101.0 | 99.3 |
| 保健器具 | 100.7 | 101.7 | 96.7 |
| 滋补保健用品 | 100.6 | 100.6 | 100.6 |

# 3-3-3 续表6

上年=100

| 类别名称 | 全区 | 城市 | 农村 |
| --- | --- | --- | --- |
| 书报杂志及电子出版物 | 100.5 | 100.5 | 100.3 |
| 教材及参考书 | 100.4 | 100.3 | 100.5 |
| 工具书 | 100.0 | 99.9 | 100.1 |
| 教材 | 100.5 | 100.1 | 101.5 |
| 参考书 | 100.5 | 100.7 | 100.0 |
| 教育软件 | 100.2 | 100.3 | 100.1 |
| 书报杂志 | 100.8 | 101.0 | 100.2 |
| 书籍 | 100.0 | 100.0 | 100.0 |
| 报纸 | 101.1 | 101.5 | 100.4 |
| 杂志 | 101.7 | 102.5 | 100.3 |
| 电子音像制品 | 100.1 | 100.1 | 100.1 |
| 音像光盘和视盘 | 100.1 | 100.0 | 100.1 |
| 计算机软件 | 100.2 | 100.2 | 100.0 |
| 燃料 | 102.0 | 102.2 | 101.5 |
| 煤炭及制品 | 97.6 | 96.4 | 100.0 |
| 原煤 | 97.8 | 96.7 | 99.8 |
| 煤制品 | 95.7 | 94.3 | 103.9 |
| 石油及制品 | 104.0 | 104.3 | 102.5 |
| 液化石油气 | 107.9 | 109.6 | 102.4 |
| 管道燃气 | 100.1 | 100.1 | 100.0 |
| 汽油 | 102.6 | 102.6 | 102.7 |
| 柴油 | 103.3 | 103.3 | 103.1 |
| 其他 | 100.1 | 100.1 | 100.0 |
| 建筑材料及五金电料 | 100.5 | 100.8 | 99.9 |
| 建筑装璜材料 | 100.5 | 101.1 | 99.4 |
| 木材 | 105.2 | 106.6 | 101.3 |
| 木地板 | 97.6 | 97.0 | 98.7 |
| 钢材 | 90.9 | 92.2 | 89.3 |
| 砖 | 99.9 | 98.2 | 102.7 |
| 水泥 | 99.5 | 99.7 | 99.0 |
| 涂料 | 101.2 | 100.8 | 101.7 |
| 板材 | 102.5 | 103.5 | 100.2 |
| 玻璃 | 102.5 | 102.9 | 101.7 |
| 粘胶 | 107.1 | 109.2 | 101.0 |
| 管材 | 98.8 | 98.4 | 99.5 |
| 厨卫设备 | 100.6 | 100.3 | 101.2 |
| 其他 | 99.3 | 100.2 | 97.8 |
| 五金电料 | 100.5 | 100.3 | 101.1 |
| 五金工具 | 100.5 | 99.8 | 101.7 |
| 电工电料 | 100.9 | 100.9 | 100.8 |
| 水暖器材 | 100.4 | 100.0 | 101.2 |
| 其他 | 100.0 | 99.9 | 100.0 |

# 3－3－4 农业生产资料价格指数(2012 年)

上年＝100

| 类 别 名 称 | 同 比 |
| --- | --- |
| 农业生产资料价格指数 | 104.9 |
| 农用手工工具 | 100.3 |
| 农用手工工具 | 100.3 |
| 饲料 | 103.7 |
| 混合饲料 | 104.1 |
| 其 他 | 101.8 |
| 产品畜 | 114.1 |
| 幼禽家畜 | 114.1 |
| 半机械化农具 | 102.8 |
| 半机械化农具 | 102.8 |
| 机械化农具 | 102.7 |
| 农用机械 | 102.7 |
| 化学肥料 | 105.8 |
| 氮 肥 | 107.9 |
| 磷 肥 | 103.1 |
| 钾 肥 | 103.3 |
| 复合肥料 | 104.6 |
| 农药及农药器械 | 111.5 |
| 化学农药 | 101.8 |
| 杀虫剂 | 101.1 |
| 杀菌剂 | 99.0 |
| 除草剂 | 106.2 |
| 农药器械 | 123.1 |
| 农药器械 | 123.1 |
| 农用机油 | 101.7 |
| 农用机油 | 101.7 |
| 其他农业生产资料 | 104.2 |
| 农用种子 | 106.4 |
| 农用种子 | 106.4 |
| 其他 | 100.8 |
| 农用薄膜 | 98.2 |
| 其 他 | 101.6 |
| 农业生产服务 | 102.2 |
| 排灌费 | 100.0 |
| 机械作业费 | 103.8 |
| 农业用电 | 100.3 |
| 农业用工 | 103.0 |

# 3－3－5　2008－2012年农业生产资料价格指数

上年＝100

| 类别名称 | 2008 | 2009 | 2010 | 2011 | 2012 |
|---|---|---|---|---|---|
| 农业生产资料价格指数 | 114.9 | 99.7 | 102.0 | 106.3 | 104.9 |
| 农用手工工具 | 104.1 | 100.9 | 100.2 | 100.5 | 100.3 |
| 农用手工工具 | 104.1 | 100.9 | 100.2 | 100.5 | 100.3 |
| 饲料 | 118.8 | 102.4 | 106.2 | 103.0 | 103.7 |
| 混合饲料 | 118.1 | 102.4 | 105.7 | 103.3 | 104.1 |
| 其　他 | 121.0 | 102.4 | 108.0 | 101.6 | 101.8 |
| 产品畜 | 127.6 | 89.7 | 101.7 | 115.6 | 114.1 |
| 幼禽家畜 | 127.6 | 89.7 | 101.7 | 115.6 | 114.1 |
| 半机械化农具 | 102.5 | 100.8 | 99.9 | 102.7 | 102.8 |
| 半机械化农具 | 102.5 | 100.8 | 99.9 | 102.7 | 102.8 |
| 机械化农具 | 102.3 | 101.7 | 101.5 | 102.6 | 102.7 |
| 农用机械 | 102.3 | 101.7 | 101.5 | 102.6 | 102.7 |
| 化学肥料 | 129.1 | 95.4 | 97.4 | 111.2 | 105.8 |
| 氮　肥 | 121.6 | 99.7 | 99.7 | 107.7 | 107.9 |
| 磷　肥 | 144.9 | 84.7 | 97.3 | 115.7 | 103.1 |
| 钾　肥 | 100.0 | 100.5 | 101.1 | 102.9 | 103.3 |
| 复合肥料 | 143.7 | 90.2 | 92.1 | 115.1 | 104.6 |
| 农药及农药械 | 111.0 | 98.9 | 104.5 | 106.5 | 111.5 |
| 化学农药 | 113.6 | 98.6 | 100.7 | 100.6 | 101.8 |
| 杀虫剂 | 118.7 | 97.7 | 98.7 | 100.2 | 101.1 |
| 杀菌剂 | 106.5 | 99.9 | 105.2 | 101.0 | 99.0 |
| 除草剂 | 98.3 | 100.6 | 103.4 | 101.2 | 106.2 |
| 农药器械 | 100.6 | 99.6 | 119.3 | 114.6 | 123.1 |
| 农药器械 | 100.6 | 99.6 | 119.3 | 114.6 | 123.1 |
| 农用机油 | 111.4 | 97.3 | 111.2 | 107.1 | 101.7 |
| 农用机油 | 111.4 | 97.3 | 111.2 | 107.1 | 101.7 |
| 其他农业生产资料 | 104.4 | 101.1 | 103.3 | 104.2 | 104.2 |
| 农用种子 | 104.9 | 106.8 | 105.1 | 106.2 | 106.4 |
| 农用种子 | 104.9 | 106.8 | 105.1 | 106.2 | 106.4 |
| 其他 | 103.9 | 93.8 | 100.8 | 101.3 | 100.8 |
| 农用薄膜 | 105.4 | 90.9 | 100.3 | 101.6 | 98.2 |
| 其　他 | 99.8 | 101.7 | 101.5 | 101.2 | 101.6 |
| 农业生产服务 | 102.6 | 105.6 | 101.5 | 101.7 | 102.2 |
| 排灌费 | 101.9 | 101.6 | 100.3 | 100.4 | 100.0 |
| 机械作业费 | 103.6 | 104.7 | 102.1 | 102.9 | 103.8 |
| 农业用电 | － | － | － | 100.0 | 100.3 |
| 农业用工 | － | － | － | 102.1 | 103.0 |

# 3－3－6 居民消费价格

| 类别名称 | 年平均 | 1月 | 2月 | 3月 | 4月 |
|---|---|---|---|---|---|
| 居民消费价格总指数 | 103.1 | 105.3 | 104.0 | 104.1 | 103.8 |
| 非食品价格指数 | 101.9 | 102.4 | 102.2 | 102.4 | 102.4 |
| 服务项目价格指数 | 102.3 | 102.8 | 102.2 | 102.1 | 102.2 |
| 工业品价格指数 | 101.6 | 102.1 | 102.3 | 102.6 | 102.5 |
| 扣除食品和能源价格指数 | 101.7 | 102.1 | 102.0 | 102.2 | 102.2 |
| 扣除鲜菜鲜果总指数 | 102.8 | 104.5 | 104.0 | 103.7 | 103.5 |
| 消费品价格指数 | 103.4 | 106.3 | 104.7 | 104.8 | 104.5 |
| 食品 | 105.8 | 111.9 | 107.9 | 107.8 | 107.1 |
| 粮食 | 105.7 | 108.9 | 108.3 | 106.1 | 105.8 |
| 大　　米 | 108.4 | 108.7 | 108.3 | 106.3 | 106.0 |
| 面　　粉 | 102.7 | 106.1 | 105.6 | 103.7 | 103.5 |
| 粮食制品 | 107.9 | 113.7 | 112.8 | 109.5 | 109.4 |
| 其　　他 | 100.5 | 103.3 | 102.7 | 102.1 | 100.8 |
| 淀粉 | 90.5 | 92.0 | 90.5 | 88.0 | 87.1 |
| 淀　粉 | 90.5 | 92.0 | 90.5 | 88.0 | 87.1 |
| 干豆类及豆制品 | 102.8 | 104.0 | 102.0 | 101.4 | 101.8 |
| 干　　豆 | 90.1 | 97.3 | 92.6 | 90.4 | 90.5 |
| 豆 制 品 | 108.4 | 107.1 | 106.3 | 106.5 | 106.9 |
| 油脂 | 105.3 | 107.4 | 107.1 | 106.9 | 106.7 |
| 食用植物油 | 106.6 | 106.8 | 106.7 | 106.9 | 107.5 |
| 植物油制品 | 104.4 | 107.1 | 106.8 | 106.4 | 105.6 |
| 其　　他 | 98.5 | 118.0 | 116.3 | 113.1 | 109.4 |
| 肉禽及其制品 | 105.3 | 123.9 | 119.4 | 114.7 | 111.8 |
| 食用畜肉及副产品 | 104.6 | 126.4 | 121.4 | 115.5 | 112.3 |
| 猪　　肉 | 93.6 | 131.4 | 124.8 | 114.3 | 107.2 |
| 牛　　肉 | 123.8 | 120.8 | 116.4 | 115.0 | 118.8 |
| 羊　　肉 | 115.8 | 121.3 | 118.9 | 118.0 | 117.4 |
| 畜肉副产品 | 107.0 | 119.8 | 117.2 | 118.1 | 117.9 |
| 其　　他 | 112.8 | 113.4 | 112.3 | 112.3 | 112.2 |
| 禽 | 100.8 | 114.1 | 107.7 | 105.5 | 101.2 |
| 鸡 | 100.2 | 114.8 | 108.1 | 105.4 | 100.8 |
| 鸭 | 107.5 | 111.0 | 106.2 | 109.0 | 109.0 |
| 其　　他 | 107.1 | 102.7 | 100.0 | 101.9 | 101.5 |
| 加工肉禽 | 112.5 | 115.8 | 116.0 | 116.3 | 116.3 |
| 畜肉制品 | 112.4 | 116.1 | 116.2 | 116.4 | 115.9 |
| 禽 制 品 | 112.6 | 114.9 | 115.6 | 116.0 | 117.3 |
| 蛋 | 98.1 | 100.2 | 89.9 | 89.8 | 91.9 |
| 鲜　　蛋 | 97.5 | 99.6 | 88.6 | 88.5 | 90.7 |
| 蛋 制 品 | 107.6 | 110.9 | 110.4 | 109.7 | 108.8 |
| 水产品 | 107.7 | 110.5 | 108.9 | 112.1 | 113.9 |
| 鱼 | 106.2 | 112.6 | 109.2 | 113.4 | 116.0 |
| 淡 水 鱼 | 105.5 | 113.4 | 109.2 | 115.0 | 118.7 |
| 海 水 鱼 | 108.4 | 110.3 | 109.1 | 108.9 | 108.2 |
| 其他水产品 | 110.7 | 106.5 | 108.5 | 109.8 | 110.1 |

# 分月指数(2012年)

上年同月=100

| 5月 | 6月 | 7月 | 8月 | 9月 | 10月 | 11月 | 12月 |
|---|---|---|---|---|---|---|---|
| 103.6 | 102.9 | 102.2 | 102.3 | 102.2 | 102.1 | 102.4 | 102.4 |
| 102.1 | 102.0 | 101.8 | 101.7 | 101.6 | 101.5 | 101.4 | 101.3 |
| 102.1 | 102.2 | 102.0 | 102.4 | 102.5 | 102.5 | 102.5 | 102.6 |
| 102.1 | 101.9 | 101.7 | 101.2 | 101.0 | 100.8 | 100.6 | 100.3 |
| 101.9 | 101.9 | 101.8 | 101.6 | 101.4 | 101.3 | 101.3 | 101.2 |
| 103.1 | 102.6 | 102.0 | 101.8 | 101.9 | 102.0 | 102.2 | 102.3 |
| 104.2 | 103.2 | 102.2 | 102.2 | 102.1 | 101.9 | 102.3 | 102.3 |
| 106.9 | 105.0 | 102.9 | 103.6 | 103.7 | 103.5 | 104.6 | 104.9 |
| 105.8 | 105.9 | 104.7 | 104.8 | 105.0 | 104.7 | 104.4 | 104.5 |
| 107.8 | 107.8 | 107.9 | 108.7 | 109.5 | 110.4 | 109.7 | 109.6 |
| 102.4 | 102.3 | 101.9 | 101.7 | 101.2 | 101.3 | 101.2 | 101.7 |
| 109.1 | 109.5 | 106.2 | 106.2 | 106.7 | 104.8 | 104.2 | 104.0 |
| 100.3 | 100.4 | 99.5 | 99.4 | 99.0 | 98.6 | 99.9 | 100.8 |
| 87.3 | 87.4 | 87.3 | 88.0 | 87.9 | 95.3 | 98.1 | 99.2 |
| 87.3 | 87.4 | 87.3 | 88.0 | 87.9 | 95.3 | 98.1 | 99.2 |
| 101.3 | 102.1 | 101.4 | 102.0 | 102.2 | 103.2 | 105.8 | 106.3 |
| 89.4 | 89.3 | 86.9 | 86.4 | 87.7 | 88.8 | 91.1 | 90.7 |
| 106.6 | 107.9 | 108.0 | 108.9 | 108.5 | 109.4 | 112.1 | 112.7 |
| 106.2 | 105.3 | 105.9 | 105.0 | 103.9 | 103.1 | 103.0 | 103.3 |
| 107.5 | 106.8 | 107.3 | 106.3 | 106.0 | 105.9 | 105.6 | 106.0 |
| 105.3 | 104.9 | 105.6 | 104.8 | 102.9 | 101.2 | 101.3 | 101.5 |
| 99.5 | 92.3 | 92.4 | 89.8 | 89.5 | 89.9 | 89.9 | 90.1 |
| 107.6 | 100.9 | 96.3 | 95.5 | 97.1 | 98.7 | 101.1 | 104.4 |
| 106.6 | 98.8 | 93.6 | 93.2 | 95.4 | 97.6 | 100.4 | 104.4 |
| 95.7 | 83.0 | 75.7 | 76.4 | 80.6 | 82.3 | 85.6 | 91.6 |
| 121.2 | 122.8 | 124.0 | 122.2 | 122.6 | 129.5 | 133.1 | 136.1 |
| 119.4 | 118.4 | 117.7 | 114.0 | 111.9 | 111.2 | 111.6 | 111.9 |
| 110.8 | 109.0 | 100.0 | 98.3 | 98.6 | 100.3 | 99.6 | 101.5 |
| 112.2 | 112.0 | 115.6 | 115.8 | 115.0 | 110.8 | 110.4 | 112.5 |
| 103.1 | 99.3 | 98.2 | 97.0 | 95.7 | 95.2 | 96.7 | 98.1 |
| 102.8 | 98.5 | 97.1 | 95.9 | 94.6 | 94.2 | 95.7 | 97.0 |
| 109.3 | 109.4 | 109.1 | 108.1 | 106.6 | 104.4 | 104.1 | 104.7 |
| 104.1 | 106.0 | 109.8 | 110.2 | 110.2 | 109.6 | 112.3 | 116.3 |
| 116.3 | 115.1 | 112.7 | 109.6 | 109.1 | 108.0 | 108.5 | 108.2 |
| 115.9 | 114.9 | 112.0 | 109.5 | 109.1 | 108.0 | 108.8 | 108.6 |
| 117.5 | 115.8 | 114.9 | 109.9 | 109.2 | 107.9 | 107.7 | 107.1 |
| 88.4 | 101.9 | 95.0 | 98.9 | 102.2 | 102.5 | 104.2 | 110.5 |
| 87.0 | 101.5 | 94.2 | 98.4 | 102.0 | 102.4 | 104.2 | 110.9 |
| 109.0 | 108.8 | 108.6 | 107.0 | 106.0 | 105.0 | 104.3 | 104.1 |
| 113.9 | 108.3 | 104.3 | 103.5 | 102.6 | 103.6 | 106.0 | 107.1 |
| 116.0 | 107.0 | 101.1 | 99.5 | 98.6 | 99.6 | 102.4 | 103.0 |
| 118.4 | 107.3 | 98.7 | 97.2 | 96.0 | 97.0 | 100.1 | 101.0 |
| 109.0 | 106.1 | 109.1 | 107.2 | 107.3 | 107.4 | 109.2 | 108.7 |
| 109.8 | 110.8 | 111.3 | 111.8 | 110.7 | 111.6 | 112.9 | 114.9 |

3－3－6

| 类 别 名 称 | 年平均 | 1月 | 2月 | 3月 | 4月 |
|---|---|---|---|---|---|
| 虾蟹类 | 112.0 | 110.0 | 110.7 | 111.5 | 112.4 |
| 其　　他 | 110.2 | 105.0 | 107.5 | 109.0 | 109.1 |
| 菜 | 112.3 | 122.8 | 105.5 | 116.7 | 122.7 |
| 鲜　　菜 | 114.5 | 126.3 | 107.2 | 119.9 | 126.9 |
| 干菜及菜制品 | 105.4 | 103.9 | 102.7 | 102.9 | 103.1 |
| 薯　　类 | 85.3 | 79.6 | 78.7 | 74.5 | 76.3 |
| 调味品 | 104.1 | 105.3 | 105.4 | 105.1 | 104.3 |
| 盐 | 102.6 | 103.0 | 103.2 | 100.2 | 100.2 |
| 酱　　油 | 102.3 | 105.7 | 105.9 | 105.0 | 104.3 |
| 醋 | 104.4 | 103.2 | 103.5 | 104.1 | 103.9 |
| 味　　精 | 102.1 | 104.8 | 104.5 | 102.9 | 101.2 |
| 其　　他 | 108.8 | 110.1 | 110.0 | 113.9 | 111.4 |
| 糖 | 105.2 | 105.5 | 105.4 | 105.1 | 105.3 |
| 食　　糖 | 107.2 | 108.2 | 107.6 | 107.5 | 107.7 |
| 糖　　果 | 104.5 | 104.9 | 105.4 | 104.7 | 104.7 |
| 巧克力制品 | 105.4 | 103.7 | 104.9 | 104.5 | 104.9 |
| 糖类小食品 | 102.1 | 103.6 | 101.7 | 101.8 | 102.1 |
| 茶及饮料 | 104.2 | 104.5 | 104.3 | 104.8 | 104.1 |
| 茶叶 | 101.5 | 101.4 | 101.6 | 101.9 | 101.4 |
| 茶　　叶 | 101.5 | 101.4 | 101.6 | 101.9 | 101.4 |
| 饮料 | 105.7 | 106.3 | 105.9 | 106.5 | 105.7 |
| 固体饮料 | 103.4 | 102.8 | 102.8 | 104.5 | 104.1 |
| 液体饮料 | 103.4 | 105.0 | 104.5 | 104.9 | 104.6 |
| 冷冻饮品 | 111.2 | 111.8 | 110.9 | 110.8 | 109.0 |
| 干鲜瓜果 | 106.0 | 112.9 | 104.0 | 102.3 | 96.1 |
| 鲜瓜果 | 104.6 | 112.5 | 101.6 | 99.4 | 92.5 |
| 干(坚)果 | 111.9 | 115.0 | 115.3 | 115.2 | 113.3 |
| 糕点饼干 | 105.0 | 106.3 | 106.2 | 105.8 | 105.6 |
| 糕　　点 | 106.5 | 107.5 | 107.4 | 107.6 | 107.7 |
| 饼　　干 | 103.1 | 105.5 | 104.7 | 103.8 | 103.0 |
| 面　　包 | 104.7 | 105.5 | 105.8 | 105.2 | 105.0 |
| 液体乳及乳制品 | 103.7 | 103.5 | 103.9 | 103.1 | 103.3 |
| 巴氏杀菌奶或消毒奶 | 102.8 | 101.5 | 102.1 | 101.6 | 102.3 |
| 酸　　奶 | 110.0 | 111.1 | 112.2 | 111.4 | 110.3 |
| 奶　　粉 | 104.6 | 102.4 | 102.3 | 102.7 | 103.6 |
| 其　　他 | 101.7 | 104.4 | 104.2 | 101.7 | 101.6 |
| 在外用膳食品 | 106.4 | 106.9 | 105.8 | 106.2 | 106.5 |
| 主　　食 | 106.0 | 104.7 | 104.5 | 105.4 | 106.6 |
| 炒　　菜 | 105.7 | 107.9 | 106.2 | 106.3 | 106.5 |
| 地方小吃 | 110.5 | 107.4 | 107.8 | 108.5 | 108.0 |
| 其他食品 | 103.1 | 103.1 | 103.5 | 103.5 | 102.9 |
| 其他食品 | 103.1 | 103.1 | 103.5 | 103.5 | 102.9 |
| 烟酒及用品 | 102.8 | 103.5 | 103.2 | 103.0 | 102.5 |
| 烟草 | 100.3 | 100.8 | 100.8 | 100.8 | 100.8 |

# 续表 1

上年同月 = 100

| 5 月 | 6 月 | 7 月 | 8 月 | 9 月 | 10 月 | 11 月 | 12 月 |
|---|---|---|---|---|---|---|---|
| 113.6 | 114.2 | 111.2 | 110.6 | 110.3 | 112.5 | 113.9 | 113.2 |
| 108.2 | 109.3 | 111.3 | 112.3 | 110.9 | 111.3 | 112.5 | 115.7 |
| 125.5 | 109.3 | 95.6 | 113.3 | 109.0 | 103.6 | 110.7 | 109.8 |
| 131.5 | 112.9 | 96.5 | 116.7 | 109.6 | 103.0 | 110.8 | 109.5 |
| 103.4 | 107.3 | 108.0 | 107.6 | 106.5 | 106.6 | 106.5 | 106.6 |
| 71.1 | 75.8 | 80.2 | 81.2 | 100.7 | 110.4 | 113.0 | 117.7 |
| 103.7 | 103.6 | 103.8 | 102.8 | 103.3 | 103.6 | 104.0 | 104.0 |
| 100.2 | 100.2 | 100.1 | 100.4 | 103.3 | 105.4 | 106.5 | 108.7 |
| 103.1 | 102.6 | 102.7 | 100.4 | 100.3 | 99.9 | 99.3 | 98.7 |
| 103.9 | 104.1 | 104.7 | 104.7 | 104.7 | 104.8 | 105.7 | 105.0 |
| 101.6 | 101.5 | 102.2 | 101.1 | 101.1 | 101.3 | 101.4 | 101.6 |
| 109.7 | 109.6 | 109.4 | 107.8 | 106.5 | 106.1 | 106.3 | 105.4 |
| 105.4 | 105.8 | 106.0 | 105.6 | 104.8 | 104.5 | 104.2 | 104.5 |
| 108.5 | 109.5 | 109.5 | 108.8 | 105.4 | 104.3 | 104.5 | 105.1 |
| 104.1 | 104.0 | 104.4 | 104.3 | 104.7 | 104.6 | 103.8 | 103.9 |
| 105.2 | 105.2 | 105.6 | 104.8 | 106.1 | 106.5 | 106.3 | 107.3 |
| 102.1 | 102.1 | 102.3 | 103.1 | 102.1 | 101.9 | 101.5 | 100.8 |
| 104.2 | 104.3 | 103.6 | 104.0 | 104.1 | 103.9 | 104.0 | 104.0 |
| 101.4 | 101.4 | 101.1 | 101.5 | 101.5 | 101.6 | 101.7 | 101.3 |
| 101.4 | 101.4 | 101.1 | 101.5 | 101.5 | 101.6 | 101.7 | 101.3 |
| 105.8 | 106.0 | 105.1 | 105.5 | 105.6 | 105.3 | 105.3 | 105.5 |
| 104.3 | 104.0 | 103.4 | 102.5 | 102.6 | 102.6 | 103.3 | 104.6 |
| 104.3 | 103.6 | 102.4 | 102.7 | 102.4 | 102.3 | 102.0 | 102.1 |
| 109.5 | 111.2 | 110.6 | 112.3 | 113.0 | 111.9 | 112.0 | 111.1 |
| 103.5 | 108.9 | 114.6 | 111.7 | 109.5 | 106.3 | 105.3 | 101.0 |
| 101.0 | 106.9 | 115.4 | 112.5 | 109.8 | 105.9 | 104.6 | 99.1 |
| 114.5 | 116.9 | 111.9 | 109.1 | 108.8 | 107.6 | 108.1 | 108.3 |
| 105.2 | 105.0 | 105.0 | 104.3 | 104.7 | 104.3 | 104.1 | 103.5 |
| 107.6 | 107.0 | 106.4 | 105.5 | 106.3 | 105.4 | 105.1 | 104.2 |
| 102.8 | 102.7 | 103.0 | 102.6 | 102.8 | 102.5 | 102.2 | 101.7 |
| 104.2 | 104.4 | 105.1 | 104.1 | 104.5 | 104.4 | 104.6 | 104.2 |
| 103.6 | 104.0 | 104.3 | 103.8 | 104.4 | 104.1 | 103.6 | 103.0 |
| 102.1 | 102.8 | 103.4 | 102.7 | 104.2 | 104.2 | 103.8 | 103.3 |
| 112.1 | 111.0 | 111.0 | 109.2 | 109.0 | 108.8 | 108.1 | 106.0 |
| 104.9 | 106.7 | 106.5 | 106.5 | 105.9 | 105.2 | 103.9 | 104.0 |
| 101.6 | 101.6 | 101.6 | 101.6 | 101.6 | 100.3 | 100.2 | 100.0 |
| 106.3 | 106.7 | 106.4 | 106.2 | 106.5 | 106.6 | 106.7 | 106.1 |
| 105.8 | 107.2 | 106.4 | 106.6 | 106.3 | 106.2 | 106.6 | 105.4 |
| 105.9 | 106.0 | 105.5 | 104.6 | 104.7 | 105.2 | 105.3 | 104.7 |
| 110.0 | 110.4 | 111.8 | 113.7 | 112.6 | 111.5 | 111.4 | 111.9 |
| 103.3 | 103.4 | 103.7 | 103.3 | 102.7 | 102.8 | 103.2 | 102.4 |
| 103.3 | 103.4 | 103.7 | 103.3 | 102.7 | 102.8 | 103.2 | 102.4 |
| 103.1 | 103.6 | 103.6 | 103.1 | 102.7 | 102.3 | 102.2 | 101.4 |
| 100.4 | 100.4 | 100.3 | 99.9 | 100.0 | 99.8 | 99.7 | 99.5 |

# 3－3－6

| 类别名称 | 年平均 | 1月 | 2月 | 3月 | 4月 |
|---|---|---|---|---|---|
| 高档卷烟 | 99.7 | 100.3 | 100.3 | 100.1 | 100.1 |
| 中档卷烟 | 100.2 | 101.0 | 101.0 | 101.0 | 101.0 |
| 其　　他 | 101.4 | 101.2 | 101.4 | 101.4 | 101.4 |
| 酒 | 105.8 | 106.7 | 105.9 | 105.5 | 104.5 |
| 白　　酒 | 107.7 | 108.3 | 107.4 | 106.9 | 105.7 |
| 葡萄酒 | 102.0 | 105.8 | 103.4 | 101.6 | 101.0 |
| 啤　　酒 | 103.0 | 104.0 | 103.7 | 103.8 | 103.0 |
| 其　　他 | 99.7 | 100.4 | 100.6 | 100.6 | 100.6 |
| 衣着 | 103.8 | 104.0 | 105.0 | 106.1 | 106.1 |
| 服装 | 103.6 | 103.9 | 105.3 | 106.5 | 106.0 |
| 男式服装 | 102.6 | 102.9 | 103.8 | 105.4 | 104.7 |
| 大　　衣 | 97.0 | 92.4 | 92.7 | 101.8 | 100.2 |
| 毛线衣 | 98.9 | 97.2 | 97.7 | 101.4 | 100.7 |
| 夹克衫 | 105.0 | 106.1 | 108.1 | 108.0 | 106.2 |
| 衬　　衫 | 108.3 | 110.4 | 110.7 | 110.8 | 110.7 |
| T 恤衫 | 100.8 | 106.3 | 105.5 | 107.2 | 106.4 |
| 裤　　子 | 103.9 | 103.6 | 104.8 | 105.5 | 105.5 |
| 西　　服 | 100.8 | 101.8 | 103.3 | 103.2 | 101.0 |
| 运动衫裤 | 101.0 | 102.9 | 102.9 | 102.4 | 101.9 |
| 内　　衣 | 106.0 | 110.7 | 110.8 | 109.7 | 108.8 |
| 羽绒衣 | 103.8 | 99.6 | 103.3 | 107.4 | 108.6 |
| 其　　他 | 104.5 | 103.9 | 104.2 | 103.1 | 104.9 |
| 女式服装 | 105.0 | 105.2 | 107.2 | 108.5 | 108.1 |
| 大　　衣 | 104.9 | 97.6 | 103.3 | 109.3 | 108.8 |
| 毛线衣 | 102.4 | 103.1 | 103.9 | 103.9 | 103.5 |
| 羽绒衣 | 105.2 | 103.8 | 108.9 | 109.0 | 107.6 |
| 套　　装 | 106.2 | 108.3 | 108.1 | 108.2 | 108.2 |
| 衬　　衫 | 112.6 | 110.3 | 116.8 | 118.6 | 118.4 |
| T 恤衫 | 107.2 | 111.9 | 110.2 | 111.2 | 111.2 |
| 裙　　子 | 102.7 | 107.0 | 108.4 | 110.0 | 108.5 |
| 裤　　子 | 105.8 | 109.5 | 109.9 | 111.5 | 111.5 |
| 运动衫裤 | 102.6 | 100.3 | 101.3 | 101.6 | 100.4 |
| 内　　衣 | 104.5 | 108.3 | 108.3 | 107.0 | 107.0 |
| 其　　他 | 101.8 | 101.8 | 102.7 | 103.0 | 103.0 |
| 儿童服装 | 101.6 | 102.4 | 102.6 | 102.5 | 102.5 |
| 套　　装 | 103.6 | 105.2 | 105.1 | 105.0 | 104.0 |
| 裤　　子 | 98.0 | 99.3 | 99.3 | 99.2 | 99.1 |
| 裙　　子 | 102.5 | 100.7 | 102.2 | 102.2 | 104.4 |
| 其　　他 | 103.1 | 103.3 | 103.3 | 103.3 | 103.3 |
| 衣着材料 | 105.3 | 105.7 | 105.8 | 105.8 | 105.8 |
| 棉　　布 | 107.6 | 106.0 | 106.1 | 106.4 | 105.7 |

# 续表 2

上年同月 = 100

| 5 月 | 6 月 | 7 月 | 8 月 | 9 月 | 10 月 | 11 月 | 12 月 |
|---|---|---|---|---|---|---|---|
| 99.9 | 99.9 | 99.7 | 99.4 | 99.5 | 99.2 | 99.1 | 99.4 |
| 100.4 | 100.4 | 100.4 | 99.6 | 99.6 | 99.6 | 99.2 | 99.2 |
| 101.4 | 101.4 | 101.4 | 101.6 | 101.8 | 101.8 | 101.8 | 100.2 |
| 106.3 | 107.3 | 107.3 | 106.8 | 105.8 | 105.1 | 105.0 | 103.5 |
| 108.7 | 110.1 | 110.2 | 109.2 | 107.8 | 107.1 | 106.6 | 104.7 |
| 101.2 | 101.4 | 101.6 | 101.9 | 101.4 | 101.8 | 101.8 | 101.7 |
| 102.6 | 103.1 | 103.0 | 103.2 | 102.8 | 102.2 | 102.9 | 101.7 |
| 99.6 | 99.6 | 99.1 | 99.1 | 99.3 | 98.8 | 98.8 | 99.5 |
| 104.9 | 104.8 | 104.5 | 103.6 | 102.4 | 101.6 | 101.5 | 101.0 |
| 104.6 | 104.4 | 104.1 | 103.5 | 102.1 | 101.2 | 101.5 | 101.1 |
| 103.6 | 103.5 | 103.2 | 102.6 | 101.3 | 100.7 | 100.5 | 99.7 |
| 100.1 | 101.3 | 101.3 | 96.4 | 95.0 | 95.3 | 95.1 | 93.7 |
| 99.9 | 99.9 | 99.6 | 99.3 | 98.2 | 97.5 | 98.1 | 97.4 |
| 105.4 | 105.4 | 105.4 | 105.5 | 104.0 | 102.0 | 102.5 | 101.7 |
| 108.7 | 107.4 | 107.5 | 107.8 | 107.5 | 107.9 | 106.2 | 104.7 |
| 99.9 | 101.1 | 99.6 | 98.6 | 97.3 | 96.8 | 96.7 | 96.1 |
| 105.1 | 105.1 | 105.1 | 104.8 | 103.4 | 101.5 | 101.4 | 101.5 |
| 100.8 | 100.8 | 100.8 | 100.7 | 99.6 | 100.3 | 99.4 | 98.4 |
| 100.8 | 99.6 | 99.7 | 99.7 | 100.7 | 100.3 | 100.6 | 100.7 |
| 107.5 | 107.5 | 106.8 | 105.3 | 101.8 | 102.0 | 102.0 | 100.8 |
| 108.9 | 108.7 | 106.3 | 105.7 | 102.6 | 99.3 | 98.8 | 97.7 |
| 104.4 | 104.4 | 104.5 | 104.8 | 104.9 | 104.9 | 104.9 | 105.1 |
| 106.0 | 105.8 | 105.6 | 104.9 | 103.3 | 102.0 | 102.2 | 101.9 |
| 108.8 | 108.8 | 106.3 | 106.3 | 105.7 | 101.2 | 102.0 | 102.1 |
| 103.6 | 103.8 | 103.8 | 103.6 | 102.1 | 99.3 | 99.2 | 99.3 |
| 107.4 | 107.3 | 107.2 | 107.1 | 103.2 | 102.2 | 101.1 | 98.7 |
| 107.0 | 107.0 | 106.8 | 106.7 | 103.6 | 104.0 | 104.2 | 102.8 |
| 112.8 | 112.8 | 111.9 | 110.4 | 109.7 | 109.4 | 110.1 | 110.7 |
| 106.9 | 106.8 | 108.5 | 106.6 | 103.6 | 103.9 | 104.0 | 103.0 |
| 101.2 | 102.2 | 102.4 | 99.2 | 98.6 | 98.4 | 98.8 | 99.8 |
| 107.3 | 104.6 | 104.1 | 104.5 | 102.5 | 101.9 | 101.9 | 101.6 |
| 100.1 | 100.1 | 102.0 | 102.6 | 104.9 | 105.2 | 106.1 | 106.3 |
| 106.9 | 106.9 | 106.6 | 104.5 | 101.7 | 99.6 | 99.3 | 99.7 |
| 101.0 | 101.2 | 101.3 | 101.0 | 101.0 | 101.3 | 102.1 | 102.1 |
| 102.2 | 101.7 | 101.6 | 101.0 | 100.0 | 99.8 | 101.5 | 101.6 |
| 103.5 | 103.4 | 103.4 | 102.9 | 102.9 | 102.8 | 102.8 | 102.2 |
| 99.0 | 97.4 | 97.4 | 97.2 | 94.8 | 94.5 | 98.9 | 99.6 |
| 104.2 | 104.4 | 103.7 | 102.2 | 101.5 | 101.2 | 101.4 | 101.7 |
| 103.0 | 103.0 | 103.0 | 103.0 | 101.8 | 101.6 | 104.1 | 104.9 |
| 103.8 | 103.8 | 105.7 | 104.9 | 105.8 | 106.0 | 105.1 | 104.9 |
| 104.6 | 104.5 | 108.9 | 108.2 | 110.5 | 110.5 | 109.8 | 109.9 |

3－3－6

| 类别名称 | 年平均 | 1月 | 2月 | 3月 | 4月 |
|---|---|---|---|---|---|
| 化纤布 | 105.5 | 107.7 | 107.7 | 107.7 | 106.6 |
| 毛　线 | 103.4 | 104.0 | 104.0 | 103.6 | 106.0 |
| 鞋袜帽 | 103.9 | 103.9 | 104.2 | 105.0 | 106.3 |
| 鞋 | 104.2 | 104.2 | 104.4 | 105.4 | 107.0 |
| 男　鞋 | 100.4 | 103.3 | 100.8 | 101.6 | 101.0 |
| 女　鞋 | 107.3 | 104.7 | 107.3 | 108.8 | 112.8 |
| 童　鞋 | 104.5 | 105.3 | 105.2 | 105.2 | 105.1 |
| 袜子 | 102.7 | 102.1 | 103.4 | 103.2 | 103.2 |
| 男　袜 | 103.1 | 102.1 | 103.7 | 103.7 | 103.6 |
| 女　袜 | 102.2 | 102.0 | 103.2 | 102.7 | 102.7 |
| 帽子 | 102.8 | 103.1 | 102.8 | 103.0 | 102.8 |
| 男　帽 | 102.4 | 102.4 | 102.4 | 102.4 | 102.4 |
| 女　帽 | 103.1 | 103.6 | 103.1 | 103.5 | 103.0 |
| 衣着加工服务费 | 108.9 | 109.4 | 108.6 | 109.4 | 110.2 |
| 缝　纫 | 105.5 | 102.5 | 102.4 | 102.4 | 102.8 |
| 清　洗 | 110.9 | 113.0 | 111.7 | 113.0 | 114.0 |
| 家庭设备用品及维修服务 | 101.4 | 100.8 | 100.7 | 101.3 | 101.4 |
| 耐用消费品 | 100.9 | 100.6 | 100.3 | 100.7 | 100.6 |
| 家具 | 100.5 | 100.4 | 100.4 | 100.0 | 99.9 |
| 柜 | 100.0 | 99.1 | 99.2 | 99.9 | 99.7 |
| 床 | 101.8 | 100.3 | 100.1 | 101.6 | 101.5 |
| 桌 | 101.5 | 99.0 | 99.0 | 99.1 | 98.7 |
| 椅 | 101.4 | 106.0 | 106.1 | 100.3 | 100.3 |
| 沙　发 | 100.2 | 100.7 | 100.7 | 100.8 | 100.6 |
| 其　他 | 97.6 | 97.4 | 97.3 | 96.2 | 96.2 |
| 家庭设备 | 101.1 | 100.7 | 100.2 | 101.0 | 101.0 |
| 洗衣机 | 99.5 | 98.9 | 99.2 | 99.1 | 98.6 |
| 电风扇 | 102.9 | 103.5 | 103.5 | 103.3 | 103.5 |
| 电冰箱(柜) | 99.5 | 99.5 | 99.7 | 99.8 | 99.6 |
| 吸排油烟机 | 99.9 | 99.1 | 96.7 | 98.7 | 100.0 |
| 空调器 | 99.6 | 99.9 | 100.0 | 99.5 | 99.4 |
| 热水器 | 100.4 | 99.9 | 100.2 | 100.6 | 99.5 |
| 微波炉 | 100.3 | 97.9 | 97.9 | 101.7 | 101.0 |
| 室内装饰品 | 101.4 | 101.1 | 101.5 | 101.3 | 101.8 |
| 纺织装饰品 | 102.2 | 102.3 | 102.5 | 102.3 | 103.1 |
| 装饰灯具 | 100.9 | 100.4 | 100.7 | 100.7 | 101.0 |
| 其　他 | 101.1 | 100.6 | 101.4 | 100.7 | 101.3 |
| 床上用品 | 100.4 | 101.0 | 101.2 | 100.6 | 100.6 |
| 被　子 | 100.8 | 102.7 | 103.2 | 102.0 | 100.9 |
| 床上套件 | 100.2 | 100.3 | 100.3 | 99.8 | 100.5 |
| 其　他 | 100.4 | 99.8 | 99.8 | 99.9 | 100.2 |

# 续表 3

上年同月 =100

| 5月 | 6月 | 7月 | 8月 | 9月 | 10月 | 11月 | 12月 |
|---|---|---|---|---|---|---|---|
| 105.1 | 105.1 | 105.2 | 105.0 | 105.5 | 104.9 | 103.4 | 102.9 |
| 104.7 | 104.7 | 104.1 | 102.2 | 102.2 | 102.9 | 101.9 | 101.5 |
| 105.8 | 105.6 | 105.5 | 103.7 | 103.0 | 102.4 | 101.3 | 100.7 |
| 106.4 | 106.2 | 106.1 | 103.9 | 103.1 | 102.5 | 101.0 | 100.4 |
| 101.0 | 101.0 | 101.5 | 99.5 | 100.0 | 99.4 | 98.5 | 98.1 |
| 111.6 | 111.3 | 110.4 | 107.8 | 105.3 | 104.6 | 102.4 | 102.0 |
| 104.6 | 104.2 | 104.9 | 104.1 | 105.2 | 104.7 | 104.0 | 102.1 |
| 102.9 | 103.0 | 103.0 | 102.7 | 102.6 | 101.5 | 102.4 | 102.2 |
| 103.4 | 103.3 | 103.2 | 103.0 | 103.0 | 102.1 | 103.4 | 102.5 |
| 102.4 | 102.6 | 102.8 | 102.3 | 102.1 | 100.8 | 101.4 | 102.0 |
| 102.9 | 102.8 | 102.7 | 102.5 | 103.0 | 102.7 | 103.2 | 101.9 |
| 102.4 | 102.4 | 102.4 | 102.2 | 102.4 | 102.0 | 102.4 | 102.4 |
| 103.2 | 103.1 | 103.0 | 102.6 | 103.4 | 103.2 | 103.8 | 101.5 |
| 110.7 | 111.3 | 109.0 | 109.8 | 110.3 | 107.8 | 107.9 | 103.5 |
| 103.1 | 104.8 | 104.8 | 107.1 | 109.3 | 109.6 | 109.9 | 107.6 |
| 114.7 | 114.8 | 111.4 | 111.7 | 111.7 | 107.5 | 107.5 | 102.0 |
| 101.6 | 101.9 | 102.0 | 101.5 | 101.6 | 101.3 | 101.2 | 101.2 |
| 101.1 | 101.5 | 101.3 | 100.9 | 101.3 | 100.9 | 100.8 | 100.7 |
| 100.6 | 100.9 | 101.0 | 100.7 | 100.8 | 100.6 | 100.5 | 100.4 |
| 100.6 | 100.9 | 100.8 | 100.0 | 100.0 | 99.8 | 99.9 | 100.0 |
| 102.1 | 102.6 | 102.8 | 102.3 | 102.1 | 102.0 | 102.0 | 102.2 |
| 101.2 | 102.9 | 103.5 | 103.4 | 103.1 | 103.1 | 102.4 | 102.3 |
| 100.4 | 100.5 | 100.4 | 100.4 | 100.6 | 100.5 | 100.6 | 100.8 |
| 101.0 | 100.5 | 100.6 | 100.4 | 99.7 | 99.4 | 99.4 | 99.0 |
| 96.1 | 96.6 | 96.6 | 96.6 | 100.5 | 100.1 | 99.0 | 99.0 |
| 101.4 | 101.8 | 101.4 | 101.0 | 101.5 | 101.0 | 100.9 | 100.9 |
| 99.4 | 99.9 | 99.9 | 99.7 | 99.6 | 99.8 | 99.9 | 100.0 |
| 103.3 | 105.3 | 101.7 | 102.0 | 102.0 | 102.4 | 102.6 | 102.6 |
| 99.5 | 99.6 | 99.5 | 99.0 | 99.5 | 99.5 | 99.4 | 99.2 |
| 100.5 | 101.2 | 100.9 | 99.7 | 101.5 | 100.0 | 100.1 | 100.1 |
| 99.9 | 100.1 | 99.4 | 99.8 | 99.7 | 99.3 | 99.3 | 99.4 |
| 100.4 | 100.4 | 100.8 | 100.7 | 100.7 | 100.7 | 100.5 | 100.4 |
| 100.8 | 100.8 | 101.1 | 100.9 | 100.6 | 100.5 | 100.3 | 100.1 |
| 101.6 | 101.5 | 101.5 | 101.3 | 101.3 | 101.4 | 101.6 | 101.4 |
| 102.4 | 102.1 | 102.1 | 101.8 | 101.8 | 101.8 | 102.5 | 102.2 |
| 101.1 | 101.1 | 101.1 | 101.1 | 101.1 | 101.0 | 100.9 | 100.6 |
| 101.1 | 101.1 | 101.1 | 101.0 | 101.0 | 101.3 | 101.5 | 101.5 |
| 100.6 | 100.4 | 100.8 | 100.1 | 99.9 | 99.8 | 99.9 | 100.4 |
| 100.9 | 100.6 | 101.5 | 100.5 | 99.1 | 99.0 | 99.1 | 99.8 |
| 100.5 | 100.4 | 100.4 | 99.5 | 100.1 | 100.1 | 100.1 | 100.6 |
| 100.2 | 100.1 | 100.6 | 100.7 | 100.7 | 100.7 | 100.7 | 101.1 |

# 3－3－6

| 类别名称 | 年平均 | 1月 | 2月 | 3月 | 4月 |
|---|---|---|---|---|---|
| 家庭日用杂品 | 101.5 | 100.5 | 100.5 | 101.7 | 102.1 |
| 茶　　具 | 100.2 | 100.5 | 100.5 | 100.9 | 100.8 |
| 餐　　具 | 99.1 | 98.7 | 98.7 | 99.5 | 99.4 |
| 厨　　具 | 101.1 | 100.9 | 100.9 | 101.5 | 101.1 |
| 家用手工工具 | 101.0 | 101.6 | 101.6 | 101.4 | 101.5 |
| 洗涤用品 | 103.9 | 100.5 | 100.5 | 103.8 | 105.0 |
| 其　　他 | 100.5 | 101.0 | 101.0 | 100.8 | 101.0 |
| 家庭服务及加工维修服务 | 105.9 | 103.3 | 103.5 | 104.7 | 105.1 |
| 家庭服务 | 107.9 | 105.5 | 105.7 | 106.3 | 106.9 |
| 加工维修服务 | 103.0 | 100.2 | 100.4 | 102.3 | 102.6 |
| 医疗保健和个人用品 | 102.1 | 103.0 | 102.6 | 102.6 | 102.3 |
| 医疗保健 | 101.4 | 101.8 | 101.9 | 102.2 | 102.1 |
| 医疗器具及用品 | 99.6 | 95.9 | 95.9 | 96.4 | 99.2 |
| 医疗器具及用品 | 99.6 | 95.9 | 95.9 | 96.4 | 99.2 |
| 中药材及中成药 | 104.9 | 106.9 | 107.7 | 107.9 | 109.1 |
| 中 药 材 | 108.9 | 114.3 | 115.9 | 116.9 | 117.2 |
| 中 成 药 | 101.4 | 100.9 | 101.2 | 100.7 | 102.4 |
| 西药 | 100.4 | 100.0 | 99.5 | 100.4 | 100.9 |
| 抗微生物药 | 101.2 | 95.0 | 94.5 | 98.6 | 101.6 |
| 消化系统用药 | 99.8 | 100.5 | 100.4 | 99.6 | 100.4 |
| 呼吸系统用药 | 99.3 | 102.6 | 97.6 | 98.1 | 99.5 |
| 解热镇痛及非甾体抗炎药 | 98.8 | 98.0 | 97.9 | 98.3 | 99.2 |
| 抗肿瘤药 | 99.7 | 98.9 | 98.8 | 99.4 | 99.6 |
| 激素药 | 100.3 | 102.9 | 102.3 | 103.2 | 100.7 |
| 心血管类用药 | 99.7 | 101.5 | 101.6 | 101.0 | 100.3 |
| 中枢神经系统用药 | 101.8 | 102.8 | 104.5 | 103.5 | 102.8 |
| 消毒防及创伤外科用药 | 101.7 | 104.4 | 104.4 | 104.2 | 104.0 |
| 泌尿系统用药 | 102.0 | 102.0 | 103.8 | 104.1 | 102.8 |
| 维生素类 | 101.6 | 101.3 | 101.7 | 103.2 | 103.5 |
| 其　　他 | 101.8 | 100.1 | 100.0 | 100.0 | 100.1 |
| 保健器具及用品 | 101.0 | 102.1 | 102.1 | 102.3 | 101.9 |
| 保健器具 | 101.1 | 100.2 | 100.1 | 102.2 | 100.2 |
| 滋补保健用品 | 101.0 | 102.6 | 102.6 | 102.4 | 102.3 |
| 医疗保健服务 | 100.7 | 101.1 | 101.1 | 101.2 | 100.4 |
| 挂 号 费 | 100.2 | 100.0 | 100.0 | 100.0 | 100.0 |
| 注 射 费 | 100.3 | 100.0 | 100.0 | 100.0 | 100.0 |
| 检 查 费 | 101.0 | 103.3 | 103.3 | 103.3 | 100.3 |
| 手 术 费 | 100.4 | 100.6 | 100.7 | 100.7 | 100.7 |
| 住 院 费 | 100.1 | 101.0 | 101.0 | 101.0 | 99.5 |
| 理 疗 费 | 99.9 | 99.8 | 99.8 | 99.8 | 99.8 |
| 化 验 费 | 102.1 | 102.0 | 102.0 | 102.0 | 102.0 |
| 其　　他 | 102.5 | 98.8 | 100.0 | 101.2 | 102.4 |
| 个人用品及服务 | 103.4 | 105.1 | 104.0 | 103.4 | 102.6 |
| 化妆美容用品 | 101.6 | 101.6 | 102.4 | 102.6 | 102.1 |
| 化妆美容器具 | 99.5 | 99.8 | 99.7 | 99.2 | 99.2 |
| 美容化妆品 | 102.2 | 101.0 | 103.1 | 103.1 | 102.0 |

# 续表 4

上年同月 = 100

| 5 月 | 6 月 | 7 月 | 8 月 | 9 月 | 10 月 | 11 月 | 12 月 |
|---|---|---|---|---|---|---|---|
| 101.9 | 102.0 | 102.4 | 101.8 | 101.5 | 101.3 | 101.2 | 101.2 |
| 100.9 | 100.8 | 100.8 | 100.6 | 99.1 | 99.1 | 99.1 | 98.9 |
| 99.4 | 99.7 | 100.1 | 98.6 | 98.6 | 98.6 | 98.6 | 99.1 |
| 101.2 | 101.2 | 101.2 | 101.2 | 101.1 | 101.1 | 101.1 | 101.0 |
| 100.3 | 100.3 | 101.6 | 100.8 | 100.8 | 100.8 | 100.8 | 100.7 |
| 104.6 | 105.0 | 105.7 | 104.7 | 104.7 | 104.4 | 104.1 | 104.0 |
| 100.9 | 100.9 | 100.8 | 100.6 | 100.2 | 99.7 | 99.7 | 99.7 |
| 105.4 | 107.1 | 107.8 | 107.2 | 107.2 | 107.1 | 106.5 | 106.2 |
| 107.2 | 109.9 | 110.4 | 109.2 | 109.2 | 109.0 | 107.9 | 107.6 |
| 102.6 | 102.9 | 104.1 | 104.3 | 104.3 | 104.3 | 104.3 | 104.1 |
| 102.2 | 102.3 | 102.2 | 101.4 | 101.5 | 101.6 | 101.6 | 101.8 |
| 101.9 | 101.4 | 101.3 | 100.9 | 100.5 | 100.5 | 100.4 | 101.2 |
| 99.5 | 99.6 | 99.8 | 101.7 | 101.3 | 101.5 | 102.8 | 102.5 |
| 99.5 | 99.6 | 99.8 | 101.7 | 101.3 | 101.5 | 102.8 | 102.5 |
| 108.9 | 105.2 | 104.8 | 103.0 | 101.3 | 101.6 | 101.6 | 101.3 |
| 117.2 | 109.1 | 108.2 | 104.8 | 101.6 | 102.4 | 102.3 | 101.6 |
| 102.1 | 101.8 | 101.8 | 101.5 | 101.1 | 100.9 | 101.0 | 101.0 |
| 100.9 | 101.1 | 100.6 | 100.2 | 100.2 | 100.1 | 100.0 | 100.7 |
| 101.9 | 103.0 | 103.3 | 103.0 | 103.2 | 103.1 | 103.0 | 104.7 |
| 100.3 | 100.4 | 100.4 | 100.0 | 99.6 | 98.1 | 98.1 | 100.0 |
| 98.9 | 99.5 | 98.9 | 98.7 | 98.9 | 99.4 | 99.5 | 99.7 |
| 98.9 | 98.9 | 99.0 | 98.8 | 99.3 | 99.1 | 98.8 | 99.8 |
| 99.8 | 99.8 | 99.8 | 99.9 | 100.0 | 100.0 | 100.0 | 100.0 |
| 100.4 | 100.4 | 98.8 | 99.4 | 99.5 | 99.1 | 98.3 | 98.8 |
| 100.5 | 100.4 | 99.3 | 98.7 | 98.9 | 98.3 | 98.6 | 97.9 |
| 102.4 | 100.5 | 100.5 | 100.4 | 101.0 | 101.3 | 100.9 | 101.2 |
| 104.0 | 104.2 | 100.5 | 99.4 | 98.4 | 98.8 | 98.8 | 99.8 |
| 102.6 | 102.8 | 102.5 | 101.0 | 100.9 | 100.9 | 99.5 | 100.7 |
| 103.1 | 103.1 | 101.9 | 99.7 | 98.4 | 100.0 | 101.4 | 102.2 |
| 101.9 | 102.4 | 102.5 | 103.3 | 103.4 | 103.5 | 103.5 | 100.9 |
| 100.9 | 100.9 | 100.8 | 101.0 | 100.9 | 100.4 | 99.6 | 99.5 |
| 101.4 | 101.4 | 101.5 | 101.5 | 101.3 | 101.3 | 101.4 | 101.2 |
| 100.7 | 100.7 | 100.7 | 100.9 | 100.9 | 100.2 | 99.1 | 99.0 |
| 100.3 | 100.4 | 100.6 | 100.6 | 100.3 | 100.3 | 100.3 | 101.5 |
| 100.0 | 100.0 | 100.0 | 100.0 | 100.0 | 100.0 | 100.0 | 101.9 |
| 100.0 | 100.0 | 100.0 | 100.0 | 100.0 | 100.0 | 100.0 | 103.1 |
| 100.1 | 100.1 | 100.2 | 100.2 | 100.2 | 100.2 | 100.2 | 101.2 |
| 100.3 | 100.3 | 100.3 | 100.3 | 100.3 | 100.3 | 100.3 | 100.2 |
| 99.5 | 99.5 | 99.7 | 99.7 | 99.7 | 99.7 | 99.7 | 101.4 |
| 99.7 | 99.7 | 99.7 | 99.7 | 99.7 | 99.7 | 99.7 | 101.3 |
| 102.0 | 102.6 | 103.2 | 103.2 | 101.2 | 101.2 | 101.2 | 102.2 |
| 102.4 | 102.4 | 103.7 | 103.7 | 103.7 | 103.7 | 103.7 | 103.7 |
| 102.7 | 103.9 | 103.7 | 102.3 | 103.3 | 103.5 | 103.7 | 103.0 |
| 101.7 | 101.6 | 101.5 | 101.3 | 101.2 | 101.2 | 101.2 | 101.3 |
| 99.3 | 99.7 | 99.5 | 99.5 | 99.3 | 99.3 | 99.3 | 99.5 |
| 102.0 | 102.0 | 101.8 | 101.9 | 102.1 | 102.2 | 102.2 | 102.3 |

# 3－3－6

| 类别名称 | 年平均 | 1月 | 2月 | 3月 | 4月 |
|---|---|---|---|---|---|
| 护肤品 | 100.8 | 101.4 | 101.4 | 101.8 | 101.6 |
| 护发美容品 | 102.9 | 103.6 | 103.9 | 104.2 | 104.5 |
| 清洁化妆用品 | 102.0 | 100.3 | 100.2 | 101.1 | 101.6 |
| 洗发用品 | 102.0 | 99.6 | 99.3 | 99.9 | 101.4 |
| 洗浴用品 | 101.1 | 100.7 | 100.8 | 100.6 | 100.1 |
| 其　他 | 103.2 | 101.1 | 101.1 | 104.4 | 104.5 |
| 个人饰品 | 99.1 | 105.4 | 103.5 | 101.4 | 99.1 |
| 首　饰 | 97.2 | 108.7 | 104.9 | 101.2 | 97.0 |
| 皮　件 | 102.0 | 103.0 | 103.0 | 102.1 | 102.2 |
| 手　表 | 98.7 | 99.5 | 99.5 | 99.7 | 98.5 |
| 领　带 | 99.7 | 102.8 | 102.8 | 100.8 | 98.9 |
| 其　他 | 101.9 | 102.7 | 102.7 | 102.5 | 102.7 |
| 个人服务 | 110.1 | 109.8 | 107.5 | 107.3 | 107.1 |
| 美　容 | 108.0 | 106.8 | 106.8 | 105.7 | 107.1 |
| 理(烫)发 | 111.6 | 112.0 | 109.5 | 109.2 | 108.1 |
| 洗　浴 | 112.0 | 111.0 | 107.2 | 107.6 | 107.8 |
| 其　他 | 101.1 | 101.9 | 101.3 | 101.3 | 100.6 |
| 交通和通信 | 99.7 | 100.0 | 99.7 | 99.9 | 100.0 |
| 交通 | 101.1 | 101.9 | 101.5 | 101.7 | 101.7 |
| 交通工具 | 99.1 | 99.0 | 99.0 | 99.1 | 99.1 |
| 摩托车 | 100.4 | 99.5 | 99.7 | 101.0 | 100.7 |
| 自行车 | 98.8 | 98.7 | 98.7 | 98.7 | 98.7 |
| 轿　车 | 99.8 | 101.2 | 101.3 | 101.3 | 101.2 |
| 其　他 | 100.1 | 100.4 | 100.4 | 100.4 | 100.2 |
| 车用燃料及零配件 | 102.3 | 105.7 | 105.8 | 105.8 | 105.7 |
| 汽　油 | 102.9 | 106.9 | 107.8 | 107.8 | 107.4 |
| 柴　油 | 103.0 | 106.6 | 107.6 | 107.5 | 108.0 |
| 零配件 | 100.3 | 100.6 | 100.7 | 100.3 | 100.7 |
| 其　他 | 100.6 | 105.1 | 100.2 | 100.2 | 100.2 |
| 车辆使用及维修费 | 104.5 | 106.9 | 102.3 | 103.6 | 103.6 |
| 保险费 | 100.1 | 101.2 | 100.0 | 100.0 | 100.0 |
| 停车费 | 103.5 | 103.8 | 103.8 | 103.8 | 103.5 |
| 车辆修理服务费 | 105.7 | 105.4 | 105.4 | 105.4 | 105.4 |
| 其　他 | 109.5 | 121.1 | 99.3 | 105.7 | 105.7 |
| 市区公共交通费 | 102.4 | 104.2 | 103.8 | 103.8 | 103.2 |
| 公共汽车票 | 100.7 | 101.8 | 101.8 | 101.8 | 101.8 |
| 出租汽车 | 103.7 | 106.3 | 105.6 | 105.6 | 104.6 |
| 其　他 | 102.1 | 100.0 | 100.0 | 100.0 | 100.0 |
| 城市间交通费 | 102.5 | 101.7 | 101.8 | 101.9 | 102.5 |
| 飞机票 | 98.5 | 101.3 | 101.3 | 101.3 | 101.1 |
| 火车票 | 102.2 | 102.1 | 102.1 | 102.1 | 102.1 |
| 长途汽车 | 106.9 | 101.5 | 102.1 | 102.7 | 105.2 |
| 短途汽车 | 101.5 | 100.7 | 100.6 | 100.6 | 101.5 |

# 续表 5

上年同月 = 100

| 5 月 | 6 月 | 7 月 | 8 月 | 9 月 | 10 月 | 11 月 | 12 月 |
|---|---|---|---|---|---|---|---|
| 100.3 | 100.3 | 100.3 | 100.1 | 100.7 | 100.6 | 100.6 | 100.6 |
| 104.3 | 104.1 | 103.6 | 102.6 | 101.2 | 101.2 | 101.1 | 101.1 |
| 102.8 | 103.0 | 102.6 | 102.3 | 102.1 | 102.0 | 102.6 | 102.9 |
| 102.9 | 103.9 | 103.2 | 102.6 | 102.5 | 102.4 | 102.6 | 103.3 |
| 101.5 | 101.7 | 101.2 | 101.2 | 101.4 | 101.3 | 101.4 | 101.4 |
| 104.5 | 103.2 | 103.3 | 103.2 | 102.3 | 102.0 | 104.2 | 104.2 |
| 98.1 | 98.8 | 98.7 | 94.5 | 96.9 | 97.7 | 97.5 | 98.0 |
| 95.6 | 96.9 | 96.5 | 88.7 | 93.4 | 95.4 | 94.8 | 96.0 |
| 101.5 | 101.7 | 102.0 | 101.8 | 102.0 | 102.1 | 102.4 | 100.3 |
| 98.5 | 98.5 | 98.6 | 98.6 | 97.7 | 97.7 | 97.7 | 100.1 |
| 98.9 | 98.9 | 98.9 | 98.9 | 98.9 | 98.9 | 99.0 | 98.8 |
| 102.1 | 102.3 | 102.4 | 102.4 | 102.4 | 100.1 | 100.1 | 100.4 |
| 108.2 | 111.2 | 111.2 | 111.9 | 112.3 | 112.3 | 112.7 | 109.3 |
| 107.1 | 108.1 | 108.3 | 110.1 | 110.1 | 110.0 | 110.0 | 105.4 |
| 107.5 | 113.1 | 113.2 | 113.8 | 114.3 | 114.5 | 114.9 | 108.8 |
| 112.1 | 113.4 | 113.5 | 113.5 | 114.1 | 114.1 | 114.8 | 114.8 |
| 100.8 | 100.8 | 100.8 | 101.1 | 101.1 | 101.1 | 101.1 | 101.0 |
| 99.7 | 99.3 | 98.7 | 99.0 | 99.7 | 100.3 | 99.9 | 99.8 |
| 101.2 | 100.5 | 99.7 | 100.1 | 101.1 | 101.8 | 101.3 | 100.3 |
| 99.1 | 99.1 | 98.9 | 99.6 | 99.5 | 99.6 | 98.8 | 97.9 |
| 101.1 | 101.1 | 100.4 | 100.4 | 100.4 | 100.3 | 100.3 | 100.0 |
| 98.7 | 98.7 | 98.6 | 99.4 | 99.4 | 99.5 | 98.6 | 97.5 |
| 100.4 | 100.4 | 100.3 | 100.3 | 97.8 | 97.8 | 97.8 | 97.8 |
| 100.2 | 100.1 | 100.1 | 100.1 | 100.1 | 100.1 | 100.1 | 99.1 |
| 103.3 | 99.7 | 95.9 | 96.9 | 100.6 | 103.8 | 103.2 | 101.8 |
| 104.3 | 99.5 | 94.3 | 95.7 | 100.7 | 105.1 | 104.3 | 102.5 |
| 103.4 | 98.5 | 94.8 | 96.1 | 101.2 | 105.8 | 104.6 | 103.2 |
| 100.7 | 100.5 | 100.5 | 100.5 | 100.1 | 99.9 | 99.7 | 99.7 |
| 100.2 | 100.1 | 100.1 | 100.2 | 100.5 | 100.2 | 100.2 | 100.2 |
| 103.6 | 103.9 | 105.2 | 105.1 | 105.0 | 105.2 | 105.6 | 103.7 |
| 100.0 | 100.0 | 100.0 | 100.0 | 100.0 | 100.0 | 100.0 | 100.0 |
| 103.5 | 103.5 | 105.5 | 104.6 | 102.0 | 102.0 | 102.7 | 104.3 |
| 105.4 | 105.4 | 106.2 | 106.2 | 106.8 | 107.1 | 107.6 | 102.7 |
| 105.7 | 107.6 | 111.3 | 111.3 | 111.3 | 112.0 | 112.2 | 111.2 |
| 102.5 | 102.6 | 102.6 | 101.3 | 101.5 | 101.8 | 100.8 | 100.7 |
| 100.0 | 100.0 | 100.0 | 100.0 | 100.2 | 100.3 | 100.3 | 100.3 |
| 104.6 | 104.6 | 104.6 | 102.0 | 102.2 | 102.7 | 100.9 | 100.7 |
| 100.0 | 102.1 | 102.1 | 104.1 | 104.3 | 104.2 | 104.1 | 104.1 |
| 102.4 | 102.4 | 101.5 | 101.5 | 103.8 | 103.8 | 103.8 | 102.8 |
| 100.9 | 100.7 | 96.1 | 96.1 | 96.0 | 96.1 | 96.1 | 96.0 |
| 102.1 | 102.1 | 102.2 | 102.2 | 102.9 | 102.9 | 102.9 | 100.9 |
| 104.8 | 104.5 | 104.5 | 104.6 | 113.1 | 113.1 | 113.1 | 113.1 |
| 101.6 | 101.9 | 101.9 | 101.9 | 101.9 | 101.9 | 101.9 | 102.0 |

# 3－3－6

| 类别名称 | 年平均 | 1月 | 2月 | 3月 | 4月 |
|---|---|---|---|---|---|
| 通信 | 97.2 | 96.6 | 96.6 | 96.8 | 96.9 |
| 通信工具 | 94.3 | 92.5 | 92.6 | 93.1 | 93.3 |
| 固定电话机 | 98.3 | 96.5 | 96.3 | 97.9 | 97.9 |
| 移动电话机 | 93.7 | 91.8 | 91.9 | 92.5 | 92.8 |
| 其　他 | 95.9 | 94.6 | 94.6 | 94.6 | 94.6 |
| 通信服务 | 98.1 | 98.0 | 98.0 | 98.1 | 98.1 |
| 移动通信费 | 95.2 | 95.2 | 95.2 | 95.2 | 95.2 |
| 市内电话费 | 100.0 | 100.0 | 100.0 | 100.0 | 100.0 |
| 长途电话费 | 99.9 | 99.9 | 99.9 | 99.9 | 99.9 |
| 月租费 | 99.9 | 100.0 | 100.0 | 100.0 | 100.0 |
| 上网费 | 100.4 | 100.0 | 100.0 | 100.5 | 100.5 |
| 信件邮寄 | 100.0 | 100.0 | 100.0 | 100.0 | 100.0 |
| 包裹邮寄 | 101.1 | 100.7 | 100.7 | 100.7 | 100.8 |
| 其　他 | 99.9 | 98.8 | 100.0 | 100.0 | 100.0 |
| 娱乐教育文化用品及服务 | 100.8 | 101.1 | 100.4 | 100.2 | 100.5 |
| 文娱用耐用消费品及服务 | 96.6 | 97.3 | 97.4 | 96.4 | 96.2 |
| 电视机 | 94.0 | 96.7 | 96.2 | 93.9 | 93.9 |
| 激光视盘机 | 95.6 | 90.8 | 90.8 | 91.2 | 93.9 |
| 摄像机 | 96.0 | 97.7 | 99.5 | 98.7 | 94.7 |
| 照相机 | 93.7 | 93.0 | 94.3 | 95.1 | 93.2 |
| 家用音响 | 99.2 | 98.3 | 99.1 | 98.9 | 99.3 |
| 便携式音响 | 97.7 | 100.1 | 100.1 | 97.1 | 97.1 |
| 电　脑 | 97.1 | 97.2 | 97.3 | 96.8 | 96.4 |
| 修理服务 | 102.7 | 104.1 | 104.1 | 104.1 | 103.9 |
| 其　他 | 97.5 | 97.6 | 97.6 | 96.5 | 95.9 |
| 教育 | 101.1 | 101.2 | 100.9 | 100.8 | 100.6 |
| 教材及参考书 | 101.3 | 102.1 | 102.1 | 101.9 | 101.9 |
| 工具书 | 100.0 | 100.0 | 100.0 | 100.0 | 100.0 |
| 教　材 | 100.5 | 100.7 | 100.7 | 100.7 | 100.7 |
| 参考书 | 103.4 | 105.0 | 105.0 | 105.0 | 105.0 |
| 教育软件 | 100.4 | 102.1 | 102.1 | 100.0 | 100.0 |
| 教育服务 | 101.1 | 101.2 | 100.8 | 100.7 | 100.5 |
| 学前教育 | 102.9 | 104.1 | 104.1 | 102.8 | 102.8 |
| 中等教育 | 99.3 | 98.9 | 98.9 | 98.9 | 98.9 |
| 高等教育 | 99.8 | 100.0 | 100.0 | 100.0 | 100.0 |
| 专业技能培训 | 100.6 | 100.7 | 100.7 | 100.9 | 100.9 |
| 其　他 | 105.8 | 106.0 | 103.4 | 103.8 | 102.5 |
| 文化娱乐类 | 101.7 | 101.7 | 101.1 | 101.0 | 101.6 |
| 文化娱乐用品 | 100.2 | 99.9 | 99.6 | 100.3 | 100.5 |
| 乐　器 | 101.7 | 100.7 | 100.0 | 100.8 | 102.2 |
| 音响光盘和视盘 | 100.1 | 100.0 | 100.0 | 100.0 | 100.0 |
| 电子存储器 | 96.9 | 97.4 | 97.4 | 97.4 | 97.6 |
| 儿童玩具 | 100.5 | 101.8 | 100.1 | 100.7 | 100.4 |

## 续表 6

上年同月 = 100

| 5 月 | 6 月 | 7 月 | 8 月 | 9 月 | 10 月 | 11 月 | 12 月 |
|---|---|---|---|---|---|---|---|
| 97.0 | 97.0 | 96.9 | 97.0 | 97.2 | 97.5 | 97.5 | 99.0 |
| 93.6 | 94.4 | 94.4 | 94.2 | 94.8 | 96.2 | 96.3 | 96.2 |
| 97.9 | 99.9 | 98.9 | 98.9 | 99.0 | 98.9 | 99.1 | 99.1 |
| 93.2 | 94.2 | 94.2 | 94.0 | 94.8 | 95.0 | 95.1 | 94.9 |
| 94.6 | 94.6 | 94.6 | 94.6 | 94.6 | 99.9 | 99.9 | 99.9 |
| 98.1 | 97.8 | 97.8 | 97.9 | 97.9 | 97.9 | 97.9 | 99.9 |
| 95.2 | 94.3 | 94.3 | 94.8 | 94.8 | 94.8 | 94.8 | 99.5 |
| 100.0 | 100.0 | 100.0 | 100.0 | 100.0 | 100.0 | 100.0 | 100.0 |
| 99.9 | 100.0 | 100.0 | 100.0 | 100.0 | 100.0 | 99.8 | 99.8 |
| 100.0 | 99.9 | 99.9 | 99.9 | 99.9 | 99.9 | 99.9 | 99.9 |
| 100.5 | 100.9 | 100.5 | 100.5 | 100.5 | 100.5 | 100.5 | 100.5 |
| 100.0 | 100.0 | 100.0 | 100.0 | 100.0 | 100.0 | 100.0 | 100.0 |
| 100.8 | 102.5 | 101.9 | 101.2 | 101.2 | 101.2 | 101.2 | 100.4 |
| 100.0 | 100.0 | 100.0 | 100.0 | 100.0 | 100.0 | 100.0 | 100.0 |
| 100.5 | 100.5 | 100.2 | 101.2 | 101.1 | 101.2 | 101.2 | 101.2 |
| 96.3 | 96.4 | 96.6 | 96.5 | 96.9 | 96.6 | 96.4 | 96.4 |
| 93.3 | 93.4 | 93.4 | 93.4 | 94.1 | 93.2 | 93.2 | 93.6 |
| 94.3 | 94.3 | 97.4 | 97.4 | 100.3 | 100.1 | 99.3 | 99.2 |
| 94.8 | 95.0 | 94.8 | 95.3 | 95.8 | 95.3 | 95.0 | 95.0 |
| 93.0 | 93.2 | 93.1 | 93.4 | 93.3 | 93.9 | 93.9 | 95.1 |
| 99.2 | 99.2 | 99.2 | 99.1 | 99.7 | 99.7 | 99.6 | 99.6 |
| 97.6 | 97.6 | 97.1 | 97.3 | 97.1 | 97.1 | 97.1 | 97.2 |
| 97.0 | 97.0 | 97.3 | 97.2 | 97.7 | 97.6 | 97.2 | 97.0 |
| 103.9 | 103.9 | 103.9 | 102.4 | 101.0 | 101.0 | 101.0 | 100.1 |
| 95.9 | 95.9 | 95.9 | 98.9 | 99.0 | 99.0 | 99.0 | 99.0 |
| 100.5 | 100.5 | 100.5 | 101.5 | 101.9 | 101.9 | 101.2 | 101.7 |
| 101.9 | 101.9 | 101.9 | 101.9 | 100.2 | 100.2 | 100.2 | 100.2 |
| 100.0 | 100.0 | 100.0 | 100.0 | 100.1 | 100.1 | 100.1 | 100.1 |
| 100.7 | 100.7 | 100.7 | 100.7 | 100.0 | 100.0 | 100.0 | 100.0 |
| 105.0 | 105.0 | 105.0 | 105.0 | 100.4 | 100.4 | 100.4 | 100.4 |
| 100.0 | 100.1 | 100.1 | 100.0 | 100.0 | 100.0 | 100.0 | 100.0 |
| 100.4 | 100.3 | 100.3 | 101.5 | 102.0 | 102.0 | 101.2 | 101.8 |
| 102.8 | 103.5 | 103.6 | 101.6 | 102.5 | 102.5 | 102.5 | 102.5 |
| 98.9 | 98.9 | 98.9 | 98.9 | 100.0 | 100.0 | 100.0 | 100.0 |
| 100.0 | 100.0 | 100.0 | 100.0 | 100.1 | 100.1 | 97.1 | 100.1 |
| 100.9 | 100.6 | 100.6 | 100.6 | 100.6 | 100.6 | 100.6 | 99.8 |
| 101.5 | 100.9 | 100.9 | 110.2 | 110.2 | 110.2 | 110.2 | 110.2 |
| 101.6 | 101.0 | 101.8 | 102.0 | 102.0 | 102.3 | 102.2 | 102.2 |
| 100.1 | 100.1 | 100.1 | 100.3 | 100.3 | 100.4 | 100.4 | 100.4 |
| 101.6 | 101.6 | 101.7 | 102.4 | 102.4 | 102.4 | 102.4 | 102.4 |
| 100.0 | 100.0 | 100.0 | 100.1 | 100.1 | 100.1 | 100.2 | 100.2 |
| 96.4 | 96.4 | 96.4 | 96.4 | 96.4 | 96.9 | 96.9 | 97.5 |
| 100.4 | 100.4 | 100.5 | 100.5 | 100.5 | 100.2 | 100.2 | 100.3 |

3－3－6

| 类别名称 | 年平均 | 1月 | 2月 | 3月 | 4月 |
|---|---|---|---|---|---|
| 纸张本册 | 101.1 | 100.4 | 100.4 | 101.2 | 101.5 |
| 文　具 | 104.4 | 101.0 | 101.0 | 104.8 | 106.2 |
| 体育用品 | 98.8 | 99.1 | 99.1 | 98.5 | 98.3 |
| 其　他 | 99.7 | 99.0 | 100.0 | 99.8 | 99.6 |
| 书报杂志 | 100.5 | 101.7 | 101.0 | 100.1 | 100.1 |
| 书　籍 | 100.0 | 100.0 | 100.0 | 100.0 | 100.0 |
| 报　纸 | 100.7 | 105.2 | 103.7 | 100.0 | 100.0 |
| 杂　志 | 101.1 | 101.1 | 99.9 | 100.5 | 100.5 |
| 文娱费 | 102.8 | 102.7 | 101.9 | 101.7 | 102.6 |
| 电影票 | 102.4 | 110.5 | 103.5 | 103.5 | 103.5 |
| 景点门票 | 105.6 | 102.0 | 102.0 | 101.3 | 103.9 |
| 有线电视 | 100.2 | 100.3 | 100.3 | 100.3 | 100.3 |
| 健身活动 | 104.2 | 99.9 | 99.9 | 99.9 | 99.8 |
| 其　他 | 104.8 | 110.1 | 110.1 | 110.1 | 110.1 |
| 旅游 | 102.5 | 103.6 | 101.2 | 100.8 | 102.9 |
| 旅行社收费 | 103.2 | 104.4 | 101.3 | 101.5 | 104.2 |
| 宾馆住宿 | 100.4 | 100.3 | 99.2 | 98.3 | 99.6 |
| 其他住宿 | 102.8 | 104.9 | 104.3 | 102.4 | 102.6 |
| 居住 | 102.4 | 103.3 | 103.1 | 102.8 | 102.8 |
| 建房及装修材料 | 100.6 | 102.5 | 102.4 | 102.0 | 101.3 |
| 木　材 | 102.4 | 105.0 | 104.7 | 103.2 | 102.5 |
| 木地板 | 98.8 | 98.4 | 97.7 | 97.6 | 98.8 |
| 砖 | 101.2 | 106.4 | 106.4 | 105.7 | 103.7 |
| 水　泥 | 99.5 | 101.0 | 101.0 | 100.4 | 100.3 |
| 涂　料 | 101.4 | 103.6 | 103.6 | 103.8 | 101.5 |
| 胶合板 | 100.4 | 100.7 | 100.7 | 100.6 | 100.6 |
| 玻　璃 | 105.1 | 110.0 | 110.2 | 105.5 | 105.5 |
| 粘　胶 | 100.9 | 102.2 | 101.5 | 100.8 | 100.8 |
| 油　漆 | 100.6 | 101.1 | 101.1 | 101.2 | 101.0 |
| 其　他 | 99.3 | 100.1 | 100.1 | 100.1 | 99.6 |
| 租房 | 104.5 | 106.2 | 105.6 | 105.3 | 105.4 |
| 公房房租 | 100.3 | 102.8 | 100.1 | 100.1 | 100.1 |
| 私房房租 | 106.3 | 108.3 | 107.7 | 107.2 | 107.2 |
| 其他费用 | 103.0 | 104.2 | 104.0 | 104.0 | 104.0 |
| 自有住房 | 103.3 | 104.1 | 103.9 | 103.5 | 103.6 |
| 房屋贷款利率 | 102.2 | 103.3 | 103.1 | 102.2 | 102.2 |
| 物业管理费用 | 101.6 | 102.4 | 102.4 | 102.4 | 102.4 |
| 维护修理费用 | 108.4 | 108.2 | 108.0 | 109.3 | 109.7 |
| 其　他 | 100.0 | 100.0 | 100.0 | 100.0 | 100.0 |
| 水、电、燃料 | 101.5 | 102.0 | 101.8 | 101.9 | 101.9 |
| 水 | 101.7 | 101.4 | 101.4 | 101.4 | 102.1 |
| 电 | 100.9 | 100.9 | 100.7 | 100.1 | 100.1 |
| 液化石油气 | 104.1 | 105.8 | 105.8 | 105.8 | 106.5 |
| 管道燃气 | 100.9 | 101.8 | 101.8 | 101.8 | 101.5 |
| 其他燃料 | 101.1 | 102.2 | 101.8 | 103.1 | 102.8 |

# 续表 7

上年同月 = 100

| 5 月 | 6 月 | 7 月 | 8 月 | 9 月 | 10 月 | 11 月 | 12 月 |
|---|---|---|---|---|---|---|---|
| 101.5 | 101.5 | 101.4 | 101.2 | 101.2 | 101.2 | 101.1 | 101.1 |
| 105.0 | 105.0 | 105.1 | 105.0 | 105.0 | 105.0 | 105.3 | 104.4 |
| 98.3 | 98.2 | 98.1 | 99.2 | 99.2 | 99.2 | 99.2 | 99.2 |
| 99.6 | 99.6 | 99.6 | 99.6 | 99.6 | 99.8 | 99.9 | 99.9 |
| 100.3 | 100.4 | 100.4 | 100.4 | 100.4 | 100.4 | 100.4 | 100.4 |
| 100.0 | 100.0 | 100.0 | 100.0 | 100.0 | 100.0 | 100.0 | 100.0 |
| 100.0 | 100.0 | 100.0 | 100.0 | 100.0 | 100.0 | 100.0 | 100.0 |
| 101.1 | 101.3 | 101.3 | 101.3 | 101.4 | 101.4 | 101.4 | 101.4 |
| 102.7 | 101.7 | 103.0 | 103.3 | 103.3 | 103.7 | 103.5 | 103.6 |
| 104.2 | 99.3 | 99.3 | 101.7 | 101.8 | 101.8 | 100.1 | 100.0 |
| 103.9 | 102.4 | 108.1 | 108.1 | 108.0 | 109.2 | 109.2 | 109.4 |
| 100.0 | 100.1 | 100.1 | 100.1 | 100.1 | 100.1 | 100.1 | 100.1 |
| 103.5 | 106.0 | 107.0 | 106.7 | 106.9 | 107.1 | 106.8 | 106.8 |
| 110.1 | 110.1 | 100.1 | 100.0 | 100.0 | 100.0 | 100.0 | 100.0 |
| 103.0 | 104.1 | 100.7 | 103.3 | 101.5 | 101.9 | 104.6 | 103.1 |
| 104.7 | 106.6 | 100.3 | 103.1 | 100.9 | 102.0 | 106.2 | 103.9 |
| 99.5 | 99.0 | 101.3 | 104.1 | 102.4 | 100.6 | 100.5 | 100.3 |
| 100.6 | 101.0 | 101.0 | 102.6 | 102.7 | 103.8 | 103.8 | 103.8 |
| 102.6 | 102.3 | 102.2 | 102.1 | 102.1 | 102.0 | 102.0 | 101.9 |
| 101.0 | 100.9 | 100.1 | 99.5 | 99.3 | 99.3 | 99.5 | 99.5 |
| 102.5 | 102.5 | 102.4 | 102.1 | 100.9 | 101.2 | 101.2 | 100.6 |
| 99.0 | 98.9 | 98.9 | 98.9 | 98.8 | 99.5 | 99.5 | 99.5 |
| 102.5 | 102.3 | 99.7 | 97.9 | 97.5 | 97.4 | 98.1 | 98.2 |
| 100.3 | 100.2 | 99.1 | 99.1 | 98.2 | 98.1 | 98.3 | 98.3 |
| 100.5 | 100.5 | 100.2 | 100.7 | 100.8 | 100.8 | 100.8 | 100.7 |
| 100.6 | 100.8 | 100.7 | 100.0 | 99.9 | 100.0 | 100.2 | 100.4 |
| 105.2 | 105.0 | 104.5 | 103.9 | 103.6 | 103.0 | 102.8 | 102.1 |
| 101.5 | 101.5 | 101.2 | 100.4 | 100.3 | 100.2 | 100.2 | 100.7 |
| 101.1 | 100.8 | 100.7 | 100.5 | 100.5 | 99.8 | 99.8 | 99.5 |
| 99.5 | 99.5 | 98.9 | 98.8 | 98.7 | 98.7 | 98.7 | 98.7 |
| 105.0 | 104.5 | 104.6 | 104.7 | 104.2 | 104.2 | 102.7 | 102.0 |
| 100.1 | 100.0 | 100.0 | 100.0 | 100.0 | 100.0 | 100.0 | 100.0 |
| 106.7 | 106.2 | 106.5 | 106.4 | 105.3 | 105.3 | 105.3 | 104.0 |
| 103.9 | 103.1 | 103.0 | 103.5 | 103.5 | 103.5 | 99.9 | 99.8 |
| 103.3 | 103.1 | 103.1 | 103.0 | 103.1 | 103.1 | 103.2 | 103.1 |
| 102.2 | 101.9 | 102.3 | 102.2 | 101.7 | 101.7 | 101.8 | 101.6 |
| 102.4 | 99.9 | 101.2 | 101.3 | 101.3 | 101.3 | 101.3 | 101.3 |
| 108.1 | 108.1 | 106.8 | 106.8 | 108.9 | 108.9 | 108.9 | 109.5 |
| 100.0 | 100.0 | 100.0 | 100.1 | 100.1 | 100.1 | 100.1 | 100.1 |
| 101.8 | 101.2 | 101.4 | 101.4 | 101.5 | 101.2 | 100.9 | 100.8 |
| 102.6 | 102.6 | 101.5 | 101.5 | 101.5 | 101.5 | 101.5 | 101.5 |
| 100.1 | 100.0 | 101.5 | 101.5 | 101.5 | 101.5 | 101.5 | 101.5 |
| 105.0 | 102.7 | 101.7 | 101.7 | 103.3 | 103.3 | 104.4 | 103.6 |
| 100.0 | 100.0 | 99.6 | 100.5 | 101.1 | 101.1 | 101.1 | 101.1 |
| 103.4 | 102.4 | 101.8 | 101.3 | 100.5 | 99.4 | 97.7 | 97.5 |

# 3－3－7 商品零售价格

| 类别名称 | 1 月 | 2 月 | 3 月 | 4 月 |
| --- | --- | --- | --- | --- |
| 商品零售价格总指数 | 104.6 | 103.3 | 103.5 | 103.3 |
| 食品 | 111.9 | 107.2 | 107.2 | 106.3 |
| 粮食 | 106.6 | 106.1 | 105.4 | 104.9 |
| 淀粉及制品 | 98.6 | 96.7 | 89.4 | 86.3 |
| 干豆类及豆制品 | 103.3 | 101.6 | 101.0 | 101.3 |
| 油脂 | 108.1 | 107.6 | 107.1 | 106.5 |
| 肉禽及其制品 | 122.0 | 117.6 | 113.3 | 111.1 |
| 食用畜肉及副产品 | 125.0 | 120.0 | 114.5 | 111.9 |
| 禽 | 113.8 | 107.4 | 104.9 | 101.8 |
| 加工肉禽 | 114.4 | 114.4 | 114.2 | 114.3 |
| 蛋 | 100.5 | 90.1 | 90.1 | 92.4 |
| 水产品 | 111.0 | 109.0 | 112.6 | 114.3 |
| 鱼 | 113.0 | 110.1 | 114.4 | 116.4 |
| 其他水产品 | 106.0 | 106.0 | 107.9 | 108.6 |
| 菜 | 122.6 | 105.1 | 115.1 | 119.8 |
| 调味品 | 106.3 | 106.3 | 105.5 | 104.1 |
| 糖 | 106.1 | 106.2 | 105.5 | 105.8 |
| 干鲜瓜果 | 113.9 | 103.1 | 101.5 | 94.5 |
| 糕点饼干面包 | 106.6 | 106.3 | 106.4 | 106.1 |
| 液体乳及乳制品 | 102.9 | 103.3 | 102.7 | 103.1 |
| 在外用膳食品 | 106.8 | 105.6 | 105.9 | 106.2 |
| 其他食品 | 103.6 | 103.9 | 103.8 | 103.4 |
| 饮料、烟酒 | 103.7 | 103.4 | 103.4 | 103.1 |
| 茶及饮料 | 104.7 | 104.9 | 105.4 | 105.0 |
| 茶叶 | 101.3 | 101.5 | 101.6 | 101.4 |
| 饮料 | 105.9 | 106.1 | 106.7 | 106.3 |
| 烟草 | 100.7 | 100.7 | 100.6 | 100.6 |
| 酒 | 106.6 | 105.9 | 105.9 | 105.1 |
| 服装、鞋帽 | 103.5 | 104.2 | 104.9 | 105.5 |
| 服装 | 103.6 | 104.7 | 105.6 | 105.5 |
| 男式服装 | 102.6 | 103.4 | 104.7 | 104.5 |
| 女式服装 | 104.4 | 106.0 | 106.9 | 106.8 |
| 儿童服装 | 103.3 | 103.1 | 102.8 | 103.5 |
| 鞋袜帽 | 103.5 | 103.3 | 103.9 | 105.8 |
| 鞋 | 103.5 | 103.3 | 104.1 | 106.4 |
| 袜子 | 103.3 | 103.6 | 102.3 | 102.3 |
| 帽子 | 103.5 | 102.6 | 103.8 | 103.5 |
| 其他 | 101.5 | 101.5 | 100.9 | 100.7 |
| 纺织品 | 102.2 | 102.2 | 101.9 | 101.9 |
| 衣着材料 | 103.8 | 103.8 | 103.9 | 104.3 |

# 分月指数(2012年)

上年同月＝100

| 5月 | 6月 | 7月 | 8月 | 9月 | 10月 | 11月 | 12月 |
|---|---|---|---|---|---|---|---|
| 103.0 | 102.3 | 101.6 | 101.5 | 101.4 | 101.5 | 102.0 | 101.8 |
| 106.5 | 104.9 | 103.0 | 103.7 | 103.7 | 103.7 | 104.9 | 105.0 |
| 104.7 | 104.8 | 104.5 | 104.9 | 105.2 | 105.3 | 105.2 | 105.4 |
| 85.9 | 86.0 | 85.9 | 86.4 | 85.3 | 90.1 | 94.0 | 97.6 |
| 100.8 | 101.1 | 100.6 | 101.8 | 102.2 | 103.5 | 106.7 | 106.4 |
| 105.8 | 105.1 | 105.5 | 104.5 | 103.3 | 102.5 | 102.3 | 102.7 |
| 107.9 | 102.4 | 98.8 | 97.7 | 98.6 | 100.1 | 102.1 | 104.9 |
| 107.5 | 100.8 | 96.5 | 95.8 | 97.3 | 99.5 | 102.0 | 105.6 |
| 102.2 | 98.0 | 97.8 | 96.2 | 94.7 | 94.2 | 95.4 | 96.8 |
| 114.0 | 113.1 | 110.7 | 108.0 | 107.5 | 106.9 | 107.3 | 107.1 |
| 89.0 | 102.3 | 94.8 | 99.3 | 102.5 | 103.1 | 104.7 | 110.8 |
| 115.0 | 108.4 | 104.3 | 102.8 | 101.9 | 102.7 | 105.6 | 105.8 |
| 117.0 | 107.8 | 102.6 | 100.6 | 99.6 | 100.3 | 104.0 | 103.9 |
| 109.3 | 110.3 | 109.5 | 109.3 | 109.0 | 109.4 | 110.2 | 111.1 |
| 121.7 | 107.1 | 94.6 | 110.8 | 107.4 | 103.1 | 109.1 | 107.2 |
| 103.1 | 103.0 | 103.1 | 102.1 | 102.2 | 102.5 | 102.8 | 102.6 |
| 105.6 | 104.7 | 105.0 | 104.8 | 104.1 | 103.7 | 103.5 | 103.8 |
| 103.4 | 109.4 | 115.8 | 111.4 | 110.8 | 108.3 | 106.6 | 100.9 |
| 106.1 | 106.0 | 106.4 | 105.7 | 106.3 | 105.7 | 105.5 | 105.0 |
| 103.7 | 103.9 | 104.3 | 103.7 | 104.5 | 104.4 | 104.0 | 103.6 |
| 106.0 | 106.5 | 106.3 | 106.0 | 106.6 | 106.8 | 107.2 | 106.5 |
| 103.4 | 103.6 | 103.9 | 103.5 | 103.1 | 103.2 | 103.7 | 103.1 |
| 103.1 | 103.7 | 103.5 | 103.1 | 102.6 | 102.2 | 102.2 | 101.7 |
| 105.1 | 105.0 | 104.2 | 104.2 | 104.1 | 103.9 | 104.1 | 104.2 |
| 101.4 | 101.4 | 100.7 | 100.8 | 100.7 | 101.1 | 101.1 | 100.8 |
| 106.3 | 106.2 | 105.4 | 105.4 | 105.3 | 104.9 | 105.0 | 105.3 |
| 100.3 | 100.3 | 100.3 | 99.8 | 99.9 | 99.7 | 99.6 | 99.6 |
| 105.4 | 107.1 | 107.0 | 106.2 | 105.1 | 104.4 | 104.3 | 102.8 |
| 103.8 | 103.6 | 103.7 | 102.4 | 100.9 | 100.5 | 101.4 | 101.0 |
| 103.7 | 103.5 | 103.2 | 102.3 | 100.7 | 100.2 | 101.4 | 101.3 |
| 102.8 | 102.8 | 102.5 | 101.3 | 99.8 | 99.5 | 100.4 | 100.0 |
| 104.7 | 104.5 | 104.2 | 103.5 | 101.7 | 100.8 | 101.9 | 101.9 |
| 101.9 | 101.3 | 101.3 | 100.4 | 99.5 | 99.6 | 102.4 | 102.7 |
| 104.4 | 104.2 | 105.1 | 102.8 | 101.4 | 101.2 | 101.3 | 100.4 |
| 104.8 | 104.6 | 105.6 | 103.0 | 101.3 | 101.1 | 101.1 | 100.2 |
| 102.0 | 102.1 | 102.5 | 102.0 | 102.0 | 101.2 | 102.4 | 101.4 |
| 102.1 | 102.1 | 102.0 | 100.8 | 101.4 | 101.8 | 103.8 | 102.1 |
| 100.7 | 100.7 | 100.7 | 100.7 | 100.7 | 101.3 | 101.9 | 100.8 |
| 101.2 | 101.2 | 103.4 | 103.0 | 102.9 | 103.4 | 103.5 | 104.3 |
| 102.3 | 102.5 | 106.6 | 106.0 | 107.1 | 108.6 | 108.6 | 109.9 |

3－3－7

| 类别名称 | 1 月 | 2 月 | 3 月 | 4 月 |
|---|---|---|---|---|
| 床上用品 | 101.1 | 101.1 | 100.4 | 100.2 |
| 家用电器及音像器材 | 99.1 | 99.2 | 98.9 | 98.7 |
| 家庭设备 | 101.1 | 100.9 | 101.3 | 100.9 |
| 文娱用耐用消费品 | 96.5 | 96.7 | 95.3 | 95.5 |
| 专业音像器材 | 97.7 | 100.8 | 101.2 | 99.4 |
| 文化办公用品 | 97.5 | 97.6 | 97.9 | 98.1 |
| 日用品 | 100.7 | 100.6 | 101.7 | 101.5 |
| 日用百货 | 100.0 | 100.5 | 101.9 | 101.8 |
| 日用杂品 | 98.7 | 98.7 | 100.0 | 99.7 |
| 洗涤用品 | 102.3 | 102.0 | 103.3 | 103.1 |
| 其他日用品 | 100.9 | 100.7 | 100.5 | 100.6 |
| 体育娱乐用品 | 100.3 | 100.2 | 100.1 | 100.0 |
| 体育用品 | 100.2 | 100.2 | 99.8 | 99.1 |
| 娱乐用品 | 100.4 | 100.1 | 100.3 | 100.8 |
| 交通、通信用品 | 96.6 | 96.7 | 97.0 | 97.3 |
| 交通运输机械 | 98.6 | 98.7 | 99.2 | 99.2 |
| 通信器材 | 94.0 | 93.9 | 94.2 | 94.6 |
| 家具 | 100.5 | 100.4 | 100.3 | 100.1 |
| 化妆品 | 101.1 | 101.2 | 101.7 | 102.1 |
| 金银珠宝 | 105.7 | 106.2 | 102.6 | 99.5 |
| 中西药品及医疗保健用品 | 102.9 | 103.1 | 103.8 | 104.8 |
| 医疗器具及用品 | 96.2 | 96.2 | 96.9 | 99.8 |
| 中药材及中成药 | 108.7 | 109.8 | 109.9 | 111.6 |
| 西药 | 100.0 | 99.8 | 100.8 | 101.7 |
| 保健器具及用品 | 101.5 | 101.5 | 102.0 | 100.9 |
| 书报杂志及电子出版物 | 101.2 | 100.9 | 100.3 | 100.3 |
| 教材及参考书 | 100.5 | 100.5 | 100.5 | 100.5 |
| 书报杂志 | 102.7 | 101.9 | 100.3 | 100.3 |
| 电子音像制品 | 100.0 | 100.0 | 100.1 | 100.1 |
| 燃料 | 103.9 | 105.3 | 106.3 | 106.3 |
| 煤炭及制品 | 98.6 | 101.2 | 104.1 | 104.2 |
| 石油及制品 | 106.6 | 107.2 | 107.3 | 107.3 |
| 建筑材料及五金电料 | 102.6 | 102.3 | 101.7 | 101.1 |
| 建筑装璜材料 | 103.3 | 102.9 | 102.1 | 101.4 |
| 五金电料 | 100.5 | 100.5 | 100.5 | 100.5 |

# 续表

上年同月 = 100

| 5 月 | 6 月 | 7 月 | 8 月 | 9 月 | 10 月 | 11 月 | 12 月 |
|---|---|---|---|---|---|---|---|
| 100.4 | 100.3 | 101.0 | 100.9 | 99.8 | 99.7 | 99.8 | 100.3 |
| 98.8 | 98.9 | 98.9 | 98.8 | 99.2 | 98.8 | 98.7 | 98.7 |
| 101.1 | 101.2 | 101.0 | 100.8 | 100.9 | 100.6 | 100.5 | 100.4 |
| 95.6 | 95.5 | 95.9 | 96.1 | 96.7 | 96.2 | 96.1 | 96.2 |
| 99.3 | 99.3 | 98.8 | 98.8 | 98.9 | 98.9 | 98.9 | 98.9 |
| 98.2 | 98.2 | 98.4 | 98.4 | 98.8 | 98.7 | 98.6 | 98.4 |
| 101.5 | 101.5 | 101.8 | 101.7 | 101.9 | 101.9 | 101.9 | 101.8 |
| 101.9 | 102.0 | 101.9 | 101.6 | 101.7 | 101.6 | 101.6 | 101.5 |
| 99.7 | 99.8 | 100.5 | 100.2 | 100.0 | 99.9 | 99.9 | 100.0 |
| 103.1 | 102.9 | 103.4 | 103.5 | 104.3 | 104.4 | 104.2 | 104.2 |
| 100.5 | 100.6 | 100.7 | 100.8 | 100.7 | 100.7 | 100.7 | 100.6 |
| 100.0 | 100.1 | 100.3 | 100.4 | 100.5 | 100.4 | 100.4 | 100.4 |
| 99.2 | 99.3 | 99.7 | 99.9 | 99.9 | 100.0 | 100.0 | 99.9 |
| 100.8 | 100.8 | 100.8 | 100.9 | 100.9 | 100.8 | 100.8 | 100.8 |
| 97.5 | 97.9 | 97.9 | 98.3 | 98.1 | 98.1 | 98.4 | 98.2 |
| 99.4 | 99.6 | 99.6 | 100.3 | 99.5 | 99.4 | 99.4 | 99.1 |
| 95.1 | 95.7 | 95.7 | 95.7 | 96.2 | 96.3 | 96.9 | 97.0 |
| 100.9 | 101.3 | 101.4 | 101.1 | 101.0 | 100.8 | 100.7 | 100.7 |
| 102.2 | 102.3 | 101.9 | 101.9 | 101.7 | 101.7 | 101.7 | 101.6 |
| 98.4 | 100.7 | 100.1 | 96.7 | 97.2 | 99.0 | 98.7 | 99.3 |
| 104.8 | 103.2 | 102.5 | 101.8 | 101.3 | 101.3 | 101.2 | 101.2 |
| 100.0 | 100.4 | 100.4 | 102.6 | 102.1 | 102.1 | 102.5 | 102.5 |
| 111.6 | 106.3 | 105.4 | 103.5 | 101.9 | 102.4 | 102.5 | 102.0 |
| 101.6 | 101.9 | 101.1 | 100.9 | 100.9 | 100.7 | 100.5 | 100.8 |
| 100.5 | 100.5 | 100.6 | 100.6 | 100.5 | 99.9 | 99.7 | 99.6 |
| 100.4 | 100.4 | 100.4 | 100.4 | 100.2 | 100.2 | 100.3 | 100.3 |
| 100.5 | 100.5 | 100.6 | 100.5 | 100.1 | 100.1 | 100.1 | 100.1 |
| 100.4 | 100.5 | 100.5 | 100.5 | 100.5 | 100.5 | 100.5 | 100.5 |
| 100.1 | 100.1 | 100.0 | 100.1 | 100.1 | 100.1 | 100.2 | 100.2 |
| 104.3 | 99.8 | 97.8 | 97.8 | 99.5 | 101.2 | 101.9 | 100.1 |
| 101.9 | 96.6 | 95.7 | 94.1 | 92.9 | 93.2 | 95.2 | 94.0 |
| 105.3 | 101.2 | 98.7 | 99.4 | 102.5 | 104.8 | 105.0 | 102.9 |
| 101.0 | 100.9 | 100.5 | 99.7 | 99.3 | 99.1 | 99.4 | 98.7 |
| 101.2 | 101.0 | 100.4 | 99.3 | 98.8 | 98.6 | 99.0 | 98.1 |
| 100.4 | 100.6 | 100.6 | 100.7 | 100.6 | 100.6 | 100.6 | 100.6 |

# 3－3－8 城市居民消费价格

| 类别名称 | 年平均 | 1月 | 2月 | 3月 | 4月 |
|---|---|---|---|---|---|
| 居民消费价格总指数 | 103.3 | 105.2 | 104.0 | 104.1 | 103.9 |
| 生活费用价格总指数 | 103.9 | 108.0 | 105.5 | 105.4 | 105.0 |
| 食品 | 106.2 | 111.8 | 107.9 | 107.8 | 107.1 |
| 粮食 | 107.0 | 107.8 | 107.5 | 107.7 | 107.1 |
| 淀粉及制品 | 88.4 | 95.5 | 91.7 | 86.9 | 85.1 |
| 干豆类及豆制品 | 104.6 | 104.2 | 103.3 | 102.8 | 103.3 |
| 油脂 | 106.2 | 107.9 | 107.7 | 107.6 | 107.5 |
| 肉禽及其制品 | 106.8 | 123.9 | 120.1 | 114.6 | 111.8 |
| 食用畜肉及副产品 | 106.1 | 126.4 | 122.1 | 115.0 | 111.9 |
| 禽 | 101.2 | 114.8 | 108.5 | 105.9 | 101.0 |
| 加工肉禽 | 113.1 | 116.5 | 116.8 | 117.1 | 117.1 |
| 蛋 | 98.1 | 100.7 | 89.4 | 89.2 | 90.9 |
| 水产品 | 107.3 | 108.2 | 107.0 | 109.6 | 111.2 |
| 鱼 | 104.7 | 109.4 | 105.6 | 109.2 | 111.7 |
| 其他水产品 | 111.1 | 106.7 | 108.9 | 110.2 | 110.5 |
| 菜 | 111.8 | 121.1 | 104.9 | 115.6 | 121.8 |
| 调味品 | 104.4 | 106.8 | 106.8 | 107.1 | 105.7 |
| 糖 | 103.5 | 104.3 | 103.5 | 103.9 | 104.2 |
| 茶及饮料 | 104.1 | 104.5 | 104.2 | 104.8 | 104.0 |
| 茶叶 | 101.7 | 101.3 | 101.5 | 101.9 | 101.4 |
| 饮料 | 105.5 | 106.3 | 105.7 | 106.4 | 105.5 |
| 干鲜瓜果 | 105.7 | 112.6 | 104.4 | 102.2 | 96.2 |
| 糕点饼干面包 | 105.5 | 107.1 | 106.9 | 106.6 | 106.5 |
| 液体乳及乳制品 | 103.4 | 103.9 | 104.3 | 103.5 | 103.7 |
| 在外用膳食品 | 106.2 | 106.8 | 105.5 | 105.9 | 106.3 |
| 其他食品 | 102.9 | 102.7 | 103.3 | 103.3 | 102.7 |
| 烟酒 | 102.6 | 103.8 | 103.3 | 103.1 | 102.8 |
| 烟草 | 100.3 | 100.7 | 100.8 | 100.7 | 100.7 |
| 酒 | 105.2 | 107.3 | 106.4 | 105.8 | 105.1 |
| 衣着 | 103.9 | 103.9 | 105.2 | 106.5 | 106.4 |
| 服装 | 103.8 | 103.9 | 105.5 | 107.0 | 106.3 |
| 男式服装 | 102.7 | 102.7 | 103.8 | 105.8 | 104.9 |
| 女式服装 | 105.3 | 105.4 | 107.7 | 109.2 | 108.6 |
| 儿童服装 | 101.4 | 102.1 | 102.6 | 102.6 | 102.2 |
| 衣着材料 | 105.9 | 106.5 | 106.6 | 106.4 | 105.6 |
| 鞋袜帽 | 103.9 | 103.6 | 104.1 | 105.1 | 106.4 |
| 鞋 | 104.2 | 103.8 | 104.3 | 105.5 | 107.1 |
| 袜子 | 102.7 | 101.9 | 103.4 | 103.4 | 103.4 |
| 帽子 | 103.0 | 103.0 | 103.0 | 102.9 | 102.6 |
| 衣着加工服务费 | 109.4 | 109.9 | 109.0 | 109.9 | 110.7 |
| 家庭设备用品及维修服务 | 101.5 | 100.6 | 100.5 | 101.3 | 101.5 |
| 耐用消费品 | 101.3 | 101.0 | 100.5 | 101.0 | 100.9 |
| 家具 | 100.7 | 100.4 | 100.4 | 100.0 | 99.8 |

# 分月指数(2012 年)

上年同月 =100

| 5 月 | 6 月 | 7 月 | 8 月 | 9 月 | 10 月 | 11 月 | 12 月 |
|---|---|---|---|---|---|---|---|
| 103.7 | 103.2 | 102.5 | 102.7 | 102.6 | 102.3 | 102.7 | 102.5 |
| 104.9 | 103.6 | 102.3 | 102.8 | 102.3 | 101.9 | 102.6 | 102.6 |
| 107.1 | 105.5 | 103.7 | 104.6 | 104.4 | 104.0 | 105.4 | 105.4 |
| 107.0 | 107.1 | 106.6 | 106.8 | 107.5 | 107.0 | 106.3 | 106.2 |
| 86.0 | 85.5 | 84.4 | 84.0 | 83.4 | 91.2 | 93.2 | 95.9 |
| 103.2 | 104.2 | 103.3 | 103.8 | 104.3 | 105.1 | 108.4 | 109.4 |
| 107.1 | 106.3 | 106.9 | 106.2 | 105.1 | 104.1 | 104.1 | 104.5 |
| 108.7 | 102.8 | 99.0 | 98.0 | 99.2 | 100.8 | 103.1 | 106.3 |
| 107.6 | 100.6 | 96.4 | 95.8 | 97.6 | 99.9 | 102.6 | 106.5 |
| 103.6 | 99.4 | 98.8 | 97.3 | 96.4 | 95.2 | 97.1 | 98.5 |
| 117.2 | 115.8 | 113.4 | 110.1 | 109.6 | 108.4 | 109.0 | 108.7 |
| 87.6 | 102.2 | 94.5 | 98.9 | 103.0 | 102.7 | 104.3 | 110.8 |
| 112.2 | 108.3 | 105.2 | 103.8 | 103.0 | 104.6 | 107.2 | 108.8 |
| 113.7 | 106.3 | 100.9 | 98.2 | 97.5 | 99.3 | 102.7 | 104.0 |
| 110.2 | 111.1 | 111.7 | 112.2 | 111.0 | 112.1 | 113.4 | 115.4 |
| 124.8 | 109.8 | 95.8 | 114.0 | 107.7 | 102.7 | 111.7 | 109.1 |
| 104.5 | 104.2 | 104.2 | 102.7 | 102.4 | 102.5 | 102.9 | 103.1 |
| 104.1 | 103.3 | 103.4 | 103.1 | 103.2 | 103.2 | 102.8 | 103.2 |
| 104.3 | 104.1 | 103.4 | 103.9 | 104.1 | 104.0 | 104.0 | 104.0 |
| 101.4 | 101.4 | 101.3 | 102.0 | 102.0 | 102.1 | 102.1 | 101.7 |
| 105.9 | 105.6 | 104.5 | 105.0 | 105.3 | 105.0 | 105.1 | 105.2 |
| 102.6 | 109.1 | 113.8 | 111.7 | 108.8 | 104.7 | 105.3 | 100.3 |
| 105.8 | 105.6 | 105.6 | 104.7 | 105.2 | 104.7 | 104.4 | 103.6 |
| 103.6 | 103.5 | 103.5 | 102.9 | 103.7 | 103.3 | 102.9 | 102.3 |
| 106.1 | 106.2 | 106.0 | 106.4 | 106.7 | 106.5 | 106.6 | 105.8 |
| 103.0 | 103.1 | 103.5 | 103.1 | 102.5 | 102.6 | 103.0 | 102.2 |
| 102.8 | 103.4 | 103.3 | 102.6 | 102.2 | 101.8 | 101.6 | 100.7 |
| 100.6 | 100.6 | 100.5 | 99.9 | 100.0 | 99.8 | 99.8 | 99.5 |
| 105.4 | 106.6 | 106.6 | 105.7 | 104.6 | 103.9 | 103.7 | 102.0 |
| 105.3 | 105.1 | 104.8 | 103.9 | 102.7 | 101.7 | 101.3 | 100.8 |
| 104.9 | 104.7 | 104.4 | 103.8 | 102.4 | 101.3 | 101.3 | 100.8 |
| 103.8 | 103.8 | 103.4 | 102.9 | 101.6 | 100.8 | 100.3 | 99.5 |
| 106.5 | 106.2 | 106.0 | 105.3 | 103.7 | 102.1 | 102.1 | 101.7 |
| 102.3 | 101.6 | 101.4 | 101.0 | 99.9 | 99.5 | 101.0 | 101.0 |
| 103.3 | 103.3 | 106.7 | 106.6 | 106.8 | 106.6 | 106.9 | 105.7 |
| 106.1 | 106.0 | 105.6 | 103.7 | 103.1 | 102.4 | 101.1 | 100.5 |
| 106.7 | 106.5 | 106.1 | 103.9 | 103.2 | 102.5 | 100.9 | 100.3 |
| 103.2 | 103.2 | 103.1 | 102.8 | 102.7 | 101.4 | 101.9 | 102.3 |
| 103.1 | 103.0 | 103.0 | 103.0 | 103.6 | 103.2 | 103.3 | 101.7 |
| 111.3 | 111.9 | 109.5 | 110.3 | 110.9 | 108.1 | 108.1 | 103.4 |
| 101.7 | 102.1 | 102.2 | 101.7 | 101.8 | 101.6 | 101.5 | 101.5 |
| 101.5 | 102.0 | 101.7 | 101.3 | 101.7 | 101.3 | 101.1 | 101.1 |
| 100.5 | 101.1 | 101.2 | 101.0 | 101.1 | 101.0 | 100.8 | 100.8 |

3-3-8

| 类别名称 | 年平均 | 1月 | 2月 | 3月 | 4月 |
|---|---|---|---|---|---|
| 家庭设备 | 101.6 | 101.3 | 100.6 | 101.6 | 101.5 |
| 室内装饰品 | 101.5 | 101.0 | 101.4 | 101.3 | 101.9 |
| 床上用品 | 100.3 | 100.9 | 101.2 | 100.6 | 100.5 |
| 家庭日用杂品 | 101.4 | 99.7 | 99.7 | 101.6 | 102.0 |
| 家庭服务及加工维修服务 | 106.7 | 103.0 | 103.2 | 104.2 | 104.8 |
| 医疗保健和个人用品 | 102.0 | 103.3 | 102.6 | 102.6 | 102.2 |
| 医疗保健 | 101.5 | 102.1 | 102.1 | 102.4 | 102.4 |
| 医疗器具及用品 | 99.3 | 94.8 | 94.8 | 95.4 | 98.8 |
| 中药材及中成药 | 105.5 | 106.7 | 107.3 | 107.1 | 109.8 |
| 西药 | 100.6 | 99.8 | 99.4 | 100.6 | 101.4 |
| 保健器具及用品 | 101.0 | 102.1 | 102.1 | 102.4 | 101.9 |
| 医疗保健服务 | 100.9 | 101.9 | 102.0 | 102.0 | 100.7 |
| 个人用品及服务 | 102.8 | 105.1 | 103.4 | 102.8 | 101.9 |
| 化妆美容用品 | 101.7 | 101.7 | 102.6 | 102.8 | 102.3 |
| 清洁类化妆品 | 101.9 | 100.1 | 100.0 | 101.0 | 101.5 |
| 个人饰品 | 98.3 | 105.0 | 102.6 | 100.1 | 97.8 |
| 个人服务 | 110.5 | 112.4 | 108.0 | 107.8 | 107.5 |
| 交通和通信 | 99.5 | 99.8 | 99.4 | 99.6 | 99.7 |
| 交通 | 101.0 | 101.8 | 101.3 | 101.4 | 101.6 |
| 交通工具 | 98.9 | 98.8 | 98.8 | 98.8 | 98.8 |
| 车用燃料及零配件 | 102.6 | 106.7 | 106.6 | 106.3 | 106.2 |
| 车辆使用及维修费 | 105.6 | 108.9 | 103.1 | 104.8 | 104.8 |
| 市区公共交通费 | 102.4 | 103.3 | 103.3 | 103.3 | 103.3 |
| 城市间交通费 | 102.5 | 101.6 | 101.6 | 101.8 | 102.4 |
| 通信 | 96.6 | 96.0 | 96.0 | 96.3 | 96.4 |
| 通信工具 | 92.6 | 90.9 | 90.8 | 91.7 | 92.0 |
| 通信服务 | 97.6 | 97.4 | 97.5 | 97.6 | 97.6 |
| 文娱用耐用消费品及服务 | 100.7 | 101.2 | 100.4 | 100.1 | 100.5 |
| 文娱用耐用消费品及服务 | 95.5 | 96.4 | 96.3 | 95.0 | 94.7 |
| 教育 | 101.1 | 101.4 | 101.0 | 100.9 | 100.7 |
| 教材及参考书 | 101.9 | 102.7 | 102.7 | 102.7 | 102.7 |
| 文化娱乐类 | 101.9 | 101.8 | 101.2 | 101.1 | 101.8 |
| 文化娱乐用品 | 100.1 | 99.6 | 99.3 | 100.1 | 100.4 |
| 书报杂志 | 100.6 | 101.4 | 101.4 | 100.2 | 100.2 |
| 旅游 | 102.5 | 103.6 | 101.0 | 100.7 | 103.2 |
| 居住 | 102.9 | 103.5 | 103.4 | 103.1 | 103.2 |
| 建房及装修材料 | 101.2 | 102.8 | 102.8 | 101.6 | 101.5 |
| 住房租金 | 104.3 | 105.3 | 103.7 | 104.8 | 104.9 |
| 自有住房 | 103.9 | 104.6 | 104.3 | 104.0 | 104.1 |
| 水、电、燃料 | 101.3 | 101.6 | 101.7 | 101.5 | 101.8 |

## 续表

上年同月 =100

| 5月 | 6月 | 7月 | 8月 | 9月 | 10月 | 11月 | 12月 |
|---|---|---|---|---|---|---|---|
| 102.0 | 102.5 | 102.0 | 101.5 | 102.1 | 101.4 | 101.3 | 101.3 |
| 101.6 | 101.5 | 101.5 | 101.5 | 101.5 | 101.5 | 101.7 | 101.4 |
| 100.5 | 100.2 | 100.7 | 99.7 | 99.7 | 99.7 | 99.7 | 100.4 |
| 101.7 | 101.9 | 102.3 | 101.7 | 101.5 | 101.4 | 101.3 | 101.3 |
| 105.1 | 107.5 | 108.6 | 108.8 | 108.8 | 108.6 | 109.1 | 108.7 |
| 102.2 | 102.2 | 102.0 | 101.3 | 101.4 | 101.6 | 101.6 | 101.4 |
| 102.2 | 101.8 | 101.5 | 101.2 | 100.8 | 100.7 | 100.7 | 100.7 |
| 99.2 | 99.2 | 99.3 | 101.7 | 101.4 | 101.6 | 103.2 | 102.9 |
| 110.2 | 106.4 | 105.2 | 104.2 | 102.3 | 103.0 | 103.2 | 101.9 |
| 101.3 | 101.6 | 100.8 | 100.3 | 100.5 | 100.2 | 100.1 | 100.9 |
| 100.9 | 100.9 | 100.9 | 101.1 | 101.0 | 100.5 | 99.6 | 99.5 |
| 100.5 | 100.5 | 100.7 | 100.7 | 100.3 | 100.3 | 100.3 | 100.4 |
| 102.1 | 103.0 | 102.9 | 101.4 | 102.4 | 102.9 | 103.0 | 102.4 |
| 101.7 | 101.7 | 101.5 | 101.3 | 101.2 | 101.2 | 101.2 | 101.3 |
| 102.8 | 103.1 | 102.5 | 102.1 | 102.0 | 102.0 | 102.6 | 103.0 |
| 96.9 | 97.8 | 97.8 | 93.7 | 96.4 | 97.7 | 97.4 | 97.7 |
| 109.2 | 111.2 | 111.5 | 111.9 | 112.2 | 112.2 | 112.8 | 109.2 |
| 99.5 | 99.1 | 98.6 | 98.9 | 99.7 | 100.1 | 99.6 | 99.5 |
| 101.2 | 100.6 | 99.8 | 100.3 | 101.3 | 101.9 | 101.2 | 100.0 |
| 98.8 | 98.9 | 98.8 | 99.6 | 99.5 | 99.6 | 98.6 | 97.5 |
| 103.7 | 99.9 | 95.6 | 96.6 | 100.8 | 104.1 | 103.4 | 101.8 |
| 104.8 | 104.9 | 106.3 | 106.2 | 106.1 | 106.4 | 106.8 | 104.1 |
| 103.3 | 103.4 | 103.4 | 101.7 | 101.7 | 101.7 | 100.4 | 100.3 |
| 102.4 | 102.3 | 101.2 | 101.2 | 104.1 | 104.1 | 104.1 | 102.9 |
| 96.4 | 96.3 | 96.3 | 96.4 | 96.6 | 96.7 | 96.6 | 98.6 |
| 91.9 | 93.0 | 93.0 | 92.7 | 93.7 | 94.0 | 93.7 | 93.6 |
| 97.6 | 97.2 | 97.1 | 97.4 | 97.4 | 97.4 | 97.4 | 99.9 |
| 100.5 | 100.4 | 100.0 | 101.2 | 101.0 | 101.1 | 101.2 | 101.3 |
| 94.8 | 95.0 | 95.3 | 95.3 | 96.0 | 95.7 | 95.4 | 95.5 |
| 100.5 | 100.4 | 100.5 | 101.7 | 101.8 | 101.8 | 101.0 | 101.7 |
| 102.7 | 102.7 | 102.8 | 102.8 | 100.3 | 100.3 | 100.3 | 100.3 |
| 101.7 | 101.1 | 101.9 | 102.2 | 102.2 | 102.5 | 102.4 | 102.4 |
| 99.9 | 99.9 | 99.9 | 100.2 | 100.2 | 100.3 | 100.4 | 100.5 |
| 100.4 | 100.5 | 100.5 | 100.5 | 100.5 | 100.5 | 100.5 | 100.5 |
| 103.2 | 104.0 | 100.2 | 103.2 | 101.4 | 101.9 | 104.9 | 103.1 |
| 102.9 | 102.6 | 102.6 | 102.7 | 102.8 | 102.7 | 102.8 | 102.6 |
| 101.5 | 101.4 | 101.1 | 100.7 | 100.4 | 100.2 | 100.5 | 99.7 |
| 104.7 | 104.4 | 104.9 | 105.3 | 103.8 | 103.8 | 103.9 | 102.2 |
| 103.7 | 103.6 | 103.6 | 103.5 | 103.7 | 103.7 | 103.8 | 103.7 |
| 101.4 | 100.8 | 101.0 | 101.2 | 101.4 | 101.3 | 101.3 | 100.9 |

# 3－3－9 农村居民消费价格

| 类别名称 | 年平均 | 1月 | 2月 | 3月 | 4月 |
|---|---|---|---|---|---|
| 居民消费价格总指数 | 102.5 | 105.4 | 104.0 | 103.9 | 103.5 |
| 生活费用价格总指数 | 103.5 | 108.5 | 105.7 | 105.6 | 105.1 |
| 食品 | 104.5 | 112.3 | 108.1 | 107.7 | 107.0 |
| 粮食 | 104.1 | 110.3 | 109.3 | 104.2 | 104.2 |
| 淀粉及制品 | 91.9 | 89.8 | 89.8 | 88.6 | 88.4 |
| 干豆类及豆制品 | 96.5 | 103.5 | 97.8 | 96.9 | 96.6 |
| 油脂 | 102.6 | 106.0 | 105.5 | 105.0 | 104.4 |
| 肉禽及其制品 | 100.3 | 123.8 | 117.1 | 115.0 | 111.8 |
| 食用畜肉及副产品 | 99.9 | 126.3 | 119.1 | 116.8 | 113.3 |
| 禽 | 99.7 | 112.3 | 105.6 | 104.5 | 101.9 |
| 加工肉禽 | 106.8 | 109.4 | 109.3 | 108.7 | 108.9 |
| 蛋 | 98.5 | 98.2 | 91.8 | 92.6 | 95.9 |
| 水产品 | 109.2 | 118.6 | 116.1 | 121.6 | 124.0 |
| 鱼 | 109.7 | 119.9 | 117.3 | 123.2 | 125.6 |
| 其他水产品 | 101.1 | 100.4 | 98.8 | 99.5 | 100.0 |
| 菜 | 114.1 | 128.9 | 107.5 | 120.8 | 126.0 |
| 调 味 品 | 103.5 | 102.9 | 103.0 | 101.8 | 101.8 |
| 糖 | 108.8 | 108.2 | 109.6 | 107.7 | 107.7 |
| 茶及饮料 | 104.3 | 104.5 | 104.6 | 104.8 | 104.6 |
| 茶叶 | 100.9 | 101.9 | 101.9 | 101.9 | 101.7 |
| 饮料 | 106.9 | 106.4 | 106.6 | 106.9 | 106.7 |
| 干鲜瓜果 | 108.1 | 114.9 | 101.3 | 102.8 | 95.6 |
| 糕点饼干面包 | 102.8 | 103.5 | 103.1 | 102.7 | 102.1 |
| 液体乳及乳制品 | 105.5 | 101.1 | 101.3 | 100.6 | 101.2 |
| 在外用膳食品 | 107.1 | 107.1 | 107.0 | 107.3 | 107.0 |
| 其他食品 | 104.4 | 104.9 | 104.6 | 104.4 | 104.2 |
| 烟酒 | 103.4 | 102.9 | 102.7 | 102.7 | 101.9 |
| 烟草 | 100.1 | 100.9 | 100.9 | 100.9 | 100.9 |
| 酒 | 107.1 | 105.3 | 104.8 | 104.7 | 103.0 |
| 衣着 | 102.6 | 104.7 | 103.8 | 103.2 | 103.9 |
| 服　　装 | 102.1 | 103.9 | 103.4 | 102.6 | 103.3 |
| 男式服装 | 101.7 | 104.2 | 103.8 | 102.5 | 103.1 |
| 女式服装 | 102.1 | 103.6 | 103.4 | 102.8 | 103.0 |
| 儿童服装 | 102.8 | 103.9 | 102.9 | 102.5 | 104.4 |
| 衣着材料 | 104.5 | 104.8 | 104.8 | 105.1 | 106.1 |
| 鞋袜帽 | 103.7 | 106.6 | 104.8 | 104.4 | 105.4 |
| 鞋 | 104.1 | 107.3 | 105.3 | 104.9 | 106.2 |
| 袜子 | 102.4 | 103.5 | 103.5 | 101.8 | 101.8 |
| 帽子 | 101.5 | 103.6 | 101.8 | 104.1 | 104.1 |
| 衣着加工服务费 | 101.9 | 101.0 | 101.0 | 101.1 | 101.4 |

# 分月指数(2012年)

上年同月=100

| 5月 | 6月 | 7月 | 8月 | 9月 | 10月 | 11月 | 12月 |
|---|---|---|---|---|---|---|---|
| 103.1 | 102.1 | 101.1 | 100.9 | 101.1 | 101.3 | 101.4 | 102.0 |
| 104.7 | 102.6 | 101.1 | 101.3 | 101.6 | 101.5 | 101.6 | 102.6 |
| 106.1 | 103.2 | 100.5 | 100.7 | 101.4 | 101.8 | 102.3 | 103.5 |
| 104.4 | 104.5 | 102.5 | 102.6 | 102.1 | 101.9 | 102.1 | 102.5 |
| 88.1 | 88.6 | 89.2 | 90.7 | 90.9 | 98.0 | 101.4 | 101.5 |
| 94.7 | 94.8 | 94.9 | 95.7 | 95.1 | 96.3 | 96.8 | 95.3 |
| 103.3 | 102.5 | 102.8 | 101.2 | 100.6 | 100.3 | 100.0 | 99.8 |
| 103.7 | 94.6 | 87.6 | 87.5 | 90.2 | 91.9 | 94.4 | 97.9 |
| 103.7 | 93.2 | 85.5 | 85.5 | 88.9 | 90.8 | 93.6 | 97.7 |
| 101.8 | 98.9 | 96.5 | 96.1 | 93.9 | 95.1 | 95.7 | 96.9 |
| 108.2 | 108.5 | 106.7 | 105.3 | 104.5 | 104.4 | 104.3 | 103.9 |
| 91.6 | 100.6 | 97.1 | 98.6 | 99.0 | 101.9 | 103.7 | 109.2 |
| 119.8 | 108.3 | 101.5 | 102.4 | 101.2 | 100.2 | 101.7 | 101.1 |
| 121.0 | 108.7 | 101.5 | 102.5 | 101.1 | 100.1 | 101.7 | 100.9 |
| 101.5 | 101.4 | 101.4 | 101.1 | 102.2 | 100.6 | 101.9 | 104.2 |
| 127.7 | 108.0 | 95.1 | 111.1 | 113.4 | 106.4 | 107.6 | 112.1 |
| 102.3 | 102.6 | 103.1 | 103.1 | 104.6 | 105.5 | 105.8 | 105.6 |
| 108.2 | 111.1 | 111.6 | 111.1 | 108.3 | 107.3 | 107.2 | 107.5 |
| 104.0 | 105.2 | 104.7 | 104.4 | 104.0 | 103.7 | 103.8 | 103.9 |
| 101.7 | 101.6 | 100.4 | 100.0 | 99.8 | 100.1 | 100.1 | 100.1 |
| 105.6 | 107.9 | 107.9 | 107.7 | 107.1 | 106.3 | 106.4 | 106.7 |
| 108.4 | 107.7 | 119.2 | 111.8 | 113.7 | 115.1 | 105.7 | 105.0 |
| 102.9 | 102.4 | 102.8 | 102.7 | 102.8 | 102.8 | 102.6 | 102.9 |
| 103.5 | 107.2 | 109.4 | 109.1 | 109.3 | 108.8 | 107.4 | 107.3 |
| 107.1 | 109.1 | 108.2 | 105.3 | 105.6 | 106.9 | 107.2 | 107.3 |
| 104.8 | 104.7 | 104.7 | 104.6 | 103.9 | 104.0 | 104.0 | 103.8 |
| 103.8 | 104.0 | 104.1 | 104.2 | 103.9 | 103.7 | 103.4 | 103.1 |
| 99.9 | 99.9 | 99.9 | 99.8 | 99.8 | 99.9 | 99.3 | 99.4 |
| 108.2 | 108.7 | 108.9 | 109.1 | 108.4 | 108.0 | 108.2 | 107.2 |
| 102.2 | 102.3 | 102.7 | 101.3 | 100.6 | 101.2 | 102.8 | 102.9 |
| 101.7 | 101.9 | 101.9 | 100.4 | 99.8 | 100.5 | 102.8 | 103.3 |
| 101.5 | 101.5 | 101.6 | 99.9 | 99.0 | 99.4 | 101.6 | 102.0 |
| 102.0 | 101.9 | 101.8 | 100.4 | 99.8 | 100.7 | 102.8 | 103.4 |
| 101.4 | 102.2 | 102.4 | 101.1 | 101.1 | 101.8 | 104.8 | 105.4 |
| 104.3 | 104.5 | 104.4 | 102.8 | 104.6 | 105.3 | 103.1 | 104.1 |
| 103.2 | 103.1 | 104.8 | 103.4 | 102.3 | 102.5 | 102.6 | 101.8 |
| 103.6 | 103.5 | 105.6 | 104.1 | 102.7 | 102.9 | 102.1 | 101.7 |
| 101.2 | 101.4 | 102.2 | 101.7 | 101.7 | 101.8 | 106.0 | 102.0 |
| 101.1 | 101.1 | 100.6 | 98.6 | 98.6 | 99.0 | 102.7 | 102.7 |
| 101.9 | 101.4 | 101.4 | 101.4 | 101.4 | 102.7 | 103.9 | 104.8 |

3-3-9

| 类别名称 | 年平均 | 1月 | 2月 | 3月 | 4月 |
|---|---|---|---|---|---|
| 家庭设备用品及维修服务 | 100.9 | 101.2 | 101.2 | 101.1 | 101.2 |
| 耐用消费品 | 99.5 | 99.3 | 99.3 | 99.5 | 99.7 |
| 家　　具 | 99.8 | 100.2 | 100.2 | 100.2 | 100.2 |
| 家庭设备 | 99.4 | 99.0 | 99.0 | 99.3 | 99.6 |
| 室内装饰品 | 101.1 | 102.2 | 102.2 | 101.2 | 101.2 |
| 床上用品 | 101.0 | 101.6 | 101.5 | 100.7 | 100.7 |
| 家庭日用杂品 | 101.9 | 102.8 | 102.7 | 102.1 | 102.2 |
| 家庭服务及加工维修服务 | 103.9 | 104.3 | 104.3 | 106.0 | 106.0 |
| 医疗保健和个人用品 | 102.2 | 102.4 | 102.6 | 102.7 | 102.4 |
| 医疗保健 | 101.0 | 101.5 | 101.5 | 101.7 | 101.6 |
| 医疗器具及用品 | 101.2 | 100.9 | 100.9 | 100.9 | 101.0 |
| 中药材及中成药 | 103.9 | 107.1 | 108.2 | 108.9 | 108.0 |
| 西药 | 100.0 | 100.5 | 99.9 | 99.8 | 99.9 |
| 保健器具及用品 | 99.6 | 101.6 | 101.6 | 99.4 | 99.6 |
| 医疗保健服务 | 100.4 | 99.9 | 99.9 | 100.0 | 100.0 |
| 个人用品及服务 | 105.9 | 105.2 | 105.9 | 105.8 | 105.1 |
| 化妆美容用品 | 100.8 | 100.4 | 100.5 | 100.6 | 100.5 |
| 清洁类化妆品 | 102.6 | 102.1 | 102.2 | 102.4 | 102.9 |
| 个人饰品 | 102.0 | 106.8 | 107.1 | 106.6 | 104.3 |
| 个人服务 | 109.4 | 105.4 | 106.6 | 106.6 | 106.5 |
| 交通和通信 | 100.2 | 100.5 | 100.6 | 100.9 | 100.7 |
| 交通 | 101.1 | 102.0 | 102.0 | 102.5 | 102.1 |
| 交通工具 | 99.8 | 99.7 | 99.7 | 100.5 | 100.1 |
| 车用燃料及零配件 | 101.8 | 104.0 | 104.7 | 105.1 | 104.8 |
| 车辆使用及维修费 | 101.1 | 100.9 | 100.0 | 100.0 | 100.0 |
| 市区公共交通费 | 102.3 | 107.0 | 105.4 | 105.4 | 103.0 |
| 城市间交通费 | 102.5 | 102.1 | 102.7 | 102.7 | 103.1 |
| 通信 | 98.8 | 98.2 | 98.3 | 98.2 | 98.3 |
| 通信工具 | 97.0 | 95.3 | 95.4 | 95.4 | 95.4 |
| 通信服务 | 99.9 | 99.9 | 99.9 | 99.9 | 99.9 |
| 文娱用耐用消费品及服务 | 101.0 | 101.0 | 100.8 | 100.7 | 100.6 |
| 文娱用耐用消费品及服务 | 100.6 | 100.8 | 101.0 | 101.3 | 101.3 |
| 教育 | 100.9 | 100.2 | 100.2 | 100.3 | 100.3 |
| 教材及参考书 | 100.5 | 101.2 | 101.2 | 100.6 | 100.6 |
| 文化娱乐类 | 100.7 | 101.4 | 100.6 | 100.4 | 100.5 |
| 文化娱乐用品 | 100.9 | 101.3 | 101.3 | 101.0 | 101.0 |
| 书报杂志 | 100.2 | 102.6 | 100.0 | 100.0 | 100.0 |
| 旅游 | 102.7 | 103.2 | 102.8 | 101.8 | 100.8 |
| 居住 | 101.1 | 102.6 | 102.3 | 102.3 | 101.8 |
| 建房及装修材料 | 100.4 | 102.4 | 102.3 | 102.1 | 101.3 |
| 住房租金 | 104.6 | 106.7 | 106.7 | 105.7 | 105.7 |
| 自有住房 | 100.6 | 101.6 | 101.7 | 101.0 | 101.0 |
| 水、电、燃料 | 102.0 | 103.3 | 102.1 | 103.2 | 102.6 |

# 续表

上年同月 = 100

| 5 月 | 6 月 | 7 月 | 8 月 | 9 月 | 10 月 | 11 月 | 12 月 |
|---|---|---|---|---|---|---|---|
| 101.3 | 101.3 | 101.3 | 100.8 | 100.7 | 100.4 | 100.3 | 100.2 |
| 99.9 | 99.6 | 99.6 | 99.3 | 99.6 | 99.5 | 99.5 | 99.3 |
| 101.0 | 99.9 | 100.1 | 99.2 | 99.3 | 99.2 | 99.2 | 99.0 |
| 99.5 | 99.4 | 99.4 | 99.4 | 99.7 | 99.7 | 99.7 | 99.5 |
| 101.3 | 101.3 | 101.4 | 100.1 | 100.1 | 100.5 | 100.8 | 100.9 |
| 101.2 | 101.2 | 101.5 | 101.5 | 100.4 | 100.4 | 100.5 | 100.5 |
| 102.2 | 102.4 | 102.4 | 101.9 | 101.6 | 101.0 | 101.0 | 101.0 |
| 106.0 | 105.9 | 105.9 | 103.2 | 103.2 | 103.2 | 100.0 | 100.0 |
| 102.2 | 102.3 | 102.4 | 101.8 | 101.6 | 101.6 | 101.5 | 102.8 |
| 101.4 | 100.8 | 101.1 | 100.5 | 100.1 | 100.1 | 100.0 | 102.0 |
| 100.9 | 101.7 | 101.8 | 101.8 | 101.0 | 101.0 | 101.0 | 101.0 |
| 107.2 | 103.6 | 104.2 | 101.4 | 100.0 | 99.8 | 99.5 | 100.6 |
| 100.0 | 100.0 | 100.0 | 100.0 | 99.7 | 99.9 | 99.8 | 100.2 |
| 99.6 | 99.6 | 99.6 | 98.9 | 98.6 | 98.7 | 99.3 | 99.3 |
| 100.0 | 100.2 | 100.3 | 100.3 | 100.3 | 100.3 | 100.3 | 103.3 |
| 104.8 | 107.1 | 106.8 | 105.9 | 106.5 | 106.1 | 106.1 | 105.0 |
| 100.7 | 100.8 | 100.9 | 101.0 | 101.2 | 101.1 | 100.8 | 100.8 |
| 103.0 | 103.0 | 103.3 | 104.1 | 102.7 | 101.6 | 102.1 | 102.1 |
| 103.3 | 103.2 | 102.3 | 97.9 | 99.1 | 97.9 | 97.8 | 99.2 |
| 106.5 | 111.0 | 110.8 | 111.8 | 112.3 | 112.5 | 112.6 | 109.6 |
| 100.2 | 99.7 | 99.0 | 99.2 | 99.8 | 100.9 | 100.8 | 100.7 |
| 101.2 | 100.3 | 99.2 | 99.5 | 100.4 | 101.5 | 101.3 | 101.1 |
| 100.1 | 100.1 | 99.5 | 99.4 | 99.5 | 99.6 | 99.6 | 99.6 |
| 102.7 | 99.3 | 96.3 | 97.3 | 100.3 | 103.4 | 102.8 | 101.9 |
| 100.0 | 101.0 | 101.8 | 101.8 | 101.8 | 101.8 | 101.8 | 102.4 |
| 100.1 | 100.1 | 100.1 | 100.1 | 100.9 | 102.2 | 102.2 | 102.2 |
| 102.7 | 102.5 | 102.5 | 102.5 | 102.5 | 102.5 | 102.5 | 102.2 |
| 98.6 | 98.7 | 98.7 | 98.6 | 98.6 | 99.8 | 99.9 | 99.9 |
| 96.3 | 96.6 | 96.6 | 96.6 | 96.6 | 99.8 | 100.2 | 100.2 |
| 99.9 | 99.9 | 99.8 | 99.8 | 99.8 | 99.8 | 99.8 | 99.8 |
| 100.7 | 101.3 | 101.3 | 101.0 | 101.2 | 101.2 | 101.1 | 101.1 |
| 101.3 | 101.1 | 101.1 | 100.6 | 99.9 | 99.8 | 99.6 | 99.5 |
| 100.3 | 100.6 | 100.6 | 100.6 | 101.9 | 101.9 | 101.9 | 101.9 |
| 100.6 | 100.6 | 100.6 | 100.6 | 100.1 | 100.1 | 100.1 | 100.1 |
| 100.5 | 100.9 | 100.9 | 100.9 | 100.9 | 100.7 | 100.8 | 100.6 |
| 101.0 | 101.0 | 101.0 | 100.9 | 100.9 | 100.6 | 100.6 | 100.1 |
| 100.0 | 100.0 | 100.0 | 100.0 | 100.0 | 100.0 | 100.0 | 100.0 |
| 101.1 | 105.1 | 104.7 | 103.3 | 102.2 | 102.4 | 102.2 | 102.6 |
| 101.7 | 101.4 | 101.0 | 100.5 | 100.4 | 100.1 | 99.8 | 100.0 |
| 100.9 | 100.8 | 99.8 | 99.2 | 98.9 | 99.0 | 99.2 | 99.4 |
| 105.2 | 104.5 | 104.5 | 104.4 | 104.4 | 104.4 | 101.9 | 101.9 |
| 101.0 | 100.5 | 100.5 | 100.2 | 100.1 | 100.0 | 100.0 | 100.0 |
| 103.0 | 102.6 | 102.7 | 101.9 | 101.8 | 101.0 | 99.8 | 100.3 |

# 3－3－10 城市商品零售价格

| 类别名称 | 1 月 | 2 月 | 3 月 | 4 月 |
|---|---|---|---|---|
| 商品零售价格总指数 | 104.5 | 103.3 | 103.4 | 103.2 |
| 食品 | 112.4 | 107.4 | 107.2 | 106.2 |
| 粮食 | 107.1 | 106.8 | 106.9 | 106.2 |
| 淀粉及制品 | 103.5 | 100.6 | 90.0 | 85.7 |
| 干豆类及豆制品 | 103.0 | 102.8 | 102.4 | 102.9 |
| 油脂 | 108.4 | 107.9 | 107.6 | 107.1 |
| 肉禽及其制品 | 123.0 | 118.8 | 113.3 | 110.9 |
| 食用畜肉及副产品 | 125.7 | 121.0 | 114.1 | 111.5 |
| 禽 | 115.2 | 107.9 | 103.9 | 99.9 |
| 加工肉禽 | 115.3 | 115.4 | 115.8 | 115.7 |
| 蛋 | 100.8 | 89.2 | 89.0 | 90.8 |
| 水产品 | 109.7 | 107.8 | 111.3 | 113.2 |
| 鱼 | 110.4 | 107.1 | 111.3 | 113.6 |
| 其他水产品 | 108.0 | 109.4 | 111.5 | 112.3 |
| 菜 | 122.3 | 104.3 | 114.5 | 119.6 |
| 调味品 | 108.6 | 108.5 | 107.6 | 105.4 |
| 糖 | 105.2 | 104.1 | 104.6 | 105.2 |
| 干鲜瓜果 | 114.3 | 103.4 | 101.0 | 93.4 |
| 糕点饼干面包 | 107.9 | 107.7 | 108.1 | 108.0 |
| 液体乳及乳制品 | 103.5 | 104.1 | 103.5 | 103.8 |
| 在外用膳食品 | 107.1 | 105.5 | 105.7 | 106.3 |
| 其他食品 | 103.0 | 103.3 | 103.3 | 102.9 |
| 饮料、烟酒 | 104.1 | 103.8 | 103.7 | 103.3 |
| 茶及饮料 | 104.9 | 105.0 | 105.4 | 104.8 |
| 茶叶 | 101.0 | 101.3 | 101.6 | 101.3 |
| 饮料 | 106.1 | 106.1 | 106.5 | 105.9 |
| 烟草 | 100.9 | 100.8 | 100.7 | 100.7 |
| 酒 | 107.5 | 106.8 | 106.3 | 105.8 |
| 服装、鞋帽 | 102.8 | 104.3 | 105.9 | 106.1 |
| 服装 | 103.3 | 105.0 | 106.9 | 106.3 |
| 男式服装 | 101.5 | 102.7 | 105.6 | 104.7 |
| 女式服装 | 104.9 | 107.4 | 108.9 | 108.6 |
| 儿童服装 | 101.9 | 102.5 | 102.4 | 101.7 |
| 鞋袜帽 | 101.6 | 102.7 | 103.7 | 105.7 |
| 鞋 | 101.5 | 102.7 | 104.0 | 106.3 |
| 袜子 | 101.7 | 102.1 | 102.1 | 102.1 |
| 帽子 | 103.2 | 103.2 | 103.1 | 102.5 |
| 其他 | 104.2 | 104.2 | 103.2 | 102.7 |

# 分月指数(2012 年)

上年同月 = 100

| 5月 | 6月 | 7月 | 8月 | 9月 | 10月 | 11月 | 12月 |
|---|---|---|---|---|---|---|---|
| 103.0 | 102.3 | 101.7 | 101.8 | 101.7 | 101.6 | 102.1 | 101.7 |
| 106.6 | 105.2 | 103.3 | 104.2 | 104.2 | 103.9 | 105.4 | 105.1 |
| 105.7 | 105.8 | 105.5 | 106.0 | 106.6 | 106.8 | 106.4 | 106.5 |
| 85.2 | 85.1 | 84.7 | 84.5 | 82.9 | 86.5 | 90.9 | 95.9 |
| 102.2 | 102.8 | 101.8 | 102.9 | 103.9 | 105.1 | 109.5 | 109.8 |
| 106.6 | 106.3 | 106.7 | 106.2 | 104.9 | 103.8 | 103.6 | 104.1 |
| 107.8 | 102.4 | 99.6 | 98.5 | 99.5 | 101.0 | 103.0 | 105.8 |
| 107.2 | 100.9 | 97.6 | 96.9 | 98.4 | 100.5 | 102.9 | 106.5 |
| 101.1 | 95.9 | 97.3 | 95.4 | 94.5 | 93.5 | 95.1 | 96.3 |
| 115.8 | 114.6 | 112.0 | 108.9 | 109.0 | 108.2 | 108.9 | 108.4 |
| 87.9 | 102.7 | 94.3 | 99.4 | 103.7 | 103.5 | 105.1 | 111.8 |
| 115.2 | 109.1 | 105.4 | 103.5 | 102.3 | 103.5 | 106.5 | 106.8 |
| 116.0 | 107.3 | 102.8 | 100.3 | 99.1 | 100.2 | 103.9 | 104.3 |
| 113.1 | 114.5 | 113.2 | 113.1 | 111.8 | 113.1 | 113.5 | 113.3 |
| 122.8 | 107.9 | 94.0 | 111.9 | 106.6 | 102.4 | 110.4 | 106.7 |
| 103.6 | 103.3 | 103.3 | 101.8 | 101.3 | 101.6 | 101.9 | 101.7 |
| 105.0 | 103.7 | 104.1 | 103.8 | 103.9 | 103.9 | 103.5 | 103.5 |
| 102.5 | 109.7 | 115.3 | 110.9 | 109.5 | 106.2 | 106.2 | 98.6 |
| 107.4 | 107.3 | 107.4 | 106.5 | 107.2 | 106.5 | 106.2 | 105.1 |
| 103.8 | 103.6 | 103.6 | 102.9 | 103.9 | 103.9 | 103.7 | 103.1 |
| 106.1 | 106.4 | 106.3 | 106.5 | 107.2 | 106.9 | 107.3 | 106.4 |
| 102.8 | 103.2 | 103.6 | 103.0 | 102.7 | 102.7 | 103.4 | 102.7 |
| 103.3 | 104.1 | 103.9 | 103.3 | 102.8 | 102.3 | 102.2 | 101.5 |
| 105.0 | 104.5 | 103.7 | 103.9 | 103.9 | 103.8 | 103.9 | 104.0 |
| 101.3 | 101.3 | 101.3 | 101.6 | 101.6 | 101.7 | 101.8 | 101.3 |
| 106.1 | 105.5 | 104.5 | 104.6 | 104.6 | 104.5 | 104.6 | 104.8 |
| 100.5 | 100.5 | 100.4 | 99.8 | 99.9 | 99.5 | 99.5 | 99.5 |
| 106.0 | 108.2 | 108.1 | 107.0 | 105.6 | 104.8 | 104.6 | 102.7 |
| 104.9 | 104.7 | 104.3 | 103.4 | 101.8 | 100.7 | 100.7 | 100.0 |
| 104.8 | 104.5 | 104.1 | 103.5 | 101.7 | 100.5 | 100.6 | 100.1 |
| 103.5 | 103.5 | 103.0 | 102.3 | 100.8 | 100.0 | 99.7 | 98.8 |
| 106.4 | 106.1 | 105.7 | 105.1 | 103.0 | 101.2 | 101.3 | 101.0 |
| 102.0 | 100.9 | 100.7 | 100.4 | 98.9 | 98.6 | 100.5 | 100.5 |
| 105.3 | 105.2 | 105.0 | 103.2 | 101.9 | 101.2 | 100.7 | 99.7 |
| 105.8 | 105.6 | 105.4 | 103.4 | 101.8 | 101.1 | 100.6 | 99.5 |
| 101.9 | 101.9 | 101.8 | 101.7 | 101.6 | 100.1 | 100.3 | 100.4 |
| 102.8 | 102.8 | 102.8 | 102.8 | 103.8 | 103.8 | 103.8 | 101.1 |
| 102.7 | 102.7 | 102.7 | 102.7 | 102.7 | 102.7 | 102.7 | 99.3 |

3－3－10

| 类别名称 | 1 月 | 2 月 | 3 月 | 4 月 |
|---|---|---|---|---|
| 纺织品 | 101.4 | 101.5 | 101.1 | 100.8 |
| 衣着材料 | 103.1 | 103.1 | 103.1 | 102.8 |
| 床上用品 | 100.4 | 100.5 | 100.0 | 99.7 |
| 家用电器及音像器材 | 99.1 | 99.2 | 98.6 | 98.2 |
| 家庭设备 | 101.8 | 101.6 | 102.1 | 101.4 |
| 文娱用耐用消费品 | 95.7 | 95.9 | 93.4 | 93.5 |
| 专业音像器材 | 97.5 | 100.9 | 101.4 | 99.4 |
| 文化办公用品 | 96.5 | 96.6 | 97.1 | 97.3 |
| 日用品 | 100.2 | 100.2 | 101.7 | 101.5 |
| 日用百货 | 100.1 | 100.6 | 102.3 | 102.1 |
| 日用杂品 | 97.7 | 97.7 | 99.4 | 99.1 |
| 洗涤用品 | 101.6 | 101.2 | 103.2 | 102.8 |
| 其他日用品 | 100.7 | 100.4 | 100.6 | 100.7 |
| 体育娱乐用品 | 100.3 | 100.0 | 99.8 | 99.7 |
| 体育用品 | 100.1 | 100.1 | 99.3 | 98.1 |
| 娱乐用品 | 100.5 | 100.0 | 100.3 | 101.0 |
| 交通、通信用品 | 96.3 | 96.3 | 96.4 | 96.7 |
| 交通运输机械 | 98.3 | 98.5 | 98.4 | 98.5 |
| 通信器材 | 93.3 | 93.1 | 93.4 | 94.0 |
| 家具 | 100.5 | 100.5 | 100.3 | 100.1 |
| 化妆品 | 101.0 | 101.1 | 101.8 | 102.2 |
| 金银珠宝 | 104.7 | 105.2 | 100.7 | 97.5 |
| 中西药品及医疗保健用品 | 102.7 | 103.0 | 103.9 | 105.4 |
| 医疗器具及用品 | 93.1 | 93.1 | 94.2 | 98.8 |
| 中药材及中成药 | 108.6 | 109.3 | 109.3 | 112.1 |
| 西药 | 100.0 | 100.0 | 101.5 | 102.6 |
| 保健器具及用品 | 101.4 | 101.4 | 102.8 | 101.4 |
| 书报杂志及电子出版物 | 101.2 | 101.2 | 100.4 | 100.4 |
| 教材及参考书 | 100.4 | 100.4 | 100.4 | 100.4 |
| 书报杂志 | 102.8 | 102.8 | 100.4 | 100.4 |
| 电子音像制品 | 100.0 | 100.0 | 100.2 | 100.2 |
| 燃料 | 104.3 | 105.8 | 106.5 | 107.0 |
| 煤炭及制品 | 97.6 | 101.1 | 103.3 | 105.0 |
| 石油及制品 | 107.1 | 107.7 | 107.7 | 107.7 |
| 建筑材料及五金电料 | 102.8 | 102.6 | 101.8 | 101.4 |
| 建筑装璜材料 | 103.6 | 103.4 | 102.2 | 101.8 |
| 五金电料 | 100.3 | 100.4 | 100.4 | 100.4 |

# 续表

上年同月 = 100

| 5月 | 6月 | 7月 | 8月 | 9月 | 10月 | 11月 | 12月 |
|---|---|---|---|---|---|---|---|
| 100.3 | 100.2 | 103.6 | 103.4 | 103.1 | 103.7 | 104.3 | 105.3 |
| 101.3 | 101.3 | 108.8 | 108.7 | 108.9 | 110.8 | 112.3 | 113.7 |
| 99.7 | 99.5 | 100.5 | 100.3 | 99.7 | 99.6 | 99.6 | 100.3 |
| 98.3 | 98.5 | 98.6 | 98.6 | 99.0 | 98.4 | 98.3 | 98.4 |
| 101.6 | 101.9 | 101.6 | 101.5 | 101.6 | 101.1 | 100.9 | 100.9 |
| 93.6 | 93.8 | 94.3 | 94.5 | 95.3 | 94.6 | 94.4 | 94.8 |
| 99.2 | 99.2 | 98.6 | 98.6 | 98.7 | 98.8 | 98.8 | 98.8 |
| 97.5 | 97.6 | 97.7 | 97.7 | 98.3 | 98.2 | 98.1 | 98.0 |
| 101.5 | 101.4 | 101.8 | 101.9 | 102.2 | 102.2 | 102.2 | 102.1 |
| 102.2 | 102.2 | 102.2 | 102.0 | 102.0 | 102.0 | 102.0 | 101.9 |
| 99.1 | 99.1 | 100.0 | 99.7 | 99.6 | 99.6 | 99.6 | 99.7 |
| 102.8 | 102.5 | 103.4 | 103.8 | 104.9 | 105.0 | 104.9 | 104.9 |
| 100.6 | 100.6 | 100.7 | 100.8 | 100.7 | 100.7 | 100.7 | 100.4 |
| 99.7 | 99.8 | 99.8 | 100.0 | 100.0 | 100.1 | 100.1 | 100.1 |
| 98.2 | 98.5 | 98.3 | 98.5 | 98.5 | 98.7 | 98.7 | 98.7 |
| 101.0 | 101.0 | 101.1 | 101.2 | 101.2 | 101.2 | 101.2 | 101.2 |
| 96.9 | 97.4 | 97.4 | 97.9 | 97.6 | 97.6 | 97.5 | 97.4 |
| 98.7 | 99.0 | 99.0 | 100.0 | 99.0 | 98.8 | 98.7 | 98.4 |
| 94.0 | 94.9 | 94.9 | 94.8 | 95.5 | 95.8 | 95.7 | 95.8 |
| 100.9 | 101.6 | 101.6 | 101.5 | 101.4 | 101.2 | 101.0 | 101.0 |
| 102.4 | 102.5 | 101.9 | 101.8 | 101.7 | 101.7 | 101.7 | 101.7 |
| 96.7 | 99.7 | 99.4 | 97.5 | 97.5 | 99.5 | 99.1 | 99.6 |
| 105.4 | 103.8 | 102.8 | 102.3 | 101.9 | 101.9 | 101.8 | 101.4 |
| 99.3 | 99.3 | 99.4 | 103.0 | 102.8 | 102.9 | 103.5 | 103.4 |
| 112.5 | 107.0 | 105.5 | 104.3 | 102.7 | 103.6 | 103.8 | 102.4 |
| 102.4 | 102.7 | 101.7 | 101.3 | 101.5 | 101.0 | 100.8 | 101.1 |
| 100.9 | 100.9 | 101.0 | 101.3 | 101.3 | 100.5 | 99.8 | 99.8 |
| 100.4 | 100.5 | 100.5 | 100.5 | 100.3 | 100.3 | 100.3 | 100.3 |
| 100.4 | 100.4 | 100.5 | 100.5 | 100.1 | 100.1 | 100.1 | 100.1 |
| 100.6 | 100.7 | 100.7 | 100.7 | 100.7 | 100.7 | 100.7 | 100.7 |
| 100.2 | 100.2 | 100.0 | 100.1 | 100.1 | 100.1 | 100.1 | 100.1 |
| 104.4 | 99.3 | 97.7 | 97.9 | 99.6 | 101.5 | 102.4 | 100.0 |
| 100.7 | 93.4 | 93.5 | 92.4 | 90.6 | 92.2 | 94.8 | 92.2 |
| 105.7 | 101.4 | 99.2 | 99.8 | 103.0 | 105.1 | 105.4 | 102.9 |
| 101.5 | 101.2 | 101.1 | 100.3 | 99.9 | 99.4 | 99.8 | 98.6 |
| 101.8 | 101.6 | 101.3 | 100.3 | 99.8 | 99.2 | 99.7 | 98.1 |
| 100.4 | 100.3 | 100.3 | 100.2 | 100.1 | 100.1 | 100.1 | 100.1 |

# 3－3－11 农村商品零售价格

| 类别名称 | 1 月 | 2 月 | 3 月 | 4 月 |
|---|---|---|---|---|
| 商品零售价格总指数 | 104.8 | 103.4 | 103.6 | 103.5 |
| 食品 | 110.9 | 106.7 | 107.2 | 106.6 |
| 粮食 | 105.8 | 104.8 | 102.6 | 102.6 |
| 淀粉及制品 | 88.9 | 88.8 | 88.0 | 87.8 |
| 干豆类及豆制品 | 103.8 | 99.4 | 98.3 | 98.2 |
| 油脂 | 107.4 | 107.0 | 105.9 | 105.2 |
| 肉禽及其制品 | 119.6 | 114.8 | 113.4 | 111.5 |
| 食用畜肉及副产品 | 123.3 | 117.4 | 115.5 | 112.9 |
| 禽 | 111.7 | 106.5 | 106.7 | 104.9 |
| 加工肉禽 | 112.9 | 112.5 | 111.5 | 111.9 |
| 蛋 | 99.7 | 92.5 | 93.0 | 96.8 |
| 水产品 | 114.2 | 112.1 | 115.9 | 116.9 |
| 鱼 | 119.4 | 117.7 | 122.4 | 123.6 |
| 其他水产品 | 100.9 | 97.7 | 99.2 | 99.6 |
| 菜 | 123.5 | 107.4 | 116.6 | 120.3 |
| 调味品 | 102.2 | 102.3 | 101.7 | 101.7 |
| 糖 | 107.6 | 109.8 | 107.0 | 106.7 |
| 干鲜瓜果 | 112.7 | 101.9 | 103.0 | 97.9 |
| 糕点饼干面包 | 104.2 | 103.5 | 103.2 | 102.4 |
| 液体乳及乳制品 | 101.0 | 101.2 | 100.4 | 101.2 |
| 在外用膳食品 | 105.9 | 105.9 | 106.2 | 105.8 |
| 其他食品 | 104.9 | 105.2 | 105.0 | 104.5 |
| 饮料、烟酒 | 102.7 | 102.5 | 103.0 | 102.6 |
| 茶及饮料 | 104.5 | 104.7 | 105.4 | 105.5 |
| 茶叶 | 101.7 | 101.7 | 101.7 | 101.5 |
| 饮料 | 105.6 | 106.0 | 106.9 | 107.1 |
| 烟草 | 100.3 | 100.3 | 100.3 | 100.3 |
| 酒 | 104.6 | 103.9 | 104.8 | 103.7 |
| 服装、鞋帽 | 105.0 | 103.8 | 102.9 | 104.2 |
| 服装 | 104.3 | 103.8 | 102.5 | 103.8 |
| 男式服装 | 105.3 | 105.0 | 102.7 | 104.1 |
| 女式服装 | 103.1 | 102.8 | 102.1 | 102.6 |
| 儿童服装 | 105.9 | 104.3 | 103.5 | 107.0 |
| 鞋袜帽 | 107.7 | 104.7 | 104.3 | 105.9 |
| 鞋 | 108.2 | 104.7 | 104.5 | 106.5 |
| 袜子 | 105.8 | 105.8 | 102.6 | 102.6 |
| 帽子 | 104.0 | 101.6 | 105.1 | 105.1 |
| 其他 | 98.2 | 98.2 | 98.2 | 98.2 |

# 分月指数(2012年)

上年同月=100

| 5月 | 6月 | 7月 | 8月 | 9月 | 10月 | 11月 | 12月 |
|---|---|---|---|---|---|---|---|
| 103.0 | 102.1 | 101.4 | 100.9 | 100.9 | 101.2 | 101.7 | 102.2 |
| 106.3 | 104.1 | 102.2 | 102.4 | 102.7 | 103.2 | 103.6 | 104.8 |
| 102.9 | 103.0 | 102.8 | 103.0 | 102.7 | 102.6 | 103.0 | 103.2 |
| 87.5 | 88.0 | 88.6 | 90.7 | 91.0 | 99.1 | 101.8 | 101.7 |
| 98.2 | 97.9 | 98.3 | 99.6 | 98.8 | 100.3 | 101.2 | 99.8 |
| 104.0 | 102.4 | 102.9 | 100.8 | 99.9 | 99.7 | 99.4 | 99.5 |
| 108.2 | 102.4 | 97.1 | 95.9 | 96.4 | 98.0 | 99.9 | 102.8 |
| 108.3 | 100.4 | 93.8 | 92.9 | 94.5 | 96.8 | 99.5 | 103.3 |
| 104.0 | 101.4 | 98.6 | 97.5 | 94.9 | 95.3 | 96.0 | 97.7 |
| 110.7 | 110.3 | 108.4 | 106.3 | 104.7 | 104.6 | 104.4 | 104.7 |
| 91.8 | 101.0 | 96.4 | 99.0 | 99.3 | 102.0 | 103.6 | 108.3 |
| 114.4 | 106.6 | 101.7 | 101.2 | 101.0 | 100.6 | 103.6 | 103.6 |
| 119.5 | 108.9 | 102.1 | 101.6 | 100.7 | 100.7 | 104.2 | 103.0 |
| 100.1 | 100.0 | 100.3 | 100.1 | 101.9 | 100.6 | 101.8 | 105.3 |
| 119.3 | 105.3 | 96.1 | 108.2 | 109.5 | 104.9 | 106.0 | 108.5 |
| 102.2 | 102.4 | 102.8 | 102.7 | 103.7 | 104.2 | 104.5 | 104.4 |
| 106.6 | 106.4 | 106.6 | 106.3 | 104.3 | 103.5 | 103.5 | 104.2 |
| 106.2 | 108.3 | 117.3 | 112.6 | 114.7 | 114.4 | 107.5 | 107.9 |
| 103.6 | 103.5 | 104.4 | 104.2 | 104.3 | 104.3 | 104.3 | 104.8 |
| 103.2 | 104.8 | 106.2 | 106.2 | 106.4 | 105.9 | 105.1 | 105.0 |
| 105.7 | 106.9 | 106.3 | 104.6 | 104.9 | 106.5 | 106.9 | 107.1 |
| 104.9 | 104.7 | 104.6 | 104.6 | 104.1 | 104.3 | 104.3 | 104.1 |
| 102.6 | 102.9 | 102.7 | 102.6 | 102.3 | 102.1 | 102.1 | 102.0 |
| 105.3 | 105.8 | 105.1 | 104.9 | 104.5 | 104.2 | 104.3 | 104.5 |
| 101.5 | 101.6 | 99.8 | 99.5 | 99.4 | 100.1 | 100.1 | 100.1 |
| 106.8 | 107.5 | 107.2 | 107.1 | 106.6 | 105.8 | 105.9 | 106.2 |
| 99.9 | 99.9 | 100.0 | 99.9 | 99.9 | 100.0 | 99.7 | 99.9 |
| 104.1 | 104.7 | 104.6 | 104.5 | 103.9 | 103.4 | 103.6 | 103.2 |
| 101.4 | 101.3 | 102.3 | 100.2 | 99.1 | 100.0 | 102.9 | 103.3 |
| 101.1 | 101.2 | 101.2 | 99.6 | 98.5 | 99.5 | 103.1 | 103.9 |
| 101.3 | 101.4 | 101.5 | 99.2 | 97.6 | 98.4 | 102.1 | 102.8 |
| 100.8 | 100.7 | 100.7 | 99.7 | 98.6 | 99.7 | 103.1 | 104.0 |
| 101.7 | 102.0 | 102.2 | 100.4 | 100.4 | 101.4 | 105.6 | 106.6 |
| 102.3 | 102.1 | 105.3 | 101.8 | 100.4 | 101.2 | 102.7 | 102.1 |
| 102.4 | 102.2 | 106.0 | 102.0 | 100.2 | 101.1 | 102.2 | 101.9 |
| 102.2 | 102.3 | 103.5 | 102.5 | 102.5 | 102.7 | 105.6 | 102.9 |
| 100.9 | 100.9 | 100.8 | 97.8 | 97.8 | 98.6 | 103.7 | 103.7 |
| 98.2 | 98.2 | 98.2 | 98.2 | 98.2 | 99.6 | 100.9 | 102.7 |

# 3－3－11

| 类别名称 | 1 月 | 2 月 | 3 月 | 4 月 |
|---|---|---|---|---|
| 纺织品 | 103.5 | 103.4 | 103.1 | 103.7 |
| 衣着材料 | 104.7 | 104.7 | 104.9 | 106.3 |
| 床上用品 | 102.4 | 102.2 | 101.3 | 101.3 |
| 家用电器及音像器材 | 99.0 | 99.1 | 99.7 | 99.9 |
| 家庭设备 | 99.5 | 99.5 | 99.7 | 99.9 |
| 文娱用耐用消费品 | 98.1 | 98.4 | 99.8 | 99.9 |
| 专业音像器材 | 100.0 | 100.0 | 100.0 | 100.0 |
| 文化办公用品 | 101.0 | 101.0 | 100.5 | 100.5 |
| 日用品 | 101.9 | 102.0 | 101.7 | 101.8 |
| 日用百货 | 99.9 | 100.1 | 100.9 | 100.8 |
| 日用杂品 | 101.6 | 101.6 | 101.7 | 101.7 |
| 洗涤用品 | 104.8 | 104.9 | 103.6 | 104.0 |
| 其他日用品 | 101.5 | 101.5 | 100.2 | 100.2 |
| 体育娱乐用品 | 100.3 | 100.4 | 100.4 | 100.4 |
| 体育用品 | 100.3 | 100.5 | 100.5 | 100.5 |
| 娱乐用品 | 100.4 | 100.4 | 100.4 | 100.4 |
| 交通、通信用品 | 97.6 | 97.9 | 98.9 | 98.8 |
| 交通运输机械 | 99.7 | 99.8 | 101.9 | 101.7 |
| 通信器材 | 95.7 | 96.1 | 96.0 | 96.1 |
| 家具 | 100.3 | 100.2 | 100.2 | 100.2 |
| 化妆品 | 101.3 | 101.4 | 101.5 | 101.6 |
| 金银珠宝 | 109.1 | 109.6 | 109.3 | 106.1 |
| 中西药品及医疗保健用品 | 103.5 | 103.6 | 103.5 | 103.4 |
| 医疗器具及用品 | 101.2 | 101.2 | 101.3 | 101.4 |
| 中药材及中成药 | 109.2 | 110.8 | 111.5 | 110.5 |
| 西药 | 99.9 | 98.9 | 98.8 | 99.1 |
| 保健器具及用品 | 102.1 | 102.1 | 99.0 | 99.1 |
| 书报杂志及电子出版物 | 101.3 | 100.3 | 100.3 | 100.3 |
| 教材及参考书 | 100.8 | 100.8 | 100.8 | 100.8 |
| 书报杂志 | 102.5 | 100.0 | 100.0 | 100.0 |
| 电子音像制品 | 100.0 | 100.0 | 100.0 | 100.0 |
| 燃料 | 102.9 | 103.6 | 105.8 | 104.5 |
| 煤炭及制品 | 100.6 | 101.3 | 105.9 | 102.7 |
| 石油及制品 | 104.6 | 105.3 | 105.8 | 105.7 |
| 建筑材料及五金电料 | 102.2 | 101.6 | 101.5 | 100.6 |
| 建筑装璜材料 | 102.7 | 101.9 | 101.8 | 100.6 |
| 五金电料 | 100.9 | 100.8 | 100.5 | 100.5 |

# 续表

上年同月 = 100

| 5月 | 6月 | 7月 | 8月 | 9月 | 10月 | 11月 | 12月 |
|---|---|---|---|---|---|---|---|
| 102.8 | 102.9 | 102.9 | 102.3 | 102.4 | 102.9 | 102.1 | 102.7 |
| 103.6 | 103.9 | 103.9 | 102.5 | 104.9 | 105.9 | 103.9 | 105.2 |
| 102.0 | 102.0 | 102.0 | 102.0 | 100.0 | 100.0 | 100.1 | 100.2 |
| 99.9 | 99.6 | 99.5 | 99.5 | 99.6 | 99.6 | 99.6 | 99.3 |
| 99.9 | 99.8 | 99.6 | 99.3 | 99.4 | 99.4 | 99.5 | 99.2 |
| 99.9 | 99.4 | 99.4 | 99.7 | 99.8 | 99.7 | 99.8 | 99.5 |
| 100.0 | 100.0 | 100.0 | 100.0 | 100.0 | 100.0 | 100.0 | 100.0 |
| 100.5 | 100.4 | 100.6 | 100.5 | 100.5 | 100.4 | 100.3 | 99.8 |
| 101.8 | 101.9 | 101.7 | 101.3 | 101.2 | 101.0 | 100.9 | 101.0 |
| 101.0 | 101.1 | 100.7 | 100.7 | 100.7 | 100.5 | 100.4 | 100.3 |
| 101.4 | 101.8 | 101.8 | 101.4 | 101.0 | 100.7 | 100.7 | 100.7 |
| 104.2 | 104.3 | 103.4 | 102.4 | 102.1 | 102.2 | 101.8 | 101.8 |
| 100.2 | 100.3 | 100.9 | 100.7 | 100.8 | 100.5 | 100.8 | 101.1 |
| 100.4 | 100.4 | 101.0 | 101.1 | 101.2 | 101.0 | 101.0 | 100.8 |
| 100.5 | 100.5 | 101.5 | 101.8 | 101.9 | 101.9 | 101.9 | 101.5 |
| 100.4 | 100.4 | 100.4 | 100.5 | 100.4 | 100.1 | 100.1 | 100.1 |
| 99.6 | 99.7 | 99.6 | 99.6 | 99.6 | 99.6 | 100.9 | 100.9 |
| 101.7 | 101.7 | 101.7 | 101.6 | 101.6 | 101.7 | 101.8 | 101.8 |
| 97.6 | 97.7 | 97.7 | 97.7 | 97.7 | 97.5 | 99.9 | 99.9 |
| 101.1 | 100.3 | 100.4 | 99.5 | 99.6 | 99.5 | 99.5 | 99.4 |
| 101.7 | 101.6 | 101.8 | 102.2 | 102.0 | 101.8 | 101.3 | 101.3 |
| 104.2 | 104.2 | 102.4 | 94.1 | 96.1 | 97.1 | 97.1 | 98.2 |
| 103.2 | 101.5 | 101.8 | 100.5 | 99.6 | 99.7 | 99.6 | 100.5 |
| 101.0 | 102.0 | 102.0 | 102.0 | 101.0 | 101.1 | 101.1 | 101.1 |
| 109.7 | 104.6 | 105.3 | 101.9 | 100.1 | 99.9 | 99.6 | 101.2 |
| 99.3 | 99.6 | 99.6 | 99.7 | 99.4 | 99.7 | 99.6 | 100.2 |
| 99.1 | 99.2 | 99.2 | 98.3 | 98.0 | 98.0 | 99.1 | 99.1 |
| 100.3 | 100.3 | 100.3 | 100.3 | 100.0 | 100.1 | 100.1 | 100.1 |
| 100.8 | 100.8 | 100.8 | 100.7 | 100.0 | 100.0 | 100.0 | 100.0 |
| 100.0 | 100.0 | 100.0 | 100.0 | 100.0 | 100.0 | 100.0 | 100.0 |
| 100.0 | 100.0 | 100.0 | 100.1 | 100.1 | 100.2 | 100.4 | 100.4 |
| 103.9 | 101.5 | 98.1 | 97.4 | 99.3 | 100.1 | 100.3 | 100.6 |
| 104.3 | 103.0 | 100.0 | 97.2 | 97.3 | 95.1 | 96.0 | 97.4 |
| 103.7 | 100.4 | 96.7 | 97.6 | 100.7 | 103.8 | 103.6 | 102.9 |
| 100.1 | 100.2 | 99.4 | 98.5 | 98.1 | 98.5 | 98.8 | 99.0 |
| 100.0 | 100.0 | 98.7 | 97.5 | 96.9 | 97.4 | 97.9 | 98.1 |
| 100.5 | 101.0 | 101.3 | 101.5 | 101.5 | 101.5 | 101.5 | 101.5 |

# 3－3－12 农业生产资料

| 类别名称 | 1 月 | 2 月 | 3 月 | 4 月 |
|---|---|---|---|---|
| 农业生产资料价格指数 | 107.7 | 107.4 | 106.4 | 105.8 |
| 农用手工工具 | 100.7 | 100.7 | 100.5 | 100.5 |
| 农用手工工具 | 100.7 | 100.7 | 100.5 | 100.5 |
| 饲料 | 102.0 | 102.0 | 102.1 | 102.0 |
| 混合饲料 | 102.1 | 102.1 | 102.2 | 102.0 |
| 其　　他 | 101.5 | 101.7 | 101.7 | 102.0 |
| 产品畜 | 121.5 | 124.0 | 124.3 | 122.1 |
| 幼禽家畜 | 121.5 | 124.0 | 124.3 | 122.1 |
| 半机械化农具 | 104.9 | 104.9 | 105.1 | 105.5 |
| 半机械化农具 | 104.9 | 104.9 | 105.1 | 105.5 |
| 机械化农具 | 103.2 | 103.2 | 101.8 | 101.8 |
| 农用机械 | 103.2 | 103.2 | 101.8 | 101.8 |
| 化学肥料 | 113.2 | 112.1 | 106.9 | 105.6 |
| 氮　　肥 | 110.4 | 109.1 | 109.4 | 109.9 |
| 磷　　肥 | 111.6 | 108.6 | 103.0 | 102.1 |
| 钾　　肥 | 103.6 | 103.6 | 105.1 | 103.0 |
| 复合肥料 | 119.4 | 119.4 | 105.7 | 102.1 |
| 农药及农药器械 | 113.6 | 112.3 | 114.2 | 114.5 |
| 化学农药 | 100.7 | 100.7 | 100.7 | 101.4 |
| 杀 虫 剂 | 100.3 | 100.3 | 100.3 | 100.8 |
| 杀 菌 剂 | 100.0 | 100.0 | 100.0 | 99.5 |
| 除 草 剂 | 102.5 | 102.5 | 102.5 | 104.7 |
| 农药器械 | 130.8 | 127.3 | 131.7 | 131.4 |
| 农药器械 | 130.8 | 127.3 | 131.7 | 131.4 |
| 农用机油 | 104.8 | 104.9 | 104.8 | 104.2 |
| 农用机油 | 104.8 | 104.9 | 104.8 | 104.2 |
| 其他农业生产资料 | 105.1 | 103.6 | 104.9 | 104.1 |
| 农用种子 | 107.5 | 105.1 | 107.5 | 106.1 |
| 农用种子 | 107.5 | 105.1 | 107.5 | 106.1 |
| 其他 | 101.5 | 101.3 | 100.8 | 101.1 |
| 农用薄膜 | 100.3 | 99.5 | 97.7 | 97.6 |
| 其　　他 | 101.9 | 101.9 | 101.9 | 102.2 |
| 农业生产服务 | 102.9 | 102.9 | 103.0 | 103.0 |
| 排 灌 费 | 100.0 | 100.0 | 100.0 | 100.0 |
| 机械作业费 | 105.1 | 105.1 | 105.4 | 105.4 |
| 农业用电 | 100.0 | 100.0 | 100.0 | 100.0 |
| 农业用工 | 104.2 | 104.2 | 104.0 | 104.0 |

# 价格分月指数(2012年)

上年同月=100

| 5月 | 6月 | 7月 | 8月 | 9月 | 10月 | 11月 | 12月 |
|---|---|---|---|---|---|---|---|
| 105.4 | 104.3 | 104.0 | 104.0 | 103.6 | 103.7 | 103.8 | 103.6 |
| 100.5 | 100.0 | 100.0 | 100.0 | 100.2 | 100.2 | 100.2 | 100.4 |
| 100.5 | 100.0 | 100.0 | 100.0 | 100.2 | 100.2 | 100.2 | 100.4 |
| 104.0 | 103.9 | 104.3 | 104.6 | 104.6 | 104.9 | 105.2 | 104.5 |
| 104.5 | 104.3 | 104.8 | 105.2 | 105.2 | 105.6 | 105.8 | 105.2 |
| 102.0 | 102.0 | 102.0 | 101.8 | 101.7 | 101.7 | 102.3 | 100.8 |
| 116.0 | 110.5 | 109.6 | 109.7 | 109.5 | 109.1 | 109.3 | 108.7 |
| 116.0 | 110.5 | 109.6 | 109.7 | 109.5 | 109.1 | 109.3 | 108.7 |
| 105.9 | 101.0 | 101.1 | 101.1 | 101.1 | 101.1 | 101.1 | 101.1 |
| 105.9 | 101.0 | 101.1 | 101.1 | 101.1 | 101.1 | 101.1 | 101.1 |
| 102.9 | 102.4 | 103.0 | 103.1 | 102.8 | 102.8 | 102.8 | 102.4 |
| 102.9 | 102.4 | 103.0 | 103.1 | 102.8 | 102.8 | 102.8 | 102.4 |
| 105.4 | 105.0 | 104.3 | 103.9 | 103.6 | 103.8 | 103.8 | 103.8 |
| 109.5 | 108.5 | 107.0 | 106.7 | 105.6 | 106.4 | 106.4 | 106.4 |
| 101.7 | 101.7 | 101.5 | 101.5 | 101.7 | 101.5 | 101.5 | 101.5 |
| 103.0 | 103.0 | 103.0 | 103.0 | 103.4 | 103.0 | 103.0 | 103.0 |
| 102.1 | 102.1 | 102.1 | 101.4 | 101.9 | 101.4 | 101.4 | 101.4 |
| 114.7 | 114.7 | 116.0 | 116.2 | 108.7 | 106.1 | 104.6 | 104.6 |
| 101.4 | 101.4 | 102.3 | 102.7 | 102.5 | 102.5 | 102.5 | 102.5 |
| 100.8 | 100.8 | 102.1 | 101.9 | 101.6 | 101.6 | 101.6 | 101.6 |
| 99.5 | 99.5 | 98.2 | 98.2 | 98.2 | 98.2 | 98.2 | 98.2 |
| 104.7 | 104.8 | 106.8 | 109.4 | 109.1 | 109.1 | 109.1 | 109.1 |
| 131.7 | 131.7 | 133.4 | 133.4 | 115.5 | 109.8 | 106.8 | 106.8 |
| 131.7 | 131.7 | 133.4 | 133.4 | 115.5 | 109.8 | 106.8 | 106.8 |
| 102.8 | 99.4 | 97.1 | 97.4 | 100.3 | 102.3 | 101.8 | 101.2 |
| 102.8 | 99.4 | 97.1 | 97.4 | 100.3 | 102.3 | 101.8 | 101.2 |
| 104.1 | 103.7 | 104.3 | 104.2 | 104.2 | 104.2 | 104.2 | 104.1 |
| 106.0 | 106.0 | 106.5 | 106.5 | 106.5 | 106.5 | 106.5 | 106.5 |
| 106.0 | 106.0 | 106.5 | 106.5 | 106.5 | 106.5 | 106.5 | 106.5 |
| 101.1 | 100.1 | 100.8 | 100.6 | 100.6 | 100.6 | 100.6 | 100.4 |
| 97.6 | 97.6 | 97.9 | 97.9 | 98.2 | 98.2 | 98.2 | 98.2 |
| 102.2 | 100.9 | 101.7 | 101.4 | 101.4 | 101.4 | 101.3 | 101.2 |
| 102.6 | 102.6 | 102.5 | 102.5 | 100.6 | 100.7 | 101.7 | 101.7 |
| 100.0 | 100.0 | 100.0 | 100.0 | 100.0 | 100.0 | 100.0 | 100.0 |
| 104.4 | 104.4 | 104.4 | 104.4 | 101.0 | 101.0 | 102.6 | 102.6 |
| 100.0 | 100.0 | 100.0 | 100.6 | 100.6 | 100.6 | 100.6 | 100.6 |
| 104.0 | 104.0 | 103.3 | 102.6 | 100.0 | 100.6 | 102.8 | 102.8 |

# 3－3－13　20个调查市县

| 地　区 | 居民消费价格总指数 | 食品 | 粮　食 | 肉禽及其制品 | 蛋 | 鲜　菜 |
|---|---|---|---|---|---|---|
| 全区平均 | 103.1 | 105.8 | 105.7 | 105.3 | 98.1 | 114.5 |
| 呼和浩特市 | 103.1 | 107.5 | 113.3 | 101.9 | 102.2 | 109.9 |
| 包头市 | 103.1 | 104.0 | 103.1 | 105.4 | 97.3 | 110.7 |
| 乌海市 | 102.9 | 106.8 | 112.1 | 112.4 | 93.5 | 102.8 |
| 赤峰市 | 102.7 | 106.9 | 106.7 | 103.4 | 94.0 | 122.2 |
| 宁城县 | 102.8 | 105.5 | 100.7 | 101.6 | 99.2 | 121.0 |
| 海拉尔区 | 104.5 | 110.3 | 108.5 | 114.6 | 99.3 | 131.7 |
| 满洲里市 | 103.7 | 108.5 | 103.4 | 113.8 | 96.8 | 114.9 |
| 根河市 | 104.5 | 110.9 | 103.7 | 112.5 | 97.5 | 111.5 |
| 乌兰浩特市 | 101.2 | 103.4 | 98.8 | 101.3 | 99.3 | 115.9 |
| 科尔沁区 | 103.9 | 107.4 | 102.5 | 107.4 | 98.1 | 116.3 |
| 霍林郭勒市 | 103.7 | 111.0 | 105.7 | 108.3 | 114.4 | 119.7 |
| 锡林浩特市 | 102.8 | 106.4 | 104.0 | 109.5 | 92.6 | 110.5 |
| 正镶白旗 | 103.7 | 104.8 | 102.6 | 107.5 | 96.9 | 108.5 |
| 集宁区 | 105.2 | 107.4 | 110.0 | 108.2 | 97.8 | 122.3 |
| 丰镇市 | 102.7 | 104.2 | 103.1 | 104.4 | 100.2 | 115.4 |
| 东胜区 | 101.8 | 100.9 | 102.0 | 106.1 | 98.7 | 106.3 |
| 准格尔旗 | 102.2 | 104.7 | 105.2 | 104.8 | 100.5 | 120.2 |
| 临河区 | 103.4 | 106.2 | 105.9 | 109.2 | 96.8 | 115.2 |
| 乌拉特前旗 | 102.6 | 104.8 | 110.0 | 102.1 | 96.6 | 113.4 |
| 阿拉善左旗 | 102.4 | 103.8 | 103.5 | 103.6 | 101.0 | 116.4 |

# 居民消费价格指数(2012年)

上年同期=100

| 烟酒 | 衣着 | 家庭设备用品及维修服务 | 医疗保健和个人用品 | 交通和通讯 | 娱乐教育文化用品及服务 | 居 住 |
|---|---|---|---|---|---|---|
| 102.8 | 103.8 | 101.4 | 102.1 | 99.7 | 100.8 | 102.4 |
| 102.9 | 105.2 | 100.1 | 103.4 | 96.4 | 98.7 | 102.1 |
| 104.8 | 101.4 | 103.8 | 103.8 | 100.6 | 101.8 | 104.4 |
| 104.4 | 102.6 | 101.2 | 99.2 | 99.2 | 99.3 | 102.4 |
| 100.4 | 99.7 | 100.8 | 100.9 | 101.2 | 100.0 | 101.5 |
| 102.8 | 102.1 | 100.7 | 102.5 | 100.1 | 100.3 | 102.0 |
| 98.0 | 104.2 | 102.0 | 106.3 | 98.5 | 99.6 | 101.3 |
| 99.8 | 103.0 | 102.3 | 101.2 | 100.1 | 102.7 | 101.0 |
| 103.8 | 100.9 | 99.4 | 100.6 | 100.7 | 100.5 | 101.9 |
| 100.0 | 100.0 | 100.0 | 99.9 | 100.1 | 100.0 | 101.1 |
| 102.7 | 104.5 | 100.6 | 104.4 | 101.7 | 99.0 | 100.9 |
| 100.9 | 100.7 | 101.7 | 101.4 | 99.9 | 99.8 | 100.4 |
| 101.3 | 101.2 | 100.6 | 100.8 | 103.3 | 100.2 | 101.0 |
| 101.9 | 111.5 | 102.1 | 103.2 | 101.0 | 100.0 | 104.0 |
| 102.3 | 117.8 | 102.7 | 103.1 | 99.0 | 98.3 | 102.0 |
| 101.3 | 106.2 | 102.0 | 101.4 | 101.5 | 103.5 | 100.0 |
| 101.2 | 107.0 | 100.4 | 100.4 | 99.6 | 103.7 | 100.6 |
| 101.3 | 101.5 | 101.5 | 102.1 | 100.5 | 100.4 | 100.8 |
| 101.5 | 103.4 | 100.5 | 102.3 | 99.7 | 100.0 | 105.0 |
| 108.2 | 107.7 | 99.5 | 101.1 | 100.1 | 100.4 | 100.4 |
| 100.5 | 101.6 | 100.5 | 102.1 | 100.4 | 102.5 | 102.3 |

# 3－3－14　20个调查市县商品零售

| 地　区 | 商品零售价格总指数 | 食品 | 饮料、烟酒 | 服装、鞋帽 | 纺织品 | 家用电器及音像器材 | 文化办公用　品 | 日用品 |
|---|---|---|---|---|---|---|---|---|
| 全区平均 | 102.5 | 105.6 | 103.0 | 102.9 | 102.6 | 98.9 | 98.2 | 101.6 |
| 呼和浩特市 | 101.5 | 107.2 | 104.3 | 105.1 | 98.7 | 95.3 | 95.4 | 103.3 |
| 包头市 | 102.1 | 103.9 | 104.2 | 101.1 | 102.4 | 100.1 | 97.8 | 102.2 |
| 乌海市 | 101.6 | 107.2 | 103.2 | 100.9 | 97.7 | 94.8 | 98.8 | 102.5 |
| 赤峰市 | 102.6 | 106.8 | 101.5 | 99.7 | 100.0 | 100.0 | 100.0 | 100.0 |
| 宁城县 | 102.1 | 103.8 | 102.7 | 101.6 | 101.3 | 100.1 | 99.9 | 100.5 |
| 海拉尔区 | 104.2 | 110.7 | 99.1 | 103.5 | 104.5 | 96.5 | 98.3 | 100.2 |
| 满洲里市 | 102.9 | 108.4 | 100.3 | 100.5 | 110.8 | 100.0 | 100.0 | 101.5 |
| 根河市 | 104.1 | 110.6 | 106.7 | 101.2 | 100.0 | 98.4 | 98.6 | 100.9 |
| 乌兰浩特市 | 101.4 | 104.1 | 100.0 | 100.0 | 100.0 | 100.0 | 100.0 | 100.0 |
| 科尔沁区 | 103.4 | 107.1 | 103.4 | 103.9 | 102.8 | 98.8 | 99.8 | 101.0 |
| 霍林郭勒市 | 104.6 | 111.7 | 102.9 | 102.7 | 100.0 | 98.9 | 100.3 | 101.2 |
| 锡林浩特市 | 102.4 | 106.4 | 104.1 | 101.2 | 100.6 | 99.6 | 100.1 | 100.9 |
| 正镶白旗 | 103.8 | 104.3 | 101.7 | 110.5 | 103.8 | 99.0 | 104.8 | 103.8 |
| 集宁区 | 104.6 | 107.9 | 103.1 | 116.4 | 114.0 | 100.0 | 100.0 | 101.6 |
| 丰镇市 | 102.0 | 104.1 | 102.2 | 104.8 | 108.4 | 100.0 | 100.1 | 101.0 |
| 东胜区 | 100.8 | 100.8 | 101.4 | 106.7 | 101.7 | 99.0 | 98.5 | 99.2 |
| 准格尔旗 | 101.9 | 105.1 | 102.0 | 101.0 | 103.2 | 99.7 | 100.9 | 102.7 |
| 临河区 | 101.7 | 106.3 | 100.8 | 104.1 | 100.8 | 97.3 | 98.0 | 103.6 |
| 乌拉特前旗 | 102.6 | 104.5 | 105.8 | 109.4 | 100.0 | 100.0 | 99.4 | 100.0 |
| 阿拉善左旗 | 102.4 | 103.9 | 101.2 | 100.9 | 102.3 | 99.8 | 101.1 | 102.2 |

# 价格分类指数(2012 年)

上年同期=100

| 体育娱乐用品 | 交通、通信用品 | 家具 | 化妆品 | 金银珠宝 | 中西药品及医疗保健用品 | 书报杂志及电子出版物 | 燃料 | 建筑材料及五金电料 |
|---|---|---|---|---|---|---|---|---|
| 100.3 | 97.7 | 100.8 | 101.8 | 100.3 | 102.6 | 100.5 | 102.0 | 100.5 |
| 100.1 | 96.2 | 99.8 | 101.8 | 104.2 | 102.6 | 101.6 | 100.7 | 99.4 |
| 99.4 | 99.7 | 104.2 | 102.1 | 97.4 | 104.0 | 100.8 | 103.7 | 100.8 |
| 99.8 | 94.2 | 97.0 | 100.0 | 102.7 | 98.0 | 99.9 | 99.5 | 99.9 |
| 100.0 | 100.0 | 101.7 | 99.7 | 99.3 | 100.0 | 100.0 | 106.4 | 99.2 |
| 100.0 | 100.0 | 101.0 | 100.0 | 102.2 | 103.9 | 100.4 | 104.4 | 100.0 |
| 99.1 | 92.2 | 100.9 | 101.6 | 99.1 | 108.5 | 100.0 | 102.7 | 100.1 |
| 100.0 | 100.0 | 101.3 | 100.6 | 100.0 | 101.3 | 100.0 | 93.7 | 100.3 |
| 100.0 | 97.7 | 99.4 | 100.4 | 104.8 | 99.1 | 100.1 | 104.2 | 102.3 |
| 100.0 | 100.0 | 100.0 | 100.0 | 98.3 | 100.0 | 100.0 | 101.3 | 100.0 |
| 99.4 | 98.9 | 98.3 | 102.0 | 102.2 | 104.5 | 100.9 | 101.1 | 105.6 |
| 100.0 | 97.3 | 102.5 | 100.0 | 103.6 | 100.0 | 100.0 | 107.4 | 100.8 |
| 100.2 | 99.7 | 101.3 | 102.0 | 97.8 | 100.5 | 100.0 | 101.7 | 100.1 |
| 105.2 | 94.2 | 101.2 | 115.0 | 105.0 | 99.6 | 101.1 | 107.4 | 102.6 |
| 99.9 | 90.9 | 102.1 | 100.7 | 101.2 | 103.3 | 100.2 | 102.4 | 108.7 |
| 101.8 | 99.7 | 100.1 | 100.2 | 109.7 | 100.6 | 100.0 | 98.8 | 97.1 |
| 100.3 | 96.7 | 99.7 | 103.5 | 96.0 | 100.0 | 100.2 | 101.5 | 99.7 |
| 100.1 | 98.8 | 100.8 | 103.0 | 100.8 | 101.2 | 100.1 | 100.7 | 98.8 |
| 105.5 | 90.9 | 100.8 | 99.3 | 95.3 | 104.0 | 100.0 | 100.2 | 98.1 |
| 100.0 | 100.3 | 94.1 | 100.0 | 101.1 | 100.0 | 100.1 | 102.2 | 101.4 |
| 102.3 | 100.0 | 100.7 | 100.0 | 101.9 | 103.2 | 101.3 | 102.4 | 102.2 |

# 3-3-15 7个调查市县农业生产资料价格指数(2012年)

上年同期=100

| 类别名称 | 全区 | 宁城县 | 根河市 | 正镶白旗 | 丰镇市 | 准格尔旗 | 乌拉特前旗 | 阿拉善左旗 |
|---|---|---|---|---|---|---|---|---|
| 农业生产资料价格指数 | 104.9 | 103.5 | 112.3 | 105.0 | 107.6 | 105.3 | 102.5 | 102.1 |
| 农用手工工具 | 100.3 | 100.0 | 103.4 | 101.0 | 100.0 | 100.0 | 100.0 | 100.6 |
| 饲料 | 103.7 | 107.1 | 117.6 | 104.6 | 102.5 | 104.2 | 100.0 | 100.2 |
| 产品畜 | 114.1 | 111.9 | 154.3 | 136.4 | 129.1 | 116.2 | 100.0 | 105.8 |
| 半机械化农具 | 102.8 | 100.0 | 109.2 | 100.0 | 111.6 | 106.4 | 100.0 | 100.0 |
| 机械化农具 | 102.7 | 100.0 | 115.0 | 99.7 | 100.0 | 101.1 | 100.0 | 102.5 |
| 化学肥料 | 105.8 | 104.2 | 103.7 | 101.7 | 109.0 | 106.4 | 106.6 | 106.4 |
| 农药及农药器械 | 111.5 | 100.0 | 136.0 | 100.0 | 100.0 | 105.9 | 100.0 | 102.6 |
| 农用机油 | 101.7 | 100.5 | 105.6 | 101.8 | 99.9 | 101.5 | 101.9 | 101.2 |
| 其他农业生产资料 | 104.2 | 110.1 | 98.6 | 102.9 | 102.3 | 108.5 | 100.0 | 104.3 |
| 农业生产服务 | 102.2 | 100.0 | 115.2 | 108.3 | 104.0 | 103.7 | 100.0 | 100.0 |

# 3-3-16 历年工业生产者出厂价格分类指数

上年=100

| 年份 | 全部工业品 | 生产资料 | 采掘工业 | 原材料工业 | 加工工业 | 生活资料 | 食品类 | 衣着类 | 一般日用品 | 耐用消费品 |
|---|---|---|---|---|---|---|---|---|---|---|
| 1987 | 107.9 | 108.8 | 124.0 | 105.6 | 104.0 | 106.0 | 106.3 | 106.1 | 109.8 | 100.4 |
| 1988 | 110.7 | 107.5 | 105.3 | 108.7 | 107.4 | 117.5 | 114.5 | 125.2 | 113.5 | 106.8 |
| 1989 | 121.5 | 122.3 | 136.4 | 115.7 | 121.0 | 119.8 | 119.8 | 119.1 | 129.6 | 113.5 |
| 1990 | 105.2 | 106.0 | 104.9 | 109.0 | 103.6 | 103.5 | 106.8 | 99.7 | 101.4 | 99.7 |
| 1991 | 108.7 | 111.5 | 117.9 | 116.0 | 102.8 | 102.7 | 107.1 | 100.6 | 99.6 | 82.7 |
| 1992 | 109.8 | 110.5 | 104.6 | 117.3 | 104.7 | 108.2 | 108.7 | 113.6 | 104.6 | 86.0 |
| 1993 | 136.1 | 139.9 | 124.2 | 153.3 | 131.0 | 128.1 | 127.4 | 128.2 | 122.9 | 138.2 |
| 1994 | 112.1 | 110.8 | 114.6 | 105.4 | 115.9 | 115.1 | 122.2 | 106.0 | 115.3 | 98.3 |
| 1995 | 109.1 | 105.2 | 109.9 | 102.2 | 109.0 | 121.3 | 126.4 | 114.7 | 110.2 | 105.1 |
| 1996 | 101.9 | 101.4 | 104.7 | 100.3 | 101.1 | 103.4 | 103.8 | 104.5 | 107.9 | 92.2 |
| 1997 | 101.5 | 102.2 | 109.2 | 101.2 | 97.0 | 99.5 | 100.2 | 102.3 | 103.9 | 78.4 |
| 1998 | 96.0 | 95.2 | 94.8 | 94.7 | 96.5 | 98.0 | 98.3 | 96.9 | 103.9 | 83.6 |
| 1999 | 100.4 | 102.4 | 106.2 | 102.1 | 98.3 | 94.5 | 96.3 | 87.9 | 102.5 | 100.0 |
| 2000 | 102.8 | 103.7 | 112.3 | 101.4 | 103.2 | 99.9 | 99.1 | 101.7 | 99.5 | 96.5 |
| 2001 | 101.1 | 100.9 | 100.1 | 101.4 | 99.9 | 102.0 | 102.4 | 100.5 | 98.7 | 99.4 |
| 2002 | 99.3 | 99.3 | 101.7 | 98.9 | 98.4 | 99.3 | 99.9 | 99.3 | 100.0 | 93.3 |
| 2003 | 103.2 | 104.5 | 103.9 | 105.4 | 103.4 | 99.7 | 100.2 | 98.5 | 101.3 | 97.6 |
| 2004 | 105.1 | 106.3 | 108.7 | 107.0 | 104.8 | 101.5 | 102.4 | 99.3 | 101.3 | 96.8 |
| 2005 | 105.1 | 106.5 | 120.1 | 104.8 | 102.1 | 100.9 | 100.9 | 100.9 | 102.7 | 96.6 |
| 2006 | 103.0 | 103.8 | 111.7 | 103.0 | 99.5 | 100.7 | 101.4 | 101.2 | 102.0 | 90.9 |
| 2007 | 105.7 | 105.9 | 107.6 | 105.1 | 105.5 | 104.8 | 106.0 | 102.1 | 104.8 | 98.6 |
| 2008 | 112.5 | 112.7 | 117.1 | 109.9 | 113.1 | 111.7 | 115.3 | 102.9 | 107.3 | 95.1 |
| 2009 | 96.2 | 95.3 | 98.4 | 94.5 | 93.8 | 100.6 | 101.7 | 100.0 | 103.8 | 92.0 |
| 2010 | 106.7 | 107.5 | 110.5 | 107.1 | 105.3 | 103.1 | 104.1 | 103.3 | 101.4 | 92.5 |
| 2011 | 107.8 | 108.1 | 113 | 107.3 | 105 | 106.4 | 108.1 | 98.6 | 100.9 | 101.5 |
| 2012 | 100.2 | 99.6 | 99.5 | 100.9 | 98.1 | 103.3 | 103.4 | 105.1 | 100.0 | 102.5 |

# 3－3－17 历年按部门分工业

| 部 门 | 1998 | 1999 | 2000 | 2001 | 2002 | 2003 |
|---|---|---|---|---|---|---|
| 冶金工业 | 94.3 | 97.8 | 99.9 | 95.8 | 97.6 | 108.8 |
| 电力工业 | 103.4 | 89.0 | 102.5 | 98.8 | 100.8 | 102.6 |
| 煤炭及炼焦工业 | 94.8 | 99.3 | 98.2 | 102.7 | 102.1 | 103.4 |
| 石油工业 | 93.7 | 139.2 | 140.9 | 80.0 | 95.0 | 115.0 |
| 化学工业 | 90.2 | 96.9 | 100.7 | 99.1 | 102.0 | 99.9 |
| 机械工业 | 98.2 | 101.2 | 98.3 | 98.8 | 97.7 | 98.2 |
| 建筑材料工业 | 105.4 | 103.1 | 99.6 | 98.7 | 97.9 | 99.2 |
| 森林工业 | 99.8 | 131.4 | 100.2 | 123.8 | 106.7 | 98.5 |
| 食品工业 | 97.4 | 95.3 | 104.6 | 101.2 | 99.8 | 100.1 |
| 纺织工业 | 87.8 | 81.4 | 123.5 | 94.7 | 97.1 | 99.0 |
| 缝纫工业 | 91.3 | 91.4 | 104.4 | 101.0 | 99.3 | 98.4 |
| 皮革工业 | 100.1 | 73.0 |  |  | 103.2 | 99.7 |
| 造纸工业 | 75.6 | 98.4 | 108.4 | 97.6 | 101.4 | 98.0 |
| 文教艺术用品工业 | 92.8 | 106.3 | 100.5 | 100.0 | 100.2 | 100.2 |
| 其它工业 | 110.9 | 98.7 | 102.2 | 109.0 | 103.6 | 103.5 |

# 生产者出厂价格指数

上年 = 100

| 2004 | 2005 | 2006 | 2007 | 2008 | 2009 | 2010 | 2011 | 2012 |
|---|---|---|---|---|---|---|---|---|
| 109.6 | 104.3 | 103.0 | 109.0 | 112.6 | 85.0 | 110.5 | 109.0 | 96.5 |
| 101.4 | 101.9 | 101.9 | 102.3 | 103.1 | 103.5 | 102.0 | 99.8 | 104.8 |
| 107.9 | 118.7 | 107.8 | 105.6 | 118.4 | 104.6 | 109.2 | 112.2 | 99.3 |
| 112.9 | 120.5 | 120.2 | 105.2 | 120.6 | 90.3 | 118.7 | 119.9 | 100.7 |
| 107.6 | 108.3 | 99.8 | 104.4 | 125.1 | 95.7 | 106.4 | 105.8 | 99.7 |
| 98.6 | 98.0 | 97.1 | 100.5 | 98.9 | 96.0 | 97.4 | 102.2 | 101.7 |
| 105.1 | 103.5 | 103.1 | 107.7 | 110.0 | 105.4 | 101.7 | 105.1 | 98.9 |
| 100.7 | 102.0 | 102.3 | 102.4 | 102.4 | 100.1 | 101.1 | 103.1 | 105.6 |
| 103.2 | 100.6 | 101.0 | 106.1 | 116.4 | 101.8 | 103.8 | 108.2 | 103.3 |
| 102.1 | 107.3 | 101.3 | 103.0 | 99.1 | 97.0 | 100.5 | 116.6 | 99.7 |
| 99.1 | 100.8 | 101.2 | 102.1 | 102.9 | 100.0 | 103.3 | 98.2 | 105.5 |
| 102.5 | 101.2 | 100.6 | 101.5 | 100.2 | 99.3 | 103.4 | 102.8 | 100.8 |
| 103.0 | 101.1 | 101.8 | 102.6 | 104.7 | 99.5 | 103.8 | 105.9 | 99.1 |
| 101.4 | 101.1 | 101.4 | 102.2 | 101.0 | 101.0 | 100.1 | 100.2 | 97.9 |
| 101.3 | 101.6 | 105.2 | 103.5 | 112.4 | 105.0 | 105.3 | 106.0 | 98.5 |

# 3－3－18 历年按行业分工业

| 类别名称 | 1998 | 1999 | 2000 | 2001 | 2002 | 2003 |
|---|---|---|---|---|---|---|
| 煤炭开采和洗选业 | 87.4 | 99.4 | 98.2 | 103.0 | 102.1 | 102.6 |
| 石油和天然气开采业 | 97.8 | 181.0 | 127.4 | 90.7 | 96.9 | 115.5 |
| 黑色金属矿采选业 | | | | 100.0 | 99.8 | 103.7 |
| 有色金属矿采选业 | 85.3 | 101.9 | 101.8 | 90.6 | 97.5 | 105.4 |
| 非金属矿采选业 | 112.7 | 88.3 | 90.3 | 104.3 | 101.0 | 100.5 |
| 农副食品加工业 | | | | | 99.3 | 101.1 |
| 食品制造业 | 105.0 | 90.5 | 99.2 | 101.9 | 99.1 | 99.2 |
| 饮料制造业 | 97.0 | 99.8 | 103.1 | 103.2 | 100.6 | 99.8 |
| 烟草制品业 | 107.1 | 110.6 | 108.9 | 105.8 | 101.7 | 100.8 |
| 纺织业 | 89.6 | 81.4 | 121.7 | 99.0 | 98.7 | 98.6 |
| 纺织服装、鞋、帽制造业 | | 91.4 | 106.1 | 107.0 | 101.2 | 97.6 |
| 皮革、毛皮、羽毛(绒)及其制品业 | 100.1 | 73.0 | | | 103.2 | 99.8 |
| 木材加工及木、竹、藤、棕、草制品业 | 98.4 | 139.4 | 105.9 | 74.3 | 101.8 | 100.8 |
| 家具制造业 | 85.0 | 103.9 | 101.1 | 98.8 | 99.0 | 99.5 |
| 造纸及纸制品业 | 75.6 | 98.4 | 108.4 | 99.9 | 99.8 | 98.0 |
| 印刷业和记录媒介的复制 | | | | 92.6 | 104.4 | 100.2 |
| 文教体育用品制造业 | | | | | 100.3 | 104.3 |
| 石油加工、炼焦及核燃料加工业 | 91.6 | 110.5 | 148.0 | 75.5 | 94.5 | 115.9 |
| 化学原料及化学制品制造业 | 86.7 | 97.9 | 104.9 | 99.6 | 101.8 | 99.6 |
| 医药制造业 | 99.2 | 89.6 | 88.9 | 94.9 | 105.8 | 101.1 |
| 化学纤维制造业 | 70.3 | | | | 96.2 | 99.8 |
| 橡胶制品业 | 100.0 | 94.4 | 99.5 | 100.0 | 100.5 | 103.4 |
| 塑料制品业 | 92.4 | 105.6 | 134.8 | 93.1 | 97.8 | 99.4 |
| 非金属矿物制品业 | 105.4 | 103.1 | 99.6 | 98.6 | 97.8 | 99.3 |
| 黑色金属冶炼及压延加工业 | 97.5 | 95.9 | 100.0 | 99.3 | 99.2 | 110.5 |
| 有色金属冶炼及压延加工业 | 92.8 | 114.1 | 98.4 | 91.6 | 94.7 | 105.8 |
| 金属制品业 | 90.9 | | 102.0 | 98.2 | 98.0 | 105.2 |
| 通用设备制造业 | 97.6 | | | | 99.7 | 100.1 |
| 专用设备制造业 | 96.1 | 95.8 | 101.1 | 98.3 | 97.0 | 97.6 |
| 交通运输设备制造业 | 109.2 | | 99.8 | 99.2 | 100.4 | 99.6 |
| 电气机械及器材制造业 | 100.7 | 113.7 | 93.6 | 97.4 | 96.3 | 100.3 |
| 通信设备、计算机及其他电子设备制造业 | 63.8 | | | | 91.3 | 97.3 |
| 仪器仪表及文化、办公用机械制造业 | | | | 95.6 | 92.9 | 100.1 |
| 工艺品及其他制造业 | | | | | 100.2 | 103.1 |
| 废弃资源和废旧材料回收加工业 | | | | | | 100.0 |
| 电力、热力的生产和供应业 | 103.4 | 89.0 | 102.6 | 98.8 | 100.8 | 102.5 |
| 燃气生产和供应业 | 145.5 | 100.0 | 100.0 | 100.0 | 100.0 | 100.0 |
| 水的生产和供应业 | 118.3 | 107.2 | 102.2 | 109.0 | 103.6 | 107.2 |

# 生产者出厂价格指数

上年 = 100

| 2004 | 2005 | 2006 | 2007 | 2008 | 2009 | 2010 | 2011 | 2012 |
|---|---|---|---|---|---|---|---|---|
| 107.8 | 120.5 | 109.6 | 105.6 | 117.0 | 106.0 | 109.3 | 112.4 | 99.9 |
| 116.0 | 131.9 | 122.8 | 101.5 | 124.0 | 68.8 | 135.2 | 129.1 | 95.1 |
| 121.2 | 118.5 | 102.2 | 105.1 | 146.2 | 82.1 | 112.7 | 113.6 | 96.5 |
| 118.6 | 129.7 | 140.7 | 123.9 | 94.6 | 79.6 | 112.0 | 112.8 | 96.8 |
| 101.3 | 104.3 | 103.8 | 105.7 | 110.8 | 102.8 | 103.5 | 107.5 | 102.8 |
| 107.4 | 101.4 | 101.8 | 110.3 | 124.1 | 101.0 | 104.4 | 110.0 | 102.3 |
| 99.0 | 100.7 | 99.5 | 103.4 | 113.6 | 102.7 | 103.5 | 107.3 | 103.6 |
| 100.2 | 100.0 | 101.5 | 101.0 | 103.6 | 101.6 | 104.1 | 103.5 | 106.7 |
| 101.0 | 98.6 | 100.4 | 100.4 | 100.0 | 98.4 | 101.3 | 97.6 | 101.2 |
| 100.8 | 104.5 | 101.4 | 102.4 | 100.7 | 97.7 | 101.7 | 107.4 | 102.7 |
| 98.8 | 100.4 | 100.1 | 103.9 | 102.2 | 104.7 | 103.6 | 103.9 | 102.8 |
| 102.5 | 101.1 | 100.4 | 101.4 | 100.2 | 98.8 | 102.6 | 103.6 | 99.1 |
| 98.3 | 97.8 | 102.6 | 102.1 | 100.5 | 99.1 | 101.2 | 103.3 | 106.0 |
| 100.4 | 102.2 | 101.5 | 103.3 | 116.1 | 106.1 | 99.8 | 101.7 | 102.9 |
| 103.0 | 101.2 | 101.8 | 102.6 | 104.7 | 99.5 | 103.8 | 105.9 | 99.1 |
| 101.4 | 101.1 | 101.4 | 102.2 | 101.0 | 101.0 | 100.1 | 100.2 | 97.9 |
| 100.0 | 100.0 | 100.0 | 100.4 |  |  | 100.0 | 95.5 | 104.9 |
| 112.9 | 114.5 | 110.8 | 111.0 | 132.0 | 94.4 | 113.0 | 113.6 | 96.0 |
| 110.2 | 108.9 | 99.7 | 104.9 | 130.7 | 94.2 | 106.9 | 107.1 | 99.1 |
| 102.1 | 106.7 | 96.6 | 100.7 | 103.8 | 99.5 | 106.1 | 101.0 | 100.5 |
| 104.9 | 100.9 | 100.2 | 100.5 | 99.5 | 99.4 |  |  | 0.0 |
| 118.8 | 107.8 | 98.3 | 103.9 | 109.2 | 100.4 | 101.3 | 100.3 | 100.1 |
| 102.4 | 106.1 | 101.4 | 104.1 | 100.9 | 102.2 | 99.4 | 101.4 | 99.3 |
| 106.2 | 104.2 | 103.0 | 107.1 | 110.9 | 105.7 | 101.3 | 105.3 | 97.9 |
| 108.5 | 100.5 | 94.1 | 106.7 | 119.1 | 85.5 | 105.8 | 105.3 | 95.4 |
| 109.4 | 106.1 | 121.3 | 110.6 | 100.5 | 86.1 | 117.2 | 112.3 | 97.2 |
| 107.2 | 102.7 | 102.0 | 102.6 | 118.4 | 100.3 | 101.9 | 104.4 | 102.4 |
| 104.1 | 101.2 | 100.1 | 101.3 | 103.4 | 97.1 | 98.7 | 101.6 | 101.5 |
| 100.8 | 101.2 | 99.6 | 100.9 | 102.1 | 99.8 | 99.8 | 99.8 | 100.4 |
| 100.7 | 100.7 | 100.1 | 101.5 | 102.7 | 100.2 | 100.6 | 104.0 | 105.1 |
| 101.7 | 104.9 | 106.6 | 103.2 | 101.0 | 97.1 | 97.2 | 100.4 | 97.3 |
| 91.4 | 90.6 | 87.3 | 97.7 | 92.9 | 89.7 | 91.9 | 103.7 | 100.0 |
| 100.2 | 100.0 | 100.0 | 100.0 | 100.0 | 100.0 | 100.0 | 100.8 | 101.6 |
| 100.8 | 100.1 | 102.2 | 101.2 | 101.1 | 100.6 | 103.2 | 102.0 | 104.8 |
| 98.3 | 102.2 | 100.0 | 101.1 |  |  | 86.2 | 99.6 | 78.0 |
| 101.4 | 101.9 | 101.9 | 102.3 | 103.1 | 103.5 | 102.0 | 99.8 | 104.8 |
| 101.9 | 101.6 | 108.7 | 100.1 | 111.4 | 102.5 | 108.2 | 121.0 | 101.2 |
| 105.8 | 104.2 | 110.3 | 107.1 | 102.4 | 102.5 | 115.9 | 102.9 | 103.6 |

# 3－3－19 历年主要产品工业生产者出厂价格指数

上年＝100

| 年 份 | 烟煤 | 褐煤 | 纯牛奶 | 普通硅酸盐水泥（回转窑） | 铁精矿 | 普碳钢坯 | 生铁 | 铁合金 | 铝 | 火力发电 |
|---|---|---|---|---|---|---|---|---|---|---|
| 2002 | 102.3 | 102.0 | 99.8 | 101.2 | | 101.5 | 100.8 | 98.7 | 96.8 | 101.0 |
| 2003 | 103.9 | 102.2 | 101.6 | 100.2 | | 103.5 | 114.1 | 102.6 | 106.4 | 105.1 |
| 2004 | 108.8 | 105.1 | 96.1 | 105.3 | | 107.0 | 114.7 | 108.2 | 108.0 | 101.4 |
| 2005 | 114.6 | 116.8 | 98.7 | 104.9 | | 99.2 | 103.0 | 96.0 | 103.2 | 101.6 |
| 2006 | 108.3 | 111.7 | 97.3 | 96.7 | 100.0 | 90.6 | 93.3 | 97.4 | 118.6 | 101.6 |
| 2007 | 105.8 | 105.4 | 102.3 | 107.3 | 106.2 | 110.3 | 109.0 | 110.0 | 101.4 | 102.5 |
| 2008 | 120.1 | 106.6 | 114.2 | 111.9 | 133.8 | 127.0 | 126.1 | 116.9 | 88.0 | 103.0 |
| 2009 | 112.1 | 101.5 | 102.8 | 111.2 | 82.3 | 87.7 | 85.6 | 89.1 | 79.8 | 104.9 |
| 2010 | 115.8 | 104.1 | 102.4 | 98.9 | 109.0 | 102.0 | 111.4 | 108.4 | 108.7 | 108.6 |
| 2011 | 115.1 | 110.5 | | | 119.7 | | 114.7 | 102.4 | | 99.5 |
| 2012 | 99.7 | 101.3 | | | 98.0 | | 98.5 | 100.2 | | 106.3 |

# 3-3-20 工业生产者出厂价格指数

上年=100

| 类别名称 | 2011年 | 2012年 |
|---|---|---|
| 煤炭开采和洗选业 | 112.4 | 99.9 |
| 烟煤和无烟煤的开采洗选 | 113.5 | 99.2 |
| 褐煤的开采洗选 | 110.5 | 101.3 |
| 其他煤炭采选 | 105.0 | 108.4 |
| 石油和天然气开采业 | 129.1 | 95.1 |
| 天然原油和天然气开采 | 129.1 | 95.1 |
| 与石油和天然气开采有关的服务活动 | 0.0 | 0.0 |
| 黑色金属矿采选业 | 113.6 | 96.5 |
| 铁矿采选 | 113.7 | 96.5 |
| 其他黑色金属矿采选 | 99.4 | 90.1 |
| 有色金属矿采选业 | 112.8 | 96.8 |
| 常用有色金属矿采选 | 110.1 | 96.5 |
| 贵金属矿采选 | 137.3 | 104.2 |
| 稀有稀土金属矿采选 | 101.2 | 90.5 |
| 非金属矿采选业 | 107.5 | 102.8 |
| 土砂石开采 | 106.5 | 102.8 |
| 化学矿采选 | 171.0 | 112.1 |
| 采盐 | 104.2 | 103.2 |
| 石棉及其他非金属矿采选 | 101.6 | 99.2 |
| 其他采矿业 | 0.0 | 0.0 |
| 农副食品加工业 | 110.0 | 102.3 |
| 谷物磨制 | 111.6 | 100.8 |
| 饲料加工 | 106.6 | 102.2 |
| 植物油加工 | 113.3 | 101.6 |
| 制糖 | 115.3 | 89.6 |
| 屠宰及肉类加工 | 113.3 | 105.1 |
| 水产品加工 | 0.0 | 0.0 |
| 蔬菜、水果和坚果加工 | 106.6 | 101.2 |
| 其他农副食品加工 | 101.2 | 95.7 |
| 食品制造业 | 107.3 | 103.6 |
| 焙烤食品制造 | 102.9 | 102.4 |
| 糖果、巧克力及蜜饯制造 | 0.0 | 0.0 |
| 方便食品制造 | 102.6 | 103.7 |
| 液体乳及乳制品制造 | 110.3 | 103.0 |

# 3-3-20 续表1

上年=100

| 类别名称 | 2011年 | 2012年 |
|---|---|---|
| 罐头制造 | 95.3 | 99.6 |
| 调味品、发酵制品制造 | 100.3 | 101.9 |
| 其他食品制造 | 116.4 | 109.0 |
| 饮料制造业 | 103.5 | 106.7 |
| 酒精制造 | 108.4 | 109.7 |
| 酒的制造 | 103.1 | 108.2 |
| 软饮料制造 | 101.0 | 99.4 |
| 精制茶加工 | 0.0 | 0.0 |
| 烟草制品业 | 97.6 | 101.2 |
| 烟叶复烤 | 0.0 | 0.0 |
| 卷烟制造 | 97.6 | 101.2 |
| 其他烟草制品加工 | 139.9 | 117.6 |
| 纺织业 | 107.4 | 102.7 |
| 棉、化纤纺织及印染精加工 | 108.5 | 76.3 |
| 毛纺织和染整精加工 | 118.8 | 103.2 |
| 麻纺织 | 108.2 | 108.3 |
| 丝绢纺织及精加工 | 99.9 | 95.6 |
| 纺织制成品制造 | 105.2 | 101.2 |
| 针织品、编织品及其制品制造 | 97.2 | 106.0 |
| 纺织服装、鞋、帽制造业 | 103.9 | 102.8 |
| 纺织服装制造 | 103.9 | 102.8 |
| 鞋的制造 | 0.0 | 0.0 |
| 制帽 | 102.9 | 100.0 |
| 皮革、毛皮、羽毛(绒)及其制品业 | 103.6 | 99.1 |
| 皮革鞣制加工 | 0.0 | 0.0 |
| 皮革制品制造 | 103.2 | 100.8 |
| 毛皮鞣制及制品加工 | 0.0 | 0.0 |
| 羽毛(绒)加工及制品制造 | 107.4 | 90.8 |
| 木材加工及木、竹、藤、棕、草制品业 | 103.3 | 106.0 |
| 锯材、木片加工 | 103.1 | 109.7 |
| 人造板制造 | 104.9 | 101.4 |
| 木制品制造 | 100.4 | 100.2 |
| 竹、藤、棕、草制品制造 | 0.0 | 0.0 |
| 家具制造业 | 101.7 | 102.9 |
| 木质家具制造 | 101.7 | 102.9 |

# 3－3－20 续表2

上年＝100

| 类别名称 | 2011年 | 2012年 |
|---|---|---|
| 竹、藤家具制造 | 0.0 | 0.0 |
| 金属家具制造 | 0.0 | 0.0 |
| 塑料家具制造 | 0.0 | 0.0 |
| 其他家具制造 | 114.9 | 100.3 |
| 造纸及纸制品业 | 105.9 | 99.1 |
| 纸浆制造 | 118.8 | 85.8 |
| 造纸 | 107.3 | 100.6 |
| 纸制品制造 | 102.0 | 99.8 |
| 印刷业和记录媒介的复制 | 100.2 | 97.9 |
| 印刷 | 100.2 | 97.9 |
| 装订及其他印刷服务活动 | 0.0 | 0.0 |
| 记录媒介的复制 | 0.0 | 0.0 |
| 文教体育用品制造业 | 95.5 | 104.9 |
| 文化用品制造 | 0.0 | 0.0 |
| 体育用品制造 | 0.0 | 0.0 |
| 乐器制造 | 95.5 | 104.9 |
| 玩具制造 | 0.0 | 0.0 |
| 游艺器材及娱乐用品制造 | 0.0 | 0.0 |
| 石油加工、炼焦及核燃料加工业 | 113.6 | 96.0 |
| 精炼石油产品的制造 | 118.9 | 102.7 |
| 炼焦 | 109.5 | 91.1 |
| 核燃料加工 | 0.0 | 0.0 |
| 化学原料及化学制品制造业 | 107.1 | 99.1 |
| 基础化学原料制造 | 106.4 | 96.4 |
| 肥料制造 | 109.9 | 103.1 |
| 农药制造 | 94.7 | 104.2 |
| 涂料、油墨、颜料及类似产品制造 | 99.6 | 98.5 |
| 合成材料制造 | 105.9 | 96.1 |
| 专用化学产品制造 | 108.7 | 103.5 |
| 日用化学产品制造 | 100.1 | 101.6 |
| 医药制造业 | 101.0 | 100.5 |
| 化学药品原药制造 | 99.4 | 96.2 |
| 化学药品制剂制造 | 103.2 | 104.6 |
| 中药饮片加工 | 104.6 | 101.2 |

# 3－3－20 续表3

上年＝100

| 类别名称 | 2011年 | 2012年 |
|---|---|---|
| 中成药制造 | 101.8 | 107.4 |
| 兽用药品制造 | 100.0 | 98.3 |
| 生物、生化制品的制造 | 102.4 | 100.5 |
| 卫生材料及医药用品制造 | 101.9 | 101.9 |
| 化学纤维制造业 | 0.0 | 0.0 |
| 纤维素纤维原料及纤维制造 | 0.0 | 0.0 |
| 合成纤维制造 | 0.0 | 0.0 |
| 橡胶制品业 | 100.3 | 100.1 |
| 轮胎制造 | 100.3 | 100.1 |
| 橡胶板、管、带的制造 | 0.0 | 0.0 |
| 橡胶零件制造 | 0.0 | 0.0 |
| 再生橡胶制造 | 0.0 | 0.0 |
| 日用及医用橡胶制品制造 | 0.0 | 0.0 |
| 橡胶靴鞋制造 | 0.0 | 0.0 |
| 其他橡胶制品制造 | 100.0 | 102.3 |
| 塑料制品业 | 101.4 | 99.3 |
| 塑料薄膜制造 | 103.2 | 97.1 |
| 塑料板、管、型材的制造 | 105.1 | 98.9 |
| 塑料丝、绳及编织品的制造 | 96.4 | 100.2 |
| 泡沫塑料制造 | 100.0 | 100.0 |
| 塑料人造革、合成革制造 | 0.0 | 0.0 |
| 塑料包装箱及容器制造 | 97.6 | 85.2 |
| 塑料零件制造 | 0.0 | 0.0 |
| 日用塑料制造 | 99.3 | 100.0 |
| 其他塑料制品制造 | 0.0 | 0.0 |
| 非金属矿物制品业 | 105.3 | 97.9 |
| 水泥、石灰和石膏的制造 | 104.9 | 96.6 |
| 水泥及石膏制品制造 | 101.4 | 99.0 |
| 砖瓦、石材及其他建筑材料制造 | 111.7 | 100.9 |
| 玻璃及玻璃制品制造 | 98.8 | 99.3 |
| 陶瓷制品制造 | 100.0 | 100.0 |
| 耐火材料制品制造 | 104.0 | 102.6 |
| 石墨及其他非金属矿物制品制造 | 108.4 | 95.2 |
| 黑色金属冶炼及压延加工业 | 105.3 | 95.4 |
| 炼铁 | 114.7 | 98.5 |

# 3－3－20 续表 4

上年＝100

| 类别名称 | 2011 年 | 2012 年 |
|---|---|---|
| 炼钢 | 103.9 | 97.3 |
| 钢压延加工 | 105.9 | 91.9 |
| 铁合金冶炼 | 102.4 | 100.2 |
| 有色金属冶炼及压延加工业 | 112.3 | 97.2 |
| 常用有色金属冶炼 | 110.0 | 93.8 |
| 贵金属冶炼 | 132.0 | 104.4 |
| 稀有稀土金属冶炼 | 153.6 | 113.5 |
| 有色金属合金制造 | 122.1 | 114.1 |
| 有色金属压延加工 | 100.4 | 92.5 |
| 金属制品业 | 104.4 | 102.4 |
| 结构性金属制品制造 | 104.9 | 103.4 |
| 金属工具制造 | 0.0 | 0.0 |
| 集装箱及金属包装容器制造 | 123.0 | 111.8 |
| 金属丝绳及其制品的制造 | 100.7 | 99.0 |
| 建筑、安全用金属制品制造 | 108.2 | 102.5 |
| 金属表面处理及热处理加工 | 0.0 | 0.0 |
| 搪瓷制品制造 | 0.0 | 0.0 |
| 不锈钢及类似日用金属制品制造 | 0.0 | 0.0 |
| 其他金属制品制造 | 0.0 | 0.0 |
| 通用设备制造业 | 101.6 | 101.5 |
| 锅炉及原动机制造 | 105.1 | 97.9 |
| 金属加工机械制造 | 103.2 | 100.3 |
| 起重运输设备制造 | 103.2 | 101.9 |
| 泵、阀门、压缩机及类似机械的制造 | 97.1 | 98.5 |
| 轴承、齿轮、传动和驱动部件的制造 | 101.0 | 99.0 |
| 烘炉、熔炉及电炉制造 | 0.0 | 0.0 |
| 风机、衡器、包装设备等通用设备制造 | 100.9 | 106.2 |
| 通用零部件制造及机械修理 | 100.0 | 100.0 |
| 金属铸、锻加工 | 100.9 | 102.3 |
| 专用设备制造业 | 99.8 | 100.4 |
| 矿山、冶金、建筑专用设备制造 | 99.6 | 99.6 |
| 化工、木材、非金属加工专用设备制造 | 100.0 | 98.1 |
| 食品、饮料、烟草及饲料生产专用设备制造 | 101.4 | 102.2 |
| 印刷、制药、日化生产专用设备制造 | 0.0 | 0.0 |

# 3-3-20 续表 5

上年=100

| 类别名称 | 2011年 | 2012年 |
| --- | --- | --- |
| 纺织、服装和皮革工业专用设备制造 | 0.0 | 0.0 |
| 电子和电工机械专用设备制造 | 0.0 | 0.0 |
| 农、林、牧、渔专用机械制造 | 99.1 | 103.5 |
| 医疗仪器设备及器械制造 | 100.0 | 100.0 |
| 环保、社会公共安全及其他专用设备制造 | 0.0 | 0.0 |
| 交通运输设备制造业 | 104.0 | 105.1 |
| 铁路运输设备制造 | 104.4 | 100.4 |
| 汽车制造 | 104.0 | 105.8 |
| 摩托车制造 | 0.0 | 0.0 |
| 自行车制造 | 0.0 | 0.0 |
| 船舶及浮动装置制造 | 0.0 | 0.0 |
| 航空航天器制造 | 100.6 | 100.6 |
| 交通器材及其他交通运输设备制造 | 0.0 | 0.0 |
| 电气机械及器材制造业 | 100.4 | 97.3 |
| 电机制造 | 100.4 | 96.4 |
| 输配电及控制设备制造 | 101.5 | 99.1 |
| 电线、电缆、光缆及电工器材制造 | 99.3 | 97.6 |
| 电池制造 | 100.0 | 100.0 |
| 家用电力器具制造 | 0.0 | 0.0 |
| 非电力家用器具制造 | 100.2 | 100.0 |
| 照明器具制造 | 100.0 | 99.1 |
| 其他电气机械及器材制造 | 0.0 | 0.0 |
| 通信设备、计算机及其他电子设备制造业 | 103.7 | 100.0 |
| 通信设备制造 | 0.0 | 0.0 |
| 雷达及配套设备制造 | 0.0 | 0.0 |
| 广播电视设备制造 | 100.0 | 100.0 |
| 电子计算机制造 | 100.0 | 100.0 |
| 电子器件制造 | 0.0 | 0.0 |
| 电子元件制造 | 103.7 | 100.0 |
| 家用视听设备制造 | 88.9 | 76.7 |
| 其他电子设备制造 | 0.0 | 0.0 |
| 仪器仪表及文化、办公用机械制造业 | 100.8 | 101.6 |
| 通用仪器仪表制造 | 100.8 | 101.6 |
| 专用仪器仪表制造 | 0.0 | 0.0 |

# 3－3－20 续表 6

上年＝100

| 类别名称 | 2011 年 | 2012 年 |
|---|---|---|
| 钟表与计时仪器制造 | 0.0 | 0.0 |
| 光学仪器及眼镜制造 | 0.0 | 0.0 |
| 文化、办公用机械制造 | 0.0 | 0.0 |
| 其他仪器仪表的制造及修理 | 0.0 | 0.0 |
| 工艺品及其他制造业 | 102.0 | 104.8 |
| 工艺美术品制造 | 101.8 | 105.3 |
| 日用杂品制造 | 103.4 | 100.0 |
| 煤制品制造 | 0.0 | 0.0 |
| 核辐射加工 | 0.0 | 0.0 |
| 其他未列明的制造业 | 0.0 | 0.0 |
| 废弃资源和废旧材料回收加工业 | 99.6 | 78.0 |
| 金属废料和碎屑的加工处理 | 99.6 | 78.0 |
| 非金属废料和碎屑的加工处理 | 0.0 | 0.0 |
| 电力、热力的生产和供应业 | 99.8 | 104.8 |
| 电力生产 | 99.5 | 105.8 |
| 电力供应 | 99.9 | 103.8 |
| 热力生产和供应 | 100.8 | 103.5 |
| 燃气生产和供应业 | 121.0 | 101.2 |
| 水的生产和供应业 | 102.9 | 103.6 |
| 自来水的生产和供应 | 102.8 | 103.5 |
| 污水处理及其再生利用 | 122.5 | 118.0 |
| 其他水的处理、利用与分配 | 0.0 | 0.0 |

# 3－3－21 历年工业生产者

| 年份 | 全部原材料 | 燃料、动力类 | 黑色金属材料类 | 有色金属材料及电线类 | 化工原料类 |
|---|---|---|---|---|---|
| 1988 | 118.2 | 110.2 | 118.7 | 126.7 | 132.9 |
| 1989 | 124.4 | 118.2 | 127.9 | 134.3 | 132.2 |
| 1990 | 108.3 | 119.3 | 106.9 | 113.7 | 98.4 |
| 1991 | 111.2 | 116.5 | 108.0 | 107.0 | 101.2 |
| 1992 | 112.1 | 121.8 | 114.2 | 122.1 | 104.0 |
| 1993 | 138.8 | 124.2 | 168.1 | 96.2 | 159.9 |
| 1994 | 116.8 | 116.8 | 102.1 | 96.9 | 105.2 |
| 1995 | 112.8 | 102.8 | 96.7 | 135.1 | 127.1 |
| 1996 | 107.1 | 106.8 | 102.2 | 95.1 | 108.0 |
| 1997 | 100.6 | 106.7 | 98.4 | 95.1 | 94.2 |
| 1998 | 98.1 | 100.6 | 97.8 | 95.0 | 96.6 |
| 1999 | 96.8 | 99.7 | 96.8 | 97.5 | 95.2 |
| 2000 | 106.8 | 109.5 | 102.6 | 106.2 | 103.0 |
| 2001 | 101.3 | 101.4 | 101.5 | 95.0 | 100.2 |
| 2002 | 99.9 | 102.6 | 100.0 | 95.6 | 98.1 |
| 2003 | 102.9 | 103.5 | 106.7 | 106.0 | 100.0 |
| 2004 | 109.2 | 106.6 | 118.0 | 124.0 | 108.9 |
| 2005 | 109.9 | 114.8 | 107.5 | 117.0 | 108.9 |
| 2006 | 105.9 | 109.8 | 99.7 | 117.7 | 100.8 |
| 2007 | 104.8 | 105.3 | 105.3 | 99.4 | 105.0 |
| 2008 | 111.7 | 113.8 | 115.0 | 98.0 | 109.7 |
| 2009 | 99.1 | 106.5 | 90.4 | 71.4 | 98.3 |
| 2010 | 105.0 | 104.1 | 103.6 | 112.5 | 103.0 |
| 2011 | 106.1 | 103.5 | 107.3 | 107.2 | 105.3 |
| 2012 | 102.0 | 103.4 | 101.3 | 96.9 | 96.6 |

# 购进价格分类指数

上年＝100

| 木材及纸浆类 | 建筑材料及非金属类 | 其它工业原材料及半成品类 | 农副产品类 | 纺织原料类 |
|---|---|---|---|---|
| 116.9 | 105.0 | | 125.5 | 111.3 |
| 103.9 | 119.2 | | 127.0 | 131.1 |
| 103.7 | 126.7 | | 97.7 | 108.2 |
| 150.4 | 100.3 | | 102.1 | 110.5 |
| 99.5 | | | 101.5 | 100.7 |
| 136.9 | | | 153.4 | 95.8 |
| 111.3 | | | 122.8 | 171.5 |
| 124.5 | | | 136.5 | 107.0 |
| 102.1 | 107.8 | 102.8 | 118.7 | 101.1 |
| 95.3 | 99.6 | 91.4 | 99.1 | 97.6 |
| 96.9 | 101.9 | 96.4 | 92.4 | 94.7 |
| 103.1 | 97.8 | 97.3 | 87.0 | 96.7 |
| 108.4 | 98.3 | 98.1 | 104.2 | 105.1 |
| 95.4 | 99.5 | 102.3 | 104.2 | 95.9 |
| 100.9 | 99.8 | 100.0 | 97.4 | 92.2 |
| 98.2 | 99.9 | 101.1 | 103.3 | 100.4 |
| 100.8 | 102.4 | 104.4 | 109.3 | 102.9 |
| 102.5 | 106.2 | 102.3 | 104.8 | 103.2 |
| 102.5 | 102.1 | 104.1 | 101.6 | 104.2 |
| 102.6 | 102.8 | 104.7 | 106.7 | 102.0 |
| 106.2 | 107.2 | 110.7 | 113.8 | 99.6 |
| 102.5 | 102.9 | 99.4 | 98.5 | 92.8 |
| 100.8 | 102.9 | 103.6 | 105.9 | 102.6 |
| 105.3 | 104.1 | 107.2 | 108.3 | 105.9 |
| 102.9 | 99.8 | 105.0 | 102.4 | 100.3 |

# 3-3-22 工业生产者购进价格指数

上年=100

| 类别名称 | 2011年 | 2012年 |
|---|---|---|
| 全部原材料 | 105.0 | 106.1 |
| 按类别分 | | |
| 燃料、动力类 | 103.5 | 103.4 |
| 黑色金属材料类 | 107.3 | 101.3 |
| 钢材 | 108.2 | 101.7 |
| 其它 | 106.2 | 100.8 |
| 有色金属材料及电线类 | 107.2 | 96.9 |
| 化工原料类 | 105.3 | 96.6 |
| 木材及纸浆类 | 105.3 | 102.9 |
| 建筑材料及非金属类 | 104.1 | 99.8 |
| 其它工业原材料及半成品类 | 107.2 | 105.0 |
| 农副产品类 | 108.3 | 102.4 |
| 纺织原料类 | 105.9 | 100.3 |
| 按行业分 | | |
| 农业 | 106.6 | 99.2 |
| 林业 | 116.5 | 108.1 |
| 畜牧业 | 109.8 | 106.2 |
| 渔业 | | |
| 农、林、牧、渔服务业 | 108.1 | 109.4 |
| 煤炭开采和洗选业 | 103.6 | 102.1 |
| 石油和天然气开采业 | 120.8 | 110.6 |
| 黑色金属矿采选业 | 106.3 | 103.0 |
| 有色金属矿采选业 | 109.5 | 98.6 |
| 非金属矿采选业 | 103.1 | 101.0 |
| 其他采矿业 | | |
| 农副食品加工业 | 113.2 | 111.8 |
| 食品制造业 | 106.3 | 102.1 |
| 饮料制造业 | 100.6 | 101.1 |
| 烟草制品业 | 103.4 | 106.4 |

# 3－3－22 续表

上年＝100

| 类别名称 | 2011 年 | 2012 年 |
|---|---|---|
| 纺织业 | 105.9 | 100.3 |
| 纺织服装、鞋、帽制造业 | | |
| 皮革、毛皮、羽毛(绒)及其制品业 | 100.0 | 100.0 |
| 木材加工及木、竹、藤、棕、草制品业 | 103.0 | 103.3 |
| 家具制造业 | | |
| 造纸及纸制品业 | 102.9 | 100.7 |
| 印刷业和记录媒介的复制 | | |
| 文化体育用品制造业 | | |
| 石油加工、炼焦及核燃料加工业 | 107.0 | 102.6 |
| 化学原料及化学制品制造业 | 105.3 | 96.2 |
| 医药制造业 | 132.3 | 101.7 |
| 化学纤维制造业 | 129.3 | 80.9 |
| 橡胶制品业 | 100.0 | 100.0 |
| 塑料制品业 | 105.0 | 99.3 |
| 非金属矿物制品业 | 105.1 | 98.4 |
| 黑色金属冶炼及压延加工业 | 107.4 | 100.9 |
| 有色金属冶炼及压延加工业 | 106.7 | 96.5 |
| 金属制品业 | 104.2 | 100.8 |
| 通用设备制造业 | 102.7 | 100.0 |
| 专用设备制造业 | | |
| 交通运输设备制造业 | 100.2 | 100.5 |
| 电气机械及器材制造业 | 105.2 | 99.4 |
| 通信设备、计算机及其他电子设备制造业 | 99.8 | 96.8 |
| 仪器仪表及文化、办公用机械制造业 | | |
| 工艺品及其他制造业 | | |
| 废弃资源和废旧材料回收加工业 | 100.5 | 98.9 |
| 电力、热力的生产和供应业 | 101.6 | 104.9 |
| 燃气生产和供应业 | 100.7 | 103.7 |
| 水的生产和供应业 | 100.6 | 100.8 |

# 3-3-23 历年固定资产投资价格分类指数

上年=100

| 年 份 | 固定资产投资 | 建筑安装工程 | 设备、工器具购置 | 其他费用 |
|---|---|---|---|---|
| 1988 | | 110.9 | | |
| 1989 | | 110.6 | | |
| 1990 | | 107.1 | | |
| 1991 | | 106.7 | | |
| 1992 | 109.3 | 111.2 | 106 | 104.4 |
| 1993 | 124.5 | 128.7 | 108.7 | 130.8 |
| 1994 | 106.7 | 104.8 | 114.3 | 104.3 |
| 1995 | 103.9 | 101.7 | 106.6 | 110.6 |
| 1996 | 105.3 | 108.3 | 98.7 | 102.8 |
| 1997 | 99.7 | 97.9 | 98.2 | 108.7 |
| 1998 | 101.7 | 102.1 | 97.8 | 107.2 |
| 1999 | 101.9 | 102.8 | 98.0 | 102.1 |
| 2000 | 101.9 | 103.9 | 98.0 | 98.7 |
| 2001 | 100.8 | 101.2 | 99.8 | 100.4 |
| 2002 | 101.0 | 101.5 | 99.7 | 100.4 |
| 2003 | 102.6 | 103.7 | 100.2 | 100.5 |
| 2004 | 105.0 | 105.9 | 104.1 | 101.4 |
| 2005 | 103.7 | 104.5 | 101.2 | 103.4 |
| 2006 | 103.3 | 104.1 | 100.7 | 103.9 |
| 2007 | 103.8 | 104.6 | 100.3 | 105.2 |
| 2008 | 108.1 | 110.6 | 101.0 | 106.2 |
| 2009 | 98.5 | 98.1 | 98.0 | 102.4 |
| 2010 | 105.4 | 107.3 | 100.1 | 103.0 |
| 2011 | 106.3 | 108.1 | 101.9 | 103.7 |
| 2012 | 101.6 | 101.0 | 103.1 | 102.2 |

# 3－3－24 固定资产投资价格指数

上年＝100

| 类　别　名　称 | 2011 年 | 2012 年 |
|---|---|---|
| 固定资产投资 | 106.3 | 101.6 |
| 建筑安装、装饰工程 | 108.1 | 101.0 |
| 人工费 | 113.8 | 102.7 |
| 工程管理人员 | 112.1 | 102.7 |
| 工程技术人员 | 113.2 | 102.1 |
| 普通工人 | 114.4 | 102.8 |
| 材料费 | 106.2 | 100.1 |
| 钢材 | 106.3 | 99.1 |
| 木材 | 105.4 | 101.6 |
| 水泥 | 105.1 | 99.8 |
| 地方建筑材料 | 106.1 | 101.9 |
| 化工材料 | 108.8 | 102.3 |
| 电料 | 103.0 | 100.6 |
| 机械费 | 106.0 | 102.1 |
| 土石方及筑路机械 | 106.5 | 101.8 |
| 打桩机械 | 107.9 | 99.0 |
| 起重机械 | 107.3 | 102.4 |
| 运输机械 | 105.9 | 102.5 |
| 混凝土及砂浆机械 | 103.7 | 102.5 |
| 加工机械 | 102.8 | 103.3 |
| 泵类机械 | 101.4 | 102.0 |
| 设备、工器具购置 | 101.9 | 103.1 |
| 其他费用 | 103.7 | 102.2 |
| 土地取得费 | 107.3 | 101.8 |
| 前期工程费 | 103.3 | 102.6 |
| 施工工作费 | 102.2 | 101.6 |

# 3－3－25 农产品价格指数(2012 年)

| 指　　标 | 单　位 | 一季度<br>价　格 | 一季度<br>缩减指数 | 一季度<br>生产指数 |
|---|---|---|---|---|
| **合计** | | | **110.66** | **109.68** |
| 农业产品 | | 2.31 | 104.48 | 107.32 |
| 谷物 | 元/公斤 | 2.37 | | 110.01 |
| 稻谷 | 元/公斤 | 3.86 | | 100.55 |
| 粳稻 | 元/公斤 | 3.86 | | 102.05 |
| 其他稻谷 | 元/公斤 | 2.00 | | 93.90 |
| 小麦 | 元/公斤 | 2.67 | | 117.42 |
| 玉米 | 元/公斤 | 2.18 | | 110.68 |
| 谷子 | 元/公斤 | 2.78 | | 90.24 |
| 高粱 | 元/公斤 | 1.85 | | 98.42 |
| 大麦 | 元/公斤 | 2.00 | | |
| 荞麦 | 元/公斤 | 3.32 | | 78.01 |
| 其他谷物 | 元/公斤 | 6.91 | | 78.35 |
| 马铃薯 | 元/公斤 | 0.44 | | 27.48 |
| 油料 | 元/公斤 | 4.36 | | 98.57 |
| 花生 | 元/公斤 | 6.26 | | 94.85 |
| 油菜籽 | 元/公斤 | 4.17 | | 77.31 |
| 葵花籽 | 元/公斤 | 5.32 | | 104.19 |
| 油葵 | 元/公斤 | 4.71 | | 109.54 |
| 食葵 | 元/公斤 | 5.43 | | 88.83 |
| 胡麻籽 | 元/公斤 | | | |
| 其他油料 | 元/公斤 | 6.00 | 109.09 | 109.09 |
| 豆类 | 元/公斤 | 3.87 | | 102.99 |
| 大豆 | 元/公斤 | 3.89 | | 109.80 |
| 黄大豆 | 元/公斤 | 3.90 | 109.80 | 109.80 |
| 黑大豆 | 元/公斤 | | | |
| 小黑豆 | 元/公斤 | 3.24 | 140.26 | 140.26 |
| 绿豆 | 元/公斤 | 6.28 | | 88.45 |
| 小豆 | 元/公斤 | 3.21 | | 85.83 |
| 干蚕豆 | 元/公斤 | | | |
| 芸豆 | 元/公斤 | 7.90 | | 103.05 |
| 其他杂豆 | 元/公斤 | | | |
| 甜菜 | 元/公斤 | 0.45 | 102.89 | 102.89 |
| 未加工烟草 | 元/公斤 | | | |

# 3－3－25 续表1

| 指　　标 | 单　位 | 一季度<br>价　格 | 一季度<br>缩减指数 | 一季度<br>生产指数 |
|---|---|---|---|---|
| 饲料作物 | 元/公斤 | 1.80 | | 94.64 |
| 苜蓿 | 元/公斤 | | | |
| 青饲料 | 元/公斤 | | | |
| 饲料牧草 | 元/公斤 | 1.80 | | 94.64 |
| 其他饲料作物 | 元/公斤 | | | |
| 蔬菜 | 元/公斤 | 4.73 | 104.48 | 111.59 |
| 叶菜类蔬菜 | 元/公斤 | 5.14 | 100.08 | 110.06 |
| 芹菜 | 元/公斤 | 2.64 | 101.51 | 101.51 |
| 油菜 | 元/公斤 | | | |
| 菠菜 | 元/公斤 | 4.00 | 100.00 | 100.00 |
| 香菜 | 元/公斤 | 10.00 | 183.49 | 183.49 |
| 小白菜 | 元/公斤 | 4.00 | 114.29 | 114.29 |
| 大白菜 | 元/公斤 | | | |
| 普通白菜 | 元/公斤 | | | |
| 结球甘蓝 | 元/公斤 | | | |
| 根茎类蔬菜 | 元/公斤 | | | |
| 白萝卜 | 元/公斤 | | | |
| 红萝卜 | 元/公斤 | | | |
| 胡萝卜 | 元/公斤 | | | |
| 瓜菜类蔬菜 | 元/公斤 | | | |
| 黄瓜 | 元/公斤 | | | |
| 豆类蔬菜 | 元/公斤 | | | |
| 四季豆 | 元/公斤 | | | |
| 茄果类蔬菜 | 元/公斤 | 4.54 | 141.52 | 112.86 |
| 茄子 | 元/公斤 | 4.13 | 149.10 | 149.10 |
| 青椒 | 元/公斤 | | | |
| 辣椒 | 元/公斤 | 11.85 | 112.86 | 112.86 |
| 西红柿 | 元/公斤 | | | |
| 其他茄果类蔬菜 | 元/公斤 | | | |
| 葱蒜类蔬菜 | 元/公斤 | 1.50 | | 115.38 |
| 洋葱 | 元/公斤 | | | |
| 大葱 | 元/公斤 | 1.50 | 115.38 | 115.38 |
| 细香葱 | 元/公斤 | | | |
| 韭菜 | 元/公斤 | | | |

# 3-3-25 续表2

| 指　　标 | 单　位 | 一季度<br>价　格 | 一季度<br>缩减指数 | 一季度<br>生产指数 |
|---|---|---|---|---|
| 食用菌 | 元/公斤 | | | |
| 滑菇 | 元/公斤 | | | |
| 水果及坚果 | 元/公斤 | 19.83 | | 92.51 |
| 水果(园林水果) | 元/公斤 | 19.83 | | 92.51 |
| 苹果 | 元/公斤 | 4.73 | | 116.80 |
| 梨 | 元/公斤 | 3.60 | | 72.00 |
| 葡萄 | 元/公斤 | | | |
| 瓜类水果 | 元/公斤 | | | |
| 西瓜 | 元/公斤 | | | |
| 哈密瓜 | 元/公斤 | | | |
| 华莱士瓜 | 元/公斤 | | | |
| 香瓜 | 元/公斤 | | | |
| 草莓 | 元/公斤 | 60.95 | 98.90 | 98.90 |
| 中草药材 | 元/公斤 | | | |
| 枸杞 | 元/公斤 | | | |
| 麻黄 | 元/公斤 | | | |
| 其他中草药材 | 元/公斤 | | | |
| 林业产品 | | 363.73 | 113.21 | 113.66 |
| 木材采伐产品 | 元/立方米 | 1007.12 | 113.21 | 113.66 |
| 落叶松原木 | 元/立方米 | 1025.00 | 111.60 | 111.60 |
| 杨树原木 | 元/立方米 | 769.00 | 114.12 | 114.12 |
| 桦木原木 | 元/立方米 | 1004.00 | 115.96 | 115.96 |
| 饲养动物及其产品 | | 8.33 | 111.24 | 112.35 |
| 活牲畜 | 元/公斤 | 19.16 | 120.30 | 119.76 |
| 猪 | 元/公斤 | 16.73 | 121.25 | 121.19 |
| 仔猪 | 元/公斤 | 25.31 | 120.40 | 120.40 |
| 中猪 | 元/公斤 | 17.30 | 120.75 | 120.75 |
| 其他活猪 | 元/公斤 | 16.02 | 121.25 | 121.25 |
| 牛 | 元/公斤 | 17.53 | 113.08 | 119.12 |
| 黄牛 | 元/公斤 | 17.41 | 120.84 | 120.84 |
| 奶牛 | 元/公斤 | 18.56 | 112.95 | 112.95 |
| 其他活牛 | 元/公斤 | 17.63 | 113.08 | 113.08 |
| 马 | 元/公斤 | 15.00 | | 124.49 |
| 驴 | 元/公斤 | 24.38 | | 107.71 |

# 3-3-25 续表3

| 指标 | 单位 | 一季度价格 | 一季度缩减指数 | 一季度生产指数 |
|---|---|---|---|---|
| 羊 | 元/公斤 | 22.31 | 125.87 | 119.35 |
| 绵羊 | 元/公斤 | 22.21 | 129.1 | 119.96 |
| 山羊 | 元/公斤 | 23.95 | 116.19 | 118.29 |
| 羔羊 | 元/公斤 | 23.08 | 113.56 | 113.56 |
| 骆驼 | 元/公斤 | 25 | 147.06 | 147.06 |
| 活家禽 | 元/公斤 | 27.03 | 104.3 | 100.27 |
| 活鸡 | 元/公斤 | 17.87 | 104.25 | 99.87 |
| 活鸭 | 元/公斤 | 39 | | |
| 活鹅 | 元/公斤 | 21.05 | 105.4 | 105.4 |
| 畜禽产品 | 元/公斤 | 3.5 | 101.92 | 102.12 |
| 生奶 | 元/公斤 | 3.38 | 102.73 | 102.73 |
| 禽蛋 | 元/公斤 | 6.71 | 100.01 | 100.01 |
| 鸡蛋 | 元/公斤 | 6.71 | 100.01 | 100.01 |
| 鸭蛋 | 元/公斤 | | | |
| 鹅蛋 | 元/公斤 | | | |
| 动物毛类 | 元/公斤 | 206.18 | 94.07 | 94.07 |
| 绵羊毛 | 元/公斤 | | | |
| 山羊粗毛 | 元/公斤 | | | |
| 山羊绒 | 元/公斤 | 210 | 94.07 | 94.07 |
| 骆驼绒 | 元/公斤 | | | |
| 生皮 | 元/张 | 120.8 | | 104.01 |
| 整张生牛皮 | 元/张 | 376.79 | | 118.61 |
| 整张绵羊生皮 | 元/张 | 81.43 | | 98.62 |
| 整张山羊生皮 | 元/张 | 147.99 | | 105.58 |
| 家兔 | 元/公斤 | 21.28 | | |
| 渔业产品 | | 20.99 | 105.26 | 104.76 |
| 养殖淡水鱼 | 元/公斤 | 10.49 | 103.95 | 103.9 |
| 养殖淡水鲤鱼 | 元/公斤 | 11.7 | 103.99 | 103.99 |
| 养殖淡水草鱼 | 元/公斤 | | | |
| 养殖淡水罗非鱼 | 元/公斤 | 32 | 100 | 100 |
| 养殖淡水鲢鱼 | 元/公斤 | 8.33 | 104.13 | 104.13 |
| 养殖淡水鲫鱼 | 元/公斤 | | | |
| 养殖淡水鲶鱼 | 元/公斤 | | | |

# 3－3－25　续表4

| 指　　标 | 单　位 | 二季度价　格 | 二季度缩减指数 | 二季度生产指数 | 上半年价　格 | 上半年缩减指数 | 上半年生产指数 |
|---|---|---|---|---|---|---|---|
| **合计** | | | **100.33** | **103.64** | | **102.83** | **105.94** |
| 农业产品 | | 3.74 | 104.53 | 104.08 | 2.78 | 102.64 | 105.75 |
| 谷物 | 元/公斤 | 4.99 | | 106.47 | 3.01 | | 109.16 |
| 稻谷 | 元/公斤 | 2.72 | | 117.86 | 3.84 | | 103.03 |
| 粳稻 | 元/公斤 | 2.72 | | 120.16 | 3.84 | | 104.30 |
| 其他稻谷 | 元/公斤 | 3.23 | | 100.94 | 2.25 | | 95.74 |
| 小麦 | 元/公斤 | 2.72 | | 108.49 | 2.69 | | 110.97 |
| 玉米 | 元/公斤 | 5.03 | | 106.82 | 2.93 | | 109.74 |
| 谷子 | 元/公斤 | 2.67 | | 88.92 | 2.76 | | 93.55 |
| 高粱 | 元/公斤 | 2.00 | | 107.46 | 1.94 | | 104.77 |
| 大麦 | 元/公斤 | | | | 2.00 | | |
| 荞麦 | 元/公斤 | 4.00 | | 55.56 | 3.58 | | 73.15 |
| 其他谷物 | 元/公斤 | 2.28 | | 95.68 | 6.62 | | 85.80 |
| 马铃薯 | 元/公斤 | 2.08 | | 65.27 | 1.57 | | 38.98 |
| 油料 | 元/公斤 | 6.00 | | 106.14 | 4.39 | | 96.66 |
| 花生 | 元/公斤 | | | | 6.26 | | 94.85 |
| 油菜籽 | 元/公斤 | | | | 4.17 | | 77.31 |
| 葵花籽 | 元/公斤 | 5.78 | | 109.13 | 5.36 | | 105.42 |
| 油葵 | 元/公斤 | 5.70 | | 109.62 | 5.03 | | 109.55 |
| 食葵 | 元/公斤 | 6.00 | | 107.14 | 5.44 | | 91.64 |
| 胡麻籽 | 元/公斤 | 5.72 | | 101.59 | 5.72 | | 101.59 |
| 其他油料 | 元/公斤 | | | | 6.00 | 109.09 | 109.09 |
| 豆类 | 元/公斤 | 5.63 | | 98.20 | 4.11 | | 100.24 |
| 大豆 | 元/公斤 | 4.15 | | 105.48 | 3.90 | | 109.03 |
| 黄大豆 | 元/公斤 | 4.15 | 105.48 | 105.48 | 3.91 | 109.03 | 109.03 |
| 黑大豆 | 元/公斤 | | | | | | |
| 小黑豆 | 元/公斤 | | | | 3.24 | 140.26 | 140.26 |
| 绿豆 | 元/公斤 | 6.53 | | 75.38 | 6.52 | | 78.22 |
| 小豆 | 元/公斤 | 2.20 | | 47.72 | 3.11 | | 70.67 |
| 干蚕豆 | 元/公斤 | 2.82 | | 100.71 | 2.82 | | 100.71 |
| 芸豆 | 元/公斤 | 3.21 | | 103.85 | 4.24 | | 103.45 |
| 其他杂豆 | 元/公斤 | 7.02 | | 100.29 | 7.02 | | 100.29 |
| 甜菜 | 元/公斤 | | | | 0.45 | 102.89 | 102.89 |
| 未加工烟草 | 元/公斤 | | | | | | |

# 3－3－25　续表5

| 指　　标 | 单　位 | 二季度价　格 | 二季度缩减指数 | 二季度生产指数 | 上半年价　格 | 上半年缩减指数 | 上半年生产指数 |
|---|---|---|---|---|---|---|---|
| 饲料作物 | 元/公斤 | | | | 1.80 | | |
| 苜蓿 | 元/公斤 | | | | | | |
| 青饲料 | 元/公斤 | | | | | | |
| 饲料牧草 | 元/公斤 | | | | 1.80 | | |
| 其他饲料作物 | 元/公斤 | | | | | | |
| 蔬菜 | 元/公斤 | 2.35 | 104.53 | 102.15 | 2.63 | 102.64 | 101.72 |
| 叶菜类蔬菜 | 元/公斤 | 3.13 | 100.68 | 111.69 | 3.37 | 99.83 | 103.52 |
| 芹菜 | 元/公斤 | 3.32 | 118.49 | 118.49 | 3.24 | 105.55 | 105.55 |
| 油菜 | 元/公斤 | 2.34 | 100.00 | 100.00 | 2.34 | 100.00 | 100.00 |
| 菠菜 | 元/公斤 | 3.62 | 96.68 | 96.68 | 3.66 | 98.91 | 98.91 |
| 香菜 | 元/公斤 | 6.43 | 123.60 | 123.60 | 6.62 | 136.34 | 136.34 |
| 小白菜 | 元/公斤 | 2.52 | 134.33 | 134.33 | 2.54 | 128.68 | 128.68 |
| 大白菜 | 元/公斤 | | | | | | |
| 普通白菜 | 元/公斤 | | | | | | |
| 结球甘蓝 | 元/公斤 | | | | | | |
| 根茎类蔬菜 | 元/公斤 | 3.19 | | | 3.19 | | 124.55 |
| 白萝卜 | 元/公斤 | 2.08 | 124.55 | 124.55 | 2.08 | 124.55 | 124.55 |
| 红萝卜 | 元/公斤 | | | | | | |
| 胡萝卜 | 元/公斤 | | | | | | |
| 瓜菜类蔬菜 | 元/公斤 | 1.89 | 99.60 | 99.60 | 1.89 | 99.60 | 99.60 |
| 黄瓜 | 元/公斤 | 1.89 | 99.60 | 99.60 | 1.89 | 99.60 | 99.60 |
| 豆类蔬菜 | 元/公斤 | | | | | | |
| 四季豆 | 元/公斤 | | | | | | |
| 茄果类蔬菜 | 元/公斤 | 1.98 | 113.87 | 111.27 | 2.42 | 113.91 | 111.73 |
| 茄子 | 元/公斤 | 1.75 | 145.83 | 145.83 | 2.20 | 146.67 | 146.67 |
| 青椒 | 元/公斤 | 4.20 | 102.44 | 102.44 | 4.20 | 102.44 | 102.44 |
| 辣椒 | 元/公斤 | 3.97 | 104.47 | 104.47 | 8.28 | 110.84 | 110.84 |
| 西红柿 | 元/公斤 | 3.12 | 108.71 | 108.71 | 3.12 | 108.71 | 108.71 |
| 其他茄果类蔬菜 | 元/公斤 | | | | | | |
| 葱蒜类蔬菜 | 元/公斤 | 3.10 | | 69.47 | 2.79 | | 75.32 |
| 洋葱 | 元/公斤 | | | | | | |
| 大葱 | 元/公斤 | 2.31 | 59.69 | 59.69 | 2.06 | 67.10 | 67.10 |
| 细香葱 | 元/公斤 | | | | | | |
| 韭菜 | 元/公斤 | 4.00 | 105.26 | 105.26 | 4.00 | 105.26 | 105.26 |

# 3－3－25　续表6

| 指　　标 | 单　位 | 二季度价　格 | 二季度缩减指数 | 二季度生产指数 | 上半年价　格 | 上半年缩减指数 | 上半年生产指数 |
|---|---|---|---|---|---|---|---|
| 食用菌 | 元/公斤 | 6.82 | | | 6.82 | | |
| 滑菇 | 元/公斤 | 6.82 | 120.53 | 120.53 | 6.82 | 120.53 | 120.53 |
| 水果及坚果 | 元/公斤 | 13.94 | | 104.02 | 16.09 | | 96.06 |
| 水果(园林水果) | 元/公斤 | 13.95 | | 104.02 | 16.10 | | 96.06 |
| 苹果 | 元/公斤 | 4.68 | | 117.42 | 4.70 | | 117.33 |
| 梨 | 元/公斤 | 3.60 | | 100.00 | 3.60 | | 83.72 |
| 葡萄 | 元/公斤 | | | | | | |
| 瓜类水果 | 元/公斤 | 6.00 | | | 6.00 | | |
| 西瓜 | 元/公斤 | | | | | | |
| 哈密瓜 | 元/公斤 | | | | | | |
| 华莱士瓜 | 元/公斤 | | | | | | |
| 香瓜 | 元/公斤 | 6.00 | 66.67 | 66.67 | 6.00 | 66.67 | 66.67 |
| 草莓 | 元/公斤 | 54.64 | 96.79 | 96.79 | 57.61 | 97.83 | 97.83 |
| 中草药材 | 元/公斤 | | | | | | |
| 枸杞 | 元/公斤 | | | | | | |
| 麻黄 | 元/公斤 | | | | | | |
| 其他中草药材 | 元/公斤 | | | | | | |
| 林业产品 | | 35.27 | 83.27 | 95.23 | 54.93 | 87.73 | 94.56 |
| 木材采伐产品 | 元/立方米 | 965.94 | 83.27 | 85.06 | 982.01 | 87.73 | 88.79 |
| 落叶松原木 | 元/立方米 | 997.00 | 93.35 | 93.35 | 1008.55 | 100.22 | 100.22 |
| 杨树原木 | 元/立方米 | 731.99 | 76.11 | 76.11 | 742.09 | 77.14 | 77.14 |
| 桦木原木 | 元/立方米 | 972.60 | 102.57 | 102.57 | 983.25 | 106.84 | 106.84 |
| 饲养动物及其产品 | | 5.08 | 102.96 | 103.94 | 6.19 | 105.36 | 107.63 |
| 活牲畜 | 元/公斤 | 17.39 | 107.57 | 113.91 | 18.53 | 113.10 | 116.18 |
| 猪 | 元/公斤 | 14.33 | 103.88 | 106.80 | 15.35 | 114.90 | 116.12 |
| 仔猪 | 元/公斤 | 35.03 | 135.49 | 135.49 | 30.63 | 133.02 | 133.02 |
| 中猪 | 元/公斤 | 13.61 | 87.52 | 87.52 | 15.05 | 105.46 | 105.46 |
| 其他活猪 | 元/公斤 | 15.17 | 103.88 | 103.88 | 15.57 | 114.90 | 114.90 |
| 牛 | 元/公斤 | 16.97 | 108.35 | 122.47 | 17.32 | 110.68 | 116.98 |
| 黄牛 | 元/公斤 | 18.81 | 127.27 | 127.27 | 17.92 | 119.79 | 119.79 |
| 奶牛 | 元/公斤 | 12.02 | 101.30 | 101.30 | 12.07 | 105.23 | 105.23 |
| 其他活牛 | 元/公斤 | 18.26 | 108.35 | 108.35 | 17.79 | 110.68 | 110.68 |
| 马 | 元/公斤 | 18.10 | | 117.22 | 15.35 | | 118.19 |
| 驴 | 元/公斤 | 21.66 | | 102.61 | 23.24 | | 105.73 |

# 3-3-25 续表7

| 指标 | 单位 | 二季度价格 | 二季度缩减指数 | 二季度生产指数 | 上半年价格 | 上半年缩减指数 | 上半年生产指数 |
|---|---|---|---|---|---|---|---|
| 羊 | 元/公斤 | 23.97 | 112.41 | 115.29 | 22.64 | 115.76 | 116.56 |
| 绵羊 | 元/公斤 | 23.25 | 115.67 | 112.48 | 22.40 | 119.25 | 115.48 |
| 山羊 | 元/公斤 | 27.81 | 102.63 | 122.29 | 25.42 | 105.30 | 119.06 |
| 羔羊 | 元/公斤 | 28.63 | 126.91 | 126.91 | 27.18 | 124.21 | 124.21 |
| 骆驼 | 元/公斤 | | | | 25.00 | 147.06 | 147.06 |
| 活家禽 | 元/公斤 | 8.44 | 122.95 | 116.38 | 21.87 | 107.99 | 104.77 |
| 活鸡 | 元/公斤 | 8.44 | 123.44 | 116.56 | 14.06 | 108.10 | 104.74 |
| 活鸭 | 元/公斤 | | | | 39.00 | | |
| 活鹅 | 元/公斤 | 9.00 | 112.50 | 112.50 | 14.87 | 105.72 | 105.72 |
| 畜禽产品 | 元/公斤 | 3.94 | 98.63 | 97.09 | 3.82 | 101.18 | 99.72 |
| 生奶 | 元/公斤 | 3.59 | 101.41 | 101.41 | 3.53 | 103.02 | 103.02 |
| 禽蛋 | 元/公斤 | 12.14 | 108.09 | 104.04 | 10.66 | 106.44 | 103.74 |
| 鸡蛋 | 元/公斤 | 12.14 | 103.23 | 103.23 | 10.66 | 102.76 | 102.76 |
| 鸭蛋 | 元/公斤 | 12.88 | 116.88 | 116.88 | 12.88 | 116.88 | 116.88 |
| 鹅蛋 | 元/公斤 | 18.56 | 154.67 | 154.67 | 18.56 | 154.67 | 154.67 |
| 动物毛类 | 元/公斤 | 177.20 | 89.91 | 86.77 | 177.56 | 93.85 | 87.29 |
| 绵羊毛 | 元/公斤 | 10.79 | 137.68 | 137.68 | 10.79 | 137.68 | 137.68 |
| 山羊粗毛 | 元/公斤 | 5.76 | 68.44 | 68.44 | 5.76 | 68.44 | 68.44 |
| 山羊绒 | 元/公斤 | 264.91 | 76.57 | 76.57 | 263.90 | 76.54 | 76.54 |
| 骆驼绒 | 元/公斤 | | | | | | |
| 生皮 | 元/张 | 100.93 | | 111.38 | 118.43 | | 106.48 |
| 整张生牛皮 | 元/张 | 265.00 | | 103.92 | 372.32 | | 117.66 |
| 整张绵羊生皮 | 元/张 | 87.08 | | 96.13 | 81.97 | | 99.25 |
| 整张山羊生皮 | 元/张 | 107.90 | | 156.26 | 141.88 | | 118.16 |
| 家兔 | 元/公斤 | | | | 21.28 | | |
| 渔业产品 | | 29.58 | 105.36 | 104.67 | 28.33 | 105.46 | 105.52 |
| 养殖淡水鱼 | 元/公斤 | 25.78 | 104.12 | 103.91 | 13.37 | 104.86 | 104.68 |
| 养殖淡水鲤鱼 | 元/公斤 | 25.00 | 104.17 | 104.17 | 15.83 | 105.28 | 105.28 |
| 养殖淡水草鱼 | 元/公斤 | | | | | | |
| 养殖淡水罗非鱼 | 元/公斤 | 32.00 | 100.00 | 100.00 | 32.00 | 100.00 | 100.00 |
| 养殖淡水鲢鱼 | 元/公斤 | | | | 8.33 | 104.13 | 104.13 |
| 养殖淡水鲫鱼 | 元/公斤 | | | | | | |
| 养殖淡水鲶鱼 | 元/公斤 | | | | | | |

# 3－3－25 续表8

| 指　　标 | 单　位 | 三季度价　格 | 三季度缩减指数 | 三季度生产指数 | 前三季度价　格 | 前三季度缩减指数 | 前三季度生产指数 |
|---|---|---|---|---|---|---|---|
| 合计 | | | 101.62 | 105.04 | | 103.71 | 105.24 |
| 农业产品 | | 1.30 | 103.80 | 103.92 | 2.46 | 105.66 | 104.25 |
| 谷物 | 元/公斤 | 2.02 | 97.83 | 100.51 | 2.85 | 103.39 | 107.58 |
| 稻谷 | 元/公斤 | 3.43 | | 107.19 | 3.84 | | 103.55 |
| 粳稻 | 元/公斤 | 3.43 | | 107.19 | 3.84 | | 104.50 |
| 其他稻谷 | 元/公斤 | | | | 2.25 | | 95.74 |
| 小麦 | 元/公斤 | 2.68 | 97.83 | 97.76 | 2.68 | 103.39 | 103.76 |
| 玉米 | 元/公斤 | 2.00 | | 103.55 | 2.78 | | 108.81 |
| 谷子 | 元/公斤 | 3.54 | | 137.09 | 2.84 | | 92.73 |
| 高粱 | 元/公斤 | 2.50 | | 100.00 | 1.95 | | 101.92 |
| 大麦 | 元/公斤 | | | | 2.00 | | |
| 荞麦 | 元/公斤 | 2.84 | | 85.50 | 3.26 | | 81.93 |
| 其他谷物 | 元/公斤 | 2.43 | | 109.40 | 6.06 | | 89.96 |
| 马铃薯 | 元/公斤 | 1.09 | | 95.93 | 1.57 | | 48.55 |
| 油料 | 元/公斤 | 5.48 | | 85.46 | 4.47 | | 95.31 |
| 花生 | 元/公斤 | | | | 6.26 | | 94.85 |
| 油菜籽 | 元/公斤 | 4.28 | | 75.89 | 4.17 | | 77.03 |
| 葵花籽 | 元/公斤 | 5.58 | | 83.59 | 5.44 | | 101.84 |
| 油葵 | 元/公斤 | 6.00 | | 83.33 | 5.25 | | 105.35 |
| 食葵 | 元/公斤 | 5.53 | | 84.40 | 5.48 | | 90.57 |
| 胡麻籽 | 元/公斤 | 4.83 | | 107.33 | 5.72 | | 103.00 |
| 其他油料 | 元/公斤 | | | | 6.00 | 109.09 | 109.09 |
| 豆类 | 元/公斤 | 4.52 | | 107.40 | 4.11 | | 100.26 |
| 大豆 | 元/公斤 | 3.80 | | 102.70 | 3.90 | | 108.95 |
| 黄大豆 | 元/公斤 | 3.80 | 102.70 | 102.70 | 3.91 | 108.95 | 108.95 |
| 黑大豆 | 元/公斤 | | | | | | |
| 小黑豆 | 元/公斤 | | | | 3.24 | 140.26 | 140.26 |
| 绿豆 | 元/公斤 | 6.70 | | 116.76 | 6.53 | | 82.24 |
| 小豆 | 元/公斤 | | | | 3.11 | | 70.67 |
| 干蚕豆 | 元/公斤 | | | | 2.82 | | 100.71 |
| 芸豆 | 元/公斤 | | | | 4.24 | | 103.45 |
| 其他杂豆 | 元/公斤 | | | | 7.02 | | 100.29 |
| 甜菜 | 元/公斤 | | | | 0.45 | 102.89 | 102.89 |
| 未加工烟草 | 元/公斤 | | | | | | |

# 3－3－25 续表9

| 指　　标 | 单　位 | 三季度价　格 | 三季度缩减指数 | 三季度生产指数 | 前三季度价　格 | 前三季度缩减指数 | 前三季度生产指数 |
|---|---|---|---|---|---|---|---|
| 饲料作物 | 元/公斤 | 1.80 | | | 1.80 | | 94.74 |
| 苜蓿 | 元/公斤 | | | | | | |
| 青饲料 | 元/公斤 | | | | | | |
| 饲料牧草 | 元/公斤 | 1.80 | | | 1.80 | | 94.74 |
| 其他饲料作物 | 元/公斤 | | | | | | |
| 蔬菜 | 元/公斤 | 0.43 | 102.03 | 101.61 | 0.48 | 103.22 | 103.09 |
| 叶菜类蔬菜 | 元/公斤 | 1.29 | 108.02 | 108.54 | 1.86 | 103.50 | 106.18 |
| 芹菜 | 元/公斤 | 1.41 | 108.19 | 108.19 | 1.61 | 107.08 | 107.08 |
| 油菜 | 元/公斤 | | | | 2.34 | 100.00 | 100.00 |
| 菠菜 | 元/公斤 | 4.00 | 102.56 | 102.56 | 3.70 | 100.11 | 100.11 |
| 香菜 | 元/公斤 | 2.17 | 129.10 | 129.10 | 5.84 | 135.62 | 135.62 |
| 小白菜 | 元/公斤 | 2.00 | 125.00 | 125.00 | 2.54 | 128.30 | 128.30 |
| 大白菜 | 元/公斤 | | | | | | |
| 普通白菜 | 元/公斤 | | | | | | |
| 结球甘蓝 | 元/公斤 | 1.60 | 75.83 | 75.83 | 1.60 | 75.83 | 75.83 |
| 根茎类蔬菜 | 元/公斤 | 0.60 | 86.35 | 98.09 | 0.74 | 97.56 | 103.54 |
| 白萝卜 | 元/公斤 | 0.47 | 86.35 | 86.35 | 0.57 | 97.56 | 97.56 |
| 红萝卜 | 元/公斤 | 0.98 | 89.09 | 89.09 | 0.98 | 89.09 | 89.09 |
| 胡萝卜 | 元/公斤 | 2.00 | 111.11 | 111.11 | 2.00 | 111.11 | 111.11 |
| 瓜菜类蔬菜 | 元/公斤 | 1.53 | 105.30 | 105.30 | 1.71 | 104.19 | 104.19 |
| 黄瓜 | 元/公斤 | 1.53 | 105.30 | 105.30 | 1.71 | 104.19 | 104.19 |
| 豆类蔬菜 | 元/公斤 | 1.84 | 108.19 | 108.19 | 1.84 | 108.19 | 108.19 |
| 四季豆 | 元/公斤 | 1.85 | 108.19 | 108.19 | 1.85 | 108.19 | 108.19 |
| 茄果类蔬菜 | 元/公斤 | 0.41 | 100.53 | 100.44 | 0.43 | 106.93 | 106.68 |
| 茄子 | 元/公斤 | 0.94 | 101.34 | 101.34 | 1.82 | 111.15 | 111.15 |
| 青椒 | 元/公斤 | | | | 4.20 | 102.44 | 102.44 |
| 辣椒 | 元/公斤 | 1.87 | 101.63 | 101.63 | 4.87 | 108.95 | 108.95 |
| 西红柿 | 元/公斤 | 2.00 | 99.81 | 99.81 | 2.38 | 107.06 | 107.06 |
| 其他茄果类蔬菜 | 元/公斤 | 0.40 | 94.52 | 94.52 | 0.40 | 94.52 | 94.52 |
| 葱蒜类蔬菜 | 元/公斤 | 1.02 | 85.87 | 89.83 | 1.05 | 79.09 | 87.22 |
| 洋葱 | 元/公斤 | 1.57 | 157.00 | 157.00 | 1.57 | 157.00 | 157.00 |
| 大葱 | 元/公斤 | 0.97 | 85.87 | 85.87 | 0.98 | 79.09 | 79.09 |
| 细香葱 | 元/公斤 | | | | | | |
| 韭菜 | 元/公斤 | | | | 4.00 | 105.26 | 105.26 |

# 3-3-25 续表10

| 指　　标 | 单　位 | 三季度价　格 | 三季度缩减指数 | 三季度生产指数 | 前三季度价　格 | 前三季度缩减指数 | 前三季度生产指数 |
|---|---|---|---|---|---|---|---|
| 食用菌 | 元/公斤 | 4.79 | | | 5.86 | | |
| 滑菇 | 元/公斤 | 4.79 | 87.55 | 87.55 | 5.86 | 102.62 | 102.62 |
| 水果及坚果 | 元/公斤 | 1.22 | 121.13 | 120.37 | 7.29 | 118.97 | 118.19 |
| 水果(园林水果) | 元/公斤 | 1.22 | 121.13 | 120.37 | 7.29 | 120.87 | 118.19 |
| 苹果 | 元/公斤 | 2.48 | 110.84 | 110.51 | 3.54 | 115.98 | 114.83 |
| 梨 | 元/公斤 | | | | 3.60 | | 83.72 |
| 葡萄 | 元/公斤 | 16.00 | 177.38 | 177.38 | 16.00 | 177.38 | 177.38 |
| 瓜类水果 | 元/公斤 | 0.96 | 121.01 | 120.04 | 1.86 | 120.86 | 119.86 |
| 西瓜 | 元/公斤 | 0.88 | 122.02 | 122.02 | 0.88 | 122.02 | 122.02 |
| 哈密瓜 | 元/公斤 | 1.31 | 125.62 | 125.62 | 1.31 | 125.62 | 125.62 |
| 华莱士瓜 | 元/公斤 | 1.36 | 89.47 | 89.47 | 1.36 | 89.47 | 89.47 |
| 香瓜 | 元/公斤 | 4.33 | 89.44 | 89.44 | 5.94 | 81.10 | 81.10 |
| 草莓 | 元/公斤 | | | | 57.61 | 97.83 | 97.83 |
| 中草药材 | 元/公斤 | 26.25 | | 77.77 | 26.25 | | 59.01 |
| 枸杞 | 元/公斤 | 30.00 | 50.00 | 50.00 | 30.00 | 50.00 | 50.00 |
| 麻黄 | 元/公斤 | | | | | | |
| 其他中草药材 | 元/公斤 | 14.48 | 101.47 | 101.47 | 14.48 | 101.47 | 101.47 |
| 林业产品 | | 270.20 | 84.39 | 87.81 | 68.40 | 84.17 | 93.78 |
| 木材采伐产品 | 元/立方米 | 936.32 | 84.39 | 87.75 | 970.23 | 84.17 | 87.11 |
| 落叶松原木 | 元/立方米 | 952.00 | 81.51 | 81.51 | 994.34 | 94.97 | 94.97 |
| 杨树原木 | 元/立方米 | 729.99 | 88.70 | 88.70 | 738.61 | 76.56 | 76.56 |
| 桦木原木 | 元/立方米 | 995.47 | 108.09 | 108.09 | 986.60 | 107.18 | 107.18 |
| 饲养动物及其产品 | | 5.26 | 101.83 | 105.68 | 5.81 | 105.55 | 107.33 |
| 活牲畜 | 元/公斤 | 20.54 | 102.53 | 108.32 | 19.07 | 109.24 | 113.97 |
| 猪 | 元/公斤 | 14.26 | 97.25 | 97.07 | 14.88 | 109.49 | 110.03 |
| 仔猪 | 元/公斤 | 27.37 | 103.16 | 103.16 | 29.83 | 129.16 | 129.16 |
| 中猪 | 元/公斤 | 14.86 | 95.26 | 95.26 | 14.98 | 105.47 | 105.47 |
| 其他活猪 | 元/公斤 | 13.80 | 97.25 | 97.25 | 14.66 | 109.49 | 109.49 |
| 牛 | 元/公斤 | 19.94 | 117.52 | 111.67 | 17.66 | 111.68 | 115.53 |
| 黄牛 | 元/公斤 | 20.17 | 114.90 | 114.90 | 18.30 | 117.73 | 117.73 |
| 奶牛 | 元/公斤 | 10.67 | 76.21 | 76.21 | 12.06 | 103.72 | 103.72 |
| 其他活牛 | 元/公斤 | 19.62 | 117.52 | 117.52 | 17.99 | 111.68 | 111.68 |
| 马 | 元/公斤 | 18.33 | | 105.97 | 16.68 | | 108.26 |
| 驴 | 元/公斤 | 11.33 | | 103.00 | 22.76 | | 105.45 |

# 3-3-25 续表11

| 指　　标 | 单　位 | 三季度价　格 | 三季度缩减指数 | 三季度生产指数 | 前三季度价　格 | 前三季度缩减指数 | 前三季度生产指数 |
|---|---|---|---|---|---|---|---|
| 羊 | 元/公斤 | 25.76 | 101.25 | 120.55 | 23.75 | 108.46 | 118.28 |
| 绵羊 | 元/公斤 | 20.92 | 101.54 | 124.31 | 22.01 | 108.09 | 117.87 |
| 山羊 | 元/公斤 | 33.68 | 100.39 | 109.14 | 31.52 | 109.56 | 121.13 |
| 羔羊 | 元/公斤 | 19.54 | 95.76 | 95.76 | 20.69 | 106.56 | 106.56 |
| 骆驼 | 元/公斤 |  |  |  | 25.00 | 147.06 | 147.06 |
| 活家禽 | 元/公斤 | 27.12 | 114.40 | 114.28 | 23.51 | 112.34 | 110.42 |
| 活鸡 | 元/公斤 | 9.80 | 114.40 | 114.28 | 13.27 | 112.66 | 110.62 |
| 活鸭 | 元/公斤 | 36.04 |  |  | 37.55 |  |  |
| 活鹅 | 元/公斤 |  |  |  | 14.87 | 105.72 | 105.72 |
| 畜禽产品 | 元/公斤 | 3.82 | 99.53 | 100.73 | 3.82 | 100.08 | 99.92 |
| 生奶 | 元/公斤 | 3.63 | 102.64 | 102.64 | 3.57 | 102.62 | 102.62 |
| 禽蛋 | 元/公斤 | 7.78 | 97.66 | 97.87 | 9.42 | 103.30 | 102.20 |
| 鸡蛋 | 元/公斤 | 7.78 | 98.41 | 98.41 | 9.42 | 101.17 | 101.17 |
| 鸭蛋 | 元/公斤 |  |  |  | 12.88 | 116.88 | 116.88 |
| 鹅蛋 | 元/公斤 | 9.05 | 82.27 | 82.27 | 13.22 | 115.56 | 115.56 |
| 动物毛类 | 元/公斤 | 37.35 | 91.47 | 96.80 | 56.65 | 89.81 | 88.04 |
| 绵羊毛 | 元/公斤 | 9.75 | 127.61 | 127.61 | 9.78 | 120.36 | 120.36 |
| 山羊粗毛 | 元/公斤 | 9.53 | 119.13 | 119.13 | 6.25 | 78.61 | 78.61 |
| 山羊绒 | 元/公斤 | 278.58 | 85.45 | 85.45 | 271.13 | 80.45 | 80.45 |
| 骆驼绒 | 元/公斤 |  |  |  |  |  |  |
| 生皮 | 元/张 | 65.23 |  | 88.68 | 116.02 |  | 106.21 |
| 整张生牛皮 | 元/张 |  |  |  | 372.32 |  | 117.66 |
| 整张绵羊生皮 | 元/张 | 62.72 |  | 79.05 | 80.80 |  | 98.77 |
| 整张山羊生皮 | 元/张 | 71.50 |  | 98.82 | 139.79 |  | 115.52 |
| 家兔 | 元/公斤 | 17.50 |  |  | 21.24 |  |  |
| 渔业产品 |  | 29.13 | 122.80 | 120.83 | 28.63 | 106.26 | 105.84 |
| 养殖淡水鱼 | 元/公斤 | 26.19 | 130.33 | 129.54 | 14.44 | 106.71 | 106.34 |
| 养殖淡水鲤鱼 | 元/公斤 | 24.47 | 131.12 | 131.12 | 16.83 | 108.24 | 108.24 |
| 养殖淡水草鱼 | 元/公斤 |  |  |  |  |  |  |
| 养殖淡水罗非鱼 | 元/公斤 | 32.00 | 100.00 | 100.00 | 32.00 | 100.00 | 100.00 |
| 养殖淡水鲢鱼 | 元/公斤 |  |  |  | 8.33 | 104.13 | 104.13 |
| 养殖淡水鲫鱼 | 元/公斤 |  |  |  |  |  |  |
| 养殖淡水鲶鱼 | 元/公斤 |  |  |  |  |  |  |

# 3－3－25 续表12

| 指 标 | 单 位 | 四季度价 格 | 四季度缩减指数 | 四季度生产指数 | 全 年价 格 | 全 年缩减指数 | 全 年生产指数 |
|---|---|---|---|---|---|---|---|
| **合计** | | | **103.43** | **105.14** | | **101.30** | **104.72** |
| 农业产品 | | 1.33 | 104.94 | 107.82 | 1.92 | 100.00 | 105.36 |
| 谷物 | 元/公斤 | 1.85 | 106.14 | 106.90 | 2.70 | 104.39 | 107.86 |
| 稻谷 | 元/公斤 | 3.24 | 109.78 | 109.78 | 3.82 | 105.04 | 105.04 |
| 粳稻 | 元/公斤 | 3.24 | 109.78 | 109.78 | 3.83 | 105.90 | 105.90 |
| 其他稻谷 | 元/公斤 | | | | 2.25 | 95.74 | 95.74 |
| 小麦 | 元/公斤 | 2.22 | 99.73 | 99.73 | 2.62 | 102.23 | 102.15 |
| 玉米 | 元/公斤 | 1.82 | 107.52 | 107.52 | 2.62 | 109.28 | 109.28 |
| 谷子 | 元/公斤 | 3.02 | 109.92 | 115.13 | 2.90 | 98.54 | 95.34 |
| 高粱 | 元/公斤 | 1.94 | 112.68 | 112.69 | 1.94 | 108.39 | 108.38 |
| 大麦 | 元/公斤 | 1.80 | | | 1.80 | | |
| 荞麦 | 元/公斤 | 2.79 | 96.08 | 96.09 | 2.94 | 82.24 | 82.25 |
| 其他谷物 | 元/公斤 | 2.07 | 94.71 | 94.71 | 5.30 | 90.39 | 90.39 |
| 马铃薯 | 元/公斤 | 1.30 | 120.32 | 120.32 | 1.39 | 90.03 | 90.03 |
| 油料 | 元/公斤 | 6.11 | 99.22 | 102.99 | 5.81 | 97.70 | 98.90 |
| 花生 | 元/公斤 | 6.74 | 98.88 | 98.88 | 6.53 | 97.52 | 97.52 |
| 油菜籽 | 元/公斤 | 5.17 | 96.76 | 96.76 | 4.27 | 79.26 | 79.25 |
| 葵花籽 | 元/公斤 | 6.12 | 104.36 | 104.36 | 6.09 | 105.32 | 105.32 |
| 油葵 | 元/公斤 | 4.25 | 102.26 | 102.26 | 4.26 | 103.56 | 103.56 |
| 食葵 | 元/公斤 | 7.67 | 113.79 | 113.79 | 7.54 | 112.20 | 112.20 |
| 胡麻籽 | 元/公斤 | 6.19 | 110.07 | 110.07 | 6.08 | 106.48 | 106.48 |
| 其他油料 | 元/公斤 | 6.72 | 79.81 | 79.81 | 6.46 | 87.89 | 87.89 |
| 豆类 | 元/公斤 | 4.28 | 105.06 | 105.06 | 4.21 | 104.14 | 101.84 |
| 大豆 | 元/公斤 | 4.27 | 112.49 | 112.49 | 4.12 | 110.00 | 110.00 |
| 黄大豆 | 元/公斤 | 4.27 | 112.49 | 112.49 | 4.13 | 110.00 | 110.00 |
| 黑大豆 | 元/公斤 | 3.67 | 100.00 | 100.00 | 3.67 | 100.00 | 100.00 |
| 小黑豆 | 元/公斤 | 1.80 | 100.00 | 100.00 | 3.22 | 118.43 | 118.43 |
| 绿豆 | 元/公斤 | 6.39 | 90.24 | 90.24 | 6.51 | 84.76 | 84.76 |
| 小豆 | 元/公斤 | 3.37 | 98.80 | 98.80 | 3.24 | 87.43 | 87.43 |
| 干蚕豆 | 元/公斤 | | | | 2.82 | 100.71 | 100.71 |
| 芸豆 | 元/公斤 | 10.87 | 109.10 | 109.10 | 9.20 | 106.36 | 106.36 |
| 其他杂豆 | 元/公斤 | 5.49 | 92.43 | 92.43 | 5.63 | 94.98 | 94.98 |
| 甜菜 | 元/公斤 | 0.47 | 99.49 | 99.49 | 0.47 | 103.01 | 103.01 |
| 未加工烟草 | 元/公斤 | 16.41 | 106.50 | 103.70 | 16.41 | 106.53 | 103.09 |

# 3－3－25 续表13

| 指 标 | 单 位 | 四季度价 格 | 四季度缩减指数 | 四季度生产指数 | 全 年价 格 | 全 年缩减指数 | 全 年生产指数 |
|---|---|---|---|---|---|---|---|
| 饲料作物 | 元/公斤 | 0.96 | 93.33 | 93.33 | 1.24 | 82.95 | 93.09 |
| 苜蓿 | 元/公斤 | | | | | | |
| 青饲料 | 元/公斤 | 0.28 | 93.33 | 93.33 | 0.28 | 93.33 | 93.33 |
| 饲料牧草 | 元/公斤 | 1.80 | | | 1.80 | 80.00 | 80.00 |
| 其他饲料作物 | 元/公斤 | | | | | | |
| 蔬菜 | 元/公斤 | 0.41 | 101.64 | 109.81 | 0.42 | 101.98 | 104.92 |
| 叶菜类蔬菜 | 元/公斤 | 1.25 | 97.26 | 114.45 | 1.68 | 108.31 | 111.69 |
| 芹菜 | 元/公斤 | 1.03 | 97.26 | 97.26 | 1.37 | 108.54 | 108.54 |
| 油菜 | 元/公斤 | 2.42 | 135.96 | 135.96 | 2.34 | 116.60 | 116.60 |
| 菠菜 | 元/公斤 | 1.89 | 110.31 | 110.31 | 3.21 | 105.86 | 105.86 |
| 香菜 | 元/公斤 | 3.00 | 150.00 | 150.00 | 5.30 | 133.30 | 133.30 |
| 小白菜 | 元/公斤 | | | | 2.54 | 128.30 | 128.30 |
| 大白菜 | 元/公斤 | 0.53 | 121.88 | 121.88 | 0.53 | 121.88 | 121.88 |
| 普通白菜 | 元/公斤 | 0.58 | 86.01 | 86.01 | 0.58 | 86.01 | 86.01 |
| 结球甘蓝 | 元/公斤 | | | | 1.60 | 75.83 | 75.83 |
| 根茎类蔬菜 | 元/公斤 | 0.67 | 91.86 | 92.29 | 0.68 | 92.35 | 93.13 |
| 白萝卜 | 元/公斤 | 0.67 | 91.78 | 91.78 | 0.61 | 89.53 | 89.53 |
| 红萝卜 | 元/公斤 | 0.60 | 120.00 | 120.00 | 0.71 | 103.40 | 103.40 |
| 胡萝卜 | 元/公斤 | 0.73 | 92.83 | 92.83 | 0.73 | 97.10 | 97.10 |
| 瓜菜类蔬菜 | 元/公斤 | 1.94 | 97.00 | 97.00 | 1.72 | 104.11 | 104.11 |
| 黄瓜 | 元/公斤 | 1.94 | 97.00 | 97.00 | 1.72 | 104.11 | 104.11 |
| 豆类蔬菜 | 元/公斤 | 1.81 | 94.24 | 94.24 | 1.83 | 104.55 | 104.55 |
| 四季豆 | 元/公斤 | 1.80 | 94.24 | 94.24 | 1.84 | 104.55 | 104.55 |
| 茄果类蔬菜 | 元/公斤 | 0.40 | 106.28 | 102.49 | 0.41 | 109.40 | 107.13 |
| 茄子 | 元/公斤 | 1.30 | 98.48 | 98.48 | 1.80 | 110.42 | 110.42 |
| 青椒 | 元/公斤 | | | | 4.20 | 102.44 | 102.44 |
| 辣椒 | 元/公斤 | 3.51 | 115.34 | 115.34 | 4.46 | 119.42 | 119.42 |
| 西红柿 | 元/公斤 | 1.77 | 97.76 | 97.76 | 2.27 | 105.35 | 105.35 |
| 其他茄果类蔬菜 | 元/公斤 | 0.40 | 97.47 | 97.47 | 0.40 | 94.27 | 94.27 |
| 葱蒜类蔬菜 | 元/公斤 | 1.21 | 102.33 | 102.01 | 1.15 | 85.19 | 92.59 |
| 洋葱 | 元/公斤 | | | | 1.57 | 157.00 | 157.00 |
| 大葱 | 元/公斤 | 1.21 | 102.33 | 102.33 | 1.13 | 85.19 | 85.19 |
| 细香葱 | 元/公斤 | | | | | | |
| 韭菜 | 元/公斤 | | | | 4.00 | 105.26 | 105.26 |

# 3－3－25 续表14

| 指 标 | 单 位 | 四季度价 格 | 四 季 度缩减指数 | 四 季 度生产指数 | 全 年价 格 | 全 年缩减指数 | 全 年生产指数 |
|---|---|---|---|---|---|---|---|
| 食用菌 | 元/公斤 | 4.48 | | | 5.39 | | |
| 滑菇 | 元/公斤 | 4.48 | 80.16 | 80.16 | 5.39 | 94.47 | 94.47 |
| 水果及坚果 | 元/公斤 | 2.02 | 110.37 | 112.24 | 6.35 | 122.42 | 115.75 |
| 水果(园林水果) | 元/公斤 | 2.00 | 112.75 | 112.24 | 6.35 | 125.76 | 115.75 |
| 苹果 | 元/公斤 | 4.03 | 108.70 | 109.72 | 3.67 | 113.81 | 113.81 |
| 梨 | 元/公斤 | 3.89 | 129.67 | 129.67 | 3.62 | 85.99 | 85.99 |
| 葡萄 | 元/公斤 | | | | 16.00 | 177.38 | 177.38 |
| 瓜类水果 | 元/公斤 | 0.89 | 98.16 | 97.89 | 1.68 | 113.66 | 118.17 |
| 西瓜 | 元/公斤 | 0.52 | 96.61 | 96.61 | 0.83 | 121.17 | 121.17 |
| 哈密瓜 | 元/公斤 | 1.30 | 106.57 | 106.57 | 1.30 | 117.96 | 117.96 |
| 华莱士瓜 | 元/公斤 | | | | 1.36 | 89.47 | 89.47 |
| 香瓜 | 元/公斤 | | | | 5.94 | 81.10 | 81.10 |
| 草莓 | 元/公斤 | 35.41 | 110.66 | 110.66 | 57.44 | 97.87 | 97.87 |
| 中草药材 | 元/公斤 | 9.00 | 84.68 | 84.68 | 18.81 | 54.75 | 61.27 |
| 枸杞 | 元/公斤 | 52.50 | 84.68 | 84.68 | 33.00 | 54.75 | 54.75 |
| 麻黄 | 元/公斤 | | | | | | |
| 其他中草药材 | 元/公斤 | 1.10 | 100.00 | 100.00 | 4.76 | 101.78 | 101.78 |
| 林业产品 | | 578.36 | 74.70 | 82.87 | 90.11 | 85.81 | 93.04 |
| 木材采伐产品 | 元/立方米 | 724.34 | 74.70 | 77.44 | 887.42 | 85.81 | 86.18 |
| 落叶松原木 | 元/立方米 | 786.00 | 70.43 | 70.43 | 926.58 | 86.64 | 86.64 |
| 杨树原木 | 元/立方米 | 503.79 | 88.84 | 88.84 | 641.64 | 83.07 | 83.07 |
| 桦木原木 | 元/立方米 | 603.14 | 71.80 | 71.80 | 854.50 | 95.72 | 95.72 |
| 饲养动物及其产品 | | 6.25 | 102.78 | 102.01 | 5.95 | 104.17 | 104.90 |
| 活牲畜 | 元/公斤 | 20.78 | 100.87 | 101.22 | 19.66 | 105.87 | 108.75 |
| 猪 | 元/公斤 | 14.81 | 94.90 | 94.89 | 14.85 | 105.34 | 105.63 |
| 仔猪 | 元/公斤 | 31.57 | 95.92 | 95.92 | 30.03 | 120.30 | 120.30 |
| 中猪 | 元/公斤 | 15.36 | 93.04 | 93.04 | 15.12 | 104.05 | 104.05 |
| 其他活猪 | 元/公斤 | 14.30 | 94.90 | 94.90 | 14.52 | 105.34 | 105.34 |
| 牛 | 元/公斤 | 22.16 | 116.17 | 107.37 | 19.44 | 112.88 | 110.55 |
| 黄牛 | 元/公斤 | 20.02 | 106.92 | 106.92 | 18.87 | 111.40 | 111.40 |
| 奶牛 | 元/公斤 | 12.06 | 107.55 | 107.55 | 12.06 | 106.24 | 106.24 |
| 其他活牛 | 元/公斤 | 25.88 | 116.17 | 116.17 | 21.36 | 112.88 | 112.88 |
| 马 | 元/公斤 | 19.13 | 97.63 | 97.63 | 18.06 | 101.01 | 101.01 |
| 驴 | 元/公斤 | 17.22 | 102.87 | 102.87 | 21.73 | 104.65 | 104.65 |

# 3－3－25 续表15

| 指　　标 | 单　位 | 四季度价格 | 四季度缩减指数 | 四季度生产指数 | 全年价格 | 全年缩减指数 | 全年生产指数 |
|---|---|---|---|---|---|---|---|
| 羊 | 元/公斤 | 24.72 | 102.06 | 106.70 | 23.96 | 103.56 | 112.12 |
| 绵羊 | 元/公斤 | 24.35 | 101.42 | 107.55 | 22.55 | 103.33 | 113.03 |
| 山羊 | 元/公斤 | 27.66 | 103.97 | 101.76 | 31.00 | 104.25 | 109.49 |
| 羔羊 | 元/公斤 | 25.59 | 104.36 | 104.36 | 22.16 | 105.36 | 105.36 |
| 骆驼 | 元/公斤 | 25.00 | 100.00 | 100.00 | 25.00 | 123.89 | 123.89 |
| 活家禽 | 元/公斤 | 13.14 | 108.98 | 109.51 | 16.93 | 107.74 | 108.94 |
| 活鸡 | 元/公斤 | 10.05 | 109.95 | 109.67 | 10.93 | 110.91 | 109.34 |
| 活鸭 | 元/公斤 | 36.04 | | | 37.05 | | |
| 活鹅 | 元/公斤 | 16.86 | 95.79 | 95.79 | 16.44 | 97.07 | 97.07 |
| 畜禽产品 | 元/公斤 | 3.71 | 104.99 | 102.65 | 3.79 | 101.30 | 99.53 |
| 生奶 | 元/公斤 | 3.61 | 102.52 | 102.52 | 3.58 | 101.44 | 101.44 |
| 禽蛋 | 元/公斤 | 8.09 | 108.95 | 109.27 | 9.14 | 105.86 | 104.12 |
| 鸡蛋 | 元/公斤 | 8.09 | 109.40 | 109.40 | 9.14 | 103.48 | 103.48 |
| 鸭蛋 | 元/公斤 | | | | 12.88 | 116.88 | 116.88 |
| 鹅蛋 | 元/公斤 | 20.00 | 100.00 | 100.00 | 14.81 | 107.50 | 107.50 |
| 动物毛类 | 元/公斤 | 107.44 | 96.63 | 96.89 | 57.12 | 94.98 | 87.99 |
| 绵羊毛 | 元/公斤 | 6.86 | 91.18 | 91.18 | 9.76 | 118.75 | 118.75 |
| 山羊粗毛 | 元/公斤 | | | | 6.25 | 78.61 | 78.61 |
| 山羊绒 | 元/公斤 | 230.32 | 98.97 | 98.97 | 270.20 | 80.51 | 80.51 |
| 骆驼绒 | 元/公斤 | | | | | | |
| 生皮 | 元/张 | 99.24 | | 98.98 | 113.88 | | 105.03 |
| 整张生牛皮 | 元/张 | 260.00 | | 101.96 | 368.00 | | 116.79 |
| 整张绵羊生皮 | 元/张 | 86.39 | | 98.64 | 81.42 | | 97.73 |
| 整张山羊生皮 | 元/张 | 107.34 | | 98.83 | 134.83 | | 113.57 |
| 家兔 | 元/公斤 | 21.05 | | | 21.21 | | |
| 渔业产品 | | 24.35 | 116.28 | 116.16 | 28.07 | 107.28 | 107.29 |
| 养殖淡水鱼 | 元/公斤 | 30.98 | 119.42 | 119.03 | 14.87 | 107.06 | 106.70 |
| 养殖淡水鲤鱼 | 元/公斤 | 22.73 | 119.63 | 119.63 | 16.90 | 108.83 | 108.83 |
| 养殖淡水草鱼 | 元/公斤 | | | | | | |
| 养殖淡水罗非鱼 | 元/公斤 | 34.00 | 106.25 | 106.25 | 32.50 | 101.56 | 101.56 |
| 养殖淡水鲢鱼 | 元/公斤 | | | | 8.33 | 104.13 | 104.13 |
| 养殖淡水鲫鱼 | 元/公斤 | | | | | | |
| 养殖淡水鲶鱼 | 元/公斤 | | | | | | |

# 主要统计指标解释

**居民消费价格指数** 是度量消费商品及服务项目价格水平随着时间而变动的相对数,反映居民家庭购买的消费品及服务价格水平的变动情况。它是宏观经济分析和决策、价格总水平监测和调控以及国民经济核算的重要指标。其按年度计算的变动率通常被用来作为反映通货膨胀(或紧缩)程度的指标。

**城市居民消费价格指数** 是度量城市居民消费商品及服务项目价格水平随着时间而变动的相对数,反映城市居民家庭购买的消费品及服务价格水平的变动情况。它可以观察和分析消费品的零售价格和服务项目价格变动对职工货币工资的影响,作为研究职工生活和确立工资政策的依据。

**农村居民消费价格指数** 是度量农村居民消费商品及服务项目价格水平随着时间而变动的相对数,反映农村居民家庭购买的消费品及服务价格水平的变动情况。它可以观察和分析消费品的零售价格和服务项目价格变动对农村居民生活消费支出的影响,直接反映农民生活水平的实际变化情况,作为研究农村居民生活问题的依据。

**商品的零售价格** 是商品在流通过程中最后一个环节的价格,是工业、商业、餐饮业和其他零售企业向城乡居民、机关团体出售生活消费品和办公用品的价格。商品零售价格调查的任务是系统地调查、搜集和整理市场商品零售价格资料,编制商品零售价格指数,以此反映市场商品零售价格的变动趋势和变动程度。其目的在于掌握商品价格的变动趋势,为国家宏观调控和国民经济核算提供参考依据。同时,还可以在此基础上编制其他派生价格指数。

**农业生产资料价格** 是农业生产资料在流通领域最后一个环节的价格,是工业、商业及其他单位和个人向农民出售农业生产资料(包括主要生产性服务,下同)的价格。农业生产资料价格调查的任务是系统地调查、搜集和整理市场农业生产资料价格资料,编制农业生产资料价格指数,据此测定全国市场农业生产资料价格变动趋势和变动程度。其目的在于掌握农业生产资料的平均价格水平,为国家制定经济政策提供依据;同时,为研究城乡市场流通和国民经济核算提供参考依据。

**固定资产投资价格指数** 指反映固定资产投资活动中所涉及的建筑安装工程投资价格、设备及工器具投资价格和其它费用投资价格水平变动趋势和程度的相对数。固定资产投资额是由建筑安装工程投资完成额,设备、工器具购置投资完成额和其他费用投资完成额三部分组成的。

**建筑安装工程投资价格指数** 指反映建筑安装企业或部门在施工安装活动中所涉及的施工产值、直接工程费用(主要由人工费、材料费和机械使用费所组成)和间接工程费用价格水平变动趋势和程度的相对数。目前我国用建筑安装工程价格指数来替代建筑业产值价格指数。

**工业品出厂价格指数** 是反映全部工业产品出厂价格总水平的变动趋势和程度的相对数,包括工业企业售给本企业以外所有单位的各种产品和直接售给居民用于生活消费的产品。通过工业品出厂价格指数能观察出厂价格变动对工业总产值的影响。

**原材料、燃料、动力购进价格指数** 指反映工业企业通过各种价格形式购进的主要原材料、燃料、动力价格水平变动趋势和程度的相对数。原材料、燃料、动力购进价格指数分为燃料、动力,黑色金属材料,有色金属材料,化工原料,木材,建筑材料及非金属矿,其他工业原材料、半成品,农副产品和纺织原料九个大类。

**房地产价格指数** 是反映全部房地产价格总水平的变动趋势和程度的相对数 。包括土地交易价格指数、房地产销售价格指数、房地产租赁价格指数。

**土地交易价格指数** 是指房地产开发商或其他建设单位在进行商品房、生产和商业用房及其他生产经营用地开发前为取得土地使用权而实际支付的价格的变动趋势和程度的相对数。

**房地产销售价格指数** 是指房地产销售价格总水平变动趋势和程度的相对数 。

**房地产租赁和物业管理价格指数** 是指房地产租赁和对房地产占有、使用、收益和处分所发生的费用价格总水平变动趋势和程度的相对数 。

**农产品生产价格** 指农产品生产者第一手(直接)出售其产品时实际获得的单位产品价格。

**农产品生产价格指数** 是反映一定时期内农产品生产者出售农产品价格水平变动趋势及幅度的相对数。是以各种农产品出售金额资料作为权数计算的。

农产品价格缩减指数:也是反映农产品价格水平变动趋势及幅度的相对数。它农产品生产指数不同是以农业产值资料作为权数计算的。主要用于计算农业发展速度是应扣除价格水平变动部分。

# 4 县域经济社会调查篇

# 4 县域经济社会调查篇

## ① 旗县经济社会基本情况

资料整理：任丽莹　寇珍

# 4-1-1 各旗县人口与就业情况(2012年)

| 地区 | 年末总人口(万人) | 女(万人) | 乡村人口(万人) | 年末单位从业人员数(人) | 乡村从业人员数(人) | 城镇登记失业人员数(人) |
|---|---|---|---|---|---|---|
| 呼市新城区 | 36.9 | 18.6 | 5 | 323788 | 35589 | 2525 |
| 呼市回民区 | 23.6 | 11.8 | 4.7 | 41023 | 13046 | 711 |
| 呼市玉泉区 | 19.8 | 9.9 | 5 | 20328 | 21446 | 3733 |
| 呼市赛罕区 | 41.7 | 20.8 | 13.8 | 143239 | 70892 | 660 |
| 土默特左旗 | 36 | 17.2 | 29.8 | 17843 | 158331 | 571 |
| 托克托县 | 20.8 | 10.2 | 15.1 | 21273 | 86603 | 246 |
| 和林格尔县 | 19.8 | 9.4 | 15.1 | 21629 | 82322 | 327 |
| 清水河县 | 14.3 | 6.7 | 8.7 | 8902 | 48166 | 493 |
| 武川县 | 17.4 | 8.2 | 12.8 | 9567 | 72707 | 498 |
| 包头市东河区 | 43.2 | 21.7 | 5.4 | 60491 | 32237 | 11885 |
| 包头市石拐区 | 6.7 | 3.3 | 0.7 | 6541 | 6228 | 1338 |
| 包头市九原区 | 15.1 | 7.3 | 6.5 | 15282 | 34184 | 1776 |
| 土默特右旗 | 36.9 | 17.9 | 16.4 | 20428 | 118817 | 3114 |
| 固阳县 | 21.3 | 10.2 | 12 | 10323 | 73383 | 2005 |
| 达尔罕茂明安联合旗 | 11.5 | 5.5 | 5.5 | 5766 | 33169 | 1520 |
| 呼伦贝尔市海拉尔区 | 27.6 | 14.1 | 1.6 | 48148 | 9319 | 4239 |
| 阿荣旗 | 33 | 16 | 22.9 | 23341 | 111674 | 1289 |
| 莫力达瓦达斡尔族自治旗 | 32.8 | 15.8 | 27.9 | 21083 | 114804 | 1431 |
| 鄂伦春自治旗 | 26.5 | 12.9 | 6.2 | 18140 | 37754 | 2788 |
| 鄂温克族自治旗 | 14.3 | 6.9 | 2.9 | 31138 | 18205 | 1579 |
| 陈巴尔虎旗 | 5.9 | 2.8 | 1.4 | 15022 | 6892 | 906 |
| 新巴尔虎左旗 | 4.2 | 2.1 | 1.9 | 5100 | 11752 | 272 |
| 新巴尔虎右旗 | 3.5 | 1.8 | 1.7 | 7760 | 10645 | 565 |
| 满洲里市 | 17 | 8.5 | 0 | 30841 | 0 | 0 |
| 牙克石市 | 35.4 | 17.5 | 0.4 | 32180 | 3027 | 2299 |
| 扎兰屯市 | 42.1 | 20.5 | 29.1 | 34433 | 267711 | 2051 |
| 额尔古纳市 | 8.4 | 4.2 | 0.2 | 16234 | 1184 | 1020 |
| 根河市 | 15.5 | 7.6 | 0 | 12720 | 0 | 1798 |
| 乌兰浩特市 | 32.1 | 16.2 | 8.2 | 43239 | 46505 | 4048 |
| 阿尔山市 | 4.9 | 2.4 | 1 | 6727 | 3989 | 77 |
| 科尔沁右翼前旗 | 33.8 | 16 | 31 | 19200 | 120100 | 1100 |
| 科尔沁右翼中旗 | 25.9 | 12.8 | 18.8 | 17895 | 107466 | 1900 |
| 扎赉特旗 | 39.9 | 19.3 | 32.2 | 20619 | 167502 | 1945 |
| 突泉县 | 31.4 | 15.3 | 24.4 | 13664 | 148419 | 2275 |
| 科尔沁区 | 89 | 43.9 | 47.8 | 99090 | 245523 | 4499 |
| 科尔沁左翼中旗 | 53.5 | 26.2 | 46.4 | 27314 | 233893 | 3146 |
| 科尔沁左翼后旗 | 40.4 | 19.7 | 35 | 24335 | 139171 | 1702 |
| 开鲁县 | 39.8 | 19.6 | 32.3 | 22330 | 170747 | 1308 |
| 库伦旗 | 18 | 8.2 | 14.3 | 11180 | 76362 | 356 |
| 奈曼旗 | 44.5 | 21.8 | 38.7 | 20226 | 233497 | 1480 |
| 扎鲁特旗 | 30.6 | 15.1 | 23.7 | 23948 | 120891 | 930 |
| 霍林郭勒市 | 8.1 | 3.9 | 1 | 30849 | 6942 | 1982 |
| 赤峰市红山区 | 35.7 | 18 | 8.8 | 49901 | 38603 | 2718 |
| 赤峰市元宝山区 | 32.6 | 16.1 | 16.3 | 48381 | 84729 | 2956 |
| 赤峰市松山区 | 55 | 26.4 | 44.2 | 37354 | 267583 | 1562 |
| 阿鲁科尔沁旗 | 30 | 14.7 | 25.7 | 19857 | 154583 | 1307 |
| 巴林左旗 | 35.6 | 18.6 | 30.3 | 22718 | 142713 | 1850 |
| 巴林右旗 | 18.5 | 9.1 | 12.9 | 18910 | 51113 | 961 |
| 林西县 | 24 | 11.9 | 15.7 | 20826 | 96437 | 1074 |
| 克什克腾旗 | 25.2 | 12.3 | 19.8 | 13341 | 89022 | 884 |
| 翁牛特旗 | 48.6 | 23.5 | 43.1 | 24192 | 213714 | 1158 |
| 喀喇沁旗 | 35 | 16.8 | 30.7 | 17260 | 152833 | 1135 |
| 宁城县 | 60.8 | 29 | 52.7 | 25995 | 272051 | 2218 |
| 敖汉旗 | 60.2 | 29 | 53.1 | 21877 | 307533 | 840 |

# 4-1-1 续表

| 地区 | 年末总人口（万人） | 女(万人) | 乡村人口（万人） | 年末单位从业人员数（人） | 乡村从业人员数（人） | 城镇登记失业人员数（人） |
|---|---|---|---|---|---|---|
| 二连浩特市 | 2.7 | 1.2 | 0.1 | 7873 | 1127 | 223 |
| 锡林浩特市 | 17.8 | 9 | 0.8 | 57520 | 5948 | 3428 |
| 阿巴嘎旗 | 4.5 | 2.2 | 1.7 | 3754 | 12293 | 335 |
| 苏尼特左旗 | 3.4 | 1.7 | 1.9 | 3694 | 13606 | 296 |
| 苏尼特右旗 | 6.9 | 3.4 | 3.4 | 8276 | 18257 | 554 |
| 东乌珠穆沁旗 | 7.9 | 5.1 | 3.9 | 12296 | 36721 | 1111 |
| 西乌珠穆沁旗 | 7.9 | 4 | 3.7 | 8035 | 22814 | 739 |
| 太仆寺旗 | 21.1 | 10.3 | 17.2 | 6801 | 75913 | 630 |
| 镶黄旗 | 3.1 | 1.6 | 1.7 | 3581 | 13476 | 1299 |
| 正镶白旗 | 7.4 | 3.6 | 5.3 | 4151 | 27028 | 400 |
| 正蓝旗 | 8.2 | 4.1 | 5.3 | 8361 | 32791 | 2800 |
| 多伦县 | 10.9 | 5.3 | 6.9 | 6138 | 39683 | 1545 |
| 集宁区 | 32.2 | 16 | 3.7 | 61659 | 33352 | 11243 |
| 卓资县 | 21.5 | 10.1 | 9.1 | 7970 | 60189 | 125 |
| 化德县 | 17.7 | 8.7 | 7.2 | 6717 | 38334 | 513 |
| 商都县 | 34.3 | 16.7 | 12.3 | 9160 | 81214 | 1409 |
| 兴和县 | 33.1 | 16.1 | 20.6 | 10022 | 122561 | 1510 |
| 凉城县 | 24.6 | 11.6 | 20.1 | 11486 | 110409 | 813 |
| 察哈尔右翼前旗 | 23.3 | 11.3 | 18.3 | 7164 | 86058 | 1183 |
| 察哈尔右翼中旗 | 23.3 | 11.1 | 20 | 6622 | 90837 | 6842 |
| 察哈尔右翼后旗 | 21.8 | 10.7 | 9.8 | 9829 | 54125 | 205 |
| 四子王旗 | 21.4 | 10.4 | 17 | 6973 | 91107 | 510 |
| 丰镇市 | 33.9 | 16.4 | 23.2 | 15055 | 81466 | 2434 |
| 东胜区 | 26.3 | 13.1 | 4 | 65961 | 17052 | 1943 |
| 达拉特旗 | 35.8 | 17.5 | 14.3 | 21933 | 93895 | 2568 |
| 准格尔旗 | 30.9 | 15.6 | 10.3 | 40893 | 79624 | 1235 |
| 鄂托克前旗 | 7.6 | 3.7 | 3.5 | 5323 | 23167 | 245 |
| 鄂托克旗 | 9.7 | 4.8 | 3.8 | 26632 | 25657 | 744 |
| 杭锦旗 | 14.2 | 6.9 | 6.9 | 11155 | 57921 | 431 |
| 乌审旗 | 10.9 | 5.4 | 5 | 9320 | 39565 | 575 |
| 伊金霍洛旗 | 16.8 | 8.2 | 7.2 | 40600 | 49489 | 1345 |
| 临河区 | 56.2 | 28.2 | 24.8 | 71844 | 139978 | 3091 |
| 五原县 | 29.5 | 14.1 | 20.1 | 10457 | 115897 | 1980 |
| 磴口县 | 12.3 | 6 | 5.4 | 11627 | 33756 | 1046 |
| 乌拉特前旗 | 34.3 | 16.8 | 20.9 | 20322 | 106528 | 1922 |
| 乌拉特中旗 | 14.7 | 7.2 | 9.1 | 9805 | 49240 | 1058 |
| 乌拉特后旗 | 6.6 | 3.2 | 2.5 | 14540 | 19800 | 1364 |
| 杭锦后旗 | 32.7 | 16.2 | 20 | 16345 | 109217 | 1205 |
| 海勃湾区 | 30.8 | 14.5 | 1.1 | 93245 | 7960 | 1460 |
| 海南区 | 10.5 | 4.3 | 1.9 | 11056 | 7867 | 2424 |
| 乌达区 | 13.5 | 6.5 | 0 | 10950 | 0 | 552 |
| 阿拉善左旗 | 14.3 | 7 | 4.7 | 39557 | 35503 | 927 |
| 阿拉善右旗 | 2.5 | 1.3 | 0.9 | 4461 | 4773 | 340 |
| 额济纳旗 | 1.8 | 0.9 | 0 | 4375 | 4171 | 295 |

# 4－1－2 各旗县综合经济情况(2012年)

单位:万元

| 地　　区 | 地区生产总值 | 第一产业增加值 | 第二产业增加值 | 第三产业增加值 | 财政总收入 | 各项税收 |
|---|---|---|---|---|---|---|
| 呼市新城区 | 5145999 | 21743 | 670530 | 4453726 | 442086 | 276300 |
| 呼市回民区 | 3104476 | 5413 | 602855 | 2496208 | 209980 | 117548 |
| 呼市玉泉区 | 2502871 | 30198 | 904128 | 1568545 | 365855 | 106338 |
| 呼市赛罕区 | 4200078 | 201997 | 973914 | 3024167 | 625075 | 625075 |
| 土默特左旗 | 2131378 | 376107 | 971331 | 783940 | 229860 | 211579 |
| 托克托县 | 2374118 | 200875 | 1797554 | 375689 | 232124 | 212345 |
| 和林格尔县 | 1687473 | 221062 | 1041041 | 425370 | 189671 | 81969 |
| 清水河县 | 577449 | 64972 | 282985 | 229492 | 60398 | 19508 |
| 武川县 | 643175 | 82820 | 353820 | 206535 | 50855 | 42442 |
| 包头市东河区 | 4372437 | 63785 | 1706667 | 2601985 | 200230 | 187814 |
| 包头市石拐区 | 904348 | 7735 | 807500 | 89113 | 86039 | 76187 |
| 包头市九原区 | 2893111 | 114726 | 1666419 | 1111966 | 293557 | 264258 |
| 土默特右旗 | 2851270 | 359570 | 1627792 | 863908 | 284027 | 216978 |
| 固阳县 | 1035915 | 124510 | 731678 | 179727 | 114777 | 69559 |
| 达尔罕茂明安联合旗 | 1686607 | 134746 | 1210677 | 341184 | 187468 | 69791 |
| 海拉尔区 | 2352141.3 | 79135.3 | 1192389 | 1080617 | 351732 | 191321 |
| 阿荣旗 | 1291996 | 431983 | 567340 | 292673 | 71402 | 53073 |
| 莫力达瓦达斡尔族自治旗 | 900637 | 424991.8 | 223456 | 252189 | 50841 | 30303 |
| 鄂伦春自治旗 | 534636.5 | 206767.5 | 67552 | 260317 | 37298 | 9328 |
| 鄂温克族自治旗 | 926279.3 | 73254.2 | 642311 | 210714 | 257684 | 50079 |
| 陈巴尔虎旗 | 780851 | 89210.5 | 535069 | 156571 | 156649 | 154567 |
| 新巴尔虎左旗 | 319994.3 | 64843.3 | 165660 | 89491 | 32045 | 23944 |
| 新巴尔虎右旗 | 667531 | 42095.7 | 530079 | 95356 | 142280 | 50507 |
| 满洲里市 | 1759226.1 | 33592.1 | 488334 | 1237300 | 177003 | 152571 |
| 牙克石市 | 1901512.1 | 341761.1 | 915060 | 644691 | 111688 | 67381 |
| 扎兰屯市 | 1486484.5 | 385216.5 | 770214 | 331054 | 83968 | 50807 |
| 额尔古纳市 | 369968.4 | 132777.4 | 105141 | 132050 | 34401 | 23682 |
| 根河市 | 349223 | 97179.9 | 98634 | 153409 | 17217 | 4950 |
| 乌兰浩特市 | 1300027 | 100052 | 625600 | 574375 | 255378 | 242160 |
| 阿尔山市 | 127315 | 25490 | 34021 | 67804 | 11702 | 5105 |
| 科尔沁右翼前旗 | 750072 | 321397 | 245369 | 183306 | 37248 | 10330 |
| 科尔沁右翼中旗 | 480028 | 163072 | 173077 | 143879 | 30656 | 11116 |
| 扎赉特旗 | 700125 | 329457 | 179756 | 190912 | 20297 | 5865 |
| 突泉县 | 560168 | 206339 | 247636 | 106193 | 15011 | 6537 |
| 科尔沁区 | 6559324 | 523221 | 4121340 | 1914763 | 395353 | 219503 |
| 科尔沁左翼中旗 | 1396780 | 356153 | 619420 | 421207 | 33032 | 23299 |
| 科尔沁左翼后旗 | 1425034 | 278810 | 701313 | 444911 | 50200 | 10693 |
| 开鲁县 | 1816816 | 446145 | 942374 | 428297 | 86958 | 43753 |
| 库伦旗 | 619931 | 162463 | 319046 | 138422 | 37193 | 22780 |
| 奈曼旗 | 1331686 | 256111 | 746822 | 328753 | 60044 | 28070 |
| 扎鲁特旗 | 1623690 | 278164 | 1007538 | 337988 | 144196 | 106180 |
| 霍林郭勒市 | 2950038 | 26776 | 2216777 | 706485 | 393714 | 294841 |
| 赤峰市红山区 | 2521983 | 65817 | 1326898 | 1129268 | 262073 | 260366 |
| 赤峰市元宝山区 | 2141264 | 153735 | 1316142 | 671387 | 281666 | 100119 |
| 赤峰市松山区 | 2124663 | 352979 | 1269764 | 501920 | 121266 | 114919 |
| 阿鲁科尔沁旗 | 917644 | 156708 | 458298 | 302638 | 42000 | 38057 |
| 巴林左旗 | 1002124 | 187696 | 521904 | 292524 | 65000 | 28668 |
| 巴林右旗 | 610819 | 96775 | 346453 | 167591 | 41800 | 21155 |
| 林西县 | 581655 | 106507 | 271675 | 203473 | 47200 | 45003 |
| 克什克腾旗 | 1240588 | 153037 | 845950 | 241601 | 174428 | 156035 |
| 翁牛特旗 | 1180926 | 348802 | 540866 | 291258 | 46316 | 38598 |
| 喀喇沁旗 | 655301 | 109936 | 357701 | 187664 | 65000 | 64049 |
| 宁城县 | 1359955 | 295473 | 647180 | 417302 | 79000 | 36981 |
| 敖汉旗 | 1366966 | 347945 | 666638 | 352383 | 70888 | 63088 |

# 4-1-2 续表1

单位:万元

| 地　　区 | 地区生产总值 | 第一产业增加值 | 第二产业增加值 | 第三产业增加值 | 财政总收入 | 各项税收 |
|---|---|---|---|---|---|---|
| 二连浩特市 | 679245 | 4598 | 251219 | 423428 | 54034 | 21804 |
| 锡林浩特市 | 1945374 | 102019 | 1263113 | 580242 | 350088 | 335790 |
| 阿巴嘎旗 | 490283 | 60018 | 360587 | 69678 | 31065 | 14681 |
| 苏尼特左旗 | 357907 | 44022 | 242602 | 71283 | 42890 | 13637 |
| 苏尼特右旗 | 450049 | 40872 | 303824 | 105353 | 42890 | 39538 |
| 东乌珠穆沁旗 | 1247235 | 157735 | 925600 | 163900 | 208990 | 117802 |
| 西乌珠穆沁旗 | 1021069 | 110169 | 798900 | 112000 | 292081 | 258997 |
| 太仆寺旗 | 370135 | 99135 | 153000 | 118000 | 15914 | 5499 |
| 镶黄旗 | 398033 | 28534 | 303749 | 65750 | 40213 | 27584 |
| 正镶白旗 | 221784 | 40024 | 112344 | 69416 | 11062 | 9078 |
| 正蓝旗 | 520184 | 55578 | 358473 | 106133 | 106438 | 99899 |
| 多伦县 | 673958 | 73063 | 492370 | 108525 | 60173 | 51997 |
| 集宁市 | 1474841 | 43000 | 795092 | 636749 | 209856 | 95737 |
| 卓资县 | 544478 | 82200 | 296935 | 165343 | 40038 | 17735 |
| 化德县 | 404390 | 69100 | 236191 | 99099 | 23308 | 11710 |
| 商都县 | 512801 | 126000 | 240401 | 146400 | 21880 | 8515 |
| 兴和县 | 549780 | 98700 | 269886 | 181194 | 42391 | 19958 |
| 凉城县 | 744931 | 158941 | 404534 | 181456 | 85251 | 24577 |
| 察哈尔右翼前旗 | 776257 | 127800 | 467306 | 181151 | 46748 | 23052 |
| 察哈尔右翼中旗 | 400602 | 115000 | 159498 | 126104 | 19197 | 7398 |
| 察哈尔右翼后旗 | 677442 | 99000 | 445553 | 132889 | 45085 | 15656 |
| 四子王旗 | 470804 | 135000 | 185808 | 149996 | 25791 | 9459 |
| 丰镇市 | 1269004 | 152000 | 792084 | 324920 | 90701 | 31576 |
| 东胜区 | 8503350 | 14668 | 3366826 | 5121856 | 2119442 | 659547 |
| 达拉特旗 | 4513944 | 287351 | 2873902 | 1352691 | 422801 | 127572 |
| 准格尔旗 | 10003499 | 88105 | 6401510 | 3513884 | 2429299 | 554106 |
| 鄂托克前旗 | 928438 | 102700 | 527164 | 298574 | 200022 | 45912 |
| 鄂托克旗 | 3821273 | 67390 | 3029803 | 724080 | 541170 | 145474 |
| 杭锦旗 | 700301 | 154001 | 261103 | 285197 | 100666 | 51158 |
| 乌审旗 | 3101560 | 115716 | 2409886 | 575958 | 300116 | 97194 |
| 伊金霍洛旗 | 6356129 | 71442 | 3988164 | 2296523 | 1864957 | 488637 |
| 临河区 | 2389471 | 394757 | 1245184 | 749530 | 236992 | 118789 |
| 五原县 | 984922 | 264061 | 467936 | 252925 | 47001 | 26989 |
| 磴口县 | 513057 | 84469 | 342768 | 85820 | 30022 | 28849 |
| 乌拉特前旗 | 1229166 | 287285 | 640132 | 301749 | 148495 | 60811 |
| 乌拉特中旗 | 1029803 | 149855 | 795380 | 84568 | 143058 | 61394 |
| 乌拉特后旗 | 655812 | 32662 | 544029 | 79121 | 138008 | 0 |
| 杭锦后旗 | 1331108 | 298860 | 752862 | 279386 | 96096 | 87789 |
| 海勃湾区 | 2187005 | 17583 | 1386507 | 782915 | 399842 | 168472 |
| 海南区 | 1717888 | 19342 | 1361129 | 337417 | 290808 | 254889 |
| 乌达区 | 1724433 | 9455 | 1392011 | 322967 | 122242 | 111100 |
| 阿拉善左旗 | 3623664 | 71900 | 3103141 | 448623 | 442545 | 412011 |
| 阿拉善右旗 | 355603 | 21000 | 269400 | 65203 | 24503 | 17011 |
| 额济纳旗 | 453178 | 14800 | 281850 | 156528 | 77077 | 54329 |

# 4－1－2 续表2

单位:万元

| 地　　区 | 地方财政一般预算支出 | 农林水事务 | 科学技术 | 医疗卫生 | 教　育 |
|---|---|---|---|---|---|
| 呼市新城区 | 144294 | 8346 | 1313 | 6678 | 44000 |
| 呼市回民区 | 121837 | 12589 | 515 | 4963 | 28137 |
| 呼市玉泉区 | 107747 | 3800 | 651 | 5907 | 16166 |
| 呼市赛罕区 | 273175 | 15835 | 3616 | 9167 | 72085 |
| 土默特左旗 | 228657 | 35586 | 1397 | 9101 | 31414 |
| 托克托县 | 168249 | 30057 | 1146 | 9404 | 31142 |
| 和林格尔县 | 201948 | 45340 | 1594 | 4623 | 20541 |
| 清水河县 | 110893 | 27404 | 352 | 5041 | 13113 |
| 武川县 | 124102 | 34000 | 288 | 5682 | 14118 |
| 包头市东河区 | 170390 | 4163 | 1621 | 5282 | 32440 |
| 包头市石拐区 | 75776 | 3568 | 680 | 4025 | 6544 |
| 包头市九原区 | 193739 | 52217 | 3875 | 5714 | 21873 |
| 土默特右旗 | 232927 | 60736 | 351 | 6381 | 31655 |
| 固阳县 | 144849 | 24317 | 598 | 6691 | 15432 |
| 达尔罕茂明安联合旗 | 206645 | 74311 | 2112 | 3605 | 8693 |
| 海拉尔区 | 181976 | 16007 | 2827 | 13885 | 36367 |
| 阿荣旗 | 181184 | 45211 | 2148 | 13536 | 32642 |
| 莫力达瓦达斡尔族自治旗 | 204298 | 41402 | 2301 | 12714 | 38679 |
| 鄂伦春自治旗 | 191354 | 21195 | 213 | 19535 | 37568 |
| 鄂温克族自治旗 | 153260 | 26364 | 1476 | 10152 | 25325 |
| 陈巴尔虎旗 | 100978 | 25088 | 297 | 5500 | 12.3 |
| 新巴尔虎左旗 | 83388 | 24389 | 255 | 5049 | 8600 |
| 新巴尔虎右旗 | 122468 | 33952 | 237 | 4395 | 8398 |
| 满洲里市 | 335433 | 8402 | 4050 | 14879 | 31799 |
| 牙克石市 | 212376 | 13498 | 1867 | 19359 | 42237 |
| 扎兰屯市 | 248220 | 32545 | 3072 | 20650 | 39855 |
| 额尔古纳市 | 110153 | 16186 | 616 | 6894 | 16624 |
| 根河市 | 119029 | 5309 | 550 | 10335 | 21245 |
| 乌兰浩特市 | 210225 | 18407 | 1859 | 12422 | 33130 |
| 阿尔山市 | 112967 | 8680 | 104 | 4031 | 5949 |
| 科尔沁右翼前旗 | 236500 | 7600 | 80 | 70.6 | 483 |
| 科尔沁右翼中旗 | 193056 | 49353 | 1056 | 6580 | 32822 |
| 扎赉特旗 | 240324 | 51977 | 2170 | 14860 | 40568 |
| 突泉县 | 191698 | 39504 | 136 | 7006 | 31402 |
| 科尔沁区 | 453546 | 46839 | 1705 | 32640 | 73600 |
| 科尔沁左翼中旗 | 270536 | 51695 | 932 | 21801 | 48206 |
| 科尔沁左翼后旗 | 227101 | 38343 | 336 | 16705 | 45604 |
| 开鲁县 | 199253 | 39396 | 1375 | 17174 | 39617 |
| 库伦旗 | 121428 | 21326 | 291 | 8885 | 21230 |
| 奈曼旗 | 224000 | 47842 | 2498 | 23481 | 48721 |
| 扎鲁特旗 | 226456 | 41655 | 703 | 17308 | 40494 |
| 霍林郭勒市 | 246602 | 4567 | 263 | 7885 | 20194 |
| 赤峰市红山区 | 181153 | 11562 | 1298 | 11672 | 39492 |
| 赤峰市元宝山区 | 200666 | 18620 | 512 | 13371 | 55464 |
| 赤峰市松山区 | 283985 | 49201 | 939 | 22178 | 62172 |
| 阿鲁科尔沁旗 | 232078 | 47921 | 1309 | 14175 | 53237 |
| 巴林左旗 | 223366 | 36929 | 306 | 13760 | 40333 |
| 巴林右旗 | 190823 | 54534 | 315 | 5609 | 37143 |
| 林西县 | 188699 | 29616 | 700 | 10673 | 41131 |
| 克什克腾旗 | 212243 | 50559 | 192 | 13383 | 42001 |
| 翁牛特旗 | 294561 | 54082 | 207 | 21238 | 53490 |
| 喀喇沁旗 | 188666 | 29392 | 538 | 13173 | 58142 |
| 宁城县 | 281800 | 37143 | 601 | 21790 | 68114 |
| 敖汉旗 | 314643 | 46435 | 886 | 24969 | 55067 |

# 4-1-2 续表3

单位:万元

| 地区 | 地方财政一般预算支出 | 农林水事务 | 科学技术 | 医疗卫生 | 教育 |
|---|---|---|---|---|---|
| 二连浩特市 | 119714 | 5962 | 226 | 4791 | 14777 |
| 锡林浩特市 | 238173 | 29767 | 744 | 14974 | 47362 |
| 阿巴嘎旗 | 68709 | 19852 | 44 | 3871 | 6023 |
| 苏尼特左旗 | 72588 | 27603 | 131 | 2547 | 6476 |
| 苏尼特右旗 | 126853 | 30228 | 390 | 6276 | 12198 |
| 东乌珠穆沁旗 | 180558 | 44602 | 1380 | 8949 | 15717 |
| 西乌珠穆沁旗 | 140583 | 27846 | 169 | 6289 | 15920 |
| 太仆寺旗 | 118719 | 19475 | 227 | 7830 | 20196 |
| 镶黄旗 | 64931 | 14664 | 19 | 3138 | 8117 |
| 正镶白旗 | 78034 | 20052 | 59 | 4076 | 7233 |
| 正蓝旗 | 100543 | 24568 | 379 | 4813 | 9135 |
| 多伦县 | 96514 | 13938 | 815 | 4384 | 12896 |
| 集宁市 | 332856 | 38982 | 44 | 13751 | 30929 |
| 卓资县 | 142584 | 21480 | 268 | 8681 | 19156 |
| 化德县 | 128578 | 22146 | 255 | 8348 | 16473 |
| 商都县 | 174849 | 32822 | 171 | 13477 | 19569 |
| 兴和县 | 215710 | 35415 | 186 | 13073 | 16747 |
| 凉城县 | 143383 | 32549 | 185 | 9948 | 17018 |
| 察哈尔右翼前旗 | 173806 | 27012 | 377 | 10283 | 20780 |
| 察哈尔右翼中旗 | 136947 | 29519 | 186 | 8714 | 17493 |
| 察哈尔右翼后旗 | 150387 | 26522 | 444 | 7978 | 14378 |
| 四子王旗 | 191788 | 39069 | 459 | 7805 | 17163 |
| 丰镇市 | 181267 | 21550 | 351 | 11692 | 23225 |
| 东胜区 | 810425 | 22018 | 14216 | 32609 | 106383 |
| 达拉特旗 | 420975 | 60716 | 2361 | 30461 | 60496 |
| 准格尔旗 | 694534 | 69541 | 7784 | 39757 | 117903 |
| 鄂托克前旗 | 216766 | 70229 | 2337 | 10106 | 22951 |
| 鄂托克旗 | 269202 | 32150 | 664 | 14878 | 27480 |
| 杭锦旗 | 253702 | 73668 | 1594 | 13604 | 21474 |
| 乌审旗 | 231557 | 37322 | 784 | 15778 | 39281 |
| 伊金霍洛旗 | 740234 | 68932 | 6764 | 24949 | 71904 |
| 临河区 | 319966 | 30947 | 733 | 25367 | 49287 |
| 五原县 | 181413 | 31142 | 379 | 11677 | 25693 |
| 磴口县 | 98500 | 3893 | 327 | 52.2 | 7500 |
| 乌拉特前旗 | 220312 | 37574 | 112 | 16402 | 30486 |
| 乌拉特中旗 | 208001 | 42839 | 600 | 10180 | 15791 |
| 乌拉特后旗 | 125079 | 28878.4 | 195 | 6298.3 | 9719.2 |
| 杭锦后旗 | 205696 | 30893 | 1896 | 13756 | 25461 |
| 海勃湾区 | 165366 | 12640 | 1504 | 6690 | 23476 |
| 海南区 | 112524 | 7697 | 675 | 3870 | 16322 |
| 乌达区 | 79835 | 7054 | 319 | 1897 | 9396 |
| 阿拉善左旗 | 359671 | 76921 | 1357 | 14656 | 40358 |
| 阿拉善右旗 | 78923 | 25386 | 483 | 5263 | 6686 |
| 额济纳旗 | 86156 | 22488 | 473 | 3456 | 6845 |

# 4-1-2 续表4

单位:万元

| 地 区 | 年末金融机构各项存款余额 | 城乡居民储蓄存款余额 | 年末金融机构各项贷款余额 | 涉农贷款 |
|---|---|---|---|---|
| 呼市新城区 | | | | |
| 呼市回民区 | | | | |
| 呼市玉泉区 | | | | |
| 呼市赛罕区 | | | | |
| 土默特左旗 | 600579 | 423262 | 241860 | 175836 |
| 托克托县 | 512476 | 324810 | 684724 | 357120 |
| 和林格尔县 | 656291 | 275228 | 224049 | 144199 |
| 清水河县 | 321070 | 196912 | 109804 | 102907 |
| 武川县 | 312814 | 214739 | 225403 | 187744 |
| 包头市东河区 | | | | |
| 包头市石拐区 | 85388 | 49953 | 28365 | 24929 |
| 包头市九原区 | 1658049 | 1102786 | 1182431 | 624635 |
| 土默特右旗 | 823750 | 533927 | 528313 | 339999 |
| 固阳县 | 307804 | 199406 | 241293 | 186746 |
| 达尔罕茂明安联合旗 | 282772 | 168170 | 134183 | 113846 |
| 海拉尔区 | 3443266 | 1561791 | 2390861 | 809220 |
| 阿荣旗 | 331900 | 234300 | 215800 | 149000 |
| 莫力达瓦达斡尔族自治旗 | 357968 | 215226 | 189251 | 155506 |
| 鄂伦春自治旗 | 552830 | 398268 | 107649 | |
| 鄂温克族自治旗 | 541883 | 347335 | 883051 | |
| 陈巴尔虎旗 | 190752 | 104145 | 93608 | 30829 |
| 新巴尔虎左旗 | 78724 | 46051 | 39284 | 10059 |
| 新巴尔虎右旗 | 102510 | 63144 | 39638 | 24684 |
| 满洲里市 | 1518451 | 1017184 | 666222 | |
| 牙克石市 | 1363012 | 886831 | 365223 | |
| 扎兰屯市 | 701436 | 545786 | 355300 | |
| 额尔古纳市 | 290009 | 212526 | 96440 | 40717 |
| 根河市 | 607996 | 393166 | 103473 | 46842 |
| 乌兰浩特市 | 1667824 | 874669 | 870853 | 20090 |
| 阿尔山市 | 230571 | 95125 | 100607 | 77261 |
| 科尔沁右翼前旗 | 150899 | 42500 | 12398 | 4500 |
| 科尔沁右翼中旗 | 247056 | 136859 | 152031 | 18243 |
| 扎赉特旗 | 358392 | 228970 | 203757 | 148520 |
| 突泉县 | 320405 | 210559 | 193608 | 163580 |
| 科尔沁区 | 3906912 | 2085118 | 3535520 | 1451192 |
| 科尔沁左翼中旗 | 341459 | 167385 | 239326 | 69599 |
| 科尔沁左翼后旗 | 294832 | 190050 | 263716 | 99026 |
| 开鲁县 | 381022 | 281526 | 339375 | 311362 |
| 库伦旗 | 168807 | 108814 | 74910 | |
| 奈曼旗 | 379402 | 276432 | 260254 | 20280 |
| 扎鲁特旗 | 334316 | 231396 | 269071 | 69195 |
| 霍林郭勒市 | 520368 | 306427 | 876713 | 3492 |
| 赤峰市红山区 | 551479 | 379041 | 308452 | 14726 |
| 赤峰市元宝山区 | 1338594 | 924347 | 940049 | 236690 |
| 赤峰市松山区 | 1303000 | 878000 | 657000 | 161300 |
| 阿鲁科尔沁旗 | 320570 | 224782 | 200274 | 76550 |
| 巴林左旗 | 505520 | 344203 | 210091 | 159000 |
| 巴林右旗 | 362419 | 198183 | 199321 | 13180 |
| 林西县 | 446047 | 288692 | 249874 | 180274 |
| 克什克腾旗 | 411293 | 267566 | 358996 | |
| 翁牛特旗 | 551195 | 393895 | 311530 | 146176 |
| 喀喇沁旗 | 631304 | 415178 | 315315 | 265971 |
| 宁城县 | 1086724 | 859720 | 574635 | 454701 |
| 敖汉旗 | 756915 | 561113 | 295284 | |

# 4-1-2 续表 5

单位:万元

| 地区 | 年末金融机构各项存款余额 | 城乡居民储蓄存款余额 | 年末金融机构各项贷款余额 | 农业贷款 |
|---|---|---|---|---|
| 二连浩特市 | 511911 | 306967 | 438363 | 18483 |
| 锡林浩特市 | 1849459.3 | 958380.2 | 2014136.2 | 1116339.8 |
| 阿巴嘎旗 | 125411 | 89259 | 74565 | 63180 |
| 苏尼特左旗 | 128912 | 67214 | 48076 | 27305 |
| 苏尼特右旗 | 234635 | 162447 | 134250 | 56907 |
| 东乌珠穆沁旗 | 324093 | 221976 | 142871 | 16763 |
| 西乌珠穆沁旗 | 274295 | 164990 | 468509 | 79100 |
| 太仆寺旗 | 293680 | 220212 | 90718 | 36021 |
| 镶黄旗 | 83055 | 54400 | 40141 | 30061 |
| 正镶白旗 | 126420 | 72863 | 88869 | 61236 |
| 正蓝旗 | 203583 | 146347 | 546371 | 72828 |
| 多伦县 | 255980 | 163518 | 187270 | 50791 |
| 集宁市 | 2263200 | 1527900 | 1486700 | 464000 |
| 卓资县 | 283200 | 224700 | 157600 | 141700 |
| 化德县 | 214600 | 176200 | 62300 | 56100 |
| 商都县 | 331200 | 250100 | 150900 | 125500 |
| 兴和县 | 458500 | 322200 | 285200 | 252900 |
| 凉城县 | 362900 | 271300 | 163000 | 135800 |
| 察哈尔右翼前旗 | 337600 | 235200 | 148600 | 126900 |
| 察哈尔右翼中旗 | 236300 | 158500 | 207500 | 202600 |
| 察哈尔右翼后旗 | 277000 | 199300 | 109700 | 85200 |
| 四子王旗 | 343600 | 213600 | 154700 | 140100 |
| 丰镇市 | 522900 | 418600 | 375400 | 265500 |
| 东胜区 | 12260819 | 4932576 | 14028906 | 2886396 |
| 达拉特旗 | 1097705 | 782707 | 1509812 | 939481 |
| 准格尔旗 | 3864171 | 1927529 | 2700196 | 2143868 |
| 鄂托克前旗 | 270728 | 159356 | 251571 | 213989 |
| 鄂托克旗 | 765095 | 489231 | 915265 | 652532 |
| 杭锦旗 | 380356 | 242345 | 387205 | 227460 |
| 乌审旗 | 579663 | 277512 | 792800 | 608937 |
| 伊金霍洛旗 | 2684253 | 1486766 | 1595130 | 1081003 |
| 临河区 | 3357300 | 1665663 | 2893000 | 1218800 |
| 五原县 | 531689 | 371943 | 355909 | 170840 |
| 磴口县 | 281123 | 196029 | 162764 | 99366 |
| 乌拉特前旗 | 735232 | 535254 | 673320 | 209795 |
| 乌拉特中旗 | 421280 | 235995 | 199662 | 56014 |
| 乌拉特后旗 | 152027 | 103201 | 101290 | |
| 杭锦后旗 | 544311 | 403501 | 452879 | 391432 |
| 海勃湾区 | 3486111 | 1725440 | 2615148 | 63500 |
| 海南区 | 797374 | 355248 | 357563 | |
| 乌达区 | 1148327 | 521032 | 839150 | |
| 阿拉善左旗 | 1811475 | 819829 | 2490581 | 83517 |
| 阿拉善右旗 | 142421 | 93824 | 39377 | 1911 |
| 额济纳旗 | 212304 | 102647 | 113542 | 43363 |

# 4－1－3 各旗县工业及建筑业情况(2012年)

单位:万元

| 地　　区 | 规模以上工业企业数(个) | 规模以上工业总产值(现价) | 流动资产合　　计 | 固定资产净值 | 产品销售收入 |
|---|---|---|---|---|---|
| 呼市新城区 | 24 | 515922 | 208585 | 252900 | 149887 |
| 呼市回民区 | 16 | 495110 | 334338 | 550614 | 457523 |
| 呼市玉泉区 | 15 | 121804 | 96452.4 | | 11500.4 |
| 呼市赛罕区 | 26 | 1497138 | 1300000 | 2759200 | |
| 土默特左旗 | 37 | 1033777 | 757100 | 562100 | |
| 托克托县 | 31 | 2605266 | 762000 | 1739100 | 2609900 |
| 和林格尔县 | 41 | 2076975 | 1267700 | 314100 | 1967900 |
| 清水河县 | 14 | 344400 | 145000 | 148400 | |
| 武川县 | 23 | 311939 | 153383 | 402378 | 344691 |
| 包头市东河区 | 103 | 3016369 | 639634.5 | 1371158.5 | 3123929.5 |
| 包头市石拐区 | 48 | 1724167 | 394294.5 | 595148.5 | 1645320.8 |
| 包头市九原区 | 41 | 2317577 | 577223.9 | 3501822.6 | 2339051.4 |
| 土默特右旗 | 45 | 2522742 | 723222.2 | 771705.3 | 2504920.4 |
| 固阳县 | 39 | 1099186 | 292047.4 | 347426.7 | 1095812.9 |
| 达尔罕茂明安联合旗 | 44 | 1996060 | 625939.8 | 1537176.6 | 2002411 |
| 海拉尔区 | 55 | 1370636 | 770096.7 | 1641919.3 | 1326258.8 |
| 阿荣旗 | 30 | 1002510 | 133871 | 157524 | 947383 |
| 莫力达瓦达斡尔族自治旗 | 18 | 389568 | 91765 | 145058 | 385801 |
| 鄂伦春自治旗 | 7 | 42797 | 55517.6 | 44197.4 | 49910.1 |
| 鄂温克族自治旗 | 13 | 1040300 | 574500 | 973800 | 737800 |
| 陈巴尔虎旗 | 16 | 952726 | 249221 | 731626.1 | 797498.1 |
| 新巴尔虎左旗 | 9 | 73217.4 | 162594.1 | 365295.2 | 70556.3 |
| 新巴尔虎右旗 | 15 | 838027 | 776407 | 708423.4 | 830702 |
| 满洲里市 | 83 | 1120590 | 250133 | 786412 | 1095516 |
| 牙克石市 | 61 | 1997962 | 291851 | 699452 | 1952694 |
| 扎兰屯市 | 62 | 1745163 | 193354.3 | 399930.1 | 1770321.7 |
| 额尔古纳市 | 11 | 206089 | 73902 | | 227758 |
| 根河市 | 13 | 163947 | 77172.5 | 42800 | 165376.3 |
| 乌兰浩特市 | 59 | 1158474 | 366831 | 474235 | 936939 |
| 阿尔山市 | 1 | 3457 | 13758 | 7299 | 2748 |
| 科尔沁右翼前旗 | 33 | 527402 | 124000 | 108231 | 524000 |
| 科尔沁右翼中旗 | 21 | 242454 | 139819 | 425169 | 223675 |
| 扎赉特旗 | 25 | 388503 | 99300 | 204755 | 380380 |
| 突泉县 | 28 | 382744 | 155278 | 240575 | 367572 |
| 科尔沁区 | 219 | 9119167 | 1084027 | 1958976 | 9097047 |
| 科尔沁左翼中旗 | 60 | 1793632 | 255660 | 646599 | 1752114 |
| 科尔沁左翼后旗 | 60 | 1853897 | 267500 | 250800 | 1831086 |
| 开鲁县 | 75 | 2967623 | 193593.7 | 1228649.5 | 2934756.9 |
| 库伦旗 | 29 | 627898 | 68492 | 163930 | 625354 |
| 奈曼旗 | 46 | 2036136 | 120000 | 130000 | 1802700 |
| 扎鲁特旗 | 77 | 2308370 | 226029 | 466739 | 2234291 |
| 霍林郭勒市 | 57 | 5183378 | 904592 | 2003000 | 5039451 |
| 赤峰市红山区 | 53 | 4092997 | 920118 | 749900 | 4195438 |
| 赤峰市元宝山区 | 55 | 2062859 | 850212 | 1658028 | 1929881 |
| 赤峰市松山区 | 49 | 2210823 | 676400 | 540400 | 2184200 |
| 阿鲁科尔沁旗 | 32 | 1189303 | 171295 | 281633 | 1067612 |
| 巴林左旗 | 54 | 1459976 | 378858 | 311841 | 1013087 |
| 巴林右旗 | 23 | 880355 | 82235 | 100439 | 854193 |
| 林西县 | 28 | 733361 | 84466 | 165394.8 | 720627 |
| 克什克腾旗 | 33 | 1640408 | 409750.2 | 930082.9 | 1605904.2 |
| 翁牛特旗 | 54 | 1547191 | 272628 | 557141 | 1508493 |
| 喀喇沁旗 | 19 | 692073 | 139820 | 247280 | 702187 |
| 宁城县 | 68 | 1470831 | 198392 | 159650 | 1026059 |
| 敖汉旗 | 64 | 703670 | 182723 | 215431 | 704059 |

# 4－1－3 续表 1

单位:万元

| 地　　区 | 规模以上工业企业数(个) | 规模以上工业总产值(现价) | 流动资产合　　计 | 固定资产净值 | 产品销售收入 |
|---|---|---|---|---|---|
| 二连浩特市 | 29 | 436179 | 130506 | 197501 | 399744 |
| 锡林浩特市 | 77 | 1886280 | 691684.7 | 1609191.4 | 1855520.9 |
| 阿巴嘎旗 | 27 | 546040 | 118069 | 696809 | 535866 |
| 苏尼特左旗 | 14 | 325012 | 131734.2 | 55640.7 | 320451.1 |
| 苏尼特右旗 | 33 | 536672 | 253400 | 399800 | 509000 |
| 东乌珠穆沁旗 | 46 | 1229970 | 326148 | 396926 | 1314273.6 |
| 西乌珠穆沁旗 | 28 | 1229971 | 704346 | 1323800 | 1181943 |
| 太仆寺旗 | 24 | 165103 | 73853 | 174079 | 162522 |
| 镶黄旗 | 24 | 532587 | 62223 | 218828 | 516097 |
| 正镶白旗 | 16 | 106379 | 39433 | 134040 | 82379 |
| 正蓝旗 | 9 | 681221 | 348166 | 1131102 | 619691.3 |
| 多伦县 | 24 | 894980 | 130444.2 | 3873506 | |
| 集宁市 | 39 | 1055378 | 378203 | 398217 | 516781 |
| 卓资县 | 31 | 592958 | 240476 | 461622 | 434510 |
| 化德县 | 31 | 540178 | 201082 | 449837 | 571399 |
| 商都县 | 31 | 668994 | 242263 | 241279 | 663025 |
| 兴和县 | 19 | 685665 | 170728 | 154993 | 523216 |
| 凉城县 | 12 | 545762 | 102558 | 807300 | 554418 |
| 察哈尔右翼前旗 | 68 | 1607492 | 353530 | 222707 | 1615059 |
| 察哈尔右翼中旗 | 25 | 330876 | 362722 | 1300331 | 317038 |
| 察哈尔右翼后旗 | 52 | 1195198 | 243072 | 513825 | 1114394 |
| 四子王旗 | 37 | 444767 | 161059 | 316689 | 366787 |
| 丰镇市 | 43 | 1949343 | 301396 | 971759 | 1943538 |
| 东胜区 | 63 | 4497064 | 5109600 | 3387900 | 7611600 |
| 达拉特旗 | 46 | 5515885 | 1012000 | 2708000 | 5518600 |
| 准格尔旗 | 114 | 11510712 | 8181034 | 9092695 | 12248300 |
| 鄂托克前旗 | 17 | 892066 | 121733 | 482495 | 651800 |
| 鄂托克旗 | 50 | 5118019 | 3661212 | 2884103 | 4606000 |
| 杭锦旗 | 18 | 105955 | 101700 | 180600 | 244200 |
| 乌审旗 | 12 | 4795123 | 236200 | 478560 | 4785600 |
| 伊金霍洛旗 | 51 | 7401810 | 7263100 | 5048311 | 7197100 |
| 临河区 | 81 | 2444593 | 1067700 | | 1744100 |
| 五原县 | 40 | 603736 | 229290.1 | 123177.8 | 453385 |
| 磴口县 | 15 | 377203 | 85031 | 24215.6 | 237633 |
| 乌拉特前旗 | 36 | 797535 | 502714 | 411638 | 740762 |
| 乌拉特中旗 | 40 | 1339844 | 554542 | 1143862 | 1246878 |
| 乌拉特后旗 | 31 | 1039632 | 743900 | | 1025900 |
| 杭锦后旗 | 37 | 1348967 | 413137 | 190400 | 1269481 |
| 海勃湾区 | 50 | 2205800 | 2501329 | | 2238580 |
| 海南区 | 58 | 2601600 | 1404518 | | 2484855 |
| 乌达区 | 49 | 1774500 | 920044 | | 1747982 |
| 阿拉善左旗 | 83 | 4035765 | 2446194 | 193157 | 3402270 |
| 阿拉善右旗 | 18 | 446039 | 119583 | 222121 | 466687 |
| 额济纳旗 | 9 | 419550 | 87069 | | 366178 |

# 4－1－3 续表2

单位：万元

| 地　　区 | 本年应交增值税 | 利润总额 |
|---|---|---|
| 呼市新城区 | 3997 | 15745 |
| 呼市回民区 | 12434 | －16485 |
| 呼市玉泉区 | 4288.2 | 13487 |
| 呼市赛罕区 | 73500 | －93053 |
| 土默特左旗 | 17400 | 117301 |
| 托克托县 | 116700 | 355310 |
| 和林格尔县 | 104900 | 152915 |
| 清水河县 | 20700 | 34500 |
| 武川县 | 17911 | 44290 |
| 包头市东河区 | 53696.6 | 627199 |
| 包头市石拐区 | 28257.7 | －28030 |
| 包头市九原区 | 90439 | 188164 |
| 土默特右旗 | 187942.7 | 370544 |
| 固阳县 | 33768.4 | 81827 |
| 达尔罕茂明安联合旗 | 162395.1 | 321077 |
| 海拉尔区 | 50627.1 | 145885 |
| 阿荣旗 | 14425 | 34842 |
| 莫力达瓦达斡尔族自治旗 | 8730 | 37532 |
| 鄂伦春自治旗 | 423.8 | －167 |
| 鄂温克族自治旗 | 95200 | 81700 |
| 陈巴尔虎旗 | 85520 | 188867 |
| 新巴尔虎左旗 | 11745.2 | －2549.6 |
| 新巴尔虎右旗 | 445541 | 204704 |
| 满洲里市 | 34322 | 44319 |
| 牙克石市 | 86724 | 122800 |
| 扎兰屯市 | 3458.3 | 7653 |
| 额尔古纳市 | 4471 | 9695 |
| 根河市 | 9619.5 | 11878 |
| 乌兰浩特市 | 40653 | 0 |
| 阿尔山市 | 0 | －333 |
| 科尔沁右翼前旗 | 4000 | 15947 |
| 科尔沁右翼中旗 | 6033 | 2209 |
| 扎赉特旗 | 2007 | 109341 |
| 突泉县 | 5846 | 10634 |
| 科尔沁区 | 108707 | 551764 |
| 科尔沁左翼中旗 | 101401 | 159385 |
| 科尔沁左翼后旗 | 59384.6 | 87035 |
| 开鲁县 | 46355.5 | 326748 |
| 库伦旗 | 41364 | 354818 |
| 奈曼旗 | 11410 | 19436 |
| 扎鲁特旗 | 74849 | 137494 |
| 霍林郭勒市 | 200858 | 342513 |
| 赤峰市红山区 | 50959 | 331271 |
| 赤峰市元宝山区 | 110304 | 0 |
| 赤峰市松山区 | 13300 | 0 |
| 阿鲁科尔沁旗 | 13429 | 0 |
| 巴林左旗 | 25456 | 0 |
| 巴林右旗 | 4259 | 0 |
| 林西县 | 11132.9 | 0 |
| 克什克腾旗 | 55914.5 | 0 |
| 翁牛特旗 | 65691 | 0 |
| 喀喇沁旗 | 16816 | 0 |
| 宁城县 | 8600 | 0 |
| 敖汉旗 | 8414 | 0 |

# 4-1-3 续表 3

单位:万元

| 地　　区 | 本年应交增值税 | 利润总额 |
|---|---|---|
| 二连浩特市 | 8182.6 | 34165 |
| 锡林浩特市 | 128519.2 | 392908 |
| 阿巴嘎旗 | 29892 | 25060 |
| 苏尼特左旗 | 9717.4 | 21187 |
| 苏尼特右旗 | 8500 | 114162 |
| 东乌珠穆沁旗 | 64708.2 | 171945 |
| 西乌珠穆沁旗 | 85445 | 132469 |
| 太仆寺旗 | 3881 | 10819 |
| 镶黄旗 | 23884 | 89781 |
| 正镶白旗 | 1779 | 2955 |
| 正蓝旗 | 47377 | 152702 |
| 多伦县 | 5223.9 | 16076 |
| 集宁市 | 11488 | |
| 卓资县 | 13979 | |
| 化德县 | 10350 | |
| 商都县 | 10390 | |
| 兴和县 | 2217 | |
| 凉城县 | 46467 | |
| 察哈尔右翼前旗 | 20255 | |
| 察哈尔右翼中旗 | 14183 | |
| 察哈尔右翼后旗 | 23259 | |
| 四子王旗 | 9761 | |
| 丰镇市 | 41672 | |
| 东胜区 | 504300 | 2046500 |
| 达拉特旗 | 87000 | 1091918 |
| 准格尔旗 | 936843 | 2450148 |
| 鄂托克前旗 | 26500 | 54645 |
| 鄂托克旗 | 151904 | 257234 |
| 杭锦旗 | 3100 | -6851 |
| 乌审旗 | 56200 | 705401 |
| 伊金霍洛旗 | 732200 | 2390100 |
| 临河区 | 52400 | 27002 |
| 五原县 | 1999.4 | 8491 |
| 磴口县 | 2598 | 4848 |
| 乌拉特前旗 | 33275 | 1715 |
| 乌拉特中旗 | 25203 | 90529 |
| 乌拉特后旗 | 54100 | 109294 |
| 杭锦后旗 | 20327 | 29277 |
| 海勃湾区 | 79270 | 201500 |
| 海南区 | 126769 | 116700 |
| 乌达区 | 101394 | 212500 |
| 阿拉善左旗 | 131814 | |
| 阿拉善右旗 | 12278 | |
| 额济纳旗 | 4687 | |

# 4-1-4 各旗县交通运输、邮电通讯、能源情况(2012年)

| 地区 | 境内公路里程（公里） | 境内铁路营业里程（公里） | 民用汽车拥有量（辆） |
|---|---|---|---|
| 呼市新城区 | | 13 | 16829 |
| 呼市回民区 | | 8 | 11232 |
| 呼市玉泉区 | | | 10072 |
| 呼市赛罕区 | | 35 | 1600 |
| 土默特左旗 | 1314 | 62 | 11910 |
| 托克托县 | 955 | 50 | 3077 |
| 和林格尔县 | 900 | 62 | 10236 |
| 清水河县 | 596 | 44 | 14780 |
| 武川县 | 1049 | | 3204 |
| 包头市东河区 | 151 | 210 | |
| 包头市石拐区 | 315 | | |
| 包头市九原区 | 1173 | 78 | 5428 |
| 土默特右旗 | 2142 | 35 | |
| 固阳县 | 1260 | 70 | 1400 |
| 达尔罕茂明安联合旗 | 2308 | 85 | 5998 |
| 海拉尔区 | 542 | 1407 | 36548 |
| 阿荣旗 | 2459 | | 14624 |
| 莫力达瓦达斡尔族自治旗 | 1973 | 61 | 12113 |
| 鄂伦春自治旗 | 2541 | 285 | 8193 |
| 鄂温克族自治旗 | 1109 | | 10247 |
| 陈巴尔虎旗 | 1299 | 92 | 2674 |
| 新巴尔虎左旗 | 1853 | 52 | 3426 |
| 新巴尔虎右旗 | 1078 | | 4446 |
| 满洲里市 | 434 | 67 | 20766 |
| 牙克石市 | 2068 | 717 | 14907 |
| 扎兰屯市 | 2706 | 105 | 17005 |
| 额尔古纳市 | 2796 | 75 | 7200 |
| 根河市 | 979 | 275 | 5558 |
| 乌兰浩特市 | 488 | 85 | 46380 |
| 阿尔山市 | 797 | 152 | 1790 |
| 科尔沁右翼前旗 | 2791 | 300 | 290 |
| 科尔沁右翼中旗 | 1955 | 212 | 13300 |
| 扎赉特旗 | 2236 | | 3906 |
| 突泉县 | 1717 | | 15256 |
| 科尔沁区 | 1761 | 246 | 113408 |
| 科尔沁左翼中旗 | 3160 | 239 | 26743 |
| 科尔沁左翼后旗 | 3663 | 76 | 46750 |
| 开鲁县 | 2010 | 70.2 | 38958 |
| 库伦旗 | 1673 | 20 | 13964 |
| 奈曼旗 | 3098 | 150 | 76372 |
| 扎鲁特旗 | 2338 | 60 | 25000 |
| 霍林郭勒市 | 67 | 25 | 14926 |
| 赤峰市红山区 | 186 | 23 | 40121 |
| 赤峰市元宝山区 | 783 | 46 | 21972 |
| 赤峰市松山区 | 1524 | 172 | 56205 |
| 阿鲁科尔沁旗 | 3114 | 109 | 5372 |
| 巴林左旗 | 1712 | 70 | 6356 |
| 巴林右旗 | 2266 | 75 | 2442 |
| 林西县 | 1570 | 49.5 | 19212 |
| 克什克腾旗 | 1461 | 163 | 3995 |
| 翁牛特旗 | 3584 | 98 | 5200 |
| 喀喇沁旗 | 1251 | 9 | 2821 |
| 宁城县 | 2064 | 31 | 4580 |
| 敖汉旗 | 2616 | 102 | 7621 |

# 4－1－4 续表 1

| 地　　区 | 境内公路里程（公里） | 境内铁路营业里程（公里） | 民用汽车拥有量（辆） |
|---|---|---|---|
| 二连浩特市 | 320 | 30 | 21673 |
| 锡林浩特市 | 1258 | 109 | 21397 |
| 阿巴嘎旗 | 1884 | | 191 |
| 苏尼特左旗 | 2233 | 62 | 2350 |
| 苏尼特右旗 | 1906 | 157 | 5344 |
| 东乌珠穆沁旗 | 3006 | 412.5 | 7260 |
| 西乌珠穆沁旗 | 1761 | 166 | 3359 |
| 太仆寺旗 | 1364 | | 5026 |
| 镶黄旗 | 860 | 5 | 3492 |
| 正镶白旗 | 912 | 78 | 1459 |
| 正蓝旗 | 1508 | 219 | 1260 |
| 多伦县 | 938 | 45 | 5010 |
| 集宁市 | 398 | 102 | 53128 |
| 卓资县 | 948 | 88 | 2158 |
| 化德县 | 1287 | 85 | 1100 |
| 商都县 | 1518 | 53 | 8263 |
| 兴和县 | 1386 | 54 | 22768 |
| 凉城县 | 1563 | 75 | 680 |
| 察哈尔右翼前旗 | 912 | 65 | 2289 |
| 察哈尔右翼中旗 | 1436 | | 5250 |
| 察哈尔右翼后旗 | 1428 | 77 | 4932 |
| 四子王旗 | 2351 | | 11680 |
| 丰镇市 | 587 | 118 | 3143 |
| 东胜区 | 1204 | 60 | 121377 |
| 达拉特旗 | 2376 | 147 | 112431 |
| 准格尔旗 | 2852 | 327 | 56120 |
| 鄂托克前旗 | 1929 | | 12983 |
| 鄂托克旗 | 3600 | 364 | 15724 |
| 杭锦旗 | 2550 | 15 | 14280 |
| 乌审旗 | 1874 | | 10021 |
| 伊金霍洛旗 | 2400 | 232 | 37426 |
| 临河区 | 1537 | 64 | 39073 |
| 五原县 | 2864 | 70 | 2435 |
| 磴口县 | 1810 | 50 | 4234 |
| 乌拉特前旗 | 4298 | 113 | 7693 |
| 乌拉特中旗 | 4027 | | 4590 |
| 乌拉特后旗 | 1627 | 94 | 1570 |
| 杭锦后旗 | 1701 | 30 | 8760 |
| 海勃湾区 | 492 | 164 | 85131 |
| 海南区 | 274 | 37 | 6879 |
| 乌达区 | 124 | 50 | 6650 |
| 阿拉善左旗 | 3899 | 457.7 | 32460 |
| 阿拉善右旗 | 2463 | | 2280 |
| 额济纳旗 | 2115 | 684 | 915 |

# 4－1－4 续表2

| 地　　区 | 邮政业务量（万元） | 电信业务量（万元） | 固定电话年末用户（户） | 农村电话年末用户（户） | 乡村电话用户（户） | 移动电话年末用户数（户） |
|---|---|---|---|---|---|---|
| 呼市新城区 | | | 21786 | | | 252567 |
| 呼市回民区 | | | 14540 | | | 168560 |
| 呼市玉泉区 | | | 13039 | | | 151161 |
| 呼市赛罕区 | | | 24470 | | | 283670 |
| 土默特左旗 | | | 24100 | 10780 | | 248760 |
| 托克托县 | | | 36000 | 6600 | | 101943 |
| 和林格尔县 | | | 26000 | 6422 | | 194100 |
| 清水河县 | | | 8979 | 3101 | | 96920 |
| 武川县 | | | 23612 | 7813 | | 107870 |
| 包头市东河区 | | | 91979 | | | 480564 |
| 包头市石拐区 | | | 1400 | 430 | | 31868 |
| 包头市九原区 | | | 25625 | | | 201876 |
| 土默特右旗 | | | 10920 | 6100 | | 296008 |
| 固阳县 | | | 5858 | 850 | | 152714 |
| 达尔罕茂明安联合旗 | | | 5500 | 600 | | 109000 |
| 海拉尔区 | | | 117446 | 11025 | | 584242 |
| 阿荣旗 | | | 23496 | 10768 | | 234290 |
| 莫力达瓦达斡尔族自治旗 | | | 22869 | 18046 | | 265078 |
| 鄂伦春自治旗 | | | 14112 | 7542 | | 149657 |
| 鄂温克族自治旗 | | | 50943 | 3825 | | 56750 |
| 陈巴尔虎旗 | | | 10890 | 6066 | | 50700 |
| 新巴尔虎左旗 | | | 5772 | 2134 | | 67346 |
| 新巴尔虎右旗 | | | 5640 | 450 | | 44957 |
| 满洲里市 | | | 44485 | | | 333328 |
| 牙克石市 | | | 48000 | 1894 | | 260000 |
| 扎兰屯市 | | | 32107 | 10556 | | 361224 |
| 额尔古纳市 | | | 18190 | 7454 | | 88180 |
| 根河市 | | | 17354 | | | 114102 |
| 乌兰浩特市 | | | 49856 | 5614 | | 491149 |
| 阿尔山市 | | | 4624 | 1250 | | 47643 |
| 科尔沁右翼前旗 | | | 24556 | 20000 | | 55600 |
| 科尔沁右翼中旗 | | | 9116 | 4200 | | 237300 |
| 扎赉特旗 | | | 17279 | 12780 | | 314155 |
| 突泉县 | | | 25190 | 20990 | | 209909 |
| 科尔沁区 | | | 90521 | 25284 | | 567384 |
| 科尔沁左翼中旗 | | | 20620 | 11780 | | 19591 |
| 科尔沁左翼后旗 | | | 32822 | 22648 | | 328000 |
| 开鲁县 | | | 47120 | 24413 | | 259524 |
| 库伦旗 | | | 34786 | 2650 | | 119791 |
| 奈曼旗 | | | 28090 | 9182 | | 214177 |
| 扎鲁特旗 | | | 23888 | 15132 | | 275871 |
| 霍林郭勒市 | | | 6756 | 1846 | | 106009 |
| 赤峰市红山区 | | | 55898 | 16044 | | 68294 |
| 赤峰市元宝山区 | | | 38113 | 16107 | | 375421 |
| 赤峰市松山区 | | | 74926 | 38000 | | 456000 |
| 阿鲁科尔沁旗 | | | 25376 | 10040 | | 238000 |
| 巴林左旗 | | | 25419 | 19500 | | 126000 |
| 巴林右旗 | | | 16000 | 5302 | | 100600 |
| 林西县 | | | 14085 | 6309 | | 191300 |
| 克什克腾旗 | | | 21346 | 10947 | | 176318 |
| 翁牛特旗 | | | 38780 | 20614 | | 302211 |
| 喀喇沁旗 | | | 27000 | 22810 | | 259000 |
| 宁城县 | | | 55000 | 32794 | | 145500 |
| 敖汉旗 | | | 142300 | 29300 | | 410000 |

# 4－1－4 续表3

单位:万元

| 地区 | 邮政业务量（万元） | 电信业务量（万元） | 固定电话年末用户（户） | 农村电话年末用户（户） | 乡村电话用户（户） | 移动电话年末用户数（户） |
|---|---|---|---|---|---|---|
| 二连浩特市 | | | 13510 | | | 96200 |
| 锡林浩特市 | | | 51353 | 1760 | | 249800 |
| 阿巴嘎旗 | | | 4531 | 1600 | | 47700 |
| 苏尼特左旗 | | | 2935 | 1780 | | 42702 |
| 苏尼特右旗 | | | 5000 | 700 | | 130000 |
| 东乌珠穆沁旗 | | | 7200 | 2932 | | 105473 |
| 西乌珠穆沁旗 | | | 1985 | 100 | | 103000 |
| 太仆寺旗 | | | 15024 | 5796 | | 65041 |
| 镶黄旗 | | | 1914 | 176 | | 57131 |
| 正镶白旗 | | | 3300 | 500 | | 50235 |
| 正蓝旗 | | | 7394 | 3200 | | 87664 |
| 多伦县 | | | 5415 | 1204 | | 71692 |
| 集宁市 | | | 81817 | 7790 | | 180862 |
| 卓资县 | | | 10125 | 3997 | | 35765 |
| 化德县 | | | 7948 | 1839 | | 75670 |
| 商都县 | | | 13280 | 908 | | 146680 |
| 兴和县 | | | 9400 | 2400 | | 32965 |
| 凉城县 | | | 9620 | 3010 | | 152333 |
| 察哈尔右翼前旗 | | | 9746 | 6796 | | 19726 |
| 察哈尔右翼中旗 | | | 16783 | 5172 | | 34021 |
| 察哈尔右翼后旗 | | | 8075 | 1420 | | 102827 |
| 四子王旗 | | | 8016 | 592 | | 83000 |
| 丰镇市 | | | 14200 | 2500 | | 123050 |
| 东胜区 | | | 85915 | 1000 | | 986712 |
| 达拉特旗 | | | 21880 | 4300 | | 449500 |
| 准格尔旗 | | | 75891 | 8509 | | 296850 |
| 鄂托克前旗 | | | 8817 | 2069 | | 114000 |
| 鄂托克旗 | | | 17038 | 2680 | | 257750 |
| 杭锦旗 | | | 9267 | 1900 | | 141000 |
| 乌审旗 | | | 8456 | 3385 | | 45886 |
| 伊金霍洛旗 | | | 12900 | | | 58774 |
| 临河区 | | | 103000 | 25200 | | 394000 |
| 五原县 | | | 40410 | 18142 | | 99890 |
| 磴口县 | | | 12307 | 4886 | | 67862 |
| 乌拉特前旗 | | | 23600 | 10200 | | 270476 |
| 乌拉特中旗 | | | 14200 | 8500 | | 91480 |
| 乌拉特后旗 | | | 5798 | 1983 | | 41000 |
| 杭锦后旗 | | | 53100 | 17533 | | 98544 |
| 海勃湾区 | | | 84685 | 2615 | | 271186 |
| 海南区 | | | 19276 | 625 | | 129436 |
| 乌达区 | | | 23906 | | | 126200 |
| 阿拉善左旗 | | | 30095 | 6716 | | 161460 |
| 阿拉善右旗 | | | 3819 | 576 | | 30458 |
| 额济纳旗 | | | 5236 | 73 | | 36681 |

# 4－1－4 续表4

单位:万千瓦时

| 地　　区 | 全年用电量 | 工业用电量 | 农村用电量 |
|---|---|---|---|
| 呼市新城区 | 362578 | 14626 | 35175 |
| 呼市回民区 | 223921 | 56339 | 14610.3 |
| 呼市玉泉区 | 181269 | 13476 | 13102 |
| 呼市赛罕区 | 298561 | 136718 | 24588 |
| 土默特左旗 | 88273 | 58833 | 20344 |
| 托克托县 | 50396 | 37871 | 5553.3 |
| 和林格尔县 | 35116 | 24112 | 4444 |
| 清水河县 | 46176 | 40530 | 2097 |
| 武川县 | 92803 | 65589 | 2618 |
| 包头市东河区 | 74644.4 | 20363.4 | 22649.8 |
| 包头市石拐区 | 195648 | 194565 | 275 |
| 包头市九原区 | 75770 | 57827 | 11910 |
| 土默特右旗 | 48559 | 38305 | 7850 |
| 固阳县 | 112000 | 72000 | 3600 |
| 达尔罕茂明安联合旗 | 50483 | 43722 | 2645 |
| 海拉尔区 | 91114 | 49832 | 16494 |
| 阿荣旗 | 37157 | 20848 | 7552 |
| 莫力达瓦达斡尔族自治旗 | 18925 | 6128 | 9508 |
| 鄂伦春自治旗 | 12413 | 3895 | 5176 |
| 鄂温克族自治旗 | 9434 | 7678 | 1743 |
| 陈巴尔虎旗 | 18437 | 15842 | 1795 |
| 新巴尔虎左旗 | 6579.1 | 3770 | 1054 |
| 新巴尔虎右旗 | 54190 | 51773 | 1078 |
| 满洲里市 | 73861 | 41880 | 14258 |
| 牙克石市 | 106008 | 72769 | 10350 |
| 扎兰屯市 | | | |
| 额尔古纳市 | 10316 | 4843 | 1609 |
| 根河市 | 27090 | 12079 | 8363 |
| 乌兰浩特市 | 86102 | 63296 | 3377 |
| 阿尔山市 | 5757 | 1983 | 1414 |
| 科尔沁右翼前旗 | 15556 | 4566 | 5600 |
| 科尔沁右翼中旗 | 17044 | 7272 | 7871 |
| 扎赉特旗 | 27809 | 9253 | 7427 |
| 突泉县 | 19146 | 8722 | 6801 |
| 科尔沁区 | 725534 | 562811 | 56678 |
| 科尔沁左翼中旗 | 26501 | 147.5 | 12411.4 |
| 科尔沁左翼后旗 | 32756.7 | 15264.5 | 10475.6 |
| 开鲁县 | 39111.8 | 14194.3 | 11097.1 |
| 库伦旗 | 29469.9 | 23182.2 | 4120.5 |
| 奈曼旗 | 39371 | 945 | 14025 |
| 扎鲁特旗 | 24500 | 11920 | 8230.3 |
| 霍林郭勒市 | 835764 | 810096 | 6984 |
| 赤峰市红山区 | 394792 | 369987 | 15205 |
| 赤峰市元宝山区 | 178513.9 | 145871.8 | 16452.2 |
| 赤峰市松山区 | 65383.9 | 17151.3 | 20051.1 |
| 阿鲁科尔沁旗 | 43177.8 | 29968.8 | 8280.5 |
| 巴林左旗 | 40485 | 32476 | 5010 |
| 巴林右旗 | 18710 | 4513 | 8793 |
| 林西县 | 34334 | 21496 | 6317 |
| 克什克腾旗 | 38145 | 21841 | 4534 |
| 翁牛特旗 | 37615 | 16983 | 10128 |
| 喀喇沁旗 | 29647.8 | 14717.1 | 7498.8 |
| 宁城县 | 108000 | 63500 | 11703 |
| 敖汉旗 | 45991 | 32515 | 12739 |

# 4－1－4 续表 5

单位:万千瓦时

| 地　　区 | 全年用电量 | 工业用电量 | 农村用电量 |
| --- | --- | --- | --- |
| 二连浩特市 | 27530 | 13319 | 7881 |
| 锡林浩特市 | 137830 | 103428 | 13896 |
| 阿巴嘎旗 | 14553 | 12572 | 1218 |
| 苏尼特左旗 | 7966 | 5768 | 962 |
| 苏尼特右旗 | 96095 | 91678.8 | 2622 |
| 东乌珠穆沁旗 | 31580.5 | 25358.8 | 2543.9 |
| 西乌珠穆沁旗 | 37916.6 | 29913.6 | 2959.6 |
| 太仆寺旗 | 18518 | 11917 | 2604 |
| 镶黄旗 | 22783 | 20418 | 759 |
| 正镶白旗 | 9659 | 5961 | 1552 |
| 正蓝旗 | 50218 | 43405 | 1856 |
| 多伦县 | 51834 | 41201.4 | 3557.1 |
| 集宁市 | 130334 | 89100 | 21780 |
| 卓资县 | 225017 | 138252 | 3572 |
| 化德县 | 143200 | 96907 | 2404.3 |
| 商都县 | 168714 | 98440 | 4215 |
| 兴和县 | 61181 | 52740 | 3247 |
| 凉城县 | 126224 | 114878 | 2357 |
| 察哈尔右翼前旗 | 194807 | 188151 | 2168 |
| 察哈尔右翼中旗 | 125021 | 84369 | 1836 |
| 察哈尔右翼后旗 | 243923 | 209485 | 2553.2 |
| 四子王旗 | 39274 | 33864 | 2965.6 |
| 丰镇市 | 509438 | 372368.5 | 6626.6 |
| 东胜区 | 229118.7 | 118132.6 | 30361.9 |
| 达拉特旗 | 78940 | 69110.5 | 9655.8 |
| 准格尔旗 | 859038 | 818464 | 17630 |
| 鄂托克前旗 | 49400 | 26538.4 | 2008.9 |
| 鄂托克旗 | 1722083 | 1605740 | 5412 |
| 杭锦旗 | 29086 | 15808 | 3861 |
| 乌审旗 | 48625 | 39332 | 6587 |
| 伊金霍洛旗 | 143723 | 121770 | 7921 |
| 临河区 | 122800 | 72600 | 35821 |
| 五原县 | 39244 | 21868 | 6497 |
| 磴口县 | 27119.6 | 17839.9 | 7231.8 |
| 乌拉特前旗 | 422218 | 371518 | 45773 |
| 乌拉特中旗 | 60631.8 | 39234.5 | 14153 |
| 乌拉特后旗 | 83117.5 | 68715.1 | 8101.4 |
| 杭锦后旗 | 30028.9 | 14796.2 | 6498.5 |
| 海勃湾区 | 900865 | 852286 | 6680 |
| 海南区 | 413168.5 | 407816.5 | 3241 |
| 乌达区 | 10953.2 | 5976.3 | 3161.7 |
| 阿拉善左旗 | 759261 | 722089 | 23856 |
| 阿拉善右旗 | 9093 | 5456 | 1052 |
| 额济纳旗 | 16192 | 10997 | 965 |

# 4-1-5 各旗县贸易、外经、旅游情况(2012年)

| 地　　区 | 社会消费品零售总额(万元) | 限额以上批发零售贸易商品销售总额(万元) | 出口总额(万美元) | 当年实际使用外资金额(万美元) |
|---|---|---|---|---|
| 呼市新城区 | 3048899 | 1870943 | 17316.4 | 2980 |
| 呼市回民区 | 3143762 | | 10444.8 | |
| 呼市玉泉区 | 1610207 | 3383671.2 | 8421 | 2103 |
| 呼市赛罕区 | 1418336 | 1760445 | 14135 | |
| 土默特左旗 | 273481 | 17854 | 7171 | 480 |
| 托克托县 | 205812 | 94806.6 | 7988 | |
| 和林格尔县 | 187895 | | 434 | |
| 清水河县 | 52615 | 182511 | 1941 | |
| 武川县 | 78079 | | 2166 | |
| 包头市东河区 | 1994324 | 1196163 | 26600 | 17000 |
| 包头市石拐区 | 45662 | 12555 | 1750 | 5200 |
| 包头市九原区 | 485838 | | 478 | |
| 土默特右旗 | 333687 | 1060426.1 | 30 | 6500 |
| 固阳县 | 150295 | 3906 | 140 | |
| 达尔罕茂明安联合旗 | 160899 | 4899.9 | 2249.5 | |
| 海拉尔区 | 1008000 | | 2086.9 | |
| 阿荣旗 | 238099 | 10165 | | |
| 莫力达瓦达斡尔族自治旗 | 235733 | 6780 | | |
| 鄂伦春自治旗 | 188000 | 73525 | | |
| 鄂温克族自治旗 | 116000 | 72800 | | |
| 陈巴尔虎旗 | 41624 | 666 | | |
| 新巴尔虎左旗 | 50000 | 17962 | 90.2 | |
| 新巴尔虎右旗 | 44701 | | 3340 | |
| 满洲里市 | 976487 | 113912 | 151236 | 1079 |
| 牙克石市 | 438000 | 102404.1 | 519 | |
| 扎兰屯市 | 454300 | 65326.8 | 680 | |
| 额尔古纳市 | 102845 | 2478 | 490 | |
| 根河市 | 144200 | 13242.8 | | |
| 乌兰浩特市 | 780084 | 332134 | | |
| 阿尔山市 | 49927 | | | |
| 科尔沁右翼前旗 | 190084 | 15563 | 310 | |
| 科尔沁右翼中旗 | 135041 | 6493 | | 52 |
| 扎赉特旗 | 210222 | 4996.5 | | |
| 突泉县 | 151320 | | | |
| 科尔沁区 | 2049804 | 925661 | 2914 | |
| 科尔沁左翼中旗 | 260055 | 80511 | | |
| 科尔沁左翼后旗 | 265290 | 106587.6 | | |
| 开鲁县 | 292700 | 116538.2 | 290 | |
| 库伦旗 | 114703 | 27378.7 | | |
| 奈曼旗 | 273775 | 5525 | | |
| 扎鲁特旗 | 238882 | 49750.4 | 690 | 690 |
| 霍林郭勒市 | 268881 | 334098 | | |
| 赤峰市红山区 | 926161 | 1004057 | | |
| 赤峰市元宝山区 | 589951 | 106158.3 | 686.4 | |
| 赤峰市松山区 | 793871 | 818651.7 | | |
| 阿鲁科尔沁旗 | 219695 | 142117.1 | | |
| 巴林左旗 | 284294 | 13857 | | |
| 巴林右旗 | 165014 | 181920 | | |
| 林西县 | 217188 | 72315.8 | | |
| 克什克腾旗 | 221899 | 15912.9 | | |
| 翁牛特旗 | 297224 | 23713.1 | | |
| 喀喇沁旗 | 210714 | 126105.1 | | |
| 宁城县 | 420828 | 82060 | 703 | |
| 敖汉旗 | 306491 | 92235.6 | | |

# 4－1－5 续表

| 地　　区 | 社会消费品零售总额(万元) | 限额以上批发零售贸易商品销售总额(万元) | 出口总额(万美元) | 当年实际使用外资金额(万美元) |
|---|---|---|---|---|
| 二连浩特市 | 226605 | 455220 | 174716 | |
| 锡林浩特市 | 415811 | 233840 | 613.9 | |
| 阿巴嘎旗 | 74916 | 796.4 | | |
| 苏尼特左旗 | 48409 | 8673 | | |
| 苏尼特右旗 | 117103 | 20162 | | |
| 东乌珠穆沁旗 | 191821 | 18425.8 | 4862 | |
| 西乌珠穆沁旗 | 135607 | | | |
| 太仆寺旗 | 131510 | 24137 | | |
| 镶黄旗 | 42004 | 15121 | | |
| 正镶白旗 | 57369 | 12238 | | |
| 正蓝旗 | 91201 | 1146 | | |
| 多伦县 | 106608 | 30967 | 38 | |
| 集宁市 | 587440 | 359622.1 | 1545 | 659 |
| 卓资县 | 123583 | 18563.6 | | |
| 化德县 | 103728 | 15990 | | |
| 商都县 | 220300 | 34838.5 | | |
| 兴和县 | 203804 | 24997.2 | 893 | |
| 凉城县 | 138630 | 21367.5 | | 53 |
| 察哈尔右翼前旗 | 111263 | 16373.1 | | |
| 察哈尔右翼中旗 | 85301 | 21238.8 | | |
| 察哈尔右翼后旗 | 175035 | 27526.8 | 60 | |
| 四子王旗 | 153611 | 28182.8 | | |
| 丰镇市 | 261607 | 35898.7 | 1690 | |
| 东胜区 | 2508565 | 2983080 | | 39976 |
| 达拉特旗 | 460007 | 110398.8 | | |
| 准格尔旗 | 780027 | 2156104 | | |
| 鄂托克前旗 | 140821 | 25678 | | |
| 鄂托克旗 | 273913 | 8144.9 | | |
| 杭锦旗 | 239536 | 26764 | | |
| 乌审旗 | 241011 | 61548 | | |
| 伊金霍洛旗 | 370008 | 4906008 | | |
| 临河区 | 831075 | 885797.8 | 13000 | |
| 五原县 | 194431 | 5849.1 | | |
| 磴口县 | 102981 | 2095.7 | 1595 | |
| 乌拉特前旗 | 227612 | 2007 | 957 | |
| 乌拉特中旗 | 106008 | 28010.2 | | |
| 乌拉特后旗 | 56973 | | | |
| 杭锦后旗 | 211220 | 170104.3 | | |
| 海勃湾区 | 835960 | 820936 | | |
| 海南区 | 73565 | 144815.7 | | |
| 乌达区 | 96087 | 52738.8 | 166.6 | |
| 阿拉善左旗 | | 199163 | 401 | 500 |
| 阿拉善右旗 | | | | |
| 额济纳旗 | | 35071 | 4314 | |

# 4－1－6 各旗县固定资产投资情况(2012 年)

| 地区 | 城镇固定资产投资完成额(万元) | 城镇新增固定资产(万元) | 房地产开发投资完成额(万元) | 住宅(万元) |
|---|---|---|---|---|
| 呼市新城区 | 2302954 | 894000 | 726680 | 467953 |
| 呼市回民区 | 466300 | 102718 | 473500 | 214000 |
| 呼市玉泉区 | 565696 | 907800 | 739638 | 504506 |
| 呼市赛罕区 | 2751000 | 380579 | 1484735 | 1037963 |
| 土默特左旗 | 671552 | 564955 | 57700 | 57700 |
| 托克托县 | 571792 | 327341 | 57300 | 47137 |
| 和林格尔县 | 897508 | 728142 | 8920 | 8010 |
| 清水河县 | 253000 | 173000 | 12000 | 6990 |
| 武川县 | 450300 | 418102 | 57467 | 52579 |
| 包头市东河区 | 3418968 | 418968 | 151684 | 103992 |
| 包头市石拐区 | 620390 | 308566 | | |
| 包头市九原区 | 1933574 | 1831726 | 220940 | 170158 |
| 土默特右旗 | 2469638 | 2370184 | 21304 | 13083 |
| 固阳县 | 1196384 | 1115602 | 14866 | 14681 |
| 达尔罕茂明安联合旗 | 1840508 | 1343654 | 28876 | 24457 |
| 海拉尔区 | 1628389 | 653523 | 333269 | 253333 |
| 阿荣旗 | 916970 | 972460 | 91580 | 67076 |
| 莫力达瓦达斡尔族自治旗 | 360362 | 256786 | 60965 | 33368 |
| 鄂伦春自治旗 | 165287 | 110613 | 35531 | 21186 |
| 鄂温克族自治旗 | 500089 | 500089 | 80362 | 65633 |
| 陈巴尔虎旗 | 410786 | 269176 | 38536 | 16507 |
| 新巴尔虎左旗 | 329721 | 193607 | 3200 | 1893 |
| 新巴尔虎右旗 | 243684 | 501354 | 17698 | 11211 |
| 满洲里市 | 1101585 | 700680 | 101100 | 59908 |
| 牙克石市 | 160000 | 160111 | 127014 | 102128 |
| 扎兰屯市 | 1268920 | 691276 | 38358 | 20820 |
| 额尔古纳市 | 204518 | 74276 | 9960 | 4778 |
| 根河市 | 150805 | 130326 | | |
| 乌兰浩特市 | 918608 | 798075 | 237584 | 214112 |
| 阿尔山市 | 337628 | 244300 | 28939 | 22190 |
| 科尔沁右翼前旗 | 887966 | 511759 | 38437 | 30942 |
| 科尔沁右翼中旗 | 770242 | 689668 | 13408 | 11443 |
| 扎赉特旗 | 581036 | 346687 | 19239 | 19239 |
| 突泉县 | 639895 | 569799 | 10540 | 7764 |
| 科尔沁区 | 4201751 | 5402770 | 168163 | 117029 |
| 科尔沁左翼中旗 | 932187 | 853729 | 121674 | 102866 |
| 科尔沁左翼后旗 | 865327 | 667623 | 21075 | 14413 |
| 开鲁县 | 777780 | 769950 | 10147 | 9249 |
| 库伦旗 | 517918 | 403069 | 4392 | 1800 |
| 奈曼旗 | 911500 | 911500 | 13445 | 12371 |
| 扎鲁特旗 | 1456006 | 1312158 | 12785 | 7562 |
| 霍林郭勒市 | 1506215 | 782436 | 74641 | 46276 |
| 赤峰市红山区 | 1549177 | 1182614 | 240368 | 123933 |
| 赤峰市元宝山区 | 1512000 | 1413052 | 59362 | 14200 |
| 赤峰市松山区 | 1799672 | 1508368 | 361983 | 213812 |
| 阿鲁科尔沁旗 | 633842 | 456767 | 34185 | 11785 |
| 巴林左旗 | 1100245 | 864682 | 237894 | 201981 |
| 巴林右旗 | 680919 | 250387 | 171485 | 171485 |
| 林西县 | 568814 | 519445 | 37808 | 24610 |
| 克什克腾旗 | 1230745 | 335784 | 53288 | 47197 |
| 翁牛特旗 | 980800 | 980227 | 25664 | 23913 |
| 喀喇沁旗 | 712924 | 675847 | 42134 | 38394 |
| 宁城县 | 1061342 | 1192885 | 72374 | 39025 |
| 敖汉旗 | 864041 | 762841 | 82071 | 51568 |

# 4-1-6 续表

| 地区 | 城镇固定资产投资完成额(万元) | 城镇新增固定资产(万元) | 房地产开发投资完成额(万元) | 住宅(万元) |
|---|---|---|---|---|
| 二连浩特市 | 390398 | 272096 | 70552 | 13157 |
| 锡林浩特市 | 1213150 | 975364 | 235266 | 122301 |
| 阿巴嘎旗 | 404635 | 284530 | 3950 | 1700 |
| 苏尼特左旗 | 272544 | 224994 | 17691 | 12111 |
| 苏尼特右旗 | 392137 | 197842 | 12140 | 12140 |
| 东乌珠穆沁旗 | 783343 | 511010 | 47709 | 24529 |
| 西乌珠穆沁旗 | 914632 | 68272 | 40426 | 40426 |
| 太仆寺旗 | 280144 | 287700 | 58574 | 32485 |
| 镶黄旗 | 128276 | 48675 | 11839 | 10139 |
| 正镶白旗 | 141465 | 86663 | 3630 | 3095 |
| 正蓝旗 | 429775 | 106409 | 35094 | 24057 |
| 多伦县 | 478585 | 259850 | 79290 | 69962 |
| 集宁市 | 1936346 | 1176514 | 141564 | 94319 |
| 卓资县 | 370196 | 339661 | 3615 | 3507 |
| 化德县 | 381618 | 317368 | 19650 | 16470 |
| 商都县 | 301621 | 182755 | 9068 | 8068 |
| 兴和县 | 532925 | 220469 | 56261 | 47470 |
| 凉城县 | 160345 | 145145 | | |
| 察哈尔右翼前旗 | 600335 | 375486 | 9791 | 7391 |
| 察哈尔右翼中旗 | 288609 | 35420 | 3190 | 2750 |
| 察哈尔右翼后旗 | 500796 | 328537 | 23941 | 21428 |
| 四子王旗 | 204776 | 154192 | 14141 | 8836 |
| 丰镇市 | 465987 | 225900 | 38679 | 32098 |
| 东胜区 | 6026112 | 2106696 | 1064792 | 523853 |
| 达拉特旗 | 1902895 | 443902 | 107435 | 84633 |
| 准格尔旗 | 5500547 | 3215978 | 139716 | 84009 |
| 鄂托克前旗 | 1967876 | 1359835 | 17970 | 7860 |
| 鄂托克旗 | 2601030 | 140802 | 51630 | 32000 |
| 杭锦旗 | 1243841 | 407724 | 34849 | 23888 |
| 乌审旗 | 3003623 | 212616 | 34461 | 5290 |
| 伊金霍洛旗 | 3405905 | 274216 | 302591 | 159837 |
| 临河区 | 1695101 | 1710815 | 536001 | 353726 |
| 五原县 | 950588 | 303260 | 69550 | 50000 |
| 磴口县 | 280099 | 250015 | 3750 | 3000 |
| 乌拉特前旗 | 1030135 | 757896 | 5037 | 2756 |
| 乌拉特中旗 | 1250876 | 170511 | | |
| 乌拉特后旗 | 856789 | | 30780 | 30780 |
| 杭锦后旗 | 913276 | 883534 | 50069 | 29351 |
| 海勃湾区 | 1616775 | 904382 | 344771 | 222738 |
| 海南区 | 1001852 | 782807 | 51244 | 30509 |
| 乌达区 | 848077 | 551751 | 67441 | 60697 |
| 阿拉善左旗 | 1956130 | 547159 | 146766 | 99273 |
| 阿拉善右旗 | 143154 | 143154 | 1000 | 1000 |
| 额济纳旗 | 246496 | 200264 | 9180 | 3045 |

# 4-1-7 各旗县教育、科技、文化、卫生情况(2012年)

| 地　　区 | 普通中学数(所) | 小学数(所) | 普通中学在校学生数(人) | 女生(人) | 小学在校学生数(人) | 女生(人) |
|---|---|---|---|---|---|---|
| 呼市新城区 | 23 | 43 | 30206 | 9400 | 40923 | 19480 |
| 呼市回民区 | 18 | 35 | 34176 | 10851 | 22029 | 10644 |
| 呼市玉泉区 | 12 | 36 | 11208 | 5397 | 22843 | 10970 |
| 呼市赛罕区 | 23 | 39 | 34775 | 13550 | 37972 | 16157 |
| 土默特左旗 | 13 | 25 | 12054 | 6525 | 15161 | 6962 |
| 托克托县 | 5 | 17 | 11294 | 5976 | 12613 | 5928 |
| 和林格尔县 | 6 | 35 | 9437 | 4138 | 8093 | 3678 |
| 清水河县 | 4 | 20 | 6656 | 2908 | 5815 | 2716 |
| 武川县 | 7 | 19 | 7066 | 3486 | 6888 | 3402 |
| 包头市东河区 | 23 | 42 | 24850 | 12810 | 23986 | 11739 |
| 包头市石拐区 | 2 | 2 | 566 | 268 | 464 | 210 |
| 包头市九原区 | 6 | 16 | 8415 | 4361 | 11670 | 5606 |
| 土默特右旗 | 7 | 21 | 9852 | 5024 | 13140 | 6340 |
| 固阳县 | 3 | 5 | 5565 | 2877 | 5405 | 2628 |
| 达尔罕茂明安联合旗 | 4 | 5 | 2654 | 1335 | 4051 | 2412 |
| 海拉尔区 | 19 | 16 | 19979 | 10496 | 13714 | 6682 |
| 阿荣旗 | 18 | 21 | 10084 | 5022 | 15097 | 7820 |
| 莫力达瓦达斡尔族自治旗 | 25 | 14 | 10490 | 3664 | 16250 | 7881 |
| 鄂伦春自治旗 | 13 | 28 | 10043 | 2937 | 9539 | 4579 |
| 鄂温克族自治旗 | 11 | 10 | 4582 | 1526 | 5327 | 2552 |
| 陈巴尔虎旗 | 3 | 7 | 1399 | 992 | 2367 | 754 |
| 新巴尔虎左旗 | 4 | 3 | 704 | 344 | 1791 | 889 |
| 新巴尔虎右旗 | 2 | 2 | 770 | 371 | 1628 | 779 |
| 满洲里市 | 13 | 13 | 11552 | 5659 | 8856 | 4074 |
| 牙克石市 | 28 | 13 | 14987 | 7754 | 9489 | 4483 |
| 扎兰屯市 | 19 | 26 | 13522 | 6274 | 17208 | 8069 |
| 额尔古纳市 | 6 | 10 | 3538 | 1755 | 3762 | 1850 |
| 根河市 | 8 | 7 | 4536 | 2268 | 3464 | 1709 |
| 乌兰浩特市 | 17 | 26 | 25344 | 12731 | 19562 | 9318 |
| 阿尔山市 | 3 | 5 | 995 | 482 | 1499 | 717 |
| 科尔沁右翼前旗 | 23 | 24 | 10525 | 8360 | 14055 | 11593 |
| 科尔沁右翼中旗 | 12 | 27 | 7015 | 3452 | 15350 | 7458 |
| 扎赉特旗 | 18 | 38 | 11370 | 6795 | 18468 | 9365 |
| 突泉县 | 10 | 20 | 11784 | 3788 | 14427 | 7033 |
| 科尔沁区 | 30 | 81 | 59129 | 31647 | 63391 | 27503 |
| 科尔沁左翼中旗 | 17 | 76 | 14398 | 7533 | 28169 | 13738 |
| 科尔沁左翼后旗 | 16 | 34 | 15183 | 7663 | 23547 | 11429 |
| 开鲁县 | 21 | 148 | 21165 | 10258 | 27172 | 13162 |
| 库伦旗 | 6 | 10 | 6580 | 3143 | 11340 | 5260 |
| 奈曼旗 | 21 | 141 | 22646 | 11308 | 27111 | 13602 |
| 扎鲁特旗 | 12 | 58 | 13248 | 5660 | 18265 | 8797 |
| 霍林郭勒市 | 5 | 7 | 6323 | 3492 | 7271 | 3194 |
| 赤峰市红山区 | 15 | 38 | 21267 | 9673 | 24822 | 10921 |
| 赤峰市元宝山区 | 11 | 17 | 24411 | 10769 | 19481 | 7524 |
| 赤峰市松山区 | 19 | 63 | 40057 | 17495 | 35145 | 14629 |
| 阿鲁科尔沁旗 | 7 | 31 | 15490 | 7774 | 17980 | 8367 |
| 巴林左旗 | 15 | 56 | 19942 | 10971 | 21072 | 12730 |
| 巴林右旗 | 5 | 22 | 9802 | 4696 | 11003 | 4705 |
| 林西县 | 4 | 16 | 13453 | 6371 | 15564 | 7260 |
| 克什克腾旗 | 12 | 30 | 11468 | 5432 | 11921 | 5469 |
| 翁牛特旗 | 12 | 62 | 21783 | 9731 | 25295 | 10983 |
| 喀喇沁旗 | 10 | 120 | 17074 | 8116 | 18587 | 8373 |
| 宁城县 | 15 | 79 | 27631 | 12857 | 31651 | 13744 |
| 敖汉旗 | 29 | 64 | 33011 | 15605 | 34168 | 17048 |

# 4-1-7 续表1

| 地　　区 | 普通中学数（所） | 小学数（所） | 普通中学在校学生数(人) | 女生(人) | 小学在校学生数(人) | 女生(人) |
|---|---|---|---|---|---|---|
| 二连浩特市 | 3 | 4 | 3492 | 1167 | 5577 | 2708 |
| 锡林浩特市 | 9 | 12 | 20514 | 10636 | 16947 | 8301 |
| 阿巴嘎旗 | 2 | 3 | 768 | 402 | 2072 | 1034 |
| 苏尼特左旗 | 2 | 3 | 1208 | 429 | 1904 | 943 |
| 苏尼特右旗 | 3 | 7 | 2281 | 1806 | 4173 | 2049 |
| 东乌珠穆沁旗 | 4 | 7 | 3847 | 1463 | 6320 | 3056 |
| 西乌珠穆沁旗 | 3 | 4 | 2850 | 1383 | 4539 | 2144 |
| 太仆寺旗 | 6 | 19 | 5847 | 3122 | 5796 | 2778 |
| 镶黄旗 | 2 | 2 | 1089 | 529 | 1559 | 720 |
| 正镶白旗 | 1 | 3 | 1080 | 518 | 2501 | 1208 |
| 正蓝旗 | 2 | 6 | 1250 | 613 | 3143 | 1545 |
| 多伦县 | 3 | 14 | 4809 | 2309 | 5708 | 2838 |
| 集宁市 | 18 | 28 | 34532 | 17155 | 22728 | 11194 |
| 卓资县 | 6 | 17 | 7277 | 3442 | 6145 | 3024 |
| 化德县 | 3 | 13 | 5720 | 2834 | 5856 | 2948 |
| 商都县 | 5 | 19 | 8945 | 5057 | 10130 | 5073 |
| 兴和县 | 4 | 27 | 5715 | 3156 | 9180 | 4972 |
| 凉城县 | 6 | 18 | 8896 | 4002 | 7404 | 3690 |
| 察哈尔右翼前旗 | 7 | 21 | 6988 | 3235 | 6581 | 3288 |
| 察哈尔右翼中旗 | 3 | 18 | 6466 | 2587 | 4858 | 2378 |
| 察哈尔右翼后旗 | 3 | 13 | 4995 | 2453 | 7208 | 3609 |
| 四子王旗 | 4 | 14 | 10223 | 3440 | 7634 | 3732 |
| 丰镇市 | 12 | 19 | 8680 | 4274 | 11358 | 5594 |
| 东胜区 | 19 | 36 | 29917 | 9170 | 31867 | 13455 |
| 达拉特旗 | 9 | 22 | 15620 | 7694 | 18984 | 9197 |
| 准格尔旗 | 12 | 25 | 16594 | 7982 | 21962 | 10469 |
| 鄂托克前旗 | 3 | 5 | 3263 | 1640 | 4338 | 2050 |
| 鄂托克旗 | 5 | 8 | 5489 | 2666 | 8604 | 4121 |
| 杭锦旗 | 5 | 4 | 5265 | 2569 | 5519 | 2714 |
| 乌审旗 | 5 | 6 | 4614 | 2151 | 6660 | 3182 |
| 伊金霍洛旗 | 6 | 16 | 6225 | 3003 | 9536 | 4495 |
| 临河区 | 15 | 28 | 35275 | 15073 | 25610 | 13488 |
| 五原县 | 7 | 22 | 14888 | 8223 | 13043 | 6400 |
| 磴口县 | 2 | 7 | 4483 | 2295 | 4407 | 2150 |
| 乌拉特前旗 | 11 | 18 | 15080 | 8138 | 13969 | 6790 |
| 乌拉特中旗 | 5 | 3 | 3655 | 1746 | 4566 | 2638 |
| 乌拉特后旗 | 3 | 5 | 2008 | 1032 | 2831 | 1367 |
| 杭锦后旗 | 5 | 21 | 12885 | 6714 | 10769 | 5320 |
| 海勃湾区 | 11 | 14 | 16917 | 8529 | 17301 | 8350 |
| 海南区 | 4 | 7 | 3044 | 1569 | 6356 | 3194 |
| 乌达区 | 7 | 8 | 7173 | 1823 | 6936 | 3381 |
| 阿拉善左旗 | 13 | 11 | 9574 | 2429 | 10465 | 5079 |
| 阿拉善右旗 | 2 | 4 | 1201 | 560 | 1101 | 506 |
| 额济纳旗 | 2 | 1 | 855 | 392 | 1168 | 551 |

# 4－1－7 续表2

| 地　　区 | 学龄儿童入学率（%） | 农业科技与服务单位个数（个） | 体育场馆数（个） |
|---|---|---|---|
| 呼市新城区 | 100 | | 5 |
| 呼市回民区 | 100 | | 1 |
| 呼市玉泉区 | 100 | | |
| 呼市赛罕区 | 100 | | 3 |
| 土默特左旗 | 100 | | |
| 托克托县 | 100 | | 1 |
| 和林格尔县 | 100 | | 1 |
| 清水河县 | 100 | | |
| 武川县 | 100 | | 1 |
| 包头市东河区 | 100 | | 2 |
| 包头市石拐区 | 100 | | 1 |
| 包头市九原区 | 100 | | 2 |
| 土默特右旗 | 100 | | 1 |
| 固阳县 | 100 | | 2 |
| 达尔罕茂明安联合旗 | 100 | | |
| 海拉尔区 | 100 | | 1 |
| 阿荣旗 | 100 | | 2 |
| 莫力达瓦达斡尔族自治旗 | 100 | | 1 |
| 鄂伦春自治旗 | 100 | | 3 |
| 鄂温克族自治旗 | 100 | | 1 |
| 陈巴尔虎旗 | 100 | | 2 |
| 新巴尔虎左旗 | 98.4 | | 1 |
| 新巴尔虎右旗 | 100 | | 4 |
| 满洲里市 | 100 | | 25 |
| 牙克石市 | 100 | | 3 |
| 扎兰屯市 | 100 | | 1 |
| 额尔古纳市 | 100 | | |
| 根河市 | 100 | | 2 |
| 乌兰浩特市 | 100 | | 5 |
| 阿尔山市 | 100 | | 1 |
| 科尔沁右翼前旗 | 100 | | 1 |
| 科尔沁右翼中旗 | 100 | | 2 |
| 扎赉特旗 | 100 | | 1 |
| 突泉县 | 100 | | 1 |
| 科尔沁区 | 100 | | 2 |
| 科尔沁左翼中旗 | 100 | | 1 |
| 科尔沁左翼后旗 | 100 | | 2 |
| 开鲁县 | 100 | | 1 |
| 库伦旗 | 100 | | 1 |
| 奈曼旗 | 100 | | 1 |
| 扎鲁特旗 | 100 | | 2 |
| 霍林郭勒市 | 100 | | 3 |
| 赤峰市红山区 | 100 | | 2 |
| 赤峰市元宝山区 | 100 | | 1 |
| 赤峰市松山区 | 100 | | |
| 阿鲁科尔沁旗 | 100 | | 2 |
| 巴林左旗 | 100 | | 7 |
| 巴林右旗 | 100 | | 2 |
| 林西县 | 100 | | 6 |
| 克什克腾旗 | 100 | | 1 |
| 翁牛特旗 | 100 | | 1 |
| 喀喇沁旗 | 100 | | 1 |
| 宁城县 | 100 | | 1 |
| 敖汉旗 | 100 | | 2 |

# 4－1－7 续表3

| 地　　区 | 学龄儿童入学率（%） | 农业科技与服务单位个数(个) | 体育场馆数（个） |
|---|---|---|---|
| 二连浩特市 | 100 | | 1 |
| 锡林浩特市 | 100 | | 1 |
| 阿巴嘎旗 | 100 | | |
| 苏尼特左旗 | 100 | | |
| 苏尼特右旗 | 100 | | |
| 东乌珠穆沁旗 | 100 | | 2 |
| 西乌珠穆沁旗 | 100 | | 1 |
| 太仆寺旗 | 100 | | 1 |
| 镶黄旗 | 100 | | 2 |
| 正镶白旗 | 100 | | |
| 正蓝旗 | 100 | | 1 |
| 多伦县 | 100 | | 2 |
| 集宁市 | 100 | | 3 |
| 卓资县 | 100 | | 1 |
| 化德县 | 100 | | |
| 商都县 | 100 | | 1 |
| 兴和县 | 100 | | 1 |
| 凉城县 | 100 | | |
| 察哈尔右翼前旗 | 100 | | 2 |
| 察哈尔右翼中旗 | 100 | | 1 |
| 察哈尔右翼后旗 | 100 | | 1 |
| 四子王旗 | 100 | | 1 |
| 丰镇市 | 100 | | 1 |
| 东胜区 | 100 | | 2 |
| 达拉特旗 | 100 | | 2 |
| 准格尔旗 | 100 | | 3 |
| 鄂托克前旗 | 100 | | 3 |
| 鄂托克旗 | 100 | | |
| 杭锦旗 | 100 | | 1 |
| 乌审旗 | 100 | | 3 |
| 伊金霍洛旗 | 100 | | 2 |
| 临河区 | 100 | | 1 |
| 五原县 | 100 | | 1 |
| 磴口县 | 100 | | 1 |
| 乌拉特前旗 | 100 | | 2 |
| 乌拉特中旗 | 100 | | 1 |
| 乌拉特后旗 | 100 | | 1 |
| 杭锦后旗 | 100 | | 1 |
| 海勃湾区 | 100 | | 5 |
| 海南区 | 100 | | |
| 乌达区 | 100 | | |
| 阿拉善左旗 | 100 | | 2 |
| 阿拉善右旗 | 100 | | 1 |
| 额济纳旗 | 100 | | |

# 4－1－7 续表4

| 地　　区 | 医院、卫生院数（所） | 医院、卫生院床位数（床） | 医院、卫生院卫生技术人员数（人） | 其中：执业（助理）医师（人） |
|---|---|---|---|---|
| 呼市新城区 | 21 | 2344 | 2832 | 2234 |
| 呼市回民区 | 19 | 4527 | 5322 | 50 |
| 呼市玉泉区 | 17 | 705 | 733 | 139 |
| 呼市赛罕区 | 29 | 2793 | 3620 | 110 |
| 土默特左旗 | 18 | 489 | 421 | 281 |
| 托克托县 | 11 | 479 | 432 | 401 |
| 和林格尔县 | 13 | 242 | 342 | 151 |
| 清水河县 | 19 | 262 | 388 | 169 |
| 武川县 | 21 | 282 | 499 | 319 |
| 包头市东河区 | 16 | 3747 | 3793 | 1018 |
| 包头市石拐区 | 3 | 390 | 342 | 103 |
| 包头市九原区 | 10 | 919 | 1115 | 330 |
| 土默特右旗 | 22 | 548 | 782 | 148 |
| 固阳县 | 14 | 369 | 481 | 308 |
| 达尔罕茂明安联合旗 | 23 | 388 | 408 | 199 |
| 海拉尔区 | 41 | 2780 | 3641 | 993 |
| 阿荣旗 | 22 | 726 | 833 | 282 |
| 莫力达瓦达斡尔族自治旗 | 24 | 870 | 1037 | 388 |
| 鄂伦春自治旗 | 18 | 759 | 1207 | 643 |
| 鄂温克族自治旗 | 14 | 852 | 831 | 474 |
| 陈巴尔虎旗 | 13 | 222 | 353 | 116 |
| 新巴尔虎左旗 | 14 | 141 | 290 | 82 |
| 新巴尔虎右旗 | 27 | 181 | 292 | 38 |
| 满洲里市 | 9 | 760 | 1698 | 425 |
| 牙克石市 | 35 | 3019 | 3164 | 2565 |
| 扎兰屯市 | 30 | 1705 | 2108 | 622 |
| 额尔古纳市 | 10 | 471 | 679 | 78 |
| 根河市 | 8 | 553 | 1036 | 370 |
| 乌兰浩特市 | 19 | 2291 | 3091 | 774 |
| 阿尔山市 | 6 | 255 | 329 | 93 |
| 科尔沁右翼前旗 | 26 | 1145 | 1446 | 412 |
| 科尔沁右翼中旗 | 27 | 1092 | 1363 | 541 |
| 扎赉特旗 | 26 | 932 | 894 | 331 |
| 突泉县 | 26 | 726 | 792 | 350 |
| 科尔沁区 | 38 | 5275 | 5984 | 2199 |
| 科尔沁左翼中旗 | 32 | 695 | 819 | 407 |
| 科尔沁左翼后旗 | 31 | 652 | 1018 | 849 |
| 开鲁县 | 24 | 836 | 1114 | 403 |
| 库伦旗 | 19 | 428 | 577 | 399 |
| 奈曼旗 | 26 | 775 | 1267 | 607 |
| 扎鲁特旗 | 29 | 833 | 933 | 616 |
| 霍林郭勒市 | 4 | 768 | 432 | 289 |
| 赤峰市红山区 | 24 | 6614 | 6875 | 856 |
| 赤峰市元宝山区 | 24 | 1825 | 2098 | 668 |
| 赤峰市松山区 | 33 | 1165 | 1329 | 496 |
| 阿鲁科尔沁旗 | 26 | 1222 | 1042 | 332 |
| 巴林左旗 | 24 | 1018 | 1239 | 349 |
| 巴林右旗 | 17 | 539 | 829 | 251 |
| 林西县 | 21 | 1075 | 1302 | 430 |
| 克什克腾旗 | 23 | 1257 | 1087 | 272 |
| 翁牛特旗 | 31 | 977 | 1510 | 688 |
| 喀喇沁旗 | 19 | 792 | 1022 | 502 |
| 宁城县 | 32 | 2623 | 2678 | 983 |
| 敖汉旗 | 31 | 1471 | 1074 | 1074 |

# 4－1－7 续表5

| 地　　区 | 医院、卫生院数（所） | 医院、卫生院床位数（床） | 医院、卫生院卫生技术人员数（人） | 其中：执业（助理）医师（人） |
|---|---|---|---|---|
| 二连浩特市 | 3 | 315 | 377 | 108 |
| 锡林浩特市 | 14 | 1027 | 2093 | 453 |
| 阿巴嘎旗 | 13 | 203 | 290 | 108 |
| 苏尼特左旗 | 13 | 119 | 239 | 111 |
| 苏尼特右旗 | 14 | 161 | 371 | 206 |
| 东乌珠穆沁旗 | 20 | 326 | 514 | 301 |
| 西乌珠穆沁旗 | 16 | 240 | 358 | 160 |
| 太仆寺旗 | 13 | 254 | 453 | 170 |
| 镶黄旗 | 5 | 146 | 256 | 90 |
| 正镶白旗 | 9 | 161 | 255 | 77 |
| 正蓝旗 | 15 | 221 | 302 | 117 |
| 多伦县 | 11 | 264 | 369 | 154 |
| 集宁市 | 17 | 2381 | 3394 | 1517 |
| 卓资县 | 19 | 257 | 333 | 160 |
| 化德县 | 13 | 331 | 386 | 204 |
| 商都县 | 20 | 482 | 474 | 256 |
| 兴和县 | 16 | 424 | 498 | 263 |
| 凉城县 | 21 | 394 | 388 | 181 |
| 察哈尔右翼前旗 | 19 | 307 | 415 | 184 |
| 察哈尔右翼中旗 | 27 | 318 | 258 | 138 |
| 察哈尔右翼后旗 | 19 | 343 | 472 | 225 |
| 四子王旗 | 29 | 549 | 508 | 296 |
| 丰镇市 | 19 | 478 | 729 | 354 |
| 东胜区 | 31 | 3072 | 5405 | 2319 |
| 达拉特旗 | 30 | 1270 | 1895 | 908 |
| 准格尔旗 | 27 | 1590 | 2332 | 1091 |
| 鄂托克前旗 | 10 | 335 | 561 | 308 |
| 鄂托克旗 | 19 | 922 | 846 | 449 |
| 杭锦旗 | 14 | 395 | 786 | 440 |
| 乌审旗 | 18 | 445 | 675 | 343 |
| 伊金霍洛旗 | 21 | 640 | 1174 | 211 |
| 临河区 | 37 | 4118 | 5303 | 1889 |
| 五原县 | 23 | 1038 | 962 | 424 |
| 磴口县 | 9 | 447 | 469 | 116 |
| 乌拉特前旗 | 26 | 1263 | 1359 | 693 |
| 乌拉特中旗 | 18 | 402 | 435 | 142 |
| 乌拉特后旗 | 12 | 264 | 300 | 128 |
| 杭锦后旗 | 22 | 978 | 1144 | 529 |
| 海勃湾区 | 11 | 2394 | 3049 | 650 |
| 海南区 | 5 | 598 | 406 | 148 |
| 乌达区 | 5 | 564 | 606 | 185 |
| 阿拉善左旗 | 34 | 833 | 1309 | 643 |
| 阿拉善右旗 | 12 | 102 | 197 | 99 |
| 额济纳旗 | 8 | 173 | 162 | 86 |

# 4－1－8 各旗县人民生活情况(2012年)

| 地　　区 | 城镇在岗职工年平均人数(人) | 城镇在岗职工工资总额(万元) | 农村居民人均纯收入(元) |
|---|---|---|---|
| 呼市新城区 | 97917 | 431387 | 14549 |
| 呼市回民区 | 43459 | 161084 | 14975 |
| 呼市玉泉区 | 0 | 94822 | 14549 |
| 呼市赛罕区 | 99313 | 473181 | 14105 |
| 土默特左旗 | 17883 | 75819 | 12331 |
| 托克托县 | 21778 | 100558 | 12104 |
| 和林格尔县 | 21484 | 84311 | 10149 |
| 清水河县 | 8976 | 40337 | 6099 |
| 武川县 | 9468 | 35648 | 5950 |
| 包头市东河区 | 59570 | 253641 | 15128 |
| 包头市石拐区 | 6534 | 36431 | 8474 |
| 包头市九原区 | 16100 | 101057 | 13680 |
| 土默特右旗 | 19946 | 101648 | 11477 |
| 固阳县 | 10819 | 50978 | 8137 |
| 达尔罕茂明安联合旗 | 5359 | 28867 | 9414 |
| 海拉尔区 | 48148 | 252705 | 16720 |
| 阿荣旗 | 23362 | 93442 | 9357 |
| 莫力达瓦达斡尔族自治旗 | 20787 | 77721 | 7964 |
| 鄂伦春自治旗 | 18854 | 72578 | 6598 |
| 鄂温克族自治旗 | 31495 | 169003 | 12765 |
| 陈巴尔虎旗 | 15382 | 74310 | 13159 |
| 新巴尔虎左旗 | 4220 | 19458 | 12468 |
| 新巴尔虎右旗 | 6434 | 33334 | 12523 |
| 满洲里市 | 30841 | 155556 | |
| 牙克石市 | 30671 | 145299 | 9613 |
| 扎兰屯市 | 28822 | 110821 | 9151 |
| 额尔古纳市 | 16107 | 63518 | 15250 |
| 根河市 | 12892 | 53968 | |
| 乌兰浩特市 | 40477 | 174828 | 7452 |
| 阿尔山市 | 6656 | 24364 | |
| 科尔沁右翼前旗 | 20072 | 76490 | 5057 |
| 科尔沁右翼中旗 | 17399 | 56932 | 4709 |
| 扎赉特旗 | 20435 | 75435 | 4981 |
| 突泉县 | 13620 | 45813 | 4861 |
| 科尔沁区 | 88484 | 657000 | 24505 |
| 科尔沁左翼中旗 | 27314 | 98803 | 7195 |
| 科尔沁左翼后旗 | 24267 | 92341 | 7554 |
| 开鲁县 | 22264 | 72641 | 9698 |
| 库伦旗 | 11069 | 42254 | 6738 |
| 奈曼旗 | 18534 | 77890 | 6999 |
| 扎鲁特旗 | 23700 | 86557 | 9204 |
| 霍林郭勒市 | 18637 | 101018 | 2000 |
| 赤峰市红山区 | 50138 | 235890 | 12111 |
| 赤峰市元宝山区 | 50563 | 258650 | 11847 |
| 赤峰市松山区 | 37501 | 173871 | 9163 |
| 阿鲁科尔沁旗 | 19730 | 87882 | 6310 |
| 巴林左旗 | 24954 | 97591 | 6337 |
| 巴林右旗 | 8098 | 17650 | 6466 |
| 林西县 | 20694 | 89786 | 5958 |
| 克什克腾旗 | 12637 | 67742 | 6955 |
| 翁牛特旗 | 23856 | 104541 | 6403 |
| 喀喇沁旗 | 16576 | 73774 | 6772 |
| 宁城县 | 27256 | 108517 | 6502 |
| 敖汉旗 | 21517 | 83195 | 6749 |

# 4－1－8 续表

| 地　　区 | 城镇在岗职工年平均人数(人) | 城镇在岗职工工资总额(万元) | 农村居民人均纯收入(元) |
|---|---|---|---|
| 二连浩特市 | 6567 | 38327 | 14993 |
| 锡林浩特市 | 54416 | 272806 | 14786 |
| 阿巴嘎旗 | 3783 | 17132 | 14463 |
| 苏尼特左旗 | 3195 | 16820 | 8655 |
| 苏尼特右旗 | 8155 | 36858 | 6308 |
| 东乌珠穆沁旗 | 9797 | 44585 | 16800 |
| 西乌珠穆沁旗 | 6182 | 33044 | 14398 |
| 太仆寺旗 | 6657 | 30213 | 6730 |
| 镶黄旗 | 3581 | 15464 | 8200 |
| 正镶白旗 | 4638 | 20621 | 6020 |
| 正蓝旗 | 8143 | 44808 | 9879 |
| 多伦县 | 5730 | 32217 | 8052 |
| 集宁市 | 61985 | 235503 | 10204 |
| 卓资县 | 7540 | 32550 | 6001 |
| 化德县 | 6715 | 28016 | 3867 |
| 商都县 | 8850 | 35839 | 4957 |
| 兴和县 | 10022 | 33365 | 4310 |
| 凉城县 | 11302 | 52080 | 6540 |
| 察哈尔右翼前旗 | 7164 | 31204 | 6031 |
| 察哈尔右翼中旗 | 6439 | 25178 | 3863 |
| 察哈尔右翼后旗 | 9730 | 42815 | 6082 |
| 四子王旗 | 6537 | 33639 | 4858 |
| 丰镇市 | 13873 | 70571 | 7345 |
| 东胜区 | 67254 | 466091 | |
| 达拉特旗 | 21805 | 131985 | 11394 |
| 准格尔旗 | 39801 | 262958 | 11452 |
| 鄂托克前旗 | 4675 | 32485 | 11468 |
| 鄂托克旗 | 25792 | 165162 | 11365 |
| 杭锦旗 | 11098 | 59143 | 11334 |
| 乌审旗 | 8429 | 53231 | 11446 |
| 伊金霍洛旗 | 28949 | 235835 | 11452 |
| 临河区 | 82304 | 350786 | 11148 |
| 五原县 | 10445 | 38398 | 11112 |
| 磴口县 | 11635 | 36252 | 10536 |
| 乌拉特前旗 | 20218 | 87089 | 10121 |
| 乌拉特中旗 | 9817 | 42580 | 9487 |
| 乌拉特后旗 | 13864 | 62392 | 8578 |
| 杭锦后旗 | 16236 | 72152 | 11114 |
| 海勃湾区 | 93245 | 418656 | 12660 |
| 海南区 | 10983 | 49071 | 11335 |
| 乌达区 | 10390 | 48016 | 13245 |
| 阿拉善左旗 | 39149 | 197091 | 9836 |
| 阿拉善右旗 | 4231 | 22535 | 11418 |
| 额济纳旗 | 4375 | 23213 | 12158 |

# 4－1－9 各旗县社会保障情况(2012年)

| 地区 | 各种社会福利收养性单位数(个) | 各种社会福利收养性单位床位数(床) | 参加基本养老保险的职工数(人) | 参加基本医疗保险的职工数(人) |
|---|---|---|---|---|
| 呼市新城区 | 60 | | 9884 | |
| 呼市回民区 | 5 | 501 | 449 | 84108 |
| 呼市玉泉区 | | | 6529 | 51991 |
| 呼市赛罕区 | 6 | 260 | 181709 | 179449 |
| 土默特左旗 | 21 | 1850 | 14259 | 24917 |
| 托克托县 | 6 | 390 | 15556 | 24905 |
| 和林格尔县 | | | 17780 | 19699 |
| 清水河县 | 7 | 350 | 8214 | 22066 |
| 武川县 | 9 | 448 | 8310 | 13297 |
| 包头市东河区 | 14 | 2622 | 53276 | 96726 |
| 包头市石拐区 | 2 | 200 | 18961 | 18092 |
| 包头市九原区 | 7 | 1800 | 24412 | 46310 |
| 土默特右旗 | 10 | 719 | 22576 | 48848 |
| 固阳县 | 7 | 715 | 18545 | 30500 |
| 达尔罕茂明安联合旗 | 4 | 415 | 15101 | 26867 |
| 海拉尔区 | 6 | 960 | 79200 | 167300 |
| 阿荣旗 | 4 | 570 | 30431 | 69151 |
| 莫力达瓦达斡尔族自治旗 | 12 | 995 | 34266 | 58286 |
| 鄂伦春自治旗 | 4 | 105 | 29074 | 142781 |
| 鄂温克族自治旗 | 3 | 110 | 18180 | 87527 |
| 陈巴尔虎旗 | 1 | 120 | 17618 | 35394 |
| 新巴尔虎左旗 | 2 | 80 | 4210 | 6894 |
| 新巴尔虎右旗 | 1 | 98 | 3306 | 9543 |
| 满洲里市 | 4 | 450 | 37166 | 91260 |
| 牙克石市 | 12 | 910 | 98200 | 250265 |
| 扎兰屯市 | 26 | 4069 | 60036 | 127654 |
| 额尔古纳市 | 2 | 120 | 36485 | 30574 |
| 根河市 | 5 | 184 | 36206 | 96489 |
| 乌兰浩特市 | 1 | 148 | 50336 | 175993 |
| 阿尔山市 | 1 | 4 | 13994 | 46441 |
| 科尔沁右翼前旗 | 18 | 351 | 3692 | 3200 |
| 科尔沁右翼中旗 | 3 | 80 | 20204 | 71997 |
| 扎赉特旗 | 11 | 530 | 15841 | 69435 |
| 突泉县 | 10 | 412 | 15634 | 65720 |
| 科尔沁区 | 14 | 1060 | 67037 | 39673 |
| 科尔沁左翼中旗 | 13 | 544 | 20803 | 61080 |
| 科尔沁左翼后旗 | 15 | 276 | 21058 | 88912 |
| 开鲁县 | 14 | 340 | 27305 | 50501 |
| 库伦旗 | 11 | 170 | 12491 | 12418 |
| 奈曼旗 | 15 | 166 | 17882 | 50412 |
| 扎鲁特旗 | 6 | 260 | 20034 | 27041 |
| 霍林郭勒市 | 1 | 174 | 14713 | 54731 |
| 赤峰市红山区 | 2 | 170 | 32188 | 102439 |
| 赤峰市元宝山区 | 5 | 274 | 42802 | 110529 |
| 赤峰市松山区 | 18 | 1123 | 37181 | 65003 |
| 阿鲁科尔沁旗 | 9 | 463 | 25010 | 47143 |
| 巴林左旗 | 13 | 529 | 27180 | 47713 |
| 巴林右旗 | 8 | 483 | 10621 | 18607 |
| 林西县 | 10 | 860 | 21228 | 57614 |
| 克什克腾旗 | 12 | 453 | 15542 | 19699 |
| 翁牛特旗 | 16 | 792 | 33061 | 73294 |
| 喀喇沁旗 | 1 | 950 | 23640 | 41908 |
| 宁城县 | 27 | 260 | 36200 | 30183 |
| 敖汉旗 | 18 | 940 | 32281 | 67449 |

# 4－1－9 续表 1

| 地　　区 | 各种社会福利收养性单位数（个） | 各种社会福利收养性单位床位数（床） | 参加基本养老保险的职工数（人） | 参加基本医疗保险的职工数（人） |
|---|---|---|---|---|
| 二连浩特市 | 1 | 120 | 4507 | 11967 |
| 锡林浩特市 | 6 | 260 | 32487 | 69325 |
| 阿巴嘎旗 | 1 | 100 | 3627 | 6311 |
| 苏尼特左旗 | 1 | 50 | 4319 | 13313 |
| 苏尼特右旗 | 3 | 70 | 9381 | 15098 |
| 东乌珠穆沁旗 | 2 | 100 | 10228 | 16083 |
| 西乌珠穆沁旗 | 3 | 298 | 10687 | 24310 |
| 太仆寺旗 | 11 | 466 | 17042 | 17042 |
| 镶黄旗 | 1 | 30 | 2396 | 6022 |
| 正镶白旗 | 3 | 227 | 4934 | 6512 |
| 正蓝旗 | 5 | 270 | 7848 | 9057 |
| 多伦县 | 4 | 171 | 7779 | 10323 |
| 集宁市 | 9 | 970 | 84564 | 145847 |
| 卓资县 | 9 | 325 | 13456 | 9450 |
| 化德县 | 11 | 443 | 6717 | 38844 |
| 商都县 | 11 | 850 | 8369 | 58692 |
| 兴和县 | 8 | 758 | 11491 | 16108 |
| 凉城县 | 18 | 2650 | 8123 | 17571 |
| 察哈尔右翼前旗 | 8 | 0 | 10717 | 14742 |
| 察哈尔右翼中旗 | 15 | 1582 | 9673 | 28682 |
| 察哈尔右翼后旗 | 7.2 | 971 | 16202 | 17945 |
| 四子王旗 | 8 | 460 | 7588 | 18200 |
| 丰镇市 | 10 | 1020 | 27332 | 93455 |
| 东胜区 | 10 | 681 | 95877 | 208454 |
| 达拉特旗 | 9 | 393 | 21669 | 37710 |
| 准格尔旗 | 8 | 1426 | 27150 | 98107 |
| 鄂托克前旗 | 3 | 30 | 7723 | 8727 |
| 鄂托克旗 | 6 | 626 | 24161 | 26163 |
| 杭锦旗 | 3 | 510 | 8260 | 30620 |
| 乌审旗 | 3 | 390 | 10271 | 26085 |
| 伊金霍洛旗 | 5 | 305 | 19210 | 41502 |
| 临河区 | 7 | 1700 | 104800 | 120220 |
| 五原县 | 8 | 1313 | 24897 | 62858 |
| 磴口县 | 3 | 329 | 21861 | 42088 |
| 乌拉特前旗 | 9 | 808 | 39300 | 99150 |
| 乌拉特中旗 | 3 | 168 | 20778 | 42976 |
| 乌拉特后旗 | 1 | 136 | 23733 | 14993 |
| 杭锦后旗 | 6 | 1241 | 33224 | 81290 |
| 海勃湾区 | 3 | 280 | 30876 | 113241 |
| 海南区 | 2 | 220 | 22591 | 79852 |
| 乌达区 | 1 | 70 | 31000 | 93000 |
| 阿拉善左旗 | 3 | 454 | 61141 | 54237 |
| 阿拉善右旗 | 1 | 104 | 5820 | 8155 |
| 额济纳旗 | 1 | 40 | 4424 | 6745 |

# 4－1－9 续表2

单位:人

| 地　　区 | 城镇居民最低生活保障人数 | 农村居民最低生活保障人数 | 参加农村合作医疗的人数 | 参加农村养老保险的人数 |
|---|---|---|---|---|
| 呼市新城区 | 6300 | 2539 | 39022 | 15600 |
| 呼市回民区 | 12037 | 892 | 24107 | 16959 |
| 呼市玉泉区 | 9529 | 2209 | 36396 | 8954 |
| 呼市赛罕区 | 11039 | 11825 | 97850 | 27676 |
| 土默特左旗 | 4776 | 15484 | 253942 | 137011 |
| 托克托县 | 6899 | 12013 | 143490 | 64550 |
| 和林格尔县 | 5330 | 10726 | 137893 | 121159 |
| 清水河县 | 2210 | 7377 | 99686 | 64867 |
| 武川县 | 2362 | 10973 | 114134 | 97677 |
| 包头市东河区 | 29760 | 1845 | 73420 | 8201 |
| 包头市石拐区 | 7060 | 1929 | 20363 | 9526 |
| 包头市九原区 | 4371 | | 65629 | 29192 |
| 土默特右旗 | 1483 | 10876 | 238255 | 151000 |
| 固阳县 | 4745 | 15157 | 127886 | 100908 |
| 达尔罕茂明安联合旗 | 2565 | 5650 | 63096 | 33382 |
| 海拉尔区 | 54174 | 1944 | 17594 | 2900 |
| 阿荣旗 | 11522 | 21476 | 176008 | 121345 |
| 莫力达瓦达斡尔族自治旗 | 17434 | 29027 | 162456 | 138137 |
| 鄂伦春自治旗 | 37694 | 5034 | 47738 | 41192 |
| 鄂温克族自治旗 | 11175 | 2378 | 16587 | 11044 |
| 陈巴尔虎旗 | 4046 | 742 | 8140 | 3631 |
| 新巴尔虎左旗 | 2474 | 2100 | 16100 | 2318 |
| 新巴尔虎右旗 | 2362 | 1450 | 14288 | |
| 满洲里市 | 8306 | | | |
| 牙克石市 | 42715 | 1110 | 12947 | 7502 |
| 扎兰屯市 | 16999 | 31482 | 222443 | 146516 |
| 额尔古纳市 | 6377 | 77 | 4803 | 3705 |
| 根河市 | 22141 | | | |
| 乌兰浩特市 | 21085 | 10156 | 75145 | 26702 |
| 阿尔山市 | 7751 | | | |
| 科尔沁右翼前旗 | 3265 | 6470 | 43665 | 263 |
| 科尔沁右翼中旗 | 8543 | 21150 | 154939 | 81109 |
| 扎赉特旗 | 8632 | 37621 | 262138 | |
| 突泉县 | 7535 | 29370 | 209573 | 142425 |
| 科尔沁区 | 36185 | 23308 | 417922 | 126814 |
| 科尔沁左翼中旗 | 14980 | 36799 | 388917 | |
| 科尔沁左翼后旗 | 7800 | 20166 | 275917 | |
| 开鲁县 | 6214 | 15987 | 315912 | 211118 |
| 库伦旗 | 3598 | 3382 | 123796 | 18998 |
| 奈曼旗 | 7702 | 25743 | 338913 | 151382 |
| 扎鲁特旗 | 12586 | 26973 | 215278 | 99000 |
| 霍林郭勒市 | 9497 | | 10692 | |
| 赤峰市红山区 | 10778 | 9112 | 78275 | 3149 |
| 赤峰市元宝山区 | 26635 | 16920 | 140348 | 74665 |
| 赤峰市松山区 | 4919 | 29500 | 388389 | 189004 |
| 阿鲁科尔沁旗 | 4492 | 22106 | 240290 | 107944 |
| 巴林左旗 | 6420 | 25500 | 270000 | 107961 |
| 巴林右旗 | 4588 | 13031 | 115343 | 4792 |
| 林西县 | 7280 | 19567 | 154447 | 60000 |
| 克什克腾旗 | 5975 | 20475 | 174653 | 59786 |
| 翁牛特旗 | 6252 | 32400 | 383512 | 160081 |
| 喀喇沁旗 | 3914 | 25625 | 277000 | 164159 |
| 宁城县 | 8114 | 31269 | 446927 | 218490 |
| 敖汉旗 | 7545 | 45854 | 481523 | 337500 |

# 4－1－9 续表3

单位：人

| 地　　区 | 城镇居民最低生活保障人数 | 农村居民最低生活保障人数 | 参加农村合作医疗的人数 | 参加农村养老保险的人数 |
|---|---|---|---|---|
| 二连浩特市 | 1013 | 215 | 1547 | 962 |
| 锡林浩特市 | 7228 | 1127 | 8855 | 4365 |
| 阿巴嘎旗 | 1419 | 1740 | 21584 | 19305 |
| 苏尼特左旗 | 900 | 1487 | 16750 | 5500 |
| 苏尼特右旗 | 3258 | 4345 | 27081 | 12772 |
| 东乌珠穆沁旗 | 4004 | 3043 | 33148 | 20074 |
| 西乌珠穆沁旗 | 4435 | 3358 | 38190 | 19100 |
| 太仆寺旗 | 4394 | 19300 | 150931 | 70323 |
| 镶黄旗 | 1625 | 2151 | 16328 | 2836 |
| 正镶白旗 | 2141 | 6810 | 48319 | 23987 |
| 正蓝旗 | 2973 | 5243 | 47888 | 37649 |
| 多伦县 | 2647 | 6199 | 59225 | 20727 |
| 集宁市 | 41981 | 14827 | 53187 | 25126 |
| 卓资县 | 7348 | 13652 | 143710 | 119579 |
| 化德县 | 5418 | 26725 | 103808 | 55680 |
| 商都县 | 10285 | 29945 | 232959 | 123568 |
| 兴和县 | 7252 | 29226 | 190836 | 179200 |
| 凉城县 | 7074 | 23924 | 154805 | 74447 |
| 察哈尔右翼前旗 | 13638 | 27187 | 98017 | 26868 |
| 察哈尔右翼中旗 | 6010 | 25988 | 134438 | 116409 |
| 察哈尔右翼后旗 | 6288 | 24155 | 130612 | 125968 |
| 四子王旗 | 6667 | 24936 | 144675 | 95633 |
| 丰镇市 | 24000 | 31168 | 161060 | 60083 |
| 东胜区 | 4538 | 2910 | 77552 | 24258 |
| 达拉特旗 | 3169 | 10812 | 239512 | 149250 |
| 准格尔旗 | 7156 | 12891 | 201966 | 108076 |
| 鄂托克前旗 | 2030 | 4126 | 47463 | 22665 |
| 鄂托克旗 | 2192 | 4642 | 55891 | 29015 |
| 杭锦旗 | 1329 | 6022 | 94169 | 51289 |
| 乌审旗 | 2746 | 6541 | 68964 | 37692 |
| 伊金霍洛旗 | 1608 | 5378 | 116836 | 58014 |
| 临河区 | 12558 | 12656 | 200200 | 138950 |
| 五原县 | 5138 | 10285 | 193360 | 39840 |
| 磴口县 | 5638 | 4965 | 51509 | 24951 |
| 乌拉特前旗 | 6830 | 17558 | 179556 | 28268 |
| 乌拉特中旗 | 5400 | 10600 | 87037 | 30784 |
| 乌拉特后旗 | 8810 | 5977 | 24120 | 4644 |
| 杭锦后旗 | 6740 | 10185 | 202800 | 60953 |
| 海勃湾区 | 8588 | | 14828 | 340 |
| 海南区 | 7428 | | 13848 | 3021 |
| 乌达区 | 6183 | | | |
| 阿拉善左旗 | 3249 | 2225 | 47982 | 25952 |
| 阿拉善右旗 | 451 | 280 | 10069 | 7703 |
| 额济纳旗 | 792 | 162 | 5326 | 3825 |

# 4－1－10 各旗县资源、环境与可持续发展情况(2012 年)

| 地　　区 | 行政区域土地面积（平方公里） | 建成区面积（平方公里） | 森林面积（公顷） | 当年造林面积（公顷） |
|---|---|---|---|---|
| 呼市新城区 | 33.4 | 22926 | 733 | |
| 呼市回民区 | 175 | 34 | 7350 | 130 |
| 呼市玉泉区 | 207 | 40 | | |
| 呼市赛罕区 | 1025 | 73.9 | 18900 | 500 |
| 土默特左旗 | 2779 | 10 | 100804 | |
| 托克托县 | 1313 | 15 | 30000 | |
| 和林格尔县 | 3401 | 34 | 154000 | 667 |
| 清水河县 | 2859 | 11.1 | 107327.8 | 3000 |
| 武川县 | 4885 | 12 | 79268 | 8667 |
| 包头市东河区 | 470 | 58 | 6712 | 66.7 |
| 包头市石拐区 | 761 | 10 | 20993 | 2986 |
| 包头市九原区 | 734 | 26 | 13083 | |
| 土默特右旗 | 2368 | 16.3 | 20117.1 | 6333 |
| 固阳县 | 5025 | 10 | 7274 | 14086 |
| 达尔罕茂明安联合旗 | 17410 | 8 | 3163 | 11333 |
| 海拉尔区 | 1440 | 28 | 32400 | 820 |
| 阿荣旗 | 12063 | 17 | 564659 | 667 |
| 莫力达瓦达斡尔族自治旗 | 10356 | 11 | 232214 | 1667 |
| 鄂伦春自治旗 | 54658 | 60 | 2893000 | 654 |
| 鄂温克族自治旗 | 19111 | 38.8 | 159626 | 3500 |
| 陈巴尔虎旗 | 18634 | 6.1 | 107080 | 10980 |
| 新巴尔虎左旗 | 22000 | 15 | | |
| 新巴尔虎右旗 | 24839 | 25 | | |
| 满洲里市 | 732 | 27 | | |
| 牙克石市 | 27590 | 94 | 1858100 | |
| 扎兰屯市 | 16800 | 20 | 860000 | 533 |
| 额尔古纳市 | 28958 | 10.4 | 350452 | |
| 根河市 | 19659 | 47 | 2011131 | |
| 乌兰浩特市 | 2728 | 38.5 | 47995 | 973 |
| 阿尔山市 | 7409 | 10.4 | 638254 | 1898 |
| 科尔沁右翼前旗 | 17428 | 15 | 369000 | 14600 |
| 科尔沁右翼中旗 | 15613 | 16 | 236666 | 8233 |
| 扎赉特旗 | 11187 | 11.1 | 249152 | 667 |
| 突泉县 | 4800 | | 205816 | 866 |
| 科尔沁区 | 3214 | 41.3 | 62830 | 2999 |
| 科尔沁左翼中旗 | 9569 | 26 | 206251 | 8733 |
| 科尔沁左翼后旗 | 11481 | 20.4 | 204773 | 16733.3 |
| 开鲁县 | 4488 | 12 | 104933 | 3400 |
| 库伦旗 | 4714 | 8 | 120922 | 3850 |
| 奈曼旗 | 8120 | 58 | 221095 | 12867 |
| 扎鲁特旗 | 17193 | 20.4 | 193973.3 | 12412 |
| 霍林郭勒市 | 585 | 22 | | 400 |
| 赤峰市红山区 | 506 | 91 | 14294 | 467 |
| 赤峰市元宝山区 | 952 | 45.3 | 33040 | 333.4 |
| 赤峰市松山区 | 5618 | 26.4 | | 9533 |
| 阿鲁科尔沁旗 | 14555 | 15 | 162986 | 15300 |
| 巴林左旗 | 6459 | 15.8 | 231147 | 2067 |
| 巴林右旗 | 9837 | 80 | 154850 | 8550 |
| 林西县 | 3933 | 25 | 226217 | 4266.7 |
| 克什克腾旗 | 20673 | 47 | 635723 | 25334 |
| 翁牛特旗 | 11882 | 15.1 | 308660 | 49450 |
| 喀喇沁旗 | 3050 | 8 | 146297 | 6000 |
| 宁城县 | 4305 | 15.2 | 195074 | 7600 |
| 敖汉旗 | 8294 | 7 | 505682 | 16667 |

# 4－1－10 续表 1

| 地　　区 | 行政区域土地面积（平方公里） | 建成区面积（平方公里） | 森林面积（公顷） | 当年造林面积（公顷） |
|---|---|---|---|---|
| 二连浩特市 | 4013 | 27 | 16470 | 20 |
| 锡林浩特市 | 14780 | 41 | 4842.5 | 7466 |
| 阿巴嘎旗 | 27474 | 10 | 11410 | 18000 |
| 苏尼特左旗 | 34251 | 5.1 | 191000 | 16000 |
| 苏尼特右旗 | 22455 | 11.7 | 177946.5 | 11333 |
| 东乌珠穆沁旗 | 45575 | 54.2 | 28060 | 11490 |
| 西乌珠穆沁旗 | 22459 | 10.4 | 145450 | 10018 |
| 太仆寺旗 | 3426 | 18 | 21354 | 2000 |
| 镶黄旗 | 5137 | 7 | 120301.5 | 8400 |
| 正镶白旗 | 6253 | 8 | 51360 | 6667 |
| 正蓝旗 | 10206 | 13.7 | 100586 | 11500 |
| 多伦县 | 3864 | 14 | 121066 | 26667 |
| 集宁市 | 418 | 75 | 6191 | 273 |
| 卓资县 | 3119 | 15 | 59460 | 10767 |
| 化德县 | 2527 | 12.8 | 61378 | 8332 |
| 商都县 | 4304 | 49 | 90148 | 7540 |
| 兴和县 | 3519 | 13.4 | 120776 | 9807 |
| 凉城县 | 3451 | 11 | 131263 | 9267 |
| 察哈尔右翼前旗 | 2734 | 6 | 59995 | 7099 |
| 察哈尔右翼中旗 | 4200 | 9 | 90601 | 11606 |
| 察哈尔右翼后旗 | 3803 | 9.5 | 94349.1 | 7046 |
| 四子王旗 | 24016 | 4.8 | 125400 | 13421 |
| 丰镇市 | 2704 | 21.8 | 14869 | 8174 |
| 东胜区 | 2526 | 110 | 87138 | 5375 |
| 达拉特旗 | 8241 | 29.2 | 203209 | |
| 准格尔旗 | 7551 | 41 | 268998 | 11666 |
| 鄂托克前旗 | 12221 | 9 | 274395 | 6714 |
| 鄂托克旗 | 20367 | | 415553 | 13000 |
| 杭锦旗 | 18814 | 16 | 293733 | 69046 |
| 乌审旗 | 11674 | 36 | 390030 | 9245 |
| 伊金霍洛旗 | 5487 | 43 | 241333 | 13840 |
| 临河区 | 2354 | 40 | 33705 | 5666 |
| 五原县 | 2493 | 13.6 | 33636 | 3419 |
| 磴口县 | 4167 | 13.6 | 94133 | 6213 |
| 乌拉特前旗 | 7476 | 37 | 263557 | 4767 |
| 乌拉特中旗 | 23096 | 13 | 169822 | 4267 |
| 乌拉特后旗 | 24925 | 6.7 | 267036.4 | 7000 |
| 杭锦后旗 | 1752 | 15.5 | 58000 | 2000 |
| 海勃湾区 | 529 | 76 | 16010 | 1479 |
| 海南区 | 1005 | 7.1 | 7530 | 896 |
| 乌达区 | 220 | 88.2 | 1515 | 155 |
| 阿拉善左旗 | 80412 | 42.5 | 36982 | 29667 |
| 阿拉善右旗 | 73443 | 11 | 1840 | 4133 |
| 额济纳旗 | 114606 | 11 | 492190 | 1153 |

# 4－1－10 续表 2

| 地　　区 | 年内减少耕地面积（公顷） | 基建占地（公顷） | 退耕还林还草占地（公顷） | 自然保护区个数（个） | 自然保护区面积（公顷） | 环境污染治理本年完成投资总额（万元） |
|---|---|---|---|---|---|---|
| 呼市新城区 | 242.7 | | | | | 2583 |
| 呼市回民区 | | | | | | |
| 呼市玉泉区 | | | | | | 32 |
| 呼市赛罕区 | 173.9 | 173.9 | | | | 85600 |
| 土默特左旗 | | | | | | 28140 |
| 托克托县 | | | | | | 45986.4 |
| 和林格尔县 | 42.6 | | | | | 28688 |
| 清水河县 | 56.3 | 49 | | | | 2767.8 |
| 武川县 | 49.8 | 51.1 | | | | 4240 |
| 包头市东河区 | | | | | | |
| 包头市石拐区 | | | | | | |
| 包头市九原区 | | | | | | |
| 土默特右旗 | | | | | | |
| 固阳县 | 254 | 110 | | | | |
| 达尔罕茂明安联合旗 | 14.3 | | | | | 80 |
| 海拉尔区 | | | | | | 150 |
| 阿荣旗 | | | | | | 733 |
| 莫力达瓦达斡尔族自治旗 | 112.3 | 34.8 | | | | |
| 鄂伦春自治旗 | | | | | | |
| 鄂温克族自治旗 | | | | | | 50127 |
| 陈巴尔虎旗 | | | | | | 11400 |
| 新巴尔虎左旗 | | | | | | |
| 新巴尔虎右旗 | | | | | | |
| 满洲里市 | | | | | | |
| 牙克石市 | | | | | | 2399.9 |
| 扎兰屯市 | | | | | | 13150 |
| 额尔古纳市 | | | | | | 950 |
| 根河市 | | | | | | 2696 |
| 乌兰浩特市 | | | | | | 1009 |
| 阿尔山市 | 139 | | | | | 3900 |
| 科尔沁右翼前旗 | | | | | | 61 |
| 科尔沁右翼中旗 | | | | | | 300 |
| 扎赉特旗 | | | | | | 25.1 |
| 突泉县 | 823 | 38.4 | | | | 720 |
| 科尔沁区 | | | | | | 8000 |
| 科尔沁左翼中旗 | 16 | | | | | 660 |
| 科尔沁左翼后旗 | 170 | 170 | | | | 883.1 |
| 开鲁县 | | | | | | 4400 |
| 库伦旗 | 4 | 4 | | | | 521 |
| 奈曼旗 | | | | | | 54 |
| 扎鲁特旗 | 16.1 | | | | | |
| 霍林郭勒市 | | | | | | 5123 |
| 赤峰市红山区 | 363 | | | | | 178 |
| 赤峰市元宝山区 | 263.6 | 247.2 | | | | 1157 |
| 赤峰市松山区 | 327.9 | 80.5 | | | | 680 |
| 阿鲁科尔沁旗 | 12.9 | 11 | | | | |
| 巴林左旗 | | | | | | 5000 |
| 巴林右旗 | | | | | | 131 |
| 林西县 | 14 | 14 | | | | 3500 |
| 克什克腾旗 | | | | | | 45 |
| 翁牛特旗 | | | | | | 20 |
| 喀喇沁旗 | 87 | | | | | |
| 宁城县 | | | | | | 2235.4 |
| 敖汉旗 | 1468 | 98 | | | | |

# 4－1－10 续表3

| 地　　区 | 年内减少耕地面积(公顷) | 基建占地(公顷) | 退耕还林还草占地(公顷) | 自然保护区个数(个) | 自然保护区面积(公顷) | 环境污染治理本年完成投资总额(万元) |
|---|---|---|---|---|---|---|
| 二连浩特市 | | | | | | 510 |
| 锡林浩特市 | 28.2 | 26.6 | | | | 15585 |
| 阿巴嘎旗 | | | | | | 868.5 |
| 苏尼特左旗 | | | | | | 330 |
| 苏尼特右旗 | | | | | | |
| 东乌珠穆沁旗 | | | | | | 790 |
| 西乌珠穆沁旗 | | | | | | 1450 |
| 太仆寺旗 | | | | | | |
| 镶黄旗 | | | | | | |
| 正镶白旗 | | | | | | |
| 正蓝旗 | | | | | | |
| 多伦县 | | | | | | 360 |
| 集宁市 | 800 | 800 | | | | 700 |
| 卓资县 | 15 | 15 | | | | 2528 |
| 化德县 | | | | | | 240 |
| 商都县 | 120.3 | | | | | 1500 |
| 兴和县 | 304.8 | 2 | | | | 1617 |
| 凉城县 | | | | | | 560 |
| 察哈尔右翼前旗 | | | | | | 12705 |
| 察哈尔右翼中旗 | 140 | 113 | | | | |
| 察哈尔右翼后旗 | | | | | | 557 |
| 四子王旗 | 1.8 | 1.8 | | | | 4400 |
| 丰镇市 | | | | | | 5765.9 |
| 东胜区 | 118 | | | | | 11288.5 |
| 达拉特旗 | | | | | | 31966 |
| 准格尔旗 | 492 | | | | | 2315 |
| 鄂托克前旗 | | | | | | |
| 鄂托克旗 | | | | | | |
| 杭锦旗 | | | | | | |
| 乌审旗 | | | | | | |
| 伊金霍洛旗 | | 14 | | | | |
| 临河区 | | | | | | 14800 |
| 五原县 | 168.7 | 69 | | | | 2383.6 |
| 磴口县 | 52.2 | 24.6 | | | | 4906 |
| 乌拉特前旗 | 93 | 93 | | | | 5560 |
| 乌拉特中旗 | | | | | | 247 |
| 乌拉特后旗 | 340 | | | | | 3980 |
| 杭锦后旗 | | | | | | 625 |
| 海勃湾区 | | | | | | 1700 |
| 海南区 | 1.7 | 1.7 | | | | 5483 |
| 乌达区 | 14 | | | | | 28645 |
| 阿拉善左旗 | 10 | | | | | 598 |
| 阿拉善右旗 | | | | | | |
| 额济纳旗 | 55 | | | | | 2000 |

# 4 县域经济社会调查篇

## ② 旗县农村牧区基本情况

资料整理：郭计珍　王海英　赵燕　顾文军

# 4－2－1 各旗县(区)农村牧区基本情况(2012年)

| 地　　区 | 乡　镇(苏木)(个) | 镇(个) | 村委会(嘎查)(个) | 年　末总户数(户) | 乡村人口(人) |
|---|---|---|---|---|---|
| 新城区 | 2 | 2 | 29 | | 48946 |
| 回民区 | 1 | 1 | 19 | | 29708 |
| 玉泉区 | 1 | 1 | 54 | | 48578 |
| 赛罕区 | 6 | 5 | 123 | | 138220 |
| 土默特左旗 | 8 | 5 | 321 | | 298356 |
| 托克托县 | 4 | 4 | 120 | | 151442 |
| 和林格尔县 | 7 | 2 | 145 | | 151288 |
| 清水河县 | 7 | 2 | 103 | | 87135 |
| 武川县 | 8 | 2 | 93 | | 128046 |
| 包头市市区 | 8 | 8 | 120 | 46459 | 135345 |
| 九原区 | 4 | 3 | 49 | 15838 | 53551 |
| 土默特右旗 | 9 | 5 | 288 | 57253 | 168944 |
| 固阳县 | 6 | 6 | 104 | 40850 | 120921 |
| 达尔罕茂明安联合 | 12 | 7 | 77 | 16459 | 55282 |
| 海拉尔区 | 2 | 2 | 17 | 6155 | 17213 |
| 阿荣旗 | 10 | 7 | 148 | 69478 | 231555 |
| 莫力达瓦达斡尔族 | 13 | 13 | 223 | 83353 | 279119 |
| 鄂伦春自治旗 | 7 | 5 | 81 | 18953 | 61652 |
| 鄂温克族自治旗 | 10 | 4 | 44 | 8914 | 29184 |
| 陈巴尔虎旗 | 6 | 2 | 29 | 4537 | 14076 |
| 新巴尔虎左旗 | 7 | 2 | 54 | 5822 | 19023 |
| 新巴尔虎右旗 | 7 | 3 | 51 | 5559 | 16907 |
| 牙克石市 | 9 | 9 | 7 | 80113 | 216305 |
| 扎兰屯市 | 12 | 8 | 126 | 74466 | 267711 |
| 额尔古纳市 | 5 | 3 | 4 | 17488 | 47832 |
| 乌兰浩特市 | 4 | 4 | 68 | 23189 | 82298 |
| 阿尔山市 | 4 | 4 | 21 | 3395 | 9977 |
| 科尔沁右翼前旗 | 14 | 9 | 229 | 91088 | 310200 |
| 科尔沁右翼中旗 | 12 | 6 | 173 | 50490 | 188373 |
| 扎赉特旗 | 13 | 7 | 192 | 82581 | 321795 |
| 突泉县 | 9 | 6 | 188 | 67891 | 243821 |
| 通辽市经济开发区 | 1 | 1 | 36 | 9002 | 35714 |
| 科尔沁区 | 10 | 9 | 334 | 123318 | 441959 |
| 科尔沁左翼中旗 | 14 | 10 | 488 | 106626 | 463727 |
| 科尔沁左翼后旗 | 11 | 9 | 262 | 93300 | 350409 |
| 开鲁县 | 9 | 9 | 217 | 93922 | 323472 |
| 库伦旗 | 5 | 5 | 187 | 37985 | 142974 |
| 奈曼旗 | 11 | 7 | 355 | 100721 | 386831 |
| 扎鲁特旗 | 10 | 6 | 206 | 72769 | 237168 |
| 红山区 | 2 | 2 | 27 | 27976 | 87909 |
| 元宝山区 | 4 | 4 | 66 | 44465 | 163081 |
| 松山区 | 14 | 9 | 244 | 125264 | 442459 |
| 阿鲁科尔沁旗 | 13 | 6 | 245 | 82918 | 256821 |
| 巴林左旗 | 10 | 6 | 165 | 88219 | 303408 |
| 巴林右旗 | 7 | 4 | 162 | 38249 | 129205 |
| 林西县 | 8 | 6 | 103 | 57207 | 194023 |
| 克什克腾旗 | 12 | 7 | 125 | 65121 | 203980 |
| 翁牛特旗 | 13 | 7 | 226 | 127430 | 431016 |

# 4－2－1 续表

| 地区 | 乡镇（苏木）（个） | 镇（个） | 村委会（嘎查）（个） | 年末总户数（户） | 乡村人口（人） |
|---|---|---|---|---|---|
| 喀喇沁旗 | 7 | 6 | 161 | 86492 | 306914 |
| 宁城县 | 12 | 10 | 305 | 144355 | 527575 |
| 敖汉旗 | 14 | 6 | 228 | 157568 | 532813 |
| 二连浩特市 | 1 | | 4 | 494 | 1360 |
| 锡林浩特市 | 4 | 1 | 22 | 2274 | 7694 |
| 阿巴嘎旗 | 6 | 2 | 71 | 5023 | 17194 |
| 苏尼特左旗 | 6 | 2 | 49 | 5408 | 18831 |
| 苏尼特右旗 | 6 | 2 | 63 | 9366 | 26625 |
| 东乌珠穆沁旗 | 8 | 4 | 57 | 7339 | 30328 |
| 西乌珠穆沁旗 | 6 | 4 | 93 | 11146 | 37205 |
| 太仆寺旗 | 6 | 4 | 174 | 32958 | 110779 |
| 镶黄旗 | 3 | 1 | 60 | 5545 | 17413 |
| 正镶白旗 | 4 | 1 | 76 | 16252 | 53039 |
| 正蓝旗 | 6 | 2 | 102 | 18116 | 52947 |
| 多伦县 | 4 | 1 | 64 | 19425 | 69042 |
| 乌拉盖经济开发区 | 1 | 1 | 9 | 587 | 1605 |
| 集宁区 | 2 | 1 | 35 | 13558 | 41690 |
| 丰镇市 | 8 | 5 | 91 | 54870 | 171534 |
| 卓资县 | 7 | 4 | 110 | 29845 | 88386 |
| 化德县 | 5 | 2 | 93 | 26325 | 71850 |
| 商都县 | 9 | 5 | 213 | 44311 | 123301 |
| 兴和县 | 8 | 4 | 161 | 55883 | 206091 |
| 凉城县 | 7 | 4 | 132 | 52411 | 195193 |
| 察哈尔右翼前旗 | 7 | 4 | 120 | 41892 | 142996 |
| 察哈尔右翼中旗 | 10 | 4 | 176 | 40693 | 162109 |
| 察哈尔右翼后旗 | 7 | 4 | 88 | 33738 | 97867 |
| 四子王旗 | 12 | 4 | 120 | 38975 | 149681 |
| 东胜区 | 3 | 3 | 31 | 14719 | 39856 |
| 达拉特旗 | 7 | 6 | 130 | 51093 | 144929 |
| 准格尔旗 | 8 | 5 | 152 | 35183 | 98357 |
| 鄂托克前旗 | 3 | 3 | 68 | 12216 | 35379 |
| 鄂托克旗 | 4 | 2 | 76 | 11444 | 37596 |
| 杭锦旗 | 6 | 4 | 76 | 23848 | 67725 |
| 乌审旗 | 5 | 4 | 59 | 18106 | 50154 |
| 伊金霍洛旗 | 5 | 5 | 138 | 28320 | 71988 |
| 临河区 | 9 | 7 | 151 | 62502 | 248358 |
| 五原县 | 9 | 8 | 117 | 49139 | 201222 |
| 磴口县 | 5 | 4 | 46 | 15793 | 54366 |
| 乌拉特前旗 | 11 | 9 | 93 | 59556 | 209236 |
| 乌拉特中旗 | 10 | 6 | 84 | 24845 | 90924 |
| 乌拉特后旗 | 6 | 3 | 50 | 7817 | 25493 |
| 杭锦后旗 | 9 | 9 | 107 | 50321 | 199705 |
| 海勃湾区 | 1 | 1 | 5 | 4325 | 12450 |
| 海南区 | 1 | 1 | 8 | 4788 | 11458 |
| 乌达区 | 1 | 1 | | | |
| 阿拉善左旗 | 15 | 9 | 139 | 17981 | 54367 |
| 阿拉善右旗 | 7 | 3 | 40 | 3347 | 9821 |
| 额济纳旗 | 8 | 3 | 17 | 2287 | 5984 |

# 4－2－2 各旗县(区)农村牧区基础设施情况(2012年)

单位:个

| 地区 | 通自来水村数 | 通汽车村数 | 通电话村数 |
|---|---|---|---|
| 新城区 | 29 | 29 | 28 |
| 回民区 | 19 | 19 | 19 |
| 玉泉区 | 54 | 54 | 54 |
| 赛罕区 | 123 | 123 | 123 |
| 土默特左旗 | 299 | 315 | 320 |
| 托克托县 | 120 | 120 | 120 |
| 和林格尔县 | 137 | 144 | 145 |
| 清水河县 | 67 | 103 | 103 |
| 武川县 | 82 | 93 | 93 |
| 包头市市区 | 120 | 120 | 120 |
| 九原区 | 49 | 49 | 49 |
| 土默特右旗 | 286 | 287 | 288 |
| 固阳县 | 104 | 104 | 104 |
| 达尔罕茂明安联合 | 70 | 77 | 77 |
| 海拉尔区 | 11 | 17 | 17 |
| 阿荣旗 | 38 | 145 | 148 |
| 莫力达瓦达斡尔族 | 85 | 219 | 204 |
| 鄂伦春自治旗 | 12 | 78 | 81 |
| 鄂温克族自治旗 | 17 | 42 | 18 |
| 陈巴尔虎旗 | 2 | 10 | 3 |
| 新巴尔虎左旗 | 10 | 14 | 14 |
| 新巴尔虎右旗 | 5 | 41 | 18 |
| 牙克石市 |  | 7 | 7 |
| 扎兰屯市 | 26 | 126 | 126 |
| 额尔古纳市 | 3 | 4 | 4 |
| 乌兰浩特市 | 41 | 68 | 68 |
| 阿尔山市 | 2 | 21 | 21 |
| 科尔沁右翼前旗 | 60 | 229 | 212 |
| 科尔沁右翼中旗 | 75 | 173 | 173 |
| 扎赉特旗 | 42 | 192 | 192 |
| 突泉县 | 11 | 184 | 188 |
| 通辽市经济开发区 | 20 | 34 | 36 |
| 科尔沁区 | 301 | 329 | 334 |
| 科尔沁左翼中旗 | 226 | 488 | 488 |
| 科尔沁左翼后旗 | 84 | 235 | 262 |
| 开鲁县 | 182 | 217 | 217 |
| 库伦旗 | 32 | 187 | 187 |
| 奈曼旗 | 198 | 355 | 291 |
| 扎鲁特旗 | 93 | 191 | 205 |
| 红山区 | 25 | 27 | 27 |
| 元宝山区 | 60 | 65 | 65 |
| 松山区 | 183 | 244 | 244 |
| 阿鲁科尔沁旗 | 121 | 241 | 240 |
| 巴林左旗 | 116 | 159 | 156 |
| 巴林右旗 | 65 | 156 | 125 |
| 林西县 | 98 | 103 | 103 |
| 克什克腾旗 | 102 | 124 | 124 |
| 翁牛特旗 | 135 | 224 | 225 |

# 4-2-2 续表

单位:个

| 地　　区 | 通自来水村　数 | 通 汽 车村　数 | 通 电 话村　数 |
|---|---|---|---|
| 喀喇沁旗 | 131 | 161 | 161 |
| 宁城县 | 148 | 299 | 305 |
| 敖汉旗 | 112 | 225 | 224 |
| 二连浩特市 | | 4 | 4 |
| 锡林浩特市 | | 22 | 22 |
| 阿巴嘎旗 | 1 | 71 | 71 |
| 苏尼特左旗 | | 49 | 49 |
| 苏尼特右旗 | 1 | 63 | 63 |
| 东乌珠穆沁旗 | | 57 | 57 |
| 西乌珠穆沁旗 | 6 | 93 | 93 |
| 太仆寺旗 | 20 | 174 | 174 |
| 镶黄旗 | 26 | 60 | 60 |
| 正镶白旗 | 10 | 76 | 76 |
| 正蓝旗 | 27 | 102 | 102 |
| 多伦县 | 34 | 64 | 64 |
| 乌拉盖经济开发区 | | 9 | 9 |
| 集宁区 | 32 | 35 | 35 |
| 丰镇市 | 82 | 88 | 91 |
| 卓资县 | 69 | 108 | 97 |
| 化德县 | 93 | 93 | 93 |
| 商都县 | 99 | 213 | 213 |
| 兴和县 | 102 | 155 | 161 |
| 凉城县 | 125 | 132 | 132 |
| 察哈尔右翼前旗 | 69 | 120 | 110 |
| 察哈尔右翼中旗 | 71 | 176 | 176 |
| 察哈尔右翼后旗 | 51 | 88 | 88 |
| 四子王旗 | 78 | 117 | 119 |
| 东胜区 | 871 | 1325 | 1315 |
| 达拉特旗 | 95 | 130 | 126 |
| 准格尔旗 | 82 | 152 | 152 |
| 鄂托克前旗 | 25 | 68 | 68 |
| 鄂托克旗 | 36 | 76 | 76 |
| 杭锦旗 | 46 | 76 | 76 |
| 乌审旗 | 38 | 59 | 59 |
| 伊金霍洛旗 | 108 | 138 | 138 |
| 临河区 | 131 | 151 | 151 |
| 五原县 | 117 | 117 | 117 |
| 磴口县 | 32 | 46 | 46 |
| 乌拉特前旗 | 90 | 92 | 93 |
| 乌拉特中旗 | 36 | 80 | 64 |
| 乌拉特后旗 | 20 | 36 | 35 |
| 杭锦后旗 | 102 | 107 | 107 |
| 海勃湾区 | 5 | 5 | 5 |
| 海南区 | 8 | 8 | 8 |
| 乌达区 | | | |
| 阿拉善左旗 | 73 | 132 | 139 |
| 阿拉善右旗 | 16 | 38 | 40 |
| 额济纳旗 | 14 | 17 | 17 |

# 4-2-3 各旗县(区)农村牧区劳动力资源及从业人员构成(2012年)

单位:人

| 地区 | 乡村劳动力资源 | 乡村从业人员 | 男 | 农林牧渔业从业人员 | 农业 | 牧业 |
|---|---|---|---|---|---|---|
| 新城区 | 35868 | 35589 | 19552 | 18120 | 16588 | 1532 |
| 回民区 | 18420 | 12250 | 6235 | 2420 | 2400 | 20 |
| 玉泉区 | 23592 | 21446 | 12718 | 13279 | 8558 | 4601 |
| 赛罕区 | 88462 | 70892 | 41725 | 46894 | 39004 | 7890 |
| 土默特左旗 | 180265 | 158331 | 89857 | 93453 | 68399 | 24927 |
| 托克托县 | 99761 | 86603 | 50021 | 53924 | 41090 | 12834 |
| 和林格尔县 | 85983 | 82322 | 45835 | 64357 | 49759 | 14558 |
| 清水河县 | 49254 | 48166 | 26775 | 32236 | 29784 | 2452 |
| 武川县 | 76624 | 72707 | 40159 | 57172 | 51897 | 5189 |
| 包头市市区 | 84041 | 63019 | 37959 | 24638 | 21507 | 3117 |
| 九原区 | 43731 | 34184 | 18290 | 26424 | 22598 | 3166 |
| 土默特右旗 | 124548 | 118817 | 66456 | 80514 | 68964 | 11309 |
| 固阳县 | 79423 | 73383 | 38902 | 55496 | 53880 | 1616 |
| 达尔罕茂明安联合 | 38697 | 33169 | 20896 | 21034 | 15257 | 5777 |
| 海拉尔区 | 9319 | 9319 | 5104 | 6355 | 4195 | 2160 |
| 阿荣旗 | 116160 | 111674 | 69181 | 98539 | 91420 | 6264 |
| 莫力达瓦达斡尔族 | 157759 | 144149 | 82020 | 128204 | 122390 | 5022 |
| 鄂伦春自治旗 | 39684 | 37754 | 22038 | 36676 | 34115 | 2031 |
| 鄂温克族自治旗 | 21859 | 18205 | 9705 | 14907 | 610 | 14297 |
| 陈巴尔虎旗 | 7250 | 6892 | 3931 | 6697 |  | 6697 |
| 新巴尔虎左旗 | 12982 | 11752 | 6215 | 10298 | 126 | 7979 |
| 新巴尔虎右旗 | 11551 | 10645 | 5789 | 8994 | 274 | 8720 |
| 牙克石市 | 144924 | 94318 | 58477 | 39613 | 21809 | 17804 |
| 扎兰屯市 | 179378 | 158410 | 90984 | 132500 | 120937 | 11433 |
| 额尔古纳市 | 27233 | 20971 | 14410 | 16236 | 5681 | 5960 |
| 乌兰浩特市 | 49068 | 46505 | 26061 | 37541 | 33086 | 4455 |
| 阿尔山市 | 5947 | 3989 | 2362 | 3161 | 1641 | 350 |
| 科尔沁右翼前旗 | 164436 | 147976 | 90613 | 118881 | 104880 | 14001 |
| 科尔沁右翼中旗 | 122510 | 107466 | 60515 | 95981 | 88169 | 7812 |
| 扎赉特旗 | 176167 | 169408 | 93897 | 153487 | 142419 | 10606 |
| 突泉县 | 158342 | 148419 | 74796 | 122521 | 116321 | 4341 |
| 通辽市经济开发区 | 20250 | 18443 | 9847 | 9069 | 8673 | 396 |
| 科尔沁区 | 261443 | 227080 | 122401 | 130134 | 111643 | 7512 |
| 科尔沁左翼中旗 | 251692 | 233893 | 123319 | 192975 | 162923 | 27052 |
| 科尔沁左翼后旗 | 162951 | 139171 | 79184 | 117939 | 98957 | 12160 |
| 开鲁县 | 203561 | 170747 | 94876 | 134030 | 120890 | 13140 |
| 库伦旗 | 79782 | 76362 | 41580 | 71103 | 61975 | 9128 |
| 奈曼旗 | 236046 | 233497 | 127097 | 185039 | 170096 | 11705 |
| 扎鲁特旗 | 132038 | 120891 | 64917 | 95107 | 69095 | 17806 |
| 红山区 | 48722 | 38603 | 21177 | 17410 | 16279 | 1131 |
| 元宝山区 | 96757 | 84729 | 46716 | 39440 | 35247 | 3366 |
| 松山区 | 292349 | 267583 | 149579 | 149968 | 137111 | 12799 |
| 阿鲁科尔沁旗 | 155831 | 154583 | 85986 | 117201 | 83607 | 33472 |
| 巴林左旗 | 169589 | 142713 | 76526 | 91549 | 77359 | 13130 |
| 巴林右旗 | 58929 | 51113 | 26976 | 42509 | 22878 | 18631 |
| 林西县 | 105637 | 96437 | 53663 | 72512 | 69043 | 2858 |
| 克什克腾旗 | 116138 | 107811 | 60046 | 85711 | 56618 | 20355 |
| 翁牛特旗 | 239360 | 213714 | 113977 | 149868 | 131103 | 18672 |

# 4－2－3 续表1

单位：人

| 地　　区 | 乡村劳动力资源 | 乡村从业人员 | 男 | 农林牧渔业从业人员 | 农　业 | 牧　业 |
|---|---|---|---|---|---|---|
| 喀喇沁旗 | 169607 | 152833 | 84143 | 101215 | 93418 | 6518 |
| 宁城县 | 323723 | 272051 | 143142 | 171595 | 153833 | 13730 |
| 敖汉旗 | 334772 | 307533 | 171050 | 222211 | 203418 | 13740 |
| 二连浩特市 | 1042 | 950 | 471 | 733 |  | 733 |
| 锡林浩特市 | 6300 | 5948 | 3285 | 5045 |  | 5045 |
| 阿巴嘎旗 | 12393 | 12293 | 6269 | 11068 |  | 11068 |
| 苏尼特左旗 | 15100 | 13606 | 6906 | 11025 |  | 11025 |
| 苏尼特右旗 | 21945 | 18257 | 9758 | 15898 | 1806 | 14092 |
| 东乌珠穆沁旗 | 21655 | 21585 | 11302 | 20488 |  | 20488 |
| 西乌珠穆沁旗 | 26418 | 22814 | 12066 | 19614 |  | 19614 |
| 太仆寺旗 | 79518 | 75913 | 39475 | 57627 | 55105 | 2522 |
| 镶黄旗 | 14106 | 13476 | 7033 | 12161 |  | 12161 |
| 正镶白旗 | 28394 | 27028 | 14220 | 26478 | 11682 | 14796 |
| 正蓝旗 | 37379 | 32791 | 16993 | 21269 | 1657 | 19612 |
| 多伦县 | 43228 | 39683 | 21850 | 31853 | 27192 | 4661 |
| 乌拉盖经济开发区 | 1255 | 1128 | 664 | 1018 | 334 | 684 |
| 集宁区 | 36151 | 33352 | 17676 | 20343 | 15981 | 4362 |
| 丰镇市 | 116256 | 81466 | 49656 | 40810 | 38239 | 2571 |
| 卓资县 | 65743 | 60189 | 32950 | 37767 | 35218 | 2549 |
| 化德县 | 42117 | 38334 | 20528 | 34654 | 31405 | 3249 |
| 商都县 | 93690 | 81214 | 44947 | 72358 | 68449 | 3829 |
| 兴和县 | 130163 | 122561 | 67558 | 92601 | 80478 | 5031 |
| 凉城县 | 132721 | 110409 | 59751 | 82601 | 80818 | 1725 |
| 察哈尔右翼前旗 | 89622 | 86058 | 46674 | 66195 | 60735 | 4460 |
| 察哈尔右翼中旗 | 120837 | 90837 | 52012 | 76902 | 75042 | 1860 |
| 察哈尔右翼后旗 | 62854 | 54125 | 30980 | 40855 | 37865 | 2990 |
| 四子王旗 | 105133 | 91107 | 51526 | 87522 | 65712 | 12701 |
| 东胜区 | 995287 | 849652 | 474258 | 652608 | 589942 | 45327 |
| 达拉特旗 | 99543 | 98943 | 51449 | 74070 | 60988 | 13082 |
| 准格尔旗 | 79624 | 79624 | 42182 | 41131 | 27566 | 13565 |
| 鄂托克前旗 | 23683 | 23167 | 11989 | 19429 | 10866 | 8563 |
| 鄂托克旗 | 25846 | 25657 | 13668 | 22434 | 5884 | 16550 |
| 杭锦旗 | 59621 | 57921 | 31964 | 51122 | 33439 | 17683 |
| 乌审旗 | 39565 | 39565 | 21823 | 32355 | 16154 | 16201 |
| 伊金霍洛旗 | 49686 | 49489 | 29929 | 39130 | 37883 | 1247 |
| 临河区 | 167472 | 139978 | 76564 | 115032 | 110022 | 4856 |
| 五原县 | 136851 | 115897 | 65069 | 108820 | 107680 | 1040 |
| 磴口县 | 39218 | 33756 | 17701 | 32348 | 31522 | 726 |
| 乌拉特前旗 | 121289 | 106528 | 58268 | 90284 | 80954 | 9330 |
| 乌拉特中旗 | 60422 | 49240 | 25583 | 45555 | 34353 | 11116 |
| 乌拉特后旗 | 17849 | 13389 | 7231 | 9802 | 6136 | 3666 |
| 杭锦后旗 | 112163 | 109217 | 60397 | 87661 | 64320 | 19640 |
| 海勃湾区 | 8150 | 7790 | 4020 | 3980 | 3840 | 140 |
| 海南区 | 8458 | 7867 | 4165 | 5902 | 5447 | 278 |
| 乌达区 |  |  |  |  |  |  |
| 阿拉善左旗 | 38135 | 35503 | 19024 | 30861 | 16052 | 14809 |
| 阿拉善右旗 | 6911 | 4773 | 2579 | 3893 | 1136 | 2754 |
| 额济纳旗 | 4240 | 4171 | 2287 | 3999 | 1316 | 2683 |

# 4-2-3 续表2

单位:人

| 地区 | 工业从业人员 | 建筑业从业人员 | 交运仓储邮政从业人员 | 信息传输计算机服务软件从业人员 | 批发与零售从业人员 | 住宿和餐饮从业人员 | 其他行业从业人员 |
|---|---|---|---|---|---|---|---|
| 新城区 | 1891 | 3535 | 2046 | 117 | 1670 | 2290 | 5920 |
| 回民区 | 1222 | 1560 | 1030 | 570 | 1600 | 1720 | 2128 |
| 玉泉区 | 902 | 1799 | 894 | 316 | 1605 | 806 | 1845 |
| 赛罕区 | 2996 | 6359 | 2067 | 231 | 5368 | 4122 | 2855 |
| 土默特左旗 | 12608 | 25721 | 6402 | 1121 | 11239 | 5508 | 2279 |
| 托克托县 | 10595 | 9960 | 5360 | 277 | 4072 | 1488 | 927 |
| 和林格尔县 | 3152 | 7457 | 1874 | 121 | 2822 | 1714 | 825 |
| 清水河县 | 3717 | 3999 | 4008 | 97 | 1943 | 1515 | 651 |
| 武川县 | 4433 | 4815 | 888 | 425 | 3184 | 832 | 958 |
| 包头市市区 | 7133 | 6025 | 5387 | 751 | 5417 | 4496 | 9172 |
| 九原区 | 1542 | 1719 | 1063 | 168 | 1548 | 1201 | 519 |
| 土默特右旗 | 8817 | 10535 | 6570 | 446 | 7957 | 3420 | 558 |
| 固阳县 | 7491 | 1446 | 1180 | 42 | 4016 | 721 | 2991 |
| 达尔罕茂明安联合 | 2119 | 2076 | 658 | 191 | 1293 | 1838 | 3960 |
| 海拉尔区 | 599 | 146 | 246 | 85 | 762 | 502 | 624 |
| 阿荣旗 | 2544 | 3129 | 1577 | 169 | 3824 | 1637 | 255 |
| 莫力达瓦达斡尔族 | 1006 | 3625 | 1471 | 219 | 4493 | 2508 | 2623 |
| 鄂伦春自治旗 | 22 | 231 | 101 | 9 | 154 | 139 | 422 |
| 鄂温克族自治旗 | 715 | 296 | 367 | 35 | 649 | 465 | 771 |
| 陈巴尔虎旗 | 8 |  | 36 | 1 | 63 | 87 |  |
| 新巴尔虎左旗 | 139 | 323 | 203 | 114 | 215 | 82 | 378 |
| 新巴尔虎右旗 | 26 | 44 | 16 | 20 | 52 | 114 | 1379 |
| 牙克石市 | 16977 | 7545 | 6319 | 2452 | 8488 | 6979 | 5945 |
| 扎兰屯市 | 5169 | 7216 | 2388 | 357 | 4357 | 3140 | 3283 |
| 额尔古纳市 | 440 | 909 | 600 | 80 | 873 | 1599 | 234 |
| 乌兰浩特市 |  |  |  |  |  |  |  |
| 阿尔山市 |  |  |  |  |  |  |  |
| 科尔沁右翼前旗 |  |  |  |  |  |  |  |
| 科尔沁右翼中旗 |  |  |  |  |  |  |  |
| 扎赉特旗 |  |  |  |  |  |  |  |
| 突泉县 |  |  |  |  |  |  |  |
| 通辽市经济开发区 | 1352 | 3316 | 505 | 117 | 658 | 2751 | 675 |
| 科尔沁区 | 28391 | 24290 | 5225 | 1697 | 15722 | 13831 | 7790 |
| 科尔沁左翼中旗 | 7876 | 13729 | 1414 | 1019 | 6495 | 6048 | 4337 |
| 科尔沁左翼后旗 | 907 | 7380 | 710 | 197 | 2368 | 3394 | 6276 |
| 开鲁县 | 5605 | 13982 | 2111 | 1381 | 5103 | 4441 | 4094 |
| 库伦旗 | 892 | 1042 | 35 | 49 | 691 | 1138 | 1412 |
| 奈曼旗 | 5505 | 19756 | 3323 | 491 | 4905 | 5270 | 9208 |
| 扎鲁特旗 | 3517 | 6802 | 2169 | 739 | 4057 | 2794 | 5706 |
| 红山区 | 6053 | 7370 | 1742 | 378 | 2789 | 1541 | 1320 |
| 元宝山区 | 13521 | 14159 | 5462 | 754 | 5239 | 1883 | 4271 |
| 松山区 | 29849 | 53207 | 5903 | 959 | 14921 | 7902 | 4874 |
| 阿鲁科尔沁旗 | 4200 | 19096 | 2585 | 331 | 4871 | 3720 | 2579 |
| 巴林左旗 | 3921 | 31395 | 1795 | 826 | 4814 | 2898 | 5515 |
| 巴林右旗 | 1051 | 2295 | 438 | 4 | 1865 | 874 | 2077 |
| 林西县 | 3392 | 8188 | 1741 | 330 | 2456 | 1369 | 6449 |
| 克什克腾旗 | 3340 | 6183 | 1518 | 544 | 3644 | 3529 | 3342 |
| 翁牛特旗 | 15591 | 16748 | 4271 | 698 | 10252 | 3476 | 12810 |

# 4－2－3 续表3

单位：人

| 地　　区 | 工　业 从业人员 | 建筑业 从业人员 | 交运仓储邮政 从业人员 | 信息传输计算机服务软件从业人员 | 批发与零售 从业人员 | 住宿和餐饮 从业人员 | 其他行业 从业人员 |
|---|---|---|---|---|---|---|---|
| 喀喇沁旗 | 8552 | 21969 | 4179 | 534 | 3703 | 5489 | 7192 |
| 宁城县 | 22792 | 36984 | 6257 | 1118 | 9188 | 5643 | 18474 |
| 敖汉旗 | 21050 | 23513 | 3545 | 1832 | 9027 | 5024 | 21331 |
| 二连浩特市 | 15 | 33 | 16 | 5 | 36 | 51 | 61 |
| 锡林浩特市 | 102 | 32 | 32 |  | 146 | 226 | 365 |
| 阿巴嘎旗 | 50 | 75 | 28 | 12 | 260 | 320 | 480 |
| 苏尼特左旗 | 44 | 185 | 60 | 70 | 450 | 490 | 1282 |
| 苏尼特右旗 | 376 | 1290 | 41 | 37 | 129 | 332 | 154 |
| 东乌珠穆沁旗 | 32 | 19 | 62 | 6 | 54 | 238 | 686 |
| 西乌珠穆沁旗 | 201 | 255 | 140 | 61 | 216 | 629 | 1698 |
| 太仆寺旗 | 2909 | 5115 | 1353 | 91 | 2201 | 3771 | 2846 |
| 镶黄旗 | 132 | 46 | 28 |  | 306 | 130 | 673 |
| 正镶白旗 |  | 210 | 120 |  | 220 |  |  |
| 正蓝旗 | 844 | 5214 | 1279 | 26 | 1373 | 1551 | 1235 |
| 多伦县 | 599 | 1993 | 889 | 144 | 721 | 724 | 2760 |
| 乌拉盖经济开发区 |  | 22 | 23 | 4 | 30 | 26 | 5 |
| 集宁区 | 2246 | 5130 | 1160 | 240 | 1094 | 3079 | 60 |
| 丰镇市 | 4112 | 20329 | 2530 | 301 | 2899 | 5420 | 5065 |
| 卓资县 | 3030 | 6742 | 4567 |  | 2257 | 4310 | 1516 |
| 化德县 | 930 | 1128 | 210 | 43 | 609 | 276 | 484 |
| 商都县 | 2375 | 3264 | 874 | 2 | 1615 | 333 | 393 |
| 兴和县 | 2255 | 11635 | 4293 | 50 | 2332 | 871 | 8524 |
| 凉城县 | 1618 | 12765 | 1741 | 143 | 5317 | 2491 | 3733 |
| 察哈尔右翼前旗 | 3832 | 11586 | 573 | 34 | 1065 | 680 | 2093 |
| 察哈尔右翼中旗 | 247 | 3440 | 1097 | 12 | 3149 | 3247 | 2743 |
| 察哈尔右翼后旗 | 2385 | 4210 | 997 | 41 | 1207 | 850 | 3580 |
| 四子王旗 | 484 | 1286 | 93 | 33 | 954 | 139 | 596 |
| 东胜区 | 23514 | 81515 | 18135 | 899 | 22498 | 21696 | 28787 |
| 达拉特旗 | 2912 | 2992 | 6650 | 321 | 5495 | 4358 | 2145 |
| 准格尔旗 | 8732 | 5558 | 8366 | 745 | 5839 | 6105 | 3148 |
| 鄂托克前旗 | 1331 | 615 | 553 | 54 | 429 | 320 | 436 |
| 鄂托克旗 | 675 | 541 | 496 | 101 | 533 | 513 | 364 |
| 杭锦旗 | 1225 | 1387 | 538 | 136 | 1399 | 917 | 1197 |
| 乌审旗 | 1253 | 2048 | 887 | 85 | 1241 | 1356 | 340 |
| 伊金霍洛旗 | 1644 | 1854 | 841 | 382 | 2952 | 2311 | 375 |
| 临河区 | 6445 | 1799 | 2361 | 131 | 7765 | 2467 | 3978 |
| 五原县 | 2004 | 748 | 513 | 51 | 2026 | 734 | 1001 |
| 磴口县 | 271 | 96 | 79 | 59 | 574 | 174 | 155 |
| 乌拉特前旗 | 4582 | 1977 | 2024 | 47 | 4128 | 1838 | 1648 |
| 乌拉特中旗 | 1287 | 338 | 367 |  | 966 | 507 | 220 |
| 乌拉特后旗 | 1441 | 307 | 290 | 28 | 585 | 276 | 660 |
| 杭锦后旗 | 4691 | 4628 | 2991 | 268 | 4910 | 2204 | 1864 |
| 海勃湾区 | 721 | 2275 | 348 |  | 210 | 220 | 36 |
| 海南区 | 664 | 127 | 398 | 32 | 236 | 152 | 356 |
| 乌达区 |  |  |  |  |  |  |  |
| 阿拉善左旗 | 955 | 158 | 844 | 42 | 558 | 785 | 1300 |
| 阿拉善右旗 | 163 | 32 | 200 |  | 95 | 133 | 257 |
| 额济纳旗 | 5 | 5 | 23 |  | 75 | 21 | 43 |

# 4-2-4 各旗县(区)农村用电量和农用化肥施用量(2012年)

单位:吨

| 地　　区 | 农村用电量(万千瓦时) | 农用化肥施用量(按折纯法计算) | 氮　肥 | 磷　肥 | 钾　肥 | 复合肥 |
|---|---|---|---|---|---|---|
| 新城区 | 1520 | 150 | 46 | 56 | 14 | 34 |
| 回民区 | 664 | 115 | 35 | 15 | 15 | 50 |
| 玉泉区 | 1086 | 2805 | 2703 | 12 | 10 | 80 |
| 赛罕区 | 8548 | 11003 | 4561 | 2325 | 998 | 3119 |
| 土默特左旗 | 11159 | 30090 | 18378 | 5799 | 195 | 5704 |
| 托克托县 | 6227 | 35775 | 23034 | 5985 | 1967 | 4793 |
| 和林格尔县 | 7612 | 9229 | 3502 | 3147 | 844 | 1736 |
| 清水河县 | 1056 | 11181 | 6960 | 1892 | 482 | 1847 |
| 武川县 | 2358 | 15481 | 5753 | 3819 | 2493 | 3416 |
| 包头市市区合计 | 9673 | 7954 | 2687 | 1478 | 1422 | 2367 |
| 九原区 | 6026 | 4989 | 1628 | 1581 | 303 | 1177 |
| 土默特右旗 | 6934 | 32663 | 20141 | 775 |  | 11747 |
| 固阳县 | 7121 | 15182 | 10109 |  |  | 5073 |
| 达尔罕茂明安联合 | 2229 | 8860 | 2913 | 2210 | 1422 | 2302 |
| 海拉尔区 | 948 | 4197 | 1084 | 1379 | 365 | 1369 |
| 阿荣旗 | 6445 | 5439764 | 1157314 | 244199 | 1472 | 4027778 |
| 莫力达瓦达斡尔族 | 7477 | 67329 | 14283 | 15671 | 9514 | 27861 |
| 鄂伦春自治旗 | 1999 | 33330 | 13771 | 6733 | 2073 | 10753 |
| 鄂温克族自治旗 | 896 | 3864 | 810 | 925 | 285 | 1844 |
| 陈巴尔虎旗 |  | 7451 | 2812 | 3473 | 764 | 402 |
| 新巴尔虎左旗 | 514 | 639 |  |  |  | 639 |
| 新巴尔虎右旗 | 200 | 46 | 26 | 11 | 9 |  |
| 满洲里市 | 100 | 96 | 42 |  |  | 54 |
| 牙克石市 | 1161 | 14366 | 3891 | 2512 | 1432 | 6531 |
| 扎兰屯市 | 5214 | 40817 | 9225 | 8761 | 7671 | 14680 |
| 额尔古纳市 | 44733 | 21028 | 7478 | 5347 | 1187 | 7015 |
| 根河市 |  | 329 | 46 | 18 | 67 | 198 |
| 乌兰浩特市 | 3377 | 12953 | 4088 | 2666 | 2294 | 3905 |
| 阿尔山市 | 53 | 2374 | 573 | 218 | 54 | 1529 |
| 科尔沁右翼前旗 | 3797 | 30555 | 11269 | 8423 | 4284 | 6579 |
| 科尔沁右翼中旗 | 4875 | 35928 | 1743 | 2413 | 421 | 31351 |
| 扎赉特旗 | 4520 | 78305 | 17450 | 14523 | 1095 | 45237 |
| 突泉县 | 411 | 30020 | 6532 | 5619 | 3365 | 14504 |
| 通辽市经济开发区 | 4322 | 6651 | 3260 | 623 | 843 | 1925 |
| 科尔沁区 | 34209 | 89960 | 40898 | 14208 | 11993 | 22456 |
| 科尔沁左翼中旗 | 9118 | 108107 | 49992 | 19787 | 8201 | 30037 |
| 科尔沁左翼后旗 | 8400 | 146000 | 42022 | 18360 | 16822 | 68796 |
| 开鲁县 | 19377 | 30780 | 18817 | 5234 | 4262 | 2466 |
| 库伦旗 | 3180 | 28574 | 8561 | 4599 | 2896 | 12518 |
| 奈曼旗 | 10723 | 101838 | 56782 | 21303 | 5848 | 17706 |
| 扎鲁特旗 | 8047.44 | 27834 | 12100 | 9120 | 2704 | 3910 |
| 霍林郭勒市 | 4609 | 2123 | 352.8 | 32.5 | 23.54 | 1660.6 |
| 红山区 | 3186 | 4766 | 2352 | 965 | 580 | 869 |
| 元宝山区 | 23185 | 12114 | 6420 | 2688 | 926 | 1926 |
| 松山区 | 24476 | 37364 | 14827 | 7067 | 2791 | 12679 |
| 阿鲁科尔沁旗 | 8408 | 20017 | 5319 | 1305 | 2674 | 10719 |
| 巴林左旗 | 9082 | 15444 | 3190 | 2872 | 1951 | 1909 |
| 巴林右旗 | 2406 | 5732 | 1714 | 723 | 296 | 2999 |
| 林西县 | 9610 | 10473 | 3828 | 1954 | 1648 | 3042 |
| 克什克腾旗 | 4476 | 7325 | 2742 | 1806 | 417 | 2360 |
| 翁牛特旗 | 15401 | 36212 | 15922 | 5231 | 2452 | 12607 |

# 4－2－4 续表

单位:吨

| 地　　区 | 农村用电量（万千瓦时） | 农用化肥施用量（按折纯法计算） | 氮　肥 | 磷　肥 | 钾　肥 | 复合肥 |
|---|---|---|---|---|---|---|
| 喀喇沁旗 | 6399 | 28751 | 12186 | 4965 | 3410 | 8151 |
| 宁城县 | 46428 | 28754 | 15420 | 2403 | 1873 | 6894 |
| 敖汉旗 | 40929 | 75382 | 36546 | 9524 | 9226 | 20086 |
| 二连浩特市 | 325 | 100 | 100 | | | |
| 锡林浩特市 | 1699 | 4319 | 653 | 389 | 275 | 3002 |
| 阿巴嘎旗 | 544 | | | | | |
| 苏尼特左旗 | 168 | 30 | | | | |
| 苏尼特右旗 | 367 | 338 | 193 | 20 | 13 | 112 |
| 东乌珠穆沁旗 | 95 | 10 | | | | 10 |
| 西乌珠穆沁旗 | 731 | 151 | 19 | 16 | 13 | 103 |
| 太仆寺旗 | 703 | 2863 | 275 | 583 | 50 | 1955 |
| 镶黄旗 | 16 | 10 | 10 | | | |
| 正镶白旗 | 395 | 379 | 63 | 161 | | 155 |
| 正蓝旗 | 1440 | 520 | 260 | 24 | 56 | 180 |
| 多伦县 | 1010 | 2458 | 478 | 1534 | 216 | 230 |
| 乌拉盖经济开发区 | 1035 | 5316 | | | | 5316 |
| 集宁区 | 2191 | 2290 | 590 | 380 | | 1320 |
| 丰镇市 | 1548 | 13042 | 5361 | 1362 | 149 | 5164 |
| 卓资县 | 806 | 2968 | 1659 | 167 | 485 | 657 |
| 化德县 | 1836 | 4081 | 1516 | 1040 | 111 | 1414 |
| 商都县 | 4326 | 9287 | 8583 | | | 704 |
| 兴和县 | 2172 | 12855 | 5260 | 2370 | 375 | 4850 |
| 凉城县 | 2267 | 17829 | 10729 | 2060 | 1285 | 3735 |
| 察哈尔右翼前旗 | 1883 | 7272 | 2442 | 650 | 710 | 3470 |
| 察哈尔右翼中旗 | 2980 | 7517 | 3007 | 201 | 237 | 4072 |
| 察哈尔右翼后旗 | 2870 | 4932 | 1800 | 445 | 20 | 2667 |
| 四子王旗 | 1510 | 8315 | 4955 | 947 | 211 | 2182 |
| 东胜区 | 656 | 121.8 | 94.54 | 27.24 | 0.01 | 0.01 |
| 达拉特旗 | 25521 | 45759 | 24345 | 12151 | 1721 | 7542 |
| 准格尔旗 | 3546 | 9511 | 5716 | 1639 | 503 | 1653 |
| 鄂托克前旗 | 3693 | 18936 | 5707 | 4499 | 1088 | 7642 |
| 鄂托克旗 | 901 | 4327 | 3166 | 153 | 8 | 1000 |
| 杭锦旗 | 4654 | 20436 | 15398 | 1698 | 242 | 3098 |
| 乌审旗 | 1452 | 6653 | 5316 | 906 | 272 | 159 |
| 伊金霍洛旗 | 5864 | 5663 | 2096 | 1615 | 545 | 1397 |
| 临河区 | 9588.5 | 54617 | 35587 | 5761 | 1293 | 11976 |
| 五原县 | 5362.2 | 60634 | 44926 | 3727 | 4655 | 7326 |
| 磴口县 | 1238.2 | 21315 | 14498 | 2871 | | 3946 |
| 乌拉特前旗 | 13829.1 | 32843 | 18050 | 5157 | 408 | 9228 |
| 乌拉特中旗 | 6551.8 | 7812 | 5475 | 161 | 20 | 2156 |
| 乌拉特后旗 | 1359.9 | 5671 | 3403 | | | 2268 |
| 杭锦后旗 | 3796 | 57902 | 31247 | 13682 | | 12973 |
| 海勃湾区 | 1689 | 1308 | 799 | 351 | 4 | 154 |
| 海南区 | 1214 | 1643 | 1187 | 149 | 3 | 304 |
| 乌达区 | 294 | 377 | 95 | 152 | 20 | 110 |
| 阿拉善左旗 | | | | | | |
| 阿拉善右旗 | | | | | | |
| 额济纳旗 | | | | | | |

# 4-2-5 各旗县(区)耕地面积(2012年)

单位：公顷

| 地　区 | 耕　地 | 灌溉水田 | 望天田 | 水浇地 | 旱　地 | 菜　地 |
|---|---|---|---|---|---|---|
| 赛罕区 | 64525.52 | 0.12 | | 27865.09 | 34731.63 | 1928.69 |
| 土默特左旗 | 113608.65 | | | 92820.05 | 20492.83 | 295.77 |
| 托克托县 | 62111.29 | 3.03 | | 22748.57 | 39325.09 | 34.61 |
| 武川县 | 149406.03 | | | 8385.35 | 140921.41 | 99.27 |
| 和林县 | 109242.01 | 39.97 | | 18445.67 | 90562.41 | 193.96 |
| 清水河县 | 70974.25 | | | 1264.16 | 69689.53 | 20.55 |
| 石拐矿区 | 4998.46 | | | 784.07 | 3976.59 | 237.79 |
| 白云矿区 | 275.65 | | | 32.31 | 243.34 | |
| 九原区 | 50185.57 | | | 25136.74 | 17066.83 | 7982.00 |
| 土默特右旗 | 102976.79 | | | 91463.61 | 11279.27 | 233.91 |
| 固阳县 | 190289.25 | | | 12986.87 | 176943.81 | 358.57 |
| 达茂联合旗 | 74821.15 | | | 6796.63 | 67768.19 | 256.34 |
| 海拉尔区 | 33634.27 | | | | 32734.25 | 900.02 |
| 满洲里市 | 1765.76 | | | 6.67 | 214.49 | 1544.60 |
| 扎兰屯市 | 163190.27 | 2019.45 | | 26.52 | 160944.12 | 200.18 |
| 牙克石市 | 115868.16 | | | | 110659.10 | 5209.06 |
| 阿荣旗 | 216683.21 | 4269.47 | | | 212293.11 | 120.63 |
| 莫力达瓦达斡尔族自治旗 | 239339.49 | 2427.41 | | 130.37 | 236779.14 | 2.57 |
| 额尔古纳市 | 161180.50 | | | | 161175.91 | 4.59 |
| 根河市 | 2167.83 | | | | 1809.35 | 358.48 |
| 鄂伦春自治旗 | 106769.78 | | | | 103688.63 | 3081.15 |
| 鄂温克族自治旗 | 3457.99 | | | | 2602.81 | 855.17 |
| 新巴尔虎右旗 | 242.09 | | | | | 242.09 |
| 新巴尔虎左旗 | 23678.99 | | | | 23537.24 | 141.75 |
| 陈巴尔虎旗 | 75696.13 | | | | 75299.69 | 396.45 |
| 乌兰浩特市 | 25841.37 | 5467.47 | | 320.77 | 18558.25 | 1494.88 |
| 阿尔山市 | 16011.27 | | | | 16011.27 | |
| 科右前旗 | 167333.33 | 4541.29 | | 14433.33 | 148329.59 | 29.13 |
| 科右中旗 | 129572.45 | 5744.73 | 344.40 | 6564.66 | 116630.89 | 287.76 |
| 扎赉特旗 | 315494.40 | 12575.49 | | 44130.43 | 258590.25 | 198.23 |
| 突泉县 | 144972.12 | 1041.76 | | 10496.71 | 133208.49 | 225.16 |
| 通辽市科尔沁区 | 163153.88 | 2395.61 | | 116951.01 | 40619.39 | 3187.87 |
| 霍林郭勒市 | 1363.88 | | | | 1257.63 | 106.25 |
| 科左中旗 | 238430.70 | 3349.05 | | 87545.75 | 147468.44 | 67.47 |
| 科尔沁左翼后旗 | 187559.17 | 13401.54 | | 13622.32 | 160374.90 | 160.41 |
| 开鲁县 | 105692.14 | 6774.69 | | 82090.85 | 16302.70 | 523.90 |
| 库伦旗 | 100199.49 | 910.37 | | 6841.40 | 92396.39 | 51.33 |
| 奈曼旗 | 150811.65 | 4341.80 | | 61933.33 | 84424.85 | 111.67 |
| 扎鲁特旗 | 130833.73 | 646.15 | | 47542.25 | 82274.27 | 371.07 |
| 赤峰市红山区 | 20695.65 | 19.94 | | 4057.59 | 16257.77 | 360.35 |
| 元宝山区 | 21815.85 | 373.71 | | 9616.58 | 11463.58 | 361.98 |
| 松山区 | 122412.43 | 2118.03 | | 47556.81 | 72242.35 | 495.23 |
| 阿鲁科尔沁旗 | 92664.79 | 37.93 | | 15812.45 | 76694.59 | 119.82 |
| 巴林左旗 | 102096.49 | 551.83 | | 24763.07 | 76446.01 | 335.59 |
| 巴林右旗 | 47193.27 | 652.70 | | 10308.68 | 35952.91 | 278.98 |
| 林西县 | 79602.20 | 1.90 | | 22496.20 | 56844.49 | 259.61 |
| 克什克腾旗 | 70812.64 | | | 2803.26 | 67674.39 | 334.99 |
| 翁牛特旗 | 130585.45 | 5153.01 | | 29461.12 | 95849.98 | 121.34 |
| 赤峰市喀喇沁旗 | 46466.09 | 42.31 | | 15252.63 | 31014.69 | 156.45 |
| 宁城县 | 114471.76 | 303.32 | 5.98 | 27440.31 | 86489.71 | 232.43 |
| 敖汉旗 | 160558.31 | 3470.73 | | 28715.20 | 128106.67 | 265.71 |

# 4-2-5 续表

单位：公顷

| 地　区 | 耕　地 | 灌溉水田 | 望天田 | 水浇地 | 旱　地 | 菜　地 |
|---|---|---|---|---|---|---|
| 二连浩特市 | 49.32 | | | | | 49.32 |
| 锡林浩特市 | 15237.83 | | | 139.97 | 14462.62 | 635.23 |
| 阿巴嘎旗 | 436.85 | | | | 40.00 | 396.85 |
| 苏尼特左旗 | 341.76 | | | | | 341.76 |
| 苏尼特右旗 | 6244.80 | | | 59.85 | 5829.29 | 355.65 |
| 东乌旗 | 33208.34 | | | | 32497.83 | 710.51 |
| 西乌珠穆沁旗 | 200.11 | | | | | 200.11 |
| 太仆寺旗 | 83523.14 | | | 6699.59 | 73304.01 | 3519.55 |
| 镶黄旗 | 1943.17 | | | 25.59 | 1890.85 | 26.73 |
| 正镶白旗 | 24261.26 | | | 148.30 | 24024.48 | 88.48 |
| 正蓝旗 | 21993.70 | | | 117.33 | 21775.15 | 101.22 |
| 多伦县 | 52071.24 | | | 296.70 | 51384.55 | 389.99 |
| 集宁区 | 3003.95 | | | 250.26 | 2083.85 | 669.84 |
| 卓资县 | 43590.58 | | | 6267.60 | 37173.55 | 149.43 |
| 化德县 | 44444.57 | | | 2694.25 | 41649.81 | 100.51 |
| 商都县 | 154329.29 | | | 6478.25 | 147635.19 | 215.85 |
| 兴和县 | 114417.23 | | | 4596.25 | 109719.52 | 101.45 |
| 丰镇市 | 103163.25 | | | 6199.35 | 96649.84 | 314.06 |
| 凉城县 | 94888.61 | | | 15195.43 | 79595.66 | 97.52 |
| 察右前旗 | 83811.18 | | | 13358.09 | 70397.46 | 55.63 |
| 察右中旗 | 87360.85 | | | 2856.67 | 84372.83 | 131.35 |
| 察右后旗 | 50595.93 | | | 2503.76 | 48081.22 | 10.95 |
| 四子王旗 | 109686.75 | | | 5644.83 | 104005.73 | 36.19 |
| 东胜区 | 28657.59 | | | 3346.13 | 25276.57 | 34.88 |
| 达拉特旗 | 130088.29 | | | 88207.73 | 41855.33 | 25.24 |
| 准格尔旗 | 97925.09 | | | 12539.52 | 85367.11 | 18.47 |
| 鄂托克前旗 | 19531.67 | | | 19076.25 | | 455.42 |
| 鄂托克旗 | 10216.31 | | | 10110.63 | | 105.68 |
| 杭锦旗 | 55394.55 | 65.28 | | 37338.99 | 17884.82 | 105.45 |
| 乌审旗 | 25912.92 | 272.03 | | 25325.97 | 204.29 | 110.63 |
| 伊金霍洛旗 | 35244.95 | | | 7869.39 | 27348.76 | 26.80 |
| 临河区 | 127698.65 | | | 127112.58 | | 586.07 |
| 五原县 | 110942.51 | | | 110908.83 | | 33.68 |
| 磴口县 | 41524.06 | | | 41524.06 | | |
| 乌拉特前旗 | 143632.72 | 786.65 | | 108358.49 | 34359.58 | 128.00 |
| 乌拉特中旗 | 66871.41 | | | 46484.60 | 20328.91 | 57.89 |
| 乌拉特后旗 | 5349.43 | | | 5349.31 | | 0.13 |
| 杭锦后旗 | 85496.06 | | | 85479.53 | | 16.53 |
| 海勃湾区 | 2316.29 | | | 1717.62 | | 598.67 |
| 海南区 | 2664.18 | | | 2464.45 | | 199.73 |
| 乌达区 | 2056.47 | | | 1181.03 | | 875.44 |
| 阿拉善左旗 | 21114.63 | | | 20708.09 | | 406.55 |
| 阿拉善右旗 | 1585.38 | | | 1563.64 | | 21.74 |
| 额济纳旗 | 4648.32 | | | 4318.09 | 299.23 | 31.00 |

# 4-2-6 各旗县(区)农用塑料薄膜及柴油和农药使用量(2012年)

| 地　　区 | 农用塑料薄膜使用量(吨) | 膜使用量(吨) | 地膜覆盖面积(公顷) | 农用柴油(吨) | 农药使用量(吨) |
|---|---|---|---|---|---|
| 新城区 | 76 | 49 | 901 | 726 | 1 |
| 回民区 | 10 | 9 | 101 | 13 | 51 |
| 玉泉区 | 116 | 106 | 2576 | 1714 | 7 |
| 赛罕区 | 1605 | 992 | 7969 | 5712 | 58 |
| 土默特左旗 | 3033 | 3033 | 52281 | 10695 | 117 |
| 托克托县 | 851 | 850 | 15986 | 5218 | 73 |
| 和林格尔县 | 1136 | 949 | 17537 | 4259 | 23 |
| 清水河县 | 266 | 206 | 3940 | 1706 | 10 |
| 武川县 | 87 | 87 | 1658 | 5270 | 22 |
| 包头市市区合计 | 894 | 461 | 3615 | 5758 | 128 |
| 九原区 | 688 | 557 | 6881 | 2179 | 58 |
| 土默特右旗 | 1760 | 1731 | 29736 | 10044 | 400 |
| 固阳县 | 716 | 705 | 13420 | 6193 | 25 |
| 达尔罕茂明安联合 | 99 | 96 | 1585 | 5576 | 53 |
| 海拉尔区 | 290 | 67 | 142 | 3063 | 55 |
| 阿荣旗 | 364 | 363 | 6395 | 10776 | 801 |
| 莫力达瓦达斡尔族 | 150 | 135 | 1552 | 24104 | 3721 |
| 鄂伦春自治旗 | 11 | 10 | 102 | 17287 | 2100 |
| 鄂温克族自治旗 | 5 | 4 | 560 | 11285 | 35 |
| 陈巴尔虎旗 | | | | 8217 | 442 |
| 新巴尔虎左旗 | | | | 493 | 26 |
| 新巴尔虎右旗 | 53 | 37 | 20 | 80 | 30 |
| 满洲里市 | 56 | 44 | 374 | 2011 | 4 |
| 牙克石市 | 153 | 33 | 1465 | 7665 | 427 |
| 扎兰屯市 | 266 | 107 | 7567 | 26178 | 892 |
| 额尔古纳市 | 1 | 1 | 3 | 7712 | 1343 |
| 根河市 | 36 | 16 | 16 | 44 | 16 |
| 乌兰浩特市 | 58 | 26 | 104 | 5395 | 160 |
| 阿尔山市 | | | | 909 | 40 |
| 科尔沁右翼前旗 | 306 | 42 | 480 | 11916 | 212 |
| 科尔沁右翼中旗 | 24 | 18 | 357 | 15366 | 535 |
| 扎赉特旗 | 405 | 270 | 5427 | 27895 | 1245 |
| 突泉县 | 96 | 58 | 827 | 16850 | 362 |
| 通辽市经济开发区 | 44 | 36 | 275 | 3772 | 110 |
| 科尔沁区 | 657 | 213 | 747 | 25530 | 406 |
| 科尔沁左翼中旗 | 198 | 190 | 186 | 28872 | 3921 |
| 科尔沁左翼后旗 | 207 | 185 | 603 | 27026 | 1225 |
| 开鲁县 | 3194 | 2349 | 34699 | 9853 | 774 |
| 库伦旗 | 105 | 104 | 1683 | 4871 | 255 |
| 奈曼旗 | 605 | 589 | 6315 | 21558 | 777 |
| 扎鲁特旗 | 1816 | 1258 | 2778 | 11320 | 1946 |
| 霍林郭勒市 | 19 | 15 | 157 | 1550 | 28 |
| 红山区 | 379 | 48 | 387 | 726 | 26 |
| 元宝山区 | 815 | 178 | 3620 | 3474 | 92 |
| 松山区 | 5737 | 2130 | 28400 | 13630 | 267 |
| 阿鲁科尔沁旗 | 860 | 630 | 12000 | 21150 | 184 |
| 巴林左旗 | 510 | 488 | 3853 | 5052 | 143 |
| 巴林右旗 | 159 | 158 | 2609 | 4374 | 31 |
| 林西县 | 1117 | 821 | 16411 | 10474 | 38 |
| 克什克腾旗 | 357 | 341 | 5939 | 5023 | 105 |
| 翁牛特旗 | 1304 | 979 | 19036 | 16466 | 222 |

# 4－2－6 续表

| 地　　区 | 农用塑料薄膜使用量（吨） | 膜使用量（吨） | 地膜覆盖面积（公顷） | 农用柴油（吨） | 农药使用量（吨） |
|---|---|---|---|---|---|
| 喀喇沁旗 | 838 | 639 | 12811 | 7089 | 199 |
| 宁城县 | 1222 | 670 | 10626 | 6963 | 206 |
| 敖汉旗 | 4996 | 4788 | 40771 | 9087 | 1050 |
| 二连浩特市 | 6 | 6 | 8 | 7 | 5 |
| 锡林浩特市 | 398 | 30 | 133 | 3580 | 5 |
| 阿巴嘎旗 | | | | 350 | 10 |
| 苏尼特左旗 | 2 | | 25 | 28 | 10 |
| 苏尼特右旗 | 9 | 9 | 950 | 2184 | 10 |
| 东乌珠穆沁旗 | | | | 27 | 7 |
| 西乌珠穆沁旗 | 3 | 2 | 3 | 4974 | 40 |
| 太仆寺旗 | 240 | 9 | 1800 | 2683 | 103 |
| 镶黄旗 | | | | 620 | 6 |
| 正镶白旗 | 217 | 217 | 3623 | 800 | 8 |
| 正蓝旗 | 90 | 90 | 90 | 640 | 57 |
| 多伦县 | 102 | 54 | 900 | 4788 | 65 |
| 乌拉盖经济开发区 | | | | 2588 | 114 |
| 集宁区 | 1904 | 1904 | 2266 | 2000 | 320 |
| 丰镇市 | 417 | 334 | 5451 | 1816 | 76 |
| 卓资县 | 652 | 570 | 11200 | 653 | 5 |
| 化德县 | 174 | 174 | 5867 | 1532 | 22 |
| 商都县 | 1200 | 1130 | 17000 | 3263 | 87 |
| 兴和县 | 810 | 620 | 10100 | 10050 | 40 |
| 凉城县 | 1111 | 958 | 16489 | 2508 | 23 |
| 察哈尔右翼前旗 | 1202 | 1102 | 18374 | 3562 | 37 |
| 察哈尔右翼中旗 | 786 | 786 | 13333 | 2643 | 163 |
| 察哈尔右翼后旗 | 1012 | 814 | 14080 | 3148 | 24 |
| 四子王旗 | 120 | 112 | 2450 | 3080 | 42 |
| 东胜区 | 19 | 19 | 335 | 5 | |
| 达拉特旗 | 827 | 771 | 22387 | 6522 | 280 |
| 准格尔旗 | 457 | 381 | 10008 | 3351 | 57 |
| 鄂托克前旗 | 159 | 126 | 1590 | 1299 | 178 |
| 鄂托克旗 | 45 | 45 | 1773 | 3481 | 111 |
| 杭锦旗 | 161 | 156 | 2632 | 10115 | 703 |
| 乌审旗 | 115 | 115 | 3016 | 3195 | 132 |
| 伊金霍洛旗 | 98 | 98 | 3669 | 3258 | 143 |
| 临河区 | 4849 | 4324 | 91715 | 8280 | 355 |
| 五原县 | 4155 | 3970 | 100546 | 15081 | 275 |
| 磴口县 | 1577 | 1356 | 32180 | 2613 | 91 |
| 乌拉特前旗 | 2978 | 2767 | 65354 | 13800 | 237 |
| 乌拉特中旗 | 868 | 851 | 18911 | 4668 | 97 |
| 乌拉特后旗 | 156 | 146 | 3241 | 3751 | 20 |
| 杭锦后旗 | 2724 | 2417 | 62724 | 4803 | 241 |
| 海勃湾区 | 47 | 34 | 749 | 649 | 4 |
| 海南区 | | | 19 | 575 | 10 |
| 乌达区 | 38 | 17 | 177 | 980 | 9 |
| 阿拉善左旗 | 391 | 381 | 6647 | 4800 | 109 |
| 阿拉善右旗 | 122 | 122 | 1846 | 417 | 54 |
| 额济纳旗 | 243 | 243 | 4173 | 258 | 62 |

# 4 县域经济社会调查篇

## ③ 旗县农牧业生产情况

资料整理：李时杰 共青 范志生
马一鹏 郭计珍 赵燕

# 4-3-1 各旗县(区)主要农作物播种面积和产量(2012年)

单位:公顷、吨

| 旗县名称 | 农作物总播种面积 | 粮食作物 | | 谷物 | |
|---|---|---|---|---|---|
| | | 播种面积 | 总产量 | 播种面积 | 总产量 |
| 呼市新城区 | | 5759 | 9089 | 4080 | 5981 |
| 呼市回民区 | | 753 | 3072 | 705 | 2982 |
| 呼市玉泉区 | | 3985 | 34215 | 3915 | 34028 |
| 呼市赛罕区 | | 24681 | 75935 | 20994 | 57292 |
| 土默特左旗 | | 59252 | 450088 | 58178 | 444680 |
| 托克托县 | | 38222 | 241218 | 30691 | 222505 |
| 和林格尔县 | | 52334 | 161775 | 28796 | 87727 |
| 清水河县 | | 40951 | 72205 | 14533 | 24495 |
| 武川县 | | 99010 | 171404 | 71249 | 95021 |
| 包头市东河区 | | 4887 | 40483 | 4852 | 40260 |
| 包头市昆区 | | 1658 | 9513 | 1578 | 9132 |
| 包头市青山区 | | 1680 | 9086 | 1444 | 6822 |
| 包头市石拐区 | | 1945 | 5308 | 1213 | 3759 |
| 包头市九原区 | | 8818 | 56357 | 8673 | 55585 |
| 土默特右旗 | | 83310 | 700659 | 81749 | 694225 |
| 固阳县 | | 77071 | 106895 | 40302 | 43503 |
| 达茂旗 | | 48434 | 89199 | 16541 | 17003 |
| 海拉尔区 | | 23409 | 65094 | 12994 | 32242 |
| 阿荣旗 | | 268590 | 1500500 | 166863 | 1099159 |
| 莫力达瓦旗 | | 438850 | 1552500 | 141650 | 790018 |
| 鄂伦春自治旗 | | 196770 | 501000 | 46674 | 224118 |
| 鄂温克自治旗 | | 8489 | 29555 | 6564 | 20421 |
| 陈巴尔虎旗 | | 40267 | 103866 | 39869 | 101962 |
| 新巴尔虎左旗 | | 18188 | 44086 | 18138 | 43994 |
| 新巴尔虎右旗 | | 747 | 3350 | 167 | 1250 |
| 满州里市 | | 210 | 1102 | | |
| 牙克石市 | | 83040 | 520500 | 69040 | 338042 |
| 扎兰屯市 | | 190650 | 1028000 | 151228 | 902005 |
| 额尔古纳市 | | 59830 | 301000 | 59273 | 295131 |
| 根河市 | | 1579 | 5455 | 1040 | 3554 |
| 乌兰浩特市 | | 38226 | 225007 | 31657 | 210988 |
| 阿尔山 | | 11716 | 55016 | 9363 | 36777 |
| 科右前旗 | | 175720 | 1005000 | 146443 | 844107 |
| 科右中旗 | | 114490 | 515000 | 86870 | 471334 |
| 扎赉特旗 | | 248833 | 1065000 | 195274 | 993571 |
| 突泉县 | | 137960 | 540000 | 116415 | 502511 |
| 科尔沁区 | | 125108 | 1022500 | 122255 | 1013796 |
| 科左中旗 | | 224970 | 1625000 | 222773 | 1619748 |
| 科左后旗 | | 187000 | 910000 | 181076 | 897267 |
| 开鲁县 | | 92190 | 940000 | 86955 | 925383 |
| 库伦旗 | | 82610 | 500500 | 77953 | 493615 |
| 奈曼旗 | | 94600 | 560000 | 78907 | 521837 |
| 扎鲁特旗 | | 112090 | 510000 | 101194 | 493537 |
| 霍林郭勒市 | | 6947 | 12000 | 6869 | 11766 |
| 红山区 | | 11517 | 65000 | 11048 | 64729 |
| 元宝山区 | | 19854 | 155000 | 18726 | 153899 |
| 松山区 | | 107651 | 790500 | 90222 | 731150 |
| 阿鲁科尔沁旗 | | 113130 | 501000 | 85931 | 476333 |
| 巴林左旗 | | 98354 | 400000 | 64009 | 269820 |
| 巴林右旗 | | 48233 | 152000 | 36311 | 129272 |

# 4-3-1 续表1

单位:公顷、吨

| 旗县名称 | 农作物总播种面积 | 粮食作物 | | 谷物 | |
|---|---|---|---|---|---|
| | | 播种面积 | 总产量 | 播种面积 | 总产量 |
| 林西县 | | 46885 | 230035 | 38773 | 180287 |
| 克什克腾旗 | | 57840 | 170500 | 39678 | 114423 |
| 翁牛特旗 | | 99863 | 715000 | 76986 | 626588 |
| 喀喇沁旗 | | 39384 | 300500 | 33477 | 283900 |
| 宁城县 | | 83558 | 737500 | 79628 | 708485 |
| 敖汉旗 | | 171528 | 784000 | 151419 | 731828 |
| 二连浩特市 | | 126 | 871 | 7 | 18 |
| 锡林浩特市 | | 14630 | 33040 | 11600 | 13388 |
| 阿巴嘎旗 | | | | | |
| 苏尼特左旗 | | | | | |
| 苏尼特右旗 | | 352 | 442 | 86 | 106 |
| 东乌珠穆沁旗 | | 238 | 446 | 238 | 446 |
| 西乌珠穆沁旗 | | 24 | 83 | | |
| 太仆寺旗 | | 50615 | 135782 | 24108 | 22236 |
| 镶黄旗 | | 1678 | 2140 | 1437 | 1866 |
| 正镶白旗 | | 8299 | 7740 | 6399 | 2929 |
| 正蓝旗 | | 11694 | 37743 | 5094 | 6595 |
| 多伦县 | | 43642 | 41207 | 28701 | 6600 |
| 乌拉盖 | | 19621 | 67006 | 18912 | 59503 |
| 集宁区 | | 3629 | 10087 | 1729 | 4527 |
| 卓资县 | | 33104 | 58170 | 12320 | 19041 |
| 化德县 | | 37337 | 49257 | 17692 | 13696 |
| 商都县 | | 53224 | 78271 | 22850 | 35883 |
| 兴和县 | | 54962 | 85749 | 23362 | 27380 |
| 凉城县 | | 53780 | 225005 | 30060 | 149305 |
| 察右前旗 | | 28133 | 70629 | 13538 | 42146 |
| 察右中旗 | | 60765 | 64302 | 23119 | 18303 |
| 察右后旗 | | 35276 | 78762 | 9569 | 12685 |
| 四子王旗 | | 73343 | 98474 | 17143 | 20254 |
| 丰镇市 | | 43651 | 66299 | 19034 | 34553 |
| 东胜区 | | 1850 | 3800 | 1126 | 1789 |
| 达拉特旗 | | 81460 | 565000 | 73447 | 511368 |
| 准格尔旗 | | 38930 | 85000 | 27954 | 67802 |
| 鄂托克前旗 | | 19020 | 113000 | 17485 | 81183 |
| 鄂托克旗 | | 17060 | 107200 | 15568 | 83191 |
| 杭锦旗 | | 41770 | 369000 | 39144 | 340144 |
| 乌审旗 | | 20680 | 120400 | 17687 | 99797 |
| 伊金霍洛旗 | | 19980 | 87000 | 17457 | 67034 |
| 临河区 | | 58676 | 520270 | 56756 | 500467 |
| 五原县 | | 51680 | 368500 | 51680 | 355520 |
| 磴口县 | | 15560 | 116300 | 15200 | 112100 |
| 乌拉特前旗 | | 53990 | 385220 | 50627 | 357818 |
| 乌拉特中旗 | | 32490 | 176550 | 30590 | 158884 |
| 乌拉特后旗 | | 4484 | 29300 | 4393 | 28518 |
| 杭锦后旗 | | 46530 | 359010 | 45310 | 346116 |
| 海勃湾区 | | 1285 | 9352 | 1243 | 9108 |
| 海南区 | | 2966 | 27084 | 2948 | 26948 |
| 乌达区 | | 215 | 1607 | 215 | 1607 |
| 阿拉善左旗 | | 17077 | 161728 | 17050 | 161514 |
| 阿拉善右旗 | | 1614 | 15299 | 1609 | 15258 |
| 额济纳旗 | | 338 | 1982 | 338 | 1982 |

# 4－3－1 续表 2

单位：公顷、吨

| 旗县名称 | 水稻 | | 小麦 | | 玉米 | |
|---|---|---|---|---|---|---|
| | 播种面积 | 总产量 | 播种面积 | 总产量 | 播种面积 | 总产量 |
| 呼市新城区 | | | 37 | 41 | 3098 | 3351 |
| 呼市回民区 | | | 32 | 102 | 673 | 2880 |
| 呼市玉泉区 | | | 140 | 434 | 3775 | 33594 |
| 呼市赛罕区 | | | 1443 | 5066 | 18919 | 50986 |
| 土默特左旗 | | | 2162 | 13505 | 55465 | 427228 |
| 托克托县 | | | 428 | 1319 | 27255 | 211120 |
| 和林格尔县 | | | | | 25326 | 84360 |
| 清水河县 | | | | | 8253 | 9207 |
| 武川县 | | | 44767 | 56936 | 1231 | 3941 |
| 包头市东河区 | | | 308 | 1448 | 4517 | 38759 |
| 包头市昆区 | | | 488 | 2914 | 1090 | 6218 |
| 包头市青山区 | | | 242 | 789 | 1063 | 5821 |
| 包头市石拐区 | | | 7 | 31 | 931 | 3178 |
| 包头市九原区 | | | 1981 | 10370 | 6692 | 45215 |
| 土默特右旗 | | | 4401 | 22093 | 76930 | 671100 |
| 固阳县 | | | 31848 | 33448 | 7056 | 8299 |
| 达茂旗 | | | 12200 | 9150 | 1750 | 5250 |
| 海拉尔区 | | | 9797 | 25050 | 277 | 818 |
| 阿荣旗 | 5348 | 50138 | 1546 | 6470 | 159368 | 1040703 |
| 莫力达瓦旗 | 7086 | 61410 | 23001 | 89704 | 110558 | 634231 |
| 鄂伦春自治旗 | 667 | 4669 | 34184 | 153828 | 11821 | 65607 |
| 鄂温克自治旗 | | | 4931 | 15201 | 66 | 284 |
| 陈巴尔虎旗 | | | 23825 | 68622 | 5 | 14 |
| 新巴尔虎左旗 | | | 15717 | 36193 | 4 | 6 |
| 新巴尔虎右旗 | | | | | 167 | 1250 |
| 满洲里市 | | | | | | |
| 牙克石市 | | | 52373 | 227267 | 1334 | 12000 |
| 扎兰屯市 | 2931 | 21452 | 8458 | 24068 | 139266 | 854122 |
| 额尔古纳市 | | | 42187 | 181810 | 36 | 135 |
| 根河市 | | | 894 | 3164 | | |
| 乌兰浩特市 | 6458 | 56151 | | | 24793 | 153394 |
| 阿尔山 | | | 6604 | 27548 | 214 | 449 |
| 科右前旗 | 4230 | 23329 | 18665 | 75131 | 113118 | 656147 |
| 科右中旗 | 2020 | 16837 | 15374 | 42086 | 51391 | 334103 |
| 扎赉特旗 | 15930 | 128149 | 1175 | 4926 | 177060 | 853915 |
| 突泉县 | 310 | 2361 | | | 100113 | 421044 |
| 科尔沁区 | 547 | 4438 | 2200 | 11061 | 117628 | 986119 |
| 科左中旗 | 839 | 5522 | 86 | 580 | 184648 | 1305227 |
| 科左后旗 | 17800 | 139725 | 20 | 80 | 158056 | 729887 |
| 开鲁县 | 1419 | 13945 | 1129 | 5508 | 83224 | 900446 |
| 库伦旗 | 1333 | 8490 | | | 51090 | 360867 |
| 奈曼旗 | 2682 | 18104 | 350 | 1732 | 56489 | 378140 |
| 扎鲁特旗 | 17 | 128 | 14 | 89 | 72626 | 335368 |
| 霍林郭勒市 | | | 6502 | 11184 | | |
| 红山区 | | | 157 | 701 | 9352 | 60521 |
| 元宝山区 | 33 | 250 | 142 | 691 | 15050 | 145813 |
| 松山区 | 2845 | 30332 | 2364 | 3943 | 53660 | 555375 |
| 阿鲁科尔沁旗 | 301 | 1399 | 218 | 461 | 53891 | 336750 |
| 巴林左旗 | 237 | 1444 | 1328 | 4730 | 42290 | 196378 |
| 巴林右旗 | 1455 | 8038 | 2656 | 2651 | 27550 | 113974 |

# 4－3－1 续表 3

单位:公顷、吨

| 旗县名称 | 水稻 | | 小麦 | | 玉米 | |
|---|---|---|---|---|---|---|
| | 播种面积 | 总产量 | 播种面积 | 总产量 | 播种面积 | 总产量 |
| 林西县 | 66 | 785 | 6035 | 18070 | 22800 | 128456 |
| 克什克腾旗 | | | 23289 | 29347 | 14830 | 82007 |
| 翁牛特旗 | 9727 | 91360 | 4099 | 14853 | 42260 | 392256 |
| 喀喇沁旗 | 3 | 12 | 641 | 2735 | 27140 | 249941 |
| 宁城县 | 676 | 6310 | 752 | 2869 | 63110 | 587143 |
| 敖汉旗 | 3599 | 29779 | 283 | 1392 | 87040 | 396848 |
| 二连浩特市 | | | | | | |
| 锡林浩特市 | | | 11600 | 13388 | | |
| 阿巴嘎旗 | | | | | | |
| 苏尼特左旗 | | | | | | |
| 苏尼特右旗 | | | 80 | 96 | | |
| 东乌珠穆沁旗 | | | 238 | 446 | | |
| 西乌珠穆沁旗 | | | | | | |
| 太仆寺旗 | | | 16527 | 15659 | 7581 | 6577 |
| 镶黄旗 | | | | | 1437 | 1866 |
| 正镶白旗 | | | 3588 | 2422 | 2796 | 486 |
| 正蓝旗 | | | 3367 | 3540 | 1727 | 3055 |
| 多伦县 | | | 7551 | 5663 | 20046 | |
| 乌拉盖 | | | 9901 | 36406 | 1660 | |
| 集宁区 | | | 82 | 146 | 1317 | 3714 |
| 卓资县 | | | 3357 | 5277 | 7414 | 12268 |
| 化德县 | | | 7030 | 5750 | 9328 | 7080 |
| 商都县 | | | 8798 | 13422 | 6908 | 17667 |
| 兴和县 | | | 6899 | 4566 | 14035 | 21580 |
| 凉城县 | | | 72 | 269 | 25400 | 139868 |
| 察右前旗 | | | 1067 | 1340 | 10133 | 39520 |
| 察右中旗 | | | 9938 | 8266 | 8391 | 7649 |
| 察右后旗 | | | 4767 | 4320 | 4700 | 8210 |
| 四子王旗 | | | 4966 | 5340 | 10033 | 14029 |
| 丰镇市 | | | | | 15009 | 29500 |
| 东胜区 | | | | | 998 | 1589 |
| 达拉特旗 | 613 | 7396 | 6310 | 29097 | 64216 | 453262 |
| 准格尔旗 | | | | | 18790 | 54440 |
| 鄂托克前旗 | | | 6 | 28 | 16112 | 72031 |
| 鄂托克旗 | 49 | 254 | 8 | 37 | 15512 | 82901 |
| 杭锦旗 | | | 414 | 1807 | 38400 | 313447 |
| 乌审旗 | 30 | 124 | 55 | 210 | 17181 | 98382 |
| 伊金霍洛旗 | | | | | 16712 | 65681 |
| 临河区 | | | 19630 | 106170 | 37166 | 394300 |
| 五原县 | | | 23250 | 117000 | 27070 | 237480 |
| 磴口县 | | | 5290 | 27300 | 9910 | 84800 |
| 乌拉特前旗 | | | 8940 | 48500 | 39890 | 306300 |
| 乌拉特中旗 | | | 12450 | 43300 | 16670 | 113484 |
| 乌拉特后旗 | | | 1990 | 9400 | 2330 | 18700 |
| 杭锦后旗 | | | 17780 | 102300 | 27530 | 243816 |
| 海勃湾区 | | | 379 | 1790 | 854 | 7268 |
| 海南区 | 77 | 289 | 348 | 1827 | 2523 | 24832 |
| 乌达区 | | | 5 | 32 | 210 | 1575 |
| 阿拉善左旗 | | | 1212 | 6693 | 15712 | 154082 |
| 阿拉善右旗 | | | 201 | 1221 | 1350 | 13771 |
| 额济纳旗 | | | 4 | 25 | 289 | 1847 |

# 4－3－1 续表 4

单位:公顷、吨

| 旗县名称 | 谷子 | | 豆类合计 | | #大豆 | |
|---|---|---|---|---|---|---|
| | 播种面积 | 总产量 | 播种面积 | 总产量 | 播种面积 | 总产量 |
| 呼市新城区 | 210 | 608 | 1151 | 645 | 853 | 549 |
| 呼市回民区 | | | 11 | 10 | 11 | 10 |
| 呼市玉泉区 | | | 20 | 41 | 20 | 41 |
| 呼市赛罕区 | 147 | 195 | 1494 | 4617 | 970 | 1437 |
| 土默特左旗 | 19 | 93 | 580 | 1831 | 263 | 702 |
| 托克托县 | 697 | 2330 | 6007 | 8308 | 3720 | 5601 |
| 和林格尔县 | 1445 | 1594 | 8016 | 6947 | 6061 | 5808 |
| 清水河县 | 1839 | 3497 | 1674 | 1823 | 1043 | 1583 |
| 武川县 | 31 | 60 | 605 | 1097 | 25 | 20 |
| 包头市东河区 | 24 | 53 | | | | |
| 包头市昆区 | | | 8 | 24 | | |
| 包头市青山区 | 3 | 6 | 4 | 3 | | |
| 包头市石拐区 | 50 | 105 | 14 | 14 | | |
| 包头市九原区 | | | 3 | 9 | 3 | 9 |
| 土默特右旗 | 5 | 14 | 167 | 293 | 84 | 157 |
| 固阳县 | | | | | | |
| 达茂旗 | | | | | | |
| 海拉尔区 | | | 102 | 154 | 102 | 154 |
| 阿荣旗 | 601 | 1848 | 75047 | 209255 | 73007 | 201143 |
| 莫力达瓦旗 | | | 281867 | 626785 | 268888 | 600098 |
| 鄂伦春自治旗 | 2 | 14 | 145347 | 254799 | 123873 | 196482 |
| 鄂温克自治旗 | | | 32 | 48 | 32 | 48 |
| 陈巴尔虎旗 | | | | | | |
| 新巴尔虎左旗 | | | | | | |
| 新巴尔虎右旗 | | | | | | |
| 满州里市 | | | | | | |
| 牙克石市 | | | | | | |
| 扎兰屯市 | 162 | 987 | 28204 | 61655 | 24973 | 56319 |
| 额尔古纳市 | | | | | | |
| 根河市 | | | | | | |
| 乌兰浩特市 | 29 | 33 | 5812 | 5551 | 811 | 974 |
| 阿尔山 | | | 175 | 354 | 175 | 354 |
| 科右前旗 | 770 | 1000 | 12470 | 14893 | 7420 | 6500 |
| 科右中旗 | 1613 | 3871 | 26306 | 29397 | 4119 | 6857 |
| 扎赉特旗 | 251 | 680 | 52215 | 66335 | 19481 | 36349 |
| 突泉县 | 4114 | 10056 | 18134 | 26346 | 3178 | 5339 |
| 科尔沁区 | 127 | 368 | 2552 | 6532 | 1328 | 4331 |
| 科左中旗 | 886 | 3000 | 1941 | 3930 | 1383 | 2874 |
| 科左后旗 | | | 5657 | 11133 | 2497 | 6450 |
| 开鲁县 | 347 | 1172 | 5109 | 13863 | 4192 | 12419 |
| 库伦旗 | 5236 | 27489 | 4358 | 6168 | 1125 | 2343 |
| 奈曼旗 | 2305 | 8091 | 13662 | 23779 | 10400 | 19770 |
| 扎鲁特旗 | 3640 | 8464 | 10632 | 14857 | 2809 | 4846 |
| 霍林郭勒市 | | | | | | |
| 红山区 | 1386 | 3200 | 469 | 271 | 461 | 247 |
| 元宝山区 | 2665 | 4398 | 1054 | 819 | 430 | 562 |
| 松山区 | 25039 | 128315 | 12451 | 20567 | 4338 | 10800 |
| 阿鲁科尔沁旗 | 21171 | 104941 | 27025 | 22700 | 1949 | 3329 |
| 巴林左旗 | 9376 | 22474 | 11863 | 17653 | 4309 | 10962 |
| 巴林右旗 | 1067 | 1265 | 6385 | 2725 | 3097 | 1423 |

# 4-3-1 续表 5

单位:公顷、吨

| 旗县名称 | 谷子 | | 豆类合计 | | #大豆 | |
|---|---|---|---|---|---|---|
| | 播种面积 | 总产量 | 播种面积 | 总产量 | 播种面积 | 总产量 |
| 林西县 | 1456 | 7821 | 3634 | 7603 | 3075 | 6993 |
| 克什克腾旗 | 222 | 847 | 1431 | 1841 | 1426 | 1830 |
| 翁牛特旗 | 11696 | 83721 | 16170 | 34256 | 6145 | 5265 |
| 喀喇沁旗 | 4269 | 25920 | 1487 | 3017 | 1263 | 2648 |
| 宁城县 | 5098 | 24698 | 1205 | 3674 | 1083 | 3449 |
| 敖汉旗 | 26696 | 125154 | 18466 | 38904 | 8601 | 28221 |
| 二连浩特市 | | | | | | |
| 锡林浩特市 | | | | | | |
| 阿巴嘎旗 | | | | | | |
| 苏尼特左旗 | | | | | | |
| 苏尼特右旗 | | | 70 | 90 | | |
| 东乌珠穆沁旗 | | | | | | |
| 西乌珠穆沁旗 | | | | | | |
| 太仆寺旗 | | | 192 | 260 | | |
| 镶黄旗 | | | | | | |
| 正镶白旗 | | | | | | |
| 正蓝旗 | | | | | | |
| 多伦县 | | | | | | |
| 乌拉盖 | | | | | | |
| 集宁区 | 100 | | 100 | 539 | 100 | 539 |
| 卓资县 | 11 | 10 | 2712 | 1903 | 903 | 689 |
| 化德县 | | | 1000 | 699 | 779 | 538 |
| 商都县 | 372 | 884 | 2804 | 2280 | 1592 | 2008 |
| 兴和县 | 309 | 347 | 2227 | 1203 | 2175 | 1175 |
| 凉城县 | 1143 | 2572 | 5244 | 4088 | 2898 | 3260 |
| 察右前旗 | 727 | 273 | 2862 | 683 | 807 | 508 |
| 察右中旗 | | | 246 | 92 | 8 | 13 |
| 察右后旗 | | | 1200 | 1218 | 1200 | 1218 |
| 四子王旗 | 667 | | | | | |
| 丰镇市 | 2434 | 3105 | 2625 | 1246 | 2161 | 1001 |
| 东胜区 | 9 | 14 | 1 | 1 | 1 | 1 |
| 达拉特旗 | 152 | 1214 | 1397 | 1879 | 400 | 316 |
| 准格尔旗 | 1383 | 1446 | 4880 | 4119 | 3900 | 3800 |
| 鄂托克前旗 | 124 | 1386 | 21 | 44 | 19 | 41 |
| 鄂托克旗 | | | | | | |
| 杭锦旗 | 1 | 2 | 217 | 1945 | 217 | 1945 |
| 乌审旗 | 50 | 187 | 236 | 785 | 190 | 569 |
| 伊金霍洛旗 | | | 5 | 14 | 5 | 14 |
| 临河区 | | | 120 | 420 | 120 | 420 |
| 五原县 | | | | | | |
| 磴口县 | | | | | | |
| 乌拉特前旗 | 133 | 290 | 872 | 7143 | 340 | 1050 |
| 乌拉特中旗 | | | | | | |
| 乌拉特后旗 | 18 | 45 | 1 | | 1 | |
| 杭锦后旗 | | | 70 | 210 | 70 | 210 |
| 海勃湾区 | | | 8 | 24 | 3 | 10 |
| 海南区 | | | | | | |
| 乌达区 | | | | | | |
| 阿拉善左旗 | | | | | | |
| 阿拉善右旗 | | | | | | |
| 额济纳旗 | | | | | | |

# 4－3－1 续表 6

单位：公顷、吨

| 旗县名称 | 薯类 | | 油料 | | 甜菜 | |
|---|---|---|---|---|---|---|
| | 播种面积 | 总产量 | 播种面积 | 总产量 | 播种面积 | 总产量 |
| 呼市新城区 | 528 | 2464 | 252 | 85 | | |
| 呼市回民区 | 37 | 80 | 5 | 6 | | |
| 呼市玉泉区 | 50 | 146 | 60 | 56 | | |
| 呼市郊区 | 2192 | 14026 | 1294 | 1809 | 66 | 2639 |
| 土默特左旗 | 494 | 3577 | 8777 | 22622 | 382 | 15457 |
| 托克托县 | 1524 | 10405 | 2995 | 5878 | 163 | 3668 |
| 和林格尔县 | 15522 | 67101 | 4175 | 1942 | 80 | 6000 |
| 清水河县 | 24744 | 45887 | 19199 | 12378 | 0 | 0 |
| 武川县 | 27156 | 75286 | 22345 | 16613 | 7 | 37 |
| 包头市开发区 | 162 | 1211 | 133 | 200 | | |
| 包头市九原区 | 142 | 763 | 763 | 1570 | 6 | 360 |
| 土默特右旗 | 1394 | 6141 | 12281 | 19418 | 116 | 5511 |
| 固阳县 | 36769 | 63392 | 20818 | 23063 | | |
| 达茂联合旗 | 31893 | 72196 | 4809 | 5817 | | |
| 海拉尔市 | 10313 | 30698 | 5304 | 7916 | | |
| 阿荣旗 | 26680 | 192086 | 6714 | 16992 | | |
| 莫力达瓦旗 | 15333 | 135697 | 2931 | 8418 | | |
| 鄂伦春自治旗 | 4749 | 22083 | 319 | 498 | | |
| 鄂温克自治旗 | 1893 | 9086 | 3656 | 5288 | | |
| 陈巴尔虎旗 | 398 | 1904 | 36383 | 48621 | | |
| 新巴尔虎左旗 | 50 | 92 | 8137 | 12568 | | |
| 新巴尔虎右旗 | 580 | 2100 | | | | |
| 满州里市 | 210 | 1102 | | | | |
| 牙克石市 | 14000 | 182458 | 33334 | 42211 | 1333 | 41000 |
| 扎兰屯市 | 11218 | 64340 | 13222 | 28570 | | |
| 额尔古纳市 | 557 | 5869 | 80373 | 125345 | | |
| 根河市 | 539 | 1901 | 1020 | 1575 | | |
| 乌兰浩特市 | | | | | | |
| 阿尔山 | | | | | | |
| 科右前旗 | | | | | | |
| 科右中旗 | | | | | | |
| 扎赉特旗 | | | | | | |
| 突泉县 | | | | | | |
| 通辽市经济开发区 | 51 | 439 | 119 | 369 | 4 | 92 |
| 科尔沁区 | 250 | 1733 | 1362 | 3303 | 83 | 3520 |
| 科左中旗 | 256 | 1322 | 9926 | 30617 | 1758 | 94932 |
| 科左后旗 | 267 | 1600 | 8194 | 15945 | | |
| 开鲁县 | 126 | 754 | 11310 | 27157 | 50 | 2100 |
| 库伦旗 | 299 | 717 | 1384 | 2783 | | |
| 奈曼旗 | 2031 | 14384 | 6440 | 13391 | 1024 | 47616 |
| 扎鲁特旗 | 264 | 1606 | 6226 | 16801 | | |
| 霍林郭勒市 | 78 | 234 | 1525 | 2707 | | |
| 红山区 | | | 470 | 543 | | |
| 元宝山区 | 74 | 282 | 320 | 533 | 178 | 13722 |
| 赤峰市松山区 | 4978 | 38783 | 9935 | 19998 | 3107 | 153698 |
| 阿鲁科尔沁旗 | 174 | 1967 | 1517 | 2322 | 999 | 48035 |
| 巴林左旗 | 22482 | 112527 | 16620 | 26424 | 836 | 50527 |
| 巴林右旗 | 5537 | 20003 | 4572 | 6284 | 784 | 3991 |

# 4-3-1 续表 7

单位:公顷、吨

| 旗县名称 | 薯类 | | 油料 | | 甜菜 | |
|---|---|---|---|---|---|---|
| | 播种面积 | 总产量 | 播种面积 | 总产量 | 播种面积 | 总产量 |
| 林西县 | 4478 | 42145 | 5718 | 12432 | 5048 | 219125 |
| 克什克腾旗 | 16731 | 54236 | 5493 | 12571 | 131 | 4915 |
| 翁牛特旗 | 6707 | 54156 | 20130 | 36450 | 4052 | 116977 |
| 喀喇沁旗 | 4420 | 13583 | 685 | 1177 | 184 | 8056 |
| 宁城县 | 2725 | 25341 | 431 | 1181 | 285 | 11350 |
| 敖汉旗 | 1643 | 13268 | 4726 | 9391 | 2556 | 119386 |
| 二连浩特市 | | | | | | |
| 锡林浩特市 | | | 996 | 886 | 467 | 15015 |
| 阿巴嘎旗 | | | | | | |
| 苏尼特左旗 | | | | | | |
| 苏尼特右旗 | | | 530 | 199 | | |
| 东乌珠穆沁旗 | | | 37 | 32 | | |
| 西乌珠穆沁旗 | | | | | | |
| 太仆寺旗 | | | 11378 | 5330 | 490 | 9188 |
| 镶黄旗 | | | 32 | 8 | | |
| 正镶白旗 | | | 1557 | 704 | | |
| 正蓝旗 | | | 1160 | 972 | | |
| 多伦县 | | | 846 | 363 | | |
| 乌拉盖 | | | 3967 | 7498 | | |
| 集宁市 | 1800 | 5021 | 733 | 949 | 100 | 5000 |
| 丰镇市 | 21992 | 30500 | 2775 | 1350 | | |
| 卓资县 | 18072 | 37226 | 4683 | 2486 | 177 | 6837 |
| 化德县 | 18645 | 34862 | 2997 | 1106 | 1400 | 38199 |
| 商都县 | 27570 | 40108 | 12386 | 6207 | 4284 | 73900 |
| 兴和县 | 29373 | 57166 | 6480 | 3567 | 2722 | 81670 |
| 凉城县 | 18476 | 71612 | 2750 | 2355 | 3532 | 158940 |
| 察右前旗 | 11733 | 27800 | 2133 | 1201 | 3400 | 158100 |
| 察右中旗 | 37400 | 45907 | 5322 | 6209 | 267 | 14000 |
| 察右后旗 | 24507 | 64859 | 2000 | 1351 | 533 | 11760 |
| 四子王旗 | 56200 | 78220 | 22150 | 17069 | | |
| 东胜市 | 723 | 2011 | 2 | 6 | | |
| 达拉特旗 | 6616 | 51753 | 8733 | 18904 | 2658 | 107157 |
| 准格尔旗 | 6096 | 13079 | 3589 | 3032 | 34 | 550 |
| 鄂托克前旗 | 1513 | 27531 | 963 | 2649 | | |
| 鄂托克旗 | 1492 | 24009 | 2126 | 6165 | | |
| 杭锦旗 | 2409 | 26911 | 15939 | 46048 | | |
| 乌审旗 | 2757 | 19818 | 488 | 1415 | | |
| 伊金霍洛旗 | 2518 | 19953 | 40 | 78 | | |
| 临河市 | 474 | 4495 | 43508 | 145032 | | |
| 五原县 | 267 | 2450 | 52367 | 153026 | 220 | 12380 |
| 磴口县 | 2 | 17 | 13837 | 45059 | | |
| 乌拉特前旗 | 1145 | 10487 | 49641 | 140396 | 253 | 15866 |
| 乌拉特中旗 | 770 | 4240 | 28544 | 71326 | 13 | 510 |
| 乌拉特后旗 | 40 | 192 | 2664 | 6137 | 1 | 25 |
| 杭锦后旗 | 147 | 1305 | 12681 | 42970 | | |
| 阿拉善左旗 | 32 | 256 | 6217 | 21106 | | |
| 阿拉善右旗 | | | 474 | 1843 | | |
| 额济纳旗 | | | | | | |

# 4-3-2 各旗县(区)蔬菜、瓜类播种面积和产量(2012年)

单位:公顷、吨

| 旗县名称 | 蔬菜(含菜用瓜) | | 瓜类(含果用瓜) | |
|---|---|---|---|---|
| | 播种面积 | 总产量 | 播种面积 | 总产量 |
| 呼市新城区 | 264 | 12372 | 15 | 512 |
| 呼市回民区 | 75 | 5083 | | |
| 呼市玉泉区 | 734 | 48156 | 8 | 144 |
| 呼市赛罕区 | 5902 | 326939 | 3 | 32 |
| 土默特左旗 | 2746 | 180513 | 1911 | 61563 |
| 托克托县 | 1597 | 99968 | 1398 | 46962 |
| 和林格尔县 | 452 | 31284 | 1283 | 37995 |
| 清水河县 | 209 | 9012 | 231 | 9575 |
| 武川县 | 144 | 8515 | 15 | 290 |
| 包头市开发区 | 741 | 60611 | 7 | 420 |
| 包头市九原区 | 4496 | 288660 | 909 | 30466 |
| 土默特右旗 | 5196 | 324403 | 307 | 14546 |
| 固阳县 | 96 | 6696 | 67 | 2563 |
| 达茂联合旗 | 114 | 5459 | 67 | 3000 |
| 海拉尔市 | 1074 | 88801 | 57 | 1586 |
| 阿荣旗 | 3990 | 315029 | 106159 | 813 |
| 莫力达瓦旗 | 1861 | 78707 | 5706 | 158270 |
| 鄂伦春自治旗 | 2074 | 57512 | 34 | 263 |
| 鄂温克自治旗 | 103 | 4820 | 21 | 1512 |
| 陈巴尔虎旗 | 325 | 9173 | 1 | 3 |
| 新巴尔虎左旗 | 0 | 0 | 0 | 0 |
| 新巴尔虎右旗 | 393 | 18599 | 333 | 13456 |
| 满州里市 | 785 | 34232 | 117 | 3608 |
| 牙克石市 | 1600 | 84927 | 0 | 0 |
| 扎兰屯市 | 1093 | 56038 | 621 | 31457 |
| 额尔古纳市 | 272 | 4917 | 9 | 115 |
| 根河市 | 116 | 3626 | 0 | 0 |
| 乌兰浩特市 | 868 | 54211 | 157 | 5085 |
| 阿尔山 | 128 | 34563 | 0 | |
| 科右前旗 | 279 | 14170 | 141 | 4027 |
| 科右中旗 | 301 | 7885 | 113 | 3527 |
| 扎赉特旗 | 223 | 8579 | 67 | 200 |
| 突泉县 | 4058 | 294164 | 193 | 6219 |
| 通辽市经济开发区 | 1667 | 51879 | 423 | 14928 |
| 科尔沁区 | 21219 | 652187 | 944 | 46091 |
| 科左中旗 | 3692 | 202625 | 411 | 24587 |
| 科左后旗 | 4165 | 206050 | 140 | 3894 |
| 开鲁县 | 27054 | 1028942 | 797 | 49681 |
| 库伦旗 | 2574 | 73768 | 1583 | 33670 |
| 奈曼旗 | 10166 | 391628 | 3909 | 199874 |
| 扎鲁特旗 | 3268 | 85403 | 102 | 2790 |
| 霍林郭勒市 | 429 | 15650 | 30.14 | 1182 |
| 红山区 | 1664 | 159097 | 27 | 583 |
| 元宝山区 | 7733 | 604814 | 227 | 7108 |
| 赤峰市松山区 | 21690 | 1635512 | 4070 | 194356 |
| 阿鲁科尔沁旗 | 1691 | 27550 | 512 | 6090 |
| 巴林左旗 | 2184 | 111841 | 90 | 1863 |
| 巴林右旗 | 220 | 7724 | 205 | 5491 |

# 4－3－2 续表

单位:公顷、吨

| 旗县名称 | 蔬菜(含菜用瓜) | | 瓜类(含果用瓜) | |
|---|---|---|---|---|
| | 播种面积 | 总产量 | 播种面积 | 总产量 |
| 林西县 | 4334 | 151087 | 126 | 5170 |
| 克什克腾旗 | 2751 | 76058 | 182 | 8281 |
| 翁牛特旗 | 8997 | 333430 | 2121 | 79275 |
| 喀喇沁旗 | 6325 | 308884 | 434 | 16511 |
| 宁城县 | 14856 | 1177665 | 90 | 2741 |
| 敖汉旗 | 2627 | 50831 | 598 | 9510 |
| 二连浩特市 | 58 | 6032 | | |
| 锡林浩特市 | 943 | 46000 | 5 | 169 |
| 阿巴嘎旗 | 1.47 | 275 | | |
| 苏尼特左旗 | 47 | 2480 | 13 | 510 |
| 苏尼特右旗 | 214 | 11260 | 2 | 70 |
| 东乌珠穆沁旗 | 363 | 14378 | | |
| 西乌珠穆沁旗 | 197 | 11880 | | |
| 太仆寺旗 | 10022 | 530664 | 10 | 225 |
| 镶黄旗 | 20 | 40 | | |
| 正镶白旗 | 683 | 68300 | 353 | 28899 |
| 正蓝旗 | 1260 | 60105 | | |
| 多伦县 | 4666 | 159013 | | |
| 乌拉盖 | 40 | 2040 | | |
| 集宁市 | 1066 | 82465 | | |
| 丰镇市 | 4666 | 250000 | | |
| 卓资县 | 3305 | 97751 | 12 | 142 |
| 化德县 | 3000 | 215730 | 333 | 1240 |
| 商都县 | 3532 | 217646 | 85 | 1206 |
| 兴和县 | 5387 | 207818 | 6 | 194 |
| 凉城县 | 1026 | 38482 | 162 | 4870 |
| 察右前旗 | 4267 | 113280 | 1067 | 34213 |
| 察右中旗 | 5288 | 237947 | 8 | 235 |
| 察右后旗 | 3164 | 127025 | 1 | 15 |
| 四子王旗 | 2067 | 97545 | | |
| 东胜市 | 16 | 488 | 3 | 105 |
| 达拉特旗 | 4724 | 239244 | 2821 | 63786 |
| 准格尔旗 | 775 | 15876 | 2445 | 47686 |
| 鄂托克前旗 | 787 | 47200 | 1489 | 111650 |
| 鄂托克旗 | 76 | 3705 | 298 | 21215 |
| 杭锦旗 | 615 | 8710 | 182 | 13308 |
| 乌审旗 | 664 | 26154 | 1595 | 64942 |
| 伊金霍洛旗 | 107 | 2321 | 114 | 3657 |
| 临河市 | 11676 | 562809 | 3894 | 164369 |
| 五原县 | 3427 | 187573 | 6326 | 153856 |
| 磴口县 | 3083 | 185535 | 1578 | 56374 |
| 乌拉特前旗 | 1678 | 76495 | 3506 | 137232 |
| 乌拉特中旗 | 473 | 17486 | 36 | 1352 |
| 乌拉特后旗 | 356 | 4180 | 88 | 1320 |
| 杭锦后旗 | 8453 | 404365 | 2206 | 89535 |
| 阿拉善左旗 | 232 | 13529 | 507 | 18908 |
| 阿拉善右旗 | 8 | 165 | 23 | 653 |
| 额济纳旗 | 6 | 269 | 3068 | 105749 |
| 海勃湾区 | 621 | 41280 | 28 | 715 |
| 海南区 | 99 | 7441 | 1 | 2 |
| 乌达区 | 254 | 19812 | 3 | 90 |

# 4-3-3 各旗县(区)牲畜头数(2012年)

单位:万头(只)

| 地区 | 牲畜总头数 | | 大牲畜和羊 | | 大牲畜 | | 牛 | |
|---|---|---|---|---|---|---|---|---|
| | 年末数 | 年中数 | 年末数 | 年中数 | 年末数 | 年中数 | 年末数 | 年中数 |
| 呼市新城区 | 6.65 | 7.07 | 5.11 | 6.01 | 0.74 | 1.24 | 0.70 | 1.20 |
| 呼市回民区 | 0.81 | 0.84 | 0.44 | 0.49 | 0.04 | 0.03 | 0.03 | 0.02 |
| 呼市玉泉区 | 3.68 | 6.11 | 2.70 | 4.27 | 1.11 | 1.03 | 1.09 | 1.01 |
| 呼市赛罕区 | 22.62 | 30.19 | 18.86 | 25.29 | 13.29 | 16.72 | 13.27 | 16.69 |
| 土默特左旗 | 62.52 | 81.35 | 52.57 | 66.06 | 26.36 | 27.49 | 25.76 | 26.84 |
| 托克托县 | 32.66 | 62.58 | 29.77 | 57.37 | 12.21 | 12.08 | 11.84 | 11.60 |
| 和林格尔县 | 63.66 | 86.16 | 59.36 | 80.06 | 16.07 | 17.10 | 14.79 | 15.03 |
| 清水河县 | 33.05 | 59.73 | 29.50 | 54.18 | 1.95 | 2.63 | 0.67 | 0.95 |
| 武川县 | 35.35 | 63.40 | 33.14 | 61.88 | 0.83 | 0.90 | 0.59 | 0.70 |
| 包头市市辖区 | 23.77 | 18.84 | 21.33 | 16.51 | 4.84 | 3.89 | 4.77 | 3.80 |
| 包头市九原区 | 24.23 | 25.79 | 18.92 | 20.90 | 7.35 | 4.56 | 7.33 | 4.52 |
| 土默特右旗 | 94.67 | 171.91 | 81.70 | 146.27 | 17.65 | 18.25 | 16.23 | 15.99 |
| 固阳县 | 56.66 | 88.12 | 52.16 | 81.72 | 1.59 | 1.58 | 1.42 | 1.37 |
| 达茂联合旗 | 54.88 | 79.60 | 52.63 | 76.41 | 6.07 | 5.93 | 5.47 | 5.15 |
| 海拉尔区 | 11.49 | 14.02 | 9.62 | 11.51 | 5.81 | 6.80 | 5.76 | 6.76 |
| 阿荣旗 | 170.32 | 385.32 | 164.43 | 347.04 | 17.43 | 29.45 | 15.48 | 25.71 |
| 莫力达瓦旗 | 131.87 | 278.02 | 125.96 | 236.84 | 15.28 | 31.85 | 13.59 | 29.68 |
| 鄂伦春自治旗 | 39.57 | 69.64 | 35.11 | 62.44 | 3.35 | 5.55 | 2.91 | 5.36 |
| 鄂温克自治旗 | 59.99 | 96.80 | 58.88 | 95.60 | 12.60 | 20.75 | 9.58 | 16.79 |
| 陈巴尔虎旗 | 65.40 | 91.23 | 65.07 | 90.84 | 13.52 | 19.17 | 11.11 | 16.37 |
| 新巴尔虎左旗 | 78.14 | 145.70 | 78.06 | 145.58 | 12.56 | 19.35 | 9.88 | 16.19 |
| 新巴尔虎右旗 | 102.12 | 195.23 | 102.02 | 195.11 | 5.61 | 8.26 | 3.45 | 5.77 |
| 满州里市 | 5.93 | 8.35 | 3.60 | 4.49 | 0.33 | 0.29 | 0.28 | 0.24 |
| 牙克石市 | 30.89 | 82.86 | 28.01 | 73.55 | 5.71 | 15.17 | 5.28 | 14.02 |
| 扎兰屯市 | 123.43 | 420.38 | 115.46 | 358.78 | 16.35 | 42.56 | 14.72 | 40.80 |
| 额尔古纳市 | 28.34 | 43.51 | 27.34 | 40.77 | 8.80 | 10.56 | 8.11 | 9.83 |
| 根河市 | 1.79 | 2.14 | 0.72 | 0.83 | 0.21 | 0.22 | 0.17 | 0.17 |
| 乌兰浩特市 | 27.83 | 177.13 | 24.96 | 163.06 | 5.33 | 6.05 | 5.06 | 2.62 |
| 阿尔山 | 14.45 | 151.50 | 14.21 | 131.25 | 0.74 | 1.91 | 0.63 | 1.33 |
| 科右前旗 | 224.13 | 41.30 | 216.54 | 39.02 | 12.89 | 3.89 | 10.13 | 3.04 |
| 科右中旗 | 161.47 | 146.67 | 152.49 | 141.20 | 14.18 | 1.46 | 11.66 | 1.27 |
| 扎赉特旗 | 126.10 | 161.74 | 80.79 | 160.08 | 20.21 | 1.59 | 17.30 | 0.79 |
| 突泉县 | 65.67 | 61.74 | 58.97 | 61.55 | 8.00 | 2.93 | 4.12 | 0.79 |
| 通辽市开发区 | 6.14 | 8.89 | 4.62 | 4.18 | 1.75 | 2.08 | 0.91 | 0.61 |
| 科尔沁区 | 164.82 | 160.00 | 94.69 | 82.64 | 35.69 | 34.62 | 24.82 | 25.16 |
| 科左中旗 | 171.22 | 164.92 | 125.70 | 124.20 | 38.39 | 37.14 | 29.60 | 28.42 |
| 科左后旗 | 109.90 | 270.23 | 86.09 | 180.21 | 44.67 | 43.71 | 38.19 | 38.20 |
| 开鲁县 | 190.49 | 225.55 | 144.65 | 169.90 | 23.88 | 52.82 | 14.75 | 50.97 |
| 库仑旗 | 79.83 | 268.03 | 60.05 | 172.48 | 19.80 | 27.29 | 15.06 | 18.17 |
| 奈曼旗 | 141.69 | 109.95 | 105.83 | 83.92 | 22.15 | 27.43 | 14.90 | 25.01 |
| 扎鲁特旗 | 218.41 | 223.02 | 195.12 | 146.93 | 21.01 | 30.84 | 17.70 | 26.18 |
| 霍林郭勒市 | 13.97 | 19.50 | 12.97 | 19.00 | 0.27 | 0.54 | 0.23 | 0.53 |
| 红山区 | 5.71 | 11.25 | 4.33 | 8.46 | 1.76 | 4.83 | 1.16 | 4.23 |
| 元宝山区 | 15.71 | 21.67 | 12.05 | 14.58 | 8.15 | 8.73 | 6.35 | 7.35 |
| 赤峰市郊区 | 60.64 | 137.43 | 43.66 | 63.14 | 20.96 | 29.88 | 11.89 | 21.12 |
| 阿鲁科尔沁旗 | 129.96 | 213.59 | 123.23 | 204.42 | 27.19 | 42.22 | 19.17 | 36.01 |
| 巴林左旗 | 112.37 | 204.60 | 98.63 | 175.01 | 17.12 | 27.67 | 6.32 | 9.44 |
| 巴林右旗 | 87.50 | 163.53 | 84.55 | 159.68 | 12.05 | 20.67 | 10.40 | 18.76 |

# 4－3－3 续表 1

单位:万头(只)

| 地区 | 牲畜总头数 | | 大牲畜和羊 | | 大牲畜 | | 牛 | |
|---|---|---|---|---|---|---|---|---|
| | 年末数 | 年中数 | 年末数 | 年中数 | 年末数 | 年中数 | 年末数 | 年中数 |
| 林西县 | 55.41 | 121.62 | 47.91 | 104.04 | 12.15 | 19.57 | 6.12 | 12.30 |
| 克什克腾旗 | 101.69 | 253.00 | 97.57 | 243.39 | 18.71 | 34.48 | 15.90 | 32.35 |
| 翁牛特旗 | 133.75 | 255.06 | 120.22 | 218.19 | 25.73 | 38.37 | 15.07 | 27.03 |
| 喀喇沁旗 | 37.44 | 76.65 | 30.91 | 55.46 | 8.47 | 14.65 | 4.82 | 11.04 |
| 宁城县 | 47.86 | 135.89 | 36.24 | 95.87 | 17.70 | 46.55 | 8.33 | 34.81 |
| 敖汉旗 | 155.15 | 262.05 | 116.81 | 173.73 | 30.25 | 36.13 | 7.41 | 14.38 |
| 二连浩特市 | 4.50 | 182.83 | 4.49 | 169.90 | 0.47 | 7.25 | 0.27 | 5.45 |
| 锡林浩特市 | 57.40 | 9.34 | 57.07 | 5.20 | 6.17 | 1.46 | 5.59 | 1.43 |
| 阿巴嘎旗 | 70.92 | 65.25 | 70.91 | 58.70 | 16.12 | 5.22 | 14.02 | 4.68 |
| 苏尼特左旗 | 63.76 | 65.08 | 63.69 | 57.01 | 6.25 | 3.94 | 4.46 | 3.75 |
| 苏尼特右旗 | 80.69 | 75.11 | 80.56 | 60.69 | 2.72 | 2.02 | 1.81 | 1.65 |
| 东乌珠穆沁旗 | 121.09 | 62.43 | 121.03 | 54.54 | 7.65 | 5.27 | 5.46 | 4.26 |
| 西乌珠穆沁旗 | 91.54 | 59.47 | 91.49 | 52.67 | 11.83 | 7.60 | 9.61 | 6.61 |
| 太仆寺旗 | 15.20 | 65.51 | 13.82 | 50.01 | 6.58 | 6.96 | 6.24 | 6.60 |
| 镶黄旗 | 21.81 | 48.71 | 21.79 | 42.00 | 1.68 | 3.84 | 1.28 | 3.43 |
| 正镶白旗 | 24.79 | 39.58 | 24.65 | 35.69 | 6.04 | 1.11 | 5.67 | 0.86 |
| 正蓝旗 | 35.84 | 154.51 | 35.64 | 148.59 | 14.97 | 2.52 | 14.44 | 1.81 |
| 多伦县 | 16.90 | 61.00 | 14.54 | 51.91 | 12.15 | 6.70 | 11.82 | 5.78 |
| 乌拉盖 | 28.99 | 27.06 | 28.75 | 24.61 | 1.00 | 2.78 | 0.90 | 2.51 |
| 集宁区 | 5.20 | 15.69 | 3.79 | 15.10 | 1.16 | 0.79 | 1.12 | 0.66 |
| 丰镇市 | 37.14 | 312.60 | 33.27 | 300.12 | 3.63 | 16.62 | 3.16 | 14.31 |
| 卓资县 | 29.77 | 224.53 | 25.22 | 203.49 | 2.83 | 22.82 | 2.68 | 20.88 |
| 化德县 | 44.38 | 216.28 | 39.65 | 138.91 | 2.94 | 28.26 | 2.60 | 25.00 |
| 商都县 | 56.36 | 80.92 | 49.61 | 72.85 | 5.04 | 6.90 | 4.20 | 4.11 |
| 兴和县 | 55.40 | 6.73 | 52.15 | 6.68 | 8.61 | 0.60 | 7.43 | 0.35 |
| 凉城县 | 53.59 | 113.16 | 46.66 | 112.65 | 6.74 | 8.02 | 6.49 | 7.02 |
| 察右前旗 | 42.83 | 146.57 | 39.77 | 146.56 | 3.46 | 23.18 | 3.16 | 20.10 |
| 察右中旗 | 36.57 | 109.62 | 34.89 | 109.54 | 1.67 | 9.13 | 1.38 | 7.11 |
| 察右后旗 | 78.63 | 135.67 | 77.13 | 135.48 | 2.60 | 3.13 | 1.80 | 2.16 |
| 四子王旗 | 59.20 | 254.08 | 55.42 | 254.00 | 5.20 | 11.83 | 3.75 | 8.64 |
| 东胜区 | 7.07 | 5.69 | 6.20 | 4.83 | 0.23 | 0.22 | 0.18 | 0.16 |
| 达拉特旗 | 200.18 | 325.05 | 194.10 | 309.65 | 5.82 | 6.81 | 4.48 | 5.14 |
| 准格尔旗 | 56.39 | 73.78 | 50.84 | 66.30 | 1.38 | 1.21 | 0.55 | 0.43 |
| 鄂托克前旗 | 88.76 | 219.81 | 83.14 | 213.82 | 3.49 | 8.73 | 3.07 | 8.08 |
| 鄂托克旗 | 109.79 | 162.07 | 105.87 | 158.06 | 2.73 | 2.65 | 2.30 | 2.23 |
| 杭锦旗 | 146.20 | 213.39 | 142.48 | 207.32 | 2.31 | 3.19 | 1.78 | 2.51 |
| 乌审旗 | 101.78 | 169.01 | 87.41 | 134.47 | 8.53 | 9.36 | 8.02 | 8.72 |
| 伊金霍洛旗 | 41.63 | 39.62 | 38.63 | 36.13 | 0.92 | 1.15 | 0.72 | 0.95 |
| 临河市 | 159.69 | 177.14 | 148.40 | 177.08 | 5.85 | 15.73 | 2.31 | 13.44 |
| 五原县 | 124.13 | 17.52 | 112.04 | 15.54 | 2.37 | 8.66 | 1.82 | 8.27 |
| 磴口县 | 40.52 | 44.62 | 38.59 | 44.57 | 3.94 | 2.08 | 3.22 | 1.76 |
| 乌拉特前旗 | 109.85 | 43.50 | 103.54 | 43.33 | 1.27 | 8.50 | 1.05 | 8.12 |
| 乌拉特中旗 | 130.31 | 52.53 | 128.27 | 52.34 | 1.46 | 19.87 | 0.72 | 19.09 |
| 乌拉特后旗 | 37.79 | 22.42 | 37.64 | 18.86 | 2.40 | 14.41 | 0.52 | 14.06 |
| 杭锦后旗 | 127.68 | 54.96 | 118.19 | 54.75 | 6.95 | 1.44 | 5.00 | 1.35 |
| 乌海市 | 11.73 | 12.34 | 8.79 | 8.69 | 0.42 | 0.39 | 0.36 | 0.33 |
| 阿拉善左旗 | 115.32 | 134.42 | 113.21 | 132.48 | 6.03 | 6.91 | 2.03 | 2.40 |
| 阿拉善右旗 | 23.01 | 26.08 | 22.28 | 24.92 | 2.92 | 4.48 | 0.34 | 0.26 |
| 额济纳旗 | 8.06 | 9.60 | 7.91 | 9.28 | 1.65 | 1.79 | 0.04 | 0.11 |

# 4-3-3 续表2

单位:万头(只)

| 地区 | 羊 | | 绵羊 | | 山羊 | | 猪 | |
|---|---|---|---|---|---|---|---|---|
| | 年末数 | 年中数 | 年末数 | 年中数 | 年末数 | 年中数 | 年末数 | 年中数 |
| 呼市新城区 | 4.37 | 4.78 | 3.08 | 3.90 | 1.29 | 0.87 | 1.53 | 1.06 |
| 呼市回民区 | 0.40 | 0.47 | 0.34 | 0.31 | 0.06 | 0.15 | 0.38 | 0.34 |
| 呼市玉泉区 | 1.59 | 3.25 | 1.49 | 3.07 | 0.10 | 0.18 | 0.99 | 1.83 |
| 呼市赛罕区 | 5.57 | 8.57 | 4.74 | 7.38 | 0.83 | 1.18 | 3.75 | 4.91 |
| 土默特左旗 | 26.22 | 38.57 | 13.26 | 18.85 | 12.96 | 19.72 | 9.95 | 15.29 |
| 托克托县 | 17.56 | 45.29 | 13.83 | 39.63 | 3.73 | 5.66 | 2.89 | 5.21 |
| 和林格尔县 | 43.29 | 62.95 | 39.79 | 60.33 | 3.50 | 2.62 | 4.31 | 6.10 |
| 清水河县 | 27.55 | 51.55 | 20.77 | 45.86 | 6.78 | 5.69 | 3.55 | 5.55 |
| 武川县 | 32.31 | 60.98 | 19.59 | 38.09 | 12.71 | 22.88 | 2.22 | 1.52 |
| 包头市市辖区 | 16.48 | 12.62 | 6.58 | 4.68 | 9.91 | 7.94 | 2.44 | 2.33 |
| 包头市九原区 | 11.57 | 16.35 | 8.76 | 10.78 | 2.81 | 5.57 | 5.31 | 4.89 |
| 土默特右旗 | 64.05 | 128.02 | 39.10 | 95.82 | 24.95 | 32.20 | 12.97 | 25.64 |
| 固阳县 | 50.57 | 80.14 | 36.18 | 48.64 | 14.39 | 31.50 | 4.50 | 6.41 |
| 达茂联合旗 | 46.56 | 70.48 | 35.34 | 44.61 | 11.23 | 25.87 | 2.25 | 3.19 |
| 海拉尔区 | 3.81 | 4.71 | 3.79 | 4.67 | 0.03 | 0.05 | 1.87 | 2.51 |
| 阿荣旗 | 147.00 | 317.59 | 124.81 | 256.79 | 22.19 | 60.80 | 5.89 | 38.28 |
| 莫力达瓦旗 | 110.69 | 204.99 | 82.86 | 157.62 | 27.83 | 47.38 | 5.91 | 41.18 |
| 鄂伦春自治旗 | 31.76 | 56.90 | 26.29 | 51.88 | 5.47 | 5.02 | 4.46 | 7.19 |
| 鄂温克自治旗 | 46.28 | 74.85 | 42.74 | 69.37 | 3.53 | 5.47 | 1.12 | 1.21 |
| 陈巴尔虎旗 | 51.55 | 71.68 | 48.03 | 67.16 | 3.52 | 4.52 | 0.33 | 0.38 |
| 新巴尔虎左旗 | 65.49 | 126.23 | 56.59 | 112.17 | 8.90 | 14.06 | 0.08 | 0.12 |
| 新巴尔虎右旗 | 96.41 | 186.84 | 81.30 | 157.68 | 15.11 | 29.16 | 0.10 | 0.13 |
| 满州里市 | 3.27 | 4.20 | 3.11 | 4.08 | 0.16 | 0.12 | 2.33 | 3.86 |
| 牙克石市 | 22.30 | 58.38 | 16.35 | 44.42 | 5.95 | 13.96 | 2.88 | 9.30 |
| 扎兰屯市 | 99.11 | 316.23 | 91.35 | 287.81 | 7.76 | 28.42 | 7.97 | 61.59 |
| 额尔古纳市 | 18.54 | 30.22 | 17.74 | 29.35 | 0.81 | 0.87 | 1.00 | 2.73 |
| 根河市 | 0.51 | 0.61 | 0.32 | 0.35 | 0.19 | 0.26 | 1.07 | 1.30 |
| 乌兰浩特市 | 19.62 | 157.02 | 13.64 | 153.75 | 5.98 | 3.27 | 2.87 | 14.06 |
| 阿尔山 | 13.48 | 129.35 | 12.27 | 117.60 | 1.20 | 11.75 | 0.24 | 20.25 |
| 科右前旗 | 203.66 | 35.13 | 116.35 | 25.81 | 87.30 | 9.32 | 7.59 | 2.27 |
| 科右中旗 | 138.31 | 139.74 | 61.06 | 79.88 | 77.25 | 59.86 | 8.99 | 5.47 |
| 扎赉特旗 | 60.58 | 158.49 | 35.86 | 63.38 | 24.72 | 95.11 | 45.31 | 1.67 |
| 突泉县 | 50.97 | 58.62 | 18.01 | 8.75 | 32.95 | 49.88 | 6.70 | 0.18 |
| 通辽市开发区 | 2.87 | 2.11 | 2.38 | 1.35 | 0.49 | 0.76 | 1.52 | 4.71 |
| 科尔沁区 | 59.00 | 48.02 | 42.76 | 34.20 | 16.24 | 13.82 | 70.13 | 77.36 |
| 科左中旗 | 87.31 | 87.06 | 42.89 | 42.80 | 44.42 | 44.27 | 45.52 | 40.72 |
| 科左后旗 | 41.42 | 136.51 | 24.85 | 63.45 | 16.57 | 73.05 | 23.81 | 90.02 |
| 开鲁县 | 120.78 | 117.08 | 78.33 | 59.43 | 42.44 | 57.65 | 45.84 | 55.65 |
| 库仑旗 | 40.25 | 145.19 | 19.17 | 108.51 | 21.08 | 36.68 | 19.78 | 95.55 |
| 奈曼旗 | 83.67 | 56.49 | 50.35 | 23.52 | 33.32 | 32.96 | 35.86 | 26.03 |
| 扎鲁特旗 | 174.11 | 116.09 | 58.80 | 65.22 | 115.31 | 50.87 | 23.29 | 76.09 |
| 霍林郭勒市 | 12.71 | 18.46 | 7.70 | 13.13 | 5.00 | 5.33 | 0.99 | 0.50 |
| 红山区 | 2.57 | 3.63 | 1.57 | 2.88 | 0.99 | 0.75 | 1.38 | 2.79 |
| 元宝山区 | 3.89 | 5.85 | 3.01 | 4.92 | 0.88 | 0.93 | 3.66 | 7.09 |
| 赤峰市郊区 | 22.70 | 33.26 | 16.41 | 22.90 | 6.29 | 10.37 | 16.97 | 74.29 |
| 阿鲁科尔沁旗 | 96.05 | 162.21 | 64.87 | 140.24 | 31.18 | 21.97 | 6.73 | 9.17 |
| 巴林左旗 | 81.51 | 147.34 | 23.47 | 84.88 | 58.04 | 62.46 | 13.74 | 29.59 |
| 巴林右旗 | 72.49 | 139.00 | 34.15 | 95.78 | 38.34 | 43.22 | 2.95 | 3.85 |

# 4-3-3 续表 3

单位:万头(只)

| 地　区 | 羊 | | 绵　羊 | | 山　羊 | | 猪 | |
|---|---|---|---|---|---|---|---|---|
| | 年末数 | 年中数 | 年末数 | 年中数 | 年末数 | 年中数 | 年末数 | 年中数 |
| 林西县 | 35.76 | 84.47 | 19.64 | 53.71 | 16.11 | 30.76 | 7.50 | 17.58 |
| 克什克腾旗 | 78.86 | 208.90 | 78.20 | 208.09 | 0.65 | 0.81 | 4.12 | 9.62 |
| 翁牛特旗 | 94.49 | 179.82 | 62.54 | 113.66 | 31.94 | 66.16 | 13.53 | 36.87 |
| 喀喇沁旗 | 22.44 | 40.81 | 21.51 | 40.44 | 0.93 | 0.36 | 6.53 | 21.19 |
| 宁城县 | 18.54 | 49.32 | 17.58 | 45.99 | 0.96 | 3.32 | 11.61 | 40.03 |
| 敖汉旗 | 86.56 | 137.61 | 84.88 | 135.27 | 1.69 | 2.34 | 38.34 | 88.32 |
| 二连浩特市 | 4.02 | 162.66 | 3.15 | 158.15 | 0.87 | 4.51 | 0.01 | 12.93 |
| 锡林浩特市 | 50.90 | 3.74 | 49.49 | 3.69 | 1.41 | 0.05 | 0.33 | 4.14 |
| 阿巴嘎旗 | 54.79 | 53.48 | 48.71 | 51.06 | 6.08 | 2.41 | 0.01 | 6.55 |
| 苏尼特左旗 | 57.44 | 53.07 | 52.95 | 52.53 | 4.49 | 0.54 | 0.07 | 8.08 |
| 苏尼特右旗 | 77.84 | 58.67 | 66.93 | 53.94 | 10.91 | 4.73 | 0.13 | 14.42 |
| 东乌珠穆沁旗 | 113.38 | 49.27 | 103.80 | 48.96 | 9.58 | 0.32 | 0.06 | 7.88 |
| 西乌珠穆沁旗 | 79.66 | 45.07 | 75.72 | 41.55 | 3.94 | 3.52 | 0.05 | 6.80 |
| 太仆寺旗 | 7.24 | 43.05 | 7.16 | 42.78 | 0.08 | 0.27 | 1.38 | 15.50 |
| 镶黄旗 | 20.11 | 38.15 | 18.58 | 36.06 | 1.53 | 2.09 | 0.02 | 6.71 |
| 正镶白旗 | 18.61 | 34.58 | 17.74 | 33.56 | 0.87 | 1.02 | 0.14 | 3.89 |
| 正蓝旗 | 20.67 | 146.06 | 20.67 | 115.31 | | 30.76 | 0.19 | 5.92 |
| 多伦县 | 2.39 | 45.21 | 2.39 | 45.13 | | 0.09 | 2.36 | 9.09 |
| 乌拉盖 | 27.75 | 21.82 | 26.73 | 17.02 | 1.02 | 4.80 | 0.24 | 2.45 |
| 集宁区 | 2.63 | 14.31 | 2.60 | 13.43 | 0.02 | 0.88 | 1.40 | 0.58 |
| 丰镇市 | 29.64 | 283.49 | 28.43 | 221.85 | 1.22 | 61.64 | 3.87 | 12.48 |
| 卓资县 | 22.39 | 180.68 | 22.15 | 113.34 | 0.24 | 67.34 | 4.55 | 21.04 |
| 化德县 | 36.72 | 110.66 | 35.40 | 89.36 | 1.31 | 21.30 | 4.72 | 77.37 |
| 商都县 | 44.56 | 65.95 | 44.05 | 45.37 | 0.51 | 20.58 | 6.75 | 8.07 |
| 兴和县 | 43.55 | 6.08 | 42.96 | 4.59 | 0.58 | 1.48 | 3.25 | 0.05 |
| 凉城县 | 39.93 | 104.63 | 39.76 | 100.36 | 0.17 | 4.27 | 6.93 | 0.51 |
| 察右前旗 | 36.32 | 123.38 | 35.74 | 102.00 | 0.58 | 21.38 | 3.06 | 0.02 |
| 察右中旗 | 33.22 | 100.41 | 31.88 | 88.37 | 1.34 | 12.03 | 1.68 | 0.08 |
| 察右后旗 | 74.53 | 132.34 | 56.18 | 112.46 | 18.34 | 19.89 | 1.51 | 0.19 |
| 四子王旗 | 50.21 | 242.17 | 50.12 | 217.38 | 0.10 | 24.79 | 3.78 | 0.08 |
| 东胜区 | 5.97 | 4.61 | 0.65 | 1.07 | 5.32 | 3.54 | 0.87 | 0.86 |
| 达拉特旗 | 188.28 | 302.84 | 76.49 | 135.60 | 111.79 | 167.24 | 6.08 | 15.40 |
| 准格尔旗 | 49.45 | 65.09 | 10.00 | 25.80 | 39.46 | 39.29 | 5.56 | 7.47 |
| 鄂托克前旗 | 79.64 | 205.10 | 45.78 | 142.92 | 33.86 | 62.17 | 5.62 | 5.99 |
| 鄂托克旗 | 103.15 | 155.41 | 15.76 | 21.45 | 87.38 | 133.96 | 3.92 | 4.01 |
| 杭锦旗 | 140.17 | 204.13 | 25.88 | 65.19 | 114.29 | 138.94 | 3.73 | 6.07 |
| 乌审旗 | 78.88 | 125.12 | 73.11 | 113.59 | 5.77 | 11.53 | 14.37 | 34.53 |
| 伊金霍洛旗 | 37.71 | 34.99 | 9.45 | 7.55 | 28.25 | 27.44 | 3.00 | 3.48 |
| 临河市 | 142.55 | 161.36 | 137.96 | 150.95 | 4.58 | 10.41 | 11.28 | 0.05 |
| 五原县 | 109.67 | 6.89 | 94.56 | 6.73 | 15.11 | 0.16 | 12.09 | 1.97 |
| 磴口县 | 34.65 | 42.49 | 24.66 | 37.75 | 9.99 | 4.74 | 1.93 | 0.05 |
| 乌拉特前旗 | 102.27 | 34.83 | 64.19 | 33.06 | 38.08 | 1.77 | 6.31 | 0.17 |
| 乌拉特中旗 | 126.81 | 32.47 | 52.78 | 32.46 | 74.03 | 0.01 | 2.04 | 0.19 |
| 乌拉特后旗 | 35.24 | 4.46 | 4.71 | 4.45 | 30.53 | | 0.14 | 3.55 |
| 杭锦后旗 | 111.24 | 53.31 | 103.32 | 50.01 | 7.92 | 3.30 | 9.49 | 0.22 |
| 乌海市 | 8.37 | 8.30 | 2.12 | 2.30 | 6.25 | 6.00 | 2.94 | 3.65 |
| 阿拉善左旗 | 107.18 | 125.58 | 29.97 | 37.88 | 77.21 | 87.69 | 2.11 | 1.94 |
| 阿拉善右旗 | 19.36 | 20.43 | 8.15 | 8.03 | 11.22 | 12.40 | 0.73 | 1.17 |
| 额济纳旗 | 6.26 | 7.49 | 1.48 | 1.54 | 4.79 | 5.96 | 0.16 | 0.32 |

# 4－3－4 各旗县(区)畜禽产品产量(2012 年年末数)

单位:头、只、万只

| 地　　区 | 当年出栏肉猪头数 | 当年出售和自宰的肉用牛 | 当年出售和自宰的肉用羊 | 当年出售和自宰的家　禽 |
|---|---|---|---|---|
| 呼市新城区 | 15750 | 1606 | 35059 | 2.84 |
| 呼市回民区 | 3297 | 151 | 1498 | 1.50 |
| 呼市玉泉区 | 7958 | 6522 | 12763 | 11.00 |
| 呼市赛罕区 | 43200 | 43006 | 51403 | 60.00 |
| 土默特左旗 | 120733 | 61724 | 314307 | 117.00 |
| 托克托县 | 59394 | 29910 | 212500 | 21.00 |
| 和林格尔县 | 53096 | 48752 | 688191 | 41.35 |
| 清水河县 | 34393 | 2761 | 511670 | 9.00 |
| 武川县 | 25640 | 5822 | 232497 | 19.00 |
| 包头市市辖区 | 29410 | 23655 | 73440 | 66.84 |
| 包头市九原区 | 86300 | 79521 | 210016 | 53.00 |
| 土默特右旗 | 251400 | 99297 | 1800019 | 69.79 |
| 固阳县 | 143500 | 13045 | 1090000 | 74.00 |
| 达茂联合旗 | 19090 | 40900 | 683936 | 21.10 |
| 海拉尔区 | 22900 | 18317 | 30392 | 25.89 |
| 阿荣旗 | 80900 | 65100 | 1321689 | 185.06 |
| 莫力达瓦旗 | 75610 | 54664 | 618850 | 117.23 |
| 鄂伦春自治旗 | 34697 | 9664 | 159100 | 40.33 |
| 鄂温克自治旗 | 31477 | 42594 | 335750 | 9.78 |
| 陈巴尔虎旗 | 6244 | 77228 | 293188 | 1.75 |
| 新巴尔虎左旗 | 600 | 49184 | 625825 | 0.64 |
| 新巴尔虎右旗 | 929 | 7751 | 934388 | |
| 满州里市 | 20167 | 1443 | 27125 | 11.85 |
| 牙克石市 | 105000 | 55533 | 317125 | 73.04 |
| 扎兰屯市 | 74025 | 93978 | 1415917 | 145.01 |
| 额尔古纳市 | 11615 | 15094 | 111500 | 39.10 |
| 根河市 | 27128 | 2579 | 10688 | 8.43 |
| 乌兰浩特市 | 48244 | 31033 | 141212 | 94.80 |
| 阿尔山 | 4333 | 2242 | 55959 | 2.75 |
| 科右前旗 | 119342 | 37213 | 2379071 | 60.80 |
| 科右中旗 | 91434 | 32173 | 1047771 | 50.79 |
| 扎赉特旗 | 733900 | 19034 | 317907 | 150.60 |
| 突泉县 | 101747 | 14305 | 347080 | 583.66 |
| 通辽市开发区 | 55310 | 4990 | 12453 | 23.10 |
| 科尔沁区 | 699100 | 225241 | 327937 | 865.70 |
| 科左中旗 | 493083 | 113126 | 531714 | 290.00 |
| 科左后旗 | 260000 | 79537 | 290763 | 169.90 |
| 开鲁县 | 785000 | 66219 | 598102 | 440.00 |
| 库仑旗 | 244297 | 44336 | 334808 | 160.40 |
| 奈曼旗 | 556000 | 67934 | 377937 | 313.20 |
| 扎鲁特旗 | 333341 | 114416 | 1507218 | 184.40 |
| 霍林郭勒市 | 23579 | 4291 | 182621 | 4.80 |
| 红山区 | 26439 | 16460 | 20206 | 43.00 |
| 元宝山区 | 52250 | 37583 | 66807 | 488.00 |
| 赤峰市郊区 | 319549 | 183834 | 364172 | 872.14 |
| 阿鲁科尔沁旗 | 63617 | 61817 | 402439 | 107.30 |
| 巴林左旗 | 129338 | 17212 | 489734 | 47.16 |
| 巴林右旗 | 34098 | 113866 | 1203656 | 65.00 |

# 4-3-4 续表1

单位:头、只、万只

| 地　　区 | 当年出栏肉猪头数 | 当年出售和自宰的肉用牛 | 当年出售和自宰的肉用羊 | 当年出售和自宰的家禽 |
|---|---|---|---|---|
| 林西县 | 95147 | 36855 | 276038 | 23.60 |
| 克什克腾旗 | 40323 | 58808 | 361003 | 16.73 |
| 翁牛特旗 | 212641 | 98906 | 506455 | 446.96 |
| 喀喇沁旗 | 102233 | 46132 | 236347 | 445.50 |
| 宁城县 | 168470 | 126909 | 241644 | 2806.01 |
| 敖汉旗 | 454141 | 55410 | 877511 | 836.24 |
| 二连浩特市 | 900 | 990 | 31230 | |
| 锡林浩特市 | 4770 | 40804 | 541407 | 1.00 |
| 阿巴嘎旗 | 319 | 95941 | 786455 | |
| 苏尼特左旗 | 850 | 41796 | 609974 | 1.00 |
| 苏尼特右旗 | 2779 | 7064 | 755537 | 1.00 |
| 东乌珠穆沁旗 | 276 | 41940 | 1589243 | 1.00 |
| 西乌珠穆沁旗 | 554 | 168276 | 822049 | 3.00 |
| 太仆寺旗 | 36770 | 35282 | 59016 | 16.00 |
| 镶黄旗 | 138 | 10951 | 256099 | |
| 正镶白旗 | 1730 | 28039 | 255342 | 2.00 |
| 正蓝旗 | 3990 | 94276 | 169205 | 1.00 |
| 多伦县 | 34948 | 82164 | 15848 | 33.00 |
| 乌拉盖 | 2826 | 5922 | 298781 | 7.00 |
| 集宁区 | 17073 | 4920 | 49517 | 30.00 |
| 丰镇市 | 47468 | 21581 | 542051 | 85.60 |
| 卓资县 | 37024 | 13080 | 875491 | 28.00 |
| 化德县 | 56369 | 11267 | 927372 | 30.00 |
| 商都县 | 67421 | 13240 | 895478 | 47.50 |
| 兴和县 | 65219 | 25055 | 922087 | 31.56 |
| 凉城县 | 59736 | 28493 | 692321 | 71.36 |
| 察右前旗 | 33059 | 18644 | 833732 | 31.00 |
| 察右中旗 | 42820 | 11228 | 438322 | 21.70 |
| 察右后旗 | 42710 | 20960 | 1009765 | 7.10 |
| 四子王旗 | 52800 | 16813 | 892179 | 42.00 |
| 东胜区 | 19108 | 1881 | 31093 | 2.00 |
| 达拉特旗 | 115633 | 19971 | 1375103 | 35.00 |
| 准格尔旗 | 69927 | 1824 | 283447 | 10.00 |
| 鄂托克前旗 | 55815 | 18130 | 518857 | |
| 鄂托克旗 | 29572 | 11406 | 692139 | 5.00 |
| 杭锦旗 | 26688 | 3775 | 622489 | 5.00 |
| 乌审旗 | 352812 | 35147 | 451578 | 6.00 |
| 伊金霍洛旗 | 42845 | 5868 | 260494 | 7.00 |
| 临河市 | 125747 | 11803 | 2933463 | 115.02 |
| 五原县 | 102682 | 3928 | 1392258 | 92.06 |
| 磴口县 | 17986 | 7544 | 366475 | 33.24 |
| 乌拉特前旗 | 39838 | 4929 | 1340685 | 106.22 |
| 乌拉特中旗 | 19979 | 3845 | 787727 | 45.31 |
| 乌拉特后旗 | 1932 | 3334 | 326115 | 3.17 |
| 杭锦后旗 | 66247 | 24660 | 1723691 | 88.35 |
| 乌海市 | 96607 | 2674 | 144558 | 39.14 |
| 阿拉善左旗 | 10961 | 4599 | 524850 | 8.92 |
| 阿拉善右旗 | 10139 | 478 | 92161 | 0.06 |
| 额济纳旗 | 6350 | 172 | 23382 | 0.19 |

# 4-3-4 续表 2

单位:吨

| 地　　区 | 当年肉类总产量 | 猪肉产量 | 牛肉产量 | 羊肉产量 | 禽肉产量 |
|---|---|---|---|---|---|
| 呼市新城区 | 2261 | 1398 | 256 | 519 | 66 |
| 呼市回民区 | 374 | 296 | 18 | 25 | 21 |
| 呼市玉泉区 | 1817 | 616 | 735 | 189 | 275 |
| 呼市赛罕区 | 11038 | 3288 | 5547 | 720 | 1475 |
| 土默特左旗 | 28350 | 9442 | 10802 | 5505 | 2253 |
| 托克托县 | 14589 | 4663 | 5398 | 3551 | 485 |
| 和林格尔县 | 25038 | 3995 | 9065 | 10769 | 778 |
| 清水河县 | 10963 | 2373 | 442 | 7278 | 169 |
| 武川县 | 6709 | 1919 | 785 | 3600 | 274 |
| 包头市市辖区 | 9147 | 2577 | 3745 | 1228 | 1545 |
| 包头市九原区 | 24790 | 7560 | 12513 | 3478 | 1226 |
| 土默特右旗 | 69621 | 22022 | 15624 | 29934 | 1614 |
| 固阳县 | 34653 | 12570 | 2046 | 18129 | 1713 |
| 达茂联合旗 | 20162 | 1664 | 6436 | 11358 | 488 |
| 海拉尔区 | 6101 | 1820 | 3403 | 519 | 343 |
| 阿荣旗 | 43064 | 5787 | 12960 | 20759 | 1903 |
| 莫力达瓦旗 | 31154 | 5882 | 10392 | 12738 | 1558 |
| 鄂伦春自治旗 | 7700 | 3034 | 2250 | 1680 | 295 |
| 鄂温克自治旗 | 18075 | 3200 | 7992 | 6149 | 105 |
| 陈巴尔虎旗 | 18284 | 487 | 12545 | 4851 | 18 |
| 新巴尔虎左旗 | 21966 | 58 | 10330 | 10512 | |
| 新巴尔虎右旗 | 15152 | 84 | 1501 | 13187 | |
| 满州里市 | 2689 | 1815 | 217 | 434 | 183 |
| 牙克石市 | 23370 | 8095 | 8815 | 4331 | 685 |
| 扎兰屯市 | 50604 | 5053 | 19547 | 22550 | 1777 |
| 额尔古纳市 | 6988 | 890 | 3442 | 1784 | 583 |
| 根河市 | 2900 | 2116 | 500 | 171 | 90 |
| 乌兰浩特市 | 12348 | 3618 | 5226 | 2118 | 1185 |
| 阿尔山 | 1684 | 325 | 404 | 839 | 83 |
| 科右前旗 | 50925 | 7290 | 5998 | 35985 | 760 |
| 科右中旗 | 28179 | 5858 | 5491 | 15717 | 635 |
| 扎赉特旗 | 72499 | 62000 | 3426 | 4769 | 1883 |
| 突泉县 | 22346 | 6631 | 2575 | 5206 | 7602 |
| 通辽市开发区 | 7635 | 4996 | 718 | 188 | 612 |
| 科尔沁区 | 119502 | 58200 | 31566 | 5193 | 17902 |
| 科左中旗 | 69528 | 34485 | 15630 | 8561 | 7310 |
| 科左后旗 | 41408 | 17666 | 11770 | 4614 | 4702 |
| 开鲁县 | 105217 | 70400 | 9631 | 9468 | 11145 |
| 库仑旗 | 35807 | 18090 | 6151 | 5304 | 3707 |
| 奈曼旗 | 70246 | 41500 | 9691 | 5568 | 8080 |
| 扎鲁特旗 | 69741 | 22457 | 15802 | 24634 | 4813 |
| 霍林郭勒市 | 5675 | 1965 | 605 | 2920 | 120 |
| 红山区 | 5070 | 1409 | 2476 | 295 | 761 |
| 元宝山区 | 23614 | 3301 | 6569 | 1254 | 12049 |
| 赤峰市郊区 | 56833 | 21048 | 16680 | 5827 | 11022 |
| 阿鲁科尔沁旗 | 25781 | 6399 | 9891 | 5669 | 2020 |
| 巴林左旗 | 24625 | 11718 | 2578 | 8367 | 736 |
| 巴林右旗 | 36660 | 3000 | 13595 | 17688 | 1600 |

# 4－3－4 续表 3

单位:吨

| 地区 | 当年肉类总产量 | 猪肉产量 | 牛肉产量 | 羊肉产量 | 禽肉产量 |
|---|---|---|---|---|---|
| 林西县 | 21703 | 8927 | 5978 | 4432 | 329 |
| 克什克腾旗 | 16978 | 3532 | 6687 | 5828 | 257 |
| 翁牛特旗 | 49309 | 17259 | 11727 | 7518 | 10430 |
| 喀喇沁旗 | 25426 | 7863 | 4420 | 4180 | 7528 |
| 宁城县 | 92061 | 12709 | 8744 | 4700 | 63457 |
| 敖汉旗 | 79835 | 35295 | 7965 | 18534 | 12581 |
| 二连浩特市 | 971 | 99 | 182 | 647 | |
| 锡林浩特市 | 18980 | 475 | 7344 | 10768 | 19 |
| 阿巴嘎旗 | 33617 | 29 | 17269 | 15730 | |
| 苏尼特左旗 | 19276 | 81 | 7560 | 10980 | 8 |
| 苏尼特右旗 | 19609 | 343 | 1406 | 17273 | 15 |
| 东乌珠穆沁旗 | 29652 | 25 | 4458 | 22970 | 10 |
| 西乌珠穆沁旗 | 55252 | 67 | 30483 | 21373 | 58 |
| 太仆寺旗 | 10862 | 2852 | 5645 | 944 | 914 |
| 镶黄旗 | 6176 | 18 | 1568 | 4482 | |
| 正镶白旗 | 8614 | 156 | 4206 | 4085 | 25 |
| 正蓝旗 | 19381 | 359 | 16027 | 2707 | 16 |
| 多伦县 | 17557 | 3302 | 13886 | 253 | 10 |
| 乌拉盖 | 6900 | 330 | 1044 | 5400 | 100 |
| 集宁区 | 3607 | 1332 | 772 | 743 | 717 |
| 丰镇市 | 17944 | 3703 | 3388 | 8131 | 2046 |
| 卓资县 | 20576 | 2888 | 2054 | 13132 | 669 |
| 化德县 | 21599 | 4397 | 1769 | 13911 | 717 |
| 商都县 | 23871 | 5259 | 2079 | 13432 | 1135 |
| 兴和县 | 24202 | 5087 | 3934 | 13831 | 754 |
| 凉城县 | 21633 | 4659 | 4473 | 10385 | 1706 |
| 察右前旗 | 19016 | 2579 | 2927 | 12506 | 741 |
| 察右中旗 | 12826 | 3341 | 1763 | 6575 | 519 |
| 察右后旗 | 22334 | 3331 | 3291 | 15146 | 170 |
| 四子王旗 | 21891 | 4118 | 2640 | 13383 | 1004 |
| 东胜区 | 2296 | 1472 | 282 | 496 | 23 |
| 达拉特旗 | 36054 | 9003 | 2996 | 23336 | 325 |
| 准格尔旗 | 12520 | 7015 | 274 | 4819 | 203 |
| 鄂托克前旗 | 18103 | 3961 | 2776 | 11298 | |
| 鄂托克旗 | 14282 | 2277 | 1711 | 10112 | 68 |
| 杭锦旗 | 18205 | 2055 | 1155 | 14565 | 125 |
| 乌审旗 | 39182 | 26478 | 5272 | 7225 | 103 |
| 伊金霍洛旗 | 9460 | 3299 | 880 | 4168 | 1057 |
| 临河市 | 60627 | 10940 | 1828 | 45558 | 1887 |
| 五原县 | 32814 | 8933 | 609 | 21622 | 1510 |
| 磴口县 | 9072 | 1565 | 1168 | 5692 | 545 |
| 乌拉特前旗 | 26964 | 3466 | 763 | 20822 | 1743 |
| 乌拉特中旗 | 15573 | 1738 | 596 | 12234 | 743 |
| 乌拉特后旗 | 6306 | 168 | 516 | 5065 | 52 |
| 杭锦后旗 | 38338 | 5763 | 3820 | 26770 | 1449 |
| 乌海市 | 13732 | 9691 | 516 | 2592 | 857 |
| 阿拉善左旗 | 11332 | 857 | 471 | 9133 | 103 |
| 阿拉善右旗 | 2663 | 580 | 53 | 1650 | 7 |
| 额济纳旗 | 1562 | 663 | 20 | 607 | 1 |

# 4－3－4 续表 4

单位：吨

| 地区 | 奶类产量 | 牛奶产量 | 山羊毛产量 | 绵羊毛产量 | 山羊绒产量 | 禽蛋产量 |
|---|---|---|---|---|---|---|
| 呼市新城区 | 34790 | 34398 | 7 | 79 | 2 | 1394 |
| 呼市回民区 | 1200 | 1200 | 5 | 15 | | 400 |
| 呼市玉泉区 | 40150 | 40150 | 2 | 45 | | 2000 |
| 呼市赛罕区 | 700000 | 700000 | 10 | 92 | 1 | 12000 |
| 土默特左旗 | 1146454 | 1144554 | 144 | 476 | 74 | 9988 |
| 托克托县 | 505064 | 505064 | 44 | 915 | 7 | 1162 |
| 和林格尔县 | 642237 | 642237 | 10 | 830 | 5 | 2872 |
| 清水河县 | 24963 | 24963 | 54 | 591 | 11 | 1136 |
| 武川县 | 15604 | 15604 | 15 | 607 | 30 | 1533 |
| 包头市市辖区 | 249293 | 249293 | 16 | 89 | 27 | 13369 |
| 包头市九原区 | 400813 | 400741 | 61 | 83 | 16 | 7943 |
| 土默特右旗 | 696957 | 696957 | 71 | 725 | 32 | 4558 |
| 固阳县 | 80000 | 80000 | 50 | 920 | 50 | 2000 |
| 达茂联合旗 | 148010 | 148000 | 10 | 1120 | 41 | 777 |
| 海拉尔区 | 206598 | 206598 | 1 | 115 | | 4431 |
| 阿荣旗 | 109784 | 108041 | 285 | 4925 | 354 | 10750 |
| 莫力达瓦旗 | 59060 | 57958 | 308 | 1375 | 110 | 4253 |
| 鄂伦春自治旗 | 20505 | 18233 | 264 | 643 | 72 | 2090 |
| 鄂温克自治旗 | 173647 | 173647 | 7 | 1780 | 18 | 283 |
| 陈巴尔虎旗 | 205510 | 205510 | | 1091 | 6 | 68 |
| 新巴尔虎左旗 | 64006 | 64006 | 21 | 2635 | | 6 |
| 新巴尔虎右旗 | 6000 | 6000 | | 1600 | 50 | |
| 满州里市 | 3590 | 3590 | | 92 | | 60 |
| 牙克石市 | 169191 | 169191 | 38 | 226 | 2 | 7200 |
| 扎兰屯市 | 207571 | 207151 | 60 | 6101 | 40 | 9665 |
| 额尔古纳市 | 122602 | 122533 | 18 | 340 | 1 | 923 |
| 根河市 | 1252 | 1252 | 10 | 17 | 2 | 686 |
| 乌兰浩特市 | 116348 | 116348 | 57 | 398 | 28 | 3492 |
| 阿尔山 | 868 | 868 | 9 | 490 | 4 | 342 |
| 科右前旗 | 123372 | 123372 | 579 | 4655 | 290 | |
| 科右中旗 | 15167 | 15167 | 568 | 2098 | 284 | 5943 |
| 扎赉特旗 | 123572 | 123572 | 181 | 1795 | 90 | 2458 |
| 突泉县 | 51987 | 51987 | 211 | 853 | 106 | 8078 |
| 通辽市开发区 | 5062 | 5062 | 3 | 16 | 1 | 520 |
| 科尔沁区 | 179925 | 179925 | 592 | 611 | 36 | 13539 |
| 科左中旗 | 20945 | 20945 | 1006 | 658 | 145 | 7274 |
| 科左后旗 | 67150 | 35201 | 1130 | 1170 | 90 | 6720 |
| 开鲁县 | 70912 | 70912 | 351 | 2500 | 66 | 22080 |
| 库仑旗 | 6400 | 6400 | 45 | 315 | 29 | 407 |
| 奈曼旗 | 23782 | 23782 | 1406 | 1199 | 140 | 3435 |
| 扎鲁特旗 | 89444 | 63844 | 998 | 2685 | 634 | 4238 |
| 霍林郭勒市 | 4207 | 4207 | 300 | 320 | 20 | 100 |
| 红山区 | 6451 | 6451 | 3 | 37 | 3 | 3615 |
| 元宝山区 | 111427 | 111427 | 11 | 162 | 2 | 12739 |
| 赤峰市郊区 | 38336 | 34303 | 63 | 656 | 16 | 77483 |
| 阿鲁科尔沁旗 | 20715 | 20715 | 191 | 845 | 48 | 3350 |
| 巴林左旗 | 2292 | 2292 | 372 | 683 | 285 | 4595 |
| 巴林右旗 | 21200 | 21200 | | 3010 | 450 | 2800 |

# 4－3－4 续表 5

单位:吨

| 地　区 | 奶类产量 | 牛奶产量 | 山羊毛产量 | 绵羊毛产量 | 山羊绒产量 | 禽蛋产量 |
|---|---|---|---|---|---|---|
| 林西县 | 34918 | 34918 | 175 | 806 | 46 | 2524 |
| 克什克腾旗 | 9366 | 9366 | 8 | 3357 | 2 | 1120 |
| 翁牛特旗 | 101177 | 101177 | 210 | 2327 | 187 | 76376 |
| 喀喇沁旗 | 3844 | 3844 | 10 | 906 | 2 | 26270 |
| 宁城县 | 20000 | 20000 | 30 | 1145 | 3 | 43100 |
| 敖汉旗 | 5683 | 5681 | 8 | 5310 | 4 | 72614 |
| 二连浩特市 | 2550 | 2300 | 20 | 110 | 23 | |
| 锡林浩特市 | 82493 | 81392 | 34 | 839 | | 260 |
| 阿巴嘎旗 | 49668 | 46192 | 3 | 2247 | 45 | |
| 苏尼特左旗 | 25900 | 16279 | 3 | 802 | 54 | 84 |
| 苏尼特右旗 | 1965 | 1965 | 5 | 773 | 33 | 97 |
| 东乌珠穆沁旗 | 18180 | 18180 | | 303 | 92 | 69 |
| 西乌珠穆沁旗 | 46545 | 46545 | 4 | 359 | 58 | 200 |
| 太仆寺旗 | 100000 | 100000 | | 110 | 1 | 1315 |
| 镶黄旗 | 6235 | 6235 | 5 | 802 | 22 | |
| 正镶白旗 | 12500 | 12500 | 1 | 717 | 3 | 600 |
| 正蓝旗 | 126100 | 120500 | | 829 | | 86 |
| 多伦县 | 96800 | 96800 | | 31 | 1 | 2050 |
| 乌拉盖 | 8100 | 8100 | | 377 | 10 | 64 |
| 集宁区 | 28000 | 28000 | | 46 | | 550 |
| 丰镇市 | 24600 | 24600 | 2 | 780 | 4 | 3180 |
| 卓资县 | 46500 | 46500 | | 692 | 1 | 570 |
| 化德县 | 81800 | 81800 | 14 | 1252 | 2 | 1110 |
| 商都县 | 68104 | 68104 | | 880 | 1 | 1540 |
| 兴和县 | 122237 | 122237 | 1 | 723 | 1 | 930 |
| 凉城县 | 197100 | 197100 | | 470 | | 1824 |
| 察右前旗 | 97000 | 97000 | | 1034 | 3 | 1543 |
| 察右中旗 | 41238 | 41238 | 6 | 918 | 3 | 945 |
| 察右后旗 | 5760 | 5760 | 25 | 1950 | 65 | 845 |
| 四子王旗 | 84561 | 84561 | | 1017 | | 987 |
| 东胜区 | 1351 | 1138 | 17 | 24 | 11 | 156 |
| 达拉特旗 | 76420 | 65581 | 401 | 3722 | 755 | 1008 |
| 准格尔旗 | 20192 | 20192 | 392 | 146 | 102 | 4392 |
| 鄂托克前旗 | 8698 | 7195 | 300 | 1200 | 230 | |
| 鄂托克旗 | 15619 | 9953 | 272 | 313 | 305 | 146 |
| 杭锦旗 | 13384 | 7993 | 381 | 3258 | 1025 | 10 |
| 乌审旗 | 16807 | 14523 | 27 | 3088 | 36 | 249 |
| 伊金霍洛旗 | 12778 | 11151 | 82 | 113 | 85 | 1134 |
| 临河市 | 70146 | 70146 | 1 | 1633 | 5 | 1380 |
| 五原县 | 19418 | 19418 | 1 | 1276 | 16 | 1302 |
| 磴口县 | 45032 | 45032 | 3 | 333 | 13 | 478 |
| 乌拉特前旗 | 30821 | 30821 | 18 | 1455 | 106 | 1638 |
| 乌拉特中旗 | 5277 | 5277 | 34 | 1257 | 233 | 1676 |
| 乌拉特后旗 | 20562 | 20562 | 17 | 125 | 125 | 63 |
| 杭锦后旗 | 190504 | 190504 | 1 | 1813 | 9 | 1872 |
| 乌海市 | 3022 | 3020 | 79 | 73 | 14 | 3348 |
| 阿拉善左旗 | 2535 | 2535 | 158 | 417 | 257 | 285 |
| 阿拉善右旗 | 97 | 36 | 50 | 62 | 22 | 9 |
| 额济纳旗 | 14 | 9 | 10 | 26 | 16 | 8 |

# 4－3－5 各旗县(区)畜禽生产规模户基本情况(2012 年)

单位:户

| 地　　区 | 猪 | 牛 | 羊 | 禽 |
|---|---|---|---|---|
| 呼市新城区 | 1 | | | 3 |
| 呼市回民区 | | | | |
| 呼市玉泉区 | | | | |
| 呼市赛罕区 | 5 | 8 | | 4 |
| 土默特左旗 | 4 | | | 2 |
| 托克托县 | 2 | 4 | 1 | 1 |
| 和林格尔县 | 4 | 5 | 1 | 1 |
| 清水河县 | | | | |
| 武川县 | | | | |
| 包头市市辖区 | 4 | 8 | 4 | 17 |
| 包头市九原区 | 3 | 4 | | 7 |
| 土默特右旗 | | 3 | | |
| 固阳县 | 1 | | | |
| 达茂联合旗 | 1 | 10 | 6 | |
| 海拉尔区 | | | 1 | |
| 阿荣旗 | 3 | 4 | | 4 |
| 莫力达瓦旗 | | | | |
| 鄂伦春自治旗 | 1 | | | |
| 鄂温克自治旗 | | 1 | 9 | |
| 陈巴尔虎旗 | 2 | 3 | 24 | |
| 新巴尔虎左旗 | | 82 | 84 | |
| 新巴尔虎右旗 | | 1 | 27 | |
| 满州里市 | | | 3 | |
| 牙克石市 | 2 | 1 | | 1 |
| 扎兰屯市 | 21 | 5 | 14 | 3 |
| 额尔古纳市 | 1 | | 5 | 2 |
| 根河市 | 3 | | | |
| 乌兰浩特市 | 3 | 2 | 2 | 1 |
| 阿尔山 | | | | |
| 科右前旗 | | 57 | 151 | |
| 科右中旗 | 4 | 103 | 84 | 2 |
| 扎赉特旗 | 279 | 1 | | |
| 突泉县 | 7 | 3 | 3 | 57 |
| 科尔沁区 | 28 | | | |
| 科左中旗 | 6 | 3 | 1 | 1 |
| 科左后旗 | 5 | 3 | | 2 |
| 开鲁县 | 15 | 1 | 1 | |
| 库仑旗 | | | | |
| 奈曼旗 | 7 | 10 | 1 | 3 |
| 扎鲁特旗 | 3 | 2 | 1 | |
| 霍林郭勒市 | | | | |
| 红山区 | 1 | | | |
| 元宝山区 | 6 | 3 | | 9 |
| 松山区 | 30 | 8 | | 18 |
| 阿鲁科尔沁旗 | 3 | 1 | 1 | |
| 巴林左旗 | 6 | | | 2 |
| 巴林右旗 | 7 | 1 | 3 | 2 |

# 4－3－5 续表

单位：户

| 旗　　县 | 猪 | 牛 | 羊 | 禽 |
|---|---|---|---|---|
| 林西县 | 2 | 4 | 1 | |
| 克什克腾旗 | 7 | 6 | 5 | |
| 翁牛特旗 | 1 | 1 | 1 | |
| 喀喇沁旗 | 33 | 18 | | 10 |
| 宁城县 | 8 | 3 | | 3 |
| 敖汉旗 | 12 | 6 | 4 | 45 |
| 二连浩特市 | | | | |
| 锡林浩特市 | 1 | 1 | 2 | |
| 阿巴嘎旗 | | 4 | 3 | |
| 苏尼特左旗 | | | | |
| 苏尼特右旗 | 1 | | | |
| 东乌珠穆沁旗 | | 23 | 211 | |
| 西乌珠穆沁旗 | | | 6 | |
| 太仆寺旗 | | | | |
| 镶黄旗 | | | | |
| 正镶白旗 | 1 | | | |
| 正蓝旗 | | 1 | | |
| 多伦县 | | | | |
| 乌拉盖 | | | | |
| 集宁区 | | | | 2 |
| 丰镇市 | 1 | | | |
| 卓资县 | 1 | | | |
| 化德县 | | | | |
| 商都县 | 1 | | | |
| 兴和县 | | | | |
| 凉城县 | | 2 | | 1 |
| 察右前旗 | 1 | | | |
| 察右中旗 | | | | |
| 察右后旗 | | | | |
| 四子王旗 | | | 1 | |
| 东胜区 | | | | |
| 达拉特旗 | | 1 | 1 | |
| 准格尔旗 | 1 | | | 1 |
| 鄂托克前旗 | 2 | | 2 | |
| 鄂托克旗 | | | | |
| 杭锦旗 | 4 | | | 1 |
| 乌审旗 | 10 | | | |
| 伊金霍洛旗 | 2 | | | |
| 临河市 | 3 | 1 | 9 | 1 |
| 五原县 | 3 | | | |
| 磴口县 | | 1 | | |
| 乌拉特前旗 | 3 | 1 | 3 | |
| 乌拉特中旗 | | | | |
| 乌拉特后旗 | | | | |
| 杭锦后旗 | | | | |
| 乌海市 | 7 | 2 | 3 | 12 |
| 阿拉善左旗 | 1 | 1 | | |
| 阿拉善右旗 | 4 | | | |
| 额济纳旗 | | | | |

# 4-3-6 各旗县(区)畜禽生产经营单位基本情况(2012年)

单位:个

| 旗 县 | 猪 | 牛 | 羊 | 禽 |
|---|---|---|---|---|
| 呼市新城区 | | | | |
| 呼市回民区 | | | | |
| 呼市玉泉区 | 2 | 14 | | |
| 呼市赛罕区 | 3 | 5 | | 1 |
| 土默特左旗 | 5 | 102 | 2 | 1 |
| 托克托县 | 6 | 60 | 1 | 1 |
| 和林格尔县 | 2 | 40 | 6 | 1 |
| 清水河县 | 3 | 4 | 2 | 5 |
| 武川县 | 2 | 13 | 2 | 1 |
| 包头市市辖区 | | 2 | | 2 |
| 包头市九原区 | 7 | 4 | 4 | 1 |
| 土默特右旗 | 5 | 20 | 19 | |
| 固阳县 | 3 | 1 | 7 | 2 |
| 达茂联合旗 | 2 | 1 | | 1 |
| 海拉尔区 | 3 | 3 | 2 | |
| 阿荣旗 | 1 | 3 | 1 | 4 |
| 莫力达瓦旗 | 4 | 4 | 4 | 4 |
| 鄂伦春自治旗 | | | | |
| 鄂温克自治旗 | 1 | 1 | 1 | 1 |
| 陈巴尔虎旗 | 4 | 5 | 5 | 3 |
| 新巴尔虎左旗 | 1 | 2 | 2 | 1 |
| 新巴尔虎右旗 | | | | |
| 满州里市 | 1 | | | |
| 牙克石市 | 4 | | | |
| 扎兰屯市 | 3 | 3 | 12 | 2 |
| 额尔古纳市 | | | | |
| 根河市 | | | | |
| 乌兰浩特市 | 1 | 3 | 1 | 6 |
| 阿尔山 | | | | |
| 科右前旗 | 6 | 5 | 5 | 4 |
| 科右中旗 | 7 | 11 | 10 | |
| 扎赉特旗 | 7 | 4 | 5 | |
| 突泉县 | 1 | 1 | 1 | 1 |
| 科尔沁区 | 20 | | | |
| 科左中旗 | 2 | 7 | 4 | 1 |
| 科左后旗 | | 5 | | 1 |
| 开鲁县 | 4 | 11 | 2 | |
| 库仑旗 | | 1 | | |
| 奈曼旗 | | 3 | 1 | |
| 扎鲁特旗 | 2 | 4 | | 4 |
| 霍林郭勒市 | | | | |
| 红山区 | | | | |
| 元宝山区 | 11 | 4 | | |
| 松山区 | 13 | 6 | 2 | 6 |
| 阿鲁科尔沁旗 | | | | |
| 巴林左旗 | 2 | 1 | 2 | |
| 巴林右旗 | | | 2 | |

# 4-3-6 续表

单位:个

| 旗　　县 | 猪 | 牛 | 羊 | 禽 |
|---|---|---|---|---|
| 林西县 | 1 | 1 | 1 | |
| 克什克腾旗 | 1 | 4 | 5 | |
| 翁牛特旗 | | | 1 | |
| 喀喇沁旗 | 1 | | | |
| 宁城县 | 6 | 3 | 1 | 2 |
| 敖汉旗 | 7 | 3 | 4 | 3 |
| 二连浩特市 | | | | |
| 锡林浩特市 | | 11 | 5 | |
| 阿巴嘎旗 | | 2 | 1 | |
| 苏尼特左旗 | | | | |
| 苏尼特右旗 | 1 | | | |
| 东乌珠穆沁旗 | | | | |
| 西乌珠穆沁旗 | | 1 | 2 | |
| 太仆寺旗 | | | | |
| 镶黄旗 | | | | |
| 正镶白旗 | | 1 | | 1 |
| 正蓝旗 | 1 | 4 | 9 | |
| 多伦县 | | 2 | | |
| 乌拉盖 | 1 | 3 | 9 | |
| 集宁区 | 2 | | | |
| 丰镇市 | | 2 | 1 | 1 |
| 卓资县 | 3 | 2 | 4 | 10 |
| 化德县 | 1 | | 2 | |
| 商都县 | 3 | | 1 | 1 |
| 兴和县 | 5 | | 4 | 3 |
| 凉城县 | 2 | 2 | | 2 |
| 察右前旗 | 1 | | 1 | |
| 察右中旗 | | | | |
| 察右后旗 | 2 | | 3 | 1 |
| 四子王旗 | | | | |
| 东胜区 | 5 | 5 | 1 | 1 |
| 达拉特旗 | | 1 | | 1 |
| 准格尔旗 | 2 | 1 | 1 | |
| 鄂托克前旗 | | | | |
| 鄂托克旗 | 2 | 1 | 2 | 2 |
| 杭锦旗 | 2 | | 2 | 1 |
| 乌审旗 | 6 | | | |
| 伊金霍洛旗 | | | | |
| 临河市 | 2 | 2 | 3 | 2 |
| 五原县 | 2 | 6 | 7 | 2 |
| 磴口县 | | 11 | | |
| 乌拉特前旗 | 1 | 6 | 29 | 2 |
| 乌拉特中旗 | 1 | 1 | 2 | 1 |
| 乌拉特后旗 | | | | |
| 杭锦后旗 | | 54 | 9 | |
| 乌海市 | 2 | 1 | | |
| 阿拉善左旗 | 5 | 4 | 5 | |
| 阿拉善右旗 | | | 4 | |
| 额济纳旗 | | | | |

# 4－3－7 生猪大县生产情况

单位：万头、万吨

| 指　　标 | 2011 年 | 2012 年 | 2012 年比 2011 年增加 | |
|---|---|---|---|---|
| | | | 绝对数 | % |
| **年末生猪存栏** | | | | |
| 科尔沁区 | 78.10 | 70.13 | －7.97 | －10.20 |
| 开鲁县 | 61.03 | 45.84 | －15.19 | －24.89 |
| 奈曼旗 | 30.30 | 35.86 | 5.56 | 18.35 |
| 扎赉特旗 | 39.37 | 45.31 | 5.94 | 15.09 |
| **年末能繁殖母猪** | | | | |
| 科尔沁区 | 7.81 | 7.71 | －0.10 | －1.33 |
| 开鲁县 | 5.83 | 5.93 | 0.10 | 1.73 |
| 奈曼旗 | 4.21 | 3.98 | －0.23 | －5.50 |
| 扎赉特旗 | 8.74 | 7.12 | －1.62 | －18.54 |
| **年末生猪出栏** | | | | |
| 科尔沁区 | 108.89 | 69.91 | －38.98 | －35.80 |
| 开鲁县 | 80.61 | 78.50 | －2.11 | －2.62 |
| 奈曼旗 | 55.54 | 55.60 | 0.06 | 0.10 |
| 扎赉特旗 | 62.78 | 73.39 | 10.61 | 16.90 |
| **年末猪肉产量** | | | | |
| 科尔沁区 | 9.35 | 5.82 | －3.52 | －37.70 |
| 开鲁县 | 7.02 | 7.04 | 0.02 | 0.28 |
| 奈曼旗 | 4.03 | 4.15 | 0.12 | 2.98 |
| 扎赉特旗 | 5.54 | 6.20 | 0.66 | 11.90 |

# 主要统计指标解释

**建成区面积** 城市行政区内实际已成片开发建设、市政公用设施和公共设施基本具备的区域。对核心城市,它包括集中连片的部分以及分散的若干个已经成片建设起来,市政公用设施和公共设施基本具备的地区;对一城多镇来说,它包括由几个连片开发建设起来的,市政公用设施和公共设施基本具备的地区组成。因此建成区范围,一般都是指建成区外轮廓线能包括的地区,也就是这个城市实际建设用地所达到的范围。

**农业机械总动力** 指主要用于农、林、牧、渔业的各种动力机械的动力总和,包括耕作机械、农用排灌机械、收货机械、植保机械、林业机械、畜牧机械、渔业机械、农产品加工机械、农用运输机械、其他农业机械。总动力按法定计算单位千瓦计算。(注:1 马力 =735.5 瓦特 =0.735 千瓦)

**有效灌溉面积** 指具有一定的水源,地块比较平整,灌溉工程的设备已经配套,在一般年景下当年能够进行正常灌溉的耕地面积。在一般的情况下,有效灌溉面积应等于灌溉工程或设备已经配套,能够进行正常灌溉的水田和水浇地面积之和。

**国际旅游(外汇)收入** 入境旅游者在中国(大陆)境内旅行、游览过程中用于交通、参观游览、住宿、餐饮、购物、娱乐等全部花费。

**参加城镇基本养老保险人数** 指报告期末参加城镇基本养老保险并在社会保险经办机构已建立缴费记录档案的职工人数(包括不能正常缴费、已中断缴费但未终止养老保险关系的职工人数和参加基本养老保险后进入再就业服务中心并继续缴费的下岗职工人数)和参加基本养老保险并由养老保险基金支付养老金的离退休人员。

**参加城镇基本医疗保险人数** 指报告期末按国家有关规定参加基本医疗保险的人数。包括参加保险的职工人数和退休人员数及资源参加医疗保险的城镇居民人数。

**参加失业保险人数** 至报告期末按照国家法律、法规和有关政策规定参加了失业保险的城镇企业失业单位的职工及地方政府规定的参加失业保险的其他人员的人数。

**参加农村新型合作医疗人数** 指参加农村新型合作医疗项目的人数。农村新型合作医疗是指 2000 年以来,由政府推行的面向农业户籍人口的合作医疗制度。

**参加农村社会养老保险人数** 指参加农村社会养老保险项目的人数。农村社会养老保险是政府推行的面向农业户籍人口的养老保险。部分地区推行的不分农业和非农业户籍的综合保险,也列入本指标。

**享受居民最低生活保障** 指年末本乡镇居民享受建立在城市或农村最低生活保障制度的地区,得到当地政府或集体给予最低生活保障费用的人口数。

**刑事案件立案数** 指年内发生并达到公安等司法部门规定的立案标准的刑事案。刑事案件是指需依法追究刑事责任并由公安等司法机关立案处理的案件。年末生猪存栏指本年度调查期末饲养生猪的总量,包括 15 公斤以下仔猪、待育肥猪(架子猪)和种猪等数量之和。

**年末能繁殖母猪** 是指本年度调查期末猪龄约在 9 个月(包括 9 个月)以上的、具备繁殖能力的母猪。

**年末生猪出栏** 指本年度调查期内自行宰杀的肥猪数量(不包括因疾病等原因而被迫宰杀的生猪数量)与本年度调查期内以各种形式出售给任何单位或个人的已育肥肥猪的数量(不包括出售仔猪、待育肥猪、种猪的数量)之和。

**年末猪肉产量** 指本年度调查期内出栏肥猪产出的猪肉总量,按胴体重计算。

猪肉产量 = 出栏肥猪头数 * 平均每头肥猪出售重量 * 肥猪产肉率(%)

**畜禽生产规模户** 是指饲养猪:340 头;牛:170 头;羊:1100 只;禽:13500 只以上的具有农业生产经营行为的农户。

**畜禽生产经营单位** 是指除农户外的经营畜牧业养殖的法人单位和基本符合法人单位条件的未注册单位,其养殖规模达到一定水平以上的单位。

# 5 企 业 调查篇

# 5 企 业 调查篇

## 规模以下工业调查

资料整理：梅长华 秦吉春

# 5－1－1 全区规模以下工业抽样调查主要指标

| 主 要 指 标 | 单 位 | 2011 年 | 2012 年 |
|---|---|---|---|
| **总体估计量** | | | |
| 单位数 | 个 | 121654 | 121813 |
| 从业人员数 | 人 | 899046 | 870593 |
| 工业总产值(现价) | 万元 | 24712361 | 27103751 |
| **企业子总体估计量** | | | |
| 企业数 | 个 | 13601 | 13128 |
| 从业人员数 | 人 | 372033 | 348553 |
| 工业总产值(现价) | 万元 | 9762435 | 11265548 |
| 应交税金 | 万元 | 682081 | 616336 |
| 营业利润 | 万元 | 1190747 | 1206406 |
| 应付工资 | 万元 | 829702 | 931490 |
| 折旧 | 万元 | 649321 | 591727 |
| **个体经营单位子总体估计量** | | | |
| 单位数 | 个 | 108053 | 108685 |
| 从业人员数 | 人 | 527013 | 522040 |
| 营业收入 | 万元 | 14949927 | 15681388 |
| 资产总计 | 万元 | 3065824 | 3151306 |

# 5-1-2 规模以下工业企业分行业总产值(2012年样本推算数)

| 指　　标 | 2011年 | 2012年 |
|---|---|---|
| **总计** | **976.24** | **1034.87** |
| **采矿业** | **240.07** | **234.65** |
| 煤炭开采和洗选业 | 49.34 | 41.60 |
| 石油和天然气开采业 | 15.22 | 0.51 |
| 黑色金属矿采选业 | 70.16 | 74.01 |
| 有色金属矿采选业 | 20.26 | 25.75 |
| 非金属矿采选业 | 83.48 | 87.27 |
| 开采辅助活动 | | 4.00 |
| 其他采矿业 | 1.60 | 1.52 |
| **制造业** | **679.50** | **744.57** |
| 农副食品加工业 | 78.72 | 74.55 |
| 食品制造业 | 31.77 | 40.04 |
| 酒、饮料和精制茶制造业 | 28.71 | 37.55 |
| 纺织业 | 46.91 | 52.68 |
| 纺织服装、鞋、帽制造业 | 10.62 | 16.14 |
| 皮革、毛皮、羽毛(绒)及其制品业 | 3.94 | 3.95 |
| 木材加工及木、竹、藤、棕、草制品业 | 34.07 | 38.85 |
| 家具制造业 | 4.95 | 6.77 |
| 造纸及纸制品业 | 8.77 | 11.80 |
| 印刷业和记录媒介的复制 | 31.56 | 43.77 |
| 文教、工美、体育和娱乐用品制造业 | 0.37 | 4.70 |
| 石油加工、炼焦及核燃料加工业 | 8.39 | 2.93 |
| 化学原料及化学制品制造业 | 26.28 | 35.22 |
| 医药制造业 | 3.23 | 4.96 |
| 化学纤维制造业 | 0.19 | 0.19 |
| 橡胶和塑料制品业 | 1.46 | 18.20 |
| 非金属矿物制品业 | 146.97 | 190.37 |
| 黑色金属冶炼及压延加工业 | 44.22 | 14.40 |
| 有色金属冶炼及压延加工业 | 16.62 | 11.92 |
| 金属制品业 | 41.22 | 33.65 |
| 通用设备制造业 | 43.16 | 56.66 |
| 专用设备制造业 | 12.94 | 15.82 |
| 汽车制造业 | | 1.87 |
| 铁路、船舶、航空航天和其他运输设备制造业 | | |
| 电气机械及器材制造业 | 7.08 | 7.66 |
| 计算机、通信和其他电子设备制造业 | 1.40 | 0.97 |
| 仪器仪表制造业 | 0.61 | 0.87 |
| 其他制造业 | 7.17 | 4.42 |
| 废弃资源综合利用业 | 3.98 | 2.43 |
| 金属制品、机械和设备修理业 | | 11.25 |
| **电力、燃气及水的生产和供应业** | **56.67** | **55.65** |
| 电力、热力的生产和供应业 | 32.90 | 34.53 |
| 燃气生产和供应业 | 9.25 | 2.68 |
| 水的生产和供应业 | 14.53 | 18.45 |

## 5－1－3　各盟市规模以下工业总产值（现价）

单位：亿元

| 地　　区 | 2011 年工业总产值 | 2012 年工业总产值 | 2012 年比 2011 年增加 | |
|---|---|---|---|---|
| | | | 绝对数 | % |
| **全　区** | **2471.20** | **2706.53** | **235.33** | **10.70** |
| 呼和浩特市 | 385.21 | 408.31 | 23.10 | 11.37 |
| 包头市 | 685.35 | 716.65 | 31.30 | 11.06 |
| 呼伦贝尔市 | 164.97 | 184.21 | 19.24 | 10.59 |
| 兴安盟 | 25.20 | 28.10 | 2.90 | 6.73 |
| 通辽市 | 211.93 | 266.35 | 54.42 | 11.94 |
| 赤峰市 | 223.35 | 246.53 | 23.18 | 10.33 |
| 锡林郭勒盟 | 134.51 | 155.43 | 20.92 | 11.98 |
| 乌兰察布市 | 109.57 | 124.97 | 15.40 | 10.72 |
| 鄂尔多斯市 | 380.37 | 409.86 | 29.49 | 11.53 |
| 巴彦淖尔市 | 81.09 | 90.73 | 9.64 | 10.18 |
| 乌海市 | 43.73 | 45.89 | 2.16 | 11.21 |
| 阿拉善盟 | 25.92 | 29.50 | 3.58 | 10.08 |

## 5－1－4　各盟市规模以下工业增加值（现价）

单位：亿元

| 地　　区 | 2011 年工业总产值 | 2012 年工业总产值 | 2012 年比 2011 年增加 | |
|---|---|---|---|---|
| | | | 绝对数 | % |
| **全　区** | **892.60** | **977.60** | **85.00** | **10.70** |
| 呼和浩特市 | 117.72 | 124.65 | 6.93 | 11.37 |
| 包头市 | 254.82 | 267.77 | 12.95 | 11.06 |
| 呼伦贝尔市 | 60.16 | 66.17 | 6.02 | 10.59 |
| 兴安盟 | 8.04 | 8.96 | 0.93 | 6.73 |
| 通辽市 | 79.24 | 100.35 | 21.10 | 11.94 |
| 赤峰市 | 78.49 | 86.19 | 7.70 | 10.33 |
| 锡林郭勒盟 | 52.59 | 60.92 | 8.34 | 11.98 |
| 乌兰察布市 | 32.59 | 37.18 | 4.58 | 10.72 |
| 鄂尔多斯市 | 160.48 | 173.08 | 12.60 | 11.53 |
| 巴彦淖尔市 | 25.29 | 27.18 | 1.89 | 10.18 |
| 乌海市 | 13.74 | 14.42 | 0.68 | 11.21 |
| 阿拉善盟 | 9.43 | 10.74 | 1.30 | 10.08 |

# 主要统计指标解释

**调查范围** 规模以下工业总体划分为两个子总体，即年产品销售收入2000万元以下的非国有工业企业和全部个体经营工业单位。企业部分采用目录抽样，个体工业采用整群抽样方法。

**工业总产值** 以货币形式表现的，工业企业或个体经营单位在报告期内生产的工业最终产品或提供工业性服务的总价值量。具体内容包括：

1. 本年生产成品价值。本年生产并在报告期内不再进行加工，经检验、包装入库的已经销售和准备销售的全部工业成品（半成品）价值合计，包括企业自制设备及提供给本企业在建工程、其他非工业部门和生活福利部门等单位使用的成品价值。生产成品价值按自备原材料生产的产品产量乘以本期不含增值税（销项税额）的产品实际销售平均单价计算，会计核算中按成本价格转帐的自制设备和成品，按成品价格计算生产成品价值。生产成品价值中不包括用订货者来料加工的成品（半成品）价值。

2. 对外加工费收入。报告期内完成的对外承做工业品加工（包括用订货者来料加工产品）的加工费收入和对外工业品修理作业所收取的加工费收入，按不含增值税（销项税额）的价格计算。对于以对外加工生产为主，对外加工费收入所占比重较大的企业，如果对外加工费收入出现跨年度支付的情况，即本年应收取的对外加工费收入没有计入本年会计科目中，而是转到下一年实际收取时，计入了下一年的会计科目，或者相反，本年对外加工费收入中包括了实际应为上一年收取的加工费收入时，为保证指标计算口径的一致性，则应将对外加工费收入按实际情况调整，填报本年应收取的对外加工费收入。

3. 自制半成品在产品期未期初差额价值。报告期自制半成品和在产品期末价值减去期初价值后的差额。调查表中的工业总产值资料若无法取得，企业用产品销售收入代替，个体经营单位用营业收入代替。**产品销售收入** 指企业在报告期内销售产品的销售收入和提供工业性劳务等主要经营业务取得的业务总额。

**营业收入** 指个体经营工业单位在报告期生产经营中通过销售产品及提供工业性劳务等取得的收入总计。

**税金总额** 指企业报告期内应交纳的各种税金总和，包括产品销售税金及附加（城市维护建设税、消费税、资源税、营业税和教育费附加）、增值税、所得税、以及房产税、印花税、车船使用税和土地使用税等。

**营业利润** 指企业进行生产经营活动所实现的利润，根据会计“损益表”中“营业利润”项的本年累计数填报。计算公式为：

营业利润＝销售收入－产品销售成本－产品销售费用－产品销售税金及附加＋其他业务利润－管理费用－财务费用应付工资、福利及保险费指报告期内劳动者因从事生产活动从生产单位得到的各种形式的报酬总和。有三种基本形式：一是货币工资及收入，包括企业支付给劳动者的工资总额、薪金、奖金、各种津贴和补贴；二是实物收入，包括企业以免费或低于成本价提供给劳动者的各种物质产品和服务；三是由企业为劳动者个人支付的社会保险费，具体包括生产单位向政府和保险部门支付的劳动、失业、人身、医疗、家庭财产等保险费。

本项可根据会计资料分析归纳取得：工资指应付工资本期贷方累计发生额，福利费指应付福利费本期贷方累计发生额，保险费根据会计管理费用明细表中的劳动保险、失业保险费等取得。

固定资产在使用过程由于有形或无形损耗而转移到产品成本的价值，按固定资产原值和规定的折旧率计提（算），根据会计表中“固定资产折旧”项“金额”栏取得。